PAUL WERNER
BÄUERLICHE BAUKULTUR

Umschlagabbildungen:

Vorderseite:
Das Hinterbrandlehen in der Gemeinde Schönau am Königssee, Gnotschaft Faselsberg, Vorderbrandstraße 95.

Das hervorragend restaurierte Lehen verkörpert die älteste Form eines Berchtesgadener Zwiehofs; das Wohnhaus stammt aus der 1. Hälfte des 16. Jahrhunderts, der Stadel vermutlich aus dem Jahr 1575, der Feldkasten ist mit 1792 datiert.

Rückseite:
Die Rauchkuchl im Mausbichllehen, Gemeinde Berchtesgaden, Gnotschaft Untersalzberg II, Mieslötzweg 29.

Die offene Feuerstelle in der völlig verrußten Rauchkuchl ist bei der vorbildlichen Restaurierung völlig unverändert erhalten geblieben.

CIP-Kurztitelaufnahme der Deutschen Bibliothek.
Werner, Paul:
Bäuerliche Baukultur im Berchtesgadener Land/Paul Werner (Hrsg.) – Berchtesgaden: Plenk, 1984.
ISBN 3-922590-18-7

1. Auflage 1984, 2. Auflage 1986, 3. Auflage 1998
Verlag Anton Plenk,
83471 Berchtesgaden, Koch-Sternfeld-Str. 5
e-mail: Plenk-Verlag@t-online.de
Internet: http://www.Plenk-Verlag.com
Alle Rechte vorbehalten, auch die des auszugsweisen Abdruckes, der photomechanischen Wiedergabe und der Übersetzung.

Gesamtherstellung: Druckerei Plenk, Berchtesgaden

PAUL WERNER (HERAUSGEBER)

BÄUERLICHE BAUKULTUR IM BERCHTESGADENER LAND
DOKUMENTATION EINES LANDKREISES

»Das 'Zsammrichten' der alten Häuser hat einen furchtbaren Umfang angenommen, so daß der Augenblick nicht mehr fern ist, wo diese Zeugen einer hochentwickelten Kultur vom Erdboden verschwunden sein und nur in unvollkommenen Abbildungen weiterlebend eine schwere Anklage gegen unsere Zeit erheben werden.« (August Thiersch: Das Bauernhaus im bayerischen Gebirge und seinem Vorlande. München, im Juli 1900). Als Thiersch vor etwa 100 Jahren diese prophetische Klage niederschrieb, war die Welt – aus heutiger Sicht – noch völlig in Ordnung und die bäuerliche Landschaft noch heil wie ein Freilichtmuseum. Die älteren Bilder dieses Werkes spiegeln größtenteils noch jenen, aus unserer Sicht schon historischen Zustand wider; ein Großteil jener Höfe, die hier in Bildern nochmals aus der Vergangenheit aufleuchten, sind mittlerweile untergegangen oder aber so stark verändert, daß sie gestaltlich belanglos sind. In weiteren 100 Jahren wird nur noch ein Bruchteil der für dieses Werk neu abgebildeten, also noch heute existenten historischen Gehöfte in Originalsubstanz und in halbwegs unverfälschter Form bestehen.

Dieses Werk ist der großen Berchtesgaden-Forscherin Frau Dr. Ing. Mathilde Tränkel in tiefer Verehrung und Dankbarkeit gewidmet.

VERLAG PLENK BERCHTESGADEN

Inhalt

DAS BERCHTESGADENER LAND
DIE EINSTIGE FÜRSTPROPSTEI – REGION DES ZWIEHOFES

Zum Geleit **9**

Natürliche, geschichtliche und wirtschaftliche Grundlagen

Geographische Begrenzung **12** – Topographie **14** – Geologie **15**

Zur Vor- und Frühgeschichte **16** – Zur Geschichte der einstigen Fürstpropstei **17**
Die Reformation im Berchtesgadener Land **20**
Die Situation der Bauern, Handwerker und Arbeiter **24**
Das Verhältnis zur Grundherrschaft 24 – Allgemeine wirtschaftliche Verhältnisse 25 – Der Bauernstand 26 – Das Holzhandwerk 27 – Salinenwesen und Bergbau 28 – Almwirtschaft 29 – Besondere landwirtschaftliche Nutzungsformen 34

Die Geschichte des Fremdenverkehrs **38** – Sitten und Bräuche **39**
Christlicher Brauch im Jahreslauf 39 – Geburt und Kindheit 42 – Verlobung und Hochzeit 43 – Tod und Begräbnis 44 – Bräuche am Bau 44 – Erntebrauchtum 44 – Das Brauchtum auf der Alm 45 – Aberglauben und magische Praktiken 47

Tracht **47**

Siedlungslandschaft Flurformen und Ortsbilder

Siedlungslandschaft **50** – Siedlungsdichte **51** – Flurformen **51**
Gnotschaften und »Landschaften« **52** – Orts- und Flurnamen **53** – Hausnamen **53**
Ortsbilder **54**
Berchtesgaden 54 – Marktschellenberg 54 – Ramsau 55 – Königssee 55

Der Zwiehof und der sekundäre Einhof Die Gehöftformen und die einzelnen Baulichkeiten des Hofes

Zur Vorgeschichte der Gehöftformen **56**
Der Zwiehof des Berchtesgadener Landes **56**
Zur Verbreitung der Zwiehöfe 56 – Das Hofbild und seine Teile 57 – Das Wohnspeicherhaus. Älteste Formen 58 – Der Übergang zur Steinbauweise und Mischbautechnik 59 – Die zweistöckige Form des Feuerhauses 63 – Die »Gmoa« 64 – Der Stadel 64

Der Einhof des Berchtesgadener Landes **66** – Kleinsiedlerstellen **68**

Die Nebengebäude der Hofanlagen **71**
Feldkästen 71 – Hausmühlen und Backhäuser 74 – Badstuben und Brechelbäder 74 – Hausbrunnen 76 Hofkapellen und Feldkapellen 76 – Einfriedungen 77

Die Baulichkeiten auf den Almen **78**
Die Hüttl'n 78 – Rundumkaser 79 – Ausstattung 79 – Spätformen der Kaser 81 – Apotropaia 81 – Wasserleitungen 81

Besondere bauliche Anlagen des Berchtesgadener Landes	*Der Zehentstadel am Oberaschaulehen 82* *Kugelmühlen 82* *Salinengebäude 84* *Triftanlagen 86* *Das Salzbergwerk von Berchtesgaden 86*
Baustoffe, Bauglieder und Ausstattungen	Die Baustoffe **89** *Holz 89 – Naturstein 89 – Mauerziegel und Dachziegel 89* Die Bauglieder **90** *Wände 90 – Decken 91 – Dächer 91 – Lauben 92 – Treppen 93 – Türen 93 – Fenster 94 – Feuerstätten 95 – Kamine 95* Die Ausstattung **96** *Flez 96 – Stube 96 – Kammer 97 – Küche 97 – Gesamtausstattungen 97 – Beleuchtung 98*
Bilder, Male und Zeichen in Feld, Wald und Fels	Bäuerliche Flurdenkmale **99** Felsbilder **101**

DER SÜDLICHE RUPERTIWINKEL
TEIL DES EINSTIGEN ERZSTIFTES SALZBURG
KERNGEBIET DES SALZBURGER FLACHGAUHOFES

Natürliche, geschichtliche und wirtschaftliche Grundlagen	Geographische Begrenzung und Begriffsbildung **104** Topographie **105** Geologie **106** Zur Vor- und Frühgeschichte **108** Zur Geschichte des Rupertiwinkels **110** Die Situation des Bauernstandes **115** Die grundherrschaftlichen Verhältnisse **116** Volkskundliche Berichte **121** Wirtschaftliche Grundlagen **122** *Ackerbau 122 – Viehzucht 122 – Weinbau 122 – Torfstich 123 –* Bäuerlicher Alltag, Bräuche und häusliche Feste **123** *Der Arbeitstag 123 – Festtage 123 – Spiele, Bräuche, Tänze 123 – Geburt, Taufe, Firmung 124 – Hochzeit 125 – Totenbräuche 126 – Religiöse Bräuche 126* Tracht **127**

Flurformen und Dorfbilder

Flurformen **128**

Dorfbilder **128**
Ainring 129 – Abtsdorf 129 – Anger 129 – Au bei Surheim 130 – Kulbing 131 – Daring 131

Der Salzburger Flachgauhof Gehöftformen und Nebengebäude

Zur Verbreitung des Salzburger Flachgauhofes **131**
Der Salzburger Flachgauhof in überregionalem Zusammenhang 131 – Übergangsformen 131 – Bewegungstendenzen des Salzburger Flachgauhofes 131

Die Gehöftformen und die Nebengebäude **134**
Das Hofbild 134 – Der Grundriß und seine Entwicklung 134 – Kleinbäuerliche Gehöftformen 136 – Konstruktives Gefüge 140 – Sekundäre Steinbautechnik 140 – Getreidekästen 141 – Brechelbäder 143 Zuhäuser 146 – Almhütten 146 – Kalköfen 148 – Kugelmühlen 148 – Zehentstädel 149

Baustoffe, Bauglieder Ausstattung

Baustoffe **151**
Högler Sandstein 151 – Achthaler Schlackenstein 152 – Mauerziegel 152 – Stein- und Marmorbrüche 152 – Nagelfluh 153 – Tuff 153

Bauglieder **153**
Wände 153 – Dächer 155 – Decken 156 – Lauben 156 – Giebelbundwerk 157 – Stadelbundwerk 158 Feuerstätten, Kamine und Rauchböden 158 – Türen und Tore 161 – Fenster 162 – Treppen 162

Ausstattung **162**

Flurdenkmale

Totenbretter und Gedenkbretter **164**
Älteste geschichtliche Belege und vergleichbare Bräuche 164 – Geschichtliche Entwicklung 164 – Vom Totenbrett zum Gedenkbrett 165 – Geographische Verbreitung 165 – Funktion 165 – Lokalisation und Aufstellungsmodus 166

Denkmale aus Achthaler Eisenguß **167**

DAS REICHENHALLER BECKEN
GEBURTSSTÄTTE DES BAYERISCHEN SALZES

Zur Topographie **169**

Zur Vor- und Frühgeschichte **169**

Zur Stadtgeschichte **171**

Zur Siedlungsgeschichte **172**

Zur Geschichte des Reichenhaller Salzes **175**

Die vier Soleleitungen und ihre Baulichkeiten **176**

DIE GEMEINDE SCHNEIZLREUTH
RANDGEBIET DES NORDOSTTIROLISCH-SÜDBAYERISCHEN EINHOFES UND DES »TRAUNSTEINER GEBIRGSHAUSES«

Natürliche, geschichtliche und wirtschaftliche Grundlagen
- Zur Topographie **180**
- Zur Lokalgeschichte **180**
- Zur Situation des Bauernstandes **180**
- Hofformen im Gemeindegebiet Schneizlreuth **181**

Der nordosttirolisch-südbayerische Einhof
- Zur Verbreitung des nordosttirolisch-südbayerischen Einhofes **181**
- Der Hof und seine Nebengebäude **182**
- Die Ausformung des Hofes **182**
- Die Räume und ihre Ausstattung **183**
- Fassadenmalerei **186**
- Almhütten **187**

BILDTEIL **188**

ANHANG
- Anmerkungen **447**
- Erläuterung der Fachausdrücke **457**
- Verzeichnis schutzwürdiger Bauten und Flurdenkmäler **471**
- Literaturverzeichnis **487**
- Register **494**
  Sach- und Begriffsregister 494
  Geographisches Register 501
  Personenregister 504
- Bildnachweis **505**
- Nachweis der Textillustrationen **506**

Dank

Die baugeschichtlichen Grundlagen des Berchtesgadener Zwiehofes sind weitgehendst zu verdanken Frau Dr. Ing. Mathilde Tränkel, Mallorca (Das Bauernhaus im Berchtesgadener Land. Dissertation an der Technischen Hochschule in Aachen, 1947). Wichtigste Beiträge aus landschaftsökologischer Sicht sind zu verdanken Herrn Dr. phil. Joseph K. Heringer, Regierungsrat an der Akademie für Naturschutz und Landschaftspflege in Laufen.

Wesentliche, im Text entsprechend ausgewiesene Beiträge für dieses Werk sind folgenden Persönlichkeiten zu verdanken: Dipl. Ing. Ernst Aicher, Kreisheimatpfleger und Kreisbaumeister in Mühldorf; Heribert Fuchs, Kreisheimatpfleger in Laufen; Fritz Hofmann, Stadtheimatpfleger und Stadtrat in Bad Reichenhall; Prof. Dr. Rudolf Kriss; Hans Roth, Geschäftsführer des Bayerischen Landesvereins für Heimatpflege e. V. in München; Siegfried Schamberger, Maler in Altötting; Mathias Scheurl in Weißbach an der Alpenstraße; Richilde Werner in München; Max Wieser, Kreisheimatpfleger, Kreisrat und Bürgermeister in Piding.

Herrn Dipl. Ing. Peter Wörnle, Regierungsrat bei der Nationalparkverwaltung Berchtesgadener Land, Herrn Oberamtsrat Gustav Schnitter am Landratsamt Berchtesgadener Land und Herrn Dr. med. Walter Reinbold, Kreisheimatpfleger in Berchtesgaden, ist zu danken für die Beschaffung wertvollen fotografischen Materials. Herrn Dr. Helmut Keim, Direktor des Freilichtmuseums des Bezirks Oberbayern in Großweil, ist zu danken für die Bereitstellung zeichnerischer Dokumentationen.

Ganz besonderer Dank gebührt Herrn Regierungsamtsrat Franz Schned aus Bischofswiesen, dem Beauftragten für Denkmalpflege beim Landratsamt Berchtesgadener Land, der sich mit unerhörtem Engagement um das Zustandekommen dieses Werkes bemühte, Herrn Schneds Iniativen ist darüberhinaus die Erhaltung und Restaurierung einer großen Zahl alter Bauernhöfe zu verdanken, die einen wesentlichen Teil der fotografischen Dokumentation bilden. Ebenso ist zu danken Herrn Forstdirektor Dr. Hubert Zierl, der die Rettung zahlreicher historischer Rundumkaser sowie den Aufbau des »Almen-Freilichtmuseums Bindalm« ermöglichte.

Herzlichst dankt der Herausgeber auch Herrn Dieter Schneider, Bayerisch Gmain, der das Layout mit größter Hingabe weitgehend selbständig besorgte.

Zur Entstehung des Werkes

Mein Vorgesetzter, Herr Generalkonservator Prof. Dr. Michael Petzet, Leiter des Bayerischen Landesamt für Denkmalpflege, hat mich im Jahre 1980 damit beauftragt, hauskundliche Monographien über die von mir seit dem Jahre 1974 dienstlich »betreuten« bäuerlichen Hausregionen zu verfassen. Nachdem die ersten beiden Monographien – der Zwiehof des Berchtesgadener Landes und der Salzburger Flachgauhof – im Manuskript vorlagen, faßte ich den Entschluß, diesen Stoff so weit auszudehnen, daß er sich auch für einen weiteren Leserkreis eignet. Dem Verlag Anton Plenk in Berchtesgaden ist herzlichst zu danken für sein Interesse an diesem Werk; er nahm das kaufmännische Risiko der Drucklegung mit bewundernswertem Idealismus auf sich. Auf ausdrücklichen Wunsch von Herrn Plenk wurde der Stoff zu einem »Landkreisbuch« zusammengefaßt. Daß dabei nicht alle Aspekte bäuerlicher Kultur gleichrangig behandelt werden konnten, liegt auf der Hand – die Beschränkung auf mein Fachgebiet Baukultur war unerläßlich. Dennoch wurde dieses Fachgebiet so stark mit Randthemen bereichert, daß der Leser einen sehr umfassenden Einblick in die gesamten bäuerlichen Daseinsbedingungen und in die geschichtlichen Aspekte erhält.

Herrn Generalkonservator Prof. Dr. Michael Petzet sei an dieser Stelle herzlichst dafür gedankt, daß er das Gelingen dieses Werkes auch durch die Erlaubnis zur Verwendung amtlichen Materials förderte.

Dem Präsidenten des Oberbayerischen Bezirkstages, Herrn Georg Klimm, ist herzlich zu danken für die Gewährung eines namhaften Zuschusses, der die prächtige fotografische Ausstattung dieses Werkes ermöglichte.

Einen überaus wertvollen Beitrag zur Ausstattung dieses Werkes leistete Herr Dr. Ing. Ralph Alexander, München – Berlin – Rom, der mit großem Idealismus die meisten Zeichnungen anfertigte. Weitere Zeichnungen fertigte Architekt Regierungsbaumeister Dipl. Ing. Gerhard Hofmann, München.

Die Dokumentation des Gehöftes in Wald 1, Gde. Teisendorf, wurde uneltgeltlich durchgeführt von den Architekten Dipl.-Ing. Jan Cepek, Dipl. Ing. Karl-Heinz Höllerer, Dipl. Ing. Gert Schubert, Dipl. Ing. Eberhard Sommer in München.

Gedankt sei schließlich allen Persönlichkeiten, deren Werken längere Textstellen entnommen wurden und die nur in den Anmerkungen und im Literaturverzeichnis genannt werden konnten.

Zur 3. Auflage

Das überraschende, unerwartet große Leser-Echo, das dieses »große Berchtesgaden-Buch« auslöste, ermutigte den Verlag zur 3. Auflage. Das Werk hatte in kurzer Zeit viele Freunde gewonnen: Unter den Einheimischen erkannte so mancher auf einem alten Foto seine Eltern oder Großeltern in Jugendjahren, bei der Feldarbeit oder auf der Alm. Und einige alte Stammgäste erkannten auf solchen Fotos »ihr« altes Haus wieder, in dem sie schon vor Jahrzehnten »logiert« hatten und das schon lange nicht mehr steht, oder sie wurden an einen stillen, verträumten Winkel erinnert, mit dem sie die schönsten Jugenderinnerungen verknüpften.

Das Buch hat schnell den Weg in die gute Stube, in die Schulbibliothek, in die Gemeindekanzlei, in den »Verkehrsverein«, vor allem aber auch in die Herzen vieler Menschen gefunden, und letzteres ist das schönste, was ich erhoffte. Das Buch ist aber mehr als nur ein beliebtes Weihnachts-, Geburtstags- und Jubiläumsgeschenk geworden. Trotz etlicher kleiner Mängel hat mir so mancher Wissenschaftler bekundet, das Werk, insbesondere der fast 600 Fotos umfassende Bildteil sei eine hauskundliche Fundgrube ohnegleichen. Diese Lob verdanke ich jedoch nur meinen engagierten Mitautoren und den vielen »Bildlieranten«, denen ich hier nochmals herzlichst danke. Meine tiefste Dankbarkeit und Verehrung gilt jedoch der großen Berchtesgaden-Forscherin Dr. Ing. Mathilde Tränkel, die in den bittern Jahren der Nachkriegszeit – sicherlich unter vielen Entbehrungen und mit großem Enthusiasmus – jene Dissertation zu Ende brachte, auf der die hauskundlichen Texte zum Zwiehof des Berchtesgadener Landes weitgehendst beruhen. Dies deutlicher herauszustreichen, ist bei dieser ansonsten praktisch unveränderten Auflage hoffentlich etwas besser gelungen als bei der Erstauflage, wo leider einige organisatorische Pannen auf dem Wege München – Berchtesgaden auftraten.

Ich habe nun fast 90 % meiner mir hoffentlich noch vergönnten und möglichen gesamten »Amtszeit« von 27 Jahren als Denkmalpfleger für das Berchtesgadener Land wirken dürfen und hier naturgemäß nicht nur Freunde gewonnen. Daß ich mit diesem Vademecum in der Hand so manchen Zweifler an der guten Sache der Denkmalpflege überzeugen konnte und daß sich so manche heimlich oder auch offen geballte Faust zu einem versöhnlichen Händedruck bereit fand, das war für mich das schönste an der ganzen Sache, und dafür hat sich so manches bittere Opfer und so manche schlaflose, durchgearbeitete Nacht gelohnt.

Paul Werner
Richilde Werner

Vom Marterl bis zum Gipfelkreuz
Flurdenkmale in Oberbayern

Verlag Plenk

„Vom Marterl bis zum Gipfelkreuz – Flurdenkmale in Oberbayern"

Flurdenkmale - Steingewordene Gebete, Seufzer und Tränen
Paul Werner

Zum Gesamtbild der abendländischen Kulturlandschaft gehören nicht nur Kirchenbauten, sondern auch die unzähligen schlichten Flurdenkmale wie Kapellen, Feldkreuze, Bildstöcke, Sühnekreuze, Totenbretter und auch Gipfelkreuze, die den Vorübergehenden zur Andacht und Fürbitte anhalten und zu einer besinnlichen Rast auffordern. Sie spielen im religiösen, aber auch im rechtlichen Leben des Volkes eine bedeutende Rolle. Sie dienten als Weg- und Grenzmarken, als Stationen bei Prozessionen und Flurumgängen, deuteten auf nahegelegene Wallfahrten hin oder zeigten, wie im Fall der Sühnekreuze und Marterln, den Ort eines Verbrechens oder Unglücksfalles an. Besonders herrliche Beispiele findet man in Oberbayern.

185 Farb- und 700 einfarbige Aufnahmen, 504 Seiten,
Format 25/28 cm. – ISBN 3-922590-62-4 **167.– DM**

Verlag Plenk, Postfach 2147, 83471 Berchtesgaden
Tel. 08652/4474, Fax 08652/66277
e-mail: Plenk-Verlag@t-online.de – http://www.Plenk-Verlag.com

VERLAG PLENK
BERCHTESGADEN

Zum Geleit

Die Berchtesgadener Landschaft in alten Ansichten:

»Der Watzmann bey Berchtoldsgaden«
»Königssee, nach der Natur gez. von I. Libay«
»Die hohe Göll«, Lithographie von Schrödl

Der weitgereiste Gelehrte Alexander von Humboldt, der 1797/98 den Untersberg bestieg und das Steinerne Meer durchwanderte, schrieb hier über seine Eindrücke: »Die Gegend von Salzburg und Berchtesgaden, von Neapel und Konstantinopel halte ich für die schönsten der Erde.« Wenn nicht gerade der gefürchtete Salzburger Schnürlregen herniederfällt, wogende Wolkenbänke oder konturenlose Nebelschleier die Aussicht verdüstern, so findet auch heute noch die Meinung Humboldts tausendfache Bestätigung. Es liegt an diesem Berchtesgadener Land in jeder Hinsicht etwas Besonderes. Einzigartig ist schon die Landschaft: Die Umrahmung des Siedlungskernes der ehemaligen Fürstpropstei durch die unvergleichlich signifikante Hochgebirgskulisse findet im ganzen Alpenraum kaum ein vergleichbares Gegenstück, ebenso nicht die dramatische Romantik des Königssees. Die Überschreitung des Watzmanngrates gilt unter Bergsteigern als eines der großartigsten Erlebnisse, und die Durchsteigung der Watzmann-Ostwand zählt unter den Kletterern zu den großen Bergfahrten der Ostalpen.

»Berchtesgaden ist ein Wunderland ohnegleichen, das an landschaftlicher Schönheit alle anderen nördlichen Alpengebiete übertrifft. Malerisch ist die Gegend, voll mannigfacher Reize an Farben, Formen und Stimmungen. Herrliche Seen, schäumende Gießbäche, ernster dunkler Fichtenwald und lichtfrohe Ahorngruppen, üppige Alpenmatten und riesige Grießströme, sanftes Gehügel und schroffes Gewände ergeben einen Wechsel von Gegensätzen, die sich zu einem wunderschönen Bilde auflösen ...«[1]

Ursächlich für die kulturellen und volklichen Eigenheiten ist jedoch die erstaunliche geschichtliche Vergangenheit. Das kleine und rings vom Hochgebirge umschlossene Berchtesgadener Land bildete im Rahmen der alten Reichsverfassung einen eigenständigen Territorialstaat unter einem Landesfürsten, dem Propst des Augustiner-Chorherrenstiftes Berchtesgaden[2]. Am außergewöhnlichen Aufstieg des Landes zur Reichsstandschaft[3] haben mancherlei Umstände mitgewirkt: Grundherrschaft und Rodung, Forsthoheit und Bergregal. Entscheidend war jedoch die stete Förderung des aus eigenen Kräften nur wenig vermögenden Stiftes durch das Königtum, die sich vor allem in der Übertragung der vollen Gerichtshoheit äußerte. Denn erst dadurch wurden alle die Rechte, die dem Stift aus dem Eigentum des gesamten Grund und Bodens, aus seiner Rodungstätigkeit und aus der Nutzung der reichen Bodenschätze erwuchsen, zu dem einheitlichen Gefüge der Landeshoheit zusammengeschlossen. Andererseits erlaubte erst die Landesherrlichkeit dem Stift, den Salz- und Holzreichtum des Landes unangefochten auszubeuten. So standen in Berchtesgaden günstige politische und wirtschaftliche Bedingungen in engster Wechselwirkung, wenn auch in späterer Zeit weniger im rechtlichen, so doch offenkundig im tatsächlichen Sinn: Die Rivalität zwischen dem Erzstift Salzburg und dem Herzogtum Bayern um das Berchtesgadener Salz und Holz führte dazu, daß jeder der beiden Staaten an der Selbständigkeit der Fürstpropstei interessiert war. Die Lage zwischen diesen rivalisierenden Nachbarn sicherte dem Stiftsland also sein Eigenleben, bis die Säkularisation mit der Aufhebung der Salzburger Landeshoheit diesen Vorteil der politischen Lage beseitigte, zugleich aber auch die Fürstpropstei selbst auflöste.

Eine völlig eigene Geschichte prägte auch den sog. Rupertiwinkel, dem der zweite Abschnitt dieses Werkes gilt[4]. Dieser bayerische Rupertiwinkel ist erst im Jahre 1816 als zukünftiges Grenzland zu Salzburg vom österreichischen Staatsgebiet abgetrennt worden. Bayern und Österreich vereinbarten damals in langwierigen Verhandlungen, das ehemalige Fürstentum Salzburg, das seit 1810 zu Bayern gehörte, aufzuteilen, wobei das linke Saalach- und Salzachufer von Piding bis unterhalb Tittmoning bei Bayern verblieb, während das übrige Landesgebiet von Salzburg einschließlich der Hauptstadt an Österreich abgetreten wurde. Die vereinbarte Teilung wurde am 1. Mai 1816 durchgeführt, so daß dieser Tag als »Geburtstag« des bayerischen Rupertiwinkels gelten kann. Der Name kam aus dem Volke selbst und erinnert an die mehr als tausendjährige Verbundenheit dieser Landschaft mit der vom heiligen Rupert gegründeten Bischofsstadt Salzburg. Die Kirche trug dem historischen Zusammenhang dadurch Rechnung, daß sie in den Pfarreien des früheren Salzburger Fürsterzbistums das Rupertusfest (24. September) als Feiertag beging wie im Lande Salzburg selbst. Für dieses »Fest der Übertragung des heiligen Rupert« wurde ein eigenes Meßformular herausgegeben, das in den Dekanaten Laufen, Teisendorf und Tittmoning bis zum Jahre 1919 im Gebrauch war, von da aber nicht mehr in die Kirchenkalender der Erzdiözese München-Freising aufgenommen wurde. Der Rupertiwinkel und das benachbarte Salzburger Land sind also uralter zusammengehöriger Kulturboden; er war schon in vordeutscher Zeit von Kelten und Römern besiedelt. Nachdem dieses Gebiet seit der Einwanderung der Baiern ein halbes Jahrtausend zum bairischen Herzogtum gehört hatte, führte die machtvolle Stellung der Salzburger Erzbischöfe später zur Gründung eines eigenen geistlichen Fürstentums, des Erzstiftes Salzburg, das bis zum Jahre 1803 bestand. Das Gebiet des heutigen Rupertiwinkels bildete den fruchtbarsten Teil des Salzburger Landes. Die ehemalige Grenze zwischen dem früheren Fürsterzbistum Salzburg und dem Kurfürstentum Bayern begründet die heutige Abgrenzung des Rupertiwinkels, zu dem wir nur das ehemals salzburgische Landesgebiet westlich von Saalach und Salzach zählen. So klein der Umfang dieses Gebietes auch sein mag, so groß ist sein Rang als eigenständige Kulturlandschaft; im Bereich der bäuerlichen Baukultur hat sich diese Eigenständigkeit am augenfälligsten bis auf den heutigen Tag bewahrt.

Das zum heutigen Landkreis gehörige Gemeindegebiet Schneizlreuth hat ebenfalls seine eigene Geschichte; hauslandschaftlich gehört es zum großen Gebiet des südbayerischnordosttirolischen Einhofes. In Weißbach an der Alpenstraße findet sich eine lokal eng begrenzte Sonderform dieses Einhofes, das sog. »Traunsteiner Gebirgshaus«, eine Mischform, die nur im südlichen Teil des angrenzenden Landkreises Traunstein anzutreffen ist.

Die verschiedenen Ausformungen der bäuerlichen Baukultur in diesen drei Teilen des heutigen Landkreises Berchtesgadener Land sind das Ergebnis ihrer geschichtlichen Sonderstellung und das eigentliche Thema des vorliegenden Werkes.

In der anthropogenen Überformung, im Siedlungsbild, in der Gehöftform, aber auch in den tausend Kleinigkeiten des Alltags spricht dieser Landkreis drei eigenständige bäuerliche Formen- und Bildersprachen.

Noch vor wenigen Jahrzehnten bestimmte das bäuerliche Kolorit mit seinen durch Jahrhunderte entwickelten und bewährten Gehöften den Charakter und den Reiz auch dieser Hauslandschaften und gab Kunde vom Leben, Werken und Schaffen seiner bäuerlichen Vorfahren. Trotz allen Wandels, trotz aller Verflachungen und Entgleisungen der Gegenwart verdient der Landkreis Berchtesgadener Land mit seinen Zeugnissen einer jahrhundertelang wirkenden bäuerlichen Kultur noch heute unsere Bewunderung und Aufmerksamkeit und unser Interesse. Die kulturellen Eigenarten formten den Alltag und die Feste des Jahres. Sie wurden sowohl am einfachsten Arbeitsgerät wie am kunstvollen Mobiliar erkennbar; sie prägten aber vor allem die bäuerliche Bauweise und formten letztlich das gesamte bäuerliche Wesen, beginnend bei Siedlungs- und Gehöftformen, bei der Arbeit im Stall, Feld und Wald über die Kleidung, die Art zu wohnen, zu kochen und zu essen, bis zu Sprache, Sitte und Brauch, Volksglauben, Lied und Tanz. Diese bäuerliche Kultur verdient eine liebevolle und umfassende Dokumentation. Umfassend kann natürlich nur ein hochwissenschaftliches Quellenwerk sein, das in zahlreiche Ressorts aufgespalten sein müßte. Liebevoll zusammenfassend die wichtigsten Aspekte zu beleuchten und Erinnerungen, Bilder und Dokumente aus der Vergangenheit herüberleuchten zu lassen in unsere vergeßliche, entseelte und entzauberte Welt, das ist das Ziel dieses Werkes.

Möge es dazu beitragen, die letzten charaktervollen Eigenheiten und die unverwechselbaren Merkmale dieser Landschaft erkennen zu helfen und vor dem Verlöschen zu bewahren; blindwütiger Fortschrittsglaube und falsch verstandener, brutaler Modernismus haben bereits einen großen Teil an historischer bäuerlicher Eigenart, Kultur und Bausubstanz zerstört. Erst die Bedrohung auch der letzten Reste dieser bäuerlichen Kultur hat endlich auch die Öffentlichkeit wachgerüttelt. Inzwischen sind viele Anfänge gemacht worden, Altes zu erhalten wie auch Neues nach bewährtem Alten auszurichten.

Denen, die dieses zauberhaft schöne Land bewohnen und denen, die es besuchen, ist aber zu wünschen, was der Gruß am historischen Grenzstein am Paß Thurm entbietet: »PAX INTRANTIBUS ET INHABITANTIBUS« In einen Hausspruch der Gegenwart übertragen könnte dies lauten:

Friede den Kommenden
Freude den Bleibenden
Segen den Scheidenden.

Abschließend darf ich als Freund des Berchtesgadener Landes an dieses historische Epigramm noch zwei herzliche Bitten anknüpfen: Erstens bitte und beschwöre ich die »Einheimischen«: Bewahrt Euch Eure einzigartige Kultur! Haltet fest an den überlieferten Sitten und Bräuchen, an Eurer Tracht und Mundart! Zerstört vor allem nicht Eure großartigen alten Häuser und Höfe, in denen schon Eure Urahnen gelebt haben, in denen sie geboren und gestorben sind, geliebt und gelitten, gejauchzt und getrauert, gebetet und geflucht haben. Laßt nicht zu, daß an Stelle der urtümlichen Kaser auf Euren Almen barackenähnliche Billigbauten treten!

Zweitens bitte ich die, die als Gäste in dieses Land kommen: Tragt nicht die stupide Verflachung einer vermeintlichen Fortschrittlichkeit in dieses Land! Achtet auf die traditionellen und die ererbten Eigenarten der Menschen! Respektiert ihre teilweise noch tiefe Religiosität. Es kann gelegentlich sein, daß Eure Gastgeber knieend in der beengten Küche den Rosenkranz beten, während Ihr in der guten Stube vor dem Fernsehschirm sitzt. Und bringt vor allem den alten Bauernhöfen jenen Respekt entgegen, den diese Zeugnisse vielhundertjähriger Bautradition verdienen.

Die Berchtesgadener Landschaft in alten Ansichten:
»Aussicht von der Kanzel bei Aigen gegen den Watzmann und Untersberg«
»Kapelle zu St. Johann und Paul«

DAS BERCHTESGADENER LAND

Die einstige Fürstpropstei
Region des Zwiehofes

Natürliche, geschichtliche und wirtschaftliche Grundlagen

Geographische Begrenzung

Die ersten Grenzfestsetzungen zwischen Berchtesgaden und Salzburg datieren aus dem 15. Jahrhundert. Sie decken sich im allgemeinen schon mit den Grenzen des 18. Jahrhunderts und diese wiederum bilden zum größten Teil die heutigen Grenzen zwischen Bayern und Österreich.

Sehr bemerkenswert ist jedoch, daß die berchtesgadnischen Gejaidgrenzen noch im 18. Jahrhundert ein Gebiet umschließen, das viel größer ist als das Territorium und daß die Fürstpropstei innerhalb dieses ganzen Gejaidbogens allen Grund und Boden besaß. Ebenso war Berchtesgaden auch Grundherr in dem von der Grenzbeschreibung des 12. Jahrhunderts eingeschlossenen und später salzburgischen Gebiet um St. Leonhard und Grödig (Urbaramt Grafengaden).

Die historischen Grenzen der ehemaligen Fürstpropstei sind noch heute durch deutliche Reste ehemaliger Grenzbefestigungen markiert. Das Berchtesgadener Hauptal, die naturgegebene Verbindung mit Salzburg und der einzige Zugang in den Berchtesgadener Talkessel, der keinerlei Steigungen aufwies, ist am Paß Thurm absperrbar gewesen; ein guterhaltener Wachturm markiert noch heute die Grenze. Das Tal der Ramsauer Ache, durch das die einst sehr bedeutsame Salzstraße über den alten Kirchweiler Ramsau ins Saalachtal führte, fand seine natürliche und politische Begrenzung am Paß Schwarzbachwacht, 868 m.

Im Jahre 1286 wird ein weiterer Weg durch die Ramsau über den Hirschbichl, 1148 m, erwähnt, der besonders als Salzsaumweg in den Pinzgau benützt wurde. Die Straße durch das Bischofswiesener Tal über den Paß Hallthurm, 693 m, nach Reichenhall wurde erst im 17. Jahrhundert angelegt. Noch heute sind hier neben einem Wachturm beachtliche Reste ehemaliger Mauerbollwerke erhalten.

Diese ehemaligen Landesgrenzen begründeten die einstige Abgeschlossenheit dieser kleinen Region, die ihre Eigenarten: einen besonderen Menschenschlag mit eigener Mundart, Tracht, eigenem Brauchtum und einem beachtlichen Schatz an Sagen, trotz aller nivellierenden Einflüsse der Gegenwart bis auf den heutigen Tag halbwegs bewahren konnte. Einzigartig ist auch die deutliche Eigenart der bäuerlichen Baukultur: Der Berchtesgadener Zwiehof ist, im Gegensatz zu allen anderen oberbayerischen Hauslandschaften mit ihren breiten Überschneidungszonen, vollkommen scharf und deutlich von den angrenzenden Hauslandschaften geschieden.

Nur über das gewaltige, unwegsame Felsrevier des Steinernen Meeres hinweg bestehen bauliche Gemeinsamkeiten: Pinzgau und Pongau sind ebenfalls Zwiehofgebiete.

»Am Wachterl. Nach der Natur aufgenommen von Professor Braun in München«

Oben: Hallthurm, nach Süd
Die breitere Linie gibt die vom Stift Berchtesgaden behauptete Landesgrenze wieder. In ihrem, das Tal querenden, Abschnitt ist der hölzerne Landhagzaun mit dem Großen Stein eingezeichnet. Die obere dünnere Linie – sie verläuft über die Plateau-Randerhebungen des Untersbergs. – »Wie er mit der Wandt umbfangen ist« – zieht herab zum »Großen Stein im Hag« über das »Alte Hauß« hinauf zum Rotofen und von hier über die Schneid zum Dreisessel. Neben der Ruine »Alte Hauß« ist die Wehrmauer westlich des Hallthurms als »Alte mauer« eingetragen. Ausschnitt einer Wehrmauer westlich des Hallthurms als »Alte mauer« eingetragen. Ausschnitt einer kolorierten Grenzkarte vom Untersberg aus der 2. Hälfte des 17. Jahrhunderts im Landesarchiv Salzburg.

Mitte: Hallthurm, nach Nord
Zeichenerklärung, soweit diese aus der Originalbeschriftung nicht klar erkenntlich ist: 142 = Hochschrankbaum; 146 = Stain in der mauer; 147 = Haag Zaun; 148 = Weiswand; 149 = Naglstain; 150 = Taderer; 151 = Hirschwisen; M=ässinger od. Weisbach; N=ässingerlehen; O= Schafflpeunt; P= Gmain (Kirche); Q= S. Zeno; R= S. Valentin; S= Plain; T= Fuxstain; V= das Haag; W= althaus; X= Halthurn; Y= Salzburg; Weiswand; Z= Guroth; (Y und Z am rechten Bildrand, Mitte). Diese, wenn auch nicht in allen Einzelheiten naturgetreue Darstellung, zeigt den Hallthurm mit Torhaus und Tor, die rechts und links anschließenden Wehrmauern, die Ruine Althaus, den Landhagzaun und den zwischen ihm und der Befestigungsanlage eingeschlossenen Haag. – Ausschnitt aus einer handgezeichneten, kolorierten Grenzzeichnung aus dem Jahre 1706 im Landesarchiv Salzburg.

Die Berchtesgadener Landschaft in alten Ansichten

»Die Stadt Berchtesgaden mit dem Watzmann«

»Romantische Landschaft«

»Obersee, nach der Natur gez. v. Georg Pezolt«

»Alpergegend bei Berchtesgaden«

»St. Bartholomae am Königssee«

»Wimbachthal«

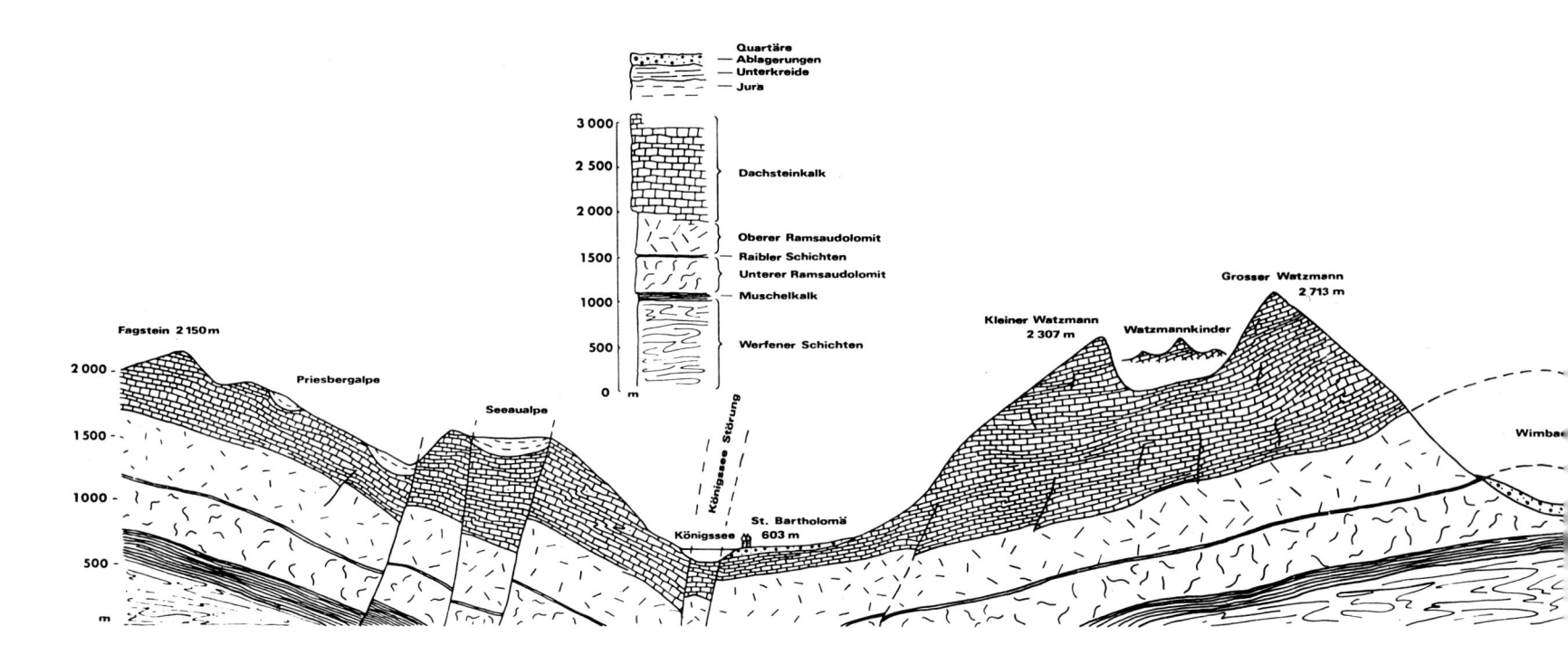

Topographie

Das Gebiet der ehemaligen Fürstpropstei, der Kern des heutigen Landkreises Berchtesgadener Land, wird von mehreren Gebirgsstöcken umrahmt, die man unter dem Begriff »Berchtesgadener Alpen« zusammenfaßt. Sie liegen zwischen Saalach und Salzach, Zeller See, dem nördlichen Alpenvorland und dem Reichenhaller Talkessel und werden in 9 Gruppen unterteilt: Untersberg, Lattengebirge, Reiteralpe, Hochkaltergruppe, Watzmannstock, Göllgruppe, Hagengebirge mit Gotzenbergen, Steinernes Meer, Hochkönigsstock.

Der Dientener Sattel trennt das Schiefergebirge des Mitterpinzgau vom Hochkönigsstock und damit von den Berchtesgadener Alpen. Der höchste Punkt ist der Hochkönig mit 2941 m, das Lattengebirge erreicht nur mehr 1700 m.

Der Südteil der Berchtesgadener Alpen hat seinen Mittelpunkt im Steinernen Meer, das sich in nordöstlicher Richtung im Hochplateau des Hagengebirges und im Hohen Göll fortsetzt.

Nordwestwärts hingegen hängt das Steinerne Meer mit den gewaltigen Felskämmen des Watzmanns und des Hochkalters zusammen, schroffen, kettenförmigen Gratzügen mit schmalen Graten, die von Norden als steile Gipfel erscheinen.

Die westliche und nördliche Umrahmung des Berchtesgadener Landes sind Reiteralpe, Lattengebirge und Untersberg. Ihre Gliederung verdanken die Gebirge im wesentlichen nur den Verzweigungen und Verästelungen des Berchtesgadener Haupttales: Nordwärts zieht sich das Tal von Bischofswiesen, das sich in dem Paß von Hallthurm, 693 m, gegen das breite Talbecken von Bad Reichenhall öffnet, der Paß von Hallthurm trennt das Lattengebirge vom Massiv des Untersberges. Westwärts erstreckt sich das Tal der Ramsau, das sich vor dem Hintersee verzweigt: Nordwestwärts tieft sich zwischen die bewaldeten Höhenzüge ein Zweigtal zum Paß von Schwarzbachwacht, 880 m, ein, das jenseits der Paßhöhe durch das Schwarzbachtal mit dem Saalachtal zusammenhängt.

Der südwestliche Talast, das Klausbachtal, schiebt sich, teilweise zwischen dolomitischen Felskulissen, bis zum Paß Hirschbichl, 1176 m, empor, auf dessen österreichischer Seite das Weißbachtal mit der Seisenbergklamm zur Saalach hinunterzieht.

Die südwärts emporziehenden Talfurchen, streckenweise von gewaltigen Felswänden begrenzt, enden in großartigen Talschlüssen. Es sind das wildromantische, von wüsten Karen begleitete Wimbachtal, welches Hochkaltergebirge und Watzmanngruppe scheidet, und das Königsseetal, welches den Watzmann vom Göllstock und den Gotzenbergen trennt. Von außen schneiden noch zwei große Täler in diese Bergkette ein, und zwar beide von Osten vom Salzachtal her: das Bluntautal, welches die Göllgruppe vom Hagengebirge trennt und am Torrenerjoch ausläuft, und das breite, amphiteatralisch endende Blühnbachtal.

Die Falkensteinwand am Königssee

**Geologisches O-W-Profil
vom Fagstein über Königssee - Watzmann - Wimbachtal - Hochkalter - Reiteralpe
nach O. Ganss (1977), Bayer. Geologisches Landesamt**

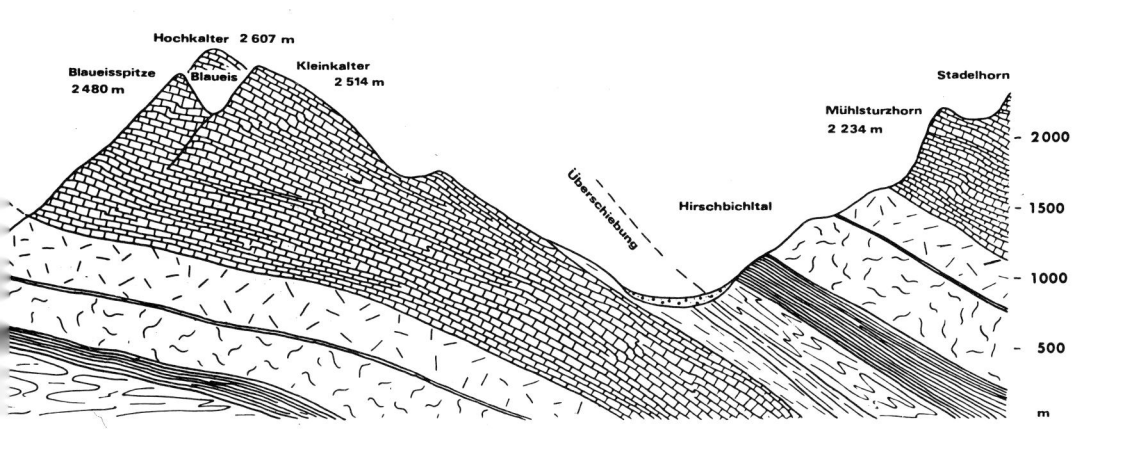

Der Hochkalter mit dem Blaueis
(gezeichnet von A. Poselt)

Geologie[5]

Die Berchtesgadener Alpen bestehen aus Sedimentgesteinen. Die zu tiefst aufgeschlossenen Gesteinsschichten zählen zur Trias. Zuunterst liegen das Haselgebirge mit den Salzvorkommen und die Werfener Schichten: braune, rote und grünliche Ton- und Mergelschichten sowie Sandsteine. Darauf folgt der Muschelkalk: dunkle, z.T. harte Kalke; darüber liegt der mächtig entwickelte Ramsaudolomit. Diesen an der Oberfläche stark verwitternden Dolomit scheidet ein schmales Carditaband - dunkle, mergelige Raibler Schichten - vom Oberen Ramsaudolomit. Dieser Dolomitkomplex wird von Dachsteinkalk überlagert. Auf ihn folgen die Gesteinsserien des Jura: schwarze, z.T. manganhaltige Mergel, rote, mergelige Kalke und Kieselkalke und als Abschluß die Gesteinslagen der Kreideformation: Kalk-Mergelschichten und Sandsteine. Im Gegensatz zu den Kettengebirgen der westwärts anschließenden Nördlichen Kalkalpen haben die Berchtesgadener Alpen großenteils Plateaucharakter. Dies liegt am überwiegenden Anteil der Kalk- und Dolomitausbildung auf Kosten weicherer Schichten. Dieser in sich spröde und starre Kalk-Dolomitkomplex verwehrte dem ungeheuren Druck bei der Ausformung der Gebirge die sonst so reiche Faltenbildung. Er zerbrach, und an den Bruchrändern wurden die Teile auf- und übereinandergeschoben. Solche Massenverfrachtungen bezeichnet man als Überschiebungen und Schuppungen, die über die unteren Gesteinsmassen bewegten Teile als Decke oder Schubmasse. So zeigen verschiedene Stellen in den Berchtesgadener Alpen die Überlagerung der jungen Juraschichten durch mächtige Gesteinslagen der alten Trias. Dieser Vorgang der Gebirgsbildung mit seinen charakteristischen Überschiebungen vollzog sich zur Kreidezeit. Damals wurden jene tektonischen Linien angelegt, die in der Folgezeit durch Wasser- und Eiserosion zu unseren Tälern modelliert wurden. So entstanden das Wimbachtal an einer Bruchlinie, die den mächtigen Kuppelbau der Watzmann-Hochkalterlinie durchkreuzte, das Klausbach-Ramsauer Tal und das Bischofswiesener-Schellenberger Tal.

Zur mittleren Tertiärzeit wurde das noch einheitliche, aus Ramsaudolomit und Dachsteinkalk bestehende Watzmann-Hochkalter-Massiv aufgewölbt, die Kuppel barst in einem von Süden nach Norden gerichteten Riß, in den sich das Wasser einfraß und den ehemaligen Wimbachsee bildete. Mit der Aufwölbung wurden Watzmann- und Hochkalterstock auf Jura- und Kreideschichten hinaufgeschoben und erhielten dadurch ihre beherrschende Höhe.

Übergossene Alm, Steinernes Meer und Hagengebirge befinden sich noch am Ort ihrer Entstehung, dagegen wurden Reiteralpe, Lattengebirge, Untersberg und Göllgruppe in der mittleren Kreidezeit auf untere Kreideschichten von Süden her überschoben.

Auch die gewaltige Eigenvergletscherung, die die Täler einst mit bis zu 1400 m hohen Eismassen erfüllte, trug viel zum Oberflächenrelief des Berchtesgadener Talkessels bei. Ein mächtiger Gletscher drang vom Steinernen Meer südwärts hinab in die Furche des Königssees, seine Seitenmoränen lagern noch auf Kühroint und am Priesberg in 1400 m Höhe. Über den Hirschbichl und die Schwarzbachwacht drängte der Saalachgletscher Seitenarme in das Ramsauer Tal.

Der Königssee selbst ist jedoch kein Eiszeitsee wie etwa der Chiemsee; er ist vielmehr ein tektonischer Spaltensee, der durch Erdbebenbruch der Gesteinsrinde der Erde schon vor der Eiszeit entstanden ist. Die gewaltigen erratischen Felsblöcke am nördlichen Ende des Königssees sind hingegen Zeugen der Würm-Eiszeit, wurden also erst vor etwa 20.000 Jahren hier von den Eismassen abgelagert. Die verschiedenen Gletscher erhielten aus den zahlreichen Hochkaren, die heute als Hängetäler in Steilwänden unvermittelt gegen die Täler abbrechen, Zustrom. Ein kleinerer Gletscher hatte sein Firnfeld zwischen dem Großen und Kleinen Watzmann und drang durch das moränengesäumte Schappachtal bis zum Klausbach-Ramsauer-Gletscherarm. Insgesamt flossen drei große zentralalpine Gletscherströme im Bereich der Berchtesgadener Alpen ab: einer zog das Saalachtal entlang und hinterließ die bekannten Gletscherschliffe an der Alpenstraße bei Inzell, der mittlere drang über den Hirschbichl ins Innere des Berchtesgadener Talkessels, der dritte floß durch das Salzachtal. Dazu kamen der Wimbach- und Königsseegletscher, die sich mit den anderen Eismassen vereinigten.

Das sog. »Blaueis« am Fuße des Hochkalters ist heute einer der vier letzten kleinen Gletscher auf deutschem Boden; er ist von 850 m Länge im Jahre 1856 auf 360 m im Jahre 1949 abgeschmolzen bei einem mittleren Dickenverlust von 34 m und hat jetzt nur noch eine mittlere Tiefe von höchstens 20 m.

Nach der würmeiszeitlichen Vergletscherung entstanden mehrere, mittlerweile wieder verlandete Seen, so der ehemalige Wimbachsee, dessen beträchtliche Seebändertone im Wimbachtal lagern, ferner der einst sehr langgezogene Klausbachsee, dessen Überrest der heutige Hintersee bildet.

Die nach der Eiszeit liegengebliebenen Gletschermoränen bildeten einen fruchtbaren Boden, auf dem sich eine reiche Flora entfalten konnte. Nur noch einige Bergstürze haben das geologische Bild der Landschaft nach der Eiszeit verändert.

Alte Ansichten aus dem Berchtesgadener Land

Zur Vor- und Frühgeschichte

Die Anfänge der Besiedelung des Berchtesgadener Landes scheinen bedeutend älter zu sein als noch vor Jahrzehnten angenommen. Noch nicht publizierte Steinlochaxt- und Scherbenfunde legen die Vermutung nahe, daß am einstigen Schwöber See in der Schönau zumindest vorübergehend eine Dauersiedlung bestanden habe. Da sich der Fundort Friedbichl-Lehen über Schwöb durch ein siedlungsfreundliches Relief und Kleinklima auszeichnet, ist kaum anzunehmen, daß die Funde von durchziehenden jungsteinzeitlichen Jägern stammen, denen sie verloren gegangen sein könnten. Je eine Lochaxt wurde in ähnlicher Lage am »Kalten Keller« und am Fürstenstein gefunden.[6]

Daß das Friedbichl-Lehen ältester Siedlungsboden ist, wird durch die Tatsache erhärtet, daß es ein fürstpröpstlicher Maierhof war, also einer der Urhöfe, die eine Schlüsselposition bei der Besiedelung des Landes spielten.

Die lebhafte Siedlungs- und Bergbautätigkeit am salzburgischen Dürrnberg während der Bronzezeit machte vermutlich nicht an der Landesgrenze halt, auch wenn auf Berchtesgadener Boden bislang nur die Funde in der Kuhlochhöhle diese Vermutung belegen.

Der »Kalte Keller« am Herzogberg

Zur Geschichte der einstigen Fürstpropstei[7]

Der Eintritt Berchtesgadens in die Geschichte beginnt mit der Gründung des Stiftes, über welche die noch vor dem Jahre 1124 entstandene »Fundatio monasterii Berchtesgadensis«[8] ausführlich berichtet.

Der Boden, auf dem das Stift erwuchs, scheint schon vorher gräfischer Bannwald gewesen zu sein, die frühest nachweislichen Grundherren waren die Grafen an der oberen Salzach aus dem Geschlecht der Sighardinger. Graf Berengar von Sulzbach und sein Stiefbruder Cuno von Horburg hatten auf Grund einer Stiftung ihrer Mutter, der Gräfin Irmgard, das kleine Stift Berchtesgaden nicht lange vor den Jahren zwischen 1102 und 1105 auf einem gegen den Lockstein weiter ansteigenden Hügelplateau über dem steilen Ufer der Ache gegründet. Die päpstliche Bestätigung des neuen Stiftes ist sicher auf die Zeit von 1102 bis 1105, wahrscheinlich auf das Jahr 1102 zu setzen.[9]

Irmgard, die Tochter des Grafen Cuno von Rott, war in erster Ehe mit dem um 1070 verstorbenen Grafen Engelbert, einem Sighardinger, verheiratet und hatte den von ihm ererbten Besitz dann ihrem zweiten Gemahl Gebhard von Sulzbach als Morgengabe zugebracht. So konnte ihr Sohn Berengar auf ihre Veranlassung diesen Besitz als wirtschaftliche Grundlage des neuen Stiftes verwenden.

In den Jahren 1102/5 übereignete Berengar die für die Ausstattung des Stiftes bestimmten Güter Berchtesgaden und Niederheim (im Pinzgau) dem päpstlichen Stuhl und erhielt dafür am 7. April 1102/5 als Gegenurkunde ein Mandat Papst Paschals II., der das Stift mit allen seinen Besitzungen unter den Schutz der Kurie stellte.

Die neue gräfliche Gründung war vom Stift Rottenbuch aus, dem Mutterkloster der bayerischen Augustinerchorherrenstifte, mit Klerikern unter Führung des Kanonikers Eberwin besetzt worden.[10]

Offenkundig sahen sich jedoch die ersten Chorherren schon bald gezwungen, das unwirtliche Bergland zu verlassen; über die mutmaßlichen Gründe schreibt Ritter Josef Ernst von Koch-Sternfeld im Jahre 1815: »Zu den Schrecknissen der grauenvollen Wildnis, zur Kälte, Unfruchtbarkeit, Gefahr vor den wilden Tieren, zur völligen Abgeschiedenheit gesellten sich noch außerordentliche Ereignisse der Natur am Himmel und der Erde; Gestirne bewegten sich in ungewöhnlichen Bahnen und schienen zu fallen, flammende Körper fuhren durch die Luft; vom 3. Jänner 1117 nachts bis zum 4. abends, während Orkane Bäume entwurzelten, erbebte die Erde in heftigen Stößen, daß die Gebirge erzitterten, Felsen donnernd in die Täler stürzten, und die Wände der Bergseen brachen ...« Eberwin sie-

Oben:
»Eingang in den Bartholomäsee«

Mitte:
Berchtesgaden anno 1640

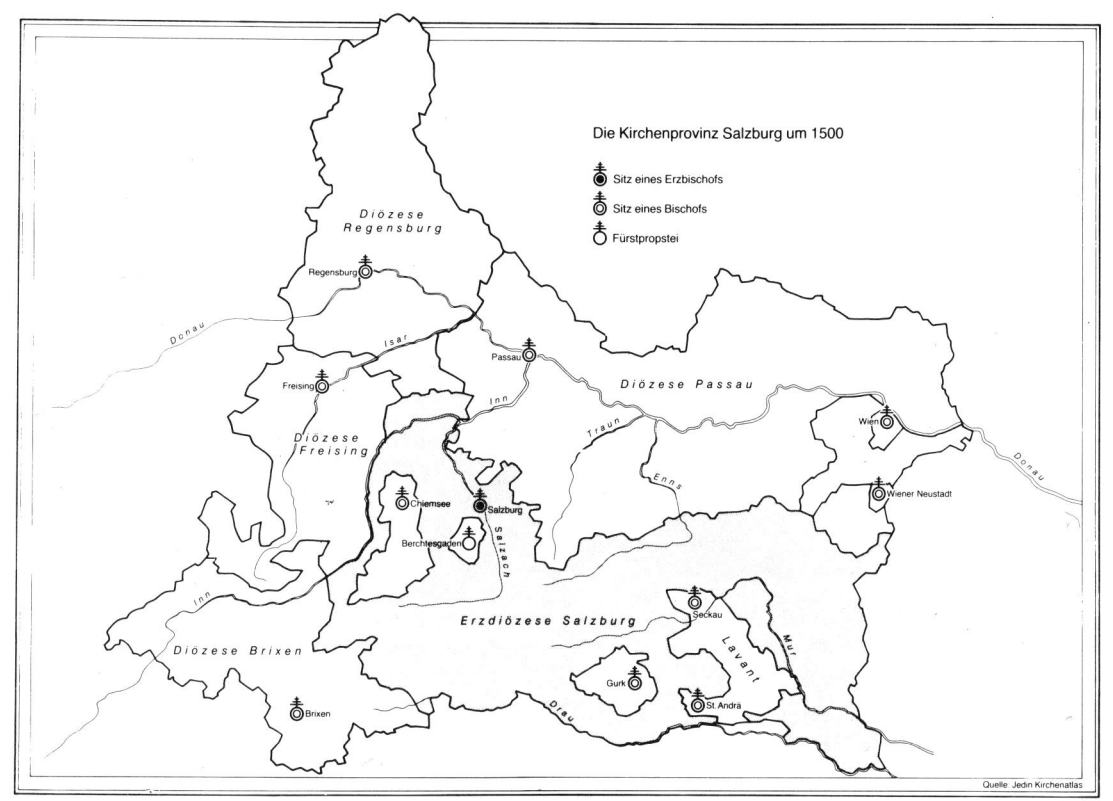

»Die mittlere Watzmannspitze und das Jagdschlößchen im Wimbachthale«, Zeichnung von Joh. Stüdl

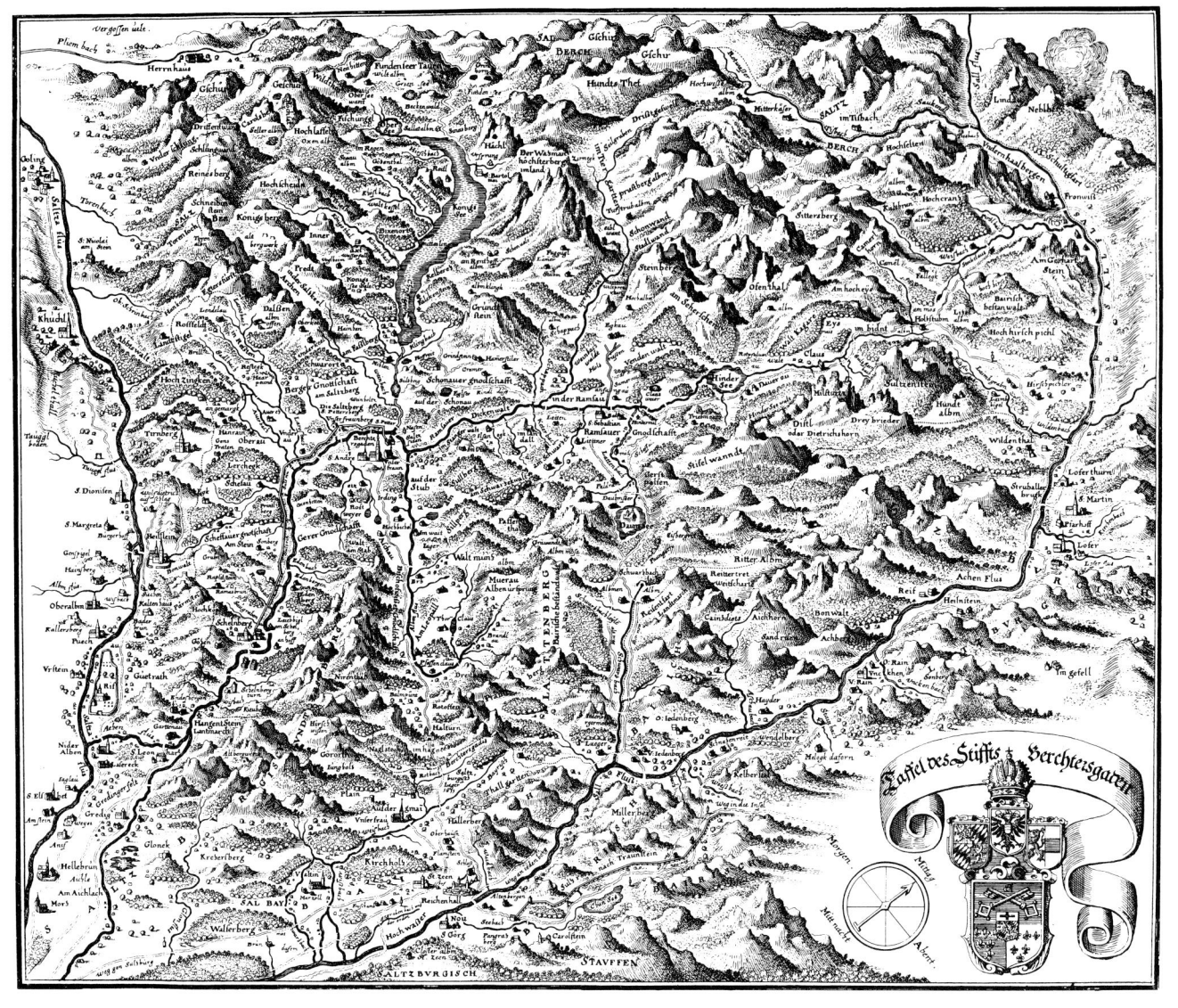

Karte des Stifts Berchtesgaden; Kupferstich von Matthias Merian, 1643.

Die persönlichen Wappen der Fürstpröpste von Berchtesgaden

1. Heinrich III., Familienname und Wappen sind unbekannt
2. Conrad III. v. Medling
3. Johann I. Sachs v. Sachsenau
4. Hartnid v. Lampoting
5. Eberhard Sachs v. Sachsenau
6. Conrad Tanner v. Altentann
7. Heinrich von Ynzing
8. Reinhold Zeller
9. Otto Tanner v. Altentann
10. Jacob von Vansdorf (er führt zuerst das pers. Wappen in seinem Siegel)
11. Petrus Pfeffinger
12. Greimold Wulp (die Farben sind unbekannt)
13. Ulrich I. Wulp
14. Sighard Waller
15. Conrad I. Thorer
16. Erzbischof Pilgrim II. v. Puchheim von Salzburg
17. Erzbischof Gregor Schenk v. Osterwitz von Salzburg
18. Erzbischof Eberhard III. v. Neuhaus von Salzburg
19. Petrus Pienzenauer
20. Johannes Praun
21. Bernhard Leoprechtinger
22. Erasmus Pretschleipfer
23. Ulrich Pernauer
24. Balthasar Hirschauer
25. Gregor Rainer
26. Wolfgang Lenberger
27. Wolfgang Griesstaetter zu Haslach
28. Jacob II. Pütrich
29. Ferdinand von Bayern
30. Max Heinrich von Bayern
31. Joseph Clemens von Bayern
32. Jul. Heinrich v. Rehlingen
33. Cajetan Ant. v. Notthaft
34. Mich. Balt. Graf Christallnig
35. Franz Ant. Freiherr v. Hausen auf Gleichensdorf
36. Joseph Conrad Freiherr v. Schroffenberg

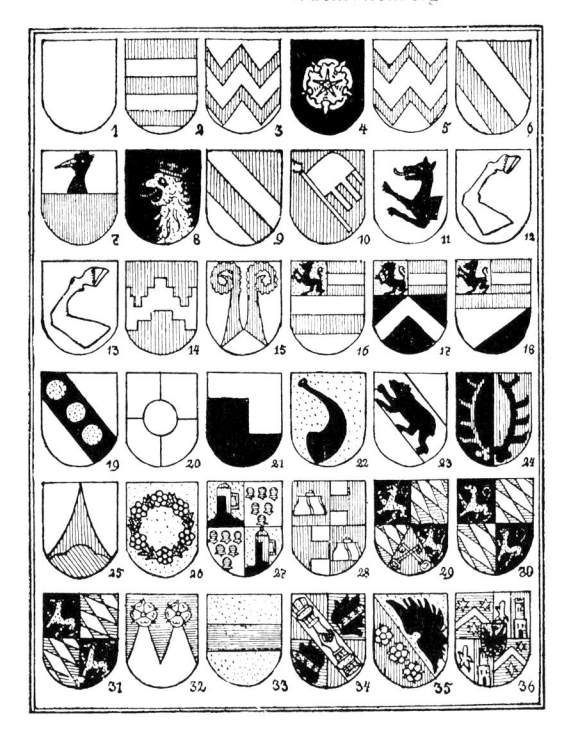

delte sich mit seinen Mitbrüdern zunächst in Baumburg an der Alz an, als Graf Berengar auch dort ein neues Augustiner-Chorherrenstift gründete und erwirkte, wohl um das Jahr 1107, auch für dieses Stift ein päpstliches Schutzprivileg.[11] Trotz des Widerstands der Baumburger Chorherren gab Berengar seine Berchtesgadener Gründung nicht auf und erreichte schließlich auch, daß Eberwin mit einigen Kanonikern wieder ins Gebirge zurückkehrte. Obwohl die Baumburger mit allen Mitteln wieder gegen die erneute Selbständigkeit Berchtesgadens protestierten, wuchs das dortige Stift durch kluge Nutzung der Bodenschätze rasch zu großer Bedeutung. »Der Ausgangspunkt, wenn auch nicht das entscheidende Moment für den Aufstieg Berchtesgadens zur Reichsstandschaft ist die Tatsache, daß das Stift schon wenige Jahre nach seiner Gründung in einem genau umgrenzten Bezirk, eben dem Gebiet der späteren Fürstpropstei, Herr über den gesamten Grund und Boden war. Dadurch wurde das Stift auch zum alleinigen Träger der Rodung im Lande. An diesen Umstand knüpfen sich alle folgenden Rechtsverleihungen des 12. und 13. Jahrhunderts, wenn ihn auch die meisten Quellen nicht besonders hervorheben.«[12] Diese ausschließliche Grundherrschaft geht auf eine Schenkung Berengars von Sulzbach zurück, der dem ursprünglich nur mit Berchtesgaden und Niederheim dotierten Stift im Jahre 1122 neben Besitzungen zu Grödig, Schönberg und Grafengaden das zum gräflichen Amtsgut Grafengaden (St. Leonhard bei Grödig) gehörige Waldgebiet übergab, das schon vor der Klostergründung eine festumgrenzte Einheit außerhalb des Grafschaftsverbandes im Besitz der Sighardinger und dann der Sulzbacher gebildet hatte. Die Grenzen werden in der Schenkungsurkunde genau beschrieben.[13] Die Schenkung Berengars hat dem Stift also die Forst- und Jagdhoheit und die Möglichkeit zur Rodung in dem beschriebenen Waldgebiet eingeräumt. Damit war im Gebiet der Fürstpropstei, soweit es noch zu Beginn des 12. Jahrhunderts ein fast unbesiedeltes, geschlossenes Waldland war, die wichtigste Voraussetzung zur Ausbildung der späteren Landeshoheit gegeben, da Rodung neben Besitzrechten auch Herrschafts- und Gerichtsrechte verlieh.

Der entscheidende Schritt zur Gewinnung der Landeshoheit war jedoch die Bestätigung und Ausweitung der schon geübten oder beanspruchten Rechte des Stiftes durch die königliche Gewalt, nämlich durch Privilegien Friedrichs I. und Heinrichs VI. Kaiser Friedrich I. nahm am 13. Juni 1156 das Stift in seinen Schutz, bestätigte ihm die Forsthoheit innerhalb des von Berengar geschenkten Waldes, der nun als umfriedeter Forst bezeichnet wurde, und fügte dazu das Schürfrecht auf Salz und Metall innerhalb der Grenzen. Ebenso wurde die freie Vogtwahl, die schon Papst Calixt II. im Jahre 1121 dem Stift im Rahmen des päpstlichen Schutzes auch gegenüber der Stifterfamilie zugestanden hatte, erneut bestätigt. Diese Übertragung königlicher Regalien und die Aufnahme in den Schutz des Reiches wurde erneuert im Diplom Kaiser Heinrichs VI. vom 23. März 1194, die dem Propst von Berchtesgaden auch noch einräumte, daß in Zukunft alles Rodeland und die darauf angesetzten Rodungsbauern von jeder gräflichen Gerichtsbarkeit ausgenommen und seiner weltlichen und geistlichen Obergewalt unterstellt sein sollten. Da jedoch in der Fürstpropstei alle Siedlungen auf Rodung beruhten, stand damit das Stift außerhalb jedes ordentlichen Gerichtsverbandes. An dessen Stelle stellte das Diplom Heinrichs VI. fest, daß für alle oben übertragenen Rechte – Grundherrschaft, Forst- und Bergregal, Gerichtshoheit über Rodungsland und Rodungsbauern – das königliche Hofgericht allein zuständig sei, wenn diese Rechte von einem der Nachbarn Berchtesgadens angefochten werden sollten. Damit war die Reichsunmittelbarkeit Berchtesgadens begründet. In die Gerichtsbarkeit, die dabei dem Propst über das gerodete Land verliehen worden war, muß das Hochgericht mit gewissen Einschränkungen eingeschlossen gewesen sein.

König Adolf verlieh im Jahre 1294 dem Stift als letzte Bestätigung seiner Landeshoheit das Recht, daß der Propst in allen Fällen, über die ihm bereits seit 1194 das »iudicium saeculare« zustand, das Blutgericht (»iudicium sanguinis«) durch seine eigenen Beamten ausüben könne. Damit war der Aufstieg des Stifts zur Reichsstandschaft in seinen Grundzügen vollendet.

Die Belehnung mit den Regalien durch das Reich ist jedoch erst wieder unter König Wenzel im Jahre 1386 ausdrücklich bezeugt.

Das Verhältnis Berchtesgadens zur Kurie war seit der Gründung des Stiftes festgelegt; Berengar von Sulzbach hatte es dem Apostolischen Stuhl zu Eigentum übertragen. Berchtesgaden war damit zum päpstlichen Eigenkloster geworden, doch ließ die Verfügungsgewalt der Kurie dem Papst weitgehend freie Hand in allen besitzrechtlichen Handlungen. Besonders günstig wirkte sich dies später vor allem dadurch aus, daß Berchtesgaden gegenüber den häufigen Besitzansprüchen der Erzbischöfe von Salzburg einen Rückhalt an der Kurie fand.

Unterstand das Stift also besitzrechtlich dem Papst, so war es doch seit seiner Gründung der Disziplinargewalt und geistlichen Jurisdiktion des Erzbischofs von Salzburg unterworfen. Im Jahre 1142 erhielt das Stift von Papst Innocenz II. Zehentfreiheit, das Begräbnisrecht und freie Propstwahl bewilligt und um dieselbe Zeit vom Erzbischof von Salzburg das Seelsorgerecht zugestanden. Die politischen Grenzen deckten sich von da ab mit den Pfarrgrenzen, die Fürstpropstei bildete also eine eigene, zunächst noch von Salzburg abhängige Pfarrei.

War Berchtesgaden nun auch staatlich und kirchlich selbständig, so war es doch wirtschaftlich und demzufolge auch politisch von Salzburg und später von Bayern abhängig.[14]

Die heftigen Auseinandersetzung um die Salzvorkommen und die große Verschuldung hatten u. a. zur Folge, daß die Fürstpropstei von 1393 bis 1404 sogar dem Erzstift Salzburg einverleibt wurde und Schellenberg mit seiner Saline bis zum Jahre 1556 fast 170 Jahre in salzburgische Pfandschaft geriet.

Die stete Bedrohung der Selbständigkeit Berchtesgadens durch die Pläne der Salzburger Fürsterzbischöfe führte zu einer engeren Anlehnung der Fürstpropstei an Bayern, das naturgemäß an deren Selbständigkeit stark interessiert war.

Im Zuge der Bemühungen Salzburgs um die Inkorporation Berchtesgadens erbot sich Fürsterzbischof Wolf Dietrich von Raitenau sogar, die salzburgische Enklave Mühldorf mit allen Gütern an den bayerischen Herzog Maximilian I. zu überlassen.

Die kurkölnische Administration Berchtesgadens, die von 1594 bis 1723 währte, war letztlich ein geschickter Gegenzug der Wittelsbacher gegen die salzburgische Expansionspolitik.

Vom Jahre 1723 bis zur Säkularisation wurden die Berchtesgadener Fürstpröpste wieder aus den Reihen des Stiftskapitels gewählt. Mit der Abdankung des berühmten Fürstpropstes Joseph Konrad aus dem freiherrlichen Geschlechte der Schroffenberg zu Moos und Hefenhofen am 26. 2. 1803 endete die Geschichte der Fürstpropstei, nachdem schon die letzten Jahre des 18. Jahrhunderts den endgültigen Zusammenbruch der fürstpröpstlichen Finanzen gebracht hatten. Im Frieden von Luneville wurde das Berchtesgadener Land Erzherzog Ferdinand von Österreich zugesprochen und 1803 in dessen Fürstentum Salzburg einverleibt. Durch den Frieden von Preßburg im Jahre 1805 kam es an die Krone Österreich und durch den Frieden von Schönbrunn im Jahre 1809 an das Königreich Bayern, bei dem es seitdem verblieben ist; als Landgericht, dann – zusammen mit Reichenhall – als Bezirksamt und schließlich – seit der Gebietsreform im Jahre 1972 zusammen mit dem ehemaligen Landkreis Laufen als Landkreis Berchtesgadener Land.

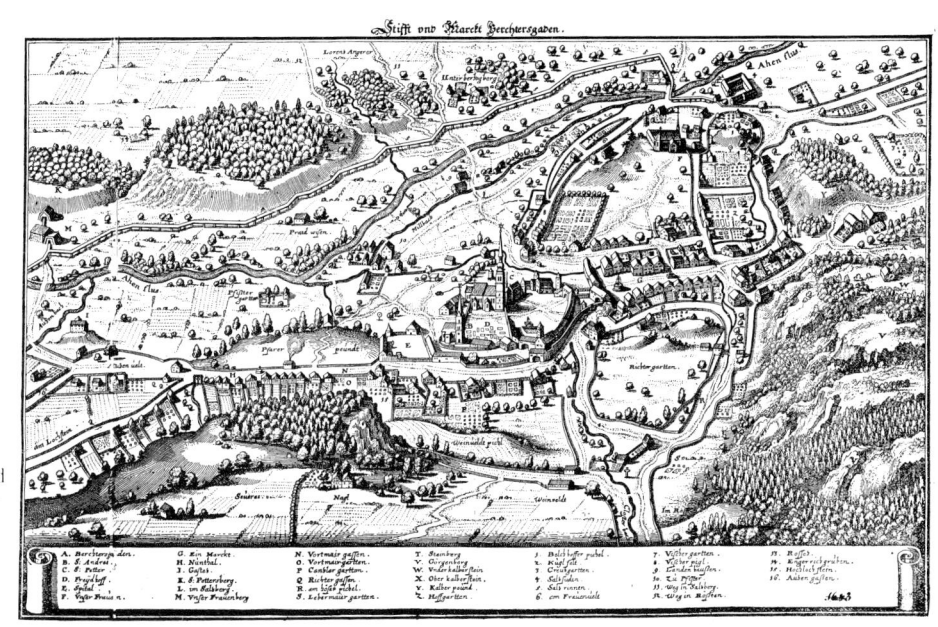

Kupferstich vom »Stifft und Marckt Berchtesgaden« von Matthias Merian aus dem Jahre 1643.

Die Reformation im Berchtesgadener Land[15]

Marsch der Salzburger Emigranten (Ausführliche Historie der Emigranten, Leipzig 1732, Salzburger Landesarchiv)

Als die Lehre Martin Luthers die geistlichen Fürstentümer Salzburg und Berchtesgaden erreichte, traf sie hier auf fruchtbaren Boden. Der Salzburger Erzbischof Eberhard III. klagt in den Synodalstatuten vom Jahre 1420: »Es haben sich einige, welches wir mit Schmerz erzählen, die mit den Ketzereien und Irrtümern der Wiclifiten und Husiten behaftet sind, auch wegen derselben bereits in Verdacht und üblem Ruf stehen, heimlicherweise in die Grenzen unserer Provinz eingeschlichen ...«

Bei der wirtschaftlichen und zeitweise auch politischen Zusammengehörigkeit von Salzburg und Berchtesgaden konnte es nicht ausbleiben, daß sich der Protestantismus auch in der Fürstpropstei verbreitete, zumal im Salzbergwerk Dürrnberg sächsische Bergarbeiter zusammen mit Einheimischen arbeiteten und seit dem Jahre 1271 auch Berchtesgadener Knappen dort beschäftigt waren. Ausschlaggebend für die rasche Verbreitung der Lehren Luthers war wohl auch die Tatsache, »daß das gewöhnliche Volk über eine äußerst mangelhafte religiöse Belehrung verfügte: während nämlich die Kapitulare sich lediglich auf ihren Chordienst beschränkten, war die religiöse Unterweisung in den weit zerstreut liegenden Gnotschaften zwei Kaplänen übertragen, deren Arbeitskraft selbst bei gutem Willen der gewaltigen Aufgabe nicht gewachsen gewesen wäre. Und während das niedere Volk durch die Schuld der Geistlichkeit oder durch eigene Indolenz der Kirche mehr und mehr entfremdet wurde, nahmen viele der Gebildeten, darunter Geistliche und Mönche, an dem unchristlichen Treiben der Diener der Kirche, der Lockerung der Kirchenzucht und der Pfründenhäufung bei den kirchlichen Würdenträgern Anstoß.«

Für die notleidende Bauernschaft war die neue Lehre zudem eine Frohbotschaft, von der sie sich vor allem eine Besserung ihrer wirtschaftlichen Lage versprach. Als nach dem 2. Religionsmandat vom Jahre 1524 sowohl von Seiten des bairischen Herzogs als auch des Salzburger Erzbischofs der Druck und Vernichtungswille gegen die Neugläubigen immer stärker wurde, da kam es in Salzburg zur ersten blutigen Erhebung der Bauernschaft, an der sich auch die Berchtesgadener beteiligten.[16] Zwei Jahrhunderte lang wurde nun auf der einen Seite alles versucht, das Luthertum zu unterdrücken und der katholischen Sache wieder zum Siege zu verhelfen, während auf Seiten der Protestanten die neue Lehre teils in aller Stille, teils mit erstaunlichem Glaubensmut verbreitet wurde; allerdings verhielten sich die Berchtesgadener nach Niederwerfung der Bauernaufstände ruhiger als die Untertanen des Erzstiftes Salzburg.

So reiht sich bis in die Schicksalsjahre 1731-1733, bald durch ein Religionsmandat der weltlichen Regierung, bald durch strenge Gewaltmaßnahmen der kirchlichen Behörde, Verfolgung an Verfolgung und selbst die Bestimmungen des Westfälischen Friedens vom

Nach Preußen gehende Salzburger (Andachtsbild)

»Des Aberlaubens Wuth verjagt die fromme Schaar
Doch Friedrich Wilhelm kom und bietet Hülffe dar
Drum rufft der Himmel selbst:
Ein solcher Held muß leben
Ich will ihm Tausend Glück und Nestors Alter geben.«

Jahre 1648, welche den Lutheranen die ersehnte Gleichberechtigung zusprachen, haben weder Gehör noch Berücksichtigung gefunden.

Schon im Jahre 1572 hat Propst Jakob II. von Berchtesgaden mehrere am Dürrnberg wohnende Untertanen wegen Übertritts zum neuen Glauben mit sofortiger Landesverweisung bestraft. Das Hauptaugenmerk der kirchlichen Obrigkeit richtete sich nunmehr auf die Vernichtung der lutherischen Bücher, weshalb häufiger Büchervisitationen in den einzelnen Häusern vorgenommen wurden, denen freilich nur selten ein greifbarer Erfolg beschieden war.[17]

In der Folge schritt man bei den Betroffenen zu Prüfungen im katholischen Glauben und forderte die Beschwörung des Glaubensbekenntnisses, zuletzt wurden Hartnäckige zur Auswanderung auf längere Zeit verurteilt.

Im Jahre 1686 zwang der Salzburger Erzbischof Gandolph 30 Familien protestantischer Bergknappen zur Auswanderung, unter ihnen auch Joseph Schaitberger, der später durch seine Trost- und Rechtfertigungschriften berühmt geworden ist.

Das Vermögen der »Exulanten« wurde konfisziert, ihre Kinder mußten zurückgelassen werden und wurden an katholische Bauern zur Unterweisung im rechten Glauben verteilt.

Im Jahre 1685 ließ das Erzstift Salzburg der Propstei mitteilen, daß mehrere Berchtesgadener, die beim Dürrnberger Salzwesen bedienstet waren, glaubensverdächtig seien. Und da gegen diese und ihre Glaubensgenossen unverzüglich schwere Inquisitionen angestellt wurden, sind viele von ihnen damals teils gezwungen, teils freiwillig zusammen mit Schaitberger nach Nürnberg ausgewandert als »an einen Ort«, wie ein Schreiben vom 27. 12. 1686 besagt, »da nicht päpstliche Obrigkeit herrschte, ... wo sie sich ernährten mit Strumpfstricken, Holzhauen, Waschen und Zuspringen.«[18] Um einer weiteren heimlichen Auswanderung vorzubeugen, wurde nach einem Befehl vom 29. 5. 1687 im Einverständnis mit Salzburg und Bayern beschlossen, »die Durchpassierenden zu verhaften und ihr Vermögen auf keine Weise durchzulassen«, wie auch die Güter der bisher ohne Erlaubnis Ausgewanderten in Beschlag genommen und verkauft worden waren.

Da im Jahre 1687 in Schellenberg erneut eine zwangsweise Vertreibung erfolgte und auch sonst wiederholt »von schimpflicher Verweisung aus dem Hochstift« die Rede ist, wurden nunmehr Glaubensprüfungen angeordnet, in deren Verlauf abermals zahlreiche Personen verhört und zur Beschwörung des Glaubensbekenntnisses veranlaßt wurden. Hand in Hand mit diesen Prüfungen setzte vom Jahre 1688 an von neuem eine gründliche Büchervisitation ein, bei welcher auch im Markte Berchtesgaden mehrere Personen wegen Lesens ketzerischer Bücher mit Geldstrafen belegt wurden. Um der Einfuhr von Büchern entgegenzuwirken, mußte ein Verordnung vom Jahre 1688 bestimmen, »daß die Briefträger von Augsburg und anderen Orten, sowie die Buchhändler zu arretieren seien«: waren doch vor allem die Schriften Schaitbergers in großen Ladungen durch Emissäre in das Gebiet von Salzburg und Berchtesgaden eingeschmuggelt worden. Da eine lebhafte Agitation von auswärts die Neugläubigen ununterbrochen in ihrem Glauben bestärkte und heimlich und vorübergehend zurückgekehrte Vertriebene, vor allem aber Schaitberger selber die religiöse Begeisterung immer wieder von neuem anfachten, konnte allen Gegenmaßregeln kein durchschlagender Erfolg beschieden sein, zumal vornehmlich die Stadt Nürnberg die Sache der Ausgewanderten mit allem Nachdruck vertrat. Auch die ersten Jahrzehnte des 18. Jahrhunderts sind gekennzeichnet von obrigkeitlichen Strafmaßnahmen, heimlichen Emigrationen und den Aufträgen an das Landgericht, die konfiszierten Güter so gut als möglich zu verkaufen.

Erst im Jahre 1707 wurden zwei Patres der seit 1694 in Berchtesgaden angesiedelten Franziskaner mit der Aufgabe betraut, die Lehre Luthers, insbesondere aber Schaitbergers weiterverbreitete Schriften durch »Kontroverspredigten« zu bekämpfen. Diesen Bemühungen sowie weiteren Verordnungen war jedoch nur ein geringer Erfolg beschieden, und die Verhältnisse um das Jahr 1730 waren so verworren, daß die Kirchenfürsten beider Nachbarterritorien sich gezwungen sahen, die bisher untersagte freiwillige Emigration zu bewilligen, um ihr Land vom lutherischen Glauben freizuhalten.

In den Schicksalsjahren 1731-1733 erreichte die Salzburger Protestantenvertreibung unter dem Erzbischof Leopold Anton Eleutherius Freiherr von Firmian ihren Höhepunkt: Über 20.000 Protestanten wurden, als Rebellen gebrandmarkt, aus dem Erzbistum Salzburg von Haus und Hof getrieben; erst beim König von Preußen fanden sie Schutz und Aufnahme. Nach dem Wortlaut des Ausweisungsbefehls hatten die »Unangesessenen«, soweit sie über 12 Jahre alt waren, »mit hindantragendem Sack und Pack das Land binnen 8 Tagen zu verlassen, die Angesessenen spätestens in 3 Monaten«.

Die Auswanderung der Dürrnberger Bergknappen nahm um das Jahr 1730 so bedrohliche Ausmaße an, daß Firmian sich hilfesuchend an das Stift Berchtesgaden wandte, welches zur Aufrechterhaltung des Bergwerksbetriebes etwa 200 Familien nach Dürrnberg entsandte. Fast die gesamte Ortschaft Dürrnberg - 788 Personen - zogen im Jahre 1732 von ihren Höfen, die von den eingewanderten Berchtesgadenern belegt wurden. Diese Emigranten zogen teils nach Ostpreußen, teils sogar bis in den amerikanischen Staat Georgia.

Im Jahre 1732 begann der Kampf der Berchtesgadener Protestanten, deren Zahl auf über 2000 angewachsen war, um die Erlaubnis zur Auswanderung, was der neugewählte Fürstpropst Cajetan Anton Freiherr von Notthast, mit allen Mitteln zu verhindern versuchte.

In einem Bericht, der unter dem 28. September 1732 von Regensburg nach Nürnberg gesandt wurde, lesen wir: »Vergangenen Sonntag 14 Tage war ein Aufstand in Bergtolsgaden, indem die Verleger der Arbeitsleute vorstellten und den Abt baten, einige Mittel an Hand zu geben, damit die Leute bleiben und durch den Ausgang nicht das ganze Land ruiniert würde; konnten aber nichts erhalten.«

Im selben Jahr erließ Fürstpropst Cajetan das Emigrationspatent, welches u.a. bestimmt, daß jede Person 5 Gulden Abzugssteuer zu entrichten habe, um sich von der Leibeigenschaft loszukaufen und daß die Auswanderer sich in Ungarn niederzulassen hätten. Mit dieser letzten Bestimmung sollte erreicht werden, daß keinem evangelischen Land, in dem sich die Emigranten niederzulassen gedächten, durch den blühenden Handel mit Spielwaren eine erträgliche Einnahmequelle erschlossen würde. Diese Forderung ist von den Protestanten von vornherein abgewiesen worden. Die Härte der Protestantenunterdrückung Fürstpropst Cajetans gipfelt wohl in der Bestimmung, daß die Protestanten nicht mehr auf dem Friedhof, auch nicht einmal auf ihren eigenen Äckern bestattet werden durften, sondern an »entlegenen steinigen Oertern am Waldesrand«, von denen heute noch einer am Sigllehen in der Au, dem sog. »lutherischen Freithof« und ein zweiter am Unterbarmstein anzutreffen ist.

An weiteren Schikanen sind auch bekannt geworden die Verweigerung der Sterbesakramente und der Taufpatenschaft sowie die Enterbung.

Viele Verbote Cajetans verstießen gegen die Bestimmungen des Westfälischen Friedens, wonach die »Andersgläubigen« niemals wegen der Religion verachtet, vielweniger von öffentlichen Kirchhöfen und ehrlichen Begräbnissen ausgeschlossen werden dürfen. Als sich dadurch neuerdings Hunderte zum Verlassen ihrer Heimat gezwungen sahen, wurden von Preußen, Hannover, Holland und namentlich Nürnberg eifrige Versuche gemacht, die Auswanderer, die als tüchtige Handwerker bekannt waren, zu gewinnen. Um nun zu verhindern, daß der Auswandererstrom vor allem den Landen des preußischen Königs zufließe, versuchte die Berchtesgadener Regierung auf jede Weise den Emigranten die brandenburg-preußischen Lande zu verleiden und scheute dabei auch vor den übelsten Unwahrheiten nicht zurück.

Im Jahre 1733 emigrierten schließlich die Bischofswiesener Protestanten unter der Obhut eines preußischen Kommisars mit allen ihren Kindern ins Brandenburgische, von wo sie nur Gutes zu berichten wußten. Von nun an besserten sich die Emigrationsbedingungen; vor allem wohl auch, weil die neuen Landesherren bereit waren, für die unvermögenden Auswanderer das nötige Ablösegeld zu entrichten. Ausführliche und präzise Berichte geben uns ein lebendiges Bild des großen Emigrantenzuges vom Jahre 1733, dem sich über 700 Personen angeschlossen hatten und von dem sogar eine Emigrantenliste erhalten ist. Die Chroniken einiger norddeutscher Städte enthalten ebenfalls genaue Angaben über die Ankunft der Einwanderer und ihre soziale und berufliche Integration; in einigen Städten wurden für die eingewanderten Glaubensgenossen sogar eigene Häuser und Siedlungen errichtet, die meist mit dem Namen des bekannteren Salzburg verknüpft wurden. »Wenn sich auch einige Elemente, verwöhnt durch die zahlreichen Schenkungen und hochherzigen Opfergaben, ans Nichtstun gewöhnt hatten und später vor jeder Arbeit zurückschreckten, ja sogar den Bettel betrieben, wogegen die Regierung einzuschreiten sich gezwungen sah, so wird ihnen doch fast durchgehend in moralischer und religiöser Hinsicht das beste Zeugnis ausgestellt und ihrer Arbeitswilligkeit rühmend erwähnt.«

Über die in Hannover angesiedelten Emigranten wird im Jahre 1743 berichtet: » Sie bezeugen sich christlich, leben still und fromm, besuchen den öffentlichen Gottesdienst fleissig, sind begierig, Gottes Wort zu hören und Arbeiten nach ihrem Vermögen ..... Sie selbst haben die Unruhigen und Mißvergnügten bestraft und ihnen die Absicht ihres Ausganges, welche rein sein müßte, vorgehalten. Anfangs wollten sie kein Speck, Kohl, Bohnen und Schwarzbrot essen, nun aber gewöhnen sie sich dazu. Sie kochen aber noch meist nach ihrer Art selbst und essen gerne von Milch und Mehl zubereitete Speisen.«

Andere Berichte beklagen Heimweh, Sprachschwierigkeiten und Mentalitätsprobleme, vor allem aber Absatzschwierigkeiten für das Schnitzereigewerbe; aus diesem Grunde erfolgten auch Rückwanderungen aus norddeutschen Städten nach Nürnberg, wo die Auswanderer im waldreichen Altdorf eine eigene Kolonie bildeten.

Wie aus Wills Geschichte und Beschreibung der Nürnbergischen Landstadt Altdorf vom Jahre 1796 hervorgeht, brachten es die Tüchtigen unter ihnen mit der Zeit zu einigem Wohlstand, sodaß manche sich in Altdorf und der Gegend um Nürnberg ankaufen und das Bürgerrecht erwerben konnten. Sicher aber ist, daß der große Aufschwung, den die Nürnberger Spielwarenindustrie genommen hat, mit der Ansiedlung der Berchtesgadener Emigranten im Gebiet von Nürnberg zusammenhängt.

Die Auswanderung blieb für das Berchtesgadener Land nicht ohne wirtschaftliche Schäden. Als daher noch im selben Jahre 1733 sich erneut einige hundert Berchtesgadener zur lutherischen Lehre bekannten, sah sich der Fürstpropst gezwungen, zur Wahrung der volkswirtschaftlichen Interessen die Auswanderung fortan zu verbieten. Dem Beispiel der Salzburger Behörde folgend, fing Cajetan Anton an, »die Pässe dergestalt zu verwahren, daß man keine zuverlässige Nachricht aus seinem Lande bekommen konnte.« Mit aller Schärfe wurde aufs neue nach lutherischen Büchern gefahndet. Überzeugt, daß nur durch religiöse Unterweisung des Volkes der Protestantismus im Lande überwunden werden könne, begann die Kirche im Jahre 1735 zwei volle Jahre hindurch, tiefgreifender und umfassender als je zuvor eine Mission im ganzen Gebiete durchzuführen, über deren Methodik und deren Ergebnisse uns ebenfalls genaue Berichte erhalten sind. Das in Salzburg im Jahre 1737 erschienene Missionsbuch: »Der wahre römisch-katholische Salzburger« von G. Christoph Weißenbacher zeigt uns, daß die Hauptaufgabe der Missionare darauf zu richten war, die Lehre Schaitbergers und »des sauberen Luther, der die guten Werke für nichts achtet und den Glauben über alles stellt«, zu widerlegen. Darin wird auch den katholischen Gläubigen zur strengen Pflicht gemacht, die Glaubensverdächtigen den Missionaren oder der kirchlichen Behörde namhaft zu machen.

Den Abschluß fand diese großangelegte religiöse Belehrung im Markt Berchtesgaden selbst, wo in der Pfarrkirche und in häufigen »Christenlehren« in einzelnen Häusern religiöse Vorträge abgehalten wurden. In den Jahren 1736-1737 und später wieder bis zum Jahre 1743 wurde in mehreren Gnotschaften eine Nachmission veranstaltet, um auch die letzten Anhänger des lutherischen Glaubens zur katholischen Kirche zurückzuführen. Überreste solcher Volksunterweisungen haben sich in Berchtesgaden bis tief ins 19. Jahrhundert in den sog. »Hauslehren« fortgepflanzt, die in der Fastenzeit und bei anderen Gelegenheiten in den »Lehrhäusern«, zumeist den früheren Missionshäusern, abgehalten wurden, von denen einige namentlich bezeugt sind. In diese Epoche der Gegenreformation fällt auch die Errichtung des Kalvarienberges oberhalb des Fürstensteins in Berchtesgaden, dessen lateinische Inschrift ausdrücklich besagt: »Zur Vermehrung des Eifers der frommen Gläubigen in der Betrachtung des Leidens unseres Herrn Jesu Christi hat diesen Kalvarienberg von Grund auf errichten lassen Michael Balthasar, des Heiligen Römischen Reiches Fürstpropst von Berchtesgaden, aus dem Grafengeschlecht der Christalnig 1760.«

Über die Wiedereinführung des Protestantismus in Berchtesgaden und seine Entwicklung bis zur Gegenwart schreibt Mertz: »Nach einem 200 Jahre langen Kampf der katholischen Kirche gegen das Luthertum schien nach der Auswanderung der Protestanten unter Cajetan Anton und den unmittelbar daran sich anschließenden Missionsbestrebungen das ganze Berchtesgadener Land dem alten Glauben zurückerobert zu sein und voller Genugtuung bemerkt ein pfarramtlicher Bericht vom Jahre 1788: »Nun war jeder Schatten an dem verdächtigen Glauben verschwunden.« Doch schon nach kaum drei Dezennien hatten sich in Berchtesgaden von neuem Anhänger des lutherischen Glaubens seßhaft gemacht: »Die Säkularisation des Chorherrenstiftes, die Einverleibung Berchtesgadens in das bayerische Gebiet und das Religionsedikt des bayerischen Staates hatten ermöglicht, daß auch in der südöstlichen Gegend des Bayernlandes sich von neuem Glieder des evangelischen Glaubens niederlassen konnten. Doch welch' verändertes Bild! Der Bauer und der Holzschnitzer, der Bergmann und der Handwerker hatten um ihres Glaubens willen die Heimat verlassen, in der vom zweiten Jahrzehnt des 19. Jahrhunderts an nunmehr der unternehmungslustige Kaufmann und der Staatsbeamte sich ansässig machten, denen später der Unternehmer und Pensionsbesitzer sowie der Wohlbegüterte sich zugestellten, der meist im Norden des deutschen Reiches seinen Wohnsitz hatte, aber, von der Herrlichkeit der Gebirgswelt angelockt, seinen Sommersitz hier aufzuschlagen begann. So war, was damals in Berchtesgaden sich zum evangelischen Glauben bekannte, aus den verschiedensten Gauen Deutschlands und darüber hinaus aus Österreich, Ungarn und dem Baltenland zugezogen ....«

Was von der weiteren Entwicklung der kleinen evangelischen Gemeinde in den folgenden Jahrzehnten überliefert ist, verdanken wir dem »Kassenbuch für die protestantischen Gottesdienste in Berchtesgaden«, in welches vom Jahre 1850 an der Salinenbaumeister Lorentz 50 Jahre hindurch gewissenhaft seine Aufzeichnungen über das Wohl und Wehe der Gemeinde eingetragen hat.

Durch den 1891 gegründeten »Protestantischen Kirchenbauverein« erfolgte schließlich der von August Thiersch entworfene Bau der Evangelisch-Lutherischen Christuskirche, die 1899 eingeweiht wurde.

Die Situation der Bauern, Handwerker und Arbeiter

Das Verhältnis zur Grundherrschaft

Obwohl die Besiedelung des Berchtesgadener Landes ausschließlich durch Rodung durchgeführt wurde, ist die »in anderen Rodungsgebieten vorhandene Freiheit der Rodungsbauern in grund- und leibherrschaftlicher Hinsicht innerhalb der Fürstpropstei nicht anzutreffen.« »Hier herrschte völlige Abhängigkeit der im Waldgebiet nach Baumannsrecht (coloni) angesetzten Rodungsbauern, ... die mit Grund und Boden, Leib und Leben der Grund-, Leib-, Vogtei- und Gerichtsherrschaft des Stifts unterworfen waren.«[19]

Die Siedler standen in völliger Abhängigkeit vom Stift, das »sehr weitgehend auf die Gestaltung und Entwicklung der Wirtschafts- und Rechtsverhältnisse wie überhaupt auf jede Tätigkeit der Landesbewohner einzuwirken imstande war.« Die Abhängigkeit der Bauern bestand vor allem in der Leibeigenschaft und in deren Folge in bestimmten Vorschriften bezüglich Auswanderung, Verheiratung und handwerklichen Wanderns, die erst im Jahre 1807 aufgehoben wurden. Neben der Leibeigenschaft war das Rechtsverhältnis der Bauern dem Stift gegenüber durch die Höhe der auf dem Lehen ruhenden Zins- und Dienstverpflichtungen festgelegt; wie andere Untertanen waren sie überdies zur Wehrleistung verpflichtet und mußten deshalb stets im Besitz von Waffen sein.[20]

Von seiner Gründung bis ins 14. Jahrhundert gab das Stift als Obereigentümer des gesamten Grundbesitzes die Lehen anfänglich wohl nur als »Freistift«, d.h. pachtweise auf ein Jahr aus. Es ist die für den Bauern nachteiligste Leiheform. Der Bauer mußte jährlich seinen Pachtbrief erneuern und konnte gezwungen werden, nach Ablauf des Vertrages sein Lehen zu verlassen oder gegen ein anderes einzutauschen. Dieses Leiheverhältnis änderte sich erst mit dem Erlaß des Landbriefes im Jahre 1377, der den Eigenleuten des Stiftes auf ihren Höfen, auf denen sie »vorhero alle Jahr Freystift genossen haben«, das Erbrecht verlieh, sodaß sie von den Gütern »unvertrieben noch unverstoßen noch davon enterbt werden« sollten. Fortan war es dem Bauern also erlaubt, die bisherige Zeitpacht in eine Erbpacht umzuwandeln. Durch Entrichtung eines Kaufgeldes konnte er mit einem öffentlichen Kaufbrief sein bisheriges Lehen als Erblehen erwerben. Das Stift behielt sich jedoch das Recht vor, das Lehen dann wieder einzuziehen, wenn die im Kaufbrief festgelegten Abgaben nicht genau eingehalten wurden. Diese alljährlichen »Dienstreichnisse« sind uns in den sorgfältig geführten Salbüchern des Stiftes überliefert. Sie bestanden in Hühner-, Heu- und Käsediensten. Nur vereinzelt gab es auch einen Getreidezehent. Die Almen waren unabhängig von der Hofstatt mit eigenen Steuern und Diensten belegt.

Interessant ist, daß die in den Kaufbriefen festgelegten Steuer- und Dienstreichnisse noch nach 300 Jahren in gleicher Höhe gefordert und entrichtet wurden. Da die meisten Bauern den Kaufpreis für ein ganzes Lehen vielfach nicht aufbringen konnten, teilte man die Lehen. Der ungefähre Kaufpreis für den Teil eines Lehens betrug zwanzig Pfund Pfennig und jährliche Abgaben von mindestens hundertzehn Kas und achtzehn Pfund Pfennig an das Kloster. Für eine Tagschicht wurden 15 Pfennig gezahlt. Der Bauer mußte also allein für den »Schuldendienst« das ganze Jahr arbeiten. Nach dem Landbrief konnten die Erbrechtsgüter bei Erbfällen geteilt werden. Dies hatte die Entstehung vieler kleiner Lehen zur Folge; wollten sich die Kleinbauern am Leben erhalten, so waren sie gezwungen, einer nichtbäuerlichen Nebenbeschäftigung nachzugehen. Dieses Erbrecht ist mitverantwortlich dafür, daß die Bauern großenteils als Knappen, Holzknechte und Schnitzer ihre Existenz bestreiten mußten. Zu Beginn des 16. Jahrhunderts erhoben sich die ausgebeuteten Bauern gegen das Stift. Kaiser Maximilian, von Stift und Untertanen zugleich angerufen, entsandte zur Schlichtung des Zwistes Degenhard Fuchs zu Fuchsberg, der im Jahre 1506 einen wohl mehr zu Gunsten des Stiftes abgefaßten Schiedsspruch fällte; er ging als »Fuchsbrief« in die Geschichte dieses Bauernaufstands ein. Dieser »Vertrag zwischen Brobsten und Lanntschaft zue Berchtesgaden durch Hern Tegnharten Fuchsen als Römisch-Kuniglicher Maiestät Comisarien«, regelt die »Irrung und Spänn«, die zwischen »bayd Partheyen« (d.i. Landesherrenschaft und Landschaft) besonders wegen der Auslegung der Urkunde von 1377 entstanden waren und stellte fest, daß es beim alten Herkommen verbleiben solle.[21]

»Die Zugeständnisse dieser für die Beziehungen zwischen Obrigkeit und Untertanen in der Fürstpropstei wichtigsten Urkunde scheinen unter einem gewissen Druck erfolgt zu sein, sei es durch die damalige finanzielle Abhängig-

Übersicht
über die Berchtesgadener Lehen und ihre Almen vom Jahre 1461 – 1931

a) Lehen

Jahr	Schönau-Königssee	Ramsau	Bischofswiesen	Gern	Schellenberg	Au	Scheffau	Salzberg-Berchtesgaden	Summe
1461	105	83	112	26	61	44	49	38	518
1536	110	84	115	28	63	70	57	76	603
1596	149	115	143	33	83	85	68	80	757
1636	168	132	174	36	24	82	65	94	775
1800	181	141	191	51	18	116	73	85	986
1931	174	131	177	43	96	103	60	110	894

b) Almbauern

Jahr	Schönau-Königssee	Ramsau	Bischofswiesen	Gern	Schellenberg	Au	Scheffau	Salzberg-Berchtesgaden	Summe
1461	31	32	24	2	2	3	2	8	104
1536	29	34	29	3	4	7	2	9	115
1596	33	34	33	1	2	3	1	11	118
1636	32	39	37	1	–	4	4	6	123
1830	40	45	61	–	3	7	6	14	176
1931	30	41	38	–	2	4	2	12	129

keit Berchtesgadens von Salzburg, sei es durch berechtigte Forderungen der Bauern selbst. Die Bestimmungen des Landbriefes blieben die allgemeine Grundlage für das innerstaatliche Leben der Fürstpropstei bis ins 19. Jahrhundert.«[22]

In den Landordnungen von 1654 und 1667[23] wurden die Bestimmungen des »Fuchsbriefes« im wesentlichen beibehalten, für alle Zweifelsfälle wurde das kurbayerische Landrecht als verbindlich erklärt.

Im Steuerbuch vom Jahre 1698 sind die Anwesen der Fürstpropstei nach einem einfachen Hoffußsystem in ganze und halbe Höfe eingeteilt, im 18. Jahrhundert erscheint zusätzlich eine geringe Zahl von Viertelhöfen. Nach dieser Einstufung wurde die »Landsteuer« (Grundsteuer) berechnet, neben der noch die jährlichen Stiftsdienste und gegebenfalls eine Gewerbesteuer zu entrichten waren. Besondere Frondienstleistungen waren das »Khag«, d.h. Arbeiten an der Grenzwehr (Gehag) des Landes und ebenso die »Wegrobot«, d.h. die Unterhaltung bestimmter Straßen »durch diejenige benachbarte Unterthanen, so es von alters her schuldig gewest.«

Soweit die Propstei den Zehent als Naturalsteuer aus dem Getreidebau beanspruchte, forderte sie von den Grundholden 30 Garben je Tagwerk. Wer weniger als ein Tagwerk bebaute, hatte keinen Zehent zu entrichten.[24]

Als Gegenleistung hatten die zehentpflichtigen Bauern bei Mißernten Anspruch auf Saat- und Brotgetreide. Das Stift konnte über seine Maierhöfe und seine auswärtigen Besitzungen meist ein ausgeglichenes Ernteergebnis erzielen und konnte in Notfällen durch kluge Vorratshaltung fürsorglich eingreifen. »Daß die Berchtesgadener Bauern keine Duckmäuser waren und auf ihren zwar kleinen, aber freien und unabhängig gelegenen Höfen durchaus Selbstbewußtsein und Schlitzohrigkeit bei der Wahrung ihrer Interessen entwickelten, beweist die von Zeit zu Zeit laut werdende Klage, daß oft verschimmelte oder von Mäusen zerfressene Garben gereicht und nicht wenige gar vor der Ablieferung 'ausgeschlenzt' wurden«.[25]

Eine Urkunde vom 3. Juni 1648 aus Berchtesgadener Privatbesitz führt uns vor Augen, welchen Umfang die Zerstückelung bäuerlicher Anwesen angenommen hat: »Georg Stangassinger übernimmt nach dem Tode seines Vaters Hanns Stangassinger gewesten Holzmeisters in der Talsen den Viertalhof zu Hofreith für 900 fl. und 10 Taler.«[26]

Die Zinsen und Dienstreichnisse an das Stift wurden bei den geteilten Gütern in entsprechenden Verhältnissen gefordert, sie entsprechen also insgesamt den beim Lehenskauf im öffentlichen Kaufbrief festgesetzten Verpflichtungen. Bei der allgemeinen Armut überrascht die Tatsache, daß Lehen nicht nur geteilt wurden, sondern vereinzelt mehrere Anwesen in einer Hand vereinigt waren.[27]

Dies wurde durch den hierorts beliebten »Losungskauf« begünstigt. Dieser Kauf wurde erst nach einer vereinbarten Zeit, gewöhnlich nach 4 bis 8 Jahren rechtskräftig; bis dahin konnten Käufer und Verkäufer von dem Handel zurücktreten. War während dieser Zeit ein Kaufpartner gestorben, so blieben auch für den Nachfolger die Bestimmungen des Losungskaufs in Kraft.

Ferner gab es in Berchtesgaden noch einen sog. »versteckten« Losungsbrief bzw. Losungskauf. Mit diesem suchte man die gesetzlichen Bestimmungen zu umgehen, welche lauten: »Sofern in Zukunft ein Unterthan eine Lehenschaft, einzelner Grundstück, Haus oder Gerechtigkeit durch Kauf an sich bringen woll, so muss jedsolcher künftiger Haus-, Güter- oder Gerechtigkeitskäufer das erforderliche Kaufdrittel des Wertes als ein wirklich freyes ungeborgtes Eigenthum verlässig nachweisen.« Konnte der Kaufschilling nach 2 Jahren noch nicht aufgebracht werden, so ging das Anwesen wieder an den früheren Eigentümer zurück.[28]

Das Kuratell des Stiftes hörte auch mit der Vergabe der Bauerngüter als Erblehen nicht auf. Als Grundeigentümer wachte es darüber, daß die Baulichkeiten die notwendigen Instandsetzung erfuhren und die Felder richtig angebaut wurden. Schon im Landbrief vom Jahre 1377 kommt dies zum Ausdruck:
»Sie sollen auch die Guetter und Lehen allzeit wesentlich zu Hauss und baulich zu Feld einhaben, wer das nicht täth, dass man mit dem Nachpauern gegen ihme geweisen mag, und dass er auch nicht bessert, dernach und er gemahnt wird innen Jahresfrist, der ist schuldig zu Wandl, ain halb Pfund Pfennig.«[29] Die Wachsamkeit des Stiftes wird auch später wieder in dem hochfürstlich Berchtesgadenerischen Landrecht vom Jahre 1795 verdeutlicht:

Allgemeine wirtschaftliche Verhältnisse

Ganz allgemein können die wirtschaftlichen Verhältnisse des Bauernstandes in der Fürstpropstei als ärmlich, ja kläglich angenommen werden.

In seinen 1785 gedruckten »Naturhistorischen Briefen« schrieb Franz von Paula Schrank über das harte Schicksal der Berchtesgadener: »Einen vorzüglichen Zug im Charakter dieses Volkes macht die Genügsamkeit; ohne reich zu seyn, ja manchmal bey »So setzt sich auch jeder Unterthan der Strafe aus, der sein Lehen zu Haus und Feld nicht im baulichen Stand erhält.«[30]

Die Fürsorge des Stiftes findet ihren Niederschlag auch in den verschiedenen Wald- und Forstordnungen; alle Anwesen, sofern sie nicht selbst über genügend Waldbesitz verfügten, waren »eingeforstet«, d.h. zu vollem Holzbezug nach Bedarf berechtigt. Erst dies ermöglichte den Untertanen die Unterhaltungspflicht ihrer Baulichkeiten. Die erste überlieferte Zusicherung dieser Art ist in dem zwischen Bayern und Berchtesgaden abgeschlossenen Waldbuch vom Jahre 1529 festgelegt, in dem darauf hingewiesen wird, daß »sie (die Untertanen) so ..... seßhaft sind zu gueter zimblicher Notdurft als zu Zimmern, Dach, Prunnen und Zaunholz aus sylchen Schwarzwäldern, als ihnen zue am negsten gelegen, wohl Holz schlagen und nemmen mögen.«[31]

In einem Landgerichtlichen Verwaltungsbericht vom 16. 11. 1665 wird dies bestätigt mit den Worten: »Vermöge Landrechts, während die Lehen allhier mit aller Zugehör peinlich zu unterhalten, in Ermangelung aber des eigenen Gehölzes von der Herrschaft dasselbe gratis zu verfolgen.«

Da die landwirtschaftlich nutzbare Fläche für die wachsende Bevölkerung immer unzulänglicher wurde und auch der für die Salzgewinnung unentbehrliche Waldbestand bedrohlich reduziert wurde, untersagte das Stift den Zuzug fremder Siedler und die Aufnahme von »Herbergsleuten« in ihren Häusern. Auch der Zuzug Landesfremder durch Heirat oder Lehenskauf unterstand schon seit jeher der Zustimmung des Stiftes.

Die Fürstpröpste sorgten jedenfalls jahrhundertelang durch eine Reihe sehr sinnvoller Verordnungen, das Unheil der Überbevölkerung von ihrem kargen Lande fernzuhalten und bewiesen damit eine ökologische Vernunft, die heute vielfach abhanden gekommen ist.

wirklicher Armut, sind sie mit ihrem Lose zufrieden.«

Der karge Gebirgsboden konnte seit jeher nur einer begrenzten Zahl von Bauern das tägliche Brot gewährleisten. Da die schlechte Bodenbeschaffenheit als bäuerliche Lebensgrundlage bald nicht mehr ausreichte, mußte schon früh der Salz- und Holzreichtum des Landes ausgebeutet werden. Auf Salz und Holz baute zukünftig ein großer Teil der bäuerlichen Bevölkerung seine Existenz auf. Die Aufstellung aus dem Jahre 1652 über die wichtigsten Berufe im Land umfaßt nur die 8 Gnotschaften, also den bäuerlichen Teil des Landes, ist aber gerade deshalb umso aufschlußreicher, weil sie die eigenartige soziale Schichtung des Bauernstandes besonders deutlich dokumentiert.[32]

	Ramsau	Bischofs-wiesen	Schönau	Salzberg	Au	Scheffau	Gern	Ettenberg	Gesamt-zahl
Bauern	67	63	28	12	12	8	–	8	193
Bergknappen	–	–	–	26	43	13	–	–	82
Karrner und Fuhrleute	3	52	7	8	4	2	1	–	77
Holzknechte	24	13	18	1	–	1	–	–	57
Gaderer (Schreiner)	15	19	37	16	6	1	6	7	107
Tagwerker	3	6	1	5	3	14	–	–	32
Drechsler	6	14	79	6	6	2	6	4	123
Schnitzer	–	2	1	7	–	–	12	–	22
Pfannhauser (Salinenarbeiter)	–	–	2	3	1	3	–	1	10
Löffelmacher	8	3	–	1	–	2	1	1	16
Binder	–	3	5	2	7	–	5	–	22
Schäffelmacher	1	3	3	4	4	1	1	1	18

Der Bauernstand

Grundlage der bäuerlichen Autarkie war neben extensiver Viehwirtschaft auch im Berchtesgadener Land der Ackerbau. Einen guten Überblick über die überraschende Ausdehnung des Ackerbaus geben Zehentbeschreibungen aus dem Jahre 1713/14.

Danach wurden seinerzeit Weizen, Hafer und Roggen angebaut. Die wichtigsten Ackerbaugebiete waren auf Grund ihrer günstigen Lage die Gnotschaften Bischofswiesen, Schönau und Ramsau.

Je Lehen wurden durchschnittlich 3 Tagwerk angebaut, 1/5 davon war für Hafer als Pferdefutter anzusetzen.

Der Ertrag brachte in der Regel nur das 3-4fache der Saat, nicht viel mehr als den zehnten Teil der heutigen Getreideerträge. Es ist deshalb verständlich, daß der Getreideversorgung besonderes Augenmerk zuteil wurde. Nicht nur, daß allwöchentlich von den Bäckern der Getreidekauf dem Landgericht angezeigt werden mußte – jedes der an den üblichen Brotverkaufstagen von Samstag und Sonntag verkaufte Brot kam in die »Beständlade«, für die der Bürgermeister bis zum nächsten Verkauf Schlüsselwacht zu halten hatte.

Getreide mußte in beträchtlichen Mengen zugekauft werden und kam vielfach als Gegenwert und Gegenfracht zum ausgeführten Salz ins Land.

Die auf Selbstversorgung und extreme Lebensmittelbewirtschaftung bedachte Vorsorge der Pröpste, die sich die Steuerkraft des Volkes bewahren wollten, hat sich jahrhundertelang gut bewährt; das Land blieb jedenfalls von außergewöhnlichen Seuchen und Hungersnöten verschont. Auch für die ärgsten Katastrophenjahre weisen die Totenbücher Berchtesgadens nur eine relative kleine Zahl von Verstorbenen auf; so sind im Hungerjahr 1742 z.B. hier nur 10 Hungertote zu beklagen. Die tägliche Kost des größten Teils der Bevölkerung bestand aus Mehlspeisen, Milch, Schotten (Quark), Käse und sommers etwas Gemüse. Nur an hohen kirchlichen Festtagen kam Fleisch auf den Tisch. An Nahrungsmitteln wurde ein wenig eingekauft. Dies geht aus den Artikeln der Fragnergerechtsame aus dem Jahre 1801 hervor:[33]

1. Brod
2. Schmalz
3. Butter
4. Ayer
5. Griess
6. Brey
7. Nussen
8. Kim
9. Käss
10. Schotten (Quark)
11. Erbsen
12. Linsen
13. Zwiebel
14. Knoblauch
15. Linset (Lein)
16. Bier, Branntwein
17. Obst, Essig

Andererseits war es auch nicht erlaubt, in beliebiger Menge heimische Nahrungsmittel ausser Landes zu schaffen. In den Landesstatuten, die der Versorgung einen breiten Raum gaben, wurde z. B. verfügt, daß Viktualien wie Butter, Schmalz, Eier, Fleisch usw. zuerst den einheimischen Metzgern und Fragnern zu angemessenem Preis anzubieten seien.

Ferner war es verboten, Tauben zu halten, wohl aus Gründen der damit verbundenen Gefahr für die Getreidefelder. Gänse, die man behirten konnte, durften indessen geführt werden. Diese genügsamen Tiere lieferten nicht nur Fleisch, sondern auch die begehrten Bettfedern.

»Diese starke Reglementierung befremdet den, der darin nur ein Zeichen absolutistisch gebrauchter Staatsgewalt sieht und ist dem verständlich, der ökologisch zu denken gewohnt ist und der weiß, daß die beschränkten natürlichen Hilfsquellen, z.B. der Mangel an ackerfähigem Land, eine strenge, auf Autarkie abzielende Lebensmittelbewirtschaftung notwendig machte.«[34]

Mit dem Bau der Eisenbahn, die im zweiten Drittel des 19. Jahrhunderts Berchtesgaden an die großen Güterströme aus den ackerbaulichen Vorzugslagen und an Übersee anschloß, wurde die bäuerliche Subsistenzwirtschaft fragwürdig. In den agrartheoretischen Schriften jener Zeit taucht denn auch verstärkt die Forderung nach Rationalisierung und Spezialisierung auf, was für das Berchtesgadener Land nichts anderes hieß als die Einschränkung des Ackerbaues und Ausweitung des Viehbestandes. Lediglich in Kriegs- und Krisenzeiten pflegte man wieder vermehrt Getreidebau und Sonderkulturen zu treiben. Heute ist der Ackerbau bis auf wenige Ausnahmen verschwunden. »Zwar fehlen ausgesprochene Kulturterrassen, wie sie vielfach in steilhängigen Altsiedelländern bekannt sind, doch reichte die 800-jährige, periodisch wiederkehrende Beackerung der Flächen aus, ihnen eine sehr sanfte und kultiviert aussehende Oberflächengestalt zu verleihen. Wie englische Parkgründe liegen heute die ehemals akkerbaulich genutzten Geländeteile inmitten einer wesentlich gröber strukturierten Flur aus Buckelwiesen, baumbestandenen Felsblockfeldern, Grabeneinschnitten usw. und heben durch ihre Kontrastwirkung die Schönheit und Eigenart der Gesamtheit.«[35]

Ein bezeichnendes Licht auf die Lebensverhältnisse wirft auch die Form des Austrages. Übergaben die Eltern oder ein überlebender Elternteil noch zu Lebzeiten das Anwesen, wurde ein Kaufs-Übergabebrief abgeschlossen, in dem sie sich ihren Austrag vorbehielten. Die Austragsbedingungen sind in den Briefen verschieden, doch ist aus allen ersichtlich, daß sich der Altenteil stets im Wohnhaus selbst befand. Meist wurde die obere Stub'n und die Stub'nkammer, zuweilen nur der »warme Winkel hinterm Ofen« als Austrag ausbedungen. Ein eigenes Austragshaus oder Zuhaus, wie es andernorts bekannt ist, hat es in Berchtesgaden nicht gegeben.

Die Übergabsbriefe geben uns ein besonders anschauliches Bild über das häusliche Leben und die persönlichen Bedürfnisse der Bauern in den vergangenen Jahrhunderten. So bedingt sich Barbara Raspen im Jahre 1785 auf dem Stangerlehen »einen warmen Winkel in der Stuben und Liegestatt daselbst« aus. In einem anderen Brief wird von dem Austräger außer dem warmen Winkel in der Stube »die Hauskammer über der Stiege zur Liegerstatt und Aufbewahrung seiner Sachen nebst freyer Behilzung« gefordert. Besonders anschaulich ist der Austrag des Hanns Grässl, »verwittiber Besitzer des Grabenlehens in der Ramsau«, vom 25. April 1798:

»Hierauf hat sich übergebender Vater bey seinem Sohn Johann Grässl folgenden Austrag und anderes zu erreichen ausbedungen und gedacht sein Sohn auch getreulich zu halten versprochen, nemblich und
Erstens will er seinen Vater in der ordentlichen Stube lebenslänglich ohnentgeldlich behalten und die Stubenkammer zu Aufbewahrung seiner Sachen und ruhigen Liegestatt einräumen, Holz und Licht freyhalten, dann die Kost, wie er selbe selbst aus Gottes Händen hat, über Tisch verreichen, dagegen Vater solchen zu einer Vergütung seinen Kaufschillingsrest ohnverzinslich liegen lassen wolle.
Sollte aber
Zweitens, der Vater mit der Kost nicht mehr vorlieb nehmen können und sich selbst verpflegen wollen, als dann ist sonderheitlich abgemacht worden, daß der Sohn dem Vater hierfür 20 Pfund Schmalz, item jährlich 2 Metzen Weizen, 2 Metzen Korn, 3 Käs Leib und 2 Pfund Schotten, dann wöchentlich 3 Eyer und wöchentlich pr. 3 Kreuzer weisses Brot, täglich aber von Georgy bis Michaeli 1 Mässl gute Milch zu behändigen, Ihr Mütterliches Erbteil von seinem Kaufschillingsrest das jährliche Interesse zu 3% zuzustellen hätte, gegen dem, dass er seinem Vater auch abwechselnd 7 Hemden, das ist, ein Jahr ein härbenes und das darauffolgende Jahr ein rupfenes neues Hemd ohnentgeltlich beyzuschaffen und sodann hiemit zu continuiren haben solle.
Drittens, der Vater sich auch ausdrücklich erkläret hat seinen Sohn Johann den ausständigen Holzverdienst sonderheitlich als sein Eigenthum freywillig zu überlassen.
Weiters und
Viertens, hat sich Sohn Johann auch hiebei weiter verbindlich gemacht, seinen Geschwisteren, welche das 20. Jahr erreicht haben werden, Ihr Mütterliches Erbteil von nun an jährlich zu 4% zu verzinsen und jeder Schwester bei Standesveränderung eine Heurath Kue oder 20 fl. hiefür in Geld ohnentgeltlich zuzustellen. Letztlich und
Fünftens, verspricht auch Sohn Johann, seinen Geschwistrigen wenn selbige in künftiger Dienerschaft erkranken oder dienstlos werden sollen, einen solchen jederzeit auf 14 Tage die Krankenkost ohnentgeltlich zu verreichen, den Unterschlupf aber bis zu ihrer vollkommenen Genesung oder Diensterhaltung angönnen zu lassen.
Welch allen dann getreulich und ohnverbrechlich nachzukommen von beid Theillen zufrieden angelobt worden, wie rechts ist.«[36]

Das Holzhandwerk

Wer im bäuerlichen Beruf, als Holzknecht oder im Bergwerk keinen ausreichenden Lebensunterhalt fand, dem bot die Holzhandwerkerei als Heimarbeit zusätzlichen Verdienst, ja vielfach sogar die Lebensgrundlage. Schon an der vorstehenden Tabelle fällt der erstaunlich hohe Anteil an holzverarbeitenden Berufen auf. Vor allem im Winter, der arbeits- und brotlosen Zeit, mußten sich die Bauern nach zusätzlichem Erwerb umsehen. Das reichlich vorhandene Holz bot sich als billiges Arbeitsmaterial an und aus der Gelegenheitsproduktion von Hausgerät und Spielzeug wurde ein florierendes Gewerbe mit mehreren Handwerkszweigen. Schon seit dem Jahre 1535 war das holzverarbeitende Gewerbe durch einen Artikelbrief des Propstes Wolfgang I. einer Handwerksordnung unterstellt worden, die folgende Gliederung vorsah:[37]

1. Schachtelmacher: Groß- u. Kleinschachtelmacher, Gadelmacher.
2. Schnitzer: Trilchelschnitzer, Rösselschnitzer, Löffelschnitzer, Feinschnitzer (Heiligen- u. Krippenfiguren, Kruzifixe).
3. Drechsler: Büchsen- u. Dosenmacher, Körbchendreher, Pippendreher, Pfeifendreher.
4. Schäffelmacher, Pitschenmacher.
5. Muldenmacher.
6. Rechenmacher.
7. Holzschuhmacher.

Im Jahre 1695 zählte allein die Zunft der Schachtelmacher 150 Meister, 62 Gesellen und 17 Lehrlinge. Bald jeder 4. Einwohner der Fürstpropstei übte damals irgendein Holzhandwerk aus. Im Winter wurde zeitweilig fast in jedem Haus Spielzeug geschnitzt, gedrechselt und bemalt.

Ähnlich wie Oberammergau hatte auch Berchtesgaden bald weithin den Ruf eines Schnitzerortes erlangt und die »Berchtesgadener Ware« war früher bekannter als die Arbeit der Ammergauer Herrgottschnitzer. Die bekannte »Berchtesgadener Ware« war allerdings keine Kunstschnitzerei, sondern ein kunstgewerbliches Massenerzeugnis, vor allem Kinderspielzeug wie Puppen, Trommeln, Steckenpferde, Wägelchen, Säbel, Schepperl, Büchsen, Spielzeugtiere, aber auch Schaffel, Schachteln, Faßhähne, Kochlöffel und Holzteller. Die Manufakturei wurde von den Pröpsten dadurch gefördert, daß jeder als Meister eingetragene Holzhandwerker um den Preis von 10 Kreuzer zwei Stämme werkgerechtes Fichtenholz erhielt und der älteste Sohn noch einen um den gleichen Preis. Der Ursprung dieses Bezugsrechtes ist allerdings nicht aufzudecken. Die Preise, die die Schnitzer bei den Verlegern — durchwegs einheimischen Kaufleuten — erhielten, waren allerdings so niedrig, daß z.B. auch noch im 19. Jahrhundert 3 bis 4 Dutzend Kindersäbel hergestellt werden mußten, wenn ein Taglohn von 1,— bis 1,30 Mark verdient sein wollte. Viele Schnitzer entwickelten besondere Kunstfertigkeiten; »so hören wir besonders von mechanisch beweglichen Figuren, z.B. einem kunstvollen Spinnrad, das Garn von selbst spann und auf die Haspel brachte, Becher, von denen 50-100 ineinander steckten, und einer Nachbildung des menschlichen Auges mit all seinen inneren Teilen, Kapseln von der Größe eines Pfefferkornes, die Kruzifixe oder Rosenkränze enthalten, dessen Glieder sich mit dem unbewaffneten Auge fast nicht mehr unterscheiden lassen.«[38]

Im 16. Jahrhundert stand das Holzhandwerk in höchster Blüte: In Antwerpen und Cadix, in Genua und Venedig und vor allem in Nürnberg waren für den Vertrieb der begehrten »Berchtesgadener Ware« Niederlassungen gegründet worden. In der Mitte des 18. Jahrhunderts wanderten viele Schnitzerfamilien aus, zunächst nach Hannover und Ostpreußen, später nach Nürnberg, wo sie zu Mitbegründern der dortigen Spielwarenfabrikation wurden.

»Gegen Ende des 18. Jahrhunderts häuften sich die Klagen einerseits über die maßlosen Holzansprüche der Kunstholzhandwerker und andererseits über die Erhaltung der Salinen-Waldungen... Auch kann der einträglichste Teil der Holzwarenfabrikation, nämlich die Verfertigung der großen Schachteln nicht mehr so ausgedehnt wie früher betrieben werden, weil das hierzu erforderliche feinspaltige Holz seltener geworden ist.«[39]

Im Jahre 1805 werden noch genannt: 22 Pfeifenmacher, 285 Drechsler, 17 Schachtelmaler, 217 Schachtelmacher, 57 Schaffelmacher und 75 Schnitzer und Spielwarenmacher. Im Jahre 1821 war die Gesamtzahl auf 581, im Jahre 1882 auf 308 zurückgegangen.

Aus den Reihen der Kunsthandwerker ist auch eine Reihe namhafter Künstler hervorgegangen, vor allem sind hier die Elfenbeinschnitzer (»Beindrechsler«) zu nennen, die um 1700 ihre wertvollsten Stücke schufen. Die Kunstinventare nennen auch berühmte Maurermeister, Tischler, Schlosser und Maler.

Salinenwesen und Bergbau

Ein geschichtsformender Faktor wurde schon 150 Jahre nach der Gründung des Stiftes das Salz der Berchtesgadener Berge: Der Salzstock des Berchtesgadener Haselgebirges, auf Ramsaudolomit und Lias überschoben, ist 1800 m lang und teilweise bis 350 m hoch. Schon am 13. Juni 1156 erhielt Propst Heinrich (1148-1174) zu Würzburg von Kaiser Friedrich I. Barbarossa eine Bestätigung des von Graf Berengar geschenkten Waldgebietes und das Eigentumsrecht über alle dort etwa befindlichen Salz- und Erzlager.

Damit beginnt zwar die Salzgeschichte des Landes, doch ist anzunehmen, »daß dies nicht der Beginn, sondern lediglich die Absicherung des jungen Bergbau- und Siedebetriebes am Tuval (Götschen?; Dürrnberg?) und Gollenbach (Salzberg) war.«[40]

In Salzburg sah man dies als gefährliche Konkurrenz für die Saline Reichenhall, was im Laufe der Geschichte zu vielerlei Feindseligkeiten und Übergriffen zwischen dem Salzburger Domkapitel und der Fürstpropstei führte, in deren Verlauf sogar der päpstliche Stuhl um Schlichtung bemüht wurde. »Wir gehen wohl nicht irre, wenn wir annehmen, daß sich Berchtesgaden während des Streites bemühte, innerhalb seines Gebietes, d.h. am Westabhange des salzhaltigen Gebirgsstockes Salz zu finden und zu bauen und, als diese Bestrebungen von Erfolg waren, von seinen Ansprüchen, mit denen es gegenüber dem mächtigen Nachbarn doch nie auf die Dauer hätte durchdringen können, freiwillig abstand. Dieses neue unbestrittene berchtesgadensche Salzbergwerk führte zur Gründung der Pfannstätte in Schellenberg.«[41]

Die Einkünfte aus dem Salzbau hoben das Stift im Laufe der Zeit wirtschaftlich weit über den Durchschnitt der bayerischen Klöster. Erst die Finanzmisere vor der Säkularisation zwang den letzten Fürstpropst, mit Vertrag vom 28. April 1795 »alle Salinen, Berge und Wälder auf ewige Zeiten an Bayern gegen jährliche 50.000 Gulden und Prämien für die gewohnten 140.000 Zentner Salz und 75.000 Zentner Salzsteine übersteigende Produktion zu überlassen.«[42]

Für den Sudbetrieb, für das Befeuern der Soleverdampfungspfannen war nur das Nadelholz, vor allem das Fichtenholz geeignet. Es war für den Trifttransport geeignet und entsprach in der Hitzeentwicklung den Wünschen der Salzsieder.

Das Holzschlagerecht der Pröpste spielte ebenfalls eine wichtige Rolle im Gezänk zwischen Reichenhall und dem Stift um die Entwicklung ihrer Salzsudstätten. Wahrscheinlich war schon damals das bringbare Holz knapp geworden und drohte zu Engpässen in der Salzherstellung zu führen. Nur so ist es erklärlich, daß Kaiser Friedrich I. kurz vor dem Aufbruch zu seinem Kreuzzug im Jahre 1189 dem Chorherrenstift erneut die von den Sulzbachern herrührenden Holzschlagrechte bestätigte und somit das Stift und seine Rechte gegenüber den neidischen Nachbarn in Schutz nahm.

Mit zunehmendem Holzverbrauch griffen die Salinen immer weiter und höher bis in die entlegensten Bergregionen des Stiftgebietes. Der jährliche Holzbedarf seit der Inbetriebnahme einer weiteren Saline in Frauenreut an der Stelle des heutigen Bahnhofs in Berchtesgaden kann mit 20000 cbm / Jahr angenommen werden. Erst der Bau der Solepumpleitung im Jahre 1817 brachte eine wesentliche Erleichterung auf dem Sudholzsektor.

Um den Salzreichtum des Bodens auszubeuten, wurde eine umfangreiche Organisation[43] aufgebaut, die sich folgendermaßen gliederte:

Zeitgenössische Darstellungen aus dem Salzbergwerk am Dürrnberg.

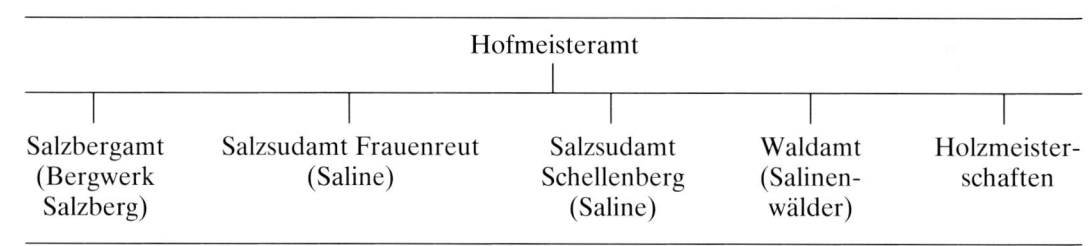

```
                          Hofmeisteramt
    │            │             │             │            │
Salzbergamt  Salzsudamt    Salzsudamt     Waldamt    Holzmeister-
(Bergwerk   Frauenreut    Schellenberg   (Salinen-    schaften
 Salzberg)   (Saline)       (Saline)      wälder)
```

Das Salzbergwerk war am Ende des 18. Jahrhunderts mit etwa 130 Beamten und Arbeitern (Bergwerksverweser, Bergmeister, Obersteiger, Bergknappen, Wasserknechte usw.) besetzt. Das Salzsudamt Frauenreut, dessen Erträgnisse ausschließlich an Bayern verkauft wurden, beschäftigte etwa 35 Untertanen (Schaffer, Pfannhauser, Zimmerer, Küfer, Fuhrleute usw.), das Salzsudamt Schellenberg hatte etwa 60 Beamte und Arbeiter. Der Vorstand der Saline Schellenberg, der sog. Hällinger, war meist auch Richter des Marktgerichtes Schellenberg. Gelegentlich wurden diese beiden Ämter vom Pfarrer von Schellenberg verwaltet. Die umfangreichen Salinenwälder wurden vom Waldamt aus durch Waldmeister, Förster und Holzschaffer in den drei Forstämtern überwacht. Die Holzarbeiten wurden von den Forstämtern meist erbrechtsweise an die sogenannten Holzmeister vergeben, die in einem bestimmten Gebiet (Holzmeisterschaft) mit ihren Arbeitern, den Halbmeistern und Viertelmeistern, das für die Salinen benötigte Holz einschlugen[44]. Diese Holzarbeiter waren ebenso wie die Bergknappen, die Salinenarbeiter und die Holzhandwerker in einer eigenen Bruderschaft (Zunft) mit bestimmten Satzungen zusammengeschlossen.[45]

Neben dem Salz spielten Erze eher eine untergeordnete Rolle. Manganerz ist im Gebiet der Kammerling- und Kallbrunn-Almen und des Jenners festgestellt worden; der Abbau wurde wegen Unrentabilität jedoch wieder eingestellt.

Am Königsberg auf der Südseite des Jenners bestand schon im 16. Jahrhundert ein Bergbau auf Galmei (Zinkkarbonat), Silber und Bleiglanz, der im Jahre 1829 wegen Unrentabilität aufgegeben wurde. Dieses noch auf den Karten verzeichnete »Ehemalige Goldbergwerk« in etwa 1500 m Höhe liegt südlich der Königsbergalm und ist schon auf der Apian'schen Karte von 1566 als Bergwerk angegeben.[46]

Göpelbetrieb im Salzbergwerk Berchtesgaden, wie er bis um die Jahrhundertwende gebräuchlich war.

Almwirtschaft

Die Entwicklung des bäuerlichen Lebens im Berchtesgadener Land läßt sich weder zeitlich noch räumlich von der Almwirtschaft trennen. Wie in allen alpinen Regionen war die Ausdehnung der Weideflächen auf die Hochlagen zur Expansion der bäuerlichen Existenz auch hier schon sehr früh notwendig geworden. An günstigen Stellen wurde Almwirtschaft vermutlich schon seit vorchristlicher Zeit betrieben; pollenanalytische Nachweise lassen bereits während der bronzezeitlichen Hallstatt-Kultur auf Almbetrieb im Umkreis des Berchtesgadener Landes schließen. Im Zusammenhang mit dem vorgeschichtlichen Kupferbergbau, der zur temporären Hochlagenbesiedelung lockte, scheint auch am Hochkönig unter den damals wesentlich günstigeren Klimabedingungen Almwirtschaft betrieben worden zu sein. Es scheint festzustehen, daß zumindest bis zur Hallstattzeit – mit ihrer intensiven Besiedelung der erzreichen Alpenregionen – die Hochgebiete der Alpen stärker bewohnt und landwirtschaftlich genutzt wurden als die heute dicht besiedelten, tiefer gelegenen Regionen.

Die urkundliche Nennung[47] der Mittelgebirgsalmen »alpis Gauzo«[48] und «alpis Ladusa»[49] im ausgehenden 8. Jahrhundert spricht ebenfalls für die Annahme, daß im Bereich alter Salzgewinnungsanlagen auch besonders früh Almen angelegt wurden, denn diese beiden vermutlich ältesten Almen liegen unmittelbar über dem salzführenden Haselgebirge.

Beide Dokumente sprechen von landwirtschaftlich nutzbaren Fluren und lassen erkennen, daß eine geregelte Almwirtschaft bestand. Sie erhalten aber keine Angabe, ob diese Almen von Berchtesgaden oder von Salzburg aus befahren wurden. Bis ins 14. Jahrhundert fehlt jede weitere Nachricht. Erst dem allgemeinen Landbrief von 1377 können wir wieder entnehmen, welch wichtige Rolle den Almen hier zukam. Aus dem Fehlen zwischenzeitlicher urkundlicher Nachweise dürfen jedoch keine falschen Schlüsse gezogen werden: Im 11. Jahrhundert tauchen in den Hochlagen vermehrt Funde von Kulturpollen auf; sie bestätigen den Kolonisationsschub, der mit der Stiftsgründung zu Beginn des 12. Jahrhunderts die letzte Phase des Urbarmachens einleitete.

Durch die Kolonisation des 12. Jahrhunderts dürfte es lediglich zu einer Aufgabenverschiebung innerhalb der Almflächen gekommen sein; aus manchen Niederlegern wurde wohl Dauersiedlungsland (z.B. Götschen-Scheffau).

Dendrochronologische[50] Untersuchungen an mehreren verfallenen Almen des Steinernen Meeres ergaben ein Holzalter, das sich bis zum Jahre 1340 zurückverfolgen ließ.

Im Jahre 1376 werden in einem Erbrechtsbrief bereits so abgelegene Almen wie die am Funtensee genannt, die gewiß erst in relativ junger Zeit erschlossen worden sind.

Das erste berchtesgadnische Almenverzeichnis vom Jahre 1497 gibt 51 Almen an, die von 142 Almberechtigten besetzt wurden.

Im Jahre 1855, gegen Ende der almwirtschaftlichen Blütezeit, wurden »123 Pferde, 12 Ochsen, 2112 Kühe, 861 Rinder, 456 Schafe und 378 Ziegen« aufgetrieben.

Die Almen wurden stets als Teil der Talbetriebe betrachtet und treten nie als selbständige Wirtschaftseinheit auf, sondern nur als zusätzliche Futterquellen eines Lehens.

Auch rechtlich nahmen die Almen dieselbe Stellung ein wie die Lehen. Bis zum Erlaß des Landbriefes im Jahre 1377 waren sie Freistiftlehen des Stiftes, das zugleich Grundherr war; von da an konnten sie als Erblehen erkauft werden. Sie wurden also ursprünglich zur bloßen Nutzung für eine begrenzte Zeit und eine bestimmte Zahl von Tieren an die Bauern vergeben, die dafür Käsedienste leisteten. Der Anteil der Bauern an Wald und Weide, also an der Allmende – im Berchtesgadener Land als Gmein bezeichnet – war von den Verhältnissen Altbaierns insofern verschieden, als sämtlicher Grund und Boden im Land grundherrschaftlich gebunden war. Jede Verfügung darüber lag grundsätzlich beim Stift oder war zumindest von dessen Zustimmung abhängig. Jedoch scheint bis ins 16. Jahrhundert hinein die Nutzung an Wald und Weide den Untertanen ungehindert offengestanden zu haben und ohne Verordnung oder Einschränkung vor sich gegangen zu sein. Erst als dadurch das Salzsiedewesen gestört wurde und sich überhaupt die landesherrliche Obergewalt intensiver zu äußern begann, nahm das Stift sein Waldregal in Anspruch, erließ Verordnungen und erhob Steuern. So wurden die Salinenwaldungen (Schwarzwälder) ausgeschieden, die zur Versorgung der Salinen Schellenberg und Frauenreut dienten. Die verbleibenden Wälder wiederum teilten sich in die Herrenhölzer, in denen neben der Landesherrschaft auch die Handwerker gegen Zins Holz schlagen konnten, und in die Heim- und Gemeinhölzer, die als Eigentum der Bauern betrachtet wurden, jedoch unter der Aufsicht von fürstlichen Förstern und aus den Bauern gewählten Aufsehern und unter dem Schutz von Waldordnungen standen. Diese Gemeinhölzer wurden meist von der jeweiligen »Nachbarschaft« gemeinschaftlich genutzt. Später zeigt sich die Tendenz, Anteile daraus für die einzelnen Bauern »inner Band und Stecken« zu bringen, d.h. sie als Pertinenzien der einzelnen Bauerngüter auszuscheiden und abzugrenzen.

Die Almwirtschaft ist im Berchtesgadener Land also stets im Lichte der Konkurrenz zwischen den Interessen des Landesherrn und denen der Lehensbesitzer zu sehen: Der Sudholzwald war für den geistlichen Landesherrn, für seine Haupteinnahme aus dem Salzregal unentbehrlich; Forst- und Bergregal bedingten sich wechselseitig und der Forst war die große Energiequelle, ohne den die Bodenschätze nicht verarbeitet werden konnten. Wenn auch das Stift sein Hauptinteresse in der Salzgewinnung und dem dafür benötigten Sudholzschlag sehen mochte, war ihm andererseits auch an der Wohlfahrt der Untertanen gelegen, denn eine gewisse Wirtschaftskraft war Vorraussetzung für die Menge und Güte der zu leistenden Natural- und Arbeitsdienste. Aus diesem Grunde duldete das Stift, wenn auch mit wechselnden Einschränkungen, den Viehtrieb in seinen Wäldern.

Im Berchtesgadener Land gab es Eigentumsalmen, Berechtigungsalmen und Maisalmen. Bei den Eigentumsalmen gingen mit dem Kauf eines Lehens auch die Almen in den Besitz des Käufers über; diese Almen konnten auch vertauscht und geteilt werden. – Die Berechtigungsalmen sind Eigentum des Forstärars (Staatsforst). Die Bauern haben darauf ein Weiderecht für eine genau bestimmte Anzahl Vieh und für eine festgesetzte Alpzeit. Die Almsiedlung selbst, also die Kaser, sind Eigentum des Bauern und sind eingeforstet, d.h. auf dem Kaser ruht ein Nutz- und Brennholzbezugsrecht aus dem Staatsforst. In den Kommissions-Erhebungsprotokollen des Forstamtes Berchtesgaden sind diese Rechte genau festgelegt.

Als das Sudholz in zunehmendem Maße in Kahlschlägen abgetrieben wurde, entstanden die sog. »Maisalmen«, das sind gras-, kraut- und strauchreiche Schlagfluren.

Die Maisalm besitzt das Recht auf begünstigungsweisen Almengenuß. Sie ist ebenso wie die Berechtigungsalm eingeforstet. In vielen Fällen wurde aus der vorübergehenden Beweidung dieser Salinenschläge eine Dauerweide.

Im Berchtesgadener Land wurde jede sich bietende Möglichkeit für die Almwirtschaft ausgeschöpft.

Die Almsiedlungen dehnen sich hier in Höhenlagen zwischen 600-2000 m aus und erstrecken sich bis an die äußersten Grenzen des Hoheitsgebietes; die abgelegensten Almen, etwa am Rande des Steinernen Meeres, konnten mit dem Vieh nur in mehreren Tagmärschen mit nächtlicher Zwischenrast auf eigenen Rastweiden erreicht werden. Dabei waren streckenweise ausgesprochen gefährliche Wegpassagen zu meistern:

Oben: Sennerin mit Stoßbutterfaß

Unten: Sennerin mit Kraxe, G. Klein, München, 1818

Bevor das Almvieh auf Plätten über den Königssee verfrachtet wurde, war – wohl jahrhundertelang – der Viehtrieb auf dem exponierten Steig über dem Ostufer des Königssees üblich – ein Steig, von dessen Begehung dem Bergwanderer heute im allgemeinen abgeraten wird. Als der typische Almbetrieb des Berchtesgadener Landes ist der regelmäßige Wechsel innerhalb mehrerer Almen anzusprechen, der sich nach den Wachstum- und Futterverhältnissen der einzelnen Stufen vollzieht. So wird zunächst der Niederleger bezogen, nach 2 bis 4 Wochen der Mittelleger, nach weiteren 2 bis 4 Wochen der Hochleger. Bis dieser weidefähig ist, ist gewöhnlich schon der ausgehende Juli oder Anfang August herangekommen und oft schon treibt nach kurzer Zeit ein frühzeitiger Schneefall in Höhen von 1800-2000 m die Älpler auf ihre niedrigeren Almen zurück, auf denen sie dann längstens bis Ende Oktober bleiben.

Ranke hat im Jahre 1929 folgende Systeme für die Bestoßung der einzelnen Almstufen registriert:

1.) Bestoßung von 3 Almstufen:

Niederleger	dazu Mittelleger	dazu Hochleger
Saletalm	Funtenseealm	Feldalm
Stubenalm	Grubenalm	Gugelalm
Kaaralm	Scheibenalm	Grubenalm
Lahneralm	Mitterkaseralm	Falzalm
Gotzentalalm	Seeaualm	Gotzenalm
Schwarzbachalm	Eckaualm	Hochalm

2.) Bestoßung von 2 Almstufen

Niederleger	dazu Hochleger
Saletalm	Funtenseealm
Klingalm	Königsbergalm
Büchsenalm	Regen, Gotzen, Königsberg
Krautkaseralm	Königstalalm
Vogelhüttealm	Mitterkaseralm
Wasserfallalm	Mitterkaseralm
Königsbachalm	Priesbergalm
Landtalalm	Röthalm
Untere Ahornalm	Obere Ahornalm
Schapbachalm	Kührointalm
Schwarzbachalm	Sulzenstein, Kaltbrunn u. M.
Engertalm	Kaltbrunnalm
Halsalm	Kaltbrunnalm
Mordaualm	Lattenbergalm
Bindalm	Mittereisalm
Kothalm	Thörlalm
Röthelbachalm	Landhauptenalm
Dalsenalm	Moosenalm
	Reiteralmen
	Zehnkaseralm

3.) Bestoßung einer einzigen Almstufe

Ofneralm Schärtenalm
Eckeralm Almbachalm
Roßfeldalm Reisenalm
Fischunkelalm Gaßalm (ehemaliger Bauernhof)

Zur letzten Gruppe zählen auch jene Almen, bei denen eine »Zwischenstufe« – ein ehemaliger Hochleger – nicht »befahren«, sondern nur »betrieben« wird; »befahren« bedeutet dabei die Verlegung des gesamten Haushaltes, »betreiben« lediglich Auftrieb des Viehs.

Es sind folgende Almen:

Niederleger	frühere Hochleger
Scharitzkehlalm	Liegertalm
Untere Kehlalm	Obere Kehlalm
Untere Schlegelalm	Ob. Schlegelalm

4.) Schafalmen:

Ursprünglich gab es hier keine reinen Schafweiden; die Schafe wurden mit dem Großvieh nach dem Auftriebsrecht zusammen gesömmert. Erst der Verfall von Wegen, die teilweise Verkarstung und Versandung von Almen machten eine rationale Nutzung der Flächen durch Rindvieh nicht mehr möglich und es blieb als einzige Möglichkeit, sollte das Weidegebiet nicht gänzlich ungenutzt bleiben, der Auftrieb von Schafen.

Die Verkarstung vieler Flächen wird auf diese Weise entstanden sein. Zu diesen Schafalmen und Schafweidegebieten gehören:
Kahlersberg, Röth, Sagereck, Grünsee, Trischübl, Wimbachtal, Kematen (Österreich).

Die Almen waren auch im Berchtesgadener Land früher viel stärker mit Personal besetzt. Der hier stets von einer Sennerin geleitete Betrieb wurde zumindest von einem Hüterbuben unterstützt. »Nur der Stab des Hirten ermöglichte eine Ausnützung und Ausdehnung der Weidekapazität, wie man sie sich heute nicht mehr vorstellen kann.«[51]

In wechselnden Abständen von einem bis zu mehreren Jahren kamen »Putzer« auf die Alm, die den »Waldanflug« (Baum- und Strauchaufwuchs) beseitigten, Erosionsschäden behoben und Geröll, das Lawinen und Muren hinterlassen hatten, ausklaubten. Erst diese jahrhundertlange Pflege machte die Almen zu wirklichen Vorposten der Kulturzone, die hier bis an die Obergrenze bäuerlicher Existenzmöglichkeiten vorgeschoben wurden.

Die damalige lokale Rinderrasse, die sog. »Berchtesgadener Katzen«, war erstaunlich klein und leicht, dafür aber sehr gewandt und auch auf steilen Bergflanken und schmalen Steigen trittsicher; viele der heutigen Bergpfade, die nur Geübten zu empfehlen sind, waren ursprünglich Viehtreiberwege. Die aufgetriebenen Herden hatten früher eine vielfältige Zusammensetzung; neben Kühen, Kalbinnen, Ochsen, Jungrindern kamen noch Pferde, Schafe, Ziegen und sogar Schweine auf die Alm, die allerdings – als Vorkehrung gegen das Aufwühlen – geringelt werden mußten.

Die Nutzung des natürlichen Nahrungsangebots war auf den Berchtesgadener Almen fast lückenlos, das ökologische Gleichgewicht erstaunlich: Die Fraßvielfalt der aus verschiedenen Tierarten zusammengesetzten Herden hielt das Unkraut in Grenzen, ließ also keine Monokulturen entstehen. Das Borstgras wurde von den Pferden, das Kleingehölz von den Ziegen kurz gehalten. Die vom übrigen Vieh verschmähten, jedoch sehr nährstoffreichen Almlägerpflanzen wie Brennessel und Alpenampfer wurden gemäht und, zusammen mit der Molke gekocht, an die Schweine verfüttert.[52]

Nur durch diese intensive Nutzung der gesamten Palette der Flora war es möglich, daß auf den größeren Almen oft 8 bis 10, auf der Kaltbrunnalm sogar 14 Herden Nahrung finden konnten.

Sogar die Silberdistel, vor allem ihr dicker Blütenboden waren ein begehrter Leckerbissen für das Almpersonal, das sich nur noch von Milchprodukten ernährte, wenn der Nachschub aus dem Tal stockte. Der giftige weiße Germer, der bei massenhaftem Auftreten eine Almlichte verderben kann, wurde zu einer gelatineähnlichen Paste verarbeitet, die von Kraxenträgern zusammen mit anderen Waren den Bauern des Alpenvorlandes – wo der Germer sehr selten ist – als Insektizid gegen Stubenfliegen und Rinderläuse verkauft wurde.

Diese »ungemein fein gegliederte Nutzungsverflechtung«, dieses »enge biozönotische Verhältnis« war auf den Almen noch stärker als im Tal ein gelungenes Produkt einer außerordentlich innigen ökologischen Beziehung des naturverbundenen Menschen zu seiner Umwelt.

Auch das natürliche Düngewesen läßt noch etwas von den Anfängen der Düngungswirtschaft erkennen.

Fast nirgends ist bei den Kasern eine Dungstätte angelegt worden; der Mist wird an der Rückseite des Kasers angehäuft. Nur auf ganz wenigen Almen auf österreichischem Gebiet (Kamerlingalm, Letzelalm, Kaltbrunnalm), aber vom bayerischen Vieh befahren, sind Dungstätten zu finden. Auf vielen Almen kann man den Mist von Jahren aufgehäuft finden, vollständig von Alpenampfer und Brennnesseln überwucherte Kaserruinen sind keine Seltenheit. Der häufige Aufenthalt des Viehs im Umkreis der Kaser konzentrierte zudem erhebliche Mengen an Rinderdung auf relativ kleinen Flächen. Dies hatte zwar die mastige Hochstaudenflur der gesamten Almläger zur Folge, ermöglichte aber auch die relativ mühelose Düngung der Almänger. Diese Almänger dienten der Heugewinnung für die klimatischen Notlagen während eines Almsommers; sie waren sorgfältig entsteint und deshalb mähfähig und durch Zäune oder Steinwälle von der Beweidung ausgeschlossen.

Die Almen werden heute aufgrund von altrechtlichen Dienstbarkeiten, die als Almrechte bezeichnet werden, bewirtschaftet.[53] Diese Rechte wurden meistens schon vor mehr als 600 Jahren durch das Stift Berchtesgaden verliehen. Heute gilt hiefür das Bayerische Gesetz über Forstrechte vom 3. 4. 1958.

Ein Almrecht besteht zugunsten des jeweiligen Eigentümers des berechtigten Hofes im Tal. Es ist im Forstrechtskataster von 1863, der damals von dem königlich bayerischen Forstamt Berchtesgaden aufgestellt wurde, beschrieben. Im Grundbuch sind die Almrechte nur in einigen Fällen eingetragen. Die meisten Almen im Berchtesgadener Land sind »Ehealmen«. Als Ehealm, in den Urkunden »Ee-Albm« genannt, bezeichnet man eine Alm, die bereits vor Errichtung des Waldbuches existiert hatte und damals schon ordentlich »ausgelackt« war, d.h., ein bestimmtes Schwandrecht mußte bereits bestanden haben. In dem Berchtesgadener Waldbuch von 1529 befindet sich folgende Eintragung: »... doch denen die so Ehe-Albenen und Ehemader haben, darin zu reumen haben unverbrieflich.« Ihrem ursprünglich Charakter nach sind die Ehemader Gutspertinenzen der Anwesen im Tal.

Dem urkundlichen Grundsatz von 1529 entgegen sind die in späterer Zeit entstandenen Almen ohne Schwandrecht. Diese sind durch die ehemalige Salinen-Fürsorge für deren Wälder entstanden. Die Salinen begnügten sich seinerzeit nicht mehr damit, ihre Schwarzwälder allein zu benützen, sondern erklärten kurzweg alle Untertanswaldungen als Salinenwaldungen, sogar gegen den Willen des Fürsten von Berchtesgaden und seiner Untertanen.

Innerhalb des Almrechts ist das Weiderecht das Hauptrecht. Es gibt aber auch Nebenrechte. Hierzu gehört das Kaserhaltungsrecht. Es beinhaltet das Recht, auf fremdem Grund und Boden (hier des Freistaates Bayern - Forstverwaltung) kostenlos einen Almkaser zu haben und zu unterhalten. Hier liegt der relativ seltene Fall vor, daß der Eigentümer eines Gebäudes, nämlich der Almbauer, nicht gleichzeitig der Grundeigentümer ist. Außerdem besteht in Bezug auf die Bauunterhaltung der Kaser noch eine rechtliche Besonderheit: Sämtliches Holz, das der Almbauer zur Unterhaltung seiner Kaser benötigt, kann er nach vorheriger Anweisung durch den zuständigen Revierleiter – so nennt man heute den Förster – kostenlos und im Selbsteinschlag vom Staatswald beziehen. Dieses Holzbezugsrecht lautet in der Regel »auf Bedarf«, das heißt, wenn ein Balken faul wird, darf der Almbauer dafür einen entsprechenden Baum beim Forstamt beziehen.

Dieses Recht hat für den Almbauern eine große wirtschaftliche Bedeutung, denn die meisten Kaser sind ganz aus Holz, nur wenige sind aus Steinen aufgemauert.

Wenn ein Almkaser völlig abgenützt ist, also vom Almbauer neu aufgebaut und dabei vergrößert wird, muß das Holzbezugsrecht neu beschrieben werden. Bei einer 30 %-igen Vergrößerung zum Beispiel muß der Almbauer, wenn sich keine anderen Ausgleichmöglichkeiten ergeben, für alle Holzabgaben künftig 30 % des erntekostenfreien Marktpreises bezahlen. Für die Ermittlungen dieses Prozentsatzes wird der Wert der erntekostenfreien Holzmasse des Almbaues mit der des Neubaues verglichen, eine etwas komplizierte, aber gerechte Berechnung.

Es gibt auch die Möglichkeit, daß ein Almbauer sein Almrecht vom Forstamt ablösen läßt. Dann muß die gesamte Holzmasse der Almkaser von einem »vereidigten Bausachverständigen für Forstrechtsangelegenheiten« aufgenommen und vom Forstamt zusammen mit dem Weiderecht bewertet werden.

Sowohl für die Rechtsänderung, also zum Beispiel die Vergrößerung eines Almkasers, als auch für die Ablösung werden die Verträge mit den Almbauern notariell beurkundet.

Von den gesamten Almen Berchtesgadens gehören seit 1838 rund ein Drittel dem Staat. Darunter befinden sich große Almen mit schönen Weideflächen, aber auch viele kleinere hochgelegene, welche nicht mehr bestoßen wurden und die ohnehin nur etliche Tage oder Wochen für den Almbetrieb leistungsfähig waren. Viele davon sind für das Rindvieh nicht mehr zugänglich infolge Versteinerung, Versandung und Verkarstung des Bodens, aber auch deshalb, weil das Zuchtvieh zu groß und schwer für die oft beschwerlichen Anstiege ist.

Sehr aufschlußreich wäre der Alpbrief vom Jahre 1450. Doch dieser ist seit einer Gerichtsverhandlung in Traunstein zu Anfang dieses Jahrhunderts verschwunden.

Aus den Untersuchungen von Andreas Fendt geht hervor, daß im Jahre 1461 in Berchtesgaden 43 Almen mit 137 Almanteilen von 104 Almbauern befahren wurden. Die Zahl der Almbauern war bis zum Jahre 1828 auf 176, die der Almanteile auf 400 angestiegen. Bis zum Jahre 1931 ist dann die Zahl der Almbauern wieder auf 129 zurückgegangen.

Eine gute Vorstellung von den Rechtsverhältnissen der Vergangenheit geben die Almverträge. Im folgenden sei deshalb der »Albs-Vertrag« vom 24. März 1752 von der Königsbach- und Priesbergalm wiedergegeben:[54]

Zuvernemben, welchermassen und gestalten zwischen Hanns Stockher zu Obern Bruetshausen, Petern Grässl zu Untern Bruetshausen, Josephen Kurzen zu Hoissler, Michaeln Eder am Schwaiger Maria, Hilleprandt Witwe des Stephan Moderegger am Gattermannlechen und Wolfen Grässl zum Mägerl, mehr Christoph und Thoman Zöchmeister, beide zum Hinternstang, dann Abrahm Prandtner und Michael Hölzl am sogenannten Aspachhof, item Martin Wenig am Triempachhof, Anton Punz am Koppenstainerlehen, als sambentlichen Innhabern der Albm Königsbach und Priessberg, item Rottenspüll und Roßveldt in bisheriger Ermangelung eines ordentlichen Alpbriefes verschaidener Stritt vnd Irrung erhoben, dahero dann dieselben zu einsmaliger Richtigkeitspflegung, auch Vermeidung khünftiger Ungelegenheiten, ihrer auf ersagt beede Albmen zu treiben habenden Rechten, und ander zur Albfahrt und friedlichen Geniessung deren gehörigen Dingen halber für sich und ihre Nachkommen auf ein stett und unwiederrufliches Endte hernachfolgenden Albs Vertrag errichtet und zu hochfürstl. Landpflegericht Nottlbuch zunemben, unterthenig gehorsambst gebeten haben als nemblich und:

Erstlich solle Hanns Stockher am wiederholten obern Brutshauser Lechen und seine Guetts Nachfahrer 25 Khurrecht, 5 Kölber, 5 Gaiss, 5 Küzl und 5 Schwein; Joseph Khurz zum Hoisler aber 20 Khurrecht, 4 Kölber, 4 Gaiss, 4 Küzl, Michl Eder zum Schwaiger ingleichen 20 Khurrecht, 4 Kölber, 4 Gaiss, 4 Küzl und 4 Schwein; Stephan Moderegger sel. Erben am Gattermannlechen und Wolf Grässl zum Mägerl jeder 10 Khuerrecht, 2 Kölber, 2 Gaiss, 2 Küzl benebst 2 Schwein, also beide miteinander aber auch 20 Khurrecht, 4 Kölber, 4 Gaiss, 4 Küzl und 4 Schwein;

Christoph und Thomas Zöchmaister zum hintern Stang jeder auch 10 Khurrecht, 2 Kölber, 2 Schwein, 2 Gaiss und 2 Küzl, susamben also beide miteinander 20 Khurrecht, 4 Kölber, 4 Schwein, 4 Gaiss und 4 Küzl;

Abraham Prandtner und Michael Hölzl am Aspachhof ingleichen miteinander 20 Khurrecht, 4 Schwein, 4 Gaiss und 4 Küzl, jeder also 10 Khue, 2 Schwein, 2 Gaiss und 2 Küzl;

Der Martin Wenig zu Triempach aber 10 Kuerecht, 2 Kölber, 2 Schwein, 2 Gaiss und 2 Küzl;

dann der Anton Punz am Koppensteiner Lechen auch 10 Khue, 2 Kölber, 2 Schwein, 2 Khüzl und 2 Schwein zu dreiben haben, und damit:

Zweitens: All obiges und anderes umb so richtiger vollzogen, auch in Allem genau nachgelebt weredte, ist beschlossen worden, gleich auf anderen Albmen gewöhnlich zwey Alpherrn und Aufseher, welche umb guette und denen sambentlichen Aelblern ohne Clag fuerenden Auswöhrer umbzusechen haben, zu bestellen, doch also, dass diese Aufsicht und Albherrschaft alle Jahr auf zway andere khomben voglich, nachdeme selbe alle gewesen, widerumb vom neuen angefangen werden, doch aber mit diesem Verstand, das vor anheur der Abraham Prandtner am wiederholten Aspachhof und Michael Eder zum Schwaiger beide zu Albherrn benannt sohin aber, wer es aus ihnen könftigshin sei, sich derentwillen selbsten untereinander alljährlich zu vergleichen haben sollen, und damit diese Albherrn in ihrer Aufsicht desto fleissiger und auf denen Albmen Nutz und Wohlfahrt desto besser Absorg tragen solle jedem derselben für ihre Muehewaltung, solang ihr Amt wehret umb ein Khuerrecht mehrers als seine Anzahl ausweiset, aufzutreiben verwilligt sein;

Drittens ist beschlossen worden das sambentlich Albler im Fruehling ohne Benennung eines gewissen Tages, wann die Weid halt genugsamb vorhanden, und es den 2 Albherrn recht sein würdt, auf die Albm fahren wollen, wo sodann die Albherrn schuldig sein solle, den sambentlichen Albern solche Auffahrt zu wissen zu machen widrigen Fahls, da sich einer derselben aus Vorteilhaftigkeit, oder ohne Vorwissen der Alpherrn ehenter auf die Albm zu fahren unterstehen wurdte, dieser in eine Straf pr. 2 fl (Gulden) verfallen sein solle, wie dann:

Viertens: Auch Albler gehalten sein sollen, drey Tag vor hl. Jakoby vor der Albm Priesberg mit ihren Vieh hinweckh und die obere Albm hinauf zefahren; da sie aber daselbsten kheine Weid mehr hetten sohin sambentliche Albler von selbsten oder auf Guetbefindten der 2 Alpherrn wiederumb herunter und in die Albm Königsberg fahren wollten, sodann sich kheiner unterstehen solte unter Wegs aufzuhalten oder weiden ze lassen sondtern durchaus und ohne Verhinternuess mit solchen fortzufahren, widrigen Fahls ein jeder, der sich mit seinem Vieh abzefahren waigern oder mit solchen unterwegs zu weiden aufhalten wurde, eben, ebenfalls pr. 2 fl. gestraft sein solle.

Fünftens: das Maiss, solle jeder Theill im Fruehling und Hörbst abgesendert sein und sollen die obern und untern Käserbeschützer allezeit die Helfte ain Tag ihr Vieh alldahin zetreiben befuegt sein, die sich aber dessen weigern und in gedachten Maiss nit treiben wollten, dieser solle gleich fahls pr 2 fl. in die Straf verfallen sein.

Sechstens: solle ein jeder Albler schuldig und gehalten sein zu den Albzäunen guette und verständige Leuthe, die Khuebueben ausgeschlossen, zu schücken, da aber der eine oder der andere niemanden hiezue abordnen würde, dieser solle sodann vor seinen Anteil für jedes Tagwerch 15 Kreuzer in Gelt zu bezahlen haben.

Siebtens: wegen eines benötigten Khuesteuers (Stier) haben sich berührte Albler dahin verglichen, dass jeder Albler, obwohlen auch die anderen Mitälbler jeder einen Viechsteuer auf die Albm zu treiben das Recht habenm nebst dem berechtigten, anoch absonderlichn jeder einen guetten und anständigen Stier abzutreiben schuldig und gehalten sein solle, ferners und

Achtens: ist gleichfalls unter sambentlichen Alblern beschlossen worden, dass jeder derselben verbunden sein solle, ihre Mäder auf der Albm Königsbach zu hl. Laurenty abzumähen, wer sich aber diesfalls saumbselig stöllen und seine Mäder nicht abgemäht haben wurde, dieser solle selbigen Jahr umb das Mader verfallen, sohin jeder Albler berechtigt sein, sein Vieh hierauf zutreiben und solchen daselbst abezen zelassen.

Neuntens: Die erlaufenden Unkosten, so auf Erhaltung der Zäun, Wassertrögen und Andern, gleich auch auf heutige oder hinkünftige Gerichtskosten ergehen möchten, haben sambtliche Partheien sich dahin verstanden, es bestehen hernach solche Unkosten in wembe sie wollen, dass solche in gleichen Theillen abgetragen werden sollen, jedoch mit dem ausdrücklichen Beding, dass wann sich derentwillen eine Nachlässigkeit oder Schaden ereignen würde, sodann die diesfalls aufgestöllten Albherrn jederzeit hierumben billicher Dingen nach hergnomben werden sollen, wie dann auch:

Zehntens: Widerholten Albherrn obligen sollte, auf die Khuebueben vnd Senderinnen, ein obachtsames Aug zu tragen und damit ihnen nichts unglückliches oder leichtfertiges vorbey gehen und der Segen Gottes erhalten würdt, wo sich selbiges von den Albherrn zum Gebet und aller Ehrbarkeit fleissig angehalten werden, Weiters und

Elftens: Ist auch verabrödt wurden dass ein jeder Albler das Recht haben solle im Fahl er eine Glass oder sonstige tadelhaft oder krumpe Khue haben würdt, solche bis zu dero Genesung auf dem Anger gehen zu lassen, jedoch solle selber in diesem Fahl, expresse verbunden sein, solches den Albherrn vorher anzudeuten und derentwillen zu betragen. Sollte aber:

Zwölftens: ainige Kölber auf wiederholten Anger aus Nachlässigkeit der Sendin in der Weid angetroffen werden, solle eine solche Sendin sodann, damit in diesem Fahl, ein besserer beobacht würdt, von dem Khuebuben bebrütscht werden, ferner und:

Dreizehntens: sich begebte das ein oder der anderem auss den Alplern seine habende Recht mit eigenen oder aber Bestehvieh nit ersezen khündte, so solle ein solcher dessen abhängige Recht einem Mitälbler und keinem andern anfeilen auch gegen Abtragung von jedem Khuestuck 30 Kreuzer deme Überlassen dagegen aber und:

Vierzehntens: da von ein oder andern Alblern mehrere Recht als selbe gaudieren hatten, getrieben werden sollten, worauf die aufgestellten Albherrn alla fleissig Obacht zutragen, so sollen die Albherrn den zu Uebertreter alsogleich den selbentlichen Alblern anzuzeigen schuldig und gehalten sein, dieser zur gebührenden Straf gezogen werden, wie in derley Fällen recht ist, belangend nun zum

Fünfzehntens: Die Aufkherung der Ross, ist derentwillen verabrödet wordten, das ein ganzer Albler 1, zwei halbe Albler aber auch miteinander 1 Ross aufzukehren befugt und da ein Albler für sich khein Ross hette, solle dieser solches Recht keinem Fremden sondern einem Mitälbler anfeilen und überlassen, dagegen aber derselbe für ernenntes Recht nit mehr als 30 Kreuzer zu bezahlen schuldig sein; die Auffahrt der Rösser aber solle ehenter nit geschehen als am hl. Mathiastag, oder darnach und wenn aus den Alblern ein Ross ehenter oder am Mathiasabend aufzutreiben sich unterstehen würde, dieser solle pr. 1 fl. in die Straf verfallen sein betreffen:

Sechzehntens: Die Schwein ist derentwillen auch vertragen worden, das ein ganzer Albler 4, ein halber 2 Schwein aufzutreiben berechtigt, da er aber desen Zahl schreitten würde, ein jeder derentwillen von ein Schwein 15 Kreuzer gestrafft sein solle, wer aber von den Alblern khein Schwein auf die Albm aiftreiben will, dieser solle vor jedes Schwein ein Khälbl aufzutreiben berechtigt sein, gleichen Verstandt hat es auch mit denjenigen zum

Siebzehntens: Die ein ungeringletes Schwein aufzukehren sich unterstehen würdten sollen gleichfalls in die Straf pr. 15 Kreuzer verfallen sein, welche Straf aber dem Vertreiber zuständig sein solle, damit selber besser Obachtung trage, zum

Achtzehntens: solle auch derjenige welcher über seine verwilligte Zahl mehrere Khölber auftreiben würdte, von jedem Stuckh pr. 15 Kreuzer gestraft werden. Zum

Neunzehntens: Solle sich niemand unterstehen, ohne wissen der Albherrn und Vortreiber, das Viech vor hl. Bartolomä auf die Reng Weid zu treiben widrigenfahls da solches geschieht, solle eine Sendin oder Khuebub der Ursache willen gleichfalls gebrutscht werden; weiters und

Zwanzigstens: haben samtlichen Partheien sich dahin verstanden, das was vor der Albfahrt am Vieh, verstehet sich aber nur Khueviech, ain Jahr alt ist, solches vor ein Recht zunemen ist.

Einundzwanzigstens: wider alles Verhoffen unter wehrendter Albzeit, so Gott gnäddig verhütten wolle, ein Viech abfallen oder ansonsten unbkhommen sollte, so solle alsdann derentwillen das Recht nicht verfallen, sondern ein solcher Albler der derley abgäbgiges Recht alsogleich wiederumb zu ersetzen gänzlich befugt sein, da sich aber

Zweiundzwanzigstens: ein oder andere aus den Alblern unterfangen wurdte mehreres klein und Gaissvieh als ein jeder hievon ermeltermassen berechtigt ist aufzutreiben dieser solle auch solchenfalls von einer Gaiss 8 Kreuzer und von einem Küz 4 Kreuzer zu bezahlen schuldig sein, übrigens aber wann von andern frembden Leuthen, solch derleiy Viech etwa aufgetreiben werden würdte, so sollen sodann die aufgestellten Albherrn guete Obsicht haben und auf Betrettungsfall alsobald die Abschaffung thuen,

Dreiundzwanzigstens: Haben sich sambtliche Partheien dahin verstanden das jedes Jahr nach beschehener Albfahrt von den hievorbenambsten 2 Albherrn die Albreithrechnung abgelegt werden solle woselbsten alle Albler gegenwärtig zu erscheinen schuldig.

All dem künftig genau nachzukommen und allesamt stett und feste zu halten haben sambtliche Partheine mit Mund und Hand angelobt.

Besondere landwirtschaftliche Nutzungsformen

Von Dr. Josef K. Heringer

Im Berchtesgadener Land hat sich eine Reihe von altartigen landwirtschaftlich-forstlichen Nutzungen erhalten, die heute noch maßgeblich das Gesicht der Kulturlandschaft bestimmen.

Tratten sind meist langgezogene, ungleichmäßig ausgeformte Flurstücke entlang von Straßen und Hofverbindungswegen, fast immer mit einem lockeren Ahorn-Buchenbstand bestockt, sie dienten der Laubstreunutzung, der Wegeverbindung, vor allem aber der Viehweide in der Zeit vor und nach der Älpung. Deshalb waren die Tratten gegen die Kulturflächen der Bauern hin mit Steinwällen, Stecken-, Stangen- oder Spälterzäunen abgegrenzt. Die Bauern hatten hier das Recht, zu schwenden; da sie aber neben der Weidenutzung auch an der Laubstreunutzung interessiert waren, ließen sie in aller Regel Laubbäume in lockerem Verband stehen. Nadelbäume, mit Ausnahme der Lärche, wurden meist beseitigt, weil sie der Weidevegetation das nötige Licht nahmen. Da der Ahorn ein sehr leicht zersetzbares und als Dünger geschätztes Laub abwarf und überdies begehrtes Werkholz für die Holzwarenfertiger lieferte, wurde er in den hainartigen Wäldchen in Hofnähe nicht nur geduldet, sondern sogar seitens des Stiftes zielstrebig gefördert. So war es Pflicht eines jeden Lehensinhabers, anläßlich von Hochzeit und Generationswechsel Ahornbäume zu pflanzen.[55]

Das Laub wurde meist in Tragtüchern zu den Lehen gebracht, wo es, mit Rinderdung versetzt, das frische Grün des Frühlings auf den Ehgartflächen vorbereiten half. Diese Tratten waren ursprünglich Allmendeweide in landesherrlichem Besitz und befinden sich auch heute noch im Besitz des Staatsforstes, der ja Besitznachfolger des fürstpröpstlichen Waldregals geworden ist. Diese Laubholzhage mit ihren alten Zaunresten, da und dort mit Felsköpfen und Hohlwegüberresten durchsetzt, finden sich heute noch inmitten intensiv genutzten Mähweidelands und sind ein Zeichen historischer Wirtschaftsformen.

Unter dem Begriff »*Freien*« versteht man die verstreut liegenden, der Laubstreugewinnung und dem Viehtrieb dienenden Flächen der Heimweiderechtsbezirke im Staatsforst. Es sind Laubholzhaine mit Streurecht und Weideberechtigung zwischen Staatsforst und bäuerlichem Wirtschaftsgrund.

Die vom Stift beschränkt gewährte Freiheit des Laubrechens bzw. des Weidens bedeutete für den Lehenseigner mehr Streu und somit auch mehr Dünger und mehr Futter.

Das Ahornlaub pflegte man nach den ersten Herbstfrösten mit Besen zusammenzukehren und mit Bürden auszutragen. Buchenlaub, das weniger leicht verwest als Ahornlaub, wurde erst im Frühjahr in leicht feuchtem, angerottetem Zustand aus den Wäldern gerecht.

Die als Brennholz genutzten Fichten- und Tannenäste erbrachten mit ihrem Nadelwerk ebenfalls Einstreumaterial. In Zeiten besonderer Futterknappheit wurde in den Freien auch gemäht, wenn der Winter übermäßig lang dauerte, wurden nicht selten auch die Tannen geschneitelt und das feine Reisig an die Rinder verfüttert. Die Bewohner der Gnotschaft Loipl wurden wohl auch deswegen bisweilen als »Daxenfresser« (Daxen = Astwerk der Nadelbäume) verspottet.

Die *Ötzen* dienten als private Heimweide in Hofnähe und als Laubrechwald. Sie treten als sehr lichte, spärlich strauch- und baumgegliederte, umzäunte Hutweiden in Erscheinung. Sie waren, wie schon der Name sagt, vorwiegend für die Atzung der Rinder bestimmt, die im Sommer nicht geälpt wurden.

Die meist in Hanglage befindlichen Ötzen sind in Richtung der Höhenschichtlinien kleinstufig getreppt. Landläufig spricht man in diesem Zusammenhang von »Viehgangerl« oder humorvoller von »Ochsenklavieren«. Steinköpfe und Flurfelsen sind in der Ötz teils noch in ursprünglicher Häufigkeit vorhanden. Die Ötzböden heben sich noch heute durch ihr bewegtes, holpriges Relief deutlich vom verflachten, kultivierten Mähboden ab. Durch den Viehfraß nehmen Sträucher und aufwachsende Bäumchen vielfach Nest- und Zuckerhutformen an. Das verleiht den Ötzen bisweilen das Aussehen skurril-romantischer Alpinum-Gärten. Im Unterschied zur Buckelwiese, dem Gschnoad, das so gut wie keine Düngerversorgung erhält und auf der durch die ersatzlose Futterentnahme eine gewisse Boden- und Nährstoffaushagerung stattfindet, wird auf der Ötz der Nährstoffkreislauf durch den Rinderdung weit stärker geschlossen. Dadurch, daß innerhalb der Weide örtlich Nährstoffanreicherungs- bzw. Verarmungszonen entstehen, durch Viehtritt und Narbenversatz allzeit zahlreiche Keimungsmöglichkeiten für Gehölzanflug gegeben sind, ist das Vegetationsmosaik nirgends bunter als in den Ötzen. In ihnen treten uns die letzen Reste eines archaischen Landschaftstyps entgegen, der den Menschen zumindest seit der Jungsteinzeit bis in unsere Epoche herein begleitete und prägte.

Alte Berchtesgadener nannten die sehr blumenreichen Ötzen auch »Bloametz« oder »Bloamsuach« (Blumenötz, Blumensuche).

»*Gschnoader*« sind einschürige, ungedüngte Wiesen, meist in steiler Hanglage, weit entfernt vom Hof und auch sonst meist schlecht zugänglich. Ackerbau kam für diese Flächen wegen ihrer Steilheit und Flachgründigkeit nicht in Frage, und die Düngermengen des Hofes reichten nicht aus, um die Erträge dieser Steilwiesen zu erhöhen. Die geringe Höhe des hier wachsenden »Wiesheus«, die Steilheit und das bewegte Relief erfordern bis heute eine Mahd mit der Sense, die oft erst im Spätsommer erfolgt. Wohl wegen der Wichtigkeit des Mähens wurde dieser Teil der Feldflur als »Gschnoad« (= Schneid) bezeichnet; der Begriff ist weitgehend gleichbedeutend mit dem der »Buckelwiesen«, wie sie in größerem Umfang sonst nur noch um Mittenwald und bei Oberjoch im Allgäu anzutreffen sind.

Die Häufung dieser altertümlichen, im Landschaftsbild so reizvollen Wirtschaftswiesen im Berchtesgadener Land steht in direktem Zusammenhang mit der kleinräumigen Siedlungsstruktur, die jede Verebnung und Mulde in den bergigen Steillagen zu nutzen wußte.

Die kleinen Betriebsgrößen von meist nur 3 bis 5 ha machten eine vielfältige Nutzung der benachbarten Wälder als Pufferflächen mit Bedarfsnutzung notwendig.

Die Bergbauern weisen noch heute auf die besondere Bedeutung des Wiesheus als »Medizinheu« hin. Vielfach wird heute noch das »Ehgartheu« und das »Wiesheu« auf getrennte Stöcke gebracht. Das Wiesheu wird als Appetitmacher und Medizin an krankes oder geschwächtes Vieh verfüttert; früher wurde es Zugtieren verabreicht, denen besonders hohe Leistungen abgefordert wurden. Angeblich sollen die Tiere bei Wiesheufütterung mit geringeren Mengen als bei Ehgartheu auskommen. Dasselbe wird über den Wert des Weideaufwuchses auf den Hochalmen berichtet. Es nimmt deshalb auch nicht wunder, daß man in Notzeiten gelegentlich auf den Lichtungen der Talgewände, auf Lawinenstrichen und sonstigen Flächen mähte, die wegen ihrer Kleinflächigkeit und Unzugänglichkeit für ständige Mäh- und Weidewirtschaft ungeeignet waren. Der Futtermangel trieb manche Bauern mit der Sense bis in die alpinen Wildheuplanken im Bereich der Baumgrenze. Selbst im 20. Jahrhundert wurden solche »Mähder« z.B. in 1450 m Höhe am Bannkopf (Untersbergmassiv) noch gemäht. Das Futter mußte erst über Felsabstürze auf besser erreichbare Plätze geworfen werden. Von dort wurde es, in Bürden zu je 1 bis 2 Zentner, zwei Stunden auf dem Rücken in die Hofstelle in Obergern getragen. Die Mahd auf Gschnoadflächen erfordert ca. 40-50 Stunden/ha und somit einen mehrfach höheren Zeitaufwand als maschinell bearbeitete Flächen. Eine Mechanisierung der naturbelassenen Gschnoadermahd ist nur in wenigen Fällen mit handgeführten Motormähern möglich. Seit die Landtechnik die vierradgetriebenen, außerordentlich geländegängigen Mäh- und Ladefahrzeuge auf den Markt brachte und eine günstige Einkommenssituation deren verstärkten Einsatz möglich machte, ist das Verschwinden der verbliebenen Gschnoadwiesen nur mehr eine Frage der Zeit. Mit Hilfe dieser Geländefahrzeuge wird es möglich, selbst auf extrem geneigten und ausgeformten Flurteilen Dünger auszubringen, den Futteraufwuchs zu vergrößern und die Heuwerbung maschinell zu betreiben. Allerdings setzt dies voraus, daß vorher durch Verflachung der Buckelung die Flur maschinenfähig gemacht wurde. Wo dies geschieht, verschwindet allerdings ein Stück ureigenster Berchtesgadener Kulturlandschaft – das Ergebnis jahrhundertelanger mühseliger Handarbeit.

Seite 34, links: Buckelfluren entstanden auf Kalkschottern durch Frostbewegung und Bodenlösungsvorgänge. Da sie sehr wasserdurchlässig sind und nur eine dünnhumose Bodenauflage besitzen, sind sie genuine Magerstandorte, die sich in früheren Zeiten nur für die Beweidung oder als einmähdige Wiese nutzen ließen. Sie sind außerordentlich blumenreich und in Verbindung mit dem feinen Reliefspiel gehören sie zu den malerischsten Landschaftsteilen des bayerischen Alpenrandes.

Seite 34, rechts: Dort wo lehmdurchsetzte Hangmoräne die Landschaft prägt, werden die Bodenformen ruhiger. Das »Buckelfluren-Rokoko« wird zum »Mähwiesen-Barock«. Einzelstehende Bäume, meist Ahorn, erhöhen das Licht-Schattenspiel und den Vielfältigkeitswert der Landschaft und geben ihr ein parkartiges Gepräge.

Unten: Da es im Berchtesgadener Land kaum Futter aus Streuwiesen gab, wurde das Laub der Wälder im Herbst zusammengerecht, in Tüchern gebündelt auf den Hof gebracht und im Winter den Tieren in den Stall gestreut.

Rechts: Das Laubstreurechen lichtete die Laubwälder hainartig auf. Kleine Bodenunebenheiten wurden entfernt, ebenso Strauchwuchs. Man wollte keine Arbeitshindernisse. Gefördert wurde wegen der besseren Laubverrottbarkeit und des hellen Werkholzes wegen der Bergahorn. Dies gab der Berchtesgadener Landschaft das Aussehen eines großen Landschaftsgartens, in dem sich Wald und Feld ohne harte Grenzen spielerisch durchdringen (Buckelflur in Loipl, Gde. Bischofswiesen).

Bilddokumente zur Geschichte des Fremdenverkehrs

Prinzregent Luitpold von Bayern am Königssee

„Es liegt für den modernen Kulturmenschen ein ganz eigentümlicher Reiz in dem Aufsuchen von Gebieten, welche unberührt von allem menschlichen Einflusse bis in die Gegenwart hereinragen und welche sich ihren ureigensten Typus bis zur Stunde noch in voller Reinheit erhalten haben. Ein nicht wenig bezeichnender Zug unserer Zeit ist daher die Pflege des Gletscher- und Gipfelkultus, welche sich von Jahr zu Jahr in immer ausgedehnterer Weise durch das Aufsuchen der abgeschiedensten übereisten Talwinkel und die Ersteigung aller bislang noch unbetretenen Bergspitzen zu erkennen gibt. Mit diesem Zauber, welchem jeder, der sich einmal darein verstrickt hat, schwerlich mehr entgeht, möchte ich nur jenen Reiz vergleichen, welcher auch in dem Forschen nach den Zuständen jener längst verschollenen Zeiten liegt, in welchen auch unsere jetzigen Wohnstätten noch wenig berührt von dem Einflusse des Menschen als urwüchsige, urwaldbedeckte Gelände sich ausbreiteten. Es will mich auch bedünken, daß aus eben diesem Grunde wenige Forschungen in unserer Zeit das allgemeinste Interesse so sehr in Anspruch genommen haben, als gerade jene, welche es sich zur Aufgabe stellten, die älteste Geschichte unserer Länder zu erkunden und sich durch Induktion und Kombination, durch Untersuchung vereinzelter Reste und durch sorgfältiges Studium der zu allen Zeiten sich gleich bleibenden Naturgesetze einerseits den primitiven Entwicklungszustand der Steinmenschen, andererseits den Zustand der Gelände, wie er sich in jener steinalten Zeit darstellen mochte, zu vergegenwärtigen."

(**Anton Kerner von Marilaun:** Die Alpenwirtschaft in Tirol, ihre Entwicklung, ihr gegenwärtiger Betrieb und ihre Zukunft. Österreichische Revue 1868).

Die ersten Schifahrer in Vorderbrand im Jahre 1907

»Bilder aus Berchtesgaden und Umgegend«

Zeichnungen von G. Heine aus dem Jahre 1880

Die Geschichte des Fremdenverkehrs
Von Dr. Josef K. Heringer

»Als gegen Ende des 18. Jahrhunderts der sog. 'englische Garten' als Signal einer neuen Weltschau und Naturauffassung seinen Siegeszug durch Deutschland antrat und das Zerbröckkeln der absolutistischen Fürstenmacht dem Geist wie dem Garten neue Entfaltung einräumte, hub in Deutschland ein großes Naturforschungsreisen an. Begehrtes Ziel der Entdeckerreisen waren ganz allgemein die Alpen und hier wiederum die Orte, die von den damaligen Residenzstädten und Stätten naturforschender Geistigkeit aus leicht angegangen werden konnten. Salzburg war eine dieser Metropolen, die man gerne aufsuchte und so lag es nahe, daß man dort aus den erweiterten 'Landschaftsgarten' der Alpen erkundete, wobei der schroffe Watzmann und das Gebiet um den Königssee besonders anziehend wirkten.«[56]

Vom letzten Fürstpropst, Joseph Conrad von Schroffenberg, einem geistreichen und weltoffenen Landesherrn, berichtete 1815 Ritter Josef Ernst von Koch-Sternfeld, daß er »gegen Fremde, die die Naturschönheiten seines Landes aus allen Gegenden Europen's nach Berchtesgaden lockten, gegen Gelehrte, Künstler, Naturforscher gastfreundlich und liebenswürdig im Umgang mit allen Klassen war. Seine Gegenwart verbreitete ein freundliches Leben über ganz Berchtesgaden, wohin viele aus der Nachbarschaft giengen, um sich einen frohen Tag zu verschaffen.«[57]

Große Dienste um die Entdeckung des Landes erwarben sich zunächst gelehrte Naturforscher, Historiker und Geographen wie Franz von Paula Schrank (1785: »Naturhistorische Briefe über Österreich, Salzburg, Passau und Berchtesgaden«), Mathias Flurl (1792: »Beschreibung der Gebirge von Baiern und der oberen Pfalz ...«), Freiherr von Moll (1787: »Oberdeutsche Beiträge zur Naturlehre und Ökonomie für das Jahr 1787«), Michael Vierthaler (1799: »Reisen durch Salzburg«), Valentin Stanig (1801: »Meine Erfahrungen bei den Exkursionen auf den Hohen Göll«).

Neben den Schriftstellern und Forschern zog es auch Maler und Dichter ins gelobte Land. Malerwinkel, Malerhügel und Hintersee begeisterten so berühmte Künstler wie Karl Friedrich Schinkel, Ferdinand von Olivier, Schnorr von Carolsfeld, Caspar David Friedrich, Ferdinand Georg Waldmüller und Karl Rottmann. In Hintersee entstand sogar eine eigene Malerchronik. Auch Wilhelm von Kobell, Grosse, Steub und Stieler besangen das Land und später kamen Achleitner, Ganghofer und Voß, um hier Anregung und Stoff zu finden.[58]

Die bayerischen Könige hatten in der Nachfolge der Fürstpröpste rasch am Königseegebiet und Wimbachtal Gefallen gefunden, diese zum Hofjagdrevier erklärt und häufig ihre Sommerfrische im Berchtesgadener Land verbracht. In ihrem Gefolge kamen ebenfalls zahlreiche Künstler, Gelehrte, Dichter, Jagdfreunde und das aufstrebende Bürgertum versuchten es ihnen bald gleich zu tun. Es fehlte nur noch das Massenverkehrsmittel.

»Als dann endlich die Entwicklung des ästhetischen Urtheils in der europäischen Culturwelt die eigenthümliche Richtung nahm, dass der Contrast grüner Matten und grauer Felshörner, dunkler Seespiegel und steiler Bergwände als eine besondere Schönheit galt, als das Durchwandern einsamer Hochgebirgswüsteneien gerade für die verweichlichten Städter ein Genuss wurde, den man gerne mit den größten Mühsalen erkauft, da erstand für unser Berchtesgaden, welches man nicht mit Unrecht für einen der schönsten Plätze von Europa hält, aus seiner Naturbeschaffenheit eine neue Erwerbsquelle, der Fremdenverkehr.«[59]

Der große Aufschwung kam mit der Fertigstellung der Eisenbahnstrecke München – Salzburg im Jahre 1860. Mit der zunehmenden Industrialisierung Deutschlands verband sich eine Hinwendung breiter, vor allem bürgerlicher Kreise zu Wald, Feld und Berg, was durch das Massenverkehrsmittel Eisenbahn für viele möglich geworden war.

Alpenvereinsgründungen in allen großen Städten des Landes, eine Unmenge von publizistischen Veröffentlichungen förderten Alpensehnsucht und Alpenreisen.

Das Künstlervolk und auch die königliche Hofgesellschaft fanden Vergnügen an der »Ursprünglichkeit des gebirglerischen Menschen,« sammelten seine Lieder und sorgten sich um seine Tracht.

Vom Jahre 1873 an entstanden spezielle Beherbergungsbetriebe für Gäste, die sich Pensionen nannten. Mauritia Meyer gilt als Pionierin dieser neuen Form der Gästeunterbringung. Im Jahre 1877-78 begann mit dem ersten Pensionsbetrieb auf dem Obersalzberg dessen Geschichte als Fremdenverkehrsschwerpunkt. Erst in den 30er Jahren wurde aus dem Fremdenverkehrsschwerpunkt Obersalzberg das Machtzentrum und Privatterritorium Hitlers. Der Fremdenverkehr der Folgezeit brachte erneut Veränderungen ungeahnten Ausmaßes ins Land. Waren früher Sonderzüge das Hauptverkehrsmittel, so machte ab den 60er Jahren die Motorisierungswelle den Gast in einer Weise mobil, die von der Landschaft Berchtesgadens kaum mehr verkraftet werden konnte. Erstmalig war der Skisport zu einem Massensport geworden, was die Erschließung mit Seilbahnen, Liften und Pisten zur Folge hatte. Im Jahre 1974 wurden vom Bayerischen Landtag lang gehegte Pläne bestätigt, aus dem großen Naturschutzgebiet um den Königssee einen Nationalpark zu machen und ihm das alte Stiftsland als Alpenpark vorzulagern. Die Pläne verfolgen die Absicht, einerseits die verbliebene vielgestaltige, artenreiche und eigenartige Landschaft zu sichern, den Fremdenverkehr durch ein umfassendes Bildungssystem zu bereichern und schließlich ein großflächiges Forschungsareal für verschiedenste naturwissenschaftliche Untersuchungen zu gewinnen. Somit schließt sich der Kreis wieder und findet Anschluß an die Tradition derer, die um die Wende vom 18. zum 19. Jahrhundert die Berchtesgadener Gebirgslandschaft als Forschungsobjekt zu bereisen, erkunden und beschreiben begannen.

Historischer Eisrettungsschlitten am Königssee.
Dieser Schlitten wurde bei einer nichttragenden Eisfläche zum Transport von Waren und zur Rettung von Personen benutzt.

Sitten und Bräuche

Rudolf Kriß hat in seinem Werk »Sitte und Brauch im Berchtesgadener Land« (Filser Verlag München-Pasing 1947) eine umfassende und sehr detaillierte Bestandsaufnahme des seinerzeit noch Greifbaren erarbeitet, wobei er teilweise auf die noch älteren Manuskripte des Katecheten Schmidhammer zurückgreifen konnte. Aus diesem verdienstvollen, leider längst vergriffenen Werk, das die Zustände in der 1. Hälfte des 20. Jahrhunderts beschreibt, seien hier nur die wichtigsten Aspekte im *Originaltext* (im Praesens verfaßt) herausgegriffen; sie zeigen die heute kaum noch vorstellbare Einbindung des Menschen in religiöses Brauchtum und seine zusätzliche Vernetzung in abergläubischen Vorstellungen, die auf noch älteren Bewußtseinsschichten fußen.

Christlicher Brauch im Jahreslauf

Als Beginn der Weihnachtszeit gilt der St. Andreastag (30. 11.), an dem in der Pfarrkirche das Patroziniumsfest stattfindet; bis zur Jahrhundertwende verband sich mit diesem Fest ein Jahrmarkt vor dem Rathaus. An den drei ersten Donnerstagen im Advent ging man zum »Glöckisingen« bzw. »Glöckibeten«, und zwar auf dem Lande an allen drei Donnerstagen, während man im Markt nur einmal am dritten Donnerstag loszog.
Dem »Glöckisingen« verwandt ist das von den Ministranten geübte Herbergsuchen, ursprünglich »Frauentragen« genannt, es war vor allem in der Gemeinde Schönau verbreitet und zog sich durch den ganzen Advent.
In den Advent fällt auch der Nikolausbrauch, der in den Gnotschaften Loipl und Winkl besonders eigenartige Formen bewahrt hat. Man spricht dort vom »Buttmanndllaufen«, das im Loipl und in Winkl am zweiten Adventssonntag abends abgehalten wird.

In Loipl ist St. Nikolaus begleitet vom Nikoloweibl, einem verlarvten Burschen in Berchtesgadener Mädchentracht, den Scheibling mit der Flaumfeder auf dem Kopf. Dieses Nikoloweibl trägt in einem Korb die Geschenke für die Kinder mit sich und teilt nach der religiösen Belehrung durch den Nikolo die Gaben aus; es ist also eine durchaus freundliche Gestalt, etwa der »Gsellin« bei den Pongauer schönen Perchten vergleichbar. Daß sie hier dem heiligen Nikolaus an die Seite gestellt wird, ist eine sonst nirgends vorkommende Eigenheit.
Anstelle des Krampus treten die 12 Buttmanndln, wilde Gesellen, die vollständig in langes ausgedroschenes Stroh gehüllt sind und Masken aus Tierfell über den Kopf gezogen haben. Manchmal, aber nicht immer, sind Hörner aufgesetzt. Als Fell wird außer schwarzem Lammfell auch langes, zottiges, graues Schaf- oder weißes Hasenfell verwendet. Es handelt sich also um eine ausgesprochene Tiervermummung, keine Teufelsverkleidung wie beim Krampus. Um den Leib haben sie große, schwere Kuhglocken geschnallt, meist je zwei am Rücken, mit denen sie einen weitschallenden dumpfen Lärm hervorrufen. Die Buttmanndln (das Wort kommt wahrscheinlich von butteln – rütteln [Glockenschütteln] und soll auf die Art ihres Auftretens hindeuten) haben die Aufgabe, nach dem Abgang des Nikolaus »die Stube auszuräumen«, wobei sie besonders die halbwüchsigen Burschen und die Dirndl derb anpacken, »in die Reißn nehmen.« Auf diese Art zieht die ganze Gesellschaft, Freude und Gruseln zugleich verbreitend, überall in der Gnotschaft umher.
In Winkl sieht der unheimliche Zug etwas anders aus. Hier ist um 1940 anstelle des Nikoloweibls ein Engel getreten, der den Korb trägt.
Den 12 Buttmanndln ist als 13. Gestalt noch ein richtiger Krampus, »der Ganggerl« mit rasselnden Ketten, beigegeben. Einer alten Überlieferung nach soll sich nämlich, als die Buttmanndln einander abzählten, immer wieder eine 13. Person eingeschlichen haben, natürlich kein anderer als der leibhaftige Satan. Infolgedessen tritt bis auf den heutigen Tag stets die Bäuerin den Buttmanndln, bevor sie das Haus betreten, entgegen und besprengt sie mit Weihwasser, um den Teufel machtlos zu machen. Auch verrichteten die Buttmanndln, ehe sie das Laufen beginnen, aus demselben Grund ein kurzes Gebet. Aus der Reihe der Buttmanndl wird ein Oberhaupt gewählt, der Buttmanndlmeister. Die Buttmanndln haben die Anordnungen des Buttmanndlmeisters genau zu befolgen. Im übrigen vollzieht sich der Brauch genau wie in Loipl.
Früher kamen die Buttmanndln alle 12 Jahre einmal bis in den Markt herein.

Auch einzelne Tage spielen in der Adventszeit im Volksbrauch eine Rolle. Der *Barbara-Tag* (4. 12.) war früher ein Festtag der Bergleute, wahrscheinlich, weil die Heilige der Legende nach durch einen Felsen ihren Verfolgern entkam. Am Vorabend wurde für jene in der Pfarrkirche eine Litanei und am folgenden Morgen ein Amt zu Ehren ihrer Schutzpatronin gehalten. Auch bestand vormals die Sitte des »Stollen-Betens«, wobei in einem der Stollen ein paar Vaterunser gesprochen wurden. Im Dürrnberger Bergwerk erhielt sich das länger als in dem von Berchtesgaden.
Ferner steckt man am Barbara-Tag frischgeschnittene Kirschzweige ins Wasser, die bis Weihnachten aufblühen sollen, was Glück bringt.

An *Maria Empfängnis* (8. 12.) beginnen die Hausfrauen mit dem weihnachtlichen Backen.

Am *Luzien-Tag* (13. 12.) müssen Haus und Stall säuberlich gekehrt sein, sonst kommt bei Nacht die Hexe, schneidet den Kindern oder Mägden den Bauch auf legt den Kehricht hinein.

Der *Thomastag* (21. 12.) hat für die heiratslustigen Mädchen Bedeutung. Das sog. Bettstatt-Treten, wobei man den bekannten Spruch: »Bettstatt, i tritt' di, heiliger Thomas, i bitt' di, laß mir erscheinen den Herzallerliebsten meinen« hersagen muß, worauf einem im Schlaf der künftige Geliebte erscheint, ist auch hier nicht fremd. Daneben gibt es auch noch ein anderes Orakel, nämlich das Schuhwerfen; man wirft dabei einen Schuh über die rechte Schulter nach rückwärts; schaut die Spitze her, so führt eine angefangene Liebschaft zur Heirat, schaut sie weg, geht die Sache wieder auseinander.
Auch das weitverbreitete Bleigießen wird außer in der Neujahrsnacht auch an jenem Tag geübt. Aus den Formen, die das hartwerdende Blei in kaltem Wasser annimmt, sucht man künftige Ereignisse zu deuten.

Als besonders strenge Festtage gelten der *Quatember-Mittwoch* und *-Freitag*. Man darf sich an ihnen nur einmal sattessen und an Stelle der Milchsuppe kommt bei den Bauern nur eine Wassersuppe auf den Tisch.
Der Weihnachtsfestkreis im engeren Sinne beginnt am 17. Dezember, genau 8 Tage vor Weihnachten, nachmittags um 3 Uhr mit dem Christkindl-Einläuten. Später kam auch das Christkindl-Anschießen dazu. Den Heiligen Abend, die erste der drei Rauchnächte, schildert sehr eindrucksvoll Helm (»Berchtesgaden im Wandel der Zeit«, S. 387):

Ein Tischchen oder Hocker ist in der Bauernstube als Rauchtischchen bereitgestellt. Dieses ist mit einem Deckchen, mit dem »J H S« bestickt, versehen. Darauf befindet sich ein Gefäß mit Weihwasser, der Rauchwecken, die Mettenkerze, Weihrauch und Speik. Der Rauchwecken, ein Gebäck aus Schwarzbrotteig (häufig gewürzt), dessen Enden Kopfform und dessen Mitte eine Ausbuchtung besitzen, der also die Gestalt eines Fatschenkindes nachahmt, hatte früher in der Mitte eine Höhlung zur Aufnahme der Mettenkerze. Diese wird heute in einen Leuchter gesteckt; sie ist von ansehnlicher Größe, 75 bis 100 cm hoch, die kleinste von einem Mindestgewicht von einem halben Pfund, reich verziert und mit Efeu, Tannengrün oder Misteln geschmückt. Speik, als Ersatz für die teure Myrrhe, wird in Berchtesgaden als Zusatz zum Weihrauch benutzt. Es ist dies ein Produkt der Wurzel des Alpenbaldrians oder der Speiknarde.
Während nun die Mägde den Stall versorgen, bereitet die Bäuerin die Rohrnudeln (»Nudlsieden« genannt). Ist dies geschehen, so werden sie verspeist, nachdem im Herrgottswinkel das Licht angezündet wurde. Alsdann schikken sich die weiblichen Hausbewohner und die Kinder an zum Rosenkranzbeten. Am Fußboden kniend, die Arme auf einen Stuhl gestützt, wird häufig während des Gebetes ein Wachsstock gebrannt. Unterdessen geht der Bauer mit den männlichen Anwesenden »zum Rauchen«, das ist Ausräuchern, was gegen böse Geister, Unglück im Haus, Brand, Seuche und Verwünschungen gut ist. Dabei schwingt er die Rauchpfanne, einen durchlöcherten Metallbehälter, der der Luft Zutritt zum Weihrauch und Speik gestattet. Während dieses Aktes beten die Männer: »Im Namen der Heiligsten Dreifaltigkeit, Gottes des Vaters, des Sohnes und des Heiligen Geistes«; anschliessend beten sie den Glauben an Gott und den Rosenkranz. Zunächst wird ein Gang um das Haus unternommen, dann tritt man in sämtliche Räume des Hauses mit Stall und Stadel, wobei auch mit Weihwasser gesprengt wird.
Auf einem Weg, den sich der Bauer eigens aus dem Schnee geschaufelt hat, geht er nun auch auf den Acker hinaus, beräuchert diesen dreimal, wirft ein Stück glühende Kohle aus der Pfanne auf die Erde und besprengt sie gleichfalls mit Weihwasser. Andere wiederum räuchern dreimal in Richtung zum Friedhof und werfen die Kohle mit den Worten »Im Namen des Vaters, des Sohnes und des Heiligen Geistes, für die armen Seelen« aus der Pfanne. Sie tun dies zum Andenken an ihre Verstorbenen. Manche gehen auch zu den Bienen, räuchern und besprengen die Körbe oder Kästen; man heißt dies das »Impwecken«.

In der Stube werden insgesamt drei Rosenkränze gebetet. Bevor er zum »Rauchen« geht, gibt der Bauer noch drei Böllerschüsse, die sog. Rauchschüsse, ab, ebenso nach Beendigung des Rosenkranzgebets.

Jetzt erscheint der heilige Nikolaus, der die Kinder sowie die Angestellten beschenkt; er nimmt also die Weihnachtsbescherung vor, wobei auch jeder Angestellte ein Kletzenbrot erhält; in seiner Begleitung befindet sich der »Krampus«.

Der heilige Nikolaus kommt in Berchtesgaden also eigentlich zweimal und nimmt bei seinem ersten Besuch am 5. oder 6. Dezember auch öfter in seinen Ermahnungen an die Kinder auf seine weihnachtliche Wiederkunft Bezug. Die Sitte seiner weihnachtlichen Einkehr ist jedoch nur auf dem Lande bekannt. Auf dem Wege zur Christmette wird mit Böllern geschossen. Eine Person, die »Mettengammern« oder »Hausbüten«, bleibt zum Schutz des Hauses daheim. Sie kocht einstweilen die »Mettensuppe«, eine Schweinssuppe, in der das Kopffleisch, die Ohren und Füße des frisch geschlachteten Schweines gesotten werden. Schnitten gebähten Brotes werden eingebrockt (»bahte Schnittelsuppn«). Auf dem Heimwege von der Christmette wird abermals geschossen und vor der heimischen Behausung nochmals ein Schuß abgegeben, der dem Nachbar als Morgen- oder Weihnachtsgruß gilt und von diesem ebenfalls erwidert wird.

Bevor sie das Haus betreten, gehen Bauer oder Bäuerin, Knecht oder Dirn noch vielfach zu jedem einzelnen Obstbaum, klopfen dreimal mit einem Stecken an den Stamm und sprechen dazu traditionelle Versssprüchlein. Es ist dies das sog. »Baumwecken«, das gleichsam den Baum aufwecken soll, damit er neue Säfte treibt und im kommenden Jahr reiche Ernte trägt. Die Sitte gehört in das weite Gebiet des Wortzaubers, wobei man durch Hersagen eines bestimmten Spruches in gebundener Rede das entsprechende Geschehen herbeizwingen will.

Ist auch dies getan, so versammelt sich alles in der Stube und man nimmt gemeinsam die Mettensuppe ein. Der Fasttag ist jetzt vorüber und der erste Weihnachtsfeiertag hat begonnen.

Früher wurde am Heiligen Abend, im Gedenken an die biblische Erzählung, im Stall ein Christkindlbett hergerichtet, wobei in einer sauberen Ecke eine Matratze aus Stroh und ein Kissen aus Heu aufgeschüttet wurden, die man mitunter sogar noch weiß überzog. Das Lager wurde beräuchert und besprengt und am Morgen des Christtages wieder entfernt. Bis zur Jahrhundertwende war es bei ganz frommen Leuten auch der Brauch, daß der Bauer eine Schab Stroh auf den Stubenboden streute; darauf legte sich die ganze Familie in der Heiligen Nacht schlafen, um es dem Christkindl gleichzutun.

Das Aufstellen eines Christbaumes, ein ursprünglich vorwiegend städtisch-bürgerlicher Brauch, wurde bei den Bergbauern des Berchtesgadener Landes erst von der Jahrhundertwende an heimisch, ebenso ist das Aufstellen von beleuchteten Christbäumen am Friedhof ein noch recht junger Brauch.

Der *Silvesterabend* gilt als die zweite Rauchnacht. Die Bauern räucherten und beteten, diesmal allerdings nur zwei Rosenkränze, dazu wurde die Mettenkerze angezündet. Auch die drei »Rauchschüsse« wurden früher allgemein abgefeuert.

Der *Dreikönigsabend* und dessen Vorabend (5. und 6. 1.) ist die dritte Rauchnacht, die in der selben Weise wie die beiden ersten gefeiert wird; man beschränkt sich diesmal jedoch auf einen einzigen Rosenkranz.

Das »Dreikönigswasser« soll aus drei verschiedenen Kirchen geholt werden, dann hat es besondere Heilkraft. Sein Genuß hilft namentlich gegen Halsweh. Da das Dreikönigswasser überhaupt mehr gilt als das gewöhnliche Weihwasser, wird es in großen Mengen geholt und daheim für besondere Anlässe aufbewahrt, wie z. B. für die Segnung des Viehs vor dem Almauftrieb. Auch der Weihrauch für die Räucherungen des nächsten Weihnachtsfestes wird schon an diesem Tag geweiht. Am Lande vollzieht der Bauer die häusliche Räucherung selbst, genau wie an den beiden ersten Rauchnächten; danach schreibt er mit geweihter Kreide das Dreikönigszeichen über jede Tür: »19 † C † M † B 42«. Im Markt übernimmt die Geistlichkeit das Räuchern. Nach der Räucherung wird der Rauchwecken angeschnitten, von dem jedes Familienmitglied und jedes Haustier ein Stück erhält. Die Holzknechte besorgen dies mit der Axt. Nachher wird meistens der Christbaum abgeräumt. Beim Räuchern sollen alle Familienmitglieder vollzählig anwesend sein, »damit niemand aus dem Haus geräuchert wird«, d. h. stirbt. Auch darf die Mettenkerze nicht gar so stark flackern, was dasselbe bedeutet.

Das in anderen alpenländischen Gegenden häufige Perchtenlaufen ist in Berchtesgaden nicht mehr der Brauch. Dafür, daß es früher ebenfalls bekannt war, sprechen jedoch mehrere Verbote.

Verbreitet ist hingegen das Sternsingen, ein alter Heischebrauch der Kinder, die dabei gleichfalls in den Tagen um Dreikönig umherziehen; es sind ihrer vier, wobei der erste den Stern trägt und die drei anderen als die Drei Könige kostümiert sind. Sie singen gewöhnlich geistliche Lieder und erhalten dafür ein Geldgeschenk. Der Brauch hatte sich im 19. Jahrhundert allmählich verloren, wurde jedoch im Jahre 1929 in Bischofswiesen neu eingeführt.

Am *Sebastianstag* (20. 1.) wurde eine Bittprozession von der Stifts- zur Franziskanerkirche gehalten, woselbst das Sebastiani-Amt gelesen wurde. An dieser Feierlichkeit beteiligten sich fast alle Zünfte; so die Maurer, die Zimmerleute, die Bergknappen, die Pfannhauser, die Schachtelmacher und die in der Sebastianibruderschaft zusammengeschlossenen Holzhandwerker.

Am Sebastianitag dürfen die Mädchen und Frauen nichts nähen oder flicken, sonst bekommen sie Geschwüre. Dieser Glaube steht in Beziehung zur Legende des heiligen Sebastian, wonach der Heilige mit Pfeilen durchbohrt wurde.

Am *Vinzentiustag* (22. 1.), dem Tag des Schutzpatrons der Holzarbeiter, hatten diese ein feierliches Amt in der Pfarrkirche. Am Nachmittag trugen sie ihre Werkzeuge zum Schärfen in die Votzenschmiede.

An *Maria Lichtmeß* (1. 2.) endet der Weihnachtsfestkreis, es wird in allen Kirchen die Kerzenweihe vorgenommen, mit der meistens ein Kerzenopfergang verbunden ist.

Eigene Lichtmeßkerzlein werden beim abendlichen Rosenkranz angezündet, für jedes Familienmitglied eines. Wessen Kerzlein zuerst abbrennt, der stirbt nach dem Volksglauben zuerst. Daher läßt jeder Bauer auch soviel Kerzen in der Kirche weihen, als sein Hausstand Köpfe zählt. Die von den Kerzen übrigbleibende Dochtasche wird häufig eingenommen und soll gegen Halsweh schützen. Sogar dem Vieh wird in manchen Häusern diese Asche – auf ein Stück Brot gelegt – zum Fressen gegeben. An Lichtmeß werden zugleich auch Wachsstöcke, Wetterkerzen sowie die Mettenkerzen für das kommende Weihnachten geweiht.

Der Lichtmeßtag ist auch als »Schenkeltag« bekannt; an ihm werden Knechte und Mägde gedungen, doch sind in Berchtesgaden größere Lustbarkeiten, wie sie im Flachland der Brauch sind, nicht Sitte, wohl wegen des Fehlens von eigentlichen Großbauern. Das Gesinde erhält lediglich einen Wachsstock als Geschenk.

Im Handwerk wird zu diesem Zeitpunkt die Lichtarbeit beendet, die am Montag nach Michaeli (29. 9.) begonnen hatte. Der ihm folgende Nachmittag wurde für die Angestellten freigegeben und Lichtblaumontag geheißen.

Der *Osterfestkreis* beginnt mit dem *Blasiustag* (3. 2.), an dem der Blasiussegen erteilt wird.

Am *Valentinstag* (14. 2.) ging früher eine Frau zum Betteln »für den heiligen Valentin«; aus dem gesammelten Geld wurde eine heilige Messe zu dessen Ehren gelesen, von deren Besuch man sagte, daß sie vor der hinfallenden Krankheit bewahre.

Die *Faschingszeit* spielt im Brauchtum nicht die große Rolle wie anderwärts. Am »*Foastpfinztag*«, dem Donnerstag vor Fastnacht, findet in Unterstein der »Weiberball« statt.

Berchtesgadener Faschingsmaske

In Bischofswiesen wurde alljährlich bis zum Jahre 1939 am Foastpfinztag die »Habergais ausgetrieben«. Dies geschah folgendermaßen: Beim Rechenmacherlehen in Loipl versammelten sich gegen Abend eine Reihe von Burschen und Männern, an der Spitze der alte Rechenmacher selbst, in dessen Haus die Habergais aufbewahrt wird. Diese besteht aus einem primitiven Kopf aus Schafwolle mit hölzernen Ohren und Hörnern. Daran sitzt ein langer Stiel, an welchem sich hintereinander sechs Männer (den Vordermann machte meistens der Rechenmacher selbst) in gebückter Stellung aufreihten, die man mit einem großen Leintuch völlig zudeckte, so daß nur ganz unten die Beine hervorsahen. Die Habergais wurde nun von einem »Fuhrmann« mit Peitschengeknall zu Tal getrieben; weitere Begleitpersonen waren: »der Metzger«, der »Händler« (in altväterischer Tracht) und ein als altes Weib verkleideter Bursch. Der Zug endete im Saal des Gasthofes Brennerbascht in Bischofswiesen, wo zunächst allerhand Späße getrieben wurden. Das »Weib« versuchte die Gais zu melken, mittels eines Schlauches gab man der Gais, d. h. den sechs darunter verborgenen Mannsleuten, Bier zu trinken und zuletzt wurde sie dann versteigert, wobei sie der »Metzger« vom »Händler« einsteigern mußte und dabei sehr hoch hinaufgetrieben wurde. Das Steigergeld wurde hernach beim Publikum eingesammelt und von den Darstellern des Zuges gemeinsam vertrunken. Im Jahre 1938 bekam die Habergais noch ein »Junges«, d. h. sie erhielt eine zweite kleinere Gais zur Gesellschaft, welche von drei Männern dargestellt wurde.

Während der mit dem *Aschermittwoch* beginnenden *Fastenzeit* war das sog. »Hoamgarschtgeh'n« beliebt.

Man trifft sich jedesmal bei einem anderen Bauern, der seine Gäste zum Abschied mit Kaffee und Nudeln bewirtet; die älteren Leute treffen sich zu gemeinsamem Stricken und Spinnen, während für die Jugend natürlich die Unterhaltung die Hauptsache ist. Ein solcher Hoamgarscht dauert oft bis in die frühen Morgenstunden. Dabei unterhält man sich mit ganz bestimmten Spielen, die man aber auch zu anderen Zeiten trieb.

Um diesen »Heimgarten«, der dem Ernste der Fastenzeit widersprach, etwas einzudämmen, führte man im Jahre 1711 in der Pfarrkirche die Ölbergandachten ein, die wegen ihrer dramatischen Belebtheit beim Volk sehr geschätzt wurden.

Diese Andacht war in alter Zeit noch weitgehender dramatisiert, worüber in den Salzburger Regierungsakten von 1809 (Rubrik Nr. 149) Beschwerde geführt wird. Es heißt darin, daß in der Andreaspfarrkirche noch immer die theatralischen Ölberg- und Heiliggrab-Vorstellungen gefeiert und mit 33 Gulden aus dem Kirchenfond bestritten würden und daß »diese grotesken Feierlichkeiten, wo Christus durch eine Öffnung im Kirchengewölbe, unter Begleitung beleuchteter Engel, an Stricken im Kreis sich drehend, unter einem Regen von Mannabrot herabsteigend, ein allgemeines Gelächter und Lärmen verursache, durch kein Stiftungskapitel begründet, sondern in zivilisierten Staaten überall längst abgestellt und in eine reine Gottes-Verehrung umgestaltet sei, in Berchtesgaden aber ungeachtet der Gegenvorstellungen bisher noch geduldet würde . . . das Interesse der Wirte, Bäcker, Lebzelter dadurch gefördert und selbst ein Teil des Pöbels dafür eingenommen sei . . .«

Auf das Bestehen von sog. Ölbergspielen läßt ein Vermerk aus dem Jahr 1732 in den Berchtesgadener Protokollbüchern schließen; dieser Gerichtsakt läßt vermuten, daß zur damaligen Zeit in Berchtesgaden eine Art von Ölbergspielen gebräuchlich gewesen ist, welche als mehr oder minder vollständige Teile von eigentlichen Passionspielen anzusehen wären.

Am *Josefitag* (19. 3.) fand früher in der Franziskanerkirche ein Amt der Zimmerleute statt, wobei eine bestimmte Sorte Brot geopfert wurde, das man Baumwollbrot nannte.

Das *Osterfest* im engeren Sinne begann am *Palmsonntag* mit der Palmbaumweihe.

Der Palmbaum, ein bis zu 1,5 m hoher, möglichst stark verästelter Zweig, wurde mit »Gschabert-Band'ln« (gefärbte Hobelspäne) geschmückt. Mitunter wurden auch Körner angehängt, damit die Hühner Geweihtes fressen.

Ein solcher Segenbaumstrauch befand sich früher fast vor jedem Bauernhaus, da er den Blitz abhalten soll. An seine Stelle trat vielfach die Zeder.
Im allgemeinen läßt jeder Bauer zwei Palmbuschen weihen, einer kommt auf's Feld, der andere unter den Dachfirst, wo er bis zum nächsten Jahr aufbewahrt wird; seit etwa 1915 werden auch auf die Gräber Palmbäume gesteckt. Ein Zweig desselben wird meist auch über dem Herrgottswinkel in der Stube befestigt.
Die drei Kartage sind vollends eingebettet in religiöses Brauchtum. Bis zum Jahre 1934 wurde in der Berchtesgadener Stiftskirche auch die zeremonielle Fußwaschung an zwölf Greisen vorgenommen, die als Apostel kostümiert waren.
Sehr verbreitet war das »Altar obet'n« am *Gründonnerstag* und das »Kalvarienberg-Abbeten« am *Karfreitag*.
An den drei Kartagen hat man früher schon um 4 Uhr früh drei Rosenkränze gebetet; die Frauen trugen strenge Trauer.

Der *Gründonnerstag* ist ähnlich wie der Palmsonntag ein Stichtag für den Anfang des Frühlings; man muß an ihm etwas Grünes, Salat oder Spinat mit Eiern, verspeisen. Er heißt auch Antlaßtag, weil an ihm in alter Zeit die öffentlichen Kirchenbüßer wieder in die Kirchengemeinschaft aufgenommen wurden (Antlaß: mittelhochdeutsch Entlassung). Die an diesem Tag gelegten Eier heißen Antlaßeier und gelten schon in der Henne als geweiht. Den Hennen wird am *Karfreitag*, bevor sie den Stall verlassen, der Schwanz gestutzt und sie werden vielfach auch verkehrt hinausgetrieben, damit sie der Habicht oder Geier im Laufe des Jahres nicht holen kann. Auch soll man sich am Karfreitag nicht die Fingernägel schneiden, sonst bekommt man Zahnweh.

Am *Karsamstag* wird vor den Kirchen das Osterfeuer entfacht: die Buben bringen Bündel von Buchenscheitern, auf einem Draht aufgehängt, lassen sie ankohlen und tragen sie heim; zuhaus kommt dann eines ins Herdfeuer und eines aufs Feld, die übrigen werden für Gewitter aufgehoben und dann verbrannt; einige heben sich auch ein Stück für den Heiligen Abend auf und werfen es dann ins Feuer, damit sie auch eine geweihte Glut besitzen.

Der *Ostersonntag* wird mit der Speisenweihe eingeleitet. Dazu gehören Meerrettich (Krenn), Salz, Eier, der Osterfladen, Speck oder Schinken und die Osterbutter, die aus besonders schönen Holzformen, welche mit einem geschnitzten Osterlamm versehen sind, gepreßt wird.

Das Geweihte muß man nüchtern essen; man geht daher früh zum Weihen, damit die Speisen noch zum Frühstück genossen werden können. Dabei muß jedes Familienmitglied zuerst eine Scheibe Krenn schlucken; die Ostereier werden von manchen vor der Weihe an beiden Enden eingeschlagen, damit die Weihe besser hinein kann, ein Zeugnis, für höchst handfeste und magistische Glaubensvorstellungen.

Der *Ostermontag* ist ein »Menschertag«, da darf der Bua zum erstenmal sein Dirndl öffentlich ausführen. Der Bursch holt sich vom Dirndl die roten Ostereier als Ostergeschenk; er verehrt ihr auch seinerseits solche. Am Nachmittag geht man »Emaus«, d. h. man macht einen Ausflug, der zur Erinnerung an den Emausgang der Apostel diesen Namen trägt.

Am *Markustag* (25. 4.) ist allgemeiner Bittgang sämtlicher Pfarreien.

Am *Kreuzauffindungstag* (3. 5.) werden alle Feldkreuze bekränzt; früher gingen die Leute von Kreuz zu Kreuz, dabei sollten womöglich neun Kreuze besucht und bei jedem der Englische Gruß und drei Vaterunser gebetet werden.

In der *Woche nach Ostern* beginnt die Viehbenediktion, die den Franziskanern und Pfarrkaplänen obliegt. Sie wird namentlich des Almviehs wegen unternommen, da man bald nach Pfingsten »gen Alm fährt«.

Am *1. Sonntag im Mai* hat man in alter Zeit beim Schneck in der Gern das *Maifest* gehalten. Die Burschen stellten einen oft bis zu 15 m hohen, ganz glatten Maibaum auf, an dessen oberem Ende seidene Tüchlein und Speckwürste aufgehängt waren, die den Maibaumkraxlern als Lohn winkten.

An den *drei Bittagen* in der *Bittwoche* (Himmelfahrtswoche) wurden Bittgänge zum Gedeihen der Feldfrüchte gegangen.

Am *Schauerfreitag* beginnt der Wettersegen, der von nun an täglich nach dem 8-Uhr-Amt in der Kirche bis Kreuzerhöhung gebetet wird. An den Sonntagen wird eine Wettermesse gelesen. Allgemein verbreitet war während der Sommermonate bei aufziehenden Gewittern das Wetterläuten und -schießen. Gegen diese Sitte zog man in der Aufklärungszeit besonders heftig zu Felde.

Landrichter Hasel berichtet 1803 an die Regierung in Salzburg, daß in Berchtesgaden bei Hochgewittern eine ganze Stunde lang von allen Türmen mit sämtlichen Glocken geläutet würde, ja, daß in der Ramsau dazu auch geschossen und daß der dortige Pfarrer sogar mit dem Hochwürdigsten Gut das Wetter segnen müsse »und überhaupt alles tue, was eine abergläubische Herde von ihm verlange«. Nach 1807 schläft die ganze Aktion langsam ein; in Berchtesgaden kam das Schießen ab, das Läuten jedoch erhielt sich in beschränktem Umfange, aber nur während des Anzugs eines Gewitters als Warnungszeichen und Gebetsaufruf.

Beim Gewitterläuten betete man früher den Englischen Gruß und das Johannis-Evangelium und zündete ein schwarzes Altöttinger Kerzchen an.

Der *Pfingstsonntag* wird morgens um 4 Uhr mit dem Pfingst-Schießen eingeleitet, weil um diese Zeit der Papst im Volksglauben der ganzen Welt seinen Segen erteilt.

Am *Pfingstsonntag* halten die Bergknappen ihr Hauptfest. Die Pfingstwoche gilt im Volk als Unglückswoche.

»Die Pfingstlichteln in Berchtesgaden«
Zeichnung von F. Bergen aus dem Jahre 1898

Am *Dreifaltigkeitssonntag* (1. Sonntag nach Pfingsten) oder am vorhergehenden Samstagabend sowie am Fronleichnamstag nachmittags veranstalteten die Bauern einen Felderumgang um ihre Gründe, »Feld-umi-beten« genannt. Alle Familienmitglieder nehmen daran mit brennenden Kerzen teil; dazu wird ein Rosenkranz gebetet und mit Weihwasser gesprengt.

Der *Fronleichnamstag* (Prangertag) kann wegen seiner Prachtentfaltung als der Hauptfesttag des Sommers bezeichnet werden.

Am Vorabend von *St. Johanni* (24. 6.) wurden zahllose Sonnwend-Feuer abgebrannt.

Sie flammten nicht nur auf verschiedenen Berggipfeln auf, sondern es hatte fast jede ländliche Häusergruppe noch ihr eigenes kleines Feuer, auch manche Vereine zündeten solche an. Bei jedem herrschte lebhafter Betrieb. Man sprang einzeln oder paarweise darüber; es wurde gesungen, Zither gespielt und einzelne Burschen gaben auch Schüsse aus ihren Handböllern ab.
An manchen Orten, z. B. auf dem Lercheck, Gnotschaft Au, hat sich auch der Brauch erhalten, gewisse Kräuter zu sammeln, nämlich Margeriten, auch Johannisblumen genannt, sowie Johanniskraut und Klee; von diesen drei Kräutern wurde ein kleiner Kranz gewunden und unter das Kopfkissen gelegt als Heilmittel gegen allerlei Krankheiten. Auch wurde am Johannisabend in den Ringschrauben der Fensterstöcke, wo man die Fensterläden einhängt, ein Sträußchen aus diesen drei Kräutern befestigt, zu Ehren des hl. Johannes, um der Gefahr des Blitzschlages dadurch vorzubeugen.

Am Fest *Maria Himmelfahrt* (15. 8.) fand früher allgemein in den Kirchen die Kräuterweihe statt; die Kräuter wurden bei Gewitter verbrannt, dem Vieh gegen Krankheit ins Futter gemischt und gelegentlich wohl auch als Heilmittel der Menschen verwendet; diese sog. Würzbüschel setzten sich aus neunerlei ganz bestimmten Kräutern zusammen.

Am *Bartholomätag* ist Patrozinium der Wallfahrtskirche St. Bartholomä am Königssee. Die Bergknappen stifteten den dortigen Festgottesdienst und fuhren in alter Zeit auf einem eigenen großen Flachboot mit 24 Ruderern geschlossen hinüber.
Auch die Holzknechte hatten ihr eigenes Schiff. Jeder Holzknecht führte ein Ruder. An der Spitze des Schiffes stand der Holzmeister, der, mit einem Stab auf den Schiffsboden stossend, den Takt zum Rudern gab.

Das kirchliche Erntedankfest hielt man früher zu *Michaeli* (29. 9.).

Am Montag nach Michaeli, dem sogenannten *lichtblauen Montag*, gaben die Handwerksmeister frei, aus Anlaß des Wiederbeginns der Lichtarbeit.

Im Oktober sind die »drei goldenen Samstage« sehr beliebte Wallfahrtstage, besonders für die Sennerinnen, die nach glücklicher Heimkehr von der Alm, nun den himmlischen Mächten ihren Dank abstatten; man geht nach Dürrnberg oder Maria Plain bei Salzburg, dorthin sogar besonders gern und in so großer Zahl, daß die Berchtesgadener Burschen und Dirndln, die sich von der Wallfahrt in den Salzburger Gaststätten stärken, mit ihrer festlichen Sonntagstracht im Salzburger Stadtbild deutlich in Erscheinung treten.

Der *Allerseelentag* besitzt ein eigenes Gebildbrot, das »Stuck«.

Kinder ärmerer Eltern zogen solange, bis es als Bettelei verboten wurde, an diesem Tag von Haus zu Haus und bettelten um jenes Backwerk.
Das Stuck ist eine Abwandlung des allgemein verbreiteten Seelenzopfes (Striezel). Der Ursprung dieses nach Art eines Zopfes dreifach geflochteten Hefeteiggebäckes geht auf die alte Sitte des Haaropfers zurück, das er symbolisch vertritt. Die Vorstellung vom Haar als Sitz der Seele, auf die sich jene Sitte gründet, gehört mit zum ältesten deutschen Volksglaubensgut.

Am *Martinstag* (11. 11.) hatten die Feuerschützen ihre jährliche Messe; wer sie nicht besuchte, konnte keinen ersten Preis erhalten.

Geburt und Kindheit

Ein besonders altartiger Brauch ist der, daß sich bei Beginn der Wehen der Ehemann gleichfalls niederlegen und die Bewegungen und Schmerzenslaute der Kreißenden nachahmen soll; der Grund dieser Sitte (»Männerkindbett«) liegt in dem uralten Versuch der Dämonentäuschung, wenn man ihm nicht auch noch den Zweck der Geburtshilfe über den Weg des Nachahmungszaubers unterlegen will.

Vom *neugeborenen Kind* soll der Rest der Nabelschnur aufgehoben werden; bevor es zur Schule kommt, muß es dann versuchen, diesen Knoten mit den Zähnen zu lösen; gelingt es ihm, so glaubt man, es werde recht gescheit.

Als Schutz gegen die Fraisen werden dem *kleinen Kind* »Froas-Sackerln« um den Hals gehängt, kleine Paketchen, welche einen Frais-Brief, d. i. ein Gebet oder eine Beschwörung gegen die Fraisen und meist noch irgendeine Weihemünze enthalten. Wenn das Kind eine hohe Brust hat, so nennt man das eine Hexenbrust, weil man glaubt, die Hexe zöge ihm die Milch heraus, wobei es merkwürdigerweise gleich ist, ob es sich um ein Mädchen oder um einen Knaben handelt. Um die »Trud« oder Hexe davon abzuhalten, muß man eine Schere öffnen; das so zustandekommende Kreuz mit einem Band festbinden und unter das Stroh des Kindbettes legen.

Kleinen Kindern soll man, bevor sie nicht ein Jahr alt sind, nicht den Kopf waschen, damit der Grind solange oben bleibt; man hegt gleichfalls die Anschauung, die Kinder würden dann gescheiter. Auch soll man einem solchen die Fingernägel ein ganzes Jahr nicht schneiden, sondern nur abbeißen, weil es sonst das Stehlen lernt. Hat eines ein Muttermal, so muß man es mit der Nachgeburt abwaschen, dann vergeht es. Im übrigen soll man die Nachgeburt verbrennen, weil sonst die Kindsmutter den Verstand verliert. Die Kindswäsche darf man auch nicht im Freien waschen, vielmehr nur unter dem Dach, damit nichts Böses daran kommt und das Kind später nicht »windbrüchig« wird. Auch hier liegt die sympathetische Beziehung klar am Tag. Die Wäsche darf von keinem »Wind« bewegt werden.

Nach der Geburt soll man das Kind in das Hemd des Vaters wickeln, damit »der Vata a Liab hat dazua«.

Am ersten Donnerstag beim abnehmenden Mond, den das Neugeborne erlebt, geht man zum Mitessersuchen. Zu diesem Zweck muß die Hebamme nochmals kommen, das Kind mit Fett einreiben, Mehl darüber streuen, mit einem trockenen Tuch abreiben und zuletzt baden. Davon bekommt das Kleine eine trockene Haut ohne Mitesser. Die Hebamme erhält als Reichnis für diese ihre letzte Tätigkeit ein Pfund Butter und ein paar Eier.

In das erste Bad, das das Neugeborne erhält, wird ein Geldstück, gewöhnlich ein Zweimarkstück, gelegt, damit ihm das Geld niemals ausgehen soll. Diese Münze wird gleichfalls der Hebamme geschenkt.

Auch die Wöchnerin selbst muß allerhand Regeln beachten. In den ersten 8 Tagen bekommt sie nur eine Wassersuppe zu essen. »Sie darf kein Weihwasser anrühren, sonst gilt dieses für entweiht. Sie muß sich von der Beseherin (Wärterin) damit besprengen lassen. Jeder, der sie besucht, muß beim Weggang sic und ihr Kind, sobald dieses getauft ist, mit Weihwasser besprengen. Auch besitzt sie einen eigenen Löffel, welcher oft mit einer roten geweihten Kerze umwunden wird, damit ihr die bösen Mächte nicht schaden. Auch an der Bettstelle werden drei Kreuze aus roten Kerzen als Schutzmittel gegen die Trud angebracht. Stirbt eine Frau im Wochenbett, so soll man ihr ein Paar neue Schuhe anziehen, denn dann heißt, sie käme noch sechs Wochen lang bei Nacht, das Kind zu stillen.« (Schmidhammer) In diesem Fall wird sie als Jungfrau beerdigt und ihr Sarg von Jungfrauen getragen.

In der ersten Woche nach der Entbindung darf sie auf keinen grünen Wasen treten; überhaupt soll sie vor der kirchlichen Vorsegnung das Haus nicht verlassen, ihr erster Ausgang soll der zur Kirche sein. »Nicht einmal unter die Dachrinne soll sie treten, sonst wird sie vom Blitz erschlagen. Ist sie wieder hergestellt, so kommt sie zur Vorsegnung zur Kirche. Vorher darf sie weder die Kirche betreten, noch Weihwasser nehmen. Lebt das Kind, so kommt sie an einem Dienstag, Donnerstag oder Samstag; ist das Kind tot, so kommt sie an einem Montag, Mittwoch oder Freitag zur Kirche. Da ledige Mütter nach den kirchlichen Bestimmungen nicht vorgesegnet werden dürfen, so ließen sich diese ehedem in der Vorhalle der Kirche von anderen Personen mit Weihwasser besprengen und segnen und glaubten so, gereinigt zu sein. Konnte man infolge großen Gedränges nicht zum Weihwasserstein gelangen, so ließ man sich von nahestehenden Mannspersonen Weihwasser geben, von Frauen sollte es nicht gelten.« (Schmidhammer)

Die Sitte des Vorsegnens wird schon 1694 zum erstenmal erwähnt. Sie fand damals nur in der Pfarrkirche von Berchtesgaden statt und wurde verordnet: »die Weiber, außer den Offiziersfrauen, sollen bei der Kirchentür neben der Sakristei vorgesegnet und dann zum Hochaltar geführt werden. Diejenigen aber, welche ihre Kinder bei sich haben, sollen beim Turm vorgesegnet und zum Nebenaltar geführt werden.« (Schmidhammer)

Im Volksglauben wird die Vorsegnung als ein ausgesprochener Akt der Reinigung betrachtet. Nach den kirchlichen Gebetstexten bedeutet sie aber eigentlich nur eine Danksagung für glückliche Geburt; die Zeremonie ist auch nicht allgemein üblich und an sich keine religiöse Pflicht. Der Volksglaube hegt also hier strengere Ansichten als das Dogma.

Kommt die Zeit, in der das Kind zu sprechen beginnt, so soll man ihm drei »Schlottereier« schenken, das sind die ersten Eier eines jungen Huhnes. Wenn das Kind diese Eier verzehrt, so lernt es schneller sprechen.

Verlobung und Hochzeit

Anfangen tut's mit einer sogenannten *Bekanntschaft*, die aber noch lange nicht zur Heirat führen braucht. Der Verehrer trifft sich mit seiner Auserwählten beim Heimgarten und macht auch öfters Besuch am Kammerfenster seiner Geliebten. Dazu hält er sich im allgemeinen an bestimmte Tage, die Knödel- oder Gasseltage, das sind jeweils der Dienstag-, Donnerstag- oder Samstagabend. Kommen mehrere Burschen dabei zusammen, so geht es oft nicht ohne Raufen ab. Die Lust der Berchtesgadener, jemand einen Schabernack zu spielen, kommt dabei gleichfalls in oft recht drastischer Weise zum Ausdruck; am besten gelingt so ein Scherz natürlich, wenn das betreffende Dirndl den Verehrer nicht besonders mag und mit den Burschen, die ihm auflauern, gemeinsame Sache macht. Da kann es einem solchen Unglücksraben dann leicht passieren, daß er bei seiner eiligen Flucht bis zum Hals in die heimlich geöffnete Odelgrube fällt, wenn ihm nicht noch Schlimmeres zustößt.

Einen etwas ernsteren Anstrich bekommt die Geschichte, wenn der Bursch sein Dirndl an den sog. »Menschertagen« ausführt. Das sind der Stefanitag, der Oster- und Pfingstmontag. Mit der Heirat kann das Dirndl erst rechnen, wenn ihr der Verehrer den sog. »Zoig« schenkt (Festtagsschmuck), bestehend aus Hirschgrandl-Brosche, Finger- und Ohrringen, deren Überreichung gewissermaßen als Zeichen der *Verlobung* gilt.

Vor der Hochzeit hat die Braut darauf zu achten, daß sie nicht zuviel lacht, denn es heißt, »eine lachende Braut, eine weinende Frau«.

Die Hochzeit findet gewöhnlich an einem Montag statt. Am Samstag nachmittag wird »gewandert«. Die Wanderfuhr oder der Kammerwagen wird in das künftige Heim der Braut gefahren. Er enthält deren Mitgift, wobei die Ehebetten, die Wiege, einige Möbelstücke und Wäsche die Hauptsache sind. In früherer Zeit fehlte auch nie das Spinnrad. Hinter dem Kammerwagen wurde ehedem noch die festlich gezierte »Brautkuh«, die auch zur Mitgift gehörte, nachgeführt. Bevor die Wanderfuhr abgeht, hat die Braut ihren Eltern oder, wenn diese nicht mehr am Leben sind, ihren Geschwistern »Vergelt's Gott« zu sagen. Die Mutter der Braut hat das Brautbett aufzurichten. Auf einer Anhöhe in der Nähe des neuen Heimes haben sich die Kameraden des Bräutigams aufgestellt und feiern die Braut durch mörderisches Schießen, das Wandern-Schiessen genannt. Dafür werden sie nachher im Haus mit Bier, Schnaps und Speisen traktiert.

Die Braut wird mit Kaffee und Schmalzkrapfen empfangen; gegen Abend wird auch getanzt. Dieser Tanz heißt der »Hennertanz«. Es ist der Junggesellenabschied, den die Kameraden dem Hochzeiter bereiten. Danach kehrt die Braut in ihr Elternhaus zurück.

Der *Hochzeitstag* wird mit dem Hochzeitsschießen eröffnet. Burschen aus der Bekanntschaft des künftigen Paares finden sich bei den Häusern von Braut und Bräutigam ein und beginnen in aller Frühe, Schlag 4 Uhr, mehrere donnernde Rottenfeuer aus ihren Handböllern abzugeben. Zum Lohn werden sie hernach ausgiebig bewirtet. Am Hochzeitsmorgen wird die Braut vor 4 Uhr früh geweckt. Der Brautvater erscheint mit einer geweihten Kerze vor ihrem Bett, besprengt sie mit Weihwasser und betet. Um 4 Uhr muß sie fertig angezogen sein, denn da wird in der Kirche zum Englischen Gruß geläutet. Die Familienmitglieder haben sich bereits in der Stube eingefunden. Gemeinsam beten sie knieend den Englischen Gruß und mehrere Vaterunser für verstorbene Verwandte und für einen glücklichen Ehestand.

Die Braut soll etwas verkehrt anziehen, damit ihr die schlechten Reden nichts schaden. Auch soll sie in die Schuhe ein Geldstück legen, damit ihr das Geld nie ausgeht. Sonst darf sie aber kein Geld mitnehmen, als höchstens zwei Pfennig für die Opferteller in der Kirche. Ist die Braut im Staat, wird der Brautführer erwartet. Am Weg zum Gasthaus werden nicht nur die Brautleute, sondern auch sämtliche Hochzeitsgäste, ob sie zu Fuß gehen oder mit dem Wagen fahren, »eingeschnitt«; Kinder und Halbwüchsige oder auch die Wegmacher spannen ein Seil über die Straße und halten den Hochzeitszug auf. Gegen ein Lösegeld wird dann das Hindernis entfernt.

Die Zeremonien der kirchlichen Hochzeit, des Hochzeitsmahles und des Hochzeitszuges waren übrigens vielfach bis in alle Einzelheiten geregelt, insbesondere waren auch die Ansprachen des Prokurators peinlichst genau aufgesetzt. Besonders interessant sind einige historische Rechtsbestimmungen zu Ehe und Hochzeit.

Im Berchtesgadener Landrecht finden sich zwei Absätze, die sowohl den Ehebruch streng ahnden, als auch, was zur damaligen Zeit besondere Beachtung verdient, zur Vermeidung der Inzucht sogar verhältnismäßig weitläufige Verwandtenehen zu verhindern trachten: »In Rücksicht des hochstraflichen Lasters der Leichtfertigkeit, sonderbar aber des Ehebruchs, wird sich das 1710 bei offenem Landrecht publizierte Generaldekret, als auch auf die in Baiern in den Jahren 1635, 54, 71 ergangenen Generalien berufen, wonach die auf solche Weise vorkommenden Verbrechen schärfstens abgestraft, die öffentlichen Landesstrafen nicht nachgelassen und daher, wenn je eine Nachsicht eintritt, selbe in eine Geldstrafe verändert werden. Die Wiederholungsfälle sind aber um so mehr zu vermeiden, als hierauf die unnachsichtliche Leibes- und Lebensstrafe gesetzt ist.

Diejenigen, welche bis in den vierten Grad zusammengesippt sind, sich sich durchaus einander anfreunden und sich zu dem Ende der Wörter »Vetter und Base« bedienen, widrigenfalls bei hervorkommender Blutschande, die Eltern sowohl als die Verbrecher exemplarisch auch nach Gestalt der Sache mit öffentlicher Schandstrafe angesehen werden würden.« (Berchtesgadener Landrecht, Kap. 4).

Der Leichtfertigkeit wollte man durch folgende Bestimmung steuern: »Zur Vermeidung des allgemeinen Ärgernisses und Verderbnisses der Sitten, soll sich bei den Hochzeiten und anderen Tänzen kein Weibsbild, so sich zum Tanzen anschicket, mit allzu kurzen Röcken einfinden und daher in solchem Falle allzeit mit zween Röcken angekleidet erscheinen, widrigenfalls selbe, sofern man eines leichtfertigen Anzuges gewahr würde, ohne jemands Einrede oder Hindernis durch den Amtmann sogleich von dem Tanzboden wegzuschaffen wäre. Auf die dabei eintretende Weigerung oder sonst lärmende Widerspenstigkeiten ist Arrest und nach Gestalt der Sache auch andere empfindliche Strafe gesetzt.« (Berchtesgadener Landrecht, Kapitel 2).

Auch andere Rechtsbestimmungen klagen stets über das Laster der sog. Leichtfertigkeit. Das Salzburger Landesarchiv enthält mehrfach solche Hinweise. »1661: Der 7. Artikel der fürstlichen Polizei wird erneuert, wonach wer zum zweitenmal ein uneheliches Kind erzeugt, mit Landesverweisung bestraft wird. Über jeden einzelnen Fall ist ein Protokoll aufzunehmen.« (Berchtesgadener Akten, Nr. 132, Fasc. 97). 1778 wird ein Verbot der Freitänze von Kreuzerfindung bis Kreuzerhöhung ausgegeben. Nur die Hochzeitstänze, die Tänze bei Handwerksjahrtagen und Kirchweihen sollen bis 10 Uhr abends erlaubt sein (Fasc. 98).

Als Beispiel für die Strafen, die man bei Übertretungen in derartigen Fällen aussprach, sei ein Eintrag in den Berchtesgadener Protokollbüchern von 1715 herangezogen: »Maria Steinwänder, des Hannsen Schnecken gewesten Dienstknecht Anhang, soll wegen gewissen unterloffenen Dingen, anderen zum Abscheu, exemplarisch abgestraft werden. Geldstrafe 4 Gulden. Nach Kirchzeit sollte sie mit geflochtenem Strohkranz und angeschlagener Geigen durch den Markt gepaukt werden. Auf gegebenes Vorbitten wurde ihr das Auspauken erlassen und sie statt dessen 3 Tage bei Wasser und Brot in die Keuchen gesperrt.« In welcher Form ein nachgewiesener Ehebruch bestraft wurde, darüber belehrt uns ein Eintrag in den Berchtesgadener Protokollbüchern aus dem Jahr 1735. Hans Wembachal hatte zusammen mit Barbara Steinhauser Ehebruch begangen. Dafür sollte Wembacher laut Urteil vier Wochen bei Wasser und Brot in die Keuchen geworfen und »dreimal in der Prechl mit entblößten Armen, prinnendem Licht und Ruten vorgestellt werden.« Auch die »erloffenen Atzungskosten« (Verpflegung im Arrest) sollte Wembacher bestreiten. Es wurde Wembacher jedoch freigestellt, ob er anstelle der andiktierten Schandstrafe in die Miliz gestoßen werden wolle. Auf eine Eingabe seines Weibes wurde die Strafe gemildert; Wembacher mußte sechs Wochen lang, darunter zwei in Eisen (in Ketten), schanzen und öffentliche Arbeiten verrichten, sodann zwei Wallfahrten, eine nach Kunterweg und eine nach Ettenberg machen. Die Buhlin wurde der »Norma« gemäß als leichtfertige Dirne zu jedermanns Warnung öffentlich durch den Markt geführt.

Auch den großen Aufwand bei Hochzeiten suchte man einzuschränken; »Berchtesgadener fürstliches Rats-Protokoll vom 7. April 1725, Bauernhochzeiten betreffend. Auf den über der samentlichen allhiesigen Landesgemeinde beschehenes Anlangen, um dem alten Brauch nach die Bauernhochzeiten in geringerem Preis zu halten, ist unterm 6. eingekommenen Landpflegegericht anzufügen, daß man es allerdings beim gegebenen Gutachten gelassen haben wolle, kraft dessen künftig vor einer Mahlzeit bei den bäuerlichen Hochzeiten, gleichwie es zu Schellenberg absolviert würde, von jeder Person 30 Kreuzer für das Essen, ein Viertel Bier und ein Kreuzer Brod bezahlt; mit den sehr kostbaren Bürgerhochzeiten aber eine geringere Tax gesetzt und nicht über einen Gulden 30 Kreuzer die Mahlgelder bei exemplarischer Strafe geschritten werden solle, wo aber aus den Hochzeitsleuten hernach eine weitere und mehrere Zehrung machen, auch absonderlich bezahlen will, demselben stehe es frei, welches dann den Untertanen also zu publizieren.«

Tod und Begräbnis

Verschiedene *Vorzeichen* deuten auf einen baldigen Tod oder sein Gegenteil hin. Findet man z. B. auf dem Weg Eisen, so braucht man in diesem Jahr nicht zu sterben.

Die Versehgänge geschahen früher mit großer Feierlichkeit; auf Grund einer Stiftung wurde im 18. Jahrhundert verordnet, daß bei Provisuren im Markt das Allerheiligste mit dem Traghimmel begleitet werde. Solche Provisurgänge mit dem Himmel finden sich noch im Jahr 1809.

Für weite Versehgänge mußten in alter Zeit stets zwei Pferde in der Stallung der Propstei beständig bereitstehen, um den Seelsorger rasch nach allen Gegenden zu tragen. Die Pferde wurden Speispferde genannt und erst 1803 verkauft.

»*Ist jemand gestorben*, so macht man die Fenster auf, damit die Seele hinaus kann. Am Abend kommen die Leute im Trauerhaus zusammen zum Wachen. Sie beten und trinken Bier und Schnaps. Dabei unterlaufen mancherlei Mißbräuche, da viele bloß des Bieres wegen kommen.« (Schmidhammer)

Wird der Tote aus dem Haus getragen, so macht man mit dem Sarg unter der Tür drei Kreuze, was man durch dreimaliges Niedersetzen andeutet. Zur *Beerdigung* darf man nichts Neues anziehen, denn es hält nicht lang.

Ein ganz bestimmtes Brauchtum verband sich mit den sog. *Landbeerdigungen*, die erst nach 1940 abgeschafft wurden, da man seither die Toten des Landes gleich denen des Marktes in der Leichenhalle aufbahrt. Früher jedoch wurden sie auf einem ganz bestimmten Weg, dem Totenweg, vom Trauerhaus aus bestattet. Dabei wurden sie meistens von einem gewöhnlichen Ochsen- oder Pferdegespann zum Markt gefahren, dem sich der Leichenzug betend anschloß. Je nach der Höhe des gezahlten Betrages ging der Geistliche dem Leichenzug weiter oder weniger weit entgegen.

Die meist nicht unbedeutenden Kosten, die ein *Totenmahl* in alter Zeit verursachte, wurden früher bei der gerichtlichen Nachlaßregelung von der Erbmasse abgerechnet. Die Regierung mißbilligte wiederholt diesen Brauch. Sie sah darin eine Verschwendung.

Im Jahr 1709 schränkte die Regierung jede Art von öffentlichen Mahlzeiten ein. Die Kosten für eine Totenhochzeit durften auch bei einem Vermögenden 15 Gulden nicht überschreiten.

Die ohne Taufe gestorbenen Kinder wurden in einem eigenen Teil des Friedhofes, dem sog. *Unschuldigen-Kinder-Friedhof*, bestattet. Dieser Teil des Friedhofes war durch eine eigene niedere Mauer vom allgemeinen Friedhof abgeteilt und besaß auch einen eigenen Eingang. In Berchtesgaden wurde er erst um die Wende des Jahrhunderts aufgelassen und in der Ramsau erhielt er sich bis zum Zweiten Weltkrieg.

Bräuche am Bau

Wird ein neues Haus gebaut, so setzen zuerst die Maurer, sobald sie ihre Hauptarbeit geleistet haben, einen *Firstbuschen* und zwar auf den obersten Stein eines Eckpfeilers. Später kommen die Zimmerleute an die Reihe, die ihren *Firstbaum* nach Vollendung des Dachstuhles auf dem Dachfirst aufrichten. Der Bauherr weiß, daß er nun das übliche *Firstbier* zu bezahlen hat, das von den Maurern und Zimmerleuten gemeinsam getrunken wird. Wird kein Firstbier gezahlt, so setzt man einen Besen auf den First, ein sicheres Mittel, um den sparsamen Bauherrn an seine Pflichten zu erinnern, da sich niemand gern der allgemeinen Verspottung aussetzt, die bei einem so sichtbaren Zeichen nicht ausbleiben kann. Der Brauch des Firstbieres begegnet uns schon in einem Berchtesgadener Ratsprotokoll vom 6. Februar 1723: »Thomaß Steinbacher Zimmermeister et 30 Konsorten werden bei dem allhiesigen fürstl. Bräuamt wegen der ganz neu erbauten Nierntaler Klaus, zu einem Fürsttrunk miteinander 2 Eimer Bier in Gnaden verwilligt.«

Die hochzeitliche Sitte des *Einschnürens* oder *Sperrens* wird auch bei Gelegenheit von Neubau-Besichtigungen ausgeübt. Einer der Maurer nagelte eine Latte quer vor den Weg, stellt sich daneben und sagt folgenden Spruch:

»*Wer diesen Bau hier will betrachten,*
Darf ein kleines Trinkgeld nicht verachten;
Sind unser drei oder vier, eine frische Maß Bier;
Oder gar unser 8 oder 9, eine gute Flasche Wein;
Der erste Trunk
soll zur Gesundheit unseres Festgebers sein.«

Das fertige Haus wird gleich beim Einzug dem Schutz der höheren Mächte anvertraut. Man läßt es wie am Dreikönigstag vom Geistlichen ausweihen, wobei dann die Objekte des Herrgottwinkels gleich mitgeweiht werden. An den Außenwänden wird häufig ein größerer Kruzifix aufgehängt.

Zu den *Schutzmitteln* für das Haus im engeren Sinne gehört das Annageln eines gefundenen Hufeisens über der Stalltür, ferner das Anzünden der schwarzen Altöttinger Wetterkerzen bei aufziehendem Gewitter; da fast alle Jahre ein Familienmitglied oder ein Bekannter aus der Nachbarschaft im Herbst an den drei goldenen Samstagen eine Wallfahrt nach Altötting macht und man sich dabei mit solchen, etwa 15 cm hohen Kerzchen hinreichend eindeckt, herrscht an ihnen kein Mangel.

Totenkammerl, Beinhaus oder Armenseelenkapelle unter dem östl. Abschluß der Pfarrkirche. Die Schädel und Gebeine aus dem 1811 aufgelassenen Friedhof wurden hier, teilweise bemalt und beschriftet, aufbewahrt. Das Totenkammerl wurde 1955 aufgelassen.

Erntebrauchtum

Jeder Bauer muß nach einer alten Anschauung wenigstens ein ganz kleines Stück Getreide anbauen, wenn er nicht als nachlässig gelten will. Das Gedeihen der Feldfrüchte soll durch Karsamstagskohle und Palmbaum gefördert werden. Nach der Ernte soll ein kleines Fleckchen Getreide stehen bleiben; man sagt, es gehöre den Vögeln und es wird als ein Zeichen der Freigiebigkeit des Bauern angesehen, das Segen bringen soll. Wahrscheinlich handelt es sich um eine alte vergessene Opfergabe für den Wachstumsgeist.

Eine größere Bedeutung kommt der *Heu- und Grummeternte* zu. Mit der ersten Mahd beginnt man Ende Mai, mit der zweiten Ende Juli.

Wenn das letzte Gras eingebracht ist, so läßt man das Stallvieh auf die Weide. Der Austrieb beginnt um Mitte September und dauert bis zum ersten Schneefall, bis etwa um Allerheiligen.

Während der Heuernte ist die tägliche Kost etwas üppiger; um diese Zeit gibt es zur Brotzeit Bier und Topfenkäs, Rettig und Butterbrot.

Wenn mit der Beendigung der Heuernte das letzte Fuder eingetragen wird, gibt es abermals ein etwas festlicheres Mahl.

Die Hauptsorge des Bauern aber gilt seinem *Vieh*. Zum Schutz vor Unsegen im Stall greift man zu mancherlei Mitteln: Amulette, geweihte Medaillen, Palm, aber auch allerlei Abergläubisches.

kauften die Almbesucher tüchtig Lebzelten in den Kramerständen und brachten sie nachmittags mit auf die Alm.

Auch unter der Woche gibt es manchmal Besuch. Bald kommen benachbarte Holzknechte, bald Freunde, bald steigt der Bauer auf die Alm, um nachzusehen, ob alles in Ordnung ist. Einige Vorschriften aus dem Berchtesgadener Landrecht zeigen den Einfluß der Kirche auf das Almleben:

> »Zumalen es auch bei den Alpdirnen und Buben zum öfteren zu geschehen pflegt, daß sie gleich vom Anfang der Alpfahrt bis zu dessen Ende auf den Alpen zu verbleiben haben und auf diese Weyse an den Sonn- und Feyertagen aller heiliger Mittel beraubt sind, so sollen die Inhaber der Alpen gleich anfangs bei der Auffahrt den gehörigen Bedacht dahin nehmen, daß diese Alpbewohner zur Furcht Gottes vorbereitet, zur Notwendigkeit des Gebetes hingeführt, auch zur Pflicht, die Sonn- und Feyertage soviel als möglich zu heiligen, aufgemuntert werden. Wenn dann die Alpenbesitzer selbst dahin kommen, so wollen sie ihrer Dienerschaft das nämliche um so mehr wiederholen, als denn von einem guten Lebenswandel der Segen Gottes sowohl auf Leute als Vieh abzuleiten ist.«

Bis ins 18. Jahrhundert hinein beaufsichtigte die Kirche die Moral der Sennerinnen. Sie mußten sich einem Geistlichen vorstellen, der ihnen »nach Befund« besiegelte Bewilligungsbriefe ausstellte, man nannte den Brauch die »Sendinnenwappelung«. Während eine alte Sennerin ohne weiteres die Erlaubnis erhielt, auf die Alm zu ziehen, mußten sich jugendfrische Mägde vorher »benedizieren« lassen. Heute gibt es wohl nirgends mehr eine benedizierte oder gewappelte Sennerin. Die Aussegnung der Almen gehörte aber noch lange zu den üblichen kirchlichen Benediktionen. Ebenso war es noch lange Brauch, daß die Sennerin einmal während der Almzeit zum Beichten ins Tal steigen mußte.

Auch die seltsame Sitte des *Sennerinnenbritschens* durch den Kühbuben ist mittlerweile abgekommen.

Erntefest in der Ramsau
Nach einem Gemälde von H. von Zwehl

Das Brauchtum auf der Alm

Auf eine Alm treiben gewöhnlich mehrere Bauern. Diese lassen im Spätherbst ein Dankamt halten. Danach versammeln sie sich im Wirtshaus und halten Almrat, wobei sie die Almangelegenheiten besprechen. Einer von ihnen ist der Almherr, und die Sennerin, die er schickt, die Almfrau. Nach diesen haben sich die anderen zu richten. Das Amt des Almherrn und der Almfrau wechselt von Jahr zu Jahr. Der Almherr hat den Tag des Auftriebes zu bestimmen.

Für jeden Almbauern ist auch heute noch der Almsommer von großer wirtschaftlicher Tragweite und die Almauffahrt und der Almabtrieb ein wichtiges Ereignis im Jahresablauf.

Im Gegensatz zu manchen anderen Almregionen war der Almauftrieb im Berchtesgadener Land schon immer sehr schlicht.

»Der Urbani (25. Mai) treibt d' Kuh an, zu St. Gall (16. Oktober) bleibt d' Kuh im Stall«, sagte hier der Bauer. Zur frühen Stunde begann der Auftrieb mit Hilfe des Bauern und »Hirtabuam«, nachdem die Sennerin am letzten Morgen im Gehöft den Tieren etwas geweihtes Salz und Brot unter das Futter gestreut, sie mit Weihwasser besprengt und vielleicht noch einen Benediktuspfennig an den Glockenriemen der Leitkuh genäht hatte.

Am Jakobi- oder Annatag geht der Bauer auf die Alm, um die »Milli« zu messen. Aus einem Stotzen Milch muß ein gewisses Quantum Butter werden. Daraus sieht er, ob die Kühe zugenommen haben und wie die Sennerin gewirtschaftet hat.

Freudentage für die Sennerin waren in früherer Zeit die Kirchweihfeste. Denn vormittags

Noch vor wenigen Jahren bekam nur diejenige Sennerin, die zum erstenmal auf die Alm fuhr, vom Alpherrn am Jakobitag sechs rituelle Schläge zugemessen; vor Empfang derselben mußte sie sogar das Bett küssen, was wohl als ein Symbol der Anerkennung der Rechtmäßigkeit der Strafe aufgefaßt werden kann. Das Britschen des Kühbuben blieb jedoch erhalten; es wird zwar nicht von der Sennerin, wohl aber vom Bauern ausgeübt, wenn er zur Almbesichtigung erscheint. Etwa um Pfingsten wird auf die Seeau aufgetrieben; so oft nun dem Kühbuben die Kühe in Richtung auf die Gotzenalm auskommen, welche sie erst am 28. Juni beziehen dürfen, soviel Schläge werden ihm mit einem hölzernen Brett, das etwas größer ist als ein Nockenbrettl und eigens zu diesem Zweck vom Alpherrn aufbewahrt wird, versetzt. Auch die Hüterbuben müssen dem Brettl vorher den obligaten Kuß geben.

Bevor die Almen verlassen werden, verfertigt die Sennerin noch ein dreiarmiges Kreuz aus Spanholz und hängt es an den Feuerhaken über der Herdstätte; es soll die bösen Geister fernhalten und für das nächste Jahr Glück bringen. Hierher gehört auch das sog. »Schratergaderl« auf den Feuerstellen oder an den Außenwänden der Almhütten; es ist ein Kreuz, das aus fünf verschränkten Spänen zusammengefügt ist und gleichfalls die Truden und Hexen vom Vieh fernhalten soll.

Fast fünf Monate nach dem Auftrieb zur Alm erfolgt das »Hoamfoar'n«; hierüber liegt uns ein besonders origineller Bericht aus der Zeit der Jahrhundertwende vor:

(Andree-Eysn, M.: Viehschmuck beim Almabtrieb. In: Volkskundliches aus dem bayrisch-österreichischen Alpengebiet. Braunschweig 1910. S. 192 ff.)

Da trägt das Mädchen seinen vollsten Staat und reich geschmückt und bekränzt ziehen die braunfarbigen, weißrückigen Tiere einher. – Freilich nur dann, wenn kein Unglück im Hause des Bauern und kein Mißgeschick (»Unreim«) die Herde traf, kein Tier abgestürzt, keines vom Blitz getroffen wurde oder sonst einem Übel erlag. Verwirft eine Kuh, so ist dies keine Ursache, daß nicht »kranzt« wird; denn es sollen nur dieselben Rinder in selber Zahl, wie sie zur Alpe kamen, wieder heimkehren.

Viele Wochen, ehe dies geschieht, werden im Tale und auf der Alm schon Vorbereitungen zum »Hoamfoar'n« getroffen, in der Hoffnung, daß das Glück auch bis zur letzten Stunde der Herde treu bleibt. Da sucht der Bauer daheim die wohlverwahrten goldfarbigen Larven, das funkelnde »G'stäng« und den ähnlichen »Glockream« (Glockenriemen) hervor, die schon im Vorjahre oder auch mehrere Jahre Dienst taten; denn der Preis dieser drei Ausstattungsstücke für eine Kuh kommt mindestens auf 18 bis 20 M zu stehen, ohne daß dabei noch die Zeit und Mühe für die Herstellung berechnet wäre, welche Bäuerin und Sennin an langen Winterabenden darauf verwendeten.

Am seltsamsten erscheinen dabei die glänzenden Larven der Kühe aus Rauschgold (»Goldrausch«). Das funkelnde Metall ist auf starke grobe Leinwand geheftet und am Rande sowie um den Augenausschnitt mit feurig roten Bandrüschen verziert. Diese Larve wird um Hörner und Maul festgebunden, darunter aber noch das fest aufgeschnürte »G'stäng« gesteckt.

Dieses »G'stäng« besteht aus einem fünfteiligen, fächerförmigen, vom Tischler verfestigten Holzgestelle, das mit Rauschgold oder auch »Golddock« (ein golddurchwirkter Stoff) überzogen und mit zierlich gestalteten roten Seidenbändchen geschmückt ist; an seinen drei Enden aber ragen rot- oder blaugefärbte Büschel von Federn empor. Auch der etwa 30 cm breite Glockenriemen ist mit demselben metallischen Stoff und mit ähnlichem Zierat versehen.

Doch dieser Schmuck allein genügt nicht; der Bauer hat noch für solchen sich alljährlich erneuernden zu sorgen, den die Sennin dann fertigzustellen hat. Er kauft farbige »G'schabatbandl«, 100 bis 120 für 1 M, das sind ganz dünne bandartige Holzstreifen, so breit wie die Dicke eines Brettes, von dem sie mit dem Hobel abgestoßen und dann gelb, blau, rot, lila gefärbt werden. Der Bauer holt noch vom Krämer Rausch- und Flittergold, sendet alles zur Alm, und dort werden die »G'schabatbandl« dütenartig gebogen, daraus zierliche Rosetten (»Röseln«) geformt und mit Flittergold betupft. Von Rauschgold aber schneidet man ganz schmale fadenförmige Streifchen, die um die Blütenstengel von Gräsern (»Börfad'n«) gewunden werden, der dann ausgezogen, spiralige schwingende Metallfädchen zurückläßt, die, in Mitte eines solchen Rösleins gesetzt, trefflich die Staubfäden einer Blume nachahmen. Solche »Zidarösl« (von Zittern, wegen der steten Bewegung der goldenen Fäden) werden auch ganz klein und äußerst zierlich hergestellt und bilden ein begehrenswertes Geschenk für diejenigen, welche die Sennin kurz vor ihrer Heimfahrt an ihrer hochgelegenen sommerlichen Arbeitsstätte besuchen. Stolz steckt der Bursche solch Röslein auf den Hut, wenn es talwärts geht.

Viele Hundert von Rosetten müssen von den fleißigen Händen der Sennin gefertigt werden, denn eine einzige große »Fuikl«, wie sie der Stier trägt, beansprucht deren 200, während die kleinste für die Kälber noch immer 50 bis 60 braucht. Zahlreich sind sie aber an der »Brua«, »Stierbrua« (einem Gewinde) befestigt, die den Stier am ganzen Leibe vom Kopf bis zum Schwanze schmückt. Dieser 14 bis 15 m lange Strähn ist zopfartig aus langen dünnen Lärchenästchen (»Lärchkrasset«) geflochten und mit den vorher erwähnten bunten Holzrosetten benäht. Ist der Ausputz endlich fertig, werden die Fichtenwipfel aus dem Walde geholt, die Ästchen aufgebunden, mit den vielfarbigen Rosetten verziert, an die Spitze ein Bündel flatternder »G'schabatbandl« befestigt, das ist dann die »Fuikl«.

Reich an Arbeit ist die letzte Woche auf der Alm; da wird die Hütte gescheuert, das Vieh geputzt und alles für die Heimkehr vorbereitet. Vom Tale wird Larve und »G'stäng«, von der Alm »Fuikl« und »Brua« nach dem ersten Hause gebracht, das die Herde am Heimweg trifft, wo die Ausschmückung erfolgt, da ja auf dem stundenlangen Weg dahin die ganze Zier der Tiere zerfetzt und verdorben würde.

Am Vorabend der Heimkehr erscheint der Bauer, oft begleitet vom Sohne oder der Tochter des Hauses auf der Alm. Am nächsten Morgen, wenn alles bereit, wird noch gemeinsam gebetet, den Tieren Kränze von Fichtenreis um den Hals gelegt, und unter dem Gebimmel ihrer Glocken und Schellen und lautem Jauchzen geht es talab. Ist das erste Haus erreicht, werden die Hörner des Tieres mit Rauschgold umwunden und der übrige Schmuck umgetan. Dem Zug voran schreitet der »Kuahbua« mit den Glockenkühen, die bedächtig wie bewußt, daß nur die schönsten und besten unter ihnen Glocken tragen dürfen, dahinziehen; dann kommen die jungen Tiere, denen der mächtigste der Herde folgt. Er trägt auch die höchste »Fuikl«, und ist über und über verziert; kaum ein Glied seines Körpers, das nicht von bunten Bändern umflattert ist. Nun folgen die übrigen Tiere; die wertvolleren noch mit Larven und »G'stäng«, die anderen gleich den Kälbern nur mit Kranz und »Fuikl«. Aber auch der Hals und die Knöchel der Ziegen sind geziert und selbst die Schweine nicht schmucklos. Den Schluß des Zuges bildet die Sennin in ihrer kleidsamen Tracht, dem faltigen dunklen Rock und der hellen Schürze, dem schwarzen Mieder, dem buntseidenen Tuch um Hals und Schulter, den zierlich grünen Hut mit Goldschnur und Adlerflaum, unter dem ein fröhliches lachendes Gesicht dem Beschauer entgegenblickt, denn es ist alles gut gegangen dort oben, und heute Abend ist's wieder gut daheim, denn da gibt's »Hollermuas« und Zwetschgennudeln. Für glückliche Heimkehr erfolgt der Dank an die göttliche Vorsehung; hierfür werden besonders die nahen Wallfahrtsorte aufgesucht, wie Gern, Kirchental, Dürrnberg und Maria-Plain bei Salzburg, dahin ziehen die Senninnen an den drei goldenen Samstagen, das sind die drei Samstage nach Michaeli, welche seit dem 17. Jahrhundert als solche in Aufnahme kamen und eine besondere Art der Marienverehrung darstellen.

Oben:
Zeichnung einer Fuikl aus dem Jahre 1910

Unten:
Fotografie einer Fuikl aus dem Jahre 1982

Aberglauben und magische Praktiken

Das Berchtesgadener Land war einst auffallend reich an denkwürdigen Gestalten, die sich auf allerlei magische Künste und Heilpraktiken verstanden; sie sind heute infolge der geistigen Rationalisierung der Landbevölkerung so gut wie ausgestorben. Neben einer Reihe von Einzelpersönlichkeiten, die irrationale Kräfte zu besitzen glaubten, gab es noch gewisse magische Praktiken, welche weiteren Kreisen geläufig waren.

So schrieb man verschiedenen Gebeten, die zu bestimmten Zeiten zu verrichten waren, unfehlbare Wirkung gegen allerlei Unglück und die Verwünschungen seiner Feinde zu. Als Hilfsmittel in spezielleren Fällen wurde das sog. »Schwaben-Ausmahn« bekannt.

Sind in einer Wohnstube Schwaben (»Russen«), so nimmt man die Sense, wetzt sie in der Stube und ahmt die Tätigkeit des Mähens nach, indem man auf diese Art die Sense schwingend von der Stube zur Tür und von dort bis zum Ende des Grundstückes weiterschreitet. Hernach muß man nach rückwärts hineingehen und dazu drei Vaterunser für die Armen Seelen beten.

Ein Sympathiemittel gegen Rotlauf, wozu die einzelnen Bestandteile erbettelt werden müssen, ist das folgende: »Drei Bröckchen rotes Wachs werden zusammen mit einer Kupfermünze und drei Bröckchen Brot in ein rotes Fleckchen genäht, auf den Rücken gebunden und nach 9 Tagen weggeworfen.«

Um das ganze Jahr vor Zahnweh bewahrt zu bleiben, braucht man sich nur bei der morgendlichen Waschung zuerst die Hände und dann das Gesicht abzutrocknen.

Gegen Warzen soll man bei abnehmendem Mond nüchtern mit Speichel die Warzen anfeuchten oder man soll soviele Knöpfe, als man Warzen besitzt, an einen Bindfaden machen und diesen dann unter der Dachtraufe vergraben oder in die Rinde eines Hollunderbaumes verpflöcken; hernach soll man für jede Warze ein Vaterunser beten.

Um seinen Kropf los zu werden, soll man bei abnehmendem Mond des Nachts in die Armenseelenkapelle (Beinhaus neben der Pfarrkirche) gehen, einen Totenschädel herausnehmen, damit drei Kreuze über dem Kropf machen und drei Vaterunser für die Armen Seelen beten. Auf dem Hin- und Rückweg darf man nicht angesprochen werden, und wenn man dies doch wird, keine Antwort geben.

Einige *volkstümliche Ansichten* fußen auf ähnlichen Vorstellungen.

So soll man sich die Fingernägel und die Haare nur bei abnehmendem Mond schneiden, damit sie nicht so schnell nachwachsen. Ausgekämmte Haare darf man nicht wegwerfen, weil sonst die Vögel damit Nester bauen und man dann Kopfweh bekommen würde. Vor allem darf man sich am Sonntag nicht während des Hauptgottesdienstes kämmen, da man sonst verrückt wird. Besonders frevelhaft ist dies während des Wandlungläutens.

Aus dem Gebiet des *Jagdaberglaubens*, den begreiflicherweise die Wilderer besonders pflegen, sei angeführt, daß jene letzteren, um kugelfest zu werden und die nötige Schneid zu kriegen, Gamsblut trinken müssen, weil, wie sie sagen, der Gemsbock mit seinen schwarzen Rückenhaaren und dem Gehörn fast so aussieht wie der leibhaftige Teufel.

Alle diese magischen Bräuche sind im Grunde auf eine einzige primitive Grundvorraussetzung zurückzuführen, wonach zwischen einem formelhaft gesprochenen Wort oder Befehl bzw. einer symbolhaften Handlung und dem damit herbeizuführenden oder zu beeinflussenden Ereignis eine sympathetische Beziehung waltet, dergestalt, daß in der Wirklichkeit zwangsläufig dasjenige geschehen soll, was man in Wort oder Handlung bildhaft ausdrückt. Das Gesetz des Nachahmungszaubers, ausgeübt in Wort, Bild oder Handlungszauber, liegt aller Magie wesenhaft zu Grunde.

Selbstverständlich ist die Magie nicht der einzige Weg, sich mit der jenseitigen Welt in Verbindung zu setzen, ja nicht einmal der zumeist begangene. Im allgemeinen bedient man sich hierzu der Mittel, welche die Religion dem gläubigen Menschen an die Hand gibt und sucht mit Gebet und Opfer jene Verbindung lebendig werden zu lassen.

Wie streng in alter Zeit auf religiöses Brauchtum geachtet und wie rigoros auf die Einhaltung der kirchlichen Vorschriften auch von den weltlichen Behörden gedrungen wurde, das zeigt eine Zusammenstellung von Strafen für kirchliche Übertretungen, die Schmidhammer aus dem ihm zugänglichen Aktenmaterial auswählte. Hier finden sich strenge Strafen wegen Fleischgenusses an Fastentagen, wegen Unterlassung der Osterbeichte und »ungebührlichen Aufführens an geweihtem Ort«.

Im Jahre 1712 wurde der Wilderer Hans Schwab wegen Zertrümmerung einer heiligen Hostie und anderer Sachen zum Tode verurteilt. Wahrscheinlich wollte er sich, einem alten Wildereraberglauben folgend, mit der Hostie entweder zu einem unfehlbaren Schützen oder sich selbst kugelfest machen.

Tracht

Der Erforschung früherer Entwicklungsformen der Berchtesgadener Tracht bieten die Votivtafeln in den Wallfahrtskirchen Maria Gern, Ettenberg und Kunterweg (Ramsau) ein ziemlich reiches Anschauungsmaterial. Sie sind größtenteils datiert, doch fehlt leider meist die Angabe des Heimatortes der Stifter, so daß man oft nur durch Vergleich darauf schließen kann, ob sie die Berchtesgadener, die Salzburger oder die Tracht aus der Reichenhaller Gegend darstellen. Die Votivtafeln in den drei Wallfahrten reichen meist nur bis in die letzten Jahrzehnte des 17. Jahrhunderts zurück. Von da an bilden sie jedoch eine zusammenhängende, nur selten für einige Jahre unterbrochene Reihe. Leider hört diese um die Mitte des 19. Jahrhunderts auf, so daß der Übergang zur jetzigen Tracht durch die Tafeln am wenigsten aufgeklärt wird. Gerade in diese Zeit fällt jedoch die Herausgabe der »Bavaria«, Landes- und Volkskunde des Königreichs Bayern (München 1860), in der Felix Dahn unter Benutzung der Studien Lentners wichtige Angaben über die damalige Berchtesgadener Volkstracht aufzeichnete. Auch beginnt in den sechziger Jahren die Reihe der Belege auf Lichtbildern in Familienbesitz, so daß uns eine Forschungslücke erspart bleibt.

Überblicken wir die Entwicklung der Tracht der Berchtesgadenerinnen, so bemerken wir, daß sich schon von jeher die der Marktbürgerinnen merklich von der der Bauersfrauen und Landmädchen unterschied. Zwar gingen die Bürgersfrauen in früherer Zeit nicht nach der Mode, wie sie es heute tun, doch schlossen sie sich dem Vorbild an, das aus den Städten an der Salzach, besonders aus Salzburg, zu ihnen heraufdrang. Stünden nicht manchmal Ortsangaben oder unverkennbare Berchtesgadener Familiennamen auf den Taferln, so könnte man nach der Kleidung meinen, es handle sich um Frauen aus Salzburg oder Laufen. Wenig anders verhält es sich mit der Tracht der Berchtesgadener Bürger, die sich genau so kleideten, wie es damals die Bürger in ganz Altbayern taten. Dagegen zeigt in früheren Jahrhunderten die Tracht der fürstpröpstlichen Landbewohner und ihrer Frauen große Verwandtschaft mit der Kleidung der Pinzgauer.

Im Berchtesgadener Heimatmuseum befindet sich ein Votivgemälde aus dem Jahre 1691, das ein Schiffsunglück auf dem Königssee darstellt und erstaunlich viele Rückschlüsse auf die damalige Tracht zuläßt. Eine ebenfalls mit 1691 datierte Votivtafel in Maria Gern zeigt die damalige Männertracht noch genauer; die Votivtafel der Ursula Rengerin von 1692 aus Ettenberg verhilft uns zur genaueren Kenntnis der Frauen- und Kleinkindertracht. Belege für diese Stufe der Tracht finden sich bis in die Zeit um 1730/40.

Die Krippenfiguren in Maria Gern lassen auf die einfachere und altertümlichere Hirtenkleidung schließen.

Wie stark um die Mitte des 18. Jahrhunderts der Einfluß bürgerlicher Tracht auf den Habitus reicher Bauern war, zeigt das Votivbild der Familie Rihlösser von 1750 in Kunterweg. Einen wichtigen Beitrag zur Kenntnis der Männertrachten bildet die Schützenscheibe von 1761 im Heimatmuseum von Berchtesgaden, die Schützen jedes Standes und aller Altersstufen zeigt, doch nicht in zeitgenössischer Tracht, sondern in »scherzhafter Heranziehung altväterischer Kleidung, die von alten Leuten vielleicht noch vereinzelt getragen wurde.« Wie auch anderwärts bildet sich um die Mitte des 18. Jahrhunderts eine besonders kennzeichnende bäuerliche Tracht heraus, die auf den Votivtafeln der drei Wallfahrtskirchen Ettenberg, Maria Gern und Kunterweg vom Jahre 1759 bis zum Beginn des 19. Jahrhunderts nachweisbar ist. Strafprotokolle vom Jahre 1750 aus der Reichenhaller Gegend wegen Übertretung der damals erlassenen Kleiderordnung wenden sich gegen den übertriebenen Aufputz; sie verraten erstaunliche Details. Nach der »Franzosenzeit« beginnen bürgerliche Einflüsse die Eigenarten der bäuerlichen Tracht zu verflachen; um die Mitte des 19. Jahrhunderts beginnt für fast alle deutschen Trachten die kritische Zeit der Auseinandersetzung mit der bürgerlichen Mode; auch im Berchtesgadener Land ist diese Epoche gekennzeichnet durch nachlassende Farbenfreude. Im Jahre 1860 erschien schließlich Lentners bedeutendes volkskundliches Werk, dem genaue Details zu entnehmen sind. Das Werk von Oskar von Zaborsky-Wahlstätten gibt ein umfassendes Bild der bäuerlichen Tracht aus der 1. Hälfte des 20. Jahrhunderts. *(Oskar von Zaborsky-Wahlstätten:* Die Tracht des Berchtesgadener Landes. Verlag Ed. Hölzel in Wien, 1944. – Berchtesgadener volkskundliche Schriften, Band II).

Rudolf Kriß bemerkt 1942: »Das Tragen der Tracht bei den Schulkindern ist leider stark im Rückgang, namentlich bei den Mädchen. Während in einer Landgemeinde, wie etwa Bischofswiesen, noch im Jahre 1920 von 100 Kindern höchstens 5 keine Tracht trugen, verhält es sich jetzt fast umgekehrt.«

Kuh mit Larve und »G'stäng« nach einer Fotografie von 1910

Seite 49
Berchtesgadener Trachten

Berchtesgadener Schützengesellschaft an der Schießstätte. Zu beiden Seiten der Gruppe in Kasperlkleidung die sogenannten Zieler oder Aufzeiger, die die Treffer aufzuzeigen hatten.

Fuikl nach einer Fotografie von 1939

49

Siedlungslandschaft, Flurformen und Ortsbilder

Auf der Grundlage der Dissertation von Dr. Ing. Mathilde Tränkel

Siedlungslandschaft

Die Besiedelung und Bewirtschaftung des Berchtesgadener Landes um die Zeit der Klostergründung ist als ein typisches Beispiel der »inneren Kolonisation« des Hochmittelalters anzusehen. Sie war nötig geworden, weil die Bevölkerung zunahm und nur über Neusiedelland versorgt werden konnte.

Die Nähe Salzburgs hatte sicherlich starke Auswirkungen auf das Gedeihen des Kolonisationswerkes der Augustiner-Chorherrren. Die Herkunft der Neusiedler ist nicht belegt. Aufgrund hauslandschaftlicher Parallelen darf angenommen werden, daß es sich zumeist um Hintersassen der stiftenden Herrschaft aus dem südost-oberbayerischen Raum und um Leibeigene des Salzburger Bischofs aus dem Pinzgau handelte. Da die Rodung der bäuerlichen Landgewinnung diente, konzentrierte sie sich zunächst auf jene Stellen, die dazu die günstigsten Bedingungen boten. Begehrt war guter, ackerfähiger Boden, gute klimatische Lage, Hochwasserfreiheit und gute Erreichbarkeit.

Über die Form der damaligen Rodung sind zwar keine Aufzeichnungen vorhanden, doch ist aufgrund der allgemeinen Situation zu vermuten, daß »Roden« hier nicht als Niederbrennen von Wäldern aufzufassen ist. Die wichtigste Rodungstätigkeit dürfte im Schwenden oder Reuten baumbestandener Weideflächen und im Entsteinen und Einebnen künftiger Äcker bestanden haben. Reste alter Steinlesewälle geben davon ein beredtes Zeugnis. Meist waren die Rodungen nicht großflächig, da die Landschaft ein sehr bewegtes Relief hat. Lediglich in der Schönau und in Bischofswiesen finden sich ebene Talterrassen, deren Sonderheit durch die Namensgebung offenkundig wird.

Bemerkenswert ist die Anpassung der einzelnen Hofstellen und ihrer Nutzflächen an die Landschaften. Jede Geländemulde oder -verebnung wurde zur Landgewinnung benutzt. An Südhängen war man bereit, auch steilste Lagen urbar zu machen, um die günstigen Besonnungs- und Ausaperungsverhältnisse zu nutzen. Die steilen, kalten Nordhänge blieben in der Regel unbesiedelt.

Der Kernpunkt der Besiedelung ist der Mündungskessel der drei Achen, in dem der Markt Berchtesgaden aus einer Klostersiedlung erwuchs. Hier vereinigen sich die Ramsauer, die Bischofswiesener und die Königsseer Ache zu einem Fluß, der von hier ab Berchtesgadener Ache heißt. Von diesem Knotenpunkt zogen sich die Wege und Siedlungen in die Flußtäler und deren Seitentäler hinaus. Die Siedler mieden in älteren Zeiten vielfach die überschwemmungsgefährdeten Talsohlen und legten ihre Einödhöfe und Weiler meist in klimatisch begünstigter Höhenlage auf gut zugänglichen Hochterrassen an, soweit sie hier genügend Raum und fruchtbaren Boden vorfanden. Solche Gehöfte und Weiler sind als Terrassen-, Schuttkegel-, Becken-, Hang- und Haldensiedlungen angelegt worden.

Im Bischofswiesener Tal, östlich der Bischofswiesener Ache, ist die Gnotschaft Stanggaß ältester Siedlungsboden. Westlich der Ache boten fruchtbare Geländeterrassen einen geeigneten Standort für die alten Gnotschaften Loipl, Strub und Engedey.

Die siedlungsfreundlichen Böden setzen sich in schmalen Streifen vom Bischofswiesener Tal bis an die Steilhänge des Ramsauer Tales fort. Auf den wasserreichen und fruchtbaren Moränenböden südlich der Schwarzbachwacht, an den flachen Hängen zwischen Lattengebirge, Reiteralpe und dem Hintersee entstanden in sonniger Lage die Gnotschaften Taubensee, Antenbichl und Schwarzeck; am Gastag steigen die Höfe bis auf 990 m, bei der Gsengschneid bis auf 1080 m Höhe empor. Die Nordhänge des Ramsauer Tales, durchwegs schlecht besonnt und unfruchtbar, erwiesen sich hingegen als siedlungsfeindlich.

Seite 50:
Die alpine Siedlungslandschaft des Berchtesgadener Landes in alten Ansichten (»Berchtesgaden«, »Parthie am Königssee«)

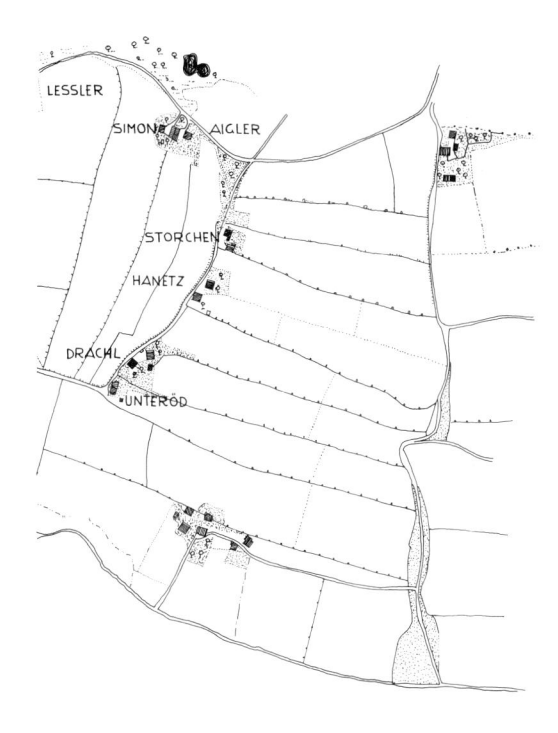

Streifenflur und streifenförmig gefügte Blockflur in der Gnotschaft Oberschönau

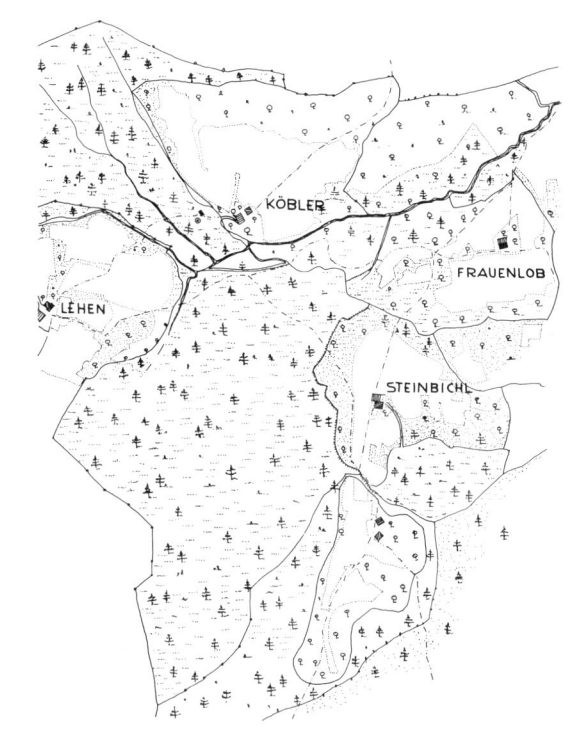

Blockflur im Waldgebiet der Gnotschaft Obergern

Das dreieckige Plateau der Schönau, das auf zwei Seiten, zur Ramsauer und Königsseer Ache, terrassenförmig abfällt und zum Grünstein flach ansteigt, trägt, teilweise bis auf 700 m Höhe, älteste Hofanlagen.

Auf die westlichen Abhänge des Hohen Göll hatten die tiefen Wassergräben gewaltige Schottermassen verfrachtet, auf denen eine kräftige Humusschicht gute Siedlungsbedingungen bot. Hier finden wir in waldreichem Terrain bei Vorderbrand noch in 1100 m Höhe alte Anbauflächen. Ein ähnliches Siedlungsbild zeigen die nordwärts anschließenden Fluren von Faselsberg und Mitterbach bis hinüber zum Salzberg und die nördlichen Abhänge des Hohen Göll, wo sich in der Gnotschaft Resten noch auf 1010 m Höhe Gehöfte finden. Von der fruchtbaren Gnotschaft Unterau zieht sich das von zahlreichen Gehöften und kleinen Weilern besetzte Hügelland der Gnotschaften Au und Oberau ostwärts bis zur Landesgrenze empor, nordwärts zieht der Nesselgraben, an dessen Ausgang Scheffau, die heutige Gnotschaft Neusieden liegt.

Das Schellenberger Tal, die Pforte ins Salzburgische, war wohl schon früh besiedelt worden, namentlich die Vorberge und Hügel westlich des Untersbergmassivs, wo Geländeterrassen günstigen Siedlungsboden für die verstreuten und teilweise sehr entlegenen Gehöfte der Gnotschaft Ettenberg boten.

An den südlichen und westlichen Abhängen der Kneifelspitze finden wir die vielleicht ältesten Gehöfte in Höhen bis zu 1100 m; alter Siedlungsboden ist auch das von Berchtesgaden nordwärts ziehende Gerntal.

Siedlungsdichte

Die Flurkarten des Berchtesgadener Landes zeigen, daß die Siedlungsflächen gegenüber dem unbewirtschafteten Land auffallend klein waren. Der große Anteil an steilen Berghängen und unfruchtbaren Schrofen, der auch ansonsten karge Boden, der nur dürftigen Akker- und Hackfruchtbau zuläßt, ernährte auch bei intensiver Nutzung aller Almreviere seine Siedler eher schlecht als recht. Da die abseitige Lage und die völlige Abgeschlossenheit des Landes keinen Durchgangsverkehr und somit auch keinen örtlichen Handel zuließen, kam es – wie in ähnlichen alpinen Lagen – kaum zur Bildung von Sammelsiedlungen.

Nach den Angaben des Steuerbuches vom Jahre 1698 zählte die Fürstpropstei zu diesem Zeitpunkt insgesamt 957 Anwesen, 736 in den Gnotschaften und 221 in den beiden Märkten. Eine Statistik aus dem Jahre 1803 führt 879 Bauernhöfe auf.[60]

»Nimmt man den geringen Teil des tatsächlich urbaren Landes – etwa 10% – als Bezugsbasis, so ergibt sich eine Siedlungsdichte, wie sie in keinem anderen Alpenbereich mehr erreicht wird. Sie war z.B. gut dreimal so hoch wie diejenige Oberbayerns und betrug das siebenfache des Werdenfelser Landes.«[61]

Flurformen

Das historische Siedlungsbild der ehemaligen Fürstpropstei ist vorwiegend von Streusiedlungen geprägt, die älteste Flurformen aufweisen: Blockfluren und Blockstreifenfluren, vor allem aber Einödblockfluren.

Bei der *Blockflur* sind die einzelnen Feldblöcke in unregelmäßiger Lage eng aneinander gefügt. Sind zwischen den blockförmigen Fluren streifenförmige Anwesen angeordnet oder sind die Fluren durchwegs in planmäßigen Streifen angelegt, werden sie als *Blockstreifenflur* bezeichnet; sie sind meist aus der Teilung eines ursprünglichen Lehens entstanden oder das Ergebnis späterer Rodung.

Sind nur zwei oder drei Feldblöcke aneinander gefügt, sind sie als *Einödblockflur* anzusprechen.

Blockflur und *Blockstreifenflur* sind nur in den Sammelsiedlungen anzutreffen, so im gesamten Schellenberger Tal, in den Gnotschaften Au (Gemeinde Ramsau), Resten (Marktgemeinde Berchtesgaden), Neusieden (früher Gnotschaft Scheffau, Marktgemeinde Schellenberg), Königssee, ferner im Gebiet von Bischofswiesen und im kleinen Weiler Hochgartdörfl.

Die *Einödblockflur* prägte den größten Teil des einst so unwirtlichen Landes, meist in unregelmäßigen Siedlungsgruppen von drei bis zehn Anwesen, die sich erst in jüngerer Zeit zu größeren baulichen Agglomerationen auswuchsen.

Die Einödblockflur als landwirtschaftliche Intensivnutzungsinsel beherrscht eindeutig den

Siedlungsraum in den Mittelgebirgslagen und oberen Talterrassen.

Die einzelnen Gehöfte waren inmitten der zugehörigen Flur angelegt, die stets von Riedgrenzen gesäumt war. Die Fluren waren dem Gelände angepaßt, die Flächenzuschnitte waren unregelmäßig und verschieden groß, in unfruchtbaren Lagen größer, in fruchtbaren Lagen kleiner, in Gebieten gleicher Bodengüte und Besonnung etwa gleich groß. Da man sehr oft auf nachbarliche Hilfe angewiesen war, sind die einzelnen Gehöfte einer Einödblockflur meist in Rufweite voneinander errichtet worden; völlig einsam gelegene Gehöfte bilden die Ausnahme. »Durchwandert man aufmerksam die einzelnen Streusiedlungen des Berchtesgadener Landes, so glaubt man zu spüren, wie unter einheitlicher Führung Flur um Flur dem Boden abgerungen wurde. An vorwiegend sonnseitigen Hängen der Talzüge gelegen, erscheinen sie als ein planvoll zusammengefügtes Netz von Siedlungseinheiten, das von den Talsohlen, den Höhenlinien folgend, über die Hänge bis tief in die Bannwaldzone ausgebreitet scheint.«[62]

Innerhalb der Riedgrenzen waren die Wiesen, die meist spärlichen Äcker und kleine Restbestände an Wald ungleichmäßig verteilt; Äcker und Wiesen waren mitunter von baumbestandenen Wiesenrainen gesäumt. Außerhalb dieser Hofeinheiten gab es früher − mit Ausnahme der Almen − keinen bäuerlichen Grundbesitz.

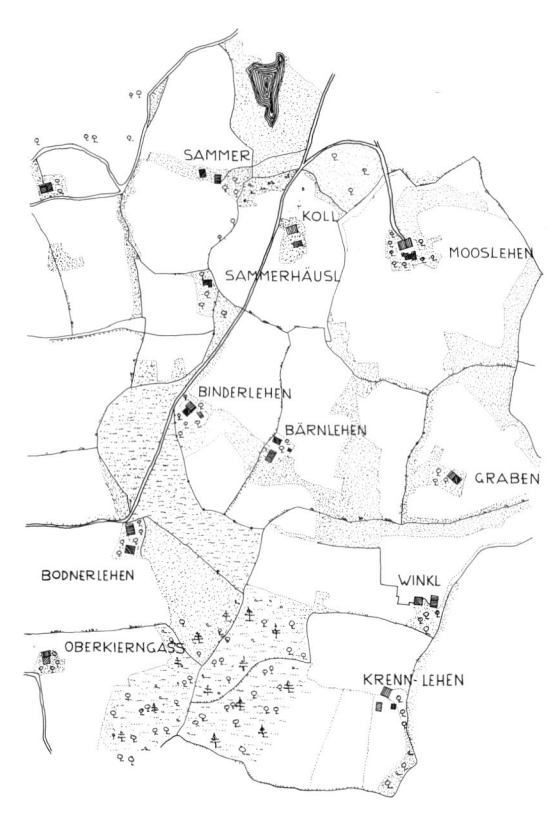

Einödblockflurgefüge in der Gnotschaft Oberschönau

Die Gnotschaften und »Landschaften«

Von den Verwaltungseinheiten, in die das Land unterteilt war, verdienen die Gnotschaften[63] besonderes Interesse, da sie eine Eigentümlichkeit des Berchtesgadener Landes darstellen. Sie sind zunächst aus der Siedlungsstruktur des Landes zu erklären. Da die durchgehende Siedlungsform, der Einödhof, die anderwärts übliche Gruppenbildung nach Dörfern und Weilern nicht ermöglichte, kam es zu einem Zusammenschluß der Einöden, zu grösseren Einheiten anderer Art, deren Zahl durch die topographischen Gegebenheiten vorgezeichnet war. Daneben half zur Abgrenzung der Gnotschaften sicher auch die gemeinsame Nutzung von Wald und Weide mit, worauf zumindest die später bezeugten gemeinschaftlichen Anteile am »Gmeinwald« durch die jeweilige »Nachbarschaft« schließen lassen. Freilich ist nicht zu entscheiden, ob den Gnotschaften ein freier Zusammenschluß der betreffenden Bauern zugrundeliegt oder ob sie von der Landesherrschaft geschaffen wurden, um eine übersichtliche Gliederung des Landes zu besserer Verwaltung und Lösung gemeinsamer Aufgaben zu erreichen. Wahrscheinlich ging beides Hand in Hand. Jedenfalls scheinen die Gnotschaften schon in der Mitte des 15. Jahrhunderts, in der sie zum ersten Mal erwähnt werden, zurückzureichen. Die feste Form, in der die Gnotschaftsgliederung schon in dieser Zeit auftritt, muß ein längeres Bestehen voraussetzen. Im Jahre 1456 werden schon sämtliche 8 Gnotschaften aufgeführt, die bis zur Säkularisation bestehen blieben.[64]

Durch diesen Zusammenschluß von landschaftsräumlich benachbarten Einzelhof- und Weilergruppen entwickelte sich eine räumliche und gemeindepolitische Eigenart, zu der es im bayerischen Alpenraum keine Parallelen gibt. »Es könnte mit aller Vorsicht das Wort 'Gnotschaft' zu Vermutungen anregen und niedersächsisch-niederdeutsches Zuwandererblut nahelegen; diese Vermutung wird dadurch noch bekräftigt, daß der Name zuerst im Jahre 1456 für die Güter um den Salzberg (Perger Gnotschaft) vorkommt.«[65]

Auch die Unterteilung der 8 Gnotschaften in Teilbezirke (Gnotschafterbezirke) erscheint bereits im ersten berchtesgadnischen Steuerbuch vom Jahre 1456.[66] Den einzelnen Teilbezirken stand je ein »Gnotschafter« vor, so daß wir sie als »Gnotschafterbezirke« bezeichnen dürfen. Die Gnotschafter wurden den Reihen der Bauern entnommen und wechselten jedes Jahr. Ob sie von ihren Genossen gewählt oder von der Landesherrschaft zu ihrer Aufgabe bestimmt wurden, ist nicht zu ersehen. Im Jahre 1698 wird bemerkt, daß, wenn für die Untertanen eine Anlagsteuer ausgeschrieben wird, »die Gnotschafter von ihren Gütern, so sie selbst besitzen, es seyn Ganz- oder Halbhäusler, wegen Einbringung der Anlag und tragender großer Bemühung altem Herkommen gemäß befreit sind.« Auch bei der Abfassung der Steuerrollen beim Landgericht und der Aufsicht über die für die Bauern ausgeschiedenen Gemeinwälder waren die Gnotschafter beteiligt. Die Gnotschaften wurden also nur durch die Vertreter ihrer Unterbezirke (Gnotschafterbezirke) gegenüber dem Landgericht und der Landesregierung repräsentiert. Im Jahre 1698 werden in den 8 Gnotschaften 32 solcher Gnotschafter aufgeführt. Sofort nach dem Anschluß an Bayern im Jahre 1809 wurde auch im Landgericht Berchtesgaden mit der Bildung der politischen Gemein-

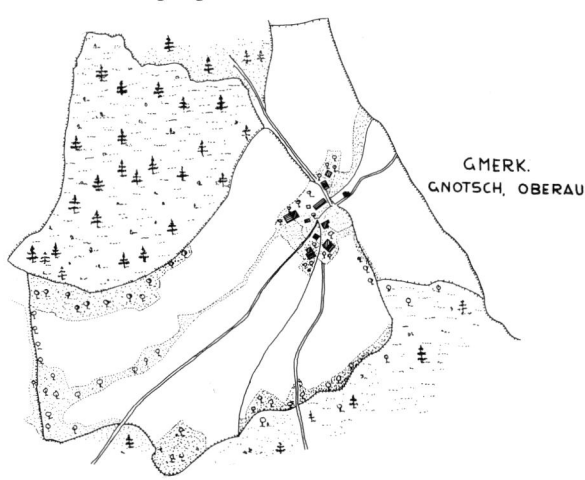

Streifenförmig gefügte Blockflur in der Gnotschaft Oberau

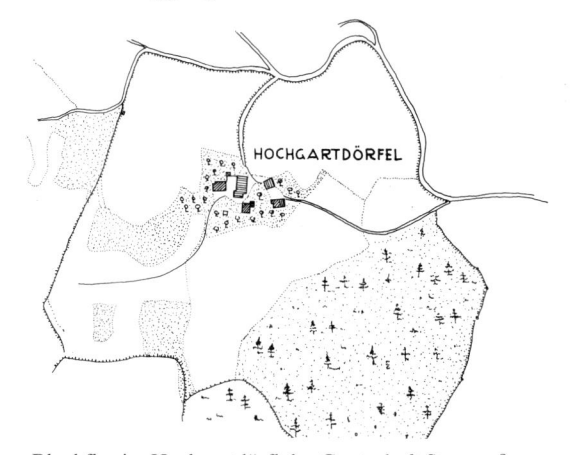

Blockflur im Hochgartdörfl der Gnotschaft Stanggaß

Seite 53: Alte Ansichten aus dem Markt Berchtesgaden

den begonnen. »Während in Altbayern bei der Gemeindebildung nur teilweise schon bestehende Gliederungen wie Pfarreien oder bäuerliche Wirtschaftsgemeinden berücksichtigt wurden, blieb im Berchtesgadener Land die Kontinuität zwischen Altem und Neuem gewahrt: Die Gnotschaften wurden einfach in politische Gemeinden umgewandelt. Aktenmäßig ist dieser Vorgang, der sich hauptsächlich vor 1817 abspielte, allerdings nicht zu erfassen, da für die Gemeindebildung in dieser Zeit die Unterlagen fehlen. Er kann aber durch einen Vergleich der älteren Verhältnisse mit dem ersten Berchtesgadener Gemeindeverzeichnis vom 30. Juni 1817 leicht rekonstruiert werden.«[67]

Interessant ist in diesem Zusammenhang auch der Begriff »Landschaft«, der im Berchtesgadener Land ursprünglich im räumlich-politischen Sinn Bedeutung hatte. So tritt z.B. im Jahre 1506 die »Landschaft« als Kläger gegen das Stift auf und beschwert sich beim Kaiser zu Innsbruck über Einschränkungen des Landgebrauchs und vermehrte Dienstpflichtigkeiten. Aus dem Sachverhalt des Rechtsstreits ist erkennbar, daß sich der Bewohner des Berchtesgadener Landes zu diesem Zeitpunkt noch weitgehend als der Natur zugehörig empfand und sich als »Landschaft« verstand, die in ihren Untergliederungen seinem Lebensraum identisch war.

Die Zusammenschlüsse waren wohl auch deshalb entstanden, weil mit wachsender Bevölkerung die Nutzungsansprüche auf die landesherrlichen Waldungen immer zunahmen und zu entsprechenden Auseinandersetzungen führten, bei denen sich die bäuerliche Selbstbehauptung am besten in genossenschaftlichen Zusammenschlüssen durchfechten ließ.

Orts- und Flurnamen

Orts- und Flurnamen, die offensichtlich von »Reuten« und »Schwenden« herrühren, wie Gerstreit, Haselreit, Röth, Reiteralp, Rosenreit oder Gschwand, sind meist in siedlungsentfernteren oder unwirtlichen Lagen anzutreffen. Dies wird besonders deutlich am Beispiel von Frauenreut, dem Standort der ehemaligen Berchtesgadener Saline am heutigen Bahnhofsgelände. Hier handelt es sich um eine Auwaldrodung; sie wurde erst möglich, als die Hauptsiedlung schon abgeschlossen und erstarkende Wirtschafts- und Veränderungskraft in der Lage war, die Ache durch Flußverbauung abzudrängen und so die Au am Fuße des Marktes hochwasserfrei zu legen. Es ist anzunehmen, daß die Mehrzahl der Ortsnamen mit den Endungen »-reit«, »-gschwand«, »-brand« nicht der ersten Besiedelungsphase angehören, sondern dem spätmittelalterlichen Landesausbau zuzurechnen sind.

Die günstigen Bodenverhältnisse der mergelig verwitternden Kreideauflagen (Haselgebirge und Roßfeldschichten) und Jurasteine im Mittelgebirgszwickel zwischen der Berchtesgadener Ache, der Salzach und dem Göllmassiv haben ebenfalls sehr rasch Siedler angezogen. Möglicherweise sind die dort etwas häufigeren Ortsnamen mit dem Suffix »-ing« (z.B. Freiding, Denning) ein Hinweis auf die ältere bairische Landnahme.

Hausnamen

Die Hausnamen sind, der berchtesgadnischen Einödsiedlung entsprechend, zugleich Siedlungsnamen, zeigen daher schon seit den ersten Güterverzeichnissen des 15. Jahrhunderts große Beständigkeit und haben sich fast unverändert in den heutigen Hausnamen erhalten. Die Bezeichnung »Lehen«, die heute den meisten Berchtesgadener Hausnamen angefügt ist, erscheint in den älteren Steuerbüchern viel seltener. »Dennoch sind sämtliche Anwesen im Land Lehen gewesen, da sie alle auf Rodung zurückgingen und die bäuerliche Wirtschaftseinheit auf Rodungsland seit dem 12. Jahrhundert das Lehen war. Es ist also kein historisch zu begründender Unterschied, wenn heute ein Teil der Anwesen im Berchtesgadener Land die Bezeichen »Lehen« führt, ein anderer Teil aber nicht.«[68]

Häufig wurde bei Übergaben und Verkäufen das Lehen geteilt. Auf solche Lehensteilung gehen die in Berchtesgaden häufig anzutreffenden Unterbenennungen der Lehen mit Ober-, Mitter-, Unter- zurück, z.B. Oberbarmsteinlehen, Mitterbarmsteinlehen, Unterbarmsteinlehen usw. Interessanterweise hielt sich die Bezeichnung »Lehen« als Beiname zu den Einzelhöfen bis in unsere Zeit, eine kulturgeschichtliche Eigenart, die nirgends sonst im bayerischen Alpenraum in dieser bestimmenden Häufigkeit auftritt.[69]

Ortsbilder [70]

Berchtesgaden

Aufgrund der beschränkten Bevölkerungs- und Ernährungsbasis konnten sich im Berchtesgadener Raum nur zwei größere Siedlungen bzw. Märkte entwickeln: Berchtesgaden und Marktschellenberg. Der Haupt- und Gründungsort Berchtesgaden liegt gleichsam als Zellkern inmitten des ihn versorgenden und von ihm versorgten Landschaftsraumes etwas erhöht im Zentrum eines Beckens, das verkehrsmäßig sehr günstig alle wichtigen Haupttäler, Wasserläufe und Verkehrsadern auf sich vereinigt. Charakteristisch für die Eigenart des Hauptortes ist die Tatsache, daß der Markt nie befestigt war, obwohl sich Lockstein und Kälberstein als Burg-, Schutz- und Trutzberge in nächster Nähe anboten. »Dies rührt daher, daß Berchtesgaden seinen Aufstieg einer Klostergründung verdankt, über Jahrhunderte geistlich beherrscht blieb und nie nach außen expansiv wurde; zudem fühlte es sich offensichtlich durch seine Lage im Schutze mächtiger Gebirgsstöcke ausreichend gesichert. »Die 'Stadtmauer' wurde quasi an die Pässe und Talklammen verlegt.«[71]

Die ältesten Stiftsanlagen – die Urzelle der Fürstpropstei – wurden auf dem Pfisterstein errichtet, einem Plateau, das nach Osten steil abfällt; der Erzbischof von Salzburg weihte hier im Jahre 1122 die erste, wohl hölzerne Kirche, den Vorgängerbau der bestehenden, den Schloßplatz beherrschenden ehemaligen Stifts- und jetzigen Pfarrkirche, die in wesentlichen Teilen romanischen Ursprungs ist und um das Jahr 1200 mit einer Doppelturmfassade erbaut wurde. Gleichzeitig entstand der geschlossen bebaute historische Marktplatz, das bürgerliche Zentrum der Marktgemeinde und der ehemaligen Fürstpropstei. Es handelt sich um einen Straßenzug, der sich südwestlich an den Stifts- und Residenzbereich anschließt; die Begrenzung zwischen bürgerlichem und geistlichem Bezirk bildet der Neuhausbogen. Nur im Nordostteil des Marktes, vor diesem Bogen, konnte sich ein kleiner dreieckiger eigentlicher Platz ausbilden, der nach Osten, zum Stift, durch die alte Stiftstaverne aus dem 16. Jahrhundert (Neuhaus) begrenzt wird. Die etwa zwei Dutzend bürgerlichen Anwesen drängen sich überwiegend auf dem nach Südwesten zunehmend schmäleren Bankett eines Ausläufers des Priestersteins zusammen. Der begrenzte Raum erzwang bis zu vier Geschosse hohe giebelständige Häuser, die mit ihren weiten Vordächern zwar alpenländisch-bäuerliche Abkunft belegen, in Größe, Bauart und Ausgestaltung aber ihren bürgerlichen Eigencharakter behaupten. Fast alle Gebäude sind spätmittelalterlichen Ursprungs und wurden jahrhundertelang von den Familien alteingesessener Handelsleute, voran den Holzwaren- und Spielzeugverlegern, bewohnt. Die Fassaden einiger dieser durchgängig verputzten Bauten erhielten zu Beginn des 19. Jahrhunderts eine reiche, seitdem mehrfach erneuerte Empire-Stuckierung. Mit dem Umbau und der Bemalung des Hirschhauses, eines Eckgebäudes, durch August Thiersch und mit der gotisierenden Ausgestaltung des Marktbrunnens setzte das spätere 19. Jahrhundert besondere Akzente im Platzbild.

Während sich der bürgerliche Markt nur auf dem schmalen Plateau südwestlich des Stiftskomplexes entfalten konnte, stand für weitere bürgerliche Bebauung im 17. Jahrhundert nur nordöstlich des Stifts, anschließend an die ehemalige Schranne (auf dem heutigen Rathausplatz) und die bürgerliche Pfarrkirche St. Andreas, ein schmaler Geländestreifen längs der alten Salzburger Straße zur Verfügung, auf dem vor dem 13. Jahrhundert ein Augustinerinnenkloster bestanden hatte: das Nonntal. An der Hangseite, am Fuß des Lockstein, entstand hier eine Zeile bürgerlicher Bauten, unter denen ein Stiftsbau, das Kanzlerhaus, herausragt. Es handelt sich, mit Ausnahme des dominierenden Amtsbaus, um zwei- bis viergeschossige verputzte Handwerker-, Wohn- und Gasthäuser, meist aus dem 17. Jahrhundert stammend, mit giebelständigen Flachsattel-, auch mit Schopfwalmdächern, z.T. mit stuckierten Fassaden. Das lebendige Bild des Ensembles wird wesentlich durch die verschieden hohen Firste bestimmt; auch einzelne alte Hausgärten tragen dazu bei.

Nachdem die ursprünglichen Legschindeldächer vollständig von Blechdächern abgelöst worden sind, sind bäuerliche Bauelemente aus dem Ortsbild so gut wie verschwunden.

Marktschellenberg

Zwischen dem Untersbergmassiv und dem Götschen liegt, als Ausfallspforte ins Salzburgische, die nach Berchtesgaden größte Siedlung der ehemaligen Fürstpropstei.

Der Ortskern umfaßt den nördlich der Berchtesgadener Ache gelegenen Teil des Marktortes. Es handelt sich um den Zug der alten Haupt- und Durchgangsstraße zwischen der Achenbrücke im Süden und dem Ende der geschlossenen Bebauung im Norden. Die Siedlung entwickelte sich in dem engen, oft gefährdeten Talgrund der Ache, nachdem Ende des 12. Jahrhunderts am Dürrnberg und im Jahre

Oben:
Marktplatz von Berchtesgaden, Blick westwärts

Mitte:
Das Nonntal, ein ehedem nur einseitig bebauter Straßenzug nordöstlich des Ortskernes

Unten:
Alte Ansicht von Marktschellenberg

Seite 55:
Links alte Ansicht von Ramsau;
rechts: Blick auf die Schiffslände von Königssee

1212 am Goldenbach Salzquellen entdeckt worden waren, deren Sole durch Holzrinnen zur Versiedung in eine von der Fürstpropstei errichtete Pfannstätte bei Schellenberg geleitet wurde.

Schon im 13. Jahrhundert zum Markt erhoben, entfaltete sich der Ort zu beiden Seiten des Flusses, wobei das Schwergewicht mit der Pfarrkirche, dem kleinen, jetzt veränderten Marktplatz und der 1906 abgebrochenen, schon 1805 aufgelösten Saline auf der Südseite lag, während die Nordseite vorwiegend durch die geschlossene Bebauung mit bürgerlichen, im Kern oft bis in das Spätmittelalter zurückreichenden Wohnbauten zu beiden Seiten der engen Alten Salzburger Straße geprägt ist. Die durchgehend verputzten, in wenigen Beispielen durch klassizistischen Fassadenstuck ausgezeichneten Bauten besitzen meist vorkragende Flachsatteldächer.

Im Südteil des Ortskerns herrscht dreigeschossige Bauweise vor, das Straßenbild besitzt hier urbanen Charakter, im Nordteil ist nur die Ostseite mit wesentlich bescheideneren Wohnhäusern des 18./19. Jahrhunderts bebaut, während sich an der Westseite Gärten ausdehnen. In diesem Bereich setzen die Walmdachbauten des Pfarrhofs und des ehemaligen Salinenamtes sowie das Kedererhaus besondere Akzente.

Eine markante Ansicht des Ortes ergibt sich vom nördlichen Kopf der historischen Achenbrücke, wo das im Jahre 1915 im Heimatstil ausgebaute Angererhaus und die beiden, durch Erdgeschoßarkaden ausgezeichneten Gemeindehäuser eine gemeinsame Front nach Süden ausbilden.

Ramsau

Die einzige größere Häusergruppierung des gesamten Ramsauer Tals entstand seit dem Spätmittelalter bei der alten Fürstpröpstlichen Stiftstaverne an der Salzstraße von Berchtesgaden über den Hirschbichlpaß in den Pinzgau, im Talgrund in der Gnotschaft Taubensee.[72] Die Taverne, jetzt Oberwirt, wurde im Jahre 1510 neu errichtet, zu ihr gehörte ein Badhaus. Im Jahre 1512 erbaute Fürstpropst Gregor Rainer unmittelbar neben der Wirtschaft die Kirche St. Sebastian, die im 16. und 17. Jahrhundert mehrfach erweitert und barock ausgebaut wurde. Von Berchtesgaden aus wurden die Ramsauer Gnotschaften bis zum Jahre 1657 geistlich betreut, danach residierte ein Chorherr ständig als selbständiger Vikar bei der Kirche und im Jahre 1659 wurde für diesen Vikar der Pfarrhof zwischen Kirche und Wirt neu erbaut. Gleichzeitig wurde um die Kirche der ummauerte Friedhof angelegt, der auch noch den alten Karner aufweist. Weiter östlich schlossen sich später das Mesnerhaus mit seinem Schopfwalmdach und um das Jahr 1900 noch das Schulhaus an, sodaß schließlich auf engem Ort alle wichtigen nichtbäuerlichen Bauten der weit ausgedehnten Gemeinde vereint waren. Sie setzen sich in ihrer Bauweise und vor allem mit ihren Dachformen bewußt von den bäuerlichen Bauten ab und bilden noch heute anschaulich den Mittelpunkt der Gemeinde.

Königssee

Besondere Erwähnung verdient der Bereich der heutigen Schiffslände am Königssee, der wohl bedeutendste touristische Magnet des heutigen Landkreises. Zeugnisse der ältesten Bebauung an der Lände sind die im Kern noch barocke Schiffmeisterkapelle und das alte Seewirtshaus aus dem 18. Jahrhundert, auch Schweizerhaus genannt (Seestraße 32).

Der schmale südliche Uferstreifen ist vorwiegend mit Hotels und Schiffshütten bebaut, die meist aus dem frühen 20. Jahrhundert stammen und sich zu einem einheitlichen Bild zusammenschließen, das vom Berchtesgadener und Salzburger Heimatstil, bereichert durch neubarocke Elemente und Jugendstil-Motive, geprägt wird.

Zeugnis der ersten Ansiedlungen von Fremden am See gibt noch die im Jahre 1869 erbaute, leider stark veränderte Villa des sächsischen Ministers von Beust auf einem Felsvorsprung am Eingang zum Malerwinkel, gegenüber der Insel Christlieger. Die Hotelbauten lassen den Aufschwung des Fremdenverkehrs am See um das Jahr 1900 anschaulich werden, begünstigt durch moderne Massenverkehrsmittel wie die ehemalige Königssee-Linie der Eisenbahn und den im Jahre 1909 auf dem See eingeführten Motorschiff-Verkehr. Unter diesen z.T. veränderten Bauten nimmt das von Georg Zimmermann im Jahre 1912 errichtete Hotel Schiffmeister mit seinen reich verzierten, an historischen Vorbildern orientierten hölzernen Ausbauten und der von Jugendstilelementen geprägten Veranda und Eingangshalle einen besonderen Rang ein. Milieuprägend sind die dreizehn Schiffshütten der Königssee-Schiffahrt, die nach dem Brand der alten Hütten im Jahre 1918 nach Plänen von August Thiersch erbaut wurden und rhythmisch in zwei Reihen am Ufer gruppiert sind. Ihre mit Scharschindeln gedeckten Krüppelwalmdächer entsprechen ebenfalls historischen Vorbildern und korrespondieren mit den Dächern des Hotels Schiffmeister.

Der Zwiehof und der sekundäre Einhof
Die Gehöftformen und die einzelnen Baulichkeiten des Hofes

Die Ausführungen beruhen weitgehendst auf der Dissertation von Dr. Ing. Mathilde Tränkel

Zur Vorgeschichte der Gehöftformen[73]

Archäologische Grabungen, daneben vor allem aber auch die Strafbestimmungen der alten »Volksrechte« lassen erkennen, daß die bäuerliche Bauweise im frühen Mittelalter, also vom 9. bis zum 11. Jahrhundert, ausgesprochenen Übergangscharakter hatte und vielfach noch an baulichen Provisorien der bäuerlichen Pionierzeit festhielt.

Neben unverkennbar frühmittelalterlichen Novationen waren unter den bäuerlichen Bauten noch immer ausgesprochen urgeschichtliche Formen in größerem Umfang anzutreffen.

In aller Regel bestanden die mittelalterlichen Gehöfte noch aus einer Vielzahl von scheinbar regellos situierten, vorwiegend einräumigen Gebäuden, sie waren also Vielgebäudehöfe, heute meist als Haufenhöfe bezeichnet.

Das Volksrecht der Baiern, die Lex Baiuvariorum, nennt als Bestandteile des Gehöftes neben Wohnbauten verschiedener Art (domus, seli, casa) noch Nebengebäude, deren Funktion nach heutigem Verständnis dem Bereich des Wohnens zuzuordnen ist und die in späteren Grundrißaufteilungen ihren Niederschlag fanden: Badehaus (balnearium), Backhaus (pistoria) und Kochhütte (coquina).

Als Wirtschaftsgebäude sind genannt: Scheune, Schuppen (scuria, scof) und Speicher (granarium) sowie einige Behelfsbauten für Heuaufbewahrung (mita) und Kornbergung (scopar).

Ähnliches bezeugt die Lex Alemannnorum über den Hof des alemannischen Bauern – auch hier erscheint neben Wohngebäuden und Nebenbauten wiederum eine Reihe von Wirtschaftsgebäuden, darunter zusätzlich noch Vorratskeller (cellaria), Schafstall (ovile) und Schweinehaus (domus porcaritia).

Insgesamt werden werden danach für den Hof eines bairischen Bauern des 7. bzw. 8. Jahrhundert zumindest acht, für den des alemannischen Bauern der gleichen Zeit sogar neun unterschiedlich benannte Gebäudeformen belegt. Diese Angaben zum Umfang frühmittelalterlicher Bauernhöfe fanden durch einige Grabungen inzwischen eine gewisse Bestätigung.

Wie schon diese Volksrechte in ihren Gebäudebezeichnungen erkennen lassen, waren die einzelnen Bauten vielfach von geringer Größe und dienten überwiegend nur einem einzigen, besonderen Zweck. Daß nicht jedes Gehöft alle der zuvor genannten Baulichkeiten besaß, liegt auf der Hand. Wie später war auch zu dieser Zeit wohl schon der Umfang des Hofes und die Zahl seiner Bauten sinnfälliger Ausdruck der sozialen Stellung und der wirtschaftlichen Stärke seines Besitzers.

Jedes Gehöft war von einem Zaun umschlossen; die Volksrechte führen dafür so gut wie ausschließlich Flechtzäune (sepes) auf. Hinsichtlich ihres Aufbaues heißt es überwiegend, sie bestünden aus Flechtruten (virgae), deren oberste drei den Zaun meist zusammenhielten, sowie aus Pfählen (camborti), die, in die Erde gesteckt, den Zaun verankerten. Schließlich erfahren wir auch noch die Höhe solcher Einfriedungen. So verlautet aus der Lex Ribuaria, Einzäunungen reichten einem ausgewachsenen Mann bis ans Kinn; die Lex Baiuvariorum betrachtet Einzäunungen als vorschriftsmäßig, wenn sie einem Manne bis zur Brust reichen.

Der Zaun hatte zunächst eine ökonomische Funktion, wobei vor allem an den Schutz vor wilden Tieren und an den leichteren Zusammenhalt des Viehs auf dem Hofplatz gedacht werden muß. Daneben dürfte der Hofzaun innerhalb dörflicher Gemeinschaften auch eine besondere rechtliche Bedeutung besessen haben; dies bringen auch die Volksrechte wiederholt klar zum Ausdruck, wenn sie allein schon das unerlaubte Eindringen in einen fremden Hof unter Strafe stellen.

Haufenhöfe dieser Art dürften wohl auch die Ausgangsform des Zwiehofes gewesen sein; allein in der Zweiteilung des Hofes, vor allem aber in der früher beachtlichen Anzahl kleiner Nebengebäude scheint sich eine anschauliche Erinnerung an dieses Hofbild der ersten Siedler erhalten haben. Gerade im Berchtesgadener Land haben sich in einigen Bezeichnungen von Gebäudeteilen fast bis in die Gegenwart hinein auch noch sprachliche Erinnerungen an die Pionierzeit der Besiedlung erhalten.

Der Zwiehof des Berchtesgadener Landes

Zur Verbreitung der Zwiehöfe

In den hochmittelalterlichen Rodungsgebieten vor etwa 500 Jahren aus dem urtümlichen Haufenhof entwickelt, prägt der Zwiehof auch heute noch ausgedehnte alpine Siedlungslandschaften; er stellt den Kolonisationstyp des zweiten Landesausbaus im Alpenraum dar.

Der Zwiehof erweist sich somit als sinnfälligstes Zwischenglied der baulichen Entwicklung vom mittelalterlichen Haufenhof zum Einhof, von Einzweck-Einraumbauten zum Mehrzweck-Vielraumbau.

Geschlossene Zwiehofgebiete finden sich vor allem in Südtirol; sie finden in den angrenzenden Tälern Nordtirols ihre Fortsetzung. So bietet das Zillertal und das Tuxertal gleiche Hofbilder wie das südtirolische Ahrntal und ebenso erweist sich das Ötztal und Pitztal mit dem Schnals- und Passeiertal verwandt.

Die salzburgischen Gebirgsgaue Pinzgau und Pongau sowie die benachbarten steirischen Gebiete bis an die mittlere Mur gehören dem Kerngebiet der ostalpinen Zwiehoflandschaft an, die sich in verschiedenen Ausformungen südlich und nördlich des Alpenhauptkammes von Tirol bis Niederösterreich erstreckt. Während aber der Pongau einschließlich des mit ihm durch das Lahntal verbundenen Abtenauer Beckens gänzlich von Zwiehöfen erfüllt ist, beherrscht diese Hofform im Pinzgau nur das Salzachlängstal einschließlich seiner Nebentäler, also den Ober- und Unterpinzgau, und greift im Mitterpinzgau nur bis zum Südrand des Saalfeldener Beckens aus.

Das Verbreitungsgebiet dieser Zwiehofgruppe deckt sich daher im Salzburgischen ziemlich genau mit der zwischen den Nördlichen Kalkalpen und dem Kristallin der Zentralalpen eingebetteten Schieferzone.

Mit dem Einhof vermischt finden sich die Zwiehöfe noch im tirolischen Alpbachtal und in der steirischen Ramsau. Im gesamten deutschen Raum ist das Gebiet der ehemaligen Fürstpropstei Berchtesgaden das einzige ehemals geschlossene Zwiehofgebiet. Es gliedert sich in diese einstmals viel größeren Zwiehofkomplexe ein, die sich als Merkmal typisch bergbäuerlicher Siedlung erweisen.

Im Berchtesgadener Land treffen wir neben dem Zwiehof auch Einfirsthöfe an. Sie sind hier wohl durchwegs aus der Zusammenziehung der beiden Hofteile des Zwiehofs entstanden und werden deshalb als sekundäre Einhöfe bezeichnet.

Die Hausformenkarte des Berchtesgadener Landes zeigt, daß der Siedlungskern eindeutig vom Zwiehof beherrscht ist, während sich in der Ramsau und in den Ausläufern des Bischofwiesener Tales der Einfluß des angrenzenden Einhofgebietes bemerkbar macht. Das Gebiet im Nordosten Schellenbergs bis zum Götschen ist dagegen völlig vom Einhof bestimmt.

Das Hofbild und seine Teile

Der Ausdruck »Zwiehof« bezeichnet nicht unbedingt die Anzahl der Hofgebäude. Das Wesen des Zwiehofes kommt vielmehr dadurch zum Ausdruck, daß das Gehöft innerbetrieblich in zwei Hauptbereiche getrennt ist. Der Wohnbereich enthält zugleich Vorratsräume, ist also ein Wohnspeicherhaus, der Stallbereich umfaßt auch stets Bergeräume und ist somit als »Stadel« zu bezeichnen. Je nach der Zahl der Baulichkeiten prägen die Zwiehöfe in ihren verschiedenen regionalen Ausformungen alte Siedlungsbilder: Als urtümliche Haufenhöfe umfassen sie eine grössere Zahl von Bauten, die mehr oder minder regellos auf der Hofstatt verstreut sind; als Gruppenhöfe zeigen die Baulichkeiten eine halbwegs regelhafte Anordnung. Als Zwiehöfe im engsten Sinne sind sie echte »Paarhöfe«, bei denen zwei Großgebäude – eben der Wohnteil und eine Stallscheune – zur Erfüllung der betriebswirtschaftlichen Erfordernisse ausreichen. Wenn das Gelände es zuließ, wurden diese beiden Großgebäude firstparallel nebeneinander gestellt, womit die besonders landschaftsprägende Hochform erreicht war.

Durch ihre firstparallele Stellung im Gelände hat sich die gelegentlich verwendete, aber irreführende Bezeichnung »Parallelhof« abgeleitet. Diese Bezeichnung ist deshalb falsch, weil sich für die Stellung der beiden Hauptgebäude zueinander keine feste Regel aufstellen läßt; sie können sogar im rechten Winkel zueinander stehen. Der Zwiehof ist jedoch in allen seinen Verbreitungsgebieten durch diese beiden, meist annähernd gleich großen Hauptgebäude gekennzeichnet.

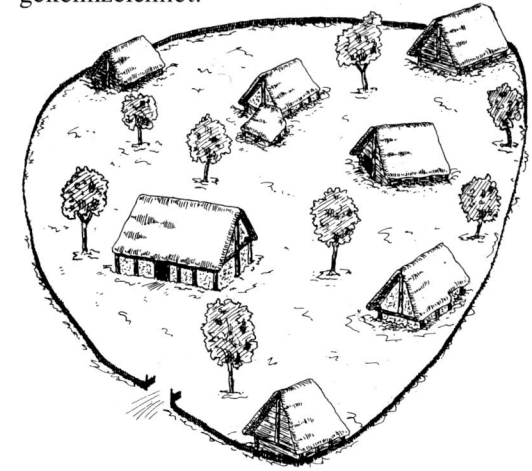

Frühmittelalterlicher Haufenhof aus dem 11. Jh., Rekonstruktion der Grabungsbefunde in Merdingen bei Freiburg

In den ehrwürdigen und von tiefer Bedeutung erfüllten Bezeichnungen »Feuer-« und »Futterhaus«, die in vielen Zwiehofgebieten noch wohl verstanden werden, haben die Alten zum Ausdruck bringen wollen, daß in dem aus verschiedenen Teilen zusammengewachsenen Wohnhaus der Herdraum mit dem offenen Feuer die Kernzelle bildet, während in dem aus ursprünglich mehreren Ställen und Scheunen zusammengezogenen Wirtschaftsgebäude die Scheune mit den Futtervorräten als wichtigster Teil anzusehen ist.

In einer Zwischenstufe der Entwicklung blieb vielerorts der Speicher als eigener Bau erhalten; er barg das Ernte- und Saatgut und mancherlei sonstige wertvolle Habe.

Auch der Berchtesgadener Zwiehof wird regelmäßig durch einen freistehenden, vom Hof meist weit abgerückten Speicher ergänzt; er wird hier als »Feldkasten« bezeichnet. Wir haben also ein Hofbild mit drei Gebäuden vor uns: das »Feuerhaus« mit Herdraum (Küche), Stube, Schlafkammern, Vorrats- bzw. Speicherkammern und gelegentlich einem kleinen Keller, das »Futterhaus« mit Ställen im Untergeschoß, Scheune und Tenne im Obergeschoß, sowie den aus ein oder zwei Vorratskammern bestehenden Feldkasten. Feuer- und Futterhaus stehen auch im Berchtesgadener Land oft etwa parallel zueinander, meist mit dem First in der Fallinie des Hanges.

Im Berchtesgadener Land gruppierten sich um die drei Hauptgebäude meistens noch weitere kleine Baulichkeiten, die allerdings auch weiter abgerückt stehen konnten. Feld- oder Hofkapellen sind relativ häufig anzutreffen. Im Vergleich zu den Hauslandschaften des Flachlandes sind eigene Backöfen hingegen eher selten errichtet worden. Namentlich in der Ramsau, an der heutigen Alpenstraße, finden sich auch vereinzelt sog. Brechlbäder. Auch kleine Gmachl- oder Hausmühlen sind uns erhalten geblieben. Vor der dem Stadel zugewandten Haustüre war der Hausbrunnen angelegt; in sonniger Lage unweit des Wohnhauses lag der kleine umzäunte Wurzgarten, in dem die Bäuerin ihre Küchen- und Heilkräuter pflanzte. Gewöhnlich fanden sich dort noch einige Beerensträucher, von denen die »Oadabatzl'n« (Stachelbeeren) und die »Ribissel'n« (Johannisbeeren) besonders beliebt waren. In günstiger Lage war auch ein kleiner Obstgarten angepflanzt, der sich zuweilen auch um das

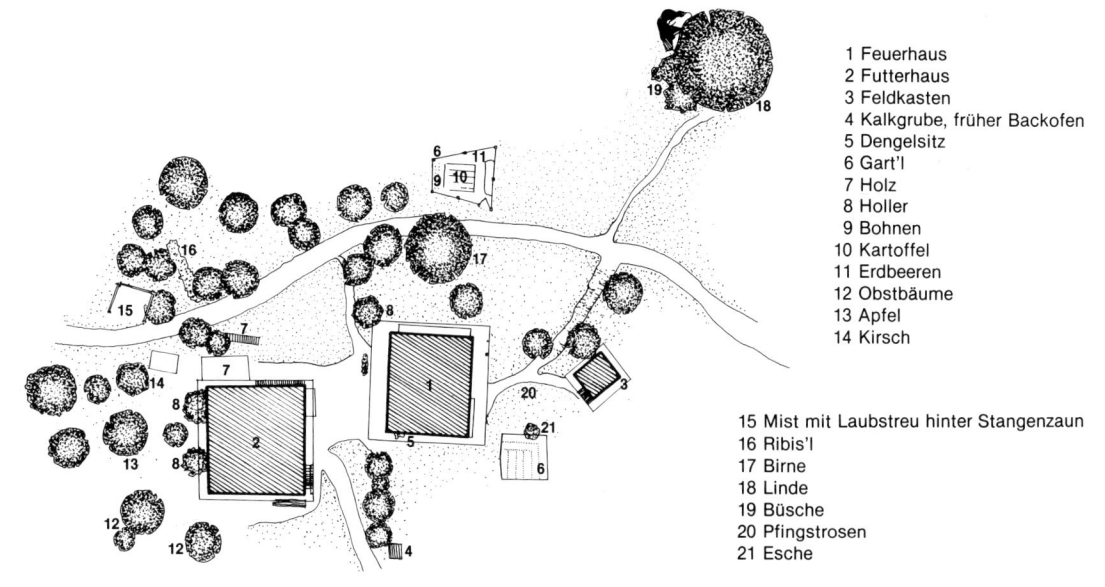

1 Feuerhaus
2 Futterhaus
3 Feldkasten
4 Kalkgrube, früher Backofen
5 Dengelsitz
6 Gart'l
7 Holz
8 Holler
9 Bohnen
10 Kartoffel
11 Erdbeeren
12 Obstbäume
13 Apfel
14 Kirsch

15 Mist mit Laubstreu hinter Stangenzaun
16 Ribis'l
17 Birne
18 Linde
19 Büsche
20 Pfingstrosen
21 Esche

Ehemaliges Hofbild des Hausknechtlehens; Gde. Berchtesgaden, Gnotschaft Metzenleiten, Metzenleitenweg 39

ganze Gehöft herum zog. Zu diesem Obstgarten gehörte stets eine Ulme, zum Feldkasten stets ein Hollerbusch. Diese Baumgruppen schlossen die verschiedenen Baulichkeiten oft zu einem sehr eindrucksvollen Hofbild zusammen. In den Raumbezeichnungen des Berchtesgadener Zwiehofs haben sich allenthalben noch lebendige sprachliche Erinnerungen an den älteren Haufenhof erhalten. Auch durch die relativ große Häufung kleiner Nebengebäude, die sich einstmals locker um die beiden Haupthäuser gruppierten, bewahrte das Gehöft noch urtümlichen Charakter. Grundriß und Aufriß zeigen bei allen Baulichkeiten eine sinnfällige Ordnung und deutliche Regelhaftigkeit: Beim Feuerhaus sind Wohnteil, Flur und Speicherbau klar abgegrenzt nebeneinandergelegt, beim Futterhaus ist der Scheunenteil auf den Stallteil aufgesetzt. Der Feldkasten besteht meist aus zwei konstruktiv abgesetzten, aber übereinander gestellten Bauteilen.

Das Wohnspeicherhaus – Älteste Formen

Die älteste dokumentierte und auch noch in wenigen Beispielen erhaltene Form des Wohnspeicherhauses ist ein einstöckiges Holzblockhaus mit hohem Kniestock und einem flachen Legschindeldach, das an den Giebeln bis zu 1,80 m, an den Traufen bis zu 1,60 m vorkragte. Die hochentwickelte Blockbautechnik schuf dabei Baukörper, deren Ausdehnung begrenzt ist von der Baumlänge der Balken, aus denen sie gezimmert sind.

Der First über dem oft nahezu quadratischen Grundriß verlief über die kürzere Grundrißseite, so daß der Giebel etwas breiter war als die Traufseite.

Der Eingang war stets traufseitig und führte in den quer durch den Bau durchgehenden Hausflur, das sog. »Haus«, das ursprünglich bis zu 3 m breit war. Auf der einen Seite des Hausflurs lag die Stube und die Rauchkuchl, auf der anderen die »kalte Kammer« (Schlafraum) und ein oder zwei Speicher- bzw. Vorratsräume. Als Regel zeigte sich, daß die Lage der Stube für die Gesamtorientierung maßgeblich war: sie lag immer auf der Seite der schönsten Aussicht und nahm meist die Südostecke, selten die Südwestecke des Wohnhauses ein.

Die Rauchkuchl war jahrhundertelang die einzige Feuerstätte des Hauses. Sie war in ihrer Urform fast ebenso groß wie die Stube. In der Mitte des Raumes stand der noch von allen Seiten zugängliche offene Herd, in einer Ecke der Backofen; von der Küche aus wurde auch der Stubenofen geschürt und von hier aus führte mittels einer Falltüre eine enge steile Treppe in den kleinen Kellerraum. Die Küchen hatten vor der Einwölbung ebenso wie alle übrigen Räume des Hauses eine flache Holzdecke. Durch Öffnungen in der Decke zog der Rauch in den »Soyer« (Dachraum), von wo er durch ein Rauchloch im Kniestock ins Freie entwich. Zuweilen war über der Küchentüre noch eine Öffnung, durch die der Rauch auch ins »Haus«, den bis zum Dachfirst offenen Flur, abzog, wenn er nicht durch Anordnung eines Rauchfangs mit zunächst hölzernem Rauchabzug über Dach geleitet wurde. Früher waren im Berchtesgadener Land noch häufig Feuerhäuser anzutreffen, deren »Haus« bis zu den Rofen hinauf gänzlich rußgeschwärzt war. Um der Brandgefahr durch Funkenflug vorzubeugen, wurde in der Küche der hölzerne Rauchhut gebräuchlich. Er ruhte auf einem hölzernen Querbalken, dem »Mantelbaum« auf und führte den Rauch einem ebenfalls hölzernen Schlote zu.

Das Einwölben der Küche wurde erst im 17. Jahrhundert allgemein üblich. Die Einheitlichkeit der Durchführung läßt auf eine fürstpröpstliche Verordnung schließen, die wahrscheinlich auf die baulichen Vorschriften in der Bayerischen Forstordnung des Jahres 1598 zurückgeht, deren Ausführung aber, wie Urkunden und wiederholte Strafandrohungen erweisen, nur zögernd erfolgte. In der Feuerordnung des Stiftes Berchtesgaden vom Jahre 1656 finden wir schon die Anordnung über einen »quatemberlichen« Säuberungszwang von »Kamin und Rauchfang«. Das spätere Einwölben der Küche führte bei den vorhandenen, ursprünglich sehr großen Räumen zu Schwierigkeiten. Die notwendige Wölbhöhe führte auch bei flachstem Bogen zum Verlust wertvollen Wohnraumes und ist wohl die Hauptursache, die zur Verkleinerung der Küche führte. Dadurch blieben die Räume des »Obenauf« noch benutzbar und durch die Teilung des alten Küchenraumes wurde neben der Stube die Stubenkammer gewonnen, die zukünftig in keinem Hause mehr fehlte. Sie wurde schon früh zum Schlafraum des Bauern und spielte als Austrag für die Alten eine wichtige Rolle. Zugunsten der Rauchkuchl war die Stubenkammer ursprünglich jedoch sehr klein; sie wurde in ältester Zeit auch »Grauben« genannt.

Untersuchungen an verschiedenen besonders alten Häusern ergaben, daß die Wand zwischen Küche und Stubenkammer mit der äusseren Blockwand nicht im Verband gezimmert war; es fehlten die Kopfschrote (»Ketteln«). Die Wand war also erst bei der Teilung der alten großen Küche eingezogen worden, wobei die liegenden Balken in ein senkrechtes Ständerholz eingenutet wurden. Dahinter wurde auf der Küchenseite das Mauerwerk für das Gewölbe errichtet. Sehr bald erwies sich die Küche als zu klein. Da man auf die Stubenkammer nicht mehr verzichten wollte, verbreiterte man die Küche auf Kosten des Hausflures soweit, daß längs der Küche nur noch ein

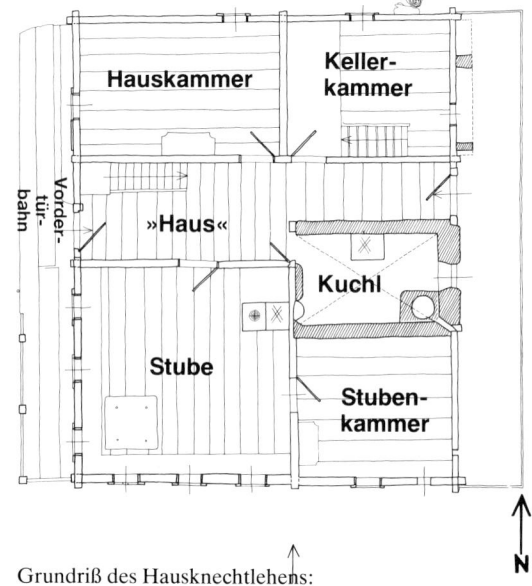

Grundriß des Hausknechtlehens:
Blockbau mit gemauerter überwölbter Kuchl, datiert 1592. Berchtesgaden, Gnotschaft Metzenleiten, Metzenleitenweg 39

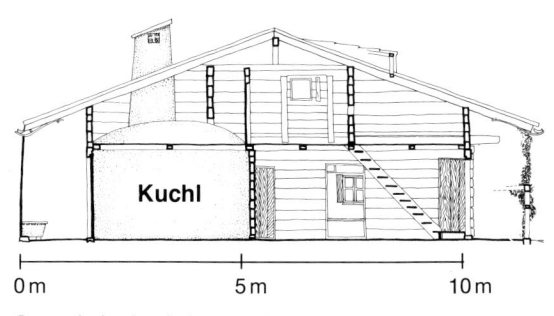

Querschnitt durch das Hausknechtlehen

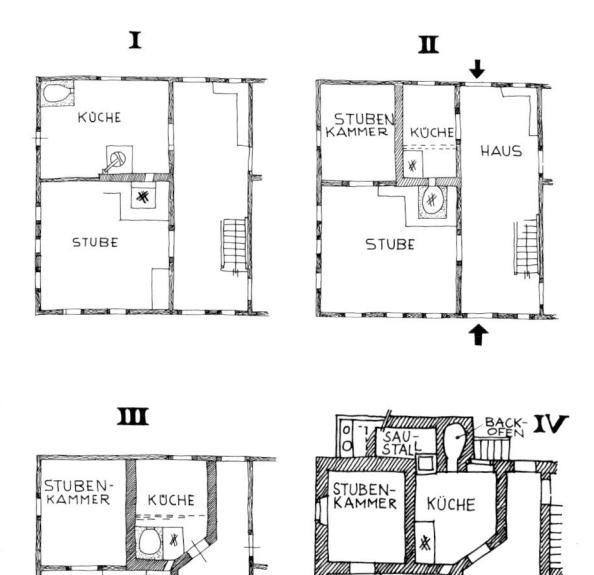

Die Entwicklungsstufen der Küche im Wohnspeicherhaus

etwa 1 m breiter Flurstreifen übrig blieb. Der Grundriß hatte dadurch seine architektonische Klarheit verloren, stellt aber die grundrißliche Endlösung dar, wie sie später für das Berchtesgadener Haus allgemein üblich und charakteristisch wurde. Die Raumaufteilung auf der anderen Seite des Hausflurs, wo Schlaf- und Vorratskammern lagen, blieb im wesentlichen erhalten. Vielfach wurde die vordere Kammer zum Austrag für die Alten und erhielt eine zweite Feuerstätte. Die Vorderkammer wurde damit zum »Stüwei«. Man trennte scharf zwischen diesen beiden Begriffen; die Kammer ist unheizbar, »Stüwei« und Stube sind immer heizbar und haben einen Ofen.

Der Ausbau der übrigen Räume erfolgte erst später. Sie dienten der Aufbewahrung von Dörrobst, Kräutern und Mehl. Daneben gab es noch ein Salzkammerl; zuweilen auch war unterm Dach ein »Imbkammerl« (Bienenkammerl) untergebracht. Die Räume über den kalten Kammern, also über dem Speicherteil, dienten als Werkstatt und zur Aufbewahrung von Egge, Pflug und sonstigen landwirtschaftlichen Geräten und waren oft vom rückseitigen Hanggelände her bequem durch ein Tor im hinteren Giebel zugänglich.

Im »Haus« fand sich neben dem Kamin noch ein Aschen- und Rauchkammerl. Hier wurde auf einer kleinen Mauerbank die Asche aufgehoben und das Fleisch geräuchert. Die Asche benötigte die Bäuerin zum Herstellen der Lauge, für das Scheuern der Dielenböden und zum Waschen der bunten Wäsche.

Bei der ältesten eineinhalbgädigen Hausform kannte man im Hausgang noch keine Decke; sie wurde erst im Verlauf des 19. Jahrhunderts eingezogen. Als Zugang zum Dachboden, der ursprünglich nur über eine Leiter zu erreichen war, wurde damals auch eine schmale einläufige Treppe zum »Obenauf« eingebaut. Beim ältesten Typus des eineinhalbgädigen Wohnhauses waren also die zu ebener Erde gelegenen Räume als Blockbauwürfel gezimmert, das »Haus« und die Räume des »Obenauf« reichten hingegen bis unters Dachgebälk. Nur die »Oberstube« über der Stube im Erdgeschoß war auch bei den ältesten Häusern schon ausgebaut und mit einer überlukten Decke versehen. Später eingezogene Decken stehen mit dem Gerüst des Wandblockaufbaus zum Teil nicht in konstruktiver Verbindung. Das Dach ruht auf dem 1,20 m hohen »Zimmer« (Aufzimmerung) des Kniestocks, der über dem Erdgeschoß liegende Dachraum hieß »Untern Dach« oder »Houdie« (hohe Diele) — auch diese Bezeichnung deutet auf die ursprünglich fehlende Zwischendecke. Bei mehreren alten Häusern, die später Zwischendecken erhalten hatten, wurden noch völlig rußgeschwärzte Dachstühle vorgefunden.

Schon beim ältesten Haustyp findet sich vor dem Giebel des Dachraumes, meist auf der südlichen Seite, eine schmale Giebellaube, der »Gang«, der ursprünglich nie breiter war als 65 cm.

Vom ältesten Berchtesgadener Haustyp, dem eineinhalbgädigen Vollblockbau, haben sich nur noch einige wenige Beispiele aus dem 16. Jahrhundert erhalten, obwohl gegen bauliche Innovationen auch hemmende Vorschriften bestanden. So heißt es in der Bayerischen Forstordnung vom Jahre 1598, welche auch für Berchtesgaden Gültigkeit hatte, daß aus Holzersparnisgründen die Genehmigung zur Erbauung »zweigädiger« Häuser nicht oder nur widerwillig erteilt wurde.

Andererseits jedoch gab es — als Vorkehrung gegen Überbevölkerung — auch die Verfügung, daß bei Neuerbauung eines Hauses das alte Lehen abzutragen sei. Mit dieser Verordnung steht die Waldordnung des Erzstiftes Salzburg vom Jahre 1659, die auch für das Berchtesgadener Hoheitsgebiet volle Geltung hatte, im engsten Zusammenhang. Wir lesen dort: »Wenn einem angesessenen Pauern oder Söllner sein Haus alters oder unglückshalber zu grund gangen, mag er solches mit verwissen seiner Landgerichts Obrigkeit wieder erpauen und sich umb das Pauholz bei der Obrist Waldmeisterey anmelden. Wenn nun solches erpauet und zum bewohnen zugericht, solle er das alt alßbald abbrechen, und nit zu aufenthalt mehrer inleuth und herbringer, welches alsdann die Nachbarschaft mit wayd und behilzung beschwären, stehen lassen. Deßgleichen sollen Pauern und Söllner auf dem Land zu obverstandtem ende ihre Häuser nit erweitern, oder mehr Zimer und Wohnungen, alß sie zu ihrer und aigner zugehör nothwendigen underkhummen vonnethen haben, zurichten, zu verderist aber solle sich niemand understehen ohne Consens unserer Camer ... newe Häuser und Feuerstätt, Khaser und Albgleger zu erpauen.«

Diese Vorschriften bedeuteten zwar den Abbruch vieler besonders alter Haustypen, hatten in der Folge aber auch ihr Gutes, denn es heißt an anderer Stelle: »In Verfolg dessen sollen all obige dermalige Häuser und Gebäude der Unterthanen ohne Verwissen des hierbei sehr betheiligten Churfürstlichen Hauptschatzamtes nicht versetzt, vergrössert oder gar vermehrt werden.«

Da man sich somit bei Neubauten an die alten Ausmaße halten mußte, verdanken wir diesen Vorschriften, daß auch bei Ersatzbauten zahlreiche altartige Wesenszüge der Vorgängerbauten erhalten blieben, wie wir dies in keinem der angrenzenden Zwiehofgebiete mehr antreffen. Das trifft auch auf das Verhältnis des gesamten baulichen Volumens eines Anwesens zum zugehörigen Land zu, so daß sich heute noch weitgehend das ursprüngliche Bild der Siedlungslandschaft erhalten hat.

Der Übergang zur Steinbauweise und Mischbautechnik

Wo der Eigenbesitz an Wald nicht ausreichte, oblag die Versorgung der Bauern mit Bauholz dem Stift. Im »Berchtesgadnerischen Waldbuch« aus dem Jahre 1529 war das »Eingeforstet-sein«, d.h. der Bauholzbezug der bedürftigen Lehen rechtens niedergelegt. So die Untertanen ...»seßhaft sind zu guter zimblicher Notdurft als zu Zimern, Dach, Prunnen und Zaunholz aus sylchen Schwarzwäldern als ihnen zue am negsten gelegen, wohl Holz schlagen und nemmen mögen.«

Die Bauern scheinen von ihren Holzrechten durch Einschlag über ihren Verbrauch hinaus ausgiebig Gebrauch gemacht zu haben, denn wir treffen immer wieder auf entsprechende Verfügungen und Strafandrohungen, die zum Schutz und zur Pflege des Waldes erlassen wurden. Letztere erstreckten sich auch auf den Holzverbrauch für den Hausbau. Nach § 7 der Waldordnung vom 31. Juli 1795 sollen daher »die Häuser, Stallungen, Scheunen, Futterstellen, Alphütten und Kaserkasten, Harbrechstuben, Backöfen und Waschhäuser der Unterthanen, dann Brücken und allerlei Privatgebäude, so viel möglich von Steinen erbaut und mit Ziegelböden und -dächern versehen werden, wozu man den Unterthanen von Seite des fürstlichen Reichsstiftes alle thunlichen Mittel an die Hand geben wird.«

Im Bärnlehen in der Schönau und im Unteraschaulehen in Bischofswiesen sind uns noch zwei besonders alte Feuerhäuser erhalten geblieben, die bereits in der ältesten, eineinhalbgädigen Form vollständig gemauert worden sind, nur der Kniestock ist hier in Holzblock aufgezimmert.

Im Zuge der Salinenausweitung und des aufstrebenden Holzgewerbes im 16. und 17. Jahrhundert nahm der Nutzungsdruck auf die Wälder schließlich so stark zu, daß auch hierorts nach dem Beispiel der bayerischen Herzöge strikte Anordnungen getroffen wurden, hinfort bei Hausbauten zumindest das Erdgeschoß aus Steinen zu mauern und zur Verminderung der Brandgefahr die Kuchl einzuwölben und mit einem gemauerten Kamin zu versehen.

Nach der Bayerischen Forstordnung vom Jahre 1598 wurde ein Neubau den Bauern nur genehmigt, wenn sie mindestens einen, besser jedoch beide Gaden in Mauerwerk aufführten. Damit wurde auch im Berchtesgadener Land die Entwicklung zur Mischbauweise eingeleitet, die sich hier aber erst seit Beginn des 19. Jahrhunderts allgemein durchzusetzen begann. Zunächst wurden bei notwendigen Aus-

59

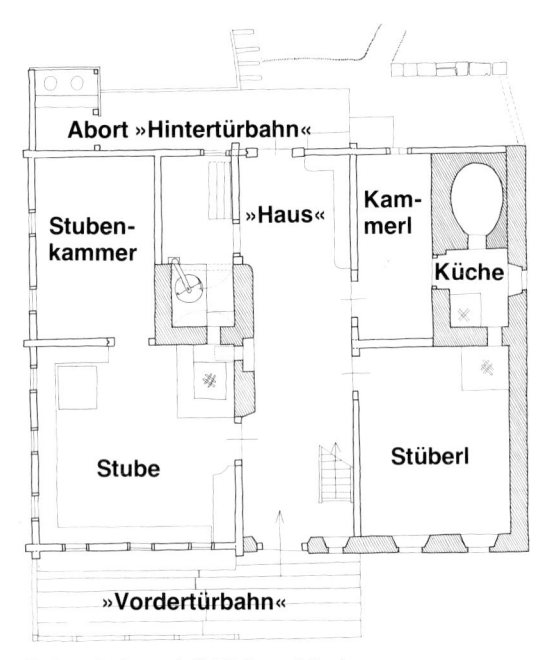

Erdgeschoßgrundriß Wohnspeicherhaus

Obergeschoßgrundriß Wohnspeicherhaus

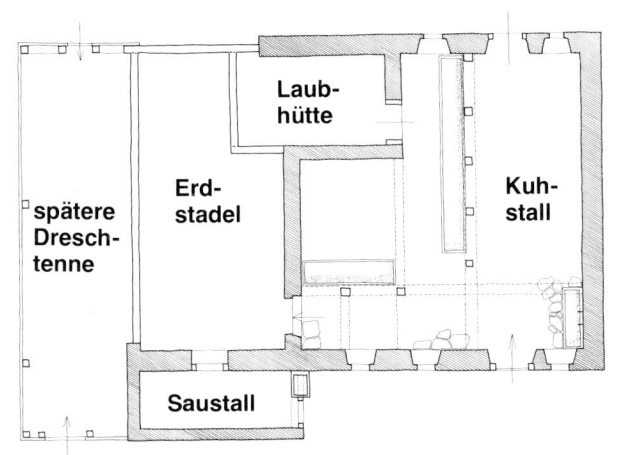

Erdgeschoßgrundriß Stadel

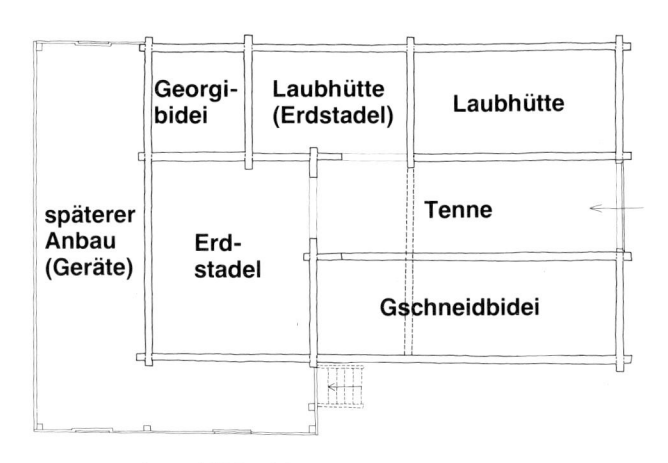

Obergeschoßgrundriß Stadel

Ansicht Eingangsseite

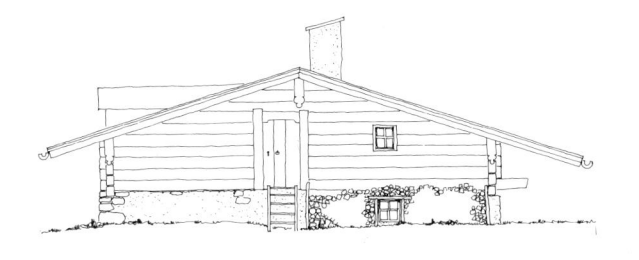

Ansicht der bergseitigen Giebelfront

Zeichnung:
S. Binder

Das Schusterlehen, im Kern wohl aus dem 16. Jh., ist neben dem Hinterbrandlehen vermutlich der letzte Zwiehof der ältesten uns bekannten Bauform, dessen Hofbild noch vollständig in historischer Substanz erhalten ist.

Das Erdgeschoß war mit Ausnahme der Kuchl und der Sockelmauern vollständig in Blockbau gezimmert, die Teilausmauerung stammt aus dem 20 Jh. Im Gegensatz zu dem sauber gehackten Blockbau der Umfassungswände sind die Wände des 2,62 m breiten »Hauses« roh in waldkantigem und einseitig ausgeklinktem Blockbau gefügt. Ursprünglich war das »Haus« bis unter die Rofen offen, die verräucherten Wände im »Obenauf« lassen Rückschlüsse auf ein ehemaliges Rauchhaus zu. Die heutige offene Balkendecke wurde erst während des frühen 20. Jhs. eingezogen. Die Vorderräume des »Obenauf« mit dem 1,20 m hohen Kniestock konnte man früher wahrscheinlich nur über Leitern erreichen, während die links gelegenen Kammern über den rückwärtigen Giebeleingang direkt von außen zugänglich waren.

Das Schusterlehen liegt in landschaftlich hervorragender, unberührter Lage vor der Kulisse des Watzmann und ist vorbildlich restauriert.

Gde. Berchtesgaden, Gnotschaft Vordergern, Kneiflspitzweg 1

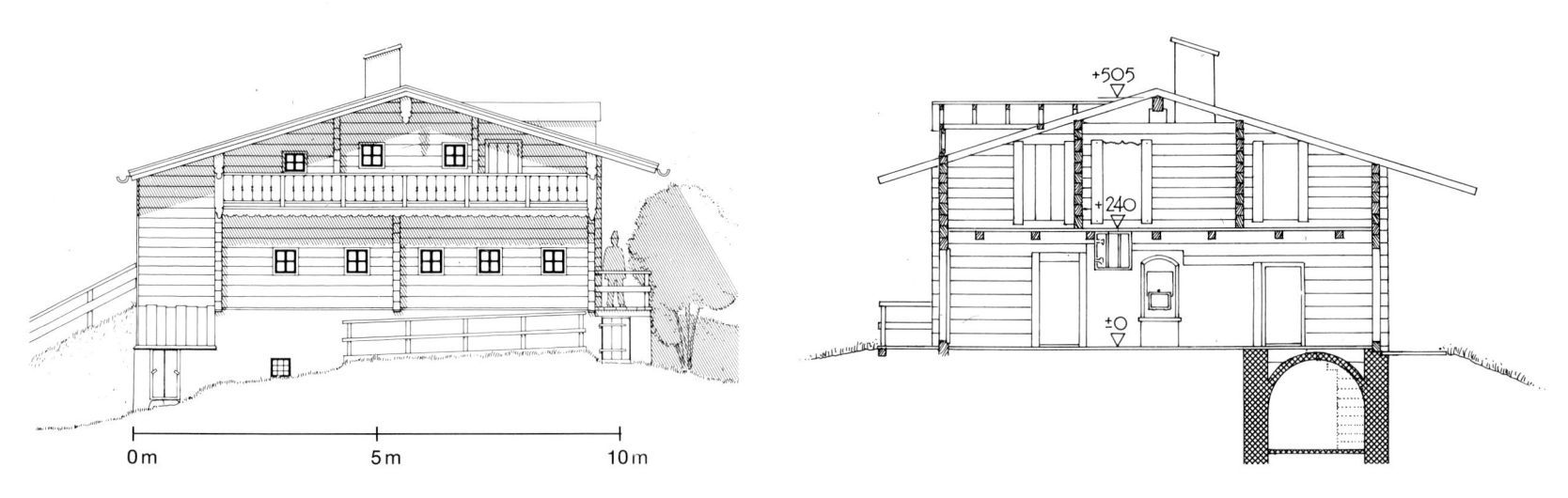

Ansicht der talseitigen Giebelfront

Querschnitt durch das »Haus«

besserungen der Erdgeschoßwände diese Stück für Stück durch Mauerwerk ersetzt, bis schließlich mit dem Beginn des 18. Jahrhunderts bei allen Neubauten das Erdgeschoß gemauert und einzelne Räume wie »Haus« und »Kuchl« eingewölbt wurden.

Auch der Übergang zum gemauerten Grundgeschoß brachte zunächst keine wesentlichen Maßveränderungen mit sich, da die Maße nach wie vor von den Baumlängen des hölzernen Obergeschosses abhingen; sie hielten sich weitgehend an das Grundmaß von 9 / 13 Meter.

Erst im späten 18. Jahrhundert finden sich bereits durchgängig massiv erbaute bäuerliche Wohnhäuser. Das Gestein des Berchtesgadener Landes eignete sich zwar nicht für mörtellosen, sondern nur für lagerhaft gefügten Steinbau, doch eignete sich der Kalkstein vortrefflich zum Brennen von Branntkalk. Es ist bekannt, daß viele Bauern ihre eigenen Kalköfen bedarfsweise betrieben, einige davon sind noch heute in Überresten erhalten. Das Material hierzu wurde den Bach- oder Flußbetten oder Gehängeschuttkörpern entnommen. Eine Kalkgrube mit Sumpfkalk war fester Bestandteil bäuerlicher Vorratshaltung. Kalk gebrannt, gelöscht und lange feucht gelagert, ergab überdies einen strahlend weißen, auch antibakteriell wirksamen Wandanstrich.

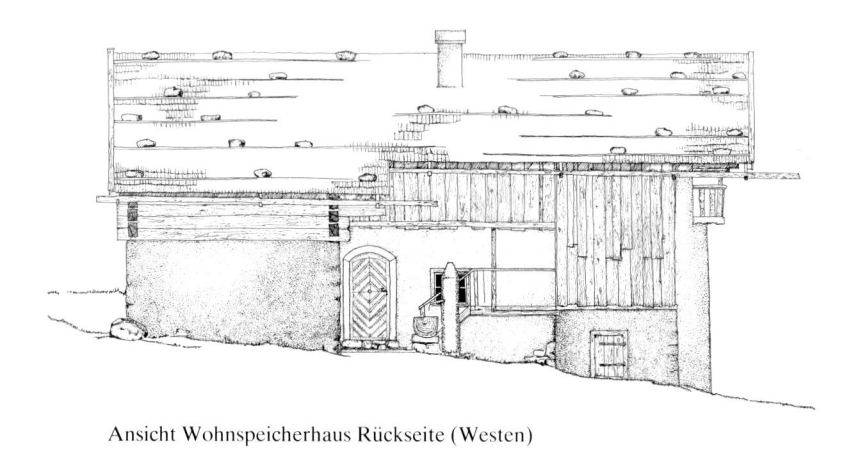

Ansicht Wohnspeicherhaus Rückseite (Westen)

Ansicht Wohnspeicherhaus Eingangsseite (Osten)

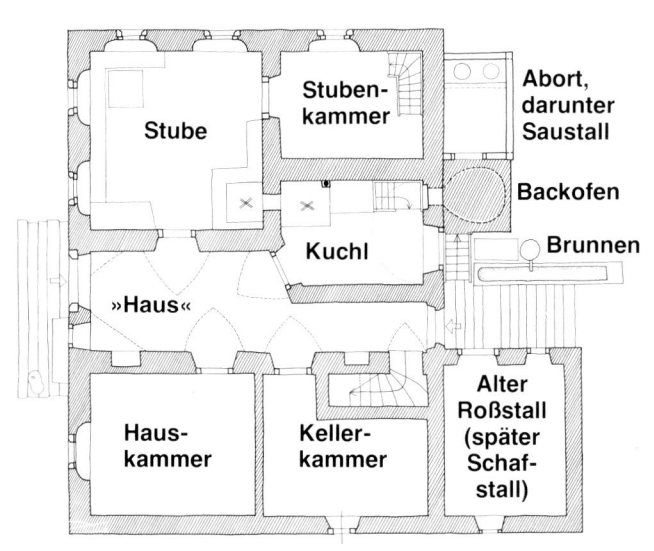

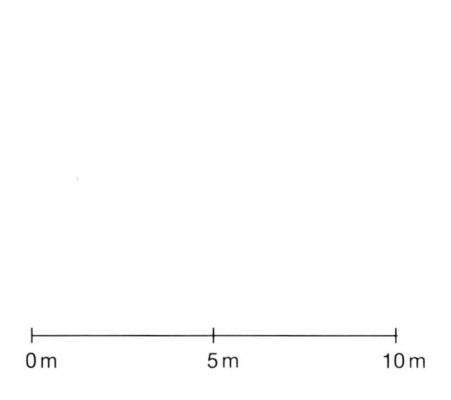

Erdgeschoßgrundriß Wohnspeicherhaus

Obergeschoßgrundriß Wohnspeicherhaus

Das Hell-Lehen, das wohl erst aus dem 17. Jh. stammt, zeigt an Stelle eines hohen Kniestocks bereits ein voll ausgeprägtes Obergeschoß in Blockbau, das auch auf der Eingangsseite (Traufseite) einen »Gang« aufweist. Neu gegenüber älteren Grundrissen ist die Verlegung der Treppe aus dem »Haus« in den Bereich der »Kellerkammer«, ferner das Hinausrücken des Backofens vor die Außenwand der Kuchl; dadurch kam es zu der merkwürdigen baulichen Verbindung von Abort mit darunterliegendem Schweinestall und danebenliegendem Backofen, der allerdings von der Kuchl beschickt wurde.

Die Verlegung des Brunnens von der Vordertürbahn weg zur Hintertürbahn erklärt sich aus dem Lageplan. Der Roßstall stellt einen späteren Anbau dar, der sich sehr gut in das Gehöft einfügt und im »Obenauf« mit der über der Abortanlage durchgeführten Bühne als »Graffelkammer« in Verbindung steht und zu der reizvollen Lösung eines kleinen überdeckten Arbeitsplatzes führt.

Gde. Ramsau, Gnotschaft Schwarzeck.

Holz, Stein und Kalk blieben nun jahrhundertelang innerhalb fester Verwendungsregeln die einzigen Ausgangsstoffe für den Bau eines Gebäudes. Die materielle Einfalt wurde durch eine außerordentlich reich gegliederte Be- und Verarbeitungsvielfalt überhöht: Im Berchtesgadener Haus gab es nichts, was nicht aus dem Holz und Stein der nächsten Umgebung gefertigt werden konnte. Dies führte zu einer hohen Veredelung der jeweiligen Materialien. Während es an Baustoffen nicht viel Auswahlmöglichkeiten und keinen Überfluß gab, wurden die Verarbeitungstechniken einer harten Selektion unterworfen. Allgemein ausgeübte Holzbearbeitungstradition wurde das, was sich als besonders zweckmäßig, materialsparend und langlebig erwies. So gesehen war die Profilierung hauslandschaftlicher Eigenart zum Teil das Ergebnis eines langen Ausleseverfahrens aus handwerklichem Können.

Die zweistöckige Form des Feuerhauses

Die Aufstockung des Feuerhauses und der Übergang vom reinen Holzblockbau zur Mischbautechnik gehen im Berchtesgadener Land streckenweise Hand in Hand.
Erst im Laufe der Zeit wurde der Kniestock und die »Houdie« (Hohe Diele) zum zweiten Vollgeschoß – das Haus erhielt ein »Obenauf« und in den bisherigen Bodenraum wurden nun die Schlafräume gelegt.

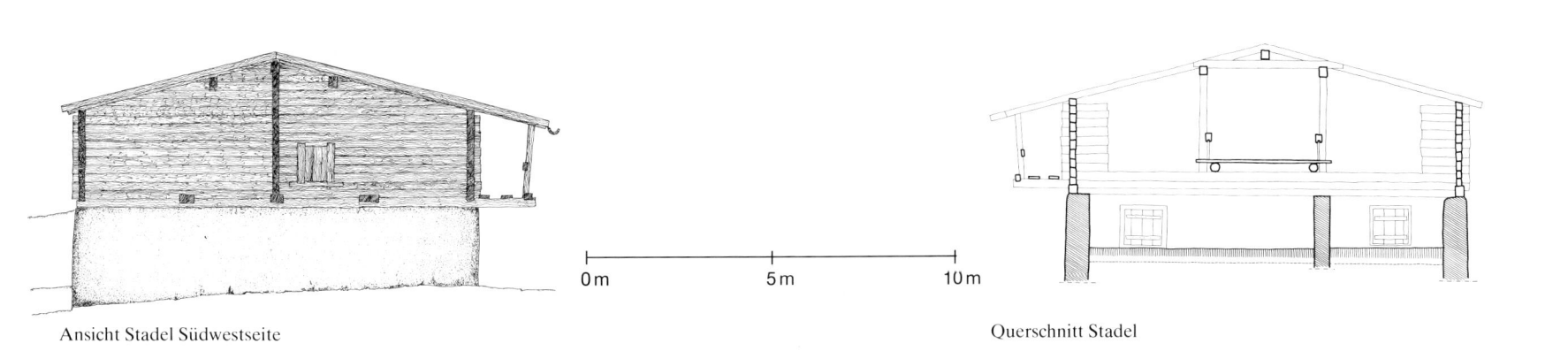

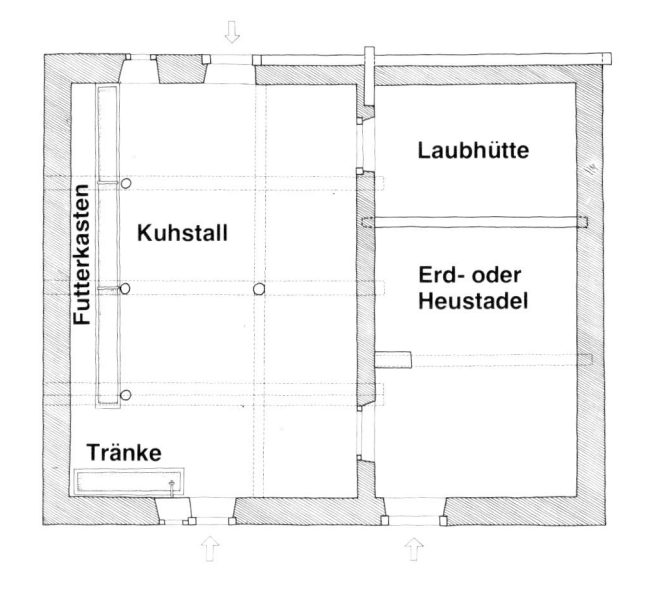

Ansicht Stadel Südwestseite

Querschnitt Stadel

Erdgeschoßgrundriß Stadel

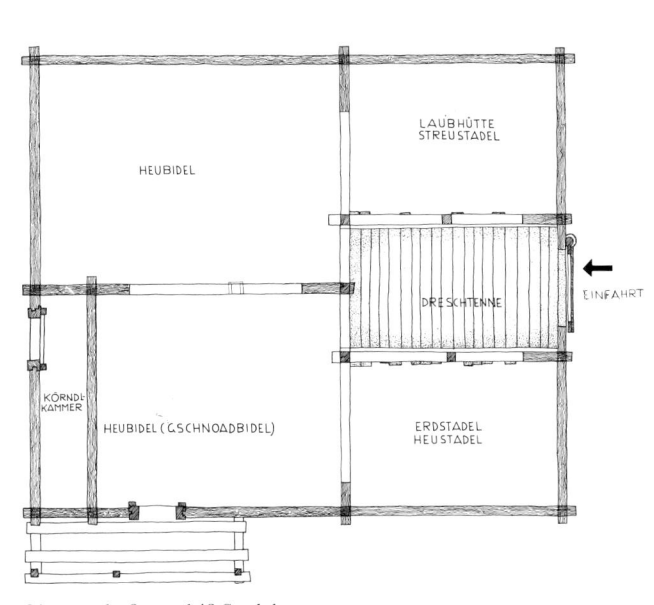

Obergeschoßgrundriß Stadel

Der urtümliche Stadel des Hell-Lehens wich in der Aufteilung des Obergeschosses sehr stark vom üblichen Schema ab. Mit der rückwärtigen Tenneneinfahrt und dem Einbeziehen der »Körndl« Kammer in den Stadel lag eine Parallelerscheinung zu nur im Pinzgau im Gebiet von Schwarzlach und St. Veit vorkommenden Stadeln vor. Mathilde Tränkl nimmt an, daß der Erbauer dieses Lehens aus dieser Gegend zugewandert war und seine heimische Bauweise beibehielt.

Die Dreiteilung des Grundrisses blieb erhalten; beim aufgestockten oder zweigädigen Haus gleicht der Obergeschoß-Grundriß völlig dem des Erdgeschosses. Anstelle der Küche im Erdgeschoß tritt oben eine Schlafkammer für das Personal. Jetzt erhielt auch der Gang im Obergeschoß eine Zwischendecke. Ein Kniestock wurde nun überflüssig, es wurden nur noch 2 bis 3 übereinanderliegende Fußpfetten angeordnet, auf denen die Sparren (»Rofen«) auflagen. Der »Gang« (Giebellaube) bleibt schmal, wird jedoch um die Hausecke über die südseitige Traufseite hinweggeführt und heißt nunmehr »Laab'n« (Laube). Zuweilen wurde auf die Laube aber auch völlig verzichtet. Diese bauliche Entwicklung war schon im ersten Drittel des 17. Jahrhunderts abgeschlossen, die folgenden Jahrhunderte brachten nur noch formale Veränderungen.

Im 18. Jahrhundert ist beim Wohnhaus ganz vereinzelt eine Firstdrehung zu beobachten. Der Grundriß bleibt in seiner ursprünglichen Form erhalten. Wirtschaftliche oder klimatische Gründe können hiefür kaum vorgelegen haben. »Wir müssen diese Tatsache wohl dem Wunsche dieser schmuckfreudigen Zeit zuschreiben, die gern alle Motive zusammenfaßt, um sie auf einer reicher ausgebildeten Schauseite zu vereinigen.« Von diesen wenigen Beispielen abgesehen, bleibt aber der traufseitige Eingang beim Berchtesgadener Wohnspeicherhaus bestimmend.

Die zweistöckige Form des in Mischbauweise errichteten Feuerhauses ist heute am meisten verbreitet und noch in einer ansehnlichen Reihe großartiger Beispiele erhalten.

Die »Gmoa«

Im Berchtesgadener Land sind bei allen bäuerlichen Baulichkeiten seit alters her Ausformungen für gemeinschaftliche Nutzung anzutreffen. Ursache dafür ist sicherlich ein ausgeprägtes Wirtschaftlichkeitsdenken, das sich auch in Verordnungen niederschlug: »Ferner sollen auch, wo mehrere Häuser in der Nähe stehen, die einzelnen Flachs- und Dörrstuben so wie auch die Waschhäuser und Backöfen in derlei gemeinschaftlichen Gebäuden zu Gebrauch sämtlicher umliegender Unterthanen reduziert, diese Gebäude aber zur Verhütung der Feuersgefahr an einem von den Häusern hinlänglich entfernten Ort, und wo möglich an ein Wasser gesetzt werden.«

Neben kleinen Einzweckgebäuden, die gerne als Gemeinschaftsbauten zweier Bauern errichtet und benutzt wurden, sind aber auch ganze Lehen von Anfang an als Gmoa geplant und errichtet worden. Namentlich in den Gnotschaften Mitterbach, Faselsberg und am Obersalzberg treffen wir auf Grundrißlösungen, wie sie im Holzenlehen besonders typisch ausgeprägt war. Sogar das urtümliche, noch eineinhalbgädige Bärnlehen in der Schönau war schon eine Gmoa. Doppelstadel mit gemeinschaftlicher Nutzung durch zwei Bauern scheinen besonders häufig gewesen zu sein und verkörperten hierorts offensichtlich einen eigenen baulichen Typus.

Im Hanottenkaser am Funtensee ist sogar ein heute wohl einzigartiges Beispiel eines Rundumkasers erhalten geblieben, der völlig symmetrisch als Gmoa errichtet wurde, mit einer durchgehenden Trennwand, zwei getrennten Eingängen und zwei Feuerstellen.

Der Stadel

Über allen grundlegenden Wandel der landwirtschaftlichen Bau- und Betriebstechnik hinweg hat sich auf den Bergbauernhöfen die Stallscheune, der sog. »Stadel«, als Grundform des Hauptwirtschaftsgebäudes durchgesetzt und bis heute behauptet. Im Gegensatz zum Haupthaus, dem »Feuerhaus«, wird der Stadel oft auch als »Futterhaus« bezeichnet.

Der Gebäudetypus des Stadels ist entwicklungsgeschichtlich durch Zusammenlegung mehrerer kleiner, einzweckbestimmter Einzelbauten entstanden und hat sich schon sehr früh, in manchen Gebieten sicher schon seit dem Hochmittelalter, zu einem ausgesprochenen und sehr differenzierten Mehrzweckbau entwickelt, er ist in seiner heutigen hauslandschaftlichen Typenvielfalt das Ergebnis jahrhundertelanger Überlegung, Entwicklung und Bewährung.

Typisch für den voll entwickelten Stadel ist seine deutliche vertikale Gliederung in ein Ober- und Untergeschoß. Er bringt in diesem baulichen Verband die wesentlichsten Funktionen auch der bergbäuerlichen Wirtschaft in des Wortes wahrstem Sinne unter ein Dach und verbindet Stallungen sowie Scheunenräume samt Zugängen und Zufahrten, aber auch mit den wesentlichsten Arbeitsplätzen zu einem klar gegliederten Großbau.

Der Grundtyp des ostalpinen Stadels birgt in seinem meist massiv gemauerten Erdgeschoß sämtliche Stallungen, während sich darüber, oft in mehreren Etagen, die gesamten Scheunenanlagen mit Vortenne, Dreschtenne, Garbenböden, Zufahrten und Zugängen zu den Bansen- und Lagerräumen befinden.

Bei verschiedenen Stadeltypen stellen Stiegen und Gänge, Wurflöcher mit Futterkasten oder Tiefbansen die notwendige Verbindung zwischen Stall und Scheune her.

Die vertikale Gliederung, das Überbauen des Stalles mit der Scheune brachte gerade am Berghang die größten Vorteile: Das Einbringen der Getreide- und Heuernte über Hocheinfahrten, sog. »Tennbrücken«, die unter

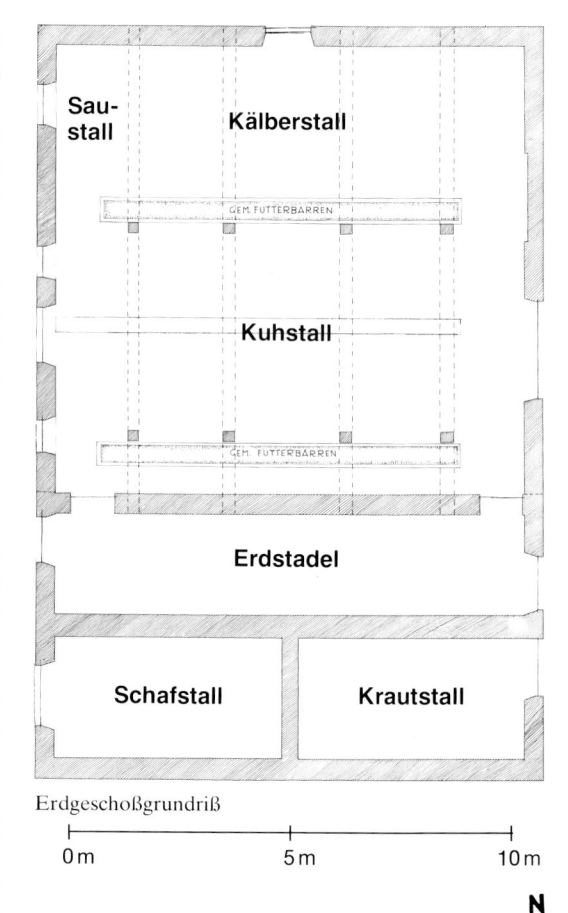

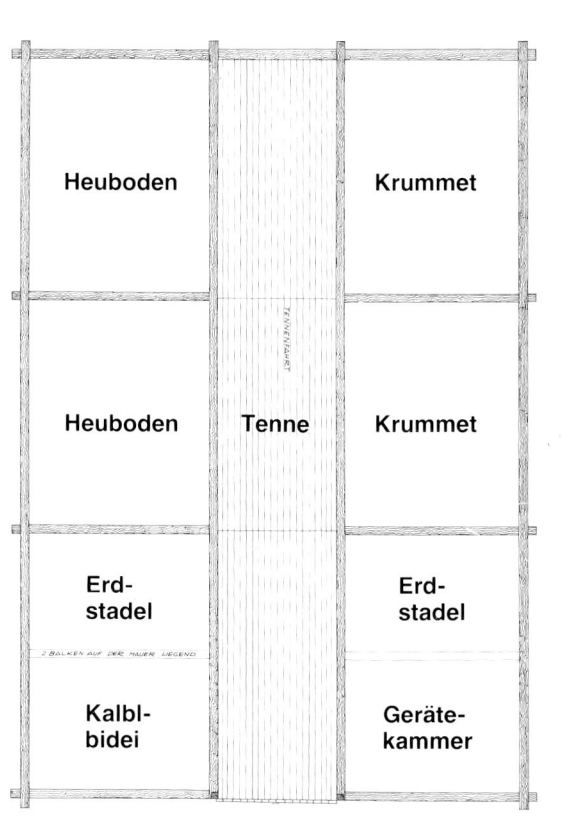

Saustall	Kälberstall
	Kuhstall
	Erdstadel
Schafstall	Krautstall

Erdgeschoßgrundriß

0m — 5m — 10m

N ↓

Heuboden		Krummet
Heuboden	Tenne	Krummet
Erdstadel		Erdstadel
Kalbbidei		Gerätekammer

Obergeschoßgrundriß

Ansicht Westseite

Ansicht Nordseite (Hocheinfahrt)

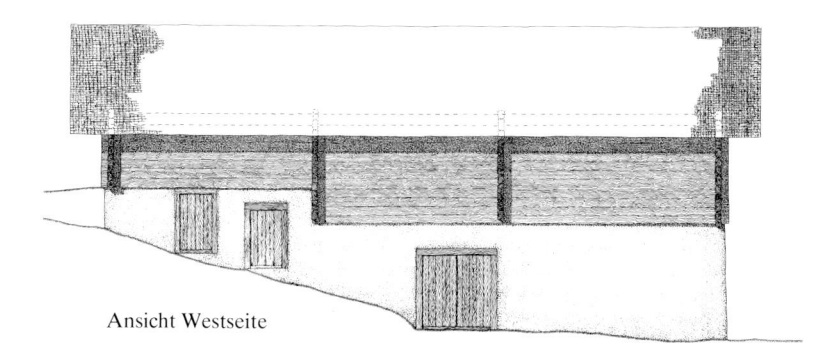

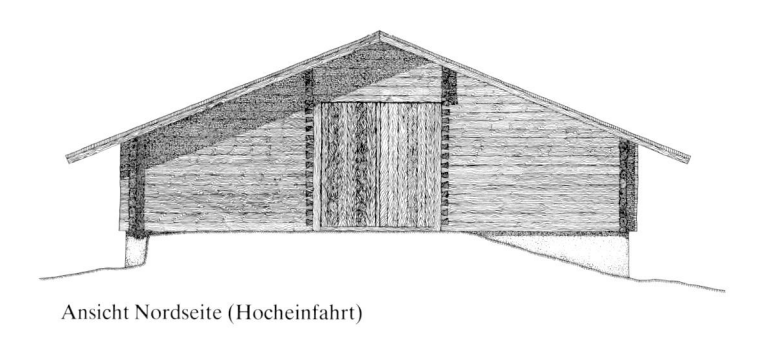

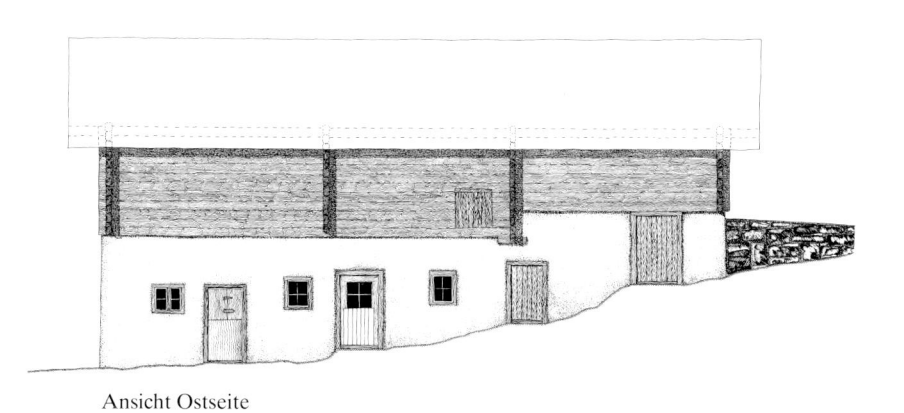

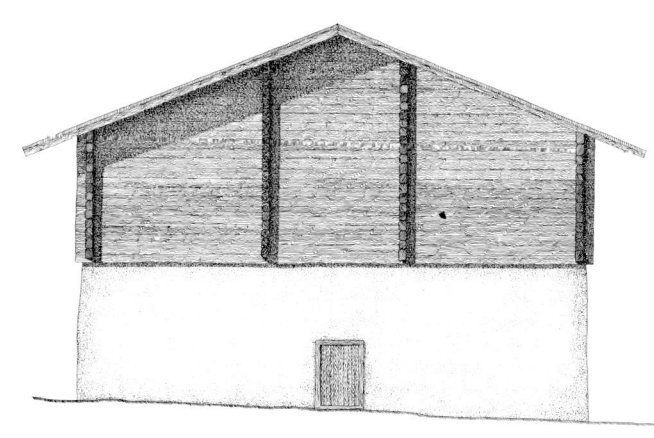

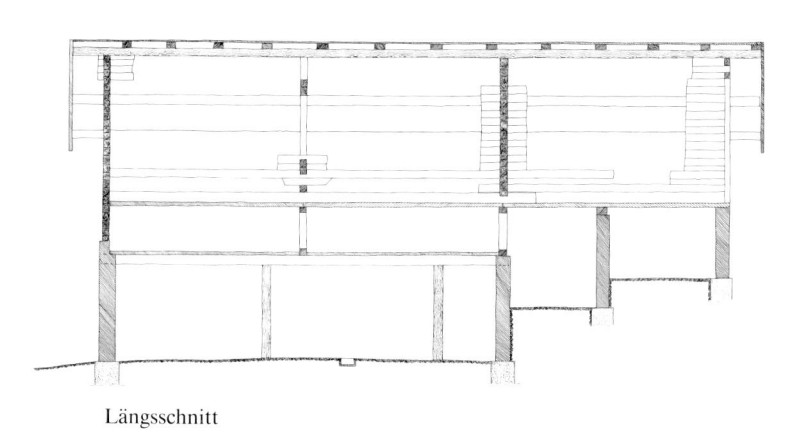

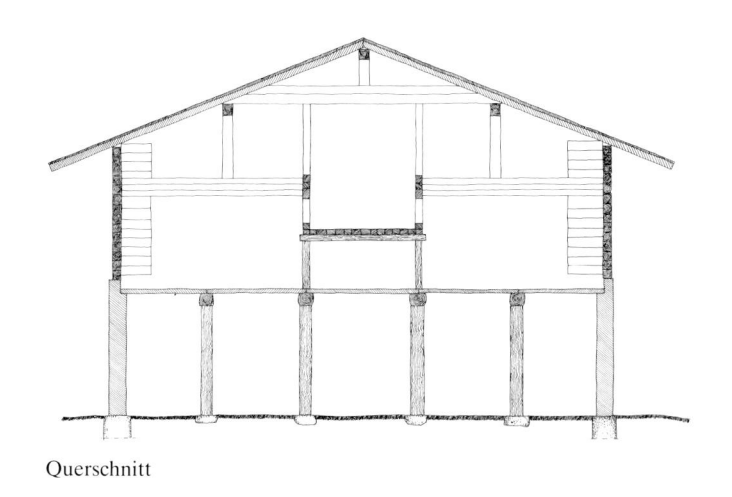

Ansicht Ostseite

Ansicht Südseite (Talseite)

Längsschnitt

Querschnitt

Der Stadel des Möslerlehens, ein derber Blockbau mit waldkantig belassenen Stämmen auf massiv gemauertem Untergeschoß, steht heute im Freilichtmuseum des Bezirks Oberbayern. Gde. Ramsau, Gnotschaft Taubensee.

Ausnützung der Hanglage oft gefällelos ausgeführt werden können.

Von den zahlreichen ausgeprägten Stadeltypen des Alpenraumes ist das Berchtesgadener Futterhaus von besonderem Interesse. Für die Berchtesgaden-Forscherin Mathilde Tränkel war hierorts das Futterhaus »das interessanteste und altartigste Gebäude«; hier, in diesem Zwiehofgebiet, konnte der allein stehende Stadel seine Urtümlichkeit vielleicht besonders lange bewahren. Er war ursprünglich durchgehend in Holzblockbau gefügt, der Stall in dichtem, festem Verband aus waldkantigen Balken, die Scheune in offenem Blockbau aus unbehauenen Stämmen[74]. Das Tragwerk des Pfettenrofendaches zeigt eine merkwürdige konstruktive Vermengung von Blockbau und Ständerbau[75].

Charakteristisch für den Berchtesgadener Stadel ist die Quertenne; wo sich alte Längstennen finden, steht der Stadel stets senkrecht zum Hang — eine Einfahrt kannte man bei diesem urtümlichen Stadeltyp noch nicht. Heu, Stroh und Laub wurden noch über eine Leiter in die Scheune getragen.

Besonders interessant ist die Benennung der einzelnen Stadelteile, die noch eine Erinnerung an die ursprüngliche Vielhaus-Hofanlage bewahrt. Die Dachbinder teilen den Bergeraum der Quertenne in sog. »Bidel«, und zwar in Heu-, Stroh- und »Gschnoadbidel«. Der »Erdstadel« ist zweigeschossig, reicht also vom Erdboden quer durch das ganze Gebäude bis unters Dach, wird von oben befüllt, und ist mit dem Stall durch eine Tür verbunden. Dieser horizontal nicht unterteilte Raum ist vielleicht noch ein baulicher Überrest eines ursprünglich eingeschossigen Einzweckbaus.

Die ebenfalls vom Stall aus zugängliche »Laubhütte« liegt meist längs der Traufseite des Stadels, ist 2-3 m breit in Ständerbau errichtet und verbrettert, zuweilen mit einem gemauerten Sockel versehen und reicht bis unter das herabgeschleppte Dach des Stadels. Wenn die »Laubhütte« sich auch vielfach als jüngerer Anbau erwies, so bewahrte sich doch in ihrem Namen eine uralte Erinnerung an den ursprünglichen Haufenhof.

Ebenso deutlich erwies sich dies mit dem Vorplatz, der vereinzelt noch mit »Viehhof« bezeichnet wird; hier steht auch noch der »Brunnen«.

Eine fast rührende Erinnerung an alte Vorratswirtschaft bewahrten die kräftigen Kerben, die man vereinzelt noch in den Zwischenräumen der »Bidel« an den unterteilenden Elementen findet. Damit haben die Bauern früher den für konstanten Viehstand auch konstanten Futterverbrauch festgelegt und überprüft. Die festgelegte Futtermenge wurde mit »Moa« oder »Moahd« bezeichnet. Nach Angaben alter Bauern unterschied man das »Frauenmoahd«, das vom Almabtrieb bis zu Maria Empfängnis — am 8. Dezember — reichen mußte. Das »Weihnachtsmoahd« wurde bis Maria Lichtmeß — am 2. Februar — verfüttert. Das »Lichtmeßmoahd« mußte bis zum Georgitag am 23. April reichen. Die Restmenge wurde im »Georgi-Bidei« verwahrt, es bildete die eiserne Reserve, falls das Vieh durch schlechte Witterung erst spät ausgetrieben werden konnte.

Auch im Berchtesgadener Land wurde der Stallteil des Stadels später gemauert; die Tenne erhielt eine Hocheinfahrt. Die urtümlichen Stadeltypen sind heute fast ausgestorben.

Obergeschoßgrundriß

Der Einhof des Berchtesgadener Landes

Beim Vergleich alter und neuer Katasterblätter aus dem Berchtesgadener Land ist festzustellen, daß sehr viele Anwesen, die in den alten Blättern noch als Zwiehöfe gekennzeichnet sind, in den neueren Karten als Einfirsthöfe wiederkehren. Bis ins Jahr 1867 zurückreichende Eingabepläne beweisen, daß die heutigen Einhofanlagen Berchtesgadens zwei völlig verschiedene Ausgangspunkte haben. Der größte Teil entstand aus dem Paarhof durch Zusammenziehen von Feuerhaus und Futterhaus unter einem First zum »sekundären Einhof« — eine bauliche Tendenz, die schon um die Wende vom 17. zum 18. Jahrhundert zu beobachten ist. Die älteste Ausformung dieses sekundären Einhauses erfolgte wohl anläßlich eines notwendigen Neubaus des Futterhauses. Man baute dabei die neue Stallscheune unmittelbar an die nördliche Traufseite des bestehenden Feuerhauses, so daß der vorher von Traufe zu Traufe durchgehende Flur nun direkt in den Stall führte. Dabei verlor die Küche allerdings ihr direktes Tageslicht; schon dadurch war diese noch sehr urtümliche Grundrißaufteilung wohl eine ausgesprochene Übergangslösung. Mathilde Tränkel hat noch ein Beispiel dieser Art beschreiben können: »... das Gehöft ist eingädig, mit Kniestock und Laab'n, hat einen traufseitigen Eingang, nur eine Feuerstelle, zeigt Queraufstallung des Viehs, einen Erdstadel und eine Hochtenne; als besonderes Merkmal ist der Firstverlauf über der kürzeren Hausseite zu nennen, so daß das Gebäude mit dem

Erdgeschoßgrundriß

Das Kneifllehen, angeblich 1664 erbaut, am First des jüngeren Dachstuhls mit 1850 datiert, ist noch vollständig in Blockbauweise errichtet. Gde. Berchtesgaden, Gnotschaft Metzenleiten, Metzenleitenweg 53

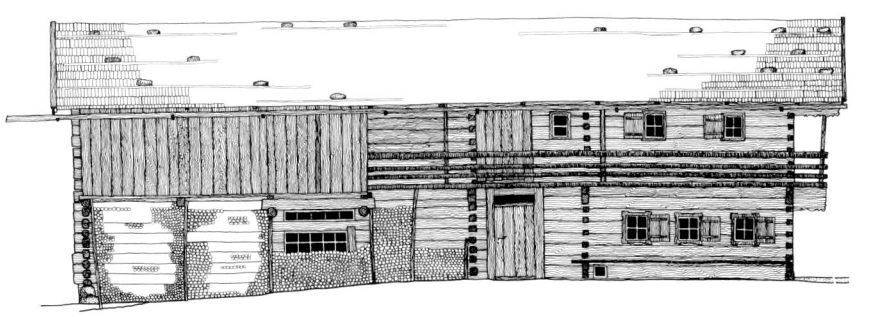

Ansicht Südseite (Eingangsseite)

Ansicht Ostgiebel

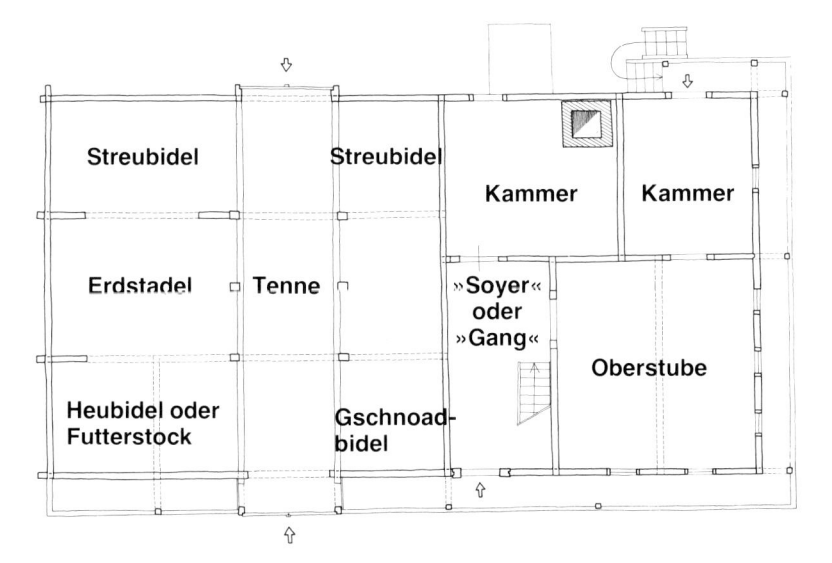

Obergeschoßgrundriß

- Streubidel
- Streubidel
- Kammer
- Kammer
- Erdstadel
- Tenne
- »Soyer« oder »Gang«
- Oberstube
- Heubidel oder Futterstock
- Gschnoadbidel

Ansicht Westgiebel (Wetterseite)

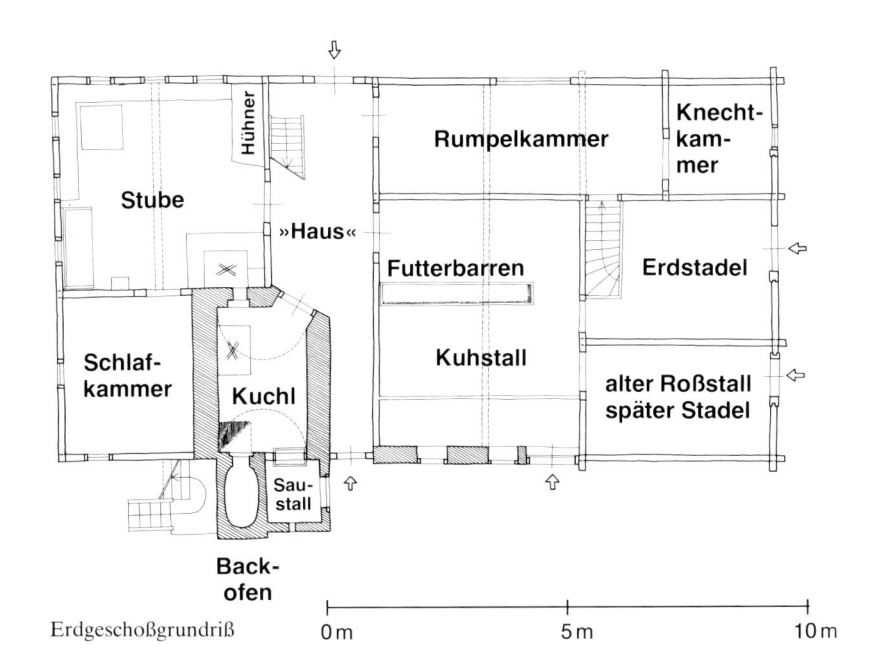

Erdgeschoßgrundriß

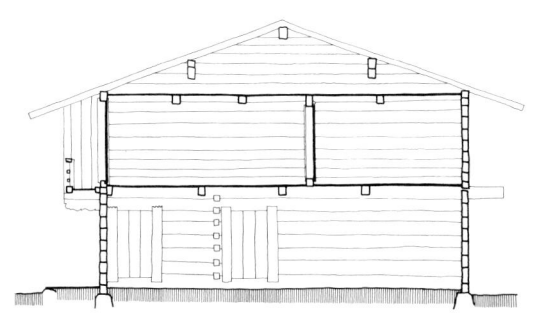

- Stube
- Hühner
- »Haus«
- Rumpelkammer
- Knechtkammer
- Schlafkammer
- Kuchl
- Futterbarren
- Erdstadel
- Kuhstall
- alter Roßstall später Stadel
- Saustall
- Backofen

0 m — 5 m — 10 m

Querschnitt durch's »Haus« (Blick westwärts)

Das Ludlerlehen, ein langgestreckter Einhof, ist ein zweigeschossiger Blockbau aus dem 18. Jh., dessen Erdgeschoß später verputzt wurde.
Gde. Berchtesgaden,
Gnotschaft Unterau, Salzburger Straße 117.

breiten, über 16 m weit gespannten Giebel unerhört stattlich ins Tal blickt.«[76] Dieser archaische Haustyp, der seinen Ursprung aus dem Zwiehof noch deutlich erkennen ließ, war im Gebiet von Obergern und Schellenberg anzutreffen, wurde aber im Zuge späterer Erweiterungen des Wirtschaftsteiles aufgestockt, wobei auch die Firstrichtung gedreht wurde. Das letzte noch zu dokumentierende Beispiel dieser Art war das Frauenloblehen.

Die später häufigste Art des Zusammenziehens von Feuer- und Futterhaus wurde erstmals im 18. Jahrhundert üblich. Beim Anbau an das zweigeschossige Futterhaus nahm man gleichzeitig eine Aufstockung des noch eingädigen Wohnhauses vor; erhalten blieb von diesem nur der traufseitige Eingang und der durchgehende Flur.

Eine Verbindung der beiden zusammengebauten Gehöftteile wurde bei diesem Typus nicht durchgeführt.

Die dritte Ausprägung des sekundären Einhofes, ebenfalls mit zweigädigem aufgestocktem Wohnteil, läßt die Urform des Feuerhauses nur noch erahnen. Der Grundriß besteht nur noch aus den eigentlichen Wohnräumen mit Rauchküche und Stube und dem anschließenden »Haus« – anstelle des Speicherteils schließt an dieses »Haus« unmittelbar die Stallscheune an. Das alte Feuerhaus – ein Wohnspeicherhaus – ist also zu einem reinen Wohnteil verkümmert. Von dieser schon sehr stark zum Einhaus verschmolzenen »Krüppelform« der ehemaligen Zwiehofanlage sind noch 2 Beispiele erhalten – das Kneifllehen und das Ludlerlehen. Im Kneifllehen ist das »Haus« des »Obenauf« bis unters Dach offen gewesen, einzelne Dachstuhlhölzer wiesen noch Rauchspuren auf, die auf das ursprüngliche Rauchhaus schließen lassen. Das Ludlerlehen hatte bereits ein in sich abgeschlossenes »Obenauf« und ein »Unterndach«.

Diese drei Entwicklungsformen des sekundären Einhofes stellen im Berchtesgadener Land bereits eine eigene, fest umrissene Gehöftform dar und könnten als eine frühe Parallelerscheinung des südbayerisch-nordosttirolischen Einhofes betrachtet werden. Die alternative Grundform des Berchtesgadener Einhofes deutete auch Mathilde Tränkel nur »mit aller Vorsicht«; sie führte ihre mögliche Entstehung »auf eine allmähliche Unterteilung des einzelligen Herdhauses« zurück. Diese Einhofformen fanden sich nur bei den kleinsten Anwesen, den sog. »Güt'ln«, die sich wiederum in zwei kleine Gruppen unterteilen ließen. Eine Untergruppe entwickelte sich aus dem traufseits erschlossenen Flurküchenhaus: »Es ist ein dreifachiges Haus, bei dem der durchgehende Mittelteil in eine Flurküche und einen Keller unterteilt ist, auf deren einer Seite der Wohnteil, auf dessen anderer der Wirtschaftsteil liegt.«[77] Dieser Haustyp, der vereinzelt in der Schönau, häufiger bei Schellenberg nachweislich ist, ist entwicklungsgeschichtlich wohl in die Nähe eines größeren Haustyps anzusiedeln, der früher in Bischofswiesen anzutreffen war: »Dort ist der Herd aus dem Vorhaus in einen eigenen Raum, den bisherigen Keller, gewandert, von dem aus der Stadel zugänglich ist. Der Stadel ist in Verlängerung des Dachfirstes an den Wohnteil angegliedert, der Eingang liegt auf der Giebelseite. Das Moisigütl war das letzte und eindrucksvollste Beispiel dieser Art.

Die weite Gruppe dieser Einhäuser wies – neben dem Kaser – die altartigsten Grundrißelemente auf und war im Mitterbarmsteinlehen und im Steinbichlhäusl vertreten: »Der Grundriß läßt vermuten, daß das kleine Vorhaus mit dem offenen Herd und dem Kamin spätere Einbauten sind, die wahrscheinlich auf eine Feuerpolizeiverordnung zurückgehen. Es ist nicht ausgeschlossen, daß wir hier eine ehemalige Rauchstube vor uns haben, die ... einzige, welche im ... Berchtesgadener Land nachzuweisen war. Ihr angegliedert sind eine Kammer und ein kleiner Stall mit darüber liegendem Heugiebel. Der Kniestock über der Rauchstube ist hälftig aufgeteilt in den Soler und in eine Kammer. Der Hauseingang liegt auf der Giebelseite.«[78]

Alle diese archaischen Hausformen sind mittlerweile völlig ausgestorben.

Kleinsiedlerstellen

Eine Art bäuerlicher Kleinsiedlerstellen waren die »Häusl'n«, kleine, 3 bis 4,5 m breite, 6 bis 8 m lange zwiegädige Häuser, die unten und oben einen Flur mit Küche und Stube und einen Kleintierstall enthielten. Teilweise waren sie gemauert, zum Teil in Blockbau ausgeführt. Diese Kleinsthäuser, von Heimarbeitern und Bergleuten bewohnt, hatten ihren Ursprung einem fürstlichen Erlaß zu Beginn des 19. Jahrhunderts zu verdanken.

Auf einigen Lehen und Güt'ln des Berchtesgadener Landes ruhte ein altes Bergrecht oder Salzrecht, namentlich in den Gemeinden Schellenberg, Scheffau und Au: »Dort sind 90

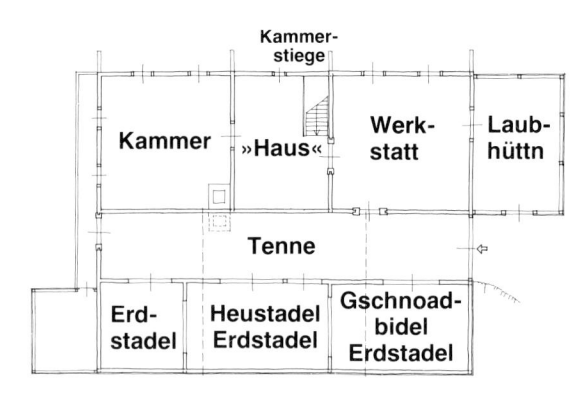

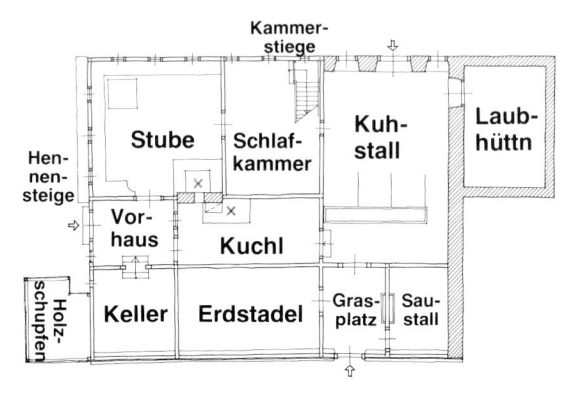

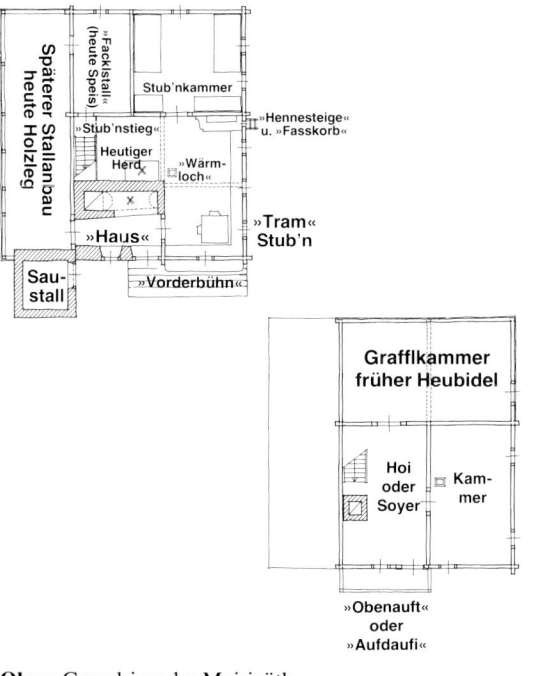

Oben: Grundrisse des Moisigütls
Unten: Grundrisse des Steinbichlhäusls

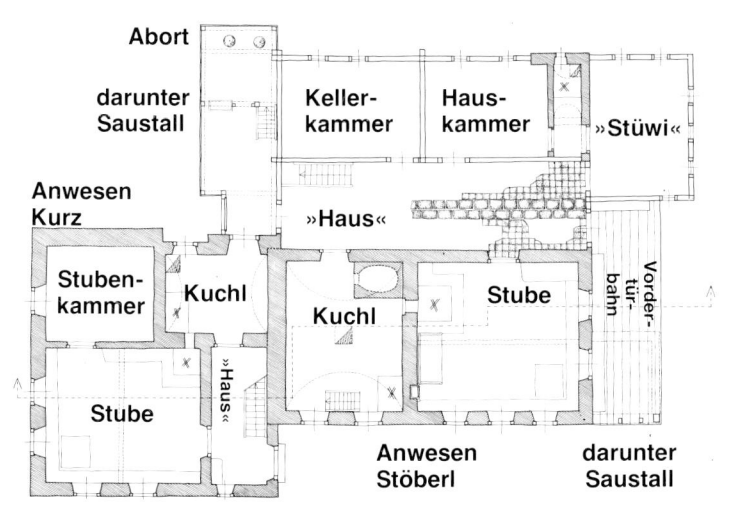

Erdgeschoßgrundriß

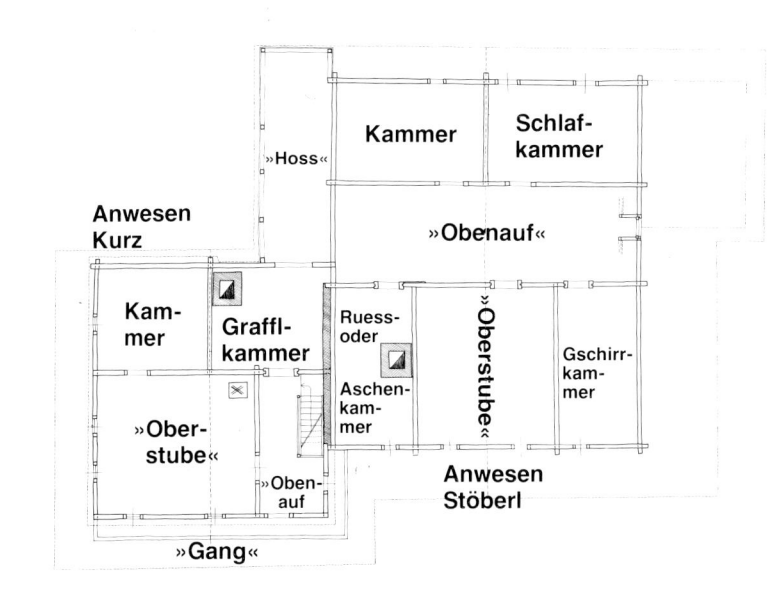

Abort / darunter Saustall / Kellerkammer / Hauskammer / »Stüwi« / Anwesen Kurz / Stubenkammer / Kuchl / Kuchl / »Haus« / Stube / Vordertürbahn / Stube / Anwesen Stöberl / darunter Saustall

Obergeschoßgrundriß

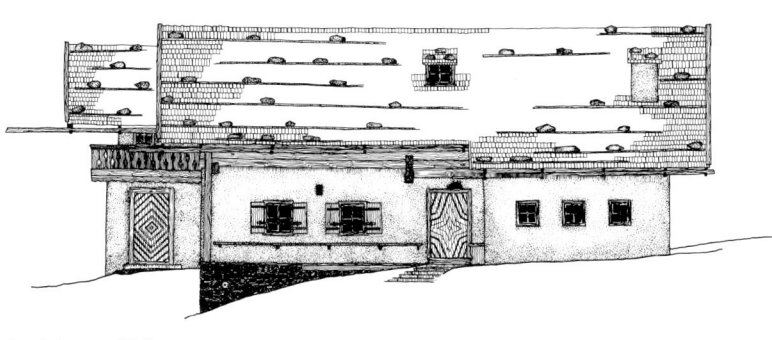

»Hoss« / Kammer / Schlafkammer / Anwesen Kurz / Kammer / Grafflkammer / Ruess- oder Aschenkammer / »Obenauf« / »Oberstube« / Gschirrkammer / »Oberstube« / »Obenauf« / Anwesen Stöberl / »Gang«

Ansicht von Süden

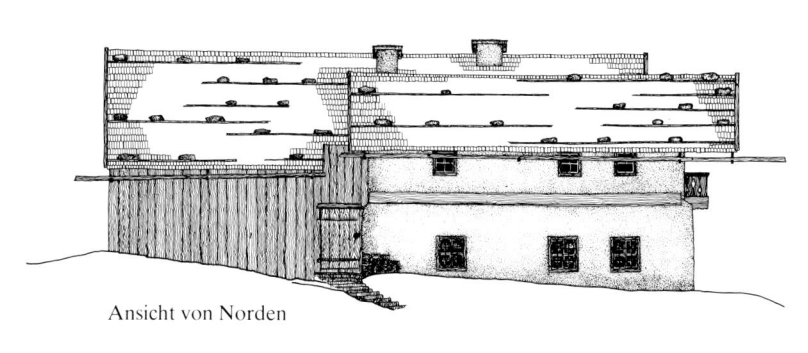

Ansicht von Norden

Ansicht von Westen

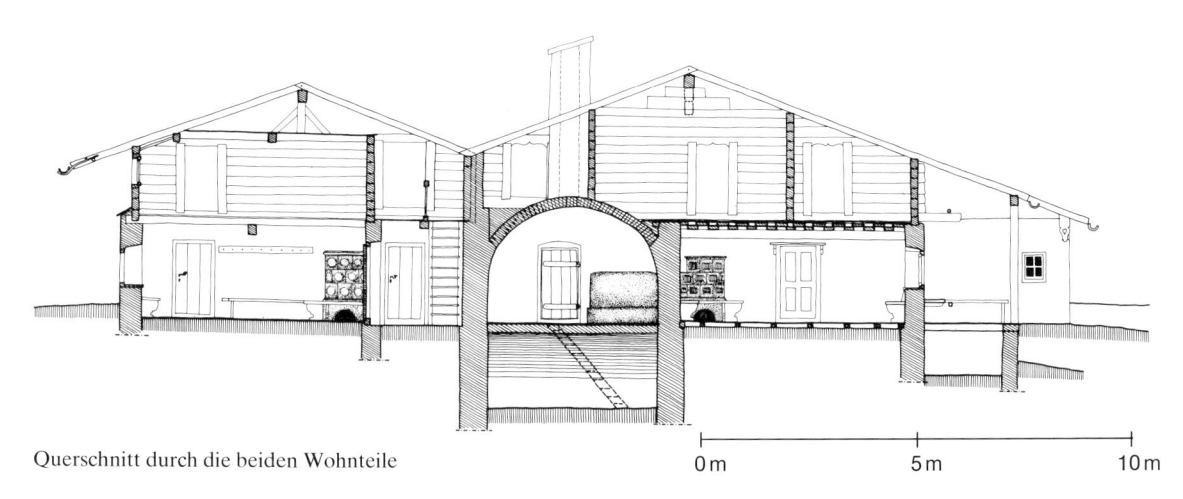

Querschnitt durch die beiden Wohnteile

0m 5m 10m

Das Hillebrandlehen wurde erstmals 1461 urkundlich erwähnt, als der damalige Besitzer aufgrund des im Landbrief gemachten Zugeständnisses den Hof in Erbrecht erwarb. Seinen Namen trug es wahrscheinlich nach seinem ersten Besitzer. 1536 teilte Hanns Hillebrand das Anwesen. 1698 war das Anwesen im Besitz des Bert Vogt, der es allein innehatte. Doch mußte es bereits im 18. Jh. wieder zur »Gmoa« geworden sein, da das an das alte (wahrscheinlich im 16. Jh. erbaute Haus) angebaute neuere Wohnhaus mit 1763 datiert war. Einem Kaufbrief von 1803 ist zu entnehmen, daß damals noch ein Bad und ein Ziehbrunnen zum Anwesen gehörten. Das Hillebrandlehen war wie das Schusterlehen ein eingädiges, in Blockbau gefügtes Gebäude mit Kniestock, dem wohl mit der ersten Lehensteilung das Stüberl angefügt wurde. Der Grundriß zeigte in seiner Altform ein nahezu 3 m breites, durchgehendes »Haus«, von dem aus rechts zwei Kammern, die Keller- und die Hauskammer, links die große Stube und eine mit einer Tönne überwölbte schwarze Küche zugänglich waren. Die Küche war früher die einzige Feuerstätte. Von hier aus wurde der Stubenofen geschürt. In der Mitte des Raumes stand der offene Herd, dessen Rauch und Ruß einen Rauchfang im Gewölbescheitel abzog. In einer Ecke der Küche fand sich noch der gemauerte Backofen, der erst im Lauf der Jahrhunderte nach draußen verlegt und schließlich zu einem selbständigen Gebäude wurde. Der Einbau der zweiten Feuerstätte in die Hauskammer erfolgte erst später und ging wohl auf die Lehensteilung zurück.
Im Obenauf zeigen die rückwärtigen Kammern dieselben Ausmaße wie im Erdgeschoß, während dem Wohnteil eine Aufteilung in drei Räume erfolgte.
Die mittlere Oberstube diente als Schlafkammer, die zweite Kammer in der Dachschräge nahm Geräte und Geschirr auf, während die über dem Küchengewölbe liegende Kammer als Ruß- und Aschenkammerl diente. Das Haus war bis unter die Rofen offen, wies aber kaum Rauchspuren auf, sodaß anzunehmen ist, daß der Rauchfang schon mit der Erbauung des Hauses errichtet wurde.

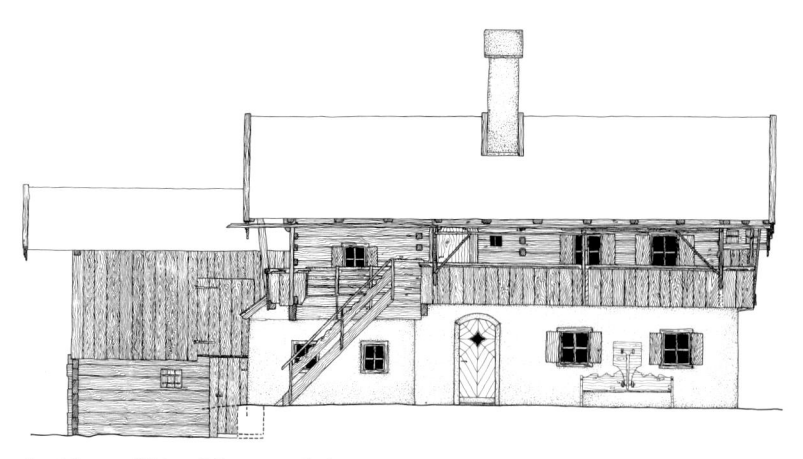

Ansicht von Süden (Eingangsseite)

Ansicht des Ostgiebels

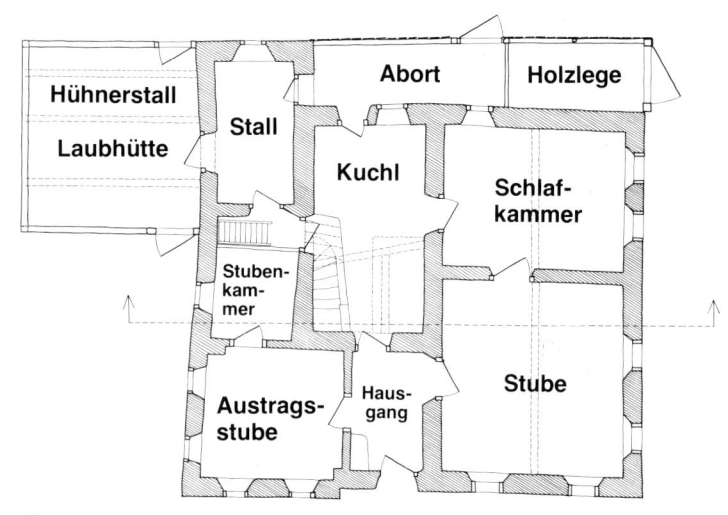

Erdgeschoßgrundriß

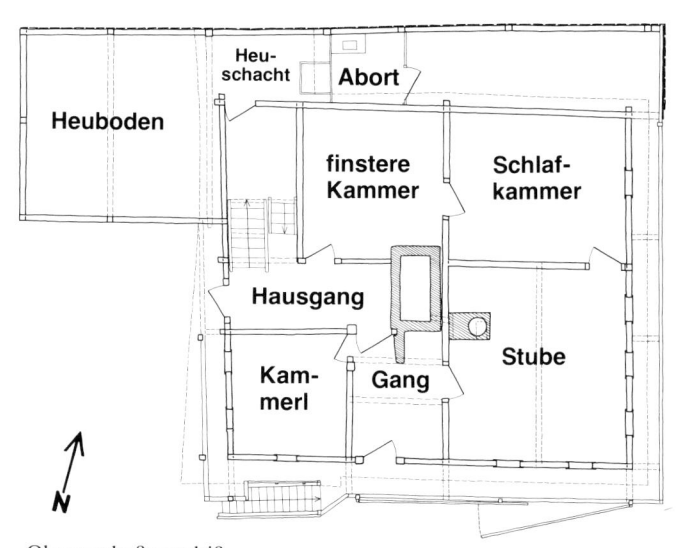

Obergeschoßgrundriß

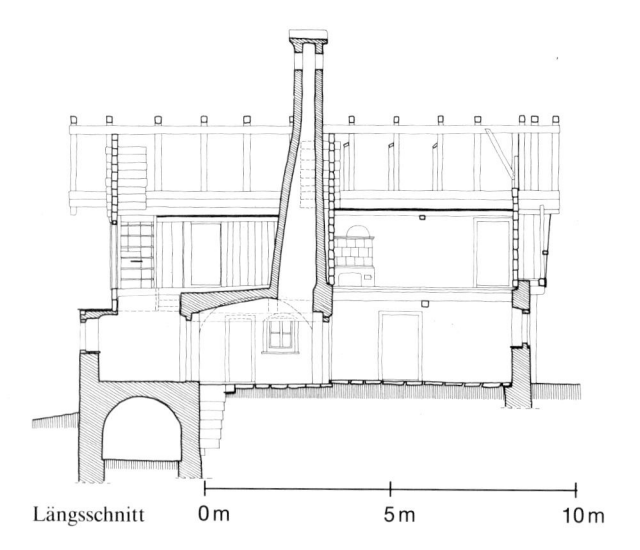

Längsschnitt 0m 5m 10m

Das Stollengütl war nach seinem Erbauer Matthäus Stoll, Jäger der Fürstpropstei, benannt und ist erstmals 1565 urkundlich erwähnt. Es wurde auch Freihäusl genannt, da der Erbauer Abgabenfreiheit genossen hatte. Der um 1920 abgebildete Bau war mit 1604 datiert, ist aber wohl mehrfach verändert worden. Im Jahre 1974 wurde das Freihäusl in das Freilichtmuseum des Bezirks Oberbayern transferiert. Berchtesgaden, Königsseerstraße 20.

Besitzer von Lehenschaften berechtigt, für ihren Hausgebrauch Vieh (mit Ausnahme von Pferden) und Viktualien aus Österreich zollfrei einzukaufen und auf diesen Häusern ruht das sogenannte Bergrecht, das heißt, das Recht im Salzbergwerk am Dürrnberg zu arbeiten. Das ist ein ständiger Verdienst für die Kleingütler. Dies Bergrecht stammt aus dem Jahre 1274, wonach durch Vertrag mit Berchtesgaden der Salzburger Bergbau am Dürrnberg im Berginneren ca. 1300 m weit in die frühere Fürstpropstei hineingeht und dafür als Gegenleistung die Nutzung des Waldes im Salforst der österreichischen Forstämter Leogang, Unken und Lofer der bayerische Staat innehat.

Der Umfang dieser Pinzgauer Wälder, die der bayerischen Nutzung unterstehen, beträgt 2200 Joch (18414 ha). Der letzte Vertrag über dieses Bergrecht stammt aus der Zeit von 1828 bis 1834.«[79]

Die Nebengebäude der Hofanlagen

Feldkästen

Die eigenwillige und sehr alte Bauform der weit verbreiteten zweigeschossigen Speicherbauten ist im Feldkasten des Berchtesgadener Landes besonders charakteristisch ausgeprägt. Es ist ein zweistöckiges, in verschiedenen Ausformungen, aber auf einheitlicher Basis errichtetes Gebäude von 3,0 bis 3,50 m im Geviert. Auf dem annähernd würfelförmigen, in sorgfältigem Blockbau gezimmerten Unterstock sitzt, allseits meist 40-60 cm überkragend, der Oberstock, in der älteren Form ebenfalls ein Blockbau-Würfel.

Im Oberstock standen die Getreidetruhen, hier wurden auch Rauchfleisch, Dörrobst und Brot aufbewahrt, im Unterstock lagerten Schafwolle und Flachs. Jede der beiden Kammern war durch ein niedriges Türchen mit altartiger Hochschwelle zugänglich. Diese Türchen waren aus derben, aber sehr massiven Bohlen mit kräftigen konischen Einschubleisten gezimmert und durch ein schmiedeeisernes Schloß verriegelt, dessen Umgriff häufig mit Eisenstückchen benagelt wurde. Die Türrahmungen wiesen oft einfache Zierformen auf. Der Oberstock war nur über eine Leiter zu erreichen.

Bei der zweiten, jüngeren Form des Feldkastens kragen die beiden obersten Blockbalken des Unterstocks an allen Ecken so weit aus, daß man rings um den Oberstock noch einen schmalen Gang einrichten konnte, den man zur Verwahrung von allerlei Gerätschaften nutzte. Eine umlaufende, völlig geschlossene Verbretterung, leicht auswärts geneigt und oberseitig an dem noch weiter auskragenden Dachfuß befestigt, umschloß diesen Gang und schützte den dahinter liegenden Blockbau-Kastenstock besonders wirksam. Diese Form des Speichers – jedoch nicht mit einer geschlossenen Verbretterung, sondern mit einer Histenlaube rings um den Oberstock – ist vielerorts verbreitet.

Die dritte Form des Feldkastens gleicht äußerlich der vorbeschriebenen, ist aber im Oberteil völlig anders konstruiert.
Auf dem gleichfalls in Blockbau gezimmerten Unterstock ist ein allseits weit vorkragender Überbau in leichter Ständerkonstruktion aufgesetzt. Das auf Kragbalken sitzende Ständerwerk ist oft auffällig stark nach außen geneigt und ebenfalls mit einfachen Brettern verschalt, ein verbindender Pfettenkranz wirkt als Zuganker und trägt den Stuhl für das flache Legschindeldach. Der auf den Kopf gestellte leichte Pyramidenstumpf auf dem kleinen, aber massigen Würfel ergibt eine besonders einprägsame Baugestalt. In dem scheunenartigen Obergeschoß lagerte man ursprünglich nur die Getreidegarben, später auch Schlitten und Zaunholz.

Baugeschichtlich sind die freistehenden Speicher Überreste der ursprünglichen Vielhaus-Hofanlage, wirtschaftsgeschichtlich zeugen sie heute von der bäuerlichen Selbstversorgung und Notbevorratung: Ernte- und Saatgut waren wertvollste Habe des Bauern, viel zu kostbar, um sie im brandgefährlichen Holzhaus mit offenem Herdfeuer aufzubewahren. Zum Schutz vor Funkenflug achtete man bei der Aufstellung auch stets auf die Hauptwindrichtung, auch konnte der Kasten stets von der Stube eingesehen werden. Die allseitige Auskragung des Überbaues aber erfüllte die wichtigste Funktion: den Schutz vor Ratten und Mäusen, die zwar an lotrechten Wänden emporklettern, nicht aber waagrechte Überhänge bewältigen können. Gegen Ungeziefer und Feuchtigkeit half die Aufstellung des Kastens auf großen Felsblöcken, frei über dem Boden. Um den Kasten herum waren oft Bäume gepflanzt, die den Blitz mit ihrem Geäst abfangen sollten. Ebenso pflanzte man Holundersträucher, die nach altem Volksglauben vom Blitz gemieden werden und deren scharfer Geruch auch das Ungeziefer abhalten soll. Nur im Gebiet von Schellenberg, das in vieler

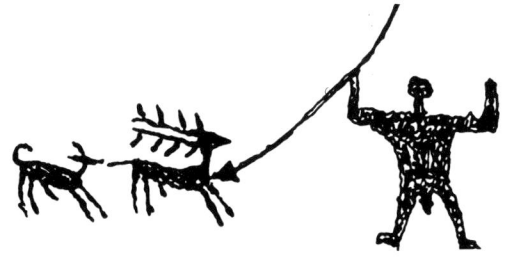

»Häuser« in den Felszeichnungen von Capo di Ponte, in der Valcamonica, Provinz Brescia.
Man unterscheidet vier stilistische Perioden, die sich vom Neolithikum (bis etwa 1600 v. Chr.) bis zum Jahre 16. v. Chr. erstrecken. Ausführung meist in Punziermethode. Die Ähnlichkeit mit den Feldkästen des Berchtesgadener Landes ist teilweise geradezu frappierend – lediglich die steilen Dächer lassen auf Strohdeckung schließen.
Die oberste Darstellung zeigt deutlich sichtbare Überlagerungen verschiedener Stilperioden, die unterste eine zeitgenössische Jagdszene (Naquane, Fels I).

Obergeschoßgrundriß

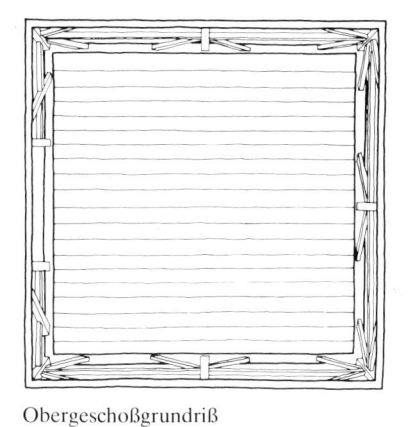

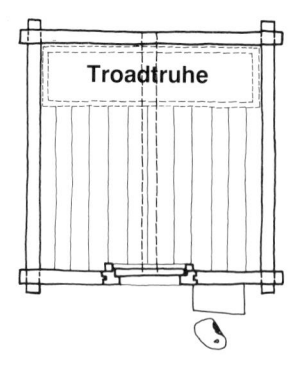

Erdgeschoßgrundriß

Der Feldkasten am Holzenlehen besteht aus einem sorgfältig gezimmerten Blockbaukasten mit aufgesetztem Ständerbau, der allseits etwa 50 cm übersteht und sich nach oben kräftig verbreitet. Der Feldkasten mißt im Geviert 3,4/3,4 m, das Obergeschoß unten 4,4/4,4 m und oben 5,0/5,0 m. Der Kasten ist mit 1603 datiert.
Gde. Schönau am Königssee, Gnotschaft Faselsberg, Tritzenweg 6

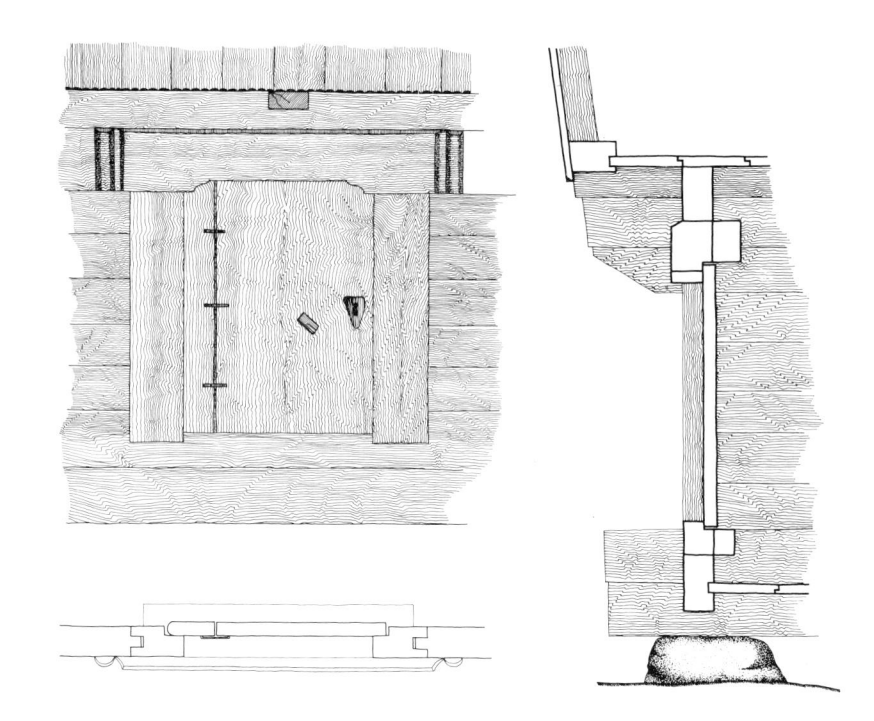

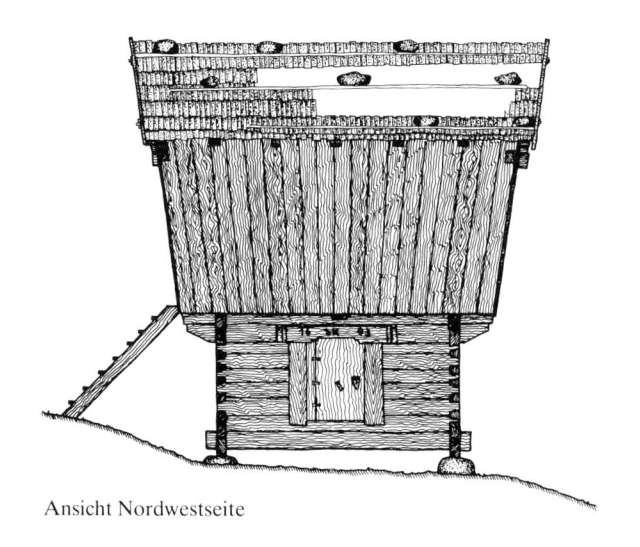

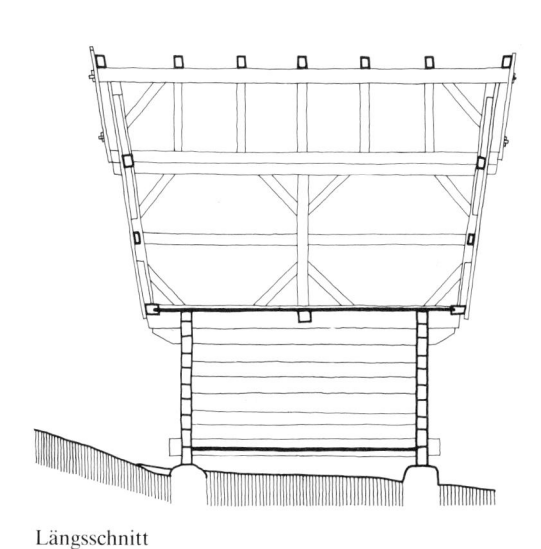

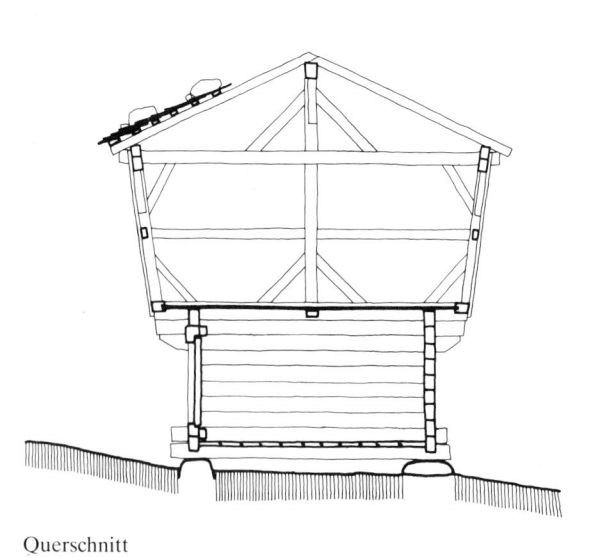

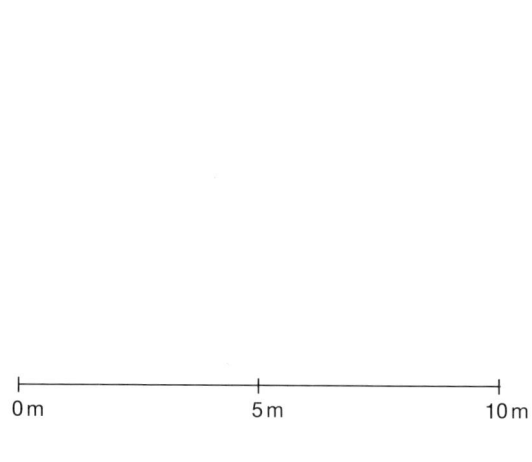

Ansicht Nordwestseite

Längsschnitt

Querschnitt

Ansicht Nordostseite

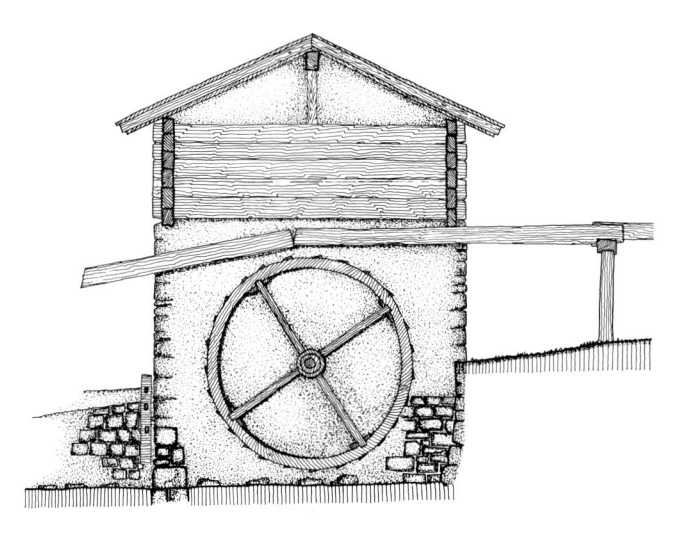

Ansicht Ostseite

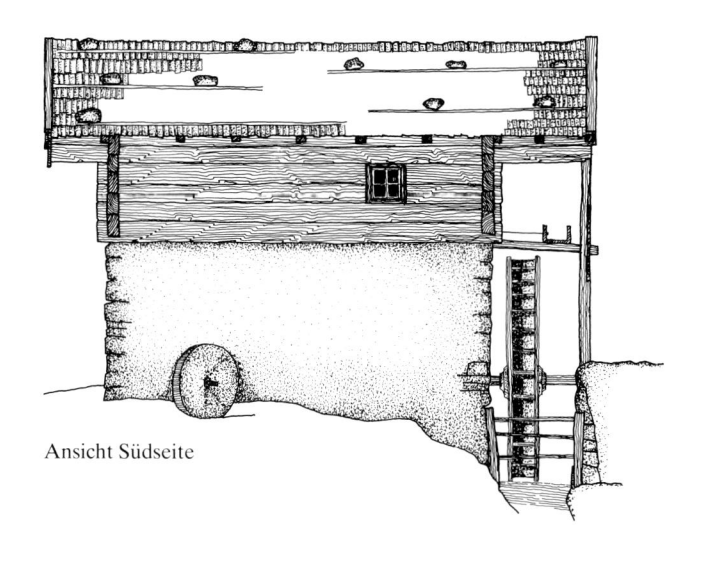

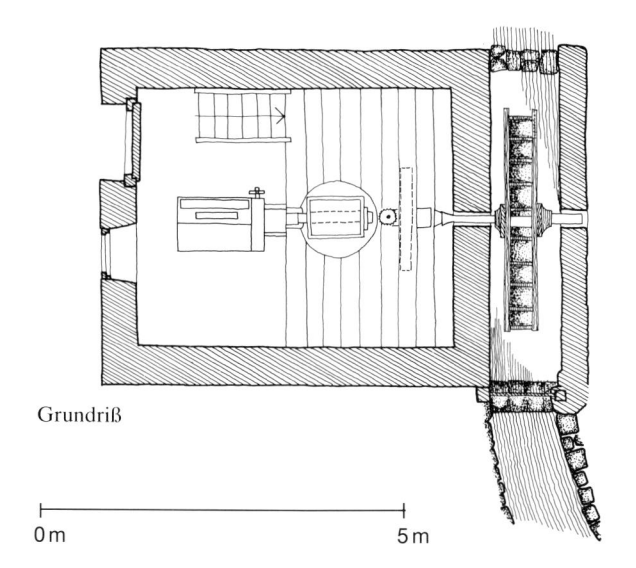

Ansicht Westseite

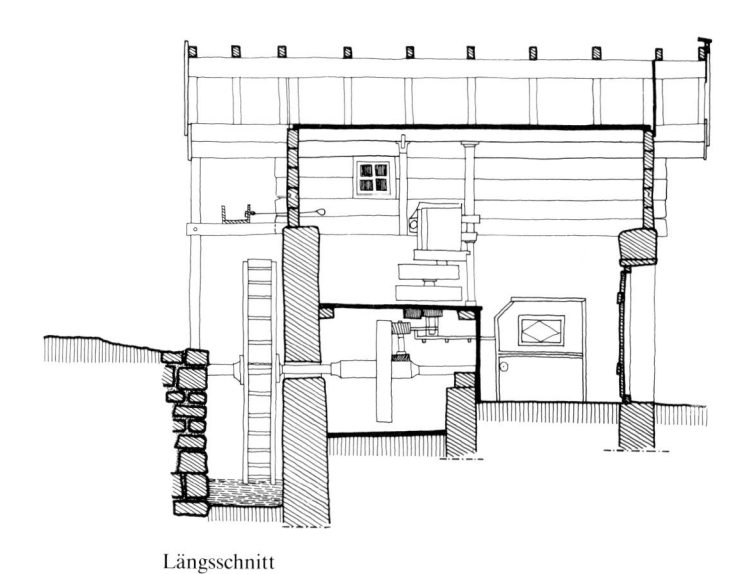

Ansicht Südseite

Längsschnitt

Grundriß

0 m — 5 m

**Ehemalige Hausmühle am Oberaschaulehen.
Gde. Bischofswiesen, Gnotschaft Stanggaß, Aschauweg 12.**

Die Hausmühle am Oberaschaulehen war noch bis zum Anfang der 50er Jahre in Betrieb.
Der Bauer des Unteraschaulehens hatte ebenfalls ein Nutzungsrecht.

Hinsicht durch Misch- und Sonderformen auffällt, finden sich – als vierte Form – auch schlichte eingädige Kästen, wie sie im Salzburgischen bei kleineren Anwesen allgemein üblich sind.

Neben Lebensmitteln aller Art wurden in manchen Gegenden im »Kasten« auch die Sonntagskleider und sogar Geld und Wertsachen verwahrt.

Heute dienen die Feldkästen oft noch als Werkstatt, meist aber nur als Rumpelkammern; gelegentlich stellt man an der Südseite noch die Bienenkörbe auf.

Wie tief die bauliche Form des zweistöckigen Feldkastens mit dem nur durch eine Leiter zugänglichen, »aufgebockten« Oberteil in der Baugeschichte wurzelt, verdeutlicht ein Vergleich mit den auf Felsbildern der Bronzezeit recht häufig dargestellten Speichern. Die besten vorgeschichtlichen Vorbilder dieser Art sind uns in der Felsbilderwelt der Valcamonica in den italienischen Alpen erhalten.

Die Feldkästen Berchtesgadens lassen sich also in einen großen Komplex ähnlicher rezenter Speicherbauten einordnen, wie sie uns in den Pfostenspeichern und Pfostenscheunen Tirols[80], in den Futterställen der Wildschönau, in den Pfostenspeichern des Wallis, aber auch in den »Übereinandhütt'n« des Dachsteingebietes[81], einem urtümlichen Almhüttentypus,m erhalten geblieben sind.

Hausmühlen und Backhäuser

Die bäuerlichen Hausmühlen waren besonders anschauliche Objekte des einst perfekten Selbstversorgungsprinzips.

Das Brot aus der eigenen Brotfrucht wurde namentlich im Gebirge vielfach auch in der eigenen Mühle gemahlen, um dann im eigenen Backofen, womöglich nach eigenem Rezept, gebacken und nach traditionellen Methoden gelagert zu werden. Das Backen des eigenen Brotes war keineswegs auf die Wirtschaft des reichen »Körndlbauern« im getreidereichen Flachland beschränkt. Auch der Bergbauer pflanzte, teilweise im Angesicht der Gletscher, sein eigenes Brotgetreide und wenn er, wie mancherorts überliefert, jedes Samenkorn einzeln mit der Hand in die Krume des steilen Bergackers drücken mußte. Dafür war das Mahlen des Getreides im Gebirge kein Problem – reißende Rinnsale und Wildbäche in geeigneter Lage gab es in Fülle. Während im Flachland Hausmühlen so gut wie unbekannt sind, waren sie im Gebirge früher sehr häufig. In Berchtesgaden gab es noch in der ersten Hälfte des 18. Jahrhunderts etwa 30 »Gmach-« oder »Gmachlmühlen« (Hausmühlen) und 40 Mautmühlen. Gmachlmühlen fanden sich nur bei den größten Anwesen. Gewöhnlich waren es jedoch mehrere Höfe, die zusammen eine Gmachlmühle betrieben. Es waren primitiv eingerichtete eingängige Mühlen, in denen die Bauern ihr eigenes Getreide vermahlten. Oft standen sie auch weiter von den Höfen entfernt in einem Graben, wo auf einfachste Art ein Holzgerinne hergestellt werden konnte. Über einem quadratischen Grundriß war ein kleiner Blockbau mit einem außen angebrachten oberschlächtigen Wasserrad errichtet. Heute sind kaum noch Reste solcher Mühlen erhalten.

Neben diesen Mühlen kannte man noch die Mautmühlen, die oft mit einer kleinen Bauernwirtschaft verbunden waren. Dort wurde gegen Lohn (»Maut«) gemahlen und es bedurfte zu ihrem Betrieb einer gewerblichen Befugnis. Ein Brief vom 7. Juli 1693 erzählt uns, daß mit dem Mahlrecht auch das Recht, Brot zu backen und zu verkaufen, verbunden war. Daher fanden sich in den Mautmühlen große Backöfen. Die stattlichste Mühle dieser Art war die schon längst abgebrochene Etzermühle am Gernbach.

Weitgehend in Vergessenheit geraten sind die Mühlsteinbrüche in der Ramsau. Sie lieferten Mühlsteine aus verbackenem Moränenkonglomerat, dem sog. Nagelfluh, und waren wegen ihrer Härte sehr geschätzt. Im 17. Jahrhundert, zur Zeit der Hochblüte des Mühlsteinbrechergewerbes, wurden jährlich gegen 2000 Mühlsteine gefertigt. Die Säulen der Kalvarienbergkapelle in Berchtesgaden sind aus Mühlsteinen gefügt und manches alte Hausfundament in der Ramsau beweist, daß dieser Naturbeton auch ein geschätztes Baumaterial war.

Die wenigen noch heute erhaltenen Backhäuschen sind kleine, völlig freistehende Gebäude, weit vom Haus abgerückt, sie sind durchwegs massiv gemauert, über der giebelseitigen Beschickungsöffnung ist das flache Legschindeldach weit vorgezogen.

Diese Backöfen sind – im Gegensatz zum Feldkasten – keine Relikte der urtümlichen Haufenhofanlage, sondern ausgesprochene Spätformen; der Backofen war ursprünglich mit dem Stubenofen verbunden.

Badstuben und Brechelbäder

Wir wissen aus Urkunden, daß in Berchtesgaden schon im Jahre 1451 eine öffentliche Badstube zu Erbrecht bestand, das von Propst Wernhart verliehen wurde. Ein Erbrechtsbrief der Tafern zur Ramsau vom Jahre 1510 besagt, daß den Wirtsleuten die Tafern »samt dem Padt zu all ihrer Notdurft, Zaunholz und Prennholz, wo sie es in unseren Gotteshaus Pannwälder... finden, aufs nägst zu einer Zeit zu nemben zu geben... erlaubt, treulich ohn gmuern wo auch das Padt anging und das sie es nutzen oder nüsten sollen sie von einer jeden

Die ehem. Etzermühle, im Kern wahrscheinlich aus dem 17./18. Jhdt., war die größte Mautmühle des Berchtesgadener Landes. Der bauliche Ursprung des Gebäudes war wohl noch ins frühe 14. Jhdt. anzusetzen.

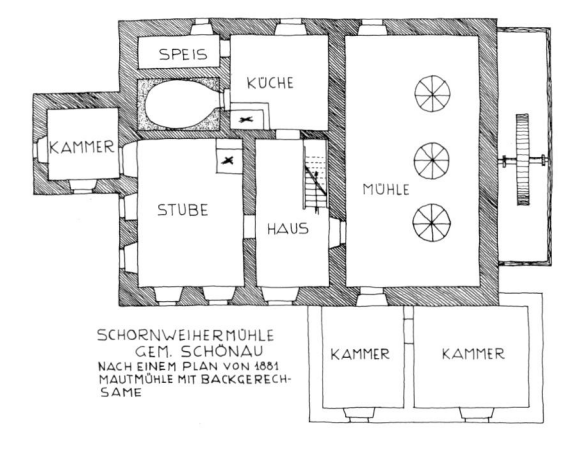

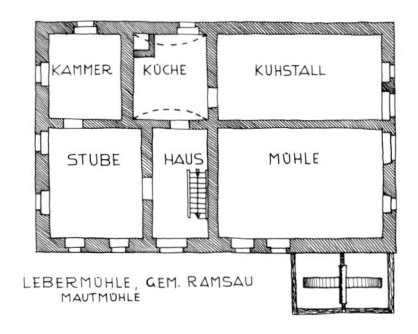

Grundrisse zweier kleinerer Mautmühlen mit kleiner Wohnung für den Müller.

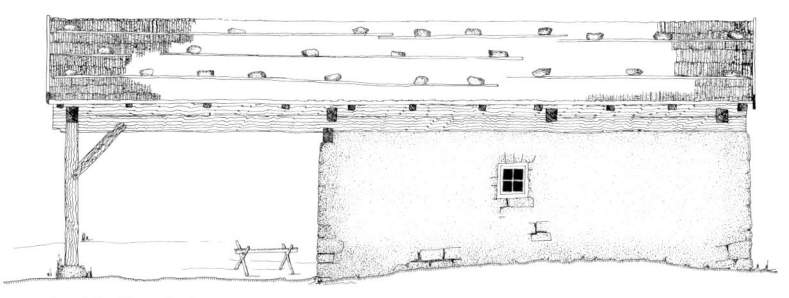

Ansicht Traufseite

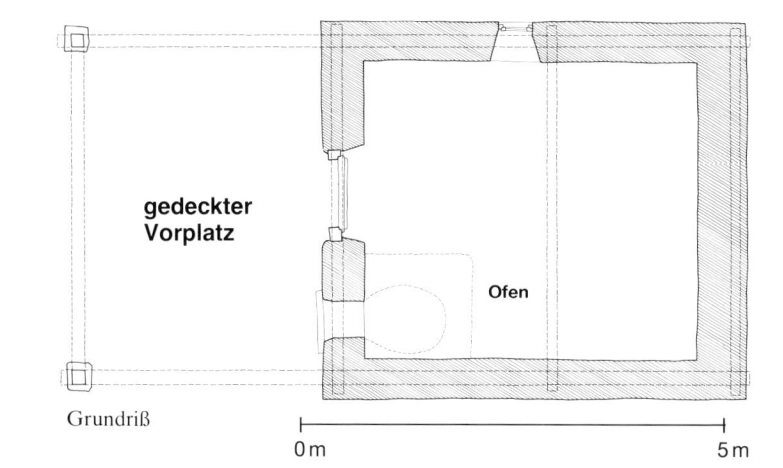

Grundriß

0m — 5m

gedeckter Vorplatz

Ofen

Oben und rechts:
Ehemaliges Brechelbad am Freidinglehen, Gde. Ramsau, Gnotschaft Schwarzeck, Lehenmühlweg 9

Unten:
Ehemaliger Feldkasten, mit Backhäuschen zusammengebaut. Niederbarmsteinlehen, Gde. Marktschellenberg, Gnotschaft Neusieden (früher Scheffau)

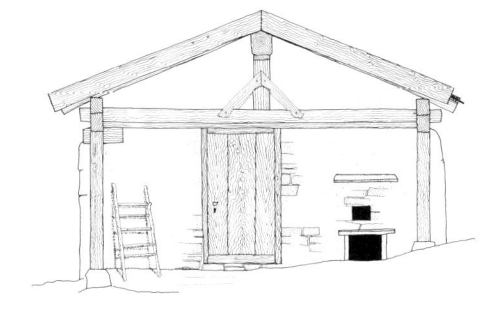

Ansicht Giebelseite

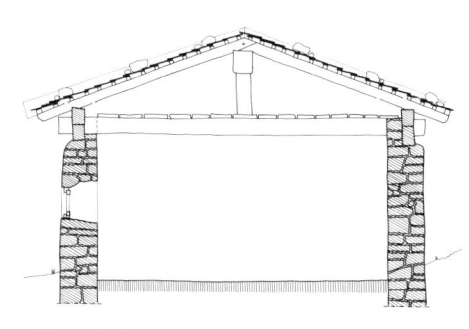

Querschnitt

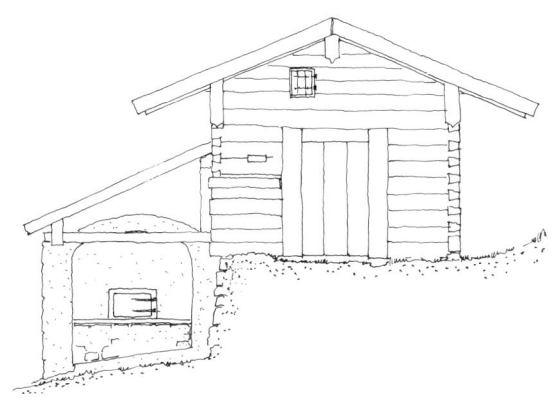

Ansicht Westseite

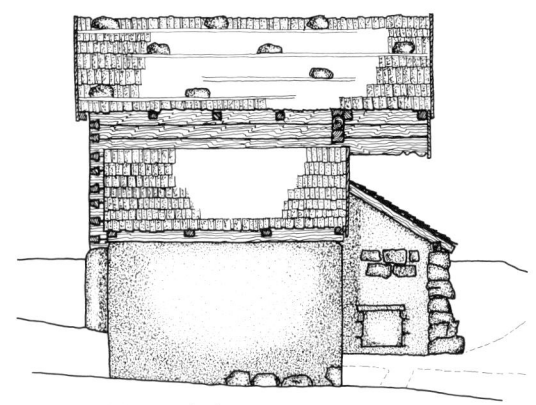

Ansicht Nordseite

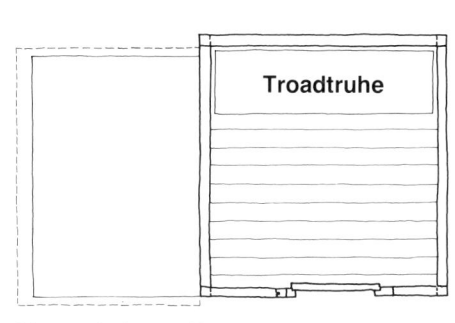

Obergeschoßgrundriß

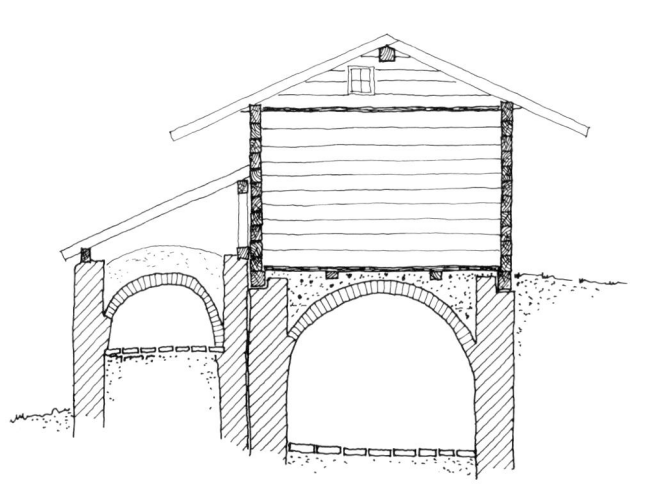

Troadtruhe

Querschnitt

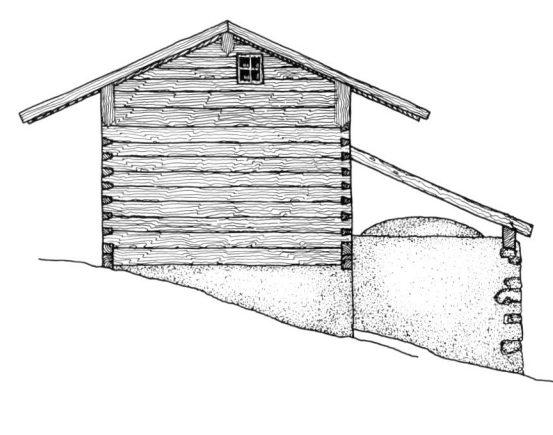

Ansicht Ostseite

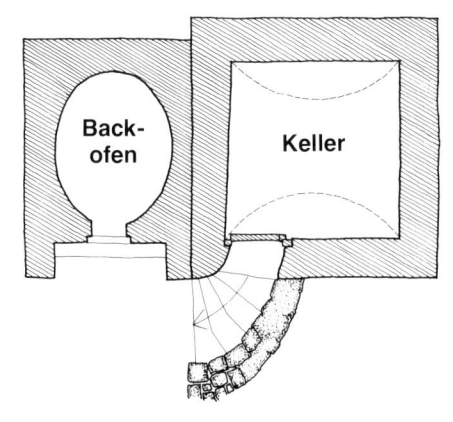

Untergeschoßgrundriß

Backofen

Keller

75

Person von Tag und Nacht zu Padtgeld Zehn Pfenning und nit mehr nehmen.«[82]
Es ist nachgewiesen, daß das sog. »Bad« auf dem bäuerlichen Anwesen tatsächlich ursprünglich als solches benutzt wurde. In einigen Übergabsbriefen hat sich der Austrägler »ein padt wöchentlich« ausbedungen. Die Gebäude sind klein und überschreiten in keinem Fall die Größe von 4/6 m. Ein Sockel, der bis zum Ansatz des Gewölbes gemauert ist, trägt einen Kniestock, dessen Längsbalken auf der Stirnseite zuweilen bis zu 1,80 m ausladen und so einen kleinen offenen Vorraum bilden. Darauf ruht das Dach. Vereinzelt gab es in Berchtesgaden auch Badstuben mit einer richtigen offenen Vorhalle, bei der das Dach bis zu 3 m vorgezogen und von Holzsäulen getragen war. Im Schutze dieses Vordaches wurde von außen ein derb aus Feldsteinen gewölbter Ofen beheizt, welcher den wichtigsten Bestandteil der Badstube darstellte. War der Ofen heiß, dann wurde er zur Dampfentwicklung mit Wasser übergossen. Auf einer ringsum angebrachten Bank oder Bühne saßen oder lagen die Badenden. Solche Bäder lagen ausnahmslos in der Nähe eines kleinen Baches oder Rinnsales. Sie entsprechen damit der in der Wald- und Forstordnung erlassenen Vorschrift vom Jahre 1795. Hier treffen wir allerdings auf eine Verfügung, die nur noch Haarbrechstuben erwähnt und ausführt: »Es sollen die Gemeindehaarbrechstuben als auch einzelne derlei Gebäude niemals zu Herbergen oder Wohnungen verstiftet werden.« Dies könnte als Beweis dafür angeführt werden, daß sie schon damals nicht mehr zum Baden, sondern höchstens nur noch zum Haarbrechen verwendet wurden, meist also ungenützt umherstanden. Einem Feuerschauverzeichnis aus dem Jahre 1764 entnehmen wir, daß in Ettenberg das Zusammenbauen von Bad und Backofen üblich war.
Das Bad muß im alten Berchtesgaden jedoch ein fester Bestandteil jedes Gehöftes gewesen sein. Nach den ältesten Katasterblättern vom Jahre 1856 läßt es sich noch in großer Zahl nachweisen. Heute finden wir es fast nur noch in der Ramsau auf einigen Höfen und ganz vereinzelt fristet es auf den südöstlichen Höhenzügen des Schellenberger Gebietes ein verkümmertes Dasein.

Hausbrunnen

Die Siedlungsstruktur des Berchtesgadener Landes mit ihren kleinen Weilern und Einödhöfen kennt keine Dorfbrunnen. Da es zudem nirgends an Wasser mangelte, hatte jedes Gehöft, meist unmittelbar vor dem Hauseingang, seinen Hausbrunnen. Es sind durchwegs hölzerne Trogbrunnen, die aus einem einzigen mächtigen Baumstamm gearbeitet wurden. Die ebenfalls durchwegs hölzernen Standrohre mit einer naturgewachsenen, in einem Winkel von etwa 45° nach unten geneigten Astgabel waren ebenfalls entsprechend ausgehöhlt und erübrigten die Verwendung jeglicher Eisenteile. Die existentielle Bedeutung des Hausbrunnens und seine regelhafte Lage an der Haustür beleuchtet recht trefflich folgende Anekdote aus der Zeit um 1850, die aus dem Landtallehen in der Ramsau (Kederbachstraße 97) überliefert ist: Der Großvater war ein leidenschaftlicher Wilderer. Immer, wenn er das erbeutete Wild am Hausbrunnen aufbrach, mußte er sich ärgern und giften, weil die Nachbarn dabei hämisch und neidisch zusahen; der Hausbrunnen lag nämlich unmittelbar gegenüber der Stube des Nachbarwesens. Schließlich entschloß er sich, den Hausbrunnen an die Giebelseite zu verlegen, wo er heute noch steht. Da nun seine Alte fortan dauernd keifte, der Weg zum Hausbrunn' sei nun viel zu weit und unbequem, entschloß er sich kurz darauf, den gesamten Grundriß zu ändern. Er mauerte den alten traufseitigen Eingang zu, machte den alten Querflez zur Abstellkammer und führte einen firstparallelen Flez durch das Haus.
Nur die Reste des barocken Querflezgewölbes erinnern heute noch an die ursprüngliche Lage des Hausflures. Die nachfolgenden Geschlechter aber hatten wieder ihren direkten Weg zum Hausbrunnen.
Erst seit der Mitte des 20. Jahrhunderts kommen auch Betontröge und Eisenrohre in Gebrauch.
Eine der wenigen Örtlichkeiten in dem sonst mit Wasser so überreich gesegneten Berchtesgadener Land, die über kein fließendes Quellwasser verfügte, war die Gnotschaft Mehlweg der Gemeinde Scheffau. Der Grund liegt in den orographischen Verhältnissen: Mehlweg ist auf einer allseits steil abgedachten Anhöhe erbaut. Die Bauern haben dort Brunnenschächte gegraben, in denen sich das Wasser sammelt. Aus diesen Zisternen hoben sie das Wasser mittels Ziehbrunnen. Die Wasserförderungsapparatur bestand aus einem Schwingbaum, einem Doppelhebel aus Holz, an dem als Schöpfgefäß ein hölzernes Schaff — später ein Blecheimer — befestigt war. Der eine Hebelarm wurde in den Brunnenschacht gesenkt, der zweite war an seinem unteren Ende verdickt und wirkte als Gegengewicht beim Aufziehen des wassergefüllten Schöpfgefäßes. Bei der Bevölkerung wurden diese Ziehbrunnen »Leierbrunnen« genannt.

Hofkapellen und Feldkapellen

Vor dem 18. Jahrhundert gab es außer in Berchtesgaden und Schellenberg nur die Kirche in der Ramsau. Die Kirchen in der Gern, in

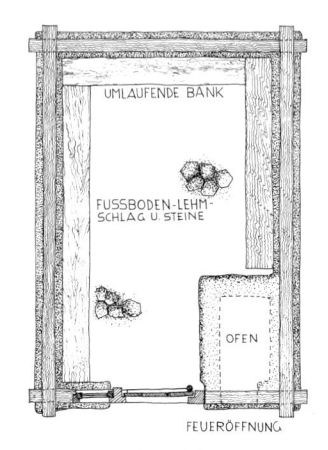

Ansicht Eingangsseite

Grundriß

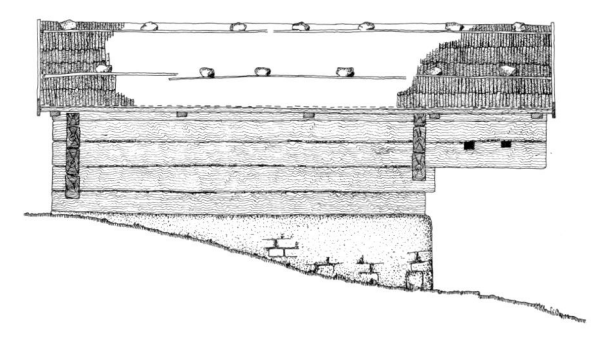

Ansicht Traufseite

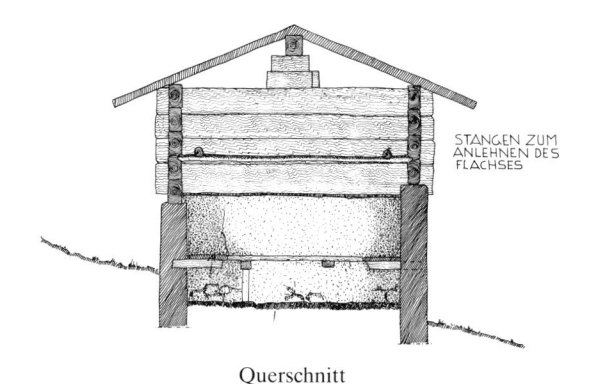

Querschnitt

Ehemaliges Brechelbad am Gröll-Lehen, Gde. Ramsau, Gnotschaft Schwarzeck, Auf der Raiten 26

Ettenberg und die Kunterwegkirche wurden erst im 18. Jahrhundert, alle übrigen im 19. und 20. Jahrhundert erbaut.

Für den sonntäglichen Kirchgang – vielfach aus der Bannwaldzone in Höhen bis zu 1200 m – benötigten die Bauern vielfach mehrere Wegstunden.

Um ihr religiöses Bedürfnis zu stillen, errichteten die Bauern, namentlich auf den abgelegenen Höfen, kleine Hofkapellen, die meist auffallend weit vom Hof abgerückt waren – vielleicht um den Andachtsuchenden dem Dunstkreis des profanen Lebens etwas zu entrücken. In mehreren Fällen finden wir diese Hofkapellen auch am Zugang zum Anwesen, wie ein erstes sichtbares Zeichen frommer Gesinnung. Diese Kapellen sind oft nur nischenartige Steinbauten mit einem frei vorspringenden oder auf Säulen ruhenden Vordach, unter dem sich ein Betschemel befindet.

Verfolgt man den baulichen Werdegang solcher offenen Feldkapellen, so spricht vieles für die Annahme, daß ihre älteren Formen vom Bildstock abgeleitet sind. Der gemauerte Bildstock wurde vergrößert, der Schaft verkümmerte zum Sockel, die aufgesetzte Bildnische wuchs sich allmählich zum Bethäuschen und zur offenen Feldkapelle aus – die Bildnische wurde ein betretbarer Raum. Die Abgrenzung solcher »Sekundärräume« zu originären Kapellenbauten ist naturgemäß schwierig, doch lassen die mannigfaltigen gestalterischen Ausformungen der Kreuzwegstationen an den Kalvarienbergen wohl keinen Zweifel offen, daß zwischen Bildstock und offener Feldkapelle formal ein fließender Übergang besteht. Eine merkwürdige bauliche Eigenart ist die Dachform dieser Feldkapellen, die sich unverkennbar an das im frühen 19. Jahrhundert im Salzburgischen üblich gewordene mittelsteile Walmdach mit Scharschindeldeckung anlehnt. Diese Dachform ist allen anderen bäuerlichen Bauten hierorts völlig wesensfremd und galt allgemein als Kennzeichen herrschaftlicher und öffentlicher Bauten. Es könnte sein, daß die Bauern ihre Hofkapellen bewußt mit einem »herrschaftlichen« Dach ausstatteten, um sie aus den profanen Kleinbauten auf dem Anwesen, die oft eine ähnliche Größe hatten, deutlich herauszuheben.

Der Vollwalm, Halbwalm oder Schopfwalm (Krüppelwalm) ist als äußeres Merkmal religiöser Weihe im Berchtesgadener Land jedenfalls ein bemerkenswerter frömmigkeitsgeschichtlicher Akzent im Siedlungsbild geworden.

Gegen Westen schließen diese Kapellen meist mit einer halbrunden Apsis oder einem 3/8-Schluß ab, gelegentlich auch nur mit einer geraden Wand. Neben massiv gemauerten Hofkapellen sind vereinzelt auch einfache hölzerne Kapellen in filigraner Bauart errichtet worden, meist in den Formen einfachster Neugotik. Die Ausstattung all dieser Kapellen ist sehr bescheiden. Im Inneren steht auf schlichtem Altar die Holzstatue oder das Bild eines Heiligen. Zuweilen sind die Wände noch mit Hinterglasbildern oder Schnitzereien geschmückt und mit Fotos von Gefallenen oder verstorbenen Angehörigen. Diese Kapellen waren nicht konsekriert, eine Messe konnte hier also nicht gelesen werden.

Die merklich größeren und stets hochgestreckten apsisförmigen Kapellen weisen auf fürstpröpstliche Bauherren hin und stehen stets an belebten Straßen oder in Zuordnung zu Kreuzwegstationen oder Gnadenorten.

Einfriedungen
Von Dr. Josef K. Heringer

Die ursprünglichsten Zaunformen im Berchtesgadener Land bestanden wohl aus gefällten, nicht entasteten Bäumen und aus Lesesteinwällen, da die neugewonnene Kulturfläche zunächst von Felsgestein befreit werden mußte. Dem hier sehr häufigen Steinhag war früher häufig geschwendetes Strauchzeug aufgesteckt.

Eine weitere alte Form ist der Steckenhag, der aus Fichtenstangen in der Waagerechten und überkreuz geschlagenen Stecken in der Schrägen gefertigt wird. Er ist ebenfalls selten geworden – am schönsten ausgeprägt findet er sich unweit der Gaststätte »Hinterbrand«.

Der Spälterzaun oder auch Kreuz- oder Schrankzaun besteht aus etwa 1,50 m langen Spalthölzern, Pfählen und Knüppelästen, die, schräg überkreuzt, sich gegenseitig stützend eine massive Barriere bilden, die leicht nachgebessert werden kann. Diese Zaunart, die früher sehr verbreitet war, findet sich heute nur noch am Schwarzeck, mit einem etwa 5 m langen Zaunrest. Dieser Zaun benötigt zwar das meiste Holz, ist dafür aber auch der stabilste aller Zäune, denn jedes Zaunglied ist für sich in den Boden getrieben und durch die Verschränkung gesichert. Spälterzäune halten am besten dem Schneedruck stand, dem gerade auf Hängen viele Zäune zum Opfer fallen.

Beim Dübel-Stangenzaun verwendete man lange Fichtenstangen, die auf schräggesetzten Dübeln von den senkrechten Zaunpfosten getragen wurden, gegen ein seitliches Aushängen durch einen Klemmpfosten gesichert. Dieser Zaun eignet sich nur für das »Einfangen« von Rindviehweiden.

Als Wildzäune eigneten sich besonders die Steckenzäune. Unterschiedlich lange Äste und vor allem bei der Schwendung anfallende Fichtenstecken bildeten das Material für diese Zäune, die bis zu zwei Meter und höher ausgeführt wurden.

Oben: Die Entsteinung der Egartflächen lieferte das Material für die Steinlesewälle, die teils geschichtet, teils geschüttet, von Sträuchern durchwachsen sehr charakteristische Flurstückbegrenzungen darstellen.

Mitte und unten: Beim Dübel-Stangenzaun, der vielfach entlang von Viehtreiberwegen errichtet wurde, ruhen die Stangenhölzer auf Fichtenast- oder Lärchenholzdübeln und werden seitlich von einem Spannstecken gehalten, der oben ursprünglich von Wiedringen (Fichtenastringen), heute von Drahtringen zusammengehalten wird. Die Stangen sind seitlich verschiebbar, sodaß je nach Bedarf Durchfahrtsöffnungen geschaffen werden können.

Die Zäunung gegen das Wild ist relativ jung und wurde erst mit der Bauernbefreiung zu Beginn des 19. Jahrhunderts möglich. Bis dahin war es dem Bauern untersagt, das Wild »auszusperren«. So lautet eine Beschwerde des Oberjägers Christoph vom 12. März 1696 an den Fürstpropst von Berchtesgaden: »Weiters die Bauern mit Aufrichtung von hoher Zäune, ziemlich zu Schaden handle, deshalb die Gleichschaltung der niederen Zäune im ganzen Land, damit ein Nachbar dem auch nit Beschwer und das Wild einem allein nicht zu schaden gehe, anzubefehlen.« Zur Einfriedung des hausnahen Gewürz-, Gemüse- und Blumengartens war es notwendig, einen besonders engen Steckenzaun zu wählen, der vor allem das Klein- und Federvieh abhalten konnte. Dieser Steckenzaun war brusthoch und mit Weidenruten an eine Querstange mit Pfahlbefestigung gebunden. Diese Zäune sind im Berchtesgadener Land nur noch in einer genagelten statt weidengebundenen Spielform anzutreffen.

Strauch- und Baumhecken sind ursprünglich wohl aus dem Überwachsen von Lesesteinwällen und Baumbarrieren entstanden, die dem Baum- und Strauchjungwuchs Deckung und Schutz vor dem Weidevieh gaben. Die Abänderung der Blanken- und Lädenzäune in Stein-, Wasen- oder Gesträuch-Hage, durch Prämien für die Errichtung holzwirtschaftlich sparsamer Zäune gefördert, wurde schon beizeiten ein landesherrliches Anliegen. In einem »Tratten-Aufhebungs-Gesetz« vom 15. Jänner 1782 wurde, das Fürstentum Berchtesgaden betreffend, verfügt:

»§ 8. Auftrag mit der Zaun- oder Fried-Holz-Abgabe aus landesfürstlichen Waldungen und Hofsachen zur Schonung vieler tausend Stämme Holzes seht zurückhaltend zu sein.

§ 9. Nachdrucksame Ermahnung, lebendige, sonderbar von Hecken und Gesträussen zusammengesetzte Zäune bey Feldern, Gärten und Wiesen zur Schonung der Wälder anzupflanzen.«[83]

Einige Jahre später erfolgt der Erlaß eines »Kameralbefehls an die hochfürstlichen Pfleg- und Landgerichte flachen Landes vom 3. März 1801«. Dieser hat speziell das Zaunwesen zum Inhalt. Offensichtlich geht es dabei darum, das Baumaterial Holz zu sparen, wohl aus Gründen der um sich greifenden Rohstoffknappheit, und so wird befohlen: »Beschränkung der Haagholzbewilligung, Aufhebung der Mittelzäune, Aufstellung tüchtiger Gemeindehirten, künftige Grundvermarkung mit Steinen und angepflanzten Frucht- und Nutzholz-Stämmen.«

Offensichtlich führte der Bevölkerungsdruck und der damit verbundene Holzverbrauch zu einer Einschränkung der allmende-ähnlichen Freien und Tratten und anderer befristeter Nutzungsrechte auf landesherrlichem Grund und sollte durch Nutzungsintensivierung aufgefangen werden. Heringer stellte fest, daß sich im Berchtesgadener Land im Gegensatz zu anderen Landschaften erheblich weniger ausgewachsene Baumhecken finden. Die geschnittenen Baum- und Strauchhecken lassen sich hier in zwei Arten unterteilen: Die Kleinhecken mit 1 bis 1,50 m Höhe werden alljährlich bei der Mahd nebenbei mit der Sense zugeschnitten, wobei das Heckenschnittgut zum Erntegut der Wiese geschlagen wird. Vielleicht haben sich in dieser Form Reste der einstmals stärker verbreiteten Schneitelwirtschaft gehalten. Die andere Heckenart, die von gleicher Artenzusammensetzung sein kann und lediglich eine andere Wuchshöhe besitzt, wird im Frühjahr alle 2 bis 3 Jahre mit der Baumschere oder mit der Säge geschnitten. Die anfallenden Triebe wurden früher zu Brenn- und Werkmaterial verwandt. Heute werden sie erst gar nicht abgeräumt, sondern man läßt sie auf der Heckenkrone, wo sie in Richtung der Heckenflucht liegen bleiben und überwachsen. Dergestalt entsteht ein halbnatürliches Flechtwerk von hoher Stabilität und Dichte.

Eine nicht unbeträchtliche Rolle dürften die Baum- und Strauchhecken als Rohstoffquellen gespielt haben. Nicht nur, daß die Hecken und Hage ihrerseits wieder Baumaterial für Zäune geliefert haben, sie lieferten vom Schaufel- bis zum Peitschenstiel auch verschiedene Werkhölzer für die Holzhandwerker.

Da früher die Feldflur von einem dichten Netz von Fußpfaden durchzogen war, war es notwendig, die Zäune für den Menschen durchlässig zu halten. Überstiege, Drehkreuze, Durchschlupfmöglichkeiten, die alle auf ihre Weise Originalitätswert besaßen, bewiesen beachtliche technische Raffinesse und bäuerliche Findigkeit.

Oben: Der alte Spälterzaun ist der massivste Zauntyp, denn die verschränkt und schief eingeschlagenen Fichtenholzscheite wurden ineinander verklemmt. Sie waren auch nicht gegen Hühner und Schweine. Heute existieren im Berchtesgadener Land nur noch wenige Meter dieser Zaunform am Schwarzeck.

Mitte: Der Spitzzaun mit seiner unterschiedlichen Steckenhöhe von 1,5 bis 2 und 3 m diente nicht nur zum Ausschließen des Weideviehes, sondern auch des Rot- und Rehwildes von Acker und Mähwiese. Zugespitzte Fichtenstangen, Hanichel, Spalthölzer wurden senkrecht und pallisadenartig in den Boden getrieben und etwa auf halber Höhe mittels Wiedn (Fichtenäste) an einer Querstange befestigt. Auch diese Zaunform ist kurz vor dem Erlöschen.

Unten: Holzgatter wurden aus ineinander verdübelten Fichtenstangen selbstschließend konstruiert.

Die Baulichkeiten auf den Almen

Die Hütt'ln

Besonderes Interesse verdienen die Rundumkaser[84] des Berchtesgadener Landes. Sie sind nicht nur die urtümlichsten Baulichkeiten dieser Hauslandschaft, die Kasstöck'ln zählen auch zu den ältesten erhaltenen Holzblockbauten der alpinen Temporärsiedlungen überhaupt. Die Besonderheit dieser Rundumkaser ist ihre grundrißliche Anlage; sie stellt baugeschichtlich einen singulären Typus dar, der im gesamten Alpenraum nirgendwo anders anzutreffen ist. Während sich die Almhütten in allen anderen Regionen der Alpen als Vorformen oder vereinfachte Parallelerscheinungen der Talhöfe erweisen oder aber – umgekehrt – dem primären baulichen Schema der Talhöfe folgen, ging hier die bauliche Entwicklung völlig eigene Wege.

Die Ausgangsform der Rundumkaser, das sog. »Hütt'l«, läßt sich bis ins 15. Jahrhundert zurückverfolgen: es war ein fensterloses Einraumhaus aus derben Rundblöcken mit flachem Legschindeldach und einer Grundfläche von etwa 4,5 / 5,0 m; auch aus Steinen geschichtete Hütt'ln scheinen bezeugt.[85]

Die niedrige Tür mit der Hochschwelle lag stets an der Giebelseite. Zur ortsfesten Ausstattung gehörte gleich neben der Tür ein »Kesselhäng« über einer Feuerstelle, die aus unbehauenen Feldsteinen trocken aufgesetzt war, sowie eine Lagerstatt für die Sennerin. Eine bauliche Vorrichtung für den Abzug des Rauches war nicht vorhanden, er mußte durch die Ritzen zwischen den Rundhölzern und den Schindeln oder durch die offene Tür entweichen. Für das Vieh gab es keinen Wetterschutz, es wurde zum Melken an eisernen Ringen an der Außenseite des Hütt'ls angebunden. Dieses einräumige Feuerhaus mit seinem rohen Gefüge, seinen primitiven Details und der spärlichen, nur auf äußerste Zweckmäßigkeit abzielenden Ausstattung erinnert an die Urzelle eines Hauses schlechthin. Hütt'ln gab es nur in den Hochlegern; sie waren nur vier Wochen bewirtschaftet. Die letzten Hütt'ln dieser Art standen auf der Rothspielalm, wurden aber um 1910 verlassen und sind heute restlos untergegangen. Eine letzte Erinnerung an diese »Hütt'ln« bewahrt noch die greise Sennerin auf der Gotzentalalm. Sie erzählt, daß ihre Mutter als junge Dirn noch mehrere Almsommer auf der Rothspielalm war.

Rundumkaser

Um einen halbwegs trockenen Melkplatz zu haben, hat man sicherlich zunächst die Dachflächen der Hütt'ln immer weiter überstehen lassen, die offenen Unterstände unter dem vorgezogenen Dach wurden zunächst nur von einem offenen Stangengerüst umschlossen. Diese bauliche Weiterentwicklung der Hütt'ln läßt sich heute nur noch an einem einzigen Beispiel, dem auf die Bindalm transferierten Schiedkaser, verfolgen: Die am Schiedkaser erst nach dem Jahre 1928 angebrachte Verbretterung zeigt das Bedürfnis, aus dem offenen Unterstand einen abgeschlossenen Raum zu machen.

Für die tieferen Almen, die bis in den Oktober hinein bewirtschaftet wurden, entwickelte man jedoch wohl schon im frühen 16. Jahrhundert einen soliden Wetterschutz für das Vieh. Während man im Pongau und Pinzgau nach dem Prinzip des Zwiehofes einen eigenen Stall neben den Kaser baute, erweiterte man hier das Hütt'l auf sehr merkwürdige Art zu einem Einhaus: Rund um das »Kaskastl« oder »Kasstöckl« baute man einen Rundumstall. Der »Rundumkaser« mit dem »Umadumstall« ist eine einzigartige Erscheinung des Berchtesgadener Landes.

Das ehemals freistehende Hütt'l war nun zum »Innenraum« des neuen Bautypus geworden, was gewichtige Vorteile bot: Die Wohnzelle war völlig windgeschützt und durch die umgebende Stallwärme halbwegs temperiert.

Die grundrißliche Entwicklung ist auch konstruktiv konsequent gelöst: Je einer der obersten Wandbalken des Kasstöckls läuft nach allen vier Seiten bis auf die Außenwände des Rundumstalls durch und vereinigt und versteift die beiden ineinandergestellten Gebäude zu einer baulichen Einheit.

Die Entwicklung von Kasstöckl und Umadumstall blieb aber dennoch ablesbar: Für die niedrigen Stallwände wurde der primitive Rundholzblockbau beibehalten, für das Kasstöckl hingegen ein sorgfältig gefügter Kantholzblockbau gewählt.

Für den notwendigen Rauchabzug – zugleich Lichtquelle – fand sich eine sehr einfache Lösung: An der wetterabgewandten Seite des Daches wurde ein Rofenpaar etwa 1 m über den First hinaus geführt und die Dachhaut darüber hinweggezogen. Seitliche Abschlüsse solcher »Firstgauben« stammen durchwegs aus späterer Zeit; Verglasungen der Stirnseiten wurden erst in jüngster Gegenwart in primitiver Weise angebracht.

Der Typus des Rundumkasers hat sich jahrhundertelang bewährt, wurde jedoch stetig weiterentwickelt. Der Rundumstall blieb am längsten unverändert; hier wurde nur eine kleine Bucht für Kälber abgeteilt, sonst bewegt sich das Vieh frei. Nur zum Melken wird es bei den Salzleckrinnen an der Kasstöcklwand angebunden. Hingegen sind schon die ältesten erhaltenen Kasstöckl durch konstruktive Blockwände unterteilt. Hinter den eigentlichen Feuerraum legte man eine Schlafkammer für die Sennerin und eine Kellerkammer für die Milch-, Käse- und Buttervorräte. Diese beiden Räume erhielten – im Gegensatz zum Feuerraum – eine Decke aus überlukten Brettern oder Bohlen. Über Sprossen, sog. »Stapfen«, die in die Wand eingeschlagen waren, kletterte der Kühbub in sein neugewonnenes Heulager, die »Hoß«, hinauf. In einigen Fällen wurde auch der Vorraum zwischen Außentüre und Kaskastl überdeckt, der freie Dachraum diente als »Heubidel« (Heuboden).

Ausstattung

Urtümlich wie Anlage und Konstruktion ist auch die Ausstattung der Rundumkaser. Für die niedrige Tür zum Kasstöckl wurde die Hochschwelle (»Drischbei«) beibehalten; diese Tür wie auch die schmucklose, stets giebelseitige Außentür war mit hölzernen Schließvorrichtungen zu versperren. In einer dem Vordergiebel zugewandten Ecke des Kasstöckls ist, in den Boden vertieft, aus groben Feldsteinen die offene Feuerstelle, der »Feuerrest« aufgemauert; die Mauerung ist zum Schutze der Blockwände bis oben hochgezogen. An einem schwenkbaren hölzernen Galgen, (»Kesselhäng«, Kesselreiten«) hängt der große kupferne Käsekessel. An der Längswand steht der »Jutentrog« zum Aufbewahren des Käsewassers und das Rührzeug zum Buttern. In manchen älteren Anlagen steht in einer Ecke die Liegestatt der Sennerin, der »Kreister«: in der ältesten Form ein gemauer-

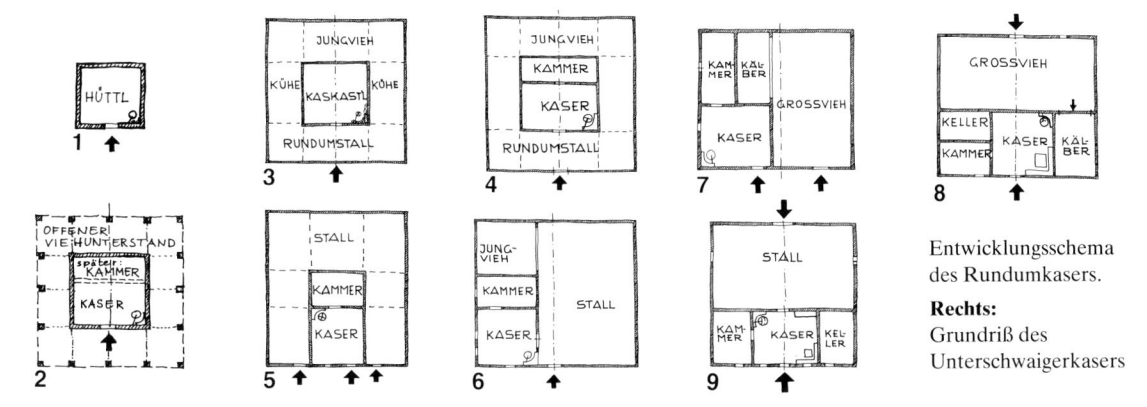

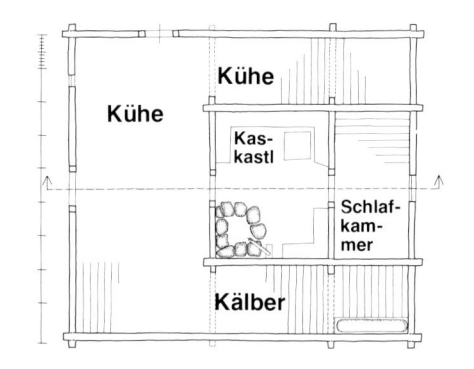

Entwicklungsschema des Rundumkasers.

Rechts: Grundriß des Unterschwaigerkasers

Ansicht Westseite

Ansicht Nordseite (Eingangsseite)

Querschnitt

Längsschnitt

Grundriß

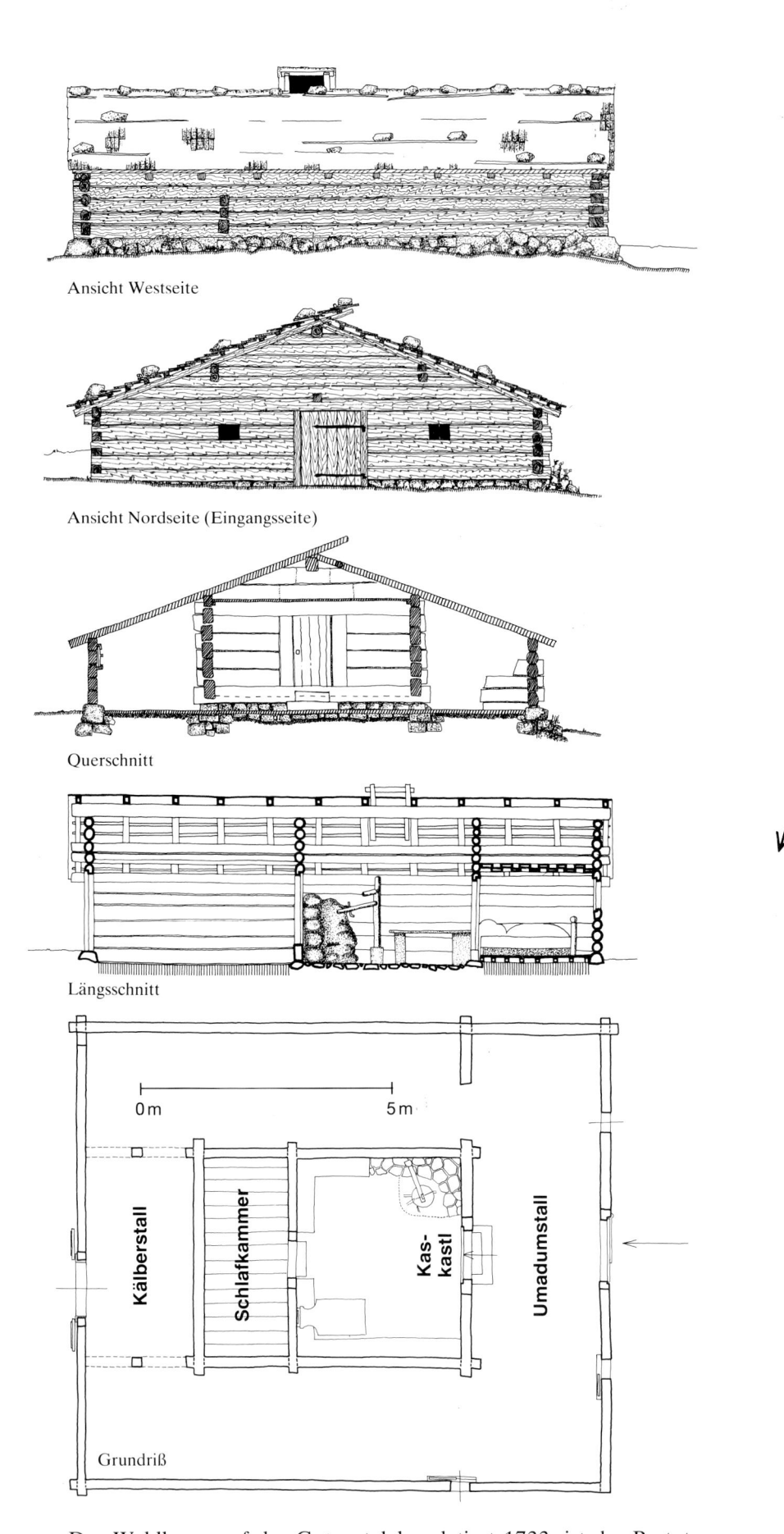

Der Wahlkaser auf der Gotzentalalm, datiert 1733, ist der Prototyp eines barocken Rundumkasers; er ist weitgehend unverändert erhalten und traditionell bewirtschaftet.

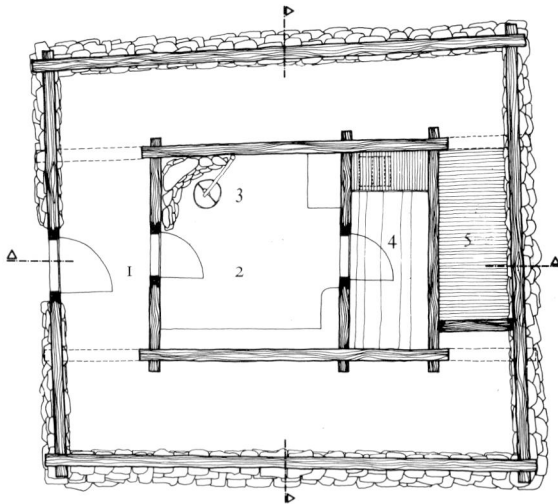

Grundriß

Rundumkaser des Berchtesgadener Landes, Seeaualm: Umadumstall (1), Kasstöckl (2), Feuerrest (3), Schlafkammer (4) und Kälberabteil (5)

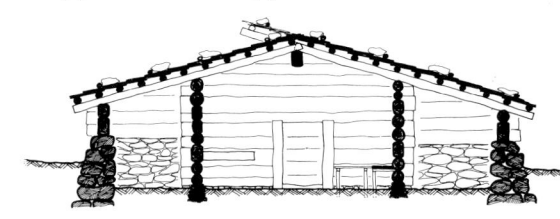

Querschnitt

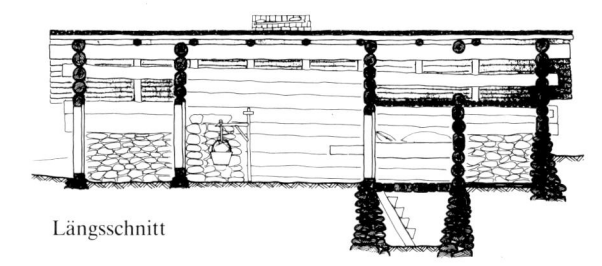

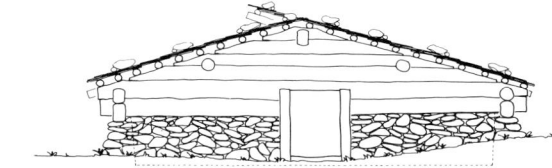

Längsschnitt

Südliche Giebelseite

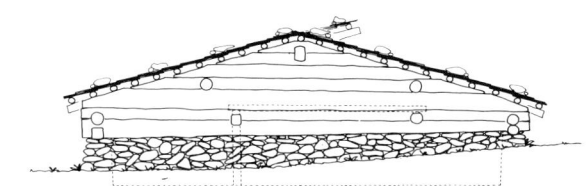

Nördliche Giebelseite

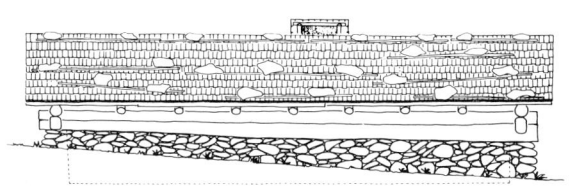

Westliche Traufseite

ter Sockel aus Feldsteinen mit einem Ruhelager aus Latschen, Laub oder Heu, das jedes Jahr erneuert wurde. In einer anderen Ecke steht ein kleiner Klapptisch mit Eckbank, darüber ein »Herrgottswinkel« einfachster Art. Längs der Innenwände laufen Auflegestangen für Kupferkessel und Käse. Ein kleiner »Pfoastkorb« (Tellerkorb) an der Wand nimmt das Geschirr und das Besteck auf. In der letzten Ecke stehen auf einem primitiven Gestell die »Stootzn«, flache hölzerne Milchbehälter (etwa 10-12 cm hoch, 35-40 cm Durchmesser), in die die frisch gemolkene Milch zum Abstehen des Rahmes gegossen wurde; war der Rahm abgeschöpft, sammelte die Sennerin die restliche Milch im »Milikübei«. War die Milch dann »gestöckelt«, wurde sie im Kupferkessel gekocht und zu Käse weiterverarbeitet. Unverzichtbares Requisit war auch der »Melkbracken«, ein Melkschemel mit drei naturkrummen Beinen. Der Fußboden war oft nur gestampfter Lehm, der im Kasstöckl manchmal noch mit einem Baumrinden-»Teppich« ausgelegt wurde. Wenn auch eine komplette Ausstattung dieser urtümlichen Behausung heute nirgends mehr erhalten ist, so sind deren wesentlichste Elemente in manchen Kasern durchaus noch anzutreffen.

Spätformen der Kaser

In einer weiteren Entwicklungsstufe des Rundumkasers wurde das Kasstöckl an eine Giebelseite geschoben. Damit waren direkte Belichtung und Belüftung möglich. Es ist bemerkenswert, daß der Zugang durch den Stall beibehalten wurde, das Kasstöckl also nach wie vor von außen nicht zu betreten ist. Erst in der letzten Phase der Entwicklung ging man von der alten Grundform völlig ab und es kam zu einer klaren Zweiteilung des Gebäudes in Stallteil und Wohnteil mit jeweils eigenen Zugängen. Entwicklungsgeschichtlich ist diese Spätform ein sekundäres Einhaus.

Apotropaia

Eine im gesamten Alpenraum außerordentlich seltene Erscheinung sind die sog. »Abwehrhände« – Apotropaia, die sich an den Kasstöckltüren der Rundumkaser auffällig häufen, an den Talhöfen jedoch nirgends anzutreffen sind. Diese Abwehrhände gehören zu den faszinierendsten anthropomorphen Zeichen überhaupt – die geöffnete, abweisend nach vorn gekehrte Hand zählt zu den ältesten, noch heute allgemein verständlichen Gesten. In vielen Darstellungen der Versuchung weist Christus mit dieser Handbewegung den aufdringlichen Satan zurück. An den Wänden urtümlicher Behausungen in Südeuropa und Afrika wehrt diese Hand noch heute drohendem Unheil. Kriss-Rettenbeck hat eine wissenschaftliche Deutung dieses apotropäischen Motivs versucht: »Beschwörung, Verwünschung, imiginative und zauberische Abwehr scheint vielfach mit den Bildern von Händen verbunden zu sein, auf denen die Finger gereckt und gespreizt dargestellt sind. Darstellungen dieser Art lassen sich bis ins Paläolithikum zurückverfolgen. Ihre Bedeutung zu klären ist praktisch unmöglich, denn keine Deutung der doch sehr unterschiedlichen rezenten Brauchübungen kann in überzeugender Weise auf diese frühen, wie auch auf die verhältnismäßig jungen Darstellungen der nordischen Bronzezeit übertragen werden, in der der erhobene Arm mit der gespreizten Hand zumindest als kultische Gebets- und Beschwörungsgebärde, oder als Heilszeichen gedeutet werden kann.

Andererseits scheinen Hände mit den gespreizten Fingern weniger Bild- und Sinnbildcharakter zu haben als die Hand mit den geschlossenen Fingern; vielmehr sind sie die ziemlich unmittelbare Umsetzung einer Gebärde in eine figurale Darstellung. Das Vorstrecken und Hochrecken der Hand mit den weit gespreizten Fingern ist eine natürliche Schutz- und Abwehrbewegung, die zuerst rein mechanisch einen möglichst großen Schutzschild gegen körperlichen Angriff bilden soll. Diese körperliche Zweckbewegung kann nun zu einer bedeutenden oder bezeichnende Gebärde transportiert werden, wobei der Abwehr- und Schutzeffekt nicht so sehr in mechanischer und körperlicher, sondern in imaginativer und dann in imaginativ-magischer Weise angestrebt wird.«[86]

Ein weiteres, relativ häufiges Motiv sind Pentagramme; Hexagramme sind hingegen sehr selten. Das Pentagramm, ein uraltes antikes Symbol, erfuhr erst im Mittelalter die Sinnesdeutung zum Bannzeichen gegen das Böse und diente seitdem als Abwehrzauber gegen dämonische Wesen. Dieses Pentagramm, das wir auf den Türen und Blockwänden der Rundumkaser finden können, wurde von den Berchtesgadener Tischlern schon in die Kindswiegen geschnitzt, um die wehrlosen Geschöpfe vor Hexenzauber zu schützen. Das Hexagramm ist neben dem Kreuz auch das häufigste Motiv im Symbolinventar der Felsbilderwelt Berchtesgadens. Auch die Darstellung von Hirschen und anderem Wild, meist etwas unbeholfen abstrahiert und wohl aus jüngeren Zeiten stammend, ist an den Kasstöckltüren anzutreffen; es ist noch ungeklärt, ob es sich hier um einen rezenten Jagd- oder Fruchtbarkeitszauber handelt. Diese noch letztlich heidnischen Motive werden allenthalben überlagert von christlichen Symbolen, vor allem dem Jesus- und Marienmonogramm.

Wasserleitungen

Auch im Berchtesgadener Land gab es auf den Almen vereinzelt Probleme mit der Wasserversorgung. So waren die Regenalm, die Kührointalm und die Stubenalm auf Wasserleitungen angewiesen, die eine Länge bis zu 2 km erreichen konnten. Als Rohre dienten ausgehöhlte Holzstämme; die Unterhaltung dieser frei ins Gelände verlegten Rohrsysteme, der andauernde Kampf gegen Vermurung, Schneedruck- und Lawinenschäden war ein aufreibendes und kostspieliges Unterfangen. In trockenen Sommern konnte gelegentlich auch diese Wasserzufuhr versagen; auf der Regenalm mußte im Sommer 1928 das Wasser eine Stunde weit in Eimern von der Gotzenalm herangeschleppt werden. Die Mittereisalm am Hirschbichl konnte wegen Wassermangel überhaupt nicht befahren werden, die Thörlalm erst einige Wochen später als sonst.[87]

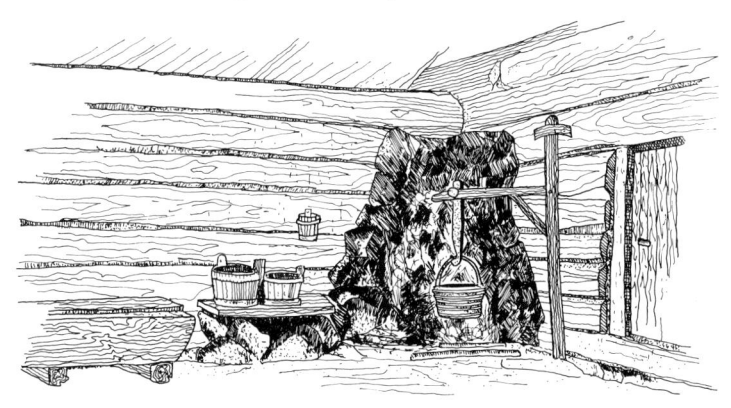

Herdecke
im ehemaligen Unterschwaigerkaser

Sitzecke
im ehemaligen Unterschwaigerkaser

Besondere bauliche Anlagen des Berchtesgadener Landes

Der Zehentstadel am Oberaschaulehen

Beim Oberaschaulehen in Bischofswiesen befindet sich noch heute der große, in seiner jetzigen Substanz aus dem 18. Jahrhundert stammende Zehentstadel der Fürstpröpste. Er hebt sich schon durch sein mächtiges steiles Halbwalmdach als landesherrlicher Bau aus den Hofbildern seines näheren Umfeldes heraus, ist aber ansonsten völlig schmucklos. Das gemauerte Erdgeschoß ist durch massive Kreuzgratgewölbe überspannt. Eine Hocheinfahrt führt von der Nordseite in die darüberliegende Längstenne. Die Dachstuhlkonstruktion ist ein zimmermannstechnisches Meisterwerk ihrer Zeit und hält jeden Vergleich mit einem großen Kirchendachstuhl aus.

Kugelmühlen[88]

Stefan Pfnür, Gastwirt und Kugelmüller, betreibt als letzter seiner Zunft noch heute neben seiner gutgehenden Gastwirtschaft eine historische Kugelmühle – allerdings wohl mehr als Attraktion für seine Gäste, die wiederum mit ihrem Souvenirbedürfnis dieses alte Gewerbe am Leben erhalten.

Nach Mautunterlagen wurden schon im 16. Jahrhundert die sog. »Murmeln« über Nürnberg und Frankfurt verfrachtet, um schließlich von Hamburg, Rotterdam, Amsterdam und London aus auf Segelschiffen bis Ost- und Westindien über die Meere zu gehen. Es zeigt sich in den alten Dokumenten, daß man sie auch »zum Schiffschwern oder zum Schießn« hernahm. Jedenfalls steht fest, daß die in Säcken und Fässern verpackten Berchtesgadener Schusser als willkommener Ballast für die Segelschiffe dienten, wenn ihre kostbare Ladung aus Gewürzen, Seide und anderen Raritäten in europäischen Häfen gelöscht war. In der Kugelmühle hängt noch der Frachtbrief für die letzte Fuhre, die im Jahre 1921 nach London ging.

Das Herstellen einer Schusser war seit jeher kein einträgliches Gewerk; nach Rechnungsunterlagen aus dem späten 17. Jahrhundert konnte man an tausend solcher Steinkugeln nur zehn Kreuzer verdienen und auch um das Jahr 1890 von der gleichen Menge erst einen Gewinn von umgerechnet 1,80 Mark erwirtschaften. Obwohl die Bauern so arm waren, daß sie auf dieses karge Zugeld über Jahrhunderte hinweg angewiesen blieben, wurden ihre der behördlichen Genehmigung nicht unterworfenen Kugelmühlen mitunter doch von der Grundherrschaft wegen Nutzung der Wasserkraft noch mit Zinsen belegt. Für den freien Handel mit den Schussern, den meist die Spezerei- und Eisenhändler in Verbindung mit den ausländischen Handelsniederlassungen betrieben, wurden auch noch Mautgebühren eingehoben.

Die Kugelmühlen konnten nur zur Sommerzeit benutzt werden, wenn die Bäche genügend Wasser führten. Doch selbst dann rissen Unwetter und Regengüsse nicht selten die mühsam errichteten Anlagen weg. So eine Kugelmühle war zumeist an einem kleineren Bergbach oder an der künstlichen Abzweigung eines Flüßchens angelegt. Sie bestand aus einer Schleuse, durch die sich bei geöffnetem Zustand das Wasser in mehrere Holzrinnen zerteilte. Jede dieser Rinnen führte zu einer Mühle, die sich um eine senkrecht in den Grund gesteckte Eisenstange drehte. Den Antrieb bekam sie dadurch, daß der gelenkte Wasserstrahl auf ein meist aus harzhaltigem Nadelholz gefertigtes Schaufelrad schoß, das sich wie eine Flachturbine um den Stab drehte. Dieses Rad aus Weideholz war fest mit einer Scheibe aus hartem Buchen- oder Eichenholz verbunden, in deren Unterseite mit einem Rundeisen fingertiefe Rillen in verschieden großen Kreisen eingekerbt wurden. Diese Rillen entsprachen denen, die mit Hammer und Meißel in die Oberfläche einer unbeweglich unter dem Holzteil der Mühle verankerten Steinscheibe eingeschlagen waren. Als Material stand also dem Hartholz widerstandsfähiger Sandstein gegenüber. Im ständigen Antrieb des Wassers rieben sich die aus verschiedenem Steinmaterial gehauenen oder schon in passender Form gefundenen Würfel zwischen Holz und Stein allmählich in den vorgegebenen Kreisbahnen oder »Gängen« rund. Je nach der Härte des Materials und der vorgesehenen Kugelgröße wurden die Schusser zwischen einem und sechs Tagen durch die Mühle gedreht. Zuerst hat man sie in Gängen mit sehr harten Schleifern grob abgerundet, bis sie dann auf weicherem Sandstein den Feinschliff bekamen.

Die billigen Schusser stellten die Kugelmüller aus Flyschmergel und aus dem Sandstein her, die noch heute in den Steinbrüchen im Berchtesgadener Land vorkommen. Es war das gleiche Gestein, aus dem neben dem Mühlenuntersatz auch die Schleif- und Wetzsteine gehauen wurden. Kostbarer waren die Schusser, die der körnige weiße Kalkstein und der rote Muschelkalk aus den umliegenden Felswänden abgaben. Die Rohlinge dazu – behauene Würfel in der Größenordnung zwischen Stachelbeeren und Pflaumen – wurden von den

Das Prinzip der Kugelmühle: Mittels eines kleinen Triebwerkkanals, dessen Fließkraft auf mehrere Holzrinnen geleitet werden kann, wird das strömende Wasser auf vertikalfixierte Schaufelräder gelenkt. Diese treiben das eigentliche Mahlwerk aus zwei Sandsteinscheiben an, in deren vorgeschlagenen Rillen wie in einem Kugellager die vorgerundeten Gesteinsbrocken aus Korallenkalk zu Kugeln unterschiedlicher Größe geschliffen werden. Die untere Scheibe der Kugelmühle ist festgemacht, während die Deckelscheibe, mit dem Schaufelrad verbunden, entsprechend der zufließenden Wasserkraft mahlend rotiert.

Querschnitt

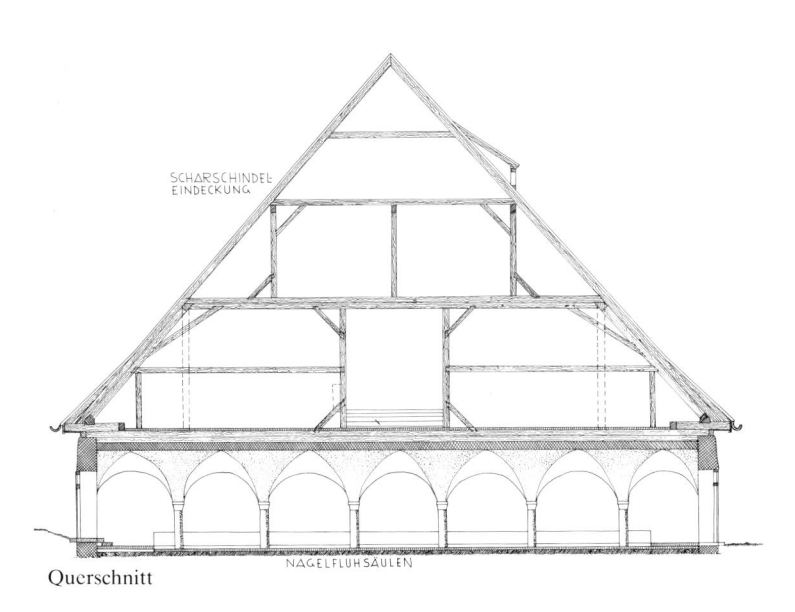

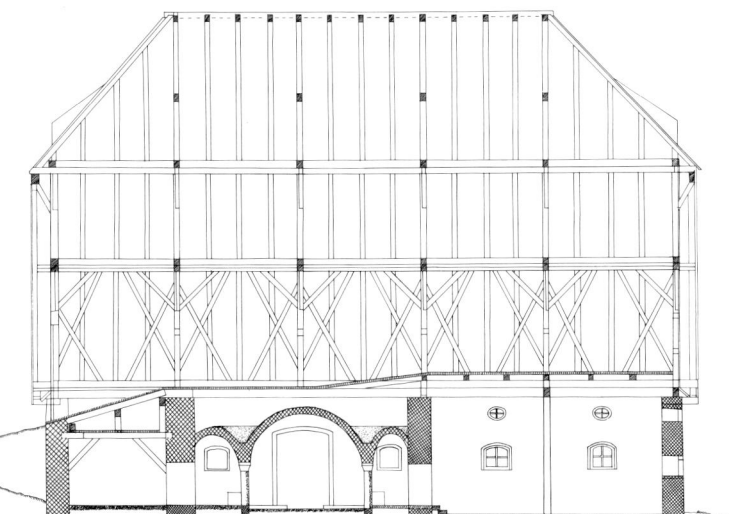

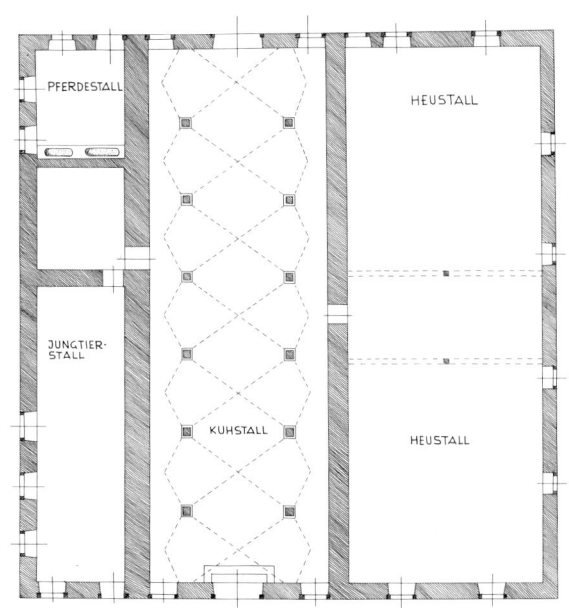

Längsschnitt

Grundriß

Ansicht Nordseite (Eingangsseite)

Ansicht Ostseite

Ansicht Westseite

Der ehemalige fürstpröpstliche Zehentstadel aus dem 17. Jahrhundert am Oberaschaulehen, Gde. Bischofswiesen, Gnotschaft Stanggaß, Aschauweg 12

Kugelmüllern entweder in harter Winterarbeit selber angefertigt, oder sie mußten den Steinbruchbesitzern je Fuhre mit 14000 bis 20000 Stück für mindestens zwei Taler teuer abgekauft werden.

Als Spitzenprodukte der Untersberger Kugelmühlen galten die Findlinge aus dem Geschiebe der Bäche und Geröllhalden. Mit andersfarbigen Einlagerungen aus fremden Gestein, mit Quarzeinschlüssen und versteinerten Schnecken entwickelten sie sich in der Mühle zu wahren Wunderwerken. Sie sind heute noch die raren Glanzstücke des letzten Kugelmüllers Stefan Pfnür, in dessen Familie die Kugelmüllerei seit dem Jahre 1683 betrieben wird. Pfnür greift der Technik seines historischen Gewerbes heute mit einem letzten Arbeitsgang etwas voraus: Er spannt die feingeschliffenen Kugeln in eine Drehspindel ein und bringt sie mit Kleesalz und Politurlappen auf Hochglanz. Wie seine Vorgänger, muß auch er sich vor einer Staublunge in Acht nehmen: das »Abstocken« der Würfel, das meist mit einem Breithammer auf steinernem Amboß geschieht, ist eine ungesunde Arbeit. Heute nahezu unglaublich ist die Tatsache, daß früher in der Schellenberger Gegend etwa 130 Kugelmühlen arbeiteten.[89]

Nahe der Kugelmühle am Ausgang der Almbachklamm finden sich noch Reste einer ähnlichen Anlage. Kurz vor der Grenze, an der Straße nach Anif, liegt am Weißbach, etwa 500-800 m nördlich der Straße die Rinne einer Kugelmühle direkt am Bach.

Im Wasser selbst sieht man noch einzelne der mit Kreisrillen versehenen Steine zum Schleifen der Marmorkugeln.

Salinengebäude
Von Fritz Hofmann

Die ehemalige Saline Frauenreut in Berchtesgaden, ein besonders interessantes Beispiel eines historischen Betriebes dieser Art, wurde schon im Jahre 1555 errichtet. Sie fiel am 15. August 1820 einem Brand zum Opfer. Am 24. April 1821 wurde vom damaligen königlichen Finanzminister Freiherr von Lerchfeld der Grundstein zu einem Neubau nach Plänen des Salinen-Oberinspektors von Schenk gelegt, und schon am 22. Juni 1822 wurde mit der ersten Sud in den neuen Pfannen begonnen.

Diese Sudanlage bestand aus dem Sud- oder Pfannhaus und enthielt eine viereckige Vorwärmpfanne mit einer Bodenfläche von 1386 Quadratfuß ($= 118$ m^2) sowie einer kreisrunden Körnpfanne, die 3028 Quadratfuß Bodenfläche ($= 258$ m^2) besaß. Die Körnpfanne wurde mit Holz gefeuert, mit ihrer Abhitze erwärmte sie die aus gußeisernen Platten zusammengeschraubte Vorwärmpfanne, die mit einer hölzernen Dunstdecke versehen war.

Die Körnpfanne war aus doppelt vernieteten Eisenblechen hergestellt und ruhte auf feuerfesten Ständern. Gleichzeitig war die gesamte Pfanne mit Haken am Gebälk des Dachstuhles aufgehängt. Der Feuerraum bestand aus zehn gemauerten, 6 Schuh ($= 1{,}75$ m) breiten und ebenso weit voneinander abstehenden, liegenden Bögen, die den Feuerrost bildeten. Die Pfannen selbst waren durch ein leichtes Bretterdach abgedeckt.

Die Sole mit 26,7 % Salzgehalt floß durch gußeiserne Röhren aus den Solebehältern durch Herdräume, wobei sie auf 20 bis 30 Grad vorgewärmt in die Vorwärmpfanne einfloß. In dieser wurde sie bis knapp auf Siedehitze gebracht, wobei sich auf dem Pfannenboden Gips und kohlensaurer Kalk als sog. »Wärmpfannstein« absetze.

Aus dieser Wärmpfanne wurde das sich bildende Salz in die »Körnpfanne« gebracht. Dort schied sich das grobkörnige Kochsalz aus. Der durch fortgesetztes Verdunsten und Ausziehen des fertigen Kochsalzes entstandene Abgang wurde durch fortwährendes Einlassen von Sole aus der Wärmpfanne ersetzt. Alle zwei Stunden erfolgte das Ausziehen des Salzes von Hand durch »Krücken« aus Holz in den »Bähr- oder Pärtrog«, einer Art Mulde, in der die mit ausgezogene Sole abrinnen konnte. Auf einer hölzernen Bühne, der »Bähr«- oder »Pährstat«, standen die hölzernen, mit Eisenreifen beschlagenen Formen, die »Bärkufen«, in die das noch nasse Salz eingeschlagen oder eingestoßen wurde. Diese Kufe war ein abgestutzter Kegel in einer 4 Kubikfuß ($= 0{,}099$ m^3) fassenden Form.

Ein solcher nasser »Fuderstock« wog ca. 130-136 Pfund. Die nach einem »Ausziehen« gewonnenen Salzkegel wurden nun auf der Bühne »umgestürzt« und blieben bis zum nächsten Ausziehen des Salzes stehen, damit die noch enthaltene Sole abtropfen konnte.

Vom sog. »Bährgraben«, einem ca. 1,2 m breiten Gang aus, nahmen die »Salzträger« die Kegel auf und brachten sie – meist auf muldenförmigen Brettern – auf ihren Schultern in die Dörr- oder Pfieselgewölbe. Von diesen besaß die Saline Frauenreut acht, sie befanden sich in einem Anbau neben dem Pfannenhaus. Jedes dieser Gewölbe war mit einer Pultfeuerung für Brennholz eingerichtet, welche entweder mit einem eigenen oder auch mit zwei der vereinigten Kamine versehen war. Die Höhe dieser Kamine betrug 53 Schuh (ca. 15 m). Jedes der 8 »Pfiesel« konnte 312 bis 400 solcher nasser Fuderstöcke aufnehmen. Nach 8 bis 10 Stunden waren sie trocken und klingend hart. In der Regel blieben sie weiß und hatten nun ein Gewicht von ca. 105 Pfund (52,5 kg).

In einer Wochensud, die 6 1/2 Tage dauerte, wurden an die 4000 Stück »Fuderstöcke«, das

Oben und Mitte:
Ehemalige Saline Schellenberg (abgebrochen 1906)

Unten: Salinenarbeiter beim Umschaufeln des nassen Salzes aus dem Tropfkasten in die Tragtruhe für den Transport auf den Dörrherd.

Grundriß

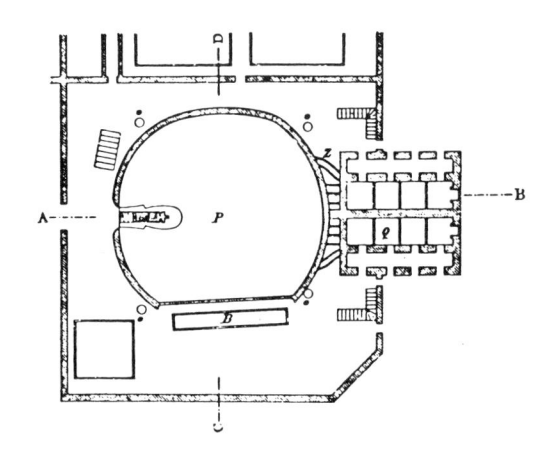

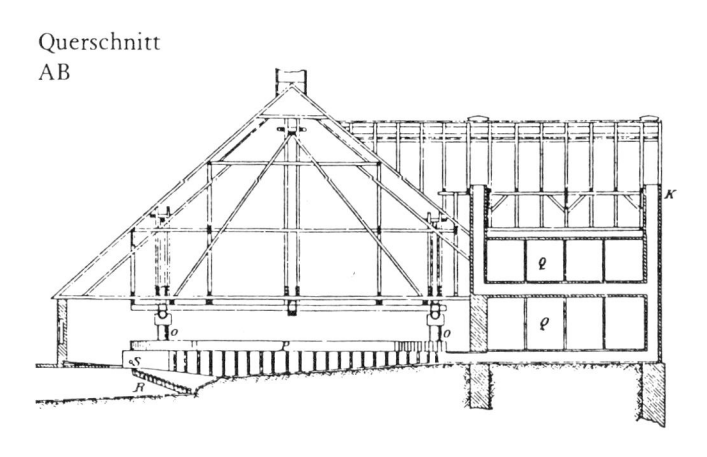

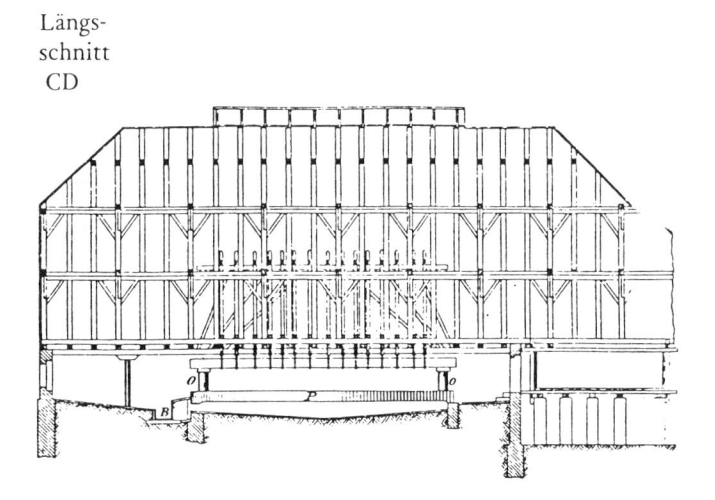

Querschnitt
AB

Längs-
schnitt
CD

Grundriß, Querschnitt und Längsschnitt
der sog. Frauenreuter Pfanne in Berchtesgaden.

Salinenarbeiter beim Ausziehen des Salzes aus der Pfanne
und beim Überschaufeln in den Tropfkasten.

Die Saline Frauenreut in Berchtesgaden.

sind 4150 Zentner Gewicht und 48 Zentner gröberes Salz produziert, wobei letzteres nach Aufhören des Unterfeuerns beim sog. »Aussogen« in der Körnpfanne gewonnen wurde.
Das aus den Pfiesel-Gewölben kommende Salz kam in die Salzmagazine, wurde zerhackt und verpackt.
In jährlich 31 bis 32 Wochenstunden betrug die Erzeugung 130000 Ztr. Salz.
Um 100 Ztr. Salz zu gewinnen, benötigte man – einschließlich Dörren und Trocknen – 4,3 Klafter (1 Klafter = 3 Ster, 1 Ster = ca. 1 m^3) Holz.
Für Reinigung und Reparatur standen nun 11 bis 12 Wochen zur Verfügung.
Im Jahre 1867 baute man diese Pfannen um und ging vom »gepfieselten« Salz auf sog. »Blanksalz« über, welches nun wie bei allen übrigen Salinen in Rechteckform hergestellt wurde, ferner ging man zum sog. »Dörrherd«, zur Trocknung des Salzes über. Zu Beginn des 20. Jahrhunderts, als man von Salzburg über Schellenberg nach Reichenhall eine Eisenbahnlinie baute, wurden die Beheizungen auf Braunkohle umgerüstet.
Im Jahre 1920 erfolgte die Stillegung.
Damit bestanden nur noch die Salinen Reichenhall und Rosenheim.
Der Transport erfolgte von den Salzmagazinen zu Berchtesgaden und Schellenberg mit Pferdewagen bis zur sog. »Rieferreib«, einem an der Salzach bei Hallein errichteten Salzstadel; von dort mit Schiffen auf der Salzach und den Inn bis Passau, um dort weiter transportiert zu werden.
Die Belegschaft setze sich im Jahre 1853 wie folgt zusammen:
Im Salzbergbau 100, im Betriebswesen 35, im Bauwesen 7, bei der Salzabfertigung 2, in der Hammerschmiede 2, in den Salzmanufakturen 1, insgesamt also 147 Personen an ständigem Personal.
Bezieht man dazu das »unständige« Personal des Waldbetriebes und des Salzbergwerkes ein, so beschäftigten das Salzbergwerk und die Saline 1369 Arbeiter mit 2011 Familien.

Triftanlagen
Von Fritz Hofmann

Die Nutzung der Salinenwälder oblag um das Jahr 1800 den Salinen-Forstrevieren Bischofswiesen, Königssee, Ramsau und Schellenberg. Daneben bestanden die Forstwarteien St. Bartholomä, Schappach und Taubensee sowie die Forststationen Au und Hintersee.
Die Arbeiten waren an 8 Holzmeisterschaften im Akkord vergeben. Ein geringer Teil kam aus den Salforsten und aus dem Revier St. Zeno im Forstamt Reichenhall.
Die wichtigsten »Selbstwasser« waren die Königsseer, Ramsauer und Bischofswieser Ache. Aber auch der Obersee und Königssee wurden zum Triften benutzt, ebenso die »Klausbäche« Königsbach, Hirschbichl-Klausbach, Almbach und Frechenbach.
Auf diesen Gewässern wurden um die Mitte des 19. Jahrhunderts rund 8000 Normalklafter Holz jährlich vertriftet.
Der Holzverlust beim Triften war im Berchtesgadener Land mit nur 4,3 % deshalb so gering, weil hier die Triftwege kürzer und die Wasserverhältnisse besser waren und die Berchtesgadener außerdem nicht »Scheiter« (aufgespaltenes Holz), sondern »Drehlinge« (rundes ungespaltenes Holz) vertrifteten.
Vor Beginn der Trift mußten, sofern Mühlen und Sägewerke Wasser aus den Bächen entnahmen, deren Kanäle mit Rechen versehen werden, damit kein Holz auf die Wasserräder kam. Solche Fangrechen waren während der Trift beim Roßhof, Marxen und Beselhäusel aufgestellt.
Eine besondere Sehenswürdigkeit muß die Trift auf dem Königssee gewesen sein. Hier gab es den »nassen« und »trockenen Holzsturz«. Der nasse Holzsturz erfolgte am Königsbach und Schrainbach.
Diese Bäche wurden durch »Klausen« (Schleusen) gestaut, die »Drehlinge« ins trockengelegte Bachbett geworfen. Nach dem »Schlagen der Klaustore« (Öffnen der Schleusen) riß das stürzende Wasser die Holzmassen mit sich und beförderte sie schließlich über die senkrechten Felswände in die Tiefe. Der »trockene Holzsturz« erfolgte über die Knauerwand. Die am Rand des Abgrunds aufgerichteten Holzstöße, die als Stützwände für rund 200 Klafter aufgeschichteten Holzes dienten, wurden meist durch Sprengung zum Einsturz gebracht. Die haltlosen Holzmassen stürzten unter gewaltigem Getöse über die 600 m hohe Wand in den Königssee. Das auf dem See schwimmende Holz trieb bei günstigem Wind bis zur Schiffslände am Nordende des Sees.
Manchmal jedoch mußte es, in »Scheeren« zusammengefaßt, durch Schiffer an seinen Bestimmungsort herangerudert werden.
Reste hölzerner Triftanlagen sind an mehreren Stellen noch heute erhalten.

Das Salzbergwerk von Berchtesgaden
Von Fritz Hofmann

Der Grubenbau dieses Salzbergwerkes wird von 4 Stollensohlen (Stockwerken) gebildet.
Der Petersberg-Stollen, Frauenberg-Stollen und Ferdinandberg-Stollen sind jeweils voneinander durch 25 m Bergdicke getrennt. Den König Ludwig-Stollen trennt eine 15 m mächtige Bergdicke zum Ferdinandsberg. Unter der König Ludwig-Stollen-Sohle (Talsohle) in 60 m Tiefe ist die Tiefbausohle durch einen Blindschacht in Auffahrung begonnen. Das älteste uns bekannte Verfahren ist die Gewinnung von Sole in der Pütte (einem Schöpfwerk), in der das eingebrachte Wasser (Süßwasser) nach Anreicherung durch das Salz ausgeschöpft wurde. Über Größe und Leistung dieser Pütten sind wir nicht unterrichtet.

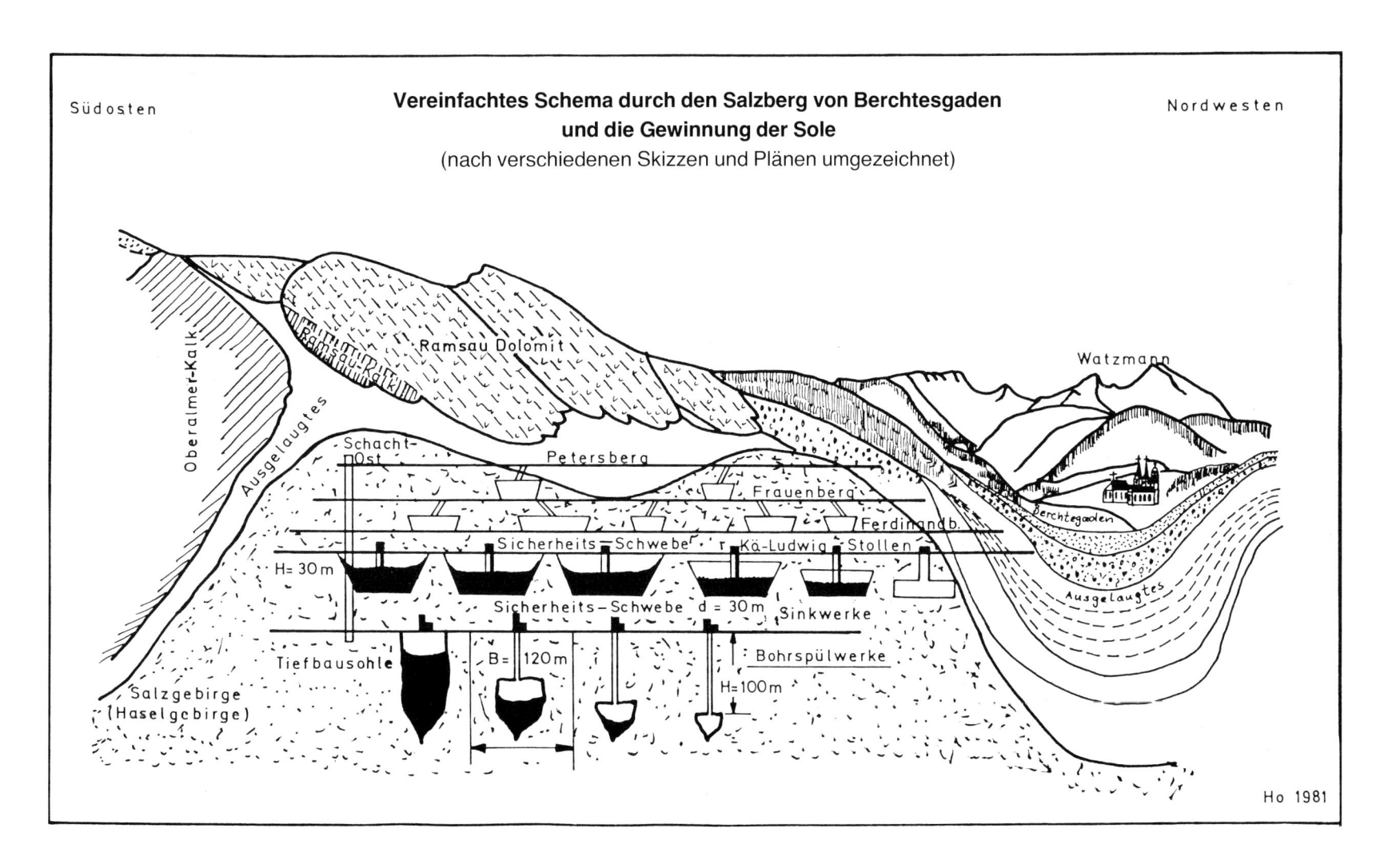

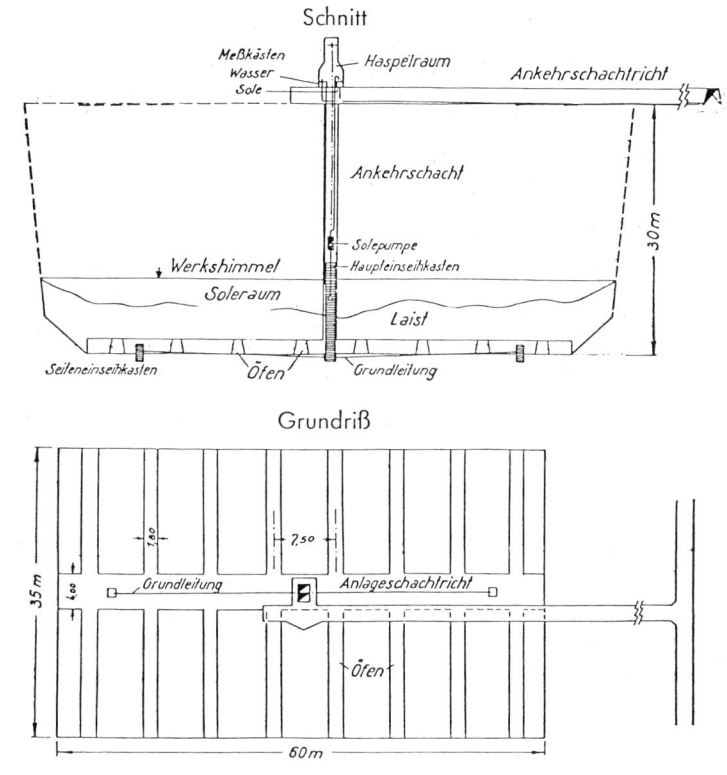

Vereinfachtes Schema durch den Salzberg von Berchtesgaden und die Gewinnung der Sole
(nach verschiedenen Skizzen und Plänen umgezeichnet)

Schematische Darstellung
eines Berchtesgadener Sinkwerkes im Unterwerksbau

Ausfahrt aus dem Bergwerk Berchtesgaden nach einer Postkarte aus dem Jahre 1907.

Seite 86: Triften auf dem Königssee.

Der Sinkwerksbau, seit Jahrhunderten praktiziert, ist der »klassische« Abbau im gesamten Bereich des alpinen Salzbergbaues. Jahrhunderte lang galt er als die einzige Methode der Solegewinnung aus dem Haselgebirge.

Da das Salz nicht in reiner Form als Steinsalz vorkommt und man es nicht einfach sprengen, sieben und verpacken kann, sondern es erst mit Frischwasser (Süßwasser) aus dem Berg lösen und zu Sole »verflüssigen« muß, um es hernach durch Verdampfen des Wassers zu Salz zu machen, sind sog. Kunstbaue notwendig.

Bei den ersten Sinkwerken, bei denen man ohne »Abteufen« eines Schachtes auskommen mußte, wurde ein Schrägschacht von 40 Grad Neigung bis zum ca. 30 Meter tiefen Beginn des neu zu schaffenden Werkraumes mittels »Wirkeisen« – ähnlich der Berghaue des Erzbergmannes – durch Handarbeit erstellt. Über diese Werkschachtricht wurde der »Berg« heraufgefördert und anschließend die Wasserleitung eingebaut. Zum Schluß erfolgte der Einbau eines Dammes, das »Wehr«, für dessen Bau vor allem der aus dem verlassenen Sinkwerk stammende »Laist« Verwendung fand. Durch diesen Damm erfolgte auch das Ausleiten der Sole über eine dort fest verdemmte Rohrleitung. Es passierte öfters, daß das »Wehr« undicht wurde oder gar brach. Erst mit dem Bau des Ankehrschachtes, über den das Wasser zugeführt und die so gewonnene Sole durch Pumpen abgezogen wurde, ist dieser ständige Gefahrenherd beseitigt worden.

Das Auffahren eines modernen Sinkwerkes geschieht wie folgt:
Von der Hauptschachtricht (Strecke) wird die sog. Ankehrschachtricht (Stollen) 45 m in das von den Marktscheidern (Bergvermessungstechniker) bestimmte Feld vorgetrieben. Von hier wird mittels Abteufgreifer (früher von Hand und Haspelwerk) ein 30 m tiefer Schacht, der Ankehrschacht, von der Erweiterung dieses Stollens (Haspelkammer) aus abgeteuft. Am Ende des Schachtes folgt die Vorrichtung des Werkraumes, das spätere Sinkwerk, in dem man nach beiden Seiten der Anlageschachtricht (Stollen) mit 30 m Länge auffährt. An ihren beiden Seiten treibt man rechtwinklig Querstrecken von 15 m Länge nach beiden Seiten. Somit ergibt sich ein Werksraum von 60 m Länge, 35 m Breite und 2 m Höhe, der nun zum sog. Vollausschießen vorgerichtet ist. Das durch Sprengung gewonnene Haselgebirge wird mittels Greifer (früher Haspel) über den Ankehrschacht gefördert und in ein altes, bereits nicht mehr in Betrieb stehendes Sinkwerk verstützt. Hier wird dieses mit Wasser aufgelöst (niedergerieselt) und so ebenfalls zu Sole gemacht.

In die freigeförderte Kammer – auf der Sohle des neuen Sinkwerkes – wird der »Einseihkasten« montiert, der eine Grundfläche von 1 qm hat. Er besteht aus jalousieartig eingesetzten Vierkanthölzern und dient dazu, beim Abpumpen der Sole Ton und Anhydrit zurückzuhalten. Nachdem die Pumpe, die Sole- und die Wasserleitung eingebaut sind, ist das Sinkwerk vorgerichtet. Die Kammer wird nun mit Wasser gefüllt, das »Aufsieden« des Werkes beginnt. Jeden Tag laugt das eingeleitete Wasser 1 cm Salz-Gebirge aus der Himmelsfläche und an den Ulmen (Seitenwänden) ab. Laist und Ton sinken zu Boden. Anhydrit bleibt als »Fels« stehen – daher der Name Sinkwerk. Dieser zu Boden sinkende Laist bildet eine wasserundurchlässige Schicht. Täglich entstehen so etwa 100 cbm 26,5 %ige Sole. Die »Kunst« des Wässerns besteht nun darin, nicht mehr Frischwasser (Süßwasser) einzuleiten, als hochgradige Sole durch die Auslaugung des Haselgebirges erzeugt werden kann, aber auch nicht mehr gewonnene Sole abzupumpen, da in beiden Fällen der Sättigungsgrad abfallen würde.

Im Durchschnitt ist ein solches »Sinkwerk« 10 Jahre in Betrieb. In diesem Zeitraum werden ca. 300000 cbm vollgesättigte Sole gewonnen. Über eine Rohrleitung, die sog. Soleleitung, wird die Sole nach Reichenhall zur Saline gepumpt.

Die seit dem Jahre 1975 entwickelte neue Art der Solegewinnung ist das Bohrspülwerk. Sie hat den »klassischen« Abbau (Sinkwerksverfahren) abgelöst. Durch Kernbohrungen und deren detaillierte geologische Auswertung wird der Standort für ein Bohrspülwerk festgelegt, um einen Substanzverlust – frühzeitiges »Erblinden« – eines Werkes nach Möglichkeit auszuschließen. Bereits beim Auffahren der Tiefbausohle werden mit modernsten Streckenvortriebsmaschinen die Strecken aufgefahren.

Von einer Bohrkammer (früher: Haspelkammer) aus wird eine Großlochbohrung von 670 mm Durchmesser 125 m in die Tiefe niedergebracht. Durch Einleiten von Wasser und Förderung des anfallenden Laistes mittels Lufthebeverfahren wird am Fuße des Bohrloches ein trichterförmiger Hohlraum von ca. 3500 bis 5000 cbm erspült (Bohrspülwerk). Ähnlich wie beim Sinkwerk wird eine kontinuierliche Wässerung durchgeführt. Der Unterschied besteht darin, daß nicht mehr ein »See«, sondern ein zylindrischer Schlot oder Schacht mit einer Höhe von 110 m kontrolliert entsteht. Diese erstmals im Salzbergwerk Berchtesgaden entwickelte kombinierte Bohr-Spül-Lufthebetechnik ist rationeller, erspart viel Arbeitszeit und bietet eine bessere Ausnutzung der Lagerstätte.

Seit Ostern 1982 ist die mit großem Aufwand errichtete neue Fremdeneinfahrt fertiggestellt. Sie gibt einen umfassenden Einblick in die Arbeit des Salzbergmanns.

Fahrt auf dem unterirdischen See.
Originalzeichnung von Fried. Stahl.

Der unterirdische Salzsee im Bergwerk Berchtesgaden als touristische Attraktion der Jahrhundertwende

Baustoffe, Bauglieder und Ausstattungen

Die Baustoffe
Von Dr. Josef K. Heringer

Holz

Die Wälder Berchtesgadens sind reich an Nadelbäumen; vorherrschend sind Fichte, Tanne, Lärche und Zirbe. Nadelholz hat gegenüber den meisten Laubhölzern den Vorzug, daß es geradschäftig wächst und leicht mit dem Beil geklinkt werden kann; es findet sich im Bereich der ganzen Landschaft - selbst auf den Plateauflächen der Hochalmen.

Der Zeitpunkt des Fällens von Bauholz richtete sich alter Erfahrung gemäß nach der Vegetationruhe. Beste Fällzeiten waren demnach die Wintermonate und hier die Zeit um die Wintersonnenwende, kurz vor Weihnachten. Dies ist der Zeitpunkt, da die meisten Reservestoffe im Stamm gespeichert sind und die geringste Lebensaktivität festzustellen ist. Das so geschlagene Bauholz erreichte dann nach mehrjähriger Naturtrocknung eine so gute Beschaffenheit, so daß es weitgehend frei von Insektenbefall blieb, sich in Form und Lage kaum veränderte, weniger fäulnisanfällig war und über Jahrhunderte erhalten werden konnte. Lediglich Hölzer, deren Verwendungszweck stark an Wasser gebunden war, sei es als Deichel (gebohrte Holzröhren für die Leitung von Wasser oder Sole) oder als Brunnentrog oder Stallboden, wurden »im Saft« geschlagen, also im Frühjahr oder Sommer. Meistens fand Tannenholz dazu Verwendung, da es sich bei stagnierender Nässe haltbarer als die Fichte erwies.

Als besonders gesuchtes Bauholz galt die Lärche. Wenn das helle Splintholz abgeklinkt und der Stamm zum vierseitig geplätteten Balken wurde, war Schädlingsfreiheit und außerordentliche Langlebigkeit gesichert.

Gegenüber dem gesägten Holz gilt das mit dem Beil bearbeitete als witterungsbeständiger, was mit der Holzglättung bei der Schlagbehandlung zusammenhängen mag.

Naturstein

Die behördlichen Auflagen führten im Berchtesgadener Land schon sehr früh zur Steinbauweise, die aber baugeschichtlich durchwegs als »sekundärer Steinbau« anzusehen ist.

Feld- und Bruchsteine lieferte der steinige Boden zur Genüge; Mischbautechnik tritt schon im 16. Jahrhundert auf, das durchwegs massiv gemauerte Haus vereinzelt im späten 18. Jahrhundert. Als Bau- und Werkstein fand der rote Hallstätter Kalk häufig Verwendung. Berchtesgaden ist der einzige Ort des bayerischen Alpenraums, der über Hallstattkalk in dieser Güte und Häufigkeit verfügt und sich deshalb seine massenweise Verwendung leisten kann.

Hallstätter Riffkalk wird als Werkstein bei Zill nahe der Grenzstation zum Salzburgischen hin abgebaut. Bausteine für den Stollenausbau der Salzbergwerke und die zahlreichen Straßenstützmauern wurden an der Sunklerwand unweit Schellenberg gebrochen. Mit dem steingemauerten Grundsockel und dem mörtelgefügten Baustein kam allmählich auch jener Haustein in Gebrauch, der dann für die Berchtesgadener Hauslandschaft besonders typisch wurde — der Untersberger Marmor, ein dem roten Hallstätter Kalk äußerlich ähnlicher Stein. Er ist kein echter Marmor, sondern stellt ein rotes Konglomerat der Gosauschichten und Unteren Kreide dar.

Als hochgeschätzter Werkstein und Exportartikel ziert er nicht nur exponierte Stellen in vielen bayerischen Klöstern, Schlössern und Staatsbauten, sondern wurde auch zahlreichen Bauten des Dritten Reiches beigefügt.

Gebrochen wurde der rote »Marbelstein«, der meist ein weißer bis rötlicher Hallstätter Kalk ist, am Kälberstein und am Steilabsturz oberhalb des Bahnhofes Berchtesgaden. Wichtige Bauten Berchtesgadens, so die Doppeltürme des Münsters, das Pfarrhaus im Nonntal, die Bergwerksgebäude und der Franziskaner-Kirchturm sind aus diesem weißrötlichen und verwitterungsbeständigen Kalk erbaut. Als Steinplattenbelag auf Gehsteigen, Hausvorplätzen und Hausfluren sowie als Werkstein für Tür- und Fenstergewände, Gedenksteine und Mauern ist er ebenso beliebt wie häufig und drückt der Hauslandschaft den unverwechselbaren Stempel liebenswerter Eigenart auf. Aus Braunkalk aus den Flußbetten der Gebirgsbäche, teilweise auch aus Steinbrüchen stammte das Material für die Kalkbrennerei, die im ganzen Berchtesgadener Land früher sehr verbreitet war und im zweiten Drittel des 19. Jahrhunderts allmählich zum Erliegen kam.

Mauerziegel und Dachziegel

Fotos aus den Jahren nach dem Zweiten Weltkrieg zeigen die überwiegende Mehrheit der Bauern- und Handwerkerhäuser noch mit Legschindeln und Abschwersteinen gedeckt.

Die Tonvorkommen des Berchtesgadener Landes beschränken sich auf kleinere Einlagerungen in der Strub und im Gebiet des Hallthurm-Mooses — beide im Bischofswieser Tal gelegen. Es handelt sich hier um flach sedimentierte Gletschertrübe, die allerdings stark mit Dolomitteilchen durchsetzt ist und folglich nie besondere Wertschätzung erlangte. Die Tonverwendung für Töpferwaren und Ziegelherstellung hörte daher mit dem Anschluß Berchtesgadens an das Eisenbahnnetz auf.

Der letzte Fürstpropst, Josef Konrad von Schroffenberg, hatte im Jahre 1792 in der Strub im Dachelmoos bereits Lehm und Torf zur Ziegelfabrikation stechen lassen. Er war bestrebt, durch Einführung dieses neuen Baumaterials Holz als Werkstoff zu sparen. Den Bemühungen war kein großer Erfolg beschieden, auch in späterer Zeit nicht, denn der Ziegellehm hatte zu viele Kalkbeimengungen, die ihn zu brüchig für Dachziegel und allgemein wettbewerbsunfähig machten. Im Jahre 1906 wurde die Ziegelproduktion ganz eingestellt.

So kam es, daß der Ziegel als Baustein, Dachplatte oder Bodenplatte bei der Entwicklung der Hauslandschaft kaum eine Rolle spielte. Holz und Kalkstein überwogen wie kaum in einer anderen Landschaft und hielten sich infolge der Abgeschlossenheit des Gebietes länger als andernorts.

Die sandsteinartigen Werfener Schichten, die als Sockelmaterial der Gebirge häufig an den eingesägten Schluchten der Ramsauer und Berchtesgadener Ache anstehen, sind hitzebeständig und wurden daher als Werkstein für alle dem Feuer ausgesetzten Bauteile, wie Öfen und Pfannenstellen der Saline, eingesetzt.

Altes Legschindeldach mit weiten Dachvorsprüngen, hölzerner Dachrinne und hölzernen Rinnhaken. Auch der kleine, davorgebaute Schweinestall trägt ein Legschindeldach.

Die Bauglieder
Auf der Grundlage der Dissertation von Dr. Ing. Mathilde Tränkel

Wände

Das Berchtesgadener Land zeigt fast alle Formen des Holzblockbaus:[90]
Der Umadumstall des Rundumkasers sowie auch der Stadel sind teilweise in derbem Rundholzblockbau mit einfachen Verkämmungen gezimmert. Kantholzblockbau mit waldkantig belassenen Außenflächen war bei den Innen- und Zwischenwänden der älteren Bauart üblich.

Die Kasstöck'ln hingegen, vor allem aber die Außenwände von Feuerhaus und Feldkasten, sind stets in sorgfältig gefugtem Kantholzblockbau gezimmert. Um möglichst dichte Wände zu erhalten, wurden die Lagerflächen der Schrotbäume vielfach ausgehöhlt und die Höhlungen mit trockenem Moos dicht gefüllt. Um eine tadellose Lagerung der Balken zu erreichen, wurde beim Aufführen der Wände mit den Wurzel- und Gipfelenden der einzelnen Stämme gewechselt. Um ein gegenseitiges Verschieben der Blockbalken zu verhindern, wurden zur Versteifung alle 60 cm bis 80 cm kantig verarbeitete Dübel eingeschlagen, die in älterer Zeit aus Esche, später aus Lärchenholz gearbeitet waren. Selbst nach der Erfindung der Gattersägen haben die Zimmermeister für den Hausbau vielfach keine geschnittenen Balken verwendet, sondern die Stämme in alter handwerklicher Technik gehackt (»gebeilt«) und nachher noch mit dem Schropper und dem Hobel bearbeitet. Die so gefügten Wände wurden durch die gleichmäßige Auflagerung und Druckverteilung so dicht, daß die Fugen neben den Längsrissen völlig verschwanden. Da man bei den ältesten Blockbauten noch keinen Steinsockel ausführte, wurden die untersten »Schrotbäume« aus Lärche oder Eiche ausgeführt.

Die sorgfältig eingebundenen Querwände sorgten für die nötige Versteifung des Blockgefüges.

Die älteren Blockbauten sowie die Baulichkeiten auf den Almen sind durchwegs mit Hakenblattüberkämmungen mit doppelseitigem Ausschlag zusammengefügt, die Vorköpfe wurden als »Kettl'n« bezeichnet. Bei den Schwalbenschwanzverbindungen, die im 18. Jahrhundert aufkommen, finden wir kunstvoll gestaltete »Vorkopfschrotten« und »Schlußschrotten«; die Kopfschrotten der Querwände waren vielfach ornamental oder figürlich gestaltet.

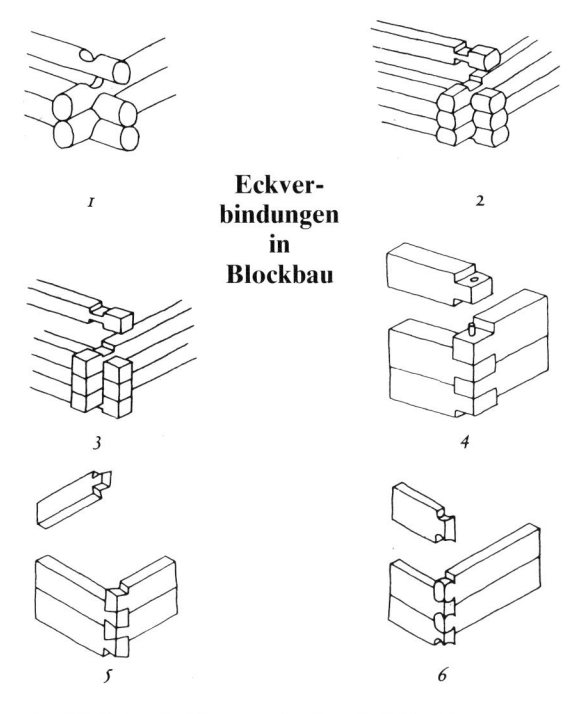

Eckverbindungen in Blockbau

1 Einfache Verkämmung im Rundholzblockbau.
2 Doppelte Verschränkung im Kantholzblockbau mit waldkantig belassenen Außenflächen.
3 Doppelte Verschränkung im Kantholzblockbau.
4 Doppelte Überblattung.
5 Schwalbenschwanzförmige Verzinkung.
6 Schwalbenschwanzförmige Verzinkung mit aufgewölbten Lagerflächen.

Vordach-Untersicht eines alten Stadels:
Die Rinnhaken werden mit »Schwingen« (an der Traufe) und »Spannern« (nahe der Wand) zwischen den Rofen verspannt.

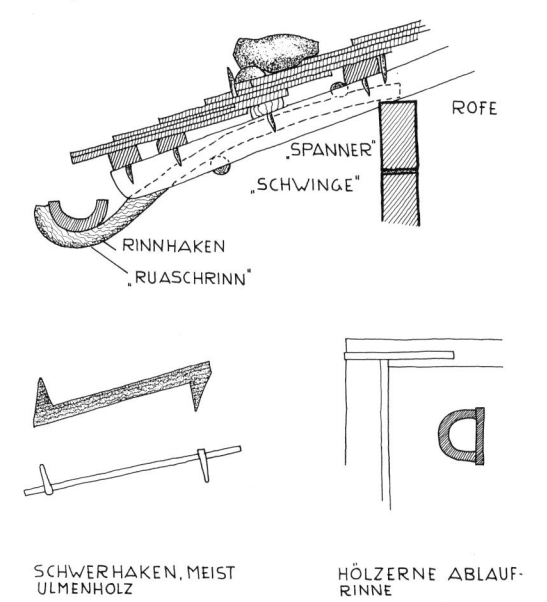

Einzelne Teile und Glieder des Daches:
Ausbildung der Traufe und des Firstes, »Schwerhaken« zum Einlegen der Abschwerstangen, »Ruaschrinn« mit kastenförmiger hölzerner Regenablaufrinne.

Decken

Die häufigste Form älterer Stubendecken ist die Riemlingdecke, die wohl ins 16. Jahrhundert zurückreicht. Zwischen zwei Balken (»Reamling«, »Läufer«) liegt jeweils eine Bohle (»Stuizbrett«, »Binder«); dabei sind die oberen Balkenränder soweit ausgenommen, daß die aufliegende Bohle mit dem Balken eben abschließt.

Daneben waren auch überlukte Decken üblich: Die mit etwa 15 cm Abstand zueinander verlegten Bohlen der untersten Bohlenlage tragen eine weitere Bohlenlage, auf der dann als Fußboden des Oberstocks »gasterte« Bretter lagen, also ein Boden aus gefalzten, später sogar gefederten Brettern. Als Fehlboden wurde gelegentlich eine 3 cm dicke Lehmschicht aufgebracht.

Unter dem Dach wurde anstelle eines Bretterbodens eine dickere Lehmschicht als Wärmeschutz aufgebracht.

Im Oberbodenpoint lagen auch im Obenauf als Decke einfach überlukt verlegte Bohlen ohne Lehmschlag, die gegen das Anheben durch Windsog und gegen das Verschieben der Bohlen − ähnlich wie das Legschindeldach − mit Abschwersteinen belegt waren.

Die Decke im »Haus« erhielt niemals einen Zwischenboden, sie wurde nur aus Balken mit darübergelegten gefalzten Brettern gebildet. In allen größeren Räumen der älteren Anwesen finden wir unter der eigentlichen Decke einen kräftigen Mittelbalken, hier »Tram« (von lat. trabs = Balken), »Trambaam« oder »Duizug« (Durchzug) genannt. Er verhängt nochmals die Außenwände mit der inneren Schrottwand und versteift das Blockgefüge. Dieser Mittelbalken trägt vielfach Datierung und Initialen in nachgotischen oder barocken Kartuschen, daneben oft noch ein Hexagramm oder das Jesus- und Marienmonogramm.

Besonders reich gestaltete Balken sind − mit Ausnahme der Auflagerbereiche − auf ihre ganze Länge mit dem Ornament des gewundenen Taues verziert.

Dächer

Ein fernwirksames Charakteristikum der alten Berchtesgadener Höfe war das Legschindeldach − erstmals Leitmerkmal ostalpiner Baukultur schlechthin, heute meist nur noch in der Almregion in geschlosseneren Komplexen erhalten. Es hatte sich in weiten Teilen des alpinen Raumes aus ökologischer, wirtschaftlicher und handwerklich-technischer Sicht als die bestmögliche Dachdeckung erwiesen.

Das Flachdach mit Legschindeldeckung war wohl im gesamten westlichen Teil des Ostalpenraumes schon lange vor der bairischen Einwanderung üblich; wahrscheinlich ist es schon zwei Jahrhunderte v. Chr. im Alpenraum heimisch geworden. Bis ins späte 19. Jahrhundert war die Legschindel hierorts für die Dachdeckung der Bauernhöfe unentbehrlich. Während der Blockbau in der Regel von sachkundigen Zimmerleuten gehackt und ausgeführt wurde, war es von jeher Sache des Bauern, das Dach zu unterhalten; da fast in jedem Haus irgend eine Form des Holzhandwerks ausgeübt wurde, war man im Umgang mit Holz ausreichend gewandt. Das Schindelholz mußte gerade und engwüchsig sein und durfte beim Spalten nicht verlaufen. Das begehrteste Schindelholz lieferte die Lärche, doch da sie schon immer knapper als die Fichte war, griff man häufig auf letztere zurück. Ein Schindeldach aus Lärche mußte in der Regel alle 8 bis 10 Jahre, eines aus Fichte alle 5 bis 6 Jahre umgedeckt werden. Die Lebensdauer der Schindeln war unterschiedlich und betrug je »Windzügigkeit« oder »Windschattigkeit« etwa 30 bis 50 Jahre. Schindeln von rauchdurchzogenen Dächern, wie man sie noch auf Almhütten findet, wurden noch älter. Das ausgesonderte Dachholz wurde im Ofen verheizt oder, wenn es sich um längere Brettschindeln handelte, gespalten und zum Ausbessern der Spälter- und Kreuzsteckenzäune verwendet. Die Abschwersteine wurden ebenso wie die Steine für das Fundament beim Urbarmachen der Felder ausgegraben, aus dem Wildbach oder aus dem Steinbruch geholt.

Mitbestimmend für den Charakter des flachen Legschindeldaches ist der weite Dachvorsprung.

Das Regenwasser, das die feuchtigkeitsempfindlichen Blockwände schon bei schwachem Wind durchnässen kann, tropft infolge der rauhen Struktur des Legschindeldaches schon sehr verzögert ab und die weiten Dachüberstände können allein schon durch den von ihnen erzeugten Luftstau auch bei stärkerem Wind das abtropfende Wasser von der Hauswand fernhalten.

Während die Pfetten der Legschindeldächer auffallend kräftig sind, waren die »Rofen« (Sparren) verhältnismäßig schwach; sie wurden früher aus Stangen gebildet und nur mit einem einzigen Holznagel einzeln an der Firstpfette aufgehängt. Erst später hat man die Rofen paarweise angeordnet; dabei wurden sie oben »gefletscht«, d.h. hälftig ausgenommen und durch einen waagrechten Holznagel miteinander verbunden.

Mit Rücksicht auf das Schwinden und Senken des Blockwerks lagerte man sie auf der Fußpfette stets nur lose auf. Quer über die Rofen wurden in etwa 30 cm Abstand firstparallel laufende Latten aus gehackten Stangen von 5 bis 6 cm Durchmesser verlegt, in den Schnittpunkten mit den Rofen waren diese Stangen mit einem Holznagel gegen Abrutschen gesichert. Auf diesem Lattenrost wurden die Schindeln in dreifacher Überdeckung aufgebracht. Es waren handgespaltene, ungesäumte Lärchenschindeln, ungefähr 15 cm breit und 70 bis 72 cm lang. Die unterste und die oberste Schindelreihe wurde doppelt verlegt und zwar so, daß die Schindeln der Wetterseite am First etwa 10 cm überstehen. Durch das Aufbringen von steinbeschwerten »Schwerstangen« wurden die Schindeln gegen Abheben durch Windsog gesichert. Zum Halten der Schwerstangen dienten zusätzliche »Schwerhaken« aus Ulmenholz oder aber Hängeschindeln, oben mit einem nach innen ragenden Zapfen von 8 bis 10 cm Länge versehen, der in den Lattenrost eingehängt wurde. Ein nach außen stehender Zapfen am unteren Ende der Hängeschindeln trug die »Schwerlatte«. Je nach Windanfall wurden die Hängeschindeln in 1 bis 2 m Entfernung vom First verlegt. Die Abschwersteine wurden so über das Dach verteilt, daß am First und an den Dachsäumen, also immer an den vom Wind am meisten angegriffenen Punkten, die größten Steine lagen. Gegen das Abheben der Schindeln am Ortgang wurde ein Windladen längs der Rofen angebracht. Er war etwa 30 cm breit, 3 cm dick und schloß an der Oberkante knapp über den Schindeln ab. Zur Verstärkung, aber auch als Zierde, diente der 12 bis 15 cm breite »Doppler«. Die beiden Bretter trugen gemeinsam den »Wetterschlag«, ein 8 bis 10 cm breites Lärchenbrett, welches das Eindringen von Wasser zwischen Rofen und Windladen sowie unter die Schindeln verhindern sollte. Dieses Brett war besonders wichtig, wenn über den Rofen eine Vordachverschalung angebracht war. Das Hirnholz der vorspringenden Pfettenköpfe wurde durch ein Tropfbrettchen geschützt; es ist später meist in Zierformen ausgebildet worden.

Das Regenwasser wurde in einer hölzernen, weit vorspringenden Regenrinne (»Ruasch«, »Ruaschrinn«) aufgenommen und lief dann offen in eine Sickergrube ab. Bei den ältesten Dächern wurde das in der Dachrinne zusammenlaufende Wasser vielfach in einer hölzernen Ablaufrinne oder einem Ablaufkasten in eine Grube geleitet. Zur Befestigung der Dachrinne wurden an der Oberkante der Rofen die sog. »Schwingen« angebracht, denen in etwa 80 cm Entfernung, dem Dachfirst zu, die »Spanner« an der Unterkante der Rofen entsprechen. Unter den Spannern und über die Schwingen hinweg wurde der hölzerne »Rinnhaken«, ein gebogen gewachsenes Holz gelegt, das die Rinne trug und das durch das Gewicht derselben mit den beiden anderen Hölzern verspannt wurde.

Bei den ältesten Häusern war nur die Firstpfette reicher gestaltet, sie trug neben der Jahreszahl der Erbauung noch die Initialen des Bauherrn. Bei den Seitenpfetten war die Formgebung sehr sparsam und ging über eine Abschrägung mit einer Fase kaum hinaus.
An den ältesten Dachstühlen haben sich noch sehr urtümliche apotropäische Ausformungen des vorstehenden Unterfirstes in Gestalt dämonischer Fratzen erhalten. Dieser geschnitzte »Houdibock« (Houdij = hohe Diele) ist zu einem gestalterischen Charakteristikum vieler Berchtesgadener Höfe geworden. Die schönste Ausbildung erfuhren die Pfettenköpfe im 18. Jahrhundert, als sich zur Schnitzerei noch ornamentale Bemalung gesellte.
Die apotropäischen Bedeutungen gerieten bald in Vergessenheit und die dämonischen Abwehrsymbole wandelten sich zu Zier- und Schmuckformen.
An christlichen Symbolen sind namentlich das Kreuz, vereinzelt das Jesusmonogramm IHS und das Marienmonogramm anzutreffen.
Beim Abbruch des Anwesens Bischofswiesen, Loiplerstraße 2, datiert 1682, entdeckte man an der Oberseite der Firstpfette drei eingelassene kleine Wachskreuze von je 4 cm Seitenlänge.[91] Die Kreuze wurden wahrscheinlich 4 bis 5 cm aus dem Holz herausgestemmt, das Wachs dann flüssig in die Kerben eingegossen. Vermutlich handelt es sich bei den drei übereinanderstehenden Kreuzen um eine Form des Haus- und Wettersegens sowie der Unheilabwehr, wobei die Bedeutungsdifferenzierung kaum mehr nachweisbar ist. Zu solchen Zwecken wurde meist geweihtes Wachs von Oster- oder Wallfahrtskerzen verwendet. Die Segensgeste des Dreifaltigkeitssymbols mag für die Dreizahl bestimmend gewesen sein.

Lauben

Ein charakteristisches Merkmal des Wohnteils ist der giebelseitige »Gang« (Balkon); er folgt dem konstruktiven Schema zeitgenössischer »Lauben« (allgemein üblicher Ausdruck für Balkon am Bauernhaus). Auf den auskragenden Wandblockbalken (»Gangbruck'n«) sind die »Gangroas'n« aufgekämmt oder aufgeblattet. Die »Gangbruck'n«, zwei übereinanderliegende, durch Schlußkeile oder Dübel fest miteinander verbundene Balken, kragen nur etwa 60 cm, später bis zu 80 cm weit aus. Der daraufliegende Dielenboden besteht nur aus 2, später aus 3 dicken Bohlen (»Gangtraggen«). Zwischen Blockwand und »Gangroas'n« verringerte man die freie Spannweite der Gangbohlen durch 1 bis 2 schwache Zwischenhölzer.
In die »unteren Gangroas'n« sind die »Gangsäulen« (Brüstungssäulen) eingezapft, die wiederum den »oberen Gangroas'n«, ein Ab-

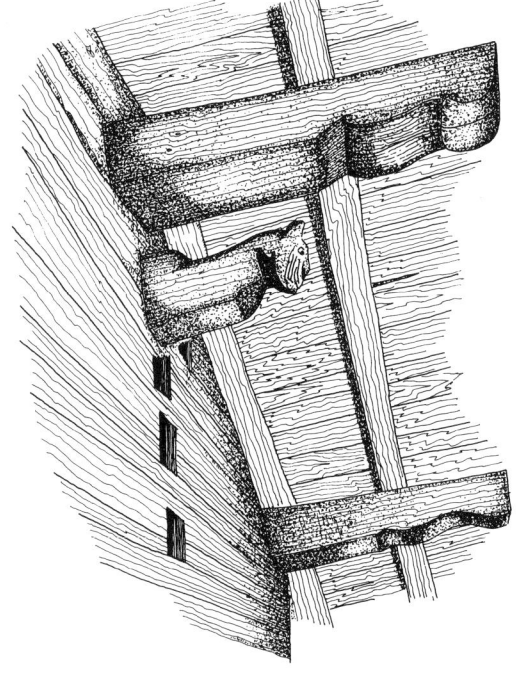

Schnittzeichnung durch ein in Blockbau gezimmertes Giebeldreieck mit Hochlaube, in seitlicher Ansicht die Pfettenköpfe, der »Houdibock« und die Laubensäule (Mentenlehen).

Darunter eine Schrägansicht desselben Motivs (Schiedlehen).

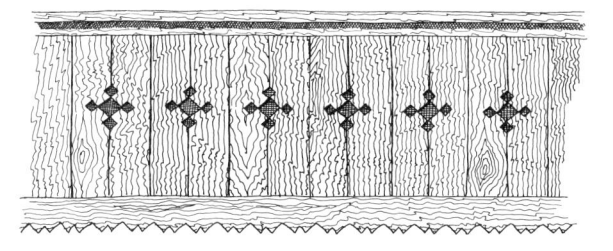

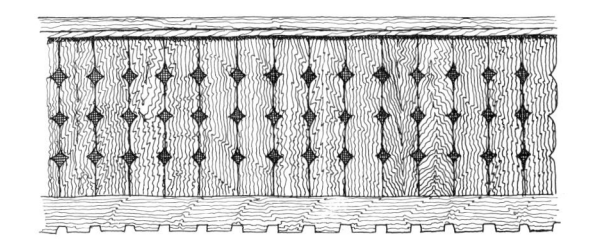

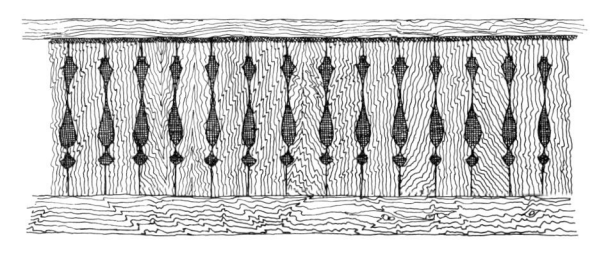

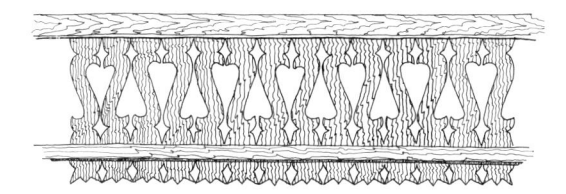

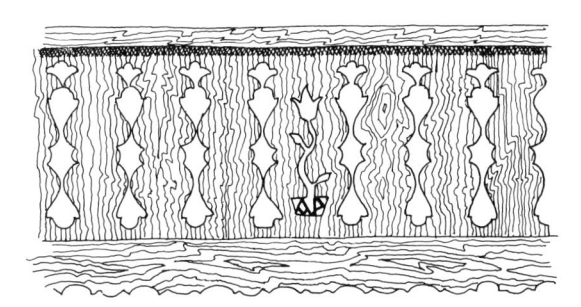

Verschiedene Laubenbrüstungen aus dem Berchtesgadener Land. Alle Muster sind hälftig aus aneinanderstossenden Bretterpaaren ausgesägt.

deckbrett mit Profilleiste oder einen profilierten Brüstungsholm tragen. Auf den »Roas'n« nagelte man breite Brüstungsbretter auf, die unterseitig durch ein Querbrett mit profiliertem Kerbschnittsaum abgedeckt wurden.
Den notwendigen Halt gab man dem Geländer, indem man bei den Außen- und Zwischenwänden die obersten »Schlußschrotten« über die ganze Gangbreite vorstehen ließ und sie an ihrem Ende mit einer hochgeführten Gangsäule fest verband. Bei den ältesten Höfen sind Zierelemente an den Lauben noch sehr spärlich anzutreffen: Die Endigungen der »Gangbruck'n« sind, ähnlich den Pfettenköpfen, derb geschnitzt, die Gangbrüstungen, anfänglich nur eine enggesetze Verbretterung, wurden in der Barockzeit mit einfachen Stichsägemustern verziert, ebenso wurden die Gangsäulen später in derben Zierformen gestaltet.

Treppen

Im Typus des Feldkastens ist auch im Berchtesgadener Land noch das urtümliche Zweigeschoßgebäude ohne innere Treppenverbindung erhalten geblieben; der Oberstock des Feldkastens, ursprünglich nur über eine Leiter zugänglich, wurde erst im Laufe späterer Umbauten vielfach mit einem Außengang und einer Außentreppe versehen. Auch das ursprüngliche, eingädige »Feuerhaus« besaß keine Innentreppe, sie wurde erst mit dem Einziehen der Decke über dem Hausgang gebräuchlich. Die Räume des »Obenauf« waren ebenfalls nur über eine Leiter im »Haus« oder über eine Außentreppe zum »Gang« zu erreichen. Die Innentreppe bestand in ihrer ältesten Form aus zwei kräftigen »Leiterdill'n« oder »Stiegenbäum'«, in welche massive dreieckige Blockstufen eingelassen waren. Die Treppe ist in dieser Form sehr selten geworden und findet sich nur noch in Stadeln und Holzschupfen.
Von der schwarzen Küche führte stets eine massive Treppe mit steinernen Trittstufen zu einem etwa 10 qm bis 14 qm großen, tonnenförmig überwölbten Kellerraum. Diese Treppen waren außerordentlich steil und eng und an ihrem oberen Austritt meist auch noch viertelgewendelt. In den späteren Mauerwerksbauten treffen wir gelegentlich noch auf überraschend noble Steintreppen mit marmornen Trittstufen.
Das aus dem 16./17. Jahrhundert stammende Unterschwarn-Lehen (Berchtesgaden, Gnotschaft Anzenbach, Schablweg 19) zeigt bereits ein steigendes Gewölbe über der Geschoßtreppe, das zusammen mit dem breiten Flezgewölbe eine der vornehmsten und malerischsten Innenraum-Schöpfungen ergibt.

Türen

Die technische Entwicklung der Türkonstruktion im Blockbau läßt sich im Berchtesgadener Land noch in allen ihren Phasen belegen. Kaser, Stadel und Feldkästen zeigen heute noch vielfach jene Frühformen, die im Wohnhaus nur noch in Relikten erhalten geblieben sind; wir finden dabei noch Türen von 1,5 m Durchgangshöhe und 80 cm bis 95 cm Breite.
In der alten Form der Blockbautechnik wurden Türsturz und Türschwellen noch von Wandblockbalken gebildet; die Türschwelle war eine Hochschwelle von 1 oder 2 Balken und wurde mit »Drischbel« oder »Drischbei« bezeichnet. Das Verschieben und Ausweichen der abgeschnittenen Wandblockbalken im Bereich der Türöffnung wurde ursprünglich wohl durch Dübelverbindungen verhindert. Die später übliche und bewährte Türkonstruktion weist jedoch bereits ein eigenes, konstruktives Türgewände auf, eine Spundsäule, die in Sturz- und Schwellenbalken verzapft war. Wählte man für die Spundsäulen die gleichen Holzstärken wie für die Wandblockbalken, so wurden die Säulen oben und unten mit den Blockbalken verblattet. Solche Türgewände nannte man »sichtige« Spundsäulen. An der sichtigen Spundsäule wurde zum Erzielen eines guten Verschlusses mit Holznägeln eine Anschlagleiste befestigt. Der Sturzbalken wurde meist mit dem Motiv des Kielbogens (»Eselsrücken«) verziert: diese Zierform findet sich an sehr alten oder sehr einfachen Bauten in sehr zaghaften Andeutungen, später aber mit weitschweifigen barocken Ausbauchungen. Für das Wohnhaus suchte man bald eine bessere Ausführung; man wählte für die Spundsäule noch stärkere Holzstützen und ließ das seitlich über die Wandblockbalken vorstehende Holz dieser Spundsäule über die Schrotbalken greifen. Die oberen Endigungen solcher Spundsäulen wurden mit einem Kerbschnittsaum verziert.
Das Türblatt war ursprünglich eine primitive Bretter- oder Bohlentür in einfachem Kistenverband. Die dicken Bretter oder Bohlen dieser Türe, meist drei an der Zahl, werden auf der Innenseite von zwei schwalbenschwänzig eingelassenen, also sich konisch verschmälernden und stramm sitzenden Riegeln zusammengehalten, wobei das breitere Riegelende stets gegenüber dem Kegel ist. Diese Riegel verhindern zwar weitgehendst das Werfen, ermöglichen aber dennoch ein »Gehen« der Türe. Die älteren Türen haben noch keine eisernen Kegel, Bänder und Angeln. Das anschlagseitige Türbrett ist am Drehpunkt über die eigentliche Türfläche hinaus nach oben und unten in Zapfenform (»Angel«) verlängert. Der obere Zapfen dreht entweder in einer Vertiefung des Sturzes oder in einer hölzernen, ursprünglich

wohl aus Weidenringen geflochtenen sog. oberen Pfanne, später in einem Eisenring. Die untere Angel dreht in einer Höhlung in oder neben der Schwelle, der sog. unteren Pfanne oder, im Massivbau, in einem eigens eingebuchteten Stein. Die Zapfenlager wurden mit Bienenwachs geschmiert, damit sie nicht knarrten.

Die Schließvorrichtungen waren einfache Schubriegel, die man mittels eines natürlich gewachsenen krummen Stäbchens, das man durch ein kleines Loch in der Wand hindurchsteckte, von außen öffnen konnte.

Bei einer technisch verbesserten Form des Schubriegelschlosses fällt der Bart des eisernen Gelenkschlüssels in die Zähnung eines Hartholzriegels. Eine technische Vorform dazu ist der versenkbare Sperrbaum hinter manchen urtümlichen Türen.

Die alten Bohlentüren blieben noch bis ins 19. Jahrhundert sowohl als Außen- wie auch als Innentüren in Gebrauch, als an die Stelle der Spundsäulen bereits der ringsum laufende Tür- oder Rahmenstock getreten war, und sich die Türe schon in schmiedeeisernen Angeln drehte. Bei den späteren, aufgedoppelten Türen war besonders das Sternmuster beliebt, das hier von der einfachsten bis zur reichsten Ausführung vertreten ist.

Nur zögernd hat sich auch hierorts die vergleichsweise »moderne« Füllungstüre durchgesetzt; ganz vereinzelt ist sie auch bemalt anzutreffen.

Die Türkonstruktion zeigt – gegenüber anderen Hauslandschaften – ganz allgemein ein auffallendes Beharrungsvermögen der primitiven Bohlentür; lange bevor sich die heimischen Handwerker zur Herstellung von modernen Türblättern entschlossen, befriedigten die Bauern ihr Bedürfnis nach Fortschrittlichkeit vereinzelt durch Aufmalen der inzwischen gebräuchlich gewordenen Aufdoppelungen auf das einfache Bohlentürblatt.

Besonders originell waren Bohlentüren, bei denen ein Rautenmuster mittels Kerben über die ganze Fläche gelegt und in zwei verschiedenen Farben getönt war.

Bei gemauerten Häusern wurden die Türgewände vielfach aus sorgfältig zugerichteten Werksteinen aus Untersberger Marmor hergestellt. Unter dem Einfluß der Blockbautechnik blieb der Türsturz meist waagerecht, Marmorgewände mit Segment- oder Rundbogen treffen wir nur bei Anwesen, deren Bau vom Stift selbst beeinflußt wurde.

Fenster

Im Kasstöck'l des Rundumkasers ist im Berchtesgadener Land noch die älteste Form einer Behausung erhalten – das fensterlose Einraumhaus. Das Tageslicht tritt hier nur durch eine zum Abziehen des Rauches angebrachte Dachluke und durch die geöffnete Türe. Im Wohnhaus war hingegen immer eine ausreichende Anzahl kleiner Fenster vorhanden, die ursprünglich allerdings nur einfachste, zwei halbe Wandblockbalken umfassende Luken mit hölzernen Schiebeläden (»Schubern«) waren. Auch kleine Schiebefenster mit sehr dünnen Rähmchen waren früher noch vereinzelt anzutreffen, sie waren ursprünglich nicht verglast, sondern mit dünnem gegerbtem Kalbsfell oder mit Kuhhaut bespannt.

Die späteren, etwas größeren Schiebefenster erreichten wohl schon die Größe der ältesten, drehbaren einflügeligen Fenster und waren gelegentlich mit windeisenversteiften Butzenscheiben verglast. Der Konstruktion dieser ältesten Drehflügel-Fenster lag dasselbe Prinzip zugrunde wie den Türen: die Wandblockbalken der Fensteröffnung waren in Spundsäulen gefaßt, Fenstersturz und Brüstung wurden durch Wandblockbalken gebildet. Eine rings um die Öffnung laufende Verkleidung von 8 cm bis 10 cm Breite verdeckte später die Fuge zwischen Spundsäule und Blockwand. Sie war so angebracht, daß außen ein Falz für den Fensterladen (»Balken«, »Fensterbalken«) blieb und auf der Innenseite ein solcher für den Fensterflügel. Erst mit der Entwicklung vom ein- zum zweiflügeligen Fenster wurden die Fensterrahmen in den Falz der Blockwand gelegt und die Fuge mit einer Leiste verdeckt. Bei der Konstruktion war die Fenstergröße stets von den Balkenhöhen, besonders aber von den Setzungen der Blockwand abhängig. Das ändert sich mit der Verwendung von Block- und Bohlenzargenfenstern, die erst nach dem »Setzen« des Blockwerks eingebaut wurden. Diese Fenster waren stets um einige cm höher höher als breit. Die ältesten Beispiele sind einflügelig und messen 38/45 cm, die zweiflügeligen haben eine Größe von 50/55 cm bis 56/73 cm. Mit der Verbreitung der Mauerwerkstechnik wuchs die Fenstergröße, sie überschritt aber nie ein Lichtmaß von 60/80 cm. Der einzelne Flügel war immer durch eine Sprosse unterteilt, wobei bis ins frühe 19. Jahrhundert nur Bleisprossen mit versteifenden Windeisen üblich waren. Erst im Laufe des 19. Jahrhunderts kamen hölzerne Kreuzsprossen in Gebrauch.

Um die Jahrhundertwende wurden dann auch hier größere, hochrechteckige Fensterformate mit 6-feldriger Sprossenteilung üblich.

Bei Mauerwerksbauten finden wir auch im Berchtesgadener Land massive Rotmarmor-Fenstergewände. Diese Gewände umschliessen etwa quadratische Fensteröffnungen, sie wurden stets putzbündig mit der Außenwandfläche versetzt und wiesen nur eine Nut und eine Lichtschräge auf. Sie waren stets mit eingesteckten 9-teiligen schmiedeeisernen Durch-

Luke mit Schubernische; Schuberfenster von der Schlafkammer der Sennerin zum Umadumstall. Hainzenkaser am Heimatmuseum in Berchtesgaden.

Verschlossenes Schuberfenster von außen. Kaser auf der Regenalm.

Primitives einflügeliges Fenster mit Klappladen und eigenwilligem Gitterstab. Kaser auf der Bindalm.

Ehemaliges Butzenscheibenfenster am Wolfenlehen; Berchtesgaden, Metzenleiten.

Kupferkessel und schwenkbarer Kesselgalgen (»Kesselreiden«, »Kesselhengst«)

Hölzerner Rauchfang am First und hölzerner Rauchhut im »Haus« (nach alten Zeichnungen)

steckgittern gegen Einbruch gesichert; auf Fensterläden wurde bei dieser Konstruktion keineswegs verzichtet.

Die Fensterläden waren ähnlich wie die Bohlentüren konstruiert; die ältesten Läden bestehen nur aus einem einzigen breiten Brett, später wurden 2 Bretter durch eine konische Einschubleiste zusammengefaßt. Die Läden waren ursprünglich wie die Fensterstöcke aus Lärchenholz gefertigt. Sie waren nicht gestrichen, sondern wurden von der Bäuerin zweimal im Jahr mit Aschenlauge und Sand gescheuert. Erst im Laufe des späten 19. Jahrhunderts schloß man sich auch hierorts der mittlerweile weithin verbreiteten Farbgebung für die Fensterpartie an: die Fensterstöcke und Läden wurden olivgrün, die Fensterflügel, Fenstersprossen und die konischen Einschubleisten weiß gestrichen.

Feuerstätten

Baugeschichtlich zweifellos der interessanteste Bauteil ist die offene Feuerstelle in der »schwarzen Kuchl«, ursprünglich Keimzelle aller Behausung; sie ist heute noch in einigen wenigen Anwesen vor der Zerstörung bewahrt geblieben — so z.B. im Mausbichllehen, im Bernegglehen, im Schebererlehen. Das offene Herdfeuer der Küche war ursprünglich die einzige Feuerstätte des Anwesens, woraus sich die Bezeichnung »Feuerhaus« für den Wohnteil herleitet. Wie alte Briefe und Verfügungen bekunden, durfte eine Feuerstätte nur unter Angabe der Größe mit ausdrücklicher Genehmigung der Herrschaft errrichtet werden. Dieses Recht zur Errichtung einer Feuerstätte blieb an dem Anwesen auch dann haften, wenn das Gebäude selbst nicht mehr bestand. Es konnte sogar damit verkauft werden, wie eine Urkunde vom 11. Februar 1688 berichtet: »Valentin Misl zu Pfisten verkauft an Ulrich Lindner Bergmeister 2 unerbaute Feuerstätt ...«

Ursprünglich an drei Seiten freistehend, rückt der gemauerte Tischherd später in jene Ecke der Küche, welche dem Stubenofen am nächsten liegt. Der Siegeszug des eisernen Sparherdes vollzog sich hierorts erst zu Beginn des 20. Jahrhunderts.

Die Anlage und Anordnung der Hausbacköfen ist hier noch weitgehend unerforscht, war jedoch offensichtlich recht unterschiedlich. Einem Feuerbeschauverzeichnis des Jahres 1764 ist zu entnehmen, daß früher auch hier der Backofen neben dem Ofen in die Stube hineingebaut war und von der Küche aus beschickt wurde, wo er ursprünglich wohl gestanden haben mag. Vom heutigen Fergellehen in Berchtesgaden ist in demselben Verzeichnis zu lesen: »... hat zwey Feuerstätt und der Pachofen unter dem Kachelofen in der Stuben.«

Später scheint der Backofen mit dem Stubenofen zusammengebaut gewesen zu sein, dann wieder frei in die Küche hineingestellt und schließlich, wohl des Rauchfangs wegen, vor die Küchen-Außenwand gebaut, aber noch von der Küche aus beschickbar. Diese anderwärts noch vielfach erhaltene Bauform führte im Berchtesgadener Land gelegentlich zu eigenartigen Kombinationen mit anderen Baulichkeiten. So legte man oft den Schweinestall neben den Backofen. Über den Schweinestall legte man oft den mehrsitzigen Abort, zu dem eine Treppe über den Backofen emporführte. Durch diese Anordnung ragte der Futtertrog für die Schweine in die Küche hinein, so daß die Bäuerin die Schweine von hier aus füttern konnte. Neben diesem Futterloch lag das Feuerloch des Backofens.

Kamine

Die »schwarze Kuchl« hatte ursprünglich wie alle anderen Räume des eingadigen Wohnhauses eine Holzdecke. Zum Abzug des Rauches dienten Öffnungen in dieser Decke und das Rauchloch über der Küchentüre, das oft noch heute vorhanden ist. Von hier aus entwich der Rauch in das »Vorhaus« und suchte durch die Haustüre oder durchs »Obenauf« den Weg ins Freie. Dadurch war nicht nur die Küche, sondern auch das ganze Gebäude bis unters Dach verräuchert. Dieser Zustand wurde noch in einem Feuerschaubericht vom Jahre 1764 im Anfanglehen in der Ramsau festgestellt: »hat 2 Feuerstätt bey den beiden die große Gefahr inmaßen kein einziger Rauchfang ausgeführt auch ansonsten alles in Holz.« Gegen den Funkenflug hatte man über den offenen Herdfeuern schon sehr früh Rauchkutten angebracht. Das in den Feuerschauen zitierte »Rauchhiet'l« war ein in Holz ausgeführter Schlot, der unter dem Dach endete. Damit war zwar das Erdgeschoß rauchfrei, aber die Brandgefahr nicht gebannt. Erst feuerpolizeiliche Vorschriften erzwungen das Durchführen des Rauchfangs über Dach. Die verschiedenen baulichen Entwicklungsstufen lassen sich ebenfalls an Hand der Feuerschauberichte verfolgen. Wir lesen dort: »... das Lehen zum Thomann genannt hat 2 Feuerstett von alters her, wobei aber von der unteren Kuchl auf ein ganz hölzerner Rauchfang durch den auch hölzern Oberstock hinaufgeht und oben unterm Dach offen ist, ist große Gefahr dabey und recht graußlich anzusehen. Item soll zum oberen Feuerrecht ein Gewölb gemacht werden.« In einem anderen Anwesen ist »obenauf 1 Feuerhietl ohne Rauchfang, so schlecht und gefährlich, ist schon 1710 und vorhero der Auftrag befohlen, einen Rauchfang zu machen.« Das Stift mußte offenbar seine Lehensleute dauernd zur Durchführung der feuerpolizeilichen Maßnahmen zwingen, denn die 1764 gerügten Fehler waren, wie aus den Texten hervorgeht, schon wiederholt angemahnt worden. Selbst als die Küchen schon eingewölbt waren, mußte wegen der mit Brettern und Schindeln gedeckten hölzernen Kamine öfters Klagen geführt werden. So hat Hanns Wegscheider im Partmannlehen ein »Feuerrecht mit gewölbter Kuchl, aber ohne Rauchfang daselbst«. Später wurden alle Küchen eingewölbt und ein geschlossener gemauerter Kamin leitete den Rauch über das Dach. Das typische äußere Merkmal eines Kamines alter Bauart war — neben dem gewaltigen Querschnitt — die aus einer dicken Marmorplatte hergestellte Kaminabdeckung, die man stets genau in Dachschräge verlegte. Die Kamine wurde immer mit kräftigem Anzug gemauert.

Die Ausstattung[92]
Auf Grundlage der Dissertation von Dr. Ing. Mathilde Tränkel

Flez

Im Laufe der baulichen Entwicklung hat sich der Charakter des sog. »Hauses« wohl am stärksten verändert.
Ursprünglich bis unter das Dach offen und von diesem ohne räumliche Abtrennung, wirkte es mit seinen großen Abmessungen wohl wie der Überrest eines offenen Hallenhauses. Erst durch das Einziehen einer Zwischendecke wurde das »Haus« ein Raum im engeren Sinne. Einen geradezu noblen Charakter hatte hingegen der gewölbte, durch Stichkappen gegliederte Flez des gemauerten Hauses, dessen Fußboden zudem mit großformatigen Platten aus Untersberger Marmor belegt war. Kleine Flezfenster zu beiden Seiten der traufseitigen Haustüren erhellten in späteren Zeiten den ursprünglich wohl nur dämmrigen Raum.
Eine Eckbank und ein aufklappbarer Tisch erinnern in alten Anwesen noch an die frühere Gepflogenheit, hier während der Sommermonate die Mahlzeiten einzunehmen. Auf der Höhe des Stubenofens ist zuweilen eine kleine gemauerte Nische in der Wand ausgespart, von wo aus der »Grandl« (Wasserbehälter) des Ofens gefüllt und warmes Wasser entnommen werden konnte. Beim Güt'l diente das »Vorhaus« hingegen als Flurküche; in einer Ecke stand hier einst noch der offene Herd. In den meisten Fällen hat das ursprüngliche weiträumige »Haus« durch die Erweiterung der Küche seinen originären Bau- und Raumcharakter weitgehend verloren und wirkt heute vielfach nur noch beengt.

Stube

Mittelpunkt und Inbegriff häuslicher Gemeinsamkeit sind bis heute die beiden einander gegenüberliegenden Hauptelemente der bäuerlichen Stube: Die Ofen- und die Tischecke.
Der traditionelle Stubenofen ist ein mächtiger Kachelofen, er steht in der inneren Raumecke, rechts der Stubentür, und wird von der Küche aus beschickt. Die ältesten Formen dieser Kachelöfen stehen auf einem etwa 45 cm hohen weiß getünchten Mauersockel oder sind auf einem geschmiedeten Eisengestell aufgebaut. Neben dem Ofen stand vielfach ein einfacher Bettkasten mit hölzernem Kopfschemel, das sog. »Lotterbett«, in dem man sich im Winter aufwärmen konnte. Über dem Ofen waren Stangen zum Trocknen nasser Kleider angebracht, zusätzlich waren in der Nähe des Ofens auch noch Holznägel in die Blockwände geschlagen, an denen man Kleider und Hüte aufhängen konnte. In der dem Ofen gegenüberliegenden äußeren Stubenecke steht seit jeher der große quadratische Holztisch, der hierorts vereinzelt auch mit einer mächtigen Platte aus Untersberger Marmor ausgestattet war. Eine allseits umlaufende Sitzbank und 2 Stühle boten die nötigen Sitzflächen. Mit dieser Tischecke ist der Hausaltar aufs engste verbunden. Sein Hauptstück ist stets ein Kruzifix, dazu kommen Heiligenbilder, Hinterglasbilder oder ein Wachs-Christkindl. Über dem Tisch hing vielfach eine geschnitzte Heiliggeisttaube von der Zimmerdecke herab, neben der früher die zinnerne Öllampe, das »Noddeggei« brannte. Wenn das Erdgeschoß gemauert war, so war in einem der Mauerpfeiler auch stets ein Wandschrank eingebaut, in dem die wenigen Requisiten höherer Ordnung untergebracht wurden: die Bibel und ein Kalender, Schreibzeug und Medikamente.
Links der Stubentür war früher stets die »Steigenbank« (Hennensteige) eingebaut, sie ist 50 cm bis 60 cm breit, etwa 90 cm hoch und reicht von der Tür bis zur Stubenecke. Ein Gitter aus gehobelten Brettchen trennte die Hühner vom Freßtrog; durch eine verschließbare Öffnung in der Mauer (»Hennaloch«) konnten die Tiere bei guter Witterung tagsüber ins Freie schlüpfen. Das Legenest war auf der Höhe der Sitzbank untergebracht. Die Ab-

Stubenecke im Herrgottswinkel, massivem Tisch und Ecksitzbank, darüber Riemlingdecke mit »Trambaam«. Die Dielen des Fußbodens laufen parallel zu den »Reamling« und »Stuizbrettern« der Decke.

Heilig-Geist-Taube mit Ölzweig, früher vielfach über dem Eßtisch aufgehängt; Zeichnung von 1910.

Eingangsseite einer Stube mit Kachelofen, Hennensteige (»Steigenbank«) und Geschirr-Regal (»Fasskorb«, Schüsselkorb«)

deckung der Hennensteige diente zum Abstellen von Tellern und Schüsseln; darüber hing der sog. »Fasskorb« oder »Schüsselkorb«, ein offenes Geschirrgestell.
Die Einrichtung der Stube hat sich im Laufe der Jahrhunderte auffallend wenig verändert. Ein Übergabebrief aus dem Obergrainswiesenlehen vom Jahre 1632 zählt als Inventar folgendes auf: »Ein Tisch, 8 Hennen, 1 Vorpänkh, 2 stiel, 8 irdene schißl, 1 irdenes gieß und Handpeckh, 1 pleches Salzpfandl, 1 Handtuch, 1 Schnelwag, 2 Reibstein samt 4 kleine Gegenstaindl.«
Als einziger Raum des Hauses besaß die Stube ein Rauchloch (»Ruechloch«, »Duftloch«) als Rauch- und Dunstabzug unmittelbar unter der Decke sowie ein »Schwoabloch« (hier oft auch »Schwänzloch«) am Fußboden, wo man das Wasser, das man zum Scheuern der Dielen benötigte, wieder »außischwoab'm« konnte.
Ein anderer Übergabebrief aus der Hintermühle in der Ramsau vom Jahre 1799 ergänzt das mehr als 150 Jahre ältere Inventar nur beispielsweise um folgende Gegenstände: »1 Hausaltarl, 1 eiserne Hänguhr, 1 eiserne Nudlrein, 1 Pfanneisen und Leichter, 1 Krapfenhengst und 1 Backtrog.«

Kammer

Die an die Stube anschließende Stubenkammer war erstaunlich ärmlich eingerichtet: Alte Briefe weisen hierfür eine »feichtene Bethstätt, darauf je 1 Strohsack und Pölsterl mit Leinen und Duchet« aus. Kästen werden in den Briefen erstmals im 18. Jahrhundert genannt.

Küche

Die Einrichtung der ursprünglichen »schwarzen Küche« war sehr primitiv. Über dem offenen Herdfeuer hing der schwenkbare hölzerne Feuergalgen mit dem »Kesselhäng«, einer eisernen Abhängevorrichtung für den großen Kupferkessel, außer einem einfachen Arbeitstisch und einem Pfannenhalter sowie einem Gestell für Küchengeschirr sind keine Möbel vorhanden. Auch ein Inventarverzeichnis von 1632 zählt nur Geschirr auf, so »8 eiserne Pfannen, 1 kupfernes Wassergazl, 1 Ofengazl, 2 Trifues, 1 Hangköttn, 1 Schöpf, 1 faimb und 1 Straubenlöfel.«
Im Laufe des 20. Jahrhunderts hat der eiserne Sparherd das offene Herdfeuer durchwegs verdrängt und damit auch in der Küche jahrhundertealte Traditionen aufgelöst.

Gesamtausstattungen

Um das Bild des Hofes zu vervollständigen und die einmalige bäuerliche Autarkie zu verdeutlichen, seien zwei Inventare abgedruckt, die besser als alle Kommentare Arbeit und Leben vergangener Jahrhunderte veranschaulichen. In einem Inventar vom Jahre 1632 sind aufgezählt:

»Oben auf dem Hauße 3 Trischl, 5 gapln, 2 Heyrafel, 2 Spinradt, 1 Haarprechel, 1 kupferner Keßl, 3 Hackh, 1 saag, 8 hilze Schißl, 1 Tuzet Täller.

In der vorderen Haußkammer 1 lange saag, 1 muelter, 1 raiter, 2 eisen wegkh, 1 eisern schaufl, 1 Spitzhau, 1 eisen schlägl, 1 Hackhl, 1 mülleisen, 2 Klampfen, 1 Beißzang, 1 Neiger, 1 Spanpeth, daran 1 polster, 2 rupfene Leilacher und 1 Teckh, in seiner Truchen 1 Meixner Rockh, 1 irchenes warmes und dergleichen Leibl, 1 stachelgrünes paar Hosen und mer 1 irches wams mit cristalen Knöpfen, 1 Huet.

Iner 1 Truhen mit schloß und pändter darinnen 5 rupfene Hemeter, 7 par rupfene Leilacher, 5 Tischtücher.

In der Haußkammer 1 Pachtrag, 3 Mistgazzl, 1 Keßl, 5 Sensen, 4 Rechen, 3 Hauen.

Zur Gegenüberstellungen sei noch ein komplettes Inventarverzeichnis aus dem Lehen Wagenhütt vom Jahre 1745 angeführt. Wir finden dort: »8 Kühe, 1 zweijährige Kalben, 3 jährige Kalben, 2 Spannkälber, 4 Geißen, 3 Hühner.

1 Tisch aus hartem Holz, 1 Lehnstuhl, 2 Vorbänke, 2 niedere Stühle, 1 hölzerne Schlaguhr, 1 eiserner Rohrleuchter, 1 eiserner Pfannenhalter, 2 kupferne Pfannen, 7 große und 1 klei-

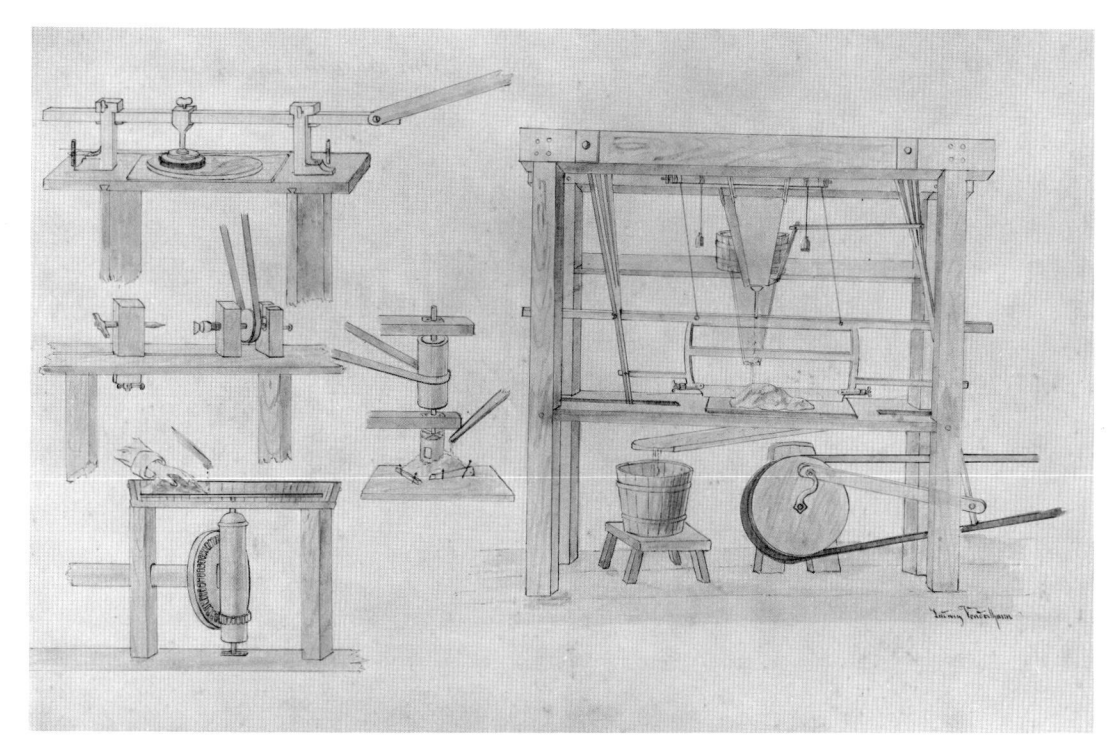

Mechanische Vorrichtungen in der ehemaligen Kerschbaumerschen Marmorsäge, gegr. 1847, in Unterstein, in der Nähe der Grundmühle. – Säge, Drehbank und Schleifvorrichtungen. – Aquarellierte Federzeichnung um 1850.

Rechts: Schneeteller und Grödeln (zum Mähen steiler Hänge)

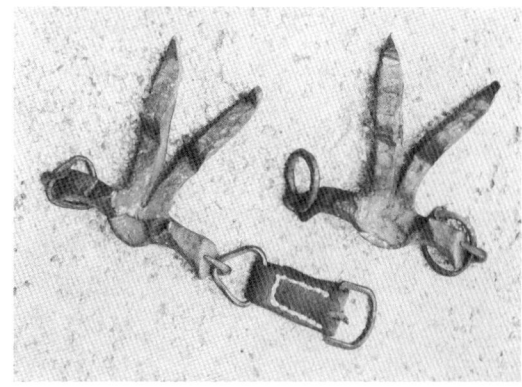

ne eiserne Pfanne, 2 Dreifüße, 2 Küchenspieß, 1 Mueser, 5 große und 1 kleine irdene Schüssel, 1 Ofengabel, 1 kupfernes Hafengatzl, 1 kupfernes Schäfgatz, 1 kupfernes Straubenlöffl, 1 eisernes Krauthaferl, 1 Wasserburger Kandlkrug, 1 Abspülschüssel.

1 Melksöchter, 1 Melkseiher, 33 Müchstötz, 1 Rührkübel, 8 Gsiedtschäffel, 1 Wasserschäffel, 1 Wasserzuber, 1 Waschwanne, 3 kupferne Kessel, 1 Krauthobel, 3 lärchene Krautfässer, 1 Krautkübel.

1 Mehltruhe, 1 Backtrog, 1 Kleibentrüchl, 2 Getreidetruhen, 1 Futtertruhe, 1 Metzenmaß, 1 Kerzenkübel.

2 Spannbettstätten, 1 Strohsack, 1 Fleibensack, 1 Liegbett, 2 Golter, 2 rupfene Leilach, 1 blechernes Nachtlichtl, 3 Haarprecheln, 2 Haarhächeln, 3 Spinnräder, 1 Spulrad, 11 Anlegketten, 3 Kuehglocken, 1 Kälberglocke, 3 Düngergabeln, 3 Düngertragen, 1 Heuraffl, 1 Gsodband, 1 Sattel, 1 Kaufkorb 1 Schwing, 1 Rosler, 4 Heumetze, 4 Laubtücher, 6 Feldbahnen, 1 Raithaus, 1 Düngerkräll, 3 Breitgabeln, 3 beschlagene Feldkarren, 2 unbeschlagene Feldkarren, 1 Schwendhacken, 1 Ahrl und das Gerödt, 1 Ahrn, 1 Ober- und 1 Unterdängl, 9 Sensen mit Wetzsteinen und Kämpf, 9 Rechen, 8 Deischl, 5 Peßgabel, 1 Windmühle, 1 drähtenes und 1 hölzernes Sieb, 2 rupfene Getreidesack, 1 Baumsäge, 1 kleines Baumsägl, 1 Schlegelhacke, 2 Scheiden, 2 Eisenkeile, 1 Sapie, 3 Grießbeile, 1 Spannsäge, 1 Holzschleipfe, 2 beschlagene Roßschlitten, 1 Leithschlitten, 2 Asthacken, 1 Flachhacke, 4 Hackmesser, 1 Baumkette, 1 Sperrkette, 15 zweizöllige Läden, 24 dicke Läden, 11 zweizöllige Fichtenläden, 1 Küfl Linsett, 1 Handbeil, 2 Stemmeisen, 2 Hobel, 1 Feile, 1 Schleifstein, 1 eiserner Hammer, 1 Bschlaghammer, 1 Mauerhammer, 1 eiserne Schaufel, 2 Beißzangen, 1 Rohrzange, 1 Brunnenneiger, mehrere kleine Neiger, 1 hölz. Schraubstock, 1 Schmierlagl, 1 Paar Fußeisen, 1 eiserner Vorstecken, 1 Pflugseil, 1 Heulseil, 1 große und 1 kleine Schnöllwage, 1 Hautrog, 3 Maishacken, 1 lederner Ranzen, 1 Salzwagl, 2 Ziehkarren.«

Beleuchtung

Ein eigenes Kapitel bildet die künstliche Beleuchtung. Das ältere Gerät war hierorts – wie wohl fast überall in der bäuerlichen Welt jener Zeit – der Kienspan. Das dazu benützte Kiefernholz, die »Spansirchen«, wurde den »eingeforsteten« Bauern von der Forstverwaltung in Längen von drei Schuh (etwa 87 cm) zur Verfügung gestellt. Die Kienspäne steckten in eisernen Haltern an den Türstöcken oder an der Wand, zuweilen wurden sie an der Oberkante des Kachelofens befestigt. »Den brennenden Kienspan verwendete man mit gewandter Sicherheit auch im Heustadel, ja man wußte ihn geschickt sogar ins Heu zu stecken.«

Unter den Kienspan stellte man auf den Boden ein altes Gefäß, in das die verbrannten Aschenteile abfielen. Als weiteres Beleuchtungsgerät dienten Öllämpchen (»Ölscherben«, »Ölkachei«), kleine, meist aus Weißblech gefertigte Gefäße, die mit Öl gefüllt und mit einem Docht versehen waren. Das Leinöl wurde in Ölstampfen in Berchtesgaden selbst erzeugt. Noch älter sind die Unschlichtkerzen, die ebenfalls von den Berchtesgadenern selbst verfertigt wurden. Man hatte dazu Weißblechzylinder, die mittig mit einem Docht durchzogen und mit warmem Fett, meist Schaffett, ausgegossen wurden; in den Brunnen gehalten, erstarrte das Fett und die Kerze war gebrauchsfertig. Wachskerzen wurden schon früh in Berchtesgaden durch die Wachszieher hergestellt, diese waren zugleich Lebzelter, die auch den Honig für Lebzelten (Honigkuchen) verarbeiteten. In Berchtesgaden war es auch Brauch, an Samstagen oder Vortagen von Feiertagen gegen Abend ein Nachtlichtchen im Herrgottswinkel der Stube anzuzünden, das dann die ganze Nacht über brannte. Als Brennstoff wurde sehr häufig Butter oder Butterschmalz verwendet, in das ein dünnes baumwollumwickeltes Holzstäbchen gesteckt wurde.

Das Scheberlehen am Ostabhang des Untersberg wurde – als einer der letzten Höfe in Bayern – erst um 1980 elektrifiziert.

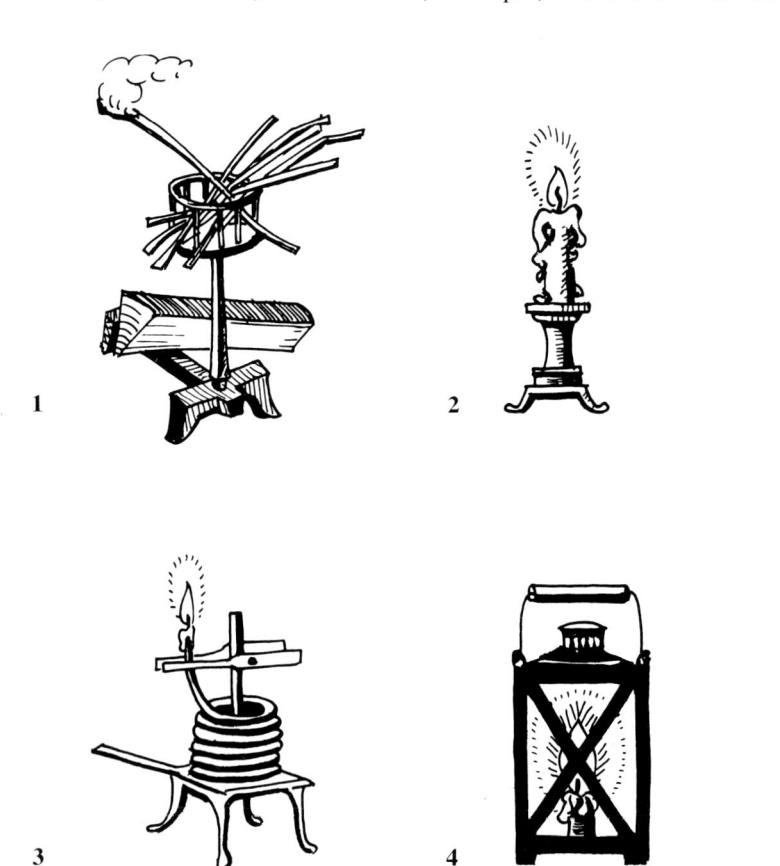

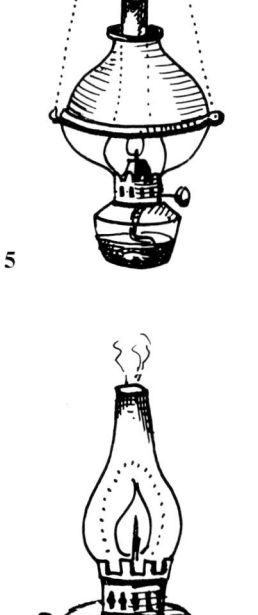

1 Kienspan im Halter wurde bis ins 19. Jahrhundert verwendet.

2 Seit 1818 Stearinkerzen und seit 1850 Paraffinkerzen.

3 Kerzen aus Wachs und Talg wurden allgemein seit dem 15. Jahrhundert verwendet. Sie rußten stark und tropften.

4 Kerzenlaterne; bot Schutz gegen Brandgefahr in Scheune und Stall.

5 Petroleumlampen sind seit 1860 in Betrieb; Zylinder gaben hellere und ruhigere Flamme.

Seite 99:
Einfacher Bildstock vor der Kulisse des Marktes Berchtesgaden mit Watzmann (Zeichnung von Weinmann)

Bilder, Male und Zeichen in Feld, Wald und Fels

Bäuerliche Flurdenkmale

Flurdenkmale sind die kleinen, aber bezeichnenden Signaturen jeder Kulturlandschaft. Sie kennzeichnen meist eine bestimmte Stelle in der Flur, an der sich ein Unglück oder auch ein anderes einmaliges Geschehnis ereignete. Sie kennzeichnen aber auch manchen Ort, der im festgefügten Lebenslauf vergangener Zeiten eine traditionelle Rolle spielte und begleiteten somit den Menschen in seinem ganzen irdischen Wandel. Manche Flurdenkmale wurden dadurch zu Kennzeichen einer gewissen Ortsbezogenheit des Menschen, der im Jahreslauf in Arbeit und Feste, Sitte und Brauch, Freud und Leid mit bestimmten Örtlichkeiten verbunden war. Die Vielfalt und Dichte an Flurdenkmalen ist ein untrügliches Zeichen einer langen und wechselvollen Geschichte, einer reichen kulturellen Entwicklung und einer traditionsreichen religiösen Entfaltung.

Flurdenkmale sind darüber hinaus aber auch signifikante Akzente, orientierende Marken und altgewohnte Wegweiser im Landschaftsbild. Viele der uralten Steinmale sind zwar ungeklärter Herkunft, doch vom Hauch des Todes oder vom Fluidum des Geheimnisvollen umgeben. An vielen haftet die Erinnerung an Mord und Totschlag, an anderen das Grauen von Krieg und Pest. Auch viele lokalgeschichtliche und regionalpolitische Geschehnisse haben in alten Grenzsteinen ihre bleibenden Gravuren in die Flur gesetzt. Meist sind es nicht die großen Ereignisse der Geschichte, sondern die vielen schmerzvollen Schicksalsschläge des menschlichen Alltags, die wie steingewordene Seufzer und Tränen ihre oft erschütternden oder rührenden Spuren in den verborgensten Winkeln unseres Landes hinterlassen haben. Gelegentlich finden wir aber auch Zeugnisse frommen Dankes oder froher Erinnerung.

Zu den eindrucksvollsten bäuerlichen Flurdenkmälern zählen die verschiedenen Ausformungen der sog. *Arma-Kreuze*.[93] Das Armakreuz, ein von mittelalterlichen Andachtsbildern abgeleiteter Kreuztypus, ist in der Volkskunst weit verbreitet, er findet sich in großen und kleinen Formen an Haus- und Scheunenwänden, ja sogar als Votivgabe, Amulett und heraldisches Motiv. Unter Arma Christi versteht man die biblischen und legendären Leidenswerkzeuge der Passion, sie sind als Zeichen, als Majestätssymbole des wiederauferstandenen Herrn aufgefaßt, sie gelten als Reliquien Christi und als Waffen im Kampf gegen die Sünde. Dieser seit dem 13. Jahrhundert häufig nachgewiesene Bildtypus diente zur Vertiefung der Passionsmeditation, die einzelnen Motive wurden nicht nach ästhetischen, sondern religiösen Bedürfnissen gewählt. Unter den Marterwerkzeugen finden sich meist Dornenkrone, Lanze und Essigschwamm mit Stab, Hammer, Zange und Nägel, Rute, Geißel und Geißelsäule, Bohrer und Strick, die drei Würfel, mit denen die Henker um das ebenfalls dargestellte Gewand des Gekreuzigten würfelten, die 30 Silberlinge, derentwegen Judas zum Verräter wurde, der Hahn, der dreimal krähte, als Petrus sich verleugnet hatte. Die zwölfstufige Leiter deutet auf die zwölf Stufen der Demut. Das Messer ist das Sinnbild der Beschneidung. Auf anderen Darstellungen wäscht sich Pilatus die Hände, blecken die Folterknechte die Zunge heraus. An manchen Kreuzen ist sogar Jerusalem im Relief angedeutet.

Ein schönes Beispiel ist das gewaltige Armakreuz am Bachingerlehen bei Bischofswiesen. Es bewahrt die Erinnerung an ein freudiges Familienereignis: die Geburt eines gesunden Hoferben im Jahre 1884. Vielleicht spielt auch die Dankbarkeit für glückliche Heimkehr aus dem Deutsch-Französischen Krieg vom Jahre 1870/71 mit, bei dem der damals zwanzigjährige Bauernsohn erstmals ein Armakreuz gesehen haben mag; denn diese Kreuzform war im Berchtesgadener Land vorher unbekannt. Der Erbauer des Kreuzes hat im Heiligen Jahr 1900 als Fünfzigjähriger eine Fußwallfahrt nach Rom unternommen und starb als Bauer am Bachingerlehen im Jahre 1926.

Der Berg ist schon immer eine bevorzugte Stätte religiöser Andacht gewesen, schon als sinnlich deutlicher Ausdruck des Erhabenseins über die Niederungen der Tallandschaften, dann als Förderer innerer Sammlung und Ort beglückender Einsamkeit vor dem Schöpfer.

Die Hirten und Sennen in unseren Alpen haben von jeher, wohl auch wegen des erschwerten oder unmöglichen Kirchenbesuches, auf

Errichtung des Führerkreuzes auf der Mittelspitze des Watzmanns (Zeichnung von Wassenegger 1893)

Kruzifix am Hocheck, dem Nordgipfel des Watzmanns (Zeichnung von 1845)

den ihnen zugänglichen Gipfeln ein Kreuz an der Stätte ihrer stillen Andacht aufgestellt, oft nur aus schlichten Latschenästen. Den Pionieren des Alpinismus genügten diese vergänglichen Gipfelmale nicht, sie errichteten die ersten Holzkreuze, oft schon mit einem geschnitzten Kruzifixus. Da der Blitz viele dieser Holzkreuze zersplitterte, errichtete man später Metallkreuze mit technisch perfekter Erdung. Diese alten *Gipfelkreuze* wurden einst, in Einzelteile zerlegt, in geradezu unglaublichem Idealismus über oft schwierige und gefährliche Kletterführen zum Gipfel geschafft; alte Berichte sprechen von wochenlangen Unternehmen, die oft wegen Schlechtwetter unterbrochen werden mußten. Mit einer feierlichen Gipfelmesse wurden diese Kreuze eingeweiht.

Im Berchtesgadener Land spielen, wie in allen alpinen Regionen, *Marterl* aller Art eine bezeichnende Rolle. »Säule von Stein oder Mauerwerk, wohl auch von Holz, mit einem Kreuz oder sonst angebrachter Vorstellung irgend eines religiösen Gegenstandes, oder auch eines an Ort und Stelle begegneten Unglücksfalles, im Freyen, besonders an Wegen aufgerichtet.« So erläutert ein Lexikon von 1828 den Begriff Marterl. Heute verstehen wir darunter einfach Male der Erinnerung an einen Toten, der durch ein Unglück sein Leben einbüßte; wir wissen, daß sich die äußere Gestalt unserer Holz- und Blechmarterln von den Gedenkbrettern herleiten läßt. Bei den ältesten Marterln haben wir es wohl mit einer Einrichtung der mittelalterlichen Kirche zu tun. Nach ihrer Lehre sollte sich der Sünder noch zu Lebzeiten einen Schatz von guten Werken schaffen, der dereinst seiner Seele in der Not und Pein des Fegefeuers »zu hilff und trost« gereichen sollte. Die Stiftung eines ewigen Lichts, Stiftungen von Messen oder zum Erwerb von Bruderschaften, Spenden für Kirchenbedürfnisse aller Art wie Wachs, das zu Kerzen gegossen wurde, Zuwendungen für Kelche, Glocken und Altäre, Almosen und vor allem Wallfahrten waren als Vorkehrungen zu Erlangung der ewigen Seligkeit besonders wichtig.

Man nannte solche Vorkehrungen »Seelgeräth«. Wurde jemand durch jähen Tod verhindert, in dieser Weise für sein Seelenheil vorzusorgen, so erwuchs den Angehörigen die Pflicht, der mit allen ihren Sünden unvorbereitet abgeschiedenen armen Seele durch nachträgliche Stiftung ähnlicher frommer Werke beizuspringen. Und so wandten sich die Hinterbliebenen außer an die Kirche auch an die Öffentlichkeit, indem sie an der Stelle des Unglücks ein Mal zur Gebetsaufforderung errichteten.

Der Aufforderung dieses stummen Mahnmales nachzukommen, war für jeden Vorübergehenden eine Christenpflicht und zudem ein verdienstvolles Werk. Später schilderte man vielfach das Unglück durch rührende Illustrationen nach dem Schema: Darstellung des Himmels, Schilderung des Unfalles, der Getötete kniend im Gebet. Est in jüngerer Zeit gelangte der bisweilen grimmige Humor in das nun nahezu uferloses Repertoire von Marterlsprüchen. Die Marterln sind in allen Bereichen bergbäuerlichen und später auch alpinen Lebens verbreitet: Kaum eine Kletterführe, ein Gipfelkreuz, ein blitzgefährdeter Grat, kaum ein Holzziehweg oder eine reißende Trift ohne Marterl.

Der aus einfachen Feldsteinen, später aus Ziegeln gemauerte, schlicht verputzte und weiß getünchte *Bildstock* bäuerlicher Prägung scheint sich von der monolithischen oder aus Werkstücken kostbaren Gesteines zusammengesetzten *Bildsäule* eigentlich nur durch die Form zu unterscheiden. Der derb hingemauerte Bildstock ist formal und technisch anspruchslos und kann von jedermann errichtet werden; tatsächlich finden wir im Gebirge ausnahmslos Bildstöcke, während Bildsäulen im Ortsbereich sowie am flachen Land mit seinen problemlosen Transportmöglichkeiten häufig sind. Die formale Entwicklung der Bildsäule verliert sich im späten 19. Jahrhundert in filigranen und transparenten Gebilden; unter Anleihen aus dem Formengut des Eklektizismus klingt die Grundform der Bildsäule in Grabmonumenten aller Stilgattungen wieder an.

Totenbretter und *Gedenkbretter*, früher wohl vor allem in der Ramsau anzutreffen, sind im Berchtesgadener Land heute bis auf ein einziges Beispiel verschwunden. Kriss berichtet aber noch im Jahre 1947:[94] »In der Ramsau besteht als einziger Gemeinde noch die Sitte des Anfertigens von *Totenbrettern*; es sind dies lange schmale Bretter von ca. 1.50 m Länge, die mit Namen, Alter und Todesdatum des Verstorbenen bemalt und an einer auffälligen Stelle am Weg vom Trauerhaus zum Friedhof, an einer Wegkreuzung, an einer Feldkapelle oder an einem größeren Baum aufgehängt werden. Ursprünglich wurde der Tote auf diesem Brett aufgebahrt, zum Friedhof getragen und bei einer Bestattung ohne Sarg mit ihm in die Grube versenkt. Jetzt dienen sie nur mehr als Zeichen der Erinnerung. Noch bis zum Jahr 1800 gab es nämlich drei Beerdigungsklassen, die sich dadurch unterschieden, daß bei der ersten Klasse der Tote mit ganzem Sarg, bei der zweiten Klasse mit Sarg ohne Deckel und bei der dritten ohne Sarg bestattet wurde.«

Felsbilder[95]

Die Frage, ob in den bayerischen Bergen Felsbilder vorhanden seien, wurde noch bis zum Jahre 1960 verneint. Eine genauere Untersuchung durch Dr. Edith Ebers (†) und Franz Wollenik unter Mithilfe der Forstämter und verschiedener Persönlichkeiten mit besonderen Ortskenntnissen hat nun doch zum Teil überraschende Ergebnisse gebracht. Besonders im Ausstrahlungsbereich des österreichischen Felsbilder-Vorkommens und noch im Gebiete des Dachstein- und des Wettersteinkalkes ist eine Reihe überraschender Felsgravuren bekannt geworden. Die bisherigen Fundorte konzentrieren sich auf den Untersberg, das Lattengebirge und um den Königssee. Man gewinnt dadurch mehr und mehr den Eindruck einer geschlossenen fossilen Felsbilder-Teilkultur im bayerisch-österreichischen Raum, die nach Westen hin ausklingt.

Nur etwa 200 m vom Bahnhof Paß Hallthurm entfernt, wurde auf einem mächtigen Block eines Bergsturzes das erste Felszeichen gefunden. Es handelt sich hier um ein »offenes« *Netz* oder *Gitter*, von viereckigen Feldern zusammengefügt, ein »Uralt-Symbol« ersten Ranges, ohne Kenntnis der österreichischen Felsbilder kaum zu erkennen oder gar zu deuten.[96]

Am Hallthurm scheint das erste bayerische Fels-Signum ein uralter Wegweiser oder eine Art von Informationsquelle zu sein, worauf schon seine Lage an jenem sehr alten Gebirgspfad hinweist.

Eine sehr abgelegene und versteckte Felsbild-Fundstelle liegt im Lattengebirge nahe der Dalsenalm. Hier befindet sich die mysteriöse »Schneidwand am alten Sackweg« in 1140 m Höhe, die einst eine besondere Bedeutung gehabt haben muß. Völlig unerwartet erscheinen hier unter vielem rezenten Gekritzel echte Felsritzungen vorgeschichtlicher Art. Die Leidenschaft des Felsritzens, ihre Kontinuität vom fernsten bis zum heutigen Tage, ist an dieser kleinen Felswand besonders auffällig. Vor der Ritzzeichenwand liegt ein von Felsen umschlossener kleiner, ebener Talgrund, früher wohl mit einem kleinen Bergsee. Den »Altarstein« könnte hier das Wändchen selbst abgegeben haben. »Vor der Schneidwand könnte man sich sehr gut vorstellen, daß hier ehemals ein kleiner Versammlungsraum bestand, in dem sich Menschen zusammenfinden konnten; zu Aussprachen, zu Riten und Kulthandlungen.«

Die Schneidwand zeigt unter anderem bekannte Felsbildsymbole wie *Kreuze* mit vielen *Näpfchen* an ihren Enden, *Leitern* und *Winkel*, daneben noch manch Undeutbares.

Früher konnte man das Schneidwand-Gebiet nur mühsam über die Berge von oben her auf großen Umwegen erreichen. Heute führt durch das Röthelbachtal eine Forststraße hinauf, an die sich ein interessanter Naturlehrpfad anschließt.

Die Suche nach Felsbildern erbrachte besonders im Gebiet des Königssees interessante Ergebnisse: Mitten auf dem »Parkplatz Königssee«, auf dem ersten Block, den der große Lokalgletscher im Königsseebecken hierher transportiert hatte, fanden sich verschiedene Felsritzungen, vor allem *Pentagramme* und *Kreuze*.

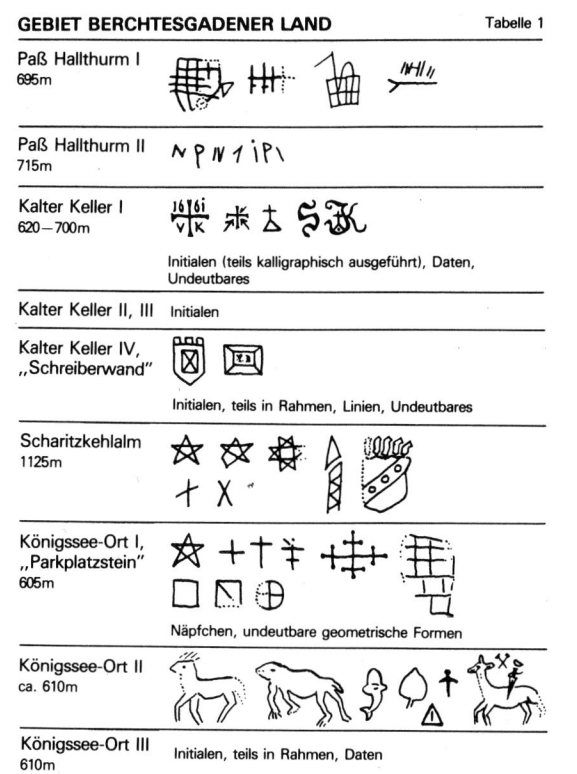

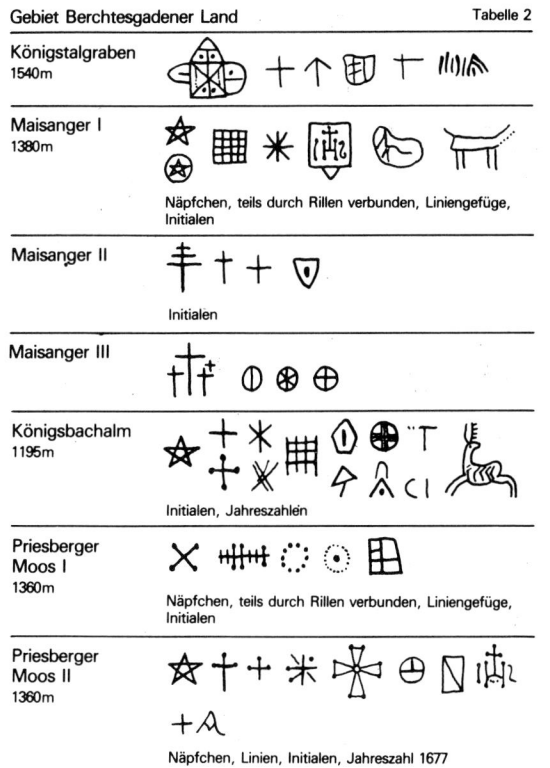

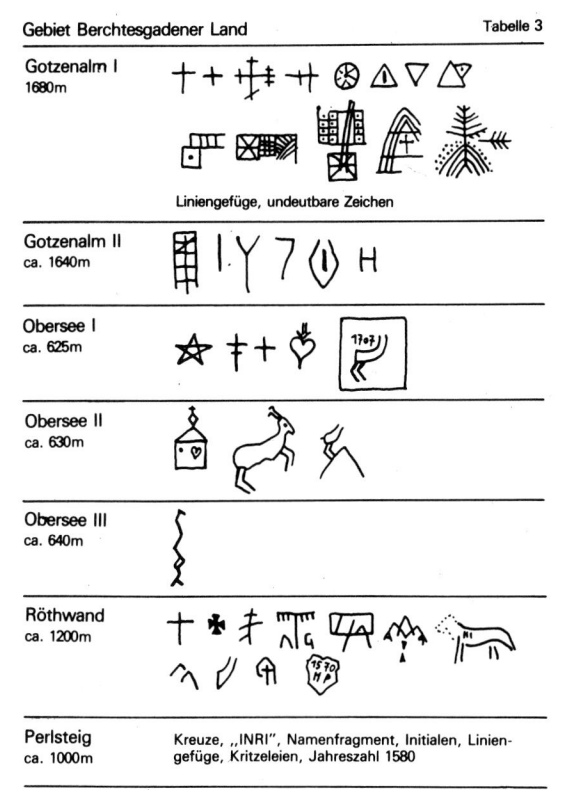

Tabelle 1 — GEBIET BERCHTESGADENER LAND

Fundstelle	Symbole / Beschreibung
Paß Hallthurm I, 695 m	(Gittersymbole, Netzdarstellungen)
Paß Hallthurm II, 715 m	N P N ↑ i P \
Kalter Keller I, 620–700 m	Initialen (teils kalligraphisch ausgeführt), Daten, Undeutbares
Kalter Keller II, III	Initialen
Kalter Keller IV, „Schreiberwand"	Initialen, teils in Rahmen, Linien, Undeutbares
Scharitzkehlalm, 1125 m	(Sterne, Kreuze, Wappen)
Königssee-Ort I, „Parkplatzstein", 605 m	Näpfchen, undeutbare geometrische Formen
Königssee-Ort II, ca. 610 m	(Tierdarstellungen, Kreuz)
Königssee-Ort III, 610 m	Initialen, teils in Rahmen, Daten

Tabelle 2 — Gebiet Berchtesgadener Land

Fundstelle	Symbole / Beschreibung
Königstalgraben, 1540 m	(Pentagramm in Rahmen, Kreuze, Linien)
Maisanger I, 1380 m	Näpfchen, teils durch Rillen verbunden, Liniengefüge, Initialen
Maisanger II	Initialen
Maisanger III	(Kreuze, Kreissymbole)
Königsbachalm, 1195 m	Initialen, Jahreszahlen
Priesberger Moos I, 1360 m	Näpfchen, teils durch Rillen verbunden, Liniengefüge, Initialen
Priesberger Moos II, 1360 m	Näpfchen, Linien, Initialen, Jahreszahl 1677

Tabelle 3 — Gebiet Berchtesgadener Land

Fundstelle	Symbole / Beschreibung
Gotzenalm I, 1680 m	Liniengefüge, undeutbare Zeichen
Gotzenalm II, ca. 1640 m	(Gitter, Buchstabenzeichen)
Obersee I, ca. 625 m	(Stern, Kreuze, Datum 1707)
Obersee II, ca. 630 m	(Glocke, Hirsch, Gemse)
Obersee III, ca. 640 m	(Schlangenlinie)
Röthwand, ca. 1200 m	(Kreuze, Figuren, Tierdarstellungen)
Perlsteig, ca. 1000 m	Kreuze, „INRI", Namenfragment, Initialen, Liniengefüge, Kritzeleien, Jahreszahl 1580

Symbolinventar der Felsbildfundstellen des Berchtesgadener Landes

Den Königssee entlang finden sich bis hin zum Wasserfall am Obersee weitere kleinere Felsbildstellen. Am ergiebigsten ist das Gelände der östlichen Trogflanke in Richtung Königstal und Gotzenalm. Nach Erreichen der Königstal-Alm führt der Weg hinauf in das kleine, vielleicht erst im Postglazial von einer Gletscherzunge ausgehobelte, von Ost nach West fallende Königstal, das im Norden von der Bärenwand begrenzt wird. Alte Bergstürze liegen im Talgrund, dem »Maisanger«. Die bildverdächtigen »Betsteine« zeigen sich sofort als Ritzblöcke. Altsymbole wie Mühle, Leiter und Gitter fehlen. Dagegen treten *Kreuze* und *Pentagramme* in großer Zahl auf, auch *Christogramme* sind häufig.

Am Ostrand des Priesberger Mooses in 1450 m Höhe, südlich des Königstales, das von besonders großen Blöcken verschüttet ist, liegen zwei Zeichensteine mit *Kreuzen* und *Näpfen* an den Enden, offene und geschlossene *Pentagramme* und anderes mehr. »Es ist erkennbar, daß die Felsritzungen hier einen anderen Charakter annehmen, als die klassischen an den Fundstellen des heutigen Österreich; sie erscheinen merklich jünger. Die Landschaft der klassischen geheimnisvollen Felsbilderkultur Österreichs mit ihrer reichen Symbolik hat eine Grenze. Ist es Zufall, daß an dieser Grenze einstmals auch diejenige zwischen den römischen Provinzen Rätien und Norikum lag und diese Grenzziehung wahrscheinlich auch auf einer noch viel älteren Tradition basiert?«

Weiter bergan in südlicher Richtung, auf der Gotzenalm, 1685 m, wurde auf der von Verkarstung zerfressenen Hochfläche eine interessante Entdeckung gemacht. Die Zeichen auf einer kleinen abgekehrten Wand scheinen sehr verschiedenen Alters zu sein. Es sind Dreiecke mit tropfenförmigen Vertiefungen, wohl *Schoßdreiecke*, also Fruchtbarkeitssymbole, fragmentische *Räder* und *Gitter*, meist mit Näpfchen in den Feldern, sowie Linien in merkwürdiger Spitzbogenform. Eine Komposition trägt auf einem schematisch angedeuteten »Bergzacken« zwei Reihen Näpfchen, denen ein *Nadelbaum* entsprießt.

Nur ein einziges Mal konnte im Berchtesgadener Land eine *Abwehrhand*, wie sie hier auf Kasstöck'ltüren häufig ist, auch als Felsritzung entdeckt werden und zwar an einem riesigen, überhängenden Felsblock nahe dem Funtensee. Eine deutliche Datierung »1604« findet sich, neben allerlei anderen Ritzungen, etwa 50 cm neben diesem Apotropaion.

Der Vergleich der Symbolinventare im Fels und auf den Baulichkeiten der Almregion zeigt gerade im Berchtesgadener Land eine auffallende Übereinstimmung, er zeigt, wie wichtig eine zusammenfassende und vergleichende Betrachtung dieser Phänomene ist und wie verfänglich Deutungs- und Datierungsversuche ohne Orientierung an äquivalentem Ideengut sein könnten. Dieser Exkurs ins Berchtesgadener Alm- und Felsrevier zeigt aber auch, welche Eigenheit eine so kleine kulturelle Enklave entwickeln und tradieren kann; daß sich dieses Symbolinventar aus vorwissenschaftlicher Zeit fast ausschließlich auf die alpine Region konzentriert, ist ein deutlicher Hinweis auf die Spiritualität und den Zauber dieser Bergwelt.

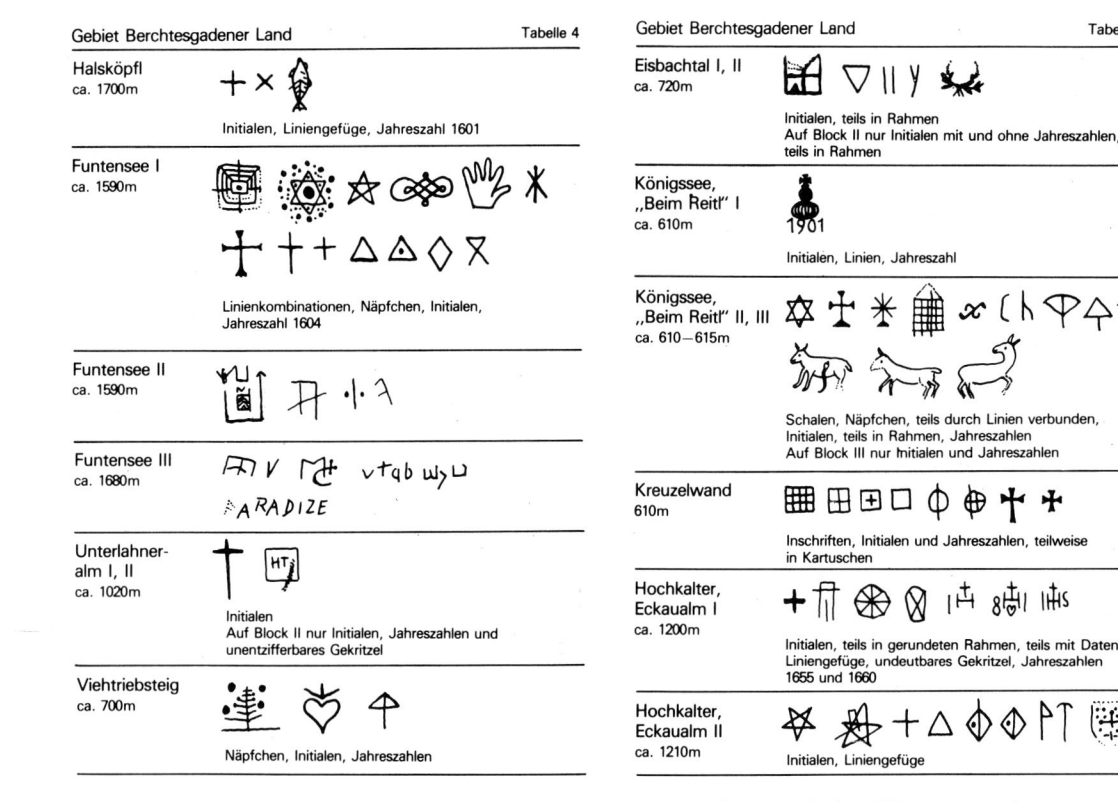

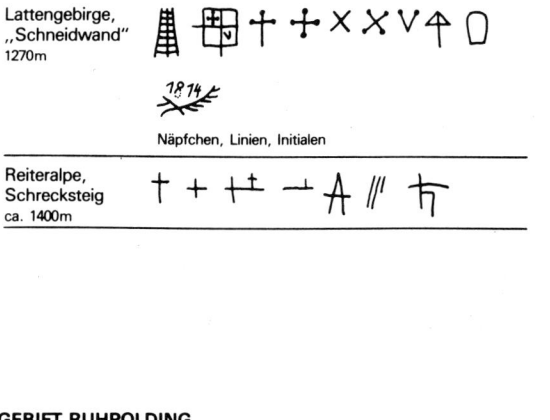

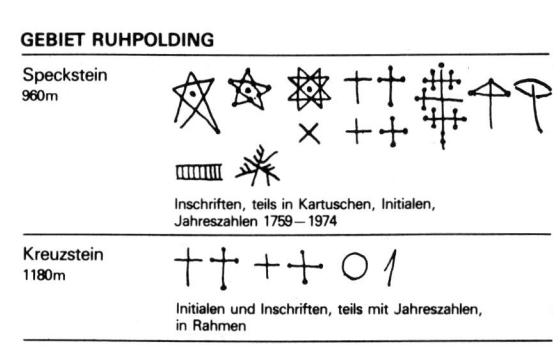

Symbolinventar der Felsbildfundstellen des Berchtesgadener Landes (Fortsetzung), daneben noch das Felsbildinventar des Gebietes um Ruhpolding (Franz Wollenik: Abwehrhand und Drudenfuß. Hallein 1982, S. 165 – 170).

DER SÜDLICHE RUPERTIWINKEL

Teil des einstigen Erzstiftes Salzburg
Kerngebiet des Salzburger Flachgauhofes

Natürliche, geschichtliche und wirtschaftliche Grundlagen

Geographische Begrenzung und Begriffsbildung [97]
Von Hans Roth

Die Bezeichnung Rupertiwinkel gilt ausschließlich für jenes Gebiet westlich von Saalach und Salzach, das ehedem zum Erzstift Salzburg gehörte und erst im Jahre 1816 durch den Münchener Vertrag endgültig an Bayern gelangt war: der Bereich oder Teile des Bereichs der altsalzburgischen Pfleggerichte Staufeneck, Teisendorf, Waging, Tittmoning und Laufen. Dieses Gebiet entspricht im wesentlichen dem Umfang des späteren Landkreises Laufen. Lediglich die Steuerdistrikte Anger, Högl und Piding wurden im Jahre 1818 dem Landgericht Reichenhall und die Gemeinden Heiligkreuz und Lindach im Jahre 1879 dem Landkreis Traunstein zugewiesen. Diese Gemeinden zählt man selbstverständlich noch zum Rupertiwinkel.

Mit dem Begriff Rupertiwinkel wird also nicht eine Naturlandschaft oder eine spätere Verwaltungseinheit, sondern das links von Saalach und Salzach gelegene Territorium des Erzstifts in seinem Bestand vor der Säkularisation im Jahre 1803 umschrieben. Weder für die selbständige Fürstpropstei Berchtesgaden, noch für Reichenhall, das nach dem Aussterben der Grafen von Peilstein in den Jahren 1218/19 an Bayern kam, trifft deshalb diese Bezeichnung zu.

Die jahrhundertelange Zugehörigkeit zu Salzburg, die Kultur und Geschichte des Rupertiwinkels prägte, fand also ihr Ende, als die salzburgischen Gebiete westlich der Salzach Bayern zugesprochen wurden, während der viel größere östliche und südöstliche Teil des früheren geistlichen Staates samt der erzbischöflichen Hauptstadt endgültig an Österreich gelangte.

Der Name Rupertiwinkel stammt also nicht aus »alter«, salzburgischer Zeit, sondern ist auf die Heimatbewegung zu Beginn unseres Jahrhunderts zurückzuführen, als man sich verstärkt der eigenen Vergangenheit erinnerte und sich der Pflege und Erforschung unserer Heimatkultur zuwandte. Wie in solchen Fällen immer dürfte es schwer sein, den Urheber einer solchen Prägung ausfindig zu machen. Erstmals begegnet sie uns in einem »Weckruf« des Heimatforschers Theodor Nißle im »Unterhaltungs-Blatt«, der Beilage zum »Laufener Wochenblatt« vom Dezember 1908. Hier ist vom »Rupertuswinkel« die Rede, und zwar

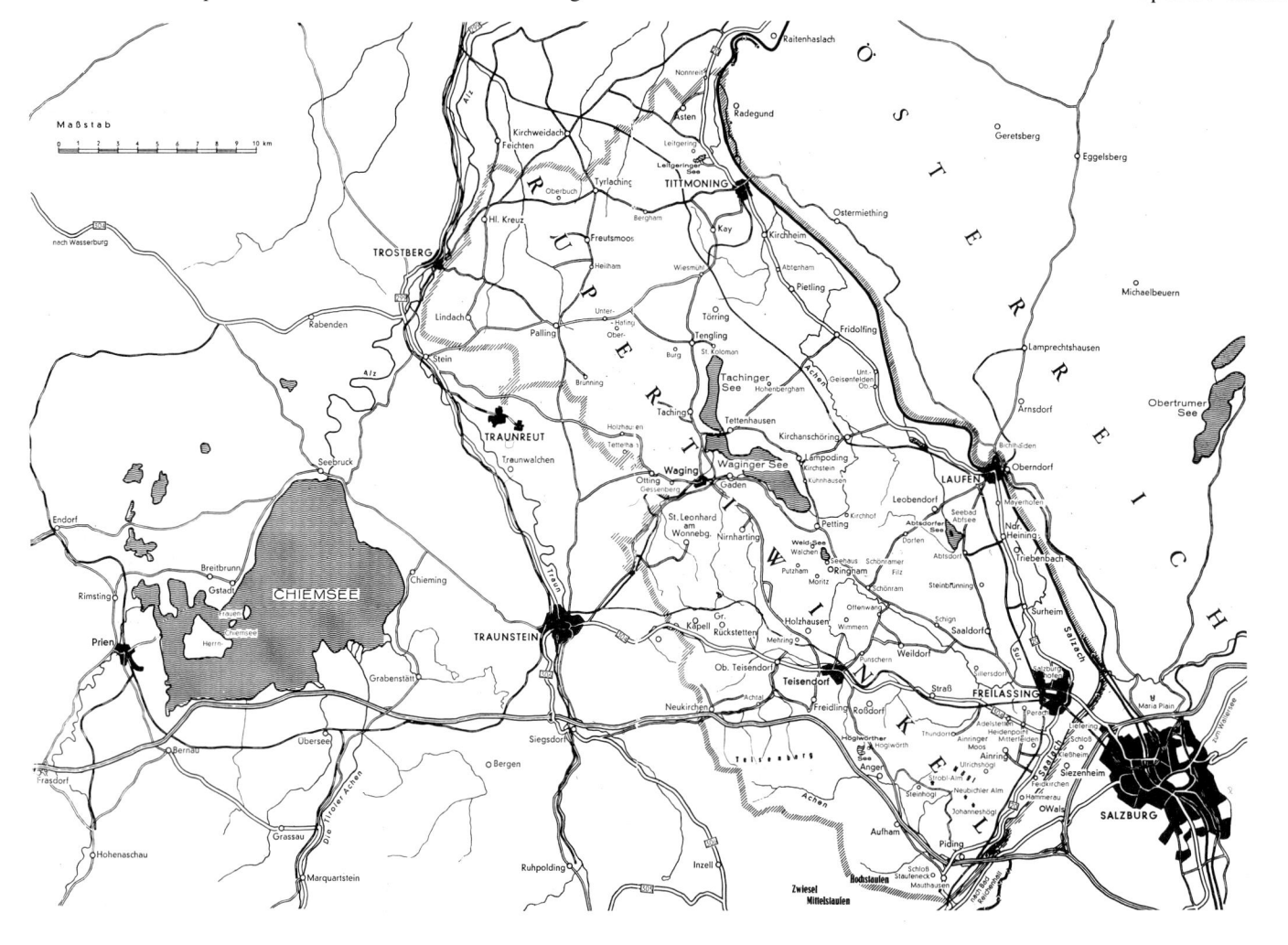

Der Bayerische Rupertiwinkel. Karte von Franz Roth

Seite 105:
Notgeld
aus dem Rupertiwinkel
aus dem Jahre 1920.

im Zusammenhang mit dem Verkauf der wertvollen Wandvertäfelung des Schlosses Triebenbach, den der rührige Heimatfreund natürlich zutiefst bedauert und der schließlich resigniert feststellt, daß »die Kunst aus dem Rupertuswinkel gewiß auch in Berlin mit hohen Ehren bestehen« werde. Rasch scheint sich aber diese Bezeichnung nicht eingebürgert zu haben. Erst als sich in den bedrängten Jahren des Ersten Weltkrieges eine lose Vereinigung der »Heimatfreunde des Rupertiwinkels« gebildet hat, scheint diese Bezeichnung in abgewandelter und sprachlich flüssiger Form wieder auf. Dieser »Verein der Heimatfreunde« dürfte schon um 1915 entstanden sein und hatte es sich zur Aufgabe gesetzt, »für die Geschichte und Vaterlandskunde der Heimat (auch für die beiden Heimatmuseen) nach Kräften zu wirken«. Schon bei der Schaffung des Notgeldes im Frühjahr 1918 folgt der Kommunalverband Laufen den »Bestrebungen, die sich auch der Verein der Heimatfreunde des Rupertiwinkels zur Aufgabe stellt«, und beauftragt den Münchener Bildhauer J. Werson mit dem Entwurf der 5-, 10- und 50 Pfg.-Scheine, die als »Notgeld des Rupertiwinkels« in Umlauf kommen und die Gestalt des Salzburger Bistumspatrons zeigen sollen. Der Verein, dem Beamte und Geistliche, Bauern und Bürger angehören, brachte bereits im Januar 1918 eine Veröffentlichung mit dem Titel »Als die Franzosen kamen« heraus, seine satzunggebende Versammlung mit Vorstandswahl hielt er jedoch erst am 8. September 1918 ab.

Spätestens ab diesem Zeitpunkt wurde die Bezeichnung »Rupertiwinkel« zu einem festen Begriff, getragen von einem rührigen Verein, der erst zu Beginn des Dritten Reiches aufgelöst wurde und als dessen Nachfolger sich der 1964 gegründete Historische Verein Rupertiwinkel versteht.

Die Bezeichnung »Rupertiwinkel« soll einen engbegrenzten historischen Landschaftsraum kennzeichnen: jenen Winkel im südostbayerischen Raum, der seine geschichtliche Identität noch weitgehend bewahren konnte.

Dieser Rupertiwinkel also umfaßt mit einer Fläche von 634 qkm das Gebiet von Piding und Anger im Süden, Neukirchen, Waging und Palling im Westen und Asten bei Tittmoning im Norden und weist eine Länge von 40 km und eine Breite von 15 km und weniger auf, wobei im Süden der Teisenberg auf 1300 m Seehöhe ansteigt, während das Gelände im Norden bei Tittmoning zum Flußlauf der Salzach hin bis auf 380 m abfällt.

Es blieb erst der Gebietsreform des Jahres 1973 vorbehalten, dieses historisch gewachsene und in seinen ehemaligen Grenzen noch deutlich erkennbare erzstiftische Gebiet zwischen dem Landkreis Berchtesgadener Land, dem drei Viertel des Rupertiwinkels zugeordnet wurden, und dem Landkreis Traunstein, an welchen die Gemeinden nordwestlich von Laufen mit der Stadt Tittmoning gelangten, aufzuteilen.

Topographie

Aus der Vogelschau drängt sich das Landschaftsbild des Rupertiwinkels zu einem bunten Mosaik zusammen. Das bleierne Band der Salzach ist beiderseits wechselweise von Auen, Kulturflächen und Siedlungsland begleitet. Überall künden das helle Gelb der Getreidefelder und das kräftige Grün der Wiesen mit dem auf wechselnd breite Streifen zurückgedrängten Wald von der arbeitsamen Hand des Bauern.
Südlich Waging weiten sich die hellbraunen, nur von Latschenbeständen schwärzlich gemusterten Flecken der Moore bis zur Bahnlinie Traunstein-Salzburg zu auffallend zusammenhängenden Flächen. Dort trennen sie die tiefen Wasserrisse des Eich- und Dobelgrabens. Der Waldrücken des Teisenbergs und die bleigrauen Felsfluchten des Zwiesels und Hochstaufens setzen dem flachen Rupertiwinkel eine natürliche Südgrenze.
Dem Wanderer gegenüber löst sich dieser Landschaftsraum in ein buntes Allerlei lebhaft bewegter Hügel mit weithin reichenden Aussichtspunkten und allgemein nordwärts strebenden Tälern und Tälchen auf – ein Bild, das sich in gleicher Unruhe auch jenseits der Salzach wiederholt. Erst bei genauerem Betrachten läßt es eine nicht geringe Reihe gesetzmäßiger Züge und größerer erdgeschichtlicher Geschehnisse entdecken.

Erst vor 15 Jahrtausenden begann der Salzachgletscher, der im letzten großen Abschnitt des Eiszeitgeschehens bis nach Asten hinterglitt, sich vom Alpensaum zu lösen. Seine Schuttfrachten bestimmen als Baugerüst größtenteils auch das Formenbild des Salzachlandes. Mindestens viermal stieß er mit seinen Wassersträngen während der Eiszeit in das Vorland hinaus. Was sie hinterließen, breitet sich aber nur als kräftig gewirkter Schleier über einen Jahrmillionen vorher entstandenen Untergrund.

105

Geologie

Der Wandel der Erdgeschichte im Umkreis des Rupertiwinkels wurde von Anton Micheler umfassend und notwendigerweise weiter ausgreifend dokumentiert, seine hervorragende Darstellung sei hier aus Gründen der Vollständigkeit weitgehend ungekürzt wiedergegeben, da sie dem geologisch Interessierten gute Einblicke in die naturgegebenen Lebensgrundlagen bietet.[98]

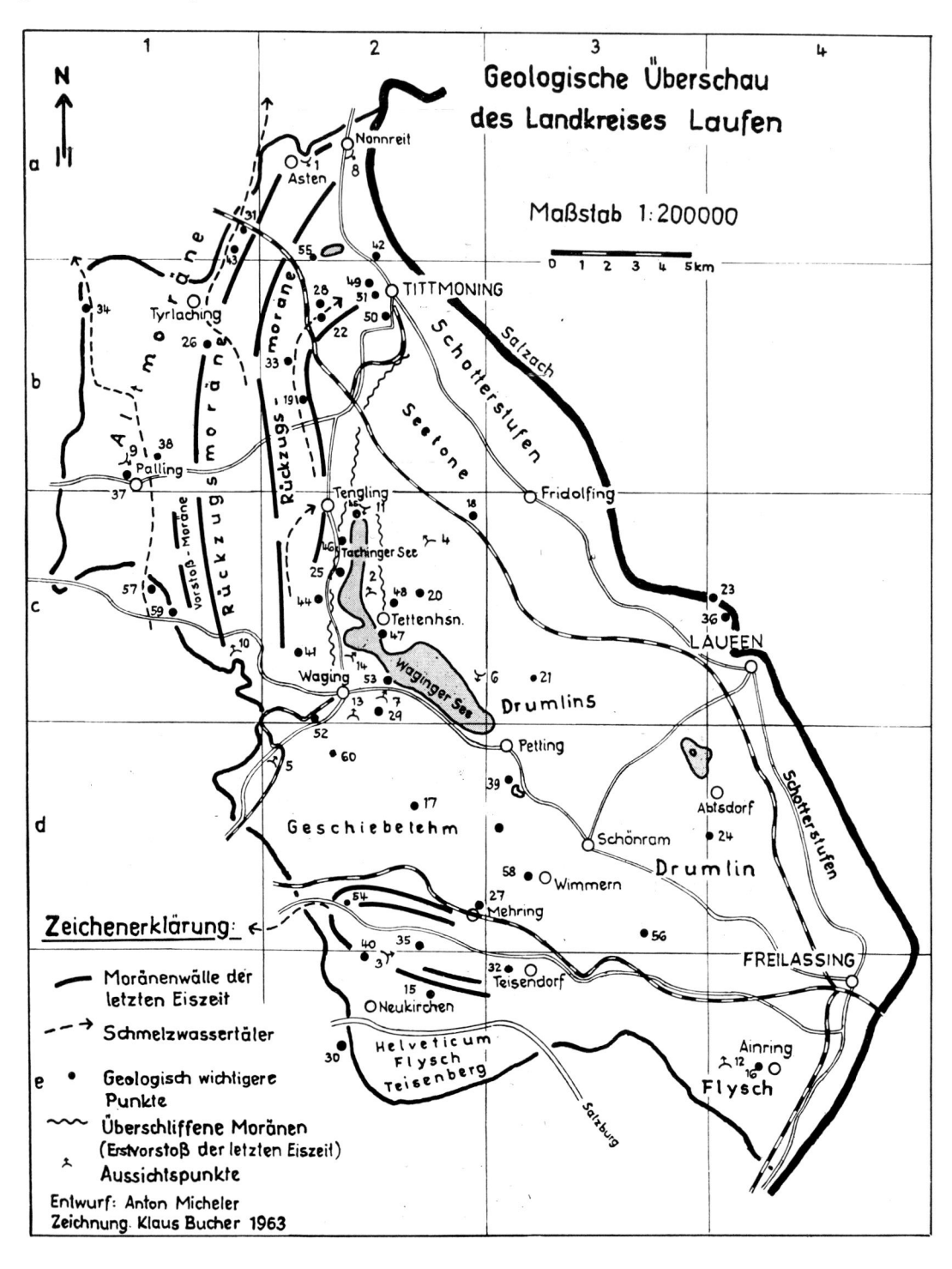

und bilden feuchtmoorige, zum Fließen neigende Böden aus. Auf diese auffallendere Eigenart geht ihr Sammelname »Flysch« zurück. Gelegentliche Funde von Fischzähnen und einer Muschelart (Inoceramus) deuten auf ehemaligen Meeresgrund der Kreidezeit. Schon vorher aber wölbte sich die damals vermutlich mittelgebirgsähnlich geformte Oberfläche der Alpen wieder empor. Mit ihrem Drängen nach außen sank zugleich das Vorland trogförmig nieder. In diese sog. »Vortiefe« zog nun das damalige Weltmeer der Thetys herein. Gegen Norden bildete eine vom Bayerischen Wald gegen das Aar- und Gotthardmassiv hin verlaufende Inselschwelle die nahe sedimentliefernde Küste. Als sog. »Vindelizisches Gebirge« treffen die Bohrungen auf Erdöl seine Gneise und Granite stets in mehr als 1000 m Tiefe an (Taufkirchen an der Vils 1300 m). Fichten, Tannen und Borstgraswiesen prägen den sanftgeböschten Rücken als »grünes Vorgebirge« der eigentlichen Alpen.

Als nächstjüngere Urkunde lagert sich seinem Nordfuße eine gleichlaufende niedrige Treppe an. Mit ihr setzt die etwa 70 Millionen Jahre dauernde Tertiärperiode ein. Vorher aber hoben neue Kräfte die kalkschlammigen und sandigen Sedimente des Flysches zur Höhe empor und schweißten sie hier als breitere Leiste dem Gebäude der Alpen an.

In einer sich hiermit bildenden »Vortiefenrinne« setzte das Meer, von der Schweiz her vordringend, eine wechselnde Folge von grünlichen Mergeln und Sanden, sandigen und reineren Kalken ab. Letztere führen eine Unzahl von Nummuliten. Wirtschaftlich wichtig schalten sich den Schichten einige Flöze ein. Ihr Gehalt an Rot- und Schwarzeisenkügelchen reicht bis zu 35 Prozent heran.

Wo heute zwischen dem Waginger See und Teisendorf sich Wald und Moor zwischen Weiler schieben, warfen die Wogen eines jungtertiären Meeres gutabgerollte Hartgesteine und grünlichgraue Sande an den damaligen Strand. Im tiefeingeschnittenen Surtal westlich Wimmern, Hochberggraben bei Mehring, Lüßgraben bei Teisendorf, deuten viele grobschalige und vielfach zertrümmerte Muschelschalen auf die Brandungszone hin. An der zum See steil abbrechenden Gehängekante bei Tettenhausen sind in den Sandstein Austernschalen eingelagert. Mit dem Absinken des Meeresbodens verbinden sich am Westhang des Mühlberges bei Waging (ehem. Schießstätte), im Schinder- und Zintenbachgraben westlich Taching, in Waging und in Osing nördlich Laufen (zunächst dem Kraftwerksbau) blättrig geschichtete Sande und Mergel des Mittelmiozäns. Als sog. »Schlier« enthalten sie nur dürftige Spuren an Fischschuppen und Seeigelstacheln. Später wandelte sich das Meereswasser zu großen Süßwasserseen um. In sie schütteten größere, von den Zentralalpen herkommende Flüsse glimmerführende Sande, kalkhaltige Tone (Mergel und Letten) und eine Auslese besonders widerstandsfähiger Gesteine (Gneise, Granite, Quarze, Kieselkalke, Hornsteine u. a.) in mächtiger Aufeinanderfolge ein.

Die Tonschichten dagegen eröffnen jedoch in wechselnder Tiefe nie versiegende Brunnen. Oft gleiten die Mergel ab und wölben sich in die Gehänge, von Schilf und Quellfäden begleitet, wulstartig heraus. Ihnen lagern sich bei Holzhausen, Weilham und andernorts in etwa 80 cm Tiefe Flöze einer blättrig gepreßten, dunkelbraunen Kohle ein. Sie ging aus verschütteten, in einem mittelmeerähnlichen Klima üppig gedeihenden Wäldern und Mooren hervor.

Der Gegenwart am nächsten stehen jene mannigfach gearteten Schüttungen, die das strömende Eis mit den Geröllfrachten gefällstarker Wasserstränge dem Lande als Geschenk der Alpen hinterließ. An diesem Erbe beteiligten sich noch mächtige tonige Absätze ehemals großer Seen und trockenkalter staubübersättigter Winde (Löß). Sie insgesamt lieferten den nährenden Boden, unerschöpfliche Mengen Kiese und Sande, zeichneten je nach raschwechselnder Grundwassertiefe auch die Verteilung und Größe der Siedlungen, wie ebenso oftmals den Verlauf der Verkehrswege vor.

Der Teisenberg ist die geologische Urkunde des Rupertiwinkels. Er ist von grauen, splittrig brechenden Kieselkalken in wohlgefügten, steil südwärts fallenden Bänken aufgebaut. Diese Bänke und die bräunlichen Sandsteine wurden von Eisfluten nur äußerlich geformt, aber nicht beseitigt. Als Ganzes wölben sie sich in enggepreßte Sättel und Mulden bis zu 1189 m Höhe empor. Einem kieloben liegenden Kahn gleich, folgt der Rücken dem West-Ost-Verlauf des Schichtenstoßes. Wo griffelig zerfallende Mergel sich am Aufbau beteiligen, rutschen die Hänge

Während gegen Burghausen sich größere Schotterplatten entwickeln, besitzt der ehemalige Landkreis Laufen im wesentlichen nur eine fast verwirrende Flucht kräftiger und flachgeformter Hügel, die mit den drei Seen von Waging, Abtsdorf und Leitgering sich auch hier, wie im übrigen Vorraum der Alpen, zu der so malerischen Fülle des Moränenlandes zusammenschließen.

Der drittältesten Alpenvorlandvereisung gehören die hart zu Fels verkitteten Schotter (Nagelfluhe) an. Mauerartig ragen sie westlich Palling in einem alten Steinbruch auf. Ihre Härte erklärt den dort steilen, geradlinig gezogenen und von späteren Schmelzwassern angeschnittenen Hang. Dieser etwa vier Jahrhunderttausende zurückreichenden Zeit entstammt bei Weildorf ein ähnlich festgefügtes Flußgeröll. Seine einheitliche, gegen Südosten geneigte schräge Lage deutet jedoch auf einen See, der schon damals das Becken von Salzburg erfüllte. Zeitlich verbindet sich mit ihm in der nunmehr stark überwachsenen großen Grube am Westhang des Mühlberges bei Waging eine etwa 4-5 m mächtige Lage rotbräunlichen, mit Hart- und zersetzten Geröllen erfüllten Lehms. Sie weist auf eine tiefverwitterte Landoberfläche hin. Das Klima muß daher während dieser eisfreien Zeit (Mindel-Riß-Zwischeneiszeit) wärmer und feuchter als jetzt gewesen sein.

Die voraneilenden Schmelzwasser des wiederum vorrückenden zweitältesten Salzachgletschers (Rißeiszeit: 3. und 2. Jahrtausend) zerschnitten das Land und füllten Täler zu. Nur Bohrungen auf Wasser und Kohle sowie Gruben vermitteln hier eine deutlichere Sicht in das damalige Geschehen. Was das Eis später mit Schutt bis zu den Alpen wieder verhüllte, blieb jedoch, bis auf wenige Ausnahmen, nur am Westrande erhalten.

Plump und breit ziehen dort tieflehmige Bodenwellen bis über das Alztal hinüber. Auffallend tritt der Wald gegenüber üppigen Getreide- und Ackerfluren zurück. Wiederum war es ein eisfreier, viele Jahrtausende währender Klimaabschnitt (Riß-Würm-Zwischeneiszeit), der diese gletscherbürtigen Ablagerungen mit einer starken Verwitterungsrinde überzog. Müde und ausgeglichen prägen sie als Altmoränen dem Landstreifen eine behäbige Note auf. Schrägliegende Schotter bei Mauerham und im Weichbilde von Salzburg künden in dürftigen Spuren auch für diese Zeit von einem der Ausdehnung nach unbekannten zweiten See.

Frisch und wie von gestern blieben hingegen die Zeugnisse für den letzten großen Akt des Eiszeitgeschehens erhalten. Die Wälder und Moore der vorangegangen Zeit erstarben im zunehmend kälteren Hauch der Winde und der kürzer und kühler werdenden Sommer. Immer stärker uferten die vermehrt und kräftiger fließenden Gletscherwasser aus und verdeckten mit breiten Geröllecken das alte Land. In zahlreichen Gruben (Tettenhausen, St. Koloman bei Tengling, unterhalb Laufen u.a.) tritt diese, dem neuwachsenden Salzachgletscher voranziehende Schotterflur zutage (Vorrückungsschotter).

kalkreiche Staubfrachten (Löß) trockenkalter Gletscherwinde verminderte. Eine wechselvolle Geschichte spiegelt daher der Altmoränengürtel zwischen Palling und Tyrlaching wieder. Er ist abgetragenes, in Rümpfen verbliebenes und fragenerfülltes Land.

In kurzen Ruhepausen zwang ein endgültiger Klimaumschwung den Gletscher zurück. Der zweite Stillstand legte den Schuttkranz an, der von Kammern über Kirchstätt östlich Brünning in nordnordöstlichem Bogen über Asten nach Nunreit verläuft, dort an beiden Stellen prachtvolle Sicht über das Flußland gewährt, und über das damals noch nicht angelegte Salzachtal zum Weilharter Forst hinüberzieht. Noch benutzten die Schmelzwasser die bereits vorgezeichnete Pallinger Rinne und tieften sie weiterhin aus (Stadium von Nunreit).

Ein ähnliches, aber später angelegtes Tal, besonders malerisch bei dem Weiler Manetsberg 2 km südwestlich Asten, zieht bei Tyrlaching über Schnitzing ebenfalls zur Alz hinaus. Es verdankt seine Herkunft dem nunmehr von Tettelham gegen Bergham, Wallmoning und Radegund dahinstreichenden Gletschersaum (Stadium von Radegund). Was er zu massigen, eiswärts steiler gebösschten Hügeln warf und in Gräben sich dem Tage öffnet, weist sich stets durch kantige, bis blockgroße Gesteinstrümer mit teilweise glänzend polierten und nadelfeinen Strichen (Schrammen) sowie gelblich tonig durchsetztem, meist schichtungslosem Schutt als gletschernahe Bildung aus.

Rasch wechseln die Böden und die Tiefen örtlicher Grundwasserlinsen. Dies ist neben den kräftigen Böschungen auch der Grund, warum der Wald gerade hier die Moränenhöhen beherrscht. Mit dem Tengling-Ollerdinger und bei Laufing sich weitenden Tal zogen die Schmelzwasser einer vierten Moränengirlande entlang (Lanzinger Stadium).

Jetzt erst begann sich der Tittmoninger See, von Eiswassern genährt und gegen Norden von den Moränenzügen gestaut, schrittweise herauszubilden. Seinen Anfang bezeugen schrägliegende Sande und Kiese (sog. Deltaschotter) hart nördlich dieser Stadt. Immer mehr weitete er sich jetzt bereits in tieferer Lage gegen Süden. Feingebänderte, zu Rutschungen und Bodenvernässungen neigende Seetone unmittelbar südlich der Stadt zeugen davon. Gelegentliche Blöcke in den Kiesen und der abgesetzten Gletschertrübe deuten auf schwimmende, vom sterbenden Gletscher wegdriftende Schollen hin. Von Laufen bis über Salzburg begann sich zuletzt eine neue, jedoch höhergelegene Wasserfläche zu weiten. Ihr Abfluß schuf unterhalb Laufen ein kanyonartiges Tal und bildete damit nunmehr einen einheitlichen großen See heraus. Seine tonigen Absätze liefern bei Götzing und Ostermiething ein wertvolles Rohgut für Ziegel.

Ein Abfluß nördlich Tittmoning, dem die Salzach ihr heutiges Tal verdankt, brachte diesen großen »Salzburger See« ebenso zum Auslaufen wie in den Gletscherschurfbecken von Teisendorf. Ibmer Moos, Unzing und Eugendorf. Dem Becken von Waging, Mattsee und Seekirchen blieben dagegen die Wasser erhalten. Sie zählen jetzt zu den auffallendsten und reizvollsten Bildern des Salzachgletscherlandes.

Im gesamten Raume verteilen sich diese Tiefenzonen gleich den Fingern einer gespreizten Hand, ein Baugesetz, das bei allen großen Vorlandgletschern (Inn, Isar), hier jedoch am einprägsamsten erscheint.

Mit dem endgültigen Schwinden des Eispanzers überkleidet der an der Sohle schlammig zerriebene Schutt, die sog. Grundmoräne, die ehemalige südliche Landkreishälfte Laufen. Auf ihre wasserstauende Eigenschaft geht die Anlage der hier sich häufenden großen Moore (Weidmoos bei Nirnharting, Altofing, Schönram, Kulbing u.a.) zurück.

Als letzteres Geschehen schnitt die Salzach durch Tieferlegen ihres Bettes zwei größere und breite Schottertreppen heraus. An ihnen reiht sich beiderseits des Flusses eine nicht geringe Zahl von »-ing«-Orten auf. Von der kalttrockenen baumleeren Tundra über Föhren-, Birken-, später folgenden Eichen- und Buchenwäldern bildete sich mit Absätzen von Kalktuffen (Mauerham, Salzachleiten) und dem Auslaufen der großen Eisstauseen von Salzburg, Teisendorf, mit dem Einbau von Schotterzungen (Deltas) in den Waginger See und mit dem kräftigen Einschneiden der Bäche endgültig das Bild der Gegenwart heraus.

Tachinger und Waginger See von Westen.
Kolorierte Federzeichnung von 1766

Etwa zwölf Jahrzehntausende umfaßt das Werden und Vergehen der letzten Gletscherflut. Sie allein schuf das in starken Akzenten dahinschwingende heutige Landschaftsbild. Bodenformen, Art und Folge des von Eis und Wasser hinterlassenen Schuttes sind seine historischen Dokumente.

Ein kurzdauernder Wärmeanstieg bremste die Gletscherflut im engen Nordbereich des heutigen Waginger Sees. Nachfuhr aus den Firnmulden der Zentral- und Kalkalpen hielt dem bald verstärkten Abtauen und Abschmelzen des Eisschildes vorerst die Waage. An seinem Rande häufte jetzt der ausapernde Schutt größere Wälle an (Moränengirlande des Tenglinger Stadiums). Befreit von der vernichtenden Last weitete sich nach diesem Vorspiel wieder das offene Land. Bald hob aber der Gletscher zum entscheidenden Vorstoß an. Er zog über seine ersten Wallschüttungen hinweg und schliff sie, soweit er vermochte, nieder. Daher die weitgeböschte Formenwelt im Umkreise des Sees, aber auch der Schwarm langgezogener fischrückenartiger Hügel, die als Drumlins bis zur Salzach dem Stammbecken von Salzburg in weitgespanntem Fächer entstrahlen. Die voneinander trennenden, jetzt moorigen Senken stellen nur die Schuttspuren der im Gletscherkörper rascher dahinziehenden Strömungen dar. Unaufhaltsam quoll die Eisflut bis nach Weißenkirchen-Brünning hinaus. Dort warf sie einen Wall mit größeren Blöcken auf. Dieser Halt wird als Weißenkirchener Phase bezeichnet (z.T. verwachsene Grube westlich vom Ort). Größere Schmelzwassergerinnsel sammelten sich, legten das breite Tal von Palling an und ergossen sich zuletzt in das Bett der damaligen Alz. Westlich Buch grenzt die dort grabenartige Rinne auf 5 km Länge den Landkreis ab.

Arktische Kälte erfror jetzt draußen im Vorlande tief den Untergrund. Nur in dünner Decke taute seine Oberfläche während der kurzen Sommer auf. Breiartig glitt sie von den Schuttwällen in die Mulden nieder, deren Tiefe auch

107

Zur Vor- und Frühgeschichte[99]
Von Ernst Aicher

Steinzeit (4000 - 1800 v. Chr.)

Die frühesten gesicherten Siedlungsnachweise im Salzburger Becken sind — auch in der weiteren Umgebung von Saalach und Salzach — erst in der Jungsteinzeit, d.h. zwischen 4000 und 1900 v. Chr. gegeben, auch wenn im Salzburger Land an einigen Stellen in Maxglan Geräte gefunden wurden, die auf die mittlere Steinzeit (14000 - 4000 v. Chr.) hinweisen könnten. Nachdem die letzte Eiszeit vor etwa 15.000 Jahren zu Ende ging, waren die Bedingungen für eine menschliche Besiedelung in diesem Bereich besser geworden; bei üppiger Vegetation bot die Natur den Jägern entsprechende Nahrungsquellen. In der jüngeren Steinzeit war der Mensch Jäger, Fischer und Sammler, der sich anfangs nur selten an einem Ort fest niederließ, später jedoch durch die beginnende Tätigkeit als Ackerbauer und Viehzüchter bevorzugte Siedlungsplätze als Dauerwohnsitz belegte.

Die natürlichen Unterkunftsmöglichkeiten wie Höhlen und Felsüberhänge wurden ersetzt durch künstliche Wohnbauten, welche durch das stetige Fortentwickeln von Waffen und Werkzeugen, wie gebohrten Steinbeilen und dergleichen, leichter herzustellen waren. Der bedeutendste Siedlungsschwerpunkt der Jungsteinzeit ist der Auhügel bei Hammerau, Gde. Ainring, ein ungefähr 35 m über dem Flußbett der Saalach aufragender Flyschhügel, ca. 450 m lang und ca. 70 m breit. Leider ist der größte Teil der Funde, die Ende des vergangenen Jahrhunderts dort gemacht wurden und in über 30 Kisten nach München gebracht wurden, in den Kriegswirren verlorengegangen. Eine Unzahl von Tonscherben weist auf Gefäße verschiedenster Form und Größe hin. Die Verzierungen mit Fingereindrücken, Einstichen in Winkeldreiecks- und Flechtbandmustern zeugen von der Beziehung zur Altheimer Kulturgruppe. Diese bedeutenden Funde aus der Jungsteinzeit werden geprägt von mehr als 1000 Steinwerkzeugen, deren Rohmaterial aus dem Flußbett der Saalach stammt und bei denen die aus grünem Serpentin erzeugten Streitäxte von einer hervorragenden Materialbearbeitung zeugen. Eine Besonderheit ist das einzige Kupferbeil, das am Auhügel gefunden wurde.

Ein weiteres Fundstück aus der Jungsteinzeit ist ein Kupferbeil am Abtsdorfer See. Gerätschaften zur Herstellung von Stoff, wie Spinnwirtel und Webstuhlgewichte sowie Reibplatten und Klopfsteine, beweisen, daß dieser Siedlungsschwerpunkt der Ausgangspunkt für eine anschließende Besiedelung des Reichenhaller Beckens mit seinen Salzvorkommen anzusehen ist. Die Vielzahl der Funde beweist die lange Lebensdauer und damit die wirtschaftliche Kraft und Wichtigkeit dieser neolithischen Siedlung. Die Moränenhügel und Inselberge des Vorlandes und des Salzburger Beckens erwiesen sich als ausgezeichnete Höhensiedlungen, die leicht zu verteidigen waren und gute Fernsicht boten. Die Höhensiedlungen bestanden aus Gruppen von einräumigen rechteckigen Wohnhütten mit überdeckten Vorplätzen; die aus Rundhölzern errichteten Blockwandanlagen mit schmaler Vorderseite hatten ihren Eingang im Süden. Die Wandfugen wurden mit Lehm abgedichtet. Die Siedlungsformen des flachen Landes waren hauptsächlich aus runden Wohngruben gebildet, die am Rande eiszeitlicher Schotterterrassen in geschützter Lage vor dem Hochwasser angelegt wurden. Besonderes Augenmerk richtete man auf nahegelegene Grundwasserquellen.

Bronzezeit (1800 - 1250 v. Chr.)

Ausgangspunkt dieser Epoche war der Kupferbergbau, der im Alpenvorland das benötigte Rohmaterial ergab; andererseits brachte auch der Handel diesen Rohstoff bereits in dieses Gebiet. Bergbau, Metallbearbeitung und Handel mit Rohstoffen und Fertigprodukten förderten die Besiedelung im Alpenvorland. Die Bauformen der Hütten und Häuser waren von Ständer- und Blockbauten beherrscht, es entstanden Siedlungsdörfer mit Wohnhäusern und Hütten für das Vieh. Die Bestattung in der Frühbronzezeit wird vom Hockergrab geprägt, bisweilen findet sich Brandbestattung. Neben den wertvollen Metallwaffen und Geräten wurden jedoch auch weiterhin Werkzeuge aus Stein, insbesondere für kultische Zwecke hergestellt; sie wurden den jüngeren metallenen Waffen nachgebildet. Barren aus Kupfer oder Bronze in Form sog. Ringbarren waren als Handelsgut weit verbreitet. 2 Hortfunde im Bereich von Piding/Mauthausen aus der früheren Bronzezeit stellen einen der größten Hortfunde der näheren Umgebung dar; ein weiteres Depot mit 100 Stück fand sich in Reit, Gemeinde Saaldorf. Eine Konzentration der Fundvorkommen im Alpenvorland ist erkennbar. Aus der mittleren Bronzezeit (zwischen 1400 und

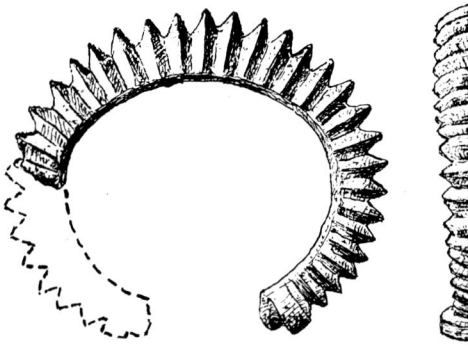

Bronzearmreif aus Leustetten, gezeichnet von Martin Hell.

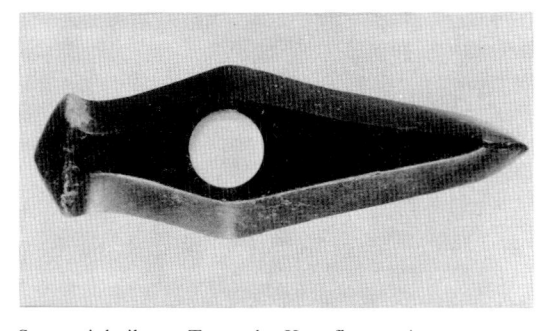

Serpentinbeil vom Typus der Knaufhamer Axt aus einem Fund bei Freilassing.

Der Bronzefund vom Fuderheuberg.

1100 v. Chr.) dürfte der Bronzearmreif von Leustetten stammen. Es mag wohl die Vielgestaltigkeit der Schmuckstücke aus dieser Zeitepoche darauf zurückzuführen sein, daß die goldglänzende Bronze besonders wertvoll aussah. Die Bestattungsform der mittleren Bronzezeit war das Hügelgrab mit Körper-, aber auch mit Brandbestattung.

Als Schlußpunkt der Bronzezeit gilt der Übergang zur Urnenfelderkultur, in der bereits die Verwendung von Eisen auftaucht. Sorgfältig handwerklich bearbeitete Keramikgegenstände, wie Töpfe, Schüsseln und Amphoren, haben polierte Oberflächen, die mit gravierten und plastischen Ornamenten versehen sind.

Reiche Funde sind beim Torfabbau im Ainringer Moos aufgetreten; die Moorfunde sind auch im Salzburgischen weit verbreitet (Bürmoos, Elixhausen, Seekirchen, Gnigl). Steinbeile, wie die im Saalachschotter bei Bruck - Freilassing gefundene Prunk- oder Zeremonialaxt im Knaufhamertyp, stellen eine Flußopfergabe dar.

Auch die besonders an Flußübergängen, Quellbereichen sowie in Mooren verstärkt aufgetretenen Funde in Form von Bronzenadeln, Pfeil- und Lanzenspitzen, Schwertern, Beilen und Äxten sind keine zufällig verlorenen Gegenstände, sondern Zeugen einer absichtlichen Niederlegung, somit Weihegaben an Götter und Dämonen.

Man kann davon ausgehen, daß die im Salzburger Bereich in urgeschichtlicher Zeit bergmännisch abgebaute Kupfermenge eine Grössenordnung von mind. 20.000 to erreicht.

Urnenfelderzeit (1250 - 750 v. Chr.)

Die Funde aus dieser Zeitepoche im Reichenhaller Becken lassen darauf schließen, daß auch eine gewisse Siedlungskontinuität vorlag, auch wenn erst wieder in der Hallstatt- und Latène-Zeit die geschichtlichen Nachweise einer Besiedelung etwas stärker werden. Besondere Kenntnisse aus der Siedlungsgeschichte der Kelten sind uns durch die umfangreichen Funde vom Dürrnstein bei Hallein vermittelt worden. Bergbau und Salzgewinnung in unmittelbarer Nähe des heutigen Rupertiwinkels haben die Entwicklung dieses Raumes stark beeinflußt. Nach der Hallstatt-Zeit (750 - 450 v. Chr.) und Latène-Zeit (450 - 15 v. Chr.) brachte die *römische Kaiserzeit* seit Christi Geburt auch Handels- und Militärstützpunkte in den Umkreis von Salzburg (Juvavum). Die bedeutendste Handels- und Heerstraße von Salzburg nach Augsburg ist in ihren Spuren sowohl am Brückenübergang der Saalach als auch im Gemeindegebiet von Freilassing und Ainring im Verlauf der heutigen B 304 noch öfters nachweisbar. Im Jahre 1960 wurden bei Hörafing, Gemeinde Teisendorf, Nekropolen aus der mittelrömischen Zeit (1. und 2. Jh. n. Chr.) freigelegt. Diese norischen Gräber waren sowohl als Brandgräber mit Urnen als auch als Körpergräber ausgebildet. An dieser wichtigen Fernstraße, die in der Tabula Peutingeriana und in einer mittelalterlichen Kopie der römischen Weltkarte überliefert ist, hat das spätrömische Kastell von Bedaium (Seebruck) eine wichtige Stellung eingenommen. Weitere Besiedlungsnachweise im ehem. Landkreis Laufen sind Funde im Stadtbereich von Tittmoning, die 1971 freigelegten Reste eines Badegebäudes einer Villa rusticana in Leustetten oder die Brandgräber bei Hammerau an der Römerstraße Salzburg — Reichenhall.

Zum Ende der Römerzeit war wohl die Provinz Noricum um das Jahr 460 ein christliches Land. Erst die Konsolidierung des bairischen Stammes brachte in den folgenden 2 Jahrhunderten wieder eigenes Brauchtum in den Rupertiwinkel. Aus den Reihengräberfunden der *Merowinger-Zeit* (6. - 8. Jahrhundert) haben wir die meisten Zeugnisse dieser Epoche überliefert. Neben einem riesigen Beinfeld bei Fridolfing, das über 1.000 Gräber umfaßt, sind die merowingischen Funde von Salzburghofen bei Freilassing, Feldkirchen, Triebenbach, Waging, Ottmaning, Leobendorf und Pietling aufschlußreich für Kunst und Kultur dieser Epoche. Aus dem Fund von Feldkirchen vom Jahre 1904 ragen die Gürtelgarnituren mit silberplattierten und tauschierten Oberflächen des späten 7. Jahrhunderts heraus, das wertvollste der 78 Gräber enthielt das sog. Goldblatt-Kreuz.

Die Funde aus dem Fürstengrab bei Pietling vom Jahre 1843 brachten Goldschnallen und Goldringe sowie einen glockenförmigen Glasbecher als Grabbeigaben eines jungen Fürsten zum Vorschein. Das Gräberfeld von Salzburghofen, das beim Neubau des Krankenhauses 1963-1965 mit 269 Gräbern freigelegt wurde, brachte z.T. reiche Grabbeigaben. Goldbrokatreste, goldene Ohrringe, Scheibenfibeln mit goldener Preßblechauflage, Gürtelgehänge und Halsketten zeugen vom Reichtum einzelner herausragender Personen. In Männergräbern wurden Prunkwaffen, wie z.B. ein bronzevergoldeter Schildbuckel gefunden; eine Besonderheit bilden die Pferdegräber, wobei im Landkreis ähnliche Pferdeknochenfunde schon bei der Grabung in Ottmaning im Jahre 1966 aufgetaucht sind.

Diese Funde werden ergänzt durch die große Zahl von Orts- und Flurnamen, welche aus der Zeit der sog. bairischen Landnahme hergeleitet werden können. Über 100 »-ing«-Orte im ehem. Landkreis Laufen sowie eine große Zahl von Ortsnamen, die auf »-ham« und »-heim« enden, bestätigen diese frühen Besiedlungen, auch wenn archäologische Befunde für viele Orte noch ausstehen. Diese Ortsnamen sind besonders im Bereich des Waginger Sees in einem dichten Netz von Weilern und Einzelgehöften anzutreffen. Die übrigen Siedlungsschwerpunkte liegen an Saalach und Salzach.

Der Abzug der Romanen nach dem Befehl Odoakers im Jahre 488 trifft vorwiegend für die Stadtbevölkerung zu. Das flache Land wurde nicht vollständig geräumt, woraufeinerseits das Fortleben romanischer Ortsnamen schließen läßt, zum anderen Siedlungsnamen, die mit »-walchen« zusammengesetzt sind. Zurück blieb eine alpenromanische Grundbesitzerschicht, die sich auch während der sog. bairischen Landnahme ab der 2. Hälfte des 6. Jahrhunderts noch behaupten konnte; sie war zwar dem agilolfingischen Herzogtum integriert, aber nach wie vor politisch-besitzmäßig wie kirchlich-kultisch gleichermaßen bedeutend.

Zur Geschichte des Rupertiwinkels[100]

Von Hans Roth

Mit der Ankunft des hl. Rupertus im agilolfingischen Bayern um 695/96 und dessen Wirken in Salzburg um das Jahr 700 tritt in der Folgezeit auch das Umland in das Licht der Geschichte. Mit Schenkungen, Kauf und Tausch von Grundbesitz, die in der 788/90 entstandenen Notitia Arnonis und in einem weiteren und noch ausführlicheren, nach 798 niedergeschriebenen Güterverzeichnis, den sog. Breves Notitiae, überliefert sind, ist die Ersterwähnung vieler Ortsnamen im Rupertiwinkel verbunden. Der Besitzstand der Salzburger Kirche konzentriert sich im 8. Jahrhundert um Weildorf (Wildorf, nach 747), Waging (Waginga, nach 700) und Tittmonig (Titamaninga, nach 700). So werden 788 u.a. genannt Piding (Pidinga), Ainring (Ainheringa), Surheim (Suraheim), Laufen (Louphin; villa vocata ad Lovfi), Tettenhausen (Totinhusir), Tettelham (Torleheim), Tengling (Tengihilinga) und Otting (Ottinga), wobei die verzeichneten Rechtsgeschäfte oft bis in die rupertinische Zeit zurückreichen und damit den Bestand dieser Siedlungen belegen.

Der anfängliche Streubesitz der Salzburger Kirche im Rupertiwinkel vermehrte sich in den folgenden Jahrhunderten zusehends und ließ an verkehrsmäßig bedeutenden Punkten das rasche Anwachsen einzelner Siedlungen zu, die später, beim Ausbau der landesfürstlichen Herrschaft zu Stützpfeilern und zum Mittelpunkt einzelner Verwaltungsbereiche wurden und heute noch in den Städten Laufen und Tittmoning und in den Märkten Teisendorf und Waging fortleben.

L a u f e n , zwischen 735 und 748 erstmals erwähnt, wurde von Herzog Odilo an das Eigenkloster der Kirche von Salzburg, die Maximilianszelle im Pongau geschenkt. Schon im Jahre 1050 wurde Laufen als urbs bezeichnet. Spätestens seit dem 12. Jahrhundert vollzog sich der Aufstieg der geographisch günstig in einer Flußschleife gelegenen Siedlung zur Stadt. Für die wirtschaftliche Bedeutung derselben spricht die Einrichtung einer erzbischöflichen Münze und Maut sowie die Wahl als Tagungsort für Provinzialkonzilien und Diözesansynoden. Im Jahre 1166 hielt hier Kaiser Friedrich I. einen Hoftag ab. Mit der um 1200 erfolgten Eröffnung der Saline Hallein wurde die Salzach zur wichtigsten Verkehrsstraße und Laufen zum Umschlagplatz für das Salz, dessen Vertrieb durch Privilegien in den Händen der »Erbausfergen« und »Erbnaufergen« lag. Laufen, noch vor der Mitte des 13. Jahrhunderts als burgum und oppidum bezeichnet, wird schließlich im Jahre 1250 erstmals civitas genannt und weist sich damit nach Salzburg als die älteste und neben der Landeshauptstadt einzige organisch gewachsene Stadt im Erzstift aus.

T i t t m o n i n g wird um 700 bereits dem Benediktinerinnenstift Nonnberg übertragen, während umliegender Grundbesitz von Herzog Theodbert gleichzeitig der Salzburger Kirche geschenkt wurde. Mit dem gezielten Ausbau der landesherrlichen Macht errichtete Erzbischof Eberhard auf Grund und Boden des Klosters Nonnberg im Jahre 1234 eine Be-

Die Grenzen der Pfleggerichte Tittmoning, Laufen, Teisendorf und Staufeneck.
Ausschnitt aus Michael Wenings Karte des Kurfürstentums Bayern vom Jahre 1721.

festigung, in deren Schutz und Schatten sich eine Siedlung zu entwickeln begann. Im Jahre 1242 erstmals als oppidum genannt, gelangte Tittmoning als erzbischöfliche Mautstätte, als Anlegeplatz der Salzachschiffahrt und als Umschlagplatz für Getreide, Vieh und die umliegende Leinenproduktion zu regionaler Bedeutung. Wesentlich bedeutender erwies sich Tittmoning als Grenzfestung für den nördlichen Teil des Erzstifts. In den zahlreichen Auseinandersetzungen zwischen den Erzbischöfen und den bayerischen Nachbarn spielten Burg und Stadt eine wichtige Rolle. Zwischen 1324 und 1327 hielt König Ludwig der Bayer die Stadt besetzt, und später, im Streit zwischen Erzbischof Wolf Dietrich von Raitenau und Herzog Maximilian, der das alleinige Vertriebsrecht des Halleiner Salzes anstrebte, wurde Tittmoning im Jahre 1611 von Bayern erobert.

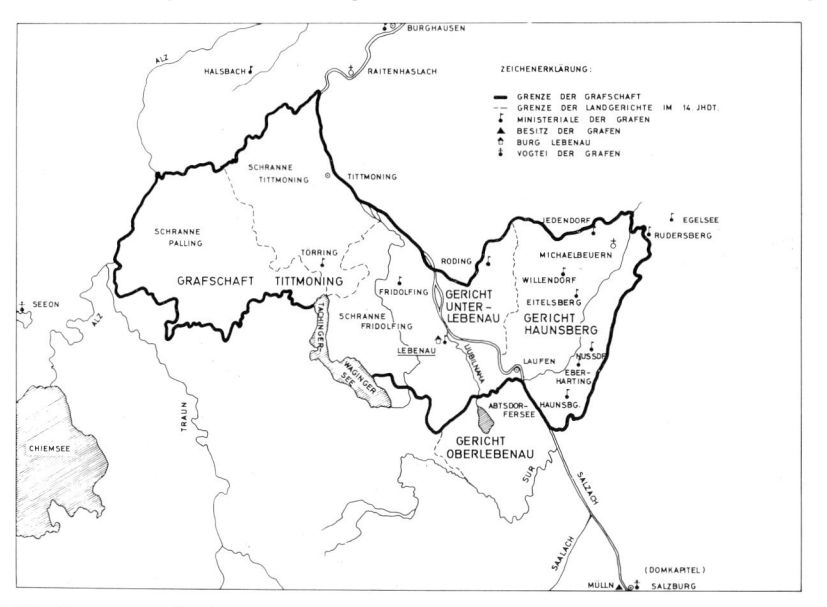

Die Grenzen der Grafschaft Lebenau.

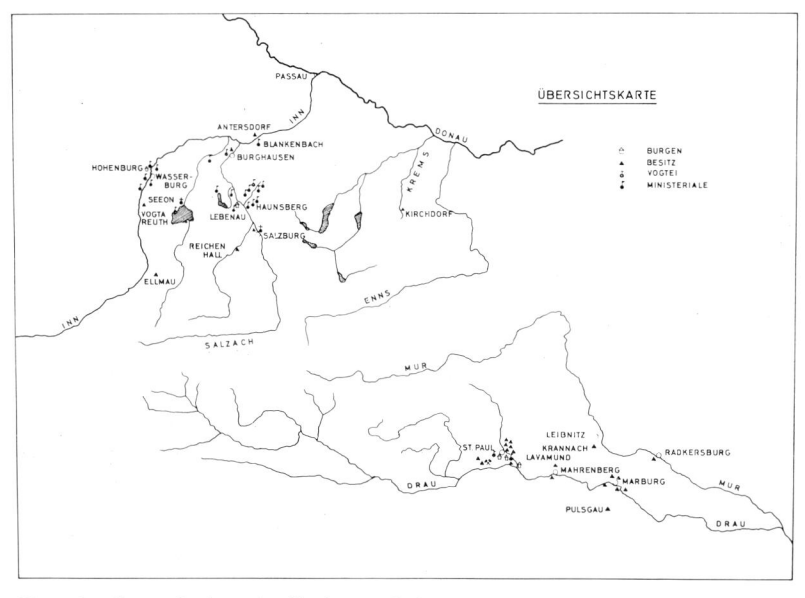

Karte des Gesamtbesitzes der Grafen von Lebenau.

Teisendorf und Waging zählten zu den Marktorten »außer Gebirg« und gehen beide auf Schenkungen an die Salzburger Kirche zurück, die bereits im 8. Jahrhundert erfolgten und die Grundlage für die Siedlungsschwerpunkte bildeten. Ein solcher war zunächst Oberteisendorf, wofür auch die nahegelegene Burg Raschenberg spricht. Während der 1. Hälfte des 13. Jahrhunderts begann sich Teisendorf an der heutigen Stelle zu entwickeln, wobei Oberteisendorf noch Jahrhunderte später gewisse Vorrechte behaupten konnte, die auf eine Siedlungsverlegung schließen lassen. Oberteisendorf war Schrannenort des Gerichts Raschenberg, und erst im Jahre 1575 wurde der Gerichtssitz von der Burg Raschenberg in den Markt Teisendorf verlegt, der durch die Eisengewinnung am Kressenberg und im Achthal sowie als erzbischöflich-salzburgischer Mautort inzwischen zunehmend an Bedeutung gewonnen hatte. Schon im Jahre 1533 wurde dem Ort das Recht eines Wochenmarktes verliehen.

Ähnlich verhielt es sich mit dem Markt Waging, der den Mittelpunkt für den ausgedehnten Grundbesitz im nordwestlichen Teil des Landes bildete und Sitz des wichtigsten Urbaramtes wurde. Auch hier wurden die Burgen Halmberg und Tettelham zu Verwaltungszentren der späteren Gerichte und übten eine Schutzfunktion gegenüber dem bayerischen Nachbarn aus.

Die Entwicklung der Landeshoheit der Salzburger Erzbischöfe basierte auf dem ausgedehnten und verstreuten Grundbesitz, der vom 8. bis zum 13. Jahrhundert durch Schenkungen, planmäßige Erweiterungen und durch eine gezielte Rodungstätigkeit angefallen war. Hinzu kamen die schon um 790 von Karl dem Großen verliehene Immunität, die dem Bischof das Recht der Ausübung der niederen Gerichtsbarkeit und das Eintreiben öffentlicher Steuern einräumte und weitere, in der Folgezeit verliehene Hoheitsrechte. Der Grundbesitz im Bereich des heutigen Rupertiwinkels lag innerhalb der Grafschaft Lebenau und der Plainer Grafschaft. Die Lebenauer Grafschaft umfaßte westlich der Salzach die sogenannte Grafschaft Tittmoning mit den späteren Schrannen Fridolfing, Tittmoning und Palling und östlich des Flusses die Gerichte Unterlebenau und Haunsberg. Die Grafschaft Plain reichte vom Staufen bis Lauter und zur Sur. Wie den Herzögen von Bayern kam auch dem Salzburger Erzbischof das Erlöschen der meisten gräflichen Häuser während der 1. Hälfte des 13. Jahrhunderts zugute. In den Jahren 1218/19 starben die Grafen von Peilstein aus, deren Besitz sich um Reichenhall erstreckte. Mit dem Tod des Grafen Bernhard von Lebenau im Jahre 1229 erlosch auch dieses Geschlecht, das die Vogtei des Domkapitels und des Klosters Seeon inne hatte. Im Jahre 1248 folgte das Ende der Grafen von Plain, die Vögte der Klöster St. Peter und Frauenchiemsee waren. Erzbischof Eberhard II. (1200-1246), der allgemein als »Vater des Landes« bezeichnet wird und die Voraussetzungen für die Bildung eines geschlossenen erzstiftischen Territoriums geschaffen hatte, gelang es zwar nicht, das Erbe der Peilsteiner zu erwerben und damit Rechte über Reichenhall zu erlangen, dagegen konnte er das Erbe der Grafen von Lebenau und Plain antreten, d. h. die mit dem Tod der Grafen heimgefallenen Lehensvogteien einbehalten. Durch diese Grafschaftsrechte konnte der Erzbischof seine Stellung als Reichsfürst und Herrschaftsträger eines großen Gebietes weiter festigen und den erfolgreichen Schritt zum Aufbau eines Landesfürstentums machen. Die territoriale Abgrenzung gegenüber Bayern erfolgte durch die sog. Erhartinger Verträge von 1254 und 1275, deren Grenzziehung der Landesgrenze bis zum Jahre 1810 entsprach.

In der Folgezeit, dem 13. und 14. Jahrhundert, wußten die Erzbischöfe die Gerichtsbarkeit der Ministerialen, mit der auch Territorialhoheit verbunden war, an sich zu bringen, so. u. a. die Gerichte der Staufenecker, Tettelhamer, Oberndorfer und Eichhamer, wobei der Urbarbesitz nach Aussterben dieser Geschlechter als erledigtes Lehen eingezogen wurde.

Aufgrund des territorialen Zugewinns und der Festigung der landesfürstlichen Hoheit erfolgte auf der Basis der bisherigen Grafschaftsgrenzen die verwaltungsmäßige Einteilung in Pfleggerichte, die mit geringfügigen Abweichungen bis zur Säkularisation des Erztstifts im Jahre 1803 und darüber hinaus bestanden. Im Verlauf des 14. Jahrhunderts wurden die Lehenträger von Beamten, den Pflegern, abgelöst. Schon im 16. Jahrhundert werden Versuche unternommen, durch Zusammenlegung von Gerichten eine Vereinfachung der Verwaltung zu erreichen. So nennt sich bereits Johann Münich von Münichhausen im Jahre 1538 als Pfleger und Landrichter zu Tettelham und Halmberg. Die endgültige Verschmelzung beider Gerichte scheint zwischen 1560 und 1565 erfolgt zu sein, da der Sitz des neuen Gerichts in das Urbaramt Waging verlegt und der Pfleger zugleich Verwalter des Urbaramtes wurde. Auf Veranlassung von Erzbischof Wolf Dietrich von Raitenau entstanden nach 1600 Urbarbeschreibungen der einzelnen Pfleggerichte, da seit den erzbischöflichen Urbaren des 14. Jahrhunderts die Hofurbargüter nicht mehr neu veranlagt und erfaßt worden waren. Die Wertangaben der Höfe, Lehen und Güter und damit verbunden die festgesetzten Dienste, Stifte, Natural- und Geldabgaben standen in keinem Verhältnis mehr zu den tatsächlichen Erträgnissen und zur gesunkenen Kaufkraft des Geldes. Diese Urbarien bildeten den Grundstock (daher auch »Stockurbare«) für die Steuer- und Abgabenbemessung und dienten wegen ihrer gründlichen Darstellung bis weit in das 19. Jahrhundert hinein als eine Art Grundbuch.

Nicht nur die Geld- und Naturalabgaben wurden neu veranschlagt, es wurde auch die Größe der Güter, deren Zustand, dann Grund und Boden mit Berücksichtigung der Lage und Erträge beschrieben. Damit ergibt sich für die Pfleggerichte des Erztstifts eine überaus wertvolle Quelle zur Agrargeschichte und Bauernhausforschung, die in dieser Hinsicht nahezu unausgewertet ist. Dasselbe gilt ganz allgemein für die volkskundliche Forschung.

Die Einteilung der Pfleggerichte blieb über die Jahrhunderte hinweg fast unverändert bestehen. 1796, wenige Jahre vor der Auflösung des Erztstifts, werden die Pfleggerichte folgendermaßen beschrieben:

Waging, Pfleg- und Landgericht, setzt sich zusammen aus dem Markt, dem Amt Tettelham (Weitgassing, Taching, Otting und Holzhausen), dem Amt Halmberg (Egerdach mit Lauter, Wonneberg und Nirnharting) sowie der Schranne Petting (Kirchberg, Petting, Lehen und Kühnhausen). Tettelham gehörte ursprünglich zur Grafschaft Tittmoning.

Tittmoning, Pfleg-, Stadt- und Landgericht. Es wird gebildet aus den Ämtern Mühlham, Tyrlaching, Palling, Wolferting, Fridolfing und Pietling, die wiederum in 58 Obmannschaften unterteilt sind. An Dorfschaften werden 106, an Einöden 250 gezählt, was mit Einschluß der 4 Hofmarken eine Häuserzahl von 1831 ergibt, die sich wiederum aufteilt in 1313 Bauernhöfe, 223 Kleinhäuslerwohnungen und 395 andere Häuser und Wohnhütten. Die Häuserzahl der Stadt Tittmoning beläuft sich einschließlich der Vorstadt auf 135 Anwesen.

Laufen, Pfleg-, Stadt- und Landgericht, besteht aus den Ämtern Oberlebenau (Stadt Laufen, Heining, Surheim, Hausen, Saaldorf, Schign, Abtsdorf, Moos und Kletzling mit 48 ganzen Höfen und 23 Kleinhäusern), dann Unterlebenau (rechts der Salzach gelegen), dem Pfleggericht Haunsberg mit den Ämtern Haunsberg und Anthering (ebenfalls rechts der Salzach gelegen).

Staufeneck, Pfleg- und Landgericht. Dieses umfaßt die Pfleggerichte Oberplain (Gmain), Staufeneck (Piding, Aufham, Stoißberg, Högl), Unterplain (Au, Hofham, Straß, Sur) das Hofurbargericht Glan (mit Salzburghofen und den rechts der Saalach gelegenen Orten Siezenheim, Wals und Viehausen). Der ganze Pfleggerichtsbezirk weist 755 Bauernhöfe und 217 Sölden auf.

Das Ortsbild von Waging nach einer zeitgenössischen Darstellung von 1852.

Teisendorf, Pfleg- und Landgericht, besteht aus 30 Viertel, welche zusammen 502 Vierteläcker enthalten. Die Volkszahl des Pfleggerichts wird auf 4500 Einwohner geschätzt, wovon auf den Markt Teisendorf 650 entfallen, welche zum größten Teil Feldbau betreiben.

Weniger die Säkularisation des Erztstifts, sondern vielmehr der nachfolgende mehrmalige Herrschaftswechsel brachten einschneidende Veränderungen in der Verwaltungsorganisation des Rupertiwinkels und darüber hinaus mit sich. Der Reichsdeputationshauptschluß vom 25. Februar 1803 verfügte über die Auflösung des Erztstifts Salzburg, das dem aus seinen Erblanden vertriebenen Großherzog Ferdinand von Toskana, einem Bruder Kaiser Franz', zusammen mit den ebenfalls säkularisierten Hochstiften Passau und Eichstätt und dem Gebiet der ehemaligen Fürstpropstei Berchtesgaden als Kurfürstentum zugeteilt wurde. Infolge des Preßburger Friedens im Jahre 1806 wurde Österreich mit dem Land Salzburg und Berchtesgaden entschädigt. Ein weiterer Besitzwechsel ergab sich bereits im Jahre 1809 durch den Frieden von Schönbrunn, wonach Österreich Salzburg und Berchtesgaden, aber auch das Inn- und Hausruckviertel abtreten mußte, das damit unter

Laufen und Oberndorf auf einem Wallfahrtsbild um 1733/1740.

Gesamtansicht der Stadt Laufen von 1702 auf dem Epitaph im Kreuzgang der Laufener Stiftskirche.

Ansicht der Stadt Laufen von Osten. Kupferstich aus der »Salzburgischen Chronica« des Franz Dückher von Haslau von 1666.

Laufen um 1569 (Original im Stadtarchiv).

Platz vor der Laufener Stiftskirche, Gemälde von Dekan Wolfgang Braun um 1860.

französische Verwaltung kam. Durch den Vertrag von Frankfurt gelangte dieses Gebiet schließlich im Jahre 1810 an die Krone Bayerns. Bayern war durch den Rheinbund zur Heeresfolge Napoleons verpflichtet und somit zum schmählichen Rußlandfeldzug des Jahres 1812, der auch Menschenopfer aus dem Rupertiwinkel forderte. Seit dem Rieder Vertrag vom 8. Oktober 1813 wußte man, daß die territoriale Lösung nicht von Dauer sein konnte. Bayern war zwar beim Wiener Kongreß bemüht, Salzburg und das wertvolle Innviertel zu behalten, aber schon bald zeichnete sich der endgültige Verlust ab. Montgelas drängte deshalb darauf, wenigstens die links von Saalach und Salzach gelegenen Gerichte und damit auch Berchtesgaden für Bayern sichern zu können. In einem handschriftlichen Entwurf vom 12. Dezember 1814 schreibt er: »Allein am allermeisten müßte es befremden, wenn der in Frage stehende Artikel des Rieder Vertrages dem bayerischen Staate das in vieler Hinsicht höchst schätzbare Amt Laufen vorbehalten wollte.« Der Münchner Vertrag vom Jahre 1816 führte dann zur endgültigen Lösung der strittigen Gebietsansprüche. Saalach und Salzach wurden zur Grenze erklärt, womit die Gerichte Teisendorf, Laufen und Tittmoning bei Bayern verblieben, während das Land Salzburg rechts der Salzach sowie das Inn- und Hausruckviertel der Krone Österreichs zugeteilt wurden.

Die Grenzziehung von 1816 hat sich für beide Teile entlang der Salzach äußerst nachteilig ausgewirkt. Die Stadt Laufen wurde ihrer Vororte Altach und Oberndorf beraubt, Salzburg um das fruchtbare Hinterland, die Kornkammer des Landes gebracht. Mit dieser Grenzziehung war auch ein wirtschaftlicher Niedergang verbunden; die Salzachschiffahrt kam zeitweise zum Erliegen, die Bevölkerung wurde brotlos, verarmte, wanderte ab.

Die bayerische Ära brachte eine Neuordnung des Verwaltungswesens mit sich. Schon Kurfürst Ferdinand hatte am 20. September 1804 die Auflösung des Pfleggerichts Staufeneck verfügt, die dann zum 1. Januar 1805 erfolgte. Der Gerichtsteil rechts der Saalach gelangte zum Stadtgericht Salzburg, Salzburghofen vom Amt Unterplain wurde dem Gericht Laufen zugeteilt, das Amt Staufeneck und der südliche Teil des Amtes Unterplain wurde dem Gericht Teisendorf angegliedert. Im Jahre 1808 waren schon Bestimmungen erlassen worden, die zur Einteilung der Gerichte in Steuerdistrikte führten und damit die Grundlage für die Gemeindebildung des Jahres 1818 schufen. Im Jahre 1810 wurde das Pfleggericht Waging aufgehoben und ganz dem Gericht Teisendorf zugeordnet. Die Teilung von Verwaltung und Finanzwesen führte zum Entstehen der Rentämter. In Laufen war ein sol-

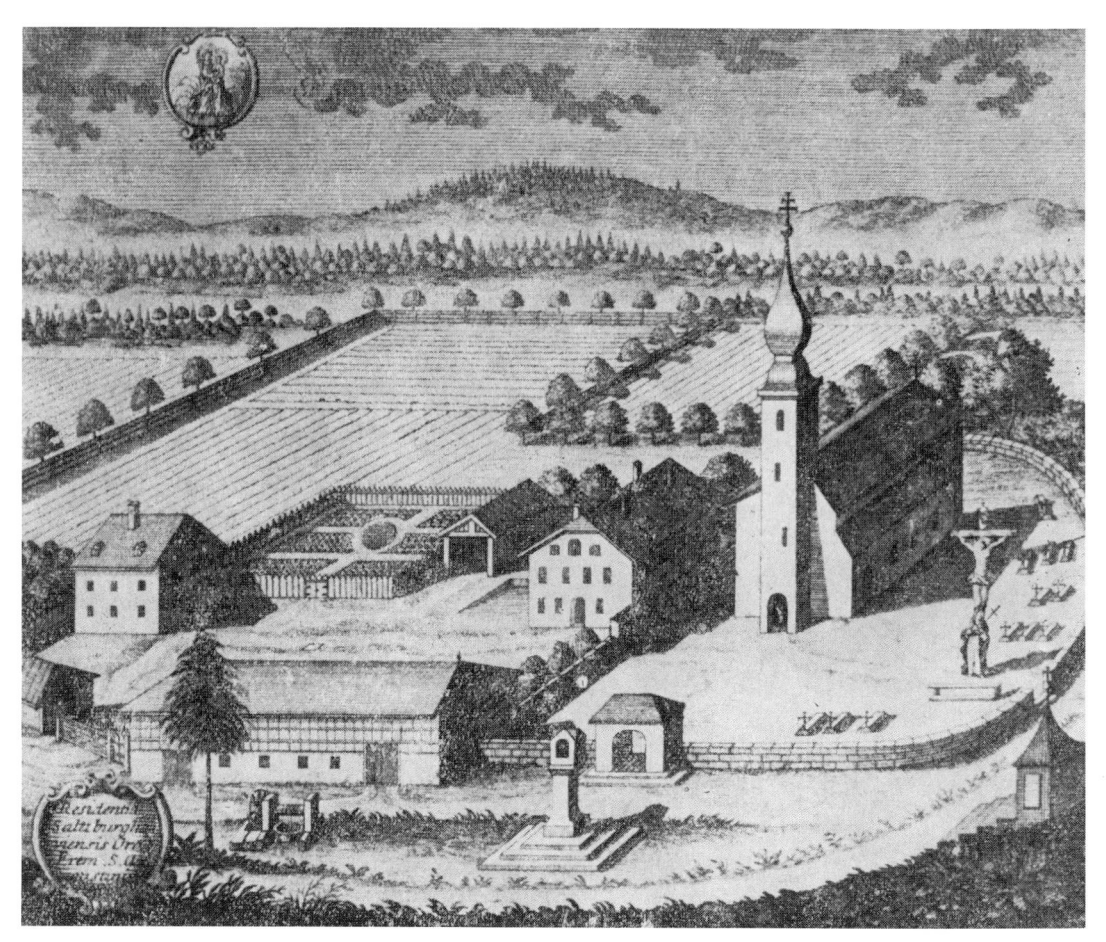

Kirche und Pfarrhof von Salzburghofen; nach einem Kupferstich von Johann Matthias Steudlin von 1731.

Schloß Staufeneck um 1640; aus einer Aufzeichnung des Grenzverlaufs zwischen Bayern und Salzburg.

ches 1810 für das dortige Landgericht, 1811 eines in Waging für die Gerichte Teisendorf und Tittmoning geschaffen worden. Auch die neue Steuerdistrikteinteilung brachte Änderungen mit sich. So wurde im Jahre 1814 der Steuerdistrikt Haiden oder Leobendorf, also der größte Teil der späteren Gemeinde Leobendorf, vom Gericht Tittmoning abgetrennt und Laufen einverleibt. Als Entschädigung Laufens für das Gebiet rechts der Salzach wurde 1816 der Rentamtssitz Waging nach Laufen verlegt. Im Jahre 1818 erfolgte durch die Auflösung des Landgerichts Teisendorf, das mit Ausnahme der Steuerdistrikte Anger, Högl und Piding, die dem Landgericht Reichenhall zugewiesen wurden, an Laufen kam. Auch der Steuerdistrikt Kirchanschöring wurde von Tittmoning abgetrennt und Laufen angegliedert.

Mit der Trennung der Rechtspflege von der Verwaltung im Jahre 1861 werden die Landgerichte Tittmoning und Laufen zur ausschließlichen Gerichtsbehörde und endgültig 1879 in Amtsgerichte umbenannt. Für die innere Verwaltung entstand eine eigene Behörde, das Bezirksamt mit Sitz in Laufen, das spätere Landratsamt.

Im 20. Jahrhundert ergaben sich nur noch – abgesehen von der den Rupertiwinkel als Einheit trennenden Gebietsreform des Jahres 1973 – geringfügige Veränderungen hinsichtlich der Gerichtszuständigkeit. So wurde im Jahre 1925 vom damaligen Amtsgericht Laufen ein großer Teil des früheren Landgerichts Teisendorf dem Amtsgericht Traunstein zugeteilt, während im Jahre 1930 das Amtsgericht Tittmoning aufgelöst und Laufen unterstellt wurde.

Die periphere Lage des Rupertiwinkels hat ein wirtschaftliches Aufblühen desselben im 19. und frühen 20. Jahrhundert verhindert, die Städte und Märkte verarmten und waren zu schwach für größere Investitionen. Und doch haben wir gerade diesem bedauerlichen Umstand auch wiederum viel zu verdanken. Vieles blieb gerade deshalb erhalten, was einem wirtschaftlichen Fortschritt, einer ungezügelten Erweiterung unserer Städte und Dörfer, dem Siedlungsbrei einer rasch einsetzenden Industrialisierung hätte weichen müssen. Das Gesicht unserer alten Städte Laufen und Tittmoning, der Märkte Waging und Teisendorf und vieler unserer ländlichen Siedlungen bis hin zum Weiler und zur Einöde konnte – trotz einiger empfindlicher Beeinträchtigungen – noch weitgehend bewahrt werden.

Die Situation des Bauernstandes [101]

Geschichtliche Grundlagen
Von Heribert Fuchs

Der Flachgau ist altes Siedlungsland, das zur Römerzeit mit keltischen Bauernhöfen und römischen Landhäusern durchsetzt war und seit der bairischen Landnahme jenen Ausbau erfuhr, der nach früh- und hochmittelalterlichen Rodungen das bis in die Gegenwart typische Siedlungsbild des Salzburger Vorlandes hervorbrachte. Er liegt in der Kontaktzone germanisch-bairischer, keltoromanischer und slawischer Kulturbewegungen, deren Spuren sich aus dem Baugefüge, aus Raumbezeichnungen und manch anderen baulichen Einzelheiten noch heute ablesen lassen.

Im »Rupertiwinkel« war – wie man aus den urkundlichen Erwähnungen der »Romani« (Walchen) annehmen darf – eine nicht unbedeutende kelto-romanische Minderheit, die im bairischen Bauerntum dieses Landes weiterlebte, vor allem im Süden und Südwesten.

Ab 700 nach Christus treten uns im Salzburggau sowohl – im Norden überwiegend – die »Germania« als auch die »Romania« des Salzburger Alpenvorlandes entgegen. Gerade im »Salzburggau« ist das Bestehen einer gewissen Kontinuität gegeben – es handelt sich ja auch um einen Gau, der seinen Namen nach einer alten Römerstadt, einem bis in den Inn-Bogen hinein wirkenden municipium (Juvavum) führt, was für das Weiterleben kelto-romanischer Traditionen spricht.

Diese Annahme scheint bestätigt durch die Bezeichnung »pagus Jovaocensium« (Indiculus Arnonis), unter der uns der Gau erstmals urkundlich begegnet. Man kann also davon ausgehen, daß im Rupertiwinkel die Keltoromanen in oder neben bairischer Umgebung lebten; es ist wohl anzunehmen, daß dies Folgen von Siedlungstrennungen auf Grund friedlicher Kompromisse anläßlich der sog. bairischen Landnahme waren.

So formte sich von den ältesten Zeiten her ein in den überlieferten Traditionen wurzelndes, aber doch weltoffenes und geistig bewegliches Bauerntum, dessen schöpferische Phantasie sich auf allen Gebieten des Lebens kundtut. Als eine der wichtigsten Komponenten der bäuerlichen Geschichte ist auch hier das Verhältnis zur Grundherrschaft anzusehen.

Als bäuerliche Leihen im Norden des Erzstiftes muß man auch hier die in Betracht kommenden Urbarsgerechtigkeiten des Mittelalters, die Zeitpacht von Jahr zu Jahr (Freistift, libera institutio), die Leihe auf Lebenszeit (Leibgeding, ius precarium, ius personatum) und die Erbleihe (Erbrecht, ius hereditarium) feststellen. Dabei sieht man, daß die am weitesten verbreitete Leiheform das Freistiftrecht war, das noch im 13. und 14. Jahrhundert vorherrschte und den hofrechtlichen Leihen des frühen Mittelalters entsprach. Die ergiebigsten Quellen für eine Untersuchung der Lehensverhältnisse liefert die einst größte Grundherrschaft des Landes, die des Erzbischofs von Salzburg, die auch »Hofurbar« genannt wurde.

Verfolgen wir die Lage der Bauern im einzelnen, so sehen wir bezüglich der Ämter »außer dem Gebirg«: Hauptträger des Erbrechts war das Hofurbar. Es geht dies so weit, daß das Verhältnis des Erbrechts zu den anderen Leihen vielfach von der größeren oder geringeren Verbreitung des erzbischöflichen Besitzes abhängt.

Eine ähnliche Rolle spielt das Salzburger Domkapitel, der zweitgrößte Grundherr des Landes. Es hält zwar teilweise am Erbrecht fest, besitzt aber daneben eine große Anzahl von Freistift- und Leibgedingsgütern, selbst dort, wo das Erbrecht überwiegt.

Ungefähr dieselben Beobachtungen sind beim Stift St. Peter zu machen, während die vierte in Salzburg residierende Grundherrschaft, das Frauenkloster Nonnberg, das vor allem im Norden des Rupertiwinkels begütert war, mit ganz besonderer Zähigkeit am Freistift festhält. Von den übrigen größeren geistlichen Grundherrschaften Salzburgs bevorzugen das Chorherrenstift Höglwörth die Erbleihe, die Benediktinerabtei Michaelbeuern das Leibgeding und das Kollegiatsstift Mattsee die Freistift. Bezüglich der kleineren geistlichen Grundherren läßt sich die Beobachtung machen, daß die verschiedenen Pfarr- und Filialkirchen, Stiftungen usw. in auffälliger Weise das Freistiftrecht bevorzugen. Wenn wir auch vom Hofurbar ausgehend feststellen, daß mit dem 14. Jahrhundert die freie Stift zurückzugehen begann, so müssen wir doch einräumen,

115

daß die freie Stift bei den übrigen geistlichen Grundherrschaften, wie auch beim Besitz des weltlichen Adels, im »Rupertiwinkel« noch immer die verbreitetste Leiheform war.

Wurde das Leibgedingsrecht im allgemeinen im Rupertiwinkel milde gehandhabt, so bot es doch den Grundherren, wenn sie wollten, Gelegenheit zu schärferer Auslegung. Dies war offenbar bei bayerischen Klöstern der Fall, die überhaupt darin großen Härten gehuldigt zu haben scheinen.

Wenigstens waren es Prozesse, die die salzburgischen Leibgedingsuntertanen der bayerischen Stifte Raitenhaslach und Baumburg gegen ihre Grundherren beim Hofrat in Salzburg führten, die zeigen, daß das geflügelte Wort »Unter dem Salzburger Krummstab läßt sich gut leben« seine Berechtigung hatte.

Am 3. Juli 1707 wurde in Salzburg ein Generalmandat veröffentlicht, das das Leibgedingsrecht endgültig regelte. Danach sollten den Grundherren an Leibgedingsrechten nicht mehr als 15 % des Gutswertes zustehen, wo aber bisher weniger üblich war, habe es dabei zu bleiben. Den Untertanen sollten keine anderen neuen Roboten und Bürden aufgeladen werden, als in den alten Leibgedingsbriefen enthalten seien. Wo dies der Fall war, sollen diese neuen Briefe der Grundherrschaft zurückgegeben werden und künftig die neuen und alten Leibgedingsbriefe den landesfürstlichen Gerichten zur Kontrolle vorgelegt werden, und nach dem Tode eines Leibgedingers sollen immer seine Erben vor allen anderen zum Gut zugelassen werden. Fehlen solche, sind Inländer vor Ausländern zu bevorzugen. Mit diesem Erlaß sind die letzten Unterschiede zwischen den drei Urbarsgerechtigkeiten beseitigt, der Bauernstand im »Rupertiwinkel« wird nicht in die schweren sozialen Spannungen wie anderswo hineingezogen.

Es steht fest, daß auf vielen Gebieten des bäuerlichen Lebens sich das »Land außer Gebirg« vom »Land im Gebirg« Salzburgs unterschied:

Die Lage des Bauernstandes im salzburgischen »Land außer Gebirg« im allgemeinen wie im »Rupertiwinkel« im besonderen scheint wesentlich besser als in den salzburgischen Gebirgsgauen gewesen zu sein. Wesentliche Differenzierungen zeigen sich auch gegenüber dem bayerischen Nachbarland.

Die grundherrschaftlichen Verhältnisse[102]
Von Max Wieser

Der größte Besitzwechsel von Bauerngütern erfolgte im erzstiftlichen Herrschaftsbereich Salzburg nach dem Aussterben der alten Grafengeschlechter. Zahlreiche Höfe kamen unter die Grundherrschaft des Klosters Höglwörth und des Erzbischofs von Salzburg. Alle Landrechte wurden neu aufgezeichnet und sollten über 500 Jahre Rechtsgeltung besitzen. Die bäuerliche Lebensordnung war hier verankert und diente zur Organisation der »Nachbarschaft«, die eine zwingende wirtschaftliche Notwendigkeit der Dorfgemeinden war. Diese bäuerliche Nachbarschaft hatte Funktionen wahrgenommen, die weder die Familie noch weltliche oder kirchliche Grundherrschaften ausgeübt hatten. Die Nachbarschaft umfaßte damals nicht nur zwei unmittelbar angrenzende Haus- und Grundbesitzer, sondern die gesamte Dorfgemeinde. Die Nachbarschaftsgemeinschaft der Gunduntertanen mit dem Grundherrn als Schirmherrn, der Schutz gewährte, war ein auf wirtschaftlicher Hilfeleistung und Friedenssicherung aufgebauter Rechtsverband.

Daß der Nachbarschaftsbegriff weit über die heutigen Vorstellungen hinaus reichte, geht aus den Einladungen zu den Ehehafttaidingen hervor. Zur Gerichtsversammlung im Gericht Staufeneck wie in Raschenberg erschien die »gesamte Nachbarschaft«. Die Bauern traten gemeinsam an die fürstliche Gerichtsverwaltung mit der Bitte heran, daß ihnen ein »Heimholzanteil« aus den fürstlichen Freiwaldungen ausgelackt werden möchte. Gemeinsam versuchten sie durch ihre Dorfsprecher und »Viertelmeister« ihre alten Holz- und Forstrechte gegenüber der Grundherrschaft zu wahren oder zu erneuern. Deshalb erließ die Pfleggerichtsverwaltung von Staufeneck im Jahre 1592 die Anordnung »wegen eines streitigen Holzmaißes in der Lieferinger-Au an die gesamte Nachbarschaft zu Gailenbach«. Auch die Nachbarschaft von Freilassing wurde zu einer Besichtigung »einiger ausgestockter und eingefangener Örter« im Jahre 1597 eingeladen. Ebenso erhielt die Nachbarschaft im Urbargericht Glann 1569 eine Benachrichtigung wegen eines Holzschlages am Walserberg. Als 1562 die Verlackung eines Teils der Höglerwälder angeordnet wurde, hatte man ebenfalls die »dortige Nachbarschaft« verständigt, daß eine »Beschreibung und Verlackung« der Wälder erfolgen wird. Es wurden also die weitverzweigten Höfe der Gemeinde Högl ebenfalls als »Nachbarschaft« bezeichnet.

In diesem Sinne gliedert sich die bäuerliche Gemeinschaftsform der Nachbarschaft zwanglos in das Bild ein, das die volkskundliche Forschung von den übrigen Gemeinschaftsformen des Mittelalters gewonnen hat. Daß sie im wesentlichen frisch und flexibel bis tief in die Neuzeit hinein weiterlebte, ist eine Frucht der großen Beharrungskraft des Bauernstandes. Erst als die staatliche Verwaltung die bäuerliche Selbstverwaltung verdrängt und der Nachbarschaft ihren wesentlichen Inhalt nimmt, verfällt sie.[103]

Die erzstiftlichen »hofurbarlichen Güter« im Pfleggericht Staufeneck wurden im Schloß Staufeneck durch das »Urbaramt Piding« verwaltet. Das Urbaramt unterstand der hochfürstlichen Hofkammer in Salzburg, der Lehenshof der Hofmeisterei. Von Zeit zu Zeit wurde das Urbar von der Grundherrschaft ergänzt und erweitert, weil neue Gründe »urbar« gemacht worden waren und folglich neue zusätzliche Erträge erwirtschaftet wurden. Im Urbar (urbarium) war das Güter- und Gabenverzeichnis der Grundherrschaft oder des Obereigentümers eingetragen und umfaßte alle Erträge und die darauf ruhenden Dienstleistungen. Die im Urbar verzeichneten Lehensbesitzer wurden auch »Urbarsleute« genannt.

Der erzstiftliche Urbarsbesitz wurde im Mittelalter von drei Zentralstellen aus verwaltet. So unterstand das Urbaramt Piding im Schloß Staufeneck dem Vicedominat in Salzburg. Im 14. Jahrhundert trat an die Stelle des Vicedoms der Hofmeister, seit dieser Zeit wurde die erzstiftliche Urbarsverwaltung auch Hofmeisteramt genannt. Die Ämter in Mühldorf wurden dem Kastenamt Mühldorf unterstellt und gehörten ebenfalls zum Hofkastenamt Salzburg. Das Vicedominat Friesach umfaßte die Güter Kärnten, Lungau und im oberen Murtal, zum Vicedominat Leibnitz gehörten die Güter in der Mittel- und Untersteiermark. Der Name »Hofkastenverwaltung« ist auf die Getreidekästen und Kornspeicher zurückzuführen, in denen die Naturalabgaben der Gunduntertanen gesammelt wurden.

Mit dem Mandat vom 3. Mai 1779 wurden alle in bayerischen Erblanden bestehenden Grundgerechtigkeiten der Urbarsgüter »den Besitzern und Grundholden derselben zum Besten und den übrigen Grundherrschaften zum Beispiel« in Erbrecht verwandelt und gleichzeitig gestattet, daß die Besitzveränderungsabgabe (Laudemium) in eine Meierschaftsfrist, d.h. in eine fixe jährliche Leistung des 20. Teiles des Laudemiums umgeändert wurde. Das damals eingeführte Rechtsverhältnis zwischen Grundherrn und Grundholden auf Erbrecht dauerte bis zum 4. Juni 1848, als aufgrund des Erlasses nach dem Ablösungsgesetz die Urbarsgüter in den freien Besitz und in das freie Eigentum der bisherigen Nutznießer übergegangen waren.[104]

Das Kloster Höglwörth hatte »Eigenleute«, die sich durch Heirat dem Einfluß des Klosters entziehen wollten. Es konnten nämlich damals nur Eigenleute *einer* Herrschaft untereinander heiraten. Folglich versuchten Eigenleute des Klosters zu entfliehen, wenn sie die Ehe mit einer persönlich erwählten, aber einer fremden Grundherrschaft angehörigen Frau eingehen wollten. Der Vogt des Klosters wurde bei diesen Fällen um »Rechtshilfe« gebeten. Der Burggraf, Niclas von Tann und Vogt des Klosters, hatte dem Wunsch des Propstes wohl nicht entsprochen, darum »klagt der Propst dem Erzbischof Friedrich sein Leid, daß ihm ein Eigenmann entwichen sei und der Vogt ihn nicht fangen will«.

Die Ursache, warum Eigenleute nicht nach ihrer persönlichen Wahl heiraten durften, lag darin, weil in Salzburg wie in der Fürstpropstei Berchtesgaden und im bayerischen Rechtsgebiet der Grundsatz galt, daß die Kinder dem Grundherrn der Mutter folgten. Hätte nun ein Grunduntertan als Eigenmann des Klosters Höglwörth die Tochter eines weltlichen Grundherrn geheiratet, so wären die Kinder aus dieser Ehe eines Tages dem weltlichen Grundherrn zinspflichtig geworden. Weder der Propst von Höglwörth noch der Fürstpropst von Berchtesgaden wollten daher eine solche Ehe aufgrund der geltenden Rechtsbestimmungen zulassen. Denn damit wären die Güter der Eigenleute wie deren persönliche Lasten und Dienste dem Stift verloren gegangen und unter die Botmäßigkeit eines weltlichen Grundherrn gekommen.

In der Praxis kam es oft vor, daß adelige Grundherren durch eine gezielte Heiratspolitik Kirchenleute in ihre Gewalt gebracht hatten. So bekennen am 1. August 1254 die Brüder Otto und Albert von Walchen unter anderem, daß sie durch Verheiratungen salzburgische Kirchenleute in ihre Gewalt gebracht und salzburgische Besitzungen sich angeeignet haben.

Heiratete ein stiftseigener Grundhold eine Frau, die als Leibeigene einer anderen Grundherrschaft unterstand, so blieb zwar deren Sohn Urbarsmann, aber nicht mehr Eigenmann des Stifts. Der Eigenmann bedurfte zur Heirat außerhalb seiner Grundherrschaft der Heiratserlaubnis seines Herrn. Wurde eine Ehe ohne Erlaubnis des Herrn geschlossen, wurde deren kirchliche Gültigkeit sogar in Zweifel gezogen. Als sich Salzburg wegen dieser Angelegenheit an den Vatikan um Rechtsauskunft wandte, erwiderte Papst Hadrian IV. (1154–1169), daß auch die in Jesu Christo von der Kirche geschlossene Ehe der Knechte rechtsverbindlich ist.

Die geistlichen Grundherren hatten im Mittelalter in umständlichen lateinischen Formulierungen von den Grunduntertanen und besonders von den »Eigenleuten« laufend neue Dienstleistungen und Abgaben gefordert. Erst ab 1350 stiegen die »Urbarsleute« zu Erbrechtsgütlern auf. Doch die Abgaben und Reichnisse blieben, wie sie zur Zeit der Leibeigenschaft üblich waren. Daher rühren die vielfältigen Stiften oder Dienste von allen Gattungen an Getreide, von Faschings- und anderen Hühnern, Kapaunen, Eiern, Schmalz, Käse, Butter, Rindern, Widdern, Schweinen, von Lieferungen an verschiedenen Holz- und Gebrauchtwaren, wie das sog. Weisat, die Widgelder (für Brennholz) und Naturalfrondienste aller Art.

An manchen Gütern hafteten noch Leibzinse oder Leibsteuern, lauter erkennbare Überbleibsel der ehemaligen Leibeigenschaft, und der Beweis, daß der Bauer im Erzstift niemals vollkommene Freiheit genossen hatte, daß aber auch im Erzstift nicht so sehr nach römischem Recht, sondern nach den besonderen Gewohnheiten, Gebräuchen und Gesetzen des Erzstiftes zu urteilen ist.

Die ältesten Urbarsaufzeichnungen des Erzstiftes reichen in das 12. und 13. Jahrhundert zurück. In der Zeit von 1350 bis 1600 wurden keine wesentlichen Erhöhungen oder Veränderungen vorgenommen. Die Steuererträge unter der Regierungszeit von Wolf Dietrich waren kaum höher als unter Erzbischof Leonhard von Keutschach. Inzwischen waren aber die Staatsausgaben und die Bedürfnisse des Landesfürsten angestiegen, außerdem drohte die Türkengefahr. Zugleich wollte der energische Landesfürst Reformen durchführen und diese kosteten Geld, folglich mußten die Steuern angehoben werden. Nachdem nun Wolf Dietrich die Getränkesteuer auf Wein und Schnaps eingeführt hatte, befahl er die Neueinschätzung der Güter. Eine allgemeine Urbarsbeschreibung begann, die einerseits eine gerechtere Verteilung gewährleisten sollte, andererseits aber unter den Bauern große Unruhe auslöste, ja sogar zum offenen Aufruhr geführt hatte, der damals von den Söldnern mühelos unterdrückt wurde.[105] Die Neueinschätzung der Güter konnte beginnen. Das Urbar von Staufeneck wurde 1609 abgeschlossen und führte den Namen »Stockurbar«, da es den Grundstock der hofurbarlichen Güter oder die Grundlage für alle folgenden Steuer- und Abgabenmessungen bildete. Nach den Schätzungen erhielten die Güter einen neuen »Meßwert«. Dabei wurden die Güter nicht rein schematisch nach der Größe angeschlagen, sondern die Bonität von Grund und Boden und die Lage der Höfe wurden berücksichtigt, um eine gleichmäßige Erhöhung zu erreichen. Die Neueinschätzung brachte Erhöhungen von 50 bis 500 Prozent, während die Dienste, die Naturalabgaben nur einen minimalen Aufschlag anzeigten und oft durch Geld abgelöst wurden.

Nach der allgemeinen Anhebung der Steuerlasten wurde diese Neueinschätzung für viele Bauern eine erhebliche Belastung.

Anläßlich der Neufestsetzung der Urbarien wurde auch die Urbarsverwaltung koordiniert, denn die Urbarsverwalter saßen damals nicht immer am Sitz der Pfleggerichtsverwaltung wie in Staufeneck. So mußten in den meisten Pfleggerichten die Urbarsdienste in verschiedene Urbarsämter abgeführt werden. Auch Raschenberg bekam damals zur Pfleggerichtsverwaltung das Urbaramt.[106]

Noch vor der Auflösung des Gerichts Staufeneck gehörten zur Urbarsverwaltung des Urbaramtes Piding 199 Güter, 106 Sölden und 422 »walzende« (freiverkäufliche) Grundstücke. Ein Drittel dieser Güter kam nach der »Gebietsreform« von 1805 zum Gericht Raschenberg. Die hofurbarlichen Grunduntertanen betrugen aber nur $1/6$ der gesamten Grundholden, weil »der Anteil der übrigen Grundherrschaften zu beträchtlich war«. Immerhin befanden sich im Gericht Staufeneck 53 verschiedene Grundherrschaften.[107]

Die verschiedenen Einstufungen der Lehensgüter im Gericht Staufeneck und Raschenberg zeigen eine erstaunliche Vielfalt.

Die Bauern hatten bereits zur Zeit der Karolinger ihre Höfe einem Grundherrn überlassen und erhielten sie als »Lehen« unter Verpflichtung auf verschiedene Dienstleistungen zurück. Dafür genossen sie den Schutz des Grundherrn und waren der Heerfolge oder des Heerbanns enthoben. Andererseits erhielten Ritter für geleistete Kriegsdienste ein Lehen, dessen Empfang zu ritterlichen Kriegsdiensten und Treue verpflichtete; dieses Allod oder »Edelgut« bildete den Gegensatz zum bäuerlichen Leihegut. Lehensträger konnten geistliche Personen wie Bischöfe, Äbte, Domherren oder Pfarrer sowie der hohe und niedrige Adel einschließlich der Ritter sein. Aus diesen Lehensträgern entwickelte sich im Erzstift die »Landschaft« oder Landesvertretung. Nach dem im Mittelalter geltenden Recht wurde das »Benefizium« zur Grundform der Landleihe, die Güter und Grundstücke wurden zeitlich beschränkt, lebenslänglich oder auf Erbrecht gegen die Leistung von Diensten oder Abgaben verliehen. Der Bauer war als Inhaber des Lehens nicht mehr Eigentümer, sondern nur noch Nutznießer von Grund und Boden für eine bestimmte Zeit. Besonders im Mittelalter gab es kaum noch freie Bauern oder freieigene Grundbesitzer. Die drückenden Zeitverhältnisse zwangen die Freibauern in die Grundherrschaft. Nur wenige Hofbesitzer konnten ihren Hof von der Abhängigkeit eines fremden Grundherrn bewahren. Meist waren es kleine Landedelleute, wie die Herren von Staufeneck, und selbst sie mußten ihren Besitz an die Salzburger Kirche verkaufen.

Im Erzstift Salzburg kannte man folgende Lehenseinstufungen:

Das Freieigen oder Ludeigen, Allod oder Edelgut. Aufgrund des Lehensrechtes waren die Eigentümer oder Alloden fast verschwunden. Der Besitzer eines Allods war von keinem Grundherrn, sondern nur vom Landesfürsten abhängig. Obereigentum und Nutzeigentum waren nicht getrennt.

Das Ritterlehen. Um 1800 gab es im Erzstift Salzburg insgesamt 29 Ritterlehen. Zum Gerichtsbezirk Staufeneck gehörte das Ritterlehen »Ödhof« bei Freilassing.

Die Beutellehen. Das Beutellehen war ein ehemaliges Ritterlehen. Es wurde mit einer bestimmten Geldsumme aus dem »Beutel« erworben. Sein Besitzer war freier Eigentümer, konnte aber zu Kriegsdiensten herangezogen werden.

Die Erbrechtsgüter. Seit 1350 galt es bereits innerhalb des Hofmeisteramtes Salzburg als normaler Zustand, daß die erzstiftlichen Urbarsleute ihre Güter zu Erbrecht innehatten. Eine Ausnahme machten die Maierhöfe, die auf »Freistift und Bestand« den Bauern verpachtet wurden. Diese offenbar für den Bauern unrentable Leihform mit ungewissen, zeitlich beschränkten Nutzungsrechten hatte zahlreiche Besitzveränderungen zur Folge. So wurde auch der hofurbarliche Mayrhof oder der sogenannte »Hofbau zu Staufeneck, bisher alle Jahre um 100 fl Bstandgeld den Bauern überlassen«. Umfangreiche Akten von 1553 bis 1669 berichten von laufendem Besitzerwechsel und um einen »Bstandsgeldnachlaß«. Das gleiche Problem hatte die Gerichtsverwaltung mit dem Mayrhof oder der »Mayrschaft zu Plain«.

Mit wenigen Ausnahmen waren im Gericht Staufeneck-Raschenberg die Güter auf Erbrecht verliehen. Die Besitzer der Erbrechtsgüter besaßen ihr Gut aufgrund eines Erbrechtsbriefes vom Lehensherrn für immer und konnten ihren Hof auf die rechtmäßigen Nachkommen vererben. Aus den Erbrechtsbriefen geht hervor, daß der Eigentümer sein Gut auch »hinfüran nutzen, gebrauchen, weiter verpfänden, verwechseln und verkaufen kann, wie demselben gelust und verlangt, wie dies im hohen Erzstift Salzburg der Landesbrauch ist«.

Die Leibrechtsgüter. Ungünstiger war das Leibrechtsgut, denn nach dem Tode des Nutznießers endete das Besitzrecht. Jeder Gutsübernehmer mußte bei der Hofübernahme neben den üblichen Stiften und Dienstleistungen ein »Leibgeld« bezahlen. Der Grundherr konnte demnach nach dem Tod des Bauern den Hof anderen übergeben.

Die Neustiftsgüter. Das Neustiftsgut entsprach im wesentlichen dem Leibrecht, der Unterschied bestand darin, daß es nicht mit dem Tod des Bauern, sondern mit dem des Grundherrn erlosch. So hatten Pfarrherrn ihre Güter auf Neustift verliehen.

Die Freistiftsgüter. Das Freistiftsgut war das ungünstigste Lehensverhältnis. Der Bauer eines Freistiftsgutes konnte jederzeit unter Einhaltung einer bestimmten Kündigungsfrist vom Hof »abgestiftet« werden. Die Freistift hatte sich aus dem Baumannsrecht entwickelt; er »bebaute von rechtswegen das Gut«. In Salzburg waren die Freistiftsgüter schon um 1350 von den Erbrechtsgütern verdrängt worden, während in bayerischen Herrschaften noch um 1600 größtenteils Güter auf Freistift vergeben wurden, wie bei der Herrschaft Hohenaschau und Wildenwart. Auch zum Kloster Frauenchiemsee gehörten viele Freistiftsgüter. Daß im Erzstift das Erbrechtsgut dominierte, ist auf verschiedene Ursachen zurückzuführen. In erster Linie kamen wirtschaftliche Gründe in Betracht. Der Vorteil, der dem Grundherrn aus der Freistift erwuchs, wurde aufgehoben durch den Nachteil, daß der Freistiftsmann kein Interesse an der Instandhaltung, geschweige an Verbesserungen des Gutes hatte. Der Hof wurde so abgewirtschaftet, daß die Grunddienste nicht mehr aufgebracht wurden und folglich kein neuer Pächter zu bekommen war.

Eine Erschwernis bestand darin, daß der Bauer für den Erwerb eines Gutes eine Summe zahlen mußte, die aber im Falle der Abstiftung des Grundherrn zurückzuzahlen war, was eine Kündigung und Abstiftung ebenfalls belastete.[108]

Die Entlastung aus der Grundherrschaft begann in verschiedenen Ländern schon im 18. Jahrhundert. Auch Maria Theresia begann mit Reformen, die Joseph II. verstärkt fortsetzte, indem 1781 die Leibeigenschaft aufgehoben und 1789 mit der Ablösung der grundherrlichen Lasten begonnen wurde.

Die Lösung der Bauern aus allen herrschaftlichen Bindungen war nicht mehr aufzuhalten. Diese Freiheitsbestrebungen wurden auch »Bauernbefreiung« genannt, weil sie die persönliche Befreiung aus der Grundherrschaft oder Gutsherrschaft sowie die Entlassung aus der Erbuntertänigkeit oder der Leibeigenschaft herbeigeführt hatten; zugleich begann die Aufhebung der Patrimonialgerichtsbarkeit der Grundherrschaften. Die Ablösung des Zehents und der Naturaldienste durch festgesetzte Entschädigungen konnte aufgenommen werden.

Das Bayerische Landrecht von 1756 vertritt die Auffassung, daß die »derzeitige Leibeigenschaft in einigen Orten in Bayern nicht dem römischen Recht gleichzusetzen ist, weil der Leibeigene mit Leib und Gut derart unterworfen war, daß er mehr dem Vieh als einem Menschen gleichgeschätzt wurde. Während die Leibeigenschaft heute zwar regulariter nur eine bloße Personalsache ist, haftet diese jedoch zuweilen auch auf den Gütern, und wo dies zusammentrifft, ergibt das eine Gattung von vermischter Leibeigenschaft.« Die Leibeigenschaft erwarb man sich durch »Geding, Geburt und Ehe«. Nach dem damals geltenden Recht konnte der »Leibeigene von seinem Herrn verkauft, verschenkt, vertauscht, verschrieben, vermacht, vererbt und überhaupt wie jegliches ander Eigentum veräußert oder verhandelt werden«.

Aus dem Landrecht geht hervor, daß die »Leibeigenschaft nicht aller Orten von gleicher Wirkung, aber auch nicht nach römischen Rechten, sondern nach altem Herkommen und Gebräuchen« behandelt wurde. Offenbar hatten sich nur dort die alten »Gebräuche« der Leibeigenschaft und der »Eigenleute« bis ins Mittelalter erhalten, wo von der römischen Besatzungsmacht nach ihrem Abzug »Leibzinser und Knechte« zurückgelassen wurden. Bekanntlich gab es im Raum Salzburg zahlreiche zinszahlende Romanen. Nach den vom römischen Recht beeinflußten Gesetzen blieben die Kinder der Leibeigenen »erbuntertänig« bis zur Auflösung der Leibeigenschaft. Durch das Grundsteuergesetz vom 15. August 1828 wurde die Grundlage zur »allgemeinen Liquidation« geschaffen. Jedes Grundstück wurde vermessen und die verschiedensten Stifts- und Naturaldienste einschließlich der Servituten ermittelt und nach dem Verkaufswert berechnet.[109]

Noch war der gesamte Vorgang der Grundentlastung nicht abgeschlossen. Erst das Gesetz vom 4. Juni 1848 verfügte neben der Aufhebung der Patrimonialgerichtsbarkeit die Möglichkeit der Fixierung, Umwandlung und Ablösung der Grundlasten für die Güter der Adeligen. Das Gesetz von 1872 brachte die zwangsläufige Umwandlung aller Grundlasten in Bodenzinse, die Ablösung derselben konnte das Gesetz nicht erzwingen. Mit dem Gesetz von 1898 nahm der Staat die Ablösung unabhängig vom Willen der Bodenzinspflichtigen selbst in die Hand, indem ein Amortisationsfond gebildet wurde, aufgrund dessen im Jahre 1942 alle Bodenzinse abgelöst sein sollten. Die Inflation nach dem Ersten Weltkrieg beendete den Prozeß zwanzig Jahre früher.

Nachdem der Staat die Ablösung der Grundlasten durch Amortisation der Bodenzinse 1898 übernommen hatte, wurden die noch bodenzinspflichtigen Bauern Eigentümer ihrer Güter und der Kampf, der ein ganzes Jahrhundert um das Eigentum an Grund und Boden geführt wurde, war beendet.

Seine Krönung fand er in der Sicherung des Grundeigentums durch die Bestimmung des am 1. Januar 1900 in Kraft getretenen Bürgerlichen Gesetzbuches, welche die Gültigkeit der Grundeigentumsübertragung vom Eintrag in das Grundbuch abhängig machte.

*Die Abgaben
und Dienstleistungen der Grunduntertanen* [110]

Von Max Wieser

Die ältesten »Steuerbücher« wurden unter Erzbischof Ortolf (1343–1365) angelegt; sie wurden bis weit in das 15. Jahrhundert benützt. Träger der ordentlichen Steuer, die als Reallast galt, war nicht der Eigentümer, sondern der Inhaber des Gutes. Steuerpflichtig war die bäuerliche Bevölkerung wie die Bürgerschaft der Städte und Märkte. Klerus und Ritterschaft erfreuten sich der Steuerfreiheit. Als Grundlage der Steuerbemessung diente das Hubenmaß. Im Salzburgischen herrschten noch im 18. Jahrhundert, vorwiegend zu Anlage- und Aufgebotszwecken, in den einzelnen Pfleg- und Landgerichten bestimmte Klassifizierungen der Bauerngüter, die sog. Einviertelung, Einhöfung oder Einrottung, ähnlich dem bayerischen »Hoffuß«.

Das Pfleggericht Teisendorf war in 30 Viertel eingeteilt, die insgesamt 502 »Vierteläcker« enthielten. Ein ganzer Hof bestand einschließlich des Waldbesitzes aus 60 Tagwerk; vier Vierteläcker ergaben einen ganzen Hof. Ein Viertelacker wurde also auf 15 Tagwerk angesetzt. Ein halber Viertelacker umfaßte höchstens 9 Tagwerk. Den Besitzer nannte man Söldner.

In Altbayern galt bis zum Anfang des 19. Jahrhunderts als Maß für den landwirtschaftlichen Grundbesitz der sog. »Hoffuß«.
So wurde ein ganzer Hof ($^1/_1$, Maierhof) auf 120 Tagwerk angeschlagen. Ein halber Hof ($^1/_2$, Hube, Hufe, Manse) hatte 60 Tagwerk. Ein viertel Hof ($^1/_4$, Lehen) hatte 30 Tagwerk. Ein achtel Hof ($^1/_8$, Sölde) hatte 15 Tagwerk. Ein sechzehntel Hof ($^1/_{16}$, Häusel) mit etwas Grund 7 $^1/_2$ Tagwerk. Ein zweiunddreißigstel Hof ($^1/_{32}$) war ein Leerhäusel ohne Grundbesitz.

Was die Einteilung der bäuerlichen Liegenschaften im Rupertiwinkel betrifft, so erscheint neben einer Einteilung nach »ganzen Höfen« und deren Vierteln eine solche nach Vierteln und Viertellehen schlechthin. Neben »Viertel« kommt aber häufig der Ausdruck »Viertelacker« oder »ein Viertel Ackers« vor, erstmals in einer Urkunde vom Jahre 1337.

Im Norden des Salzburger Erzstiftes findet sich die ziemlich verbreitete Einteilung, wonach zwei Vierteläcker eine Hube, vier Vierteläcker oder zwei Huben einen Hof bilden. In einer Urbarbeschreibung des erzbischöflichen Amtes Geisenfelden vom Jahre 1566, dessen Güter hauptsächlich im Gericht Tittmoning, teilweise auch in den benachbarten Gerichten Staufeneck, Plain, Teisendorf (Raschenberg) und Unterlebenau lagen, werden neben vielen »ganzen Hueben« und Sölden zahlreiche »halbe Hueben« und »Vierteläcker« genannt.

Für die Schätzung und Steuereinbringung standen den Pfleggerichten die Urbarämter und deren Amtsleute zur Seite. Zahlungstermin war in der Regel die Bauzeit im Frühjahr, daher der Name »Pausteuer«.

Die Vogtsteuer. Die Vogtsteuer, der Vogthafer, die Vogtfische oder das Vogtheu mußten seit alten Zeiten an den Vogt von den Grunduntertanen abgeführt werden. Nachdem die Herren von Staufeneck als Vögte der unter geistlicher Grundherrschaft stehenden Güter ihre Burg mit allem Zubehör, einschließlich ihrer eigenen Güter an den Erzbischof verkauft hatten, mußten die ehemaligen Grundholden der Burggrafen von Staufeneck ihre Vogteigefälle an den Landesfürsten von Salzburg abführen.
Im Stockurbar von Staufeneck werden nach der Beschreibung der pfleigseigenen Gebäude und Gründe die Abgaben und Roboten der »Freysaßuntertanen« aufgeführt. Die gesamte Vogtsteuer betrug jährlich 3 fl. 1 Sch. 8 Pfg.

Das Steingeld. Die einst den Herren von Staufeneck gehörenden und zum Bauunterhalt des Schlosses verpflichteten Güter hatten jährlich jeweils um Georgi 6 Pfennig Steingeld zum Bauunterhalt des Schlosses Staufeneck an den Pfleger abzuführen. [111]

Zaun- und Widtgeld. Das Zaun- und Widtgeld wurde jährlich nach St. Michael zu Aufham von den Untertanen eingesammelt, es diente dem Pfleger zu Staufeneck »jederzeit zur Befriedigung des Hofbaus und zu seiner Notdurft«. 98 Bauern dienten diese Steuer.

Die Weihsteuer. Die Weihsteuer wurde bei jeder Neubesetzung des erzbischöflichen Stuhles ausgeschrieben. Um die Kosten der Bestätigung bei der päpstlichen Kurie zu decken, hatte man sie im ganzen Immunitätsgebiet eingehoben und sie wurde zur rechtlichen öffentlichen Abgabe. Diese Belastung führte zu unerträglichen Härten, weil sie oft in kurzer Zeitfolge ausgeschrieben wurde, was gerade bei dem Regierungsantritt von Erzbischof Wolf Dietrich der Fall war. [112]

Die Umgeld- oder Getränkesteuer. Die Umgeldsteuer erfaßte den Wein mit 10 % des Wertes. Eine »Umgeldordnung« bestimmte die Taxen und Strafen, sollten doch die »Faktoren und Wirte den Amtspersonen gegenüber den nötigen Respekt zeigen, bei Strafe eines Reichstalers«. Obwohl die Getränkesteuer auch den Adel und die Geistlichkeit traf, und das für alle Zeiten, gab der zusammengerufene Ausschuß der Landschaft, wohl um den neu gewählten Landesfürsten zu gewinnen, seine Zustimmung. Traf doch die Steuer hauptsächlich nur jene, »welche im Erzstift Wein zum Überfluß trinken, daraus dann allerlei Laster entspringt.«

Die Eidsteuer. Wolf Dietrich führte die Eidsteuer ein. Jedermann mußte seit 1593 eidlich sein Vermögen angeben und von 100 fl Vermögen 6 Schillinge Steuern abführen.

Türkensteuer, Landsknecht- und Soldatensteuer. Im Jahr 1592 wurde aufgrund des Waffenstillstandsbruches der Türken auf kaiserlichen Befehl die *Türkensteuer* eingeführt. Damals wurde das Läuten der Türkenglocke eingeführt. Die Landschaft hatte die zeitlich beschränkte Steuer gebilligt, die jedoch weiterhin zu entrichten war.

Wolf Dietrich erhob zusätzlich eine *Landsknecht- und Soldatensteuer*. Die Veranlassung hierzu boten die fortwährenden Bedrängungen des Landvolkes von Seiten der Landsknechte. Die rohen Kriegsleute streiften besonders im Winter, wenn sie ohne Dienst und Herrn waren, nicht selten in Banden durch das Land, forderten von den Bauern eine Wegzehrung, legten sich wochenlang in die Dörfer und hausten schlimmer als ihre Feinde. Um diesem Mißstand Einhalt zu gebieten, erließ Wolf Dietrich eine Verordnung gegen die »gartierenden Knechte«. Die Landsknechte erhielten vom Landesfürsten eine Spende, die man Ritterzehrung nannte. Die Geste sprach sich herum, so daß zahlreiche Landsknechte nach Salzburg kamen, um sich die Ritterzehrung zu holen, was die Landsknechtsteuer zur Folge hatte.

Herdsteuer, Tabaksteuer, Grundsteuer. Im Laufe der Zeit wurde noch manche Steuer erfunden, etwa die 1734 eingeführte »*Herdsteuer*«; eine Fenstersteuer lehnte der Erzbischof ab, er fürchtete, man könne im Ausland sagen, in Salzburg koste das Tageslicht Steuer. Im Jahr 1661 wollte man das Rauchen verbieten. Weil die Überwachung unmöglich war, wurde die *Tabaksteuer* eingeführt. Damit die Fuhrleute die Mautstraßen nicht verlassen, um der Kontrolle zu entgehen, wurden scharfe Verbote erlassen. Auf jeden Zentner Rauch-, Schnupf- und Kautabak wurden 2 fl 30 kr. Aufschlag erhoben. Davon mußten 2 fl. an die Hauptmaut und 30 kr. an die allgemeine Almosenkasse abgeführt werden.

Um die zahlreichen Steuerabgaben zu vereinfachen, wurde von Erzbischof Hieronymus 1777/78 eine Art »*Grundsteuer*« eingeführt. Als Steuervereinfachung wurde ein mittlerer Wert ermittelt durch Grundwert-Vergleich mit früheren Preisen und Schätzungen des im Winter zu fütternden Viehbestandes.

Das Rüst- oder Ristgeld und die Reparationsbeiträge. Der Pfleger Agliardis war der Meinung, die Steuern in anderen Ländern, selbst in anderen Gerichten des Erzstiftes seien höher als in den Gerichten Raschenberg und Staufeneck. Zu den »gewöhnlichen Landesabgaben«, die an den beiden Zinstagen zu Georgi am 23. April und zu Martini am 11. November eingehoben wurden, gehörte auch das »Ristgeld«, das mit den Martinsteuern »eingeheischt« wurde.
Nachdem das Steuerpatent am 12. März 1778 in Kraft getreten war, mußten von 100 fl. Steuerkapital sowohl zu Georgi wie zu Martini jedesmal 1 fl. Steuer bezahlt werden. Allerdings wurde nur der dritte Teil des geschätzten Gutswertes zur Besteuerung herangezogen. Ein Bauer, der mit seinem Anwesen, Ackerland und Viehstand auf 3000 fl. Realwert berechnet wurde, hatte 1000 fl. zu versteuern, er mußte also zu Georgi und Martini jeweils 10 fl. an die Gerichtskasse abführen.[113]

Kopfsteuer. Die Kopfsteuer wurde nur selten ausgeschrieben. Sie wurde in den siebziger Jahren des 18. Jahrhunderts durch drei Jahre hindurch ausgeschrieben, 1801 dagegen nur einmal. Die Kopfsteuer wurde vor allem von den Dienstboten und Arbeitern eingefordert.

Die Gemeinumlage oder Gemeinanlagsbeiträge. Die Gemeinumlage hatte nicht *ein* Bauer, sondern alle zusammen aufzubringen; sie gehörte zu den gewöhnlichen Landesabgaben und war »ganz leidlich, denn nur selten hatte ein Bauer, der einen Viertelhof besaß, zur Gemeinanlagskasse jährlich einen Gulden zu zahlen.«
Von der Gemeinanlagskasse wurden die Unkosten bestritten, die anläßlich der »Polizeistreifen« mit den Gerichtsdienern, Jägern und Schützen entstanden, wenn sie »Vaganten und Gefangene« versorgen und zum nächsten Gericht bringen mußten. Aus der Gemeindekasse wurden auch die Kurkosten und die Beihilfen für arme Leute des Gerichtsbezirkes bezahlt.

Naturaldienste, Robot- und Spanndienste. Die Natural-, Robot- und Scharwerksdienste der Untertanen bestanden in Frondienstleistungen, wenn zu den landesherrlichen Gebäuden Fahrten und Handrobotdienste notwendig waren. Dazu zählten auch die Jagdfrondienste, zu welchen die Bauern Treiber »zu den landesfürstlichen Lustjagden« stellen mußten, oder das Überführen von Getreide und Heu zum Hofkasten nach Salzburg.
Zu den Spanndiensten zählte auch die Bereitstellung von Roß und Wagen für militärische Zwecke.
Straßen-, Wege- und Brückenbau erfolgten ebenfalls im Robotdienst.

Die Anlaitsgebühren[114] *oder das Laudemium.* Die »mediaten Bürden« oder mittelbaren Abgaben, Anlaits- oder Besitzveränderungsgebühren, zählten zu den Haupteinnahmen des Pflegers.

Die Anlaitsgebühren mußten von den Grundholden an den Grundherrn für jegliche Veränderungsfälle bezahlt werden, eine Gebühr, die bei Verkauf des Gutes, Tausch oder Schenkung von jedem Untertan zu entrichten war, ausgenommen waren nur die freieigenen Gutsbesitzer.

Das Laudemium bestand in Geldstiften, in Einschreibgeldern, Brieftaxen, Notgebühren und in Naturaldiensten »wie an Getreide, Haar (Flachs), Schmalz, sowie es altershero hergebracht ist.« Es wurde fällig, wenn der Grundholde oder der Grundherr gestorben und eine Besitzveränderung eingetreten war. Deshalb nannte man es bei den geistlichen Grundherrschaften »Weihsteuer«, bei der weltlichen Grundherrschaft »Herrenantrittsgelder.«

Die Veränderungsgebühr wurde auch fällig, wenn der Hof auf den Erben übergeben wurde.[115] Neben diesen Ansätzen mußten zusätzlich 2 $^{1}/_{2}$ Prozent für die sogenannten »Zwischenfälle, den Halbsatz«, bei der Einheiratung in den Mitbesitz, abgeführt werden. Bei den weltlichen Grundherrschaften der Grafen von Lodron, Platz, der Hofmark Marzoll, von Schiedenhofen und der Stockhammerischen Grundherrschaft mußten zusätzlich 2 $^{1}/_{2}$ Prozent für die »Herrenantrittsanlait gewohnheitsmäßig« entrichtet werden, und zwar bis zum 4. September 1829, an welchem diese Personalabgabe aufgrund des allerhöchsten Ministerial Reskriptes aufgehoben wurde.[116]

Bei einem Teil »Stifts-Höglwörthischer Untertanen« mußte neben den Laudemiumsgebühren noch zusätzlich das sogenannte »Sterbhaupt oder Besthaupt« gestiftet werden. Das Kloster hatte das Recht, wenn »ein zum Kloster unterworfener Grunduntertan stirbt, ein Roß oder ein Rind in Natura zu nehmen oder es konnte statt dessen den Geldwert fordern, wenn ein Untertanserbe das Pferd oder die beste Kuh nicht gerne hergab. Es stand aber bei der Herrschaft, ob sie das Geld dafür nahm oder nicht.«

Es muß für die Grunduntertanen hart gewesen sein, wenn nach dem Tod des Vaters der Klosterrichter von Höglwörth und sein Dienstknecht im Trauerhaus erschienen, um im Namen des Klosters das beste Stück Vieh abzuholen. Nicht selten geschah dies mit der »Amtshilfe« durch den Gerichtsdiener von Staufeneck.
Das beste Stück Vieh aus dem Stall des Bauern galt ursprünglich als Entschädigung für den Verlust einer Arbeitskraft, den der Grundherr durch den Tod des Bauern erlitt.[117]

Bauwillengeld. Das Bauwillengeld wurde für die Bewilligung der Errichtung von Gebäuden eingehoben. Für die Errichtung der Backöfen, Holzhütten, Haar- oder Brechelbäder mußte das Bauwillengeld bezahlt werden. Manche Bauern hatten eine Gemachmühle errichtet, die mehrere Bauern gemeinsam für ihren Hausbedarf erbauen konnten, wenn der Wasserlauf in der Nähe war und die Baubewilligung erteilt wurde. An einer Gemachmühle waren daher oft bis zu fünf Teilnehmer berechtigt.

Der Zehent. Neben den bereits aufgeführten Stiften und Abgaben war die Zehentsabgabe eine der ältesten Einnahmen der Kirchen und Klöster. Bereits auf der Kirchenversammlung zu Reispach in Niederbayern im Jahre 799 wurde unter dem Vorsitz von Erzbischof Arno und der Einwilligung des Königs nach dem Vorbild »des alten Bundes« beschlossen, daß »der Zehent in vier Teile geteilt werden soll, indem den ersten Teil der Bischof, den zweiten die Priester, der dritte für die Armen und der vierte für den Bauunterhalt der Kirchen und Klöster verwandt werde.« Die Erzbischöfe übertrugen im Laufe der Zeit dieses »nützliche Eigentum« (dominium utile) ihren Klöstern und Kirchen sowie einigen adeligen Laien und belehnten sogar die Herzöge damit.
Auch im Landrecht von Bayern hieß es, daß »man den Zehent als gewissen Anteil von Früchten an die Geistlichkeit aus Gesetz und Gewohnheits wegen schuldig ist.« Der Großzehent umfaßte größere Früchte, Getreide einschließlich dem Stroh, Erbsen, Linsen, Bohnen und Wein. Zum Kleinzehent zählten alle Obstsorten, Kraut, Rüben, Flachs, Hanf, Hopfen, Heu, Kartoffeln und Tabak, einschließlich dem Blutzehent, der jedoch im Gericht Staufeneck nicht üblich war.
Ursprünglich wurde der Zehent in den Fronhöfen und erst später in den Zehentshöfen gesammelt. Der Fronhofbesitzer wiederum war berechtigt, neben seinem »curtis« oder adeligen Gutshof eine Kirche zu erbauen, deshalb entstanden neben den Fron- oder Mayerhöfen manche kleine Filialkirchen wie die Mauthauser Kirche.[118]

Der Zehent war keine landesherrliche Abgabe oder Steuer, sondern eine private vermögensrechtliche Abgabe zugunsten der Pfarrkirche. Deshalb konnte der Zehent von der Kirche auch an Privatleute verkauft oder verpachtet werden.[119]

Da der Zehent als ein nutzbares Recht, als Pertinenz oder Zugehör des Grundes galt, konnte er auch in Bruchteilen verkauft oder verpachtet werden. Mancher Bauer kam durch den Erwerb der Zehentanteile zu Ansehen und Wohlstand, manche Stiftung ist darauf zurückzuführen.

Volkskundliche Berichte[120]
Von Hans Roth

Wie es im späten 16. Jahrhundert um die bäuerlichen Verhältnisse bestellt war, geht aus einem Hofübergabevertrag vom Jahre 1595 hervor. Er betrifft den Hof zu Niederstetten, im Raschenberger Gericht, welcher der Grundherrschaft der Ehrnvesten Brüder Praun unterworfen war und mit Vertrag vom 26. September 1595 von Hannsen Khnapper auf dessen Sohn Leonhard überging. Als Austrag verpflichtet sich Leonhard Khnapper folgende Pflichten zu übernehmen: »Erstlichen sollen sy haben in der Stuben den hindern winckhl . . . und die hinder Camer bey dem Then. Und wan sy es nit erleiden khundt(en) bey uns in der Stubn, so sollen sy innen (sich) ain ofen machen (lassen) in die Camer umb ir gelt, zu khochen oder zu haitzen sollen sy nemen bey des Besitzers widt . . . mer sollen (sie) haben die Speis bey dem Tisch so guetts der Bsitzer hat, mer wollen wir inen, wan sy zu dem Tisch gehn zu ainer besserung geben zwen metz Khorn, ain metz waitz, alle Tag ein khändl khuewarme mülch, mer wollen wir inen geben den vierten thail in allerley obst. Item zway junge päml, als nemblich vor dem haustier, ain Pierpäml (Birnbaum) und im Khrauthgartten ain Oepflpäml . . .« Neben der Kleidung, die der Sohn in jährlichem Abstand zu besorgen hat, wird auch deren Aufbewahrung geregelt: ». . . mer soll er haben den obern Casten unverruckhter, darum er seine notturffte (Kleidung) haben khan . . .«

Die interessantesten Aufschlüsse zur Volkskunde aus dem 19. Jahrhundert verdanken wir einer Initiative König Max II. von Bayern, der »das Leben seines Volkes in allen Zügen und Voraussetzungen kennenlernen« wollte und die bedeutendsten Fachgelehrten seiner Zeit damit beauftragte, entsprechende Erhebungen anzustellen:

»Bavaria, statistische, historische, topographische und ethnographische Beschreibung Bayerns« lautet der Titel dieser achtbändigen, von Wilhelm Heinrich Riehl und Felix Dahn redigierten enzyklopädischen Landes- und Volkskunde Bayerns, die von 1860 bis 1867 im Cotta-Verlag erschienen ist. Dieses Werk, das in seiner Ausführlichkeit und Zielsetzung damals keine Parallele kannte, ist auch heute noch für jeden, der sich mit dieser Materie befaßt, unentbehrlich.

Hier interessiert der Beitrag Joseph Friedrich Lentners (1816-1852), den er kurz vor seinem Tode verfaßte.[121]

Die umfassenden Aufzeichnungen Lentners sollen hier in Auszügen und wo es notwendig erscheint in kommentierter Form wiedergegeben werden.

Unter »Salzburger Land« bezeichnet er jenen Landstrich, den wir heute Rupertiwinkel nennen, und er beruft sich dabei auf den »Mund des Volkes«. »Wir haben (so schreibt er weiter) diese Bezeichnung umso mehr beibehalten, als die Bewohner in ihren Sitten und Gewohnheiten mit denen des salzburgischen Thalgaues vollkommen übereinstimmen.«

Nach einer einführenden Beschreibung der Landschaft widmet sich Lentner sehr ausführlich der Schilderung der Bewohner dieses Raumes: »Es bewohnt dies Land ein Menschenschlag von großer Dauerbarkeit, stark, über Mittelgröße, sehr gesund und rüstig, gerade nicht unbildsam in Zügen und Gestalt, besonders die jüngeren Mädchen und Weiber von runden, gefälligen und sinnlichen heiteren Gesichtern. Die Leute erreichen meist ein hohes Alter; sie heiraten spät, haben daher wenig Kinder; 3-4 treffen im Durchschnitte auf eine Familie. Es gibt viele freiwillige Cölibaten; im Dorfe Fridolfing allein 30 ansässige Bauern; Wittwer und Wittwen hausen mit ihren Kindern bis in späte Tage fort, ohne an eine Übergabe zu denken; auch Geschwister wirtschaften zusammen, wobei sie den ältesten ohne Verabredung als Oberhaupt anerkennen. Es bestehen hier gleichsam bäuerische Fideicommisse, indem die Güter zu äußerst geringen Anschlägen dem Erben übergeben werden. Ein Besitzthum von 12.000 Gulden Werth wird zu 3000 bis 4000 Gulden eingeschätzt; die übrigen Kinder halten sich dadurch durchaus nicht verkürzt und begnügen sich mit dem Antheil, der ihnen aus dem gleichmässig vertheilten Baarvermögens des Erblassers zufällt, welches bei den meisten Bauern dieser Gegend ein ziemlich beträchtliches ist. Auf keinem Gute lastet hier Verschuldung, alles wird abgezahlt und in jedem Hause findet sich Baarbesitz, seltener ein Staatspapier. Es gibt wenig sogenannte Häusler, auch die Zubauern, Taglöhner, die in einem Nebenhause saßen, das dem Hofbesitzer gehörte, werden von den Bauern selbst allmählich abgestellt, weil sie keine ärmeren Familien in den Gemeinden haben wollen. Die Besitzthümer sind ungemein ausgedehnt und bestehen meist in 100 bis 160 Tagbau, meist Feldung zu Roggen, Korn und Haber, dazu an Wiesen und Holz nach Bedarf. Ein Besitzer von 80 Tagwerk gilt als Bauer, mit 40 als Bäuerl. Ein Söldner hat deren 8-20. Jeder Bauer hält sich 2-4 Mähnen, zur Hälfte in Pferden, zur Hälfte in Ochsen. Melkvieh wird in geringerer Zahl gehalten, meist 8-10 Stück. Im Süden das doppelte, weil dort mehr Wiesbau getrieben wird. Dagegen betreibt man mit bestem Erfolge Ochsenmastung und Zucht erkaufter einjähriger Pferde. Aus diesen glücklichen Verhältnissen entspringt die ungemeine Wohlhabenheit dieser Leute.«

Die Bevölkerung charakterisiert Lentner folgendermaßen: »Das Volk materiell so wohl bestellt, ist es desto weniger in geistiger und gemüthlicher Beziehung. Es ist durchaus nicht ohne Anlage und natürlich Gaben, aber in Folge elenden Unterrichts und geistlicher Herrschaft sehr verwahrlost. Wenn diese Leute in der Schule gerade nicht schlecht lernen, so bleibt trotzdem kaum das Nothdürftigste an ihnen haften. Es gibt Burschen, die nach vollendeter Feiertagsschule häufig vergessen und bei Gericht mit 3 Kreuzen unterzeichnen. Ihre ganze Geistesthätigkeit ist auf Erwerb gerichtet und diese Erwerbssucht steigert sich häufig bis zum Geiz. Für alle Handgriffe und Vortheile, die ihre Begierde nach Gewinn fördern, haben sie auch großen Eifer und viel Geschick. Sie thun vieles für Bodenkultur und verstehen sich trefflich auf den Getreidehandel bis zur Wucherei.

Sie sind auch äußerst fleißige und ausdauernde Arbeiter und verhalten die Kinder mit dem frühesten Alter zu gleicher Thätigkeit. Seine Wohlhabenheit gibt hier zu Lande dem Bauer eine Art von Selbstbewußtsein, das freilich sehr oft zum Bauernstolz im schlimmen Sinne wird. Er will von aller Welt anerkannt und als ebenbürtig behandelt sein; ist jedoch bei seiner geistigen Beschränktheit durch eine Art wohlwollender Überredung leicht zu lenken. Rohe Gutmüthigkeit ist der Grundzug seines Gemüthes. In Handel und Wandel hält er sich ziemlich ehrlich und redlich, hält mit den Nachbarn fest zusammen und ist sehr wohlthätig, so daß Verunglückte durch Beihilfe das Verlorene meist ganz darüber erhalten. Er ist sparsam und führt ein dumpfes Hausleben ohne Prunk und Genußsucht; es gibt keine Trinker und Spieler, und in den Wirtshäusern wird es früh Feierabend. In seinem äußeren ist er plump und unbehilflich; besonders hat das Benehmen junger Burschen auch bei ihren Lustbarkeiten etwas abstoßendes Rohes. Mit ihrer Moralität im engeren Sinne nehmen sie es sehr oberflächlich. Die Zahl der unehelichen Kinder zu den ehelichen verhält sich wie 1 : 4 oder 5. Von einer geistigen oder gemüthlichen Auffassung der Religion ist keine Spur;

es herrscht hier blinder Kirchenglaube, ein Übermaß von Formenwesen und nicht selten Frömmelei.«

Dieses Urteil klingt ziemlich hart, und man ist geneigt, dem Verfasser eine negative Voreingenommenheit zu unterstellen, wüßte man nicht, daß er es sehr ernst mit seinen Erkundigungen genommen hat. Freilich war er hierbei auch auf die Mitteilungen der örtlichen Behörden, der Landgerichte und Stadtmagistrate angewiesen, die gerne – wie wir auch aus anderen Aktenvorgängen wissen – in etwas überheblicher Art und Weise über angebliche Mißstände auf dem Lande urteilten. Dies kommt auch in dem folgenden Absatz zum Ausdruck.

»Ein Hauptgrundzug des Volkscharakters dieser Gegend ist der gänzliche Mangel an Offenheit und Vertrauen gegen alles, was nicht Bauer ist; besonders gegen die Obrigkeit, von der sie grundsätzlich nur Bedrückung, Plünderung, Überlistung und dergleichen befürchten. Daher beruht auch ihr ungemein durchgeführtes Geheimhalten ihres Wohlstandes, daher die Übergaben mit der niedrigsten Werthsbezeichnung, Privattheilungen der Baarschaft ohne gerichtliche Versicherung, verzögertes Abzahlen von Kapitalien, geheimes Ausleihen von Geldern ohne Verbriefung, weniger aus Ehrlichkeit als aus Furcht vor Taxen und Besteuerung und das allgemein übliche Geheimhalten des Baarbesitzes, wobei sehr häufig das Vergraben und Vermauern desselben vorkommt, so daß sogar einzelne Fälle gerichtlich vorliegen, daß nach dem plötzlichen Tode des Besitzers solches Geld nicht gefunden werden konnte, weil er den Ort selbst seinen Angehörigen geheim hielt, wie es denn selbst bei den Sperrkommissionen bereits eine stehende Frage geworden ist, ob nirgend ein Geld vergraben sey.«

Wirtschaftliche Grundlagen[122]

Ackerbau. Die Regenhäufigkeit des Rupertiwinkels ist längs seiner Nord-Süd-Erstreckung sehr unterschiedlich, sie steigt im Süden am Teisenberg auf 1800 mm pro Jahr, während sie im nördlichen Flachland bis unter 1000 mm absinkt. Von dieser unterschiedlichen Niederschlagsmenge ist die landwirtschaftliche Bodennutzung abhängig: Im gebirgsnahen Süden, wo durch häufigen Regen der Graswuchs begünstigt wird, betreiben die Bauern überwiegend Wiesenkultur und Viehwirtschaft, während im trockeneren und flacheren Norden der Getreidebau noch immer große Bedeutung besitzt. Der Norden des Rupertiwinkels zwischen Heiligkreuz und Tittmoning mit seinen weiten fruchtbaren Ackerfluren galt von jeher als die Kornkammer des ehemaligen Erzstiftes Salzburg. Eine der ältesten verläßlichen Quellen zur Agrargeschichte ist das Urbar der Pfarrei Salzburghofen vom Jahre 1606. Es nennt Naturalabgaben der dortigen Bauern an die Kirche und gibt damit Aufschlüsse über die landwirtschaftlichen Verhältnisse jener Zeit. Das Urbar nennt an Ackerfrüchten »waiz« (Weizen; nur in geringen Mengen), »Khorn« (Roggen), »habern« (Hafer), »mayen« (Mohn), »Hymeltau« (Bluthirse), »heidn« (Heidekorn oder Buchweizen), »prem« (Brein oder gelbe Hirse), »har« (Flachs).

Der Naturdünger war früher für die Bauern die einzige Möglichkeit, Felder und Wiesen mit dem notwendigen Nährstoff zu versorgen. In Piding war die »Eggarten-Wirtschaft« üblich; auf diesen Gründen wurden im 1. Jahr Hafer, im 2. Jahr Weizen angebaut, im 3. und 4. Jahr dagegen wuchs Gras.

Zudem gab es die »Dreifelderwirtschaft«, bei der im 1. Jahr Korn, im 2. Jahr Hafer oder Klee gesät wurde, während im 3. Jahr diese Gründe brach lagen. Man nannte diese Gründe »Tradäcker oder Maiergründe.«

Im Gegensatz zu heute wurde offenbar nur wenig Weizen gebaut, dagegen viel Roggen, der demnach das eigentliche Brotgetreide darstellte. Für den anspruchsvolleren Weizen fehlte es vermutlich an der richtigen Düngung, vielleicht auch an der Fruchtfolge. Mohn wurde vor allem als Ölfrucht angebaut, denn das aus Mohn gepreßte Öl wurde (wie im Süden das Olivenöl) zum Kochen, Backen und Braten, aber zum Teil auch für die Beleuchtung verwendet, ebenso auch für das Ewige Licht in den Kirchen. Bluthirse und gelbe Hirse wurden zu Brei verkocht (»Brein«) und dienten so als Nahrung für die Menschen, vielleicht auch, wie noch in späterer Zeit, für die Kücken.

»Heidn« (Buchweizen) wird heute noch häufig bei den Südtiroler Bergbauern angebaut, meist auf früh abgeernteten Getreidefeldern, und wird meist als »Sterz« verbacken. »Har« (Flachs) wurde im Hause versponnen und von den Leinwebern verwebt. Er war mit der gleichfalls auf den Höfen versponnenen Schafwolle der fast einzige Textilstoff.[123]

Genannt werden auch immer die Krautäcker, so z. B. vor den Toren der Stadt Laufen, die sich bis hin zum sog. Burgfeld zogen. Das Kraut war nahezu das einzige Gemüse für den täglichen Bedarf, zumal es gut haltbar war. Deshalb wurde besonderer Wert auf die Einfriedung der Krautgärten gelegt und verschiedentlich wurden auch Flurwächter zum besseren Schutz derselben bestellt.

Gemüse-, Erdäpfel- und Hopfenbau waren stark im Hintertreffen.

Das Arbeitspensum der Bauern war hart:[124]
Zur Erntezeit beginnt die Arbeit um 2 Uhr morgens und endet spät am Abend, sonst beginnt man um 4 Uhr früh und endet um 7 Uhr abends. Gewöhnlich versieht ein Bauer mit 3 Knechten und 2 Dirnen sein großes Gut. Ein Knecht erhält in der Regel 40-66 Gulden, dazu 2 Hemden, 2 Schürzen und 2 Paar Schuhe. Die Oberdirn bekommt 18-30 Gulden, die Unterdirn 14-20 Gulden, dazu die Kleidung und einen Lehenlaib. Da es an Taglöhnern fehlt, helfen sich die einzelnen Bauern beim Dreschen aus; bei dieser Arbeit beginnt man gewöhnlich um halb fünf Uhr früh und endet mit dem Gebetläuten. »Mit 6-8 Dreschern kommt ein guter Bauer von Michaeli bis Weihnachten mit seinem Vorrat zu Ende.« Und »all Abend des Winters spinnen die Weiber bei der mit Rapsöl genährten Lampe bis 9 Uhr.«

Viehzucht. An Tieren und Tierprodukten verzeichnet das Urbar der Pfarrei Salzburghofen vom Jahre 1606 »spanferkl«, »lämpl« (Lämmer), »schaf«, »hünr«, auch »fastnachthennen«, »genns«, »Änten«, »kalw« (Kälber), »käs« und »ayr«.[125]

Käse war im Rupertiwinkel früher das einzige Produkt der Milchwirtschaft, erst später wurde auch Butterschmalz ein Marktartikel, während Butter selbst vor Einführung der Zentrifugen nicht haltbar war.

Die Schweinezucht war überall von Belang und die Mästung der Schweine sowie der Ochsen ein vorzüglicher Erwerbszweig der Landleute und auch der Schiffer.[126]

Bienenzucht war wenig bekannt, aber die »Zucht der Tauben, der gemeinen Hühner und Gänse wird desto mehr überall betrieben.«

Die Gewässer waren reich an Fischen. »In der Salzach, in welcher die Schiffer von der Brücke von Salzburg an bis zu ihrem Eintritt in den Inn zu fischen berechtigt sind, werden Huche von 10-30 Pfund gefangen. Außerdem gibt es in der Salzach und im sogenannten Brunnbache auch öfters Forellen, Weißfische und besonders Nasen in einer solchen Menge, daß oft auf einen Zug 50-100 Pfund gefangen werden. Im Abtsdorfer See gibt es große Hechte, Karpfen und Weißfische, im Surbach desgleichen. In der Oichten und in der Moosach ebenfalls Hechte und Schleien. Diese und Weißfische bewohnen auch alle Gewässer, besonders aber den Schwertinger See. Krebse gibt es mehr oder weniger überall, die vom Surbach aber wetteifern an Größe beinahe mit den Krabben aus dem Haller See.«

Weinbau. Klimatisch besonders begünstigt ist vor allem das eigentliche Saalach- und Salzachtal, von Piding über Ainring, Freilassing und Laufen bis Tittmoning, das eine Art »Weinbergklima« besitzt, wo der warme Frühling mit der durchschnittlichen Apfelblüte meist schon vor dem 30. April beginnt, während er im höher gelegenen westlichen und besonders südwestlichen Teil erst zehn Tage später einsetzt. Das milde Klima des Salzachtales ist vor allem der tiefen Lage dieses Gebirgsflusses zu verdanken – die Salzach bei Laufen liegt um mehr als hundert Meter tiefer als die Isar in München –, auch der Einfluß des Föhns trägt dazu bei.

Die vielzitierte Urkunde vom Jahre 1171 erwähnt »14 Weingärten, die sowohl am Högl als auch in Chuneliten gelegen sind...«: » ... cum foresto et quatuordecim vineis tam Hegelen quam Chuneliten sitis ... « Während »Hegelen« mit Högl identisch ist, glauben Flurforscher, daß die Weingärten in »Chuneliten« im österreichischen Weinbaugebiet zu suchen seien. Tatsache ist, daß am Südosthang des Ulrichshögl drei deutlich erkennbare Weinberge lagen, die auch durch Flurnamen urkundlich überliefert sind: auf der sonnigen windgeschützten Flur »Weinleiten« ist zweifellos in früherer Zeit Wein angebaut worden. Auch im Gebiet des Abtsdorfer- und Waginger Sees weisen Flurnamen auf früheren Weinbau hin, ebenso in der Leobendorfer Gegend. In einer Urbarbeschreibung des Gerichts Lebenau vom Jahre 1612 werden in den Höfen Laufener Stadthäuser verschiedentlich Weinstöcke angeführt, die allerdings mehr Ziercharakter gehabt haben dürften. Die besseren Weine wurden aus Italien und Spanien, auch aus der Wachau eingeführt.

»Der Weinbau war früher von erheblicher Ausdehnung. Auch bei den in ganz ungünstiger Lage sich befindenden Weinbergen und Weinhalden braucht man nach keiner anderen Erklärung zu suchen: Sie sind die Versuche des Klerus, den in den Kriegsläuften schwer zu beschaffenden Wein für den Kultus selbst zu ziehen, vielleicht aus weniger empfindlichen Reben.«[126]

Torfstich. Das Ainringer Moos und die Schönramer Filz, zwei ausgedehnte Moorflächen, werden seit altersher zur Torfgewinnung ausgebeutet. Im Ainringer Moos befindet sich ein staatliches Torfwerk, das der Forstverwaltung untersteht und die Gegend im weiten Umkreis mit dem für Viehstallungen und für den Gartenbau begehrten Streutorf versorgt. Die Brenntorfgewinnung, früher sehr verbreitet, ist dagegen in den letzten Jahren völlig zurückgegangen, da sie zuviel Arbeit erfordert und deshalb für den Verkauf unrentabel geworden ist.

Franz Wögerbauer berichtet aus früheren Tagen:[127]

Mit der Zuweisung der Torfstiche an die Bewerber durch das Forstamt wird alljährlich der Auftakt gegeben zu einer mühevollen Arbeitsperiode im »Filz«.

Schon Tage vor der Stichverteilung herrscht im Filz reges Treiben. Ein Suchen nach dem günstigsten Platz, ein Fragen nach Unterstellmöglichkeiten für Werkzeug und Karren machen das Filz lebendig. Steckt dann die Namenstafel einmal am Stich, dem Arbeitsplatz, so ist der erste Schritt getan. Man hat für ein Vierteljahr von einem kleinen Fleckchen Boden Besitz ergriffen und ist nun bestrebt, sich hier im Schweiße seines Angesichts einen möglichst großen Vorrat an Brenntorf für den langen, kalten Winter zu stechen.

Mit Stichscheit, Schaufel und Gabel müssen die Torfstecher zunächst den »Abraum«, die obere, noch nicht vertorfte Schicht, in einer Tiefe bis zu 60 cm entfernen. Anschließend ist meist die Seitenwand des Striches von einer oft bis zu 20 cm starken ausgewinterten Torfschicht zu befreien. Die während des Winters zum Teil eingefallenen Gräben müssen freigelegt werden, damit das Wasser aus der Stichgrube ungehindert abfließen kann. In mancher Grube sammelt sich das Wasser mehr als knietief. Diese umständlichen Vorbereitungsarbeiten rauben dem Torfstecher viel Kraft und lange, kostbare Stunden.

Endlich geht es nun an die eigentliche Arbeit, an das Torfstechen selbst. Meist sticht der Mann und legt die schönen, schwarzbraun glänzenden und vor Nässe triefenden Torfstücke seinem Eheweib zu Füßen. Die Frau darf dann die kalten, schweren, matschigen Ziegel auf den Karren schichten und zur Auslegefläche fahren. Dort werden die Torfstücke zu »Häusln« oder »Kastln« aufgebaut. Acht bis zehn Stück sind hier paarweise kreuz und quer übereinander zum Trocknen gestapelt. Wenn das geplagte Weib beim »Torfradeln« Pech hat, dann bricht eines der unteren Torfstücke durch die Schwere der aufgetürmten Last und die ganze Herrlichkeit kippt zur Seite, reißt unter Umständen noch andere Kastln mit um und liegt als trostloser Haufen Torfmasse am Boden.

Endlich sind alle »Kastln« zum Trocknen aufgerichtet. Man freut sich seiner zehntausend oder mehr gestochenen Torfstücke und erwartet jetzt von der Sonne und einem leise streichelnden Wind ihren Beitrag, den Torf auch gut trocknen zu lassen. Bei schlechtem Wetter hängt noch viel mehr Arbeit am Torf. Nicht nur einmal, sondern zwei- oder sogar dreimal muß dann »umgekastelt« werden. Man legt dabei die trockenen Stücke der Kastln auf den Boden, wendet jedes Torfstück sorgfältig und baut neuerdings die Häusln auf. Haben die einzelnen Stücke erst einmal einen Sonnenbrand, eine Kruste, so ist der Regen nicht mehr so gefährlich. Deshalb wird gern an heißen Tagen gestochen; in der Sonnenglut bildet sich schnell um die Torfstücke herum eine feste Haut, an der die Regennässe abläuft. Das »Herz« freilich bleibt noch lange feucht und das liebe Wetter muß es schon recht gut meinen, bis jedes Torfstück völlig ausgetrocknet ist.

Bäuerlicher Alltag, Bräuche und häusliche Feste

Der Arbeitstag.[128] Vom Alltag des Bauern und von seinen Lebensgewohnheiten berichtet am genauesten ein bisher ungedrucktes Manuskript des fürsterzbischöflichen Pflegers und Landrichters Johann Andreas Seethaler aus dem Jahre 1802: »Versuch einer Beschreibung des Hochfürstlich-salzburgischen Pfleg-, Stadt- und Landgerichtes von Laufen«. Seethaler ist zu verdanken, daß wir gerade über das bäuerliche Leben in den letzten Jahrzehnten des Erzstiftes Salzburg so gut unterrichtet sind:

Morgens um 6-7 Uhr wird eine Wasser- oder Kässuppe zum Frühstück genommen; um neun Uhr aber ein Stück Brot zum Jausen. Das Mittagsmahl, welches um 11 Uhr eingenommen wird, besteht meistens aus Knödeln mit geräuchertem Fleische oder Speck, saurem Kraut und süßer Milch. In der Oberlebenau wird zu diesen Knödeln Mehl von Gerste, in Nußdorf, Lamprechtshausen und Anthering Mehl von Roggen und in der Unterlebenau Mehl von schwarzen Brein genommen: in Jahren aber, wo Hagel oder Mißwuchs eintreten, wird durchgehend die Hälfte Habermehl genommen.

Um drei Uhr nachmittags folgt ein zweites Jausen, das im Sommer aus einem Topfe saurer Milch und aus einem Stück Brot, im Winter aber aus einem anderen Gericht gesottener Kletzen, Zwetschgen oder anderem gedörrten Obst und Brote besteht.

Abends um sechs Uhr kommt die Stunde des Nachtmahles, wo ebenfalls eine Wassersuppe, ein Topf mit saurem Kraut und Dampfnudeln oder gedämpfter Brei nebst süßer Milch aufgesetzt wird.

Festtage.[129] An größeren Fest- oder an Kirchtagen, oder an Tagen, wo das letztemal gedroschen, oder eine andere wichtige Feldarbeit beschlossen wird, machen das Mittagsmahl eine Fleischsuppe mit Knödeln, gesottenes Rindfleisch, Krapfen oder gebackene Nudeln, auch Kuchen von gelben Brein aus. An Kirchtagen wird auch der sonst übliche Wasserkrug mit Bier gefüllt und die alten Leute laben sich mit einem Gläschen Bierbranntwein. Die Feiertage und Feierabende ausgenommen, ist der ganze Tag allenthalben der Arbeit geweiht; an Sonn- und Feiertagen ist der Morgen der nötigen Hausarbeit und der übrige Teil des Vormittags dem pfarrlichen Gottesdienst gewidmet. Nachmittags geschieht eben dasselbe und dann wird das nächste Wirtshaus oder eine Gesellschaft in der Nachbarschaft besucht; die Männer unterhalten sich meistens mit Karten- und Kegelspielen, die Weiber aber mit Ausbesserung ihrer Kleider oder Ordnung des

Hauswesens. Den Abend der Feiertage nehmen im Winter und Sommer kurze Spiele, die Feierabende hingegen die Abbetung des Rosenkranzes oder Psalters ein. Im Sommer zieht der Bauer mit seinen Hausgenossen oder auch manchmal eine ganze Dorfgemeinde um ihre Felder herum.

Die Nähe der Stadt Laufen reizt die umliegende Bauernschaft vielfältig, diese an Feiertagen zu besuchen, oder es zwingen auch Geschäfte dazu. In diesem Falle wallen die Bauern, ihre Frauen, Söhne, Töchter, Knechte und Dirnen mit sichtbarem Vergnügen den städtischen Gasthäusern zu. Gewöhnlich wird dann Bier oder Branntwein getrunken, sodann eine Suppe, ein Eingemachtes oder ein Stück Braten gespeist; vielfach aber auch am Ende ein Gläschen Wein oder wohl eine Tasse Kaffee geleert. Am Fronleichnamsfeste oder auch an anderen sog. Prangtagen führen die Bauernjungen ihre Schönen gewöhnlich zum Lebkuchner auf ein Glas Meth und ein Stück Lebkuchen.

»Der Mangel an Dienstboten auf dem Lande macht den Bauersmann von diesen so abhängig, daß er ihnen alles, was Eitelkeit und Wohlleben an Geld- und Kleidungsstücken fordern, bewilligen muß.

Daher bezieht mancher Bauersknecht jährlich 30-40 Gulden baren Geldes zum Lohn und obendrein meistens einen ganzen Anzug für Arbeits- und Feiertage, manche Bauersdirn hingegen außer des Lohnes von 15-20 Gulden auch noch eine solche zweifache Kleidung. Die sämtlichen Abgaben für den Staat und die Dominien sind dem Landmann bei weitem nicht so drückend als die Ausgaben für Dienstboten; besonders, da ihrem Beispiele auch bereits der Taglöhner folgt, der ohne Kost täglich 18-24 Kreuzer und mit dieser 10-15 Kreuzer zum Lohne fordert und auch erhält.«

Spiele, Bräuche, Tänze.[130] Aber auch frohe Feste und Gelegenheiten sind zwischen die sauren Wochen der Arbeit gemischt. Die beliebtesten Spiele sind: Kegelschieben im Sommer und das Eisschießen im Winter, die oft kostspielige Wetten begleiten. Auch vom Kartenspielen finden das »halbe Zwölfe«, »Wolta« und »Walacho« bei ansehnlichen Leuten, und das »Zwicken, Schmieren und Schafkopfen« bei gemeinen immer Liebhaber und bei Kirchtagen auf dem Lande das Würfel- und Drehspiel des Lebkuchers oft allgemeinen Zulauf der Jugend. Wettrennen, zu Fuß, frei oder gebunden, oder in Säckchen verwickelt, oder mit verschiedenen Bürden beladen, erfreuen sich großer Beliebtheit. Auch Pferderennen und Scheibenschießen zeichnen die Kirchtage auf dem Lande aus, die allemal eine Gasterei in jedem Hause der betreffenden Kreuztracht (Pfarrgemeinde) für die Verwandten, eine Bettelei wahrer und verstellter Armen und ein Freitanz im Wirtshaus begleiten muß. (Seethaler, um 1800)

Über das Tanzen, das früher gar nicht so häufig war als man annehmen möchte, schreibt Lentner um 1850: »Der einzige Tanztag des Jahres ist die Kirchweihe, der höchstens noch am Nachkirchweih ein Abendtanz folgt. Der Achter- und Sechsertanz war früher allgemein üblich; erst um das Jahr 1802 begann die Einführung des Walzers. Etliche Buben verstehen sich auf das sog. ‚Achterschlagen' und auf das ‚Auf und Ab', ein Tanz, bei dem das Paar ein bestimmtes Brett nicht verlassen darf.«

»Menuette in der Stadt und der altdeutsche Tanz mit der Form von jenen sind bereits im Abschlage; alles will im Kreise walzen und sogar auf dem Lande verstehen dieses viele schon mit gestoßenen, regelmäßigen Schritten zu tun.« (Seethaler, um 1800)

»Auch zu scherzhaften Pfänderspielen versammelt sich die Jugend gerne abends in den Dörfern. Dagegen sind die nächtlichen Besuche der Mädchen an ihren Schlaffensterchen sehr selten, die den Jungen im Gebirge unentbehrlich sind.« (Seethaler, um 1800)

»Für ein gebildetes Theater ist man hier nicht mehr eingenommen; man hängt mehr an dem ambulanten Schauspiele der Schiffer und an sogenannten Volksaufzügen. Das Wasser- oder Fischerstechen, Gänserupfen und Hohenauziehen, die Verkündigung des manchmal sehr launigen Faschingsbriefes, das Abfahren des Hansels und Grets auf der Salzach, erhalten noch immer allgemeinen Zulauf von Jung und Alt und werden wahrscheinlich noch lange Verehrer finden.« (Seethaler, um 1800)

Aus dieser nüchternen und auch kritischen Aufzeichnung Seethalers läßt sich deutlich die soziale Struktur der damaligen Bevölkerung, mit ihren Problemen und Umschichtungen erkennen.

Geburt, Taufe, Firmung.[131] Kurz vor der Geburt wurden die Patin oder der Pate bestellt. Die Gotn oder der Göt geleiten das Kind zur Taufe und legen in seinem Namen das Taufgelübde ab. Als Geschenk erhält das Kind einen Taler, das sogenannte Götengeld. Am ersten Sonntag, nachdem die Wöchnerin wieder ausser Bett ist, wird der Besuch des Götn erwartet, der das »Weisert« überbringt. Das Weisert oder Weisat, ein Kindstaufgeschenk an die Mutter, bestand aus Kuchen, Kaffee und Wein. Der Göt hatte sich auch in Zukunft um das Wohl seines Schützlings zu sorgen. Noch heute bekommt das Patenkind den »Allerheiligenstuckwecken« oder das Stuckgeld zum Kaufen des Stuckweckens.

Bei der Firmung wird das Patenkind ausgefertigt, indem es ein wertvolles Geschenk erhält, mit dem sich der Göt »loskauft«. Der Göt wird aber auch nicht vergessen wenn sein Schützling Hochzeit feiert. Der Hochzeitslader weist ihm einen Ehrenplatz am Brauttisch zu.

Theatervorhang mit Darstellung der Schifferspiele auf der Salzach aus dem Jahre 1818 mit Ansicht der Stadt Laufen sowie der Vorstadt Oberndorf.

Hochzeit.[132] Sobald sich das Brautpaar über Zeit und Termin des Hochzeitstages einig ist, besuchen die Braut und ihre Eltern den Hof des Bräutigams. Hofübergabe, Austrag der Eltern, Abfindung der Geschwister und die Aussteuer der Braut, die dem Bräutigam eine gewisse Summe Geld als »Heiratsgut« einschließlich einer angemessenen »Ausfertigung« an fahrender Habe, darunter eine Kuh, mitbringt, werden besprochen. Der Bräutigam stellt den gleichen Wert als »Wiederlage« zur Verfügung. Die »Morgengabe« war früher der Preis für das erste Beilager, die vom Ehemann an seine junge Frau entrichtet wurde. Sobald das »Spaneingeben« oder die Abreden über die wirtschaftlichen Angelegenheiten im Rahmen eines Ehevertrages abgeschlossen waren, konnte der Hochzeitslader beauftragt werden. In der erzstiftlichen Zeit wurden vorher auf Schloß Staufeneck die Übergabe- und Austragsverträge abgeschlossen und besiegelt. Als erstes mußte anläßlich der Hofübergabe der Austrag geregelt werden. Nachdem der Hofübergabevertrag ausgefertigt war, wurde der Austrag angefertigt.[133]

Waren noch unverheiratete Kinder im Haus, mußte sich der neue Besitzer verpflichten, daß, falls die Kinder »zu heiratlichen Ehren kommen«, vom Grundbesitzer am Hochzeitstag die Unkosten von dem »dazumal gebräuchlichen Trunk und Essen, in Bier, Branntwein und Brot aufzubringen«. Den Kindern, die ein Handwerk erlernen wollten, hatte der Bauer den »unzinsmäßigen Ein- und Ausgang beim Hof zu gestatten, zudem mußte er die Sonn- und Feiertagskost reichen«.

Die Ehe wurde aber meistens nicht aus Liebe, sondern »vielmehr aus Eigennutz und Zwang der Eltern geschlossen und zwar so, wie es in den hochgesitteten Ständen üblich war«. Die Eltern hatten sich nämlich schon oft vor der Übergabe die künftige Schwiegertochter ausgesucht.

Trotz harter Arbeit und Grundherrschaft waren die Bauernhochzeiten lustig und fidel. Es wurde viel getanzt, gespielt und getrunken. Große Bauernhochzeiten waren daher bei der Obrigkeit unbeliebt. So wurde im Jahr 1526 befohlen, daß die Bauern bei Hochzeiten nicht mehr als 3 Tische und nicht mehr als 6 Gerichte auftragen sollen.

Links:
Die Ankunft des Kammerwagens vor dem Hause des Hochzeiters.
Holzstich
von J. Watter von 1873.

Das »Suppensalzen« durch die Braut.
Holzstich
von J. Watter von 1873.

Trotz dieses Verbots konnte Seethaler um 1800 berichten:

»Bei Hochzeiten, deren es oft welche zu 20-30 Tischen – jeder Tisch zu 12 Personen gerechnet – gibt, muß der Hochzeitsprokrurator anfangs eine religiöse Anrede und am Ende eine Danksagung sehr eintönig herbeten, der Brautführer aber sich die Braut stehlen (wegführen) lassen. Auf jenes folgt allenthalben ein unbändiges 'Juhe' rufen, auf dieses aber meistens eine hübsche Zeche, weil die Braut mit einem Schwarm junger Leute in ein benachbartes Wirtshaus geführt und dort wieder ein paar Stunden getanzt und gezecht wird.«

Genaueres über Hochzeitsbräuche erfahren wir von Lentner um 1850:[134]

»Zur Einladung machen sich der Procurator, Hochzeiter und der Bruder oder Vetter der Braut als Hennenklemmer und Hundswehrer auf den Weg, die beiden letzteren tragen Säbel mit sich, sie werden bei den nächsten Verwandten immer gut bewirtet. Das festliche Andingen und Einsagen wird nicht mehr so streng eingehalten. Hie und da, wenn es noch stattfindet, ist auch ein Tanz damit verbunden.« Lentner erwähnt das »Betengehen« (Brautexamen), den Kammerwagen und das da und dort noch übliche »Einsegnen« des Ehebettes durch einen Geistlichen. Er berichtet auch, daß »das Abhalten des Hennentanzes verboten ist«; es war dies der halb lustige, halb traurige Abschied der Braut von ihren Freundinnen.

Von den Gewohnheiten, die am Hochzeitstag üblich sind und die sich zum Teil bis heute nahezu unverändert erhalten haben – die Braut salzt Suppe oder Kraut in der Küche und spendet ihr Trinkgeld in den Schöpflöffel – sei das Schuhstehlen erwähnt: Der Braut wird der Schuh gestohlen, und in einem muntern Spiele, nachdem man ihr allerlei Holz- und Stallschuhe und sonstige grobe und zerrissene Fußbekleidung anprobiert hat, wird endlich der richtige gegen Trinkgeld des Brautführers gefunden.

Interessant ist noch der Hinweis auf den sog. Krauttanz, der vor allem in der Tittmoninger Gegend zu jener Zeit üblich war; er folgte, nachdem das Kraut beim Mittagsmahl serviert worden war. Es war eigentlich eine »Promenade ums Haus oder die nächsten Felder, nach dem Stadel auf die Tenne oder in ein zweites Wirtshaus. Der Procurator hält dort eine Scherzrede auf einzelne Gäste, erzählt Anekdoten aus seinen Einladungsfahrten, erlaubt sich Humor über das Brautpaar und die Kranzjungfern und läßt dazwischen tanzen. Nach dieser Excursion begibt sich der ganze Zug in den Keller oder ins Weinstübl, wo die Tänzer ihren Weibsleuten süßen Wein vorsetzen, wofür ihnen als Gegengeschenk ein Tuch am Hut festgesteckt wird und zwar an einem Ende des viereckig gelegten Zeuges, das man am obersten Gupfrand befestigt; auf keinen Fall eine geschmackvolle Verzierung.«

Die Lust zum Heiraten muß damals nicht groß gewesen sein, denn der Pfleger zu Staufeneck erhielt ein Mandat, daß er alle unverheirateten Gutsbesitzer vorzuladen hat, um sie aufzufordern, daß »sie sich nach einem angemessenen Termin, zwar nach eigner Wahl, aber mit einem katholischen Gegenteil zu verehelichen haben!« Der Pfleger mußte dies sogar »nachdrucksam und deutlich« vortragen. Wurde ein vereinbarter Hochzeitstermin nicht eingehalten, drohte durch landesfürstlichen Befehl der Einzug des Lehens.

Die Geistlichkeit wurde ebenfalls aufgefordert, eine Liste der ledigen Gutsbesitzer aufzustellen. Obwohl von der erzstiftlichen Regierung einerseits ein starker Druck auf die unverheirateten Gutsbesitzer ausgeübt wurde, verhinderte man andererseits das Heiraten der »Unangessenen«. Man befürchtete das Anwachsen der besitzlosen Dienstboten, darum machte man diesen das Heiraten möglichst schwer oder direkt unmöglich.

Ein Knecht oder »Kramer« mußte nachweisen, daß er eine Familie ernähren konnte. Dies wiederum war von den zuständigen Viertelmeistern und Gemeindeausschüssen zu bestätigen; wenn die eine Ehe ablehnten, wurde von der »Obrigkeit« die Genehmigung versagt.[135]

Totenbräuche[136]

Verschiedene Vorzeichen und Ahnungen kündigten den Tod an: der naturverbundene Bauer ahnte oft die letzten Stunden. War bereits übergeben, so hatte mancher Bauer im Austrag einen Vermögensrückhalt abgesichert oder Bargeld gespart, das er kurz vor dem Tode verteilte. Die Kosten für die Trauerfeierlichkeiten und für das Begräbnis waren genau festgelegt. Der Tote wurde im Hause aufgebahrt; die Nachbarsleut hielten die Nachtwache. In der guten Wohnstube standen Brot, Käse und Bier, dort beteten sie den Rosenkranz. Die Kirchenansagerin bat im Namen der Hinterbliebenen zum Kirchgang. Nach der Trauerfeierlichkeit versammelten sich die Verwandten im Gasthaus zu einem Opfermahl, dessen Kosten der Erbe zu tragen hatte.

An den Feierlichkeiten beteiligte sich das ganze Dorf. Eine ebenso große Beteiligung hatte auch ein Wirt. Im Gerichtsbezirk weit bekannt und beliebt muß die »gewese Wirtin zu Vachenlueg« gewesen sein. Obwohl die Wirtin ihre abgelegene Wirtschaft verpachtet und als »verwitwete Wirtin von Vachenlueg als Herbergerin zu Anger« ihren Lebensabend verbracht hatte, hinterließ sie ein ansehnliches Vermögen.

Zugleich vermittelt die Erbteilung einen Einblick in das Brauchtum anläßlich der Trauerfeierlichkeiten und des Begräbnisses. Pfleger Hermes von Fürstenhof eröffnete am 7. Juli 1784 die »Erbsverteilung«. Die gewese Wirtin von Vachenlueg hinterließ an Barschaft: 209 fl. 12 kr. – Pfg.

An »Schulden herein« waren verzeichnet,	
Andreas Koch, Mayrhofbauer zu Staufeneck:	1000 fl. – kr.
Georg Rehrl, Wirt von Abtsdorf	600 fl.
Andreas Rehrl, Wirt zu Vachenlueg:	200 fl.
Der Erlös aus der »Fahrnus« betrug:	184 fl. 34 kr. 1 Pfg.
Die Wirtin hatte ein Gesamtvermögen hinterlassen von	2193 fl. 34 kr. 1 Pfg.
Der Schwager der Wirtin, Andre Koch von Mauthausen, verteilte am Tag des Begräbnisses an die Armen:	1 fl. 12 kr.
Der Herr Dechant von Höglwörth bekam für die Einsegnung und Gottesdienste:	5 fl. –
Die Totenwächter verzehrten:	3 fl. 38 kr.
Für das Glockengeläute zu Anger:	32 kr.
Die vier Leichenträger erhielten:	1 fl.
Der Bierholer für die Totenwächter bekam:	6 kr.
Dem Totengraber wurden bezahlt:	15 kr.
Dem Bäcker von Anger fürs Brot:	3 fl. 2 kr.
Den Ansagerinnen und der Toten-Krämplin:	1 fl. 24 kr.
Vier Pfund Käs wurden verzehrt:	16 kr.
Totenbrett und Grabkreuz kosteten:	21 kr.
Für Baumwolle und Wachs:	52 kr.
Der verwitweten Baderin am Anger für Medizin:	2 fl. 52 kr.
Dem Boten zu Mauthausen:	40 kr.
Für Herzstärkungsmittel aus der Apotheke:	1 fl. 12 kr.
Dem Liebesbund in Salzburg:	48 kr.
Dem Wirt in Anger:	1 fl. 50 kr.
Für die Krankenpflegerin pro Tag à 8 kr. für 10 Tage Aufwartung wurden bezahlt:	1 fl. 20 kr.
Für hl. Messen hatte die Erblasserin gestiftet:	100 fl.
An die Armen wurden verteilt: (dieser Betrag wurde in die Pflegamtliche Almosenkasse in Staufeneck einbezahlt)	50 fl.
Die Mesner Tochter von Anger fordert für ein halbes Jahr einen Herbergszins von:	2 fl. 30 kr.

Es folgen die Gerichtskosten und Schreibgebühren, die Kosten der Schätzer und die Botenlöhne und Verschaffsgelder. Die gesamten Kosten anläßlich der Trauerfeierlichkeiten und des Begräbnisses belaufen sich auf 188 fl. 12 kr. Eine Kuh kostete damals ca. 20 fl. Das restliche Vermögen von 1802 fl. 10 kr. wird an die Erben ausbezahlt. – Eine stattliche Summe hatte die Wirtin für die Seelengottesdienste gestiftet. Ebenso war die Verteilung an die Armen durch das Almosengeld beträchtlich. Dagegen erhielt sie offenbar nur ein einfaches, auffallend billiges Totenbrett und Totenkreuz.

Religiöse Bräuche[137]
Von Hans Roth

Über die Vorweihnachts- und Weihnachtsbräuche berichtet Lentner um 1850: »Die Rauhnächte werden mit Eifer gefeiert, besonders die am 3-Königsabend, wo auch wieder die Frau Bercht als Kinderschreck zur Sprache kommt. In den Klöpfelsnächten, hier Anrollernächte genannt, erscheinen trotz des Verbotes vor einzelnen Häusern immer noch Burschen mit Schellen und Rollen behängt, früher auch »vermacht« (d. h. maskiert oder vermummt). Sie tragen einen Sack mit sich und singen Spottverse auf die Bewohner. Man sucht sie nun mit Gewalt oder Güte ins Haus zu bringen, indem man diesen Sack faßt und sich mit ihnen hin und her zerrt; gelingt es nicht, sie ins Haus zu ziehen, so muß der Sack ihnen mit Obst gefüllt werden. Erklärlicherweise waren Raufereien hiebei kaum vermeidlich. – Das Sternsingen der Schiffleute, ihr Sommer- und Winterspiel, das Spiel von Kain und Abel, das Hirtensingen wird, wenn auch nicht mehr so allgemein, doch noch immer betrieben. Am Weihnachtsabend wird der Lehenlaib unter die Hausleute verteilt und anstatt des Abendessens mit Kletzenbrot »kollatzt«. In der Früh wird Suppen gefastet, d. h. es gibt nur Brot ohne Suppe.

Zur Palmweihe weiß Lentner zu berichten, daß in dieser Gegend »ungemein hohe Palmstangen« üblich waren. Am Fronleichnamstage und dem darauffolgenden Sonntag und Donnerstag, welche Kranzeltage heißen, werden »alle Heiligenbilder und Kruzifixe, alle Lichter, Krüge und sonstige Geräte«, die zum Hausaltar gehörten, »mit kleinen Kränzen bestecktck«. Wallfahrten waren zu dieser Zeit ziemlich häufig, und zwar nach Altötting, Maria Plain und Maria Eck. Die »Betfahrer« wurden dabei von sog. Prangerinnen begleitet, wozu 3 Mädchen von 6 bis 10 Jahren ausgewählt wurden, die über ihrem Kleid ein weißes Hemd trugen. Um die Mitte und an den Armen waren sie mit roten Bändern gebunden, um das offene (»fliegende«) Haar hatten sie ein Band oder häufig auch kleine Kronen aus Wachs. Diese Mädchen überreichten die Opfer, zu denen gewöhnlich auch ihre Kronen gehörten, am Gnadenort. Weiter schreibt Lentner: »Man hat eine große Vorliebe für lange und prunkhafte Gottesdienste; es besteht auch die Sitte, während der Messen eine beliebige Anzahl Vaterunser vorbeten zu lassen, das Stück um 3 Kreuzer; besonders für Wöchnerinnen werden solche Andachten als geistliches Bindband angestellt.«

Lentner nennt den Leonhardsritt zu Waging (wohl St. Leonhard am Wonneberg), das Maibaumstecken vor Wirtshäusern, das »hie und da« vorkommt, und das »Sunnawendfuir«.

Tracht[138]

Von Hans Roth

Die lebendigste Vorstellung von der Alltagskleidung und von der Festtagstracht verdanken wir wiederum den Berichten Seethalers und Lentners.[139]

Lentner konnte noch in Erfahrung bringen, daß um 1810/1820 die Männer in »Kamisolen (Wams oder Unterjacke) von schwarzer Halbwolle oder in Röcken von Loden« gingen. Dazu kamen Kurzhosen von Loden und schwarzem Zwilch, blaue oder leinene Strümpfe, weißbaumwollene »zum Staate«, d. h. für die Sonntage, und Bundschuhe. Das Hemd hatte keinen Kragen, dafür schlang sich um den Hals der Flor (fadenscheiniges Seidengewebe, dem durch besondere Fadenbindung ein mattes Aussehen gegeben ist). Die Weste mit einer Reihe Knöpfe war »von Scharlach oder schwarzem Manchester, darüber kam eine grüne oder braune, gelbberandete Halfter (Hosenträger) und eine handbreite Leibbinde«. Der breite Hut mit niederem Gupf war mit Borte und Schnalle umzogen, Bänder hielten den Rand an der Seite in die Höhe. Die jungen Burschen trugen »zur Galla« rotwollene Kamisole, aber keine Weste, und gelbe, grünbebänderte, später grüne Hüte, die als Patengeschenk gegeben wurden. Um 1800 brachten die Soldaten die ersten Stiefel und Mäntel in diese Gegend; auch die Regenschirme kamen erst ab 1820 in Gebrauch.

Die Frauen trugen damals das Ohrhäubchen oder die weiße Wollmütze mit der Stockhaube darüber, die Mädchen die selben grünen Hüte wie die Burschen. Zu Mieder und Brustfleck kam der Flor, dann der schwarze oder rotwollene Kittel; der schwarze hatte gelben oder grünen, der rote blauen, grünen oder violetten Besatz in Handbreite. Die Schürze war von blauem Leinenstoff. Als Überkleid trug man »Röckel« von schwarzem oder braunem Tuch mit langen Schößchen, über der Brust geschlossen, die kurzen Ärmel mit einem Umschlag am Ellbogen und als Verzierung einen grünen, roten oder blauen Vorstoß. Den Vorderarm bedeckten Samthandschuhe, die mit Pelz verbrämt waren. Die alten, großen Klagtücher ums Gesicht, Schleier genannt, sind gelegentlich noch heute üblich.

Die Tracht der Männer um 1850 beschreibt Lentner folgendermaßen: Sie besteht bei älteren Männern »in kurzen Lederhosen mit Schuhen und Strümpfen, bei jüngeren in langen und blankgewichsten Wadenstiefeln. Als Gallakleid gilt der lange Tuchrock oder ein schwarzer Mantel, sonst trägt man Schälke von feinem Tuch. Der Hut mit niederem Gupf und mäßigem Rand hat zur Zierde eine schwarze Seidenschnur mit großer guter Goldquaste, oft mit 9-12 Gulden bezahlt.«

Was die Frauentracht um 1850 betrifft, so heißt es: »Die Weiber haben an den höchsten Feiertagen Pelzhauben von der Form, wie sie im Chiemgau üblich ist. Im Tittmoninger Gericht sieht man auch noch Hüte, wie sie bei Traunstein und Trostberg vorkommen. Sonst ist durchweg, selbst an Sonntagen, das Kopftuch üblich, besonders bei Mädchen, die dazu schwere schwarzseidene Tücher wählen. Die Koketten darunter bedecken mit denselben zum größeren Teil nur den halben Kopf... Mieder und Korsett hat den gefälligen Schnitt, der im Innviertel vorkommt, mit langer Taille und nach oben rundgeschnittenem Brustteil. Die Röcke und Schürzen sind ziemlich kurz; häufig sieht man zu weißen Strümpfen die bildsamen Schnürstiefel.«

Die älteren Frauen tragen noch den Flor mit der Silberschließe, die jüngeren dagegen schon Halsketten. Die ältere Generation wählt noch häufig dunkle Wollstoffe, die jüngere dagegen meist halb- oder ganzseidene Stoffe, den Rock von lichterer Farbe als Schürze und Korsett.

Die Bräute erscheinen noch in dunkler Kleidung; der frühere, aus Samt genähte Brautgürtel ist bereits außer Übung gekommen. »Als Jungfernschmuck ist statt des Kränzleins und der Krone das sogenannte Börtel üblich. Es besteht in einer etwas gesteiften, einen guten Zoll breiten Borte von Silberstoff, auf welcher sich neben mancherlei Verzierung von Silberdraht, Perlen etc. 5 Schmuckringe mit Glassteinen befinden. Rings am Rande ist dieser Streifen mit einer Silberspitze besetzt. Dieser Bortenring wird um das Haarnest des Hinterkopfes gewunden und mit einer Hafte geschlossen, nachdem letzteres vorher mit einem Netze festgesteckt wird. Das Vorderhaar ist nach hinten gestrichen, und so bildet das Ganze, besonders für jüngere Gesichter, einen äußerst gefälligen Kopfputz. Auch die Weißprangerinnen, die Jungfrauen bei kirchlichen Festen, tragen diesen Schmuck und dazu weiße Unterjacken, Schürzen und Röcke.«

Über Kleidung und Habitus im Alltag resümiert Seethaler ums Jahr 1800:

»An Werktagen und bei der Arbeit werden aber doch von den beiden Geschlechtern Kleider von Zwilch und Loden, oder doch wenigstens solche getragen, die bereits veraltet sind. Auf schöne Kleider wird also ungemein vieles gehalten, nicht so sehr aber für die Erhaltung eines schönen Körpers, oder einer schönen Farbe bei Männern und Frauen gesehen, daher nur wenige unserer Mädchen und Jungen mit dem schönen Rot und Weiß, das die Gebirgsleute ziert, am Gesichte, Busen, Händen und Füßen prangen.«

Nach dem Dampfdreschen beim Matzenbauer zu Straß.

Steinmetzmeister und Gesellen am Ulrichshögl im Jahre 1904.

Flurformen und Ortsbilder

Flurformen [140]

Zweifellos war im Süden des Salzburggaues die »Romania« mit der Blockflur relativ stark, im Norden dagegen dominiert die »Germania« mit der »Gewannflur« bzw. ihren Vorstufen (blockartige Streifenflur, parallele bis gewannartige Streifenflur).

Die Gewannflur[141] unterscheidet sich von den gewannähnlichen Formen von noch unregelmäßiger Ausformung durch ihre großzügige, formal und besitzrechtlich äußerst planmäßige und geregelte Anlage in großen rechteckigen bis quadratischen Scheiben (»Plangewanne«, »reguläre Gewanne«). Sie macht somit große Flächen von möglichst gleichwertiger Bodengüte erforderlich, weil nur dadurch annähernd gleich große, schematische Flurteilungen möglich sind.

Das Gewann, nach der Terminologie als »Streifengemengeverband« zu verstehen, setzt sich demnach, zunächst formal betrachtet, aus gleichlaufenden Streifenparzellen gleicher Pflugrichtung zusammen, die das Feldstück zur Gänze, also nicht unterbrochen oder gegeneinander verschoben, durchlaufen und die verschiedenen Besitzern gehören, die ihr Land in Streulage haben.

Die Gewanne können weiters je nach ihrer Lage zueinander, damit auch nach der Pflugrichtung, kreuzlaufend oder gleichlaufend angelegt sein. Erstere Anlage wird vor allem in Gebieten intensiv genutzter, jedoch durch Bodenabtragung gefährdeter Fluren angewandt, da bei gleichgerichteter Streifenparzellierung die dann mehrere Gewanne durchlaufenden langen Ackerfurchen die Abspülung begünstigen würden.

Der historisch gewachsene und auch funktionale Inhalt, der sich darüberhinaus mit dem Begriff »Gewann« verbindet, läßt sich nur erfassen, indem auch die spezifisch mit dieser Flurform verbundenen besitz- und nutzungsrechtlichen Aspekte, also die Einbindung in die frühere Dreifelderwirtschaft, mitberücksichtigt werden: Die Ansiedlung hat mit dem Erwerb von Gesamteigentum begonnen. Jeder Siedler, jede Hofstelle der Dorfgemeinschaft erhielt einen, nach Nutzungsart und Bonität, aber auch nach Entfernung gleichen Anteil von Ackerland zu individueller Nutzung zugewiesen. Die Aufteilung erfolgte dabei in der Weise, daß jedes der – entsprechend der Dreifelderwirtschaft – angelegten Gewanne in so viele gleich breite Feldstreifen aufgemessen wurde, als die Siedlergruppe zur Gründungszeit vollberechtigte Mitglieder aufwies, was jedoch oft sehr weite Anfahrtswege zu den Äckern zur Folge hatte; es fehlten in der Regel hofanschließende Besitzstreifen.

Ob in der ursprünglichen Anlage bezüglich der Besitzabfolge innerhalb der einzelnen Gewanne bestimmte Regeln eingehalten wurden oder aber durch alljährliches Verlosen eine regellose Lage vorherrschend wurde, ist noch nicht eindeutig geklärt und nur in Einzelfällen quellenmäßig nachzuweisen. Die Zuteilung der Besitzparzellen konnte mit der Reihung der Gehöfte des Ortes in engstem Zusammenhang stehen, so daß etwa in einem Gewann von Westen nach Osten abwechselnd die nördliche bzw. südliche Gehöftzeile beteiligt ist.[142]

Durch Bevölkerungswachstum, Wandlungen im dörflichen Rechts- und Sozialgefüge, im Nutzungssystem und der Agrartechnik wurde in der Folge vor allem die Gewannflur von Veränderungen betroffen. Durch nachträgliche Längsteilungen (»Riemenparzellen«) und Querteilungen entstanden vielfach Teilgewanne, wenn auch zum Zeitpunkt der Aufnahme (1. Hälfte des 19. Jahrhunderts) Gewanne mit gleichen Parzellenbreiten überwiegen bzw. Teilungsvorgänge noch deutlicher erkennbar sind.[143]

Zum formalen und besitzrechtlichen Begriff »Gewann« kommt nun noch ein wesentlicher wirtschaftlicher und nutzungsrechtlicher Bedeutungsinhalt hinzu: Zur Gründungszeit der Gewannflur war die Dreifelderwirtschaft[144] mit Sommerfrucht, Winterfrucht und Brachfeld verbreitet und es ist anzunehmen, daß in der ursprünglichen Fluraufteilung in der Regel daher auch drei Gewanne vorhanden waren. Dieses neue Anbausystem brachte durch die damit verbundenen Ruhepausen für die Ackerflächen und durch die bei der allgemeinen Mistknappheit wichtige Verbesserung der Düngungsmöglichkeiten (abwechselnde Nutzung des Brachfeldes als Viehweide) eine wesentliche Intensivierung der Bodennutzung gegenüber den früher üblichen ungeregelten Feldwechselsystemen.

Die Gewannfluren hatten dabei früher nicht so viele Wirtschaftswege wie heute, die es dem Bauern ermöglichen, zu seinen Besitzteilen zu kommen, ohne über den Boden eines anderen fahren zu müssen. Der sog. Flurzwang war somit ein notwendiger Bestandteil der Dreifelderwirtschaft. Er bedeutete, daß – mangels eigener Feldwege – streng gebunden gewirtschaftet werden mußte, also die Einhaltung geregelter Saat- und Erntezeiten mit Überfahrtsordnungen für die vegetationsfreie Zeit.[145] In jedem Gewann wurde – in streng zeitlicher Abfolge von Winterfrucht, Sommerfrucht und Brache – gleichzeitig geackert, geeggt, gesät, geerntet, gezäunt, geweidet und wieder geöffnet.

Dorfbilder [146]

Im Gegensatz zu den Berghöfen der ehemaligen Fürstpropstei ist der Salzburger Flachgauhof eine gesellige Gehöftform. Er gruppiert sich gern zu Weilern und Dörfern, völlig alleinstehende Gehöfte sind selten. Die Dorfbilder – Haufendörfer, Straßendörfer oder Mischformen daraus – sind zwar sehr locker gefügt, haben aber dennoch ein sehr charakteristisches Gepräge: Gegen Osten zeigen sie mit ihren schmucken, oft blumengeschmückten Giebelfronten ein ausgesprochen einladendes Gesicht. Gegen Westen, zur Schlechtwetterseite, wirken sie mit ihren langen, quer zum Wind gestellten und völlig geschlossenen Stadeltrakten wehrhaft und abweisend. Diese gestaffelten, bretterverschlagenen oder scharschindelverkleideten öffnungslosen Wetterfronten, von alten, knorrigen Obstbäumen durchsetzt, sind eines der einprägsamsten Merkmale alter, unverfälschter Salzburger Flachgaudörfer. In ihrer Vielfalt und Individualität stellen diese Dörfer heute noch – trotz vieler entstellender Neubauten – eine historische Dorflandschaft dar, wie sie in dieser Dichte nur noch in wenigen bayerischen Regionen anzutreffen ist; Daring beispielsweise dürfte eines jener wenigen Dörfer sein, die in ihrer Struktur noch das Bild der Jahrhundertwende bewahrt haben. Nachstehend seien nur einige wenige Dorfbilder vorgestellt, die für den Salzburger Flachgau beispielhaft sind.

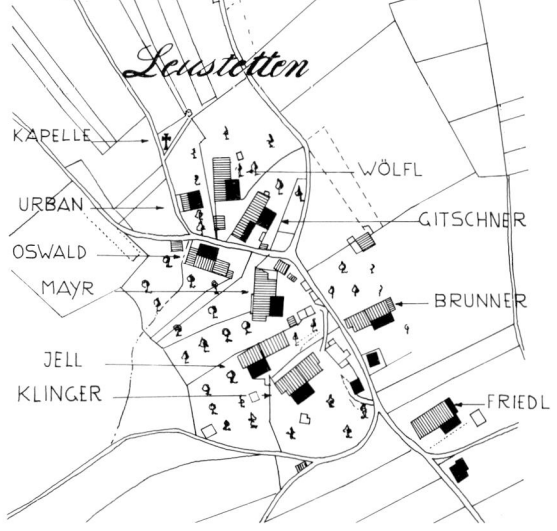

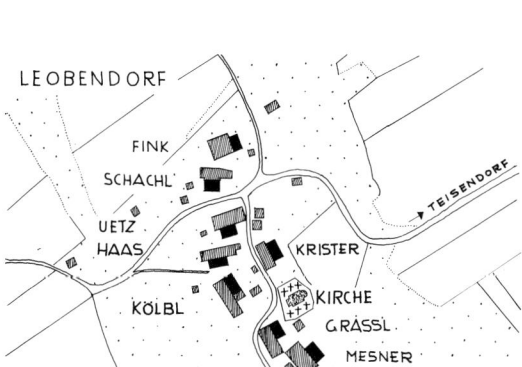

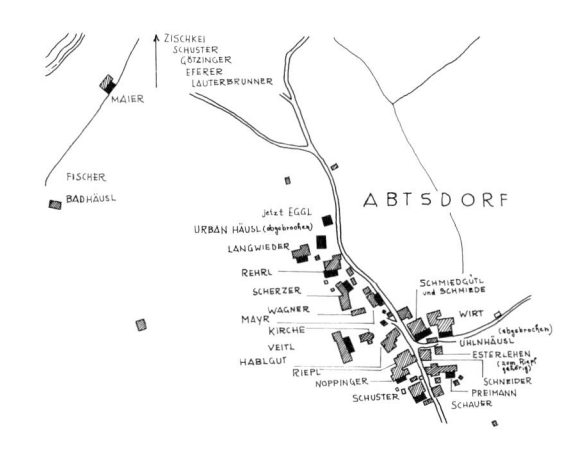

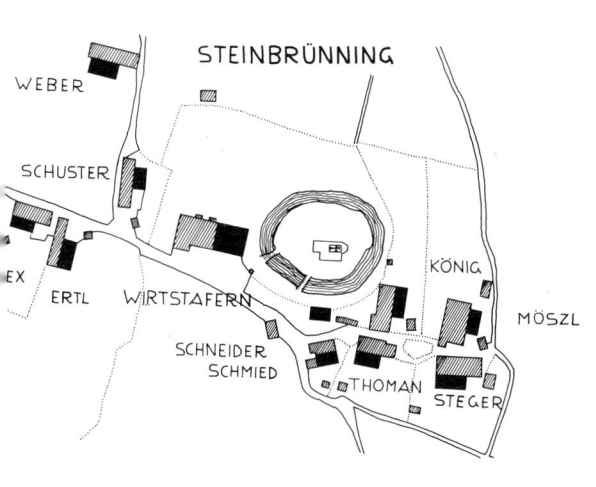

Dazu zählen allerdings auch einige Kirchdörfer ohne jegliche bäuerliche Anwesen, die nur Mittelpunkt einer verstreuten bäuerlichen Gemeinde waren.

Ainring

Ainring am Fuße des Ulrichshögl zählt zu jenen rund vier Dutzend Ortschaften im Rupertiwinkel, die bereits im 8. Jahrhundert in den Besitzverzeichnissen der geistlichen Metropole Salzburg genannt werden. Der Sohn des Bayernherzogs Theodo, Theodebert, schenkte demnach um das Jahr 700 dem Kloster Nonnberg in Salzburg den Ort »Ainheringa« mit dreißig Soldatensiedlern, Nachkommen römischer Legionäre, die üblicherweise mit dem Abschied einen Hof bekommen hatten. Da auch die Laurentiuskirche angeführt wird, kann Ainring den stolzen Titel einer »Urpfarrei« führen.

Die Pfarrkirche, der Pfarrhof mit Pfarrökonomie und das ehemalige Schulhaus, abgesondert von den weiteren Anwesen des Ortes am Kirchberg situiert, bilden noch heute eine isolierte Baugruppe.

Die Kirche, ein barocker Bau auf spätmittelalterlicher Grundlage, ist vom ummmauerten Friedhof umgeben. Der Pfarrhof ist im Kern spätmittelalterlichen Ursprungs, im Äußeren von barockem schloßartigen Charakter. Das Ökonomiegebäude, 1901 neu erbaut, ist in neubarocken Formen gehalten. Pfarrgarten und Obstbaumpflanzungen sind den beiden Gebäuden zugeordnet. Als drittes Element fügt sich das ehemalige Schulhaus, ein biedermeierlicher Walmdachbau, dem Ensemble zu, in dem somit nicht nur der kirchlich-seelsorgerische, sondern auch der schulische Mittelpunkt einer großen, von den Ostabhängen des Högl bis zur Saalach reichenden, ehemals rein bäuerlich geprägten Gemeinde anschaulich wird. Die eindrucksvoll aufragenden hohen Walmdächer unterstreichen die besondere Bedeutung dieser Bauten, die sich bewußt vom Habitus des bäuerlichen Umfeldes abheben, in dem sie jedoch tief verwurzelt sind.

Abtsdorf

Seit ältester Zeit ist das Gebiet um den Abtsdorfer See besiedelt, wie Funde aus der Bronzezeit belegen. Der Name des Ortes wird um 1100 erstmals im Verbrüderungsbuch der Abtei St. Peter in Salzburg genannt; eine ursprüngliche Beziehung zwischen dem Ort und der Abtei ist wahrscheinlich, im 12. Jahrhundert war Abtsdorf einer der östlichen Grenzorte der alten Grafschaft Tengling, deren Inhaber auf der Insel im Abtsdorfer See eine Burg besaßen. 1229 kam der Ort an das Erzstift Salzburg, bei dem er bis 1809 verblieb, ein erzstiftisches Amt bestand vom späten Mittelalter bis zum 17. Jahrhundert in Abtsdorf.

Das alte Kirchdorf liegt auf einem Hügelrücken südlich über dem Abtsdorfer See. Die bäuerlichen Anwesen haben sich aufgrund einiger Zusammenlegungen und Auflassungen auf etwa ein Dutzend reduziert. Von den alten Handwerkeranwesen existiert nur noch das Schmiedgütl, die anderen (Wagnergütl, Uhlnhäusl, Schneidergütl) sind bereits untergegangen.

Die Anwesen reihen sich im wesentlichen zu beiden Seiten der nord-südlich-gerichteten Dorfstraße, einer alten, von Salzburg in Richtung Tittmoning ziehenden Durchgangsstraße. Die Bauten sind meist nach Osten, z. T. auch nach Süden gerichtet. Die Vielfalt der Typen ist groß: vorherrschend sind Hofanlagen mit Flachsatteldächern und Widerkehr, es folgen Einfirstanlagen und – seit dem frühen 19. Jahrhundert – einige große Bauten, die den salzburgischen Haustyp mit hohem Schopfwalmdach vertreten. Bestes Beispiel dafür ist das mächtige Gasthaus, das neben der kleinen spätmittelalterlichen Kirche dem Ortsbild Gewicht verleiht. – Auch die Vielfalt der Bauweise der Häuser ist groß, es treten Vollblockbauten wie der malerische alte Veitlhof auf, es sind Bauten mit Blockbau-Obergeschossen und solche mit prächtigen Bundwerkteilen aus dem 18. und frühen 19. Jahrhundert vorhanden, es existieren biedermeierlich-verputzte Häuser, wie Nr. 25, und unverputzte Tuffstein- und Schlackensteinbauten, wie Nr. 27, die für das 19. Jahrhundert charakteristisch sind. Einigen Höfen ist der jeweilige Altbau als Zuhaus angeschlossen oder zugeordnet, wie z. B. beim Veitlhof, wo der urtümliche Altbau und der Neubau von 1848 (der seinen Schopfwalm leider verloren hat) nebeneinander stehen.

Anger

Die dörfliche Siedlung Anger, am Alpenrand unmittelbar vor dem Staufengebirge auf einem nach drei Seiten abfallenden schmalen Plateau gelegen, ist seit dem frühen Mittelalter Seelsorgs- und Gemeindemittelpunkt für eine große Zahl von bäuerlichen Weilern und Einöden zwischen Stoißer Ache, Höglberg und Saalachniederung. Die historische Ausdehnung des Ortes, der selbst keine Bauernanwesen besitzt, geht über den weiten Bezirk des Dorfplatzes kaum hinaus. Keimzelle des Dorfes war eine mittelalterliche Burg, die schon im 10. Jahrhundert von der Gräfin Ellanburg aufgelassen wurde und an deren Stelle, am höchsten Punkt des Plateaus, eine Kirche errichtet wurde. Bezugnehmend auf den Namen der Stifterin wurde der Ort jahrhundertelang Ellanburgskirchen, dann verbalhornt bis in das 18. Jahrhundert Ölbergskirchen genannt. Dann erst wurde der alte Flurname Anger als Ortsname gebräuchlich. Er bezieht sich wohl direkt auf die im bayerischen Oberland seltene Grundrißform des Ortes, ein großes, nordsüdlich gerichtetes Rechteck. An der langen Westseite dieses Platzes reihen sich der große Postgasthof, Wohn- und Handwerkerhäuser und der 1861 erbaute Pfarrhof. Es handelt sich meist um zweigeschossige verputzte Bauten des 18. und frühen 19. Jahrhunderts, im Kern oft älter, die besonders durch den lebendigen Wechsel zwischen vorstehenden Schopfwalm- und Flachsatteldächern der historischen Bauweise der Gegend Rechnung tragen. Die Ostseite des Platzes ist im nördlichen Teil erst in neuerer Zeit und nicht sehr einfühlsam bebaut worden. Das Schwergewicht des Platzbildes liegt an der schmalen Südseite, wo sich die Bebauung verdichtet und wo der 1447 geweihte eindrucksvolle spätgotische Bau der Pfarrkirche hinter den Häusern aufragt. Sie ist vom alten, ummauerten Friedhof umgeben, der sich über dem ehemaligen Burghügel ausbreitet. – Die barocke Doppelzwiebel auf dem gotischen Turm der Kirche verleiht dem Platzbild ebenso einen Akzent wie die gotisierende Mariensäule von 1884 auf der Rasenfläche des Dorfangers.

Au bei Surheim

Der Weiler umfaßt nur vier Gehöfte. Die Anwesen liegen, von weither sichtbar, in einer Niederterrasse der Salzach. Es handelt sich um charakteristische Höfe mit Flachsatteldächern und Widerkehr, die einem durch den Weiler führenden Weg zugeordnet sind. Die Höfe Nr. 2, 3 und 5 sind eindrucksvolle zweigeschossige Blockbauten des 18. Jahrhunderts, die dem Weiler in besonderer Weise geschichtliche und volkskundliche Bedeutung verleihen. Haus Nr. 7 ist ein für die Gegend charakteristischer bäuerlicher Bau des 19. Jahrhunderts in unverputztem Schlackenstein-, Nagelfluh- und Ziegelmauerwerk; ein älterer Blockbau-Getreidekasten und eine Hofkapelle gehören zu diesem Anwesen. – Die Höfe sind nach Osten oder Süden gerichtet, die Wirtschaftsteile meist verschindelt oder verbrettert. – Leider nimmt das neu erbaute erdgeschossige Wohnhaus Nr. 1 nur wenig Rücksicht auf das sonst einzigartige historische Ortsbild.

Kulbing

Der Weiler liegt im Moränengebiet westlich der Salzach auf einer flachen Anhöhe und umfaßt 9 alte, durch Zusammenlegungen auf 6 reduzierte Anwesen.
Die Höfe reihen sich in Süd-Nord-Richtung, längs eines Weges, in der Regel nach Osten gerichtet. Die Einzigartigkeit des Weilers ergibt sich aus dem großen Bestand an historischen Höfen und aus der Tatsache, daß charakteristische Beispiele aus mehreren Jahrhunderten erhalten sind und zwar Einfirstanlagen und solche mit Widerkehr.
Drei altertümliche Höfe sind als zweigeschossige unverputzte Blockhäuser des 17./18. Jahrhunderts erhalten; sie dienen seit längerer Zeit als Zuhäuser. Aus dem frühen 19. Jahrhundert sind verputzte, aus dem mittleren 19. Jahrhundert charakteristische Schlackensteinhäuser erhalten, das Haus Nr. 8, um 1930 erbaut, zeigt in seinen guten Proportionen die Fortführung der bäuerlichen Bautraditionen. Das große massive Bauernhaus Nr. 18 besitzt ein für die Mitte des 19. Jahrhunderts typisches steileres Dach: im übrigen sind Flachsatteldächer die Regel. – Gute Details an den einzelnen Bauten, wie das mehrfach auftretende Giebelbundwerk und die einzigartige Dekoration im Inneren des Weberhauses, Nr. 18, steigern den Rang dieses kleinen Dorfensembles.

Daring

In dem kleinen, auf einer Hochfläche zwischen dem Laufener Salzachtal und dem Abtsdorfer See gelegenen Weiler hat sich in ungewöhnlich großem Ausmaß die historische Bausubstanz der sechs alten Anwesen erhalten. Sie zeigen eindrucksvoll die Merkmale des Salzburger Flachgaus. Es handelt sich um Einfirstanlagen und um Höfe mit Widerkehr, sämtlich mit Flachsatteldächern. Sie sind von Kraut- und Obstgärten umgeben und vorwiegend nach Osten ausgerichtet. Ein urtümlicher Blockbau des 17. Jahrhunderts vertritt den ältesten Typus im Ort, aus dem 18. Jahrhundert haben sich Häuser mit Blockbau-Obergeschossen erhalten, das mittlere 19. Jahrhundert ist mit den für diese Zeit charakteristischen unverputzten Schlackenstein-Bauten vertreten. Schon seit dem frühen 20. Jahrhundert konnten nicht mehr alle Höfe landwirtschaftlich genutzt werden; aus diesem Grunde entstanden alle Aussiedlerhöfe am alten Ortsrand.

Votivtafel vom Jahre 1838 in der Wallfahrtskirche von Weildorf. Die Dächer sind noch durchwegs mit Legschindeln gedeckt.

Der Salzburger Flachgauhof
Gehöftformen und Nebengebäude

Zur Verbreitung des Salzburger Flachgauhofes

Der Salzburger Flachgauhof in überregionalem Zusammenhang

Der Salzburger Flachgauhof[147] ist eine regionale Ausformung einer großen Gruppe von Mittertennbauten, die ihrerseits wieder in einem großräumigen, überregionalen Zusammenhang zu sehen sind und wiederum drei große Verbreitungsgebiete aufweisen:

a) Das westliche Mittertennbau-Gebiet
Im gesamten südwestlichen Schwaben und im angrenzenden Oberbayern[148] sind sämtliche altartigen Gehöfte Mittertennbauten. Hier ist noch in jüngerer Zeit ein rasches Vordringen der Mitterstallbauten westwärts zu beobachten gewesen. Lediglich durchs Nordallgäu, am Gebirgsrand, zieht sich ein schmaler Streifen von Mitterstallbauten, der bis nach Württemberg hinüberreicht.
Während im Kern dieses Gebietes die alte Grundrißeinteilung beibehalten wurde, ließ sich im westlichen Teil in jedem Dorf feststellen, daß jeder alte Hof noch ein Mittertennbau ist, und jeder Hof, der später umgebaut wurde, zum Mitterstallbau verändert wurde: die Bauern wollten allesamt ihre Ställe besser überwachen können.

b) Das südliche Mittertennbau-Gebiet
Es umfaßt das Tiroler Lechtal mit Ausnahme von dessen oberstem Teil, das Außerfern und die Region um Innsbruck; im Werdenfels und in der Innsbrucker Region ist eine weitere Entwicklung dieses Hoftyps festzustellen: Der First wurde hier um 90 Grad gedreht und der traufseitige Eingang wurde zur Giebelseite.[149] Hier wurde die Tenne als Einfahrt, Hauseingang, zum Dreschen und auch noch als Futtertenne benützt, dies wurde auch in Restbeständen im übrigen Westbayern und in Schwaben festgestellt.[150]
Im Allgäu wurden noch vor dem Zweiten Weltkrieg Häuser in diesem Grundrißschema errichtet. Die Ostgrenze des Mittertennbaugebietes in Tirol ist nicht die Zillermündung, auch in Kundl und Wörgl sind Mittertennbauten noch häufig.

c) Das östliche Mittertennbau-Gebiet
Den Kern dieses geschlossenen Mittertennbaugebietes bildet der Salzburger Flachgau, dessen Grundrißschema von dem des westlichen Mittertennbaugebietes abweicht: Die Tenne ist hier nicht auch zugleich Hauseingang, der Wohnteil hat von der Giebelseite her seinen gesonderten Eingang.
Der Kernraum des Salzburger Flachgauhofes liegt im heutigen Lande Salzburg und reicht hier ostwärts bis etwa zu der Linie Frankenmarkt-Attersee und in den Ausläufern nordwärts bis in die Verkehrsfurche des Mattigtales.
In Bayern beherrscht diese Hofform die einst zum Erzstift Salzburg gehörigen Teile, also die ehemaligen Gerichte Laufen, Tittmoning (Südteil) und Staufeneck.

Übergangsformen

Nördlich der Linie Brünning – Tengling – Tittmoning wird die Landschaft fast ausschließlich vom (oberbayerischen) Vierseithof[151] geprägt: Außer der Gehöftform, die von der lockeren, vierseitartigen Anordnung der vier Hofteile – Wohnhaus mit Roßstall, Kuhstall, Stadel und »Hütte« – bis zum völlig geschlossenen Hof mit außerkantigem Zusammenschluß variiert, ist hier besonders der Grundriß des Wohnteiles andersartig. Die »Stube« liegt hier nicht in der Mitte, also nicht an der sonst bevorzugten Südostecke des Hauses. Von der Stube kann man auch den Roßstall, sofern noch ein solcher vorhanden ist, betreten. Dieses Haus ist schon von außen unverkennbar durch die entsprechende Lage des Kamins und durch die an der Traufseite gegen den Hofraum gerichteten drei Stubenfenster zwischen der Haustüre und dem Roßstall.
Zwischen diesen beiden Hauslandschaften des Vierseithofes und des Salzburger Flachgauhofes befindet sich eine Übergangszone, in welcher beide Hausarten in ihrer typischen Form nebeneinander vorkommen, oder aber auch, wo sich diese zu allen möglichen Zwischenformen vermischen; so Höfe mit Mittertenne und Widerkehr, aber dem Wohnteilgrundriß mit »Stube in der Mitte« und umgekehrt, Salzburger Flachgauhöfe im Verbande eines Vierseithofes usw. Selbst der Grundriß des Wohnteils hat hier mitunter eine völlig neue Form aus den Grundrissen beider Hauslandschaften herausentwickelt.
Westwärts dringt der Salzburger Flachgauhof weit ins südöstliche Oberbayern bis über den Chiemsee hinaus vor, also in die große Region der südbayerisch-nordtirolischen Einhöfe.
Im Gebiet südlich Wasserburg, östlich des Chiemsees ist der Haustyp des Salzburger Flachgauhofes gelegentlich auch als sekundärer Zwiehof anzutreffen, also als Mischform des Wasserburger Parallelhofes.
Südwärts drangen die Elemente des Salzburger Flachgauhofes niemals in das Gebiet der ehemaligen Fürstpropstei vor, dagegen finden sie sich im Gebiet der heutigen Gemeinde Schneizlreuth sowie des angrenzenden Teiles des Landkreises Traunstein, wo sie eine eigenartige Verbindung mit den dortigen Formen des nordosttirolisch-südbayerischen Einhofes eingehen.

*Bewegungstendenzen
des Salzburger Flachgauhofes*

Interessant ist auch die Beobachtung der Bewegung dieser Hauslandschaft. So kann man aus dem Vorkommen und dem Alter der einzelnen Häuser feststellen, daß der Salzburger Flachgauhof im stetigen Vordringen nach Norden begriffen ist. Das war schon vor Hunderten von Jahren der Fall und ist heute noch so. Wir ersehen aus Orten mit altem Hausbestand, wo beide Arten vorkommen, daß die ältesten Bauten der Hauslandschaft des Vierseithofes angehören, d. h. daß das Salzburger Haus erst später eingedrungen ist. So war dies zu beobachten in Gessenhausen oder Hohenbergham. In Tengling wurden nach dem Brand von 1896 einige Häuser nicht mehr in der alten Form »mit der Stube in der Mitte«, sondern als Salzburger Flachgauhof aufgebaut. Selbst in Tyrlaching, noch im Kerngebiet des Vierseithofes, ist der gleiche Vorgang in jüngerer Zeit zu beobachten gewesen. Theodor Heck sah darin den Beweis, daß unser Bauernhaus auch heute noch einer natürlichen, d. h. auf

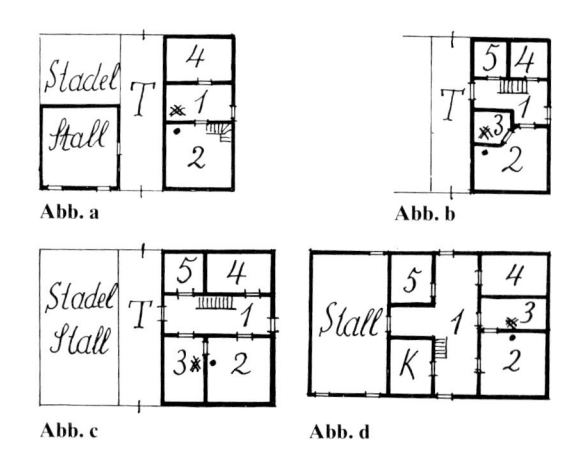

Grundrißliches Entwicklungsschema des **Salzburger Flachgauhofes** nach Theodor Heck:
Abb. a: Einraumtiefe Altform mit offener Herdstelle im »Vorhaus«, gelegentlich mit Kammerstiege.
Abb. b: Übergangsform mit ummantelter Herdstelle, die sich zwischen Stube und Tenne schiebt.
Abb. c: Neuere, zweiraumtiefe Normalform.
Abb. d: Grundriß der Übergangszone.
Legende:
1 = »Fletz«, »Vorhaus«, »Hausgang«,
2 = Stube mit Ofen, 3 = »Kuchl« mit Herd,
4 = Stübl, 5 = Speis, Milchkammer,
5*) = manchmal »Küchei« (Sommerküche),
K = Kammer, T = Tenne.

Ältestes, dreiteiliges Grundrißschema des Wohnteils mit dem »Haus« (Flur-Küche) in der Mitte und 2 anschließenden Räumen (Stube und Kammer). Wohnteil des »**Klötzelhauses**« in Salzburghofen (nach Eigl).

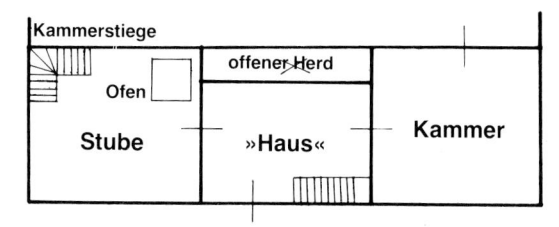

Grundriß-Schema des ebenerdigen Wohnteils des **Feichtengutes** in Mitterhof im salzburgischen Vorland (nach Eigl).

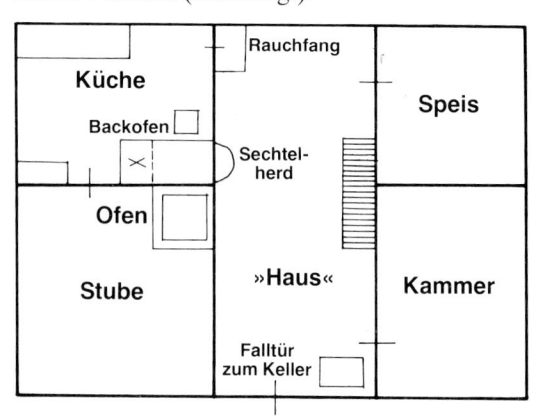

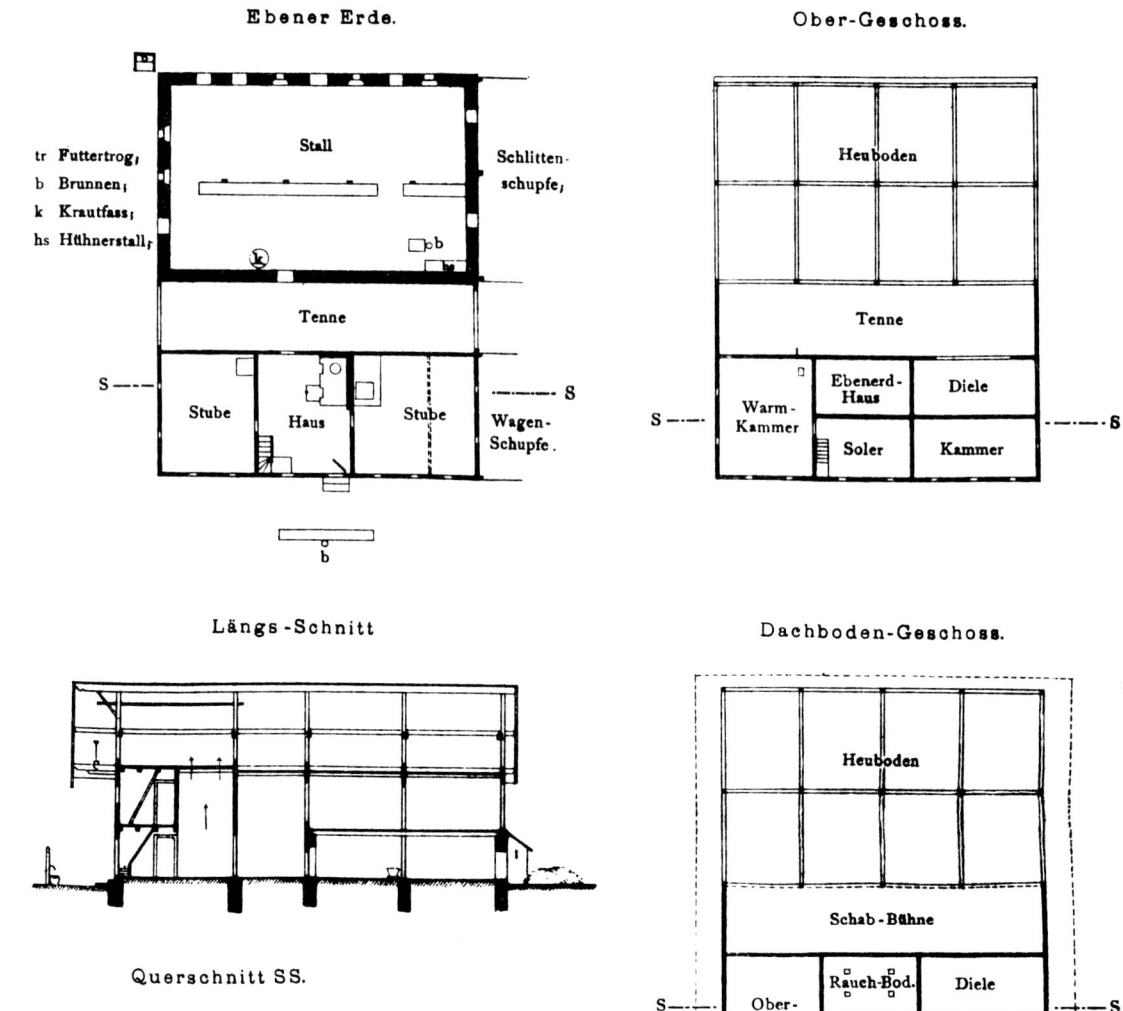

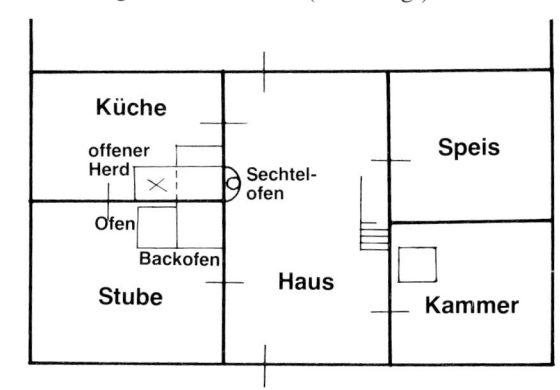

Grundrisse und Schnitte eines ehemals sehr charakteristischen Salzburger Flachgauhofes mit einraumtiefem Grundriß: **Dietlbauergut** in Weilmannschwandt im salzburgischen Vorland.

Beispiel einer zweigeschossigen, zweiraumtiefen Normalform mit Flurküche.
Grundrißschema des **Gutes »Unterzaglau«** im salzburgischen Vorland (nach Eigl).

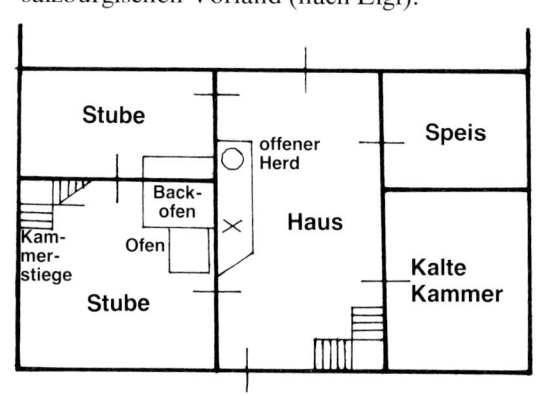

Beispiel einer »neueren«, zweigeschossigen zweiraumtiefen Normalform mit eigener Küche. Grundrißschema des **Wallnergutes** im salzburgischen Vorland (nach Eigl).

Abbildungen 1 – 5
Grundrisse und Schnitte eines ehemals sehr charakteristischen Salzburger Flachgauhofes mit zweiraumtiefem Grundriß und doppelter Widerkehr von sehr geringer Länge.
Unterzaglau im salzburgischen Vorland (nach Eigl).

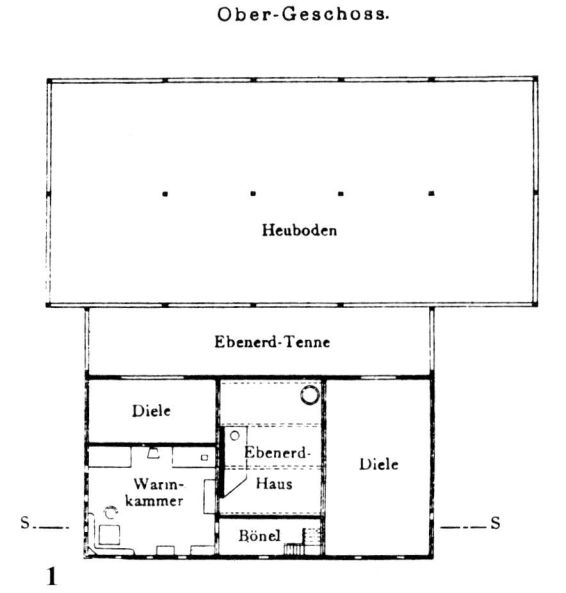

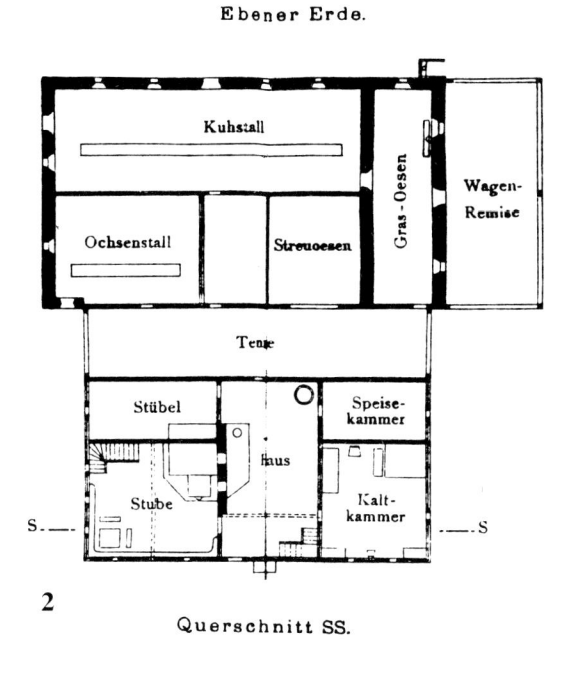

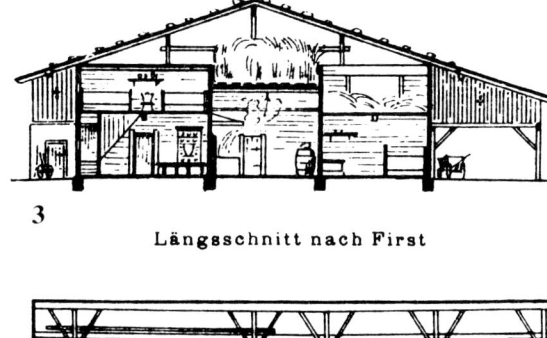

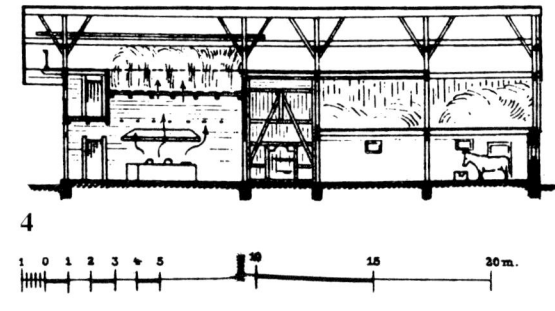

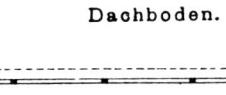

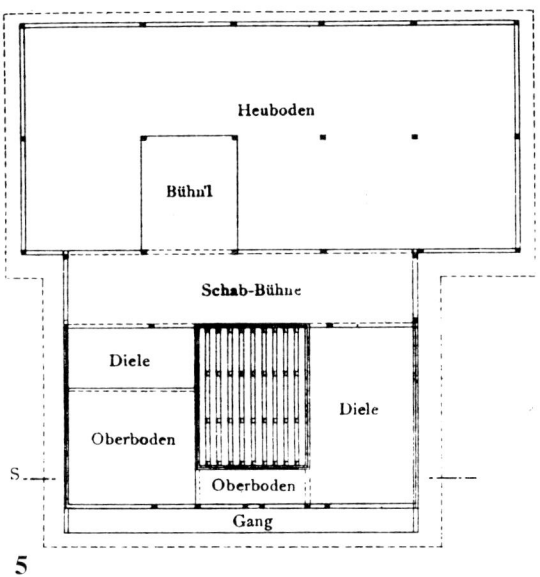

6 Das **ehem. Wolferlgut in Unterndorf** bei Thalgau im Salzburger Vorland zeigt ein teilweise offenes »Haus« mit offenem Herd und gegenüberliegender »Anricht«, von der aus auch die »Einheizen« zum Backofen und zum (späteren) Ofen der kleineren Stube beschickt werden. Über dem offenen Herd liegt die »Einheize« zum Stubenofen (nach Eigl).

7 Längsschnitt durch das offene »Haus« des **Wolferlgutes** mit Querschnitt durch den »Soler« und Blick auf den offenen Herd.

8 Fünfräumiges Grundrißschema eines typischen salzburgischen Großbauernhofes: Wohnteil des **Gutes »Wildrechtshausen« im Pinzgau** (nach Eigl).

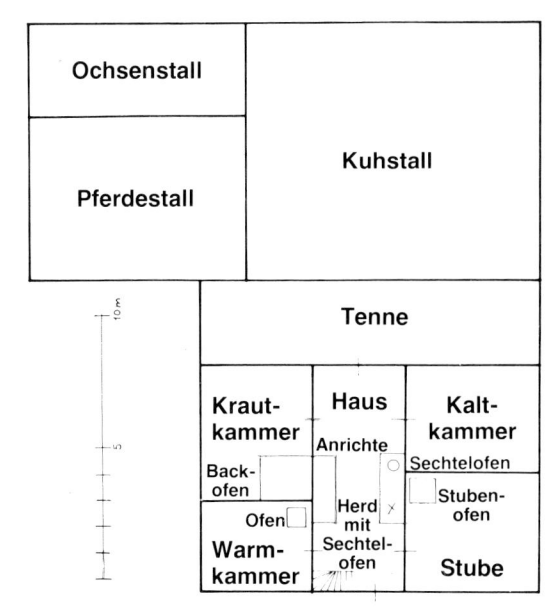

6 Wolferlgut in Unterndorf

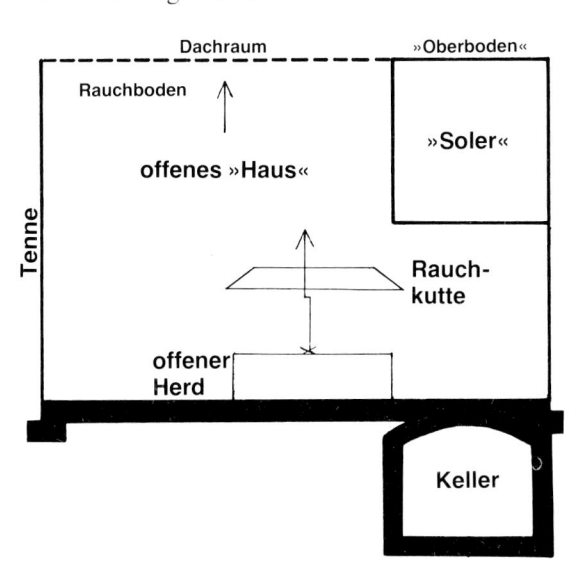

7 Wolferlgut – Längsschnitt

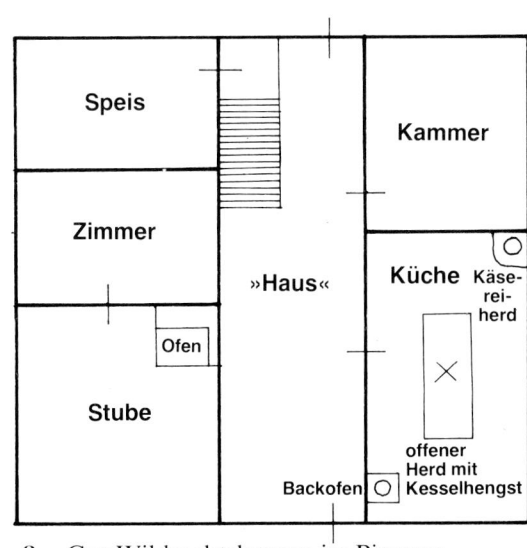

8 Gut Wildrechtshausen im Pinzgau

dem Boden der Tradition fußenden Entwicklung fähig sei und »daß auch das den modernsten Wirtschaftsmethoden entsprechende Bauernhaus der Zukunft bodenständig bleiben könne, wenn man das nur ernstlich wolle«. Hoferer kam in seinen baukundlichen Forschungen zu dem Schluß, daß in allen bayerischen Regionen der Einfirsthof ursprünglich ein Mitterfenbau gewesen sei, demnach wäre das Merkmal jedes altartigen primären Einhoftypus seine Herkunft aus einem Gehöft mit Mittertennbau-Grundriß. Dies zeige sowohl die geographische Verbreitung wie auch die Betrachtung des Baugefüges. Erst später habe sich der Mitterstallbau entwickelt, der seit geraumer Zeit überall im Vordringen ist. Der Mittertennbau sei demnach die Altform des Einhofes überhaupt.

Die Gehöftform und die Nebengebäude

Das Hofbild
Von Hans Roth

Auch dieser Einhof besteht aus einem Haupthaus (Wohnstallhaus), das von mehreren, aber nur sehr kleinen Nebenbauten in regelloser Zuordnung umgeben ist. Zum Hofbild gehört vielfach ein Backofen bzw. Backhaus, ein Schupfen, gelegentlich auch ein Troadkasten, der jedoch meist im Schupfen eingebaut war. Etwas weiter abgerückt in der Flur findet sich — namentlich im südlichen Teil dieser Region — sehr oft das Brechelbad. Heute ist der Großteil der Nebenbauten verschwunden. Hofbildprägend sind seit dem 18. Jahrhundert Austraghäuser, auch »Viertelhäuser« genannt.

Das im Jahre 1613 abgeschlossene Urbar des Pfleggerichts Raschenberg-Teisendorf beschreibt u. a. auch den baulichen Zustand der einzelnen Güter und unterscheidet dabei zwischen hölzernen und teilweise gemauerten Häusern, führt auch Anbauten und landwirtschaftliche Nebengebäude auf, wodurch sich ein wesentlicher Einblick in die ländliche Baukultur ergibt und eine Korrektur unserer Vorstellung von der Hauslandschaft um 1600 ermöglicht wird.

Einige Beispiele sollen die Beschreibung verdeutlichen:
Pälln-Gut, Urbaramt Waging: »... Haben alda ain alte erzimerte behaußung mit Stadl, Stallung und Castn alles undter ainem Tach.« — Lexen-Tafern: »... Haben darauf ain zimblich wollerbaute behaußung, zum Thaill untermauert mit Stadl und Stallungen, besonders vorm Hauß ain Tanzpoden, darundter ain Traidtkasten.« — Schmidt-Gut: »... Haben darauf ain zimblich woll erzimerte behaussung sambt Stadl, Thenn und Stallungen undter ainen Tach beysamen.« Weissen-Gütl: »... haben darauf ain alt hülzerne Behaußung mit Stadl und Stallungen beysamen undter ainem Tach, außer dessen ain Pachofen und reverendo Schweinställel.« — Schweber-Gütl und Hausstätl: »... haben darauf ain erzimmertes Heußl, darin ain Heypierl und ain Khuestall.« — Gütl Geyersnost: »... haben alda ain alte paufellige behaußung mit Stadl und Stallungen, absonderlich ain Wagnhütten, Padtstuben und ain Toppelten Traidtkasten.« — Gleichwierth-Gut zu Oberteisendorf: »... haben darauf ain gemaurte behaußung mit Stadl und Stallungen undter ainem Tach.« — Gut und Mühle zu Spöckh: »... ain gemaurte behaußung und die Müll mit dreyen Gänngern, heraußen im Anger ain heystadl Padtstueben.« — Wagner Ed: »... herundter gemaurt, darinen ain Erdkheller und Roßstallung, ain Stadl hindter dem Haus, darinen die Khüestallung, ain Casten, ain Behaußung Zwo Gaden hoch, daran die Undter gemauert, ein Stadl mit Roß- und Khüestallung, daran stossent ain Erdtkheller, ain Casten sambt Padtstueben und ain Pachofen.« — Mörtl-Gütl zu Eichham: »... ain behaußung, daran die Stuben und ain Cämer gemauert, sunsten von Holz erpauth, darbey ain Stadl mit Roß- und Khüestallungen, ain Toppelten Cassten, Padtstuben und Pachofen.«

Diese Belege ließen sich beliebig fortsetzen und verdeutlichen die vielgestaltige Bauweise.

Der Grundriß und seine Entwicklung

Der Salzburger Flachgauhof stellt dem Grundriß nach eine Mittertennanlage dar, die aber vom »Tiroler Mittertennhof« wesentlich zu unterscheiden ist bzw. mit diesem nur die zentrale, ebenerdig angelegte Durchfahrtstenne gemeinsam hat. »Die Kardinalfrage lautet nach wie vor: Handelt es sich um einen primären, durch Unterteilung eines alten Einraum-Hauses entstandenen Baukörper oder um einen sekundären, durch Zusammenfügung ehemals getrennter Baulichkeiten entstandenen Einhof?«[152]

»Die Annahme, daß beim Flachgauer Einhof ein primärer Einraumbau vorliege, geht stets vom Gefüge, also von rein bautechnischen Gesichtspunkten aus. Nun kennen wir aber — soweit der Baubestand überhaupt erfaßt und datierbar ist — kein Haus, das weiter als bis ins 16. Jahrhundert zurückginge. Gerade im 16. Jahrhundert finden sich die ersten datierbaren Einhöfe im Flachgau (des heutigen Landes Salzburg).«[153]

»Die Übersicht über den Forschungsstand des Flachgauer Einhofes zeigt, daß wir Endgültiges erst nach einer noch ausstehenden, möglichst umfassenden Bestandsaufnahme und nach Sammlung weiterer urkundlicher Nachrichten aussagen können.«[154]

Der heute noch anzutreffende, bereits so gut wie durchwegs schon zweigeschossige Baukörper von nahezu quadratischem Grundriß weist im Erdgeschoß quer zum Firstverlauf eine Dreiteilung in Wohnraum, Tenne und Stallscheune auf. Im Osten liegt der Wohnteil, in der Mitte die quer zum First angeordnete, etwas schmälere »Mittertenne«, im Westen die Stallscheune.

Die spezifische Eigenart des Aufrisses besteht darin, daß im Obergeschoß nur der vorderste, also der östliche Abschnitt ausgebaut ist — hier liegen zu beiden Seiten des »Söllers« je eine Schlafkammer. Der übrige, zum Tennenraum hin offene und deckenlose Teil hingegen, die sog. »Dillen« (Diele) diente der Lagerung von Getreidegarben.

Der Scheunenraum greift somit vom Heuboden über dem Stall auf den Wohntrakt über, wodurch auch eine enge innere Verbindung von Wohn- und Wirtschaftsteil entsteht. Der stets giebelseitig erschlossene ebenerdige Wohntrakt gliedert sich in drei gleich große Räume: in einen großen Stubenraum in der Südostecke, den breiten Hausflur, der ursprünglich den Herd als zentrale Feuerstelle beherbergte und bis heute vielfach noch als das »Haus« bezeichnet wird und einen Speicher- bzw. Stüblteil im Nordosten.

In späterer Folge wird tennseitig sowohl von der Stube als auch an der gegenüberliegenden Seite je ein schmalrechteckiger Raum abgetrennt, wobei ersterer zur Rauchküche wird, der Herd nun im Eck zwischen Stubenwand und Flur — weiterhin noch in der Hausmitte — zu liegen kommt, letzterer Raum hingegen als Speise-, Milchkammer u. ä. dient. Diese Umwandlung des ursprünglichen Herdraumes in ein Vorhaus ist im einzelnen noch nicht restlos aufgeklärt.

Parallel zu der Grundrißerweiterung des Wohnteils ist vielfach auch schon die erste Vergrößerung des Stalles, meist südwärts, zu beobachten.

Mit der allmählichen Veränderung der Wirtschaftsform vom Ackerbau zur Grünlandwirtschaft mit Viehzucht erhöhte sich auch der Viehstand und machte eine Erweiterung des ursprünglich sehr kleinen Stallteiles erforderlich. Für diese Erweiterungen wurden durchwegs seitliche, meist abgeschleppt überdachte Anbauten auf der Südseite angefügt; bei flachen Dächern vorwiegend mit der gleichen Dachneigung, bei den späteren mittelsteilen Dächern meist mit entsprechendem Knick ans Hauptdach anschließend. In älterer Zeit wurden gelegentlich auch Anbauten mit eigenen Flachdächern angefügt, die ans Hauptdach mit einem Graben anschlossen; eine solche Stallerweiterung mit »Grabendach« ist für Petting sogar photographisch belegt. Anbauten in westlicher Richtung, also »nach hinten hinaus«, wurden nicht vorgenommen, da sie wegen der zumindest in früherer Zeit auch als Stallgang dienenden quer verlaufenden Tenne bzw. der entsprechenden Queraufstallung der Rinder kaum zweckmäßig gewesen wären.

Der Stallteil zeigt bald die Neigung, auf beiden Seiten, unter entsprechenden Schleppdächern, vor den Hauskörper zu treten, wodurch die ursprünglich klare Einhofform immer mehr verunklärt wirkt.

Im 19. und im frühen 20. Jahrhundert schließlich bedingte die stetig fortschreitende Intensivierung der Viehwirtschaft noch größere Stall- und Futterräume. Dabei kommt es zu einer baulichen Entwicklung, die den Mittertennbauten des Rupertiwinkels ein völlig individuelles Gepräge gab, die sie von allen anderen Mittertennbauten deutlich unterscheiden: Die Erweiterungen der Stallscheune erhielten eigene Satteldächer, die – solange sie noch niedriger waren – zunächst in das Dach des Hauptbaukörpers eingeschiftet wurden, später jedoch die gleiche Firsthöhe wie der Wohntrakt erhielten.

In der letzten Entwicklungsphase erhielten die Stallscheunen eine so große Ausdehnung, daß der Stadltrakt eine wesentlich größere Länge erreichte als der Wohnteil samt Mittertenne. In diesen Formen, mit einseitiger oder doppelter Widerkehr, steht der Salzburger Flachgauhof heute überwiegend vor uns als Hakenhof oder in der besonders charakteristischen T-Form mit langgestreckter, völlig geschlossener Wetterseite.

Durch die starke Mechanisierung der jüngsten Zeit erfahren diese Anbauten vielfach noch eine weitere, u. U. schon überdimensionale Verlängerung. Diese rein wirtschaftlich bedingte Entwicklungsform kann in der heutigen Gehöftlandschaft als typenbildend angesehen werden.

WALLNER-GUT IN WALDPRECHTING

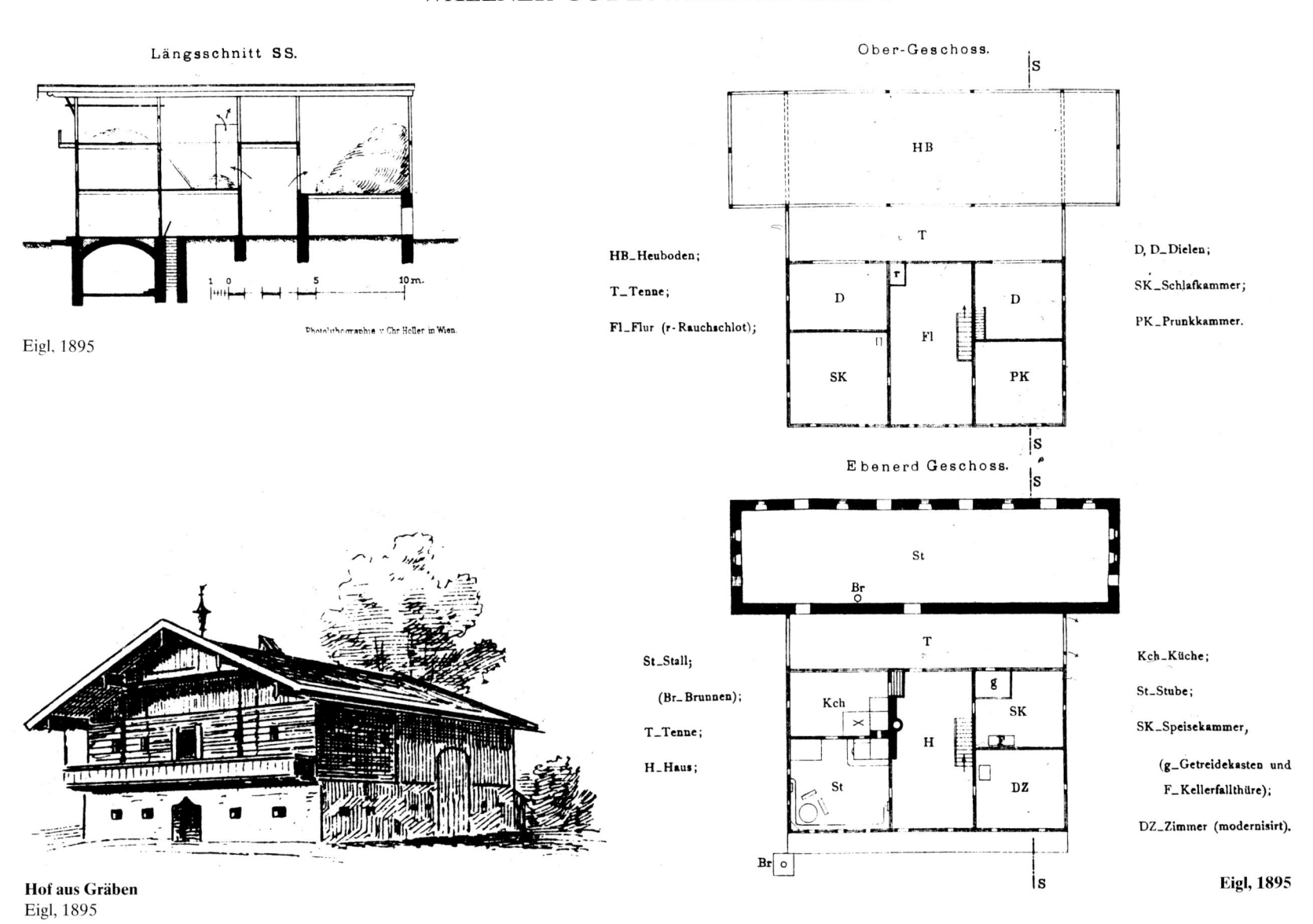

Längsschnitt SS.

Eigl, 1895

Ober-Geschoss.

HB_Heuboden;
T_Tenne;
Fl_Flur (r-Rauchschlot);

D, D_Dielen;
SK_Schlafkammer;
PK_Prunkkammer.

Ebenerd Geschoss.

St_Stall;
(Br_Brunnen);
T_Tenne;
H_Haus;

Kch_Küche;
St_Stube;
SK_Speisekammer,
(g_Getreidekasten und
F_Kellerfallthüre);
DZ_Zimmer (modernisirt).

Hof aus Gräben
Eigl, 1895

Eigl, 1895

Kleinbäuerliche Gehöftformen[155]

Als besonders typisches Beispiel eines kleinbäuerlichen Salzburger Flachgauhofes sei das ehemalige Haus der Einöde Kohlstatt vorgestellt, das wohl aus dem 1. Viertel des 18. Jahrhunderts stammte und 1965 abgebrochen worden ist. Es lag im Bereich des Dorfes Ulrichshögl bei Ainring, oben am Wald auf dem Bannhögl. Die Rodungsstelle war an drei Seiten vom Wald umfangen. Es handelte sich um ein Kleinbauernhaus mit Stallscheune unter einem Dach in Hanglage, ein Einhaus mit hangseitiger Hochfahrt, Einfahrt in Tenne und Scheune über dem Stallteil. Der Stall befand sich im massiv aus Bruchsteinen gemauerten Untergeschoß, in dem auch der Wohnteil lag. Die Schlafkammern befanden sich im Obergeschoß, das in Blockbauweise erstellt war. Der Scheunenteil war in Ständerwerk mit äußerer Verbretterung und Verschindelung erstellt. Die Tenne war in der Art der Hochfahrtscheunen in das Obergeschoß verlegt. Mit einer kleinen Bohlenauffahrt konnte diese Hochfahrttenne vom oberen Hang her unmittelbar befahren werden. So wurde die Viehfütterung durch Abwurf von oben her in den darunterliegenden kleinen Stall ermöglicht. Der durch diese Verlegung im Erdgeschoß freigewordene Tennenraum blieb nicht offen, sondern der Stallteil rückte unmittelbar an den Wohnteil heran. So entstand ein sehr einfaches kleines Haus, eine Primitivform des Mittertennbaus mit Ausmaßen von 9.30 m / 12.70 m. Der Grundriß des Hauses entsprach ganz der einfachsten der skizzierten 5 Entwicklungsstufen des Salzburger Hauses. Im Hausgang (Vorhaus) dürfte sich ursprünglich ein offener Herd befunden haben. Der Dachraum war rußgeschwärzt. Es muß also entweder über dem Herd nur die »Hur« als Funkenfang gelegen haben oder der Kamin, ob aus Holz oder schon aus Stein, endete in jedem Falle im Dachraum, war also noch nicht über Dach geführt.

Die Decke über der Herdstube und dem Gang war eine Balkendecke, die über den Schlafkammern im Blockbaubereich eine starke Bohlendecke, mit Moos gedichtet. Diese Decken hatten bereits eingelegte Keildielen. Neben dem Haupthaus stand noch ein kleiner Blockbaustadel, ein Bienenhaus und ein Bildstock.

Wie auch schon der ursprüngliche Hofname »Chollehen« erweist, war die »Kohlstatt« das kleinbäuerliche Anwesen eines Köhlers.

Für den Hausbrand, für Holzkohlenherde und Bügeleisen wird der Kohlstatter nur wenig gearbeitet haben. Die Bedürfnisse der stets wachsenden Eisenindustrie waren weit wichtiger. Schmieden und Hammerwerke benötigten Holzkohlen für die Herstellung von Sensen, Pflügen, Pfannen, Messern, Hufbeschlag, Scheren, Ketten, Nägel und vieles andere. Aber auch in Gießereien aller Art wurde sie verwandt, nicht nur für Eisen, sondern auch für Kupfer, Blei, Messing, Zinn und Zink. Schließlich brauchte man Holzkohle auch für die Herstellung von Pech und Schießpulver. Das letztere wurde bald auch in Steinbrüchen angewandt. Meiler wurden in jener Zeit hauptsächlich in der Nähe von Eisenhämmern und Hütten gebraucht. Der Holzverbrauch durch die Köhlerei wurde übrigens gegen 1800 so groß, daß die Einführung der Steinkohle wesentlich zur Rettung der Wälder beitrug.

Das **»Mayer-Gut« aus Abtsdorf** nach einer Zeichnung von Josef Eigl, um 1895. Das Gehöft ist heute noch weitgehend unverändert erhalten und vorbildlich restauriert.

Hof in Saudorf; Eigl, 1895.

Hof in Törring; Eigl, 1895.

Das **Messerschmied-Gütl in Straß,** Nr. 41, vor dem Umbau, gegen Ende des 19. Jh.

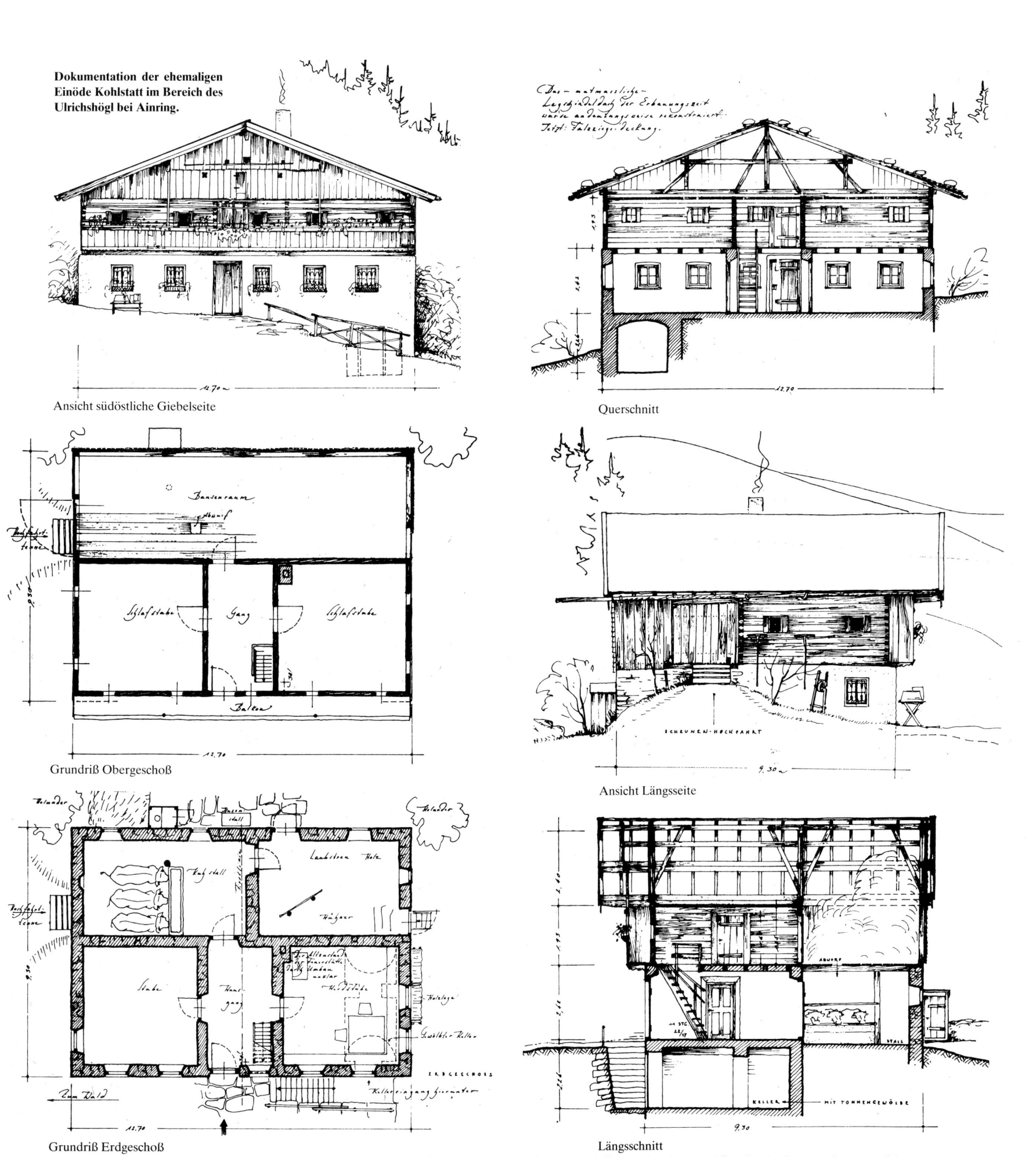

Dokumentation der ehemaligen Einöde Kohlstatt im Bereich des Ulrichshögl bei Ainring.

Ansicht südöstliche Giebelseite

Querschnitt

Grundriß Obergeschoß

Ansicht Längsseite

Grundriß Erdgeschoß

Längsschnitt

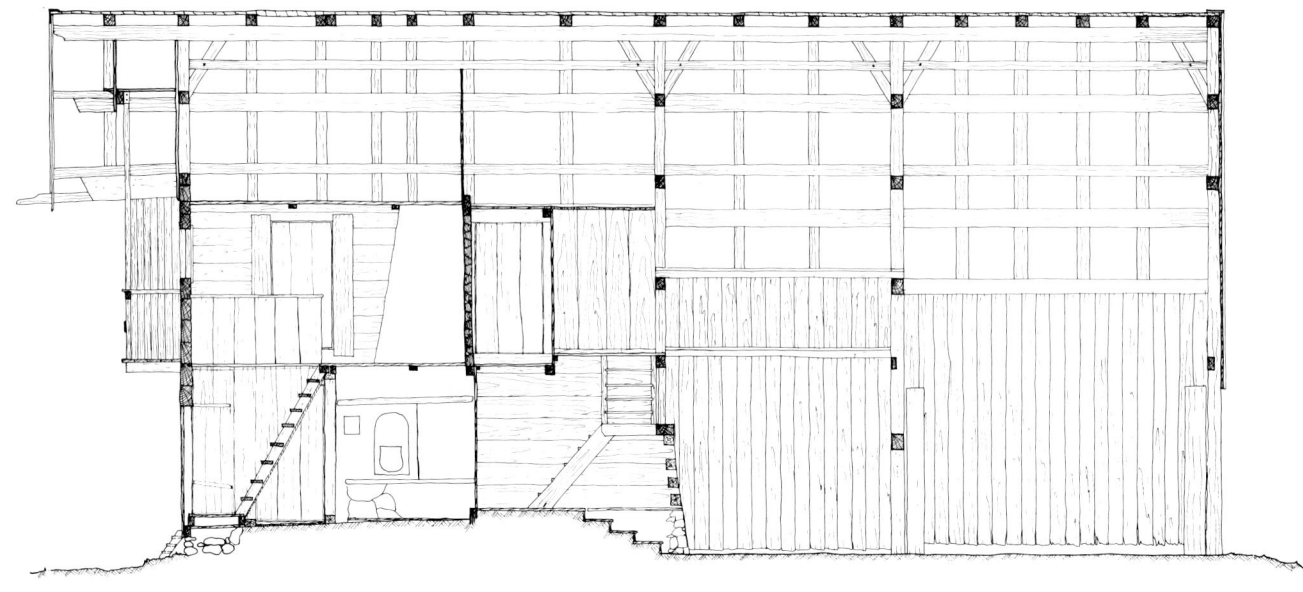

»Beim Wallner« in Wald 1, Gemeinde Teisendorf – Pläne

Längsschnitt

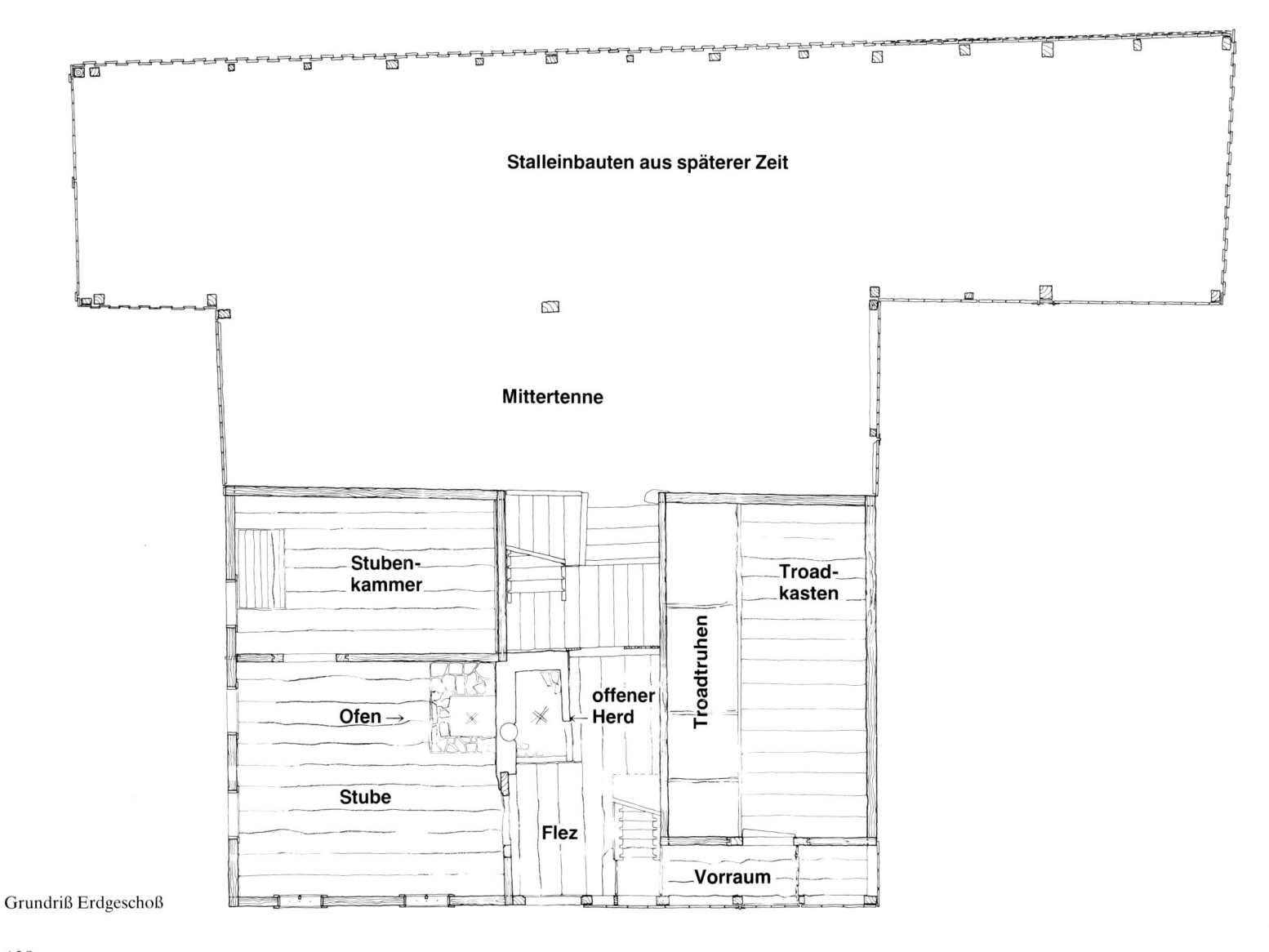

Stalleinbauten aus späterer Zeit

Mittertenne

Stubenkammer

Troadkasten

Ofen →

offener Herd

Troadtruhen

Stube

Flez

Vorraum

Grundriß Erdgeschoß

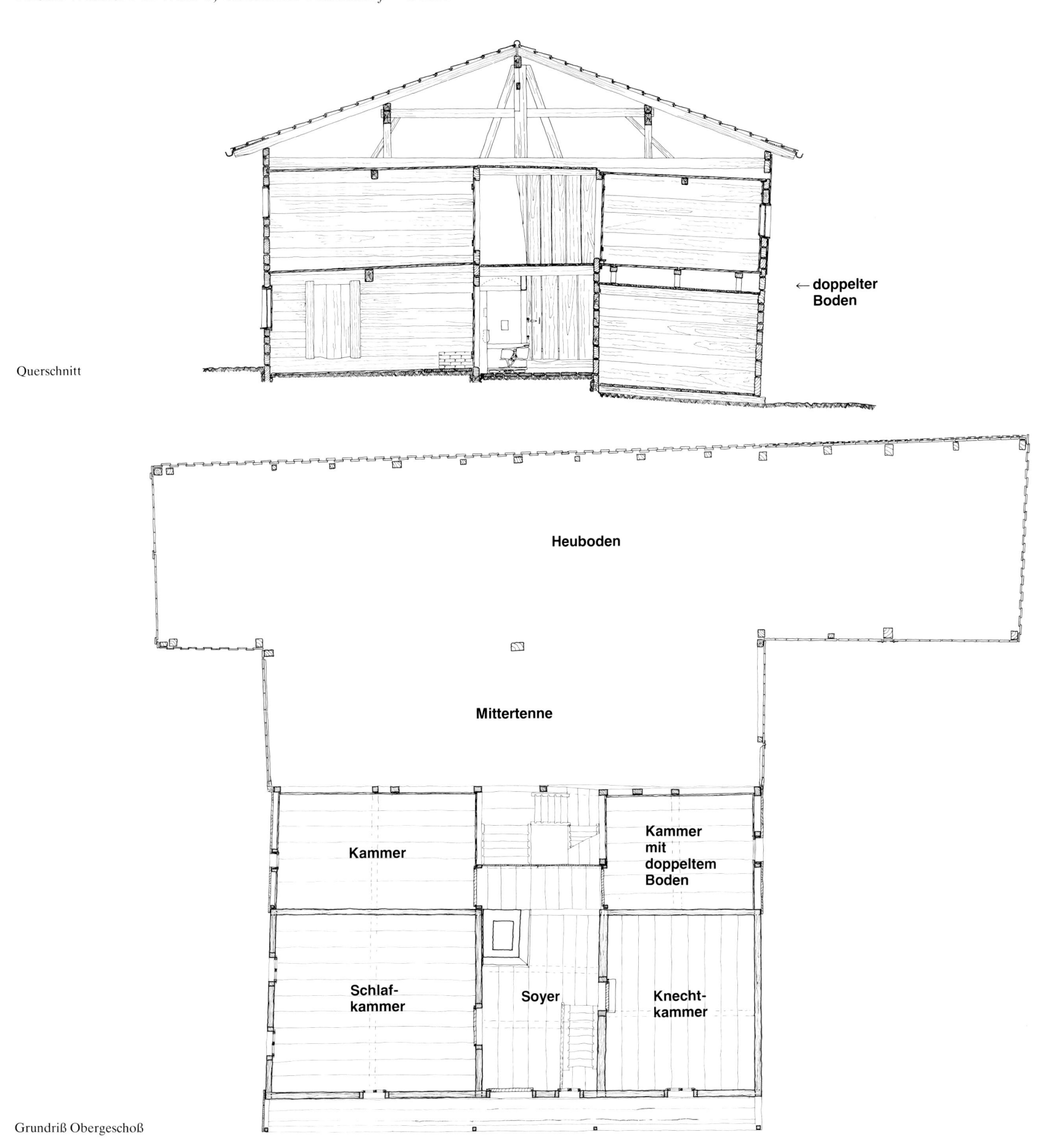

»Beim Wallner« in Wald 1, Gemeinde Teisendorf – Pläne

Querschnitt

← doppelter Boden

Heuboden

Mittertenne

Kammer

Kammer mit doppeltem Boden

Schlafkammer

Soyer

Knechtkammer

Grundriß Obergeschoß

Konstruktives Gefüge

Das Gefüge des Gehöftes zeigt zwei verschiedene Holzbautechniken. Der Wohnteil ist stets in sorgfältig gezimmerter Blockbautechnik errichtet, der Stadel in einfacher Ständerbauweise; er ist in aller Regel ein Fünf-Ständer-Gebäude mit durchgehenden Firstsäulen. Die Bohlenwände der ältesten Stallungen sind noch nach Art der urtümlichen Ständerbohlenbauweise zwischen die mit Nuten versehenen Säulen eingefügt.

Während beim oberschwäbischen Haus feststeht, daß es ursprünglich ein reiner Ständerbau war, ist dies beim Salzburger Flachgauhof noch umstritten; ein Grund, der dafür spricht ist die Lage der Herdstelle im Haus und die Ähnlichkeiten des Wohnteils mit dem östlich angrenzenden Haus der Steiermark.

Jedenfalls ist festzustellen, daß im Salzburger Flachgau spätestens seit Beginn des 16. Jahrhunderts der alpine Blockbau auf den altbairischen Ständerbau der voralpinen Altsiedellandschaften gestoßen ist.[156] Es scheint so, als sei der in Blockbau gezimmerte Wohnteil zunächst Raum für Raum in den ursprünglichen Ständerbau eingefügt worden. Im Anwesen in Wald 1, Gemeinde Teisendorf könnte ein Grundriß vorliegen, an dem der Entwicklungsprozeß des Einfügens von Blockbau-Räumen in einen ehemals offenen, hallenähnlichen Raum vielleicht noch nicht ganz abgeschlossen ist: Die einzelnen Räume des Erdgeschosses und des Oberstocks schließen gegen die Mittertenne nicht mit einer geschlossenen Blockbau-Rückwand ab, vielmehr sind die Rückwände von Flez und Soyer verschieden weit zurückgesetzt; die verbleibenden Raumzwickel zwischen den verstaffelten Blockbau-Rückwänden wurden für einen verwinkelten, steilen Treppenaufgang von der Mittertenne zum Dachraum genutzt; ein Zwischenpodest dieser Treppe liegt auf der Erdgeschoßdecke des Flezes. Eine noch größere Überraschung bietet der an Stelle einer Kammer in den Nordteil des Erdgeschosses eingebaute Troadkasten, dessen in deutlich unterschiedlicher Blockbautechnik gefügte Wände ohne konstruktiven Zusammenhang mit den anderen Blockwänden gezimmert und außenseitig verbrettert sind. Die Ostwand dieses Troadkastens liegt nicht in der Flucht der Giebelwand des Hauses, sondern ist gegen diese etwa 1,5 m zurückgesetzt – zwischen der östlichen Troadkasten-Blockwand und der noch in Ständerbau gefügten, außen nur verbretterten Hauswandpartie ist ein kleiner Vorraum zum Troadkasten eingefügt. Zwischen dem Troadkasten und dem übrigen Wohnteil besteht ansonsten keinerlei Verbindung.

Die Lage der noch vollständig erhaltenen offenen Feuerstelle bestätigt im übrigen den archaischen Charakter dieses Baudenkmals, dessen verschachtelter Grundriß vielleicht das einzige erhaltene Beispiel eines noch in der letzten Übergangsphase befindlichen Blockbaugefüges darstellt.[157]

»Es repräsentiert sich dieses Haus dem Beschauer als ein bauliches mixtum compositum, als eine Aneinanderreihung und eine Aufeinandersetzung von Räumen verschiedener Bestimmung, wie solche das jeweilige Bedürfnis im Laufe der Zeit ergab...«[158]

Sekundäre Steinbautechnik

Mit Nachdruck wurde seit Beginn des 19. Jahrhunderts von seiten der Behörden, der salzburgischen wie bald danach der bayerischen, auf eine verbesserte Bauweise der landwirtschaftlichen Gebäude gedrängt. Ein wesentliches Druckmittel stellte die neueingeführte Brandversicherung dar, die für stroh- und holzgedeckte Gebäude wesentlich höhere Beiträge veranschlagte. Aber auch die veränderte Wirtschaftsweise, vor allem der größere Viehbestand verlangten nach baulichen Veränderungen und Neubauten, die zur Aufgabe der größtenteils »gezimmerten« Bauernhäuser führten.

Seit dem ersten Viertel des 19. Jahrhunderts beginnt sich anstelle der Blockbautechnik für den Wohnteil die Massivbauweise allgemein durchzusetzen. Wir können den Übergang zum gemauerten Haus genau verfolgen. Zuerst mauerte man den Stall und das Erdgeschoß des Wohnteils, später das Obergeschoß, so daß zuletzt nur noch das Giebeldreieck hölzern blieb. Schließlich mauerte man aber auch das Giebelfeld und zuletzt gelegentlich sogar noch die Stadel- und Heubodenwände. Der Übergang vom reinen Holzbau zur Mauerung ging schrittweise vor sich, häufig ohne jede Veränderung des inneren Gefüges. Es gibt Häuser, die an den verschiedenen Putzschichten diesen Vorgang ablesen lassen. Auch das gemauerte Haus tritt in vielen Ausformungen des äußeren Gepräges auf.

Viele der späteren Steinbauten betonen ihre Gediegenheit durch die ohne Verputz zur Schau gestellten massiven Mauern aus Tuff, Nagelfluh oder anderen ortstypischen Gesteinsarten. Eine auffallende, regional enger begrenzte Besonderheit ist die Verwendung der schwarzen, stark porösen Schlackensteine aus der alten Eisenhütte im Achthal, eine Bauweise, die noch bis in die Zeit nach dem Ersten Weltkrieg in Übung blieb.

Gelegentlich ist ein Mischmauerwerk aus allen im engeren Umkreis anzutreffenden Massivbaustoffen anzutreffen: Die Mauern einiger Gehöfte bestehen größtenteils aus Nagelfluh und Tuffquadern, dazwischen finden sich einzelne Sandsteinblöcke und größere Partien aus Achthaler Schlackensteinen; auch ordinäre »Bachkugeln« (große rundliche Kieselsteine) fehlen nicht. Der gelbliche Fugenmörtel, in den das gesamte inhomogene Mauerkonglomerat eingebettet ist, sandet stark ab.

Andernorts wurden die aus reinem Kalkmörtel hergestellten weißen Putzfugen, vereinzelt sogar der gesamte weiße Verputz mit Tonscherben oder auch mit Schlacken verziert. Vielfach sind auch noch weißgetünchte Rokokofassaden anzutreffen, mit den für die Nähe Salzburgs typischen Stuckmedaillons und mit den charakteristischen Lüftungsöffnungen in Form von Drei- und Vierpassen, Kartuschen oder einfachen liegenden oder schrägen Ovalen.

Ein besonders einprägsamer Massivbau-Typ ist aus Schlackenstein oder Mischmauerwerk mit Architekturgliedern aus Backstein gefügt: Mit einem Gurtgesims in Form eines deutschen Bandes, mit Eckrustizierungen und segmentbogigen Fenster- und Türstürzen aus säuberlich gefügten Backsteinverbänden steht dieser fast städtisch wirkende Typus in seiner voll ausgeprägten Form vor uns; bei weniger ausgeprägten Beispielen fehlen einzelne dieser Architekturelemente.

Im Gegensatz zum Berchtesgadener Zwiehof, dessen altertümlicher Grundcharakter offensichtlich keine eklektizistischen Zutaten verträgt und sich allen Neo-Stilen verschließt, geht die Architektur der letzten noch nach traditionellen Mustern gestalteten Salzburger Flachgauhöfe eine zwanglose Ehe mit dem Heimatstil ein, ehe auch sie in der »Moderne« verebbt.

Getreidekästen[159]

Getreidekästen spielten im Rupertiwinkel mit seiner reichen Cerealienkultur eine sehr wichtige Rolle. Der Getreidekasten ist hier ein ein- oder zweiräumiger Blockbau aus gehackten Balken, in dem das Ausgedroschene gelagert wurde. Ursprünglich stand der Getreidekasten frei auf der Hofstatt, später wurde er in den Stadel oder in die Remise eingebaut. Schon seit dem 16. Jahrhundert folgen Konstruktion und Gestaltung einem auffallend einheitlichen Schema. Auf die nivellierten Ecksteine legten die Zimmerer die giebelseitigen Grundschwellen auf (z. B. 23 cm stark, 32 cm hoch). Lange Holznägel, nach jeder Balkenlage etwas versetzt eingetrieben, verhindern das seitliche Verwerfen der gleichsam »aufgemauerten« Hölzer, eine Ausnahme scheinen die beiden Grundschwellen zu bilden. Als selbständiger Bau erhält der Getreidekasten ein mittelsteiles Satteldach, meist auch einen Brettermantel an der Westseite. Manche dieser Blockbauten bilden einen fast vollkommenen Würfel von etwa 4,0 m bis 4,5 m Seitenlänge. Es scheint, als habe der Zimmermeister ähnlich wie der mittelalterliche Baumeister und Steinmetz ideale Maßbezüge erstrebt. Meßeinheit war vermutlich ein Körpermaß wie etwa »Spann und Gaukler«, noch um die Jahrhundertwende vereinzelt bei oberbayerischen Zimmermeistern in Übung.

Die künstlerische Ausgestaltung konzentriert sich meist auf den Bereich des Türsturzes; es scheint oft, als wolle dieser Bauteil darauf aufmerksam machen, daß »der Getreidekasten der vornehmste Bauteil im Wirtschaftsgefüge eines Hofes war, der Schatzbehälter, der wegen der tiefreligiösen Weltsicht des bäuerlichen Menschen leicht eine halbsakrale Würde erhalten konnte.«

In die »Steher« (Türpfosten) sind die anstossenden Balken der Frontwand eingezapft, die Steher wiederum in den Kranzbalken (Türsturz). Diesen Kranzbalken zogen Zimmermeister oft samt der darüberstehenden Wand gegenüber der unteren Waldflucht um 4 bis 5 cm heraus, arbeiteten aber in eleganter Linienführung die untere Hälfte des Balkens seitlich des Türhaupts bündig mit Fasung ab. »In die statische Ruhe der waagrechten und senkrechten Linien fließt so von der Mitte seitwärts eine wohlabgemessene Bewegung, an ausgreifende Arme erinnernd.«

In Wannersdorf, westlich des Nitzinger-Anwesens, steht ein zweiräumiger Getreidekasten, dessen Ausschmückung das gewohnte Maß übersteigt. Beide Kranzbalken sind in fast voller Länge von einem Fries gesäumt: Ein spiralig gedrehtes Band umfließt ein knospendes Reis. Dieses Motiv ist auch an den beiden Steherpaaren eingeschnitten. Am unteren Türsturz erscheint die Jahreszahl 1550, geteilt durch das Kreuzzeichen, am oberen Türsturz lesen wir ebenfalls diese Ziffern, allerdings durchschossen von S-förmigen Zeichen. Diese Ziffern und Zeichen sind schwarz ausgelegt, ebenso wie der Grund des Friesbandes, schwarz sind auch die Fragmente der aufgemalten Blütenmotive an den Köpfen der Steher. Die Wange der Stiege zum Oberstock hat an einer Stelle die originale Polychromie des Frieses erhalten: Auf schwarzem Grund läuft das grüne Reis, umhüllt vom weiß-rot geteilten Band. Die Fase des oberen Kranzbalkens ist leer, die Fase des unteren Kranzbalkens ist mit einem Pflanzenmotiv bemalt, das an wilden Wein erinnert (schwarz, grün, ocker).

Das Türblatt besteht regelmäßig nur aus zwei dicken Bohlen, hölzerne Schubriegelschlösser mit Gelenkschlüsseln und Blockschlösser sind vereinzelt noch erhalten. Die Türen drehen sich vielfach durch hölzerne Angeln in entsprechenden Pfannen.

Nur 2 km nordöstlich von Wannersdorf findet man in Hörafing beim Edmaier-Hof einen einräumigen Kasten mit der Datierung 1555.

Die beiden Steher zeigen am Kopf schuppenförmige Kerbschnittreihen (vorne je 8 mal 6 Schnitte, seitlich je 3 mal 6 Schnitte). Der Kranzbalken ist sehr ähnlich wie beim Lachler und beim Wannersdorfer Kasten geschnitten. Hier aber ist die Datierung an die Unterkante des Sturzes gerückt, gerahmt und von drei »S« durchschossen, die man wohl wie am Wannersdorfer Kasten lesen darf. Der Kerbschnitt-Fries darüber läuft über die ganze Frontbreite, bis zu den Schrotköpfen. Während aber in Wannersdorf der Stab grünend austreibt, ist er hier paarweise mit Dornen versehen.[160]

Der Getreidekasten beim »Moar« in Schnelling am Nordosthang des Teisenbergs in der Gemeinde Teisendorf war ebenfalls besonders bemerkenswert gestaltet. Wie in Wannersdorf war die Jahreszahl 1570 an die Oberkante des Sturzes gesetzt, der Fries begleitet die Unterkante, wie in Wannersdorf waren die Kerbschnittlinien schwarz ausgelegt. Neben den naturnäheren Friesmotiven von Wannersdorf und Hörafing können wir den sehr stark stilisierten Schnellinger Fries als eine eng verwandte Formidee begreifen, der Stab war vermutlich knospend gemeint.

Sehr interessant ist auch der schon barocke Getreidekasten beim »Mesnerhof« in Steinhögl; er zeigt, daß sich mindestens bis in die 2. Hälfte des 17. Jahrhunderts die nachgotische Formung des Kranzbalkens zumindest in dieser Landschaft erhalten hat.

Am unteren Türsturz erscheint zwischen drei Kerbschnittbändern die Jahreszahl 1668, dazwischen das Jesusmonogramm, verbunden mit dem Kreuz, dem Herzen Jesu und den drei Nägeln. Die Kerbschnitte und die Zeichen sind mit braunroter Farbe (Rötel) angestrichen.

Die Steherköpfe und der Sturz der oberen Türe sind durch (unbemalte) Kerbschnittreihen ausgezeichnet.

Die Getreidekästen sind räumlich dichter und zeitlich enger gestaffelt als die Wohnblockbauten des 16., 17. und 18. Jahrhunderts und erlauben deshalb zusätzlich einen genaueren Einblick in die Wandlungen der Bautechnik.

Eine volkskundlich interessante Eigenheit sind die zahlreichen, oft noch gut erhaltenen Bleistift-Inschriften an den Innenwänden der »Troadkästen«. Man zog sich offenbar gelegentlich in den Getreidekasten zurück, um mit sich selbst allein zu sein, den verschiedensten Herzensergüssen freien Lauf lassen zu können, im verhüllenden Dunkel des Getreidekastens Trauer abzuarbeiten, Unmut wegzuschleudern, Ängste auszuschwitzen oder ein heimliches Glück still zu genießen. Auch vielerlei Derbes taucht auf, jedoch niemals Obszönes. Die Inschriften bezeugen insgesamt ein hohes Maß gemüthafter Bindung der Bewohner an den Hof, wobei oft ein inniges »Du« an den Getreidekasten – an das überkommene Kernstück bäuerlicher Wirtschaft – gerichtet wird.

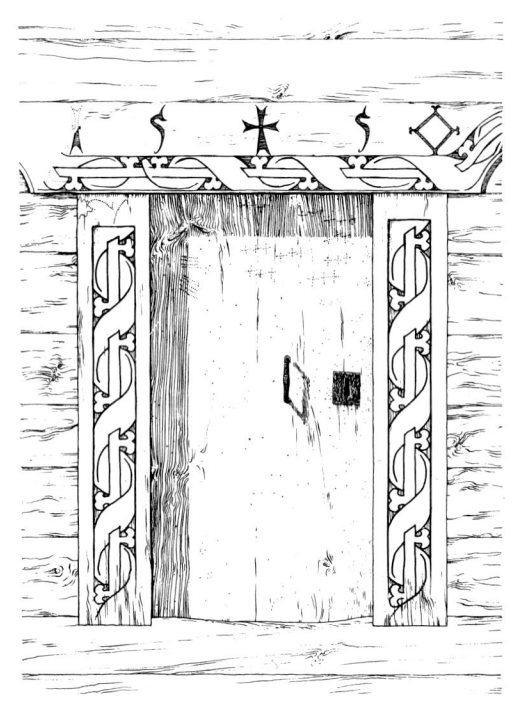

Getreidekästen

Wannersdorf

Die beiden Steher und der Kranzbalken am Erdgeschoß dieses Kastens von 1550 sind reich mit Kerb- und Flachschnitzwerk versehen, dazu trat eine vierfarbige Bemalung.

Beim »Lachl« am Oberhögl

Das Türgefüge des einräumigen Kastens; am Kranzbalken zwischen Zeichen die Bauinschrift, am rechten Steher das Schlüsselloch für das Schubriegelschloß.

Beim »Edmaier« in Höräfing

Stilistisch ist die Gestaltung des Kranzbalkens eng verwandt mit dem **Wannersdorfer Beispiel.** Wie dort ist das Türblatt dieses einräumigen Kastens von 1555 6 cm stark. Vermutlich stammen beide Werke von nämlichen Zimmermeister. Neu aber oder vielleicht jünger ist das schuppenartige Kerbschnittornament an den beiden Stehern.

Wannersdorf

Die Gestaltung der oberen Türe dieses zweiräumigen Kastens gleicht weitgehend der unteren Türe. Auch der obere Kranzbalken hält das Erbauungsjahr fest. Die Größe wie die Güte des Kastens wirft die Frage auf, ob die beiden **Wannersdorfer Höfe** seinerzeit noch ein umfängliches Einzelgehöft bildeten.

Das Türgefüge des um 1550/1555 erbauten **Eichhamer Getreidekastens in Teisendorf** ist mit reichem Kerb- bzw. Flachschnitzwerk versehen. In den beiden Ornamentmotiven selbst, in der Art ihrer Anbringung und in der handwerklichen Ausführung zeigt sich eine enge gestalterische Verwandtschaft mit dem **Wannersdorfer** und mit dem **Höräfinger Kasten.** In jüngerer Zeit ist die Türschwelle bis fast zur Grundschwelle ausgesägt worden. Die Zeichnung gibt diese Partie rekonstruiert wieder.

Beim »Mesner« in Steinhögl

Unteres Türhaupt und Schwelle der oberen Türe sowie oberes Türhaupt des zweiräumigen Kastens von 1668. Angeschnitten die beiden Luftöffnungen.

Brechelbäder[161]

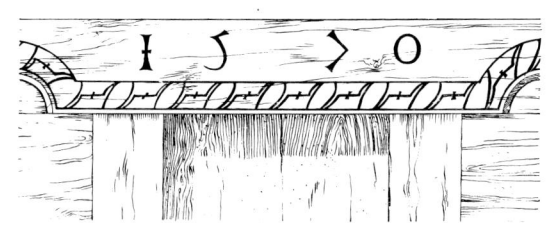

Im südlichen Rupertiwinkel, namentlich im Höglgebiet, spielten Badstuben und Brechelbäder ursprünglich eine so wichtige Rolle, daß hier eine genauere Einführung in diese Thematik gegeben sei.

Als älteste Schrifttumsquelle über den Gebrauch eines künstlich erhitzten und etwas befeuchten Raumes zum »Baden«, bei dem der Körper zum Schwitzen gebracht wird, führen alle Verfasser badegeschichtlicher Darstellungen Herodot auf. Er berichtet etwa 450 v. Chr. von den skythisch-sarmatischen Völkern und von ihrer Gewohnheit, sich in einem Zelt in der Wärme erhitzter Steine zu baden – »denn im Wasser baden sie nie« – wobei sie auf die glühenden Steine am Feuer Hanfsamen werfen, die zu Dampf verschwelen. Die Steine liegen in einer Mulde inmitten des Zeltes. Solche Grubenherde sind bereits aus der Steinzeit bekannt und lassen darauf schließen, daß die Menschen damals schon die Möglichkeit nutzten, Wärme in Steinen zu speichern.[162]

In Mitteleuropa überlagerten sich im Laufe einer fast zwei Jahrtausende währenden Badekultur wahrscheinlich diese zwei grundverschiedenen Badesitten: das aus der Antike stammende und im Mittelmeerraum gepflegte Warmwasser-Wannenbad und das aus dem ostgermanisch-slawischen Raum stammende Dampf- und Schwitzbad nach Art der finnischen Sauna.

Die Badstube gilt übrigens in der heutigen Forschung vielfach als Keimzelle der geheizten bäuerlichen Stube. Die Auffassung, die Germanen hätten die Badstuben aus den römischen Bädern entlehnt, ist in dieser Form sicher nicht zu verallgemeinern. Dabei sollen die Einflüsse der römischen Bäderbauten auf deutschem Boden für die spätere Entwicklung des Badewesens jedoch nicht unterschätzt werden.[163]

Im gesamten Alpenraum und im bayerischen Voralpenraum war einst dieses Schwitzbad weit verbreitet. Die privaten bäuerlichen Hitzsteinbäder sind schon in der Lex Bajuvariorum (7. Jahrhundert) erwähnt und waren vielleicht auch bei uns genauso häufig anzutreffen, wie jetzt noch in Finnland, sie waren teilweise bis ins 18. Jahrhundert gebräuchlich. Ein Bericht aus dem Rauriser Bezirk im Salzburgischen vom Jahre 1793 spricht davon, daß sich fast bei jedem Bauern, auch bei Kleinhäuslern, ein hölzern gebautes Schwitzbad befände, in Rauris allein solle es etwa hundert davon gegeben haben.

Diese Badesitte ist auch für den Rupertiwinkel überliefert.

Der Raum nördlich und südlich der Tauern, um den Großglockner und den Sonnblick, war wohl das letzte Rückzugsgebiet des Brauches in den Ostalpen und damit im ganzen deutschen Sprachgebiet. Dennoch findet man heute noch, wenn auch sehr vereinzelt, allenthalben im oberbayerischen Raum, vor allem im Gebirge immer wieder verfallende Baulichkeiten, denen noch der Name »Brechelbad« anhaftet – obwohl hier seit 200 Jahren gewiß niemand mehr gebadet hat.

Die einst überaus beliebte Sitte des allwöchentlichen samstäglichen Schwitzbades ist seit zwei Jahrhunderten untergegangen und dermaßen in Vergessenheit geraten, daß selbst namhafte Volkskundler früher deren Existenz ernsthaft bestritten; die sog. Brechelbäder seien nie zu Badezwecken, sondern stets nur zum Dörren des Flachses benutzt worden. Tatsächlich sind zu späterer Zeit Flachsbrechelhütten gebaut worden, die man zwar nie zum Baden benützte, aber immer noch beharrlich »Bad«, »Brechelbad« oder »Hoarbad« nannte – wie vielleicht schon Jahrhunderte zuvor.

Die Erzeugung von Wasserdampf für das Schwitzbad in diesen bäuerlichen Saunas ist inzwischen jedoch durch archivalische Belege zumindest seit dem 16. Jahrhundert auch für den Alpenraum eindeutig erwiesen. Am originellsten ist vielleicht der vorerwähnte Bericht aus Rauris: »... der in solchen Schwitzbädern ganz gemauerte Ofen, worauf Kieselsteine von mäßiger Größe liegen, wird stark geheizt und das Hausgesinde, männlichen und weiblichen Geschlechts separiert, bereitet sich vorher durch Branntwein und Midrität[164] zur Ausdünstung, stellt sich ganz nakend auf die darin angebrachte Bank. Dann wird warmes Wasser auf die erhitzten Kieselsteine des Ofens gegossen, welches einen unleidentlichen Dunst verursacht... endlich der Körper des Badenden in die Zichtigung genommen, mit warmem Wasser begossen und derb herabgewaschen...«

Auch der berühmte Volkskundler Viktor von Geramb berichtete über die Rauchstuben des Salzburger Lungaus, daß ihre großen Öfen »nicht nur Back-, sondern auch... noch Badeöfen waren, in denen ganz wie in der finnischen Sauna... das allwöchentliche Schwitzbad bereitet wurde...«

Das Abgießen mit warmem – statt wie in Finnland mit kaltem Wasser – ist vielleicht schon eine Degenerationserscheinung der ursprünglichen Sitte.[165]

Das Aussterben der bäuerlichen Sauna gegen Ende des 18. Jahrhunderts hatte vielfältige Gründe: Das Zeitalter des Pietismus und der aufgeklärten Empfindsamkeit sah darin einen Verstoß gegen die guten Sitten, es kam zu regelrechten Badeverboten. In den städtischen Dampfbädern war zudem schon lange vorher die Angst vor Ansteckung aufgekommen. Maßnahmen gegen Holzverschwendung

---

Beim »Moar« in Schnelling
Das Türhaupt des verlorengegangenen einräumigen Getreidekastens von 1570.

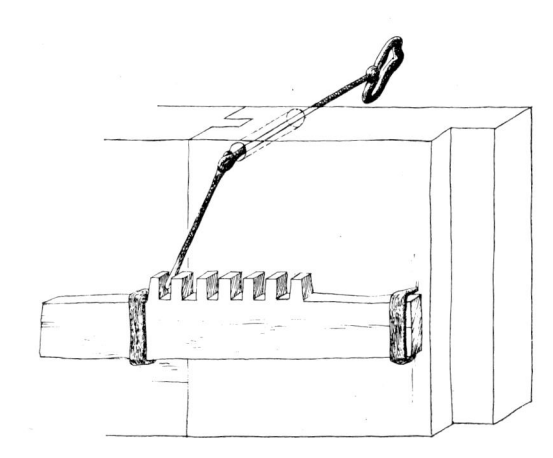

Das Schubriegelschloß. Der Bart des Gelenkschlüssels fällt in die Zähnung des Riegels. Eine technische Vorform dazu ist der versenkbare Sperrbaum hinter manchen Bauernhaustüren.

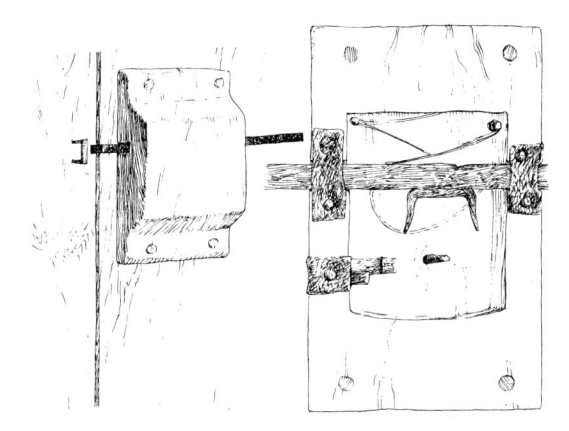

Das Holzschloß. Links das angedübelte Gehäuse, rechts die Eisensperrung im Inneren. Die Mechanik läßt die Abkunft des Holzschlosses vom Schubriegelschloß erkennen sowie die prinzipielle Ähnlichkeit mit heutigen Türschlössern.

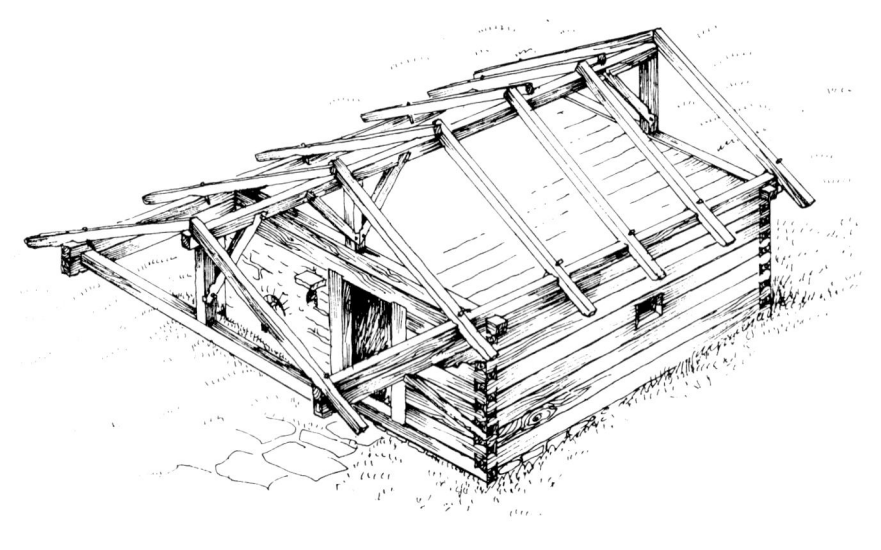

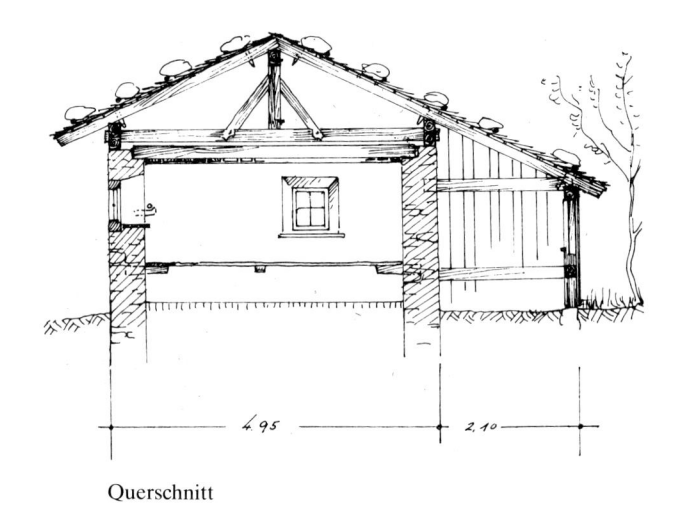

Brechelbäder

Querschnitt

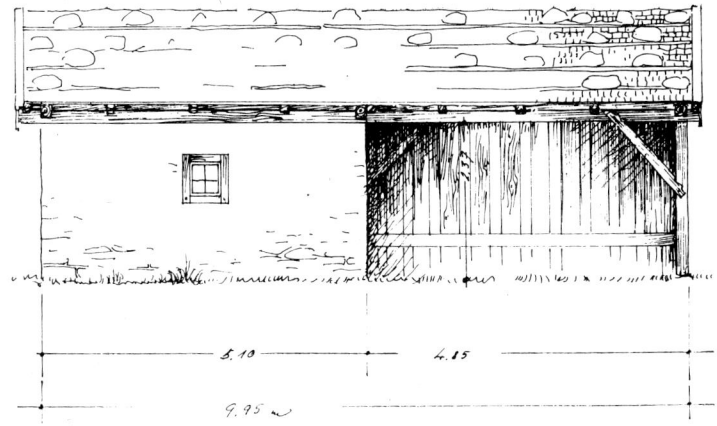

Ansicht Traufseite

Brechelbad in der **Einöde Mürack** auf dem Mühlstätter Feld unterhalb des Kapitelwaldes bei Ainring, datiert 1845. Der zugehörige Hof, der Felberbauer, ist mit 1835 datiert. Das völlig ruinöse Brechelbad ist 1982 vorbildlich wieder aufgebaut worden.

Nach dem Wiederaufbau

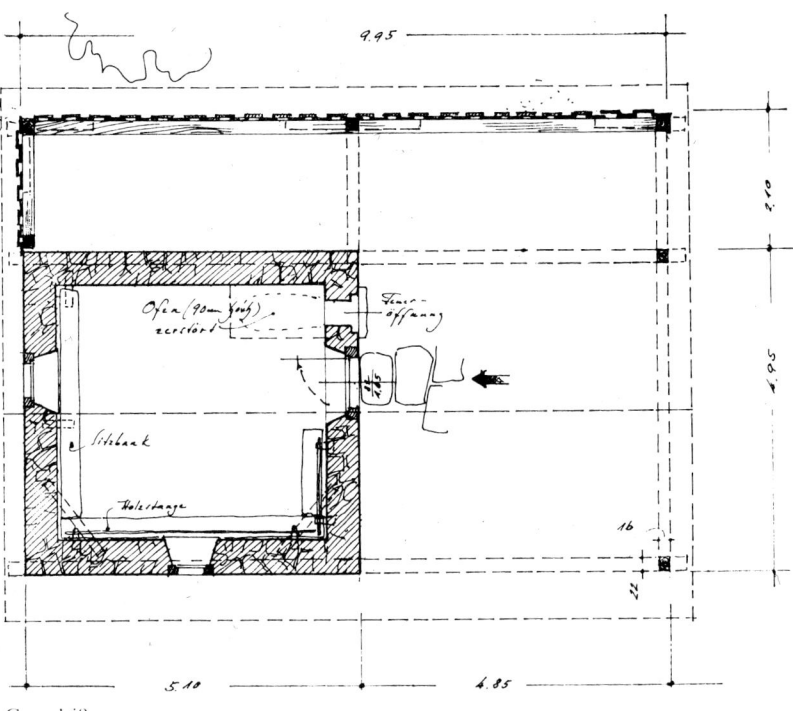

Grundriß

Brechelbäder

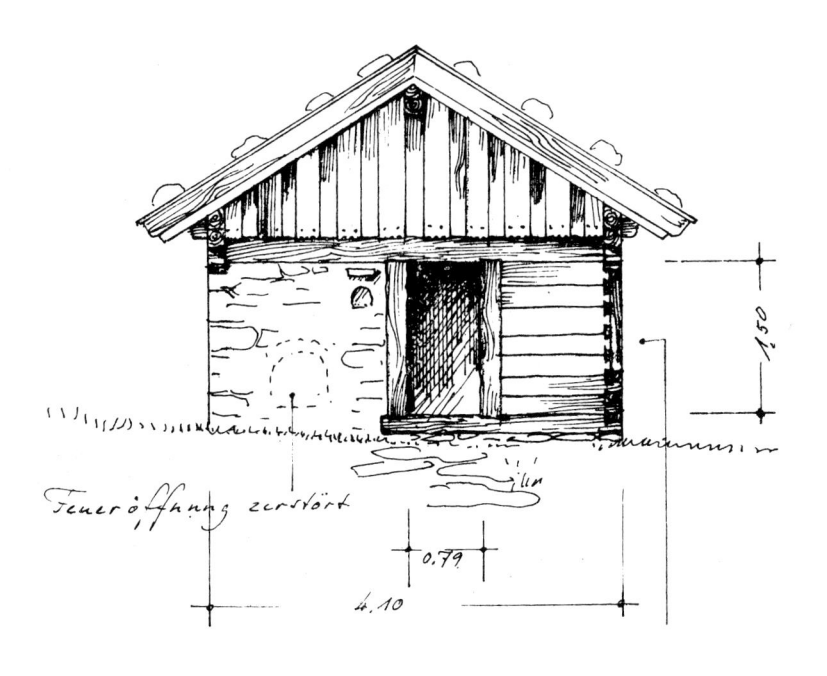

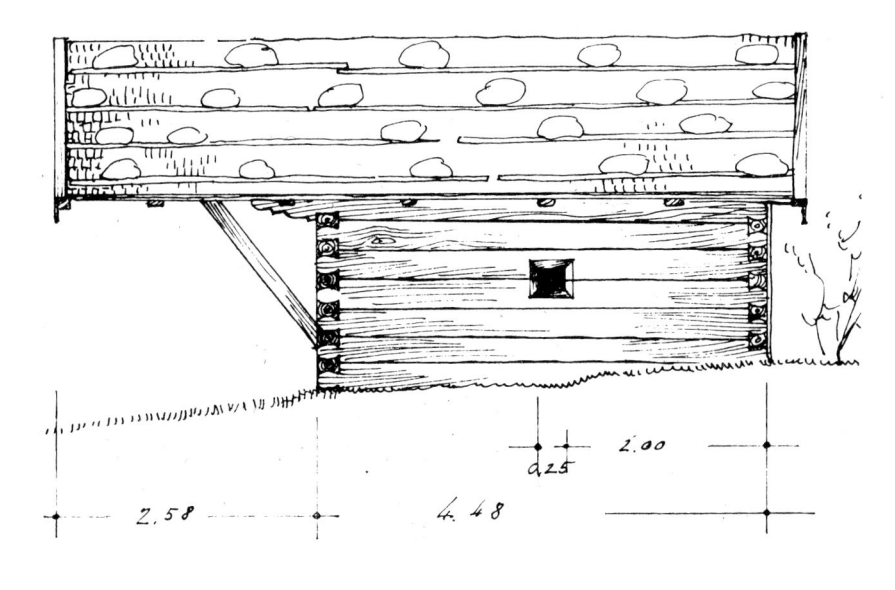

Ehemaliges Brechelbad »beim Moar« in Ulrichshögl bei Ainring.
Der kühne freie Dachüberstand von 2,58 m wurde – wohl später durch eine einseitige Schrägstütze gesichert. Die Seite, an welcher der Ofen angebracht war, war massiv gemauert, über dem Feuerloch war eine kleine Nische zum Abstellen eines Lichtes ausgespart. **Rechts** ein Foto aus dem Jahre 1962; das Gebäude wurde restlos abgebrochen.

Unten: Ehemaliges Brechelbad in Hausen bei Laufen.
Merkmale urtümlicher Bauweise sind der quadratische Grundriß der offenen Ständerkonstruktion, in die der ebenfalls quadratische Blockbauwürfel hineingesetzt ist, ferner die steilen Kopfbüge.

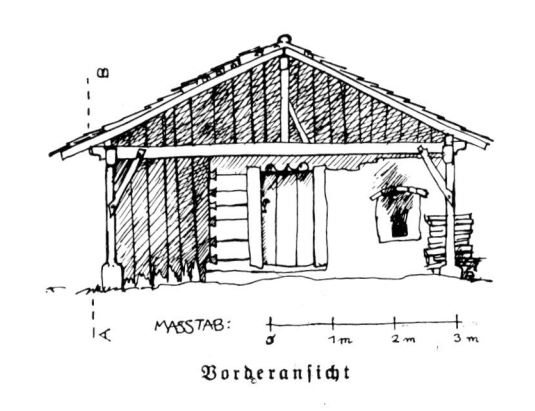

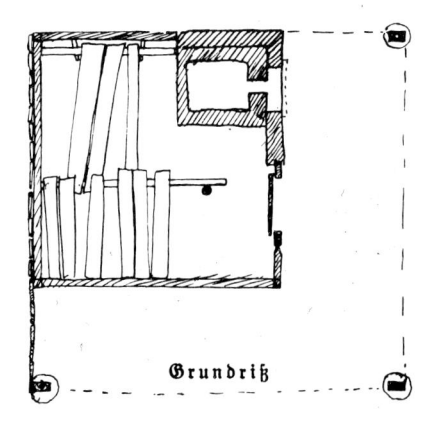

Seitenansicht   Vorderansicht   Grundriß

und Feuersgefahr waren weitere Gründe, die diesen Badebrauch zuerst in den Städten, zuletzt auch auf dem entlegensten Bauernhof völlig verdrängten. Am Bauernhof nutzte man die Badstube zunächst zu anderen Zwecken; dabei stellte Johann Reinhard Bünker fest, »... daß die Badstuben im Herbste, wenn die Zeit zur Bearbeitung des Flachses kommt, alle zum Rösten des Flachses und zum Brecheln desselben dienen. Die übrige Zeit des Jahres hindurch sind die Badstuben fast alle bewohnt. Früher wurden sie hauptsächlich als Auszüglerwohnungen benützt, jetzt werden sie an arme Leute: Taglöhner, Handwerker usw. vermietet. Sie müssen darum unbedingt auch zu den primitiven Wohnbauten gerechnet werden.«[166]

Das äußerlich meist recht unansehnliche Badhaus stand wegen der Feuersgefahr meist weit vom Hofe abgerückt. Es war in Holzblockbau errichtet, hatte einen giebelseitigen Eingang mit weit vorgezogenem Vordach, das oft von zwei Schrägstützen oder freistehenden Stützen abgesichert wurde. Der etwa quadratische Baderaum war – ebenso wie der spätere Brechelraum – in der Regel fensterlos, eine kleine Luke diente für den Abzug des Dampfes. Die Seite, an der der Steinofen stand, war massiv aus Bruchsteinen gemauert: Der Ofen selbst war ursprünglich wohl ein Lehmofen, später gewöhnlich aus Granit oder Gneis roh aufgemauert und mit Rollsteinen belegt. Die Beheizung erfolgte stets von außen, die Feuerungsöffnung lag etwa einen halben Meter über dem Boden. Eine herausragende Steinplatte oder eine kleine Nische diente dem Abstellen einer Lichtquelle. Im Inneren befand sich ursprünglich noch eine hölzerne Schwitzbühne. Rolf Robischon hält die Schwitzbadestube, die seit altersher auch oben mit einer dichten Decke abgeschlossen war, für den Vorläufer des Wohnraums mit Stubendecke, Bruno Schier sieht in ihr eine »frühe Vorläuferin der seit dem Hochmittelalter aufkommenden Wärme- u. Ofenstube überhaupt«.[167]

Über das Brechelbad als Flachsdörre berichtet Franz Liebl aus seiner Heimat:[168]

»Im Chiemgau hatte jede Ortschaft und auch jeder Weiler mindestens ein Brechelbad. Innen neben dem Eingang stand ein Stein- bzw. Kachelofen, der von außen mit Holz geheizt wurde und zwar die ganze Nacht hindurch. Tags zuvor hatten die Leute ihren Flachs (»Hoar«) bereits auf die Stangenroste gelegt, die an der Decke von Eisenhaltern (mit Ring) getragen wurden. Der Abstand zwischen den Stangen betrug etwa 40 Zentimeter. Da der Flachs nach dem Riffeln (Entfernung der Samenkapseln) und der Tauröste (Zerstörung des Klebstoffs durch Gärungsprozeß) noch steif war, konnte er auf den Stangen gut quer gelegt werden. Nun ließ man ihn in der glutheißen Luft des Brechelbades dörren, bis die Holzteile ganz brüchig wurden und leicht entfernt werden konnten. Die »Baddirn« (Magd) reichte die Büschel durch das Fenster neben dem Eingang heraus, was sehr anstrengend war und wobei sie ins Schwitzen kam. Der gedörrte Flachs wurde nun mit schweren Brecheln bearbeitet. Dabei fielen die gröberen Holzteile ab. Der überdachte Brechelplatz an der Stirnseite schützte gegen Regen. Da der Flachs noch nicht ganz sauber war und wieder Luftfeuchtigkeit angezogen hatte, kam er nochmal ins Brechelbad zum Trocknen. Diesmal wurde er auf Stangen gehängt, weil er wegen seiner Geschmeidigkeit nicht mehr quer gelegt werden konnte. War er wieder trocken, entfernt man mit einer leichten Brechel noch anhaftende Holzteile. Durch Schwingen mit Schwingscheit oder Schwingrad und Hecheln (»Hacheln«) wurde er vollends gereinigt. Die »Hachel« war ein Holzbrett mit lauter 20 Zentimeter langen Eisenstiften, durch die man jeweils ein Büschel zog und an denen der mindere Flachs hängenblieb, der dann als Werg Verwendung fand oder nach dem Spinnen und Weben zu sogenannten »rupfenen« Hemden, Schürzen (»Schabern«), Hosen und dergleichen verarbeitet wurde. Diese Kleidungsstücke haben beim Tragen recht gekratzt. Der feine Flachs glänzte seidig und fühlte sich weich an. Er wurde zu Zöpfen gedreht. Im Winter spannen die Frauen und Mädchen den Flachs zu Fäden. Die Dirndl begaben sich auf die Rockenreise (»Rockaroas«) zu einem vorher verabredeten Bauern, wo die Arbeit in lustiger Gemeinschaft leicht von der Hand ging. Der Weber kam mit seinem Webstuhl in die Stör. Er stellte ihn in der Stube auf und blieb zwei bis drei Wochen. Das Leinen wurde in der warmen Jahreszeit gebleicht. Die Ballen wurden sorgsam aufbewahrt und nach Bedarf zu Wäsche und Kleidungsstücken verarbeitet. Die »harbenen« (schönen) Hemden trugen sich angenehmer als die »rupfenen« Leinenballen und bildeten auch einen Teil der Mitgift für die Töchter.

Zuhäuser[169]

Die in der Literatur gelegentlich anzutreffende Feststellung, das Zuhaus sei ein »verkleinertes Abbild des Wohnhauses«, trifft nicht zu: Die Maßverhältnisse der Zuhäuser sind auch im Rupertiwinkel auffallend aufgesteilt und stehen – wie auch anderswo – in auffallendem Gegensatz zum breitgelagerten Proportionskanon der Haupthäuser.

Das stets zweigeschossige Zuhaus ist überwiegend ein Bauwerk des 19. Jahrhunderts, daher auch durchwegs in einer der seinerzeit üblichen Massivbautechniken errichtet und stets mit mittelsteilem Satteldach ausgeführt. Das für die Chiemseelandschaft typische, weit ausladende und abgewalmte östliche Giebelvordach ist im Rupertiwinkel nicht anzutreffen. Der sehr einfache Grundriß ist meist traufseitig erschlossen. Vielfach ist an der östlichen Giebelseite ein überwölbter Raum mit Backofen und Waschkessel sowie eingemauertem »Wassergrandl« anzutreffen.

Die künstlerische Ausgestaltung beschränkt sich meist auf die Eingangspartie, die stets an der Südseite liegt.

Almhütten[170]

Die Almwirtschaft hat im Rupertiwinkel naturgemäß nur in den Gebieten unmittelbar am Rand der Berchtesgadener Alpen eine bescheidene Bedeutung erlangt.

Im Jahre 1790 befanden sich im Pfleggericht Staufeneck vier bewirtschaftete Almen auf dem Untersberg; davon waren drei hofurbarlich, während das Forst- und Jagdrecht auf der vierten, der »Zehen-Alm«, auf der Berchtesgadener Seite von der Fürstpropstei ausgeübt wurde, was zu laufenden Irrungen geführt hatte. In 19 Kasern wohnten 18 »Besitzer«, die insgesamt 137 Kühe und 132 Jungrinder für ca. 10 bis 12 Wochen auftrieben.

Am Staufen waren vier Almen, davon gehörte die Geißalpe am Fuderheuberg zu St. Zeno; Steuer und Stift mußten aber nach Staufeneck bezahlt werden. Sechs bis sieben Kaser mit Stallungen gab es damals am Fuderheuberg und Staufen. Insgesamt wurden 60 Kühe und ca. 40 Ziegen aufgetrieben.

Nach der erzstiftlichen Waldordnung durfte kein Bauer sein Haus ohne Genehmigung der »Obrigkeit« erweitern oder gar abreißen und neu bauen. Ebensowenig durften ohne Einwilligung der Hofkammer Kaser und Almen errichtet werden. Konnten Güterbesitzer diese Genehmigung ab und zu erhalten, so war dies »Herbergsleuten« grundsätzlich verwehrt. Dagegen konnte ein hochfürstlicher Pfleger auf »anlangen die Verleihung einer Almgerechtigkeit auf Erbrecht« erlangen, selbst wenn es sich um ein völlig verschuldetes Subjekt handelte.[171]

Viel Ärger gab es unter den Bauern wegen der Weidebenützung. So durften einige Urwieserbauern die eingezäunten Wiesen in der »Lus« bewirtschaften, mußten aber nach »eingebrachtem Heu die freie Weide den anderen öffnen«. Dabei kam es zu Streitigkeiten, wenn aus Witterungsgründen die Heuernte nicht rechtzeitig eingebracht werden konnte. Die anderen Bauern wiederum warteten dies nicht ab und trieben ihr Vieh in die eingezäunte Weide.

Bis »zur Verdrüßlichkeit« wurden nun diese Streitigkeiten vor dem Pfleggericht Staufeneck »probiert«; dort wurde der Gerichtsbeschluß gefaßt, daß »solche Wiesen jeder Zeit um Georgi zu- und um Lorenzi aufgemacht werden, so daß genugsame Zeit zum Heu hinwegbringen bleibt. Dagegen sollen die Weidegenossen ihr Vieh nach altem Landrecht frei auslassen und nicht eigens dahinein reiten, oder hineintreiben. Auch sollen sie nicht mehr Vieh halten, als jeder über Winter füttern kann, noch weniger fremdes Vieh aufnehmen. Aber auch die Inhaber der Wiesen sollen die Zäun in einem friedbaren Stand erhalten, wer dagegen verstößt, soll um ein Gerichtswandel gestraft werden.«

Die freie Weide war allerdings eingeschränkt, denn die Waldmeister und Jäger mußten darauf achten, daß die »Bauern ihr Vieh nicht dahin treiben, wo Reif- und Bandgewächs wuchs, weil diese Stauden für das Salzwesen benötigt werden.« Ebenso durfte ohne schriftliche Genehmigung kein Korbmacher Haselnuß- oder Weidenstauden schneiden; den Geißhirten war es nicht erlaubt, auf den Almen Hacken oder Schneidmesser bei sich zu führen. Wer erwischt wurde, dem drohten drei Tage Keuchenhaft, und der Bauer, der ihn geschickt hatte, mußte mit 3 fl. Strafe rechnen.

Der Auftrieb war streng geregelt, im Laufe der Zeit wurden für jeden Hof die Anzahl der Tiere wie die Auftriebszeit festgelegt. Der Hocker in der Au mußte in der Zeit vom 12. Juni bis 29. September 8 Kühe, 6 Jungrinder von 1-2 Jahren und 6 Ziegen auftreiben. Die Weidezeit betrug 109 Tage. Zum Hockergut gehörten die Hockeralm mit »unbeschränkter Schwand, Almhütte und Alpmahd.« Das Almfeld hatte einen jährlichen Küchendienst von 20 Pfund Schmalz zu entrichten.

Der Mayerhofbesitzer konnte 12 Stück Kühe und 8 Jungrinder von Georgi, den 24. April, bis Michaeli, den 29. September, auftreiben. Außerdem bezog er drei Fuder Moos- oder Haidstreu, wofür er 2 kr. Laubstift zahlte.

Von den an der Nordseite des Hochstaufen gelegenen Almen haben nur noch wenige Almhütten historischen Charakter bewahrt; sie zeigen Grundriß- und Gestaltmerkmale, die sie deutlich von den Rundumkasern des Berchtesgadener Landes unterscheiden. Ein anschauliches Beispiel einer solchen Anlage ist die Steineralm am Fuß des Hochstaufen und Mittelstaufen in etwa 1200 m Höhe und die etwas weiter östlich gelegene Stoißeralm. Das auffälligste Merkmal dieser Almhütten ist das steile, ursprünglich mit genagelten Scharschindeln gedeckte Dach, dessen weit vorgezogene Giebel an Stelle der im Tal üblichen Schopfwalme teilweise eine senkrechte Scharschindelschürze tragen. Bis auf zwei gemauerte Wandpartien im Erdgeschoß der Steineralm ist der Wohnteil – im Gegensatz zur Bauweise der Talhöfe – bis unters Dach durchwegs in sorgfältigem Blockbau gezimmert, der Stallteil war aus Felsblöcken derb aufgemauert.

Der Grundriß ist eine langgestreckte Einhausanlage mit dem Wohnteil an der »Vorderseite« und angebautem Stall mit Längsaufstallung. Der giebelseitige Eingang, an der Steineralm außermittig, führt unmittelbar in den Wohn- und Wirtschaftsraum des Vorderteiles, von dem durch eine firstparallele, mittige Blockwand eine Schlafkammer abgetrennt ist. Beide Räume besaßen ursprünglich keine Decke, sie waren bis zum Dach offen. Der interessanteste Bauteil war die Herdstelle für das offene Feuer, eine rechteckige, etwa kniehohe Aufmauerung aus Feldsteinen, oben durch zwei verkämmte Holzbalken eingefaßt.

Über der Feuerstelle ist noch heute die unbeschädigte Rauchkutte erhalten, eine kleine, fast halbkreisförmig gewölbte Tonne, die auf einem parallel zur Giebelwand eingezogenen, frei durch den Raum geführten Balken und einem quer dazu gelegten Wechsel auflag. Zu beiden Seiten der Feuerstelle waren schwenkbare hölzerne Kesselgalgen, in entsprechenden Buchsen gelagert, angebracht. Im Gegensatz zur Grundrißanlage und zum konstruktiven Gefüge der Talhöfe ist diese Form der offenen Feuerstätte zweifellos eng mit ältesten Herdstellen im Tal verwandt – freilich fehlen hier sämtliche weiteren Feuerungsanlagen wie Stubenofen, Backofen usw.

Ein weiteres interessantes Detail zeigt das ursprüngliche hölzerne Schubriegelschloß: Der Schubriegel kann von außen durch einen herausziehbaren Holzstöpsel bewegt werden, für den ein länglicher Führungsschlitz im Türbrett ausgeschnitten ist.

Die Ausstattung der Räume, über denen heute eine geschlossene Decke eingezogen ist, erinnert mit ihrer gediegenen Sitzecke bereits sehr viel mehr an die älteren Talhöfe als dies etwa bei den archaischen Rundumkasern der Fall ist.

Die größte Überraschung auf der Steineralm ist jedoch das Heubodentürl in der rückwärtigen Giebelwand, über die der Heubergerraum über dem Stall beschickt wurde. An der Innenseite befindet sich unterhalb der Datierung »1796« eine eingeritzte Abwehrhand. Sie bezeugt bei allen Unterschieden in der Bauweise des Rupertiwinkels und des Berchtesgadener Landes die spirituelle Verbindung der Menschen. An einen lokalen Brauch, der heute noch lebendig ist, erinnern die naiven Schnitzereien der Holzknechte an der Innenseite der Schlafkammertür: Jedes Jahr zu Jakobi (25. Juni) treffen sich noch heute die Holzknechte zu einem geselligen Zusammensein ein. Früher, als man noch nicht täglich mit dem eigenen Auto auf bequemen Forststraßen zur Arbeit fuhr, haben die Holzknechte hier manchen verregneten Tag mit Schnitzen zugebracht.

Die **Stoißer Alm** auf einer Postkarte aus dem frühen 20. Jh.
Auffallend der langgestreckte Baukörper mit dem mittelsteilen Scharschindeldach.

147

Kalköfen
Von Max Wieser

In den Jahren 1690 bis 1734 befand sich im Pfleggericht Staufeneck nur ein Kalkofen im Forst am Untersberg, der an den jeweiligen Steinmetzmeister in Himmelreich übergeben und von diesem auch betrieben wurde. Ein genügender Vorrat von Holz durch Windwürfe am Untersberg sicherte den Inhaber gegen allen Holzmangel ab. Zugleich lieferte der Steinbruch in der Zwing genügend Steine zum Kalkbrennen. Wegen der Güte des Kalkes herrschte rege Nachfrage.

Im Laufe der Zeit entstand eine Reihe von Kalköfen, da zur Errichtung eines Kalkofens offensichtlich niemals eine Bewilligung erteilt werden mußte, noch jemals eine Abgabe dafür eingefordert wurde. Allerdings mußte man bei Bedarf eines größeren Quantums Holzes um die »hohe Bewilligung« einreichen.

Die Gesuche reichen nur bis 1772 zurück. Erst seit dieser Zeit enthalten die Forstbücher manche Angaben über Kalköfen, wozu dann vom Pfleggericht Staufeneck der Holzbedarf von 18 bis 20 Klaftern bewilligt wurde, ohne daß die Hofkammer um eine Genehmigung ersucht worden ist. Es wurde lediglich für das zugeteilte Holz das Stockrecht eingefordert, und die Untertanen setzten ihren Kalkofen ungehindert in Gang. Aus den Akten ist ersichtlich, daß im Pfleggericht Staufeneck kein einziger Kalkofen mit einer »ordentlichen Conzession« erbaut wurde. Die Ursache der Entstehung eines Kalkofens ist allein auf den Vorrat von Dürrholz, Windwürfen und auf die vorhandenen Kalksteine zurückzuführen. Sobald der Vorrat aufgebraucht war, verschwanden die Kalköfen.

Der Originalbericht des Pflegkommissärs von Schloß Staufeneck vom 14. Dezember 1792 gibt Aufschluß über die gewerblichen Betriebe der Zeit. Es war den Bauern diesem Bericht zufolge freigestellt, Ziegel- und Kalköfen zu errichten.

Es mangelte offensichtlich jedoch an Eigeninitiative und manches scheiterte an der Mißgunst der Bauern untereinander.

Kugelmühlen
Von Max Wieser

Aus den Marmor- und Sandsteinbrüchen wurden im Gericht Staufeneck die 4 Kugel- oder Schussermühlen mit Material versorgt. Die Kugelmühlen wurden genau so wie die Kalk- und Ziegelbrennereien ohne behördliche Genehmigung errichtet. In seltenen Fällen wurde für die Benützung des Bodens und der Wasserkraft von dem jeweiligen Grundherrn ein jährlicher Zins eingehoben. Die Kugelmacherei

Alter Mühlstein der Bergerschen Kugelmühle aus Bruch, Haus Nr. 9.

galt als freies Gewerbe. Die Kugelmühlen konnten nur zur Sommerszeit benützt werden, wenn nach Regenwetter die Bäche genügend Wasser führten, bei Hochwasser wurden die mit Mühe erstellten Mühlen oft verwüstet. Immerhin kostete die Errichtung einer Kugelmühle mit Wehr, Schlachten und Floß Ende des 17. Jahrhunderts bis 20 fl. Hinzu kam die Herstellung eines Kugelganges, der nochmals 40 kr. kostete. Die Wirtschaftlichkeit einer Kugelmühle war von der Qualität der Kugelsteine abhängig. Das notwendige Material wurde entweder an Ort und Stelle gebrochen, behauen und verarbeitet, oder von den Steinbrüchen geholt.

Den Kugelmühlen des Pfleggerichtes Staufeneck dienten als Materiallieferanten die Steinbrüche, wo graue Kreidekalksteine bei Glanegg und weiße und rote Kalke bei Fürstenbrunn gewonnen wurden. Steine lieferten ferner der Högl und der Steinbruch am Schloß Staufeneck sowie die Stoißer-Ache. Die würfelförmig zugehauenen Kugelsteine aus unterirdischen Steinbrüchen von Flyschmergel und Sandstein sowie die weißen körnigen Kalksteine von Staufeneck wurden dann sogleich in die Kugelmühlen zur Bearbeitung eingelegt. Eine Fuhre Kugelsteine faßte 14000 bis 20000 Stück und kostete 2 fl. bis 2 fl. 30 kr. 1000 Stück Kugelsteine wurden je nach Material mit 8 bis 10 kr. bezahlt. Behaute der Kugelmüller am fremden Steinbruch selbst, bezahlte er für tausend zirka 3 kr. Im Sommer zogen die Hersteller der Schusser hinaus, um auch aus dem Geschiebe von den Bächen und Flüssen Findlinge zu sammeln. Im Winter wurde dann in Heimarbeit das Material behauen, eine wegen des beim Kugelsteinschlagen sich entwickelnden Staubes ungesunde Arbeit.

Zum Behauen wurde ein Breithammer, als Amboß gewöhnlich ein Stein benützt. Das Behauen der gewöhnlichen Tagesmenge von 1000 bis 1400 Kugelsteinen erforderte große Fertigkeit. Ende des 19. Jahrhunderts wurden für das Tausend Kugelsteine 70 kr. bezahlt, so daß auch Frauen bei jeder anderen Arbeit mehr verdienten. Die Fertigstellung der Kugeln dauerte je nach Material und Größe verschieden lange: Kleinere Kugeln waren in 24 Stunden fertig, während die größeren bis zu vier Tage brauchten. Die Kugelsteine kamen zuerst in Gänge mit sehr harten Schleifern. Nach zwölf Stunden kamen sie in Mühlen mit weicheren Schleifern, aus denen sie dann nach 12 Stunden glatt und rund geschliffen herausgenommen wurden.

Die aus Sandstein verfertigten Kugeln brauchten zu ihrer Fertigstellung nur eine halbe bis zu einer Stunde und mußten anschließend sofort auf Holzböden getrocknet werden, da sie sonst im feuchten Zustand auseinandergefallen wären. Im allgemeinen rechnete man für das Verarbeiten der Steine, wie Ausschlagen, Behauen und Mahlen, für 1000 Kugeln drei Tage, bei ungünstigen Wasserverhältnissen konnten aber oft nur tausend Stück pro Woche hergestellt werden.

Auch der Handel mit den Kugeln, auch Palkugeln genannt, war ein freies Gewerbe, das von den Eisenhändlern, aber auch von den Faktors- und Spezereihändlern wie den alten Salzburger Kaufmannsfamilien Hagenauer und Hefter ausgeübt wurde. Die fertigen Kugeln wurden nach Salzburg geliefert und nach Nürnberg und Frankfurt verfrachtet. Endziel der Kugeln waren Hamburg, Rotterdam, Amsterdam und London, um dort bei den Schiffswerften als Schiffsballast »zum Schiffsschweren oder zum Schießen« verwendet zu werden. Diese salzburgische Exportware wurde bis Ost- und Westindien verkauft. Nach einer Mautordnung von 1589 unterlag ein Zentner Schusser einer Mautgebühr von zwölf Pfennig.

Die Ausfuhr der Kugeln bildete bis zum Ende des Erzstifts eine nicht unbedeutende Einnahmequelle.[174]

Die Ursache des Verschwindens der Kugelmühlen ist weniger in der Verbauung der Bäche und der wirtschaftlichen Nutzung durch Industrie und Fischerei zu suchen, sondern in der Herstellung der farbigen Kugeln aus Zement und Lehm durch moderne Maschinen, die die aufwendige und mühselige Herstellung der Marmor- und Sandsteinkugeln einfach zu unrentabel machten.

Zehentstädel

Im Gericht Teisendorf befanden sich zwei Zehentstädel, hier mußten die Bauern im Rahmen der Frondienste das Getreide einführen, dreschen und zu den grundherrschaftlichen Kastenämtern führen. Der Höglwörthische Zehentstadel stand auf dem Platz, den heute in Piding das Kaufhaus Traxl einnimmt.[175]

Der *Zehentstadel in Saaldorf*[176] wurde im Jahre 1976 abgetragen und in das Freilichtmuseum des Bezirks Oberbayern bei Großweil transferiert.

Der 22,2 m lange und 15,2 m breite Bau ist durch zwei Quertennen erschlossen. Im nördlichen Teil befindet sich ein Stapelraum, zwischen den Tennen ein gemauerter, wohl jüngerer Getreidespeicher, in der Südostecke ein dreiräumiger Blockeinbau. Der sehr schlichte Bau, gänzlich mit überlukten Brettern verschalt, läßt nichts von der großartigen Zimmermannskonstruktion im Inneren erahnen. Die tragenden Innenstützen gehen durch beide Geschosse durch. Die Aussteifung erfolgt durch einfache Kopfbänder in beiden Richtungen, der Wandbereich ist zusätzlich durch zwei von der Fuß- bis zur Kopfschwelle durchlaufende Streben versteift. Das steile Sparrendach mit der 3-fachen Biberschwanzdeckung ist durch zwei Zwischenböden unterteilt, von denen der untere zu Lagerzwecken mitgenutzt wurde. Die Unterstützung dieser Zwischenböden erfolgt außen durch zwei übereinander angeordnete liegende Stühle, in der Mitte durch Hängesäulen. Die Längsaussteifung des Dachstuhls ist durch jeweils zwei Streben in der Ebene der liegenden Stuhlsäulen bewerkstelligt. Der wohldurchdachte Ständerbau dürfte wohl gegen Ende des 18. Jahrhunderts errichtet worden sein.

Der Blockwandeinbau mag als Wohnraum und Kanzlei eines Verwalters gedient haben, der die Zehentabgaben registrierte.

Der ehemalige Zehentstadel beim Waldhauser in Saaldorf

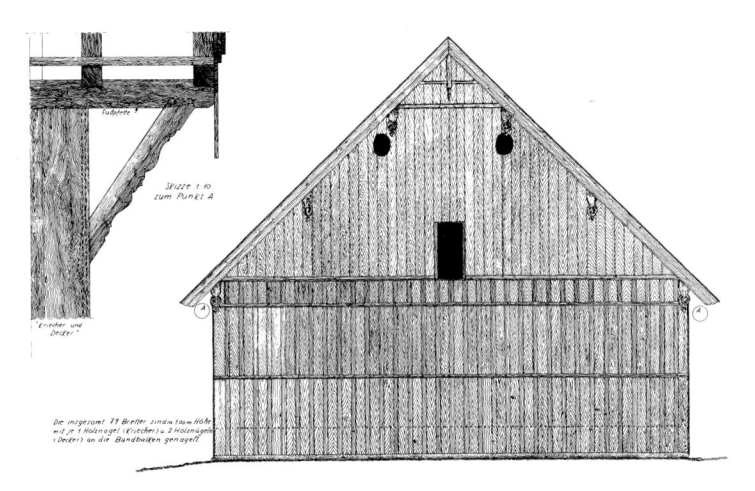

Der ehemalige Zehentstadel beim Waldhauser in Saaldorf

Ansicht Nordseite

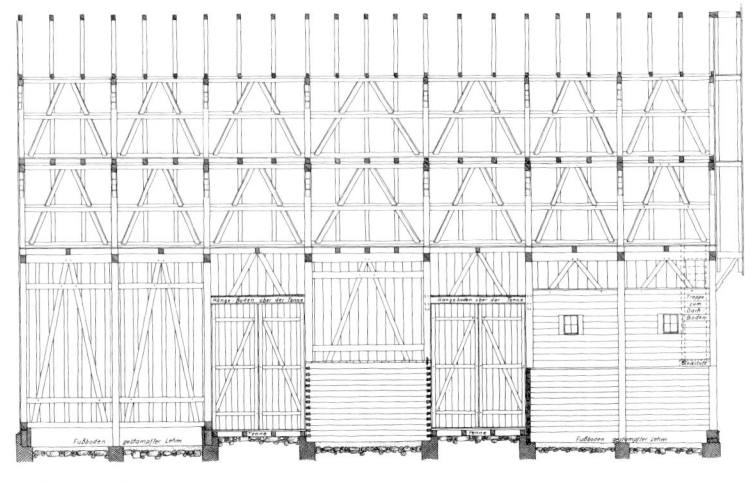

Längsschnitt

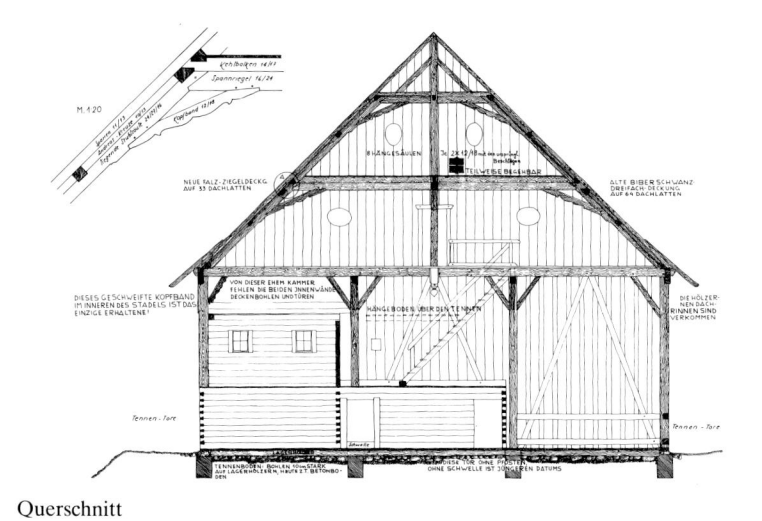

Querschnitt

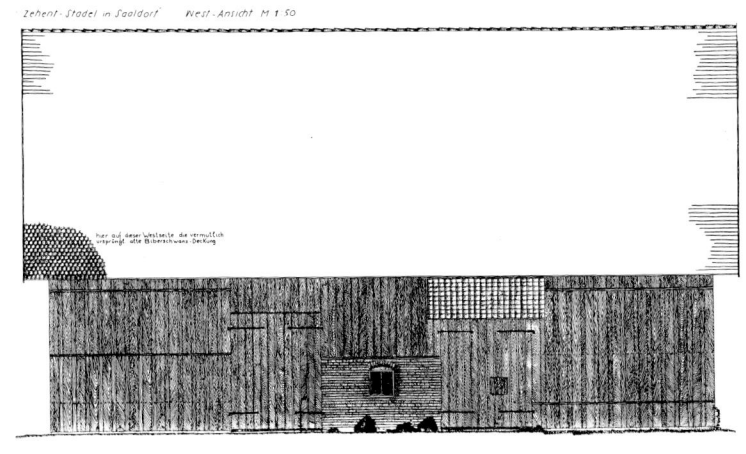

Ansicht Westseite

Ansicht Südseite

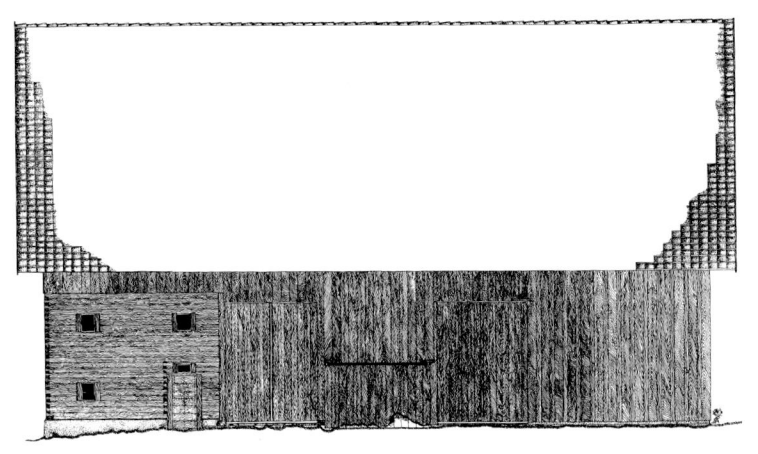

Ansicht Ostseite

Baustoffe, Bauglieder, Ausstattung

Baustoffe

Högler Sandstein[177]

Zu den besonderen baulichen Merkmalen des Rupertiwinkels zählen die Werksteine aus Högler Sandstein.

Aus dem Sandstein des Högl und Stoißberg (Flyschformation) wurden nicht nur Schleif- und Wetzsteine angefertigt, sondern auch Grabdenkmale, Einfassungen für Türen, Fenster und Gartenanlagen, Stufen, Pflastersteine, Treppenteile und Getränkebarren in Längen bis zu 3.60 Meter.[178]

Neben dem Steinbruch am Oberhögl gab es noch den Meister- und Hofersteinbruch auf der Ostseite des Högl, ferner den Steinbruch am Bannhögl in der Schneidergrube, den Hainbuchner Bruch am Katzengraben und den Kloster- bzw. Kerschallersteinbruch am Zellberg.

Der Kerschallerbruch lag etwa 1 km oberhalb des kalten Brünnls auf der Höhe 1189 m und gehörte bis zur Klosteraufhebung dem Augutinerchorherrnstift Höglwörth.[179]

Obwohl bei diesem Steinbruch bereits im Jahre 1865 wegen Einsturz der Grube die Arbeiten aufgegeben wurden, ist heute noch auf der Ebene über dem Bruch deutlich die Anlage der Zugvorrichtung erkennbar.

Ebenfalls aus den gleichen Gründen wurden um diese Zeit die Arbeiten im Katzengraben eingestellt. Dieser Sandsteinbruch lag etwa 600 Meter südöstlich von Gschwendt.[180]

Die Schneidergrube befand sich auf der Höhe 776 m, etwas östlich von Gschwendt.

Wo heute das Gamsngütl steht, stand die Werkstätte der Steinmetze. Die Spezialität der Schneidergrube waren Wetzsteine von ganz hervorragender Qualität. Auch dieser Steinbruch wurde schon um 1860 aufgelassen. Er lag wie der Hofsteinbruch im Staatsforst. Der jährliche Pachtschilling betrug 2 Gulden.

Im Meistersteinbruch sind die Arbeiten erst im Jahre 1909, im Hofersteinbruch jedoch schon im Jahre 1888 eingestellt worden. Diese Hofergrube lieferte hauptsächlich Steine für Schussermühlen. Auch in Pfaffendorf bei Anger war eine solche Kugelmühle beim Botaianwesen.

Nur beim Oberhögler Sandsteinbruch gingen die Arbeiten noch weiter. Dieser Bruch hatte nicht nur von allen die größte Ausdehnung, sondern dürfte der älteste Sandsteinbruch dieser Gegend überhaupt gewesen sein. Er wird schon in einer Urkunde vom 3. Mai 1599 erwähnt. Die Formulierung dieser unter Erzbischof Wolf Dietrich verfaßten Urkunde läßt darauf schließen, daß er damals schon überall bekannt und schon lange in Betrieb war. In einer Urkunde des Klosters St. Peter von Salzburg vom Jahre 1372 wird ebenfalls dieser Steinbruch schon erwähnt. Beide Urkunden sind so formuliert, daß schon auf eine sehr große Ausdehnung dieser Bruchstätten zu schließen ist.

Von den anderen Sandsteinbrüchen am Högl ist anzunehmen, daß der Abbau erst nach dem Dreißigjährigen Krieg begann.[181]

Im letztbetriebenen Stollen konnte man deutlich drei Phasen des Abbaues feststellen: Zuerst wurde nur im Tagbau der Sandstein gebrochen. Ein Feld von etwa 10 m Breite wurde jeweils abgeräumt, d. h. die auf dem Sandstein lagernden Verwitterungsschichten wurden weggeschafft. Durch die Neigung der Sandsteinschicht von 35° mußten gewaltige Erd- und Gesteinsmassen weggeräumt werden. Heute noch sind die großen Abraumhügel, die sich über die ganze Länge von 1200 m erstrecken, zu sehen. Als der Sandstein in dieser Länge nach der beschriebenen Weise abgebaut war, mußte man auf andere Methoden übergehen. Den Steinbruch noch über die 1200 m hinaus in den Nordhang des Högls vorzutreiben, war unrentabel und wegen der steilen Lage auch unmöglich.

In der zweiten Phase wurden die Steine untertage gebrochen und Stollen von 8 m Länge in den Berg getrieben. Auf dem verwertbaren Sandstein lag eine etwa 60 cm starke, mehr oder weniger lockere Steinschicht, darüber der feste, ungebankte Flysch. Diese nicht allzufesten Gesteinsmassen von etwa 60 cm mußten in liegender Stellung herausgeschlagen werden. Dann erst konnte man mit dem Abmeißeln des Sandsteines beginnen. Der Sandstein wurde dann mittels Krowatten (das sind ganz flache Spaltkeile) gespalten, auf Holzkufen verladen und aus der Grube befördert. Zum Transport über den etwa 10 bis 18 m langen, steilen Hang wurde nun erstmals ein mechanisches Instrument benutzt: die »Raitel«. Es war dies ein auf dem Hebelgesetz beruhendes Gerät, welches heute noch auf dem Stroblhof aufbewahrt wird. Die starke Ausleierung der Ösen läßt darauf schließen, daß es sich hier tatsächlich um dieses Gerät handelt, welches in früheren Jahrhunderten benutzt wurde, um die großen Sandsteinplatten aus den Gruben zu ziehen (Siehe Wappen vom Högl!). Im Laufe der Zeit war man auch nach dieser Methode am Ende angelangt und die Sandsteinlage auf einer Länge von 1200 m ausgebeutet. Es blieb darum kein anderer Weg, als wieder von vorne zu beginnen und die Stollen noch tiefer in den Berg zu treiben.

In dieser letzten Phase des Sandsteinabbaues wurde der Stein bis in eine Tiefe von 35 bis 40 m ausgebeutet. Hier genügte menschliche Kraft nicht, um die schweren Steine über diese lange Strecke aus der Grube zu befördern. Es wurde, so wird berichtet, erstmals bei der Strobl-Schmiede ein »Zug« gesetzt. Dieser bestand aus einer mächtigen Eichensäule, an der ein langer Zugbaum, ähnlich wie beim Göpel, angebracht war. Dieser Zugbaum reichte etwa je 4 m zu beiden Seiten der Säule hinaus und es konnten hier dann vier Zugtiere eingespannt werden.

Die Säule war mit massiven Balken verstrebt. Die Ketten wurden in der Grube um den Stein geschlungen, der auf den schlittenähnlichen Kufen ruhte. Beim »Rundgang« der Zugtiere wickelten sich die Ketten um die Säule, bis der Stein oben anlangte. Hernach wurde auf eben diesen Kufen der Stein in die Werkstätte gebracht, um verarbeitet zu werden. Man sah in der Steinhütte noch Schleifsteine mit 3.20 m Durchmesser. Mit rotem Farbstift war jeweils der Durchmesser des Schleifsteins vermerkt. Die Fertigwaren mußten dann mittels Fuhrwerk an ihren Bestimmungsort gebracht werden.

Als man dazu überging, Stollen in den Berg zu treiben, benötigten die Arbeiter künstliches Licht. Für diesen Zweck verwendete man Unschlittkerzen, die zentnerweise von der Fabrik bezogen wurden.

Um das Jahr 1852 stellte plötzlich auftretendes Wasser die Arbeiten im Stollen ein. Da die ganze Grube unter Wasser stand, wurde ein Ingenieur zu Rate gezogen. Dieser empfahl, etwa 100 m nördlich der Reinbrechtkapelle einen kleinen Wasserabzugstollen in den Berg zu treiben. Tag und Nacht wurde gearbeitet, um das Wasser baldmöglichst aus der Grube ableiten und die Steinbrucharbeiten fortsetzen zu können. Dieser Stollen führt heute noch Wasser.

Die Belegschaft des Oberhögler Sandsteinbruchs betrug meist sechs Grubenarbeiter, im Volksmund »Griabjer« genannt (von Grube!). 1846 wurden beim Steinbrecher 16 Personen registriert!

Der Beruf des Steinmetzen war schwer. In den Gruben mußte immer in gebückter Stellung gearbeitet werden, da die Grubenhöhe, selbst wenn die Steine abgebaut waren, erst 1,40 bis 1,60 m betrug. Sogenannte Steinstaublungen waren keine Seltenheit, ja meist sogar die Regel. Als letzter Steinmetz starb daher bereits mit 50 Jahren der Winbergerbauer.

Da die Gestehungskosten durch die mühsamen Abbauarbeiten ziemlich hoch waren, blieb für Unternehmer und Arbeiter nur ein karger Verdienst. Jahrhundertelang, so wird berichtet, betrieben der Strobl und Steinbrecher den Steinbruch gemeinsam. Um das Jahr 1900 überließ der Strobl dem Steinbrecher alle Rechte. Der Verdienst war eben nicht mehr allzu verlockend. 1913 stellte auch der Steinbrecherbauer die Arbeiten ein. Es lohnte sich nicht, noch weiter arbeiten zu lassen. »Der Kunststein kann nämlich wie der Naturstein bearbeitet werden; der Preis ist jedoch $1/3$ geringer«, schreibt schon das Herder-Lexikon im Jahre 1909.

Damit nahm die Erfindung des Kunststeins diesem Gewerbe auf dem Oberhögl die Lebensbedingungen: die jahrhundertelang betriebenen Sandsteinbrüche gehörten bald der Vergangenheit an.

Achthaler Schlackenstein

Der Achthaler Schlackenstein war früher ein beliebter Baustoff und lieferte ein weiteres Merkmal vieler Rupertiwinkler Höfe. Im Jahre 1537 errichteten einige wagemutige Salzburger und der Propst des Stiftes Höglwörth ein Eisenbergwerk im heutigen Achthal.

Weil man nun zur Verhüttung des Eisens viel Holz braucht, die umliegenden Waldungen aber schnell aufgebraucht gewesen wären, erbaute im Jahre 1540 die Gewerkschaft zwischen Au und Feldkirchen ein Hammerwerk, den »Hammer in der Au«, das später Hammerau benannt wurde, und das genügend Kohlholz aus dem Pfleggericht Lofer herabgeflößt bekam. Für Hammerau hatte die Gewerkschaft »Gerechtsame« für Waffen-, Zeug- und Nagelschmieden und zu Drahtzügen erworben – während Achthal Roheisen und Gußwaren absetzte.

»Das Roheisen, welches beyde Ofen aufbringen, wird teils zu Hammerau verarbeitet, teils an Privaten verkauft. Außer Ambosse wird kein Gußeisen gemacht. Beym Hammerwerk werden Stange-Eisen und Streckwaaren fabicirt. Zu feinen Streckwaren ist das Achthaler und Röhrntaler Roheisen nicht geeignet. Dieses Eisenwerk wird schon über 300 Jahre betrieben. Die Hälfte der Erzeugung der beyden Hochöfen wird beym Hammerauer Hammerwerk zu Stangen und Streckeisen verarbeitet, deren Produktionswert 60 000 – 70 000 fl. beträgt. Das Berg- und Hüttenpersonal besteht in 60 – 70 Mann.« Soweit das »Topographische Lexikon vom Salzachkreis« aus dem Jahre 1811.

Zweieinhalb Jahrhunderte hat die Gewerkschaft geblüht und vielen Menschen ein gutes Auskommen verschafft, bis dann nach der Säkularisation die Änderung der Landesgrenzen große Erschwernisse brachte. Die Grenzsperre für Eisen gegen Österreich verschloß der Gewerkschaft ihr Hauptabsatzgebiet für Eisenerzerzeugnisse; Holznot, Wassergefahr, Streitigkeiten mit Regierung und Verwaltungsmitgliedern, mißglückte Versuche führten schließlich zur Auflösung der Gewerkschaft: 1906 wurde das Hüttenwerk Hammerau und die kleine Gießerei Käferham verkauft, im Jahre 1919 der »Erzberg« und die Achthaler Anlagen.

Noch heute steht in Hammerau neben 3 Hüttenwerken aus dem 17. bis 19. Jahrhundert das Administrationsgebäude der Annahütte, ein klassizistischer Bau aus der Mitte des 19. Jahrhunderts.

Im Achthal in der heutigen Gemeinde Teisendorf steht ein ehemaliges Eisenschmelzwerk mit Hochofen und Hammerwerk, Hüttenwerks- und Eisengießereigebäude, ein ehemaliges Amtshaus und mehrere dazugehörige Wohnbauten. In der Kapelle Maria Schnee aus dem 18. Jahrhundert mußte der Vikar von Neukirchen früher alle 14 Tage an einem unbestimmten Werktag eine Messe lesen. Ein reich gestalteter neugotischer Brunnen mit Becken und Brunnenpfeiler in Eisenguß sowie mehrere kunstvolle Gußeisenbalkone bezeugen hier die Hochblüte der Eisengußtechnik um die Mitte des 19. Jahrhunderts. Auch der im Jahre 1844 angeschlagene und im Jahre 1855 eingeweihte Maximilian-Erbstollen zeigt einen klassizistisch gestalteten Stollenmund.

Mauerziegel [182]

Der gebrannte Mauerziegel hatte im Rupertiwinkel seit jeher eine größere Beliebtheit als im Berchtesgadener Land.

Im Pfarrfamilienbuch von Anger begegnen uns unterm Jahr 1679 unter Hainham zwei bewohnte Häuser, deren Namen uns heute nicht mehr geläufig sind: Ziegelmeister und Lettenhäusl. Im Jahre 1685 wurde der Stroblsohn Georgius Dornhaustatter Ziegelmeister, da er Eva Huber, die einzige Tochter des Hauses, heiratete. Wenn nun um diese Zeit schon Häuser für Meister und Gesellen standen, so ist anzunehmen, daß hier schon lange vor dem Dreißigjährigen Krieg Ziegel gebrannt wurden. Denn solche Betriebe pflegten sich in früherer Zeit nur langsam und aus kleinen Anfängen zu entwickeln.

Im Jahre 1947 wurden bei Grabungen zwischen Hainham und Schlagschneider zwei alte Ziegelöfen freigelegt. Diese Öfen waren 1,5 m tief in die dortige Lehmerde gegraben und nur notdürftig ausgemauert. Je zwei Feuerungen von 4 m Länge lagen nebeneinander. Es gehörte wahrscheinlich ein großes Geschick dazu, diese langen Heizanlagen kunstgerecht voll zu schüren. So ein Ofen verschlang täglich 7 Klafter Holz. Volle drei Tage mußte geheizt werden, bis ein Ofen, der 6000 Ziegel faßte, fertig gebrannt war. Demnach benötigte man zum Brennen von 6000 Ziegeln 21 Klafter Scheitholz.

Es wurden dreierlei Ziegel hergestellt: Backofenplatten, Mauerziegel und »Guckeisl«, das waren sehr schmale Mauerziegel, etwa 6,5 x 10 x 28 cm.

Unter den Urbarien des Dechanthofes zu Teisendorf fand sich folgende Notiz: »Hans Huber zu Hainhamb gibt jährlich 600 Zügl (Ziegel) zu 7 fl. und 30 kr. an den Dechantshof.«

Eine Überprüfung dieser Notiz ergab, daß es sich hier um den Vater der oben genannten Eva Huber vom Ziegelmeister in Hainham handelt. Diese Beurkundung beweist eindeutig, daß also um 1670 hier ein großer Ziegelofen bestanden haben muß. Bei dem hohen Geldwert des Gulden scheinen also die Ziegel damals eine sehr teuere Angelegenheit gewesen zu sein, denn die Abgabe von 7 Gulden und 30 kr. war für jene Zeit sehr viel.

Ziegelmeister und Gesellen, die dieses Handwerk im Hauptberuf betrieben und Familien zu ernähren hatten, konnten sich darum nur solange erhalten, bis die Holzpreise zu steigen begannen. Dann blieb ihnen bei den hohen Brennkosten jeder Gewinn versagt.

Stein- und Marmorbrüche [183]

Von Max Wieser

Der Pflegkommissär von Staufeneck erwähnte in seinem »Wirtschaftsbericht« den Steinbruch am Untersberg, der sich damals im Besitz des Joseph Doppler von Himmelreich befand. Neben diesem »privaten« Marmorsteinbruch wurden noch von der Hofkammer im Auftrag der Landschaft im Nahbereich der Residenzstadt weitere Steinbrüche abgebaut. Die Landschaft ließ die schwere Arbeit im Steinbruch »meistenteils durch Büßer oder Zuchthäuser aus der Festung« ausführen. Die großen Steinquader wurden am Untersberg in der Nähe des Schlosses Glaneck durch »einfache Steinsägen entzwei geschnitten.« Doppler zahlte für jeden Schuh weißen Marmor 13 kr. und für den mehrfarbigen 6 kr. an die Hofkammer.

Der Steinmetz verarbeitete den Marmor zu Altären, Portalen, Epitaphien, Fensterstöcken und Treppenstufen.

Nagelfluh
Von Dr. Josef K. Heringer

Das Volk nennt ihn »Nagelstoa«, die Geologen sprechen von Konglomeratstein und die Hochsprache spricht von Nagelfluh. Gemeint ist damit jene Gesteinsart, die aus gerundetem, wasser- oder eisverfrachtetem verbackenem Geröllmaterial unterschiedlicher Körnung besteht. Nagelfluh tritt in den Alpentälern und im Alpenvorland überall da auf, wo ein altes Flußdelta oder wo Altmoränen durch Flußläufe eingesägt und freigelegt wurden. In der Ramsau kommt Nagelfluh vor und diente hier der Mühlstein- und Werksteingewinnung. Der Salzburger Festungsberg und die Feste Hohensalzburg bestehen größtenteils aus Konglomerat und entlang des Salzachtales, vor allem im Laufener Durchbruchstal, wurde überall Nagelfluh freigelegt, abgebaut und verwertet. Der Nagelfluh hat eine gewisse Ähnlichkeit mit Beton, nur daß er wesentlich weniger dicht, d. h. mit zahlreichen kleineren und grösseren Hohlräumen versehen ist.

Die häufige Verwendung des Steines rührt daher, daß er einerseits häufig verbreitet, relativ einfach mit Meißel und der Sprengwirkung von quellenden Buchenholzkeilen zu brechen ist und überdies meist in der Nähe von Fließgewässern vorkommt.

Wenn ein Großteil der Staats- und Kirchenbauten des Salzburger Fürsterzbistums entlang der Salzach aus Nagelfluh gebaut wurde, so wohl deshalb, weil die Salzach per Schiffverkehr ein hervorragendes Transportmittel für die Verfrachtung dieses doch sehr schweren Materials bot. Überdies zeigt dieses Material, das im Salzburger Raum in beträchtlichem Maße mit Kalkgeröll durchsetzt ist, eine Tendenz zur Versinterung und Verhärtung, wenn es zu unverputztem Mauerwerk gefügt ist. Die Laufener Stiftskirche bietet hierfür ein gutes Beispiel. Nagelfluh zieht, da er ausreichend porös ist, kaum Wasser. Er eignet sich deshalb auch besonders gut zur Fundierung von Bauten. Die den Wasserfluten der Salzach sich entgegenstemmende Mauer am Laufener Schloß, um 1800 vom letzten salzburgischen Fürsterzbischof Hieronymus erbaut, ist ein beredtes Beispiel der Verwendung dieses Steines für ingenieurtechnische Bauten. In der Alterung wird Nagelfluh ein sehr belebtes Material. Die Hohlräume füllen sich mit feinem Verwitterungsmaterial und bieten den verschiedensten Pflanzen Existenzmöglichkeit, vom Zimbelkraut über den Mauerfarn bis hin zur Eibe.

Alte Nagelfluhmauern gleichen floristisch interessanten Felswänden. Ihre bauliche und gesteinsmäßige Stabilität wird dadurch nur unwesentlich beeinträchtigt.

Tuff
Von Dr. Josef K. Heringer

Das Kloster Raitenhaslach – so wird berichtet – bezog während seiner Blütezeit einen beträchtlichen Teil seiner Einkünfte aus dem Verkauf von Tuffsteinen. Die Gunst der Lage wog für dieses einstige geistliche Zentrum im unteren Salzachtal doppelt. Einerseits lieferten die Kalkquellhänge an den Salzachleiten reichlich Tuff, andererseits war die nahe Salzach ein idealer Transportweg für den Handel flußaufwärts. Die Tuffsteinbrecherei war noch bis in die zwanziger Jahre dieses Jahrhunderts im Gebiet der Endmoränen des Salzachgletschers – so vor allem in Kay und Wiesmühl – in Übung. Dort kommen noch heute ausgedehnte Tuffsteinlager vor, die aus Quellkalken gebildet sind. Die dortigen Moränen führen relativ viel Kalkgeröll, das vom Bodenwasser angelöst und so verfrachtet wird und beim Wiederzutagetreten als Kalkquellmoor in Form eines sinterartigen Gesteins ausfällt. Wie alte Bauern berichten, wurde der Tuff regelrecht in Stücken aus den Quellkalk-Bänken herausgesägt. Bekanntlich wird dieses Gestein erst nach längerer Lufttrocknung steinhart. Tuffsteingewinnung wurde vielfach im bäuerlichen Nebenerwerb betrieben.
Tuff ist ein Stein, der seines hohen Porenvolumens wegen leicht und gut wärmedämmend ist. Die Feste Burghausen an der Salzach ist ein bekanntes Beispiel für die überzeugende Verwendung dieses Gesteins, das gleiche gilt für Tittmoninger Burg.
Kirchen und Bürgerhäuser ohne Zahl wurden aus Tuff errichtet. Und als im 19. Jahrhundert aufgrund der Einführung von verbesserten Landwirtschaftsmethoden die Bauernhöfe den neuerlichen Erntesegen nicht mehr speichern konnten und vielfach neu und größer gebaut wurden, da wurde Tuff im Tittmoninger Raum vor allem für viele Bauernhöfe zum dominanten Baumaterial. Wohnhäuser und Stallungen und der Unterbau so manchen stattlichen Bundwerkstadels zeigen quadrisch gefügtes Quadermauerwerk aus unverputztem Tuffstein – steingewordene Eigenart aus der erdgeschichtlichen Besonderheit des Endmoränengebietes.
Ähnlich wie beim Nagelfluh bringt die Verwitterung dieses Materials gleichzeitig auch eine fortschreitende Versinterung, die den Stein innerlich festigt. Nur wo Tuff direkten Feucht- und Erdkontakt hat, schreitet sein Abbau – begünstigt durch Moose und sonstigen Bewuchs – rasch voran.

Bauglieder

Wände[184]

Im Holzblockbau ist – gegenüber der ärmeren Zwiehofregion des alten Berchtesgadener Landes – ein auffallender Formenreichtum in der Ausbildung der Holzverbindungen festzustellen.
Bei der zimmermannsmäßig scharfkantigen Bearbeitung der Stämme wurden für die Überkämmungen der Eckverbindungen und für die Durchsteckverbindungen der Zwischenwände zunächst rein zweckbestimmte Verzinkungen gewählt.
Die Wandlungen des Eckverbandes verdeutlichen augenfällig, wie man den verschiedenen Gefahren des Verwindens zu begegnen suchte. In der schwalbenschwanzförmigen Verzinkung fand sich schließlich eine technisch genügend ausgereifte Konstruktion: Die waagrechten Lagerflächen bei der älteren Überblattung machten noch Dübel notwendig, um ein Ausweichen der Blockbalken nach außen zu verhindern, ihr genaues Einpassen ist schwierig, zudem können sie leicht abscheren.

Die weitere handwerklich-technische Entwicklung, vielleicht aber auch nur Freude an der geleisteten Arbeit führte zu aufgewölbten Auflagerflächen, zum sogenannten »Klingschrot«, der mancherorts mit mehrfachen Verkämmungen die Zwänge unmittelbarer technischer Notwendigkeit verlassen und das Reich freier gestalterischer Phantasie betreten hat. Das Einbinden der Zwischenwände in die Außenwand folgte etwa gleichen Entwicklungsgängen. Das Stirnholz der Balkenköpfe in der Fläche des Blockbalkengefüges reizte die Phantasie der Zimmerleute bald zu freiem Formenspiel, aus einem elementaren handwerklichen Detail wird ein beliebtes Ziermotiv.

Die häufigsten Motive waren das Handwerkszeug des Zimmerers, ferner Initialen und Datierungen, daneben Herz und Kreis, Haus, Kirche und Stadttor sowie andere, kaum noch deutbare Formen. Wie überall, wo die Ornamentik zu stark in den Vordergrund tritt, wurden zuletzt – entgegen gesundem handwerklichem Gefühl – für das Malschrot Zierformen gewählt, die nur noch durch waagrechtes Einschieben der Zwischenwandbalken in die Außenwand eingefügt werden konnten; zu allerletzt half man sich gar durch Ausflicken allzu filigraner Teile. Systematische Untersuchungen über Holzverbindungen im Blockbau ließen sicherlich neue Erkenntnisse zur Chronologie und zur Eigenart einzelner Handwerksmeister und Werkstätten gewinnen.

Eine bisher noch unbekannte Spielform eines »Malschrots« fand sich im Herbst 1977 in Surheim am Hause Laufener Straße 21. Die heutige Schreinerei war früher möglicherweise ein Wirtshaus, die Datierung 1805 an der Firstpfette ist vielleicht das Baudatum, dürfte aber eher auf eine spätere Restaurierung mit Dachstuhlerneuerung hinweisen, da die Pfetten jünger als die Blockwände wirken. Der Mischbau folgt dem üblichen Konzept ländlicher Wohnbauten im frühen 19. Jahrhundert. Das Erdgeschoß ist aus Bruchsteinen gemauert, verputzt und getüncht, das Obergeschoß ist aus Blockbalken aufgezimmert und später überputzt worden.[185]

Beim Abschlagen des Putzes anläßlich einer Renovierung traten an diesem Hause überraschend drei Reihen von Malschrot zutage, deren dekorative Ausformung durch Bemalung ergänzt wurde. Die Form des Malschrots selbst läßt klar erkennen, daß die malerische Ausgestaltung nicht zu späterer Zeit erfolgte, sondern bei Beginn der Zimmererarbeit als gestalterisches Konzept vorlag. Die Palette der verwendeten Kaseinfarben beschränkt sich auf Weiß, Blauschwarz und Ziegelrot, die Farben sind flächig angelegt und kontrastierend gesäumt. Das Bindemittel zeigte kaum Ermüdung, die Pigmente waren erstaunlich frisch. Die Malerei übergreift in den beiden heraldischen Motiven sogar zwei übereinanderliegende Stirnholzköpfe und fügt sie gestalterisch zusammen.

Auf der Giebelseite des Hauses finden sich, in ungleichen Abständen zur Mittelachse, zwei Reihen Durchsteckverbindungen von je dreizehn dekorativ behandelten Hölzern, die zusammen einen regelrechten Bilderzyklus von einander zugeordneten Motiven ergeben; eine ähnliche Hölzerreihe fand sich an der Nordseite.

Siegfried Schamberger hat eine erste Deutung dieser Bilderfolge gegeben. Er sieht in dem Zyklus eine volkstümliche »Schöpfungsbeschreibung«, eine Art »Weltkatalog«. Sämtliche Bilder sind paarig, ein Teil der Darstellungen ist männlich und weiblich akzentuiert – entgegen allen heraldischen Grundsätzen sind sogar den Wappenmotiven typische Zeichen von Geschlechtlichkeit aufgesetzt.

»Das Auge Gottes als Zeichen der allmächtigen Dreifaltigkeit steht an der Spitze der Bilderreihe, am Anfang über allen Dingen. Der sechsstrahlige Stern, der wohl die Sonne bedeutet, und die Mondsichel sind Zeichen des Firmamentes und weisen vielleicht auf eines der ersten Schöpfungswerke der Genesis hin.

Die heraldischen Doppeladler, Hoheitszeichen des Heiligen Römischen Reiches Deutscher Nation, verbunden mit der Krone, versinnbildlichen in überaus kunstvoller Darstellung die höchste Autorität auf Erden.

Nun folgen Hahn und Henne, die Vertreter der geflügelten Tierwelt, gleichzeitig vielleicht auch ein symbolischer Hinweis auf das Gebot der Fruchtbarkeit. Mann und Frau in zeitgenössischer bäuerlicher Tracht sind möglicherweise das Selbstportrait der Bauersleute.

Das Tierpaar steht für die Tierwelt schlechthin, die dem Menschen nach göttlichem Ratschluß untertan ist. Vielleicht weisen die beiden Tiere auch auf das Jagdwild und das Jagdglück hin, in beiden Fällen veranschaulichen sie die menschliche Existenzgrundlage. Das Haus versinnbildlicht irdischen Besitz, das von Menschen Geschaffene. Kanne und Faß, Doppelsemmel und Hörnchen bedeuten Essen und Trinken, im weiteren Sinne das täglichen Brot als eine der wichtigsten Gaben Gottes.«

Auch wenn man sich dieser Deutung nicht vorbehaltlos anschließt, kann man zumindest folgendes feststellen: Die göttliche, jenseitige Sphäre steht über der irdischen Welt und dem menschlichen Tun; hier ist von der Beziehung zwischen Gott und dem Menschen und der Rangordnung der irdischen Dinge die Rede.

Über alle Deutungsversuche hinweg bleibt dieser Malschrotzyklus ein Unikat von überragender volkskundlicher Bedeutung: Parallelen hierzu sind bisher nicht bekannt geworden.

Doppelreihe der in Form einzelner Motive gestalteten Durchsteckverbindungen an der Giebelseite des ehemaligen Forsthauses in Surheim. Die sichtbaren Stirnholzflächen erhielten eine stilisierte Gestalt und wurden zudem noch bemalt.
Surheim, Laufenerstraße 21

Dächer

Das Dach des Salzburger Flachgauhofes ist ursprünglich ein flaches Legschindeldach gewesen, es muß wohl zusammen mit der alpinen Blockbautechnik aus dem Alpenraum ins Voralpenland hinausgetragen worden sein.

Seit dem Ende des 18. Jahrhunderts begann sich – offenbar unter »salzburgischem« Einfluß – ein mittelsteiles Halbwalm- oder Schopfwalmdach mit 40 Grad Neigung und genagelter Scharschindeldeckung einzubürgern. Auch die Dachaufsteilung ist in engem Zusammenhang mit der Intensivierung der Landwirtschaft zu sehen, als man zusätzlichen Bergeraum für die höheren Heu- und Getreideerträge benötigte.[187]

Der Huttmannhof in Haiden, Gde. Laufen.

Das Steinbacheranwesen in Laufen, Teisendorfer Straße 29 (Zeichnungen von S. Binder).

Pfettenkopfabdeckbretter und eisernes Firstkreuz »beim Schmid« in Offenwang 18, Gde. Teisendorf, datiert 1820.

Um 1850 muß das Halbwalm- und das Schopfwalmdach ein Charakteristikum dieser Region geworden sein, denn Lentner berichtet um 1850: »Eine Eigentümlichkeit (der Häuser) ist, daß die beiden Giebel des etwas steilen Daches an der Spitze zurückgelegt sind...«

Im Rupertiwinkel findet sich heute kein einziges Legschindeldach mehr; als Sekundärbedachung hat sich durchwegs das Ziegeldach durchgesetzt.[188] In vielen Orten sind jedoch flache und mittelsteile Dächer in buntem Durcheinander anzutreffen, letztere mit oder ohne Walme; einige Gehöfte zeigen einen Schopfwalm über dem ostseitigen Wohnhausgiebel und einen Vollwalm an der entgegengesetzten Wetterseite.

Die Bauglieder der ältesten Dächer entbehren jeglicher Schmuckformen, in späterer Zeit zeigen jedoch die Pfettenköpfe mit ihren Aufdoppelungen neben einfacher ornamentaler Bemalung reiches Schnitzwerk, daneben Initialen, Datierungen und christliche Monogramme. Gelegentlich sind die aus der Giebelflucht vorgezogenen Unterfirste apotropäisch ausgeformt, doch wird vielfach der Übergang von der apotropäischen zur ornamentalen Form deutlich.

Die Untersichten der Giebelvordächer wurden schon früh im Fischgrätenmuster verbrettert. Bei den steileren Dächern sind Verbretterungen in Rautenmustern häufig, die Bretter sind an den gefälzten Stößen profiliert, das »Schußbrett« im Kern des Rautenmusters ist vielfach als erhabene Rosette geschnitzt, im späten 19. Jahrhundert sogar als Abhängling gestaltet.

In der östlichen, unmittelbaren Nachbarschaft des Rupertiwinkels, rechts der Salzach, im salzburgischen Flachgau, wo diesem Brauchtum besondere Aufmerksamkeit geschenkt wird, sind einige Bauopfer[189] zutagekommen und beschrieben worden. So fand sich in Reinberg bei Arnsdorf ein derartiges Bauopfer in einer Firstpfette, bestehend aus drei bayerischen Silberpfennigen, sog. Schwarzpfennigen, aus dem 15. Jahrhundert. In Oberndorf fand man beim Abtragen eines Brechelbades beim Hieselbauern auf der Lindachhöhe im Zapfenloch der Firstpfette ein Leinensäckchen, worin sich ein Breverl und ein Zauberspruch befanden.

In Henndorf kamen beim Abbruch des Dachstuhles eines alten Wohnhauses ebenfalls in der Firstpfette fünf Stückchen von schwarzen Wachskerzen (Altöttinger Wetterkerzen) und drei Schwarzpfennige zum Vorschein, davon einer mit dem Wappen des Erzstiftes Salzburg und dem bayerischen Rautenwappen (16. Jahrhundert) und zwei salzburgische Prägungen von 1616 und 1668, dazu ein Stück eines Briefes mit italienischem Text.

Zu diesen Beispielen tritt ein Fund aus dem Rupertiwinkel. Im Erbhof des Peter Rehrl aus Leustetten kam ebenfalls ein Bauopfer zutage. Es gehört der neueren Zeit an und ist im Jahre 1854 eingemauert worden. Es stammt also aus einer Zeit, da dieser Brauch bereits im Niedergang begriffen war. Das ganze Opfer besteht aus acht Kleinmünzen, die anläßlich von Umbauarbeiten an der südlichen Vorderfront des Hofes ebenerdig unter einer Fensterbank eingemauert worden sind.[190]

Der Aufwand dieses Bauopfers ist schon auf ein Mindestmaß reduziert, die gute Absicht ist jedoch noch deutlich festzustellen. Die Zusammensetzung des Bauopfers wirft auch ein aufschlußreiches Licht auf den Münzumlauf vor einem Jahrhundert.

Decken

Über den ausgebauten Schlafkammern im Oberstock sind gelegentlich noch die primitivsten Formen einer Holzdecke anzutreffen: eng aneinandergereihte Rundstämmchen in wechselnder Wuchsrichtung, unterseitig meist nachträglich mit einer einfachen Weißdecke versehen.

Gegenstand reicherer Ausformung sind hingegen oft die Mittelbalken der Riemlingdecken. Hier ist mitunter das Motiv des gewundenen verknoteten Taues an den Balkenunterseiten anzutreffen, wie es im hochfürstlichen Meierhof am Fuße von Schloß Staufeneck zweifach zu bewundern ist. Die dort eingebauten Holzdecken – einmal mit 1712 datiert – zählen zu den schönsten ihrer Zeit und sind in dieser Prächtigkeit allerdings nur in diesem Anwesen – jetzt Restaurant – anzutreffen.

Ein vielleicht einzigartiges Beispiel eines »doppelten Bodens« findet sich im Althof in Wald 1, Gemeinde Teisendorf, unter einer Kammer des Oberstocks; das nur durch eine Art Falltür zugängliche, von Fremden kaum auffindbare Versteck diente zur diebessicheren Aufbewahrung des Saatgutes.

Lauben

Der Salzburger Flachgauhof in seiner ausgeprägten barocken Form – zweigeschossiger Blockbau mit flachem Satteldach und breitgelagerten Maßverhältnissen – ist ohne durchgehende Laube an der Giebelfront nahezu undenkbar. Die Konstruktion folgt den herkömmlichen Regeln des Blockbaus, unterscheidet sich als kaum von den Lauben der Berchtesgadener Zwiehöfe. Die Brüstung ist in ihrer ältesten Form eine völlig geschlossene senkrechte Verbretterung, unterseitig ohne Deckbrett mit einem Kerbschnittsaum abschließend; über den Laubenkonsolen ist das jeweilige Brüstungsbrett nach Art eines Stirn-

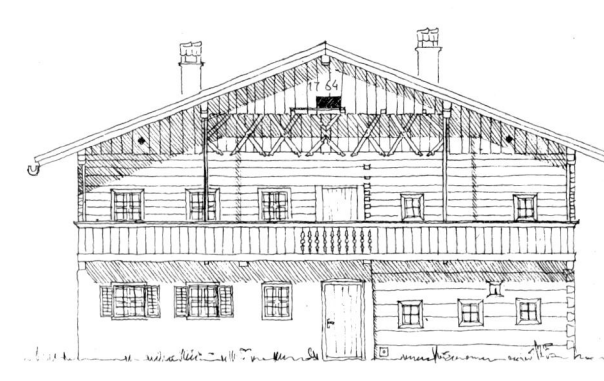

Giebelansicht des Salzburger Flachgauhofes in Kulbing 20. Blockbau mit gemauerter Stube 18. Jh.

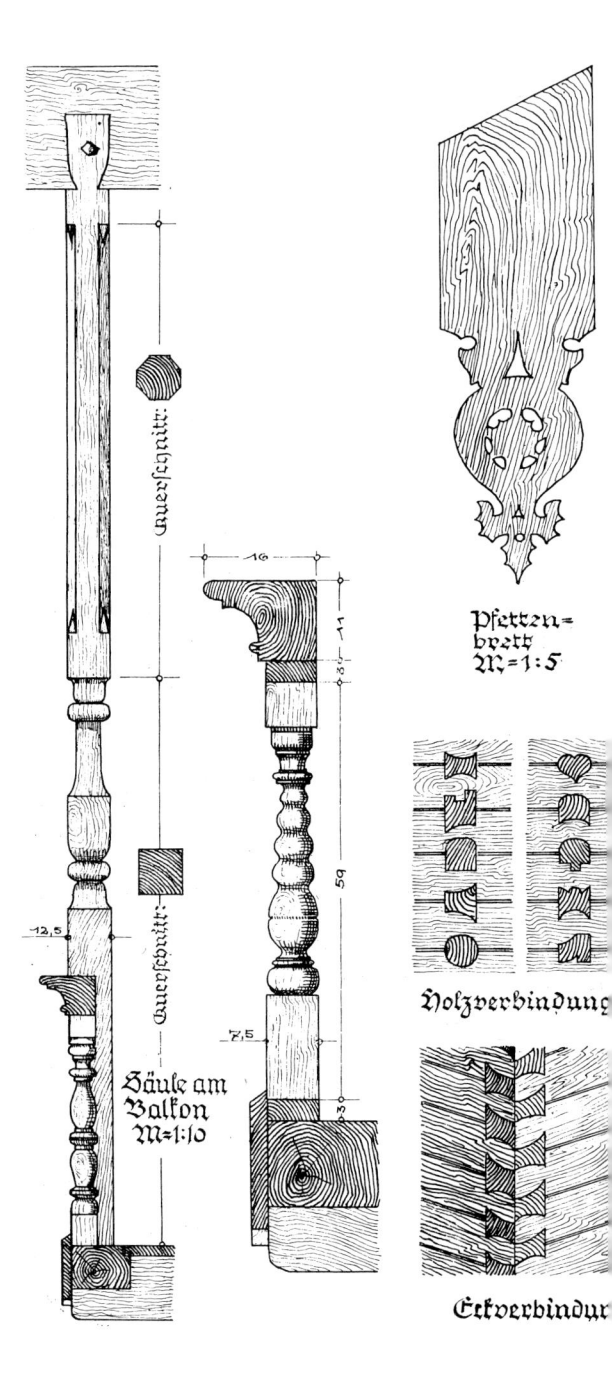

Laubensäule, Brüstungsbaluster, Pfettenkopfabdeckbrett, Malschrot und Klingschrot.

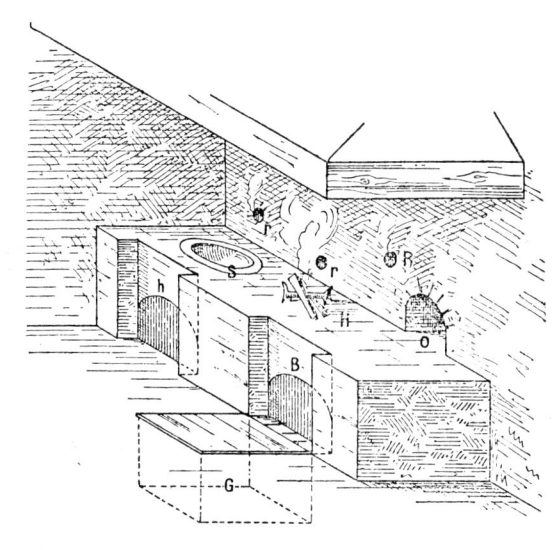

Ehemalige Herdanlage des **Dielbauern in Weilmannschwandt**, 2,2 m lang, 1,0 m breit, 0,75 m hoch, mit Steinplattenabdeckung (nach Eigl).

Alter Holzschlot:
Abschluß über Dach, Querschnitt und Aufbau auf Wandkonsolen (nach Eigl).

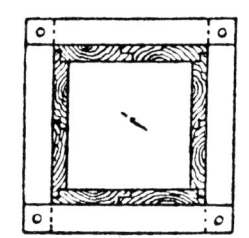

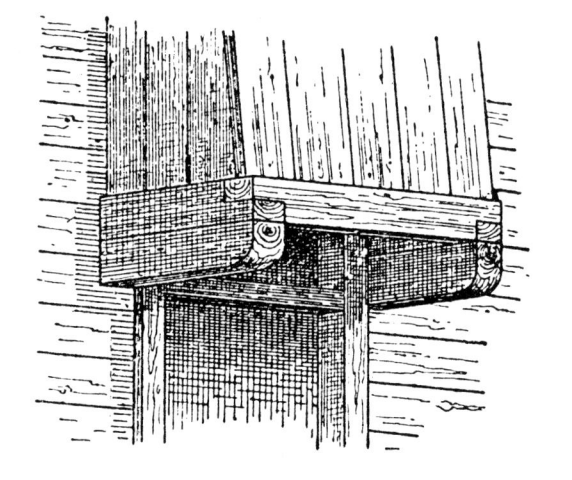

holzbrettes herabgezogen. Die Verbretterung ist oben in eine Nut des Handlaufs eingeschoben, der außenseitig meist hohlkehlig ausgenommen ist. Daneben finden sich aber auch gleich alte Bretterbrüstungen mit unterseitigem Abdeckbrett. Ausgeschnittene Ziermuster in dieser Bretterbrüstung beschränken sich auf das Mittelfeld. Nur selten greift diese Laube aus der Giebelseite auf die südliche Traufseite über.

Sehr häufig ist hingegen eine zweite Hochlaube im eigentlichen Giebeldreieck, welche stets zwischen die an den Mittelpfetten befestigten Laubensäulen eingespannt ist. Die Verbretterung des Giebelfeldes oberhalb der Mittelpfetten ist meist in die Ebene der Laubenbrüstung vorgezogen, dieses geschlossene Giebeldreieck zwischen den Mittelpfetten und der Firstpfette birgt meist den ehemaligen Taubenschlag. Die Fluglöcher und Sitzbretter, oft mit einfacher Randbemalung, sind noch heute vielfach erhalten. Eine in die Ebene der Laubenbrüstung vorgezogene Verbretterung, die das gesamte Giebeldreieck umfaßt, ist seltener anzutreffen. Diese Laubenformen sind auch bei der im 19. Jahrhundert üblichen Mischbauweise in Gebrauch geblieben.

Bei vielen Höfen aus der Mitte des 19. Jahrhunderts, die bereits mit Ausnahme des Giebelfeldes massiv gemauert sind, ist die Laube des Oberstocks vielfach auf das Mittelfeld der Fassade reduziert; oft ist auch der massiv gemauerte Baukörper ohne Lauben ausgeführt, das hölzerne Giebeldreieck besitzt aber meistens noch die Hochlaube zwischen den Mittelpfetten. Seltener sind Lauben, die sich im Giebeldreieck über dessen gesamte Länge erstrecken, also von Fußpfette zu Fußpfette reichen, sie finden sich nur bei gemauerten Bauten mit mittelsteilen Dachneigungen.

Lauben im Giebelfeld, deren Länge keinen Bezug zur Lage der Pfetten hat, sind nur bei solchen Höfen anzutreffen, die bereits bis unters Dach hinauf gemauert sind.

Bei den älteren Höfen sind gedrechselte Brüstungsbaluster eine eher seltene Schmuckform; bei verbretterten Lauben des späten 19. Jahrhunderts ist hingegen der Phantasie der Stichsägemuster ein sehr weiter Spielraum eingeräumt.

Giebelbundwerk

Ein besonderes Merkmal der älteren Salzburger Flachgauhöfe ist das ursprünglich wohl vielfach offene, später in aller Regel hinterschalte Giebelbundwerk. Es beschränkt sich fast durchwegs auf den Bereich zwischen den Mittelpfetten. Diese Bundwerkpartien bestehen bei den älteren Höfen aus einer Reihe von wenigen Andreaskreuzen, später sind vielfach zwei niedrigere Reihen übereinander angebracht. Diese Bundwerkfelder liegen entweder über der Laubentür oder die Laubentür ist in die Bundwerkkonstruktion gestalterisch einbezogen. Dieses Giebelbundwerk ist auch noch bei jenen Höfen üblich, die bis an den Kniestock gemauert sind; es gibt auch Höfe, die schon bis unters Dach gemauert sind und lediglich im Giebelfeld im Bereich zwischen den Mittelpfetten eine dekorativ gedachte Bundwerkpartie aufweisen. Nur ausnahmsweise ist altes Bundwerk im gesamten Giebelbereich und sogar an den Traufseiten im Kniestockbereich anzutreffen, so beispielsweise in Oberteisendorf beim Anwesen Schulweg 2. In den Giebelfeldern dieser alten Mittertennhöfe zeigt sich wohl die Entwicklungstendenz der rezenten Ständerbaupartien in Richtung Bundwerkkonstruktion. In diesen ursprünglich offenen Giebelfeldern zeigt sich aber auch der urtümliche Charakter dieser Mittertennhöfe, deren Bergeräume im Dachbereich über die Wohnräume hinübergriffen; nur hier, an der meist wettersicheren und durch große Dachüberstände geschützten Ostseite waren so weite Lüftungsflächen möglich.

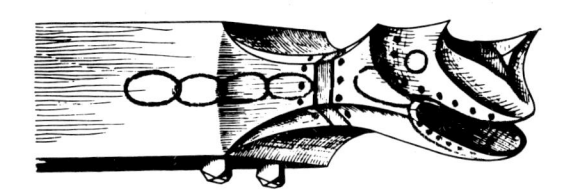

Mit Geradeisen und Krummeisen gestaltete und mit Schwarz und Rot gefaßte Endigung eines Unterfirstes, ursprünglich in apotropäischer Bedeutung.

Eine wohl einzigartige Giebelfelddekoration – an Stelle des üblichen Giebelbundes – findet sich beim »Mesnerbauern« in Niederheining 8, Stadtgemeinde Laufen.

Hier ist vor der Hinterschalung die gesamte Ölbergszene mit dem blutschwitzenden Heiland und den schlafenden Aposteln in bunt bemalter Laubsägearbeit dargestellt.

Bemalte Giebelbundwerke scheinen deshalb sehr selten zu sein, weil die Bemalung heute fast bis zur Unkenntlichkeit verwittert und ausgeblichen ist. Ein großartiges Beispiel ist der Hof zu Seeleiten, Haus Nr. 6, Gemeinde Teisendorf; hier umfaßt die Bemalung auch das gesamte Giebelvordach sowie Teile der Giebelverbretterung. Diese Bemalung beschränkt sich keineswegs auf Ornamentik; neben einer Reihe überraschender figürlicher Szenen finden sich auch zwei zu Grimassen verzerrte Konterfeis, vielleicht eine Persiflage auf die Erbauer des Hofes.

Ähnliche bäuerliche »Portraits« finden sich an der selben Stelle im Giebeldreieck übrigens auch am Hof »beim Schmid« in Offenwang Nr. 18, Gemeinde Teisendorf.

Eine reiche ornamentale Bemalung zeigt auch das Giebelbundwerk an einem ehemaligen Hof in Oberteisendorf, Schulweg 2.

Stadelbundwerk

Jenes Stadelbundwerk, das in der nördlich benachbarten Region des Vierseithofes zwischen 1830–1870 seine höchste Vollendung erreicht hat, ist dem Salzburger Flachgauhof völlig wesensfremd. Der gesamte Ständerbau der Stadeltrakte in allen ihren Ausformungen ist durchwegs mit senkrechten Verbretterungen, an der Wetterseite meist mit einem Scharschindelmantel versehen. Die Ostseiten der Widerkehren sind im Erdgeschoßbereich meist offene Remisen mit sichtbaren Stützenreihen; die Verbretterungen über diesen Stützen sind oft — gleichsam nach dem Vorbild von Arkaden — segmentförmig ausgeschnitten.

Nur ausnahmsweise findet sich Stadelbundwerk an einem Giebel einer Widerkehr oder an einer ostseitigen Traufseite eines Stadels; in solchen Fällen handelt es sich jedoch durchwegs um Konstruktionen aus der Zeit zwischen 1920 bis 1930, die schon etwas »ingenieurmäßig« wirken, jedenfalls den Zauber historischer Handwerkskunst weitgehend vermissen lassen.

Feuerstätten, Kamine, »Rauchböden«[191]

Interessanten Einblick in die Baugeschichte der heute fast ausnahmslos zerstörten offenen Feuerstellen verdanken wir dem »k. k. Regierungs-Oberingenieur« Josef Eigl, der im Jahre 1895 seine »Charakteristik der Salzburger Bauernhäuser mit besonderer Berücksichtigung der Feuerungsanlagen« veröffentlichte. Er charakterisiert folgende drei Bauphasen: Herd im »Hause« ohne jeden Rauchschlot, Herd mit unter Dach endendem Rauchschlot, Herd mit künstlicher Rauchableitung über Dach.

Bei den ältesten, kaminlosen Häusern fand Eigl noch vielfach die zu einer einzigen »Heizgruppe« zusammengefaßte Befeuerungsanlage: Die gemauerte Herdstelle war an die Rückwand oder Seitenwand des Flezes angebaut, daran schloß sich der sog. »Sechtelherd« (Waschkessel), die »Einheize« für den Stubenofen und mitunter auch jene für den Backofen, der häufig in die Stube oder in die Nebenkammer eingebaut war.

Der ganze Herd bildet hier ein 2,2 m langes, 1,0 m breites, 0,75 m hohes gemauertes »Podium«, auf dessen Steinplattenabdeckung das offene Feuer brennt.

»Etwas weiter rückwärts zeigt sich in der Seitenmauer eine Öffnung im Niveau des Herdes, welche die Einheize für den Stubenofen bildet, und darüber das Rauchloch dieses Ofens.

Außenseitig befindet sich an dieser Stelle eine kleine Einlassung im Herdmauerwerk und in dieser, im Niveau des Hausbodens eine mit einer Blechthüre verschlossene Oeffnung — die Thüre, durch welche die Beschickung des in die Stube hineinreichenden Backofens stattfindet. Behufs Ermöglichung des Einheizens und der Beschickung ist an dieser Stelle im Bo-

Tafel VII aus Eigl, 1895

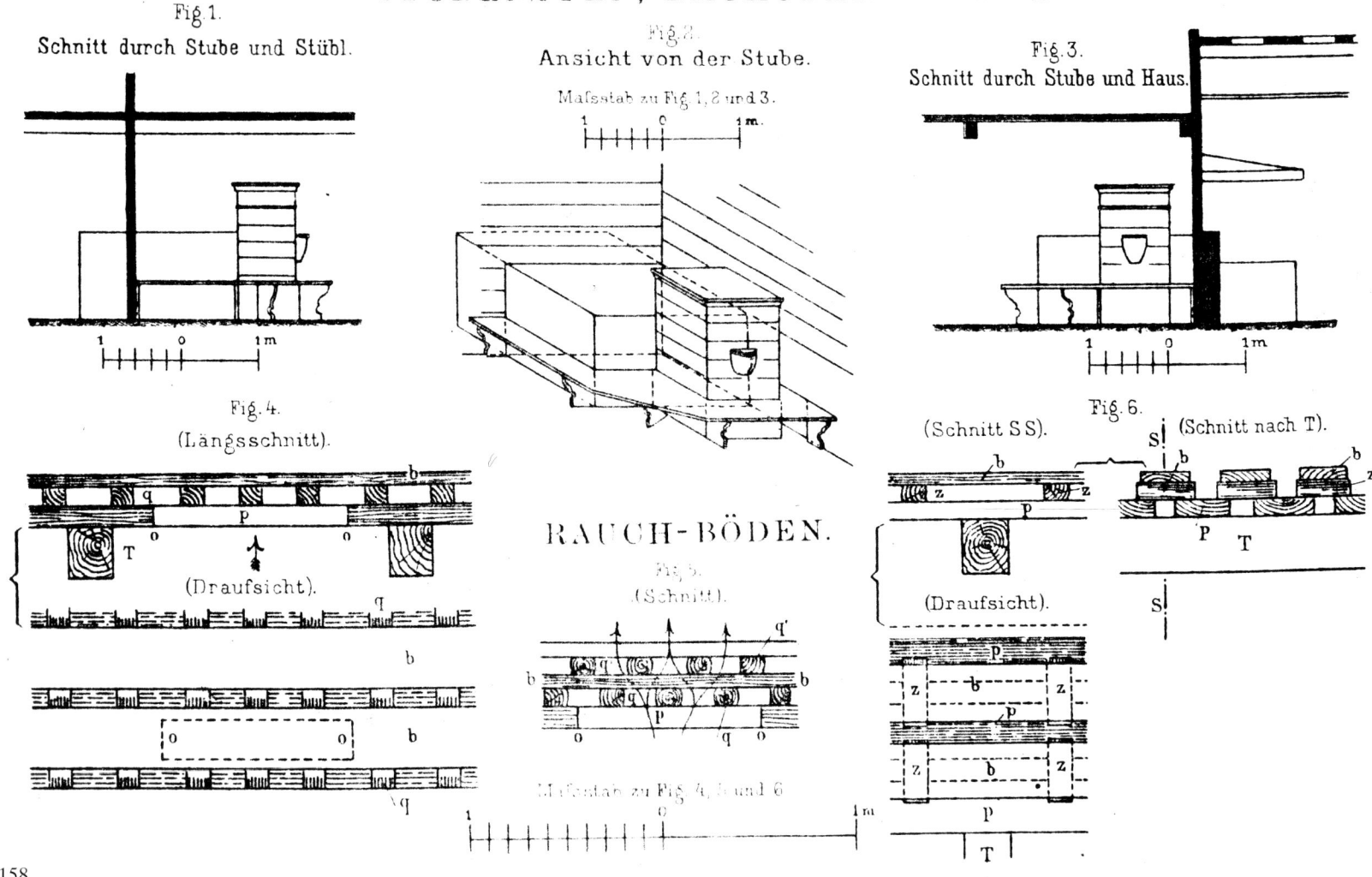

den eine Heizgrube, nämlich eine 0,5 m tiefe Grube ausgemauert, welche für gewöhnlich oben durch einen Bohlenbelag oder Holzdeckel geschlossen ist.«

»Im rückwärtigen Theile dieses kombinirten Herdes zeigt sich eine zweite, außenseitige Einlassung im Herdmauerwerk, mit einer Oeffnung, welche (gleichfalls mit Blechthüre verschließbar) die Einheize für den 'Sechtelofen' bildet. Der zu diesem Ofen gehörige Waschkessel ist in das Herdmauerwerk eingelassen und mit einem Deckel verschließbar. Die Rauchabzugsöffnungen für Backofen und Sechtelofen sind hier einfache Löcher von rundem Querschnitte in der Mittelmauer des Hauses. Mitunter aber sind solche Rauchabzugsöffnungen mittels Ziegel koulissenartig derart ausgeführt, daß eine Reihe solcher Oeffnungen nebeneinander vorhanden ist, welche ganz oder theilweise – zur Regulierung der Feuerung – mittels verschiebbarer Ziegelstärke geschlossen werden könnte.«

»Etwa 1 1/2 m über der Herdfläche ist bei derartigen Herden stets ein Rauchmantel angebracht – gewöhnlich 'Kutte' genannt. – Er besteht aus einem Holzkranz, auf dem sich entweder ein flaches Gewölbe aus Bimssteinen oder auch aus Pfosten aufbaut; letzteren Falles ist das Holzgewölbe mit Lehm ausgeschlagen. Dieser Rauchmantel, der nach oben keinerlei Öffnung besitzt, hat den Zweck, die vom offenen Herdfeuer auffliegenden Funken aufzufangen und deren zündende Wirkung zu verhindern.«

Solche Rauchmäntel waren vielfach kleine, halbkreisförmige Tonnengewölbe aus Ziegeln, außenseitig auf umlaufenden, an der Decke (den »Tramen« des Rauchbodens) aufgehängten Holzrahmen ruhend. Der vom Herd aufsteigende, noch mit brandgefährlichen Funken angereicherte Rauch stieß zunächst an diesen nach oben geschlossenen Rauchmantel; weil er hier keinen Ausweg nach oben fand, trat er unter dem Holzkranz des Mantels (an den sog. »Kuttenbäumen«) in den Flurraum aus, wo er zunächst in den Rauchboden emporstieg.

Eigl beschreibt auch detailliert einen zu seiner Zeit noch in vollem Gebrauch befindlichen Rauchboden:

Der Rauchboden besteht hier aus einem einfachen, auf Trämen befestigten Pfostenboden, in welchem 4 Oeffnungen (wie im Grundrisse des Obergeschoßes) angebracht sind, jede derselben 1 m lang, 0,2 m breit.

Für gewöhnlich bleiben diese Oeffnungen für den Rauchabzug nach dem Dachbodenraum offen. Zur Zeit, wann »gefojert« wird, d. h. zu jener Zeit, wann das Getreide von der Tenne aus nach dem Oberboden und Rauchboden behufs Austrocknung und Durchräucherung eingebracht wird, werden jedoch diese Oeffnungen theilweise verschlossen...

Auf diesen Pfostenboden werden nun Querhölzer gelegt und auf letztere in paralleler Richtung zu den Pfosten ersteren Bodens Bretter und zwar so, daß die Oeffnung in der Daraufsicht durch solch' ein Brett überdeckt erscheint, ohne hiedurch geschlossen zu sein, weil die obigen Querhölzer zwischen Pfostenboden und Bretterbelag einen Zwischenraum bilden. Die Bretter dieses Bodens sind hiebei nicht dicht aneinander gelegt, sondern so, daß zwischen den einzelnen Brettern circa 10 cm breite Längsfugen verbleiben.

Häufig wird dann über diesen Bretterboden ein zweiter, gleicher Konstruktion gelegt. Es folgen demnach auf den Bretterbelag wieder Querhölzer und werden auf letztere die Läden so aufgelegt, daß sie – wieder Längsfugen wie im unteren Boden bildend – die Längsfugen des letzteren überdecken.

Auf den zweiten Bodenbelag werden dann aufrecht die Getreidegarben eingestellt, und zwar dicht aneinander und übereinander und wird die ganze Garbenmasse seitlich durch Stangen, die am Dachgehölze Befestigung finden, zusammengehalten.

Der Rauch – dessen zündende, allfällig mitgerissenen Funkentheile zunächst durch den Herdmantel, dann noch durch den vorbeschriebenen Rauchboden zurückgehalten werden – durchzieht nun die über dem Rauchboden befindlichen Zwischenräume des einfachen oder doppelten, darüber lagernden Bretterbodens und ist genöthigt seinen weitern Weg nach aufwärts durch die auf dem Bretterboden aufgestellten Garben zu suchen. Beim Austritt aus der Garbenmasse verbreitet er sich im Dachboden nach allen Richtungen, bis an die Dachflächen hinauf in der ganzen Ausdehnung des Wohn- und Wirtschaftstheiles.

Während nämlich die beiden, giebelseitigen Kammern nach oben durch den »Oberboden« abgeschlossen sind, desgleichen der Tennraum durch einen solchen Oberboden (die »Schabbühne«), besitzen die »Dielen« und der über den Stallungen befindliche »Heuboden« gegen das Dach hinauf keinerlei Abschluß.

Hieraus wird erklärlich, daß nicht nur die auf dem Rauchboden aufgestapelten Getreidegarben, sondern auch die nebenan, auf dem Oberboden und der Schabbühne, dann ferners in den Dielräumen und endlich die im Heuboden deponirten Vorräthe von Getreidegarben, Stroh und Heu mehr oder weniger mit durchräuchert werden.

Hierin besteht das sogenannte »d u r c h f o j e r n« des Getreides oder Heues etc.

Der Hauptvortheil des »durchfojerns« soll darin liegen, daß das Getreide sehr »resch« und trocken gemacht wird. Auch wird von der Landbevölkerung vielfach behauptet, daß das durchräucherte Heu desinfizirt sei; und hiedurch ansteckende Krankheiten bei Vieh, das in den Stallungen von Rauchhäusern untergebracht ist, oder das mit »durchfojertem« Heu gefüttert wird, viel seltener und weniger bedenklich auftreten, wie anderen Falles.

Ist auch ersterer Vortheil des guten Trocknens einleuchtend, so mag die Stichhältigkeit des letzteren dahingestellt bleiben.

Ein entschiedener Vortheil aber ist bei allen feuerpolizeilichen Bedenken gegen Rauchhäuser unleugbar vorhanden. Es ist der einer ausgezeichneten Holz-Konservirung. Das ganze Baugehölze, welches mit dem Rauche in Berührung kommt, so die Schrottwände, das Deckengehölze von Soler und Rauchboden, das ganze Dachgehölze ist bei solchen Häusern von außerordentlicher Härte, ohne jede Spur von Fäulniß, trotz hohen Baualters.

Leider sind die Dachpfetten auch über den giebelseitigen, vom Oberboden aus zugänglichen Gange bei Rauchhäusern meist so geschwärzt vom Rauche, daß die sonst an diesen Pfettentheilen vorfindliche Jahreszahl, welche Aufschluß über die Bauzeit des Hauses geben würde, nicht mehr erhoben werden kann.

Der Rauchabzug vom Dachbodenraume nach außen hin erfolgt – wie schon bemerkt worden – hauptsächlich nach der vordern Giebelseite des Hauses zu durch 2 kleine, in der Verschalung der Giebelwand ausgeschnittene Rauchlöcher, sowie durch die niedere Austrittsthür vom Oberboden nach dem, in dessen Niveau am Vordergiebel befindlichen »Hausgang«.

Ein Theil des Rauches findet wohl auch seinen Ausweg durch die zahlreichen, kleinen Undichtheiten in der Dachfläche und in der Verschalung der Riegelwände des Wirtschaftstheiles des Hauses.

Rauchschlote, die unter Dach enden, sind aus verbretterten Pfostengerüsten hergestellt; sie bilden nach Ansicht von Eigl einen wesentlichen Schritt nach vorwärts, ebensowohl in konstruktiver Hinsicht, als auch »im Hinblick auf die kulturelle Entwicklung der Hausbewohner; denn durch dieselbe ist die Ableitung des Rauches aus dem ebenerdigen Geschoße und von den Wohnräumen des Hauses gegenüber der ersten Art der Rauchableitung wesentlich verbessert, und sind hiemit nicht nur die Bewohner mehr vor der nachtheiligen Einwirkung des Rauches auf die körperlichen Organe geschützt, sondern es sind auch die Wohnräume und insbesondere der ebenerdige Flurraum in geringerem Maße dem rußen ausgesetzt, wodurch eine bessere, innere Ausstattung dieser Räume ermöglicht ist.«

Mit diesen Vorteilen ist allerdings (abgesehen von der ziemlich gleichgradigen Feuersgefahr bei beiden Rauchhaus-Arten) der Nachteil verbunden, daß die Durchräucherung des Getreides bei Häusern mit Rauchschloten nicht in dem Maße erreichbar ist, als bei Häusern mit Rauchböden; und dies mag auch die Ursache dafür sein, daß Rauchhäuser mit Rauchböden sich länger erhalten haben.

Als Beispiel eines seltenen »Unter-Dach-Schlotes«, dessen offenes Herdfeuer noch im Flez stand, beschreibt Eigl das ehemalige Klötzlhaus in Salzburghofen:

»Der Flur (mit gepflastertem Boden und gewöhnlicher Pfostendecke) hat an der tennseitigen, gemauerten Hinterwand die Herdanlage (bestehend in einem offenen Herd und nebenan befindlichem Sechlofen) eingebaut. Dieselbe ist durch den Rauchmantel überwölbt, von dessen Mitte aus heute der gemauerte Rauchschlott durch das erste Stockwerk in den Dachboden bis über Dach führt, während einst wohl von derselben Stelle aus ein hölzerner Schlott gleicher Weise in den Dachbodenraum führte, dort aber unter Dach endete. Das rauchgeschwärzte Dachgehölze läßt über die Ausmündung des Rauches unter Dach keinen Zweifel bestehen.

Der Backofen fehlt hier im Hause gänzlich und ist auch nicht als separates Nebengebäude – wie dies sonst häufig der Fall ist – vorhanden. Dagegen sind an beiden Schmalseiten der Herdanlage die Einheizen zu dem Stubenofen und zu dem Ofen der Kammer angebracht.«

Jene »Unter-Dach-Schlote«, deren offene Herdstellen sich bereits in einem eigenen Küchenraum befanden, waren in ihrer älteren Form ebenfalls noch im Flez angelegt, in einer späteren baulichen Entwicklungsphase legte man diese Schlote in den Küchenraum, so daß sie wieder unmittelbar über die Feuerstelle zu liegen kamen.

Bei der älteren Form zog der Rauch vom offenen Herdfeuer unter dem Rauchmantel des

Herdes zunächst unter die flache Holzdecke der Küchentür in den (kälteren) Flez und von hier erst in den Schlot, der allerdings bereits unmittelbar über die Küchentür gesetzt war.

Wände und Decken solcher Kuchl'n waren naturgemäß stets rauchgeschwärzt; die Sechtelöfen befanden sich bei solchen Anlagen oft noch im Flez selbst. Schlote dieser Art endeten etwa 1 m über dem Dachgeschoßboden und hatten einen lichten Querschnitt von etwa 0,7/1,0 m. Die Ableitung des Rauches durch einen über Dach geführten Kamin kennzeichnet allenthalben die letzte bauliche Entwicklungsphase der Feuerstätten, wie sie zur Zeit der Jahrhundertwende noch vielfach in Gebrauch waren.

»Während beim typischen Gebirgshause (Pinzgauerhaus) der in eigener Küche befindliche Herd keinen Rauchmantel besitzt und der Rauch von dort durch eine Wandöffnung unter einen kleinen, an die Wand angebauten Rauchmantel austritt, ist der Herd des Vorlandhauses – gleichgültig ob der Herd eines Rauchhauses ohne Schlott oder eines solchen mit im Dachboden endeten Holzschlotte – welcher sich daselbst im Vorhause ('Haus') befindet, bei der meist vorkommenden Kombination dieser Herdanlage, mit einem der Größe des Herdes entsprechenden Mantel von ziemlich großen Dimensionen überbaut.« Auch einen derartig großen, jedoch nur mit Schließen aufgehängten Rauchmantel – sei er nun ganz aus Holz oder aus Holzkranz gewölbt – konnte niemals ein über Dach führender Schornstein aufgemauert werden, weil ein solcher Rauchmantel die Last des Schornsteins nicht zu tragen vermochte.

Wurde aber der Rauchmantel teilweise untermauert, etwa an der Rückseite und zum Teil an der äußeren Längsseite des an die Vorhauswand angebauten Herdes, so konnte auf dieser Untermauerung immerhin der Schornstein in ganzer Höhe über Dach aufgeführt werden.

»Es wird auf solche Weise über dem Herdplateau (Feuerboden) an der Rückseite des Herdes eine gemauerte Nische gebildet, die nach oben in den Schornstein übergeht, während über dem vorderen Theile des Herdes der restliche Theil des Rauchmantels, schirmartig vorragend (in etwas veränderter Form) verbleibt.«

»Diese bauliche Ausbildung ist bei den Herdanlagen der Vorlandhäuser, dort wo unter theilweiser Belassung der Rauchmäntel gemauerte Schornsteine angewendet sind, die typische.

Nebst der größeren Stabilität des Ganzen ist bei dieser Anlage noch der Vortheil verbunden, daß der Rauch vom offenen Herdfeuer, sowie der aus den Rauchlöchern der übrigen, mit dem Herd kombinierten Feuerungen heraustretende Rauch, sowie auch der Dunst vom Waschkessel (Sechtelofen) besser nach dem Schornstein abgeführt werden kann, als dies bei dem auf Konsolen gestützten Rauchmantel möglich ist.«

Befand sich über der Herdanlage im Obergeschoß eine gleichartige Feuerung, was bei solchen Häusern häufig der Fall war, so schloß der Rauchmantel der letzteren an den von »Ebenerd« durchreichenden Schornstein an, so daß der Rauch von der Herdanlage des Obergeschosses in diesen Schornstein einmündete und der Rauch aus den Feuerungen beider Geschosse in dem gemeinsamen Schornstein über Dach geführt wurde.

»Daß der Schornstein selbst immer so großen lichten Querschnitt besitzt, daß er bequemer schließbar ist, braucht wohl kaum besonders betont zu werden, wie daß die Ausbildung des Schornsteinendes über Dach ganz ähnlich jener der gemauerten Schornsteine am Gebirgshause ist.«

Der Rauch trat auch bei solchen »Unter-Dach-Schloten« frei in den Dachbodenraum aus und konnte nur durch die vordere Gangtüre, durch Lüftungsluken und Undichtigkeiten in der Dachdeckung entweichen, so daß ebenfalls eine sehr ausgiebige Durchräucherung des Heubodens und Dachstuhlgehölzes erfolgte. Dieses Prinzip des Schlotaustrittes unter Dach wurde zunächst auch noch beibehalten, als der Schlot über dem Herd in der Küche errichtet wurde.

Über Dach geführte Kamine sind zwar entwicklungsgeschichtlich die jüngsten Anlagen zur Rauchabführung, sie sind aber ihrerseits bereits sehr alt und kommen sicherlich schon im 17., wenn nicht sogar im 16. Jahrhundert vor und zwar gleichzeitig mit den wesentlich urtümlicheren »Unter-Dach-Schloten«. Erstaunlich ist ferner, daß solche »Über-Dach-Kamine« über ebenso urtümlichen »Heizgruppen« im Flez errichtet wurden, wie wir sie bei den ältesten kaminlosen Häusern überliefert haben. Nur die Ausbildung des Rauchmantels und der Anschluß des gemauerten Schornsteins am Herd und Rauchmantel sind verändert, lassen aber noch die Herkunft der – in den Kamin führenden – Rauchabzugshaube von der oben geschlossenen Rauchkutte erkennen. Eine modern anmutende Neuerung ist der Anschluß von Rauchabzügen aus dem Oberstock. Die offene Herdstatt im Flez, heute ein baugeschichtliches Fossil, ist nur noch in einigen wenigen Beispielen erhalten, so im Althof des Anwesens Wald 1 in der Gemeinde Teisendorf und im Althof des Anwesens Nr. 19 in Abtsdorf in der Gemeinde Saaldorf.

Ehemalige Haustür beim Grundbauern in Fridolfing, datiert 1841.

Türen und Tore

Die technische Entwicklung der Türen verläuft zwar ähnlich wie im Berchtesgadener Land, doch sind die aufgedoppelten Türen hier viel früher üblich geworden und haben auch wesentlich reichere Ausformung erfahren. Dies gilt sinngemäß auch für die gestemmte Füllungstür. Eine Eigenheit alter Bohlentüren war ein besonders urtümlicher Spreizverschluß: Ein Holzprügel von etwa 5 cm bis 8 cm Durchmesser wurde quer zwischen Tür und der anschlagseitigen Wand eingespreizt, die Enden dieses Prügels konnten in entsprechend geformte, meist aufgenagelte Holzbuchsen eingelegt werden. Heute ist dieser altertümliche Spreizriegel nur noch vereinzelt anzutreffen.

Eine besonders kräftige Ausbildung erforderten naturgemäß die großen, ein- oder zweiteiligen Mittertenntore. Sie waren noch bis ins späte 19. Jahrhundert mit jener urtümlichen »Angel« (Zapfen am anschlagseitigen Türbrett) gelagert, die in einer entsprechenden Holzbuchse dreht. Diese Buchsen waren in den »Torhäuptern« eingearbeitet; diese Torsturzbalken reichten über die ganze Torbreite und waren vorderseitig meist in kräftigen Ornamentformen geschnitzt.

Ein besonderes Charakteristikum des Rupertiwinkels sind die Högler Sandsteinportale.

Die Grundform dieser Sandsteinportale, mehr noch ihre Zierelemente, beleuchten einen hochinteressanten Aspekt der Volkskunst, spiegeln sie doch fast vier Jahrhunderte bäuerlichen Stilempfindens und Gestaltungsvermögens wider. Da sie fast durchwegs datiert sind, gestatten sie eine exakte stilkundliche Chronologie und geben uns darüber hinaus Aufschlüsse zur Erbauung oder zur Umgestaltung vieler Höfe.

Die Portale des 16. und 17. Jahrhunderts sind durchwegs einfache, aber sehr kraftvolle Rundbogenportale. Das im Holzbau bis ins frühe 19. Jahrhundert beliebte Kielbogenmotiv, in zahlreichen Ausformungen in die waagrechten Türsturzbalken eingeschnitten, fehlt. In den Scheitelpunkten der steinernen Rundbögen finden sich jedoch gelegentlich kräftige, spitzbogig geschweifte Fasungen, die eine deutliche Transponierung dieses im Holzbau gereiften Motivs in den Steinbau erkennen lassen. Der älteste aus Oberhögler Sandstein gearbeitete Türbogen befand sich beim »Egger« in Weildorf, es war mit 1522 datiert. Das mit 1587 datierte Portal der Pfaffendorfer Mühle in Anger (Am Kirchberg 5) zeigt an der Basis noch das spätgotische Motiv des umgekehrten Kelchkapitells. Die äußeren, wandseitigen Kanten der Portale späterer Zeit sind fast durchwegs rechteckig ausgeführt, innenseitig sind sie jedoch vielfach jochbogig ausgeformt.

Bei geraden Stürzen sind die Ohrung und das Schlußsteinmotiv häufig anzutreffen.

Im 19. Jahrhundert wird das Portal vielfach durch ein prächtiges Oberlichtelement bereichert, das von der eigentlichen Portalöffnung durch einen Sturzbalken getrennt ist. Gelegentlich wird in die Portalarchitektur auch noch eine Figurennische miteinbezogen, über den Türsturz ein Tympanon oder ein gebrochener Giebel aufgesetzt. Die seitlichen Gewände sind vielfach mit Basis und Kapitell verziert, ihre Ornamentik ist deutlich auf die Zweiteilung der gestemmten Füllungstüren bezogen.

Wesentlich vielfältiger als die auf wenige Grundformen beschränkte Portalarchitektur ist das Repertoire der Zierformen, die sich besonders auf die Türsturzpartie konzentrieren und auffallend viele florale Ziermotive aufweisen. Es fällt auf, daß sämtliche Ziermotive erhaben aus den Werkstücken herausgearbeitet sind. Um 1920 klingt die Steinmetzkunst in späten Jugendstilmotiven aus.

Die jüngste Türeinfassung dieser Art wurde im Jahre 1922 in Hub 63, Gemeinde Teisendorf, eingebaut.

Besonders liebenswürdig wirken jene Laubentürgewände aus massiver Eiche, die in ihrer Gestaltung den Steinportalen – einschließlich angeformter Basis- und Kapitellzone sowie Schlußstein – angeglichen sind.

Mittertenntor mit schwenkbarer Verriegelung.

Mittertenntor mit Schlupftür.

Schubriegel in eingemauertem hölzernem Schubfach.

Fenster

Auch im Rupertiwinkel sind noch alle Entwicklungsstufen des Fensters festzustellen. Beim Marxei« in Kulbing fand sich ein originales, funktionsfähiges Holzschuberfenster. Der Holzschuber mit dem eingeschnitzten Griffkamm steckt noch im Schubfach, das mit einem Brett wandbündig abgedeckt war.
Eigenheiten, die sich im 18. Jahrhundert hier zu entwickeln begannen, sind die massiven Werksteingewände aus Högler Sandstein, in welche die älteren 9-feldrigen und die späteren 12-feldrigen schmiedeeisernen Durchsteckgitter eingesteckt sind. Im Massivbau überraschen vielfach die außerordentlich kräftigen hölzernen Fensterstöcke, die den kostbaren Werksteingewänden nachgebildet zu sein scheinen. Die Gestaltung der Fenster und der weißgestrichenen Eisen-Ziergitter spiegelt im 19. und 20. Jahrhundert die gesamte Stilentwicklung dieser Zeit.

In der 2. Hälfte des 19. Jahrhunderts kommen auch jene hochrechteckigen, einflügeligen Flezfenster auf, deren Format sich aus dem Halbieren des zweiflügeligen, normalen Fensterformates ergibt. Die Fensterläden des 19. Jahrhunderts sind vielfach bereits gestemmte, meist zweiteilige Füllungsläden, die Gestaltung der Füllungsfelder reicht vom massivwirkenden, flach diamantierten Brett bis hin zum Lamellenrelief, das offenbar einen als vornehm empfundenen, mit starren Einzellamellen oder gar ausstellbaren Lamellen versehenen Laden imitieren soll.

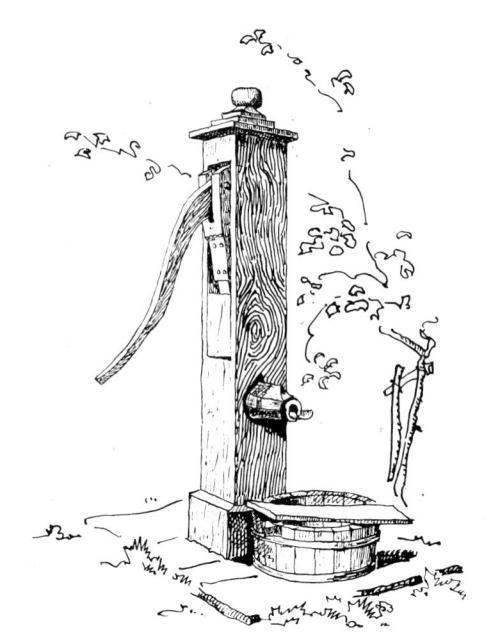

Treppen

Die in alten Höfen vielfach außerordentlich engen und steilen, am Antritt zudem viertelgewendelten Treppenanlagen scheinen fast die Annahme zu rechtfertigen, die Geschoßtreppe sei – ähnlich wie im »Feuerhaus« der ältesten Berchtesgadener Zwiehöfe – ein sekundäres Bauglied; in vielen Fällen ist jedoch wohl die Enge des kurzen Flezes Ursache für die Beengtheit der Treppe. Neben der verbretterten engen Treppe mit Setzstufen findet sich auch die geradläufige, allseits offene Treppe ohne Setzstufen – allerdings nur in Bauten mit geräumigerem Flez.
Eine Eigentümlichkeit aller alten Salzburger Flachgauhöfe ist der oft verwinkelte, gelegentlich über ein Zwischenpodest geführte Zugang zum Dachboden, der ursprünglich niemals vom Obergeschoß des Wohnteils zugänglich war. Eine einzigartige Erscheinung einiger altartiger »Traunsteiner Gebirgshäuser« ist das Fehlen einer Fleztreppe, an deren Stelle aus den Stuben zu beiden Seiten des »Hauses« je eine schmale, am Antritt viertelgewendelte »Stubentreppe« in die darüberliegende Kammer führt. Wir finden diesen eigenartigen, archaischen Haustyp z.B. in Häusern, (datiert 17__), mit einseitiger »Stubentreppe« und zusätzlicher Fleztreppe beim Wastlbauernhof in Mauer bei Hammer (datiert 1762), beide im südlichen Teil des Landkreises Traunstein.

Ehemaliger Hausbrunnen aus dem Rupertiwinkel

Ausstattung

Ein anschauliches Beispiel einer typischen Ausstattung des 19. Jahrhunderts ergibt sich aus Eigls Raumbeschreibung für das Wallnergut in Waldprechting aus dem Jahre 1895.[192]
In dem regelhaften Grundriß betrat man vom Flez – hier »Vorhaus« genannt – linksseitig Stube und Küche, rechts zwei Kammern. In der Stube stand an der äußeren Ecke der große Eßtisch mit den fast durch die ganze Stube umlaufenden festen Bänken, darüber war in der äußeren Stubenecke der Hausaltar aufgebaut. Neben der Tür war auf der einen Seite ein Handtuchhalter, auf der anderen, in einer entsprechenden Mauernische, die große Wanduhr mit Pendelkasten angebracht. Gegenüber der Tür befand sich in einer weiteren Mauernische stets ein kleiner Wandschrank. Die innere Stubenecke wurde stets vom großen Stubenofen mit Backofenteil eingenommen, um den sich die beliebte Ofenbank herumzog. Von der Stube führte eine Tür in die Küche, in der, anschließend an die Ofenanlage der Stube, in der inneren Ecke der offene Feuerherd mit den »Einheizen« für den Stubenofen und Backofen sowie für den im Flez befindlichen Sechtelherd aufgemauert war.
Die übrigen freien Wandteile der Küche waren mit Anrichttischen ausgestattet. Vom offenen Herdfeuer sowie aus den über den »Einheizen« angebrachten Rauchöffnungen zog der

Massiver Holztisch mit Marmorplatte, Schublade und gedrechselten Tischbeinen (aus Esing, Gde. Laufen).

Fenster

1 Holzschuberfenster in originalem Schubfach. Die Ausnehmung aus der Blockwand ist raumseitig wandbündig mit einem Abdeckbrett verschlossen, das mit Schrägnagelung (Holznägel) an der Blockwand befestigt ist. Der Holzschuber ist raumseitig mit einem eingeschnitzten Griffkamm versehen.
Daring, Gde. Laufen.

2 Konstruktionszeichnung eines zweiteiligen Drehflügelfensters aus dem 19. Jh. Die ältere Bleisprossenteilung ist bereits durch Holzsprossen ersetzt.
Das 9-feldrige schmiedeeiserne Durchsteckgitter ist jedoch noch in den Stock eingesteckt.
Kulbing 20, Gde. Laufen.

3 Einteiliges Drehflügelfenster des 18. Jh., an der Stelle des ursprünglichen Schuberfensters eingesetzt.
Kulbing 20, Gde. Laufen.

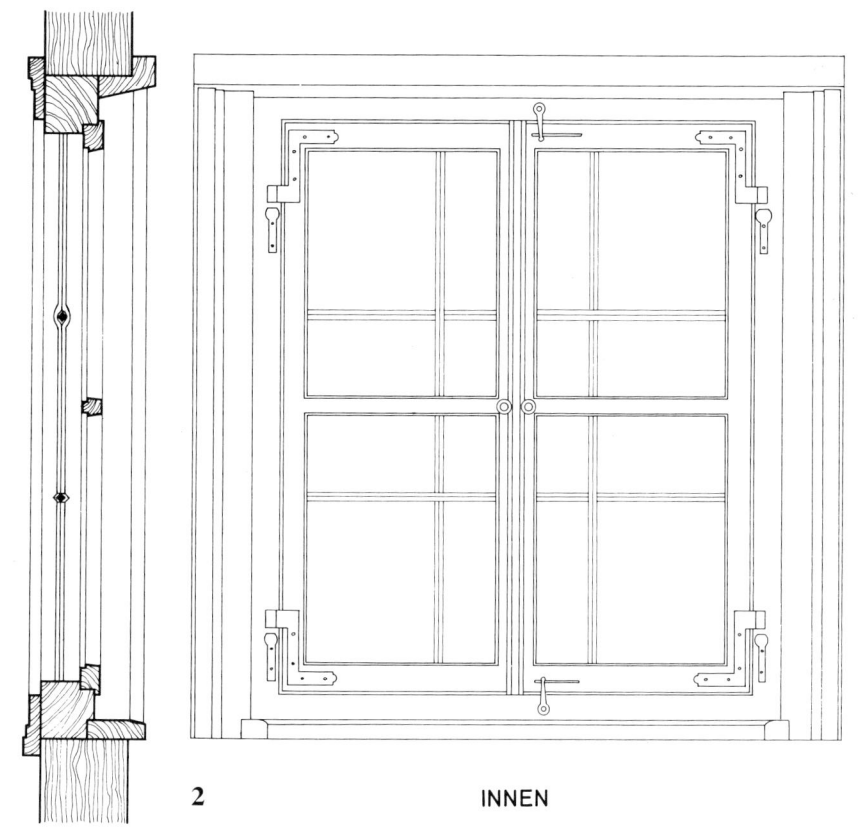

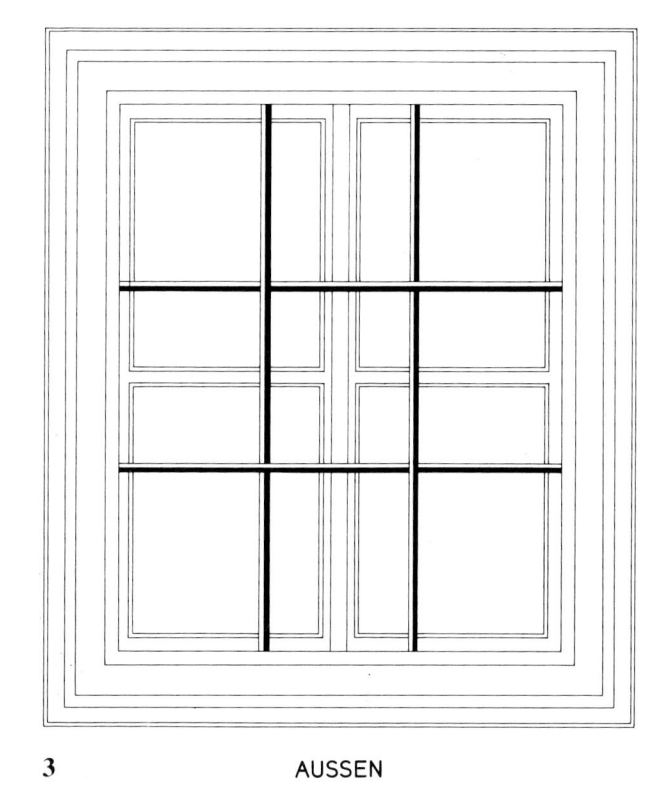

Rauch zunächst unter den Rauchmantel des Herdes, kühlte dort ab, quoll dann von dort zur Decke empor und zog allmählich zur Oberlichtöffnung über der Küchentür, von wo er in den Flez, hier stets »Vorhaus« genannt, entwich. Hier befand sich noch der Sechtelofen im Anschluß an die übrigen Heizanlagen und hier, an der Ursprungsstelle der Feuerstättengruppe, stieg noch vielfach der Rauch durch den hölzernen Rauchschlot in den Dachraum oder über Dach. Die große Rauchöffnung in der Holzdecke des Flezes war stets mit Querstangen ausgelegt, an denen das Selchfleisch hing (»Selchstangen«). An der gegenüberliegenden Längswand des Flezes führte die einläufige, meist sehr steile und enge verbretterte Treppe in den Oberstock, sie war zum Flez hin stets mit einem niedrigen Holzgatter (»Hennengatter«) versehen. An dieser Wand lag, am Antritt der Treppe, die Tür in die vordere Kammer, und hinter der Treppe die Tür in die Speisekammer. Vom Boden der Speisekammer gelangte man durch eine Falltür auf steinerner Treppe in den gewölbten, unter der Stube angelegten Keller mit dem kleinen Tonnengewölbe. Es wurde durch einen schräg emporführenden Schacht mit kleinem, vergittertem Kellerfenster spärlich erhellt. Über dem »Vorhaus« befindet sich stets ein analoger Flurraum, hier »Flötz« genannt, hier schliefen früher mitunter die Dirnen. In so einem Falle diente die Kammer im Erdgeschoß den Knechten als Schlafstatt. Über der Stube lag die Schlafkammer der Bauern, als einziger Obergeschoßraum durch ein »Wärmloch« in der Stubendecke halbwegs temperiert. Der Raum gegenüber dieser Schlafkammer war gelegentlich als »Prunkkammer« eingerichtet. An diese beiden Kammern schließen sich nach der Tenne zu beiden »Dielen« an.

In der rückwärtigen Ecke des Flötzes führte – bei urtümlichen Anlagen – der mächtige aus Pfosten gezimmerte und mit Brettern verschalte Rauchschlot in den Dachraum. Man trat, um in den Dachraum zu gelangen, zunächst in eine der »Dielen«, von wo eine leiterartige, primitive, manchmal über einen Podest zweiläufig gewinkelte Treppe nach dem »Oberboden« führte. Dieser Oberboden dehnt sich über den Flötz, beide Kammern, sowie über die durch beide Geschosse reichende Tenne aus. Einen Meter über dem Oberboden endigte meist der Rauchschlot.

Flurdenkmale

Totenbretter und Gedenkbretter[193]

Von Richilde Werner

Im Gegensatz zum Berchtesgadener Land ist der südliche Rupertiwinkel eines der letzten Reliktgebiete dieses einstmals weitverbreiteten Totenbrauches, der hier eine genauere Einführung verdient.

Älteste geschichtliche Belege und vergleichbare Bräuche. Die Verwendung des Totenbrettes läßt sich – etwa im Vergleich zum Sarg – nicht mit Sicherheit bis in vorgeschichtliche, ja nur spärlichst bis in die mittelalterliche Zeit zurückverfolgen. »Und doch ist Zweck und Art seiner Verwendung so altertümlich, daß man es sich nicht erst in späterer historischer Zeit entstanden denken kann.«

Das vielzitierte »lignum insuper positum« der Lex Bajuvariorum – ein Brett, das man auf oder auch unter den zu bestattenden Toten legte – ist durch die Reihengräberforschung mittlerweile vielerorts bestätigt. Allgemein wird aber darauf hingewiesen, daß man die zahlreichen Ausgrabungsergebnisse nicht als sicheren Beweis für ein Brett über oder unter dem Bestatteten heranziehen dürfe, da die festgestellten Holzspuren in den Gräbern »mit viel mehr Wahrscheinlichkeit auf die Verwendung eines förmlichen Sarges deuten«.[194]

Wenn auch in vorchristlichen germanischen Friedhöfen Gräber mit individualisierenden hölzernen Malen als erwiesen gelten, so ist freilich damit nicht zu beweisen, daß der Tote vor der Bestattung auf einem Brett aufgebahrt und dieses dann weiterverwendet wurde. Vielfach nimmt man an, aus dem lokal-dialektischen Gebrauch des Wortes Rechbrett für Totenbrett dessen Verwendung im Mittelalter nachweisen zu können, da sich aus Stellen in epischen Dichtungen aus der Blütezeit des Mittelalters, vor allem im Nibelungenlied und im Parzival, dafür diese Bedeutung ergibt.

Kapelle mit Gedenkbrettern und Feldkreuz aus Högler Sandstein bei Freidling an der Straße nach Teisendorf (Zeichnung von S. Binder).

»Wie aber aus diesen Stellen hervorgeht, bedeutet rê verschieden bald Leichnam, bald Bahre, selbst Tod überhaupt; eine direkte Zusammensetzung mit bret aber kommt nicht vor.«

Als sicherer Nachweis der Brettaufbahrung gilt allgemein der Fund in der Kaisergruft des Speyerer Doms: Bertha, die Gemahlin Kaiser Heinrichs IV., lag unversehrt in einen Leichenmantel gehüllt und mit Tüchern auf ein Brett festgebunden; sie war im Jahre 1087 verstorben. Zu den ältesten Belegen zählt wohl auch das Leichenbrett des seligen Abtes Konrad Bosinlother in der sog. »Konradskirche« nördlich des Mondsees, auf dem der Leichnam im Jahre 1145 verbrannt werden sollte – so die barocke Inschrifttafel.[195]

Aus den späteren Jahrhunderten des Mittelalters und der Neuzeit fehlen offensichtlich weitere Belege. Es wird jedoch nirgends angezweifelt, daß der Brauch weit länger besteht, als dies greifbare Reste veranschaulichen.[196]

Geschichtliche Entwicklung. Für die frühere Verbreitung des Totenbrettbrauches spricht auch die Tatsache, daß die Sargbestattung sich erst relativ spät allgemein einzubürgern begann – in der ehemaligen Reichsstadt Nürnberg z. B. erst im 17. Jahrhundert, auf dem Lande jedoch erst gegen Ende des 18. Jahrhunderts oder zu Beginn des 19. Jahrhunderts.

Da die Bretter jedoch gerade in der ältesten Brauchstufe dem beschleunigten Verfall preisgegeben wurden, ist – bei einer durchschnittlichen technischen Lebensdauer von 10 - 15 Jahren – ein Mangel an Originalsubstanz nicht verwunderlich. So klagte auch schon Rieder, daß »Bretter, deren erkennbare Jahreszahl bereits über ein halbes Jahrhundert zurückreicht«, bereits außerordentlich selten sind.

In einer alten Kirchenrechnung, welche von der Herrschaft Wald an der Alz erstellt wurde, befindet sich vom Jahre 1628 folgender Eintrag: »Widerumb 8 neue penkhen, das man darauf zur prädig (Predigt) kann sitzn, gemacht wordn, dem Beisl zu Ötelham (Edelham) vor solcher arbath, wie auch ainem prötl (Brettl) darauf die verstorbenen persohnen ins Grab gelassen werde, Arbatslohn bezahlt ...«

Das älteste von Huber aufgespürte Totenbrett stammte aus dem Jahre 1631 und fand sich in Braunau in Nordböhmen als Spolie an der alten hölzernen Friedhofskirche.

In einem Funktionarium aus der Zeit um 1780 finden sich wahlweise Gebühren für das Einsegnen von Kindern und Erwachsenen mit oder ohne »truchl« oder »truchen«.

Erst ab dem 19. Jahrhundert gibt es zahlreiche Berichte über Totenbretterstätten an verschiedensten Orten.

Die Brettaufbahrung war im ersten Drittel des 19. Jahrhunderts noch an vielen Orten allgemein üblich. Vielzitiert ist der in Anger bezeugte Brauch der Bestattung auf dem Brett: »In der wohlhabenden Gemeinde Anger bei Reichenhall fand die Beerdigung bis vor 5 Jahren (um 1885) noch auf dem Totenbrett statt, dem man, um das Herabfallen der Leiche zu vermeiden, an den beiden Längsseiten zwei Schmalleisten angenagelt hatte.«[197]

Mancherorts hat sich die älteste Brauchform – die Niederlegung des Totenbretts neben dem Grabhügel – bis in die Zeit um 1860/1870 erhalten. »Im allgemeinen darf die Mitte des vorigen Jahrhunderts für eine stärkere Abnahme des Brauches angesehen werden.«

Auffallend ist das zeitlich sehr uneinheitliche Erlöschen, das gebietsweise sogar in »Schrumpfungswellen« vor sich ging – so konnte man etwa in Oberfranken noch bis 1900/1910 liegende Bretter, also die ältere Brauchstufe feststellen, während anderswo zu dieser Zeit bereits die jüngere Brauchstufe erloschen war.[198]

Zum Erlöschen der Brettaufbahrung haben, neben dem Aufkommen der Sargbestattung und dem späteren Bau von Leichenhäusern sehr wesentlich vor allem jahrhundertelange behördliche Verbote beigetragen, die auf die »Verbesserung der ländlichen Hygiene« abzielten, daneben spielte auch die Holzarmut eine gewisse Rolle, vor allem aber Vorstellungen über »Humanität« und »fortschrittliche Gesinnung«.

Schon im Jahre 1555 wurde in der Schweiz verboten, »Tote auf einem bloßen Brette oder ganz und gar ohne Sarg zu Grabe zu tragen.«

Vom Totenbrett zum Gedenkbrett. Mit dem Erlöschen der Brettaufbahrung im 19. Jahrhundert erfuhr das Totenbrett eine Wandlung zum Gedenkbrett – ein Beweis für das Beharrungsvermögen eines Brauches, der seine Ursprünglichkeit bereits verloren hatte. Das Totenbrett mag sich mancherorts noch eine Zeit lang neben dem Sarg behauptet haben, gelegentlich ist die Leiche bis zur Auslieferung des Sarges auf einem Brett aufgebahrt worden. Die erstmalige Verwendung von Gedenkbrettern fällt wohl schon ins 18. Jahrhundert.[199]

Eindeutige Textfassungen liegen aus den Jahren 1826 und 1848 vor. Für den Funktionswandel ist wohl nicht nur das Aufkommen der Sargaufbahrungen und Sargbestattung verantwortlich, sondern auch mögliche Zusammenhänge mit ältestem Brauchtum: »Unter diesen Denkmalen befinden sich im Brauchgebiet schon frühzeitig solche, die für jene aufgestellt wurden, die im Kriege gefallen, ihre letzte Ruhestätte irgendwo im Feindesland hatten. Die Gründe hierfür sind in der noch lebenden Vorstellung vom Sippenfriedhof als Totenhain zu sehen. Auch andere Völker pflegen einem Sippenangehörigen, der fern der Heimat ruht, im Heimatfriedhof das Grab genau so zu bereiten, als wären die irdischen Reste hier.«

»Die Gründe für das allmähliche Untergehen der alten Volkssitte sind einesteils in den Verboten früherer Zeit zu suchen (Bezirksamtserlasse), andernteils in einer gewissen Verflachung des Lebens.«

Mit der maschinellen Herstellung und der Vorratshaltung der Särge war wohl das Ende der Brettaufbahrung allgemein besiegelt; der Funktionswandel des Totenbrettes zum Gedenkbrett mag sicherlich auch auf das Beharrungsvermögen dieses so tiefverwurzelten Brauchtums zurückgehen. So bleiben auch die Gedenkbretter Gegenstände religiöser Weihe und Pietät: »Überhaupt sind diese Denkmale bestimmt, die Andacht der Vorübergehenden den armen Seelen zuzuwenden; mit großer Pietät wird in der Regel der ernsten Aufforderung entsprochen, und die Totenbretter werden nicht minder wie die Kreuze als geweihte Gegenstände betrachtet.«

Die Toten des Ersten Weltkrieges ließen die Sitte der Gedenkbretter ein letztes Mal allgemein aufleben – die spätere Aufstellung von Gedenkbrettern hat nur noch singulären Charakter.

Für die Zeit der Jahrhundertwende ist an einigen Beispielen auch ein Ineinander-Übergehen von Totenbrett und Marterl festzustellen, endlich können Totenbretter auch die Form von Grabdenkmalen aus Eisen und Stein annehmen.

Geographische Verbreitung.[200] Die Brettaufbahrung ist für den gesamten bayerischen Siedlungsraum nachzuweisen, auch wenn dieser Brauch vielerorts schon sehr lange erloschen war.

Als Kerngebiet wird übereinstimmend der Bayerische Wald genannt, daneben wurde ein auffallender Reichtum an Totenbrettern aus dem Pinzgau gemeldet.[201] In Tirol werden die Bezirke Kitzbühel und Reutte erwähnt.[202]

Der südliche Teil des Rupertiwinkels, namentlich der Gemeindebereich von Anger, ist eine der letzten Beharrungszonen dieses Brauchtums.[203]

Funktion. Die erste Aufgabe des Totenbretts war die Aufbahrung des in ein Leintuch eingeschlagenen oder eingenähten Leichnams unmittelbar nach dem Tode, mancherorts soll man sich noch zu Lebzeiten das eigene Leichenbrett hergerichtet haben.

»War der Tote durch die Totenfrau gewaschen und hergerichtet, dann wurde er auf das Brett gelegt, mit dem Gesicht weder gegen Aufgang, noch gegen Niedergang. Die Füße mußten gegen die Stubentüre gerichtet sein. Unter dem Kopf lag ein Bund Stroh, in den Händen hielt der Tote den Rosenkranz. Das Haupt des Mannes wurde mit einer Zipfelmütze bedeckt, während die Frau im Brauthemd aufgebahrt wurde.«

Neben der Aufbahrung in der Stube wird auch die Aufstellung des Totenbrettes im Hausflur, über zwei Sesseln erwähnt. Auf diesem Brett festgebunden, wird der Tote zunächst vielfach erst zur Totenrast und von hier zur Kirche getragen, wo er während der Totenmesse »mit den Füßen gegen den Altar« lag, anschließend trug man ihn auf den Friedhof. Bei der eigentlichen Beerdigung ließ man den Toten schließlich auf diesem Brett ins Grab rutschen, mancherorts wurde die Leiche wohl auch auf dem Brett ins Grab gesenkt, andernorts mag das Brett zuweilen auch auf die Leiche gelegt worden sein. Auch nach dem Aufkommen der Sargbestattung wird der Tote noch vielfach auf einem Brett bis zur Einsargung aufgebahrt. Auch wurde der Sarg mancherorts zunächst nicht verschlossen; die Leiche wurde am Grabe herausgenommen und über das Brett oder mit dem Brett ins Grab hinabgelassen.

Offenbar ließ man gelegentlich aber auch die Särge selbst »auf einem Brett ins Grab rutschen.« »Das Totenbrett als wesentliches Beerdigungsgerät wurde auch dann noch im Lei-

165

chenzug mitgetragen, als man die Toten in Särgen zu beerdigen begann.«

In manchen Gegenden scheint man dem Totenbrett nach der Grablegung keine weitere Aufgabe zugewiesen zu haben: Danach wurden solche Bretter gebietsweise zusammen mit dem Sterbestroh verbrannt, zu Brennholz zerkleinert oder in einen Bach geworfen.

»Daß man bei aller Pietät die oft beängstigende Gegenwart der Abgeschiedenen nicht angenehm fand, ist begreiflich und erklärt die (an sich seltene) Verbrennung der Totenbretter.« Dieser Brauch mußte noch altem heidnischem Glauben entsprungen sein, der die Furcht vor dem Toten vor die Fürsorge für sein Seelenheil setzte. Leichenbretter wurden da und dort auch für weitere Todesfälle aufbewahrt.

Man fand im Mittelpinzgau eine Reihe von Brettern, auf denen die Namen von zwei, in einem Fall sogar von drei Verwandten aufgeführt sind. Leichenbretter standen auch in gemeinschaftlichem Eigentum. Sie wurden gelegentlich auch an den Schreiner zurückgegeben oder an die Totenfrau oder den Totengräber verschenkt.

Die weitere Funktion des Totenbrettes bei der früheren Brauchstufe berührt jedoch die interessantesten Bereiche der Thematik. Die Niederlegung in der Flur entspricht zweifellos christlichen Erlösungsvorstellungen, untermischt mit heidnischem Beiglauben, die das Brett zu einem »Totenfetisch« machen: »Das Brett, auf dem der Tote ruhte, steht dadurch mit ihm in einem bestimmten engen Kontakt, so zwar, daß im Volk leicht die Anschauung schon früh sich hat herausbilden können, die das Brett gleichsam personifiziert und als sichtbares Symbol des Verstorbenen oder als sichtbare Wohnung seines Geistes ansieht.«

In ganz besonderem Maße galten die 3 Kreuze auf dem Brett als Sitz des Toten, wer auf sie trat, dem drohte vielerorts, namentlich in der Oberpfalz, »Fußweh«. Mit dieser Identifikation von Brett und Seelenwesen war weit verbreitet die Vorstellung verbunden, »daß der Tote so lange zur Erlösung (aus dem Fegefeuer) brauche, bis das Totenbrett vermodert sei.«

»Die Sitte, Totenbretter über einen Graben oder auf einen feuchten Untergrund zu legen, birgt in sich eine zweifache Anschauung. Die Quasi-Brücke ist Zeichen des Übergangs vom irdischen ins ewige Leben; Nässe und Feuchtigkeit dagegen sollen die Vermoderung des Weichholzes beschleunigen, diese Brücke sozusagen zerstören und damit die gefürchtete Wiederkehr der Toten verhindern helfen; zudem aber hält sich auch heute noch bei den Ältesten der Glaube, daß der Verstorbene erst dann erlöst sei, wenn auch sein Ruhebrett, das Totenbrett vergangen ist.« »Da es als gutes Werk galt, Weg und Steg zu verbessern, wollte man auf diese Weise den Verstorbenen das Fegefeuer verkürzen helfen. Außerdem verpflichtete den darüber Schreitenden der erwiesene Dienst zu einem Gebet«: »Wer auf ein solches Brett tritt, muß für den Verstorbenen ein Vaterunser beten, so sagten und mahnten wir uns als Schulkinder gegenseitig und betrachteten es als gelinden Frevel, wenn einige es nicht tun mochten. Damit recht viele Leute auf die Bretter treten, legt man sie gern vor den Eingang von Kapellen oder über einen Graben ...« Das Überbrücken von Rinnsalen mit Totenbrettern macht ein weiteres, wiederum christliches Anliegen deutlich: Die zwangsläufige Benutzung soll dem Verstorbenen Gebet und frommes Gedenken sichern und damit seine Erlösung vorantreiben.

Man fand übrigens auch für die vorchristliche Zeit in dem Brauch, Totenbretter zwecks rascher Auflösung ins Nasse zu legen, einen Sinn: die Lebenden hätten dann die Geister der Toten nicht mehr zu fürchten.

Die Totenbretter behalten auch bei der späteren (vertikalen) Aufstellung ihre Funktion, dem Toten das Gebet der Lebenden zu sichern. Mit dem Brauchtumswandel zum Gedenkbrett — mit Reimaufschriften, die sich oft auf das Leben des Verstorbenen beziehen — wandelt sich seine Funktion von einem das Seelenwesen in abergläubischer Form personifizierenden oder repräsentierenden Gegenstand zu einem Mahnmal frommen oder ehrenden Gedenkens.

Lokalisation und Aufstellungsmodus. Für den Verleib des Totenbrettes nach der Aufbahrung und Grablegung sind je nach Ort und Zeit sehr vielfältige Verwendungen und Bräuche festzustellen. Die verschiedenen Aufstellungsmodalitäten, die dem Brett auch nach Beendigung seiner praktischen Funktion einen bestimmten Platz zuweisen, berühren interessanteste Fragen. »Die uralte Scheu des Volkes vor allem, was mit einem Toten in unmittelbare Berührung kommt«, wies dabei dem Brett immer einen Platz außerhalb der Behausung der Lebenden zu — in der Tat findet man eine Aufstellung am Wohnhause oder im Wurzgarten nur in Ausnahmefällen. Das Ablegen des Totenbrettes unmittelbar neben dem Grabhügel dürfte eine der ältesten Brauchformen sein. Die Forschung verweist hier auf den verbreiteten Brauch, daß der »Gegenstand, mit dessen Hilfe er (der Tote) zum Begräbnisplatz gebracht wird«, am Grabe oder in dessen Nähe verbleibt. Gelegentlich wurden die Bretter senkrecht um den Grabhügel aufgestellt, vielleicht auch, weil die liegenden Bretter im Laufe der Zeit regellos umherlagen, was schließlich sogar mancherorts zum Verbot der Friedhofsaufstellung führte; ein interessanter diesbezüglicher Hinweis findet sich bereits im Jahre 1519: »... den Dotengrabern sagen sobald sie die heruß tun, heim zu tragen und nit do stehen lassen.«

Aus der unmittelbaren Nähe des Grabhügels wandert das Brett dann zunächst an die Innenseite der Kirchhofmauer oder an die Seelenkapelle im Gottesacker. Weiteste Verbreitung fanden jene Brauchformen, die dem Totenbrett eine Stelle in der Flur zuwiesen: »Das Leichenbrett wird (am Morgen des Begräbnisse) von einem Knechte oder einer Magd auf den Rücken genommen, vor's Dorf getragen und hier an einen Weg oder als Steg über ein Bächlein oder einen Graben gelegt.«[204]

»Die Bretter bleiben am Ort liegen, bis sie selbst den Weg alles Irdischen beschreiten, das ist bis sie verfault sind ...«

Eine genauere Untersuchung ergab, daß der Brauch, die Bretter einfach über sumpfige Wegstellen oder Gräben zu legen, nicht nur in »drei räumlich getrennten Eckgebieten«, also in Brauchtumsinseln üblich war, sondern auch in jenen Zwischengebieten zumindest früher vorherrschte, in denen diese Form der Brettaufstellung eher erloschen ist als die Brettaufbahrung selbst.

Alle Gebiete, in welchen der Brauch bereits im letzten Jahrhundert erloschen ist, kannten nur die liegende Aufstellung. »Alte Leute versicherten mir, daß nach Erinnerung und den Erzählungen der Großeltern auch auf den Friedhöfen nur liegende Bretter zu sehen waren.«

Auch heute noch weisen uns Flurnamen auf die Niederlegung der Totenbretter in der Flur hin.

Marie-Andree-Eysn beobachtete in Anthering (Salzburg) auch Totenbretter, die zwar immer noch in liegender Form, jedoch »nach Art einer Sitzbank« auf 4 Pflöcken aufgepflockt, also vom Boden bereits abgehoben waren.

Sehr häufig ist die Übergangsform des Aufstellungsmodus beschrieben: der Längskante nach auf 2 Pfähle, an Zäune oder Scheunenwände genagelt. Damit beginnt die Abkehr von ihrer ursprünglichen Bestimmung, alsbaldigst zu vermodern.

Die häufigste, auch noch anzutreffende Aufstellung zielt bereits eher auf eine gewisse Dauerhaftigkeit als »Denkzeichen« ab: »Wo sie überhaupt auch heute noch vorkommen, ist zunächst als einheitliche Grundlage die Aufstellung im Freien in unmittelbarer Nähe der menschlichen Siedlung anzusehen. Dabei ist die Art dieser Aufstellung eine sehr verschiedene: Bald finden wir sie an einem Wegkreuz dicht nebeneinandergereiht, bald an einem Heustadel oder einem Zaun festgenagelt, dann wieder am Ortseingang neben einem Bildstock oder an eine Feldkapelle angelehnt, am Rand eines Waldes an die Bäume genagelt. Immer aber ist es ein vielgegangener Weg, in der Mehrzahl der Fälle der sogenannte Kirchenweg von einer bestimmten Siedlung zum Gotteshaus der Gemeinde. Selten verirrt sich dagegen ein Brett in das Innere einer Kapelle.«[205]

Die liebevolle Bewahrung der Gedenkbretter an ihren angestammten Plätzen, die vielfache Erneuerung verfallener Gedenkbrettanlagen, vor allem aber die noch lebendige Brauchtumsübung in einigen Weilern wie z. B. in Neulend, Gemeinde Teisendorf ist ein besonderes volkskundliches Phänomen des Rupertiwinkels. Besonders rührend ist hier die Ausformung von Gedenkbrettern zu familiären Kriegergedenkmalen.

Denkmale aus Achthaler Eisenguß

Auf den ehemaligen Kirchwegen, an den alten Kreuzwegen, auf den Friedhöfen und Gedenkbrettstellen, gelegentlich auch auf den Höfen des Rupertiwinkels finden sich vielfach noch Kreuze und Kreuzigungsgruppen mit gußeisernen Figuren aus der Achthaler Produktion.

Auffällig ist die lebhafte farbige Fassung der Gewandpartien, die meist erst nach einer Restaurierung sichtbar wird. Die vielleicht schönste Figurengruppe dieser Art befindet sich bei Lend neben einem Totenbrettnest, am Waldrand längs des alten Kirchenweges auf einem etwa 1,2 m hohen Natursteinsockel errichtet, der den Berg Golgotha versinnbildlichen soll. In diesem Sockelaufbau ist noch eine bemalte Blechtafel eingesetzt, die recht anschaulich die Pein der armen Seelen im Fegefeuer darstellt.

Ein besonders eindrucksvolles Zeugnis der Achthaler Gießerkunst ist der neugotische Brunnen aus der Mitte des 19. Jahrhunderts in Achthal selbst, ein erstaunlich filigraner Brunnenpfeiler, auf ein flachgewölbtes Becken aufgesetzt. Zahlreiche Grabkreuze und andere Grabdenkmale auf den Friedhöfen sind ebenfalls aus Achthaler Eisenguß.

Gelegentlich finden sich auch in Stallungen filigrane, kapitellgekrönte Gußsäulen zur Abstützung von Schienengewölben.

Dachreiter und eiserne Ziergitter vervollständigten einst das kunstgewerbliche Produktionsprogramm der Eisenhütte.

Der Brunnen in Achthal
aus der Mitte des 19. Jh. mit dem neugotischen Brunnenpfeiler und Becken ist eines der prächtigsten Erzeugnisse aus Achthaler Eisenguß (vor Haus Nr. 61/63).

Grabkreuze
aus Achthaler Eisenguß fanden weite Verbreitung.

DAS REICHENHALLER BECKEN

Geburtsstätte des bayerischen Salzes

Zur Topographie

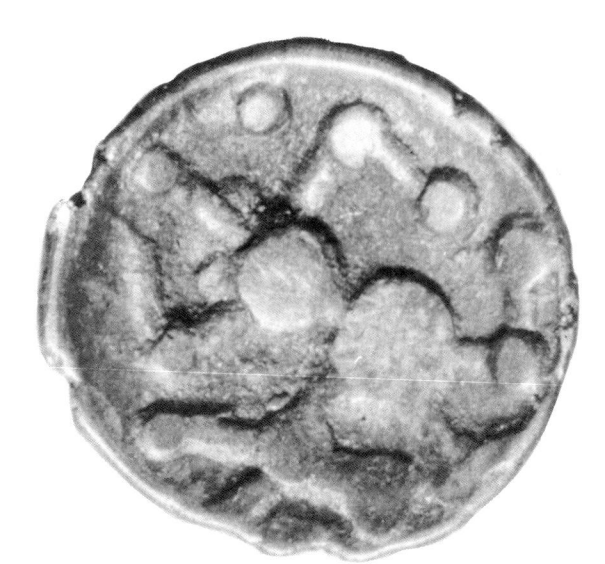

Reichenhall liegt im Schnittpunkt der beiden Kulturlandschaften des neuen Landkreises. Im Talkessel zwischen Lattengebirge und Hochstaufen am Ostufer der Saalach gelegen, gehört Reichenhall alpingeographisch zu den Berchtesgadener Alpen.

Durch Funde ist das Saalachtal mit dem Teilabschnitt des Reichenhaller Tales bereits in vor- und frühgeschichtlicher Zeit als stark frequentierter Zugangsweg zu den Bergen und als früher Ausgangspunkt wichtiger Salzstrassen erwiesen. Obwohl Reichenhall seine eigene Geschichte hat, gehört es hauslandschaftlich eindeutig zum Salzburger Flachgau und bedarf insofern keiner eigenen Abhandlung. Die Besonderheiten der wechselvollen Geschichte, die erstaunlich reichen Funde aus der Frühzeit und die seither ununterbrochene Siedlungs- und Kulturkontinuität, vor allem aber die weit über den engeren lokalen Rahmen reichende Bedeutung des Salzes rechtfertigen es, die wichtigsten geschichtlichen und volkskundlichen Aspekte Reichenhalls auch in diesem Rahmen kurz zu beleuchten.

Zur Vor- und Frühgeschichte
Von Fritz Hofmann

Die frühe Besiedelung des Talkessels von Reichenhall dürfte wohl dem Phänomen der Solequellen zuzuschreiben sein, die spätestens seit der letzten Eiszeit austraten.

Die wichtigsten Funde im Talkessel von Reichenhall beginnen mit der Bronzezeit. Am Fuße der Burgruine Karlstein fand man Reste von 7 bronzezeitlichen Wohnstätten; vier weitere lagen am Fuße des Pankrazfelsens. Diese Wohnstätten waren vorwiegend rechteckig, nur hinten, zum Felsen hin, oval angelegt. Die Länge betrug 10 bis 18 m, die Breite schwankte zwischen 2,5 bis 6 m. Die Hütten hatten zumeist eine, manche auch zwei Feuerstellen. Außerhalb der Hütten fand sich eine weitere Anzahl von Feuerstätten.[206]

Am Eisenbichl fand sich auch eine bronzezeitliche Gußstelle mit einem Schmelzofen.[207] Der Knochenhügel am Langacker diente einst als Fest- oder Opferstätte; er wurde schon im Jahre 1890 ausgegraben und ergab ein Lager von kleinen zersplitterten, hart klingenden, weißgebrannten Tierknochen. Der Fundmenge nach – es handelt sich um Tausende von geschlachteten Haustieren – kann diese Stätte mit etwa 270 cbm Knochenschutt und mehr als 700 Gefäßen einige hundert Jahre benützt worden sein.[208]

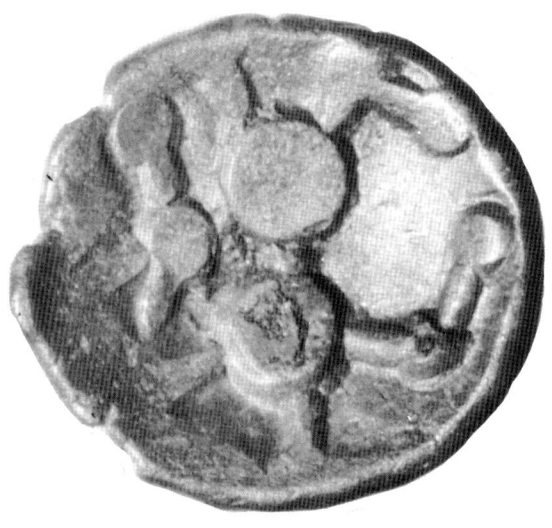

Keltische Münzen, sog. Regenbogenschüsselchen, und Funde aus der Laténezeit, heute im Heimatmuseum Bad Reichenhall.

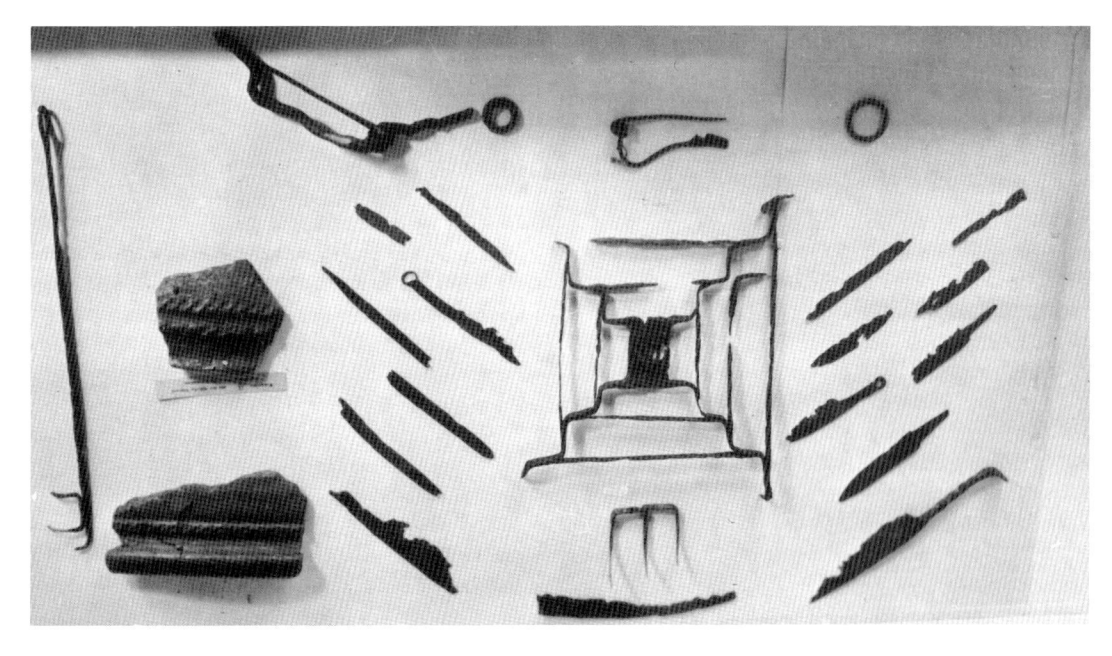

Dieser Brandopferplatz am Langacker gilt bis heute als der bekannteste im europäischen Raum. Schon ein Jahr später wurde auf der Kuppe des Eisenbichls ein weiterer Opferplatz mit unverbrannten Knochen von Haustieren und Hunderten von Tonscherben ergraben. In der Mitte des Platzes lag die Herdstelle, die rings mit schweren Feldsteinen umstellt war und noch Ruß und Asche enthielt. Daß diese Herdstelle sogar von den Römern benutzt wurde, bewiesen rotleuchtende Tonscherben römischer Herkunft.

Im Heimatmuseum Reichenhall liegt der größte Hortfund Europas aus der frühen Bronzezeit: Die beiden Ringbarren-Hortfunde von Mauthausen-Piding. Beim Bau eines Skilifts im Juni 1970 wurde bei Planierungsarbeiten am Steilhang zum Fuderheuberg (Staufen) in unmittelbarer Nachbarschaft von Burg Staufeneck zuerst ein Depot sog. Ringbarren oder Halsösenbarren aus der Erde geholt. Einige Tage später wurde der 2. Depotfund, etwa 30 m vom ersten entfernt, von der Planierraupe zutage gebracht.

Der als Depot I bezeichnete Fund besteht aus 249 ganzen oder fast ganz erhaltenen Ringen und 36 Fragmenten.

Depot II enthielt 378 ganze Ringe und 83 Fragmente. Insgesamt wurden 746 Ringe gefunden.[209]

Hauptfundort der Urnenfelderzeit und frühen Hallstattzeit ist wiederum Karlstein. Abermals fand man 11 Wohnstätten am Fuße des Pankrazfelsens, von denen zwei über den bronzezeitlichen lagen und zwei auf dem Haider-Mooser Burgstein. Die Größe der viereckigen Hütten betrug 8/11 und 3,5/5,5 m. Die größte Hütte am Burgstein hatte eine Grundfläche von 230 m². An Hausrat wurden Nähnadeln, Sicheln, Harpunen, Reib- und Klopfsteine, scheibenförmige Netzsenker und Geschirr gefunden.[210]

Der zu den Wohnstätten gehörige Friedhof, bestehend aus 15 Flachgräbern, barg Ringe, den Teil einer verzierten Schwertklinge, Armreife, Nadeln und Bartmesser. Den Urnen waren kleine Krüge und Schüsseln beigestellt. Eisen fehlte.

In Karlstein fand sich auch eine latènezeitliche Kulturschicht. Einige Hütten lagen über den früh-hallstattzeitlichen und diese über den bronzezeitlichen Hüttenstellen. Besonders reichlich waren die Funde auf den Hüttenplätzen auf dem Burgstein des Haider und Mooser. Diese Hütten waren rechteckige Bauten, vielleicht unseren Almhütten ähnlich; sie waren vermutlich schon verschließbar und mit Fensterluken versehen, die z. T. vergittert waren.

Der Boden im Inneren bestand meist aus gestampftem Lehm, zwei Räume besaßen einen Estrich, ein Raum hatte ein aus losen Steinen hergestelltes Pflaster.

Zum Hausrat gehörten Mahl-, Reib- und Klopfsteine, aber auch Wetzsteine. Töpfe; Schüsseln und Trinkgeschirr sind meist mit Längsrillen (Kammstrichmuster) verziert oder mit weiß-rot-gelben Bändern bemalt.

Eine freistehende Kochhütte hatte teilweise einen Fußboden aus festem, wasserundurchlässigem Lehm.

Knochenfunde erweisen die Haltung von Rind, Schwein, Schaf und Pferd. Neben dieser Wohnstätte befindet sich eine in die Tiefe gehende Felsspalte, welche mit einer Steinplatte überdeckt war, 15 m tief, am Boden voll Knochen und Scherben. Etwa 4 m daneben war eine weitere Felsspalte, ebenfalls mit Kohlen und Feuerresten angefüllt.

In gleicher Höhenlage fand sich in östlicher Richtung, 80 m entfernt, eine weitere Wohnstätte der gleichen Zeitperiode.

Wieder ist es Karlstein und hier das Langakkertal und die anschließende Pilzenwiese hinter der Fischzucht, welche die meisten Funde aus der Römerzeit aufweisen.

Bis jetzt wurden in dem gesamten Gebiet 8 römische Villen und ein Brandgräber-Friedhof freigelegt und zwar auf dem Siedlungsgebiet der Urnenfelderzeit. Man barg, kaum 10 m unter den römischen Fundamenten, 19 Skelettgräber aus der Bronzezeit. Das römische Brandgräberfeld barg 326 Brandgräber mit 405 Bestatteten.

Auch Marzoll barg römerzeitliche Funde. Der »Wirtsgolling«, ein Hügel, auf dem heute der Marzoller Wirt steht, belegt schon die Urnenfelderzeit. Zu seinen Füßen fand man zwei römische Gebäude. Es ist nicht auszuschliessen, daß das Schloß und die Kirche auf römischen Siedlungsresten stehen. In den Jahren 1959/62 wurde eine Villa (Gutshof?) mit 16 Räumen freigelegt; ein Raum besaß einen schönen Mosaikfußboden, ein anderer Reste von Wandmalereien.

Das Gräberfeld von Kirchberg am Fuße des Schroffens, gegenüber der Predigtstuhlbahn, galt lange als eines der reichst ausgestatteten Gräberfelder der Bajuwaren. Hier wurden 525 Gräber entdeckt, in denen 184 Männer, 209 Frauen und 132 Kinder beigesetzt waren. 220 Gräber waren mit Beigaben versehen. Dieses bajuwarische Gräberfeld zeigt verschiedene Beerdigungsformen.

Festgestellt wurden 28 Stein- oder Felsgräber, 11 Familiengräber, 3 Massengräber mit je ca. 25 Personen. 19 Personen waren in Seitenlage und 2 in Bauchlage beerdigt. In einem Grab konnte festgestellt werden, daß man versucht hatte, den Toten von den Füßen her zu verbrennen. Außerdem wurden 45 Totenbretter gefunden. Das kleine Holzbrett, auf den Kopf des Toten gelegt, kam über das ganze Gräber-

Tauschierter Gürtel aus dem Gräberfeld von Kirchberg

Römische Fibel aus Silber

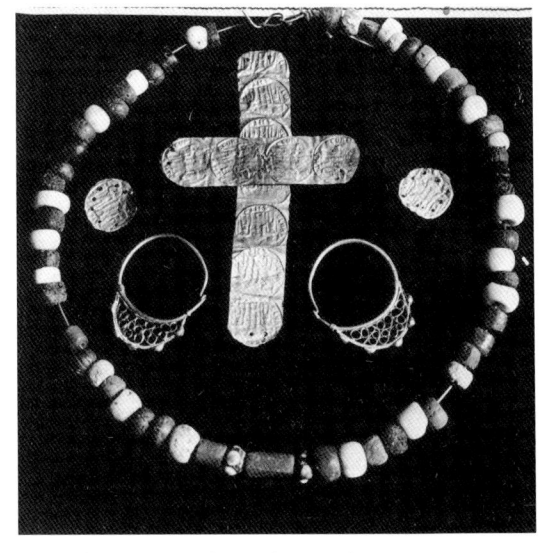

Goldblechkreuz aus Grab 3 in Feldkirchen:
Abklatsch der Rückseite einer römischen Kleinbronze-Münze des 4. Jh., wohl aus der Zeit Konstantin I (306-337) oder Konstantin II (337-340). Inschrift von links nach rechts. Gloria exercitus. Unter den Abbildungen finden sich Soldaten mit Lanze und Schild, dazwischen militärische Embleme.

feld vor. 9 mal fanden sich Totenmünzen, meist im Munde des Verstorbenen. An Schmuck wurden nicht nur Armreife, Ringe und reich mit Gold und Silber tauschierte Gürtel gefunden, sondern auch Bernstein. An Gebrauchsgegenständen wurden gefunden: Bartscheren, Messer, Nadeln, Reibsteine, Töpfe und Geschirr, an Waffen fanden sich 2 mal die Spatha, das zweischneidige Schwert, 31 mal das Skramasax, eine 45-77 cm lange Hieb- und Stichwaffe, 5 mal das Langsax mit 58 und 64 cm Länge und 3,5 und 4,5 cm Breite. Aus Eisen wurden Lanzen- und Pfeilspitzen sowie Schilde gefunden. Zusammenfassend ergeben sich für den Talkessel von Reichenhall folgende Funde:

Jungsteinzeit	Streufunde
Bronzezeit	Wohnstätten, Gräber, Kultplätze, Schmelzplätze, (der Hortfund von Mauthausen liegt bereits außerhalb des Kessels)
Urnenfelderzeit und frühe Hallstattzeit	Wohnstätten, Friedhof, Schmelzplätze, kleiner Depotfund, Töpferei
Hallstattzeit	nur geringe Streufunde
Latènezeit	Wohnstätten, Münzstätten, Schmiede, keine Gräber
Römerzeit	Villen, Brandgräberfriedhof, Grabsteine. Keine Straßenstücke und Meilensteine.
Bairische Landnahmezeit	Gräberfeld, keine Siedlung

Zur Stadtgeschichte [211]

Urkundliche Ersterwähnung der »Stadt« Reichenhall im Jahre 1159

Erstes Stadtsiegel von Reichenhall (seit 1279)

Schon beim Einsetzen der urkundlichen Überlieferung steht die salinarische Bedeutung Reichenhalls völlig im Vordergrund. Die beachtlichen Münzfunde könnten bereits mit einer Beteiligung der latènezeitlichen Bevölkerung am Salzhandel zusammenhängen. Die Entwicklung des frühmittelalterlichen »locus Hal« zur Stadt und deren wirtschaftliche und politische Bedeutung in späterer Zeit stehen in engstem Zusammenhang mit der Verwertung der örtlichen Salzsolevorkommen. Der siedlungsgeschichtliche Werdegang Reichenhalls liegt im Dunkeln, doch wird man entsprechend der wirtschaftlichen Bedeutung des Ortes schon für die Frühzeit mit einem größeren Siedlungskomplex im Umkreis um die Sudstätten zu rechnen haben. Bereits vor den Jahren 788-90 war dieser in einem eigenen Pfarrverband zusammengeschlossen.

Die frühesten Erwähnungen Reichenhalls um das Jahr 700 weisen den Ort bzw. die Saline als bayerisches Herzogsgut aus.[212]

Reichenhall gehörte bis zum Sturz der Agilolfinger im Jahre 788 zum Herzogtum Bayern, von da an war es, die zahlreichen fremden Anteile an den Salzproduktionsstätten ungeachtet, unmittelbares Königs- und Kaisergut. Durch die seit dem Jahre 700 nachweisbaren, immer weiter fortschreitenden Verleihungen von Solegewinnungs- und Nutzungsberechtigungen an Kirche und Adel setzte sich in der Folge und entsprechend der wirtschaftlichen Bedeutung des Ortes eine verwickelte Vielfalt von Mächten in und um Reichenhall fest. Erst im späten Mittelalter bietet sich ein einigermaßen überschaubares Bild. Seit Ende des 8. Jahrhunderts unterstand Reichenhall mit seiner Saline zunächst direkt der karolingischen Fiskalverwaltung, für die sich in Bayern nur an diesem Orte Domänenverwalter (873: actores) belegen lassen.

Unter der Herrschaft Ludwigs des Kindes ging die Verfügungsgewalt des Reiches an der Saline weitgehend verloren. Anfang des 10. Jahrhunderts befand sich nahezu die gesamte Salzproduktion in kirchlicher Hand, nämlich beim Erzstift Salzburg und zahlreichen Klöstern. Die Enteignungsaktion Herzog Arnulfs von Bayern in dieser Zeit, von der anscheinend nur Salzburg nicht betroffen war, stellte vorübergehend die alten herzoglichen Rechte wieder her. Doch ergab sich in der Folgezeit, u.a. durch die umfangreichen Schenkungen Kaiser Heinrichs II. an Bamberg, und trotz der Bestrebungen Kaiser Friedrichs I., die Interessen des Reiches zu wahren, ein fast völliges Übergewicht der Kirche, besonders des Erzbischofs von Salzburg, bei der wirtschaftlichen Nutzung der Saline. Ortsherr war in der 1. Hälfte des 12. Jahrhunderts der Salzburger Erzbischof. Den Weg zur Herrschaft des bayerischen Herzogs über Reichenhall, der überaus langwierig und im ständigen Kampf gegen Salzburg eigentlich erst im 14. Jahrhundert entschieden war, eröffnete Herzog Heinrich der Löwe mit der Übernahme der Grafschaft Reichenhall nach der Resignation des Hallgrafen Gebhard im Jahre 1169, die ihm die Möglichkeit gab, auf die Verwaltung und die Jurisdiktion über die Einwohner Einfluß zu nehmen. Unter seinem wittelsbachischen Nachfolger Herzog Otto (1180-1183) und dessen Sohn Ludwig (1183-1231) wurden dann weitere wesentliche Fortschritte in dieser Richtung gemacht.

Unter Kaiser Heinrich VI. wird zum erstenmal ein »ius Hallensium« genannt, das man als herzogliches Ortsrecht gedeutet hat. Fälle der Ausübung herzoglicher Jurisdiktion in Reichenhall sind bereits vor dem Jahre 1200 nachzuweisen und auch die in den Urkunden auftauchenden Namen »Paierhalle«, »Herzogenhalle« sprechen für zunehmenden Einfluß des bayerischen Herzogs gegenüber dem Salzburger Erzbischof in Reichenhall. Dessen Versuch, durch Zerstörung der Ortschaft und Erbauung der Hallburg im Jahre 1196 die Entwicklung zu seinen Gunsten zu verändern, brachten den entscheidenden Wendepunkt: die Einwohner entzogen sich der als drückend empfundenen geistlichen Herrschaft, ergriffen die Partei des Herzogs und wurden so zur Stütze bei der Durchsetzung seiner Ziele. Der von Kaiser Friedrich II. im Jahre 1219 bestätigte Nürnberger Ausgleich von 1218, der beide Kontrahenten, namentlich aber den Herzog auf den zur Zeit Heinrichs des Löwen erreichten Stand festlegen wollte, hinderte Herzog Ludwig nicht, seine Position weiter auszubauen, zumal ihm kurz vorher mit der Herrschaft Karlstein der Hauptteil des Erbes der ausgestorbenen Grafen von Peilstein zugefallen war. Neben den Burgen Karlstein, Amering, Kirchberg und Gastein war es vor allem die von den Peilsteinern ausgeübte erzbischöfliche Vogtei des Erzstiftes Salzburg, bis dahin in Konkurrenz mit der herzoglichen Comitia stehend, die dem Herzog den Zugang zur bischöflich beherrschten Altstadt eröffnete und ihm einen wesentlichen Zuwachs an Herrschaftsrechten einbrachte. Ihr Gewinn sowie die Erteilung des Bergregals für Herzog Ludwig im gleichen Jahr werden auch das im Vertrag von 1219 ausgesprochene Verbot der Verlegung der Stadt an eine andere Stelle gegenstandslos gemacht haben; auch konnte das vom Erzbischof vertraglich erreichte Verbot der Zolleinhebung und des Münzrechts durch den Herzog nicht mehr durchgesetzt werden, und der Abbruch der 1219 von Herzog Ludwig zum Schutze der Saline errichteten Burg auf dem Grutten unterblieb, wie Rechtsansprüche Salzburgs aus dem späten 13. Jahrhundert erweisen.

Im ersten bayerischen Herzogsurbar zu Anfang des 13. Jahrhunderts erscheint Reichenhall bereits als herzogliches Urbaramt, wenngleich der dort verzeichnete Besitz gegenüber der ausgedehnten Grundherrschaft des Erzbischofs von Salzburg noch sehr zurücktritt. Im Verlauf des 13. Jahrhunderts gelang es den Herzögen, den Erzbischof weitgehend aus dem Feld zu schlagen; immerhin bezog dieser noch nach 1300, als er längst aus Reichenhall verdrängt war, ein Drittel der im übrigen an den herzoglichen Richter abzuführenden Abgaben, und die Erinnerung an den einstigen Besitzstand hat bis in die Neuzeit hinein immer wieder Rechtsansprüche auf die Salinenstadt aufleben lassen.

Zur Siedlungsgeschichte [213]

Ausgangspunkt für die Entstehung der Siedlung war das Quellgebiet der Saline mit den zur Salzgewinnung erforderlichen Anlagen. Sicher dürfte sein, daß mehrere, zeitlich nacheinander entstandene Siedlungskerne der späteren Stadt integriert wurden.
Das Gebiet um den Florianiplatz stellt den ältesten Ortsteil dar und war früher von Salinenarbeitern bewohnt. Später hat sich wohl eine verhältnismäßig kleine Straßensiedlung mit dem bereits um 1285 so bezeichneten »Alten Markt« vor der späteren Aegidikirche als Handelszentrum bis ins 12. Jahrhundert gebildet. Zwischen Florianiviertel und Kaufmannssiedlung, unterhalb der ausgedehnten Sudstätten und im Umkreis um die 1181 erbaute

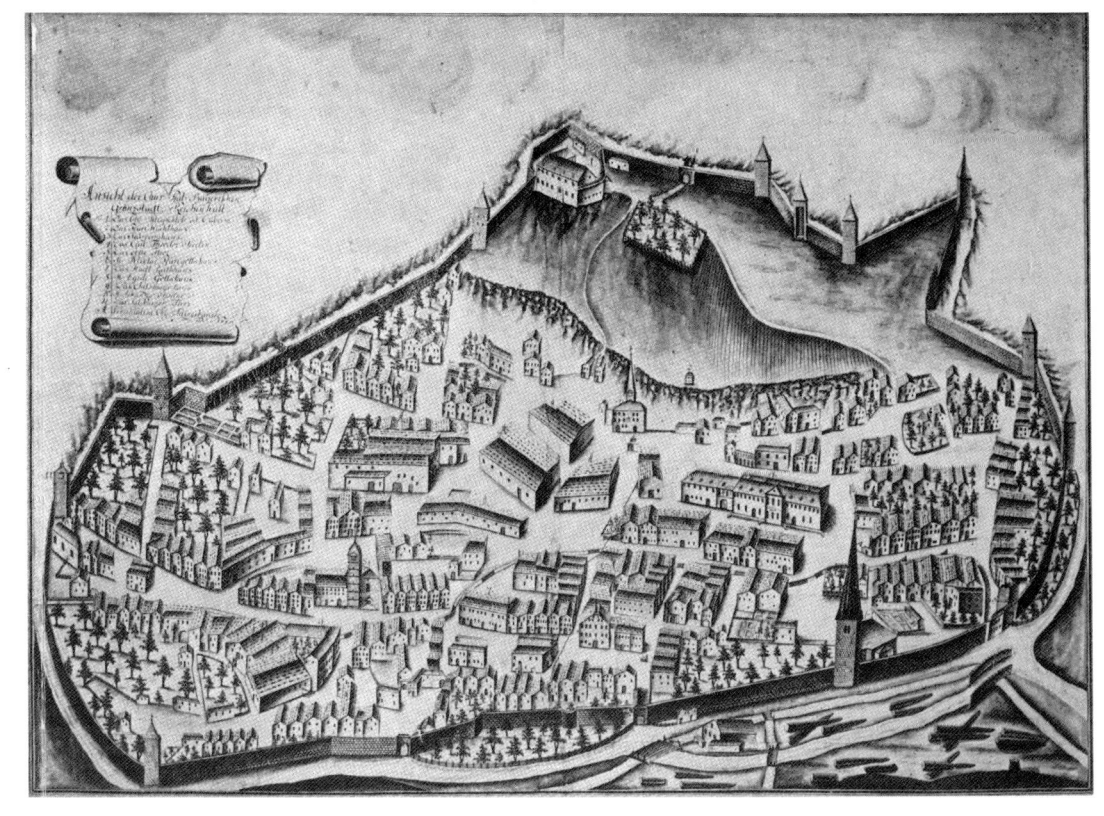

»Ansicht der Chur-Pfalz-Bayerischen Grenzstadt Reichenhall«, 1786

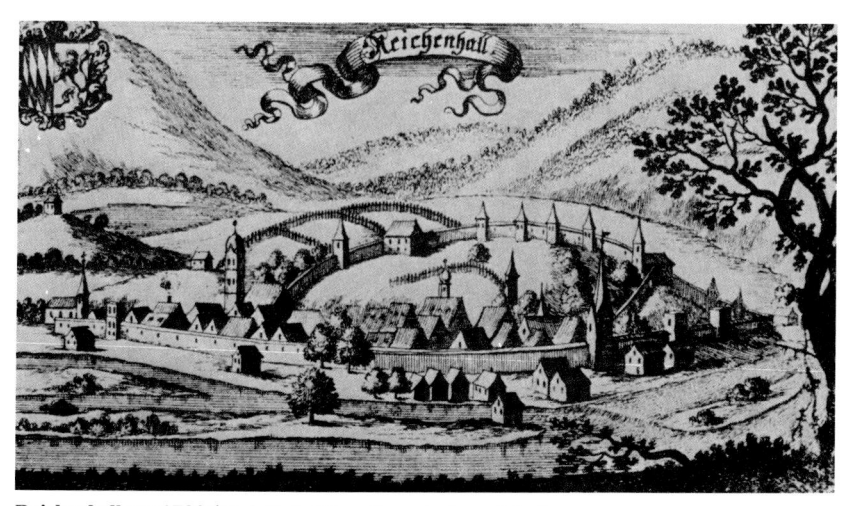

Alte Ansichten von Bad Reichenhall

Reichenhall um 1700 (nach Ertls Chur-Bayerischem Atlas).

Reichenhall um 1590 (Lebschée nach Donauer).

Reichenhall im 18. Jh. (J. M. Probst del. et sc. Aug. V.-Hoffmann inv.).

Reichenhall von Osten um 1867 (Stahlstich Karl Gunkel nach Metzener).

Reichenhall um 1650.

Reichenhall vom Schloßberg um 1867 (Stahlstich Karl Gunkel nach Obermüller)

Nikolaikirche sei dann mit dem Aufblühen der Stadt im 11. und 12. Jahrhundert als jüngster und repräsentativster Ortsteil das Wohngebiet des städtischen Patriziats, der reichen Sudherren- und Ratsgeschlechter entstanden. Bemerkenswert und für die rasche handelspolitische Bedeutung bezeichnend dürfte die frühe Erwähnung einer Brücke sein (1041-1060). Daß der weiter südlich gelegene Marktplatz, auf dem früher das alte Rathaus stand, bereits im 12. Jahrhundert entstand, erscheint durchaus glaubwürdig.

Der Grundriß der dann durch die Mauer zusammengefaßten Gesamtsiedlung ist elliptisch mit einer durch den Hauptstraßenzug markierten südwest-nordöstlichen Hauptachse.

Im Laufe der Zeit ergab sich eine Gliederung der Stadt in 4 Viertel: Thauerstein-, Wässenecker-, Dünger-, Dungerstattviertel. Die Befestigung der Stadt erfolgte im Zuge der Auseinandersetzungen zwischen dem Erzbischof von Salzburg und dem Herzog von Bayern. Ersterer hatte im Jahre 1196 mit dem Bau der Hallburg auf dem sog. Streitbichl begonnen. Herzog Ludwig von Bayern errichtete um das Jahr 1219 die Veste auf dem Gruttenstein.

In diese Zeit fallen auch die Anfänge einer Befestigung der Stadt durch Wachtürme. Vollendet war die Ummauerung der Stadt spätestens im Jahre 1275, wobei Burg Gruttenstein und Stadt eine fortifikatorische Einheit bildeten. Allerdings war nicht das gesamte besiedelte Areal in den Mauerbering einbezogen worden, die beiden Kirchen St. Peter und St. Paul sowie das sog. Burgtor z.B. standen bis zu ihrer Niederlegung kurz nach dem Jahre 1800 außerhalb der Stadt. Zur Stadtbefestigung gehörten insgesamt 14 Wachtürme, von welchen heute nur noch der 1910 in eine Aussichtswarte verwandelte sog. Pulverturm sowie der Peter- und Paulsturm erhalten sind. Verschwunden sind 7 Tore und 2 weitere kleinere Tore, die gegen Ende des 18. Jahrhunderts und während des 19. Jahrhunderts abgerissen wurden. Dem Schloßtor auf der Rückseite des Gruttensteins folgte an der Südwest-Ecke der Stadtmauer des Peter- und Paulstörl, weiter nördlich das eine Art Vorwerk bildende Burgtor, das Wasser- (auch Oberes, Straubinger-, Tiroler-)tor bei der Saalachbrücke, das Post- (auch Kammerboten-, Feissiger-, Thauerstein-)tor, das zwischen Tiroler und Posttor Anfang des 19. Jahrhunderts durchgebrochene Kirchenpörtl, das Weißgerber- (auch Mitter-, Schnäzl-, Schleiz-)tor, das 1791 durchgebrochene Salzmaier- oder Wässeneckertor, das Spital- (auch Salzburger, Unteres oder Löwenbräu-)tor und schließlich das Leittor im sog. Katzenwinkel. Von der Ringmauer selbst sind heute noch ansehnliche Teile erhalten, die liebevoll restauriert wurden.

Der Umfang der mittelalterlichen Stadt im Mauerbering unter Einschluß von Burg Gruttenstein betrug etwa 3 km, die Grundfläche etwa 49 ha; die Karten und Pläne lassen eine Bebauung von unregelmäßiger Dichte erkennen, besonders locker erscheint sie im Bereich der Salinenanlage.

Das Wachstum der Stadt über den im Mittelalter erreichten Zustand hinaus war durch die geographische Lage zwischen den Bergen und der Saalach in südwestlich-nordöstlicher Richtung vorbestimmt. Mit dem Aufkommen des Kurbetriebes seit dem Jahre 1845 gliederte sich der »Oberen«, alten Stadt im Nordosten allmählich die »Untere« Stadt des Kurviertels an, deren durch Gärten getrennte Villen und Hotels sich um den Kurpark gruppieren. Bauliche Ausweitungen längs der Landstraße führten zu einem Zusammenwachsen mit St. Zeno und Froschham im Nordosten und mit dem Weiler Kirchberg im Südwesten. Größere Neusiedlungsprojekte entstanden nach dem im Jahre 1918 errichteten »Glück im Winkel« eigentlich erst nach dem Zweiten Weltkrieg.

Für das Verständnis der Herkunft bürgerlicher Baukunst aus dem bäuerlichen Bauwesen ist das sog. Florianiviertel noch heute von größtem Interesse. Die Florianigasse gewinnt besondere Bedeutung durch die nur hier und in der benachbarten Tiroler Straße nach dem Stadtbrand vom Jahre 1823 erhalten gebliebene Alt-Reichenhaller Bauweise, die ihre Herkunft aus dem bäuerlichen Hausbau noch deutlich erkennen läßt. Die nur zwei- oder dreigeschossigen giebelständigen Häuser auf recht bescheiden zugeschnittenen Parzellen, z.T. mit kleinen Hausgärten, haben meist noch vorkragende flache Satteldächer, die noch zur Zeit der Jahrhundertwende vorwiegend mit Legschindeln gedeckt waren.

Dieses Viertel, Kernstück der wahrscheinlich ältesten unter mehreren Siedlungszellen, ist ein anschauliches Beispiel eines noch dörflich anmutenden Siedlungskernes inmitten einer Stadt, die ihren Charakter und ihren Maßstab schon in der Barockzeit, besonders aber seit dem Stadtbrand von 1823 und seit der Jahrhundertwende nachhaltig geändert hat.

Nennenswerte bäuerliche Anwesen, meist in der ausgeprägten Form des Salzburger Flachgauhofes, finden sich heute noch in den Ortsteilen Nonn, Schwarzbach, Staufenbrücke und Türk.

Salzbrandzeichen von Reichenhaller Salzherren aus dem 15. Jh.

Trenbeck  *Fröschl*  *Peninger*  *Rauscher*  *Mairhofer*  *Hallinger*

Wem wäre nit bekannt die bewundernswerte Wasserleitung, in deren Kanälen das Salzwasser von den Salzbrunnen zu Reichenhall unausgesetzt und mit ungewöhnlicher Kunst über die Gipfel der hohen Felsen und Berge eine halbe Tagereise weit bis nach Traunstein geleitet wird, allwo es zu Salz ausgekocht wird? Dieses fast traianische Werk ist durch Maximilian, den ersten Kurfürsten holdmildseligsten Angedenkens mit unglaublichen Kosten aufgeführt worden; er hat über eine gute halbe Tagereise die Wasserkanäle in einer Höhe von fast an die 2200 Schuh über der Erde durch das Gebirge geführt. Welch große Einkünfte dem Land durch diesen Salzhandel zuwachsen, das hat die Untersuchung der scharfsinnigen Beamten der Fürstlichen Rentkammer schon längst ergründet und bestätigt.

Anton Wilhelm Ertl: Größte Denkwürdigkeiten Bayerns (= Relationes curriosae Bavaricae, 1733, herausgegeben von Agnellus Kandler). Neu herausgegeben von Gerald Deckart, Düsseldorf/Köln 1977, S. 25.

Zur Geschichte des Reichenhaller Salzes [214]
Von Fritz Hofmann

Ob die Menschen der Jungsteinzeit die Solequellen kannten und nützten, ist nicht mehr zu erweisen. Der Fund einer Bronzeaxt im Gelände der Solequellen scheint darauf hinzudeuten, daß die Menschen der Bronzezeit die Solequellen kannten, Beweise hierfür gibt es jedoch nicht.

Zur Bronzezeit war der Talboden von Reichenhall nicht zu besiedeln, denn die Saalach floß in drei Armen durch das Tal und überschwemmte nicht nur die Solequellen, sondern auch die einzige großflächige Wiese, nämlich die Weitwiese. Es war nicht möglich, so große Rinderherden hier zu halten und davon so gewaltige Mengen den Göttern zu opfern. Es wird vermutet, daß die Rinder nur im Tausch gegen das begehrte Salz in dieses Tal kamen.

Auch die römischen Villen und der Brandgräberfriedhof im Langackertal geben uns keinen Beweis für eine Salzgewinnung in der Römerzeit. Anders dürfte es sich zur Zeit der Landnahme durch die Bajuwaren verhalten. Das am Fuße des Schroffens, an der gegenüberliegenden Seite der Saalach, nur wenige Hundertmeter von den Solequellen entfernt aufgedeckte Gräberfeld spricht für die Salzgewinnung. Bernstein als Beigabe in den Gräbern deutet auf einen lebhaften Handel hin.

Es gibt bis heute keinen Fund der Vor- und Frühgeschichte, der auf eine prähistorische Saline hindeutet. Dafür aber gibt es plausible Erklärungen. Die Salzgewinnung kann nur im Gebiet der oberen Stadt, dem Schwemmkegel von Saalach und Wappach, erfolgt sein. Die Altstadthäuser haben aber keine Keller, weshalb dort auch keine entsprechenden Funde gemacht wurden. Sollte im direkten Bereich des Gruttensteins, am Austritt der Solequellen, Salzerzeugung stattgefunden haben, so müssen die Quellen sehr tief, unterhalb der ständigen Auffüllung des Talbodens liegen. Möglich ist aber auch, daß die Saalach diese Quellen zerstörte oder beim Ausbau des Quellenbaues und des Grabenbaches die Überreste zerstört wurden.

Es ist zu ersehen, wie schwierig es ist, Beweise für diese Vermutungen zu liefern. Dies gilt auch für das Salzlager von Berchtesgaden, wo bis heute die Funde im und am Dürrnberg an der Landesgrenze buchstäblich abreißen.

Trotzdem dürfen wir annehmen, daß der Mensch der Vor- und Frühzeit die Solequellen kannte und nützte, auch wenn dies nicht durch Fundstücke zu belegen ist.

Prof. Dr. Dr. Martin stellte fest, daß die Solequellen in der Vorzeit im unmittelbaren Bereich der Saalach lagen. Die Bewohner, wenn nicht die Römer, so doch die Menschen der mittelalterlichen Zeit, hatten durch den Bau von starken Ufern die Saalach an der Stadt vorbei auf ihren äußeren Arm gedrängt.

Josef Maurer, der wohl bekannteste »Ausgräber« im Saalachtal erkundete eindeutig, daß zur Bronzezeit (1700-1200 v. Chr.) das Gebiet der Alten Saline (Quellenbau) mindestens so tief lag wie der heutige Ortsteil St. Zeno. Das wären ca. 6-8 m unter dem heutigen Hof der Saline. Man wird wohl, auch wenn keine prähistorische Saline gefunden wurde, zu der Meinung neigen dürfen, daß man mindestens seit der Bronzezeit die Solequellen kannte und nützte.

Die weitere Geschichte Reichenhalls ist gekennzeichnet durch andauernde Streitigkeiten und kriegerische Auseinandersetzungen um das Salz, das die Reichenhaller gegen die Fürstbischöfe von Salzburg führten.

Reichenhall gilt als die älteste Saline Deutschlands, seine Sole als die stärkste des Kontinents. Die Gewinnung des Salzes und der Handel damit bildeten bis ins 19. Jahrhundert die einzige, seither eine der wichtigsten wirtschaftlichen Grundlagen des Ortes; für Bayern war das Reichenhaller Salz eines der ertragreichsten Exportprodukte. Vom frühen Mittelalter bis zum Ende des 12. Jahrhunderts war die Stellung Reichenhalls als Salzproduktionsstätte weitgehend konkurrenzlos und in ihrer Bedeutung kaum zu überschätzen. Bereits die frühesten Quellen lassen Reichenhall als Ausgangspunkt eines weitverzweigten Salzfernhandels erkennen. Belege aus Fulda und Niederaltaich aus dem 8. Jahrhundert, aus Kempten, Freising, dem Großmährischen und dem Russischen Reich von Kiew aus dem 10. Jahrhundert lassen die Größe des Absatzgebietes erkennen. Es umfaßte in dieser Zeit den größten Teil Süddeutschlands, einen Teil des östlichen Mitteleuropas und griff z.T. auch nach Norden aus. Ursprünglich befanden sich die Salzquellen, die Sudpfannen und die zu deren Befeuerung nötigen Waldungen wohl gänzlich in den Händen der bayerischen Herzöge. Wenngleich deren Oberhoheit, von den Perioden direkter und königlicher Verfügungsgewalt abgesehen, grundsätzlich erhalten blieb, ergab sich doch durch Verschenkungen und Veräußerung an geistliche und weltliche Grundherren, durch Teilung und Weiterverleihung im Lauf der Zeit eine schier unübersehbare Zersplitterung der Quellsole- und Sudpfannenanteile, sowie namentlich im 11. und 12. Jahrhundert eine stetig steigende Frequenz des Besitzwechsels. Die daraus resultierende Situation des erschwerten Bezugs für die z.T. weit entfernten, überwiegend kirch-

Salzschiffe auf Salzach und Inn zwischen Laufen und Passau im 14. Jh.

Solehebewerk in Reichenhall um 1700

lich-klösterlichen Anteilseigner führte zusammen mit dem Einsetzen der Geldwirtschaft und gewissen politischen Konstellationen dazu, daß die anfangs nur grundherrlich bestellten oder auch unfreien Sieder Eigentumsrechte an den Salzbrunnen und Produktionsanlagen erwerben konnten. Nach längerer Zeit der Besitzbereinigung befand sich die Salzerzeugung dann überwiegend in den Händen Reichenhaller Bürger und Siedeherren. Der Herzog bzw. dessen Vertreter, der Pfleger, übte die Oberaufsicht über diese in einem genossenschaftlichen Verband zusammengeschlossenen Sieder aus; sie nannten sich seit dem 15. Jahrhundert die »Siedeherrn« und stellten die Stadträte und Gerichtsbeisitzer Reichenhalls. Mit der seit Ende des 12. Jahrhunderts namentlich im salzburgischen Hallein, aber auch im Berchtesgadener Land aufgenommenen Salzproduktion entstand dann eine bedrohliche Konkurrenzsituation, zu deren Kompensierung bereits herzogliche Schutzmaßnahmen, u.a. Transitverbote für fremde Salze in Anspruch genommen werden mußten. Trotzdem ergaben sich für die Reichenhaller Sieder beträchtliche Verringerungen der ehemaligen Absatzgebiete, seit dem 15. Jahrhundert zudem wachsende Schwierigkeiten bei der Finanzierung von Instandsetzungsarbeiten an der Saline und ein immer weiter fortschreitender Rückgang der Salzproduktion. Der um seine Gewinne aus dem Salzhandel besorgte Landesherr, der zunächst durch Verordnungen dem drohenden Verfall des Salzwesens zu steuern versucht hatte, ergriff schließlich angesichts des rapiden Absinkens der Produktion zu Ende des 15. Jahrhunderts die Initiative, begann die bürgerlichen Sieden aufzukaufen und unter eigener Regie zu betreiben. Im Jahre 1529 war diese Aktion im wesentlichen abgeschlossen. Darüber hinaus führte wachsende Einflußnahme auf den Salzhandel durch finanzielle Ablösung oder Einziehung von städtischen Salzniederlags- und Handelsrechten zu dem 1587 definitiv errichteten landesherrlichen Binnen- und Außenhandelsmonopol für Reichenhaller Salz. Mit dem Ausverkauf des Siederpatriziats und der Beseitigung des bürgerlichen Elements aus dem Salzgeschäft war Reichenhall der wirtschaftlichen Grundlage beraubt, die 400 Jahre lang an der Entwicklung und Blüte der Stadt entscheidenden Anteil gehabt hatte. Der Ort als solcher begann rasch zu verarmen und sank zu einer Salinenarbeiterstadt herab. Der Salinenbetrieb warf dagegen unter der landesherrlichen Regie durch großzügige Investitionen und stetige Verbesserung der Produktionstechnik steigende Gewinne ab: Um die Mitte des 16. Jahrhunderts wurden, wenn zunächst auch nur vorübergehend, bereits Spitzenwerte von 300000 Zentnern erreicht. Die Entdeckung einer neuen, sehr ergiebigen Solequelle im Jahre 1613 veranlaßte wegen Holzmangels die Dezentralisation des Sudbetriebes. Der Handel mit Reichenhaller Salz während der Zeit der bürgerlichen Organisation im 14. und 15. Jahrhundert bewegte sich hauptsächlich auf dem Landweg auf festgelegten Routen, den Salz- oder Scheibenstrassen. Hauptabsatzgebiete waren Altbayern, Schwaben, Franken; Zielorte: Memmingen, Ulm, Göppingen, Nördlingen, Rothenburg, Eichstätt, Nürnberg. Salzniederschlagsrechte, teils noch in bürgerlicher, teils schon in städtischer Hand hatten: Reichenhall, Traunstein, Wasserburg, Rosenheim, München, Landsberg, die seit dem Jahre 1587 zu herzoglichen Salzämtern wurden. An weiteren Lagerstätten kamen hinzu: Friedberg, Tölz, Hohenschwangau und insbesondere Buchhorn am Bodensee.

Ende des 18. Jahrhunderts waren die Hauptabsatzgebiete vor allem weite Teile der Schweiz, die damals der größte Salzexportmarkt Bayerns geworden war; von den 6 Reichenhaller Sieden arbeiteten seinerzeit 4 nur noch für die Schweiz.

Um die Jahre 1780/90 war die Zahl der an der Saline Beschäftigten — ohne die etwa 700 benötigten Holzknechte — auf etwa 2550 gestiegen. Diese Salinenarbeiter waren in Bruderschaften, sog. Zechen zusammengeschlossen, z.B. der Valser, Aufleger, Pfannhäuser, wobei neben religiösen Motiven vor allem die wirtschaftliche Unterstützung eine Rolle spielte.

Altes Salzbrunnhaus um 1700

Hauptbrunnenbau und Salinenkapelle St. Rupert, erbaut 1841-1851 nach Plänen von Daniel Ohlmüller.

Die vier Soleleitungen und ihre Baulichkeiten[214]
Von Fritz Hofmann

Die von Reichenhall bzw. Berchtesgaden ausgehenden Soleleitungen, Bestandteil des bedeutendsten Denkmals der bayerischen Technikgeschichte, sind so eng mit der Geschichte und den menschlichen Schicksalen dieser Region verknüpft, daß sie hier eine kurze Würdigung verdienen.
Die erste bekannte Soleleitung, ein Vorläufer der modernen Pipeline, wurde bereits 1596 bis 1602 in Österreich, von Hallstatt bis Ischl, ge-

Im Quellenbau der alten Saline

baut. Die Sole floß im Gefälle durch Röhren; die Leitung wurde nicht durch Maschinen betrieben.

Propst Wolfgang II. von Berchtesgaden war es vermutlich, der schon um 1559 eine Soleleitung von Berchtesgaden – wo die Sole gewonnen wurde – zum Sudwerk in Reichenhall anlegen wollte. Diese Leitung sollte über Gmundbrück-Bischofswiesen-Hallthurm führen. Das Projekt konnte jedoch nicht ausgeführt werden, da der politische Grenzstreit um das Gebiet »am Hallthurm und auf der Gmain« zwischen Salzburg und Bayern sowie dem Stift Berchtesgaden eine Verlegung der Soleleitung kaum ohne Streit und Krieg zugelassen hätte.

Die Soleleitung Reichenhall-Traunstein

Fast 50 Jahre später schlug Hofkammerrat Oswald Schuß Herzog Maximilian I. vor, einen Teil der siedewürdigen Quellsole von Reichenhall bis nach Inzell durch ein »Wasserwerk« und von da aus durch Selbstgefälle bis nach Siegsdorf zu leiten. Schuß berief sich auf eine im Jahre 1613 gefundene Quelle, »ein gutes Flüßl«, die beinahe der »Edelquelle« gleichkam. Sie schüttete in einer Viertelstunde 35 österreichische Eimer Sole.

Außerdem wies er auf den Bedarf an Brennholz für die Saline in Reichenhall hin. Die Wälder um Reichenhall bis nach Unken, Lofer und Leogang im Salzburgischen würden bald nicht mehr in der Lage sein, das Sudwerk mit Holz zu versorgen.

Eine Schätzung der »wirkbaren« Wälder im Gebiet von Traunstein vom Jahre 1627 hatte ergeben, daß an zu fällendem Holz 6699 Pfund Monstied, also 3215520 Klafter, vorhanden waren. Der Hofbaumeister des Herzogs, Hans Reifenstuhl, »getraute« sich, »solch ein Wasser« in Form einer Soleleitung zum Sudwerk zu leiten. 1614 wiederholte Schuß seinen Antrag, als er von einer Reise aus Reichenhall zurückkam, führte jedoch noch hinzu, » ..man möchte, weil solch ein Werk gar weit hineinzeigt, und besorglich unter 20000 fl nicht erhoben werden könnte, auch andere verständige Brunnmeister, besonders jenen von Braunau und von Augsburg, nach und beschreiben und selbe mit ihrer Meinung hören.«

Herzog Maximilian nahm den Vorschlag mit Begeisterung auf und schickte 1615 seinen Hofkammerpräsidenten Elsenhaim, Hofkammerrat Schuß, den Augsburger Baumeister Hans Heiß und dessen Sohn nach Reichenhall. Dort kamen noch die Wassermeister aus Reichenhall hinzu. Die »höchste Weisung« sagt darüber: »Die Unkosten wären ja nicht zu achten, wenns nur dadurch in Gang zu bringen, und wenn selbe wegen der Unmöglichkeit nur nicht vergebens verwendet würden.« Die ganze Anlage mit der Traunsteiner Salinenkapelle kostete 130000 Gulden.

Die Brunnenmeister in Augsburg konnten dem Plan, die Sole nach Siegsdorf zu leiten, auch widersprechen. Sie hofften, daß »die zu den Druckwerken nötigen Aufschlagwasser weder im Winter, noch im Sommer, sich verlieren.«

Diese Wasserversorgung wurde festgestellt, indem man die ältesten ansässigen Bauern in der Umgebung befragte, welche Bäche ständig auch im Winter Wasser führten.

Am 4. Januar 1616 erfolgte die »höchste Entschließung«, die »Salzwasserleitung« im folgenden Frühjahr bis Inzell zu verlegen. Mit der »Vermessung und Abwägung« beauftragt Maximilian seinen Mathematiker und Goldschmied Tobias Volkhmer aus Braunschweig. Volkhmer unternahm zwei Vermessungen: eine mit einem Umweg, aber mit geringerer Steigung über Jettenberg-Weinkaser-Kleber und weiter die zweite, die zur Ausführung kam, über Karlstein - Thumsee - Nesselgraben - Kleber - Weißbach-Siegsdorf. Der Vermessungsplan wurde dem Hofbaumeister Reifenstuhl am 3. Dezember 1616 durch den Herzog zur Ausführung übergeben.

Anfang des folgenden Jahres wurde der zuerst bis Siegsdorf geplante, dann bis Traunstein ausgedehnte Bau begonnen.

Die Leitung hatte eine Länge von 31 km und war mit sechs, später mit sieben Brunnhäusern versehen. Diese Gebäude hatte man mit »Druckwerken« ausgestattet, die durch große oberschlächtige »Kunsträder« betrieben wurden. Die Räder hatten einen Durchmesser von 22 bis 23 Fuß (ca. 7 m). Das Aufschlagwasser führten lange Leitungen aus dem Gebirge heran. Die Zuleitung für Nößlgraben vom Jochberg bis Ober- und Unternößlgraben betrug 14300 Fuß Länge.

»Die Pumpstiefel zu diesen Werken verfertigte der Giesser Bartholomäus Wenglein zu München. Der Zentner Metall hierzu kostete 45 Gulden, dazu wurden 87 bis 88 Pfund Kupfer und 12 bis 13 Pfund Zinn genommen. Der Zentner Kupfer kam damals auf 34 Gulden, der Zentner Zinn auf 38 Gulden. Man brauchte zu dieser Leitung über 9000 Teichel, wovon jeder 14 Fuß lang und 3 1/4 Zoll weit ausgebohrt war.« Für die Steigleitungen, die sogenannten Druckröhren, wurde Blei verwendet; der Zentner Blei kostete damals 7 Gulden. Die Holzröhren waren mit eisernen Büchsen innen und außen verbunden; die kleinere Büchse kostete 4 Kreuzer, die große 14 Kreuzer. Interessant ist, daß ein Arbeiter wegen der schweren Arbeit im Gebirge täglich 14 Kreuzer verdiente.

Am 5. August 1619, 6.10 Uhr früh, wurde nach einem feierlichen Hochamt in der Stadtpfarrkirche St. Oswald in Traunstein zum erstenmal in Traunstein Salz gesotten. Die erste Pfanne, in der die erste Sole aus Reichenhall brodelte, hieß »Nagengast«, 1620 folgte »Altsieden«, 1621 »drittes Sieden« und 1622 »viertes Sieden«. Diese vier Pfannen erhielten erst bald die Namen: Maximiliani, Wilhelmi, Ferdinandi und Alberti, zu Ehren des regierenden Herzogs, seines noch lebenden Vaters und seiner Brüder Ferdinand, Erbischof und Kurfürst zu Köln, und Albert, Herzog von Leuchtenberg. Die fünfte Pfanne wurde erst 1870 errichtet.

Reifenstuhls Bericht an den Herzog, vom 5. August 1619, beginnt: »Nachdem nunmehr das zu Reichenhall vom Salz-Haupt-Brunnen herausgeleitete Wasser in die hiezu erbauten Wasserstuben hier eingerunnen, ist anheute, nach gehabtem Gottesdienst, mit Sieden der Anfang gemacht, und die Sache also gefunden worden, daß es zeitlich gutes Salz gegeben, wie zu mehrer Verification Euer Durchlaucht hiemit ein Muster gnädigst empfangen; also daß allseits gute Hoffnung zu machen, es werde dieses Werk zu E. Durchlaucht gnädigsten Contento unfehlbar ausfallen, und der aufgewandten Unkosten wohl angelegt sein.«

Die Soleleitung war auf die Förderleistung von »6 Röhrl Sole in 24 Stunden« veranschlagt; ein Röhrl entspricht 20 m³ in 24 Stunden. Die Durchschnittsleistung betrug indessen wegen der geringen Aufschlagwässer nur 5 Röhrl oder 100 m³ Sole in 24 Stunden.

1619 errichtete Hans Reifenstuhl auf Vorschlag seines Bauschreibers Kasper Frauenrieder bei Weißbach das siebte mit »Druckwerk« versehene Brunnhaus. Da vom oberen Nesselgraben bis Nagling, besonders am Pichergrandl zum Mauthhäusl hinunter, zu wenig Gefälle war, entstanden beim Ansteigen gegen Nagling viele Teiche.

Die Soleleitung Reichenhall-Rosenheim

In den Jahren 1808 bis 1810 baute von Reichenbach die Soleleitung Reichenhall-Rosenheim, 1816 bis 1817 die Soleleitung Berchtesgaden-Reichenhall.

In seiner »Beschreibung der Gebirge von Baiern und der obern Pfalz« wies Berg- und Münzrat Flurl 1792 auf die Gründung der Saline Traunstein und den kühnen Bau der Soleleitung im Jahre 1617 bis 1619 durch Reifenstuhl hin. Er bemerkte dazu: »Würde man heutzutage noch jenen kostbaren Unternehmungsgeist besitzen, so wäre es leicht möglich, die Salzsolen bis Rosenheim, ja selbst bis an unsere Steinkohleflöze hinzuleiten und dadurch eine außerordentliche Ersparnis an Holz und weiten Frachtkosten zu bewirken.«

Diesen Vorschlag griff 1800 der damalige Maschinenkommissar und Landesdirektionsrat Josef Baader auf. Am 16. August 1802 gab Kurfürst Max Josef den Befehl, für eine Saline in Miesbach und eine Soleleitung dorthin einen Situationsplan mit Nivellement anzufertigen. Diese Arbeit wurde Baader übertragen.

Flurl hatte, als das Projekt zur Ausführung reifte, auf Rosenheim oder Aibling als geeigneten Standort für die neue Saline wegen der dortigen Torffelder verwiesen. Als Utzschneider im Jahre 1807 General-Administrator geworden war und Baader seine Vermessung immer noch nicht beendet hatte, griff Utzschneider in das Projekt ein. Er zog den ihm vertrauten Georg Friedrich von Reichenbach hinzu, bereiste mit ihm und Flurl das Terrain. Der Entschluß stand fest, die Soleleitung bis Rosenheim zu verlegen. Am 10. September 1807 wurden die Waldungen der Forstinspektion Miesbach deshalb laut kurfürstlichem Befehl an die General-Administration der Salinen übertragen.

Ausgehend von den bereits bestehenden Brunnhäusern der Reifenstuhlschen Soleleitung von 1617, die in Fager, Seebichl, Unternesselgraben, Obernesselgraben, Nagling, Weißbach und Lettenklausen standen und Wasser zum Antrieb der Maschinen hatten, begann von Reichenbach hier den Bau. Anfangs gab es 2 Baadersche Radmaschinen und 8 Reichenbachsche Wassersäulenmaschinen. Später entfielen die Maschinen in Obernesselgraben und Mühltal durch Ausbau der jeweiligen Vorstufen in Unternesselgraben sowie Bergham bei Hohenaschau. 1936 konnte die Maschine in Weißbach durch die Verlegung der Leitung stillgelegt werden. 1958 waren nur noch 2 Radmaschinen von Oberbergrat Baader und 5 Reichenbachsche Maschinen in Betrieb. Von der Bergreserve über dem Hauptbrunnhaus Reichenhall, 480 m ü. d. M. mit 400 m³ Inhalt, floß die Sole im Selbstgefälle zum Brunnhaus Fager in Karlstein mit einer Reserve von 300 m³.

Am 24. Juni 1958 pumpte noch eine von Oberbergrat Baader konstruierte Wasserradmaschine mit 6 at die Sole 60 m senkrecht in die Höhe zum Brunnhaus Seebichl mit einer Tiefreserve von 250 m³. Ab dort hob eine Konstruktion von Baader die Sole 62 m zu einer Bergreserve mit 120 m³ Inhalt. Am 25. Juni 1958 um 18 Uhr stand auch diese Maschine still. In eigenem Gefälle erreichte nun die Sole die Reserven von Unternesselgraben mit einem Speicherungsvermögen von 245 m³.

Hier treffen wir die doppeltwirkende Wassersäulenmaschine vom Typ II. Die technischen Daten: Die senkrechte Bewältigungshöhe, Sole auf süßes Wasser reduziert, beträgt 499 Fuß, Druckhöhe: 360 Fuß, die benützte senkrechte Höhe des Gefälles vom Aufschlagwasser: 140 Fuß, der innere Durchmesser des großen Wassersäulen-Zylinders: 1 Fuß und 8 1/2 Zoll, der Durchmesser des Salzwasser-Zylinders: 10 Zoll, die Weite der Einfall-Röhren vom Aufschlagwasser: 7 Zoll, die Weite der Aufsteig-Röhren des sauren Wassers: 4 Zoll, die Länge des Hubes: 3 Fuß und 6 Zoll. Mit drei Hüben in der Minute liefert die Maschine 22 Röhrl in 24 Stunden, das sind 440 m³ und bedarf hierzu pro Minute 38 Kubik-Schuhe Aufschlagwasser. Jeder Teil ist auf 30fache Sicherheit konstruiert. Ein Vergleich gegenüber der Reifenstuhlschen Konstruktion ergibt, daß diese nur 5 Röhrl (100 m³) zu heben vermochte. Reichenbach garantierte 16 Röhrl, das sind 320 m³ in 24 Stunden. – Am 27. Juni 1958 wurde die Sole zum letztenmal von dieser Maschine 97 m hoch zur sogenannten Hochreserve Obernesselgraben mit 186 m³ Inhalt gepumpt. In Siegsdorf war der Soleeinlauf am 1. Juli 1958 frühmorgens beendet. Am 1. Juli 1958 löschte man in der Saline Rosenheim für immer die Feuer unter den Pfannen.

Die Brunnwarte

Mit der Stillegung der letzten Reichenbachschen Soleleitung starben auch die Brunnwarte aus. Brunnwarte gab es seit dem Bau der Soleleitung in den Jahren 1617 bis 1619. Sie kamen größtenteils aus dem Handwerkerstand, waren Schlosser, Schmiede, Zimmerleute und Schreiner, die meist vorher bei der Saline beschäftigt waren.

Für diesen Posten kamen nur Leute in Betracht, die eine gute Führung nachweisen konnten und den Heeresdienst abgeleistet hatten. Eigene Dienstvorschriften regelten die Aufgaben des Brunnwartes, von denen die letzten 1936 und 1955 erschienen und folgende Anweisungen enthielten: Kontrolle der ein- und auslaufenden Sole, wöchentliche Berichte darüber, Führung eines Tagesrapportbuchs, Instandhaltung und Reinigung der Solehebemaschinen, wöchentlich zweimalige Begehung der Soleleitung im zugewiesenen Bereich, Behebung der dort anfallenden Schäden usw.

Eine alte Einrichtung war die sogenannte »Brunnpost«. Von Reichenhall aus beispielsweise brachte der eine Brunnwart seinem Kollegen in Fager ein »Amtsschreiben«, dieser brachte es nach Seebichl usw. bis Rosenheim oder umgekehrt.

Die Brunnwarte waren, soweit sie vor 1925 eingestellt wurden, Beamte, und nicht selten vererbte sich der Beruf vom Vater auf den Sohn. Das Einkommen setzte sich aus Geld und Sachbezügen zusammen und war nicht hoch. 1870 zum Beispiel erhielt ein neu angestellter Brunnwart 3 Gulden und 30 Kreuzer Wochenlohn (etwa 6 DM), dazu widerruflich 30 Kreuzer Zulage, Getreide und Salz »nach dem Normale«, 15 Klafter Brennholz, 10 Pfund Unschlitt (Talg) für Kerzenbeleuchtung, das »Röhrlgeld«, freie Wohnung im Brunnhaus und Dienstgrundgenuß für ein bis zwei Kühe und einige Ziegen. Wer Glück hatte, konnte »Brunnmeister« im Quellenbau werden.

Die Soleleitung Berchtesgaden-Ilsank-Reichenhall

Am 21. Dezember 1817 wurde in Anwesenheit von König Max Josef I. die Soleleitung von Berchtesgaden über Ilsank-Wachterl eingeweiht. Zwanzig Monate war an dem »Riesenstrang« der Soleleitung, der sich durch Gebirge und Täler schlängelt, gearbeitet worden. Mit dem Bau der Soleleitung Berchtesgaden-Reichenhall, über das »Söldenköpfl« und das »Wachterl«, war von Reichenbach eine bedeutend größere Aufgabe gestellt worden, als bei der Soleleitung Reichenhall-Rosenheim, obgleich erstere nur 29 km lang ist.

In der Nähe des Stollenmundlochs am »Ferdinandsberg« stand eine von einem oberschlächtigen Wasserrad von 6 m Durchmesser angetriebene Radmaschine, an deren unterem Ende ein einfacher Pumpenstiefel aus Metall, 243 mm stark, die Sole auf 14,59 m hob. Über eine Röhrenfahrt von 1021,5 m Länge erreichte der »Salzfluß« das Brunnhaus Pfisterleiten. Hier stand die erste Reichenbachsche Maschine mit einem Treibkolbendurchmesser von 13 1/4 Zoll und einem Gefälle des Aufschlagwassers von 300 Fuß. Diese hob die Sole in einer 272,6 m langen Steigröhre von Gußeisen bis auf die Locksteinwand auf 90,7 m senkrecht in die Höhe. Hier nahm eine Reserve den »Salzfluß« auf, um dann im Selbstgefälle in 2183,1 m Länge den tiefen Geländeeinschnitt, den die Wasser der Bischofswieser Ache bilden, zu erreichen. Diese Übersetzung löste von Reichenbach, indem er die Sole in den Röhren auf der einen Seite 56 m hinunterstürzen ließ, um sie auf dem anderen Berghang, dem Struberberg, 54,58 m aufsteigen zu lassen. Dieser Teilabschnitt hieß »die Blähe an der Gmundbrücke«. Die »Radkunst« am Stollenmundloch sowie die Solehebemaschine im Brunnhaus Pfisterleiten wurden bereits 1903 außer Betrieb gesetzt, nachdem die Soleleitung neben der Straße über den Bahnhof Berchtesgaden-Gmundbrücke verlegt wurde. Die Arbeit der beiden Pumpen übernahm eine Zentrifugalpumpe mit Turbinenantrieb. Die »Bläh« wurde ebenfalls durch Verlegung der Soleleitung 1928 nicht mehr benötigt.

Nach einem Gefälleunterschied von 20 m von der »Bläh«, wo sich die Reserve »Strub« befand, und einer Länge von 2523,5 m erreichte die Sole des Brunnhaus Ilsank. Hier stand die größte Wassersäulenhebemaschine der Welt.

Durch eine sinnreiche Kolbenverbindung gab diese Maschine der neben ihr stehenden und in jener Gegend damals sehr wichtigen Mühle das ihr entzogene Wasser als Aufschlagswasser für das Mühlrad mit einem Gefälle von 7 m wieder zurück. Mit 43 at in senkrechtem Höhenunterschied von 356 m drückte diese Reichenbachsche Maschine die Sole auf das 976 m hohe Söldenköpfl; der Triebwasserdruck betrug 112 m. [215]

Die Soleleitung Berchtesgaden-Hallthurm-Reichenhall

Zwei Gründe vor allem bewogen die Bayerischen Berg-, Hütten- und Salzwerke Aktiengesellschaft, Bayerns vierte Soleleitung zu errichten. Die Leitung von Reichenbachs über das »Wachterl« erwies sich mit einer Kapazität von 850 m³ in 24 Stunden als erschöpft: die Unterhaltung stieg stetig, der Ausbau zu einer Leistung von 2000 m³ in 24 Stunden hätte nicht nur ein Vielfaches von der um 11 km kürzeren Leitung gekostet, sondern wäre in der Unterhaltung wesentlich teurer geworden. Der zweite Grund betraf die Saline Reichenhall, die derzeit nicht nur Bayerns einzige, sondern wohl auch Deutschlands modernste Saline ist. Sie erreicht durch eine eingreifende Modernisierung und Rationalisierung einen Produktionsausstoß von 80000 t jährlich und wird die Leistung in den nächsten Jahren noch steigern. Die Schwierigkeiten der Beschaffung des »Rohstoffes«, der Sole, bewogen die BHS eine leistungsfähigere Soleleitung zu schaffen.

Am 8. Juli 1960, gab der damalige Werksdirektor Bergassessor a. D. Egon Dörtelmann vom Bergwerk Berchtesgaden bekannt, daß noch in diesem Jahr mit dem Bau einer zweisträngigen Soleleitung von Berchtesgaden über Hallthurm zur Saline Reichenhall begonnen werden sollte. Am 10. Oktober 1960 begann man mit den Arbeiten, am 25. November 1961 wurde die neue Anlage in Betrieb genommen.

Die Solehebemaschine in der Maschinenhalle des Hauptbrunnenbaues

DIE GEMEINDE SCHNEIZLREUTH

Randgebiet des nordosttirolisch-südbayerischen Einhofes und des »Traunsteiner Gebirgshauses«

Natürliche, geschichtliche und wirtschaftliche Grundlagen

Zur Topographie
Von M. Scheurl

Das heutige Gemeindegebiet erstreckt sich von der südöstlichen Grenze der Nachbargemeinde Inzell längs der deutschen Alpenstrasse bis zur Wegscheid, wo sich die Reichenhallerstraße von der Alpenstraße trennt. Das Weißbachtal umfaßt die Ortsteile Weißbach, Jochberg und Höllenbach.
Das langgezogene Gebirgstal erhielt seine jetzige Ausformung wohl in der letzten Eiszeit; der hier offensichtlich sehr rasche Rückgang der Eismassen über Schneizlreuth und dessen Nesselgraben formte die einzigartige Weißbachschlucht beim Mauthäusl und bildete den Thumsee. Als Wahrzeichen dieser eiszeitlichen Ereignisse findet sich an der nordwestlichen Ostgrenze der sog. »Gletschergarten«, ein großartiger Gletscherschliff mit Gletschermühlen.

Matthias Scheurl, Weißbach a. A.

Zur Lokalgeschichte
Von M. Scheurl

Eine Besiedelung des Weißbachtales wird urkundlich erstmals im Jahre 1100 erwähnt; vereinzelte frühere Aussiedlungen sind hier nicht mehr genau festzustellen. Die Sämerstraße von Reichenhall über den Jochberg durch das Weißbachtal nach Inzell, die für den Salztransport durch Trägerkolonnen diente und teilweise noch heute erhalten ist, ist vielleicht der Ausgangspunkt mancher Siedlerstelle. Durch den großen Holzbedarf der Saline Reichenhall wurde auch das Weißbachtal mit seinen Wäldern abgeholzt und dabei möglicherweise von den ersten Ansiedlern urbar gemacht und bewirtschaftet. Schneizlreuth wird im 13. Jahrhundert als Snaezenreut erwähnt. Auf der Merianschen Karte des Stiftes Berchtesgaden vom Jahre 1644 heißt es: Schnatzenreit ist mit 2 Häusern eingetragen. Riedls Reiseatlas von Bayern aus dem Jahre 1796 bemerkt, daß in »Schnazlreit« ein Gasthof und unweit dieses eine Klause sich befinde. Die Häuserchronik der Gemeinde weist Ansiedler namentlich seit dem Jahre 1450 auf.
Das Weißbachtal und auch das Höllenbachtal gehörten ursprünglich zu der alten »Obmannschaft« Jochberg, wir haben es also hier mit einem Bezirk zu tun, der dem Umfang nach etwa dem der heutigen Gemeinde Weißbach entspricht.
In der »Obmannschaft« Jochberg fallen zwei Tatsachen sofort auf: Einmal die außerordentliche Übereinstimmung der Güternamen mit den Besitzernamen – nur ganz wenige Familien sind auf einem Hof, der nach einem früheren Besitzer benannt ist – und dann die durchgehende Erhaltung der Hausnamen der Bauerngüter vom Jahre 1555 bis in unsere Zeit. Dies gilt vor allem für das Jochbergtal selbst.
Alle 7 Bauernhöfe, die wir heute dort finden, kommen unter dem gleichen Namen schon im Jahre 1555 vor. Benannt werden schon damals das Riedenthaler- (als Rien-), Bichler-, Haarbacher-, Primbacher-, Nagl-, Selauer-, Reiter-, Grubergut.
Das heutige Geislerbauerngut hieß damals noch »Gut zu Obercht«, war aber schon im Besitz eines gewissen Geißler.
Auch im Höllenbachtal finden sich im Jahre 1555 fünf Bauern, deren Güter noch bis ins 19. Jahrhundert bestanden, 2 davon unter gleichem Namen, nämlich das Kreutzer- und Angergut.

Bemerkenswert ist in der Obmannschaft ferner, daß häufig Flachs und Hanf gebaut wird, besonders von den Bauern um Weißbach, und daß fast keiner von ihnen »Holz....« hat. Doch haben sie die Erlaubnis, in des Propstes von St. Zeno Schwarzwäldern »zu holzen«. Auch hier besteht der sonstige Grundbesitz vor allem in Bergmähdern.

Getreide wurde wegen des rauhen Klimas anscheinend nur wenig angebaut. Die Ortsgeschichte verzeichnet eine Reihe kriegerischer Ereignisse im Spanischen Erbfolgekrieg im Jahre 1704, im Österreichischen Erbfolgekrieg im Jahre 1742 und während des Durchzuges napoleonischer Truppen im Jahre 1809. Die Einwohnerzahl der Gemeinde ist bis heute auf 570 Bewohner angestiegen. Der Großteil der Bewohner arbeitet in der Forst- und Landwirtschaft sowie den Holzverwertungsbetrieben. Durch den Bau der deutschen Alpenstraße in den Jahren 1934/36 wurde der Ort auch vom Fremdenverkehr belebt.

Zur Situation des Bauernstandes
Von M. Scheurl

Ein Brief vom 18. Dezember 1701 gibt guten Aufschluß über die grundherrlichen Verhältnisse:
Von den erbrechtigen Gütern werden in allen Kaufs- und Übernahmefällen 5%, von den St.-Zenoischen freistiftsgrundbaren Gütern 10% genommen. Außer diesen Belastungen werden noch die sog. Zwischenfälle zu 2 1/2% der ganzen Güterwerte oder zu 5% nach halber Schätzung der Güter genommen, die unter verschiedenen Benennungen wie: Todesfall, Heirats- oder Halbsetzungs-, Verzicht- und Arbeitsfall bekannt sind (Laudemium). Diese Observanz geht aus der im Kgl. Landgericht Reichenhall herrschenden ehelichen Güterge-

meinschaft und aus dem doppelten Erbschaftsgang hervor. Bei den zu Kirchen erbrechtigen Gütern »gaudiert« durchwegs das Erbrecht à 5%. Dieser Satz galt als allgemeine Norm.

Das Aerar bezieht in dieser Gemeinde keinen Zehent, da der ganze Großzehent mit Einschluß aller künftigen Neugereuthen von dem ehemaligen Kloster St. Zeno, »quo Dezimatore universali«, von der ganzen Gemeinde um die Summe von 202 fl freigekauft wurde. Es erscheint daher in keinem rentamtlichen Protokoll ein Klein-, Blut- oder Obstzehent.

Die Forstrechte sind zum Teil Gutspertinenzen, zum Teil »auf Ruf und Widerruf aus höchster Gnade« verliehen und gründen sich auf die Forst-Servituten-Beschreibung vom Jahre 1802.

Auf gleiche Weise wurde die Waldweide und das Streusammeln nach der Forstordnung ausgeübt. Einige Untertanen hatten auch sog. »Maisalmen«; d.h. das Weiderecht in den Kgl. Wäldern, das sich lediglich auf die natürlichen Weideblößen und die Waldweide beschränkt. Ein Eigentumsrecht bestand nicht, daher auch kein Recht zum Schwenden und Roden. Einige Almrechtler hatten um den Kaser ein verlaktes Mahd oder eine Waldlichte, in denen das Schwandrecht innerhalb der Gelakgrenzen auf Ruf und Widerruf verliehen war. Bau- und Nutzholz zu den Almen erhielt man nur gegen ein »Anweisgeld« von 6 Kreuzern.

Ein Brennholzrecht bestand auf den Almen nur auf Dürr- und Klaubholz.

Die Lebensverhältnisse ums Jahr 1857 schildert recht anschaulich die Besitzbeschreibung des mittlerweile verschwundenen Hofes »Kreutzer am Höllenbach«: Im Monat März wurde das 67 Tagwerk und 22 Dezimalen umfassende Anwesen vom kgl. Salinen-Ärar angekauft und ab diesem Zeitpunkt nicht mehr bemeiert. Die Gebäude wurden zum Abbruch bestimmt und an den Meistbietenden abgegeben. Da die Bewerber, Christian Maier von Seelau, Josef Schönbuchner, Feichtenbauer und Franz Egger, Marxenbauer, aber gleiche Angebote von 60 fl. abgaben und der Mauerabbruch nicht zugesagt wurde, griff man zur Versteigerung. Das Anwesen erhielt sodann Christian Maier um 76 fl. zugeschlagen.

Das Anwesen ergab 4900 fl., nach dem der Bodenzins von 72 fl. und 30 kr. bereits fixiert war. Viehstand des Kreuzer: 3 Ochsen, 11 Kühe, 8 Jungrinder, 4 Zuchtkälber, 12 Schafe und 9 Geißen.

Eine Hofbeschreibung des »Angerer am Höllbach« aus dem Jahre 1886 gibt uns ein beispielhaftes Bild früherer Eigentums- und Rechtsverhältnisse:

Das Anwesen umfaßte: »55 Tagwerk 27 Dezimalen. Im Besitze von Johann Zeller und Helene; geb: Oettl Nagltochter, die das Gut im Jahre 1876 um 12000 Mark übernommen hatten. An lebendem Inventar waren vorhanden: 1 Ochse, 5 Melkkühe, 5 Jungrinder, 1 Zuchtkalb, 10 Schafe, und 3 Geißen. Eingehöft mit 3/32. Bau-, Nutz- und Werkholz nach Bedarf, 8 Lokalklafter Brennwied, die Kugelweide des Wintervieh's, Laub- und Daxenstreu und 3 1/8 Metzen Salz Gratiale für die Wasser der Triebleitung nach Nesselgraben.«

Hofformen im Gemeindegebiet Schneizlreuth

Im kleinen Gemeindegebiet von Schneizlreuth treffen wir auf eine ursprünglich wohl deutliche, heute sich langsam verwischende Hauslandschaftsgrenze: Im südlichen Teil sind bereits ausgeprägte Beispiele des nordosttirolisch-südbayerischen Einhofes anzutreffen; dieser Gehöftform gelten die nachfolgenden Ausführungen. Im Anschluß an die Hausregion des Salzburger Flachgaus findet sich eine Mischform aus diesen beiden Einhof-Typen: während der Grundriß deutlich das bauliche Schema der Mittertennhöfe zeigt, nimmt das äußere, gelegentlich prachtvolle Fassadenbild merklich Anleihen aus dem Formenschatz der Mitterstallbauten. Für diesen Mischtyp, der seinem Ursprung nach eindeutig dem Mittertennbautyp des Salzburger Flachgaus zuzuordnen ist, hat sich mancherorts der etwas unklare Begriff »Traunsteiner Gebirgshaus« eingebürgert; man begeht wohl keinen Fehler, wenn man die jetzigen Mittertennhöfe in Weißbach und anderen Gemeindeteilen als die östlichsten Ausläufer dieses »Traunsteiner Gebirgshauses« bezeichnet. Die hervorragendsten Beispiele dieses Hoftypus im Landkreis Traunstein sind z.T. durch Aufsätze bekannt geworden, wie z.B. der schon berühmte Wastlbauernhof in Mauer bei Hammer, die großartigen urtümlichen Gehöfte in den Einöden Häusern und Bichl und die dörflichen Ausformungen in Schleching, Mettenham, Inzell, Eisenärzt, Ruhpolding u.a.m.

Ein besonderes Merkmal aller Höfe des Schneizlreuther Gemeindegebietes waren einst Backhäuschen und Brechelbad: diese beiden Nebengebäude sind fast in allen Hofbeschreibungen erwähnt. Sie sind heute bis auf wenige Beispiele verlorengegangen.

Der nordosttirolisch-südbayerische Einhof

Zur Verbreitung des nordosttirolisch-südbayerischen Einhofes

Der nordosttirolisch-südbayerische Einhof wurde namentlich früher als der »oberbayerische Hof« oder sogar als »der alpine Hof« schlechthin empfunden und bezeichnet. Die Ursache dafür ist seine beherrschende, auffällige Großform und sein vielfach recht schmuckes, nicht selten sogar prachtvolles äußeres Gepräge, dem gegenüber andere Hofformen oft unauffällig, ja unansehnlich wirken.

Diese Hofform umfaßt in Oberbayern nur ein relativ kleines Gebiet: die südlichen Teile der Landkreise Rosenheim und Miesbach, vom Landkreis Tölz die Jachenau; in Tirol umfaßt es die Region Kufstein und Kitzbühel, in Salzburg die Region Zell am See und die Gegend von Saalfelden bis Unken; die Höfe von Ristfeucht und Schneizlreuth sind die letzten nördlichen Ausläufer dieser nordosttirolischen Region.

Der nordosttirolische Einhof zählt zu den Mitterstallbauten, die in Südbayern von den verschiedenen Mittertennbaugebieten umgeben sind. Viele bauliche Kennzeichen, so die stets zweigeschossige, gelegentlich sogar dreigeschossige Bauart, die Hochtenne, der vielräumige große Grundriß deuten darauf hin, daß es ein bedeutend jüngerer, entwickelterer Haustyp ist als der Mittertennbau.

Beim bayerischen Mitterstallhaus sind Wohnteil und Stall konstruktiv stets völlig voneinander getrennt, so daß das bauliche Gefüge des anderen Teiles nicht angetastet werden muß.

Daß der Mitterstallbau vielerorts offensichtlich eine Sekundärerscheinung des Mittertennbaues darstellt, scheint sich darin zu zeigen, daß die bayerische Mitterstallhausregion in vielen Teilen mit Mittertennbauten durchsetzt ist, die stets auch die älteren Höfe des jeweiligen Dorfes sind. Es finden sich vereinzelte Mittertennbauten im Kerngebiet des bayerischen Mitterstallbaus, also in den Landkreisen Miesbach, Rosenheim und Tölz.

»Immer sind diese Restvorkommen ganz altartige Bauernhäuser. Von den 35 Höfen im Besitz des Klosters Weyarn, die uns in 63 Zeichnungen erhalten sind, waren noch 10 Mittertennbauten, die später alle in Mitterstallbauten umgewandelt wurden. Häufig noch zu finden ist besonders im Landkreis Rosenheim der altartige Übergangstyp, die Mitterhochtenne: Zwischen dem Obergeschoß des Wohnstockes und dem überm Stall gelegenen Heuboden führt die Tenne ins Haus, und zwar sind die alten Hochtennen nicht stockhoch, sondern nur ein halbes Stockwerk hoch, so daß die Herkunft vom Mittertennbau nicht zu erkennen ist.«[216]

Der Hof und seine Nebengebäude

Auch der große Einhof Nordosttirols besitzt noch einige kleine Nebengebäude, so Backofen, Brechelbad, Schupfen und Heustädel. Der Troadkasten ist stets in die Tenne eingebunden, das Brechelbad gelegentlich mit dem Backofen zusammengebaut. Die ursprüngliche, jetzt nirgends mehr kenntliche Hofform war auch hier der Vielhaushof, also eine regellose Häufung von einräumigen Einzweckbauten in primitiver Blockbautechnik. Im Laufe der baulichen Entwicklung wurden zunächst die kleinen Blockbauten zu zwei Haupthäusern zusammengefügt, zuletzt schließlich zu einem Einhaus zusammengezogen, das dann auch noch die kleinen Nebengebäude in sich aufnimmt. – Diese Grundrißentwicklung ist an einer Reihe datierter Höfe in den Regionen Kitzbühel und Kufstein belegt worden.

Die Ausformung des Hofes[217]

Durch das traditionelle Anerbenrecht und die vorherrschende Streusiedlung konnten sich im östlichen Nordtirol (»Tiroler Unterland«, Unterinntal) und teilweise auch im südlichen Oberbayern besonders reich ausgestattete Betriebe (»Erbhöfe«) entwickeln. Es liegen hier jene großen, überwiegend noch in Holzblockbau errichteten und reich geschmückten Einhöfe, die, klischeehaft auch als Protoyp eines »Alpenhauses« angesehen, vielfach nachgeahmt wurden und in ihrer romantischen Rezeption, oft noch angereichert durch Elemente der bürgerlichen Baukunst zum Vorbild der sog. Heimatstilarchitektur geworden sind, die etwa seit dem Jahre 1910 allenthalben einsetzt.

Seiner Anlage nach stellt das in der alten Literatur vielfach als »Tirolisch-oberbayerisches Einhaus«, bei G. Bancalari als »Aachenseetyp« aufscheinende, auch als »Unterinntaler«, in Hinblick auf seine Verbreitung jedoch besser als »Unterländer Einhof« zu bezeichnende Gehöft eine eindeutige, mehrheitlich als relativ jung erachtete sekundäre Bildung dar. Ein manchmal sogar drei voll ausgebildete Obergeschosse aufweisendes Wohnhaus und eine große Stallscheune sind in Firstrichtung unmittelbar hintereinander gestellt und unter einem einheitlichen Dach zu einem langgestreckten Baukörper vereinigt (»Streckhof«), der aber die von den Talsiedlungen ausgehende Entwicklung aus einem bereits voll ausgeformten Paarhof klar erkennen läßt. Erhärtet wird diese Theorie vor allem durch in den Randzonen auftretende Übergangsformen mit noch ungleicher Firsthöhe von Wohn- und Wirtschaftsteil sowie den in den abgelegeneren Gebieten (Zillertal u.a.) selbst in seiner reinen Ausprägung noch erhaltenen Paarhof. Der voll ausgebildete Einhoftypus hingegen ist vor allem in der Ebene des Haupttales von Schwaz abwärts verbreitet und reicht in den oberbayerischen Raum hinaus, greift aber auch noch ostwärts in den salzburgischen Mitterpinzgau über. Trotz des schon großen Umfanges treten bei diesem Einhof oft eine Reihe untergeordneter Nebenbauten (Austraghaus, Futterställe, Schuppen) hinzu, was vor allem A. Haberlandt veranlaßte, ihn als »Haupthaus« vom »Einheitshaus« im engeren Sinn zu unterscheiden.

Der Wohnteil des »Unterländer Einhofes« gehört dem Typ des Mittelflurhauses an. Sein äußeres Erscheinungsbild wird geprägt durch die meist noch bis zum Giebel reichenden Blockwände, das flache, steinbeschwerte Legschindeldach mit dem charakteristischen Glockentürmchen am Dachfirst und die häufig über zwei und auch drei Hausfronten umlaufenden Laubengänge, zu welchen noch eine Giebellaube tritt. Die Mauerung des Erdgeschosses hat sich heute gegenüber der ursprünglich reinen Holzbauweise weitgehend durchgesetzt.

In die Längstenne über dem gemauerten Stall wird, da die großen Höfe eine entsprechend ebene Baufläche erfordern, meist über eine große Rampe von rückwärts eingefahren. Der in locker gefügtem Blockbau errichtete Scheunenraum erhält häufig eine schützende senkrechte Bretterschalung (»Tafer«), die zudem an beiden Traufseiten nach oben hin schräg auslädt, wodurch zusätzlicher, oft als Schuppen genützter Raum gewonnen sowie der stets der Wetterseite abgekehrte Wohnteil noch etwas abgeschirmt wird. An diesem ladet zudem das Dach bis zu zwei Meter aus, während es an der dem Wind unmittelbar ausgesetzten rückwärtigen Front des Wirtschaftsteiles meist bündig mit der Giebelwand abschließt.

Obwohl dem »Unterländer Einhof« eine die Grundrißfläche entsprechend erweiternde Niedertenne fehlt, stellt er aufgrund der großzügigen Anlage von Wohn- wie auch Wirtschaftsteil unter allen Einhöfen die größte Bauform dar, die vor allem in der jüngeren Vergangenheit als der fortschrittlichste Typ angesehen wurde, dem Anlageprinzip nach daher z.B. auch im Vorderen Bregenzerwald Anwendung fand.

Die Räume und ihre Ausstattung

Nähere Einzelheiten zu dieser stenographischen Typologie kann man noch aus dem gewaltigen Werk des Verbandes deutscher Architekten- und Ingenieurvereine aus dem Jahre 1906 erfahren:[218]

»Für die Einteilung gibt es nur zwei verschiedene Anordnungen, je nach dem der Eingang an der Giebel- oder an der Langseite liegt.
Bei der ersten Art trennt der Flur die Zimmer der Giebelseite und mündet entweder in die Küche ein, oder führt an ihr vorbei bis zum Stalle. Bei der zweiten Art mit dem Eingang an der Langseite bilden Flur und Küche einen Quergang, welcher die Wohnräume von der Stallabteilung trennt und an beiden Enden Türen ins Freie hat.
Der erste Plan, mit dem Eingang an der Giebelseite, scheint der ältere, in den Alpen seit Urzeiten heimische zu sein. Er herrscht im Osten der bayerischen Alpen am Inn und im Chiemgau ausschließlich.«

Dieses Werk gibt auch noch eine gute Beschreibung des Interieurs zur Zeit der Jahrhundertwende:

»Die Küche (Kuchl) mit dem offenen kaminlosen Herd ist jedenfalls der älteste und wichtigste Teil. Hier werden noch die gewöhnlichen Mahlzeiten eingenommen an einem Tisch mit zwei Wandbänken; hier wird auch der Trank für das Vieh bereitet und der Zimmerofen geheizt.
Der Herd in seiner ursprünglichen Gestalt ist nur noch selten anzutreffen. Er besteht aus einer 1/2 m hohen, gemauerten Plattform für das offene Feuer, über welchem ein Kessel an einem drehbaren Galgen hängt oder Dreifüsse für die Kochgeschirre aufgestellt werden.
Für den Rauchabzug dient eine weite Öffnung der Decke, deren Rahmen sich mitunter auf eine Holzsäule stützt. Eine schildförmige Kappe aus Stangen und Flechtwerk, mit Lehm verstrichen, dient als Funkenfänger. Gegen die Kammern des Oberstockes ist der zwei bis drei Meter weite Rauchfang (die »Hurre«) durch Holzwände abgeschlossen, er mündet aber frei in den Dachraum des Hauses, wo der Rauch, den ganzen Raum durchstreichend, seinen Abzug entweder in der Giebelluke oder in den vielen Zwischenräumen des Schindeldaches findet.
Das ganze Holzwerk des Daches wird auf diese Weise von den teerigen Bestandteilen des Rauches durchtränkt, sodaß es glänzend schwarz wird und der Fäulnis widersteht.
Für rascheren Abzug des Rauches dient manchmal eine in der Dachfläche liegende Klappe, welche durch ein Gestänge vom Herd aus reguliert wird.
Feuergefährlich ist diese alte Herdeinrichtung nicht. Wohl aber ist es ein geschlossener Herd mit engem gemauertem Kamin. Ein solcher reißt die Funken über das Dach hinaus und verschuldet die meisten Brände bei Schindeldächern.
Die Stube mit dem großen Ofen und mit ihrer stets gleichen Einrichtung von Wandbänken, Tisch, Ofen und Wandschränken ist für einen behaglichen Aufenthalt geschaffen, zur Ruhe nach der Arbeit, zum Empfang der Besuche und zum Genuß des Feiertages. Der Raum, ein Quadrat von fünf bis sechs Metern Seite mit kaum zwei Meter Höhe ist ausgiebig durch vier oder sechs kleine Fenster an der Ost- und Südseite beleuchtet. Die Wandbänke unter den Fenstern nehmen die ganze Länge der Stube ein. Sie laufen in dem Winkel gegenüber dem Ofen zusammen, wo Kruzifix und Heiligenbilder hängen (Herrgottswinkel) und der Eßtisch steht.
Der dicke und niedrige Kachelofen ist von Bänken umgeben, zwischen ihm und der Wand befindet sich die »Hel« oder Ofenbrücke zur Ruhe für Alte und Kranke; an der Decke über und um den Kachelofen ist ein Gestänge (die »Asen«) zum Kleidertrocknen befestigt. Bewegliche Holzbänke, Wandkästchen, Standuhr und Weihbrunnen bilden das notwendigste Inventar der Stube.
Die Wand hat zum wenigsten bis zur Fensterbrüstungshöhe eine Holzbekleidung, die Decke oft eine Täfelung, bestehend aus verleimten Tafeln mit Fugendeckleisten.
Neben der Stube oder ihr gegenüber befindet sich die Ehkammer, hinter der Küche die gepflasterte Milch- oder Speisekammer. Im Flur oder Flez führt die einläufige Stiege in den oberen Stock (»Gaden«). Über der Stube liegt die »schöne Stube« mit buntbemalten Kästen und Truhen, die den Gewandstaat des Bauern und der Bäuerin und sonstige Kostbarkeiten enthalten, und die Himmelbettstatt. Dann Schlafstuben der Söhne und Töchter, Dienstbotenkammern sowie Leinwand- und Garnkammer.
Über der Haustüre tritt man auf die Laube (»d'Labn«, »Schrot«). Vom oberen Stock gelangt man auf einer Stiege in den Dachboden (»Kasten«) mit dem »Droadkasten« und der »Seelenkammer« und tritt durch die Giebelwand auf den zweiten oder oberen Schrot aus.
Vom Inneren des Hauses, von der Kuchl oder dem Flez, führt eine Türe direkt in den Stall zu einem Mittelgang, welcher die ganze Tiefe des Stalles hindurchläuft und die Quergänge durchschneidet (Futter- und Mistgänge.) Der Düngerhaufen liegt, wo es angeht, an der schattigen Nordseite des Stalles.
Zuerst kommen die Stände für die Pferde mit einer Abteilung zum Aufhängen des Lederzeuges, dann die für die Ochsen und Kühe, zuletzt das Jungvieh.
Unter dem hohlliegenden Dielenboden läuft die Jauche ab und sammelt sich in der außen vor der Nordseite liegenden Odelgrube. Hier verdünnt sie sich mit dem abfließenden Brunnen- und Regenwasser, und überfließend durchsickert sie den sanft abfallenden Grasboden, der das beste Grünfutter liefert und zugleich den fruchtbarsten Obstgarten abgibt.«

Nordosttirolisch-südbayerischer Einhof

»**Der Bauer in der Au bei Tegernsee,** jetzt dem Herzog Karl Theodor gehörig«. Dieses großartige Beispiel eines nordosttirolisch-südbayerischen Einhofes ist entnommen dem Werk des Verbandes Deutscher Architekten- und Ingenieurvereine »Das Bauernhaus im deutschen Reich und seinen Grenzgebieten«, Hannover 1906, S. 301 ff. (bearbeitet von August Thiersch). Reprint Hannover 1975.

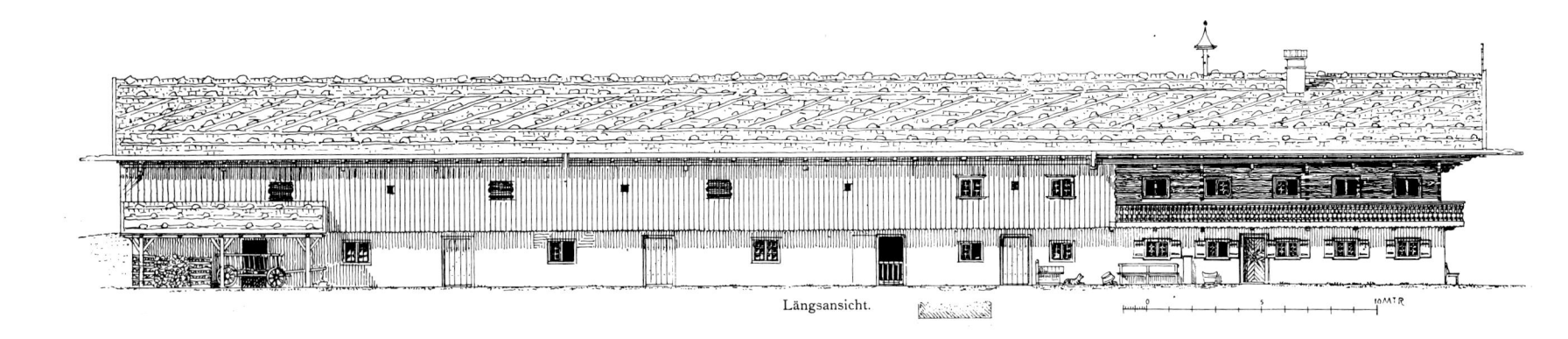

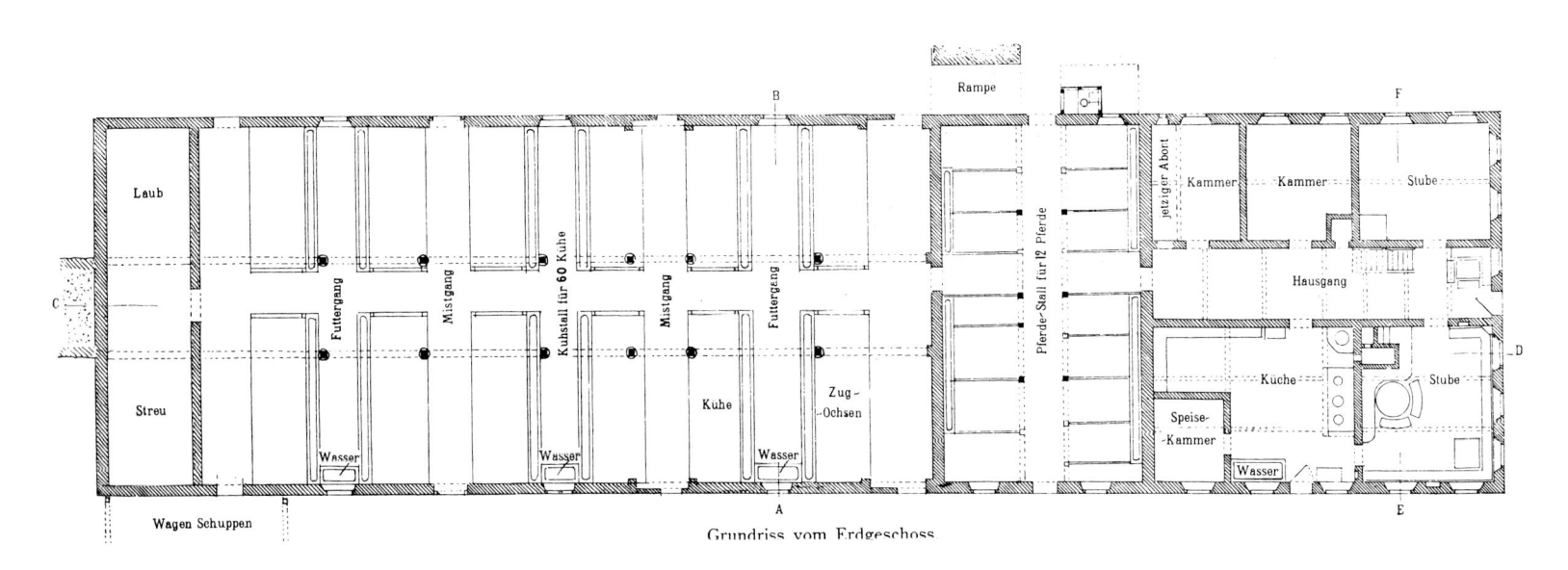

Abb. 1. Vorderansicht.

Längsansicht.

Grundriss vom Erdgeschoss

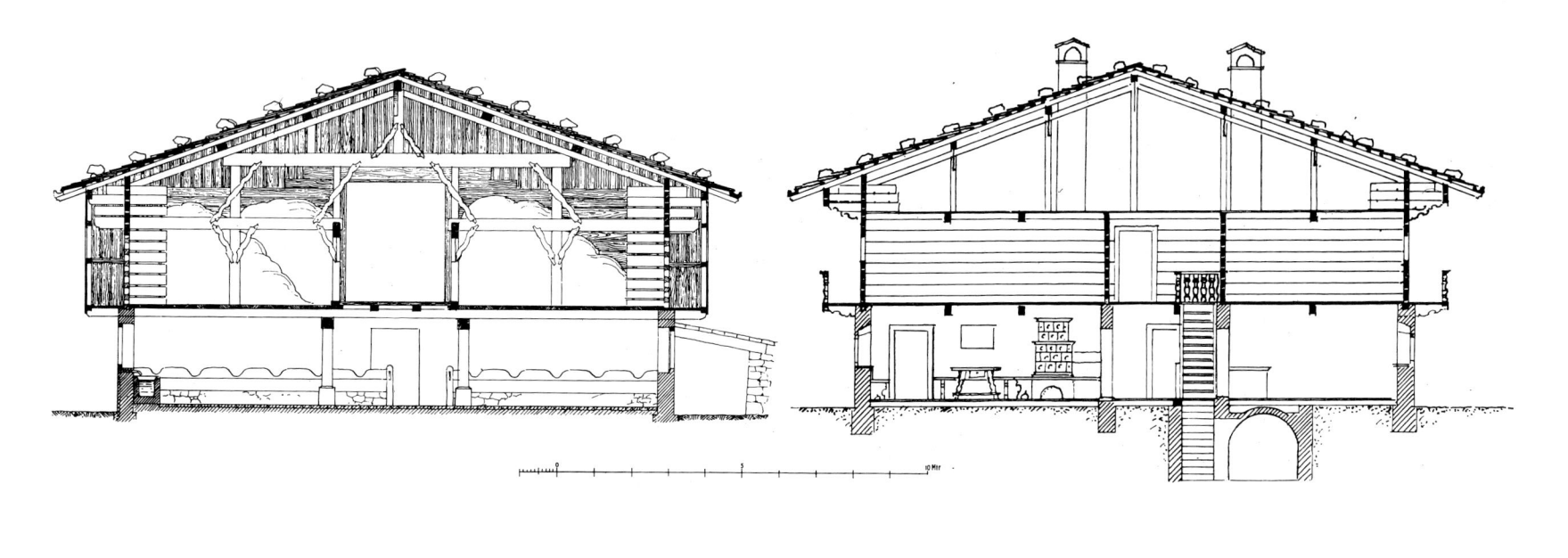

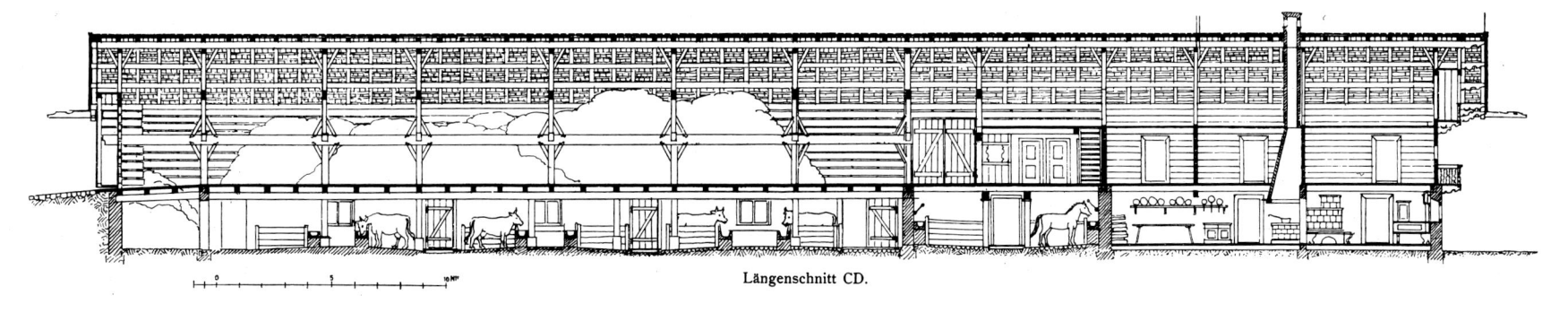

Nordosttirolisch-südbayerischer Einhof

Längenschnitt CD.

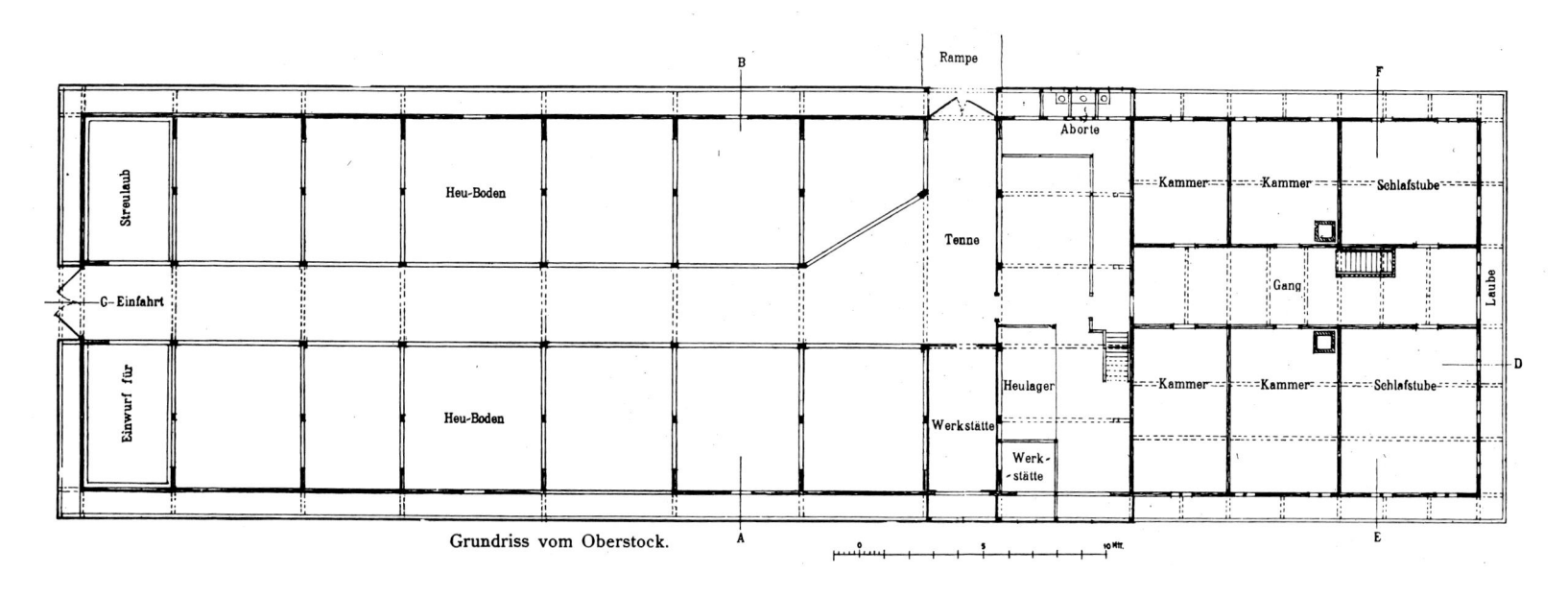

Grundriss vom Oberstock.

Fassadenmalerei [219]

Die berühmtesten Beispiele bäuerlicher Fassadenmalerei finden wir in Ober- und Unterammergau, Mittenwald, Garmisch, in der Jachenau und im Leitzachtal. Besonders bekannt ist der Jodlbauernhof in Hagnberg bei Geitau. Meist nur der Fachmann kennt die Namen der Meister, die im 18. Jahrhundert bis zum Anfang des 19. Jahrhunderts diese Malereien schufen: Franz Seraph Zwinck, Adam Fett, Franz Karner, Jakob Behamb, Julian Preymayr und Johann Georg Gail. Die Werke dieser Meister sind nicht »nur« Volkskunst, sie stehen in ihrem künstlerischen Rang oft beinahe jenen städtischen Fassadenmalereien nahe, die Caravaggio in Rom, Tizian in Venedig, Hans Holbein d.J. in der Schweiz und Hans Burgkmair d.Ä. in Augsburg geschaffen haben. Die Anstöße zur ländlichen Fassadenmalerei dürften von den größten Städten gekommen sein: aus München, Landshut, Nürnberg und Augsburg, wo seit der Renaissance Fassadenschmuck entstand. Zwinck (1748-1792), der erste Lüftlmaler, hat seinen Hausnamen zur Berufsaufzeichnung gemacht — seine Familie bewohnte damals das Oberammergauer Haus »Zum Lüftl«. Später hat man das ländliche Fresko einfach »Lüftlmalerei« genannt. Sogar die 1600-1610 gemalten Szenen am Hirschenhaus in der Metzgerstraße zu Berchtesgaden — eine köstliche Persiflage aus der Renaissance — zählt man zur »ältesten Lüftlmalerei Altbayerns«. Freskenzyklen finden wir auch an den sog. »Traunsteiner Gebirgshäusern« in den Dörfern der Chiemgauer Berge. Unter Lüftlmalerei verstand man früher nur Freskotechnik (al buono). Als Farbpigmente dienten Erdfarben wie Ocker, Terra di Siena, Sepia, Umbra, grüne Erde usw. und mineralische Farben wie natürliches Ultramarin (Lapislazuli), Manganschwarz, Rebschwarz (verkohlte Wurzeln), auch Kienruß. Alle diese Pigmente wurden in Kalkwasser (gelöstes Kalkhydrat) angerührt und auf frischen Kalkmörtelputz aufgezogen. Es bildete sich beim Trocknen ein Sinterhäutchen, das die Malerei wetterfest machte — ein Bindemittel war also in dieser Technik nicht erforderlich. Es durfte allerdings nur soviel Mörtelfläche aufgetragen werden, wie am gleichen Tag noch bemalt werden konnte.

In der Barockzeit bediente man sich vorwiegend der Kasein-Malerei. Das Bindemittel Kasein besteht aus einer Mischung von 1 Teil Kalk und 5 Teilen entweder Quark, Molke oder Weißkäse. Die kolloide Lösung des Kaseins in Kalkwasser besitzt eine ausreichende Klebefähigkeit, um Farben auf der Wand festzuhalten. Die Beständigkeit dieser nicht rein mineralischen Maltechnik ist an Fassaden der Fresko-Technik unterlegen.

Natürlich wurden damals die Farben noch nicht in einer Fabrik hergestellt, vielmehr bereitete sie sich der Künstler auf einfache Weise selbst nach bewährten Rezepten wie dem folgenden: »Laß entrahmte Milch stehen bis sie sauer wird und stelle sie auf einen warmen Herd bis sie gerinnt. Seihe sie sodann durch ein Tuch, wobei der Käsestoff auf dem Tuch bleibt. Nimm Kalk, holzgebrannt und 5 Jahre eingesumpft, siebe ihn und verreibe ihn mit der fünffachen Gewichtsmenge Käsestoff. So erhältst du einen zähen Kleister, der zur Bereitung der Farben durch Zugießen von Wasser nach Belieben kann verdünnt werden.«

Die Fassadenmalerei früherer Zeiten beschränkte ihre Palette auf mineralische und daher beständige Pigmente wie natürliche Eisenoxyde, Chromoxyde u.s.w.

Im 19. Jahrhundert setzt ein Verfall der Maltechniken der Fassadenmalerei ein, der verschiedene Ursachen hatte. Die Zünfte mit ihrer strengen werkstofflichen Schulung der Maler lösten sich auf und »individuelle« Malart wurde modern. Zugleich bot die rasch wachsende chemische Industrie eine Fülle von Teerfarbstoffen in leuchtenden Farben an, die noch heute verwendet werden, sich aber häufig als wenig lichtbeständig erweisen.

Die Gemeinde Schneizlreuth hat einen kleinen, aber sehr wertvollen Anteil an jener barocken bäuerlichen Malerei, die sich vom südlichen Chiemgau ins Weißbachtal hineinzieht und die für die »Traunsteiner Gebirgshäuser« charakteristisch ist. Im Gruberhof in Weißbach an der Alpenstraße, Gruberweg 9, datiert 1761, ursprünglich ein Mitterntennhof, steht eines der bedeutendsten Beispiele dieser großartigen Ausmalung vorbildlich restauriert vor uns. Längs der gesamten Obergeschoßzone zieht sich in bravouröser Freskotechnik ein bäuerlicher Heiligenzyklus: St. Leonhard, St. Anton und die Heilige Dreifaltigkeit an der westlichen Traufseite, St. Sebastian, St. Leopold, St. Katharina, St. Florian im Giebelfeld, St. Georg und St. Margaretha an der östlichen Traufseite. Kräftige Rustizierung betont die Ecken des massiven Wohnteils, ein einfaches Ornamentband trennt die Geschoße und zieht sich als Ortganggesims unterm Giebelfeld, die Pfettenaufdoppelungen gekonnt umfahrend. Kräftige Ornamente krönen die geohrten Fensterfaschen und unterstreichen die Fenstersimse, breite Farbbänder umranden die in Form barocker Vierpässe ausgesparten Lüftungsluken zu beiden Seiten der Hochlaube im Giebelfeld. Neben der in zarten Pastelltönen gehaltenen Freskomalerei auf dem strahlend weißen Wandputz überrascht die kräftige Farbe auf den dunklen Holzteilen. Pfettenköpfe und Laubenkonsolen zeigen an ihren Unterseiten eine reiche, auf die Schnitzerei abgestellte Ornamentik, alle übrigen hölzernen Bauglieder, also die Lauben und das Giebelvordach, sind in Olivgrün mit weißen Rahmungen und Fasen gehalten.

Erst im Jahre 1982 wurde auch am Lenzenbauernhof in Ristfeucht Nr. 5 eine ähnliche Ausmalung — ebenfalls mit einem bäuerlichen Heiligenzyklus — festgestellt. Dieser mit 1775 datierte Hof birgt aber noch eine größere Überraschung: Unter der hochbarocken Freskenmalerei befindet sich im Bereich des wohl älteren Erdgeschosses eine vollständige, noch ältere ornamentale Ausmalung:

Die Fensterrahmungen mit ihren strengen Dreiecksgiebeln, die Bemalung des rundbogigen Rotmarmorportals und die Eckrustika sind in auffallend kräftigen Farben gehalten und haben sich unter den vielfachen Übertünchungen überraschend gut bewahrt. Bei der Restaurierung wurde allerdings nur die hochbarocke Fassung, die die gesamte Fassade und das Holzwerk der Lauben und des Vordaches umfaßt, vollständig wiederhergestellt und ergänzt; das Bildprogramm dieser großartigen Bemalung umfaßt u.a. auch apotropäisch anmutende Drachenköpfe auf den Seitenflächen der Laubenkonsolen.

Die frühbarocke Fassung bleibt unter den Putzschichten erhalten; nur an einigen unauffälligen Stellen wurde — gleichsam als ein »Fenster in die Vergangenheit« — ein Ausschnitt aus der älteren Bemalung freigelegt.

Der Gruberhof und der Lenzenbauernhof können mit ihrem geschlossenen Bild- und Ornamentprogramm zu den bedeutendsten Beispielen barocker bäuerlicher Fassadenmalerei in Bayern gezählt werden. Die bisher verborgene Ausmalung des Lenzenbauernhofes, die in dieser Region nur »beim Meister« in Hub Nr. 13, Gemeinde Teisendorf, ein entsprechendes Gegenstück aufzuweisen hat, wird die Wissenschaft noch lange beschäftigen. [220]

Das Tal von Weißbach wird vermutlich noch für weitere Überraschungen auf dem Gebiete der Freskomalerei sorgen.

An einigen höher gelegenen Höfen findet sich ebenfalls ein beachtlicher Formenreichtum, der sich allerdings auf die Bemalung der geschnitzten Pfettenköpfe beschränkt; Lauben sind bei diesen Höfen vielfach nicht vorhanden. Gute Beispiele dieser Art sind die Höfe Jochberg Nr. 10 (um 1770/90), Jochberg Nr. 60 (datiert 1775), Jochberg Nr. 70 (datiert 1784), Unterjettenberg Nr. 25 (datiert 1827; mit Wandmalereien).

Almhütten

Innerhalb des heutigen Gemeindegebietes von Schneizlreuth zieht sich durch die Almregion eine deutliche Hauslandschaftsgrenze.
Auf der Moosenalm im Lattengebirge steht im Untergrainswieserkaser einer der besterhaltenen barocken Rundumkaser vor uns, auf den übrigen Almen finden sich zumeist Einhofanlagen, vielfach in stark veränderter Form. Ein hauslandschaftlich hochinteressantes Objekt ist die in etwa 900 m Höhe gelegene Pichler-Alm, die vor den Umbauarbeiten im Jahre 1949 eine reine Zwiehofanlage darstellte. Der Wohnteil, das sog. »Kaserl«, ist noch völlig unverändert erhalten, es ist ein aus rohen Feldsteinen aufgemauerter Bau mit drei Kniestockbalken und aufgezimmertem Giebeldreieck in Rundholzblockbau.

Durch die giebelseitige Tür tritt man in den Hauptraum, der zum Wohnen und Schlafen, Kochen und Käsen diente. Seitlich schließt sich eine Schlafkammer an, hinter diesen beiden Räumen, halb in den Hang hineingebaut, liegt eine Vorratskammer. Einzigartig ist der seitwärts daran angebaute, sorgfältig mit einer flachen Tonne überwölbte Erdkeller, der vollständig in den Hang hineingebaut wurde.

Der offene Dachstuhl über dem Hauptraum ist noch völlig rauchgeschwärzt, die Lage der offenen Feuerstelle ist noch deutlich zu erkennen. Die Zwischendecke wurde erst im frühen 20. Jahrhundert eingezogen, das Legschindeldach ist noch bewahrt geblieben.

Der frühere Stallteil ist zwar noch erhalten, doch wurde er weitgehend modernisiert und vorne mit einem Wohnteil versehen, so daß der ehemalige Stall der Zwiehofanlage heute eine Einhofanlage für sich darstellt.

Die nahe, etwas tiefergelegene Haarbacher-Alm ist hingegen eine primäre Einhofanlage. Eine Besonderheit sind hier einige Holzknecht-Schnitzereien, die auffällig an jene auf der Steineralm am Nordabhang des Hochstaufen erinnern.

Das »Kaserl« auf der Pichleralm

Bildteil Berchtesgadener Land (ehemalige Fürstpropstei)

Soweit nicht anders angegeben, stammen sämtliche Fotos aus den Jahren zwischen 1974 und 1983.

1 *Das Hainzenlehen ist ein Zwiehof in malerischer Lage am Fuße des Brandkopfes.*

Das Wohnspeicherhaus, dessen Obergeschoß z. T. in Blockbau errichtet ist, stammt im Kern aus dem 17./18. Jh.; der Stadel, im Oberteil ebenfalls in Blockbau ausgeführt, stammt wohl aus dem 18. Jh.
Gemeinde **Schönau am Königssee,** Gnotschaft Faselsberg, Vorderbrandstraße 79. ▸

DOPPELSEITE 190/191:

2–7 Menschen des Berchtesgadener Landes – in zeitgenössischer Tracht vor der Kamera des Berufsfotografen. Atelierfotos aus alten Familienalben.

4 *Bild 4* zeigt die Großmutter des ehemaligen Schnitzschuldirektors Bernhard Wenig um 1870. Der hohe schwarze Hut, darunter das Kopftuch und Streifenmuster an Schürze und Halstuch waren bestimmende Merkmale der Frauentracht dieser Zeit.

8–13 Menschen des Berchtesgadener Landes – von der Kamera mitten im Leben festgehalten.
Bild 9 zeigt die Schaltücher, die früher in der Übergangszeit anstelle des Mantels getragen wurden.
Bild 12 zeigt den Bergmann und Holzschnitzer Jakob Kurz, genannt »Kusei« (1831-1908). Er fertigte treffliche Schnitzereien, u. a. Krippenfiguren, Modelle vom Salzbergwerk mit geschnitzten Bergknappen, die durch Uhrwerke oder Kurbeldrehung in Bewegung zu setzen waren.
Bild 13 zeigt die Sennerin auf der Gotzentalalm am offenen Herdfeuer des Wahlkasers (Foto 1981).

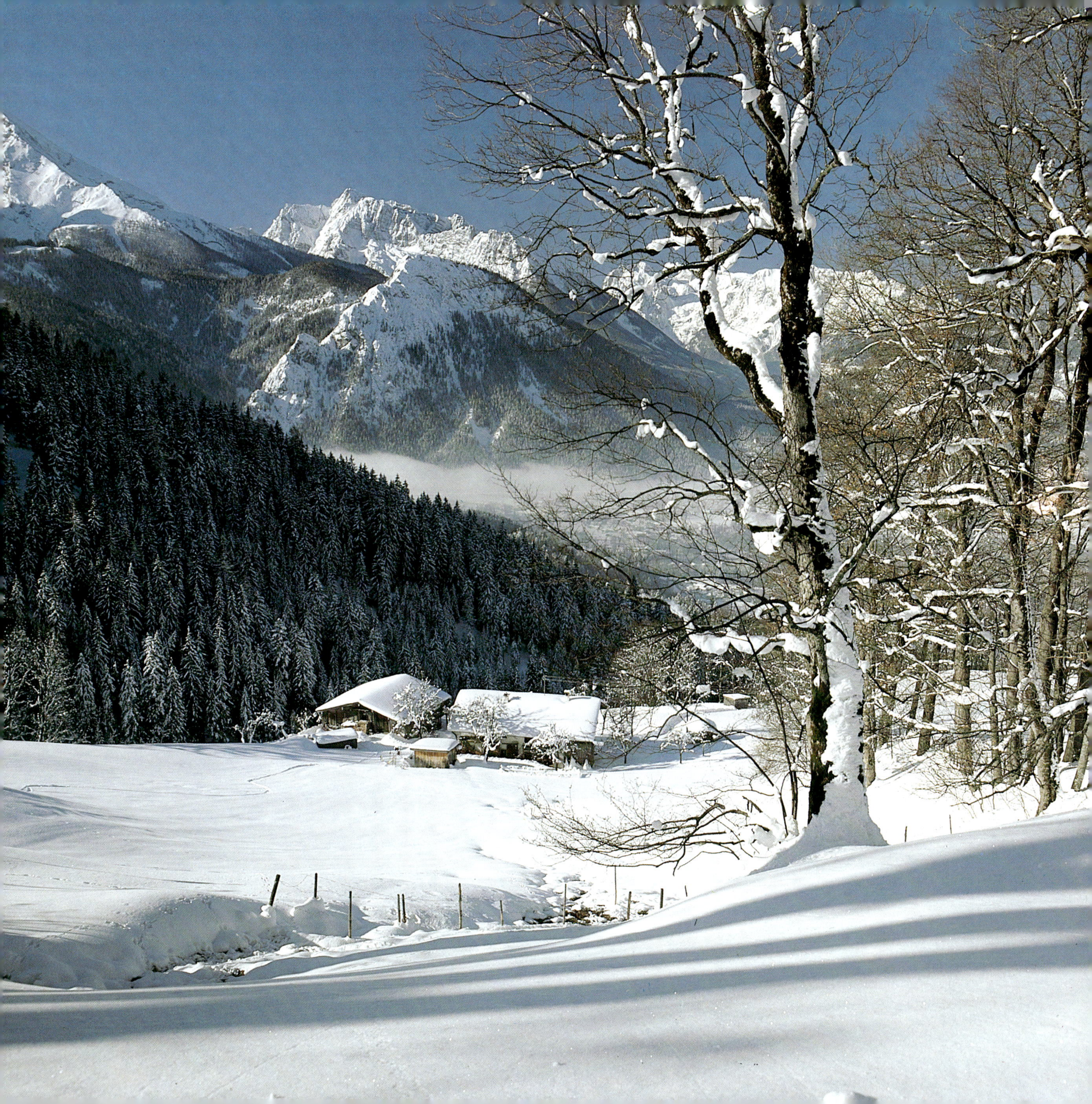

▲ 2 ▼ 5 ▲ 3 ▼ 6 ▲ 4 ▼ 7

▲ 8 ▼ 11 ▲ 9 ▼ 12 ▲ 10 ▼ 13

191

14 Gäste einer Bauernhochzeit um 1900.
Bezeichnend ist der zusätzliche Hutschmuck, die beiden herabhängenden hellen Seidenbänder.

15 Am Stammtisch, wahrscheinlich im Gasthaus Auzinger in Hintersee

Bild 14 – 17
Menschen des Berchtesgadener Landes bei festlichen oder gemütlichen Anlässen.

16 Holzknechte, Mitglieder einer »Holzmeisterschaft«, mit altem Handwerkszeug: »Biderer« (Wassereimer), »Werschtl« (schwere Äxte) mit Futteral für die Schneide und Wellensäge.

17 Bild 17 zeigt die Musikerfamilie Graßl (Luegerer) um 1860. Die damals bekannte Familienkapelle spielte bei Hochzeiten, Jahrtagen und anderen Festen zum Tanz auf, unternahm Gastspielreisen in die nähere bayerische Umgebung und spielte öfters vor dem bayerischen Königspaar.

18 Ochsengespann und »Ochserer«, Foto um 1900.

19 Hundegespann der ehemaligen Bäckerei vom Goldenbach, Foto um 1900.

20 Der »See-Bartl«,
Schiffer am Königssee,
Foto um 1900.

◀ *20*

21 Der »Klettner« aus der Ramsau (Bauer am Klettnerlehen, Gnotschaft Taubensee, Foto 1982).

21 ▶

22 Getreideernte in Loiplsau;
im Hintergrund ein Zwiehof.

23 Getreideernte in der Schönau;
im Hintergrund
Hoher Göll und Hohes Brett.

▲ 25

Bild 24 – 27
Holztrift auf dem Königssee

24 Holzbogen zum Einfangen der Baumstämme.

25 Einfangen der abgetriebenen Baumstämme.

26 Der Holzbogen wird mit dem »Landauer« (Seilwinde) gezogen.

27 Der Holzbogen wird vom Ufer weggestoßen.

▲ 24   ▼ 26

SEITE 199 ▶

28–31 Fischerei auf dem Königssee

▼ 27

▲ 28

▲ 29

▼ 30

▼ 31

199

▲ 32

▲ 33

32   Holzknechte beim Aufstieg mit geschulterten Halbschlitten.
33   Eingespanntes Pferd vor einem Halbschlitten in knietiefem Schnee.
34   Abfahrt der Holzknechte mit den beladenen Halbschlitten.

SEITE 201 ▶

35   *Holzknechte* beim »*holzkliabm*« (spalten), »*obrigln*« (auf Länge schneiden) und »*schebsn*« (Rinde abtragen).
36   *Bergstation* der Material-Seilbahn Gotzental – Kessel; *Transport von Holzstämmen.*
37   »*Holzhacken*« (Umschneiden der Baumstämme).
38   »*Holzramma*« (entasten und aufschneiden der Baumstämme).

▼ 34

▲ 35   ▼ 36

▲ 37   ▼ 38

201

▲ 39

▼ 40

41

◀ **SEITE 202**

39 Bergknappen in Festtracht
(Knappschaft zu Berchtesgaden, 1923).

40 Bergknappen nach der Schicht
vor dem Stollen Ferdinandberg.

41 Bergknappen am Göpel

42 »Felsputzer« über der Kehlsteinstraße, Foto um 1948.

43 Waldarbeiter im alpinen Einsatz:
Ausbesserung der Drahtseilversicherungen des Klettersteiges über den Watzmanngrat,
Foto 1981.

44 Waldarbeiter im alpinen Einsatz:
Ausbesserung der Drahtseilversicherungen des Klettersteiges über den Watzmanngrat,
Foto 1981.

45 Älterer Viehschmuck bestand z. T. aus Larven mit aufgesetzten »Alpfahrtsherzen« und dreiteiligem Kopfaufsatz.

47+48 *Almabtrieb am Königssee.* Das Vieh wird mit Plätten, das sind Flachboote mit einem Fassungsvermögen von 8 – 10 Tieren, von der **Salet-Alm** über den See gesetzt und in **Königssee** geländet. Erst dort werden die Kühe »gekranzt«.
Der Viehtransport per Schiff kam erst im Laufe des 19. Jh. auf, vorher erfolgte ein teilweiser, wochenlanger Viehtrieb über den halsbrecherischen Steig am Ostufer des Sees.

46 Die Berchtesgadener »Fuitl« (richtiger: »Fuikl«) besteht aus mindestens 50-60, vereinzelt sogar aus 200 farbigen Papierrosetten auf Fichtenkronen, deren Zweige nach oben gebogen sind.
In den Kronenspitzen befestigt man bunte Kreppapierbänder.

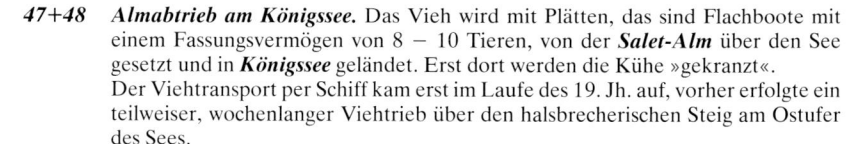

48

49 Sternsinger im Berchtesgadener Land

50 Kraxenträger mit »Berchtesgadener Waar«
Geschnitzte Figur von Jakob Kurz, genannt »Kusei«
Höhe ca. 50 cm, farbig bemalt z. T. mit Textilauflagen.
Dargestellt ist laut Inschrift Anton Adner, geb. 1705, gest. 1822, seines Zeichens Landhausierer für »Berchtesgadener Waar«. War aufgrund seines hohen Alters berühmt geworden und wurde der bayerische Methusalem genannt. Adner bestieg mit 114 Jahren noch die Frauentürme in München.

51 Böllerschützen

52 Einmähdige Wiesen mit sanfter Buckelung, lichtem Ahornbestand und Flurgrenzhecke. Gelegentlich werden solche Feldhecken beim Mähen im Nebenher mit der Sense geschnitten, die belaubten Zweige dem Futter als Laubheu beigegeben.

53 Klassische Buckelwiesen in der ***Gnotschaft Ettenberg*** im Hangschulterbereich gegen das Alpbachtal hin. Auf grusigem Dolomitgesteinsmaterial haben sich hier außerordentlich bewegte Kleinreliefformen ergeben, die ursprünglich Schneeheide-Kiefernwälder trugen. Heute dienen sie noch vereinzelt als Gschnoader oder Viehweiden.

54 Typische Landschaftsgliederung des Götschen-Westhanges bei *Marktschellenberg*. Die hier gebirgsbildenden Schrambach- und Roßfeldschichten lassen im Talgehänge zahlreiche Bachschluchten entstehen. Der Wechsel von Wald und Wiese folgt der geologisch-orographischen Vorgabe. Die Zwiehöfe stehen noch inmitten der Rodungsinseln.

55 Die steilen Gschnoader am Südhang des Hochzinken westlich von *Marktschellenberg* sind von Aufforstung mit Fichten bedroht.

56 Parkähnliche Tratten mit herrlichem Ahornbestand südwestlich des **Hochgartdörfls** in der **Stanggaß.** Das weißliche Holz des Bergahorns diente früher zur Schnitzwarenerzeugung, das Laub wird noch heute zur Stalleinstreu verwendet.

57 Das »Laaben«.
Das Laub, besonders vom Ahorn, ist seit alters her im Berchtesgadener Land wichtige Stalleinstreu und Dünger auf den Eghartflächen. Vielerorts, wie hier in der **Engedey,** prägen die Laubrechflächen auf sehr ansprechende Weise das siedlungsnahe Landschaftsbild.

58 Buckelwiese beim **Roisler in Loipl.** Diese einschürigen Wiesen erfordern bei der Mahd einige Geschicklichkeit; sie sind die schönsten und artenreichsten Wiesen des Berchtesgadener Landes.

59 Das Wellenmeer der Buckelwiesen in der Randlagen der **Ettenberger Hochfläche** ist zunehmend durch Planierungen oder Umwandlung der Magerwiesen in Fettwiesen gefährdet.

60

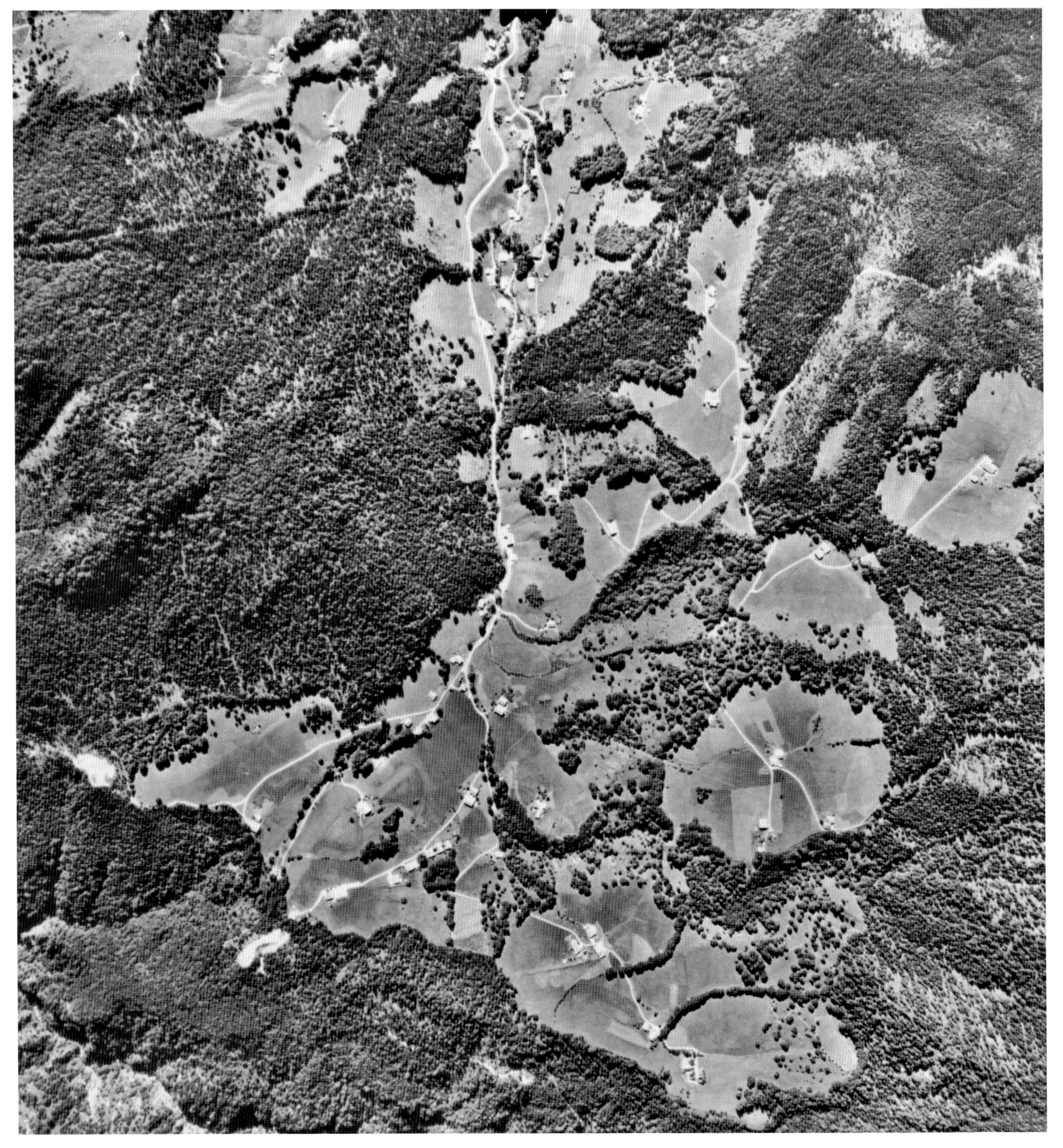

61

◀ ◀ **SEITE 214:**
Die Siedlungslandschaft des Berchtesgadener Landes in Flugbildern.

60 Das Flugbild zeigt das Siedlungsbild der Gern und läßt in der rechten Bildhälfte recht anschaulich einzelne Rodungsinseln erkennen.
Unterer Bildrand: Ortschaft Maria Gern, rechter unterer Bildrand: Kneifelspitze, linker Bildrand: Ostausläufer des Untersbergstockes (Rauher Kopf), oberer rechter Bildrand: Almbachklamm, obere Bildmitte: Hintergern.

◀ **SEITE 215:**
Die Siedlungslandschaft des Berchtesgadener Landes in Flugbildern.

61 Flugbild der Gnotschaft Taubensee in der Gemeinde Ramsau.
Unterer Bildrand: Ausläufer des Hochkalters mit der Gemeinde Ramsau und dem Tal der Ramsauer Ache bis hin zum Zauberwald. Die B 305 (Alpenstraße) zieht sich von der Mitte des oberen Bildrandes bis zur Mitte des rechten Bildrandes. Die Straßenwindungen dort führen zum Schwarzeck.

Lichtbilder 60 und 61
freigegeben durch die Regierung von Oberbayern Nr. G 7 / 88 265.
Hersteller »Photogrammetrie GmbH«.

62 Lehen im Hochgartdörfl vor der Kulisse des Watzmanns, Foto um 1946. Gemeinde Bischofswiesen, Gnotschaft Stanggaß. 62 ▶

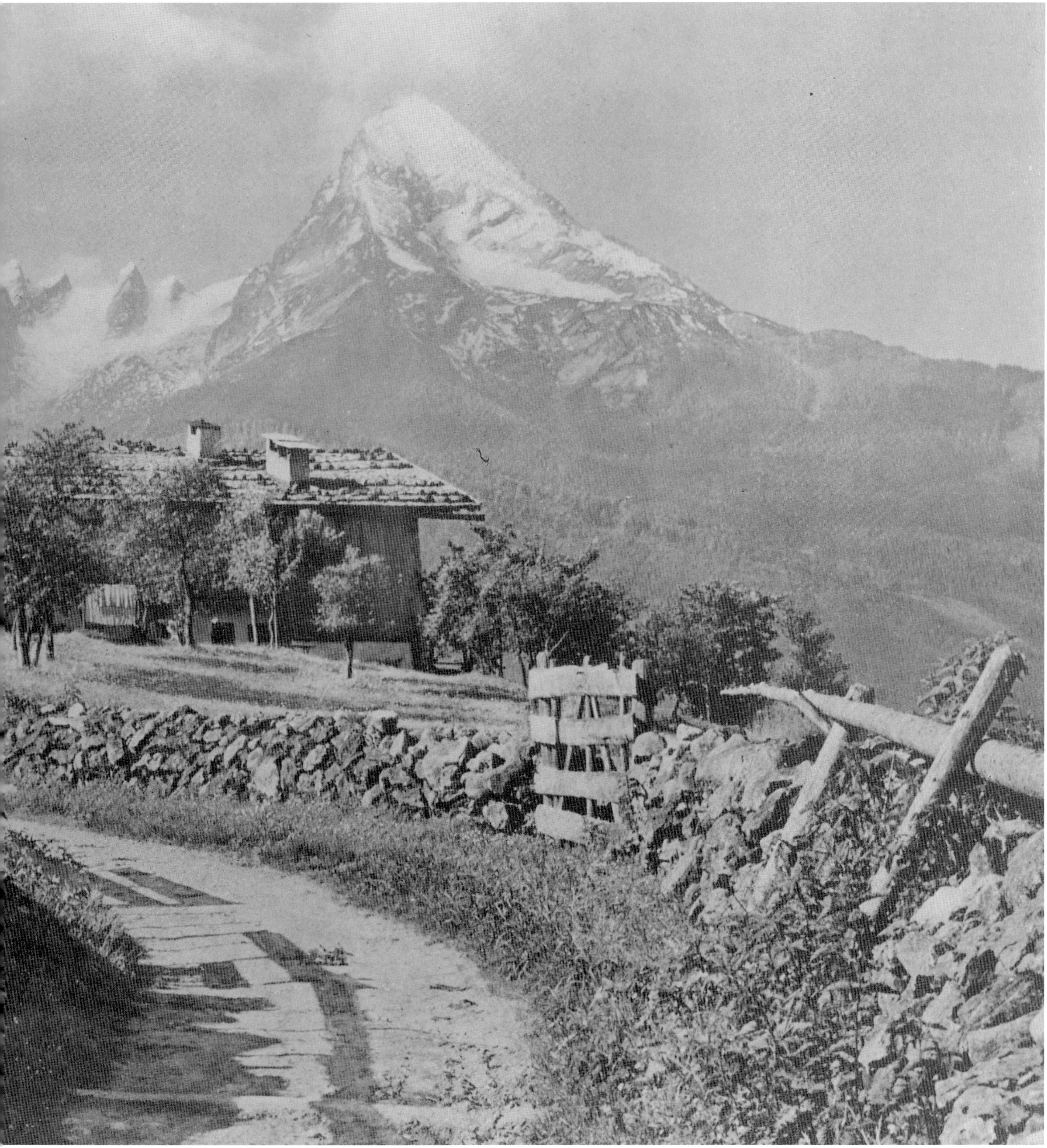

63 Das ***Fendtleiten-Lehen*** befindet sich an den Ostabhängen des Gschirrkopfes, gegenüber der berühmten ***Wallfahrtskirche Maria Gern,*** die am Gegenhang, an den Südwesthängen der Kneifelspitze aufragt. Es ist ein zweigeschossiger massiv gemauerter Einhof, am Stubenbalken mit 1685 datiert, im Kern wohl älter. Der störende Bau nördlich des Hofes steht nicht mehr.
Marktgemeinde Berchtesgaden, Gnotschaft Vordergern, Klammweg 3.

64 Ehemaliger Zwiehof am Hintersee in landschaftlich märchenhafter Lage; im Hintergrund Hoher Göll und Brett.

SEITE 220 ▶

Bild 65-67
Das Schusterlehen ist neben dem *Hinterbrandlehen* vermutlich der letzte Zwiehof der ältesten uns bekannten Bauform, dessen Hofbild noch vollständig in historischer Substanz erhalten ist. Es liegt in landschaftlich hervorragender, unberührter Lage und ist vorbildlich restauriert.

65 Das *Wohnspeicherhaus* ist ein eingeschossiger Blockbau mit hohem Kniestock und ausgebautem »Obenauf«; er stammt im Kern aus dem 16. Jahrhundert.
Gemeinde Berchtesgaden, Gnotschaft Vordergern, Kneifelspitzweg 1.

66 Feldkasten: Zwei übereinander gesetzte Blockbaukästen, Obergeschoß allseits auskragend; 17. Jh.

67 Stadel: Rundholzblockbau, 17./18. Jh.

◀ 66 ▲ 65

▼ 67

220

▲ 68

69 ▶

Bild 68-70
Das **Hausknechtlehen** zählt zu den ältesten Zwiehöfen des Berchtesgadener Landes, das Hofbild ist jedoch nicht mehr vollständig in historischer Substanz erhalten — der Stadel ist einem Neubau gewichen.
Marktgemeinde Berchtesgaden, Gnotschaft Metzenleiten, Metzenleitenweg 39

68 Das **Wohnspeicherhaus** ist ein eingeschossiger Blockbau mit ausgebautem »Obenauf«, datiert 1592.
69 **Feldkasten:** Zwei übereinander gesetzte Blockbaukästen, Obergeschoß vorkragend; 17./18. Jh.; als Zuhaus ausgebaut.
70 Das Hofbild von Westen.

▼ 70

SEITE 222 ▶
71 Das **Mausbichllehen** in der Gemeinde Berchtesgaden, Gnotschaft Untersalzberg II, Mieslötzweg 29.

SEITE 223 ▶▶
72 Das **Schusterlehen** in der Gemeinde Berchtesgaden, Gnotschaft Vordergern, Kneifelspitzweg 1.
Blick von Norden, im Hintergrund der Watzmann.

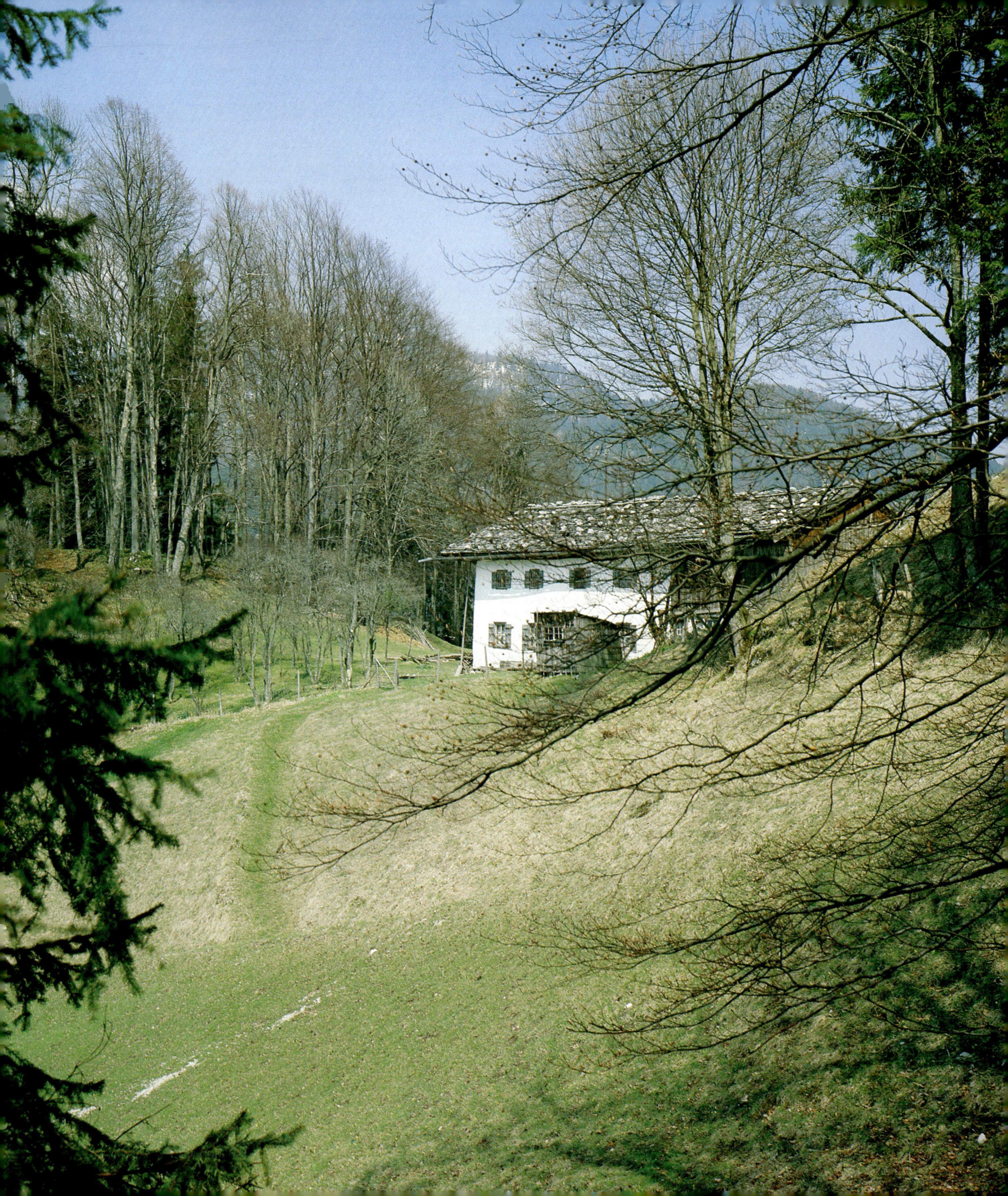

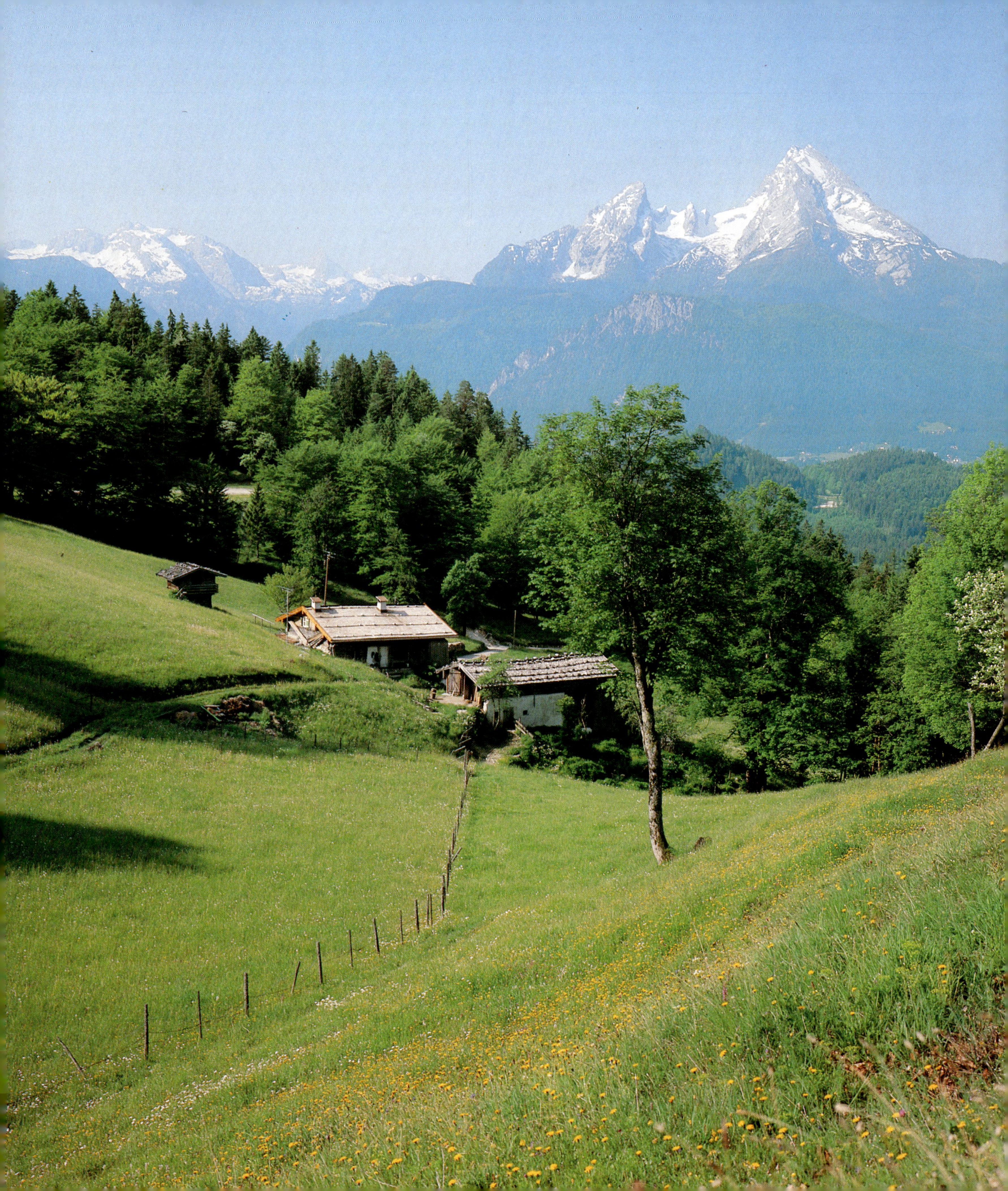

▲ 73

Das **Berngglehen** ist einer der urtümlichsten Zwiehöfe des Berchtesgadener Landes, vom ursprünglichen Hofbild ist jedoch nur noch das Wohnspeicherhaus erhalten – dieses allerdings in einem seit Jahrhunderten völlig unveränderten Zustand.
Marktgemeinde Berchtesgaden, Gnotschaft Resten, Obersalzbergstraße 66.

73 **Wohnspeicherhaus:** eingeschossiger Blockbau mit hohem Kniestock, z. T. massiv gemauert, ausgebautes »Obenauf«, vollständig erhaltene »schwarze Kuchl«; datiert 1597. Blick von der Hangseite.

74 Die Datierung 1597 an der Firstpfette.

75 Das Wohnspeicherhaus von der Talseite.

76 Ausgestopfter Wildschweinschädel, vielleicht noch ein echtes Apotropaion.

SEITE 225 ▶

77 Eingangspartie

78 Stube mit Tisch, Ecksitzbank und Herrgottswinkel.

79 Schubriegel hinter der Haustür; die Blockwände zeigen deutlich den späteren Überzug mit Kalkmilch.

▲ 74   ▼ 75

▼ 76

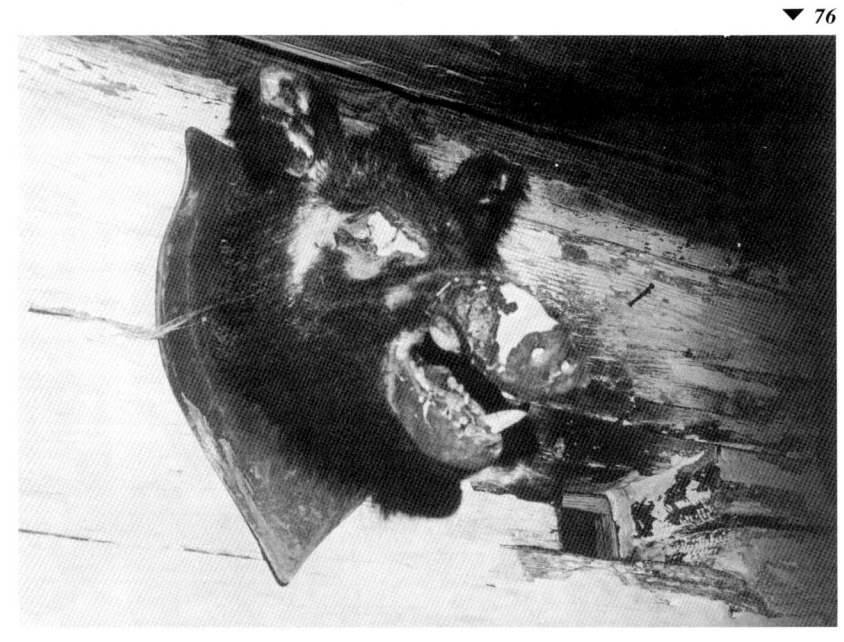

77

78

79

225

Der Wohnteil des Zwiehofes *Unterschwarnlehen* ist ein zweigeschossiger, massiv gemauerter Bau und stammt wohl noch aus dem 16./17. Jahrhundert.
Marktgemeinde Berchtesgaden,
Gnotschaft Anzenbach, Schablweg 19.

80 Giebelseite mit Hochlaube.

81 Fenster mit Werksteingewänden aus Rotmarmor und beweglichem Flacheisengitterrahmen.

82 Hausgang mit Tonnengewölben und massiver Treppe unter steigendem Gewölbe.

83 Hausgang im Oberstock, Blick durch die geöffnete Laubentüre.

▲ 84   ▼ 86

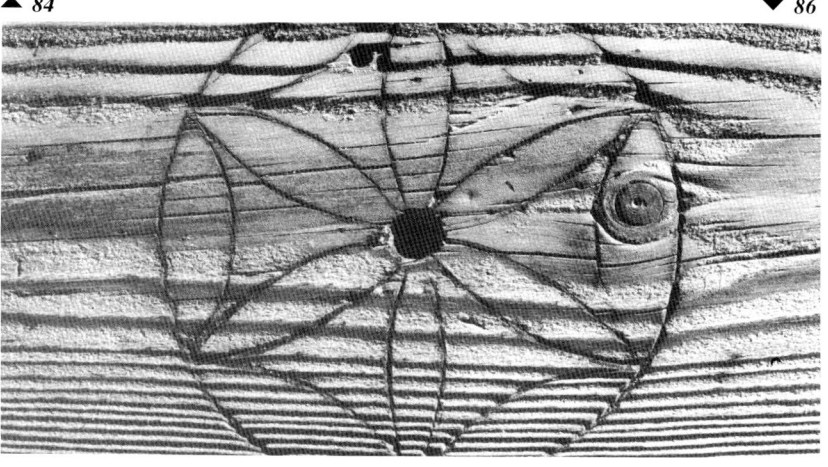

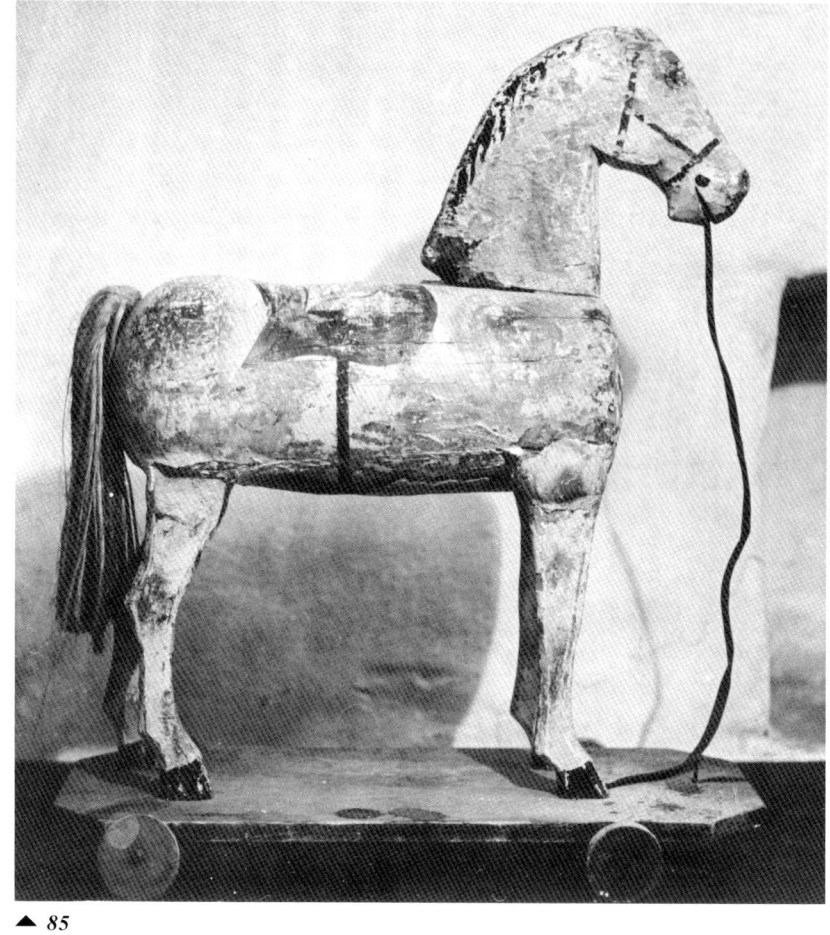

▲ 85

◀ 87

84 Riemlingdecke über der Stube mit Tram und verschlossenem »Wärmloch« für die Schlafkammer.

85 Selbstgefertigtes Schaukelpferd.

86 Tramrose am Tram der Stubendecke, ein traditionelles Zirkelschlagornament.

87 Prachtvoller Schrank, datiert 1842.

88 Aufgedoppelte Vierstern-Türe vor der Giebellaube.

88 ▶

Das **Mausbichllehen,** ein Einhof, ist ein zweigeschossiger massiv gemauerter Bau, im Kern aus dem 17./18. Jh.; der ausgebaute Stadel ist eine einfache, verbretterte Ständerkonstruktion. Einzigartig ist das vollständig erhaltene Inventar und Gerät aus mehreren Jahrhunderten; die schwarze Kuchl ist das am besten erhaltene Beispiel ihrer Art.

Marktgemeinde Berchtesgaden, Gnotschaft Untersalzberg II, Mieslötzweg 29.

89 Ansicht von der Bergseite
mit der neuerdings restaurierten barocken Hofkapelle.

90 Giebelansicht mit bemalter Hochlaube;
die Firstpfette ist mit 1823 datiert.

91 Südliche Traufseite des Mausbichllehens.

92 Die Haustür ist eine aufgedoppelte Sechsstern-Tür mit auffallend schmalen Leisten.
Der eichene Türstock ist einem Werksteingewände nachgebildet, an die seitlichen Türpfosten sind Sockel und Kämpfer angeformt, der segmentbogige Türsturz mit »Scheitelstein« ist aus einem Stück geschnitzt.

93 Hausgang mit flachem Tonnengewölbe und versetzten Stichkappen, vor der geöffneten Haustür ein einfaches Hennengatter.

◀ 94

94 Spinnrad und Herrgottswinkel.

95 Stoßbutterfaß
(»Butterfäßl«, »Rührkibi«)
und Sieb zum »Kasmach'n«.

95 ▶

96 Sog. »Schinderseil nach Väterart«, ein Holzrad zum Auftransport von Heu und Mist. In die Nut des Rades wurde ein Seil eingelegt, an dem ein abwärts Gehender einem schwer beladen aufwärts Gehenden den Hang emporsteigen half.

97 Geräte zum Schaffelmachen:
Links geformte Holzreifen zum Zusammenhalten der Schaffeldauben vor dem Anbringen der Eisenringe, rechts zwei geschnitzte Zwingen, oben ein fertiges Schaffel.

SEITE 231 ▶

98 Die *schwarze Kuchl des Mausbichllehens* ist die besterhaltene ihrer Art.
Kupferkessel auf hölzernem Kesselgalgen (»Kesselhäng«), gemauerte und verputzte Feuerstelle (»Heascht«) mit hölzerner »Einfassung«, Bodenbelag aus Katzenkopfpflaster, rechts Holzbrüstung des Kellertreppenschachtes.

96 97 98 ▶

231

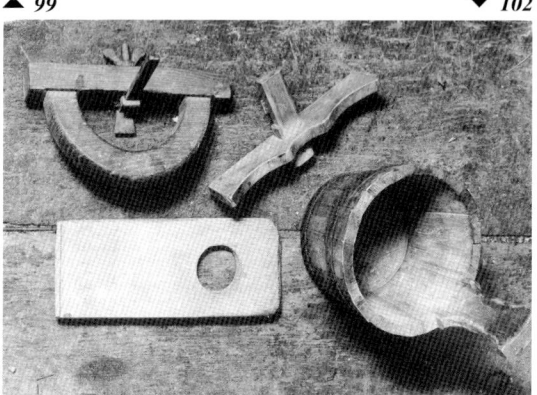

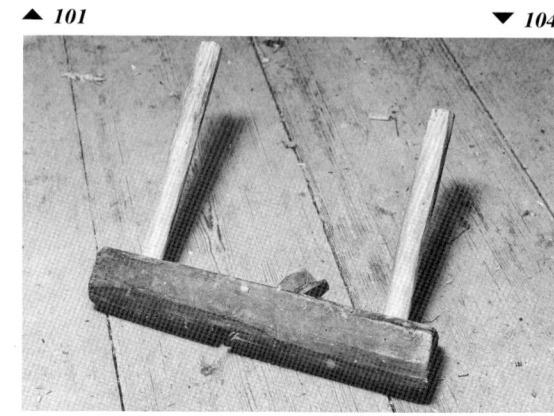

99 Sapie mit Firmenzeichen der Schmiede.

102 Geräte zum »Schaffelmachen«.
Oben links: Gerät zum Vorreißen der Nuten am Schaffelboden mit verstellbarem Messer zum Abschneiden der Holzfasern; *rechts:* Gerät zum Einfräsen der Nuten am Schaffelboden mit kleiner Säge.
Unten links: Griffholz von einem Holzschaffel; *rechts:* »Schapfä« zum Wasserschöpfen.

105 Holzschlegel, Schindelkleitzer und Spankleitzer (auch zur Kienspanherstellung) auf Hackstock.

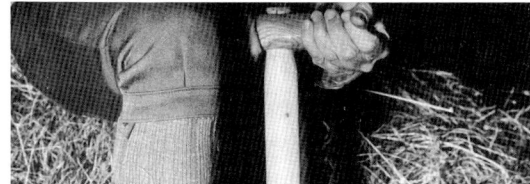

100 **Oben:** Schrubbhacke (Vorhacke) zum groben Verhacken der Bäume; *unten:* Breithacke zum »Schlichten« (Feinbearbeiten) der Baumstämme.

103 **Oben:** Dachrinnenhacke;
unten: Deichelbohrer (»Deiglbohrer«).

106 Gerät zum Heu herunterstechen (»Häckseln«).

101 **Links:** Gerät zum Dachrinnenaushöhlen und für andere »Schlichtarbeiten« (Aushöhlen rundlicher Holzteile); *mittig* »Kleitzer« zum Schaffeldaubenmachen (die Schaffeldauben werden gleich mit dem richtigen Radius vom Stamm »gekleitzt« = gespalten); *rechts* »Reifmesser«, halbrund gebogen, zum Schaffeldauben machen.

104 Selbstgefertigter Rundhobel.

107 Windmühle zum »Putzen« (Trennen der Spreu vom Getreidekorn).

108 Schleifstein

109 Holzpflug mit Holzschar; Pflugschar und Zugvorrichtung sind je nach Bodenbeschaffenheit sehr genau verstellbar.

110 »Hoanzlbank« (Idiom Schellenberg) oder »Goaßbank« (Idiom Loipl, Bischofswiesen) mit »Roafmesser« (Reifmesser) zum »Schlichten« (Glätten der Schindeln). Das Gerät wird auch für alle anderen »Schlichtarbeiten« (Holzfeinbearbeitung) benützt.

111 Betbankerl

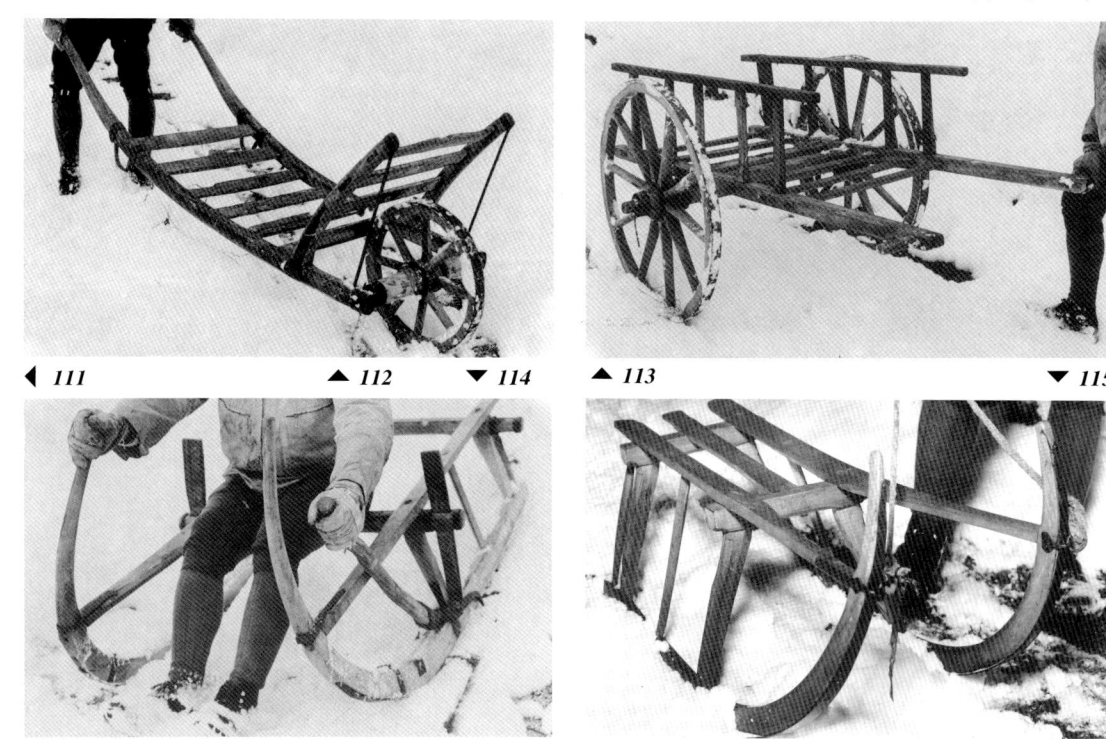

112 »Radlbock« (Schubkarren).

113 »Gaa(r)l« (Einachskarren, wohl von Karren, Karr'l).

114 »Hoo-Schli(d)n«, Hörnerschlitten zum Holz- oder Heuführen, mit »Kratzer« (Handbremse, auch zum Lenken verwendbar).

115 »Bockschli(d)n« (Rodel).

233

▲ 116 ▼ 117

118 ▶

▼ *119*

118 Fürstpröpstlicher **Zehentstadel am Oberaschaulehen** mit gewölbten Stallungen und mächtigem Halbwalmdach, wohl noch 17. Jh.

119 Das **Unteraschaulehen,** ein Zwiehof, ist eine massive erdgeschossige »Gmoa« mit hohem Holzblock-Kniestock und ausgebautem Dachraum. Es stammt noch aus dem 16. Jh., besitzt einen gewölbten Hausgang sowie Fenster- und Türgewände aus Rotmarmor-Werksteinen. Gemeinde Bischofswiesen, Gnotschaft Stanggaß, Aschauweg 10.

◀ **SEITE 234**

116 Das **Oberaschaulehen,** ein massiv gemauerter zweigeschossiger Bau, ist das Wohnspeicherhaus eines ehem. fürstpröpstlichen Meierhofes.
Gemeinde Bischofswiesen, Gnotschaft Stanggaß, Aschauweg 12.

117 »Houdibock« am »Unterfirst« des Oberaschaulehens; die Firstpfette ist mit 1633 datiert.

▲ 120

▼ 121

◀ SEITE 236

120 Das *alte Herzoglehen,* ein ehem. Zwiehof, ist ein Mischbau aus dem 17./18. Jh. Foto um 1945.
Gemeinde Bischofswiesen,
Gnotschaft Loipl, Klemmsteinweg 23.

121 Einhof in Bischofswiesen. Foto um 1945.

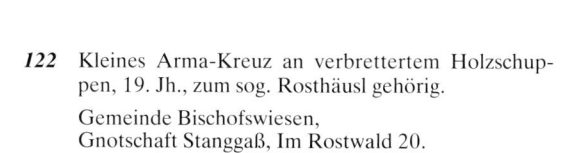

122 Kleines Arma-Kreuz an verbrettertem Holzschuppen, 19. Jh., zum sog. Rosthäusl gehörig.
Gemeinde Bischofswiesen,
Gnotschaft Stanggaß, Im Rostwald 20.

123 Kreuzigungsgruppe auf offenem Feld, wohl 19. Jh.
Gemeinde Bischofswiesen, Gnotschaft Stanggaß.

124 Überlebensgroßer barocker Kruzifix in großartigem, altarähnlichem Aufbau. Das heute stark reduzierte Arrangement befindet sich am sog. Rosthäusl, einem zweigeschossigen Massivbau mit Halbwalmdach aus dem 18. Jh. Altes Foto.
Gemeinde Bischofswiesen,
Gnotschaft Stanggaß, Im Rostwald 20.

125 Großes Arma-Kreuz am Bachingerlehen, um 1884 errichtet, wohl anläßlich der Geburt eines gesunden Hoferben.
Gemeinde Bischofswiesen,
Gnotschaft Strub, Bachingerweg 22.

▲ *122* ▼ *124* ▲ *123* ▼ *125*

237

126

126 Das **Scheberlehen** ist wohl der urtümlichste Einhof des Berchtesgadener Landes. Der völlig entlegene Hof ist in Mischbauweise errichtet und stammt aus dem 17./18. Jh.; die umlaufende Laube trägt die Datierung 1668. Die schwarze Kuchl ist heute noch in Betrieb.

Marktgemeinde Marktschellenberg,
Gnotschaft Ettenberg, Hinterettenberg 4.

127 Das *Schebererlehen* von der Hangseite mit dem in Blockbau errichteten Obergeschoß des Stadels.

128 Die ehemalige *Etzermühle,* ein stattlicher dreigeschossiger Bau, war die größte Mautmühle des Berchtesgadener Landes.
Das nach 1960 abgebrochene Gebäude an der Straße nach Maria Gern stammte im Kern wahrscheinlich aus dem 17./18. Jh., der bauliche Ursprung ist jedoch wohl noch ins frühe 14. Jh. anzusetzen. Altes Foto.

▲ *129*

▼ *130*

129 Das **Mühlebenlehen** war gleichzeitig bäuerlicher Betrieb, Mühle und Sägewerk. Das im Kern z. T. noch mittelalterliche Gebäude erhielt seine Arkaden im Zuge einer Umgestaltung im 18. Jh. Altes Foto.

130 Dieses alte Foto zeigt das einzige Bundwerk, das je in der ehem. Fürstpropstei ausgeführt wurde, es war wohl eine Nachahmung auswärtiger Eindrücke und hier niemals heimisch. Stadel in Königssee, hinter dem Hotel Königssee, wohl um 1920/30 errichtet, abgebrochen nach 1970.

131 Stangenzaun mit Holznagelaufhängung in der **Gnotschaft Oberau.** Diese Zaunart dient hauptsächlich der Umfassung von Viehweiden.

132 Urtümlicher Staketenzaun am **Hochschwarzeck beim Datzmannlehen.** Diese Palisadeneinfänge mit einer Staffelhöhe von 1,5 m bis 3 m waren geeignet, auch das Rotwild von den Ehgartflächen fernzuhalten.

133 Hohlweg beim **Kranvogllehen am Faselsberg** mit Stangenzauneinfassung. Viehtriebwege mußten eingefaßt werden, damit die Rinder nicht in die Wiesen einbrachen.

134 Charakteristischer Spälterzaun aus verhackten und gespaltenen Baumrundlingen. Spälterzäune gelten als massivste Art der Umfriedung, die auch dem Schneeschub in Hanglagen gewachsen ist.

135 **Straße von Ramsau nach Hintersee,** im oberen Drittel des Bildes am Waldrand die Wallfahrtskirche Maria Kunterweg. Der Stangenzaun zwischen »Stecken« und »Zaunsäul'n« ist eine Zaunform, die bereits auf Holzeinsparung abgestellt ist, für deren Konstruktion jedoch noch keine Eisennägel erforderlich sind. Die Querstangen liegen zwischen einem stärkeren Pfosten, dem »Stander« oder der »Zaunsäul'n« und dem schwächeren »Stecken«. Ein Holznagel, der leicht schräg in die Säulen vorgebohrt und eingeschlagen ist, bildet das Querlager. Der Stecken wird dicht bei der Säule in den Boden getrieben und oben mit einer »Wid'n« an sie gebunden. Kuhhörner vermögen deshalb die oberste Stange nicht hinwegzuheben. »Wid'n« fertigte man meist aus Fichten- oder Lärchenzweigen, die, über dem Feuer erhitzt, biegsam werden und sich zu Ringen drehen lassen. Der Sockel des Zaunes besteht aus einem niederen Klaubsteinwall, der einerseits mit jeder Weide-Entsteinung wuchs, andererseits aber bei Bedarf auch als Bausteindepot in Anspruch genommen wurde. Foto um 1920/30.

136 **Die *Siedlungslandschaft der Schönau;*** im Hintergrund die Reiteralpe; altes Foto.

137 ***Überdachtes Feldkreuz mit Betbankerl*** in der Schönau; im Hintergrund der Hohe Göll; altes Foto.

138 Vom ***Gröll-Lehen,*** einem ehemaligen Zwiehof, hat sich noch der Wohnteil, ein zweigeschossiger Blockbau mit umlaufenden Lauben, in historischer Substanz erhalten, er stammt eigentlich aus dem Jahre 1607, wurde aber nach 1900 im Stil der Zeit überformt; altes Foto.
Gemeinde Schönau am Königssee,
Gnotschaft Schwöb, Alte Königsseer Straße 48.

139 Besonders stattlicher **Feldkasten** aus der Schönau.
Zwei übereinander gesetzte Blockbaukästen, der obere Kasten kragt allseits vor und ist nur über eine Leiter erreichbar.
Weit vorgezogenes Giebelvordach an der Eingangsseite; altes Foto.

139

140 Das **Bärnlehen,** eine ehemalige »Gmoa« aus dem 17. Jh., ist ein Zwiehof, der die älteste erdgeschossige Massivbauform veranschaulicht. Foto vor 1981.
Gemeinde Schönau am Königssee,
Gnotschaft Oberschönau II, Bernweg 8.

140

141 **Backhäuschen des Kramerlehens** wohl aus dem frühen 19. Jh.; Foto 1982.
Gemeinde Schönau am Königssee,
Gnotschaft Oberschönau II, Storchenstraße 56.

SEITE 246 ▶

142 Vom **Hofe abgerücktes Backhaus,** beim Grafenlehen,
wohl noch aus dem 18. Jh.
Gemeinde Schönau am Königssee,
Gnotschaft Königssee, Königsseer Straße 84.

SEITE 247 ▶▶

143 Das **Unterhammerl-Lehen** ist eine firstgeteilte »Gmoa«;
der malerische Blockbau, mit 1615 datiert, ist wohl das urtümlichste Gehöft der Schönau.
Gemeinde Schönau am Königssee,
Gnotschaft Königssee, Hammerlweg 3.

141

142

143

▲ 144

▼ 145

◀ **SEITE 248**

144 Ehemaliges *kleinbäuerliches Anwesen* mit Stüberlvorbau und Widerkehr unter abgeschlepptem Dach.

145 Außergewöhnlich *markantes Wohnspeicherhaus* eines ehemaligen Zwiehofes, ein Blockbau mit hohem Halbstock, weit ausladendem Legschindeldach und traufseitigen Laubenstutzen; altes Foto.

146 Das *Stollengütl* war nach seinem Erbauer Matthäus Stoll, Jäger der Fürstpropstei, benannt und ist erstmals 1565 urkundlich erwähnt. Es wurde auch *Freihäusl* genannt, da der Erbauer Abgabenfreiheit genossen hatte. Der um 1920 abgebildete Bau war mit 1604 datiert, ist aber wohl mehrfach verändert worden. Im Jahre 1974 wurde das Freihäusl in das Freilichtmuseum des Bezirks Oberbayern transferiert.
Marktgemeinde Berchtesgaden, Königsseerstraße 20.

147 Das *Waldhäusl,* ein ehemaliges kleinbäuerliches Anwesen oberhalb des Schwabenwirts in Berchtesgaden.
Die umlaufende Laube ist hangseits von einer originellen Freitreppe über verbrettertem Vorbau zu betreten. Bemerkenswert ist auch die plastische Ausformung des Brunnentroges. Foto um 1920.

148 Das *Pointgütl* in der Hinterschönau, ein ehemaliges kleinbäuerliches Anwesen, in Mischbauweise errichtet. Foto um 1900.

SEITE 250 ▶

149 Das *Bärnlehen* in der Gemeinde Schönau am Königssee, Gnotschaft Oberschönau II, Bernweg 8.

SEITE 151 ▶▶

150 *Eingangspartie des Bärnlehens.*
Gemeinde Schönau am Königssee, Gnotschaft Oberschönau II, Bernweg 8.

▲ 146

▲ 147   ▼ 148

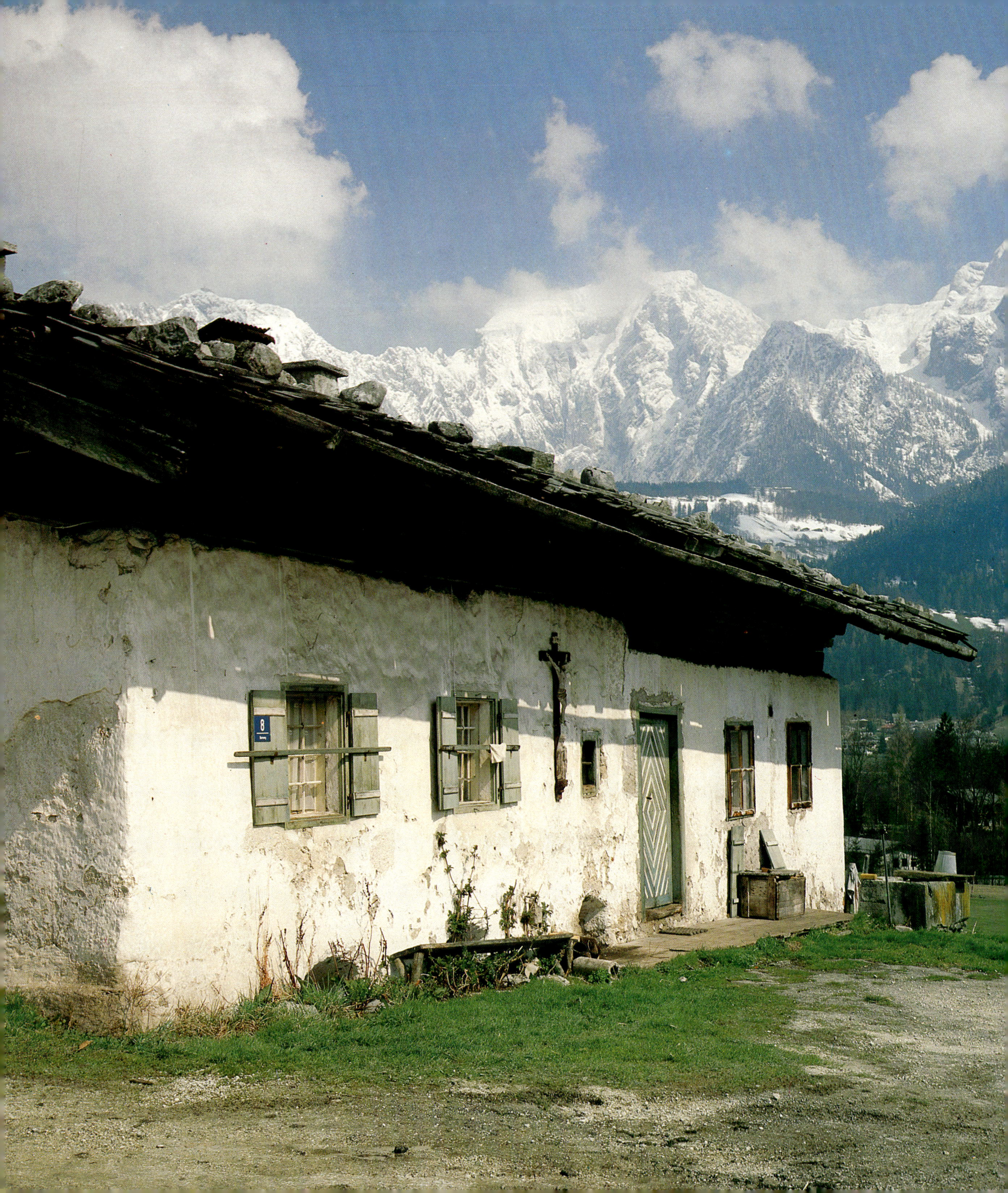
8

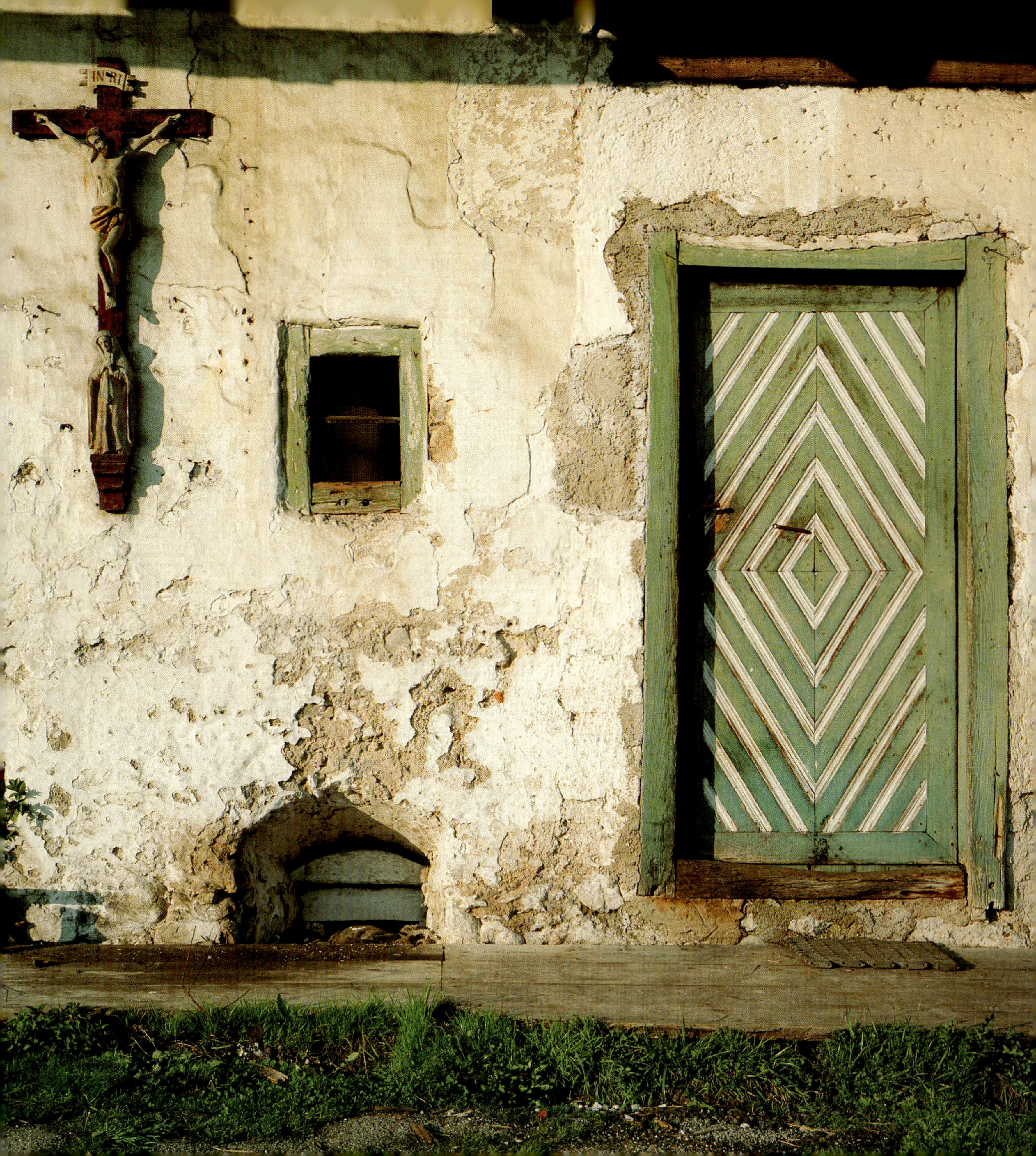
INRI

151 Das *ehemalige Auxenlehen* war ein völlig massiv gemauerter Bau, die Giebellaube zeigt sich auf diesem Foto verkürzt. Beide Dachrinnen sind etwa 4 m weit vorgezogen; altes Foto.

152 Dieser *ehemalige Zwiehof in der Hintergern* besaß ein vollständig gemauertes Wohnspeicherhaus mit einem außergewöhnlich ausgebildeten Dachüberstand an der Eingangsseite; altes Foto.

153 Zweigeschossige, völlig massiv gebaute *Wohnspeicherhäuser,* mit Trauf- und Giebellauben, »modern« umgeformt; altes Foto.

154 Der ehemalige *Zwiehof Koppenleiten* in der Oberau; altes Foto.

155 Das *Brunnerlehen* in der Gern, ein Einhof in Mischbauweise. Die Frau im Vordergrund benutzt eine »Brax« zum Hacken des Brennholzes; altes Foto.

156 Das *Stadelhäusl* in der Stanggaß war in Mischbauweise errichtet und für das Berchtesgadener Land eher untypisch; es zeigt, daß auch in dieser sehr abgeschlossenen Region eine gewisse Formenvielfalt anzutreffen war. Das Anwesen wurde nach 1960 abgebrochen; altes Foto.

SEITE 254 ▶

157 Das *Kneifllehen,*
ein sekundärer Einhof in Blockbauweise.
Angeblich 1664 errichtet, am jüngeren First mit 1850 datiert.
Marktgemeinde Berchtesgaden, Gnotschaft Metzenleiten, Metzenleitenweg 53.

SEITE 255 ▶▶

158 Das *Fernsebnerlehen,*
ein sekundärer Einhof; First datiert 1723, Stube mit Ausmalung, datiert 1849.
Gemeinde Ramsau, Gnotschaft Antenbichl, Triebenbacher Straße 50.

253

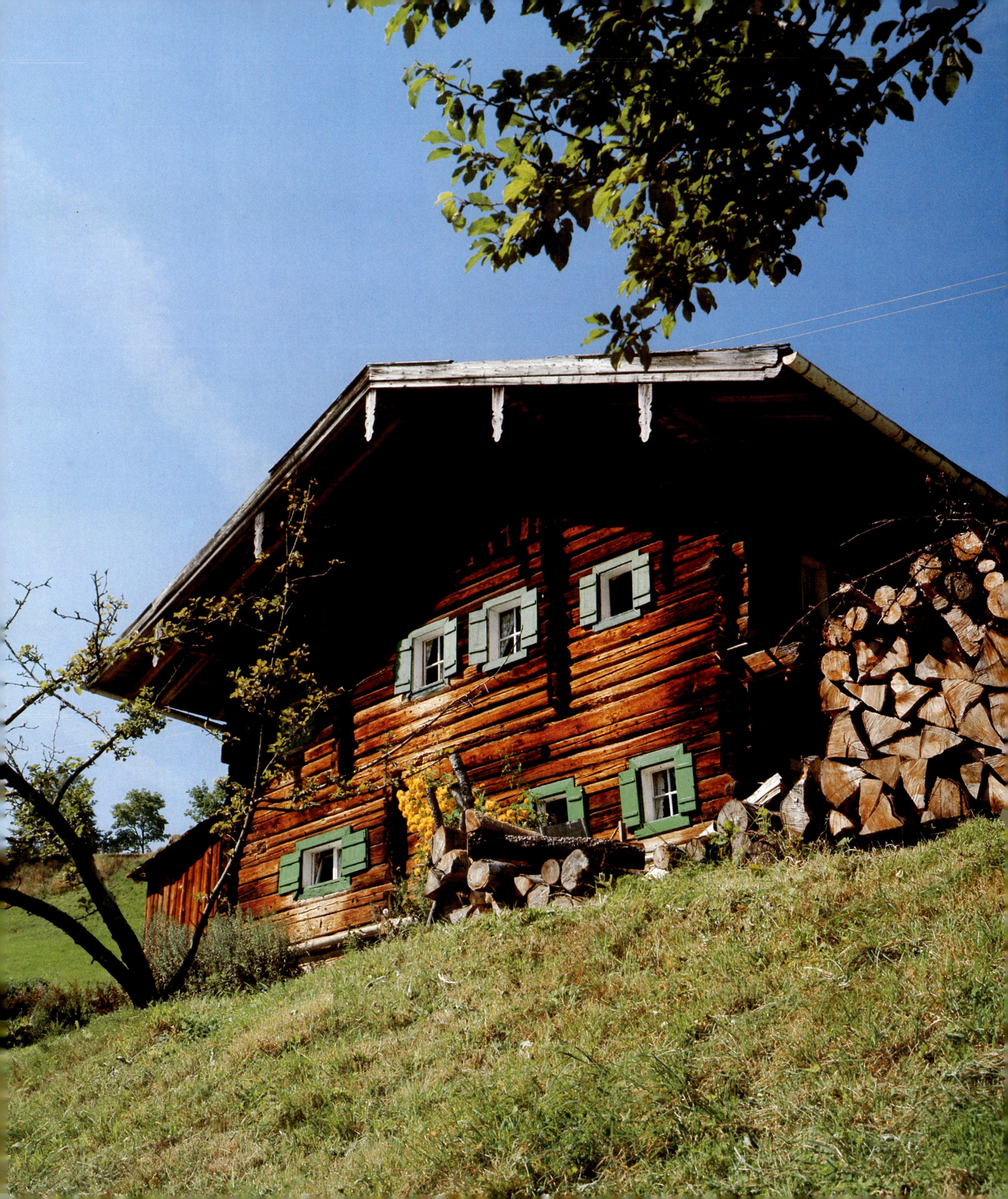

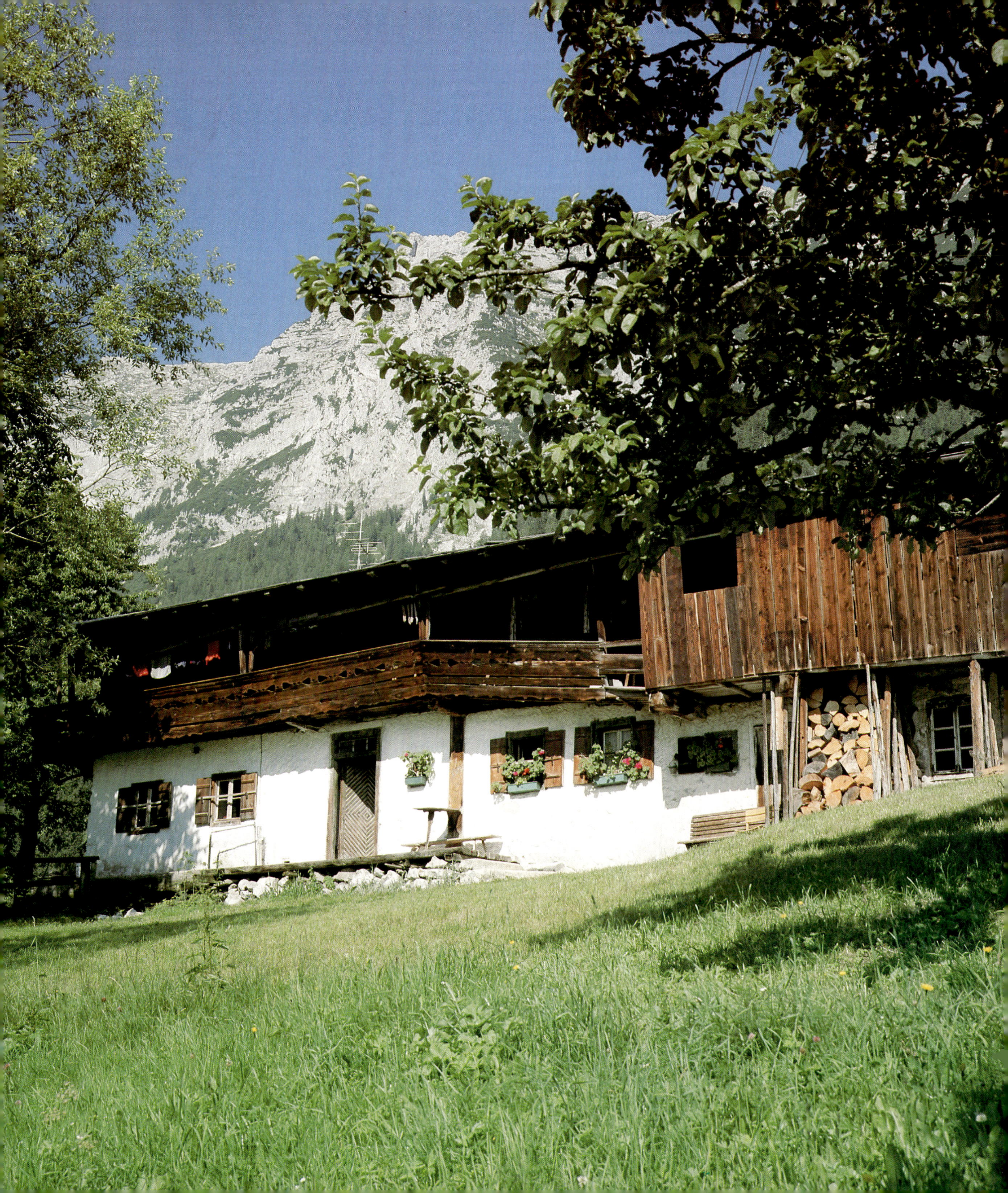

159

160

160 Die **Kederbacheralm** in der Ramsau, ein Blockbau auf hohem Mauersockel. Im Hintergrund der Hochkalter mit dem Blaueisgletscher, rechts hinten die Leoganger Steinberge; altes Foto.

◀ **SEITE 256**

159 Siedlungsbild der Ramsau.
Langgestreckter sekundärer Einhof mit First in der Fallinie des Hanges. Südlich des Wohnstockes ein eingefriedeter Obstgarten. Westlich des Hauptgebäudes ein charakteristischer Troadkasten.
Im Vordergrund **Hifeln, gespr. »Hiefen«,** an dem ins Tal auslaufenden Hangrücken **Schwedenreiter**. Im Hintergrund der wolkenverhangene Watzmanngrat; altes Foto.

161

161 Das ***Fernsebnerlehen*** ist ein urtümlicher Einhof in landschaftlich hervorragender Lage. Der in Mischbau errichtete Hof ist an der Firstpfette mit 1723 datiert, die ausgemalte Stube stammt aus dem Jahre 1849. Die kleine hölzerne Hofkapelle und die Brechelhütte am Waldrand stammen aus dem 19. Jh.
Gemeinde Ramsau, Gnotschaft Antenbichl, Triebenbacher Straße 50.

SEITE 259 ▶

162 ***Kleine Feldkapelle,*** allseits von einem schiefen Kreuzzaun zum Schutze vor Weidevieh eingehegt; altes Foto.

163 ***Feldkreuz*** mit den Motiven des Gnadenstuhls, in reicher Farbigkeit, wohl barock. Am Bichllehen in Ilsank, Gemeinde Bischofswiesen.

164 ***Kruzifix an einem Wegkreuz*** in Oberstein, Gnotschaft Oberau, außergewöhnlich qualitätvolle Arbeit; altes Foto.

▲ 162

◀ 163

▶ 164

▲ 165   *Brechelbad* mit hohem Kniestock und weit vorgezogenem Vordach.
Gemeinde Ramsau, Gnotschaft Taubensee, an der Alpenstraße.

▼ 166   *Brechelbad,* zum Leierer- und Taubenseelehen gehörig (»Gmoa«).
Hoher Kniestock und sehr weit vorgezogenes Vordach.
Gemeinde Ramsau, Gnotschaft Taubensee, an der Alpenstraße.

Der Stadel des *Möslerlehens,* ein derber Blockbau mit waldkantig belassenen Stämmen auf massiv gemauertem Untergeschoß, steht heute im Freilichtmuseum des Bezirks Oberbayern.
Gemeinde Ramsau, Gnotschaft Taubensee.

▲ 167 Blick von der Hangseite.

▼ 168 Blick von der Talseite.

▲ *169*

▼ *170*

169 **Ehemalige »*Gmachl*«- oder *Hausmühle*** aus der Ramsau, mit oberschlächtigem Wasserrad; altes Foto.

170 **Feldkasten am Kramerlehen,** wohl noch 16. Jh. Foto vor 1980.
Gemeinde Schönau am Königssee, Gnotschaft Oberschönau II, Storchenstraße 56.

171 ▶

▼ *172*

171 Das **Gröll-Lehen,** ein charakteristischer barocker Zwiehof, nach einem alten Foto; heute ist nur noch der zugehörige Feldkasten in historischer Substanz erhalten.
Gemeinde Ramsau,
Gnotschaft Schwarzeck, Auf der Raiten 26.

172 **Feldkasten des Freidinglehens,** ein zweigeschossiger Blockbau aus dem 17./18. Jh.
Gemeinde Ramsau, Gnotschaft Schwarzeck, Lehenmühlweg 9.

173 Feldkasten
mit älteren Anbauten; altes Foto.

174 Ehemaliges *großes Brechelbad* beim Freidinglehen in der Ramsau. Das Dach ist so weit vorgezogen, daß es einen geschützten Vorplatz bildet. Die beiden Außenstützen und die Stuhlsäule sind mit Bügen versteift; altes Foto.

▲ 173   ▼ 174

175 Ehemaliges sehr *urtümliches Brechelbad* beim Gröllehen in der Ramsau; Blockbau auf massivem Sockel, weit vorgezogenes Giebelvordach; altes Foto.

176 *Feldkasten* Gemeinde Ramsau, Gnotschaft Schwarzweck, Auf der Raiten 63.

177 *Feldkasten* auf späterem, massiv gemauertem Sockelgeschoß; altes Foto.

▲ 178 ▼ 179

Bild 178-183
Die Kugelmühle am Ausgang der Almbachklamm ist die letzte noch erhaltene Anlage dieser Art, sie ist heute noch in Betrieb.

Das Prinzip der Kugelmühle: Mittels eines kleinen Triebwerkkanals, dessen Fließkraft auf mehrere Holzrinnen geleitet werden kann, wird das strömende Wasser auf vertikalfixierte Schaufelräder gelenkt. Diese treiben das eigentliche Mahlwerk aus zwei Sandsteinscheiben an, in deren vorgeschlagenen Rillen wie in einem Kugellager die vorgerundeten Gesteinsbrocken aus Korallenkalk zu Kugeln unterschiedlicher Größe geschliffen werden. Die untere Scheibe der Kugelmühle ist festgemacht, während die Deckelscheibe, mit dem Schaufelrad verbunden, entsprechend der zufließenden Wasserkraft mahlend rotiert.

▼ 180 182

183

SEITE 268 ▶

184 **Hofkapelle** mit weit vorgezogenem Schopfwalmdach beim **Egglerlehen,** wohl noch aus dem 18. Jh.
Gemeinde Bischofswiesen, Gnotschaft Bischofswiesen, Grabenweg.

185 **Wegkapelle** mit weit vorgezogenem Schopfwalmdach, wohl 18. Jh.
Gemeinde Ramsau, Gnotschaft Taubensee, bei Haus Nr. 66.

186 Links die **ehemalige Ölbergkapelle,** ein fast quadratischer Bau mit geschweiftem Zeltdach, 18. Jh. Rechts ein **ehem. »Lebzelterstand«,** ein Verkaufsstand der Wachszieher, mit Schopfwalmdach, wohl spätes 18. Jh./frühes 19. Jh., nach 1960 abgebrochen; altes Foto.
Gemeinde Berchtesgaden, Gnotschaft Vordergern, am südlichen Aufgang zur Wallfahrtskirche Maria Gern.

◀ 184

185 ▶

◀ 186

▼ 189   ▲ 187   ▲ 188

187 *Kalvarienbergkapelle,* offene Säulenhalle in origineller barocker Architektur, datiert 1774.
Gemeinde Ramsau, Gnotschaft Taubensee, am Beginn des Weges zur Wallfahrtskirche Maria Kunterweg; altes Foto.

188 Der alte *Ramsauer Friedhof* wurde
189 samt Ummauerung im Jahre 1658 angelegt.
Man betritt ihn durch 2 Torbögen, der östliche Torbogen ist mit 1897 datiert. Der Friedhof umfaßt Grabdenkmäler des 17. und 18. Jh., die z. T. in die Mauer eingelassen sind, ferner einen Karner, der wohl aus dem 17. Jh. stammt; alte Fotos.

SEITE 270 ▶

190 Der *Feldkasten des Klettnerlehens,* datiert 1730.
Gemeinde Ramsau,
Gnotschaft Taubensee, Alpenstr. 50.

SEITE 271 ▶▶

191 *Das Wohnspeicherhaus des Klettnerlehens,* datiert 1647.
Gemeinde Ramsau,
Gnotschaft Taubensee, Alpenstr. 50.

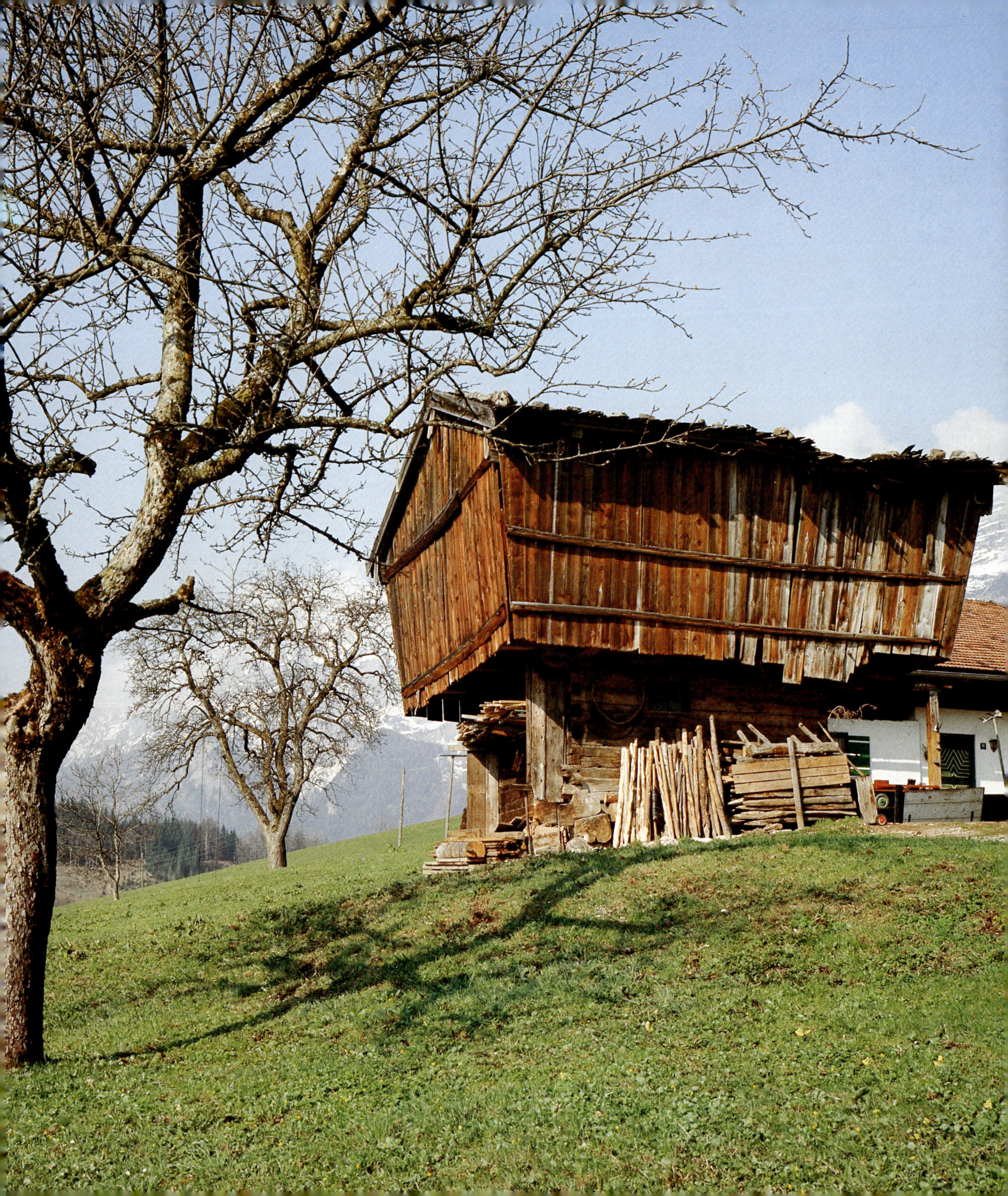

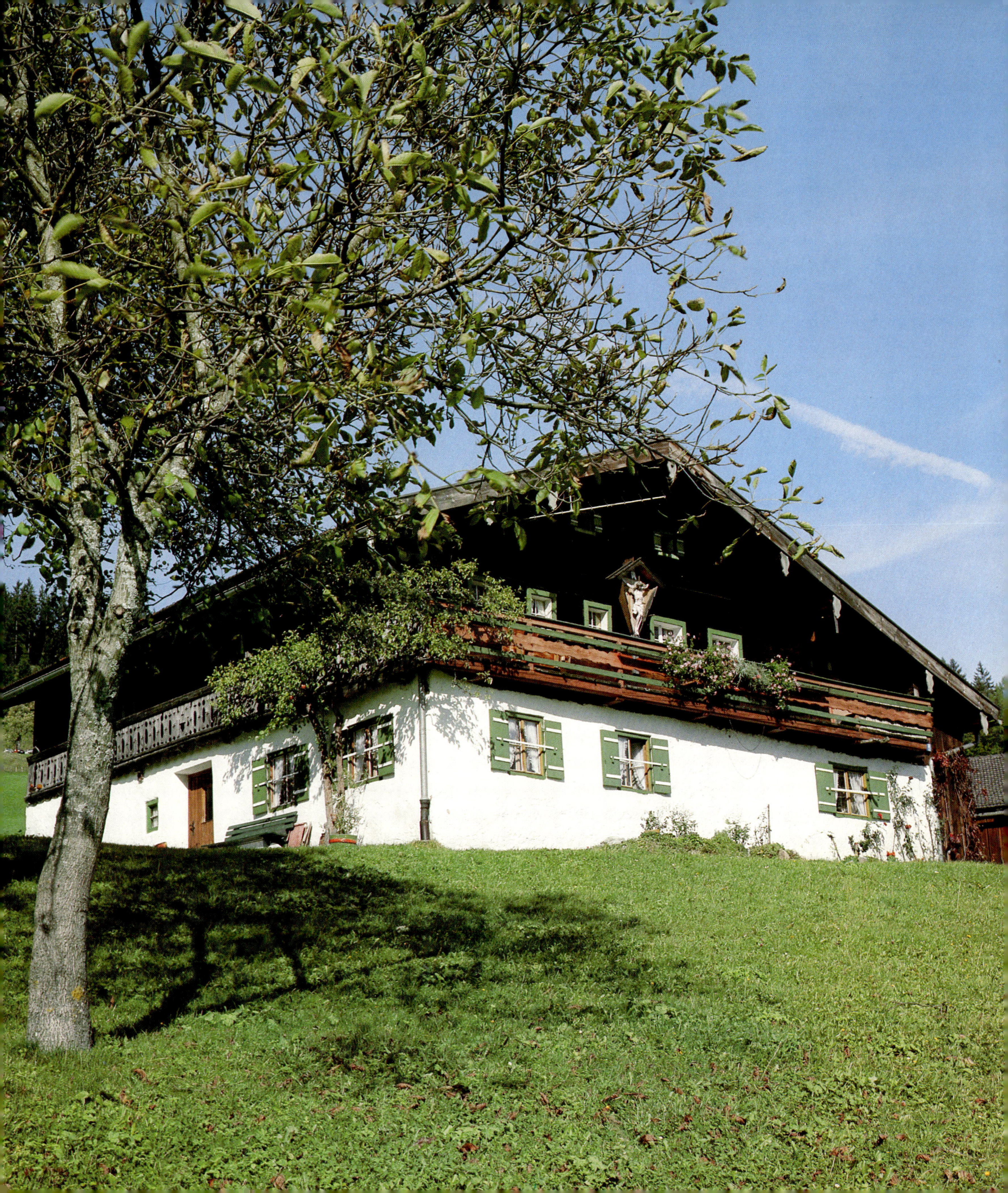

INRI
Zum Andenken
an
Georg Billgruber
RIP
Johann Reiter
Entseer Bauer
Froschsee
R.I.P.
Friede seiner Asche
bis zur
Auferstehung.

◀ 192

▲ *193*

Bild 193/194
Wegkapelle mit Gedenkbrettern am Scheffaulehen in der Ramsau.
Das ältere der beiden Bretter könnte dem Schriftinhalt nach noch als Bahrbrett gedient haben (»Leichenbrett für Seb. Leitner von Scheffau«);
Foto 1980.

194 ▶

◀ **SEITE 272**

192 **Ehemaliges Wegkreuz** mit Gedenkbrettern in der Ramsau;
Foto um 1936.
Das mittlere Gedenkbrett bezeugt die jüngste historische »Funktionsstufe« der Gedenkbretter, das Gedenken an die Gefallenen des Zweiten Weltkrieges. Das Gedenkbrett ist mit einem aufgemalten eichenlaubumkränzten Ritterkreuz geschmückt und trägt die Inschrift:
      Zum Andenken
      an Georg Billgruber
      gefallen am 6. Sept. 194
      in Frankreich
      im Alter von 21 Jahren.

SEITE 274 ▶

195 Rundbogiges Werkstein-Türgewände aus Untersberger Marmor, am Scheitel kielbogig ausgeformt; Foto 1980.
Unterauschaulehen, Gemeinde Bischofswiesen,
Gnotschaft Stanggaß, Aschauweg 10.

◀ 195

◀ *196*

197 ▶

***Prachtvolle aufgedoppelte Türen,
heute im Heimatmuseum in Berchtesgaden.***

196 Sonnenmotiv, datiert 1845.

197 Im Oberteil Motiv der »aufgehenden Sonne«, im Mittelfeld Sechsstern, in den Sockelfeldern 2 Rauten.

**SEITE 276 + 277 Deckenbalken und Pfettenköpfe,
heute im Heimatmuseum Berchtesgaden.**

SEITE 276 ▶

Bild 198 Mittelstück eines Deckenbalkens; in der nachgotischen Kartusche Datierung und Inschrift »16   DER FRID SEY MID EICH   97«.

Bild 199-201
Unterseiten bemalter und geschnitzter Pfettenköpfe.

SEITE 277 ▶▶

Bild 202 Mittelstück eines Deckenbalkens (»Tram«), seitlich die Datierung 1710 in nachgotischer Kartusche, unterseitig Sonnensymbol oder modifizierte Tramrose.

Bild 203 Geschnitzte Firstpfette mit bemalter Untersicht, auf der Seitenfläche Inschrift in auffallend langer barocker Kartusche, datiert 1758. Darunter Fragment einer Pfettenaufdoppelung.

▲ 198

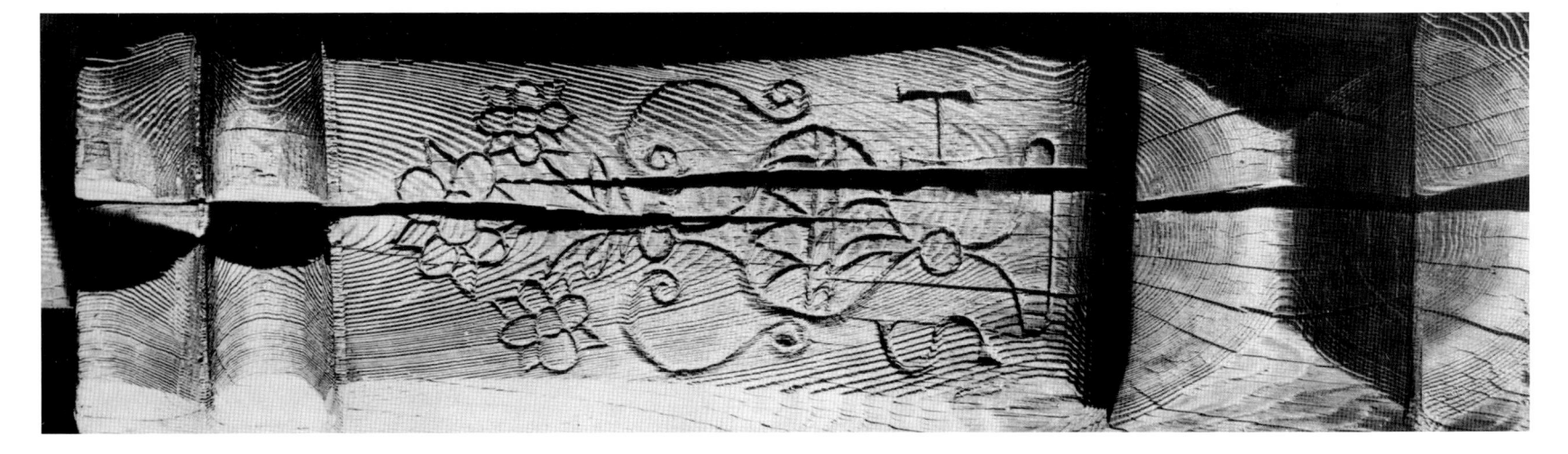

▲ 199

▲ 200 ▼ 201

▲ 202

▼ 203

SEITE 279 ▶

204 Barocker »Houdibock« aus der Ramsau,
ein apotropäisch ausgeformter Unterfirstpfettenkopf.

Der Hausbau bedeutete einst bei allen Völkern, besonders in einfachen Kulturen, ein sehr wesentliches, oft schicksalbestimmendes Ereignis. Bei der Auswahl des Bauplatzes mußte Rücksicht auf das Gelände, das Lokalklima, das Wasser und die Nähe der Wirtschaftsflächen genommen werden. Der Baubeginn wurde nicht selten durch Orakel bestimmt.

Uralte Erinnerungen an magische Vorstellungen schwingen heute noch in vielen Bräuchen mit, so in Grundsteinlegung, Richtfest und Haussegnungen; im Herrgottswinkel des Bauernhauses finden wir noch Nachklänge an den Hausaltar. Aber auch einzelne Schmuckformen an Haus und Stadel, die uns heute bereits unerklärlich scheinen, hatten ursprünglich einen bestimmten Sinn. Ihr Ursprung läßt sich nur dann enträtseln, wenn man sie in die geistigen Zusammenhänge der Entstehungszeit einordnet – so schwer es für uns heute ist, sich in die Geisteswelt der mittelalterlichen oder gar der vorgeschichtlichen Bauern einzufühlen. Aber bestimmt ist der Urgedanke allen Hausbaus, sich zu schützen, eine maßgebende Erklärung für viele Gestaltungen und Ausformungen, die wir heute nur noch als »Verzierungen« begreifen.

So sind viele der späteren symbolischen Zeichen in urtümlicher Einfachheit gegenständlichen »Zauberdingen« nachgestaltet worden. Viele ähnliche Bildungen aus Holz, Metall, Stein oder Stroh, vielfach aber auch echte Hörner, Schädel, Pfoten, Hufe, Knochen oder Klauen, Tierbälge und -gefieder finden sich noch verschiedentlich in ganz Europa, aber auch in Afrika und Asien und bezeugen die Gemeinsamkeit abergläubischer Vorstellungen. Später, als der magische Sinn dieser »realen« Apotropaia in Vergessenheit geriet, gestaltete man die alten Zaubermittel, Fabelwesen und dämonischen Fratzen, deren Urbilder in längst versunkenen Zeiten vorgeformt wurden, zu spielerisch anmutenden Zierformen um und gab sie im Hausbau von Generation zu Generation als herkömmliches traditionelles Schmuckelement weiter.

Der »Houdibock« des Berchtesgadener Landes ist eine solche, zunächst »apotropäische«, schließlich wohl nur noch traditionelle Ausformung eines konstruktiven Elementes – der »Unterfirst« im Dachraum (hou diej = hohe Diele) diente regelmäßig als Aufzugsbalken einer Seilwinde. Im weit aufgesperrten Maul älterer »Houdiböcke« wird noch die eingebaute Seilrolle sichtbar (siehe Bild 205 und 206). Der abgebildete Houdibock ist ohne Seilrolle ausgebildet, er ist ein Meisterwerk bäuerlicher Schnitzkunst; auch in der schwungvollen barocken Formung dieses zum Zierelement herabgesunkenen Apotropaions hat sich noch ein Hauch heidnischer Magie erhalten.

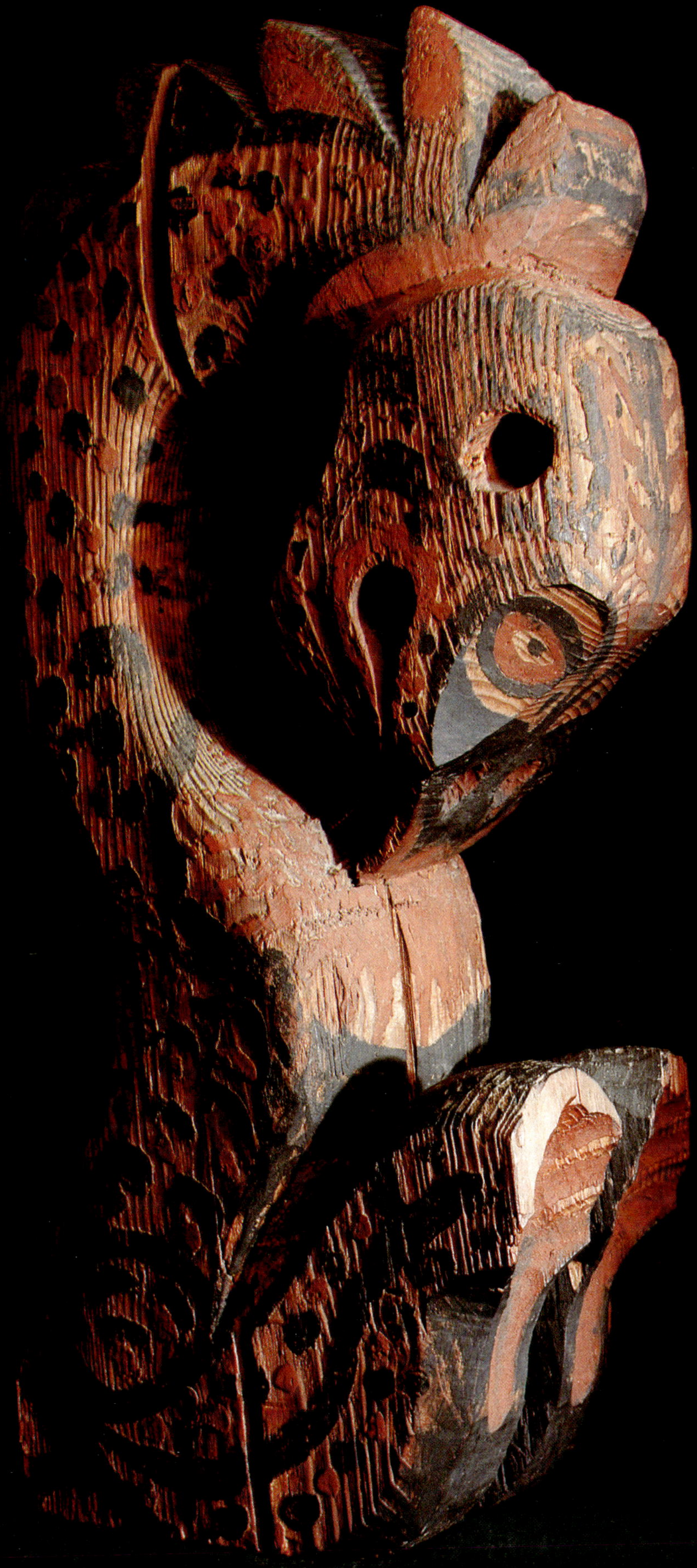

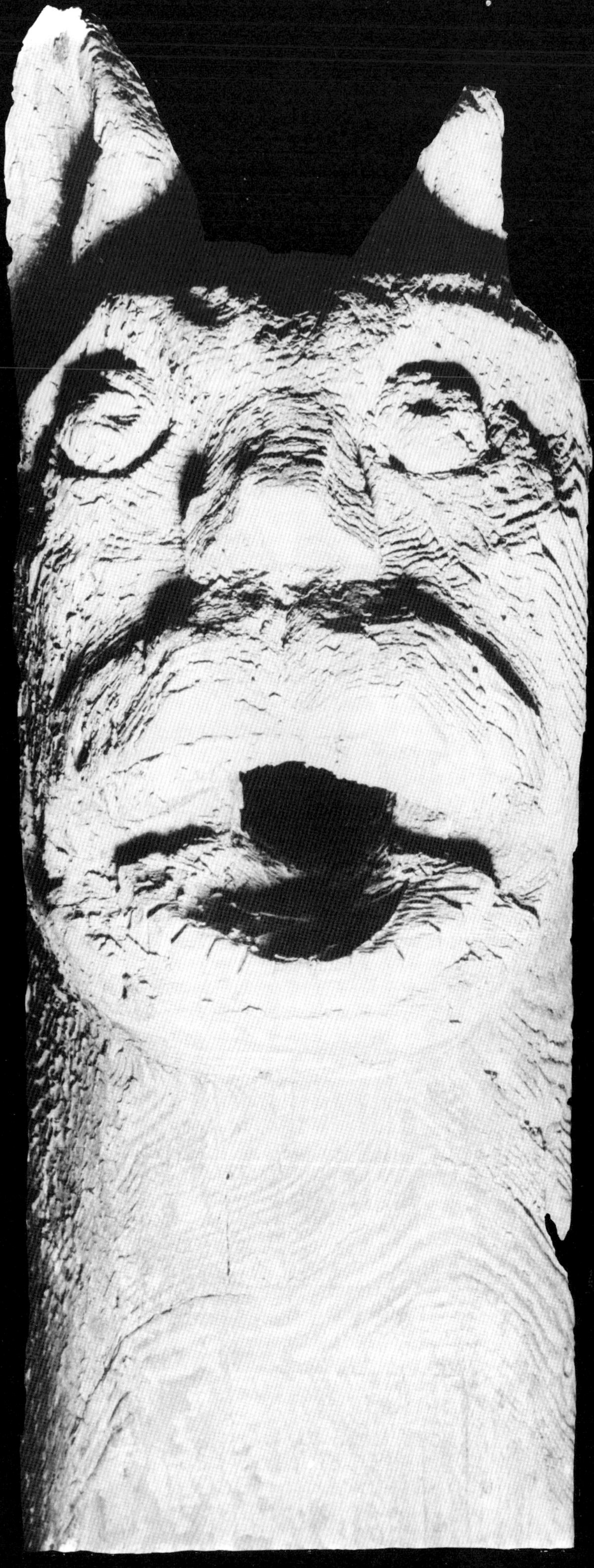

206 *Apotropäisch ausgeformter Unterfirst* von besonders starker Ausdruckskraft, datiert 1599, mit geschnitztem Kopfbug verblattet (»Houdibock«). Heute im Heimatmuseum Berchtesgaden.

SEITE 282 ▶

207 *Werkstein-Fenstergewände aus Untersberger Marmor* mit eingestecktem 12-teiligem Durchsteckgitter und Falz für die Fensterläden, diese werden in geöffnetem Zustand durch eine in Halterungen eingelegte Latte arretiert. ***Unteraschaulehen in Bischofswiesen.***

208 Kleines Butzenscheibenfenster am Wolfenlehen; eine im Bereich bäuerlicher Wohnkultur fast völlig untergegangene Form der Verglasung; altes Foto.
Auf die allgemein übliche raumseitige Windeisenversteifung ist bei diesem Fenster verzichtet worden.

209 *Altes einflügeliges Drehflügelfenster mit Bleiprossenteilung,* sehr einfachem Fensterladen und aufgeschraubtem Gitterstab mit Haken; altes Foto.

SEITE 283 ▶▶

210 »Ruaschrinn«, Rinnhaken und »Schwinger«; altes Foto.

211 »Ruaschrinn«, Rinnhaken, »Schwinger« (links am Dachrand) und »Spanner« (rechts, nahe der Außenwand). Die weitausladende »Ruaschrinn« ist an ihrem freien Ende abgestützt. Diese Dachuntersicht vom *ehemaligen Auxenlehen* zeigt auch der Verschalung im Bereich des Giebelvordaches. Das Bild führt die geniale Verwendung von naturgewachsenen »Fertigbauteilen« anschaulich vor Augen; altes Foto.

212 Bei den urtümlichen Blockstiegen (Nolpenstiegen) sind massive Keilstufen einzeln auf schrägen Balken aufgesetzt. Diese Trittstufen sind radial aus einem Baumstamm herausgespalten und mit Holznägeln auf 2 halbierten Stämmen oder 2 Kanthölzern befestigt.
Diese Treppe führt vom *Flez des Hinterbrandlehens* in den ausgebauten Dachraum. Handläufe oder Geländer jeder Art fehlen; beim Besteigen der steilen Treppe verhält man sich wie auf einer Leiter.

213 Die älteren Treppen in den Hausgängen bestehen meist aus seitlichen Treppenwangen mit eingeschobenen Trittstufen. Auf der Seitenfläche der Wange ist ein Zirkelschlagornament aufgemalt. Das »Antrittpodest« ist ein mächtiger Holzklotz. Wandseitig dient ein locker angebrachtes Seil aus Handlauf, ein Außengeländer fehlt.
Gemeinde Bischofswiesen, Loipl.

214 Blockstiege mit eng aneinander gesetzten Blockstufen und einfachstem Stangenhandlauf. Außentreppe am Stadel des *Klettnerlehens in der Ramsau* (1983 abgebrochen).

◀ **Bild 205**
Apotropäisch ausgeformter Unterfirst von besonders starker Ausdruckskraft, datiert 1599, mit geschnitztem Kopfbug verblattet (»Houdibock«). Heute im Heimatmuseum Berchtesgaden.

▼ 208 ▼ 209 ▲ 207

◀ *210*

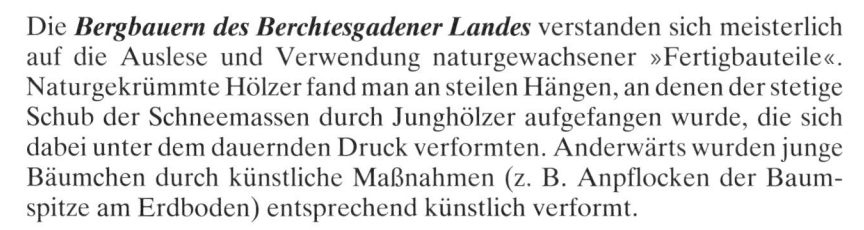

Die **Bergbauern des Berchtesgadener Landes** verstanden sich meisterlich auf die Auslese und Verwendung naturgewachsener »Fertigbauteile«. Naturgekrümmte Hölzer fand man an steilen Hängen, an denen der stetige Schub der Schneemassen durch Junghölzer aufgefangen wurde, die sich dabei unter dem dauernden Druck verformten. Anderwärts wurden junge Bäumchen durch künstliche Maßnahmen (z. B. Anpflocken der Baumspitze am Erdboden) entsprechend künstlich verformt.

211 ▶

212 *213* *214*

215

216

215 Monolithischer *Marmor-Bildstock* in gotischen Formen, mit auffallend breiter Fasung des Schaftes, wohl noch 16. Jh. Die Bekrönung der spitzbogigen Figurennische dürfte formal einem Sarkophag entlehnt sein.
Gemeinde Bischofswiesen, Gnotschaft Bischofswiesen.

216 Monolithischer *Marmor-Bildstock* mit satteldachförmigem Abschluß und bekrönender Kugel auf dem First, wohl 16./17. Jh. Der Schaft sitzt auf einer angeformten Basis. Die rundbogige Figurennische ist mit einem Flacheisengitter verschließbar.
Gemeinde Bischofswiesen, Gnotschaft Bischofswiesen.
Im Rostwald, am westlichen Waldrand neben der Straße in der scharfen Kurve.

217 *Martersäule* in neugotischen Formen mit 4 Reliefs; aus der Passionsgeschichte sichtbar sind die Szenen der Kreuzigung und Verkündigung. 2. Hälfte 19. Jh.
Gemeinde Berchtesgaden, an der Bergwerkstraße; in der Nähe des sog. Bielerhäusls.

▲ 219

◀ 218

▼ 220

218 **Kaser** auf der **Schapbachalm;** altes Foto.

219 **Kaser** auf der **Priesbergalm** (etwa 1500 m), östlich der Gotzenalm, im Hintergrund die Watzmann-Ostwand; altes Foto.

220 Zwei Kaser auf der **Königsbachalm;** altes Foto.

221

222

221 Unterschweigerkaser auf der **Königsbachalm;** altes Foto.

222 Kaser auf der **Krautkaseralm** an der Nordseite des Jenners; altes Foto.

223 Kaser auf der **Litzlalm;** altes Foto.

▼ *223*

SEITE 288 ▶
224 Der *große **Rundumkaser auf der Regenalm,*** datiert 1774.

SEITE 289 ▶▶
225 ***Kaser auf der Falzalm*** unterhalb des Watzmannhauses.

287

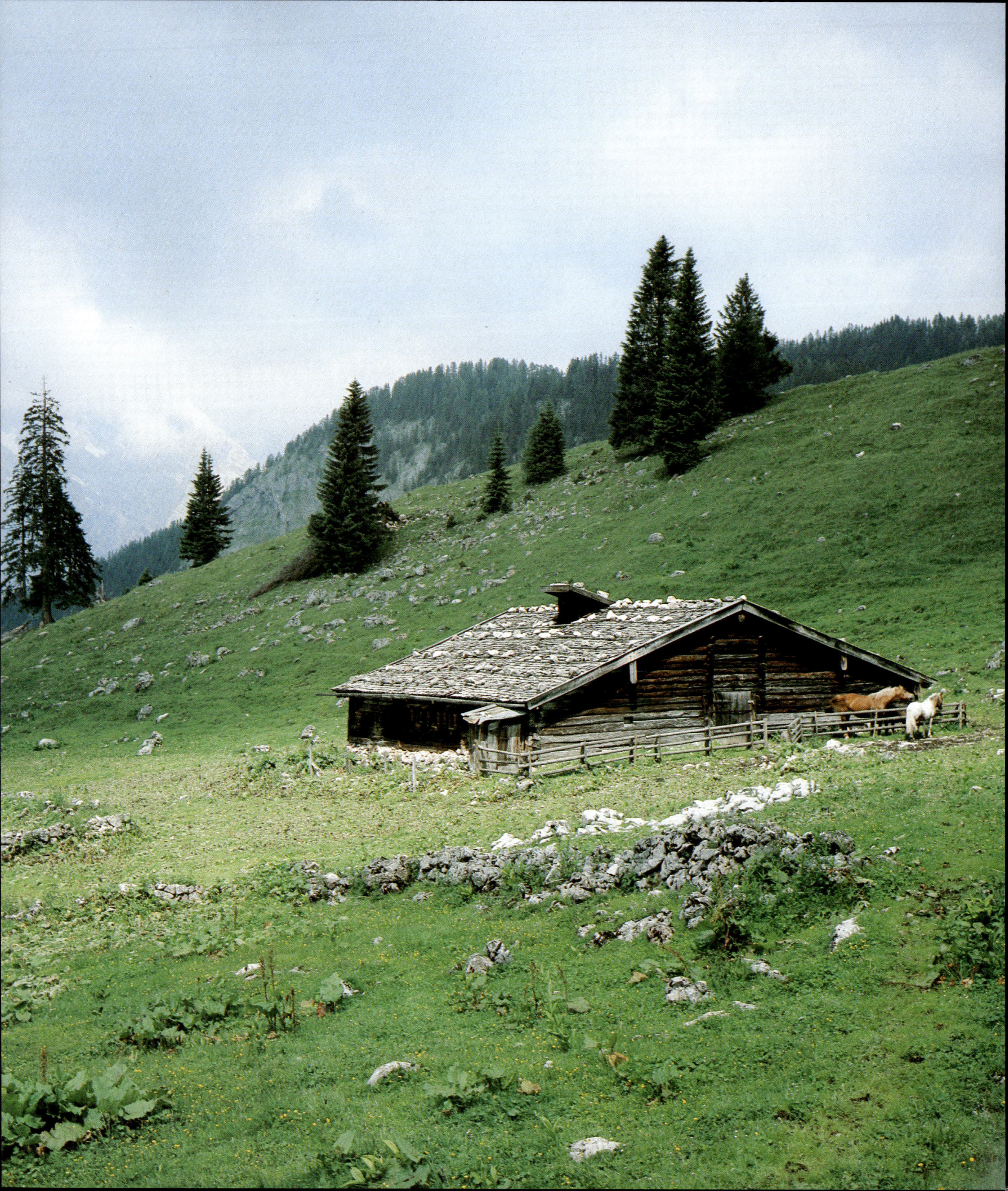

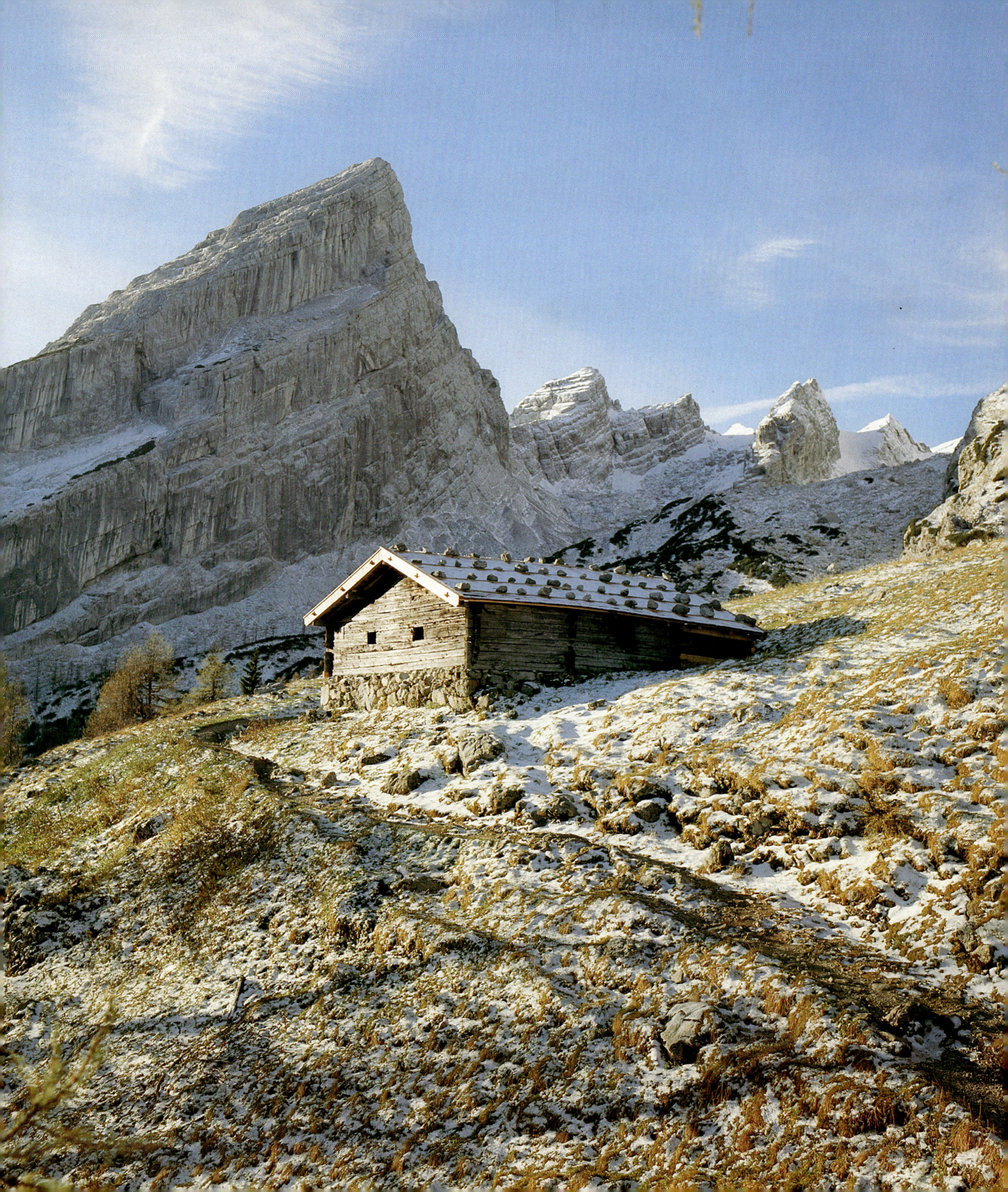

▲ 226

◀ 227

226 *Mitterkaseralm im Lattengebirge* südlich des Törlkopfes, westlich von Winkel, etwa 1240 m hoch. Im Hintergrund Kaser in Kantholzblockbau aus dem 18./19. Jh., im Vordergrund Kaser aus dem 19./20. Jh.

227 *Schapbachalm am Schapbachboden,* nördlicher Kaser, Kantholzblockbau aus dem 19. Jh.

SEITE 291 ▶

228 *Stubenbalm,* etwa 1160 m, auf dem Wege von der Wimbachbrücke zum Watzmannhaus.
Drei Kaser in Kantholzblockbau, 18./19. Jh.

229 Mittlerer Kaser auf der *Stubenalm;* Kantholzblockbau des frühen 19. Jh.

▲ 228

▼ 229

291

230   Kaser auf dem Plateau der Reiteralpe.
Im Hintergrund die Häuslhörner. Foto vor 1956.

◀ 230

231 **Schwarzbachalm,** etwa 750 m, östlich Schwarzbachwacht. Rundumkaser des 18. Jh., Rundholzblockbau.

232 **Kaser im Jennerbereich,** allseitige Verschindelung.

▲ 233 ▼ 234

233 Der *Wahlkaser auf der Gotzentalalm,* etwa 1110 m.
Großer Rundumkaser Umadumstall in Rundholzblockbau, datiert 1733 (oder 1755?).
Ansicht von Osten mit Blick auf die Watzmann-Ostwand.

234 Blick auf die im Bereich des Giebels verbretterte Südseite.

235 *Pentagramm* an der Kasstöcklaußenwand des Wahlkasers; die Anhängekette gestattet einen guten Größenvergleich.

Das **Pentagramm,** gelegentlich auch Drudenfuß, Alpfuß, Nornenstapfe, Maarfuß oder Pentalpha genannt, desgl. Pentangulum, Pentakel, signum Pythagoricum, signum Hygeae, signum sanitatis, ist ein altes magisches Zeichen aus zwei ineinander verschränkten gleichschenkeligen Dreiecken ohne Basis, die man in einem Zug zeichnet.

Das Pentagramm, wohl ein uraltes Symbol des Sonnengottes, findet sich schon in den frühgeschichtlichen Königsgräbern von Abydos in Ägypten (um 3000 v. Chr.), auf der bemalten Vase aus dem babylonisch-akkadischen Kisch (etwa 2. Jahrtausend v. Chr.), auf den griechischen Vasen des 7. bis 6. Jahrhunderts v. Chr., auf dem Krug aus Juda aus dem 4. Jahrhundert v. Chr.

Bei den altgriechischen Pythagoräern war das Pentagramm sowohl ein Bundeszeichen wie ein Zeichen der Gesundheit.

Erst im Mittelalter erfuhr es die Sinnesumdeutung zum Bannzeichen gegen das Böse, diente als Abwehrzauber gegen dämonische Wesen und zur Bannung der Elementargeister und spielte auch in den Hexenprozessen eine entsprechende Rolle.

Schwarzmagische Geheimgesellschaften führten gelegentlich als Erkennungszeichen ein Pentagramm mit nach unten gekehrter Spitze. Nicht selten tritt das Pentagramm als Relief auf alten Grabsteinen in Kroatien auf, offenbar veranlaßt durch den manichäisch beeinflußten Glauben der Bogumilen-Sekte, wo die 5 eine heilige Zahl gewesen zu sein scheint. Der Manichäismus, eine extreme Ausprägung des Gnostizismus mit konsequentem Dualismus, kennt, im Gegensatz zu dem sonst üblichen Weltbild, 5 Elemente (Licht, Luft, Wind, Feuer, Wasser), ebenso im Bereich des »Königs der Finsternis« fünf Unterreiche (Finsternis, Rauch, böser Wind, böses Feuer, böses Wasser). Vielleicht ist die häufige Verwendung des Pentagramms in den magischen Künsten ein echter Hinweis darauf, daß sie tatsächlich manichäischen Einfluß konservierten.

Auch Goethe läßt in der Beschwörungsszene in Faust I den diabolischen Mephisto klagen: »Dieses Pentagramma macht mir Pein ...«
Das Pentagramm, wurde von den Berchtesgadener Tischlern schon in die Kindswiegen hineingeschnitzt, um die wehrlosen Geschöpfe vor allerlei Hexenzauber zu schützen. Ein oberösterreichisches Vorbild von 1765 zeigt ein Fünfeck mit eingezeichnetem Trudenfuß; der Text spricht von »großer Anfechtung wegen der thrut«.

Das Pentagramm ist bei uns mehrfach vertreten auf Troadkästen des 18. und frühen 19. Jahrhunderts, auf den Kasstöckltüren und -wänden der Berchtesgadener Rundumkaser sowie auf einigen Ritzzeichenblöcken des Steinernen Meeres und seines nördlichen Vorfeldes.

236 *Pentagramme,* Mariogramm und IHS im Wahlkaser.

237

Bild 238-240
Ruinöser Rundumkaser auf der Seeaualm, etwa 1450 m, nördlich unterhalb der Gotzenalm. Der urtümliche Rundholzblockbau war mit 1739 datiert.

238 Blick auf den eingestürzten Giebel.

239 Blick auf die Reste der östlichen Traufseite.

240 Kaskeller aus derbem mörtellos gefügtem Felsbrockengemäuer, mit einer lichten Raumhöhe von etwa 1.50 m und einer primitiven Blockstiege.

◀ **SEITE 296**
237 First und Firstgaube am Legschindeldach des ***Rundumkasers auf der Regenalm.*** Als Seitenwandverkleidung dieser Firstgaube wurde später ein Stück der zusammengeschnittenen Kasstöckltür eingesetzt, auf dieser Bohle fand sich eine Abwehrhand und die Datierung 1740.

241 Ehemaliger **großer Kaser auf der Gotzenalm,** etwa 1680 m. Im Hintergrund Hochkönig und Übergossene Alm. Altes Foto.

242 Das **private Bergrestaurant auf der Gotzenalm** ist aus einem alten Rundumkaser entstanden; der vielfach veränderte und vergrößerte Bau zeigt sich auf diesem Foto noch mit einem Legschindeldach. Altes Foto.

243 **Idylle** auf der Gotzenalm.

244 *Ruppenkaser auf der Gotzenalm,* urtümlicher Rundholzblockbau, datiert 1758, heute stark verändert.

245 Umfriedetes *Almkreuz* auf der Gotzenalm.

▲ 246

▼ 247

246 **Verfallener Rundumkaser,** durchwegs in Rundholzblockbau ausgeführt.
Gugelalm, etwa 1440 m, nördlich des Watzmanns.

247 **Offene Feuerstelle** in ruinösem Rundumkaser. Ein großer, flacher Felsbrocken war als Funkenfang auf die seitliche Aufmauerung der Feuerstelle aufgesetzt. Die Blockwandbalken sind in der Nähe der Feuerstelle versengt.
Westlicher Kaser auf der **Grubenalm,** etwa 1350 m, nördlich des Watzmanns.

SEITE 301 ▶

248 *Kaser* und ***Rundumkaser-Ruine*** auf der Grubenalm, etwa 1350 m, nördlich des Watzmanns.

249 *Fundamentreste* des mittleren Rundumkasers auf der Grubenalm.

▲ 248

▼ 249

301

Bild 250/251
Falzalm, 1620 m, nordöstlich unterm Watzmannhaus. Südöstlicher, tiefer gelegener Kaser, Kantholzblockbau, datiert 1866. Das in Auflösung befindliche Legschindeldach zeigt deutlich die einzelnen Elemente von Dachkonstruktion und Dachhaut.

252 *Falzalm* (1620 m), nordöstlich unterm Watzmannhaus. Datierung 1866 auf der Seitenfläche der Firstpfette.

253 *Falzalm* (1620 m), nordöstlich unterm Watzmannhaus. Nordwestlicher, höher gelegener Kaser, 1981 restauriert.

▼ 253   ▲ 252

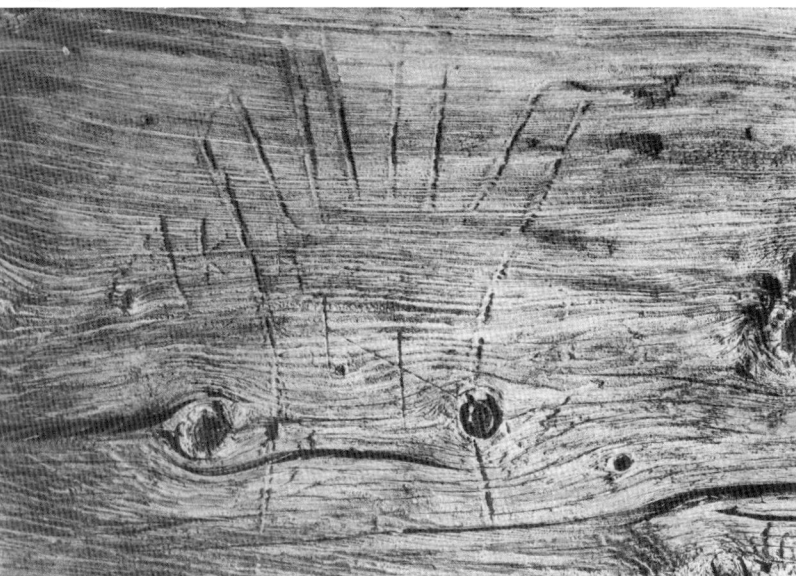

254 Abwehrhände, Datierungen und Initialen, z. T. spielerisch zu naiven Figurationen verbunden; Fragmente von Kasstöckltüren.

255 Verfallener **Rundumkaser auf der Schiedalm,** wohl frühes 18. Jh., in der Bildmitte die **Ruine des Schiedkasers,** im Hintergrund das Viehhorn.

256 Abwehrhand, an einem Wandblockbalken des **Kasstöckls im Schiedkaser,** rechts neben der Tür eingeritzt.

SEITE 305 ▶

257 Abwehrhände, Initialen und Datierungen an der **Kasstöckltür des Schiedkasers;** Ausschnitt von **Bild 263 (Seite 309).**

DOPPELSEITE 306/307 ▶▶

258 Der **Möslerkaser** auf der Bindalm aus dem 18./19. Jh.
Gemeinde Ramsau.

259 Der **Untergrainswieserkaser** auf der Moosenalm im Lattengebirge aus dem 17./18. Jh.
Gemeinde Schneizlreuth.

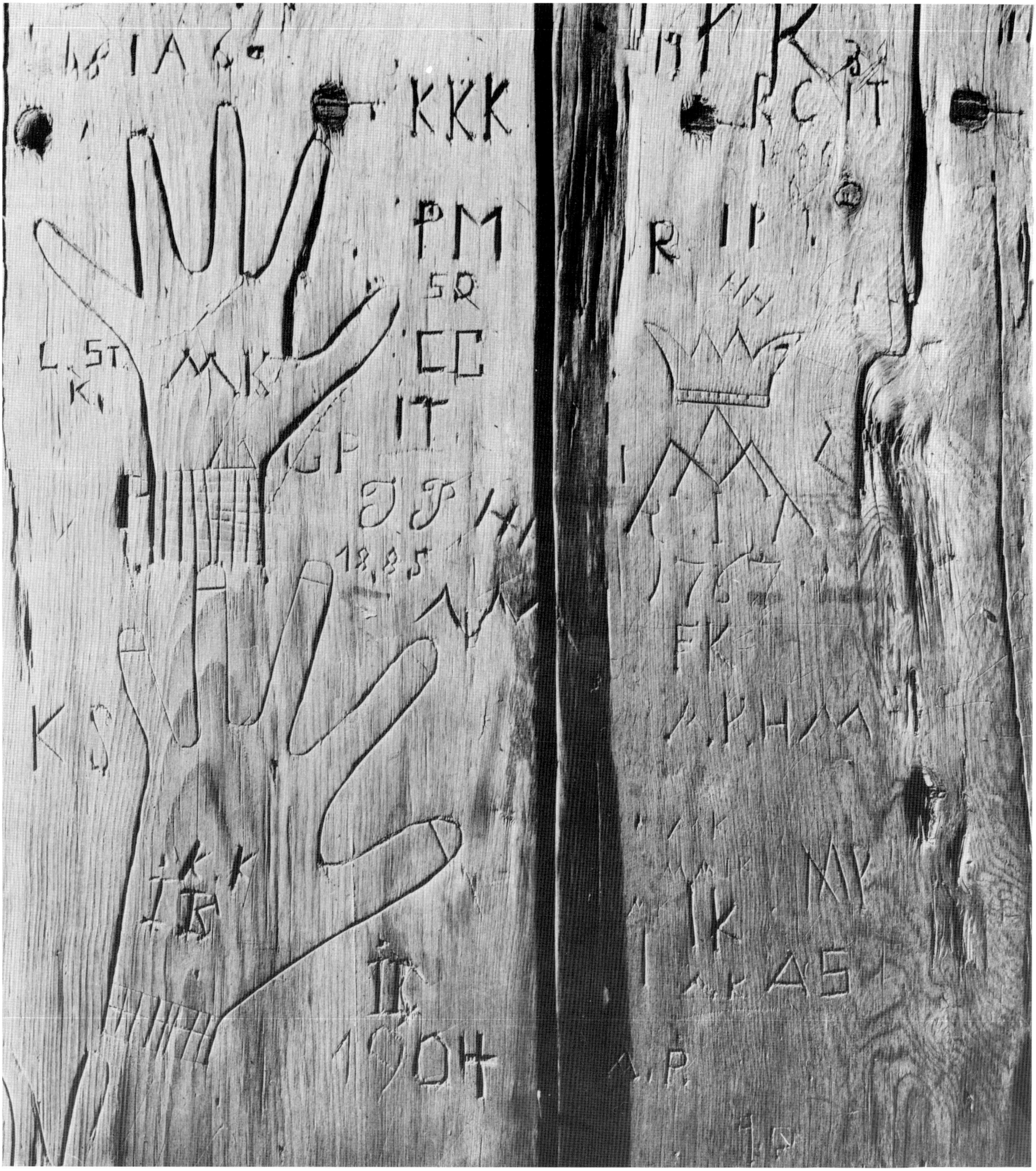

257

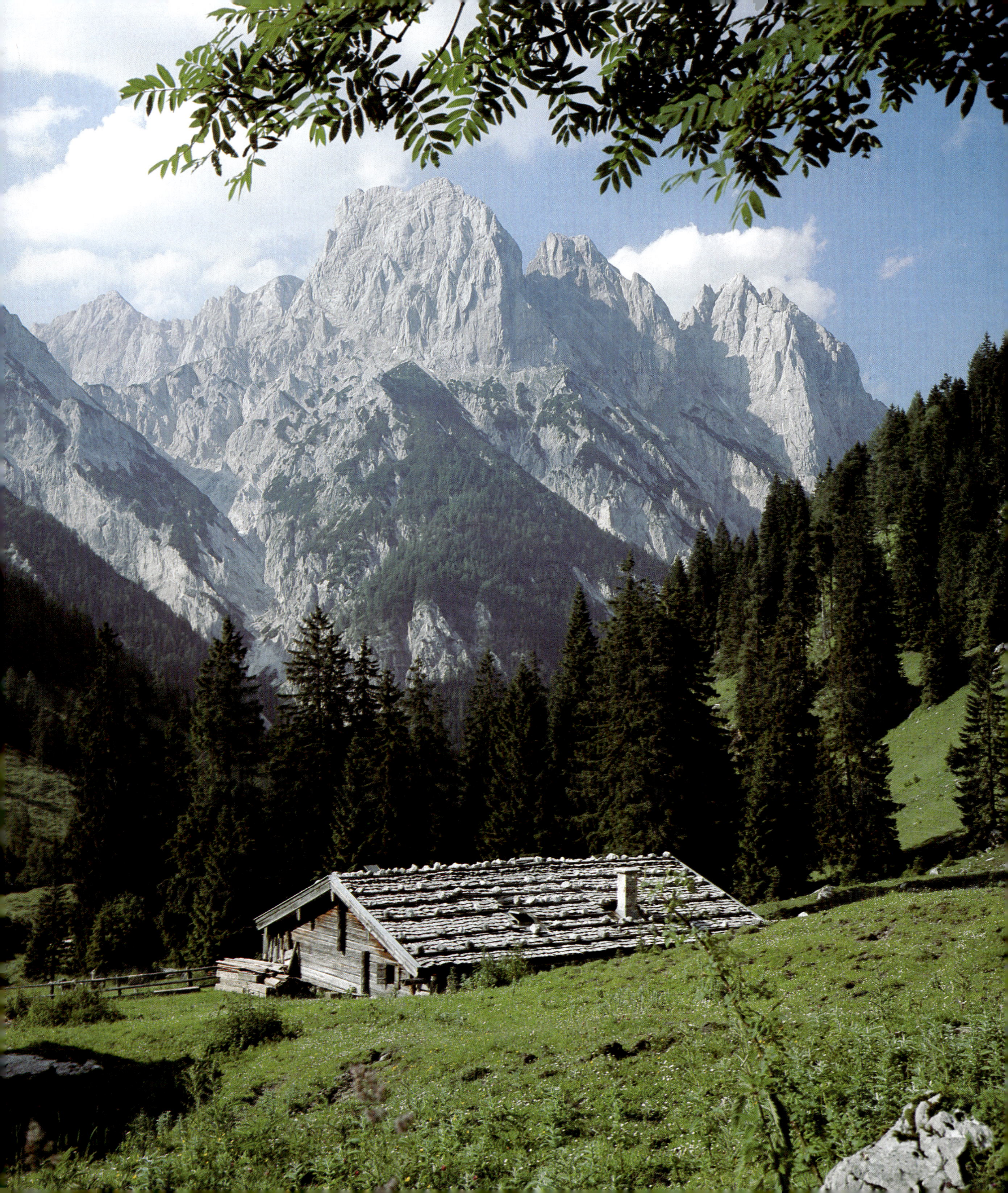

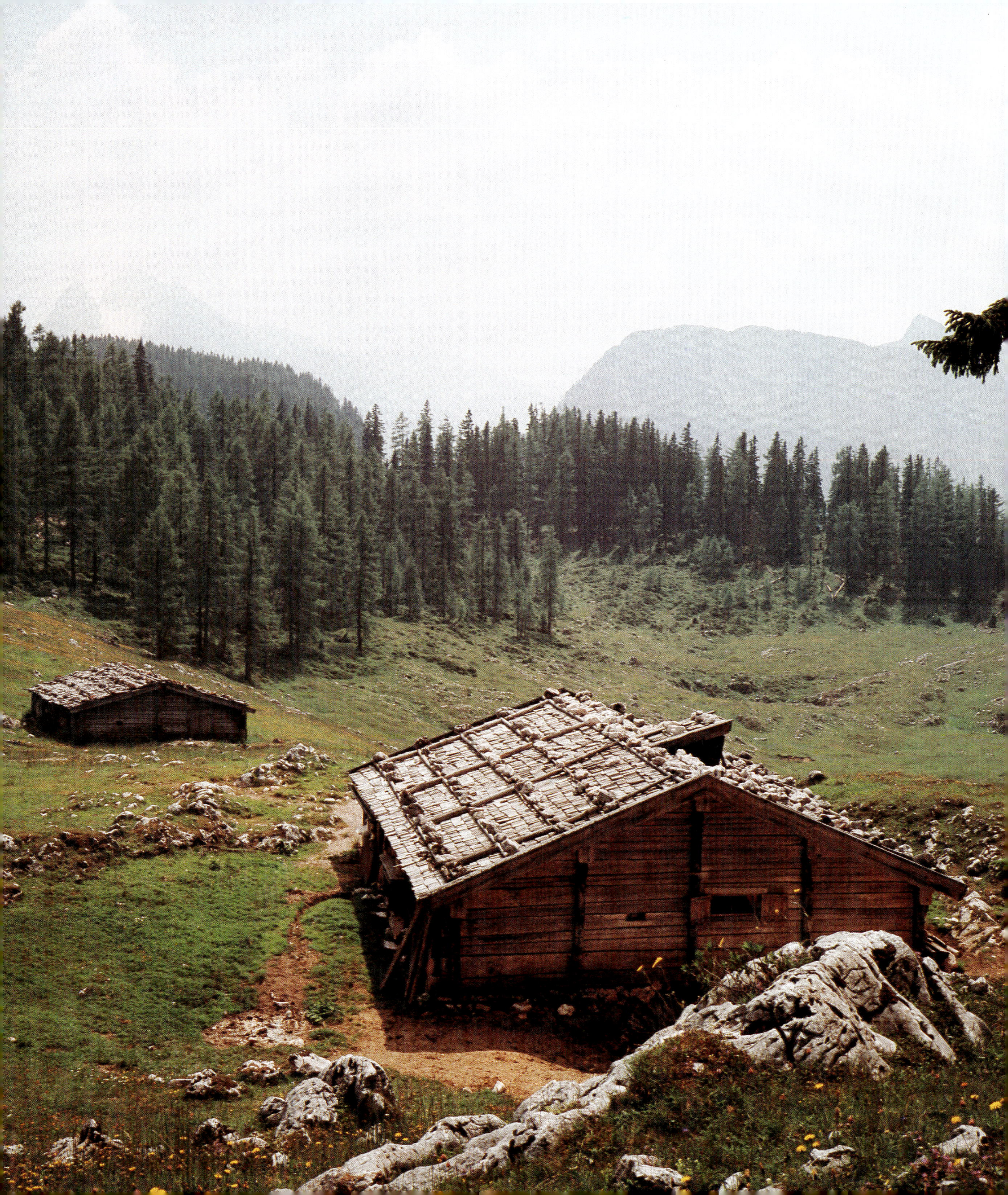

260 Der *Schiedkaser,* wohl aus dem 18. Jh., ist das *einzige* erhaltene Beispiel eines *»offenen Rundumkasers«.* Dieses Foto von K. Ranke vor dem Jahre 1929 ist das einzige Dokument, das diesen Kaser noch in unverändertem Zustand zeigt. *Feldalm,* östlich vom Funtensee, etwa 1770 m.

261 Der wiederaufgebaute *Schiedkaser* nach der Transferierung auf die *Bindalm* (Foto 1982). Die durch Hubschraubereinsatz ermöglichte Standortverlegung war die einzige Chance zur Rettung dieses urtümlichen Unikats, sie geht auf eine Initiative des Bayerischen Landesamtes für Denkmalpflege zurück, die Realisierung ist jedoch nur dem Engagement der Nationalparkverwaltung Berchtesgaden zu verdanken.

▲ 260

▼ 261

262 Eingeritzte Abwehrhand auf der Sitzbank-Bohle im **Schiedkaser.**

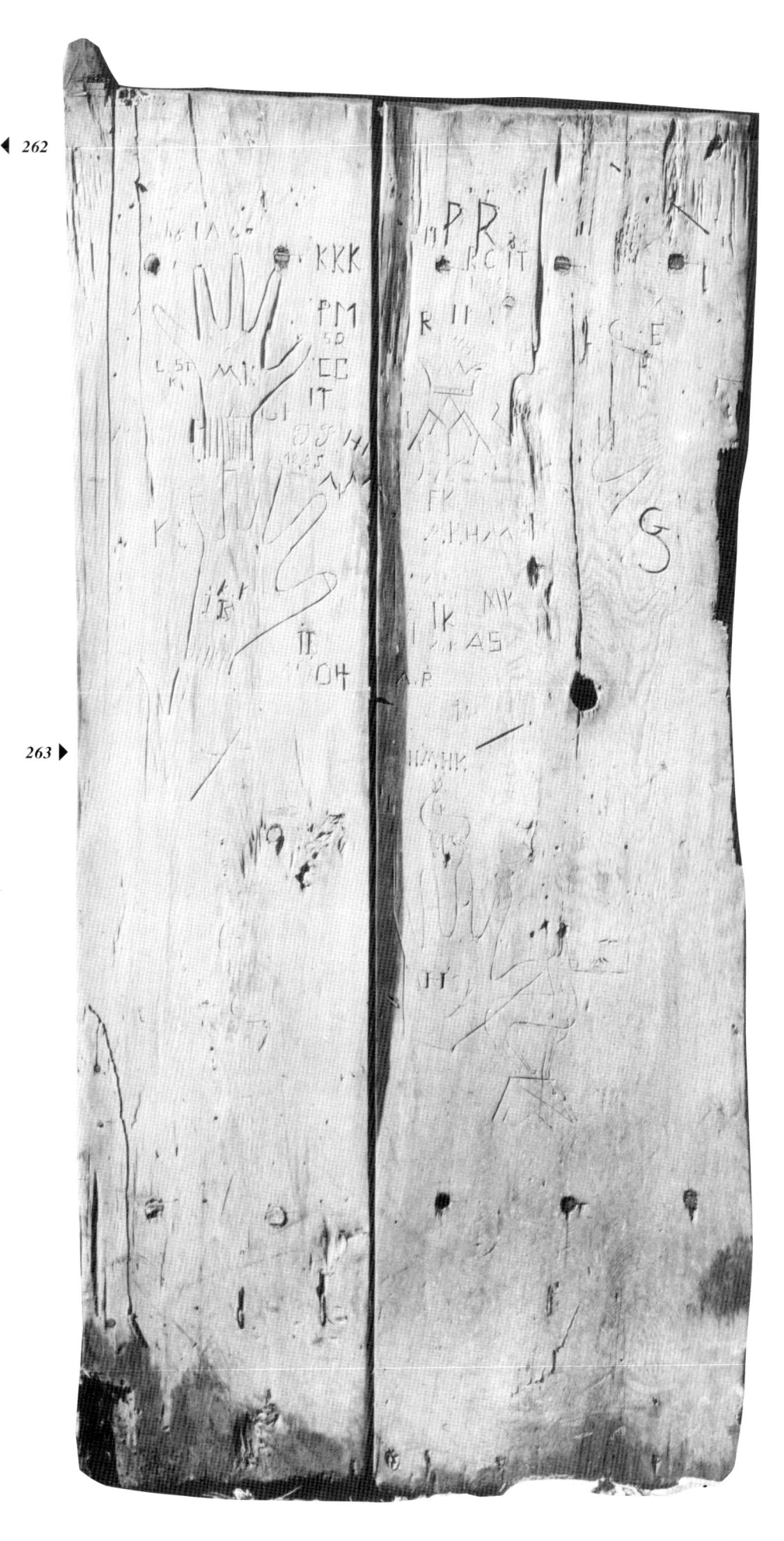

263 Abwehrhände, Initialen und Datierungen auf der massiven **Kasstöckltür des Schiedkasers.** Die älteste Datierung ist vom Jahre 1767, die jüngste vom Jahre 1904.
Links oben der aus der anschlagseitigen Türbohle ausgeformte Kegel, der in einer entsprechenden Pfanne an der Unterseite des Türsturzbalkens drehte. Unten ist der entsprechende Kegel ausgebrochen.

▲ 264

▼ 265

◀ **SEITE 310**

264 ***Bindalm,*** 1060 m, südwestlich von Ramsau unterm Hirschbichl.
Das vor 1946 entstandene Foto von M. Tränkel zeigt ***vier Rundumkaser*** mit eigenen Almängern.

265 Das Foto von 1980 zeigt die damals noch verblichenen ***drei Rundumkaser;*** der ruinöse ***Baldramkaser*** befindet sich gerade im Zustand der Restaurierung.
Im abendlichen Streiflicht werden die »Viehgangerl« deutlich sichtbar.

266 Die ***Bindalm*** nach dem Wiederaufbau des hierher transferierten ***Schiedkasers,*** des letzten »offenen Rundumkasers«.

▲ *266*

▼ *267*

267 Der ***Möslerkaser*** auf der Bindalm, ein Rundumkaser aus dem 18. Jh.

**Bild 268/269
Bindalm,** 1060 m,
unterm Hirschbichl.

268 Der ***Kressenkaser*** von der Rückseite, im Hintergrund der ***Möslerkaser.***

269 Der ***Kressenkaser,*** ein Rundumkaser aus dem 18. Jh., Blick auf die Eingangsseite.

Bild 270-273
Bindalm, 1060 m, unterm Hirschbichl.

270 Der ***Baldramkaser***, 1060 m, unterm Hirschbichl. Die Datierung 1686 an der Kasstöckltür in nachgotischem Schriftduktus in der typisch nachgotischen Kartusche.

▲ 270

271 Die ***Kasstöckltür von außen,*** mit dem in das »Schlüsselloch« eingesteckten Vorderteil des eisernen Gelenkschlüssels.

272 ***Kasstöckltür von innen,*** mit dem ausgeklappten Hinterteil des Gelenkschlüssels, der in die Zähnung eines hölzernen Schubriegels einrastete. Die ausgebrochene Zähnung wurde später durch eingeschlagene Nägel ersetzt.

271 ▶

▲ 272

273 ***Salzlecke*** an der Außenwand des Kasstöckls.

273 ▶

274

Bild 275
Die ***Almbäuerin*** an der offenen Herdstelle des ***Kressenkasers;*** auf dem schwenkbaren Kesselgalgen der große kupferne Kaskessel. Der Verputz der offenen Feuerstelle wird jedes Jahr neu mit Kalkmilch geweißelt. Bevor die Alm verlassen wird, legt die Almbäuerin nach ***altem Brauch ein »Feuerkreuz« auf die Herdstelle.***

Bild 276 zeigt das aus 5 Spänen ***kunstvoll zusammengesteckte »Feuerkreuz«,*** das in der Literatur als »Schratgaderl« bezeichnet wird und früher ein weiter verbreiteter Abwehrzauber gegen alles Böse war.

◀ **SEITE 314**

*274 **Sennerin*** im Kasstöckl des ***Kressenkasers.***
Quer durch die Bildmitte zieht sich der Lichtkegel, der durch die Firstgaube einfällt. Der Boden ist mit ausgedientem Linoleum ausgelegt.

277 Mittereisalm, 1320 m, südwestlich von Ramsau nahe dem Hirschbichl. Doppelkaser, datiert 1894.

278 *Mittereisalm,* 1320 m, südwestlich von Ramsau nahe dem Hirschbichl. Doppelkaser, datiert 1894.

▼ 280 ▼ 281 ▲ 279

Bild 279-283
Der *Hainzenkaser* am Heimatmuseum in Berchtesgaden. Der große Rundumkaser, der auf der Königsbachalm dem sicheren Verfall entgegensah, wurde im *Jahre 1973* durch die Initiative von Architekt Georg Zimmermann mit finanzieller Unterstützung des Landkreises gerettet.

279 Blick vom Heimatmuseum auf das *große Legschindeldach des Hainzenkasers*.

280 Abwehrhände, Mariogramm, Männchen und Jagdwild (?) in naiver Ritztechnik an der Innenseite der *Kasstöckltür des Hainzenkasers*.

281 Die Tür zwischen *Kasstöckl* und *Schlafkammer im Hainzenkaser* mit dem ausgetretenen »Drischbei« (Schwelle) und dem dekorativ ausgeformten Türsturzbalken.

282 Die abgebildete Ecke des *Kasstöckls* zeigt den gemauerten Sockel über dem Kantholzblockbau, die Stapfen zur »Hoß«, die einfache erneuerte Brettertür zwischen Kasstöckl und Umadumstall und die Spundsäule der Schlafkammertüre im *Hainzenkaser*.

▲ 282   ▼ 283

283 Hölzernes Schubriegelschloß mit gezähntem Schubriegel, darüber das »Schlüsselloch«.

Bild 284-288
Aus dem ***Kasstöckl eines Rundumkasers*** im Heimatmuseum Bad Reichenhall (ehemaliger ***Greinswieserkaser*** auf der Dalsenalm im Lattengebirge).

284 Die ***offene Feuerstelle*** mit schwenkbarem hölzernem Kesselgalgen, dem kupfernen Kaskessel und verschiedenen Gerätschaften.

SEITE 321 ▶

286 **Abwehrhände**, Initialen und Datierungen an der ***Außenseite der Kasstöckltür.***

287 Die Liegestatt der Sennerin.

288 Die Sitzecke mit dem Klapptisch und dem »Fasskorb« (Geschirr-Regal).

▲ *284*
▼ *285*

285 ***Dreibeiniger Melkstuhl***
aus einem naturgewachsenen Baumstück.

DOPPELSEITE 322/323 ▶

289 ***Abwehrhände*** mit eingeritztem IHS, daneben ***Monogramme*** und die hier nicht sichtbare Datierung 1686.
Kasstöckltür des Baldramkasers auf der Bindalm, Gemeinde Ramsau.

290 Verfallener ***Rundumkaser auf der Seeaualm*** aus dem 18. Jh.

▲ 286   ▼ 287   ▼ 288

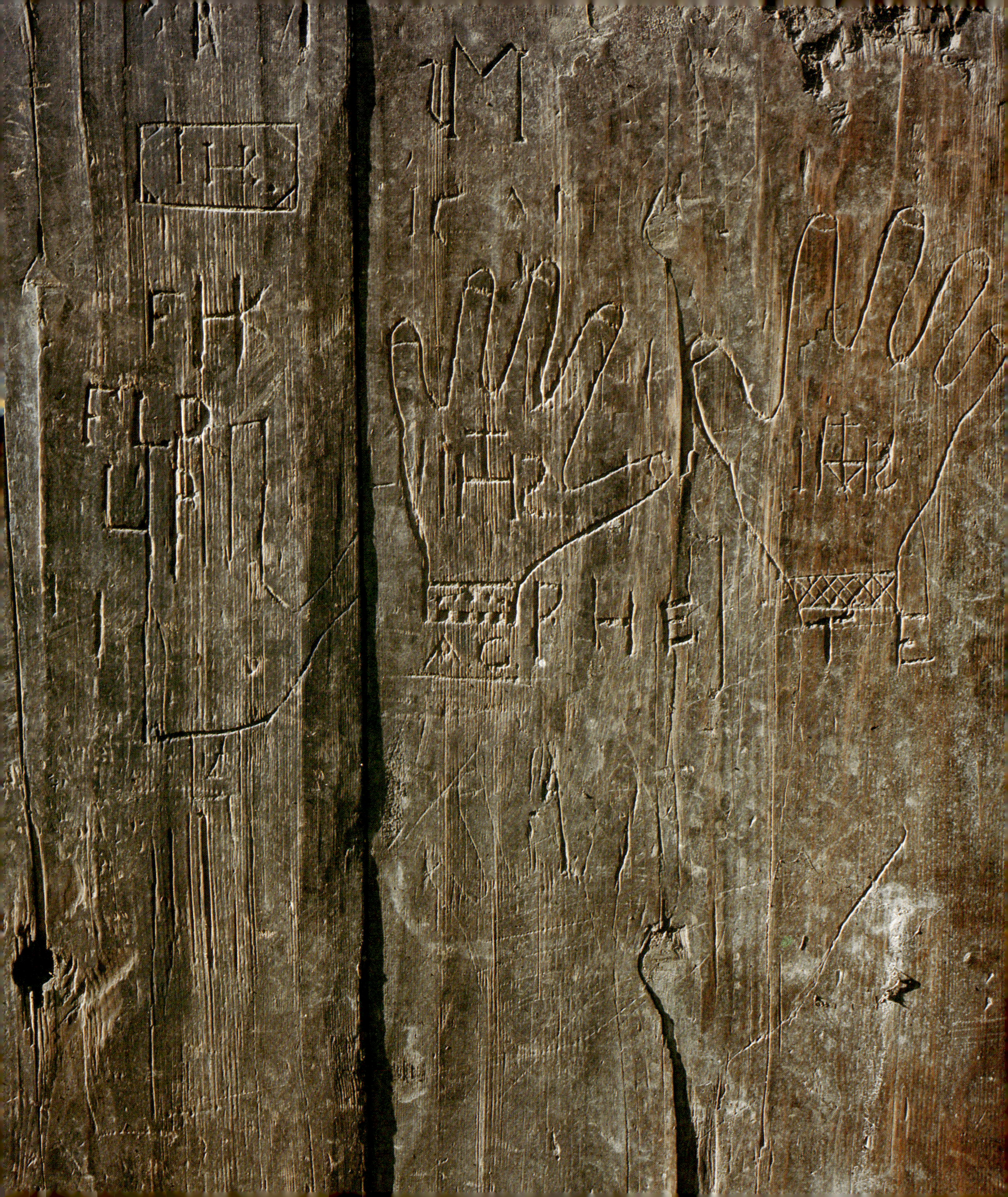

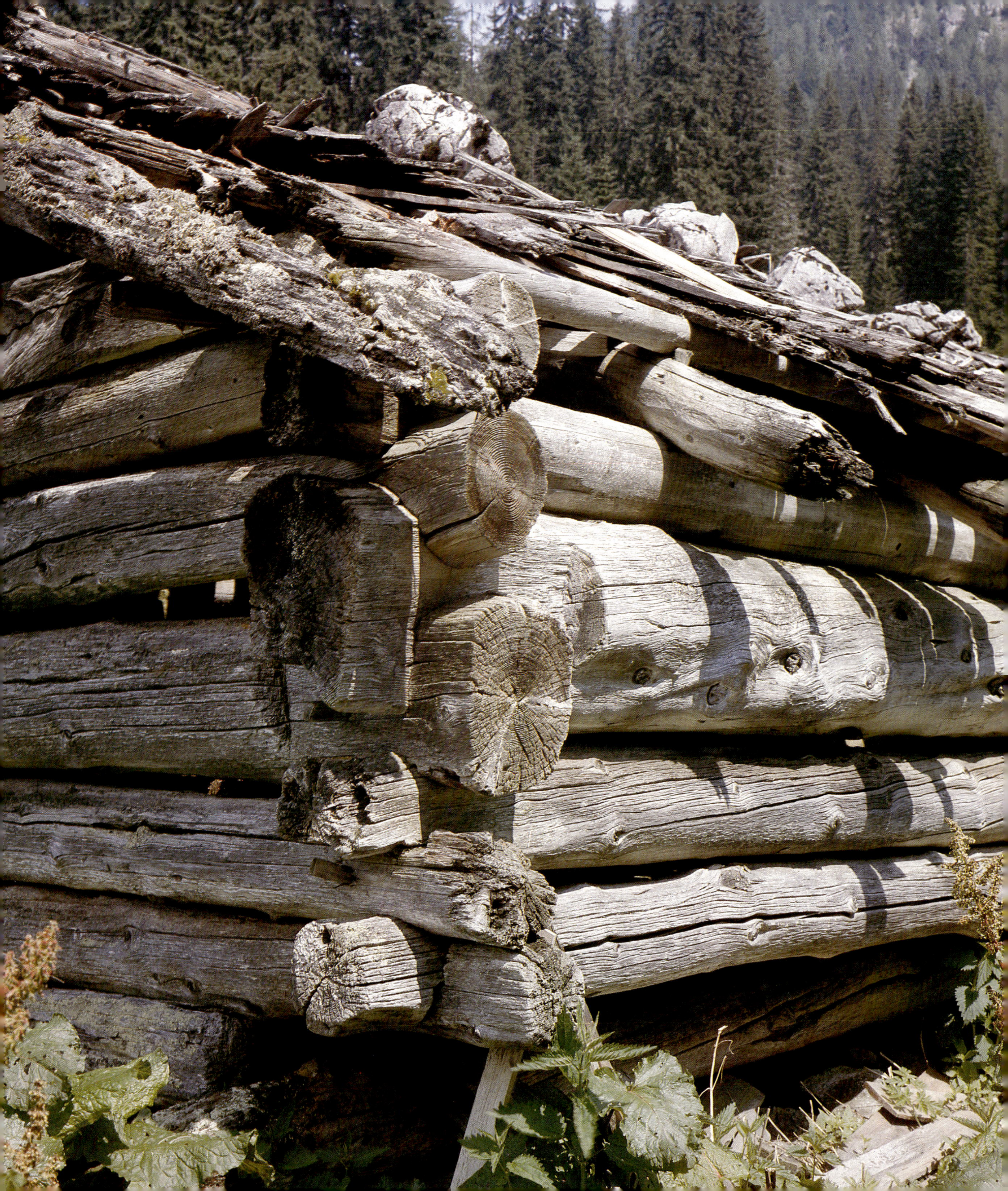

◀ *291*

Bild 291-294
Fotos aus alten, mittlerweile ***untergegangenen Rundumkasern***.

291 Stapfen zur »Hoß«. Altes Foto.

292 Alter Brunnentrog mit »Deichel«. Altes Foto.

293 Hölzerne Milchbehälter (»Stootzn«) am »Feuerrest« im ehemaligen ***Tristramkaser*** auf der Bindalm. Altes Foto.

SEITE 325 ▶

294 Klapptisch, Stuhl, Petroleumlampe und allerlei Gerät in der Sitzecke eines Rundumkasers.
(Ehem. ***Greinswieserkaser*** von der Dalsenalm im Lattengebirge, jetzt im Heimatmuseum Bad Reichenhall).

▼ *292*

▼ *293*

294 ▶

295

◀ **SEITE 326**

295 Ritzzeichenblock mit zahlreichen Kreuzen.
Am Funtensee.

296 Ritzzeichenblock, Ausschnitt mit großem Bannknoten.
Am Funtensee.

297 Sog. »Mühlespiel« an einem Ritzzeichenblock,
vielfach als »Weltschema« gedeutet.

298 Ritzzeichenblock,
Ausschnitt mit auffälligem Hexagramm mit kranzförmigen Punktringen.
Am Funtensee.

▼ *296* ▲ *297* ▼ *298*

299

299 Datierung »1608« neben einem Bannknoten und Dreiecken, darüber das Monogramm »AA« in nachgotischer Kartusche.
Ritzzeichenblock auf dem Wege zwischen St. Bartholomä und dem Funtensee.

300 Felsritzblock nahe der Gotzenalm.

301 Felsritzblock mit Datierung »1774« über dem Monogramm »AP« in nachgotischer Kartusche, daneben Hexagramm.

302 Die einzige bisher aufgefundene Felsritzung einer Abwehrhand, auf dem Wege zwischen St. Bartholomä und dem Funtensee.
In unmittelbarer Nähe befindet sich die Datierung 1608.

Bildteil
Der südliche Rupertiwinkel und das Reichenhaller Becken

Soweit nicht anders angegeben, stammen sämtliche Fotos aus den Jahren zwischen 1974 und 1983.

303 Blick von der Neubichler Alm zum Kleinhögl (Johannishögl); im Hintergrund der Untersberg. ▶

*Kirche St. Johann, Langhaus im Kern romanisch, Wölbung spätgotisch, Chor und Westturm von 1731.
Daneben, etwas tiefer, Gasthaus Johanneshögl, erbaut 1839 in den Grundformen eines Salzburger Flachgauhofes.*

DOPPELSEITE 332/333:

Bild 304 – 315
Menschen des Rupertiwinkels – in zeitgenössischer Tracht vor der Kamera des Berufsfotografen. Atelierfotos aus alten Familienalben.

Bild 312
Böllerschützen in Bayerisch Gmain, im Hintergrund der Zwiesel; Weihnachten 1958.

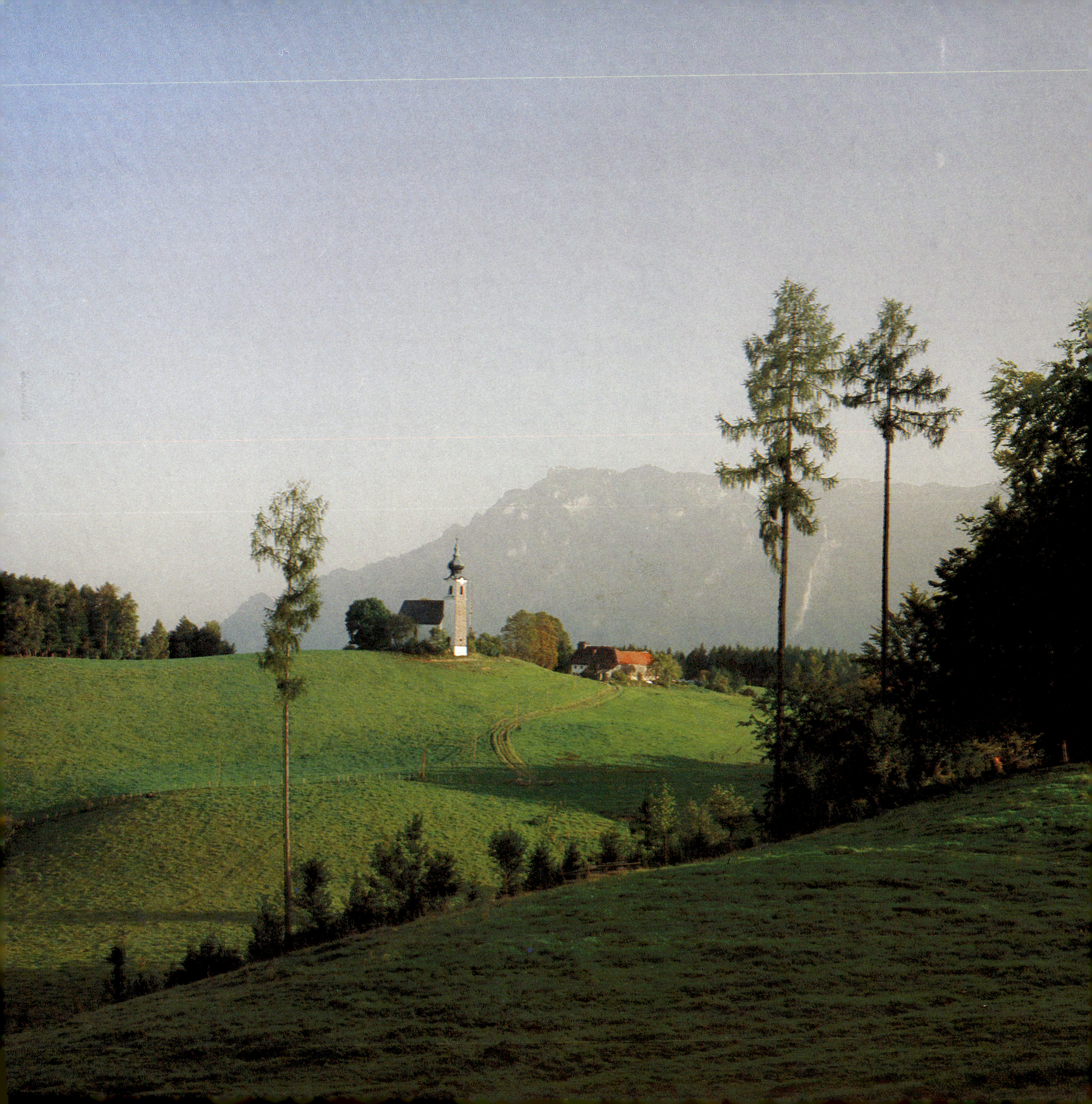

▲ 304   ▼ 307   ▲ 305   ▼ 308   ▲ 306   ▼ 309

▲ 310 ▲ 311 ▲ 312

▼ 313 ▼ 314 ▼ 315

333

▲ 316

Bild 316 – 321
Menschen des Rupertiwinkels bei festlichen oder gemütlichen Anlässen. Alte Fotos mit Ausnahme **Bild 319.**

▼ 317

▲ 319

SEITE 335 ▶

321 Almabtrieb von der Steineralm; die Kühe tragen reich verzierte Larven und eine Fuikl nach Berchtesgadener Vorbild; altes Foto.

Bild 317 – 321
Bilder von der **Steineralm.**

▼ 318 ▼ 320

321

▲ 322 ▼ 323

▲ 324; altes Foto.

Bild 322 – 324

Menschen des Rupertiwinkels –
von der Kamera mitten im Leben festgehalten.

323 Brechel, Vorrichtung zum brechen des frisch geschnittenen Flachses; altes Foto.

◀ 325

▲ 326

327 ▶

Bild 325 – 327

Menschen des Rupertiwinkels –
von der Kamera mitten im Leben festgehalten.

327 Flachs- oder Haarhachel zum ausrupfen der Hülsen aus der gebrochenen Flachsfaser; altes Foto.

328 Das Ehepaar *Johann Enzinger* (geb. 4. 10. 1895) und *Gertraud Enzinger* (geb. 3. 5. 1899); »*Wallnerbauer*« in Wald 1, Gemeinde Teisendorf. Dieses Bild entstand etwa um das *Jahr 1920.*

329

329 Das Ehepaar **Johann Enzinger** (geb. 4. 10. 1895) und **Gertraud Enzinger** (geb. 3. 5. 1899); »*Wallnerbauer*« in Wald 1, Gemeinde Teisendorf. Dieses Bild entstand im **Jahre 1982**.

SEITE 340 ▶

330 **Salzburger Flachgauhof** in Daring, Gemeinde Laufen.

SEITE 341 ▶▶

331 **Salzburger Flachgauhof** in Daring, Gemeinde Laufen.

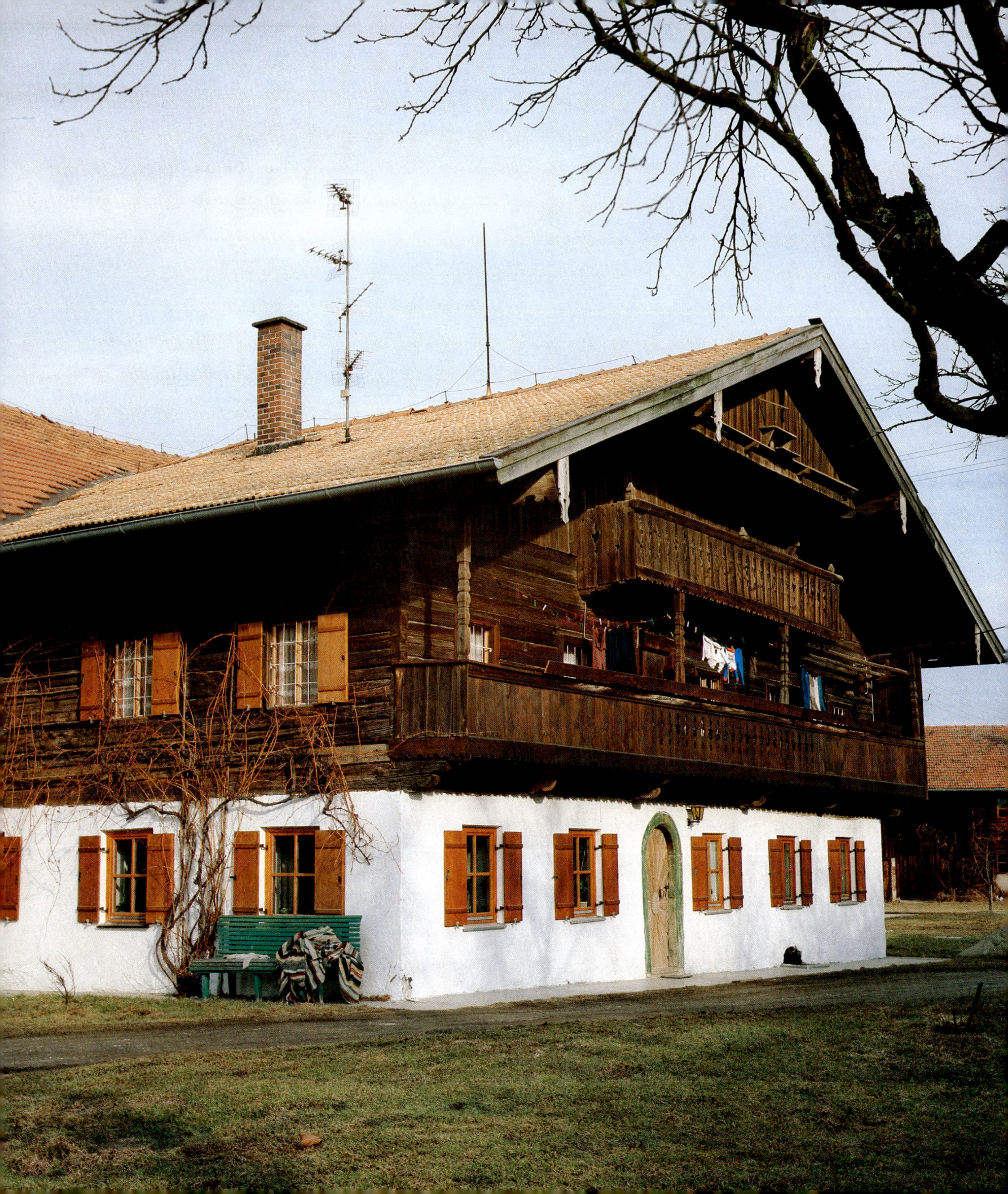

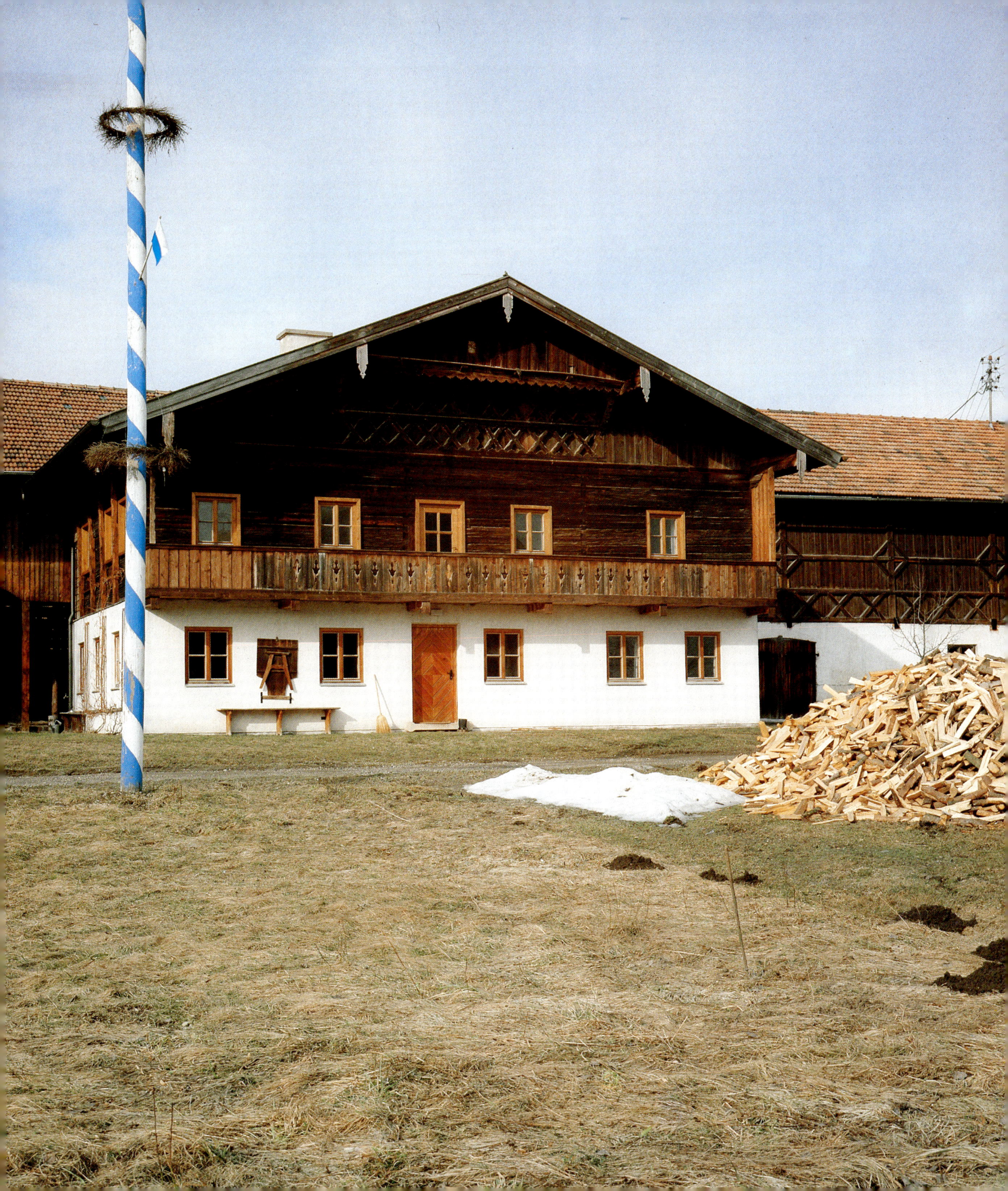

▲ 332 ▼ 333

334

SEITE 342

332 Das Foto aus der Zeit **nach 1900** zeigt eine *großbäuerliche Familie mit Gesinde,* insgesamt 20 Personen. Eine *bauliche Rarität* ist die »Einfassung« der Gred mit einem Blockbalken.

333 Dieses *alte Foto ist das einzige,* das vermutlich noch ein *Legschindeldach* auf einem *Salzburger Flachgauhof* zeigt.

Der Blockbau mit umlaufender Giebellaube, Hochlaube und Taubenkobel, wohl um 1700 errichtet, wurde erst 1983 abgebrochen – er war gestalterisch bis zur Unkenntlichkeit verstümmelt.
Hasenhaus 3, Gemarkung Leobendorf, Gemeinde Laufen.

334 Urtümlicher *Salzburger Flachgauhof* aus dem 17. Jh.
Die Befensterung des Erdgeschosses stammt aus der Zeit der letzten Jahrhundertwende.

Hinter der abgebrochenen Brüstung der Giebellaube erkennt man auf der südlichen Giebelseite 3 Originalfenster, die nördliche Giebelseite ist noch völlig fensterlos.

Der offene Giebelbund zeigt 2 Reihen einfacher Andreaskreuze.
Foto um 1920.

Bild 335 bis 338 zeigt **Salzburger Flachgauhöfe** aus dem Rupertiwinkel auf alten Archivfotos aus der Zeit um 1920.

335 In Mischbauweise errichteter Hof mit flachem Pfettendach, mit angebautem Kammerl.

336 In Massivbauweise errichteter Hof mit steilem Sparrendach und verschaltem Giebelfeld.

337 In Blockbau errichteter Hof mit ausgemauerter Stube. Unter dem Taubenkobel ein geschnitzter Giebelbund.

338 In Mischbauweise errichteter Hof mit später erhöhtem Dachraum.

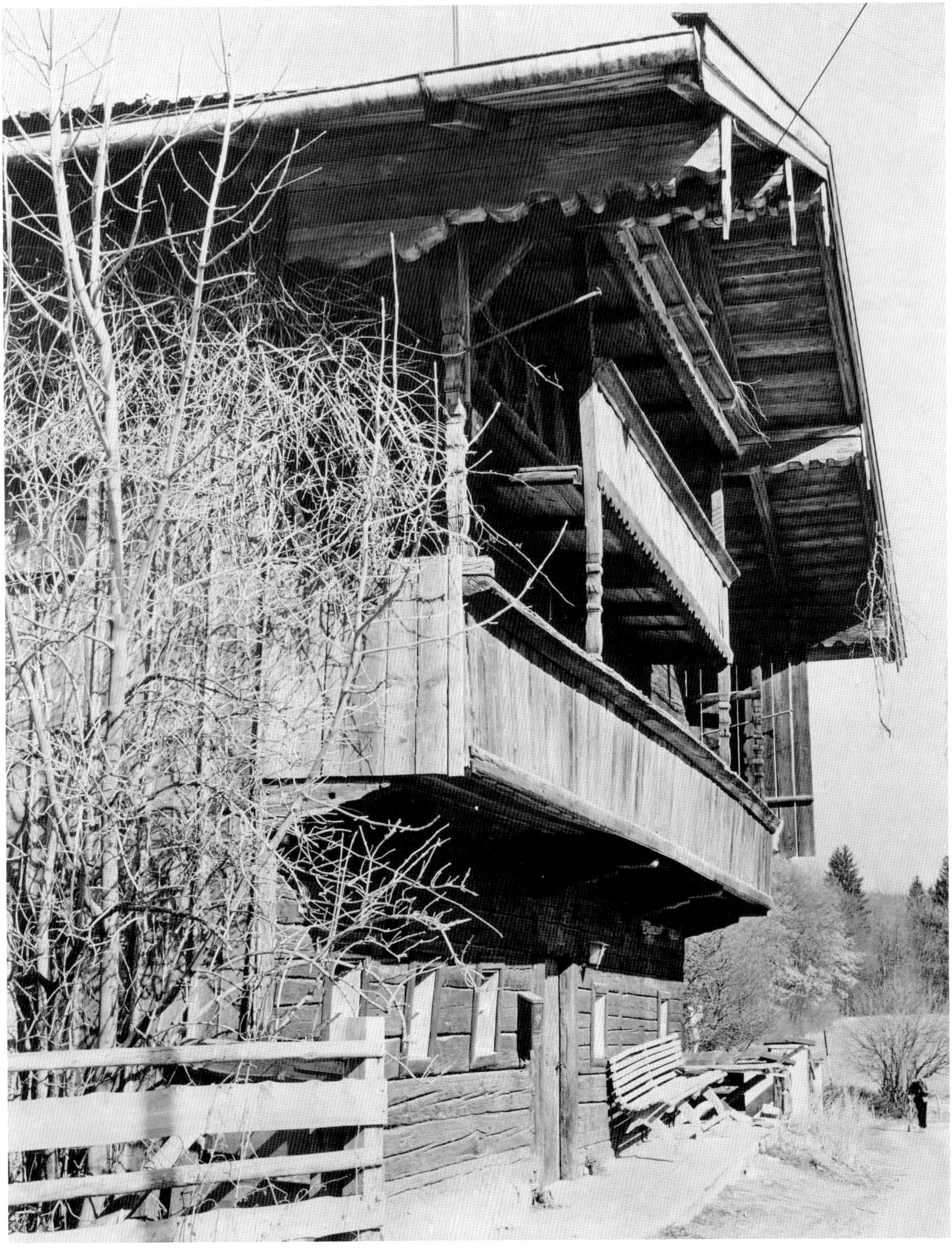

◀ 339

340

Bild 339/340
Besonders charakteristischer ***Salzburger Flachgauhof aus der Barockzeit.***
Der Giebel des vollständig in Blockbau errichteten Wohnteils wird von zwei Lauben und einem Taubenkobel bestimmt, über die das flache Satteldach noch um ein Sparrenfeld vorkragt. Gemeinde Rothanschöring.

SEITE 348 ▶

341 Charakteristischer ***Salzburger Flachgauhof*** in Blockbau aus dem 17./18. Jh.
Hof beim Bortuner in Daring Nr. 69$^1/_2$, Gemeinde Laufen.

SEITE 349 ▶▶

342 Charakteristischer ***Salzburger Flachgauhof*** in Mischbauweise.
Der reich verzierte Giebelbund wird durch das Fehlen einer Hochlaube gut sichtbar.
Die Laubenbrüstung und die Fenster des Erdgeschosses stammen aus jüngster Zeit.

341

342

Bild 343/344
Urtümlicher **Salzburger Flachgauhof** in Blockbau, mit flachem Satteldach und über 2 Seiten umlaufender Laube. Links neben der Fleztüre ist noch das letzte originale Schuberfenster erhalten geblieben.
Beim »Schmid« in Offenwang Nr. 18 (Althof), Gemeinde Teisendorf.

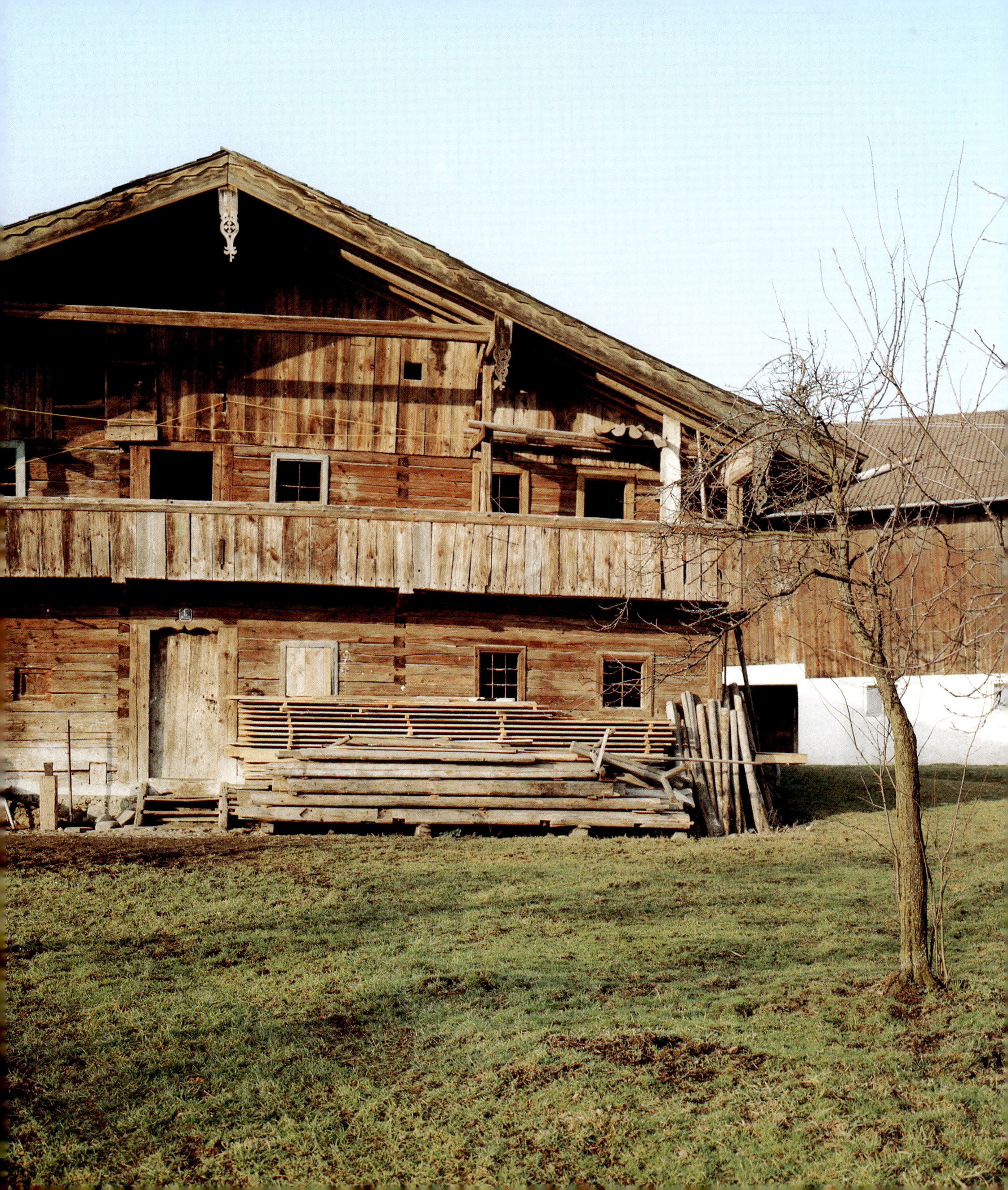

345 Stattlicher Mischbau mit zwei Giebellauben und Taubenkobel, 17. Jh., um 1820 verändert; doppelte Widerkehr, wohl aus der 2 Hälfte des 19. Jh. Beim *Kasparbauern* in Daring 65, Gemeinde Laufen.

346 Urtümlicher **Salzburger Flachgauhof,** Blockbau mit Trauf- und Giebellaube sowie Taubenkobel, wohl frühes 18. Jh. Die doppelte Widerkehr, die den Wohnteil mit Tenne um etwa 2 m überragt, stammt wohl aus dem frühen 19. Jh.
Haiden, Lindenstraße 7, Gemeinde Laufen.

347

SEITE 354/355

Salzburger Flachgauhöfe in Mischbauweise mit Giebellauben und mittelsteilem Schopfwalmdach, 18. Jh.

347 Der **Huttmannhof** in der Stadtgemeinde Laufen, Teisendorfer Straße 62.

348 Das **Steinbacher-Anwesen** in der Gemarkung Heining, Stadtgemeinde Laufen, Teisendorfer Straße 37.

348

▲ 349

▲ 352

▲ 350 ▼ 351

▲ 353 ▼ 354

◀ **SEITE 356**

349 Urtümlicher *Salzburger Flachgauhof* mit Giebellaube und Taubenkobel, datiert 1687 (1983 restauriert).
»*Beim Marxei*«, Kulbing 12, Gemeinde Laufen.

Bild 350-355, 358
Urtümlicher *Salzburger Flachgauhof,* Blockbau mit Resten der offenen Feuerstelle, mit originalen Schuberfenstern und zwei ausgemalten Stuben; Stubenbalken datiert 1674.
Ehemaliges *Weberhaus* in Kulbing 18, Gemeinde Laufen.

350 Giebelansicht.

351 Giebel und südliche Traufseite.

352 Aufläger des Trams der Stubendecke mit Kerbschnittmustern und ornamentaler Bemalung.

353 Mittelteil der Riemlingdecke mit Tram in der dekorierten Stube.

354 Untersicht des Trams der Stubendecke, mit Rautenbändern in langgestreckten Kassettenfeldern.

355 Spätere seitliche Eingangstüre mit rautenförmiger Aufdoppelung und segmentbogig ausgenommenem Türsturzbalken.

356 Salzburger Flachgauhof, Blockbau mit Giebellaube und Taubenkobel, 18. Jh.; Loh Nr. 15, Gemeinde Saaldorf.

357 Urtümlicher Salzburger Flachgauhof mit zwei Giebellauben, im Inneren fast völlig unverändert, mit Resten der ehemaligen offenen Feuerstelle, datiert 1767; Abtsdorf 19, Gemeinde Saaldorf.

358 Detail von *Bild 355*
Verziertes Mittelstück der aufgedoppelten Tür mit Initialen und Datierung 1875.

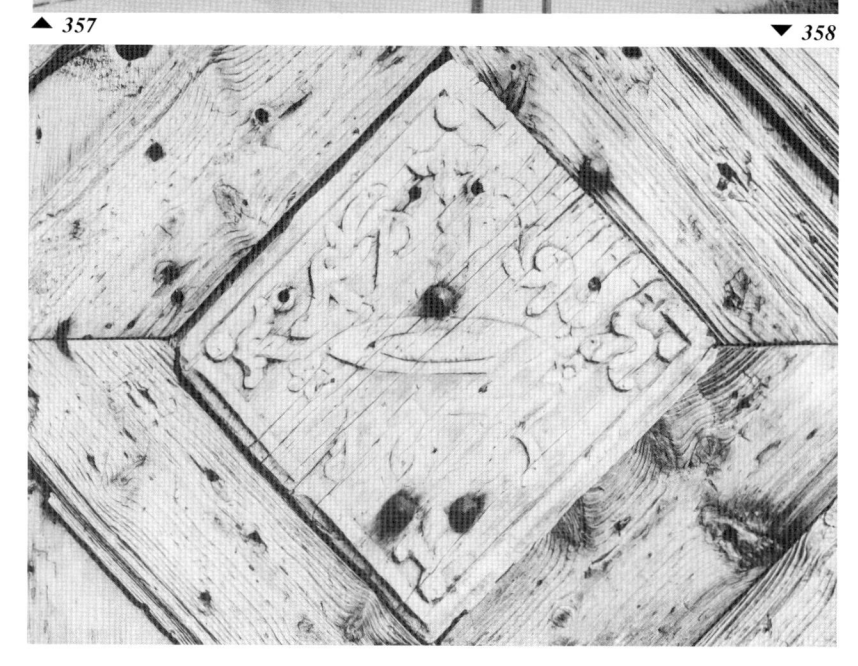

355

▲ *356*

▲ *357* ▼ *358*

Bild 359-363
Salzburger Flachgauhof, Blockbau mit gemauerter Stube,
Giebellaube, Giebelbundwerk und Taubenkobel, 18. Jh.
Eingerhof in Kulbing 20, Gemeinde Laufen.

359   Giebelfront.

360   Fleztreppe nach Entfernung des späteren Holzverschlages.

361   Schuberfenster beim »*Meister*« in Kulbing 12.
      Älteste Fensteröffnungen mit Ausnehmungen für die Schiebeflügel (Holzschuber).

Bild 362/363
Fenster beim »*Meister*« in Kulbing 12.
Einflügelige Fenster mit windeisenversteiften Bleisprossenteilungen, daneben die zugesetzten Fragmente der ältesten Fenster.

Bild 364-366
Durchsteckverbindungen der Innenwände in die Außenwand,
z. T. in figürlichen Ausformungen (Malschrot).
Beim »*Meister*« in Kulbing 12, Gemeinde Laufen.

Bild 367/368
Außergewöhnlich stattlicher **Salzburger Flachgauhof,** in Massivbau errichtet. Das flache, weit ausladende Satteldach sitzt auf hohem Blockbaukniestock auf. Unter dem Taubenkobel öffnet sich der Dachraum in einem zweireihigen Giebelbund. Die Brüstung der Laube ist in Stichsägearbeit in einem recht seltenen Muster gearbeitet. In die prachtvoll gestalteten Pfettenkopfabdeckbretter ist die Datierung 1808, flankiert von 2 Mariogrammen eingearbeitet. Das rundbögige Werksteinportal aus **Högler Sandstein** ist mit schrägem Gewände ausgeführt, die aufgedoppelte Tür ist mit einem steilen Rautenmuster und Nagelreihen verziert. Das Foto aus dem Jahre 1983 zeigt den Zustand nach der Restaurierung, bei der die gesamte Farbigkeit originalgetreu wiederhergestellt wurde.
Beim »Schmid« in Offenwang Nr. 18 (neuer Hof), Gemeinde Teisendorf.

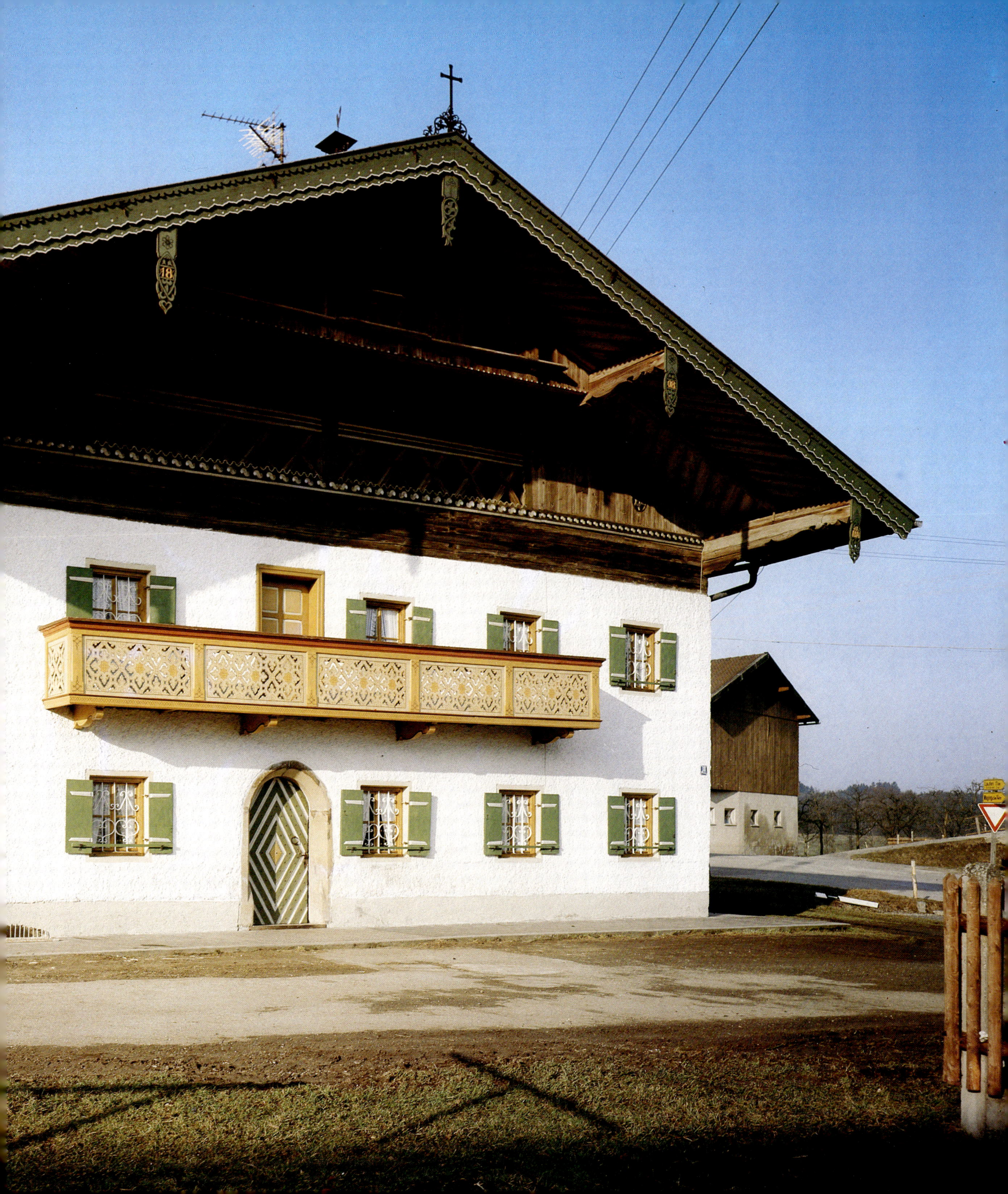
18

Bild 369-378

Bauliche Details aus dem *Eingerhof* in Kulbing 20, Gemeinde Laufen.

369 Überlukte Stubendecke bei abgenommenen Bodendielen; gut sichtbar die Nut im Kranzbalken (Blick von oben auf den Fußboden). Die Dielen sind mit Schrägnägeln aus Holz am Kranzbalken befestigt.

370 Datierung 1767 in barocker Kartusche, flankiert von Initialen in »Doppelkartusche«; über dem kielbogig verzierten Türsturzbalken.

371 Überlukte Stubendecke mit Tram, vielfach mit Kalkmilch überweißelt.

372 Erneuerte Leistendecke in der Kuchl, in die Nut des gefaßten Kranzbalkens eingesetzt.

373 Auflager eines reich gestalteten Trams und überlukte Decke.

374

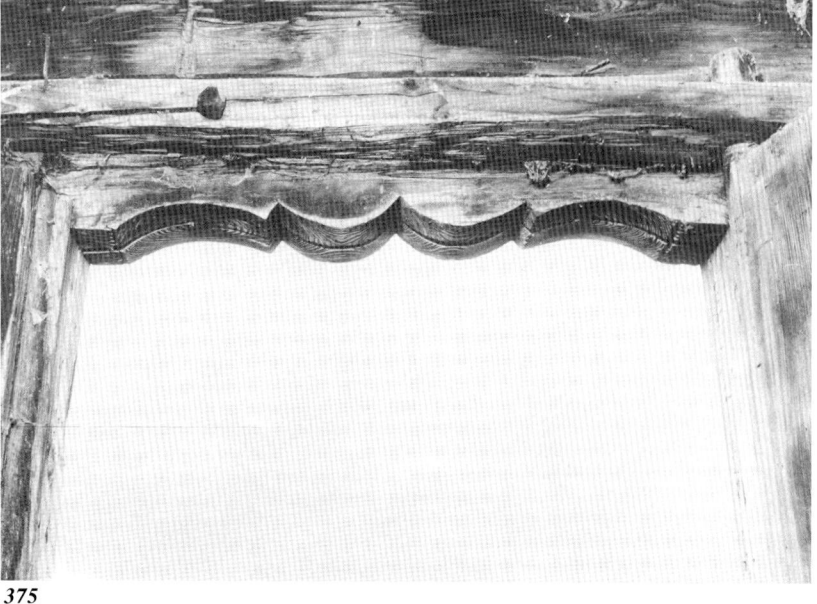

375

374 **Kulbing 20**
Laubentüre, einfache Brettertüre mit konischen Einschubleisten, geschmiedeten Türbändern, Sperrstange und hölzernem Vorreiber.

375 Kielbogige Ausformung des Türsturzbalkens der Laubentüre.

376 Pentagramme an der Laubentüre (Raumseite).

377 Ausgesägte Lüftungsluke am Stadel.

378 Angeformter zylindrischer Zapfen am anschlagseitigen Türbrett der Laubentüre, in einer Ausnehmung eines eigens aufgesetzten Sturzholzes drehend.
(Detail von **Bild 375**).

377   ▲ *376*   ▼ *378*

363

▲ 379 ▼ 380

▲ 382 ▼ 383

▼ 381

364

▲ 384

▲ 385　▼ 386

▼ 387

◀ **SEITE 364**

Bild 379-383
Kulbing 20: Alte Eisenschlösser, Türgriffe und Türklinken sowie »Klopfer«.

Kulbing 20:
384　Türe zur Stubenkammer mit hölzernem Schubriegel, Fallen- und Riegelschloß.

385　Hälftig aus den Wandblockbalken ausgenommene Einspundung der Blockwandbal-
386　ken in den Kopf und in den Fuß der Spundsäule (Türstock) der Stubenkammer.

387　Schubriegel der Stubenkammertür (Detail von **Bild 384**).

Bild 388-393
Beim »Meister« in Kulbing 12:

388 Die auf das Blockwerk (Außenwand des Wohnteils im Bereich der Mittertenne) aufgesetzte Stuhlsäule zeigt deutlich das Übergreifen des Ständerbauprinzips auf den Dachraum des Wohnteils. Rechts die Tür zwischen Flez und Mittertenne.

389 Der Dachbinder (Gespärre) im Bereich des offenen Stadels ist als Sprengwerk ausgebildet.

390 Untersicht der Firstpfette mit zweibalkigem Kreuz, beidseits anschliessend die fischgrätenförmige Verschalung der Dachuntersichten zwischen den Sparren des weiten Dachüberstandes.

391 Dachbinder im Bereich des Stadels.

Kulbing 20

392 Laubenkonsolen mit verschieden ausgeformten Aufdoppelungen.

▲ 392

▼ 393

Kulbing 20

393 Laubenkonsolen mit verschieden ausformten Aufdoppelungen.

394 *Salzburger Flachgauhof* mit mittelsteilem Dach, ursprünglich mit Schopfwalm, wohl frühes 17. Jh. Im gemauerten Erdgeschoß steinerne Tür- und Fenstergewände, Reste von Sgraffito-Ornamenten.
Wernersbichl 1, Gemeinde Teisendorf.

Bild 395-397
Stattlicher **Salzburger Flachgauhof** des 18. Jh., mit beidseitiger Widerkehr aus dem 19. Jh. Mischbau, zwei Lauben mit außergewöhnlich reich gestalteten Brüstungen aus gedrechselten Balustern und geschnitzten Laubensäulen.
Abgebrochener Hof aus Leobendorf, Gemeinde Laufen.

395 ▶
▼ 396   ▼ 397

SEITE 370 ▶

398 *Salzburger Flachgauhof* in Blockbau, mit Giebellaube und Taubenkobel.
Oberteisendorf, Dorfstraße 16, Gemeinde Teisendorf (»Schusteranwesen«).

SEITE 371 ▶▶

399 *Salzburger Flachgauhof,* Mischbau, mit kleiner Giebellaube und verschaltem Giebeldreieck.
Oberteisendorf, Dorfstraße 24, Gemeinde Teisendorf (»Nechl-Anwesen«).

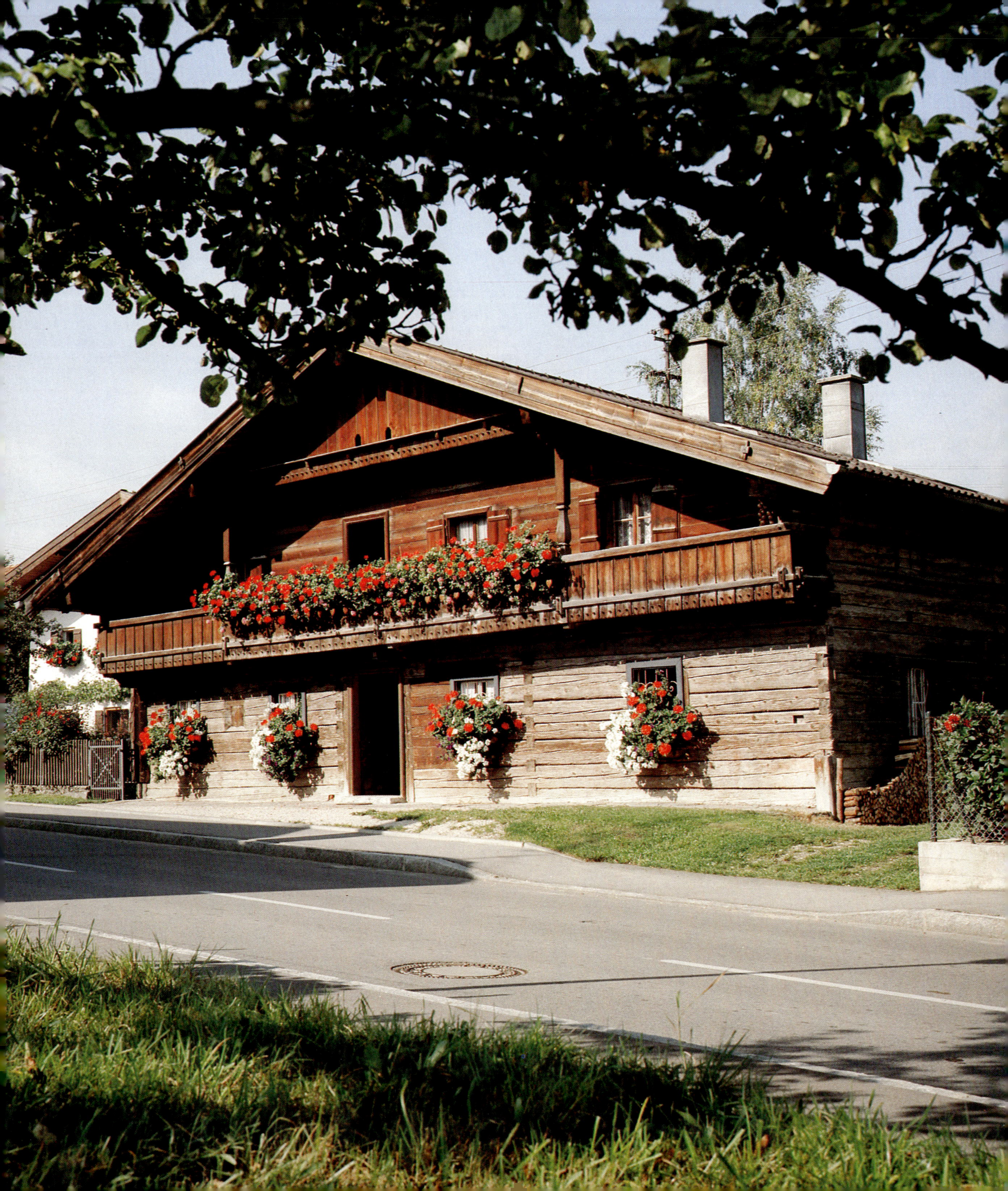

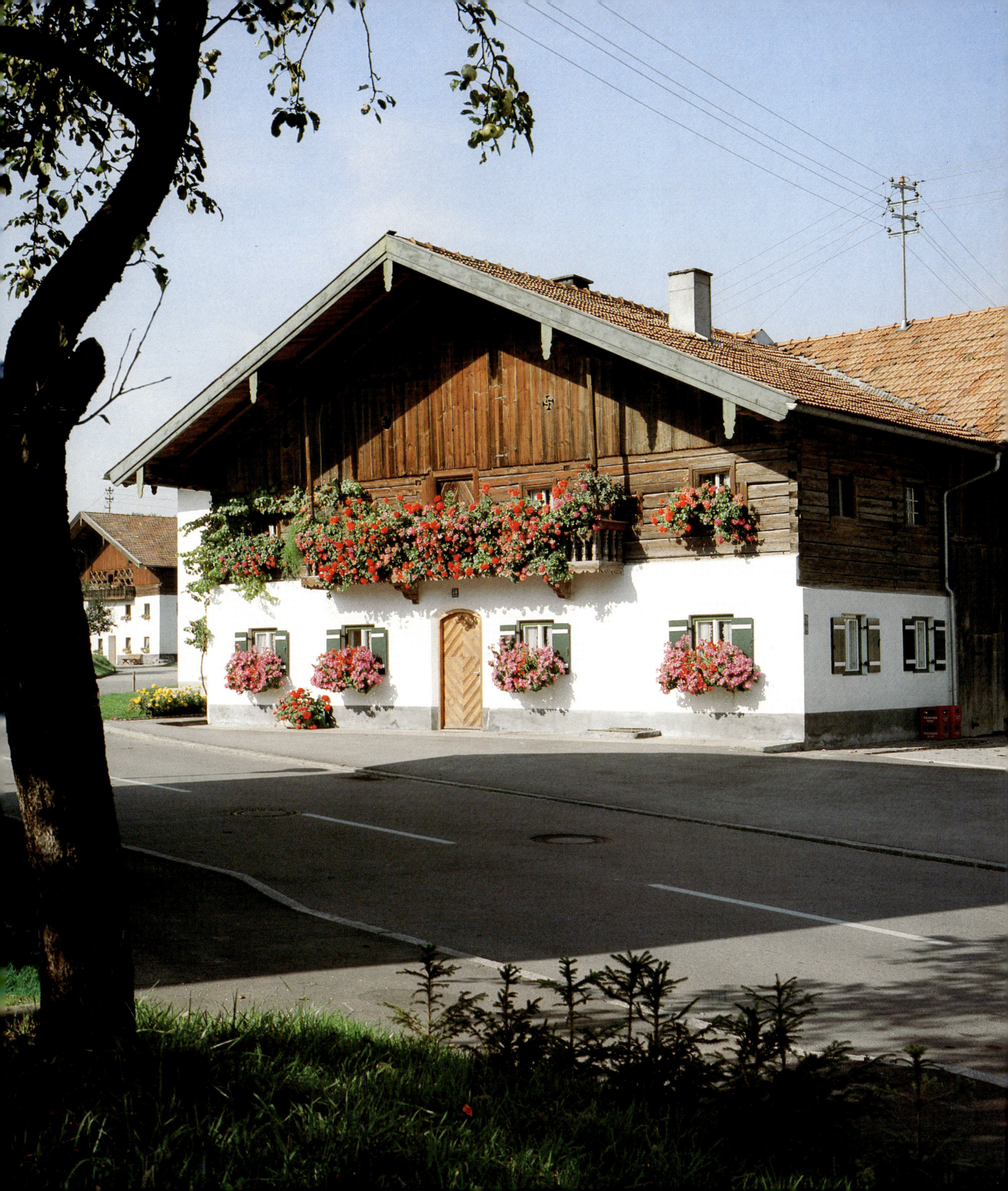

Bild 400-404
Urtümliches Gehöft in Blockbau mit offener Feuerstelle im Flez und eingebautem Troadkasten, wohl 17./18. Jh.
»*Beim Wallner*« in *Wald 1,* Gemeinde Teisendorf.

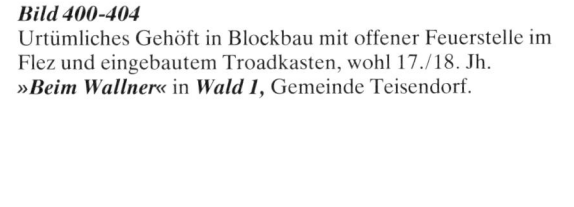

400 Blick durch die kielbogenverzierte Haustüre in den Flez und auf die offene Feuerstelle.
Diese *offene Feuerstelle* ist das *letzte vollständig erhaltene Beispiel seiner Art* im gesamten Rupertiwinkel.

401 Blick aus dem Kellergewölbe auf die enge Kellertreppe.

402 Der schmale Antritt zur einläufigen Fleztreppe mit engem Antrittspodest. Auf dem Treppenverschlag ein altes Hakenkreuz, wohl noch aus dem 18./19. Jh.

403 Blick von oben auf die schmale steile Fleztreppe.

404 Fenster mit primitiven Einsteckgittern, die an den Kreuzungspunkten nicht durchgesteckt, sondern z. T. mit einem gebogenen Eisenstück überfangen sind.

▲ 405

▲ 406

Bild 405-409
Urtümliches Gehöft in Blockbau mit offener Feuerstelle im Flez und eingebautem Troadkasten, wohl 17./18. Jh.
»Beim Wallner« in *Wald 1,* Gemeinde Teisendorf.

405 Mittig befestigte, schwenkbare Sperrstange.

406 Sperrstange und kleiner Schubriegel, auf der Brettertür hat sich das in Kreide geschriebene »K+M+B« (Kaspar+Melchior+Balthasar) aus zwei Jahrzehnten erhalten.

407 Doppelter Boden in einer Kammer des Oberstocks, geöffnet.

408 Schloßblech und eiserner Zugring an einer Tür.

409 Einfacher Schubriegel und verziertes Schloßblech.

407 ▶

▼ 408

▼ 409

Bild 410-413
Salzburger Flachgauhöfe
im dörflichen Verband, weitgehend in Mischbauweise errichtet, mit Giebelaltane.

410 Oberteisendorf, Dorfstraße 31 **(Beichter-Hub)**. Gemeinde Teisendorf.

◀ *410*

411 Ehemaliger Hof in Oberteisendorf, 1976 abgebrochen. Gemeinde Teisendorf.

◀ *411*

412 Der ehemals unverputzte Bau aus Bruchstein- und Schlackenmauerwerk aus dem 18. Jh. wurde im *Jahre 1834* gestalterisch überformt; damals dürften der Gitterbund hinter der Hochlaube, der Kniestock und andere hölzerne Bauglieder mit der originellen figürlichen und ornamentalen Bemalung geschmückt worden sein. Das Gehöft, zuletzt eine Bäckerei, wurde um das *Jahr 1978* in ein »Haus des Gastes« umgebaut und gründlich restauriert.
Oberteisendorf, Schulweg 2, Gemeinde Teisendorf.

413 Prächtiger Massivbau mit Giebellaube und verziertem Giebelbund. Kafling 10, Gemarkung Leobendorf, Gemeinde Laufen.
Altes Foto.

Bild 414/415
Stattliche ***Salzburger Flachgauhöfe*** im dörflichen Verband, in Mischbauweise errichtet; mit Giebellauben und verschaltem Giebeldreieck.

414   Oberteisendorf, Dorfstraße 4, Gemeinde Teisendorf.

▲ 414   ▼ 415

Bild 414/415
Stattliche ***Salzburger Flachgauhöfe*** im dörflichen Verband, in Mischbauweise errichtet; mit Giebellauben und verschaltem Giebeldreieck.

415   Oberteisendorf, Holzhausener Straße 5 *(»Asen-Anwesen«)*, Gemeinde Teisendorf.

Salzburger Flachgauhöfe
im nördlichen Teil ***des Rupertiwinkels,***
heute Landkreis Traunstein.
Alte Fotos.

416   Beim ***Kulmberger*** in Brünning.

417   Beim ***Grundbauern*** in Fridolfing.

418   Beim ***Danzl*** in Fridolfing.

419   Haustüre eines Zuhauses in ***Ranham.***

420   Haustüre in ***Tengling.***

421   Beim ***Hofer*** in Fridolfing.

422   Beim ***Wimmer*** in Fridolfing.

▲ 423

▲ 424 ▼ 425

◀ 426

◀ 427

428 ▶

379

429 Dieses im *Jahre 1975* freigelegte zweireihige Malschrot zeigt das reichste bisher bekannt
430 gewordene Bildprogramm dieser Art.
Von oben nach unten: Auge Gottes, Sechsstern (wohl Sonne), Mondsichel, heraldischer Doppeladler, Henne, Bäuerin, Jagdwild, Haus, Faß, Kanne, Doppelsemmel, Hörnchen (Gebäck). – Im Ausschnitt Bäuerin und Jagdwild.
Surheim, Laufener Straße 21, Gemeinde Saaldorf.

◀◀ SEITE 378

Außergewöhnlich reich gestalteter **Salzburger Flachgauhof,** verputzter Massivbau, aus Mischmauerwerk, ehemals mit einem Freskenzyklus geschmückt; Hochlaube und Gitterbund, Pfettenköpfe und Giebelverschalung sind mit originellen Motiven verziert.
Seeleiten 6, Gemarkung Weildorf, Gemeinde Teisendorf.

423 Giebelansicht; der Türbogen ist mit 1867 datiert, das Dach mit 1793, die doppelte Widerkehr stammt aus dem 19. Jh.

424 Jagdszene auf der Seitenfläche einer Fußpfette, die in einer kräftigen Volute ausschwingt.

425 Die »Flucht aus Ägypten« auf der Seitenfläche einer Fußpfette.

426 Freskofragment einer Kreuzigungsgruppe.

427 Portrait-Karikatur auf einem Schalbrett hinter der Giebellaube.

◀ SEITE 379

428 Blick von der Südseite der Giebellaube auf den Giebelbund, die geschweiften Pfettenkopfbüge, die Untersicht des Taubenkobels, die weit auskragenden Pfettenköpfe und die reich gestaltete Stichsägearbeit der Laubenbrüstung.

SEITE 381 ▶

431 Urtümlicher, im Äußeren kaum veränderter Blockbau, z. T. mit originalen Fensteröffnungen, wohl aus dem 17. Jh. Das erneuerte Dach ist mit 1823 datiert; Saaldorf, Weiherstraße 2.

432 Figürlich gestaltetes Malschrot.

433 Klingschrot mit exakten Schwalbenschwanzverzinkungen.

434 Bemaltes Malschrot in Surheim, Laufener Straße 21, Gemeinde Saaldorf; Faß, Kanne, Doppelsemmel.

432 *433* *434* ▲ *431*

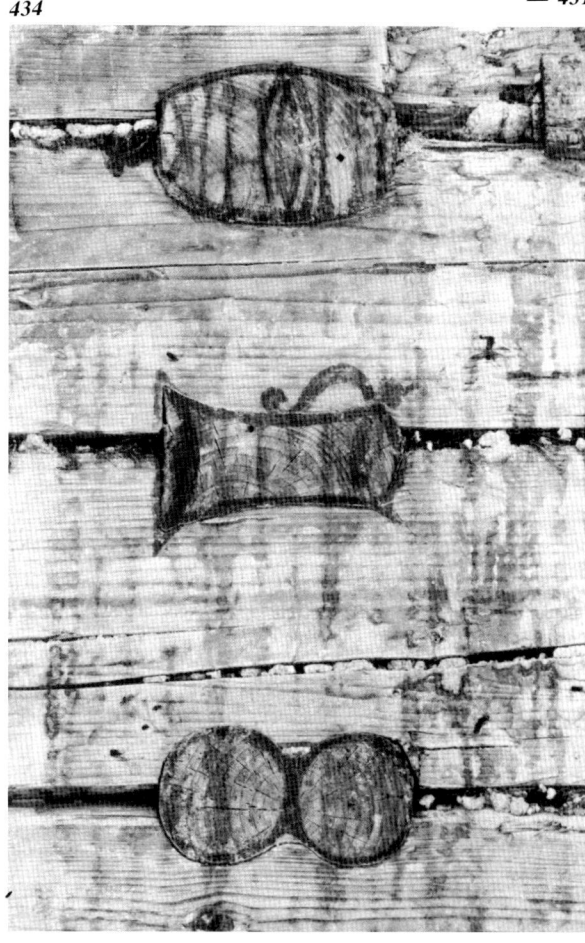

381

▲ 435 ▼ 438   ▲ 436 ▼ 439   ▲ 437 ▼ 440

◀ **SEITE 382**

Aufgedoppelte Türen und gestemmte Füllungstüren aus dem Rupertiwinkel, heute in einem Antiquariat.

435 Steile Raute.

436 Raute mit reich verziertem Mittelstück.

437 Sonnenmotiv, barocke Tür in rundbogigem Portal mit kielbogig ausgeschweifter Fasung im Scheitel.

438 Gestemmte Vierfeldertüre mit breitem Mittelfriesfeld.

439 Aufgedoppelter Vierstern und Lamellenmotiv.

440 Gestemmte Zweifeldertür mit aufgesetzten neugotischen Ornamenten im Oberteil und »Kannelurenmotiv« im Unterteil.

441 Sonnenmotiv mit aufgesetzter Mittelrosette.

442 Prachtvolle Haustüre mit einem filigranen Gespinst von aufgesetzten neugotischen Ornamenten in reich gestaltetem Portal aus Högler Sandstein, datiert 1856.

443 Das reichste Werksteinportal aus Högler Sandstein erinnert bereits an ein Schloßportal. Das mit 1843 datierte Portal sowie das darüberliegende Gewände des Flezfensters überraschen durch ihre phantastischen Kapitellformen und den originellen Volutengiebel mit den schildhaltenden Löwen. Die Fiale über dem Giebel war von einer Marmorfigur bekrönt. Der Steinmetzmeister ist der damalige Hofbesitzer, der sich hier selbst ein Denkmal setzte.

Kerschallerhof in Zellberg 16, Gemeinde Anger.

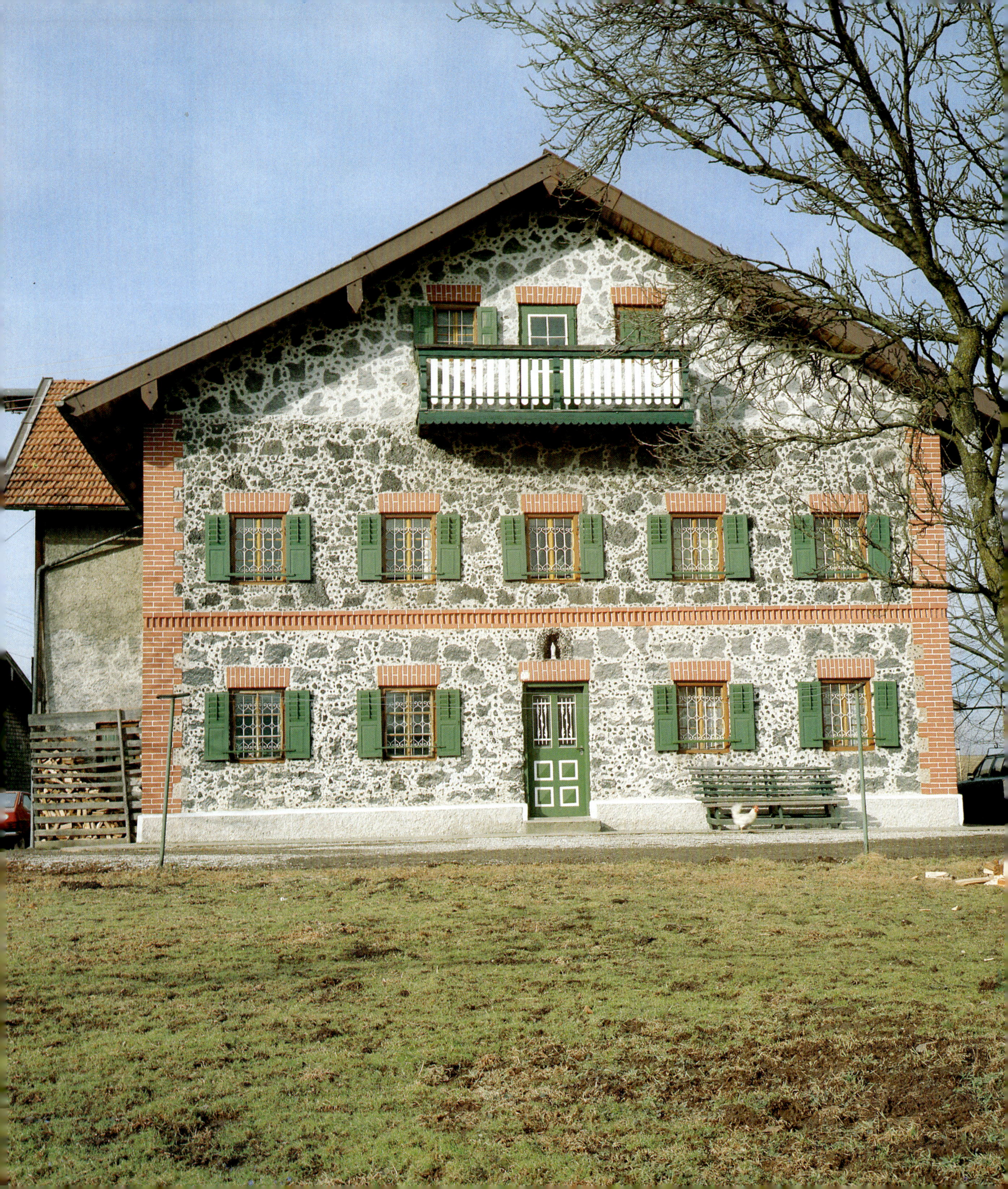

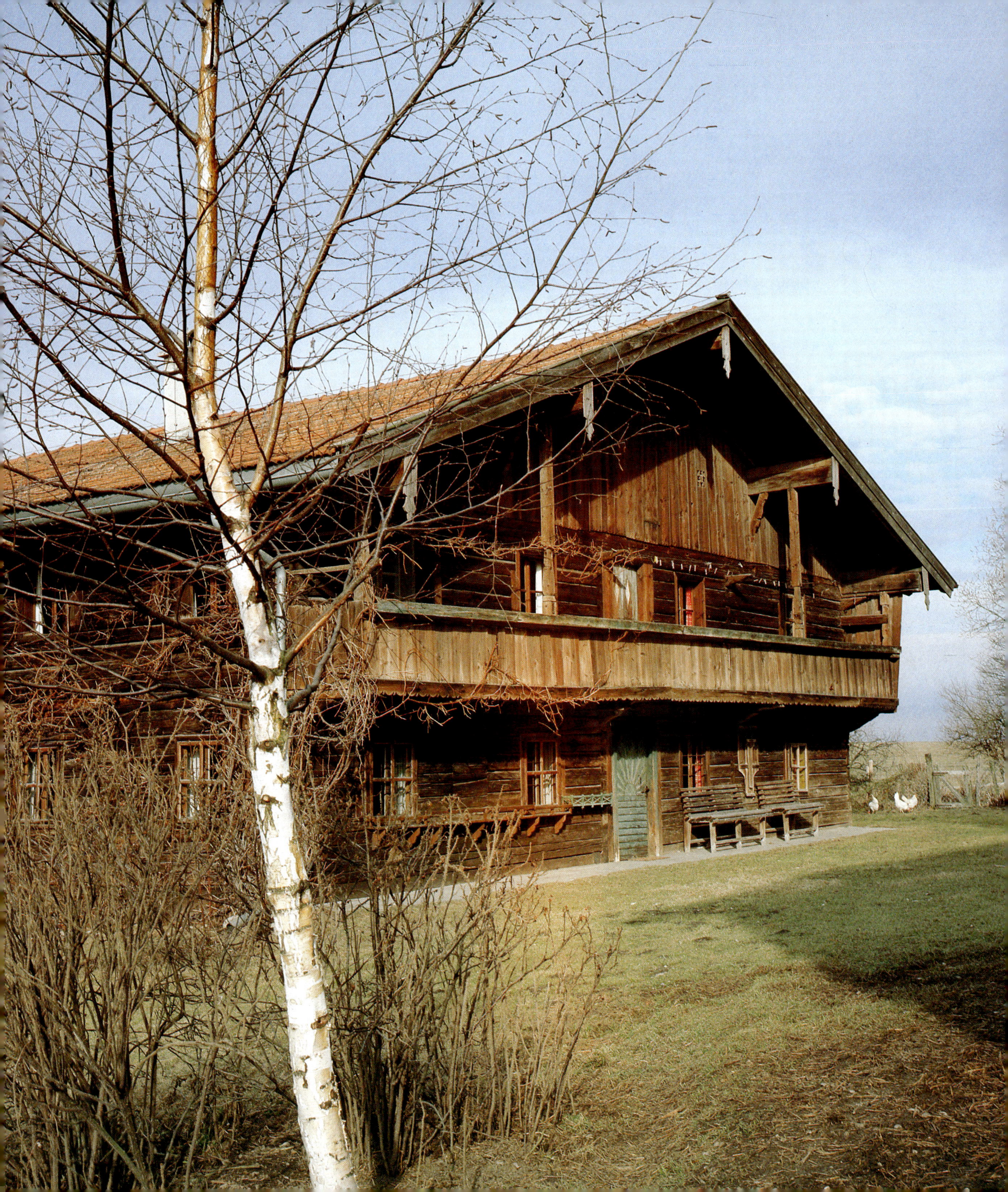

446 Blick aus dem Flez auf die reich gegliederte 8-feldrige Tür, die mit einer gedrehten Säule mit kunstvoll hinterschnittenem Kapitell geschmückt ist.

Kerschallerhof
in Zellberg 16,
Gemeinde Anger.

◀◀ **SEITE 386**

444 ***Salzburger Flachgauhof*** aus unverputztem Schlacken- und Tuffquader-Mauerwerk, mit Architekturgliedern aus Sichtmauerwerk, datiert 1859. Daring 68, Gemeinde Laufen.

◀ **SEITE 387**

445 ***Salzburger Flachgauhof*** in Blockbau; Daring Nr. 62, Gemeinde Laufen.

447 Die symmetrische, nachbarocke Fassade des **Kerschallerhofes** mit Schopfwalmdach und angeputzter Hohlkehle unter der Giebellaube, mit einer Brüstung aus Rechteck-Balustern. Die Ziergitter der Fenster wirkten um 1834 sehr modern. Das »Zyklopenmuster« des Mauersockels stammt aus der 1. Hälfte des 20. Jh.
Zellberg 16, Gemeinde Anger.

449 Ausschnitt von **Bild 448** mit religiösen und heraldischen Motiven.

450 Ausschnitt von **Bild 448** mit religiösen und heraldischen Motiven.

451 Ausschnitt von **Bild 452:** Das Mittelstück der Türe mit dem Relief des Heiligen Antonius und der Datierung 1870.

448 **Kostbare Sechsfeldertüre** mit außergewöhnlich reichem Schnitzwerk, heute am **Gasthof Posch in Baumgarten,** Gemeinde Schneizlreuth.

452 Reich gestaltete, aufgedoppelte Türe mit doppelten Ziernägel-Reihen je Leiste und schmiedeeisernem Griffring; Sechsstern-Motiv mit kunstvollem Mittelstück.

455 Große Putz-Hohlkehle unter der Hochlaube mit der stolzen Haus-Inschrift.

456 Datierung 1587 am ältesten Portalgewände.

Bild 453-457
Die *Pfaffendorfer Mühle* in Anger, Am Kirchberg 5.

453 Das Werksteinportal von 1863.

454 Ausschnitt von **Bild 453**: Wappen, Hausnummer und Datierung 1863.

457 Das nachgotische Motiv des »umgedrehten Kelchkapitells« über dem Sockel des ältesten Portalgewändes.

458 Rautenförmig verschalte Dachuntersicht, wohl frühes 19. Jh., Pfettenköpfe datiert 1770. Pfaffendorfer Mühle in Anger.

459 Scheitelstein an einem Werksteinportal einer Metzgerei: Datierung 1851, Initialen und Stierkopf. Anger, Dorfplatz 33.

Bild 460-464
Salzburger Flachgauhöfe in unverputztem Schlacken- und Mischmauerwerk aus dem 19. Jh. Die Haustür befindet sich bereits in der Mittelachse des Hauses, die charakteristische Fassade mit außermittiger Haustür und Flezfenster ist bereits zu Gunsten einer wohl »modern« gedachten Symmetrie aufgegeben.

460 *Kleiner Hof* des 19. Jh. in Mischbauweise, mit Giebellaube und verschaltem Taubenkobel im gesamten Giebelfeld.
Wimmern, Gemeinde Teisendorf.

461 *Stattlicher Hof* des 19. Jh., Massivbau mit traditionellem Giebelfeld: reich verzierte Hochlaube, offener Giebelbund, kleiner Taubenkobel.

462 *Mittelgroßer Hof* des 19. Jh., Massivbau in dekorativem Schlackenmauerwerk; das noch in Ständerbau konstruierte Giebelfeld mit der bezugslos gesetzten Hochlaube ist mit Ziegeln vorgemauert.

463 *Zuhaus* mit risalitartigem Zwerchgiebel, in unverputztem, dekorativem Schlackenstein-Mauerwerk und Architekturgliedern in Backstein, 2. Hälfte 19. Jh.
Wimmern, Gemeinde Teisendorf.

464 *Bauernhof im »Landhaus-Stil«,* wohl unter dem Einfluß des Heimatstils. Die Elemente Schlackenstein, korbbogige Arkade vor vertiefter Eingangsnische, Giebellaube und Mantellaube verraten die verschiedenartigen Einflüsse, von denen diese Architektur aus dem 1. Viertel des 20. Jh. geprägt wurde.
Bad Reichenhall,
Salzburger Straße 82.

465 Typischer Putzbau der 2. Hälfte des 19. Jh. mit Schopfwalm und Hochlaube.

466 Einteiliges Winterfenster mit 6-feldriger Sprossenteilung, ein Feld als Drehflügel ausgebildet, Rahmen in den Falz der Klappläden eingesetzt. Dahinter filigranes Ziergitter aus Flacheisenstäben.

467 Dieses Flezfenster läßt sich bereits als Teil-Element, als »Hälfte« eines »Normalfensters« erkennen, es hat kein »eigenes« Format wie die alten Fenster dieser Art.

468 Vielverwendetes Ziergitter aus Flacheisenstäben und kartuschenförmigen Füllelementen aus dem späten 19. Jh.

SEITE 397 ▶

469 Frühform einer Mantellaube an einem Salzburger Flachgauhof mit außergewöhnlich filigranen Aussägemustern in den Mantel- und Brüstungsfeldern. 2. Hälfte 19. Jh.

470 **Salzburger Flachgauhof** der 2. Hälfte des 19. Jh. aus unverputztem Tuffsteinmauerwerk und einer Hochlaube mit ausgesägten Mustern.

471 **Vierfeldrige Füllungstür** mit gebrochenem Giebelfeld und Oberlichtelement; Werksteingewände aus **Högler Sandstein** mit originellen Jugendstilornamenten, datiert 1908. Das Türgewände ist mit einem flachen Segmentbogen aus Backstein (»Entlastungsbogen«) überfangen.

472 Der **korbbogige Türsturz** ist geohrt und mit floralen Ornamenten gefüllt, der Scheitelstein ist mit 1863 datiert; Offenwang 6, Gemeinde Teisendorf.

469

470

471

472

473 Prachtvolles Blumenornament aus Schmiedeeisen als Türgitter, bunt bemalt; Piding, Salzburger Straße 11.

474 Zerfallenes Butzenscheibenfenster mit Schiebeflügel, 18. Jh..
Aus dem Hof »*beim Seierl*« in Reith, Gemeinde Saaldorf.

475 Der *Hof beim »Heißenbauer«*, ein Mischbau aus der 1. Hälfte des 20. Jh., zeigt die vorzüglichen Maßverhältnisse der Architektur im Umfeld des Heimatstils.
Piding, Salzburger Straße 31.

476 Gasthaus und Ökonomie *Obermühle in Weißbach*, Gemeinde Reichenhall. Der stattliche Bau mit dem prächtigen Schopfwalmdach läßt recht deutlich die baulichen Merkmale des *Salzburger Flachgauhofes* erkennen.

477 Der *Hof beim »Wahbacher«* zeigt das Bemühen der frühesten Nachkriegszeit, an die alte heimische Bautradition anzuknüpfen: der Hof wurde 1946 nach einem Brand in den alten Grundformen wieder aufgebaut. Die limonadefarbenen Ecklisenen und der deftige Nokkerlputz erscheinen uns heute wieder recht liebenswürdig. Piding, Thomastraße 15.

478 Der *Taubenkobel beim »Wahbacher«* wurde im *Frühjahr 1982* zum 70. Geburtstag des Altbauern als detailgetreues Modell des Wohnhauses im Maßstab 1 : 10 ausgeführt. Freistehende Taubenkobel dieser Art sind im Rupertiwinkel nicht heimisch.

SEITE 402 ▶

479 Holzknecht-Schnitzereien auf der *Steineralm* in der Gemeinde Piding.

SEITE 403 ▶▶

480 Die *Kochalm* am Nordabhang des Hochstaufen in der Gemeinde Piding. Kantholzblockbau auf massivem Sockel mit mittelsteilem, weit ausladenden Dach; 18./19. Jh.

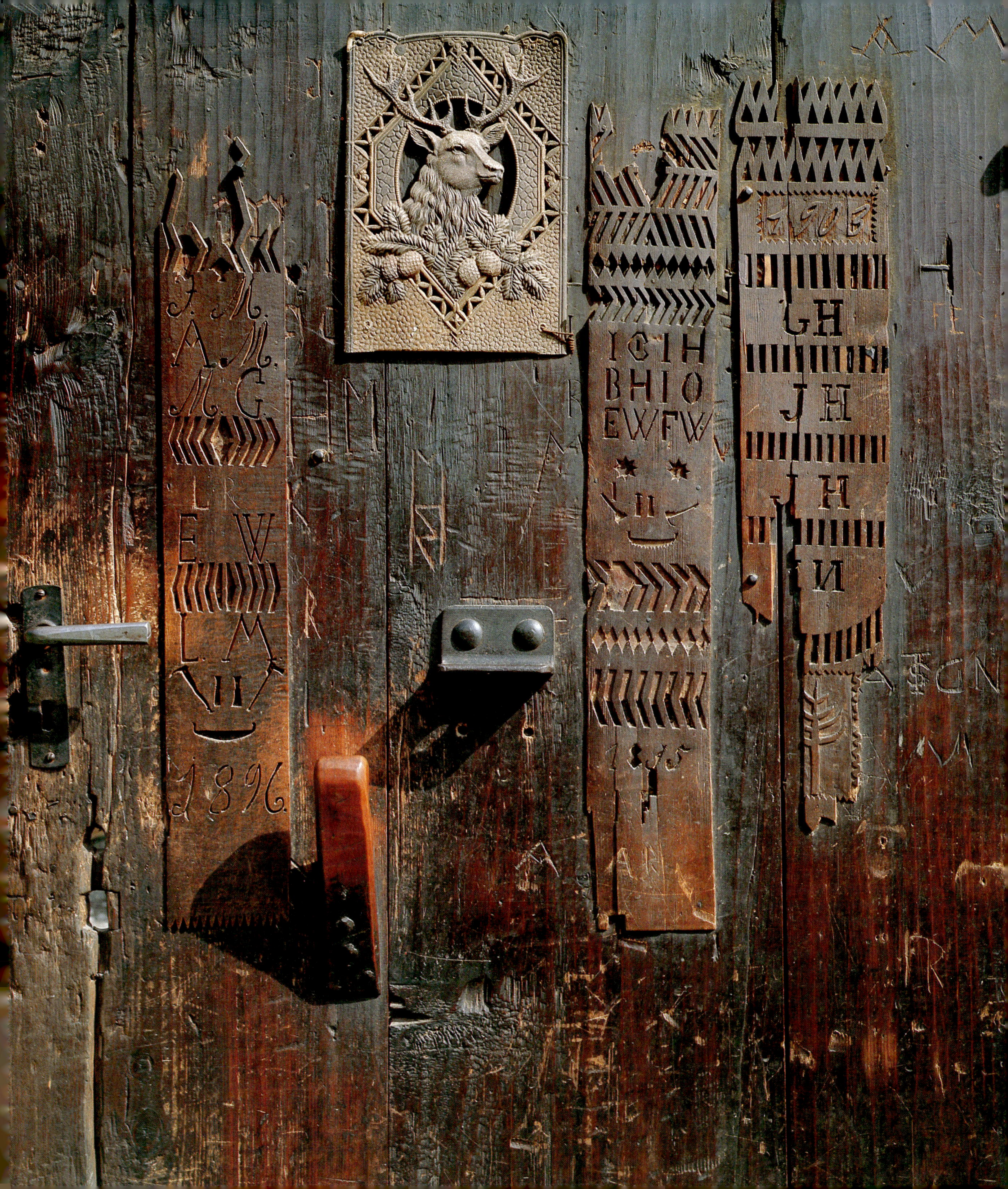

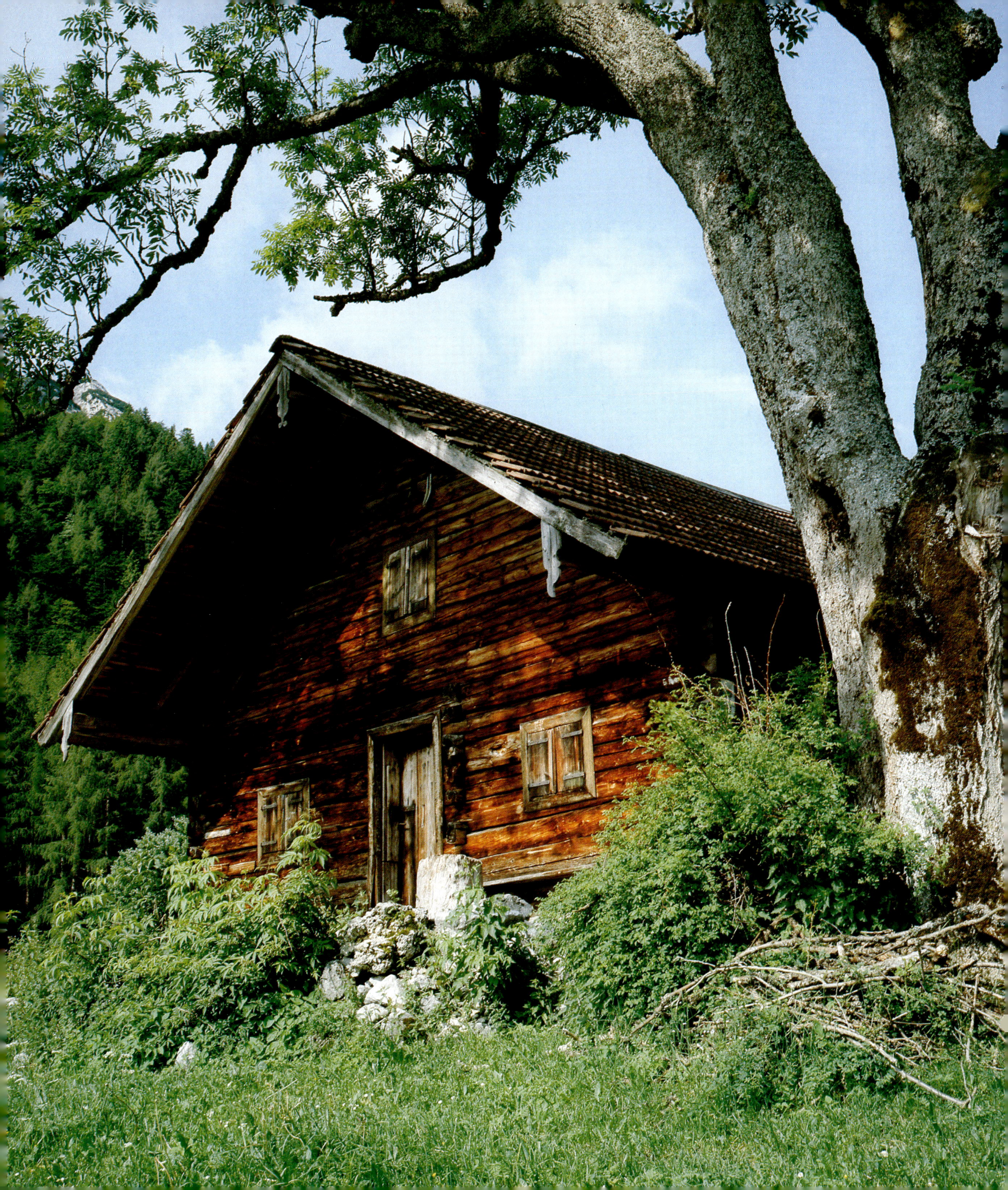

482 Der Abbau des *Zehentstadels von Saaldorf* im Jahre 1975. Der Wiederaufbau erfolgt im Freilichtmuseum des Bezirks Oberbayern.

483 Richtfest um die Jahrhundertwende an einem neu errichteten Stadeltrakt (Widerkehr). Altes Foto.

484 Der *Zehentstadel zu Saaldorf* vor dem Abbau.
Mächtiger schmuckloser verschalter Ständerbau mit steilem Dach und eingebauter Blockbau-Stube.

Bild 485/486
Die wenigen Stadelbundwerke aus der 1. Hälfte des 20. Jh. im *südlichen Rupertiwinkel* sind gestalterische Anleihen aus der Hauslandschaft des ostoberbayerischen Vierseithofes.

485 Wimmern, Gemeinde Teisendorf.

486 Starz, Gemeinde Teisendorf.

▲ 487

▼ 488

◀ **Bild 487/488**
Das *ruinöse Brechelbad* in der Einöde Mürack, Gemeinde Ainring; im Jahre 1982 form- und detailgetreu wiederaufgebaut.

Bild 489/490
In der *ehemaligen Hammerschmiede* von Thundorf 9, Gemeinde Ainring; 1982 abgebrochen.

▲ 491 ▼ 493 ▲ 492 ▼ 494

408

◀ **SEITE 408**
Bild 491-494
Alte, mittlerweile *spurlos verschwundene Baulichkeiten aus dem Rupertiwinkel.*

491 Barocke Wegkapelle mit weit vorgezogenem Schopfwalmdach.

492 Kleines Waschhaus, im Hintergrund Häuschen mit Bienenstöcken.

493 Alter Hofbrunnen.

494 Alter Hofbrunnen (Ziehbrunnen).

Bild 495
Altes Brunnenhäuschen mit steilem Zeltdach.

495 ▶

Bild 496
Altes Brunnenhäuschen mit flachem Zeltdach.

496 ▶

Bild 497 und 499
Barocke **Heiligen-Fresken** beim »Hölzbauer«, datiert 1765, wohl mehrfach übermalt. Haiden, Nußbaumweg 21, Gemeinde Laufen.

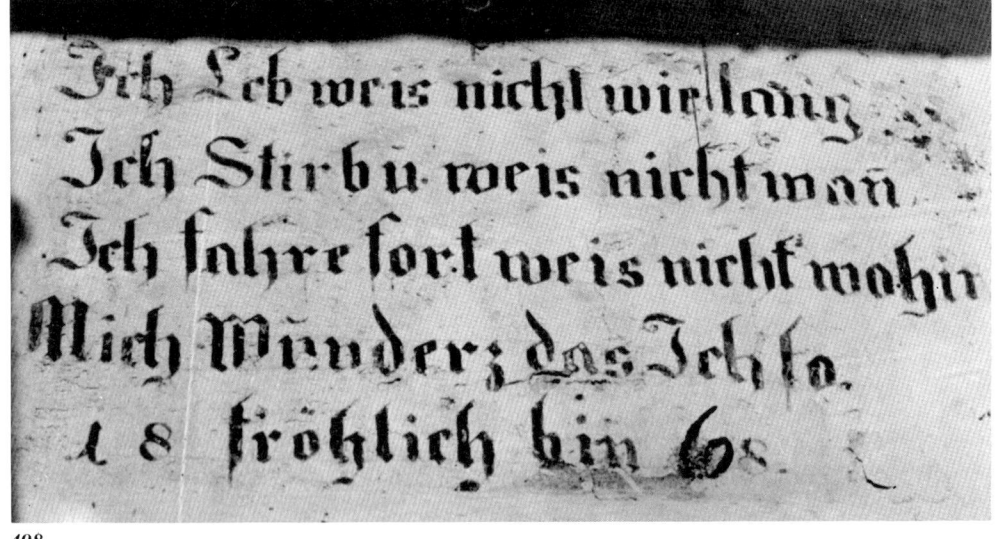

498 Hausspruch von 1868 an einem Hause in **Wimmern**, Gemeinde Teisendorf:

> *Ich Leb weis nicht wie lang*
> *Ich Stirb und weis nicht wan*
> *Ich fahre fort weis nicht wohin*
> *Mich Wunderherz das Ich so*
> *18   fröhlich bin   68.*

◀ 499

SEITE 411 ▶

500 Nische im Flez mit Devotionalien aus Gips und Plastik. Wimmern, Gemeinde Teisendorf.

501 St. Johannes von Nepomuk, ehemals an der Brücke bei der **Pfaffendorfer Mühle** in Anger; wohl noch 18. Jh.

502 St. Johannes von Nepomuk an der Brücke über die **Stoißer Ache** in Piding, wohl 19. Jh.; Marmorsockel datiert 1766.

503 Hauskreuz aus **Achthaler Guß**, wohl Ende 19. Jh. Wimmern, Gemeinde Teisendorf.

Bild 500 + 501
Flurdenkmale
in Wimmern, Gemeinde Teisendorf und in Anger.

Bild 502 + 503
Flurdenkmale
in Piding und in Wimmern, Gemeinde Teisendorf.

▲ 504

▲ 505 ▼ 506

▼ 507

▲ 508 ▼ 509

412

510

◀◀ SEITE 412

Bild 504 – 510
Die **Steineralm** am Nordabhang des Hochstaufen, 1200 m, ein Kantholzblockbau mit gemauerter Kuchl und mittelsteilem Schopfwalmdach, stammt wohl noch aus dem 18. Jh. und zeigt in vielen baulichen Eigenheiten die **Merkmale des Salzburger Flachgauhofes;** die offene Feuerstelle ist leider fast restlos zerstört.

504 Der Südgiebel mit dem modernen Anbau.
505 Der Nordgiebel mit Blick auf Hochstaufen und Zwiesel.
506 Die Steineralm vor dem Umbau.
507 Almbutter, mit der Model geformt.
508 Außenseite der Eingangstür mit Holzgriff und herausnehmbarem Stift in Langloch zum Bewegen des Schubriegels.
509 Innenseite der Eingangstür, Schubriegel mit eingestecktem Schubstift in der Mitte, darunter schmiedeeisernes Schloß.

◀ SEITE 413

510 **Abwehrhand** an der Innenseite des Heubodentürls am Nordgiebel mit der Datierung 1796.

▲ 511   ▼ 512

511 Wegkapelle mit Zeltdach, 2. Hälfte 18. Jh., beidseits mit Gedenkbrettern behangen; daneben Feldkreuz aus **Högler Sandstein,** Anfang 19. Jh.
Nördlich Freidling, Gemeinde Teisendorf.

512 Gedenkbrettstelle neben einem aus Tuffblöcken gemauerten »Kalvarienberg«; Kreuzigungsgruppe aus **Achthaler Gußeisen,** lebhaft bemalt.
Bei Neulend, Gemeinde Teisendorf.

SEITE 415 ▶

513 Gedenkbretter an der Straße zwischen Teisendorf und Punschern, am Waldrand südlich Punschern.
514 Gedenkbretter bei Teisendorf (Foto 1936).
515 Neuere Gedenkbretter bei Neulend, Gemeinde Teisendorf.
516 Einfache Gedenkbrettstelle an einer Straßenkreuzung.

▲ 513 ▼ 515   ▲ 514 ▼ 516

415

517 *Gedenkbrettstelle mit Feldkreuz* aus Achthaler Guß, spätes 19. Jh. Bei Bach, Gemeinde Ainring.

518 *Gedenkbrettstelle mit Feldkreuz* aus Achthaler Guß, spätes 19. Jh. Bei Bach, Gemeinde Ainring.

519 *Gedenkbrettstelle* neben kleinem Kriegerdenkmal, bei Neukling.

520 Ausschnitt von **Bild 517**
Das Engelspaar zu Füßen des Kruzifixus am Feldkreuz von Bach.

SEITE 418 ▶

521 **Hölzerner Bildstock** mit der Figur des Hl. Johannes von Nepomuk auf der Moldaubrücke. Das **Flurdenkmal** stand früher nahe der **Pfaffendorfer Mühle** in der Gemeinde Anger, Am Kirchberg 5.

SEITE 419 ▶▶

522 **Gedenkbrettstelle** neben einem aus Tuffsteinblöcken aufgemauerten »Kalvarienberg«; Kreuzigungsgruppe aus **Achthaler Gußeisen,** lebhaft bemalt.
Im Kalvarienberg eingemauert eine Fegfeuerdarstellung auf Blech.
Bei Neulend, Gemeinde Teisendorf.

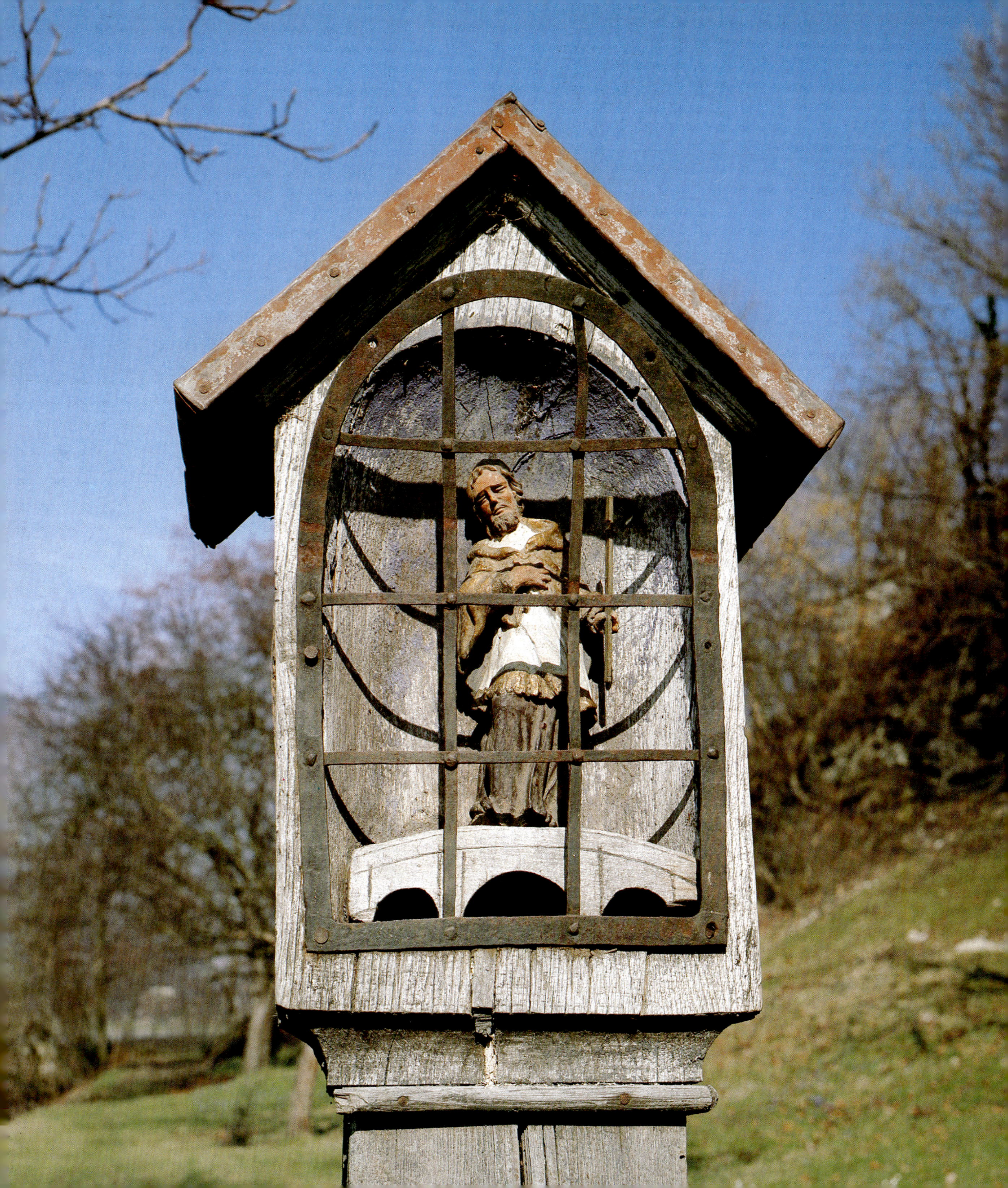

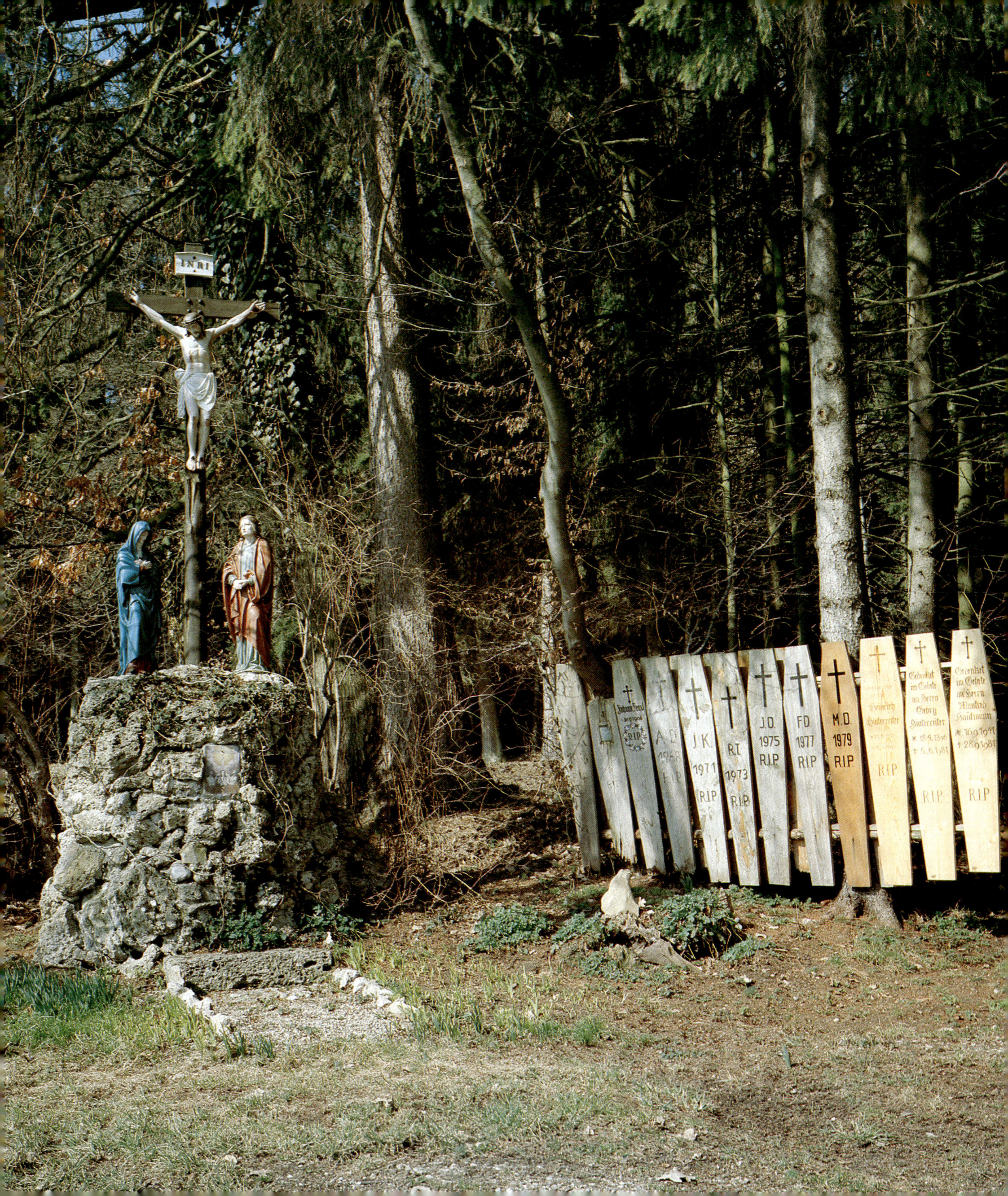
INRI
J.K.
1971
R.I.P.
R.I.
1973
R.I.P.
J.D.
1975
R.I.P.
F.D.
1977
R.I.P.
M.D.
1979
R.I.P.

Bild 523 und 524
Alte schmiedeeiserne Grabkreuze aus dem Rupertiwinkel (Alte Fotos).

525 Sehr ***stimmungsvolle Gedenkbrettstelle*** mit zwei gußeisernen Kreuzen, eines davon auf einem aufgemauerten »Kalvarienberg«. Zwischen Weildorf und Patting, Gemeinde Weildorf.

526 Ausschnitt von **Bild 525** Gedenkbrettstelle zwischen Weildorf und Patting.

527

◀ **SEITE 422**

527 Die *Florianigasse* liegt im *Südteil der Reichenhaller Altstadt* zwischen den Salinengebäuden des 19. Jh. im Norden und dem südlichen, noch erhaltenen Stadtmauerzug des 13. Jh. Die Gasse ist das *Kernstück des Florianiviertels,* des wahrscheinlich ältesten unter mehreren Siedlungszellen, aus denen die befestigte *Salinenstadt Reichenhall* im 12./13. Jh. zusammenwuchs. Im Unterschied zu dem ehemaligen Kaufleute-Viertel zwischen der Pfarrkirche St. Nikolaus und dem Rathausplatz hatten sich in der Florianigasse seit dem Mittelalter die *einfachen Salzsieder* niedergelassen.

Die geschlossen mit zwei- und dreigeschossigen Wohnhäusern bebaute Gasse ist im Nordteil, dem Zugang vom Oberen Lindenplatz her, sehr schmal, im Südteil zu einem Platz ausgeweitet, den eine südliche Häuserreihe optisch abschließt. Der südöstliche, unmittelbar an der Stadtmauer gelegene Teil der Gasse weist unregelmäßige Bebauung auf, überragt vom *Peter-Pauls-Turm,* einem mittelalterlichen Wehrturm der Stadtbefestigung. — Eine besondere Bedeutung gewinnt das Ensemble durch die *nur hier* und in der benachbarten *Tiroler Straße* nach den Verwüstungen des Stadtbrandes von 1823 erhalten gebliebene *Alt-Reichenhaller Bauweise der Häuser mit vorkragendem Flachsattel- oder Schopfwalmdach.*

Dieses Bild eines charakteristischen alpenländischen Platzes wird durch die Putzfarben der meist giebelständigen Häuser, durch den *Florianibrunnen* in der Platzmitte, durch einige Hausgärten und nicht zuletzt durch den *Felsstock des Lattengebirges* im Hintergrund eindrucksvoll gesteigert. Altes Foto.

528 Das *ältere Foto des Florianiplatzes in der Reichenhaller Altstadt* zeigt sämtliche Häuser noch mit *Legschindelbedachung,* links unten ist sogar noch ein Hausgarten zu erkennen. Auf *Bild 527* sind die Häuser schon vielfach verändert und durchwegs mit Blech gedeckt. Um den *Florianibrunnen* wurden erst später einige Bäumchen gepflanzt.

Das ältere Bild zeigt auch noch zwei typische alte Dachausgänge sowie zwei alte Kamine mit den in Dachschräge liegenden Abdeckplatten.

Dieses Foto wurde noch vor der Errichtung der Drahtseilbahn auf den Predigtstuhl aufgenommen.

▲ 529

▼ 530

Bild 529–532

Salzburger Flachgauhöfe
im Bereich der heutigen Stadt Bad Reichenhall.

529
530 Breitgelagerter Massivbau mit flachem Satteldach und verbrettertem Ständerbau-Giebel, mit Tür- und Fenstergewänden aus Högler Sandstein, dat. 1638, Kruzifix Mitte 18. Jh., Widerkehr und Hochlaube 19. Jh.
Türk, Untersbergstraße 18.

531 Hochgestreckter Bau mit Schopfwalmdach und Putzgliederungen, dat. 1859. Balkon 20. Jh.
Türk, Untersbergstraße 59.

532 Massivbau mit flachem Satteldach und verbrettertem Ständerbau-Giebel, mit Tür- und Fenstergewänden aus Högler Sandstein, z. T. mit barocken Fresken und Fensterrahmungen, 17. und 18. Jh., Widerkehr wohl frühes 20. Jh.
Türk, Untersbergstraße 19.

531 ▶

▼ 532

▲ 533

▼ 534

Bild 533-536

Salzburger Flachgauhöfe
im Bereich der heutigen Stadt Bad Reichenhall.

533 Auffallend breitgelagerter Massivbau mit flachem Satteldach, Hochlaube im verbretterten Ständerbau-Giebel, originale Befensterung im Obergeschoß, rundbogiges Marmorportal, gewölbter Flez, dat. 1614.
Türk, Untersbergstraße 7.

534 Massivbau mit steilem Schopfwalmdach und Hochlaube, Türgewände dat. 1859, Widerkehr spätes 19. Jh.
Weißbach, Grenzlandstraße 3.

535 Stark veränderter Bau, mit flachem Satteldach, Obergeschoß wohl später verputzter Blockbau, Giebellaube erneuert, 17./18. Jh.
Marzoll, Römerstraße 48.

536 Breitgelagerter Massivbau mit flachem Satteldach, Giebeldreieck wohl später teilweise ausgemauert, rundbogiges Marmorportal, 18. Jh.
Türk, Untersbergstraße 10.

Bildteil
Gemeinde Schneizlreuth

*Soweit nicht anders angegeben,
stammen sämtliche Fotos
aus den Jahren zwischen 1974 und 1983.*

Bild 537 ▶
Das Tal von Schneizlreuth;
inmitten einer fast geschlossenen Arena bewaldeter Berge.

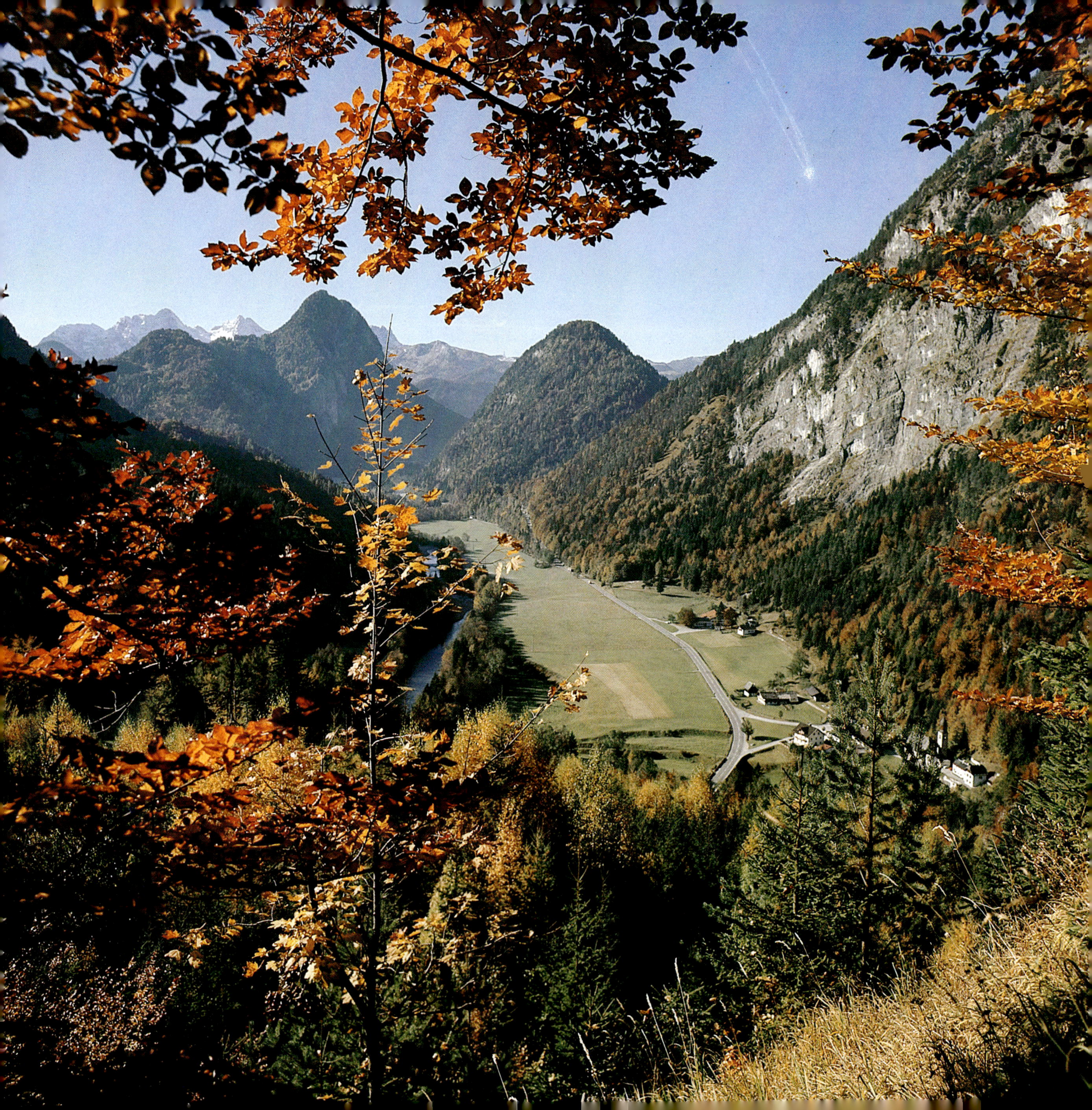

▲ 538 ▼ 541
▲ 539 ▼ 542
▲ 540 ▼ 543

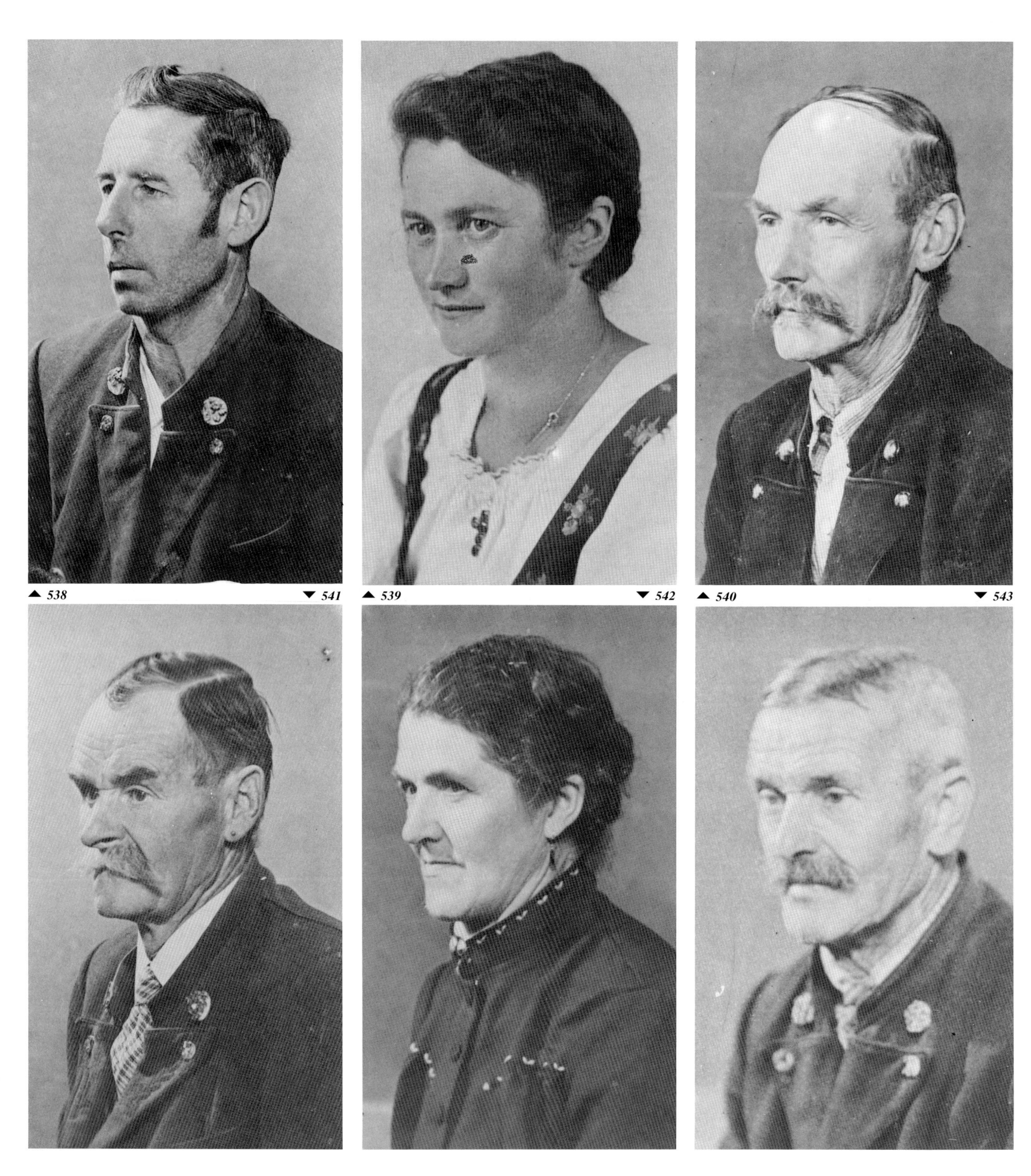

430

544

545

◀ *Bild 538-545*
Menschen aus der *Gemeinde Schneizlreuth*, entnommen aus alten Familienalben.

546 Südbayerisch-nordosttirolischer Einhof, 17./18. Jh.
mit kleiner Hochlaube und einem Freskenzyklus in der Obergeschoßzone;
altes Foto.

547 Die *Baugeschichte dieses südbayerisch-nordosttirolischen Einhofes* ist durch eine außergewöhnliche Reihe von *Datierungen* dokumentiert. Die südliche Mittelpfette, die in einer nachgotischen Kartusche die *Datierung 1541* trägt, ist wohl eine Spolie von einem Vorgängerbau, wo sie als Firstpfette verwendet worden sein dürfte; darauf weisen auch die Verkohlungsspuren hin, die auf eine offene Feuerstelle hindeuten. Die *heutige Firstpfette* ist am östlichen Giebel in barocker Kartusche mit *1697,* am westlichen Giebel – am Stadel – mit *1698* datiert. Eine Laubenkonsole im Giebel trägt, ebenfalls in barocker Kartusche, die *Datierung 1776.* Über der Laubengangtüre im 1. Obergeschoß findet sich die aufgemalte *Datierung 1918* zusammen mit dem Monogramm AMH: Adam und Martha Hübsch haben das Anwesen zu diesem Zeitpunkt erworben und im Geschmack der Jahrhundertwende gestaltet.

Auf diese Zeit gehen wohl die Fensterläden, Laubenbrüstungen und Laubensäulen in ihrer heutigen Gestalt und Farbigkeit zurück. Die *Datierung 1924* an einer Laubenkonsole der nordseitigen Laube dokumentiert die Wiederherstellung oder Hinzufügung des nördlichen Laubenganges. Die Befensterung ist fast einheitlich, die kräftigen Eichen-Fenstergewände mit den 9-teiligen Durchsteckgittern sind nach dem Vorbild von Marmorgewänden ausgeformt und verraten in *ihrer Gestaltung salzburgischen Einfluß.* Von besonderem volkskundlichen Interesse ist der unter der Firstpfette vortretende, noch außerhalb der Firstachse eingebaute Unterfirst, der in Gestalt eines stark stilisierten Stierkopfes geschnitzt ist und eines der *urtümlichsten Apotropaia* darstellt.

Pfarrerbauer in Schneizlreuth 2.

▶ 548

Bild 548-550
Der **Lenzenbauernhof** zählt zu den Gehöften vom Typus des ***südbayerisch-nordosttirolischen Einhofes.*** Unter dem Verputz verbarg sich eine komplette Ausmalung aus der Zeit der Renaissance, die in der Barockzeit übermalt wurde. Auch Pfettenköpfe und Laubenstutzen tragen reichen malerischen Schmuck.
Die Brüstungen der beiden Lauben sind kunstvoll gedrechselte Baluster.
Ristfeucht 5, Gemeinde Schneizlreuth.

◄ *Bild 548*
Die Dachuntersicht und die seitlichen Brüstungen der beiden Lauben. Die Firstpfette ist mit 1775 datiert, das Erdgeschoß ist jedoch wesentlich älter.

549 Giebelansicht.

▲ *549*

▼ *550*

550 Die apotropäisch anmutenden Drachenköpfe an den Laubenkonsolen der Giebellaube.

Bild 551–555
Vom *Lenzenbauernhof* in Ristfeucht 5.

551 Rührbutterfaß.

552 Altes Fenster mit Schiebeflügel im Mittelteil.

553 Fragment der barocken Freskendekoration.

554 Trinkwasserfaß'l für die Zeit der Heumahd.

555 Barockes Fresko des Hl. Sebastian.

SEITE 438 ▶▶

559 Der *Gruberhof* in Weißbach an der Alpenstraße, Gruberweg 9, Gemeinde Schneizlreuth.

SEITE 439 ▶▶▶

560 Der *Pfarrerbauernhof,* ein nordosttirolisch-südbayerischer Einhof, 1541 erbaut, 1697/98 erneuert; Schneizlreuth 2.

Bild 556-558
Der *Hof beim »Rinnerauer«*, datiert 1784, besitzt – ebenso wie mehrere andere Höfe am Jochberg – geschnitzte und außergewöhnlich reich bemalte Pfettenköpfe. Der Hof wurde 1982 vollständig restauriert.
Jochberg 70,
Gemeinde Schneizlreuth.

556 Untersicht der reich bemalten Firstpfette mit IHS und Mariogramm.

557 Untersicht der reich bemalten Fußpfette.

▲ 556   ▲ 557   ▼ 558

558 Seitenansicht der Firstpfette mit der Datierung 1784 in einer seltenen Kartusche aus stilisierten pflanzlichen Ornamenten.

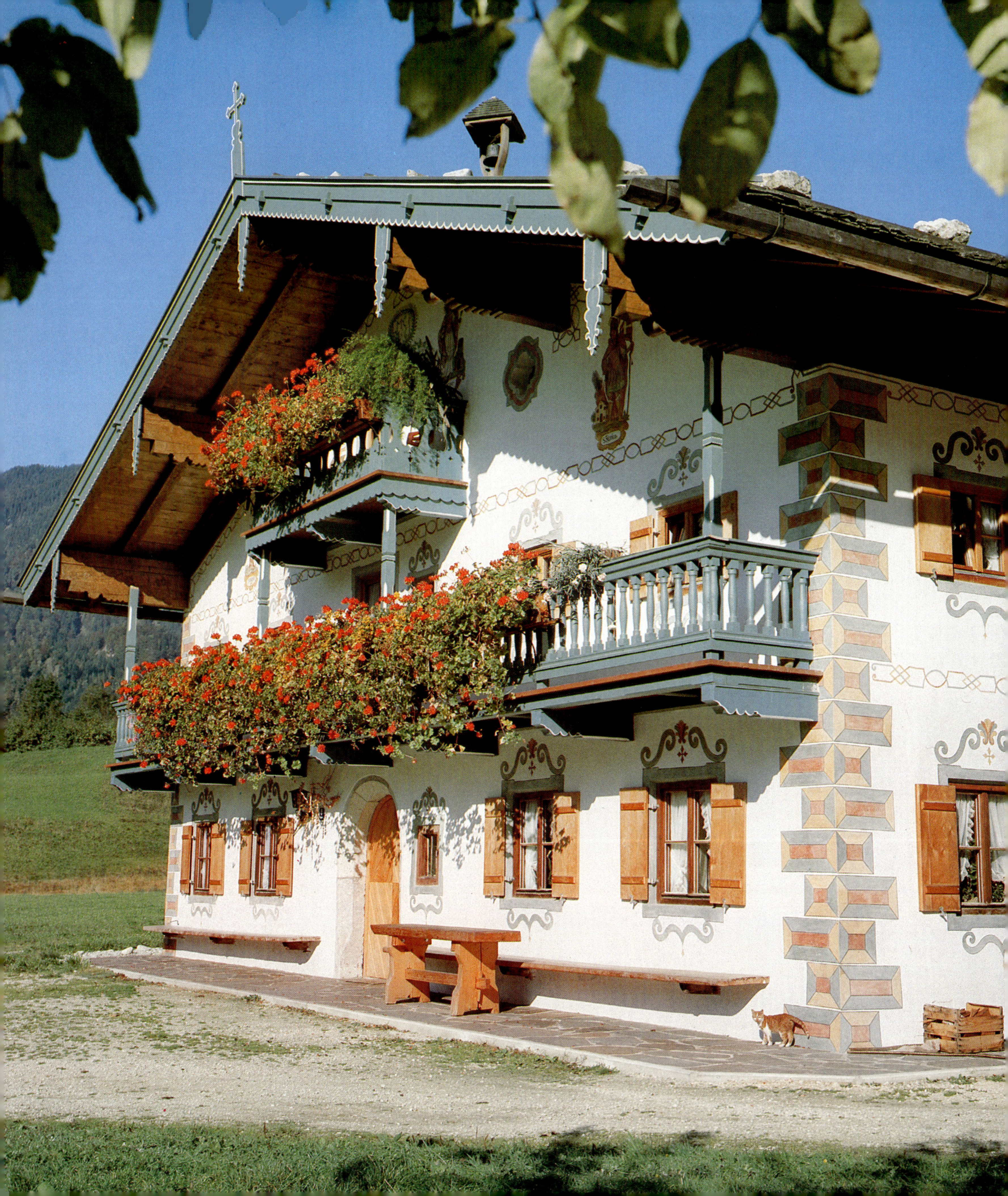

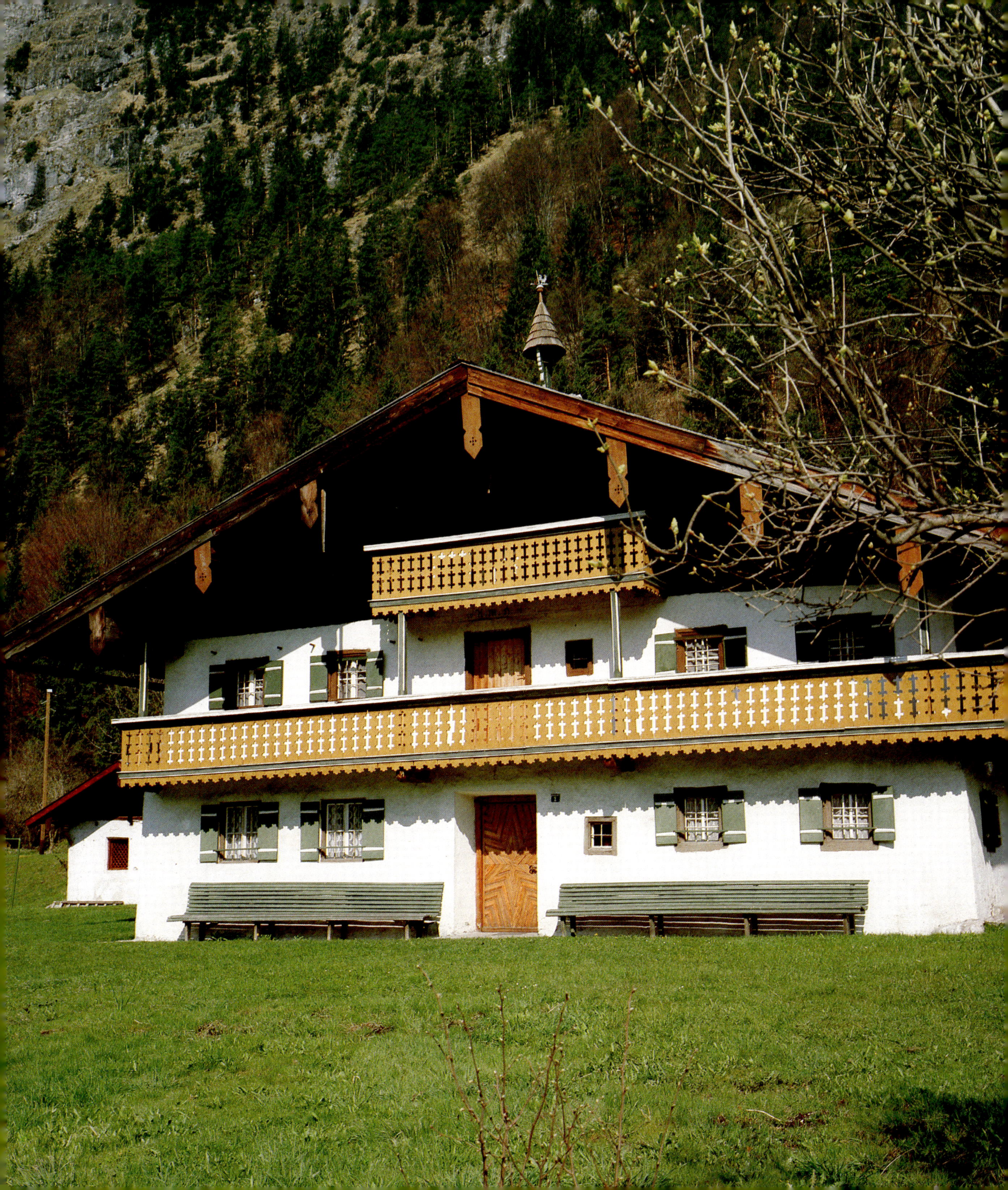

Bild 561-563
Der ***Gruberhof,*** datiert 1751, verkörpert den barocken Massivbau-Typus des ***»Traunsteiner Gebirgshauses«,*** er war bis zum letzten Umbau ein ***Mittertennhof.***
Die reiche Farbigkeit und Ornamentik, vor allem aber der Heiligenzyklus in barocker Freskotechnik, von Kirchenmaler Stein aus Inzell vorzüglich resauriert, finden viel Bewunderung.
Weißbach an der Alpenstraße, Gruberweg 9, Gemeinde Schneizlreuth.

561 Giebelansicht.

562 Ein Erdgeschoßfenster mit der barocken Umrahmung.

563 Die erneuerte Haustür mit dem restaurierten Werksteingewände, daneben das noch originale Flezfenster.

Bild 564-566
St. Leonhard, Marienkrönung und **St. Anton,** Themen aus dem Bildprogramm des barocken Freskenzyklus.

567 Die *Harbacher Alm* in etwa 900 m Höhe, am Schwarzachen gelegen, datiert 1882, ist eine *typische »Einhofanlage«* in Kantholzblockbau.

568 Hölzerne Kapelle auf der *Höllenbachalm*, 780 m; wohl 19. Jh.

569 Wegkreuz *beim Rinnerauer*, in Jochberg 70 am alten Salzsäumerpfad von Reichenhall ins Tirolische, wohl 19. Jh.

Bild 570 ▸
Das *»Kaserl« auf der Pichleralm*, Gemeinde Schneizlreuth.

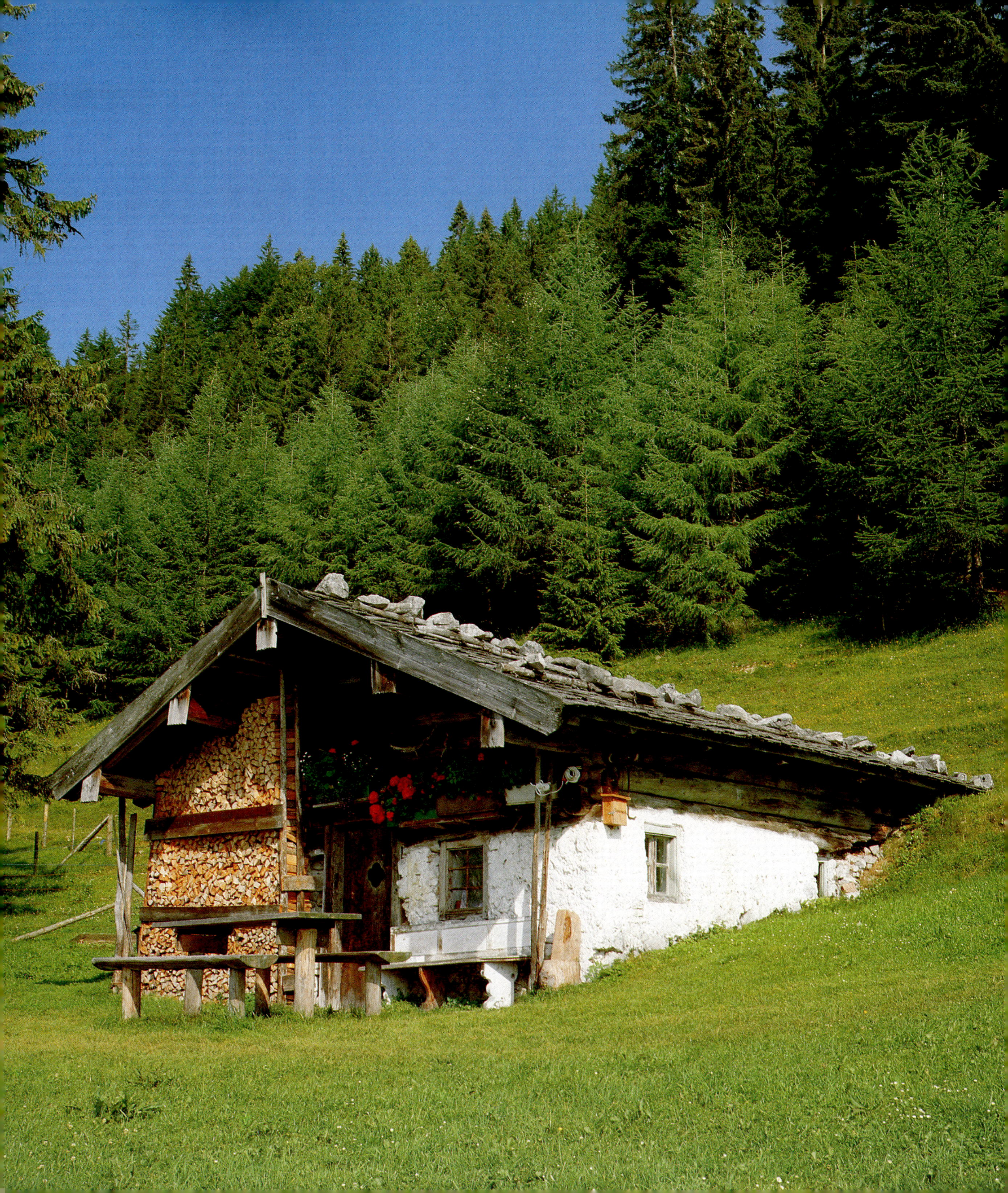

Bild 571-573
Holzknechtschnitzereien auf der *Harbacher Alm.*

572 Dieses Bild zeigt die Vielfalt der Motive: Monogramme und Datierungen, verschiedene Ornamente, Jagdwild, Holzknechtwerkzeug und stilisierte Bäume. Rührend ist das *einfache Arma-Kreuz* mit der naiven Darstellung des Hahnes, der dreimal krähte, als Petrus Jesus am Ölberg verleugnete.

573 Das Bild zeigt u. a. eine Mischform zwischen dem IHS und einem Mariogramm, wohl eine frei aus dem Gedächtnis geschnitzte und falsch geratene, aber rührend naive Form.

Bild 574-576
Ein Paar Schi vom Gruberhof in Weißbach an der Alpenstraße
mit primitiver Lederriemen-Durchzugsbindung, Haselnuß-
stöcken und Schitellern aus geflochtenen Weidenringen.

Der rechte Schi trägt eingeschnitzt die **Datierung I. IX. XIX.**
(1. 9. 1919), die Initialen **GL** sowie ein sternförmiges Ornament, vielleicht das Firmenzeichen der Schreinerwerkstatt.
Die unteren Enden der mittlerweile stark verzogenen Schi sind
nach Art eines »Kerbschnittsaumes« verziert.

577 Der *Austragbauer am Gruberhof.* Er hat die alten Schi von 1919 noch benützt.

Anhang

Anmerkungen

[1] Max Zeller im Alpenvereinsführer Berchtesgadener Alpen. München 1973, S. 8 (Vorwort zur 1. Auflage im Jahre 1911).

[2] Brunner, O.: Land und Herrschaft. Grundfragen der territorialen Verfassungsgeschichte Südostdeutschlands im Mittelalter, München 1943. Brunner stellt es dahin, ob Berchtesgaden ein »Land« im eigentlichen Sinn oder nur eine reichsunmittelbare Herrschaft gewesen sei. Wenn aber (nach Brunner, S. 223) das Wesensmerkmal des »Landes« die Landgemeinde ist, die nach Landrecht lebt, so ist Berchtesgaden einwandfrei als »Land« im verfassungsrechtlichen Sinn zu bezeichnen.

[3] Die grundlegende Arbeit über die Entstehung der berchtesgadnischen Landeshoheit ist: Bosl, K.: Forsthoheit als Grundlage der Landeshoheit in Bayern (Gymnasium und Wissenschaft. Festgabe zur Hundertjahrfeier des Maximiliansgymnasiums in München 1949, S. 1–55).

[4] Als Quelle für den geschichtlichen Abriß des Rupertiwinkels wurde benutzt: Kurt Enzinger / Markus Westenthanner: Der bayerische Rupertiwinkel. Freilassing 1966.

[5] Als Quelle für die geologischen Ausführungen wurde benutzt: Max Zeller / Hellmut Schöner: Alpenvereinsführer Berchtesgadener Alpen, 13. Auflage. München 1973, S. 22 ff.

[6] Birkner, F.: Das Berchtesgadener Gebiet in vorgeschichtlicher Zeit. In: Festschrift der Sektion Berchtesgaden des Deutschen und Österreichischen Alpenvereins zum 50-jährigen Bestehen. Berchtesgaden 1925, S. 55 ff.

[7] Für die Geschichte der ehemaligen Fürstpropstei wurde als Quelle benutzt: Historischer Atlas von Bayern, Teil Altbayern, Heft 7 / Fürstpropstei Berchtesgaden (Text von Dieter Albrecht) Kommission für Bayerische Landesgeschichte, München 1954, S. 15, Fußnote 14.

[8] Fundatio monasterii Berchtesgadensis saec. XII, in: MGSS 15, 2, 1064 ff, QuE 1, 231 ff, Hochstift Berchtesgaden Lit. 3.

[9] Die Schreibweise für Berchtesgaden in dieser Urkunde ist »berthercatmen«.

[10] Über die Beziehungen zwischen Rottenbuch und Berchtesgaden siehe Mois, J.: Stift Rottenbuch in der Kirchenreform des 11. und 12. Jahrhunderts. Beiträge zur altbayerischen Kirchengeschichte, S. 162 ff.

[11] Es handelte sich dabei nur um die Wiedererrichtung des schon z. Z. des Erzbischofs Hartwich von Salzburg (991–1023) von einem Grafen Sizo begründeten Stiftes Baumburg.

[12] Datum unbekannt, jedenfalls vor dem 9. Mai 1121. Über den Gegensatz zwischen Berchtesgaden und Baumburg und die daraus hervorgehenden Gründungsgeschichten der beiden Stifte vgl.: Brackmann, Studien, S. 188 ff.

[13] »Isti sunt termini silve superius dicte, pertinentis ad Gravingadem, cuius inicium est a rivulo, qui dicitur Diezzenbach (Dießbach, entspringt beim Großen Hundstod und mündet bei Dießbach in die Saalach), et inde medium fluminis, quod dicitur Sala (Saalach) descendens pertingit usque Waliwes ad abietem scilicet illum in cymiterio stantem (die Tanne auf dem Friedhof in Wals, 4 km östl. Salzburg), et inde transcendens adiacentem paludem, que dicitur Uilzmos (Viehausermoos), pervenit ad villam que vocatur Anava (Anif südl. Salzburg), ubi fontes decurrunt ad Salzaha (Salzach), et inde ascendendo flumen pertingit ad superius Scrainpach (Oberlauf des Schrainsbaches, der bei der Pointmühle in die Salzach mündet), et inde usque Farmignekke (wahrscheinlich die Gaißtalhöhe, an der der Gaißbach entspringt), et inde ascendendo usque Swalwen (Ecker Sattel), et inde usque Gelichen (Hoher Göll), et usque ad ortum rivi, qui vocatur Cuonispach (Ursprung des Königsbaches am Torrener Joch), et inde usque Ouzinsperch, et inde Pochisrukke (wahrscheinlich der Grat zum Schneibstein), et inde per guttur (Enge zwischen Ostwand und Fagstein) ad lacum, quod situm est juxta Phafinsperch (Schlungsee), et inde per longam vallem (Langtal-Landtal) descendendo ad Viscuncula (Vischunkel).«

Die hier beschriebenen Grenzen des Waldes, der zum »locus« Grafengaden gehört, sind in ihrem Verlauf zwar bestimmbar, in ihrer weiten Ausdehnung aber recht rätselhaft. Es ist nicht möglich, daß Reichenhall, das spätere salzburgische Gericht Plain und das Halleiner Salzgebirge mit Hallein an Berchtesgaden geschenkt wurden. Es sind auch keine Belege dafür vorhanden, daß sich die Fürstpröpste jemals auf diese Grenzbeschreibung gestützt hätten, um die gegenüber ihrem tatsächlichen Umfang weit nach Norden und Westen ausgreifenden Grenzen als Markungen ihres Landeshoheitsgebietes zu fordern. Dieses war weitaus kleiner. (Histor. Atlas, S. 2 f.; vgl. Anm. 7).

[14] Der jeweilige Pfarrer aus den Reihen des Stiftskapitels unterstand dem Archidiakonat des salzburgischen Dompropstes und hatte dessen Einberufung zum Konvent der Seelsorgsgeistlichen Folge zu leisten. Im Jahre 1455 gelang es dem Stift (seltsamerweise durch ein Mißverständnis der Kurie), sich von der Metropolitangewalt Salzburgs zu lösen und Rom auch in geistlichen Sachen direkt unterstellt zu werden. Berchtesgaden wurde dadurch ein selbständiges Archidiakonat, bis es im Jahre 1807 als Dekanat erneut dem Erzbistum Salzburg unterstellt wurde. Nach dem Anschluß des Landes an Bayern wurde das Dekanat Berchtesgaden auf Grund des bayerischen Konkordats im Jahre 1817 mit dem Erzbistum München und Freising vereinigt.

[15] Für die Geschichte der Reformation wurde als Quelle benutzt: Mertz.: Entwicklungsgeschichte des Protestantismus im Berchtesgadener Land. Berchtesgaden 1933.

Alle Zitate sind dieser Quelle entnommen. Die ausführlichsten Literaturangaben zur Geschichte des Protestantismus in Salzburg sind enthalten in dem Ausstellungskatalog »Reformation – Emigration – Protestanten in Salzburg«, herausgegeben vom Amt der Salzburger Landesregierung, Salzburg 1981, S. 320 ff.

[16] Der Anlaß war folgender: Im Jahre 1525 hatte Erzbischof Lang den Geistlichen Matthaeus, der die neue Lehre predigte, zu lebenslänglicher Kerkerhaft verurteilt, welche dieser im Schlosse Mittersill im Pinzgau verbüßen sollte. Als Weg in den Pinzgau pflegte die bischöfliche Regierung der Kürze halber jenen durch das Fürstentum Berchtesgaden zu nehmen. Eben waren die Amtsknechte mit dem auf dem Pferde gebundenen Prediger nach Schellenberg gekommen, wo sie in einer Wirtsstube Wärme und Stärkung suchten, während der Gefangene halberfroren auf der Straße blieb. Der Verkehr von und zu den Salzpfannen war, wie gewöhnlich, ein reger und zu dem zahlreich ihn umstehenden Volk begann nun der Priester von der Schwere seines Schicksals zu reden, das über ihn verhängt sei, weil er das heilige Evangelium ohne Menschenzusatz gepredigt habe. Kurz entschlossen schritten einige Pinzgauer Bauernburschen, die eben Salz laden wollten, zu seiner Befreiung, während die Amtsknechte ihr Heil in der Flucht suchten. Ohne langes Gericht ließ darauf der erzürnte Erzbischof zwei der Beteiligten, die ihm als Rädelsführer bezeichnet worden waren, am Fuße der Festung enthaupten. Da erhob sich die Bauernschaft des Gebirges unter furchtbaren Racheschwüren. In 14 Artikeln, deren erster die ungehinderte Predigt der lutherischen Lehre forderte, wurden im Mai 1525 zu Hofgastein die Forderungen der erbitterten Bauernschaft niedergelegt und als der Erzbischof diese nicht erfüllen konnte, brach der Aufstand los, dem sich auch Berchtesgadens Landvolk anschloß. Unter einem besonderen Fähnlein stieß seine Mannschaft zum Belagerungshaufen. Die Lage des Kardinals, der sich auf die Festung Hohensalzburg zurückgezogen hatte, wurde dadurch noch verschlechtert, daß die bayerischen Herzöge, auf deren Hilfe er gerechnet hatte, ihm diese nur zusicherten, nachdem er sich bereit erklärt hatte, Herzog Ernst von Bayern zu seinem Coadjutor und für später zum Nachfolger zu ernennen. Ein anderer Teil der Rebellen, soweit sie nicht von der Stadt aus die Festung belagerten, zog gegen das Stift Berchtesgaden, dessen Kapitulare in Bartholomä im Königssee Schutz und Sicherheit suchten. Die in einem Teich geborgenen Kostbarkeiten fielen den Bauern in die Hände, welche die Stiftsgebäude plünderten und die vorhandenen Schriftstücke vernichteten. Mit Hilfe des Schwäbischen Bundes gelang es schließlich, der Rebellion Herr zu werden. In dem Vertrag vom 21. 8. 1525, der die allgemeine Amnestie verkündete, wurde auch Berchtesgaden eingeschlossen, das an dem zweiten Bauernkrieg, den die Österreicher schon im folgenden Jahre wieder gegen den Salzburger Erzbischof führten, nicht mehr teilgenommen hat. (Mertz, S. 6; vgl. Anm. 15)

[17] In der ersten Zeit war auf das Geheimhalten solcher Bücher eine Geldstrafe gesetzt: so berichtet das Konsistorialprotokoll vom 4. und 15. Januar 1636, daß ein Christoph Koller »wegen Lesens verbotener Bücher mit 6 Talern gebüßt wurde.«

[18] Unter diesen ersten Berchtesgadenern, welche »um der Religionsverfolgung willen sich nach Nürnberg retirieret haben«, sind mit Namen Hans Egger und Hans Angerer genannt. Zwei Jahre später bitten Wolf und Max Kramitsvogel sowie Michael Moser, sämtliche von Berchtesgaden, den Rat in Nürnberg, wohin sie

soeben ausgewandert waren, ihnen Schutz und Aufnahme zu gewähren und versprechen »hiesige Bürgerschaft mit dem Bettel nicht zu beschweren, sondern wollen beide, Kramitsvögel, Schachtelmacher, ihres Handwerks obwalten, der Moser aber auf dem Drahtzieher-Handwerk sich gebrauchen lassen wolle.«

[19] Bosl, K. (wie Anm. 3), S. 35.
[20] Auch nach dem Landbrief von 1377 soll jeder Erblehensbesitzer »seinen Harnisch zu unsers Landes Wöhr« besitzen.
[21] Histor. Atlas, S. 15, Fußnote 14 (vgl. Anm. 7).
[22] Histor. Atlas, S. 14 (vgl. Anm. 7).
[23] Hochstift Berchtesgaden, Lit. 17, erläutert bei Fürst (siehe S. 15, Fußnote 14 im Histor. Atlas).
[24] Hanser, F.: Wieviel Getreide in den Gnotschaften des Berchtesgadener Landes angebaut wurde. In: Bergheimat 5. Beilage des Berchtesgadener Anzeigers. Berchtesgaden 1937.
[25] Heringer, J. K.: Die Eigenart der Berchtesgadener Landschaft. Ihre Sicherung und die Pflege aus landschaftsökologischer Sicht unter besonderer Berücksichtigung des Siedlungswesens und Fremdenverkehrs. Dissertation an der Techn. Univ. München 1981, S. 55.
[26] Tränkel, M.: Das Bauernhaus im Berchtesgadener
[27] Land. Unveröffentlichte Dissertation an der Technischen Hochschule Aachen 1947, S. 27.
[28] Eine besondere Stellung nehmen beim Losungskauf die Emigrantenlehen ein. Als im 17. Jahrhundert die Wogen der evangelischen Glaubensbewegung selbst in die stark umhegten klösterlichen Bezirke schlugen, fanden sie auch im Berchtesgadener Land, besonders in der Au, günstige Aufnahme. Es ist selbstverständlich, daß der geistliche Landesfürst hiefür keinerlei Duldung gewährte. Die Anhänger der Lehre wurden des Landes verwiesen oder flohen. Ihre Lehen durften sie zum Teil vorher verkaufen oder sie wurden von der Regierung beschlagnahmt und auf Losung verkauft. Hatten später der eine oder andere der Emigranten oder dessen Kinder die Landeshuld wieder erworben, konnten sie ihre Anwesen gegen Erstattung der Unkosten wieder zurückfordern.

Das Wechseln, Ausprobieren und Vertauschen von Bauernstellen mußte den häufig aufgefundenen Wechselbriefen zufolge dem Berchtesgadener Bauern besonders gelegen sein. Vielleicht entsprang es aber auch den veränderten Besitz- und Vermögensverhältnissen. Jedenfalls wurden sie oft gegeneinander ausgewechselt. Dieser Vorgang wurde in besonderen Wechselbriefen festgehalten.

All diese Verträge waren bei Meidung der Nichtigkeit in »solemer Form« bei Gericht zu protokollieren. Verträge unter 50 fl. durften einfach ins Gerichtsprotokoll in Gegenwart der zwei Prokuratoren oder von zwei ehrbaren Zeugen aufgenommen werden. Kleine Schulden und Abmachungen wurden nach alter Landesgewohnheit »ordentlich auf einen Spann geschnitten«, ein Passus, wie wir ihn in den Nottlbriefen bei Sonderabmachungen geringfügiger Art antreffen (Tränkel).

[29] Zitiert nach Tränkel, S. 29 (vgl. Anm. 26).
[30] Zitiert nach Tränkel, S. 31 (vgl. Anm. 26).
[31] Zitiert nach Tränkel, S. 124, Fußnote 34 (vgl. Anm. 26).
[32] Histor. Atlas, S. 13; (vgl. Anm. 7).
[33] Zitiert nach Helm, A.: Archiv des Berchtesgadener Landes, 2 Bände. 1929/30, S. 82.
[34] Heringer, S. 55 (vgl. Anm. 25).
[35] Heringer, S. 54 (vgl. Anm. 25).
[36] B. P. Berchtesgadener Protokoll- und Nottlbücher. Fasc 165, Jahrgang 1798. (Hauptstaatsarchiv, Abteilung Kreisarchiv, München).
[37] Zitiert nach Mertz, S. 32 (vgl. Anm. 15).
[38] Martin, S. 34 (vgl. Anm. 15).
[39] Ministerialforstbureau 1860, S. 5–6. Erstaunliche Ermittlungen zur »Handwerksdichte« sind Heringer (S. 76) zu verdanken: War innerhalb der deutschen Territorien die Handwerksdichte (nach Schremmer 1969, S. 706) 1816 erst bei 3,08 Meister und Gesellen auf je 100 Einwohner, so betrug sie in der Oberpfalz 5,7 (i. J. 1770), in Ober- und Niederbayern bereits 7,2 (i. J. 1792) und erreichte im Berchtesgadener Land, wo allein 650 Holzhandwerker auf 8234 Einwohner trafen, eine Holzhandwerksdichte von 7,8 je 100 Einwohner. Würde man die anderen Handwerke, die sich der Verarbeitung von heimischen Rohstoffen widmeten, Kugelmüller, Mühlsteinbrecher usw. noch dazuzählen, so käme man an der Schwelle zur industriellen Epoche (selbst in dem so handwerksdichten Bayern) auf eine Dichte von vergleichsloser Höhe. Der Zusammenhang wird deutlich: Die landschaftliche Strukturvielfalt zog eine ähnlich reich strukturierte Handwerksvielfalt mit sich. Es gab kaum Unnützliches in der Landschaft. Sogar die Latsche der subalpinen Zone wurde noch zu Drechslerarbeiten verwandt (vgl. Ministerialforstbureau 1859, S. 10). Es hatten ja auch an die 400 Familien mit ca. 2000 Personen, das war ein rundes Viertel der Berchtesgadener Bevölkerung, von der Holzwarenfabrikation in Heimarbeit zu leben, die sie neben der kargen Landwirtschaft auf ihren Lehen betrieben. Vierthaler (1816, S. 46) berichtet, daß ein Großfamilienverband etwa 20.000 Spanschachteln pro Woche zu fertigen hat, um zu einem kargen Verdienst von 8–10 Gulden zu kommen. Solche Arbeit bei solchem Verdienst war kein Steckenpferd für den Feierabend. Daß keine Proletarisierung des Handwerkerstandes eintrat, lag daran, daß es wohl Bruchteilslehen und Kleinhäusler gab, aber keine Besitzlosen. Zudem gab es eine Fülle von Nutzungsrechten in Bezug auf Holzversorgung, Weidegang, Dienstleistung, die den einzelnen mit Zunft, Gnotschaft, Kirche und Staat so wirksam vernetzten, daß er nie »in der Luft hing«, vielfältig vergesellschaftet war und sich obendrein kulturell entwickeln konnte. Handwerksmeister und Gesellen erhielten vom Salinenärar noch im Jahre 1856 gemäß alten Rechten 746 Werkstämme zugeteilt. In den folgenden Jahrzehnten ging das traditionelle Berchtesgadener Handwerk rapide zurück und verschwand bis auf wenige Reste. Heute sind die Spuren des Handwerkens indes noch deutlich erkennbar.

[40] Die Verleihung des Bergrechtes läßt vielleicht auch nur darauf schließen, daß man in Berchtesgaden Hoffnungen auf Salzvorkommen hegte, wie sie sich in Reichenhall bestätigt hatten. Einige Anteile an den Reichenhaller Salzquellen hatte das Stift jedenfalls bereits durch Schenkungen an sich gebracht. Schon um 1190 begann das Stift am sog. »Tuvall« nach Salz zu schürfen. Vermutlich griff der Bergbau hier auch auf die dem Salzachtal zugewandte Bergseite über, die die Propstei zwar zufolge der Schenkung Berengars beanspruchen konnte, die sie aber faktisch nie besaß (Martin S. 5).
[41] Martin, S. 6 (vgl. Anm. 15).
[42] Martin, S. 21/22 (vgl. Anm. 15).
[43] Vgl. vor allem: Hochstift Berchtesgaden Lit. 168 und 193 1/16, sowie die Instruktionen für die Salzbeamten, KAM Hochstift Lit. 6, Verz. 18, Fasz. 10, Nr. 143 u. 145.
[44] KAM Hochstift Lit. 5, Fasz. 26/26: »Die seit der Existenz der Salinen und seit der Anlassung der Zinswaldungen bestehenden Holzmeisterschaften gehören zum Lehen und sind als eine auf dem Lehen liegende Gerechtigkeit anzusehen.« Ursprünglich war das Holzmeisteramt wohl eine persönliche Gerechtigkeit, wurde aber dann, da es sich wie die Erblehen vom Vater auf den Sohn vererbte, als dinglich betrachtet.
[45] Siehe z. B. die Holzhandwerksordnung von 1714, Hochstift Berchtesgaden Lit. 22.
[46] Zeller – Schöner, S. 25 (vgl. Anm. 5).
[47] Die Aufzeichnungen über die Bestiftung der Salzburger Kirche durch Herzog Theodo von Baiern – der Indiculus Arnonis aus dem Jahre 788 und die Notitiae Breves aus dem Jahre 800 – führen zum Teil namentlich, Almen und Hochweiden an: Gauzo (Götschen?), Ladusa (Laros?), Cuudicus (Gilsche?), Cuculana (Gugelau?), Alpicula (Alpbichl?) und Lacuana (Seealpe?). Diese Dokumente nennen die Almen meist als Zugehör eines oder mehrerer Güter sagen jedoch nichts über ihre Bewirtschaftung aus. – Dazu bemerkt Rudolf Kriß (Sitte und Brauch im Berchtesgadener Land, München 1947, S. 185 f.): Angesichts der fehlenden schriftlichen Zeugnisse sind wir auf die Methode der Schlußfolgerungen angewiesen, wenn wir in diese etwas dunkle Entwicklung einiges Licht tragen wollen. Soviel steht fest: noch vor der Gründung Berchtesgadens, zu Anfang des 12. Jahrhunderts, waren die Laros- (Roßfeld) und die Gotzenalm von Salzburg aus bewirtschaftet worden. Hierüber schreibt Hans Mauerberg in seiner Bevölkerungs- und Sozialgeschichte des Berchtesgadener Landes (Hannover 1939): »In den Notitiae Breves vom Jahr 788/90 über Gütervergabungen, welche die Kirche Salzburg aus herzoglich bayrischem Gut erhielt, werden auch zwei Almen genannt, die im Berchtesgadener Land liegen. Es sind dies die Gotzenalm und die Larosenalm. Diese historisch belegbare Nachricht in den Notitiae Breves kann nicht ohne erheblichen Einfluß auf das Urteil bleiben, das im Hinblick auf die Frage nach der Erstbesiedelung des Berchtesgadener Landes zu treffen ist.«

»Itemque tradidit supradictus dux in prescripto pago Salzburchae duos alpes qui vocantur Gauzo et Ladusa in quo sunt tantomodo pascua orium.«

Die gleiche Nachricht findet sich nochmals in den Notitiae Breves, die kurze Nachrichten über die Gründung und Bestiftung des Bischofsitzes und der Klöster von Salzburg aus den Jahren um 790 enthalten. »Ad cucullas dedit idem dux ad eandem sedem colonias III et silvam magnam cum pratis et pascuis ibidem pertinentibus et alpes duas Gauzo e Laduso ad pascua pecudum.« Beide Nachrichten über landwirtschaftlich nutzbare Fluren weisen in ihrer Abfassung und nach ihrer Lage unzweifelhaft darauf hin, daß die Almwirtschaft in dieser Gegend schon am Anfang des 8. Jahrhunderts in Blüte stand. Es wird sogar in der erwähnten Notiz von der Güte dieser Weiden für die Tiere gesprochen (Mauersberg, S. 24).

[48] Bei der Deutung des Wortes »Gauzo« stößt man auf die germanische Wurzel »gaug«, »gug«, »geug« – sich auffällig hin- und herbewegen. Im Flurnamen bezeichnete es eine stark gekrümmte und wellenförmige Bodenformation. Eine sprachliche Weiterentwicklung von Gauzo zeigen die Berchtesgadener Namen Gotzen und Götschen. Da die Besiedelung des Berchtesgadener Landes von den Außentälern nach Süden erfolgte, scheint die Annahme zulässig, daß die »alpis Gauzo« mit der Götschenalm bei Schellenberg identisch ist. (Glauert 1975, S. 52)
[49] Bei »alpis Ladusa« scheint eine entfernte Verwandtschaft zu dem Bachnamen Laros (Lados) in Unterau gegeben. Auf einem Beleg des Jahres 1258 erscheint ein »rivus Ladusen« als Gerichtsgrenze zwischen Salzburg und Berchtesgaden. Im rivus Ladusen dürfen wir den Bach Ladosa vermuten, der nach alten Karten mit dem Larosbach identisch ist. Man geht wohl nicht fehl, die »alpis Ladusa« im Gebiet der heutigen Ahornalm am Larosbach zu suchen. (Glauert 1975, S. 52)
[50] Zur Einführung in die Dendrochronologie empfiehlt sich u.a. folgende Literatur:
Huber, B.: Neues von Radiocarbon- und Jahrringdatierung. Sonderdruck aus: Mitteilungen aus der Staatsforstverwaltung Bayerns. 36. Heft, München 1967.
Huber, B. und Gierz, V.: Central European Dendrochronology for the Middle Ages.
Heydenreich, L. H.: Dendrochronologische Untersuchungen an Objekten mittelalterlicher Kunst. Bericht über die vom Zentralinstitut für Kunstgeschichte und vom Forstbotanischen Institut der Universität München veranstaltete wissenschaftliche Arbeitstagung vom

51 Heringer, S. 57 (vgl. Anm. 25).
52 Vgl. May, G.: Die Viehzucht und Alpenwirtschaft im Amtsbezirk Berchtesgaden. München, 1875.
53 Der gesamte nachfolgende Abschnitt wurde entnommen aus: Baudokumentation, Almen und Forsthütten im Nationalpark Berchtesgadener Land. Fachhochschule München, Fachbereich Architektur, München 1981. Beiträge von Eva Ilsanker (Geschichte der Almwirtschaft in Berchtesgaden) und Günther Gödde (Bemerkungen zu den Rechtsverhältnissen der Berchtesgadener Almen und ihrer Gebäude).
54 Sowohl die Gotzen als auch Priesberg und Roßfeld gehören zu den Almlandschaften, die von mehreren Bauern bezogen werden, weswegen sich die Aufstellung einer bestimmten Almordnung als notwendig erwies. Mit solchen Almordnungen wurden die bis auf den heutigen Tag geführten Almbücher eröffnet; sie wurden im 18. Jahrhundert erstmalig schriftlich niedergelegt und enthalten außer einer Menge uns hier nicht interessierender wirtschaftlicher allgemeiner Bestimmungen auch manche volkskundlich bemerkenswerte Stelle. Die Verhältnisse auf den Almen im Umkreis der Gotzen, des Priesberges und des Roßfeldes führen uns auf die Spuren ältester Berchtesgadener Brauchtumsgeschichte aus den Zeiten der ersten Besiedelung des Landes (Kriß R., wie Anm. 47, S. 180).
55 Lebling, C.: Geologische Verhältnisse des Gebirges um den Königssee. In: Abhandlungen der Geologischen Landesuntersuchung am Bayerischen Oberbergamt, Heft 20, München 1935.
56 Heringer, S. 20 (vgl. Anm. 25).
57 Zeller-Schöner, S. 21 (vgl. Anm. 5).
58 In neuerer Zeit entstanden der Bergführerroman »Der Kederbacher« von Fritz Schmitt, »Der Hof am Sillberg« von Hugo Kubsch, »Jahrlauf in Berchtesgaden« von Erika Schwarz, die sich mit Land und Leuten auseinandersetzen, sowie »2000 Meter Fels« und »Rund um den Watzmann. Streifzüge durch die Berchtesgadener Alpen«, von Hellmut Schöner. Das 1950 von der AV-S. Berchtesgaden herausgegebene reichbebilderte Werk »Berchtesgadener Alpen« enthält eine ausführliche Erschließungs- und Ersteigungsgeschichte (W. Crantz, E. Schwarz, H. Schöner, H. Räthling), Beiträge über das Skigebiet der Berchtesgadener Alpen (O. Schultheiß, Dr. Graßler) und die Hochalpenstraßen (H. Schöner) und eine umfassende Bibliographie (Dr. Graßler). Der Verein für Heimatkunde des Berchtesgadener Landes brachte 1966/67 die zwischen 1913 und 1932 erschienenen Arbeiten Sigmund Riezlers, Dr. Julius Miedels und Karl Aigners über die Orts-, Wasser- und Bergnamen des Berchtesgadener Landes neu heraus.
59 Richter, E.: Der Zustand der Bevölkerung und dessen geschichtliche Entwicklung. Zeitschrift des Deutschen und Österreichischen Alpenvereins, Bd. 16, Jg. 1885, S. 267.
60 Histor. Atlas, S. 18, Fußnote 2 (vgl. Anm. 7).
61 Meister, G.: Landeskultur im Alpenpark. Hrsg.: Bayerisches Staatsministerium für Ernährung, Landwirtschaft und Forsten. München 1974, S. 58.
62 Tränkel, S. 13 (vgl. Anm. 26).
63 Der Name »Gnotschaft« ist sicher von »Genossenschaft« abzuleiten, da (abgesehen von der ersten Erwähnung »gnotschaft« i. J. 1430, KAM Hochst. Lit. 5, Fasz. 30/2, fol. 1 u. 25) die frühesten schriftlich bezeugten Formen aus den Jahren 1432, 1447, 1448 und 1456 »genoschaft«, »gnoschaft« und »gnosschaft« lauten (Hochst. Berchtesgaden Urk. 230, 262, 264 und Hochst. Bercht. Lit. 224 1/2, fol. 59, vgl. auch Schmeller-Frommann, Bayer. Wörterbuch 1, Sp. 1763). Bosl glaubt annehmen zu dürfen, daß diese Bezeichnung des gemeindlichen Zusammenschlusses durch niederdeutsche Bergarbeiter ins Land gebracht wurde, da sie eine niederdeutsche Wortform sei und zuerst für die Güter um den Salzberg vorkomme.
64 Man muß jedoch beachten, daß mit der Bezeichnung »Gnotschaft« vor 1803 etwas anderes als heute gemeint war: Die heutige Gemeinde entspricht räumlich der alten Gnotschaft, die heutige Gnotschaft (Unterabteilung der Gemeinde) entspricht dem alten Gnotschafterbezirk. Im folgenden wird unter »Gnotschaft« immer die alte Gnotschaft verstanden.
65 Bosl, S. 38 (vgl. Anm. 19).
66 Diese Unterteilung war aber nicht fest. Die folgenden Steuerbücher führen bald mehr, bald weniger Gnotschafterbezirke auf, ohne aber eine gewisse Linie zu verlassen. Diese war durch die Siedlungsstruktur gegeben, da ungeachtet der typischen Einödsiedlung doch einzelne Einöden in einem engeren Zusammenhang (Hofgruppen) standen. Diese relativ geschlossen gelegenen Siedlungen boten sich also von selbst als Unterabteilungen der Gnotschaften an, konnten aber an Umfang und Zahl schwanken, besonders da die Zahl der Höfe im Land in stetem Wachsen begriffen war. Im Steuerbuch von 1698 haben sich die Gnotschafterbezirke bereits soweit konsolidiert, daß sie fast durchwegs Zahl und Umfang der heutigen Gnotschaften besitzen.
67 Histor. Atlas, S. 14 (vgl. Anm. 7).
68 Histor. Atlas, S. 19 (vgl. Anm. 7).
69 Bosl, S. 53 (vgl. Anm. 19).
70 Als Quelle für die Beschreibung der Ortsbilder dienten die Ensemblebeschreibungen des Bayerischen Landesamtes für Denkmalpflege in der Denkmalliste für den Landkreis Berchtesgadener Land.
71 Heringer, S. 18 (vgl. Anm. 25).
72 Ramsau ist schon für das Jahr 1295 bezeugt (Helm, 1929, S. 269; vgl. Heringer, S. 18).
73 Quelle: Karl Baumgarten: Das deutsche Bauernhaus. Eine Einführung in seine Geschichte vom 9. bis zum 19. Jahrhundert. Berlin 1980.
74 Der Stall ist immer durch 2 Unterzüge (»Tram«, »Duiziehbalken«) aufgeteilt, so daß die tragenden Pfosten gleichzeitig die Viehstände unterteilen. Davor hat der »Viehbaum« Aufstellung gefunden, der noch zur Wand hin einen schmalen Futtergang freiläßt.
75 Die »Firstsiel« reicht nicht mehr bis zum Erdboden, die Pfetten werden teils von Säulen getragen, teils liegen sie auf kurzen, teils nach unten verjüngenden Blockwandstreifen (»Kegelwänden«) auf.
76 Tränkel, S. 50 (vgl. Anm. 26).
77 Tränkel, S. 52 (vgl. Anm. 26).
78 Tränkel, S. 53 (vgl. Anm. 26).
79 Andreas Fendt, zitiert bei Tränkel (vgl. Anm. 26).
80 Vgl.: Keim, H.: Pfostenspeicher- und scheunen in Tirol, Band I und II, unveröffentlichte Dissertation, Technische Universität München 1976.
81 Vgl.: Lipp, F. C.: Hallstatt-Blockhaus und Dachstein-Almhütten. Sonderdruck aus: Festschrift für R. Pittioni zum 70. Geburtstag, Wien 1976.
82 Zitiert nach Tränkel, S. 58 (vgl. Anm. 26).
83 Koch-Sternfeld, 1811, S. 184 u. 186.
84 Der Bautyp des Rundumkasers wurde nach den maßgeblichen Angaben von Tränkel vom Verfasser bereits in folgenden Werken und Aufsätzen behandelt: Der Bergbauernhof. München 1979. – Almen, München 1981. – Hüttenrenovierung auf Abwegen, Beispiele aus dem Berchtesgadener Land. In »Der Bergsteiger«, Heft 1/78, S. 24 ff. – Als das Vieh noch rund ums Kasstöckl stand. In: Charivari, Heft 6/1981, S. 12 ff. – Die letzten Rundumkaser des Berchtesgadener Landes. In »Volkskunst« Heft 2/1979, S. 106 ff. (unveränderter Abdruck in: Jahrbuch der Bayerischen Denkmalpflege, Band 32, 1978, S. 241 ff.) – Die letzten »Rundumkaser« des Berchtesgadener Landes. In »Der Bergsteiger«, Heft 8/81, S. 36–38.
85 Heringer, S. 43 (vgl. Anm. 25).
86 Kriss-Rettenbeck, L.: Bilder und Zeichen religiösen Volksglaubens. München, 1963.
87 Vgl. Ranke, K.: Die Alm- und Weidewirtschaft des Berchtesgadener Landes. München 1929, S. 30.
88 Als Quelle wurde benutzt: Hörmann, W.: Steinzeit der Schusser. Die letzte Kugelmühle klappert im Berchtesgadener Land. – Einst Export bis Indien. In Charivari, Heft 4/1978, S. 39 ff.
89 Gerndt, S.: Unsere bayerische Landschaft – ihre Natur- und Landschaftsschutzgebiete. München 1970, S. 76.
90 In diesem Zusammenhang sei auf die beiden Standardwerke über Holzblockbau verwiesen:
Phleps, H.: Holzbaukunst – Der Blockbau. Karlsruhe 1942. – Klöckner, K.: Der Blockbau. München 1982.
91 Erstveröffentlichung: Werner, P.: Wachskreuze an Firstbalken. In »Volkskunst«, Heft 3/1979, S. 185.
92 Als Literatur und Quelle für sämtliche Zitate diente: Tränkel, S. 75, 76, 79, 80 (vgl. Anm. 26).
93 Die Thematik des Arma-Kreuzes ist besonders umfassend behandelt von: Berliner, R.: Arma Christi. In Münchner Jahrbuch der bildenden Kunst 1955/56, S. 35 ff. Verwiesen sei auch auf die Arbeit von Apold, A. M.: Das Arma Christi-Motiv. In »Volkskunst«, Heft 3/1978, S. 196 ff.
94 Kriß, R.: Sitte und Brauch im Berchtesgadener Land. München 1947, S. 154.
95 Als Quelle wurde benutzt: Edith Ebers – Franz Wollenik: Felsbilder der Alpen. Hallein 1980.
96 Schon auf bronzezeitlichen Menhiren treten Leitern und Netze auf, wie zum Beispiel auf dem Menhir von Beldorf, Kreis Rendsburg, in Schleswig-Holstein. Ihm wird ein Datum von 1200 v. Chr. (jüngere Bronzezeit) zugeschrieben. Der wilde Wald von Fontainebleau südöstlich von Paris ist voll von solchen »Netzen«.
97 Erstveröffentlichung: Roth, H.: Rupertiwinkel, nicht Rupertigau. »Das Salzfaß«, Heft 3 (1981), S. 93 ff.
98 Micheler, A.: Der Landkreis Laufen im Wandel der Erdgeschichte. Das Heimatbuch des Landkreises Laufen II. Tittmoning 1963, S. 14 ff.
99 Verwendete Literatur: Dopsch, Heinz: Geschichte Salzburgs, Stadt und Land, Band I/1 Verlag Anton Pustet, Salzburg 1981. Englmann, Heinrich: Geschichtliches über Salzburghofen Verlagsanstalt G. J. Manz, München 1909. Gerhard, Kurt u. Maier, Rudolf Albert: Norische Gräber bei Hörafing im Chiemgau, in: Bayerische Vorgeschichtsblätter, Jahrgang 29, C. H. Beck'sche Verlagsbuchhandlung, München 1964. Gundel, Alfons: Geschichtliches von Salzburghofen, Freilassing 1929. Dr. Heger, Norbert: Salzburg in römischer Zeit, Jahresschrift 1973, Salzburger Museum Carolino Augusteum Band 19, Salzburg 1974. Heimatfreunde des Rupertiwinkels: Heimatbuch des Rupertiwinkels, Wiedemann'sche Buchdruckerei, Bad Reichenhall 1927. Hell, Martin: Schriftenreihe zur Bayerischen Landesgeschichte, Band 62, Römische Brandgräber aus dem Rupertiwinkel, Histor. Verein Rupertiwinkel: in: »Das Salzfaß«, Heft 1975/I und 1979/I. Kreismuseum Lodron-Haus: Museumsführer, Mühldorf a. Inn 1975. Loyz, Wolfgang u. Keller, Erwin: Bedaium, Seebruck zur Römerzeit. Obermayr, August u. Wegner, Helmut: Bajuwaren zwischen Inn und Salzach (Pannonia-Heft 62). Dr. Pauli, Ludwig: Die Alpen in Frühzeit und Mittelalter, Verlag C. H. Beck, München 1980. Dr. Pauli, Ludwig: Die Kelten in Mitteleuropa, Kultur. Kunst. Wirtschaft, Katalog der Salzburger Landesausstellung 1. Mai – 30. Sept. 1980 – 2. Auflage. Peternell, Pert.: Salzburg-Chronik, Verlag »Das Bergland-Buch« Salzburg 1960. Römisch-Germanisches Zentralmuseum: Führer zu vor- und frühgeschichtlichen Denkmälern, Band 19, Verlag Philipp z. Zabern, Mainz 1971. Stahleder, Helmut: Histor. Atlas von Bayern für Mühldorf a. Inn, Kommission für bayer. Landesgeschichte, München 1976. Westenthanner, Markus u. Enzinger, Kurt: Der Bayerische Rupertiwinkel, Pannonia-Verlag Freilassing 1966.

[100] Verwendete Literatur:
Allgemeines Staatsarchiv München, GL Mühldorf 348 (Urbarbeschreibung des Pfleggerichts Raschenberg, 1613) GL Mühldorf 351 (Pfleggericht Tittmoning, 1612); GL Mühldorf 363 (Pfleggericht Laufen, 1612); GL Mühldorf 367 (Pfleggericht Tettelham und Halmberg und Urbaramt Waging, 1612). Staatsarchiv München Kat. Laufen 10a. Bayerische Staatsbibliotek, Handschriftenabteilung, Ggm. 5434 (J. A. Seethaler, Versuch einer Beschreibung des hochfürstl.-salzburgischen Pfleg-, Stadt- und Landgerichts Laufen, 1802). Dopsch, Heinz (Hrsg.): Geschichte Salzburgs, Bd. I/1. Salzburg 1981. Heichele, Otto: Bauer und Boden im Alt-Laufener Bezirk. In: »Das Salzfaß« NF 1 (1967), H. 2, 43–47. Hübner, Lorenz: Beschreibung des Erzstiftes und Reichsfürstenthums Salzburg, Bd. 1. Salzburg 1796. Reindel-Schedl, Helga: Laufen, vom salzburgischen Pfleggericht zum bayerischen Landkreis. In: Das Heimatbuch des Landkreises Laufen, Bd. 2. Pustet 1963, 9–13. Roth, Hans: Bauer und Boden in der Umgebung von Hötzling. In: Das Bauernhofmuseum in Hof bei Kirchanschöring/Obb. Tittmoning 1981, 15–20. Eine Hofübergabe im Jahre 1595. In: Heimatblätter, Beilage zum Reichenhaller Tagblatt, 33 Jg. (1965), Nr. 15. Landleben in Rupertiwinkel um 1850. Eine Charakteristik von Joseph Friedrich Lentner. In: »Das Salzfaß« NF 14 (1980), 55–64. Zur Situation der Heimatpflege im Rupertiwinkel. In: »Schönere Heimat«, 55. Jg. (1966), H. 3, 530–535. Schedl, Helga: Gericht, Verwaltung und Grundherrschaft im bayerischen Salzach-Saalach-Grenzland unter der Herrschaft der Salzburger Erzbischöfe. München 1956 (ungedruckte Dissertation).

[101] Verwendete Literatur:
Klein, H.: Beiträge zur Siedlungs-, Verfassungs- und Wirtschaftsgeschichte von Salzburg. Eigenverlag der Gesellschaft für Salzburger Landeskunde, Salzburg 1965.

[102] Erstveröffentlichung: Wieser, M.: Schloß Staufeneck, Piding 1979, S. 186 ff.

[103] An die Stelle der Nachbarschaftshilfe trat unter der Leitung des staatlichen Kuratels das Vereinswesen. Die wesentlichsten Aufgaben wie die der Hilfeleistungen wurden den Versicherungen übertragen. Noch heute besteht in den kleinsten Gemeinden mehr Zusammenhalt unter den Bürgern als in den größeren Gemeinden. Besonders in bäuerlich strukturierten Gemeinden wird noch so manche öffentliche Einrichtung im Rahmen einer gemeinsamen »Nachbarschaftshilfe« gebaut.

[104] Neben den genannten Güterbezeichnungen führten noch einige hofurbarliche wie Kloster Höglwörthische Güter den Beinamen »Wachtlehen«. Fast alle Mauthauser und Urwieser Höfe waren Wachtlehen; die zu »Staufeneck wachten mußten, wanns die Not braucht«. In frühen Urkunden erscheinen auch noch die »Barschalken«, sie galten als persönlich freie Knechte, die zu gewissen Zeiten Knechtsdienste leisten mußten. Klöster besetzten neu erworbene Güter mit Barschalken, wenn keine grundhörigen Knechte vorhanden waren. Die Barschalken waren heerespflichtig und abgabepflichtig, wenn sie auf Gütern saßen, dingpflichtig und durften sie der Eidhelfer bedienen. Ehen mit Freien wurden anfangs verboten, später folgte der Sohn dem Stande des Vaters, die Tochter dem der Mutter. Im Erzstift gab es auch »Leibeigene« oder Knechte, Eigenleute genannt. Hübner berichtet, daß die meisten Grundholden im Gericht Lofer noch im 15. Jahrhundert Leibeigene oder Knechte waren.

[105] Besonders die Bauern im Pinzgau fühlten sich betroffen und rotteten sich in Zell am See zusammen.
Wolf Dietrich sandte sofort den Pfleger von Staufeneck, den Hof- und Kriegsrat Longin Walter zu Waltersweil mit Soldaten nach Zell am See, um den drohenden Aufstand im Keim zu ersticken. Die Anstifter wurden verhaftet, an den Pranger gestellt und des Landes verwiesen. Weil der Pfleger Kaspar Vogl diese Unruhen nicht früh genug erkannt und verhindert hatte, ließ ihn Wolf Dietrich ebenfalls verhaften und stellte ihn vor das Hofgericht. Der Pfleger, der in seiner 40jährigen Dienstzeit aufgrund seiner Erfahrung die aufgebrachten Bauern immer wieder zur Ruhe gebracht hatte, war sich keiner Schuld bewußt und kam daher unter die Folter. Unter der Tortur »gestand« der Pfleger seine »Schuld« und wurde nach viermonatiger Haft ohne ordentliche Gerichtssitzung am 8. November 1606 unterhalb der Festung Hohensalzburg, auf der sogenannten Scharte, mit zwei anderen Bauern durch das Schwert hingerichtet. Der Landesfürst soll sich über diese Hinrichtung des in erzstiftlichen Diensten ergrauten Familienvaters von 5 Kindern anschließend bittere Vorwürfe gemacht haben.

[106] Die Stockurbare wurden damals auf Pergament geschrieben, in Schweinsleder gebunden und mit dem Wappen der Erzbischöfe Wolf Dietrich und Marcus Sitticus versehen. Das Urbar wurde jeweils vom regierenden Erzbischof eigenhändig unterzeichnet und galt bis zum Ende des Erzstifts Salzburg. Eine Neueinschätzung der Güter im Gericht Staufeneck erfolgte erst durch Erzbischof Hieronymus.

[107] Nach den »hofurbarlichen« Gütern des Erzbischofs wurden vom letzten Pfleger noch folgende Grundherrschaften aufgeführt: Das Domkapitel in Salzburg, Stift St. Peter, Stift Nonnberg, Stift Höglwörth, die Grafen von Lodron, Künburg, Firmian und Platz, der St. Georgen Ritterorden in Salzburg, die Freiherren von Rehlingen, Dücker, Auer und Laßberg, von Schiedenhofen, die Grafen von Törring, Trauner und Taufkirchen. Besonders zahlreich waren im Gericht Teisendorf-Raschenberg die sogenannten geistlichen und weltlichen Schild- oder unbefreiten Grundherrschaften. Dazu gehörten: Die Herrschaft Vachenlueg, Baron Plenl, der Rupertorden, Stift Chiemsee, Stift Frauenchiemsee, Berchtesgaden, Seeon, das Gotteshaus Vachendorf, das Gotteshaus Surberg und Kammer, Stift Baumburg, das Gotteshaus Haßlach, die Bruderschaft in Surberg, die Kirche in Voglwald, St. Zeno, die Pfarre Restendorf, die Seelenbruderschaft Salzburg und von Teisendorf, Stift Seekirchen, Stift Laufen, St. Andrä in Teisendorf, die Weildorfer Kirche, Bürgerspital Salzburg, Pfarrwidum Teisendorf, Markt Teisendorf, Sebastian Kirche Salzburg, Nikolei Kirche Salzburg, Pfeiffenspergisch, das Gotteshaus Neukirchen, Priesterhaus Salzburg, St. Georgen bei Laufen, Klostermühle, K. Läffberg, Mehringer Kirche, Waginger Kirche, Wimmerer Kirche, C. L. Bruderschaft Salzburg, die Kirche Werfen, Bruderschaft Otting, Holzhausen Kirche, das Leprosenhaus in Teisendorf und St. Erasmus in Bichln. In Piding befanden sich 91 Güter oder Häuser, davon waren 11 »freie Eigen«: das alte Zollhaus, Kirchen, Schule und einige Häuser, die erst nach der Säkularisation erbaut wurden, sowie Schloß Staufeneck und das »Schloßbauerngut« (ehemaliges Amtshaus). Zum Hofurbar gehörten 47 Güter: 13 Güter gehörten dem Domkapitel, 5 Güter zum Kloster Höglwörth und ein Hof zur Kirche St. Erasmus in Bichln, 3 Güter dem Baron von Laßberg in Marzoll, 3 Güter dem Grafen Lodron, 3 Güter dem Grafen Platz, 1 Gut dem Grafen Künburg und 1 Gut dem Baron von Schiedenhofen. 3 Güter waren Beutellehen. 65 Güter hatten geistliche und 11 Güter weltliche Grundherren. Außer den freieigenen Gütern und den 3 Beutellehen waren sämtliche übrigen Bauernlehen auf Erbrecht verliehen. Der Anteil der geistlichen Güter war in Piding wie im gesamten Erzstift vor der Säkularisation noch größer. Nach einer Aufstellung von Fendt waren im Rupertiwinkel und Chiemgau 25 % der Grunduntertanen weltlichen Grundherren dienstbar, 67 % unterstanden geistlichen Grundherren und nur 8 % waren um das Jahr 1800 freieigen.

[108] Der Übergang vom Freistift auf Erbrecht erfolgte nicht nur im Erzstift Salzburg so früh, sondern auch in Berchtesgaden: Propst Ulrich von Berchtesgaden verkaufte mit »Wissen und Gunst« des Erzbischofs Pilgrim im Jahr 1377 wegen »sichtbarer Notdurft« alle in der Gegend von Berchtesgaden gelegenen Freistiftsgüter an seine Gotteshaus eigenen Leute, ihren Hausfrauen und all ihren Erben auf Leibrecht«.

[109] So wurde auch der Erberhof zu Mauthausen vermessen und fixiert. Die Laudemialgebühren oder der Handlohn betrugen bei der letzten Schätzung 183 fl. 45 kr. Als Großzehent hatte die Hofmark Marzoll 2 Vierling Weizen, 1 Vierling Korn, 1 Metzen Hafer erhalten. Der Kleinzehent wurde auf 15 kr. veranschlagt. Alle Rechte und Grunddienstbarkeiten wurden vermerkt. Vierzehn Jahre später, am 21. Juli 1842, war es dann soweit, der Notar beurkundete im »Namen Seiner Majestät des Königs von Bayern, daß das Grundobereigentum von dem zum königlichen Rentamte Berchtesgaden erbrechtsweise grundbaren der Elise Schöndorfer gehörigen Erbergut Hs. Nr. 66 genaue Nr. 82, im Steuerdistrikte Piding unter folgenden Bedingungen erlösche: 1. Für den Entgang des fixierten Handlohns bei künftigen Veränderungsfällen und der grundherrlichen Taxen, wird ein Loskaufschilling von neunzig Gulden dreißig Kreuzer bedungen, wovon vierzig neun Gulden vierzig fünf Kreuzer deren Empfang hiermit quittiert wird, bereits bar bezahlet worden sind, der Rest von 45 fl. 45 kr. aber als ein vierprozentiges Bodenzins Kapital mit einem jährlichen Bodenzins von einem Gulden fünfzig Kreuzer und zwei Pfenning auf das Gut übernommen wird. 2. Mit Ausnahme des fixierten Handlohns und der grundherrlichen Taxen müssen alle auf dem genannten Gute haftenden Abgaben, von welchem die grundherrlichen die Eigenschaft der zinsherrlichen annehmen, auch zukünftig entrichtet werden. 3. Das Obereigentum kann von dem Nutzeigentum niemals wieder getrennt werden, und jede gegen diese wesentliche Bedingung laufende Handlung ist an und für sich null und nichtig. 4. Dieser Loskauf bindet die Elise Schöndorfer sogleich, den Staat aber, welcher die gesetzliche Gewährschaft leistet, erst an unwiderruflich, wenn von heute an zwei Jahre verflossen sind, ohne daß gegen Vergütung der Loskaufschillingsgelder diese Urkunde zurückgefordert und für ungültig erklärt werden könnte.« Somit erlebte die Tochter des ehemaligen salzburgischen »hofurbarlichen hochfürstlichen Hofpau Besitzers zu Staufeneck«, geborene Elise Koch, den Tag, als ihr »obrigkeitlich bestätigt wird, daß das Obereigentum von Nutzeigentum niemals wieder getrennt werden kann«.

[110] wie Anm. 102, jedoch S. 195.

[111] Es waren fünf Güter zu Jechling, zwei Güter am Graben, ein Gut in Oberau, zwei Güter am Irlberg, ein Gut in Wolfertzau, zehn Güter zu Stoißberg, die »so einsichtig daselbst herum gelegen sind«, zehn Güter am Zellberg, das Gut Dornach, neunzehn Güter in Holzhausen, das Gut Geigental, Brunntal, Grub und zwei Güter zu Stockham, dann drei Grüter zu Englham, Hainham und Praxental und elf Güter am Höfl, sowie das Gut Innerwiesen und sechs Güter zu Pfaffendorf.

[112] Wolf Dietrichs Vorgänger war nach nur siebenmonatiger Regierungszeit gestorben, folglich wurde innerhalb von 12 Monaten zweimal die Weihsteuer, die 5 % der Gesamtsumme der Abgaben ausmachte, »Die Gerichtsuntertanen protestieren und verweigern die Entrichtung der Weihsteuer«, berichtet der Pfleger von Staufeneck seinem Landesfürsten. Zahlreiche Aklten von 1508 bis 1802 befassen sich mit Weigerung und Bitten oder Minderung und Nachlaß. Nachdem beim Regierungsantritt von Wolf Dietrich ein Ernteausfall die Untertanen zusätzlich geschädigt hatte und eine Eintreibung unter diesen Umständen aussichtslos war, verzichtete Wolf Dietrich auf die Einhebung der Weihsteuer oder des »Herrenantrittsgeldes«. Dafür führte Wolf Dietrich eine »indirekte Umgeldsteuer« ein.

[113] Ausgeschrieben wurden zusätzliche Steuertermine, wenn zum Beispiel fremde Truppen hohe Geldforderungen gestellt hatten. So wurden anläßlich der ungeheueren Erpressungen von seiten der französischen Generale im Jahre 1801 eine dritte und vierte »Steuergabe« entrichtet und zwar nach dem gleichen Anschlag und zahlbar zu Georgi und Martini. In Notzeiten mußten diejenigen Bauern, die ein »Zulehen« oder einen zweiten Hof besaßen, für den zweiten Hof statt der gewöhnlichen »Zulehensteuer« doppelt soviel abführen. Die gewöhnliche Zulehensteuer betrug 1 fl. 30 kr. von hundert Gulden geschätzten Steuerkapitals.

[114] Das Wort »Anlait« sei ein »barbarisches Wort« und bei den lateinischen Autoren unbekannt, die lateinische Bezeichnung war »Laudemium«. In Bayern sagte man »Lehensgeld oder Handlohn«.

[115] Das Laudemium betrug im Staufeneckischen und Raschenbergischen Gerichtsbezirk bei sämtlichen inkammerirten Grunduntertanen des Hofurbaramtes Staufeneck, des Domkapitels, des Domkapitlischen Benefiziums St. Sigmund und Kolomann sowie beim Kloster Höglwörth »in Ermangelung einer offiziellen Norm« nur nach altem Herkommen und Gewohnheit von jedem erbrechtbaren Gut 5 Prozent von 100 Gulden Realwert. Das Domkapitlische Benefizium St. Ehrentrudis forderte für die freistiftigen Güter 6 Prozent. Verschiedene Grundherrschaften hatten laut Bericht des Pflegers nach »Umständen und Gutheit oft nur die Hälfte, ein Drittel, oder 1 fl. 40 kr. oder 1 fl. 15 kr. von 100 fl. Realwert genommen«.

[116] Bei einigen Gütern war das Laudemium pauschaliert und nicht nach dem tatsächlichen Verkaufswert berechnet; zwei Güter im Gericht mußten bei Besitzveränderung einen ungarischen Dukaten bezahlen. In der Fürstpropstei Berchtesgaden dagegen wurde schon 1377 das Laudemium auf 36 Kreuzer bei Besitzveränderungen fixiert, unabhängig von der Größe des Objekts.

[117] Nach dem Anlaitsrecht mußten nach dem Stiftsbuch zum Beispiel für eine Henne 6 Pfg., für eine Gans 12 Pfg., für ein Viertel Wein 20 Pfg., oder für ein Schwein, 30 bis 40 kr. bezahlt werden. Da aber diese Schätzungen seit Jahrhunderten nicht geändert wurden, stand es dem Kloster frei, den tatsächlichen Geldwert oder das Stück zu nehmen. Um 1650 kostete ein Metzen Korn 7 bis 8 kr., ein Metzen Hafer 5 bis 6 kr., ein Pferd ca. 10 fl. und eine mittlere Kuh 2 bis 4 fl.; um 1790 ein Metzen Korn 1 fl. 15 kr., eine Kuh ca. 25 fl. In der Praxis sah die Anlaitsgebühr so aus: Rupert Koch, Erberbauer zu Mauthausen, Besitzer eines $3/16$ Hofes, zahlte am 8. Juli 1801 aus dem geschätzten Realwert von 1470 fl. = 5 % vom Todfall = 73 fl. 30 kr. 5 % von der Übernahme: 73 fl. 30 kr. Für die »Halbsetzung« seiner Ehefrau Elisabeth Reiter: $2^1/_2$ = 36 fl. 45 kr. Gesamte Anlaitsgebühr: 183 fl. 45 kr.! Um diese Summe bezahlen zu können, hätte der Hof den Butterertrag von fünf Kühen eines ganzen Jahres aufbringen müssen! Der Erberbauer besaß damals nur 4 Kühe, was ungefähr dem damaligen Durchschnitt entsprach, außerdem mußte er damit seine Familie ernähren.

[118] Die ehemalige »Herrschaft zu Staufeneck« könnte diese Kirche erbaut haben, denn noch befindet sich über dem Hochaltar das Wappen der Grafen von Plain. Zahlreiche Kirchen wurden von den Hunnen zerstört. Der Wiederaufbau hat dazu beigetragen, daß die Pfarrer mit dem notwendigen Zehent ausgestattet wurden. Zugleich ersuchten die Gemeinden für die Curatfilialen um einen Geistlichen für die Seelsorge. Dafür wurde von der Gemeinde die jährliche Naturalabgabe eingesammelt.

[119] So hatte die Hofmark Marzoll ihren Zehentsbezug schon 1715, 1736 und 1750 erworben. Zahlreiche Akten über das Zehentwesen berichten von Neubrüchen, Zehentablösungen und Zehentsverpachtungen aus der Zeit von 1565 bis 1805. Um die Zehentsablösungen und -abgaben entstand viel Streit.

[120] Erstveröffentlichung: Roth, H.: Landleben im Rupertiwinkel um 1850. Eine Charakteristik von Friedrich Lentner. »Das Salzfaß«, Heft 2/1980, S. 55 ff.

[121] »Oberbayern IV Gruppe Salzburger Land Gericht: Laufen, Dietmanning und Reichenhall«. S. 3–25.

[122] Quelle: Westenthanner, M.: Bodenprodukte des Rupertiwinkels vor 350 Jahren. »Das Salzfaß«, Heft 3/1973, S. 111.

[123] »Stemppenflachs wurde überall, aber nicht in großer Menge gebaut. Seit 1786 pflanzte sich auch rigaischer Flachs, den die Regierung austeilen ließ, aber nicht ohne starker Ausartung fort.«

[124] Angaben nach Lentner (vgl. Anm. 120).

[125] Heichele, O.: Bauer und Boden im Alt-Laufener Bezirk. »Das Salzfaß«, Heft 2/1967. S. 43 ff.

[126] Eberl, Unsere Flurnamen. Band 2, S. 207.

[127] Dieses Kapitel ist entnommen aus Wögerbauer, F.: Zehn Tropfen Schweiß – ein Stück Torf. Das Heimatbuch des Landkreises Laufen II. Tittmoning 1963. S. 79 ff. »Torf ist übrigens eine besondere Art unserer Erdrinde. Gräser, Seggen, Moose, Laub verwesen nicht im Moor, sie vertorfen. Einen Millimeter etwa im Jahr nimmt auf diese Weise die Mächtigkeit der Torfschicht zu: Welche Zeiten mögen die Einzelbestandteile der Bodenstichlage gesehen haben? Der Torfstecher im Schönramer Filz weiß, daß er stellenweise bis zu sechs Meter hinabarbeiten muß, um an die heizwertmäßig hochwertigste Bodenschicht zu gelangen. Gelegentlich begegnet er in dieser Tiefe in der Struktur erhalten gebliebenen Pflanzenwesen aus vorgeschichtlicher Zeit. Bis zu achttausend Jahre liegen die Bodenstichtiefen unter Luftabschluß und bilden so den qualitativ wertvollsten Brenntorf.«

[128, 129, 130] Quelle wie Anm. 125, S. 43 ff.

[131, 132] wie Anm. 102, S. 426

[133] Im Jahre 1727 erklärte Georg Koch, »nunmehriger Besitzer am Hofpau zu Staufeneck« im Beisein der Zeugen, daß er seiner Mutter« nachdem sie ihm auch ihren »halben Urbarsanteil« übergeben habe, diese Übergabe mit einem »Zehrpfennig«, von 250 fl. bezahlen wird. Zugleich bestätigt er seiner Mutter den unverwehrten Ein- und Ausgang sowie die Benützung der Stuben, in der ihr der »vierte Winkel« zugewiesen wurde. Außer der Tischnahrung erhielt sie jährlich zwei Metzen Weizen und einen Metzen Hafer und alle drei Monate zwei »geläutertes Schmalz« und alle sechs Wochen 6 kr. Dann drei Eier, eine »Ferttung Butter«, weiter alle Tag ein Kändl gute Milch und jährlich den vierten Teil des Obstes. Außerdem fünfzehn Händ voll Haar von der Schwing und fünf Händ voll Hanf. Ferner bekam sie im Jahr ein paar »Kälberne und ein paar Rinderne Schuh« und im dritten Jahr einen »Dirndlrock und wollene Socken«. Der Jungbauer verpflichtet sich auch, die Austragsstuben zu heizen. Seine Mutter darf den Austrag verkaufen oder verschenken. Sollte sie krank werden, sorgt der Sohn für eine »gute wart und auf eigne Kosten für eine Auswärterin«. Im Falle aber, daß die »Austräglerin nach dem Willen Gottes versterben sollte, verpflichtet er sich, sie nach christkatholischem Brauch gemäß zur Erde zu bestatten und die hl. Gottesdienste zu halten. Er wird auch für alle Unkosten bei der geistlichen wie bei der weltlichen Obrigkeit aufkommen. Dafür soll ihm das Bett und der Kasten der Mutter zufallen.« Das Ausstandsgeld und was sich sonst erübrigt, soll an sämtliche Kinder einschließlich des Besitzers als gleiche Erben verteilt werden. Vor Zeugen erklären der Bauer und alle Anwesenden, daß sie mit dem Vertrag zufrieden sein wollen und nicht dagegen streiten werden, »mit Mund und Händen geloben«. Der hochfürstliche Pfleger siegelt die Urkunde zu Staufeneck am 28. Juni 1727.

[134] Quelle wie Anm. 120, S. 62.

[135] Quelle wie Anm. 102, S. 428 f.

[136] Quelle wie Anm. 102, S. 431.

[137] Erstveröffentlichung wie Anm. 120.

[138] Erstveröffentlichung wie Anm. 120.

[139] Seethaler berichtet um 1800: In der Stadt kleiden sich die Frauen und Mädchen bei Hochzeiten 3–5mal des Tages um; auf dem Lande darf aber der Brautführer seinen hellroten, seidenen Schurz, den er vorne am Leibe mit Silberspitzen und einigen Denkmünzen behangen trägt, ablegen. Die Paradetrachten des 16. und 17. Jahrhunderts kommen bei der Bürgerschaft sehr in Abschlag. Wenig Bürger erscheinen an Festtagen und anderen Feierlichkeiten in Mänteln gehüllt und noch weniger in samtenen oder schwarzstoffenen Kleidern mit silbernen Gehänge (Wamsgewand). Alles trägt sich jetzt mehr zeitgemäß. So hat auch der Bauer seit längerer Zeit seinen Rock von häuslichem Tuch mit einem von feinen Tuch vertauscht. Die Kleidung der Landleute besteht auf Seite der Männer gewöhnlich am Feiertag aus einem leinernen, harbenen Hemd, schwarzem Spitzhut mit seidener oder samtener Einfassung, aus einem schwarzen seidenen Halsflor, rottuchenen, rotbeinen und persenen oder auch manchesteren Leibel, grün oder brauntünchenen Rock oder schwarzbarcheten Kittel, schwarzledernen Hosen, blauen oder weißen Strümpfen von Baum- oder Schafwolle. Auf Seite der Weibsbilder besteht die Kleidung aus einem leinenen, härbenen Hemde mit Spitzen, grauen oder schwarzen Hüten mit Bändern und ziemlicher Einfassung von Taft, schwarzen Sommerkäppchen mit Leinenspitzen und Ohrenhauben von grünem Sammet, schwarzseidenen Flören mit silbernen Schnallen, seidenen oder stoffenen Halstüchern, kordonen, persenen Mieder, Röcken von Kamelot oder Masselan und Vortüchern von Kordon oder gedruckten Leinwat, in leinen lichtblauen Strümpfen mit und ohne Schnallen. Außer diesen haben viele Bauern und Bäuerinnen, Jungen und Mädchen silberne Uhren und manche sogar deren zwo, ganz zu schweigen davon, daß ebenfalls bereits das Mieder von manchen Bauernweibern silberne Knöpfe zieren.

[140] Dieses Kapitel ist entnommen: Tomasi, E.: Historische Flurformen. Österreichischer Volkskundeatlas. Kommentar, 6. Lieferung, 1. Teil, Wien 1977, Blatt 94, 95; S. 19 f.

[141] In Österreich sind unter »Gewannfluren« nur ursprünglich als solche angelegte Streifenparzellierungen zu verstehen, weshalb vielfach auch von »Primärgewannen« (vgl. El. VI/2. 6. Liefg., d. »Atlas der Republik Österreich«) oder »Ursprungsgewannen« (E. Plessl, 1969, a. a. O., S. 52) gesprochen wird. Die verschiedenen Formen nachträglicher »Vergewannung« dagegen bleiben hier außer Betracht. Sie spielten vor allem in der deutschen Flurforschung eine große Rolle (vgl. A. Krenzlin, die Kartierung von Siedlungsformen im deutschen Volksgebiet, in: Ber. z. Dt. Landeskunde, Bd. 3, H. 3/4, Leipzig 1943, S. 263 f., u. a.) In Österreich stellt die Gewannflur in der Regel mit auch planmäßigen Ortsanlagen, vor allem Anger- und Straßendorf verbunden, die typische Flur der weiten Ebenen in den östlichen Landesteilen dar, historisch gesehen eine Folge der deutschen Ostkolonisation des 11. bis 12. Jahrhunderts. Der Ausdruck »Gewann« ist in Österreich nicht bodenständig. Ihm entspricht meist die Bezeichnung »Feld«, in Anlehnung an die frühere Dreifelderwirtschaft häufig noch näher als »Ober-«, »Mittel-« und »Unterfeld« bestimmt. Die einzelnen streifenförmigen Besitzanteile an Ackerland in einem Gewann werden als »Lisse« (Einzahl »Luß(s)«) bezeichnet, ein Ausdruck, der fallweise auch pars pro toto für die Gewannflur Anwendung findet. Die Unterscheidung von »Groß-« und »Kleingewannen« sollte für eine allgemeine Typenbildung nur relativ, im einzelnen also nach den jeweiligen örtlichen Gegebenheiten getroffen werden.

[142] Nur bei einzeilig angeordneten Ortsformen können Gehöftnachbarn auch unmittelbare Feldnachbarn sein. Vielfach wird jedoch als ursprüngliche Regelung eine Neuverteilung bzw. Verlosung der Ackerflächen in gewissen Zeitabständen angenommen und konnte auch, falls dieser Zustand sich über längere Zeit erhalten hat, fallweise nachgewiesen werden. Die Verlosungsperioden dürften jedoch immer länger geworden sein, bis sie schließlich ganz aufhörten und solcherart ein erhebliches Nutzungsrecht eintrat bzw. später die Ackerstreifen in den Besitzstand der zugehörigen Wirtschaften übergingen.

[143] Die extreme Besitzerzersplitterung ist dagegen eine Folge der Grundentlastung von 1848/49 bzw. der Möglichkeit der freien Teilbarkeit des Grundbesitzes seit 1868.

[144] Der entsprechende nutzungsmäßige Begriff hierzu ist Dreizelgenwirtschaft. »Zelge« bedeutet einen geschlossenen, in derselben Richtung gepflügten Parzellenverband mit einheitlicher Nutzungsweise und =abfolge.

[145] Mortensen, H. (1955, a. a. O., S. 41) mißt dem mit dem Flurzwang verbundenen Überfahrtsrecht allerdings nicht so große Bedeutung für die Entstehung dieses Anbausystems bei, als vielmehr den Erfordernissen für einen geregelten Dungumtrieb, der durch die gemeinsame Viehweide auf dem im Rotationsablauf jeweils als Brachfeld dienenden Gewann möglich wurde.

[146] Die Ortsbeschreibungen sind im wesentlichen den Ensemblebeschreibungen der Denkmalliste des Bayerischen Landesamtes für Denkmalpflege für den Landkreis Berchtesgadener Land entnommen.

[147] Zur Terminologie hat Kurt Conrad, Salzburg, in einer Abhandlung erstaunliche Dissensen festgestellt (Conrad, K.: Der Flachgauer Einhof. Zur Problematik der Bauernhausforschung in Österreich. S. 129 ff.): Angesichts der beträchtlichen Literatur über den Flachgauer Einhof scheint es zunächst ein leichtes zu sein, Klarheit über diese prächtige Hofform zu gewinnen. Fragen wir nun nach der wissenschaftlichen Bezeichnung dieser Hofform, so wird der vielleicht wesentlichste Mangel der Hausforschung, nämlich das Fehlen eindeutiger verbindlicher Termini, die doch Voraussetzung für jedes sichere Erfassen eines Gegenstandes sind, sofort offenbar. Es lohnt sich, diese Uneinheitlichkeit vor Augen zu führen, wobei methodisch natürlich von der jüngsten Arbeit auszugehen wäre, da diese in der Regel die frühere Literatur mitverarbeitet hat. Für unseren Zweck empfiehlt es sich aber, umgekehrt vorzugehen und mit den ersten wissenschaftlichen Bemühungen um eine Klassifikation unseres Einhofes zu beginnen. Wenn wir von gelegentlichen Nachrichten in topographisch-statistischen Werken des ausgehenden 18. Jh., in der Reisendenliteratur des frühen 19. Jh. und in den Katastral-Schätzungs-Elaboraten des Franciseischen Katasters absehen, ist hier zuerst von dem so vielseitig interessierten Pionier landeskundlicher Forschung in Salzburg, Franz Valentin Zillner, zu nennen, der 1871 in seiner »Salzburgischen Kulturgeschichte in Umrissen« auch das Bauernhaus kurz beschrieb und sich 1894 nochmals eingehend mit dem Hausbau beschäftigte. 1885 griff August Prinzinger der Ältere in dem Aufsatz »Haus und Wohnung im Flachgau und in den drei Hochgebirgsgauen« das Thema auf und sprach vom »altbaierischen Gebirgshause« des Flachgaues.

Gustav Bancalari, der das oberdeutsche Flurhallenhaus im Alpenraum verfolgte, stellte 1893 in der Arbeit »Die Hausforschung und ihre Ergebnisse in den Ostalpen« das »eigentliche Tiroler Haus« oder »südbayerische Einheitshaus« oder »Achenseehaus« mit dem »altbaierischen Gebirgshaus« des Flachgaues zusammen, das am Mondsee zu einem »nahezu reinen Einheitshaus« werde. Franz Valentin Zillner bezeichnete 1894 in der Studie »Der Hausbau im Salzburgischen« die Bauweise des Flachgauer Hauses als »vereinte Bauart« gegenüber der »zerstreuten Bauart« des Gebirgshauses und betonte, daß der Hauptunterschied in der Anordnung der Wohn- und Wirtschaftsräume liege, die bei der vereinten Bauart »unter einem First« aneinandergebaut seien. Josef Eigl handelte 1895 in der Abhandlung »Charakteristik der Salzburgischen Bauernhäuser« vom »Vorlandhaus« mit der »vereinigten Hofanlage«, die durch ein Ineinandergreifen von Wohn- und Wirtschaftsräumen gekennzeichnet sei. Anton Dachler sprach im Textband des Architektenwerkes »Das Bauernhaus in Österreich-Ungarn« 1906 vom »Einheitshaus« oder auch »Einheitshof«, da alle Bauten unter einem First seien. Er charakterisierte auch den Begriff »Gehöft« als die Gesamtheit der zum Wohnen und Wirtschaften benötigten Gebäude eines Bauern. Viktor v. Geramb hat 1908 in seine Zusammenfassung »Der gegenwärtige Stand der Hausforschung in den Ostalpen; mit besonderer Berücksichtigung der Grundrißformen«, die übrigens die Fragwürdigkeit großräumiger Überblicke ohne persönliche Feldforschung recht deutlich macht, bewußt nur das Wohnhaus einbezogen und sich in unserem Bereich an Eigls Benennung »Vorlandhaus« gehalten, das er, Rudolf Meringer folgend, den Seitenflurhäusern zuteilt und als dreielementiges Küchenstubenhaus typisiert. Norbert Krebs veröffentlichte 1913 in seiner »Länderkunde der österreichischen Alpen« Anton Dachlers Karte der österreichischen Bauernhausformen aus dem Jahre 1909 und zählt den Hof des Flachgaues daher zum »bajuvarischen Einheitshaus«; Sebastian Greiderer sprach 1925 in dem Büchlein »Haus und Hof in Salzburg« vom »Salzburger Einheitshaus«. Arthur Haberlandt entschied sich in seiner 1926 erschienenen Hausformenkarte für die Bezeichnung »alpinbayrisches Einheitshaus«. Im gleichen Jahr nannte Viktor v. Geramb in der »Volkskunde der Steiermark« unseren Hof einen »bajuvarischen Einhof«, dem er den Gruppenhof gegenüberstellt. Hans Slanar, der große Geograph, hat im »Atlas für Hauptschulen, Mittelschulen und verwandte Lehranstalten« 1928 wiederum auf die Karte von Anton Dachler zurückgegriffen und vom »tirolisch-salzburgischen Einheitshaus« gesprochen. Erich Seefeldner wählte 1929 in der Abhandlung »Zur Geographie des bayerisch-salzburgischen Gebirgshauses« den Ausdruck »altbayerisches Einheitshaus«, aus dem der alpine Gruppenhof durch Zerlegung hervorgegangen sei. Eduard Kriechbaum legte sich 1933 in der Arbeit »Das Bauernhaus in Oberösterreich« auf die Bezeichnung »Salzburger Einhaus« fest. Adalbert Klaar, dem die Hausforschung in Österreich so entscheidende Fortschritte insbesondere von der technischen und gefügekundlichen Seite her verdankt, sprach 1939 in den »Siedlungsformen Salzburgs« von der »Hofanlage mit dem Haupthaus«, das als »Wohn-Stall-Speicherhaus« den gefügemäßig anders entstandenen »Streckhofformen« des Lungaues und der Saalachfurche gegenüberstehe. Ebenfalls 1939 arbeitete Richard Schlegel sein Karteiblatt zur Bestandsaufnahme der Salzburger Bauernhöfe aus, in dem er die Bezeichnung »Einheitshof« verwendete. Rudolf Hoferer, der hervorragende Kenner der bairischen Hauslandschaften, der 1940 die Sonderform des »Mittertennbaues« behandelt hatte, blieb in der noch immer grundlegenden Übersicht »Die Hauslandschaften Bayerns« 1942 beim »Haus des Salzburger Flachgaues« und kennzeichnete es als »Einhaus, das heißt Haupthaus mit Nebengebäuden«. Nach dem Krieg hat Rudolf Heckl in dem viel zu wenig bekannt gewordenen Aufsatz »Landwirtschaftsbau« den Terminus »Oberösterreichisch-salzburgisches Einhaus« verwendet und 1953 in der umfangreichen Studie »Das Einhaus mit dem Rauch« vom »Salzburgischen Mittertenn-Einhaus« gesprochen und vom Standpunkt des Architekten aus eine klar durchdachte Systematik der Gehöfteformen zu geben versucht, in der er Ein-Bau-Formen, Streu-Bau-Formen unterscheidet. Für die Einbauformen sind die Allzweck-Einhäuser, für die Streubauformen die aus mehreren Einzweck- oder Mehrzweckbauten bestehenden Gehöfte (z. B. Paarhöfe, Haufenhöfe), für die Umbauformen die aus der Umbauung eines Hofes entstandenen Gehöfte typisch. Die Umbauformen sind nach Heckl zugleich Einhofformen, da sie einen gemeinsamen Hofraum umbauen. Diese logische Konsequenz der Umbauformen mußte natürlich zu weitgehenden Mißverständnissen und Verwechslungen mit dem »Einhof« im Sinne des Ein(heits)hauses führen, was wohl der Grund war, daß Heckls Entwurf nicht allgemein angenommen wurde. Der Wunsch nach einer einheitlichen Terminologie blieb weiter offen und Oskar Moser sprach ihn 1954 in der Untersuchung »Der kärntnisch-steirische Ringhof« wieder nachdrücklich aus. Adalbert Klaar wählte bei der Beschreibung der salzburgischen Hofformen 1955 im Salzburg-Atlas dennoch wiederum die Bezeichnung »oberbairisches Ein- und Haupthaus« und betonte lediglich, daß man für »Einhaus« ganz allgemein besser »Haupthaus« sagen würde. Torsten Gebhard hat sich in seinem »Wegweiser zur Bauernhausforschung« 1957 aus der terminologischen Einhaus-Problematik herausgehalten und nach einem unverfänglichen äußeren bautechnischen Merkmal von »Einfirstanlagen« gesprochen. Den ganzen unbefriedigenden Zustand hat Arthur Haberlandt schließlich 1957 in dem Vortrag »Zur Vereinheitlichung der Typologie und Terminologie des Bauernhauses in Österreich« aufgegriffen und betont, daß der Begriff »Einheitshaus« den Begriffen »Einbau« und »Einhaus« vorzuziehen sei, sofern das Gebäude als ausgereifte Endform den gesamten Wirtschaftsbetrieb umfasse. Wenn dies nicht der Fall sei, solle man bei der Bezeichnung »Haupthaus mit Nebengebäuden« bleiben. Der Ausdruck »Einheitshof« sei abzulehnen, weil er dem Sprachgebrauch im Grundbuch widerstrebe, das z. B. in Kitzbühel mit »Hof« stets einen Platz im Freien meine. Richard Weiss, der geniale Schweizer Volkskundler, hat in dem methodisch so wertvollen Buch »Häuser und Landschaften in der Schweiz« 1959 den »Einbauhof« oder Einhof« sehr wohl gelten lassen und ihn einem aus mehreren Gebäuden bestehenden »Mehrhof« gegenübergestellt. Friederike Prodinger dagegen hat in der 1950/60 erschienenen Kulturkarte des Bundeslandes Salzburg an der von A. Klaar vertretenen Bezeichnung »Ein- und Haupthaus« festgehalten. Erich Seefeldner jedoch hat sich in dem großen Werk »Salzburg und seine Landschaften« 1961 zum »Einheitshof« durchgerungen und die von Walter Strzygowski bearbeitete, 1964 erschienene Hundert-Jahr-Ausgabe des berühmten Kozenn-Atlasses nennt in der Hausformenkarte ebenfalls den »Einhof«, wobei allerdings bemerkt werden muß, daß der ganze salzburgische Flachgau fälschlich dem Bereich des Vierseithofes zugeteilt ist. Franz Lipp hat sich 1966 in dem so inhaltsreichen Buch »Oberösterreichische Stuben«, Rudolf Heckl folgend, wieder für die Bezeichnung »Mittertenn-Einhaus« entschieden. Nach dieser ermüdenden Aufzählung, die das Angebot der hauskundlichen Terminologie in einer wissenschaftlich kaum vertretbaren Variationsbreite für eine einzige, auf österreichischem Boden keineswegs sehr verbreitete Hofform zeigt, bedarf es einer Auswahl und Stellungnahme, wenn wir nicht resigniert vor der Tatsache abfinden wollen, daß das einzig Einheitliche in der Terminologie des Ein(heits)hofes das Uneinheitliche seiner Bezeichnung ist. Conrad kommt abschließend zu dem Ergebnis, dieses Gehöft »Flachgauer Einhof« zu nennen – ein Ergebnis, das unbedingt zu respektieren ist. Aus der Sicht der deutschen Hausforschung scheint dem Verfasser das lokalisierende »salzburgisch« in diesem Terminus jedoch unverzichtbar und es scheint ihm ferner legitim, diesen Terminus geographisch präzisierend zu **»Einhof des Salzburger Flachgaus«** zu erweitern. Der in Bayern seit Rudolf Hoferer eingeführte Terminus **»Salzburger Flachgauhof«** ist demnach eine Kurzform, die allerdings das präzisierende »Einhof« vermissen läßt. Der Verfasser hat diesen mittlerweile eingebürgerten Terminus trotz dieses Mangels übernommen.

[148] Die Nord- und Ostgrenze dieses Gebietes sind: Kellmünz – Mickhausen – Bobingen – Mering – Bruck – Murnau – Wallgau.

[149] Die ältesten Häuser dieses Typus wurden in Rum und Thaur bei Innsbruck gefunden.

[150] z. B. in Grainau und im Landkreis Schwabmünchen.

[151] »Während in Anthering und um den Haunsberg herum (heute österreichisches Gebiet) alles, Wohnung, Scheune, Stall, Backofen, Dache zusammengedrängt ist, stellen in den anderen Gegenden ... die viereckichten geschlossenen Höfe (Vierseithöfe) mit den nach innen gekehrten Wohnungs- und Wirtschaftsgebäuden einen Wall stinkenden Kloakes, ja den höchsten Grad des Schmutzes, der Unordnung und der Feuergefährlichkeit dar. Die Dächer der Bauernhäuser sind fast alle von Legschindel, ja zum Teil noch mit Stroh gedeckt«. (Johann Andreas Seethaler: Versuch einer Beschreibung des Hochfürstlichsalzburgischen Pfleg-, Stadt- und Landgerichts Laufen, 1802).

[152] Kurt Conrad, wie Anm. 147.
Rudolf Hoferer hat sich der Ansicht Klaars angeschlossen und vor allem Rudolf Heckl hat diese Hypothese in seiner Rauchhausstudie zu untermauern versucht. Er hat die Vermutung Klaars, daß der Wohnteil des Haupthauses von der Wohnspeichertype des Zwiehofgebietes der Binnenkolonisation beeinflußt sei, dahingehend erweitert, daß in den Herdraum des alten bairischen Einhauses eine Rauchstube eingebaut worden sei. Während Eduard Kriechbaum die durch die Mitterten bewirkte Trennung der beiden Bestandteile Haus und Stallscheune für zu scharf ansah, daß von keiner echten Einheit gesprochen werden könne, entwickelte Adalbert Klaar, vom Baugefüge ausgehend, die Hypothese, daß der dreigliedrige Einhof (das »Haupthaus« in der Mittertenform) aus einem germanischen Einraumbau entstanden sei. Der Wohnteilgrundriß sei unter dem Einfluß der mittelalterlichen Kolonialtype des Wohn-Speicherhauses ausgebildet worden, der Ständerbau des »oberbairischen Haupthauses« lasse sich aber direkt aus dem Haus der Lex Baiuvariorum ableiten und sei dem Ständerbau des Schwarzwaldhauses und des Niedersachsenhauses an die Seite zu stellen.

[153] Kurt Conrad, wie Anm. 147, S. 136. Dieser Befund entspricht einer von Gerhard Eitzen für den südwestdeutschen Hausbau getroffenen Feststellung, wonach auch in Südwestdeutschland die 1. Hälfte des 16. Jh. eine baulich sehr bewegte Zeit war, die möglicherweise eine große Umbauepoche einleitete, während alte, bis in die Landnahmezeit zurückreichende Bauten natürlich auch dort nicht mehr zu finden sind. Eitzen ist der Ansicht, daß auch die oberdeutschen Einhöfe auf den Zusammenbau von Haus und Scheune als ehemals getrennten Bauteilen zurückgehen. Einer eindeutigen Aussage über die mittelalterlichen Hofformen stellt sich aber der Mangel an erhaltenen Baudenkmälern einerseits und an urkundlichen Belegen andererseits entgegen, weshalb der Wunsch nach Aufdeckung archivalischer Quellen zur Hausforschung gerade von seiten der Volkskunde gar nicht nachdrücklich genug erhoben werden kann. Das immer wieder zitierte Gehöft der Lex Baiuvariorum hat Torsten Gebhard bereits 1955 zu der Frage veranlaßt, ob der Mitterteneinhof nicht doch jüngeren Datums, vielleicht sogar erst spätmittelalterlich sei. Der Schluß Franz Lipps, daß das altbairische Bauernhaus allein schon deswegen, weil in den Hausangaben der Lex Baiuvariorum kein eigenes Stallgebäude namentlich erwähnt werde, ein Wohnstallhaus und damit ein echtes (primäres) Einhaus gewesen sein müsse ist nicht zwingend. Das Vieh kann ja in einem Viehhaus untergebracht gewesen sein, das konstruktiv gleich gebaut war wie das Wohnhaus, so daß kein Anlaß bestand, für seine Zerstörung eine andere, etwa geringere Buße festzusetzen, als für das Wohnhaus. Damit wäre aber auch der Grund für seine besondere Erwähnung weggefallen. Das Vieh kann aber auch in der Scheuer (scuria) gestanden sein, die dann eine Art Stallscheune gewesen wäre, wenn es nicht überhaupt im Freien blieb bzw. nur eingepfercht war. Die Lex Salica kennt jedenfalls eine scuria cum animalibus. Nun hat Adolf Schahl 1958 eine Abhandlung »Fragen der oberdeutschen Hausforschung« veröffentlicht, die auf einer Häuserliste der Herrschaft Kißlegg im schwäbischen Allgäu, nördlich von Wangen, aus dem Jahre 1736 aufbaut. Aus der Liste geht hervor, daß die Einhofbildung dort noch nachmittelalterlich voll im Gange war, weshalb Schahl zu dem Ergebnis kommt, daß das oberdeutsche, in diesem Fall Allgäuer Mitterteneinhaus ein sekundäres Einhaus ist, das der Wirtschaftsform des Feldgrasbaues im nördlichen Voralpenbereich bestens entspricht. Demnach handelte es sich bei diesem klassischen Gebiet des oberdeutschen quergeteilten Einhauses zwischen Bodensee und Schwäbischer Alb um ein ehemaliges Gruppenhofgebiet und ebenso ist das Schwarzwaldhaus aus einem ursprünglichen Mehrhaus-Gehöft hervorgegangen. Man wird dieses Ergebnis aus Südwestdeutschland nicht ohne weiteres auf unseren Raum übertragen, aber doch die Frage wagen dürfen, ob nicht auch unser Flachgauer Einhof sekundär aus einem Haus und einem Stallscheunenbau zusammengefügt wurde. Das kann vielleicht schon in der Zeit des ersten Siedlungsausbaues um 800 bis 1000 gewesen sein, der aus den Altsiedelhorsten der bairischen Landnahmezeit in die Wälder der Endmoränenhügellandschaft und der Flyschzone vordrang, oder auch erst in der hochmittelalterlichen Rodungszeit des 12. und 13. Jh., deren Leittype, die Schwaige, ja keineswegs auf den inneralpinen Raum beschränkt blieb, sondern auch den voralpinen Raum umfaßte. So werden im Amte Thalgau, also im Kerngebiet des Rauchhaus-Einhofes, um 1350 22 Schwaigen genannt, die allerdings nicht, wie im Gebirge, je 300 Käse, sondern nur je 150 Käse dienten. Als bauliches Leitfossil für die Schwaigensiedlung wird aber von Klaar der Zwiehof mit dem Wohnspeicherhaus und dem Stallfutterhaus angesehen. Warum sollte dann nicht auch im Rauchhaus-Einhofgebiet ursprünglich ein Zwiehof bestanden haben, der erst in späterer Zeit, vielleicht sogar erst nachmittelalterlich, zu dem betriebstechnisch doch sehr modern anmutenden Mittertenn-Einhof umgestaltet wurde? Daß der Zusammenbau des Wohnspeicherhauses mit dem Stall-Stadel zu ähnlichen Lösungen wie beim Mitterteneinhof führen kann, läßt sich bei alten Einhöfen im Lungau zeigen, bei denen die Stelle der Mittertenne allerdings vom Stallgang eingenommen wird, ähnlich wie dies beim Tennengauer Einhof der Fall ist. Vor allem aber ist auch an die großartigen Pfettendachkonstruktionen des Flachgauer Einhofes zu erinnern, die sicher nicht mehr das ursprüngliche volkstümliche Bauen spiegeln, sondern die Hand des kunstreichen Zimmermanns spüren lassen. Auch Klaar ist aufgefallen, daß die meisten Dachstühle dem 17. oder 18. Jh. angehören.

[154] Kurt Conrad, wie Anm. 147, S. 137.

[155] Dieses Kapitel ist entnommen: Robischen, R.: Die Einöde Kohlstatt bei Ulrichshögl. »Das Salzfaß«, Heft 1/1976, S. 1 ff.

[156] »Dieser Vorgang ist ebenso gesichert wie das Vorkommen des Mittelflurhauses im Pinzgau schon vor 1550« (Gebhard, T.: Alte Bauernhäuser, München 1977, S. 132)

[157] Namhafte Bauforscher sind allerdings eher der Auffassung, das Aufriß- und Grundrißgefüge dieses wohl dem 18. Jahrhundert zuzuschreibenden Gehöftes sei eher ein Zufallsergebnis; hier seien ältere Teile – vielleicht der Troadkasten – in einem jüngeren Bau wiederverwendet. **Für** diese These sprechen vielleicht auch einige recht ärmliche Details: einige der älteren Fenstergitter sind nicht – gängiger handwerklicher Technik gemäß – als Durchsteckgitter ausgebildet, vielmehr sind die aneinander vorbeigeführten Gitterstäbe in ihren Kreuzungspunkten lediglich mit primitiven, halbwegs kreisrund gebogenen Flacheisen überfangen.

[158] Eigl, J.: Charakteristik der Salzburger Bauernhäuser mit besonderer Berücksichtigung der Feuerungs-Anlagen. Mitteilungen der Gesellschaft für Salzburger Landeskunde, Band 35. Salzburg 1895, S. 123.

[159] Dieses Kapitel ist entnommen folgenden Erstveröffentlichungen: Schamberger, S.: Vier Getreidekästen im Högl-Gebiet. »Das Salzfaß«, Heft 1/1978, S. 20 ff.
Schamberger, S.: Ein Getreidekasten im Gemeindebezirk Teisendorf. »Das Salzfaß«, Heft 1/1979, S. 14 ff.

[160] Die originale Farbfassung ist leider nicht erhalten, aber es läßt sich feststellen, daß das Band (mit wohl zwei Farben) in drei gleich breite Streifen gegliedert war.

[161] Erstveröffentlichungen: Werner, P.: Badstube und Brechelbad. »Schönere Heimat«, Heft 1/1980, S. 188 ff. (Leicht veränderter Abdruck im Jahrbuch der Bayerischen Denkmalpflege 1980, S. 255 ff.)

[162] Der arabisch-jüdische Arzt Ibrahim Ibn Jakub, der vermutlich mit einer Gesandtschaft des Kalifen von Cordoba zum deutschen Kaiser Otto I. 973 nach Merseburg reiste, berichtete im Jahre 972 aus den slawischen Grenzgebieten Mecklenburg und Böhmen: »Bäder haben die Slawen nicht, aber sie machen ein Gemach von Holz, dessen Ritzen sie mit Moos verstopfen. In einem Winkel dieses Gemachs bauen sie einen Feuerherd von Steinen und lassen darüber eine Öffnung, um den Rauch hinauszulassen. Wenn nun der Herd erhitzt ist, so verstopfen sie das Luftloch und verschließen die Türe. In dem Gemach sind Gefäße mit Wasser, woraus sie nun Wasser auf den glühenden Herd gießen, so daß der Dampf aufsteigt. Jeder hat ein Bündel Heu in der Hand, mit er die Luft bewegt und an seinen Leib treibt. Dann öffnen sich die Poren, und das Überflüssige vom Körper kommt heraus und läuft in Strömen von ihnen ab, so daß an keinem von ihnen mehr eine Spur von Ausschlag oder Geschwülst zun sehen ist. Sie nennen einen solchen Verschlag itba.« Wie diese Badeart damals genutzt wurde, geht aus der sog. Nestor-Chronik aus dem Jahre 1056 hervor. Der Bericht beginnt mit der Schilderung: »Merkwürdiges sah ich im slawischen Land auf meiner Reise hierher (nach Kiew). Ich sah aus Holz gebaute Bäder, man heizt sie bis zur Rotglut an. Dann kleidet man sich aus, man ist nackend, man begießt sich mit Gärflüssigkeit, man greift zu jungen Zweigen und schlägt sich selbst, und zwar so sehr, daß man kaum hinunterkriechen kann: halbtot. Dann begießt man sich mit eiskaltem Wasser und nur so wird man wieder lebendig.«

[163] In Mitteleuropa überlagerten sich im Laufe einer fast zwei Jahrtausende währenden Badekultur wahrscheinlich diese zwei grundverschiedenen Badesitten: das aus der Antike stammende und im Mittelmeerraum gepflegte Warmwasser-Wannenbad und das aus dem ostgermanisch-slawischen Raum stammende Dampf- und Schwitzbad nach Art der finnischen Sauna.

[164] Midrität, »Mithridat«, auch Theriak genannt, war damals eine beliebte Universalmedizin. Der Name leitet sich her von dem berühmten König Mithridates am Schwarzen Meer (132–63 v. Chr.), der den Römern zu schaffen machte. Um gegen Vergiftung immun zu werden, gewöhnte er sich an verschiedene Arten von Giften. In der zweiten Hälfte des 18. Jahrhunderts lebten noch viele Zillertaler wandernd vom Handel mit ätherischen Ölen und Mithridat oder Theriak. Er wurde hauptsächlich aus Honig, Nelken und etwas Opium

453

hergestellt und diente vor allem als Schlafmittel für Kinder.

[165] Der Kärntner Historiker Heinrich Hermann schrieb vor mehr als 100 Jahren: »Was Winder, wenn ... man dem Unterthan, dem Leibeigenen, es gönnte, aus herrschaftlichem Walde sich das Holz zur Errichtung von Badestuben zu verschaffen, wo an Samstagen der Landmann mit seiner Familie und dem Gesinde sich pflegten und wie im Schwemmteiche Bethseda sich Gesundheit holte. Bis in die neueste Zeit sind diese Stuben Häuschen mit einem gewaltigen Ofen zur Einheiz und kleinen Fensterchen geblieben, aber das Baden hat aufgehört, und sie sind nur noch als Dörr- und Brechelstuben für Flachs und Hanf, als Herberge alter Auszügler, Dienstboten, mitunter lockern Gesindels geblieben, und wir vermögen es nicht zu bestimmen, warum und wann sie ihrer ursprünglichen Bestimmung entzogen und das Landvolk sicherlich nicht zu seinem Vortheil dem Gebrauche des Bades entfremdet ... wurde.« (Hermann H.: Handbuch der Geschichte des Herzogtums Kärnten in Übereinstimmung mit den österreichischen Fürstentümern. Wien, 1856.)

[166] Die einst weit verbreiteten öffentlichen Badstuben, wie sie im 13. und 14. Jahrhundert bestanden, und wo es Heißluftbad und Wasserbad schon immer beieinander gab, hatten bereits zu Beginn des 16. Jahrhunderts ein Ende gefunden. Eine große Rolle spielte dabei die nach Deutschland eingeschleppte »französische Krankheit«, gegen die man keinen Rat wußte, von der man aber vermutete, daß sie unter den Badenden verbreitet würde. War das gemeinsame Baden aus Angst vor Ansteckung in Verruf geraten, so übte auf der anderen Seite ein kräftiges Schwitzbad oft eine heilende Wirkung auf diese Seuche aus, da bei einer gewissen hohen Körpertemperatur deren Erreger abstarb. Unter den wenigen Stimmen, die sich zugunsten des alten Badwesens erhoben haben, war die des Landschaftsphysikus zu Radstadt, Dr. Ignaz Niederhuber, dessen Gutachten vom 7. Oktober 1793 dem Bericht des Pfleggerichts Radstadt beiliegt. Niederhuber verurteilt zwar auch »die in den älteren Zeiten der Arzneikunde herrschenden Schwitzkuren, mittels welcher man alles Gift der Krankheiten durch die Schweißlöcher mit oder ohne Willen der Natur aus dem Körper zu schaffen suchte«, bedauerte aber, daß, »als endlich das Licht der Vernunft und die Erfahrungen diese Finsternisse zerstörte und all die Theriake, Begoarden, Pestessenzen und Schwitzöfen aus den Recepten der Ärzte und Offizinen verjagte«, auch die Schwitzbäder aus der Gewohnheit kamen, »weilen man ihren wahren Vorteil miskannte«. Und mit warmen Worten preist er den Nutzen dieser »Qualm- und Dunstbäder« namentlich für das Landvolk zur Förderung der Reinlichkeit und zur Verhütung aller mit Unsauberkeit zusammenhängenden Krankheiten.

[167] Oskar Moser sieht in der Badstube zwar primär eine Einrichtung als Hitzstein- und Schwitzbad, konnte aber archivalischen Quellen entnehmen, daß zumindest in Kärnten diese Badstuben bereits im 16. Jahrhundert temporär Brechelraum wie auch permanent als Behausung, als Altenteil benutzt wurden und in Verbindung damit auch als Werkstätten dienten; Moser bezeichnet daher das Badhaus als einen urtümlichen typischen »Mehrzweckbau«. Im Kärntner Nockgebiet gab es mehrfach auch »doppelte« Badstuben; zwei Badstuben waren unter einem gemeinsamen langen Satteldach vereint, beide aber durch eine gemeinsame Vorhalle in der Mitte getrennt. Diese eigenartigen Anlagen sollen »zur Zeitersparnis beim Rösten des Flachses für dessen Brechen« gedient haben. (Moser, O.: Das Bauernhaus und seine landschaftliche und historische Entwicklung in Kärnten, Kärntner Museumsschriften 56, Klagenfurt, 1974).

[168] Liebl F.: Brechlbäder – Saunavorläufer im bayerisch-österreichischen Grenzraum, »Sauna-Nachrichten«, Lief. 3/78.

[169] Zusammenfassend ist das Thema behandelt u. a. in: Werner, P.: Vom Sterben der Zuhäuser. »Schönere Heimat«, Heft 3/1978, S. 557 ff.

[170] Die Angaben zur Geschichte und zum Rechtsbrauch sind entnommen Max Wieser (vgl. Anm. 102), S. 390 ff.

[171] Im Mai 1730 ersuchte Freiherr von Imbsland um die Verleihung einer Alm am Staufen. Nach Erstellung eines Grundrisses wurde ihm das zu einer Alm notwendige »Freigebirg mit Rechtmahd und einfangen auf Erbrecht überlassen, darf die das Steingebirg hinauf reichenden Waldörter ausräumen und zu einer Alm zurichten und nach Notdurft schwenden, auch den dazugehörigen Kaser aus dem sonst unbringlichen Holz erbauen. Für die Alm muß er einen bestimmten Schmalzdienst reichen und erst nach der Schätzung des Anschlags oder Kaufsumme, ist die Anlaitsgebühr zu entrichten und anschließend in das Urbario des Staufenecker Gerichts einzutragen.« Nachdem sich der Pfleger mit dem Mayerhofbauern, Georg Koch, im Juni 1730 geeinigt hatte, gab ihm dieser zur Erbauung des Kasers aus seinem »oberhalb stehenden Gehölz das notwendige Bau- und Zimmererholz gratis, dafür will der Pfleger dem Koch die übrige Streu- und Laubfälle.« Der Pfleger läßt diese Alm offenbar nur zum Schein ausweisen und erbrechtlich übertragen, denn er ist verschuldet und muß sich beim »Grunduntertan« Georg Koch 400 fl. ausleihen, wofür er auch einen Schuldschein ausstellt. Diese 400 fl. reichen dem Freiherrn aber nicht, darum läßt er im November 1730 durch die vereideten Schätzer Bartl Fischer, Bauer von Kammergut und Procurator am Pfleggericht Staufeneck, und vom Tabakpfeifenhändler Franz Schwaiger vom Brügglgut zu Mauthausen, sowie im Beisein des Gerichtsschreibers Paul Treiber nach »Beaugenscheinung« und Erinnerung an ihre Eidespflicht diese ausgemarkte Alm mit den inzwischen erstellten Alm- und Kaserhütten auf 2000 fl. schätzen. Die beiden Bauern geben noch zusätzlich zu Protokoll, daß »falls diese Alm völlig geschwendt sei, wohl um 2500 fl. an den Mann zu bringen sei«. Nach dieser »Gefälligkeitsschätzung« zugunsten des Pflegers wurde bereits am 13. Dezember 1730 auf Befehl der Hofkammer der Erbrechtsbrief ausgestellt. Am 23. Februar 1731 wurde der Erbrechtsbrief errichtet und bestimmt, daß dem »Obrist Stallmeister, Hofrat und Pfleger Freiherr von Imbsland, bei dessen untertäniges anlangen, die besagte Alm am Staufen nicht nur ihm, sondern auch seiner Gemahlin, Maria Ann geb. Gräfin von Kufstein in das Urbar gesetzt werde. Die jährliche Stift beträgt 6 fl. Die Anlait soll erst nach endgültiger Herstellung der Almkaser erhoben werden.« Damit ging diese Alm mit allen Nutzen auf das Pflegerehepaar über. Laut Erbvertrag dürfen sie nun diese Alm »weiter verpfänden, verwexeln, verlassen oder gar verkaufen, wie es ihnen gelust und verlangt ohne Irrung und Hindernis, wie es ihm Erzstift Salzburg Landbrauch ist.« (Wieser, S. 390).

[172] Wieser (wie Anm. 102), S. 234.

[173] Wieser (wie Anm. 102), S. 238.

[174] Im Jahre 1792 wurde die Verwaltung von Schloß Staufeneck um Auskunft ersucht, wieviele Kügelmühlen noch im »Gang« sind und wieviel sie produzieren. Aus dem Antwortschreiben des Pflegkommissärs geht hervor, daß im Pfleggericht Staufeneck in der Wolfertsau bei Anger, von »Anna Aschauer, am gräflich Lodronischen Webergütl, eine Mühle seit 1736 betrieben wurde«. Anna Aschauer hatte diese Mühle 1772 von Mattias Hinterstoißer erworben. An die St. Petrische Grundherrschaft mußten 6 kr. Grundzins entrichtet werden. Die Kugelmühle, welche an »Weib und Kinder übergangen« war, produzierte im Jahr 1792 mit 10 Gängen 600000 Schusser oder auch Datscher genannt. 1797 mit 10 Gängen und 2 Reißern 50000 Pecker (große Kugeln). 1798 mit 12 Gängen 5000 Schusser. In der Höglwörthischen Kröpflau betrieb Theresia Reinegger zu Pfaffendorf eine Mühle mit 15 Gängen und 2 Reißern. Die Jahresproduktion betrug 1797 104 000 große und 6000 kleine Schusser. Die Mühle war seit 1716 in Betrieb. Der Vorbesitzer Johann Sträminger hatte 1792 eine Jahresproduktion von 360000 Schussern und zahlte eine jährliche Rekognitionsgebühr von 6 kr. Seine erste Bewilligung erhielt Sträminger am 6. Nov. 1739. Eine weitere Kugelmühle stand in Feldkirchen, die an »Wohlverhalten der Magdalena Schönhuber auf Widerruf 1784 vergeben wurde«. Magdalena Schönhuber und Reischl bezogen die Kugelsteine von den zwei Steinmetzen von Högl, Aiglherr und Doppler, wofür sie für 1000 Kugeln 4 kr. bezahlen mußten, obwohl die Abfallsteine für die Steinmetze unbrauchbar waren. Die Jahresproduktion betrug 1792 235 000 Schusser. Die Herstellung der Schusser war mühselig. Ende des 17. Jahrhunderts kosteten tausend Kugeln 18 bis 22 kr., wobei unter günstigen Umständen ein Gewinn von 10 kr. erzielt wurde. Um 1000 bis 1400 Kugelsteine »mühlengerecht« zu behandeln, benötigte man einen ganzen Tag. Hier waren kein Antransport oder Einsammeln der Findlinge, ebensowenig die Anlieferung zum Händler nach Salzburg einkalkuliert. Im Hammerauer Eisenhüttenwerk verdiente aber damals ein Taglöhner 12 kr. am Tag, ein Geselle ca. 18 und ein Meister 24 kr. pro Tagschicht. Die Rentabilität wurde zusätzlich von Witterungseinflüssen und Kriegen beeinträchtigt. Kriegerische Zeiten hatten oft einen hemmenden Einfluß, weil die Ausfuhr unterbunden wurde und ein Mangel an Personal und Fuhrwerk herrschte. Das Pfleggericht Staufeneck meldet daher einen Rückgang der Kugelmühlen. Es wird auch auf die steigenden Löhne und den geringen Gewinn verwiesen. Noch um 1870 verkaufte der letzte Kugelmüller Brandauer seine ganze Jahresproduktion, bestehend aus 400 000 Stück, direkt nach London. Er lieferte sie zu je 1000 Kugeln in einem Säckchen, 100 000 in einer Kiste, mit eigenem Fuhrwerk nach Salzburg. (Wieser, S. 239).

[175] Wieser (wie Anm. 102), S. 1.

[176] Die Beschreibung ist zu verdanken Dr. Helmut Keim, Direktor des Freilichtmuseums des Bezirks Oberbayern.

[177] Streibl, J.: Der Högl, seine Höfe und Familien. Bad Reichenhall 1969, S. 100 ff.

[178] Diese Fertigwaren fanden nicht nur hier und in Österreich Käufer, ja es kamen die Schleifsteine vom Oberhögl sogar in große Schleifereien nach München, Amsterdam, Wien und auf den Balkan. So die mündliche Überlieferung. Tonscherben mit dem Babenberger Signum werden gerade in Oberhögl, dem Sitz der »Sandsteinindustrie« wiederholt gefunden. Diese Funde sind nur erklärbar, wenn man unterstellt, daß die Schleifsteine eben doch bis Wien gebracht und, um nicht leer heimzufahren, diese Babenberger Tongefäße mitgenommen wurden. Damit beweisen gerade diese Scherben die mündliche Überlieferung, daß die Schleifsteine vom Oberhögl tatsächlich ein großes Absatzgebiet hatten.

[179] Die Eckquadern des Angerer Pfarrhauses sowie das Nordportal der Höglwörther Klosterkirche sind aus diesem Stein gefertigt.

[180] Wie die 1926 verstorbene Gschwendtnerbäuerin, eine geborene Gschwendtnertochter, berichtete, wurde dieser Bruch vom Pfingstlschneider von der Falkenau betrieben.

[181] Dieser Oberhögler Sandsteinbruch jedoch hatte eine heute noch erkennbare Länge von 1200 m und nahm seinen Ausgang 150 m nördlich der Reinbrechtkapelle. Er durchschneidet in nordöstlicher Richtung zuerst die Steinbrecher- und Stroblweide, zieht sich dann durch den Strobl-, Steinbrecher- und Lachlwald bis zum Waldgrundstück des Hasenbauern. Deshalb schreibt auch die zitierte Urkunde von 1372 von der »Hasensteinbruchalpe«. Die Mächtigkeit der brauchbaren Sandsteinlage betrug nur 80 cm. Der südöstliche Neigungswinkel dieser Schicht lag bei 35^0.

[182] Streibl (wie Anm. 177), S. 104.

[183] Wieser (wie Anm. 102), S. 237.

[184] Erstveröffentlichung: Schamberger, S.: Alte Zimmermannskunst in Surheim. »Das Salzfaß«, Heft 1/1978. Erweiterte Zweitveröffentlichung: Werner, P.: »Klingschrot und Malschrot« oder Bemalte Durchsteckverbindungen in Surheim/Obb. »Volkskunst«, Heft 3/1978, S. 204 ff.

[185] Das spätere Verputzen von Holzblockbauten hatte seine Ursache einmal in den brandschutztechnischen Bestimmungen der zu Beginn des 19. Jh. in Kraft tretenden ersten Länderbauordnungen, zum andern in den Tarifsystemen der staatlichen Gebäudebrandversicherungsanstalten, die den verputzten Holzblockbau in die tariflich günstigere Gruppe der »feuerhemmenden Konstruktionen« einstuften. Hierzu kam noch, daß man nach dem Aufkommen der Vollmassivbauweise – etwa ab Mitte des 19. Jh. – im Holzbau eine »rückständige«, ärmliche und veraltete Bautechnik zu sehen begann und vielfach aus Prestigegründen Holzblockbauten nachträglich verputzte, um einen vermeintlich »fortschrittlicheren«, soliden Massivbau vorzutäuschen. Auch die Verbesserung des Wärmeschutzes mag eine Rolle gespielt haben.

[186] Bauopfer sind eine Art von Weihegaben, die dazu bestimmt sind, menschliche Wohnstätten unter den Schutz höherer Mächte zu stellen. Da in frühbairischer Zeit die Wohngebäude aus Holz gebaut waren und der Blitz als höchste Gefahr von oben kommt, wurden sie gerne im Gehölz des Dachstuhles und zwar in einer Ausnehmung der Firstpfette, untergebracht. Die Zusammensetzung war sehr verschieden, denn wohlhabende Besitzer trieben dabei größeren Aufwand, Ärmere natürlich geringeren. In der Hauptsache waren es auf Pergament oder Papier geschriebene religiöse Anrufungen, kurze Gebete (»Breverln«), begleitet von »Geweichtln«, also Medaillen, Kreuze verschiedener Art und Münzen. Allmählich flaute der Brauch ab und hat in den heutigen Grundsteinlegungen seine letzten Ausläufer. Funde solch längst vergessener Bauopfer treten oft zutage beim Abtragen alter Dachstühle und alter Mauern, werden aber wegen ihrer oftmaligen Unscheinbarkeit meist nicht beachtet oder erkannt. Allen diesen Bauopfern ist gemeinsam ihre Ausrichtung auf den Schutz der himmlischen Mächte, wobei christliches Denken sich mit heidnischen Vorstellungen mischt. Gemeinsam ist dabei auch die Verschiedenheit der Zusammenstellung der Weihegaben.

[187] Auch im unteren Bayerischen Wald erscheinen die selben Halbwalm- und Schopfwalmdächer, wobei ebenfalls an österreichischen Einfluß zu denken ist.

[188] Die Falzziegeldeckung wurde 1881 erfunden durch den Ziegeleibesitzer Ludowici in Jockgrim in der damals bayerischen Rheinpfalz. Diese Dachdeckung beherrscht heute den Habitus der durchweg in der Neigung 1:3 (oder etwas flacher) konstruierten Dächer Bayerns als ausschließlich, daß wieder so etwas wie ein deutlicher Charakter entsteht. Ältere Architekten haben noch »gelernt«, daß der Falzziegel architektonisch schlecht aussehe.

[189] Hell, M.: Ein Bauopfer aus Leustetten. »Das Salzfaß«, Heft 2/3 S. 61 ff. Hell, M.: Alter Schutz- und Segensbrauch (Bauopfer) im salzburgischen Flachgau. MGSL 104, 1964, S. 301 ff. Hell, M.: Wieder ein ländliches Bauopfer aus dem Salzburger Flachgau. MGSL 107, 1967, S. 289 ff.

[190] Es handelt sich um folgende Stücke: Silberpfennig, Leopold Anton von Firmian, 1738, salzburgisch; Silberpfennig, Sigismund von Schrattenbach, 1756, salzburgisch; Kupferpfennig, 1849, bayerisch; Kupferpfennig, 1822, bayerisch; Kupferpfennig, 1849, bayerisch; Kupferpfennig, 1850, bayerisch; Kupferkreuzer, 1851, salzburgisch; Kupferkreuzer, 1853, salzburgisch.

[191] Quelle: Eigl, J.: Charakteristik der Salzburger Bauern-

[192] häuser mit besonderer Berücksichtigung der Feuerungsanlagen. Salzburg 1895.

[193] Erstveröffentlichungen: Werner, R.: Wenn das Totenbrett fault, wird der Sünder erlöst. Charivari, Heft 6/1979, S. 80 ff.
Werner, P. und Werner, R.: Totenbretter und Gedenkbretter. Jahrbuch der Bayerischen Denkmalpflege 1981.

[194] Aus der Lex Salica geht hervor, daß an den Gräbern der Franken »ein Erinnerungsmal an den Toten, wahrscheinlich eine Art Säule von Holz, stand die ... gesetzlich geschützt war.« Rieder hat schon im Jahre 1917 trefflich die schon damals allgemeine Auffassung über das angebliche Totenbrett-Nachweise in der Lex Bajuvariorum und in der Lex Salica zusammengefaßt: »Man hat das Totenbrett schon in dem Recht der salischen Franken finden wollen oder mindestens im ältesten bairischen Rechtsbuch. Allein bei genauerem Zusehen und kritischer Betrachtung hat der hierüber entbrannte Gelehrtenstreit ein durchweg negatives Ergebnis gezeigt.« Erinnerungsmale aus Holz sind auch bei den Langobarden bezeugt, die gelegentlich an ihren Grabstätten stangenartige Zeichen mit hölzernen Tauben an der Spitze aufstellten. »Noch deutlicher beleuchtet diese Sitte von Erinnerungsmalen am Grab eine Stelle in der Chronik des Ekkehard von Aura vom Jahre 1125, wonach Bischof Otto von Bamberg bei Bekehrung der Pommern zum Christentum diese anwies, sie sollten keine Hölzer an die Gräber der gestorbenen Christen setzen, wie es offenbar bisher bei den heidnischen Vorfahren der Brauch war. Aus allen diesen Stellen ersehen wir, daß es bei einer Reihe räumlich weit auseinanderliegender Völker in vorchristlicher Zeit üblich war, Gräber mit einem Zeichen, einem Erinnerungsmal aus Holz zu versehen.«

[195] Während in der ältesten und wohl authentischsten Darstellung der Ermordung des Abtes ausdrücklich von einem Brett die Rede ist, auf dem man den Leichnam in eine dürftige Hütte getragen habe, meinen andere Fassungen, die bekannte Holzreliquie sei die Sitzfläche einer Ofenbank gewesen, auf die man die Leiche gelegt habe und die den Brand, der den Frevel der Ermordung verwischen sollte, ebenso wie der Leichnam heil überstand.

[196] Die Quellen bringen dafür auch Hinweise auf sehr ähnliche Bräuche in weit entfernten Ländern. So sollen bei den Weißrussen »leichte Brücken aus einem Brett oder Balken über Bäche und sumpfige Stellen geschlagen« dem Toten über schwer passierbare Stellen hinüberhelfen und seine Rückkehr zu den Lebenden verhindern.« »In Schweden wird die Stange, an der der Sarg getragen wird, mit Namen, Geburts- und Todesdatum versehen, am Kirchweg aufgestellt.« »Die Dajaken (Südwestborneo) stellen nach dem Ableben eines Menschen im Hause desselben ein Brett auf, das mit den Darstellungen der Seelenschiffe, welche die Seelen nach dem Jenseits führen, bemalt ist. Dieses Brett dient der umherirrenden Seele, die bis zum Totenfest keinen festen Wohnsitz im Jenseits hat, zum vorläufigen Aufenthaltsort.«

[197] Hein, W.: Die Totenbretter des Böhmerwaldes, Mitteilungen der Anthropologischen Gesellschaft XXI, Wien 1981, S. 99 ff.

[198] Ein besonders originelles Beispiel aus der Oberpfalz ist die Verordnung des Bezirksamtes Vohenstrauß vom 2. Juli 1895 gegen das Aufstellen und Herumliegen alter Totenbretter: »Die Anbringung von Totenbrettern hat sich zu einer Unsitte ausgebildet, da die alten auf dem Boden herumliegen bleiben, selbst in Trümmern auf dem Boden herumliegen und verfaulen, was sicher eine Gegend und namentlich die Umgebung der öffentlichen Straßen und Wege und Ortschaften nicht verschönt. Die bezeichneten Behörden (Polizeibehörden) werden daher angewiesen, die Anbringung neuer Totenbretter an allen Distriktsstraßen und Gemeindewegen um so mehr zu verbieten, als es schon wiederholt vorgekommen ist, daß Pferde vor denselben scheuten und auch die Kinder beim Vorübergehen an denselben von Furcht ergriffen wurden. Alle auf dem Boden herumliegenden Totenbretter sind ungesäumt überall zu entfernen und wird bemerkt, daß die Distriktswegmacher angewiesen sind, alle Totenbretter, welche forthin an den Distriktsstraßen angebracht werden, sofort zu entfernen, wenn sie auf Aufforderung von den Besitzern nicht entfernt werden.« Viele Zuschriften brachten zum Ausdruck, daß sich der damalige Bezirksamtmann persönlich von der Durchführung überzeugte.

[199] Auch das Brett im Nationalmuseum zu München aus dem Jahre 1797 dürfte aufgrund des Schriftinhaltes bereits ein Gedenkbrett sein.

[200] Huber hat in seinen systematischen Forschungen von Ort zu Ort durch Kundfahrten in 3500 Orten 11500 Belege erbracht; teilweise mußten für den Nachweis der Brettaufbahrung alte Kirchenrechnungen und Erlasse gegen den Brauch als Beleg herangezogen werden, da die lebende Generation keine Erinnerung mehr bewahrt hatte.

[201] Für Schwaben konnte Huber den Brauch allerdings nur am Auerberg sporadisch feststellen. Der Brauch reichte aber auch über den bayerischen Raum hinaus: Im Westen ist er für das rheinländische Viersen eindeutig bezeugt. Für den Oberschwarzwald ist um 1850/60 ein historischer Beleg bekannt. Für die Schweiz sind aus mehreren Kantonen verschiedene Formen der Brettaufbahrung belegt. Nach Süden hin läßt sich der Brauch bis ins Burggrafenamt um Meran und im Etschtal bis südlich Bozen nachweisen, gegen Norden reicht der Brauch bis zur böhmischen Sprachgrenze, erfaßt auch die deutschen Sprachinseln Iglau und Deutsch-Brod und endet im Schlesischen im Glatzer Bergland. Bergmann hat den Brauch jenseits der böhmischen Grenze auch in den sudetendeutschen Landkreisen Marienbad, Tachau und Tepl festgestellt.

[202] Interessant ist der Hinweis von Bergmann, wonach evangelische Christen das Setzen von Totenbrettern nicht mehr kennen.

[203] Hier im südlichen Rupertiwinkel findet sich heute noch eine erstaunliche Zahl von Gedenkbrett-Stätten, mit vielfach ganz neuen Brettern, sorgfältig beschriftet. Befragungen älterer Leute ergaben, daß das Aufstellen dieser Bretter hier »halt so Brauch von alters her« sei. In Neulend, Gemeinde Teisendorf, werden heute noch, einige Wochen nach dem Todesfall, von einigen Familien Gedenkbretter an einer bestimmten Stelle an einem ehemaligen Kirchweg aufgestellt. An diesen Gedenkbrettstätten sind zumeist auch noch einfache Kruzifixe, Bildstöcke, Steinmarterl oder ähnliche Objekte religiöser Andacht aufgestellt, im erwähnten Neulend steht neben den Gedenkbrettern sogar ein Miniatur-Kalvarienberg, ein aus Feldsteinen aufgemauerter Tumulus von etwa 1,5 m Höhe, darauf eine großartige Kreuzigungsgruppe aus Achthaler Eisenguß in lebhafter Polychromie. In den Tumulus ist eine Fegfeuerdarstellung auf einer Blechtafel eingelassen.

[204] Baumgarten berichtet, daß man in Wartberg an der Krems in Traunviertel das Totenbrett eines Mannes an einen Apfelbaum, das einer Frau an einen Birnbaum, wohin auch das Badewasser Neugeborener geschüttet wurde, lehnte. »Es bleibt da einige Zeit angelehnt, bevor man es wieder irgendwie gebrauche.« Derselbe Brauch ist auch aus Vorchdorf (Bezirk Gmunden) bezeugt. Von einem merkwürdigen Modus berichtet Haller: »Die Liegebretter luden die Lindberger bis in die Dreißiger Jahre hinein zusammen mit der Truhe auf den Totenwagen und sie warfen die Brettl auf dem Weg zum Zwieseler Friedhof bei der sog. Keilhofer-Linde ab, wo sie die Toten dann in der Nacht geholt haben.« Maßgebend für diese ältere Brauchstufe war hier jedenfalls die Auffassung, daß durch die enge Berührung zum Toten diese Bretter eine Art Personifikation des Seelenwesens des Abgeschiedenen darstellen.«

[205] Im Schwarzwald und an anderen Orten Bayerns erfolgte früher die Aufstellung der Totenbretter so, daß sie von der aufgehenden Sonne beschienen wurden. Anfänglich scheint auch bei dieser Aufstellung die waagrechte Anbringung noch beliebt gewesen zu sein. Später stellt oder hängt man die Bretter, mit einer Schmalseite nach unten gerichtet, senkrecht auf. In dieser Lage werden sie durch eine Querstange oder ein Gerüst, auch Einzelpfähle festgehalten. Bergmann hat für den abweichenden Aufstellungsmodus vor allem siedlungsgeographische Gründe herangezogen. Entwicklungsgeschichtliche Hinweise fehlen jedenfalls in seiner Arbeit.

[206] An Geräten fanden sich: Mahlsteine, Trink-, Eß- u. Kochgeschirre, Reste von Gußformen, Bronzeschlacke, Axtschneider, Messer, Pfeilspitzen, Sicheln, Netzsenker und Tonwirteln. An Waffen und Schmuck wurde nur sehr wenig gefunden. Das Geschirr besaß überwiegend »Bombenform« und die Naturfarbe herrschte vor. Zum Teil waren die Halswülste mit Fingereindrücken oder Strichmustern verziert.

[207] Die Gußklumpen enthielten Kupfer, Holzkohle, Schwefel und etwas Eisen. Von Bedeutung war vor allem die Gußform aus Sandstein, die in einem Stück die Sichel- und Messerform enthielt. Drei Sicheln und ein Dolch ergänzten diesen Fund.

[208] Die nächste freigelegte Kulturschicht unterschied sich scharf von der vorherigen. Unter der Knochenschuttschicht fand sich eine mächtige Schicht Holzkohle und Asche von wechselnder Stärke bis zu 60 cm. Auch sie barg eine Menge Tierknochen, aber nur wenig Tonscherben. Vermutlich hat ein Teil der Tiere als Speise, der andere aber als Opfergabe für die Götter gedient. Während nämlich Becken-, Rippenknochen und Rückenwirbel verbrannt waren, fand man die Rückenknochen zerschlagen und gebrochen, des Marks entnommen vor. Nach Bestimmungen von Professor Dr. Nehring und R. Lissauer in Berlin waren alle Haustiere vertreten: Pferd, Rind, Schwein, Schaf, Ziege, sogar Hunde. Wenig vertreten waren Hirsch, Wildschwein, Wolf usw. Als aber Knochenteile, die grünlich gefärbt waren, an das Tageslicht gefördert wurden, wurde man aufgeregt. Diese Funde ließen vermuten, daß man auch mit Bronzefunden rechnen konnte. Tatsächlich stieß man nach Wegräumen des Knochenschotters auf Bronzenadeln und Armringe. Auf dem Lehmboden, der bis zu einer Tiefe von 45 cm durch die Einwirkung der Feuersglut, bis zu siebenmal übereinanderliegend, ziegelrot gebrannt war – und als sicheres Zeichen dafür gilt, daß Feuerbrünste öfters dort gelodert hatten, – fand man noch eine Pfeilspitze mit Schaftröhre, einen Spitzmeißel, eine Pinzette und vieles andere. Damit aber war man noch nicht am Ende. Als man den Boden aushob, stieß man auf eine Lehmtenne, die von einer Mauer umgeben und ohne jedes Bindemittel errichtet war. Einige Schritte daneben fand man ein zertrümmertes menschliches Schädeldach, Teile eines Hinterkopfes und den Stockzahn eines Schweines. Bei einer weiteren Grabung an dieser Mauer – die aber bis heute (1982) nur auf einer Länge von 17 m und einer Breite von 6–9 m unternommen wurde – fand man 14 leider vollkommen zerstörte Gräber.

[209] Die Ringe haben einen Durchmesser von 14 Zentimeter und ein Gewicht von ca. 200 Gramm. Sie sind mit überwiegender Mehrheit ein Halbfertigprodukt. Nur wenige sind blank poliert und besitzen zwei einwandfrei aufgebogene Ösen. Sie könnten als Schmuckgegenstand angesprochen werden. Die meisten Ringe sind aber entweder innen oder außen nicht fertiggestellt. Es ist anzunehmen, daß jeder Ring einen bestimmten Tauschwert besaß und somit ein gewisses Zahlungsmittel darstellte. Es ist auch zu vermuten, daß noch mehr solcher Ringe gehortet waren, aber in Ermangelung einer fachmännischen Ausgrabung nicht sichergestellt werden konnten. Es dürften wahrscheinlich mehr als 800 Ringe gewesen sein.

[210] Ein Sammel- oder Depotfund, bestehend aus zwei Sicheln, ein Lappenbeil, 26 teils fertige, teils vorgefertigte Armreife – auch solche, die beim Guß mißlungen waren – und Kupferkuchen wurden hier sichergestellt.

[211] Quelle: Keyser, E. und Stoob, H.: Deutsches Städtebuch. Handbuch städtischer Geschichte. Band V: Bayern, Teil 2. Stuttgart – Berlin – Köln – Mainz 1974, S. 86 ff.

[212] Etwa 700 in loco qui vocatur Salinas (SUB 1, 5), 790 ad Salinas, quod dicitur Hal (ebd. 1, 11) 908 cop. 13. Jh. E. Halla, Salina (MGDKg 4, 193, Nr. 64), 1147–52 cop. 19. Jh. Paierhalle (SUB 2/3, Nr. 266), 1244 Maius Halle (ebd. Nr. 1032), ab 1323 Reichenhalle, daneben aber noch mdal. bis 19. Jh. Hall. Seit 1890 Bad Reichenhall. E. Schwarz. Der Salzbergbau in der Ortsnamengebung (ZONF 1, 187 ff.), leitet die häufigen an Salzbergwerken haftenden Ortsnamen Hall von ahdt. halla,m großes Haus, hier in der Bedeutung Salzhaus (zur Salzgewinnung) ab. Salina, auch im Plural Salinae, war nach Schwarz die alte röm. Bezeichnung. Paierhalle im Gegensatz zu Hall bei Admont; maius Halle, Reichenhall im Gegensatz zu dem etwa 1198 in Betrieb genommenen Hallein, dem »kleinen Hall«. Über die 1196 erbaute Hallburg bei Reichenhall (1197 Halburc) vgl. SUB 2/3, Nr. 509 und Vorbemerkung dazu.

[213] Quelle: wie Anm. 211.

[214] Ungekürzter Erstabdruck: Hofmann, F.: Die vier Soleleitungen. In »Der Anschnitt«, Heft 3/1970, S. 16 ff.

[215] Am 16. Dezember 1817, nach zwanzig Monaten Bauzeit, sandte Reichenbach nachts 1 Uhr folgenden Bericht an General-Administrator Flurl: »Ich beeile mich, die Anzeige zu machen, daß soeben um die Mitternachtsstunde die große Maschine in Ilsank die gesättigte Salzsole auf das Söldenköpfl in die Reserve lieferte. Der Gang der Maschine ist äußerst sanft und ruhig und mit 160ten Hube war ohne Anstrengung und noch mit einem bedeutenden Übermaß von Kraft, die Sole auf dem vertikalen Punkte von 1218 Fuß. Nachdem einige Tage früher die Maschine in der Pfisterleiten und noch früher die am Berge angelassen wurde, so ist meine Pflicht erfüllt, die mir gegebene Aufgabe gelöset und die ganze Soleleitung vollendet. Indem ich bitte, seine Majestät den König und den königlichen Salinenrat in Kenntnis zu setzen, empfehle ich mich gehorsamst. Ilsank, den 16. Dezember, nachts 1 Uhr. Georg von Reichenbach, königlicher Salinenrat.« Vom Söldenköpfl floß das salzhaltige Wasser mit einem Gefälle von 49,9 m in einer 10 003,18 m langen Röhrenfahrt zur Schwarzbachwacht, wo eine Reserve (ohne Maschine) den Lauf hemmt. Darauf wurde die Sole in 5352,4 m langen Röhren mit einem Gefälle von 3676,16 m durch das Schwarzbachtal zur letzten Reserve Jettenberg (ebenfalls ohne Maschine) geleitet. Nachdem hier der rasende Lauf gebremst wurde, fiel die Sole noch einmal um 56 m bis zur Bergreserve Reichenhall in 480 m Höhe, zur Weiterleitung in die Salinen Reichenhall, Traunstein und Rosenheim. Nachdem 1912 Traunstein und 1958 Rosenheim aufgelöst wurden, blieb die Sole bei der Saline Reichenhall. Als die ersten im Hüttenwerk Bergen bei Traunstein gegossenen 25 Rohre in Betrieb genommen werden sollten, hielten sie dem Druck nicht stand. Unter hohem Druck ließ von Reichenbach deshalb Ölfarbe mit gekochtem Leinöl, dem feingeriebener, gebrannter Kalk beigemengt war, in die Röhren drücken, so daß sie betriebsreit wurden. Auch in Bodenwöhr in der Oberpfalz wurden Rohre gegossen. Diese gelangten auf dem Landweg bis Regensburg, von da mit Salzschiffen bis Passau, dort auf Schiffen den Inn und die Salzach aufwärts bis Laufen. In Laufen wurden sie auf Wagen verladen und über Grödig im Salzburgischen nach Schellenberg – Berchtesgaden – Ramsau – Wachterl gebracht. Insgesamt waren es 510 Röhren aus Bodenwöhr mit einem Gesamtgewicht von 1185 Zentern. 5 Schiffe bis Passau, 9 bis Laufen und 38 schwere Ladungen auf Wagen waren für den Bau der Soleleitung Berchtesgaden – Ilsank – Reichenhall erforderlich. Der größte Wagen war mit sechs Pferden bespannt und wog 64 Zentner. Der Transport kostete damals die ungeheure Summe von 2530 Gulden. Die Röhren kamen auf 13 832 Gulden, der Zentner Rohr auf 10 Gulden 50 Kreuzer. Der Bau der Soleleitung mit Brunnhäusern, Reserven und Maschinen erreichte eine Summe von nahezu 240 000 Gulden. Die Maschinenteile der großen Reichenbachschen Wassersäulenmaschine zu Ilsank wurden von der Oberascherschen Metallgießerei in Salzburg gegossen und in Reichenhall vom Kunstmeister bei der Saline Karl Reichenbach, dem Bruder von Georg Friedrich von Reichenbach, bearbeitet und fertiggestellt.

[216] Quelle: Hoferer, R.: Der Mittertennbau in Südostdeutschland; In: Bayerische Hefte für Volkskunde. Heft 3/1940, S. 71.

[217] Quelle: Tomasi, E.: Historische Gehöftformen. Österreichischer Volkskundeatlas, Kommentar, 6. Lieferung, 1. Teil 1977, Blatt 96, 97, 98; S. 19 f.

[218] Quelle: Verband Deutscher Architekten- und Ingenieurvereine: Das Bauernhaus im Deutschen Reich und seinen Grenzgebieten. Hannover 1906. Alle Zitate dieses Kapitels sind diesem Werk entnommen.

[219] Quellen: Baur-Heinhold, M.: Bemalte Fassaden. München 1975, S. 7 ff. Werner, P.: Schmuck am Haus. Freilassing 1978, S. 43.

[220] Die Fassadenbemalung »beim Meister« in Hub ist nur fragmentarisch erhalten geblieben, da die bemalte Giebelwand des Gebäudes im Zuge von Fundamentarbeiten teilweise eingestürzt ist.

Erläuterung der Fachausdrücke

Bei der Erklärung der Fachausdrücke ist lediglich im Bereich der behandelten Baukultur Vollständigkeit angestrebt worden, Fachausdrücke aus dem Salinen- und Bergbauwesen sind wegen ihre allzu speziellen Charakters nicht aufgenommen worden. Die in Anführungszeichen gesetzten Begriffe sind Mundartausdrücke, die im Text in Schrägschrift gesetzten Begriffe sind eigene Stichworte.

ABKÜRZUNGEN:
BGD = Berchtesgadener Land (im Sinne der ehemaligen Fürstpropstei); RUP = Rupertiwinkel; SCHN = Schneizlreuth. Bei Mundartausdrücken wird durch diese Abkürzungen auf deren Verbreitungsgebiet hingewiesen.

Abbinden, Abbund
Das Zupassen, Zusammenlegen vorgerichteter Hölzer zu Gefügeeinheiten auf dem Zimmerplatz, etwa zu Gebinden. Abbinden und Abbund erinnern noch an das einstige Zusammen-»binden« der Gefügeeinheiten.

Abfasen
Das Abarbeiten einer Kante zu einer schrägen, platten Fläche.

Alm/Alp
Grundfläche im Gebirge, die oberhalb der regionaltypischen Grenze der ständigen Siedlungen liegt, während der günstigen Jahreszeit dem aufgetriebenen Vieh Weidemöglichkeiten bietet und getrennt von dem tiefer gelegenen Talgut bewirtschaftet wird, mit ihm aber in organischem, wirtschaftlichem Zusammenhang steht.

Almanger
Abgezäunter Almboden in der Nähe der Hütten, welcher der Gewinnung von Heu für Zu- und Notfutter dient; er wird zur Erhöhung der Graswüchsigkeit gedüngt und besonders gepflegt.

»Almatanz«
Kerbschnittsaum (als dekorative untere Begrenzung einer senkrechten Verbretterung) BGD.

Almberechtigte
Mitglieder einer Almgemeinschaft (Agrargemeinschaft oder Gemeinde, Genossenschaft, Servitutsgemeinschaft); bei den Servitutsalmen auch Einzelpersonen.

Almbeteiligte
Die an der Almfahrt (mit Vieh) beteiligten Höfe. Nach dem Almkataster: die Almberechtigten.

Almpferch
Platz in der Nähe der Almhütte, der von einem Holzsaum oder Steinwall umgeben ist. Wenn die Alm keinen Stall hat und die Tiere den Sommer über unter freiem Himmel leben, kann sie der Hirte zum Melken oder Putzen und in der Nacht hier einsperren. Wo der Almstall fehlt, fällt also dessen Funktion dem Pferch zu.

Angel
Zylindrischer Zapfen am anschlagseitigen Türbrett, in einer entspr. Pfanne (Buchse) drehend gelagert.

Anlaitsgebühren (Laudemium)
Die Anlaitsgebühren mußten von den Grundholden an den Grundherrn für jegliche Veränderungsfälle bezahlt werden, eine Gebühr, die bei Verkauf des Gutes, Tausch oder Schenkung von jedem Untertan zu entrichten war, ausgenommen waren nur die freieigenen Gutsbesitzer.

Apotropaion
Abwehrzauber gegen böse Geister aller Art, zur Fernhaltung und Beseitigung von Krankheiten, Mißwuchs, Naturkatastrophen. Apotropaia können sein Abschreckmittel (Lärmen, Drohen, Werfen, Schießen, Räuchern, obszöne Gesten), Reinigungsmaßnahmen (Reiben, Waschen, Wischen, Fegen, Abstreifen, Vergraben, Verpflöcken), gegenständliche Abwehrmittel oder Abwehrzeichen (Amulette, bestimmte magische Zeichen) und auch Besprechen, Beschwören.

Ansdach
Altartiges Pfettendach, bei dem Pfetten auf allen Wandblockbalken der in Blockbauweise gezimmerten Giebeldreiecke aufliegen. Im Steinbau findet sich dieselbe dichte Aneinanderreihung der Pfetten, die gleichsam eine in Dachschräge gelegte Blockwand verkörpern.

Armakreuz
Kreuz mit den Leidenswerkzeugen Christi, oft in sehr reicher Ausformung. Die Ursprünge dieses Kultgegenstandes liegen in der mittelalterlichen Passionsmeditation (Buchmalerei).

»Asen«
Gestänge um den Stubenofen zum Kleidertrocknen (SCHN)

Austrag
Bedingungen für die Übergabe eines Bauernhofes an den zukünftigen Erben. Vielerorts waren seit altersher rechtsverbindliche Vereinbarungen zwischen den »Austraglern« und dem Hoferben üblich, die den Eltern die Führung eines eigenen bescheidenen Haushalts ermöglichten. Eine Altersversicherung gab es nicht; waren die Eltern auf die Versorgung im Hauswesen des Hoferben angewiesen, zögerten sie die Hofübergabe so lange wie möglich hinaus. Die Folge später Gutsübergabe waren aber wiederum verzögerte Eheschließungen, später Kindersegen und oft ein besonders unerfreuliches Verhältnis der alten und der jüngeren Generation.

Bei größeren, wohlhabenden Anwesen wurde in manchen Gebieten für die Austrägler ein eigenes kleines Haus neben dem eigentlichen Hof errichtet, die Eltern waren dann in der Lage, in diesem »Zuhaus« mit Hilfe der ihnen bei der Gutsübergabe eingeräumten Naturalrenten ein eigenes Hauswesen für den Rest ihrer Tage zu betreiben.

Gerichtliche Aufzeichnungen und die Hausbriefe mancher Bauernhöfe überliefern zahlreiche, vor Gericht abgeschlossene Übergabeverträge mit einer Fülle von Formen der Altersversorgung.

Der Bau eines eigenen kleinen Zuhauses, oft in Form eines verkleinerten und stark vereinfachten Abbildes des Haupthauses, war jedoch keineswegs überall üblich. Manchmal wurde nur ein bereits bestehendes Nebengebäude, meist ein nicht mehr benötigter Speicherbau, zu diesem Zweck umgebaut. Wesentlich dürftiger waren die Lebensverhältnisse der Austrägler, wo sich der Altenteil im Bauernhaus selbst befand, häufig wurde eine Stube und eine Stubenkammer, zuweilen aber auch nur »der warme Winkel hinterm Ofen« als Austrag ausbedungen.

Backofen, Backhaus
Ursprünglich nahezu auf allen Höfen vorhanden, entweder in Verbindung mit einem offenen Herd, wie etwa in der Rauchstube, oder gesondert in der Küche stehend, oftmals auch an diese als kleiner Zubau angebaut oder im Freien als kleines Bauwerk aufgeführt. Stets ist der Backofen gewölbt, wobei als Material Lehm, Stein und in jüngerer Zeit auch Ziegel verwendet werden. Nachdem ein Holzfeuer die nötige Hitze in der Ofenhöhle erzeugt hat, werden Glut und Asche aus dem Backraum entfernt, und das Brot wird mit einer Ofenschüssel, einem an einem langen Stiel befestigten runden Holzbrett, »eingeschossen«.

»Bachkugeln«
Große rundliche Kieselsteine, meist aus einem Bachbett herausgeholt, vielfach zu Mauerwerk verarbeitet.

Badstube, s. Brechelbad

»Balken« (»Fensterbalken«)
Fensterläden, Klappläden (BGD)

Bansen
Lagerraum in der Scheune, der zur Unterbringung von Futter oder Getreide verwendet wird.

Bauwillengelder
Abgaben für die Bewilligung zur Errichtung von Gebäuden.

»befahren« (eine Alm befahren)
Den gesamten Wirtschaftsbetrieb auf eine Alm verlegen.

Berechtigungsalmen
Bei diesen Almen gehört der Grund und Boden und in der Regel auch das darauf wachsende Holz dem Staat, der Gemeinde oder einer Grundherrschaft.

Bergrecht (Salzrecht)
Das Recht, im Salzbergwerk arbeiten zu dürfen (BGD).

»bestoßen« (eine Alm bestoßen)
Vieh auf die Alm auftreiben (ohne Wirtschaftsbetrieb).

»Bidel« (Heu-, Stroh-, Gschnoadbidel)
Teile des Bergeraums im BGDner Stadel.

»Binder«
= Bohle (auch »Stuizbrett«)

Blockbau
Holzbautechnik zur Errichtung von Bauten aus waagrecht gelagerten Balken, die an ihren Enden miteinander verschränkt werden, wozu verschiedene Holzverbindungen entwickelt wurden. In der Zimmermannssprache nennt man den Blockbau auch »Schrotbau«, in Südtirol und Vorarlberg etwa spricht man von »stricken«, in der Schweiz von »wetten«. Die ältesten Vorgeschichtsfunde erweisen den Blockbau schon als steinzeitliche Bauart. Für Oberitalien und die Schweiz sind bronzezeitliche Funde festgestellt worden. In Österreich gilt der Blockbau erstmals durch ein Blockhaus vom Hallstätter Salzberg als für die Hallstattzeit nachgewiesen.
Man baute ehedem vor allem Stallungen, Almhütten und dgl. in der Technik des altartigen überkämmten Blockbaues, zu dem man meist rundes oder nur schwach behauenes Holz verwendete und bei dem die Balkenköpfe an den Ecken überkämmt waren, also vorkragten. Diese Art des Blockbaues nennt man deshalb auch »Kopfschrot« oder »Kopfstrick«. Dieser sehr urtümlichen Form des Blockbaues steht der engverfugte Blockbau gegenüber, bei dem die Wandhölzer behauen und verfugt werden und der vor allem bei Wohn- und Speicherbauten verwendet wird. Für die Eckverbindungen wurden verschiedene Formen der Verzinkung entwickelt, wovon die Schwalbenschwanzverzinkung die bekannteste ist. Hierbei werden die Balkenenden miteinander »verblattet« oder »verzinkt«.
Für die Errichtung von Blockbauten wird meist das langwüchsige Nadelholz verwendet. Zur Versteifung der Blockwände werden zwischen den einzelnen Zimmerungskränzen Holznägel, sogenannte »Dübel«, eingeschlagen. Die Abdichtung der Fugen erfolgt in der Regel mit Moos, kann aber auch mit Lehm oder Kalkmörtel erreicht werden. In der Temporärsiedlung der Ostalpen ist der Blockbau in einfachen Formen die vorherrschende Bautechnik.

Blockflur
Auf deutschem Siedlungsboden ist die Blockflur, bei der das Ackerland in verschieden große Blöcke geteilt wird, die älteste Art. In den mittelalterlichen Streusiedlungen der Rodungsgebiete unserer Alpenländer wurde sie zur Einödblockflur weiter ausgebildet. Das Gehöft, der Siedlungsanlage nach stets ein Einzel- oder Einödhof, liegt in der Regel inmitten der Flur, so daß die Einheit der Wohn- und Arbeitsstätte hier am vollkommensten erreicht wurde. Mosaikartig erfüllen die einzelnen »Einöden« in einem planvollen Netz von Siedeleinheiten die Siedlungslandschaft unserer Alpentäler. Gemeinsam mit den Gewann- und Waldhufenfluren ist die Einödblockflur eine der Hauptformen mittelalterlicher Siedlungstechnik. Noch heute ist diese klassische Einödblockflur für das kundige Auge überall dort erkennbar, wo deutscher Siedlergeist im Mittelalter weite Waldgebiete in den Bergen gerodet, unter den Pflug genommen und damit sehr wesentlich zur Entstehung und Formung unserer heimatlichen Siedlungslandschaft beigetragen hat.

Blockstiege
Altartige Treppe, bei der die Stufen durch dreikantige, übereck gelagerte, grob behauene und mit Holznägeln an Balken oder Hälblingen befestigte Hölzer gebildet werden.

Blockstufen
Massive hölzerne Dreiecksstufen einer Blockstiege; massive vierkantige Antrittsstufe einer gestemmten Treppe.

Bohlenständerbau
Eine Sonderform des Ständerbaues bildet der Bohlenständerbau, er zeigt die konstruktiven Elemente des Ständerbaues. Die senkrechten Spundsäulen (Ständer oder Steher) sind mit Nuten ausgestattet, in die waagrecht liegende Bohlen von etwa 8 – 12 cm Stärke eingelassen sind. Auf diese Weise zeigt der Bohlenständerbau eine durch senkrechte Steher gegliederte Holzwand, die in der Regel aus waagrechten Bohlen besteht, aber auch senkrechte Bohlen aufweisen kann, wobei diese dann in waagrechte Schwellenhölzer eingenutet sind.
Der mit waagrechten Bohlen ausgestattete Bohlenständerbau steht im Hinblick auf seine Konstruktion etwa zwischen dem Ständer- und dem Blockbau, da er mit ersterem die Ständer, mit letzterem die waagrechten Hölzer gemeinsam hat.

Brechelbad
Vom Hof meist etwas abgerückte Baulichkeit, die zum Dörren des Flachses diente. Diese Flachsbrechstube geht in ihrer Form vielfach noch auf die mittlerweile in Mitteleuropa völlig ausgestorbene bäuerliche *Badstube* zurück, die nach Art einer finnischen Sauna funktioniert haben dürfte. Der ursprüngliche Name blieb auch an den späteren Flachsbrechstuben haften. (*»Hoarbad«*, *»Bad«*, *»Badl«*, *»Badhaus«*)

Breverl (Breferl)
Das Breverl ist wohl heute noch vereinzelt in lebendem Brauch im bayerisch-österreichischen Alpengebiet und als Sache, wenn auch nicht als Wort, weit über dieses Gebiet hinaus, wie süddeutsche und schweizerische Volkskundemuseen lehren. Sowohl kleine *kissen- und taschenförmige* Amulette mit religiösen Zetteln und Dingen, als auch (meist neunteilige) *Faltzettel* mit in Kupfer gestochenen Heiligenbildern, Segen usw. und aufgeklebten Dingen (Kreuzchen, Samen, Kräutern u. dgl.) werden Breferl genannt. Zuweilen sind unter einzelne Heiligenbildchen noch weitere Schutzzettel eingeschoben oder der mittlere Teil mit den aufgeklebten Dingen ist von einem Heiligenbild bedeckt.

»Brustbaam« (Brustbaum)
Oberer Holm der Laubenbrüstung, auch obere »Gangroas'n« genannt.

Bundwerk
Von der Schwelle bis zur Traufe durchgehendes, oft auch auf den Blockbauverband oder die Mauerwand aufgesetztes zimmermannsmäßig abgebundenes Holzgerüst, dessen Streben, Büge und Kopfbänder oft kunstvoll und reich verziert gestaltet sind. Zur Schliessung der Wandflächen dienen meist senkrechte

Bretterhinterschalungen. Im Bereich des BGD unbekannt, im südlichen RUP als *Giebelbundwerk* weit verbreitet; im Bereich der ostoberbayerischen Vierseithöfe als Stadelbundwerk zu höchster Blüte entfaltet.

Butterfaß
Das altartige Stoßbutterfaß (»Butterkübel«, »Rührkübel«) ist ein hohes zylindrisches Faß, in dem Rahm zu Butter gestampft wird. Dies geschieht, indem eine Stange, an der eine durchlöcherte Querscheibe befestigt ist, senkrecht auf und ab bewegt wird. Die Stange wird durch ein Loch im Faßdeckel geführt. Das jüngere Drehbutterfaß ist meist in einem Holzgestell gelagert und wird mit einer Kurbel um die eigene Achse gedreht. Bei einem anderen System werden in einem fest gelagerten Kasten Schaufelräder gedreht.

Deichel
Ausgebohrte Holzröhren für Trinkwasser- oder Soleleitungen.

Dreifelderwirtschaft
In Europa weitverbreitetes Fruchtfolgesystem, bei dem in 3-jährigem Turnus Sommer-, Wintergetreide und Hackfrüchte (früher Brache) miteinander abwechseln und dabei jeweils 2/3 der Fläche jährlich wechselnd einnehmen.

»*Drischbei*«
Hochschwelle der Türöffnungen im Blockbau (BGD).

»*Duizug*«, s. »*Tram*«

Durchfahrtstenne, s. *Tenne*

»*Ehgartheu*«
Heu der hofnahen Talwiesen.

Eidsteuer
Jedermann mußte im Fürstbistum Salzburg seit 1593 eidlich sein Vermögen angeben, und von 100 fl Vermögen 6 Schillinge Steuern abführen.

Einfahrtstenne, s. *Tenne*

Einforstung
Berechtigung zu bedarfsweisem vollem Holzbezug aus Staatswaldungen.

»*Einheizen*«
Feuerungsöffnungen für Stubenofen und Backofen, im Bereich der offenen Feuerstelle im Flez gelegen und von dort beschickbar; Backofen und Stubenofen wurden als »Hinterlader« befeuert (RUP).

Einhof
Der Gehöfttyp des Einhofes vereinigt Wohn- und Stallgebäude unter einem gemeinsamen Dach. Er ist entwicklungsgeschichtlich offenbar jünger als der uns schon aus prähistorischer Zeit bekannte Haufen- oder Gruppenhof und der Paarhof, den wir für die mittelalterlichen Kolonisationssiedlungen weiter Gebiete als primäre Siedlungsform bezeichnen dürfen. Allerdings begegnet uns der Einhof nicht als einheitlicher Typ, vielmehr wurde er in verschiedenen Landschaften zu unterschiedlichen Zeiten auch zu unterschiedlichen Formen entwickelt. Das Hauptverbreitungsgebiet des alpinen Einhofes liegt im bayerisch-tirolisch-salzburgischen Raum und in den unmittelbaren Nachbargebieten.

Einödblockflur, s. *Blockflur*

Einöde
Siedlungskundliche Bezeichnung für den gesamten, in einer Fläche geschlossen beieinanderliegenden Grundbesitz einer bäuerlichen Stelle. Der Ausdruck ist im oberdeutschen Sprachgebiet volkstümlich und in Oberschwaben sowie im Alpengebiet altherkömmlich. Eine ganz oder vorwiegend aus Einöden zusammengesetzte Gemarkung wird *Einödflur* genannt. Die Siedlungsanlage der Einöde, die *Einödsiedlung*, ist verschieden; man unterscheidet den *Einödhof*, der rings von der dazugehörigen Einöde umgeben ist und nur eine einzige bäuerliche Wirtschaft, meist sogar nur eine einzige Familie, zusammenschließt, und die *Einödsiedlung ohne Ausbau*, in der die zu einer Einödflur gehörigen Bauernhöfe in einer weilerartigen Dorfanlage beieinanderliegen. Die Siedlungserscheinung der Einöde ist eine verhältnismäßig junge Bildung, die durch den Prozeß der *Vereinödung* vom 16. bis ins 19. Jahrhundert hinein in Süddeutschland, besonders in Oberschwaben, unter Leitung der Grundherren geschaffen wurde. Die Vereinödung erfolgte regelmäßig auf Antrag von mindestens zwei Dritteln der beteiligten bäuerlichen Stellenbesitzer und zielte auf eine durchgreifende Änderung der Flurverfassung ab: Beseitigung der Gemengelage und Zusammenlegung der Grundstücksparzellen des einzelnen Besitzers, Befreiung der einzelnen Grundstücke von den Gemeinderechten, besonders vom Flurzwang und von der gegenseitigen Weidedienstbarkeit. Die Auflösung der Dörfer und Weiler (Ausbau) gehört nicht unmittelbar zum Vorgang der Vereinödung, sondern ist eine sekundäre Erscheinung, die auch nur in der Minderzahl der Fälle festzustellen ist. Das Verbreitungsgebiet der Einöden und Einödfluren ist nicht aus ethnischen oder geographischen Gesichtspunkten heraus, sondern lediglich durch historisch-agrartechnische Maßnahmen zu verstehen, wenn sich auch die Vereinödung am besten auf dem Gebiete der alten Weiler- und Einzelhofsiedlung hat ausbilden können.
In den Talsiedlungen wurde die *Einödstreifenflur* bevorzugt. Bei ihr liegt das zugehörige Gehört am Rande des längsförmig dahinziehenden Riedes. Die Einödflurtypen erfüllen das ganze österreichische Alpengebiet.

Erbpacht
Durch Entrichtung eines Kaufgeldes konnte die Zeitpacht in eine Erbpacht umgewandelt werden; das Lehen konnte jedoch wieder eingezogen werden, wenn die im Kaufbrief festgelegten Abgaben nicht eingehalten wurden.

»*Erdstadel*«
Durch 2 Geschosse hindurchgehender Teil des BGDner Stadels.

»*Eselsrücken*« (*Kielbogen*)
Beliebtes barockes Ziermotiv am Türsturzbalken; in vielerlei geschnitzten Ausformungen.

Eßglocke
Auf gewissen Haustypen, vor allem in Salzburg, Tirol und Bayern angebrachter kleiner Glockenstuhl mit einer Glocke, die zu den Essenszeiten geläutet wurde, um die auf den Feldern und Wiesen arbeitenden Hausleute zum Essen zu rufen. Aus derben Frühformen entwickelten sich später großartige Schmuckstücke.

Fachwerk
Gegenüber dem Ständerbau zeigt das Fachwerk eine stärkere Aufgliederung der zwischen den senkrechten Ständern und waagrechten Schwellenhölzern entstandenen Gefache. Diese Aufgliederung wird vor allem durch die Einbindung schräger Streben und waagrechter »Riegel« erreicht, woraus auch die Bezeichnung »Riegelbau« für das Fachwerk abzuleiten ist. Die in der städtischen Baukunst der Gotik und Renaissance zu ästhetischen und bautechnischen Höchstleistungen entwickelte Zimmermannskunst im Fachwerkbau, wie sie heute noch an Rats- und Bürgerhäusern bewundert werden kann, hat im Wege des gesunkenen Kulturgutes auch auf die bäuerlichen Bauten ausgestrahlt. Der Fachwerkbau ist als gemischte Bauweise im Holzverbrauch wesentlich sparsamer als die reine Holzbautechnik des Blockbaues. Zwar ist der Pfosten- und Ständerbau entwicklungsgeschichtlich älter als der Blockbau, doch hat er in der Form des jüngeren Fachwerkbaues zufolge einer größeren bau-

lichen Entfaltungsmöglichkeit gegenüber dem Blockbau eine stärkere Verbreitung erfahren, so daß der klassische Fachwerkbau auch den Baucharakter der Städte in weiten Teilen Europas mitbestimmt.

Fehlboden
Schicht zwischen einer Deckenkonstruktion und dem eigentlichen Fußboden (für Schall- und Wärmeschutz).

»Feldkasten«
Bezeichnung für den freistehenden, fast immer zweigeschossigen Speicherbau des BGDner *Zwiehofes*.

»Feuerhaus«
Ältere mundartliche Bezeichnung für den Wohnteil (Wohnspeicherhaus) eines alpinen Zwiehofes.

»Feuerkreuz«
Schratgaderl (BGD).

»fletschen«
Hälftiges Ausnehmen der Rofenpaare am First, die dann mit einem Holznagel waagrecht verbunden wurden.

Flez (auch Fletz; älter: Fleez)
Allgemein übliche Bezeichnung für den Flur im Bauernhaus, der im BGD und im RUP früher allerdings als »das Haus« bezeichnet wurde.

Freieigen (Ludeigen, Allod, Edelgut)
Von keinem Grundherrn, sondern nur vom Landesfürsten abhängiges Gut, ohne Trennung von Obereigentum und Nutzeigentum.

»Freien«
Verstreut liegende, für die Laubstreugewinnung und den Viehtrieb dienende Flächen der Heimweiderechtsbezirke im Staatsforst; Laubholzhaine mit Streurecht und Weideberechtigung (BGD).

Freistift
Pachtweise Vergabe eines Lehens auf 1 Jahr (Zeitpacht); bei dieser Leiheform mußte der Bauer jährlich seinen Pachtbrief erneuern und konnte gezwungen werden, nach Ablauf des Vertrages sein Lehen zu verlassen oder gegen ein anderes einzutauschen.

Forstrecht
Die Gesamtheit derjenigen öffentlich-rechtlichen Normen, die das Privateigentum am Wald wegen des Allgemeininteresses an der Erhaltung ausreichend großer und gesunder Wälder besonderen Bindungen unterwerfen und die dem Schutz, der Überwachung und Förderung der Forstwirtschaft dienen. Das Forstrecht ist überwiegend Landesrecht, einheitlich aber durch das Bundeswaldgesetz vom 2. 5. 1975 geregelt, das Maßnahmen zur Sicherung der Nutz-, Schutz- und Erholungsfunktion des Waldes vorsieht (Rahmenvorschriften für die landesrechtlichen Waldgesetze); für eine sinnvolle Bewirtschaftung des Waldes schreibt das Gesetz die Bildung von privatrechtlichen Forstbetriebsgemeinschaften und forstwirtschaftlichen Vereinigungen und von öffentlich-rechtlichen Forstbetriebsverbänden vor.

Forstverwaltung
Jede Tätigkeit privater oder öffentlich-rechtlicher Körperschaften zur Erhaltung und Pflege des Waldes sowie zur wirtschaftlichen Vermarktung des Holzes. Die Forstverwaltung wird u. a. durch die staatlichen Forstbehörden ausgeübt. Der große Privatwaldbesitz hat seine eigene Forstverwaltung.

Forstwirtschaft
Zweig der Landwirtschaft, der sich mit der wirtschaftlichen Nutzung und Pflege sowie dem Anbau des Waldes beschäftigt. Je nach den Eigentumsverhältnissen unterscheidet man öffentliche (Domäne) und private Forstwirtschaft. Sie hat u. a. wirtschaftliche, aber auch soziale (Erholungs-, Schutzwald) Bedeutung sowie angesichts zunehmender Umweltverschmutzung auch verstärkte Bedeutung für die Erhaltung des ökologischen Gleichgewichts.

Forstwissenschaft
Wissenschaft und Lehre von den biologischen Gesetzmäßigkeiten im Wachstum von Bäumen und Wäldern, der planmäßigen und nachhaltigen Nutzung von Holzerträgen, der Anwendung von Technik und Mechanisierung in der Forstwirtschaft sowie von der Abgrenzung und Auslotung aller rechtlichen und gesetzlichen Probleme zwischen Mensch und Wald.

»Fürköpfe« (Vorstösse, Ketteln, Gwettköpfe)
Über die Flucht der Außenwand vorstehende Balkenverbindungen im Blockbau.

Funkenfang, Funkenhut, Rauchkutte
Baldachinartiges, aus Holz, Stroh oder Lehm, wohl auch aus Stein geformtes Dach über dem offenen Feuer einer Rauchstube oder Rauchküche (»Hur«, »Hurre«).

»Futterhaus«
Bezeichnung für den Stadel (Stallscheune) eines alpinen Zwiehofes.

»Gang«
In BGD, Oberösterreich und darüber hinaus Bezeichnung für die Giebellaube.

»Gangbruck'n«, »Schrotstutz'n«
Auskragende Wandblockbalken, auf denen die *Laube* aufgelagert ist; zwei übereinanderliegende, durch Schlußkeile oder Dübel fest miteinander verbundene Balken (BGD).

»Gangroas'n«
Auf den »Gangbruck'n« (Laubenkonsolen) aufgekämmte oder aufgeblattete Balken, unterer Holm der Laubenbrüstung (BGD).

»Gangsäulen«
Brüstungssäulen der Lauben (BGD).

Gaube
Überdachte stehende Luke oder überdachtes stehendes Fenster in einer Dachschräge.

Gejaid
(mhd. gejeide, zu jagen), dichterisches Wort für Jagd.

Gespärre
Ein Paar sich gegenüberliegender Dachsparren mit allen der jeweiligen Konstruktion entsprechenden zugehörigen Hölzern wie etwa Bundtram, Kehlbalken, Steher, Firstsäulen u. a.

Getreidekasten
Gezimmerter oder gemauerter, vielfach zweigeschossiger Bau, der zur Aufbewahrung der Lebensmittel, der Körnerfrucht und sonstiger Vorräte dient.

Gewannflur
Dieser Streifengemengeverband steht im scharfen Gegensatz zur *Blockflur* als die klassische Flurform hochmittelalterlicher Sammelsiedlungen des Voralpenraumes. Als »Gewann« bezeichnet man die schmalen, parallel gereihten, streifenförmigen Ackerflächen, die den verschiedenen Besitzern einer Dorfgemeinschaft zugewiesen wurden, um damit dem Grundsatz, jedem Siedler den gleichen Anteil an gutem und weniger gutem Ackerboden zu sichern, gerecht zu werden. Da man die in der heutigen modernen Landwirtschaft geltende Güte eines Grundstückes weder kannte noch feststellen konnte, war die Aufteilung der zur Verfügung stehenden Grundflächen nach dem Prinzip der Gewanne für die Zeit der mittelalterlichen Kolonisation Ausdruck eines hohen wirtschaftlichen und sittlichen Verantwortungsbewußtseins. Durch die Grundzusammenlegungen in der modernen Landwirtschaft ist das Flurbild der Gewannflur völlig verdrängt worden.

Giebelbundwerk
Bundwerkpartie im Giebelfeld, außer im RUP auch in anderen Hauslandschaften – allerdings in völlig anderen Formen – verbreitet.

»Glockenschrot«
Seltener Dialektausdruck für die schwalbenschwanzförmige Verzinkung.

»Gmachlmühle«, s. *Hausmühle*

»Gmoa«
(=Gemein) Bau für gemeinschaftliche Nutzung; meist ein etwa symmetrischer Baukörper für zwei Parteien (Wohnhaus, Stadel, Brechelbad, Kaser, BGD).

Gnotschaft
Wohl von Genossenschaft; wirtschaftlicher Zusammenschluß von landschaftsräumlich benachbarten Einzelhof- und Weilergruppen; eine räumliche und gemeindepolitische Eigenart des BGD, aber auch anderer Landschaften.

Göpel
Seit der Antike bekannte Vorrichtung, die eine radial angesetzte Zugkraft von Tieren zum Antrieb von Arbeitsmaschinen, z. B. Dreschmaschinen auswertet (Rundganggöpel). Eine senkrecht stehende Holzsäule, an deren oberem Ende ein größeres hölzernes Zahnrad angebracht ist, wird axial gedreht. Dabei greift in das waagrecht laufende Zahnrad ein senkrecht laufendes ein und überträgt die Kraft auf eine waagrechte Holzwelle, die ihrerseits wiederum mittels eines Zahnrades die Bewegung an die Dreschmaschine weitergibt.

»Grandl« (»Wassergrandl«)
Eiserner Wasserbehälter zum Wasserwärmen, ursprünglich neben der offenen Feuerstelle eingemauert.

»Grauben«
Urtümlicher Ausdruck für Stubenkammer (BGD).

Gred, Gred'n
Meist etwas erhöhter Gehsteig, in geschlossenen Wirtschaftshöfen rundumlaufend oder traufseitig den Wohnbau und Stall entlangführend. Die etwa einen Meter breite Gred'n wird vom Dachüberstand geschützt und ist mit Steinen ausgelegt oder aus Lehm gestampft (von lat. gradus).

Grummet
Zweiter Grasschnitt im Herbst, meist nicht so ergiebig, aber nährstoffreicher als das Heu des ersten Schnittes.

Grundherr
Einst unbedingter Herr über die auf seinem Grund und Boden ansässigen Leute mit Befugnissen, die später öffentlich-rechtliche Bedeutung gewannen; haftete nach germanischem Recht Dritten gegenüber sowohl für sein Hausgesinde als auch für Freie und Halbfreie. Streitigkeiten unter den Unfreien schlichtete er persönlich oder durch seine Beamten.

Grundherrschaft
Wirtschaftliche und rechtliche Organisationsform des mittelalterlichen Großgrundbesitzes. Sie umfaßte im Gegensatz zu den spätrömischen Latifundien meist nicht große zusammenhängende Landflächen, sondern vorwiegend zerstückelten Streubesitz. Die Grundherrschaft ist in der Hauptsache ein Verband von kleinbäuerlichen Betrieben. Ihren Verwaltungsmittelpunkt bildeten ein oder mehrere Fronhöfe (Herrenhöfe), auf denen der Grundherr oder sein Verwalter (Meier, lat. vilicus) saß. Von hier aus wurde das im herrschaftlichen Eigenbetrieb stehende Salland (Herrenland) bewirtschaftet. Der weitaus größte Teil des Grund und Bodens der Grundherrschaft wurde zu dinglicher Landleihe an abhängige Bauern (Grundholde) vergeben, die dafür bestimmte Abgaben und Dienste zu leisten hatten. In Südwestdeutschland hat die Grundherrschaft, zu einer Summe von Rentenrechten erstarrt, bis in die erste Hälfte des 19. Jahrhunderts bestanden, in Ostdeutschland wurde sie seit dem 16. Jahrhundert durch die Gutsherrschaft verdrängt. *Grundherrschaft* ist also die wissenschaftliche Bezeichnung für einen Teilbereich adliger, kirchlicher und königlicher Herrschaft, der die europäische Agrar-, Sozial- und Verfassungsgeschichte vom Frühmittelalter bis zur Bauernbefreiung des 18. und 19. Jahrhunderts entscheidend bestimmte. Die ältere Grundherrschaft war »Herrschaft über Land und Leute« mit der Pflicht des Grundherrn zu Schutz und Schirm gegenüber den *Grundholden*. Sie unterstanden in unterschiedlichen Abhängigkeitsverhältnissen (mit sozialen und wirtschaftlichen Aufstiegsformen bis zur Freilassung) der Gerichtsbarkeit des Grundherrn und hatten für das von ihnen bewirtschaftete Land oder auch nur für den grundherrlichen Schutz Naturalabgaben bzw. Geld zu entrichten und Fronen zu leisten (*Grundlasten*). Seit dem Spätmittelalter entwickelte sich in landschaftlich unterschiedlich ausgeprägten Typen die jüngere Grundherrschaft als »Herrschaft über Grund und Boden«.

Grundhold
Im Mittelalter der von einer Grundherrschaft abhängige Bauer.

Grundkataster
Grundsteuerkataster, das unter öffentlicher Aufsicht aufgestellte Verzeichnis aller Grundstücke eines Landes, gesondert nach den einzelnen Gemarkungen und ihren Unterabteilungen (Fluren, Gewannen), nach den Hauptkulturarten mit Angabe der Größe, des geschätzten Ertrags oder Werts als Grundlage für die Bemessung der Grundsteuer. Die Einschätzung des Ertrags und des Werts erfolgt durch Aufteilung in bestimmte Bodenklassen.

Grundschwelle
Dem Boden oder einem gemauerten Sockel aufliegende unterste Wandblockbalken, an den Ecken meist über die Wandflucht kräftig überstehend und besonders kräftig dimensioniert, oft auch aus Eichenholz.

»Gschnoad«
Einschürige ungedüngte Wiesen, meist in steiler Hanglage, vom Hofe schlecht zugänglich; das hier wachsende »Wiesheu« erfordert bis heute die spätsommerlichen Mahd mit der Sense (BGD).

»Gütl«
Kleinstanwesen im BGD in Einhofform.

»Guckeisl«
Sehr schmale Mauerziegel (RUP).

Gurtgesims
Gesims zwischen Erd- und Obergeschoß.

»Gwettkopf« (Vorstoß, Fürkopf)
Über die Flucht der Außenwand vorstehende Balkenverbindung im Blockbau (s. auch *»Ketteln«*).

Häusel
In Altbayern 1/16 Hof, mit 7 1/2 Tagwerk.

Hag
Umzäunung, auch Gehege aus Gebüsch und Dorngesträuch; im Bereich der Almen eingefriedete, vor Vieh geschützte Wiesenfläche für das Notfutter.

Hal
Der an einer Kette hängende Kesselhaken aus Eisen, an dem der Kessel über dem offenen Herdfeuer hing.

»Har« (»Haar«, »Hoar«)
Flachs oder Lein (Linum usitatissimum), blaublühende Pflanze, Rohstoff für das ehedem im Bauernhaus hergestellte Hausleinen.

Harbrechstube, s. *Brechelbad*

Haufenhof (auch Gruppenhof)
Diese Hofform dürfte wohl, wie die urgeschichtliche Hausforschung gezeigt hat, der

älteste Gehöfttypus sein. Sie ist im wesentlichen dadurch bestimmt, daß Wohnhaus und Wirtschaftsgebäude zwar als Gruppe vereinigt sind, aber durch keine stets gleichbleibende Ordnung in regelhafter Beziehung zueinander stehen. Sie ist von Fall zu Fall sehr unterschiedlich, von den Gegebenheiten des Geländes, den wirtschaftlichen Notwendigkeiten und letztlich auch vom Klima mitbestimmt. Die Bezeichnung »Haufenhof« ist deshalb nicht glücklich, weil der Begriff »Haufen« dem Ordnungsbegriff zuwiderläuft. Die Bezeichnung *Gruppenhof* trifft das Wesen und den Zweck dieser Siedlungs- oder Gehöftform besser. Liegt es doch in der Absicht des Siedlers, seinen Gruppenhof zu einem wohlgeordneten, dem Siedlungsvorhaben entsprechend gut funktionierenden Gehöft zu gestalten.

»Haus«
Altertümliche Benennung des Hausganges, vor allem im Bereich der ehem. Fürstpropstei, aber auch im südlichen Rupertiwinkel.

Hauslandschaften
Eine Landschaft, die in der Vergangenheit durch einen gemeinsamen Gehöfttypus geprägt wurde, nennen wir Hauslandschaft, Bauernhoflandschaft oder Bauernhofregion. Zwar gleichen sich die Gehöfte einer Hauslandschaft in ihrer Anlage stets, dennoch sind sie nicht völlig gleichartig im Sinne moderner Serienhäuser. Dies hat das Bauernhaus mit anderen Erscheinungen der Volkskultur gemeinsam. Der Bauernhof innerhalb einer Hauslandschaft ist nicht Teil einer gleichartigen Masse, sondern Glied einer Gemeinschaft mit durchaus persönlichen Zügen. So ist es zu verstehen, daß die Höfe einer Hauslandschaft einander zwar gleichen, für den Kenner aber unverwechselbare Einzelanwesen sind.

Hausmühle, s. Gmachlmühle

Heimatstil
Stilphase zwischen 1910–1930, sie ist aufzufassen als romantische Rezeption bäuerlichen Formengutes unter willkürlichen Anleihen aus dem Repertoire bürgerlicher Baukultur. Der Heimatstil orientiert sich vorwiegend an den prächtigen südbayerisch - nordostirolischen Einhöfen, er hat im BGD in der Architektenfamilien Zimmermann bedeutende Vertreter gefunden.

»Hel«
Ofenbrücke am Stubenofen (SCHN).

»Hennaloch« (Hühnerloch)
Schlupföffnung in der Stubenwand für die Hühner.

Herdhaus
Wohnbau, der eine offene Feuerstelle besitzt.

»Heubaum« (»Hajbaam«)
Ein zur Firstpfette paralleles Holz, das auch *Beifirst, Unterfirst* oder *Katzenbaum* genannt wird (BGD).

»Heubidel«
Heuboden im Stadel; auch über der Decke des Kasstöckls (s. *Rundumkaser*, BGD).

Hexagramm
Sechsstern (magisches Abwehrzeichen).

»Hinterlader«
Ofen, der von einem anderen Raum befeuert wird (vgl. *»Einheizen«*).

Hirnholz
Eine Fläche in einem Stück Holz quer zu dessen Faserverlauf.

Histenlaube
Laube zur Trocknung von Feldfrüchten an Stelle einer Laubenbrüstung, ausschließlich mit waagrechten Trockenstangen versehen.

Hochleger (Oberleger)
Oberste Almstufe
(BGD, teilweise Ostalpenraum).

Hof
In altgermanischer Zeit eingehegter Raum, der ein oder mehrere Gebäude umgibt, dann auch ein von einem Gebäude oder Gebäudeteilen umschlossener Raum. Dann ging das Wort auf das eingeschlossene Gebäude bzw. den Gebäudekomplex über und entwickelte die Bedeutung »Haus, Wohnung, Gehöft, Anwesen, Besitztum, Gut«. Inbegriff der zu einem Gute gehörigen Baulichkeiten.

Hoffuß
Maß für den landwirtschaftlichen Grundbesitz in Altbayern bis zum Anfang des 19. Jahrhunderts.

Hohlkehlen
Viertelkreisförmige Negativformen verschiedenster Bauglieder. Im Blockbau in die Auflagerfläche von Blockbalken eingearbeitete, flache Aushöhlungen oder Rillen zur besseren Haftung der aufeinanderliegenden Balken.

»Hoß«
Im Berchtesgadener Rundumkaser der Raum über dem (mit einer Decke versehenen) Kasstöckl. Dieser Raum unterm Dach enthält gewöhnlich etwas Almheu für die ungünstige Witterung. Sie dient auch zur Schlafstätte für den Kühbuben und etwaige Almbesucher, die dort übernachten wollen.

»Houdie« (Hohe Diele)
Dachraum (auch *»Unterndach«*, BGD).

»Houdibock«
Apotropäische Ausformung des Unterfirstes (BGD).

Hube (Hufe, Manse)
In Altbayern 1/2 Hof, mit 60 Tagwerk.

»Hütt'l«
Fensterloses Einraumhaus, wohl die mittelalterliche Ausgangsform des *Rundumkasers* des BGD.

»Hur«, auch »Hurre«
s. Funkenfang, Rauchkutte (RUP).

»Imbkammerl«
Bienenkammer.

Kammerstock
Obergeschoß (RUP).

Kantholz
Behauener bzw. gesägter Baumstamm.

Kaser
In Teilen des Ostalpenraumes vor allem in Bayern und Nordtirol übliche Bezeichnung für Almhütte. Es ist noch umstritten, ob das Wort vom lat. casa (Haus) oder vom lat. caseus (Käse) stammt, doch spricht der ältere Ausdruck »Casolarium« (wörtlich »Käserei«) eindeutig für die Herkunft von caseus.

Kasten
1. Getreidespeicher (Troadkasten), 2. Kleiderschrank; gültig für Altbayern und Österreich.

Kataster
Allgemein amtlich geführtes Verzeichnis eines bestimmten Bezirkes zur Festsetzung von Steuern, Abgaben, Beiträgen u. a. Der Liegenschaftskataster ist eine Beschreibung und Kartierung der Grundstücke, vorwiegend zur Sicherung und Besteuerung von Grund und Boden.

Kegelwand
Ein schmales Blockwandstück, das im rechten Winkel zu einer Außenwand eingebaut ist. Es dient der Wandversteifung, im Dachraum vor allem aber der Auflagerung der Pfetten (an Stelle von Stuhlsäulen).

Kehlbalken
Ein horizontaler Balken zwischen Mitte und oberem Drittel eines Sparrenpaares, der zu dessen Versteifung dient und mit den Sparren verblattet, seltener verzapft ist.

»Kesselhäng«, »Kesselreiden«, »Kesselschwing«, »Turner«, »Hengst«
Galgenartiges, schwenkbares Gerüst, an dem der Wasser- oder Käsekessel über dem offenen Herdfeuer hängt.

»Ketteln«, s. Kopfschrote

»Khag« (Gehag)
Frondienstleistung an der Grenzwehr.

Kielbogen, s. »Eselsrücken«

»Klingschrot«
Schwalbenschwänzige Eckverbindungen der Holzblockwände.

Knagge
Ein Ständer und überstehende Balkenenden verriegelndes bzw. abstützendes Holz. Grundform der Knagge ist ein rechtwinkliges Dreieck mit einer längeren Kathete und hohlkehlig ausgearbeiteter Hypotenuse.

Kniestock
Über die Decke des obersten Vollgeschosses hinausreichender Teil der Außenmauern eines Gebäudes; im Blockbau Wandblockbalken, die an den Giebeln teilweise oder zur Gänze als Fußpfetten auskragen.

Kopfbänder (Kopfbüge)
Schräg eingezimmerte Hölzer, die, vorn verblattet oder eingezapft, zur Verbindung von waagrechten und lotrechten Hölzern dienen und als Winkelversteifung die Tragfähigkeit der Holzkonstruktion, vor allem im Ständerbau, verstärken.

Kopfschrot (»Ketteln«)
Holzverbindung beim Blockbau, bei dem die Balkenenden an den Eckverbindungen der Blockwände etwas vorkragen. Diese Art der Holzverbindung wird meist beim groben Blockbau, immer aber beim Rundholzblockbau angewendet.

Kopfstrebe
Strebe zwischen Ständer und Rähm.

»Kopfstrick«
In Vorarlberg und Südtirol die altartige Form des überkämmten Blockbaues, bei dem die Enden der übereinandergelagerten Wandhölzer an den Eckverbindungen vorkragen. Allgemeiner Dialektausdruck für Blockbau.

Kranzbalken
Wandblockbalken in Deckenhöhe; oft 4–5 cm aus der Wandflucht nach außen gesetzt und mit Kerbschnittsäumen verziert, raumseitig für das Deckenauflager ausgenommen.

Kranzholz
Im Blockbau oberste Balkenlage, auf welcher der Dachstuhl sitzt. Oftmals durch mehrere Balkenlagen verstärkt.

»Kreister«
Liegestatt der Sennerin im Kaser (BGD).

Krüppelwalm, s. Schopfwalm

»Kuttenbäume«
Holzkranz, auf dem die gemauerte Rauchkutte über der offenen Feuerstelle aufliegt (RUP).

lacken
Einen Baum bezeichnen durch ein Merkmal, das man einschlägt. Auslacken, verlacken: einen Wald ab- oder durchgrenzen, indem entweder gewisse Zeichen in Bäume gehauen, oder diese selbst auf den Grenzlinien gefällt werden.

»Laden«
Bohle, starkes Brett.

»Landschaft«
Historischer Zusammenschluß der Einwohnerschaft im BGD; er hatte räumlich – politische Bedeutung.

Landsteuer
Grundsteuer.

Längsaufstallung
Das Vieh steht im Stall parallel zum First.

Laube (»Laab'n«)
In BGD Giebellaube und um die südliche Traufseite herumgeführte Trauflaube. Allgemein: Balkon am Bauernhaus.

»Laubenbaum«
Tragbalken der Giebellaube, auf die »Laubenstutzen« aufgelegt.

»Laubensäule«
Verbindungsholz zwischen der Laube und den Pfettenköpfen, oft reich profiliert.

»Laubenstutzen«
Aus dem Blockbaugefüge auskragende Tragbalken für die Laube.

»Laubhütte«
Vom Stall aus zugänglicher Anbau an den BGDner Stadel.

Leerhäusl
In Altbayern 1/32 Hof, ohne Grundbesitz.

Legschindeldach
Das Legschindeldach ist vor allem im Alpenraum weit verbreitet, reicht aber auch bis in das oberösterreichische Innviertel und in viele bayerische Gebiete. Wie nahezu alle Schindeln werden auch Legschindeln aus Lärchen- oder Fichtenholz gemacht, wobei die Lärche wegen ihrer größeren Widerstandsfähigkeit vorzuziehen ist. Diese Schindeln werden in einer Größe von etwa 80/20 bis 80/25 cm und in einer Stärke von rund 1,5 cm gekloben und auf ein flachgeneigtes Pfettendach »aufgelegt«, weshalb man von einem »Legschindeldach« spricht. Die Legschindeln müssen dabei sorgfältig auf den »Dachstangen« (Dachlatten) gelagert werden, so daß sie etwa ein Viertel bis ein Drittel der darunterliegenden Schindeln überdecken. In gewissen Abständen, etwa alle 2 bis 3 m, werden sogenannte Hängeschindeln dazwischengelegt, die an ihren beiden Enden je einen Holzzapfen aufweisen, wovon einer nach außen und einer nach innen zeigt. Mit dem nach innen zeigenden Zapfen wird die Hängeschindel an der Dachstange aufgehängt, während der am unteren Ende der Schindel nach außen weisende Zapfen die »Schwerstange« aufnimmt. Durch diese Hängeschindeln, die nicht verrutschen können und auch den Schwerstangen Halt bieten, erhält das an sich nur lose liegende Legschindeldach die erwünschte Versteifung. Die Legschindeln werden durch Schwerstangen, die in den giebelseitigen »Windladen« eingezapft sein können, niedergehalten und überdies mit klobigen Steinen beschwert, weshalb das Legschindeldach auch »Schwerdach« (»Schwardach«) genannt wird. Bei der Verlegung eines Legschindeldaches, werden keine Nägel verwendet, so daß die Legschindeln von Zeit zu Zeit umgelegt werden können, was ihre Lebensdauer wesentlich erhöht. Die Legschindeldächer prägen nicht nur den Charakter der Gehöfte, sondern sind für weite Teile der alpinen Hauslandschaften bestimmend geworden.

Lehen
In Altbayern allgemeiner Begriff für 1/4 Hof, mit 30 Tagwerk.

Lehenswesen
Das Lehenswesen ist hervorgegangen aus der Verschmelzung der personenrechtlichen, vertraglich begründeten Bindung des Mannes – Vasalus homo – an seinen Herrn. Der treu dienende Gefolgsmann wurde im Rahmen

des Benefizialwesens für seine Dienste und seinen Gehorsam gegenüber dem Herrn durch die lebenslängliche Verleihung von Grundstücken und deren Nutzung entlohnt. Der Lehensmann als Besitzer eines »Lehens« mit Nutzungsrechten gelobte dafür seinem Lehensherrn »stets treu, hold und gegenwärtig zu sein«. Dieses Treue-Dienstverhältnis galt bereits unter den germanischen Gefolgsleuten, es wurde von den karolingischen Herrschern mit Vehemenz verfolgt. Karl der Große benötigte zur Verwaltung seines Reiches treu ergebene Diener, die er im alten, eingesessenen Erbadel nicht fand. Die Karolinger zogen daher die großen Grundbesitzer mit ihren Gefolgsleuten zum Reiterdienst heran. Als Lohn wurden Grundstücksnutzungen gewährt, wobei auch die Kirche Grundbesitz für die Ausstattung von Vasallen als Benefizium abgeben mußte. Hiermit entstand aus dem altgermanischen Volksheer ein berittenes Berufskriegertum, das schließlich den allgemeinen Heerbann völlig verdrängte. Die Grundlagen für die Lehensvergabungen des Hl. Ruperts an ihm treu dienende »Grunduntertanen« bildeten die großen Gebietsveränderungen um 700 in der Salzburger Gaugrafschaft. Die bayerischen Herzöge hatten der Salzburger Kirche große Ländereien und Güter geschenkt, die Bischof Rupert erweiterte. Bis dahin standen diese Ländereien unter der Gerichtshoheit der Herzöge oder deren Lehensträger. Mit der Schenkung von Grund und Boden, der Güter und ihrer Bewohner ging die hohe und niedere Gerichtsbarkeit an die Kirche über, es entstand der kirchliche Fronhof.

Leibeigenschaft
Die zur Fürstpropstei Berchtesgaden gehörigen im Pflegegericht Lofer zerstreuten Untertanen hatten am längsten, nämlich bis gegen Ende des 17. Jahrhunderts, unter der Leibeigenschaft geschmachtet.
Die Leibeigenschaft in Berchtesgaden wurde erst am 18. Juni 1807 aufgehoben. Im Stift Berchtesgaden wurden alle Inwohner als »Gotteshaus eigene Leute« bezeichnet. Die Leibeigenen in frühester Zeit wurden besonders von Klöstern und Stiften aus Kriegsgefangenen entnommen und dienten als Knechte. Die Leibeigenen hatten ursprünglich keine Ehre und kein persönliches Recht. Sie konnten ohne Einverständnis des Herrn keine Ehe schließen und keinen Besitz erwerben. Die Leibeigenschaft als persönliche Abhängigkeit von einem Leibherrn umfaßte alle Klassen und Berufe, einschließlich der Ministerialen, ritterlichen Leute, Bürger und Bauern. Unterschiede bestanden nur im Grade ihrer Abhängigkeit und in den verschiedenartigen Pflichten dem Leibherrn gegenüber. Die aus der Erbuntertänigkeit entstandene Leibeigenschaft im Erzstift Salzburg wie auch in Berchtesgaden unterschied sich jedoch wesentlich von der harten ostdeutschen Leibeigenschaft.

Leibgeding
Leihe auf Lebenszeit.

Leibrechtsgut
Leiheform, bei der nach dem Todes des Nutznießers das Besitzrecht endete (RUP).

»Leierbrunnen«
Ziehbrunnen (BGD).

»Leiterdill'n«
Kräftige Treppenwangen (auch »Stiegenbäum«, BGD).

Lex Baiuvariorum
Der Archetypus der erhaltenen handschriftlichen Überlieferung der Lex Baiuvariorum stammt aus der Mitte des 8. Jahrhunderts, also aus einer Zeit, als die Dynastie der Merowinger bereits abgetreten und der Königsthron Pippin und seinem Hause zugefallen war. Das Gesetz gibt sich aber verschiedene Male als ein merowingisches zu erkennen, und der Prolog nimmt sogar eine stufenweise Abfassung unter mehreren merowingischen Königen vom 6. Jahrhundert bis herab zu Dagobert I. an, als dessen drittes Kapitular es verfaßt wurde. Diese »lex sive pactus siveeoa Baiuvariorum«, die erste größere Rechtskodifikation Bayerns, blieb bis in die Zeit Ludwigs des Bayern (1294-1347) auch die einzige. Die Lex Baiuvariorum, ein allerdings vollkommen unbayerisches Gesetzeswerk und noch dazu in verballhorntem Merowinger-Latein abgefaßt, gliederte sich in 23 Titel: Titel I handelt von den Rechtsverhältnissen des Klerus und der Kirchengüter, schuf damit der Kirche eine beherrschende Stellung und führte das Christentum als Staatsreligion ein; Titel II von der rechtlichen Stellung des Herzogs, von der Gerichtsorganisation, von den strafbaren Handlungen gegen den Herzog oder den Staat. Titel III handelt von Adelsgeschlechtern, Titel IV von den Freien, V von den Freigelassenen und VI von den Leibeigenen, die Titel III bis VI also vom Ständerecht und die Titel VII mit XXIII schließlich vom Straf-, Prozeß- und Privatrecht, soweit dieses nicht schon vorher Berücksichtigung fand.
Die Lex Baiuvariorum gestattete nicht nur das Eigentum an Äckern, Wiesen und Wald, sondern auch das freie Verfügungsrecht über diese. Das Verfügungsrecht war lediglich zugunsten der Familienmitglieder beschränkt, weshalb unter den Zeugen der alten Traditionen auch meist Familienmitglieder waren. Die Landverteilung selbst vollzog sich anscheinend noch nach altgermanischer Sitte durch Los (bei noch vorhandenem Kulturland) und Hammerwurf (bei Brachland). Innerhalb der Gemarkung wurde der Ackerboden gleichmäßig unter die Sippengenossen verteilt. Wald, Weide und Gewässer aber blieben in der Regel als Almende oder Gemeindeland oder gemeine Mark unverteilt im gemeinschaftlichen Besitz der Markgenossenschaft, die auch auf dem verteilten Grund und Boden den Flurzwang ausübte. Jeder Markgenosse hatte an der Weide, dem Wald oder dem Gewässer der Gemeinde das gleiche Nutznießungsrecht.

»Lotterbrett«
Bettstatt neben dem Stubenofen.

Maierhof
In Altbayern ein ganzer Hof, mit 120 Tagwerk.

Maisalm
Als das Sudholz zunehmend in Kahlschlägen abgetrieben wurde, entstanden vorübergehend gras-, kraut- und strauchreiche Schlagfluren, die sog. »Mais-Almen«. »Maisen« bedeutet soviel wie »Holzschlagen« und kommt im Altbayerischen vielfach als Ortsnamensquelle vor, z. B. bei Bodenmais im Bayerischen Wald.

»Malschrot«
Durchsteckverbindungen der Holzblock-Innenwände in die Außenwände, oft figürlich oder ornamental gestaltet, namentlich im RUP.

»Mantelbaum«
Hölzerner Querbalken, auf dem der hölzerne Rauchhut der offenen Feuerstelle aufgelagert wurde (RUP).

Marterl
Bayerisch-österreichischer Ausdruck für ein Gedenkbild oder eine Gedenkschrift, die am Ort eines tödlichen Unglücks oder Verbrechens errichtet wurde.

»Melkbracken«
Melkschemel mit 3 Beinen, aus einem gewachsenen Stamm hergestellt.

Mischbau (weise)
Haus mit massiv gemauertem Erdgeschoß und in Blockbau aufgezimmertem Obergeschoß.

Mittelleger
Mittlere Almstufe (BGD, teilweise Ostalpenraum).

Mitterstallbau
Einhof, bei dem räumlich Wohnteil, *Stadel* und *Tenne* aufeinander folgen; später auch noch oft ein angebauter Wagenschupfen.

Mittertennbau
Einhof, bei dem räumlich Wohnteil, *Tenne* und *Stadel* aufeinander folgen.

»Moa«, »Moahd«
(Frauen-, Weihnachts-, Lichtmeßmoahd) festgelegte Futtermenge für bestimmte Fütterungsperioden (BGD).

»Nachbarschaft«
Bäuerliche Gemeinschaft (BGD).

Neustift
Leiheform, die mit dem Tod des Grundherrn erlosch.

Niederleger
Unterste Almstufe (BGD, teilweise Ostalpenraum).

»Noddeggei«
Zinnerne Öllampe (BGD).

Notitiae Arnonis (= Indiculus Arnonis)
In den Notitiae Arnonis vom Jahr 788–90 über Gütervergabungen, welche die Kirche Salzburgs aus herzoglich bairischem Gut erhielt, werden auch zwei Almen genannt, die im Berchtesgadener Land liegen. Es sind dies vermutlich die Götschenalm und die Larosenalm. Diese historisch belegbare Nachricht in den Notitiae Arnonis kann nicht ohne erheblichen Einfluß auf das Urteil bleiben, das im Hinblick auf die Frage nach der Erstbesiedelung des Berchtesgadener Landes zu treffen ist: »Itemque tradidit supradictus dux in prescripto pago Salzburchae duos alpes qui vocantur Gauzo et Ladusa in quo sunt tantomodo pascua orium.« Die gleiche Nachricht findet sich nochmals wieder in den »Breves notitiae«, die kurze Nachrichten über die Gründung und Bestiftung des Bischofssitzes und der Klöster von Salzburg aus den Jahren um 790 enthalten: »Ad cucullas dedit idem dux ad eandem sedem colonias III et silvam magnam cum pratis et pascuis ibidem pertinentibus et alpes duas Gauzo et Laduso ad pascua pecudum.« Beide Nachrichten über landwirtschaftlich nutzbare Fluren weisen in ihrer Abfassung und nach ihrer Lage unzweifelhaft darauf hin, daß die Almwirtschaft in dieser Gegend schon am Anfang des 8. Jahrhunderts in Blüte stand. Es wird sogar in der erwähnten Notiz von der Güte dieser Weiden für die Tiere gesprochen.

Notitiae Breves
s. Notitiae Arnonis.

Nottlbücher
sind geheftete oder gebundene, größere und kleinere Folianten, in deren Blätter von den Pflegern der einzelnen Herrschaften und Landgerichte sämtliche Urkunden eingetragen wurden, die sie für Ehe-, Erbschafts-, Übergabs-, Kaufs-, Schuld- und andere Verträge und Quittungen ihren meist bäuerlichen Untertanen ausgefolgt haben. Da heißt es auf den Umschlägen der Bücher z. B.: »Nottlbuech Nr. 9 des Hochfürstlich Landt- Urbar Gerichts Rauriss de annis 1644 – 1649« oder »Lanndtgerichts Notl Puech des hochfürstlichen Pfleggerichts Mittersill vom 17. Octobris anno 1615 unzt auf den 5. Martii des 1616. Jars«, oder: »1586. Mein Josephen Copeindls Gerichts Puech, was Hanndlungen sich in der Pfleg und Ambt Goldegg zuegetragen, angefangen in dem Sechsundachtzigsten Jar, den 1. Tag Januarii« oder »Notl-Puech über die Probstey Fusch und Landgericht Zell im Pinzgew 1573–1576« oder einfach »Notas Brieflicher Urkhund in Amt Mitersil, angefangen Georgii des 1537. jars« u. s. w.
Die »Nottlbücher« enthalten bisweilen nur 50, oft aber auch Hunderte von »Handlungen«, die von den meist geistlichen Pflegern sehr genau und oft auch sehr sauber mit gleichmäßig ruhiger und klarer Handschrift eingeschrieben sind.
Für unsere Fragen waren insbesonders die »Übergabs- und Austrags-«Handlungen wichtig, in denen nicht selten festgelegt wird, welche Räume und welche Raumteile sich die alten Eltern für Ihren Aufenthalt und zu ihrer »Notdurft« vorbehalten.

»Obenauf«
Oberstock, Obergeschoß (BGD).

Oberlaube (Hochlaube)
Kleinere, obere Laube an der Giebelseite.

Ochsenblut
nennt man eine dem Ochsenblut ähnliche Farbe, die in der volkstümlichen Malerei bei Bauernmöbeln und bei den früher üblichen Bemalungen der Holzbauten verwendet wurde.

»Ölkachei«, »Ölscherben«
Öllämpchen (BGD).

Ortgang
Dachabschluß an der Giebelseite.

Ötzen
Private Heimweide und Laubrechwald in Hofnähe, vorwiegend für die Atzung der Rinder bestimmt, die im Sommer nicht auf die Alm getrieben wurden. In BGD auch »Bloametz«, »Bloamsuach« genannt.

Paarhof
Häufige Bezeichnung für den *Zwiehof*.

Parallelhof
Gelegentliche, jedoch unrichtige Bezeichnung für den *Zwiehof*.

Pentagramm
In einem Zuge gezeichnetes Fünfeck, magisches Abwehrzeichen; auch Drudenfuß genannt.

Pfannenknecht
Pfannenhalter, der auf den Tisch gestellt wurde, um die vom offenen Herdfeuer kommende, rußige Pfanne aufzunehmen und zu halten.

Pferch
Einfang für das Vieh in der Nähe der Almhütte meist mit Trockenmauern aus Felsbrocken eingefriedet, primitive Vorform einer Stallung. Das Vieh wird im Pferch gemolken und dorthin auch über Nacht oder bei Unwettern zusammengetrieben.

Pfette
Wesentlicher Bestandteil des Dachgerüstes beim Pfettendach und seinen Mischtypen. Die Pfette verläuft stets in der Firstrichtung und trägt die vom First zur Traufe führenden Rofen. Es gibt First-, Mittel- (Neben-) und Fußpfetten, ferner Luftpfetten. Die Pfetten werden im Ständerbau von eigenen Stützen (Firstsäulen), im Blockbau von den gezimmerten Wänden getragen.

Pfettendach
Eine Dachkonstruktion, bei der die Dachlast von Pfetten aufgenommen wird.

»Pfoastkorb«
Tellerkorb (BGD).

Pfosten
Eine in die Erde eingespannte Stütze, Elementarform eines hölzernen Baugliedes.

Pfostenbau
Wie frühgeschichtliche Befunde gezeigt haben, stand am Beginn unseres Hauses der Pfostenbau, dessen Grundriß rund, oval oder viereckig sein konnte. Bei dieser Frühform des

zwischen Holz- und Mauerbau stehenden Ständerbaues steckten die tragenden senkrechten Hölzer in der Erde. Gerade diese Pfostenlöcher gaben der Forschung oft die einzigen und deshalb so wertvollen Anhaltspunkte bei der Festlegung der Grundrisse. Die Konstruktion des Pfostenbaues bestand, wie schon gezeigt werden konnte, im wesentlichen darin, daß senkrecht in die Erde gerammte Rundhölzer, nämlich die oben als Astgabeln endenden »Pfosten«, die zum Bau eines Hauses notwendigen waagrechten Hölzer, das sind First-, Mittel- und Wandpfetten, trugen. Die besonders wichtige Firstpfette wurde durch lange, bis in die Erde reichende Firstpfosten oder Firstsäulen getragen. Diese Firstsäulen waren ein wesentlicher Bestandteil der Hauskonstruktion und werden daher noch in verschiedenen germanischen Rechtsordnungen erwähnt.

Propst
In der kath. Kirche Titel für den ersten Würdenträger eines Domkapitels (Dompropst) oder Kollegiatskirche (Stiftspropst); von lat. praepositus = Vorgesetzter.

Queraufstallung
Das Vieh steht im Stall quer zum First.

Rauchboden
Einfacher, auf Balken befestigter Pfostenboden mit Rauchöffnungen für Rauchabzug, die Rauchöffnungen werden bei Getreidetrocknung und - durchräucherung geschlossen (RUP).

Rauchhaus
Haus *ohne* unmittelbare Ableitung des Rauches von der Feuerstelle ins Freie durch einen Rauchfang (Almhütten und vor allem Salzburger Rauchhaus, aber auch z. B. das niederdeutsche Hallenhaus u. a. m.).

Rauchhut
Über der oberen Außenseite der Tür einer *Rauchstube* oder einer *Rauchküche* errichteter Holztrichter, der den von der offenen Feuerstätte kommenden Rauch aufnimmt und in den Rauchschlot weiterleitet.

Rauchküche, »schwarze Kuch'l«
Küche mit offenem Herd, in der zum Unterschied von der *Rauchstube* nur gekocht und nicht gewohnt wurde. Rauchküchen gab es vor der Erfindung des Sparherdes in allen städtischen und bäuerlichen Wohnhäusern, gleichermaßen in Burgen und Schlössern.

»Rauchloch« (»Ruachloch«, »Duftloch«)
Rauchabzugsloch in der Stubenwand knapp unter der Decke.

Rauchmantel, Rauchkutte
Oben geschlossener Funkenfang, der den Zweck hat, die vom offenen Herdfeuer auffliegenden Funken aufzufangen und ihre zündende, brandgefährliche Wirkung zu verhindern, bevor der Rauch funkenfrei abgeleitet wird.

Rauchschlot
Aus Brettern gezimmerter Rauchfang, wie er in Rauchstubenhäusern und oft auch in Häusern mit einer *Rauchküche* verwendet wurde.

Rauchstube
Haupt- und Wohnraum des Rauchstubenhauses mit einer aus dem offenen Herd und dem Backofen bestehenden Doppelfeuerstätte, deren Rauch vorerst in die Stube entweicht, hier etwa das obere Viertel des Raumes erfüllt und durch eine über der Stubentür gelegene Luke in den hölzernen Rauchschlot abzieht und so ins Freie gelangt.

Regalien
Hoheitsrechte, im Mittelalter ursprünglich die dem König als Träger der Staatsgewalt vorbehaltenen nutzbaren Gerechtsame wie besonders Zoll, Münz- und Marktrecht, Geleitschutz, Stromrecht, Bergrecht und das Recht an erblosen Gütern (Regalienrecht), sie gelangten im späten Mittelalter meist in die Hand der Landesherren.

Riemlingdecke
Eine gezimmerte Holzdecke, deren oft geschnitzte, zumindest aber abgefaste, bohlenstarke Hölzer (Riemen, Riemlinge, »Reamling«) auf zwei gegenüberliegenden Stubenwänden aufliegen und in der Stubenmitte vom »Trambaum« getragen werden. Die von Riemen zu Riemen bestehenden Zwischenräume werden mit Brettern (»Stuizbrett«, »Binder«) von oben abgedeckt.

»Rinnhaken«
Gebogen gewachsenes Holz zur Aufnahme der hölzernen Regenrinne.

Rofen, auch »Rafen«
Die vom Dachfirst zur Mauerbank verlaufenden Hölzer eines Dachgerüstes, soweit es sich nicht um ein Sparrendach handelt. Die Rofen tragen die Dachstangen oder Latten und diese wiederum ihrerseits die Dachdeckung (Stroh oder Schindeln usw.).

»Ruasch«, »Ruaschrinn«
Weit vorspringende hölzerne Regenrinne (BGD).

Rundholzblockbau
Bei der Altform des überkämmten Rundholzblockbaues wurden die Rundhölzer nur »geschöpst«, das heißt von der Rinde befreit, und erfuhren keine wesentliche Zurichtung. Lediglich an den Eckverbindungen wurden flache Ausnehmungen angebracht, um dem im rechten Winkel aufgelegten Rundholz der zweiten Wand ein Auflager zu bieten. Dabei wurden die Hölzer wechselweise so in die Wand eingezimmert, daß jeweils ein dickes Ende (»Arsch«) mit einem dünneren (»Zopf«) des nächsten Stammes zusammenkam. So konnte ein annähernd waagrechtes Wandgefüge erreicht werden.

Rundumkaser
Ausschließlich in BGD beheimateter Kasertypus, in Holzblockbau errichtet und mit Legschindeln gedeckt. Entwicklungsgeschichtlicher Ausgangspunkt ist das spätmittelalterliche »Hüttl«, ein kleines etwa quadratisches Einraumhaus mit offener Feuerstelle. Die erste bauliche Fortentwicklung erfolgte vermutlich durch allseitiges Vergrößern der Dachüberstände, der so gewonnene, allseitige, offene Unterstand diente als geschützter Melkplatz und wurde später wohl mit einer einfachen Verbretterung versehen (»offener Rundumkaser«). Spätestens seit dem 16. Jahrhundert jedoch wurden diese Kaser mit Rundumstall (»Umadumstall«) errichtet, der Wohnteil (»Kasstöckl«, »Kaskastl«) lag nun innerhalb der Stallung und konnte nur durch eine Firstgaube belichtet werden. Im Laufe der späteren Entwicklung wurden Kasstöckl und Rundumstall mehrfach unterteilt, das Kasstöckl rückte an eine Außenwand des Rundumstalles und erhielt hier durch Fenster belichtete Räume.

Sabin, Sapie
Auf einen Stiel montiertes, zu einer gehärteten Spitze auslaufendes Eisen. Das Werkzeug dient den Holzknechten zum Bewegen der gefällten Holzstämme. Dabei wird das spitze Eisen in das Holz eingeschlagen und der Holzstamm kann sodann gezogen werden.

Säule
Frei stehende Stütze, im allgemeinen Sprachgebrauch auch Bezeichnung für jedes stützende Holz, im Süddeutschen besonders für Ständer gebraucht.

Salbrief
Urkunde über die rechtliche Übergabe eines Gutes.

Salbuch
»Buch, in welches alle einem eigenthümer gehörenden grundstücke, an denselben gemachten schenkungen und die daraus flieszenden einkünfte urkundlich eingeschrieben sind«. Vielerorts auch öffentliches Schatzungs- oder Steuerregister.

Salzrecht, s. Bergrecht

Sammelsiedlung
Die Sammelsiedlung hat die Siedlungsformen des Haufen-, Straßen-, Zeilen-, Platz- oder Angerdorfes hervorgebracht.

Sasse
Der Einschnitt eines Holzes bei bestimmten Holzverbindungen, in den sich ein anderes Holz voll oder im Ausschnitt einfügt.

Scharschindeldach
Bei diesem Dach werden 40 bis 60 cm lange und etwa 10 bis 15 cm breite, geklobene Schindelbrettchen, die rund 1 cm dick sind, aufgedeckt. Die Schindeln werden in der Richtung von der Traufe zum First auf ein Stangengerüst aufgenagelt, wobei meist mit dreifacher Überdeckung gearbeitet wird, um dem Dach eine möglichst gute Dichte zu verleihen. Beim First werden die Schindeln mit einem leichten Überstand gegen die Wetterseite befestigt, wodurch das Eindringen des Schlagregens an der Firstfuge hintangehalten werden soll.

Schindeldach, s. Scharschindeldach.

Schlußband
Steigband, Verstrebung der Firstsäule in der Längsrichtung.

»Schlußbrett«
Innerstes Brett in der rautenförmigen Vordachuntersicht – Verschalung (RUP).

Schopf
Bezeichnung für einen Halb- oder Viertelwalm (Krüppelwalm).

Schratgaderl
Eine aus 5 Spänen geflochtene Figur, zur zauberhaften Abwehr von Unheil, im Berchtesgadnischen hauptsächlich auf den Almen nachweislich, dort auch »Feuerkreuz« genannt (BGD).

»Schrotbau«
Dialektausdruck für Blockbau.

»Schrotköpfe«, s. Vorstoß

»Schuber«
(Hölzerne) Schiebeläden der urtümlichsten Fenster.

Schupfen
Nebengebäude in einfacher Bauweise, meist verbretterter Ständerbau. Bestandteil vieler Hofanlagen des Salzburger Flachgaus. Er birgt vielfach einen »Troadkasten«.

»Schwänzloch«, »Schwoabloch«
Loch an der untersten Stelle der Stubenaußenwand, zum »Außischwoab'm« (Herausschwemmen) des Putzwassers beim Fußbodenreinigen.

Schwalbenschwanzverzinkung
Vom Schreinerhandwerk übernommene Eckverbindung im Blockbau, bei der das Hirnholz der im rechten Winkel miteinander verbundenen Kanthölzer in der Form eines Schwalbenschwanzes zugerichtet wird.

»Schwardach«
(Schwerdach) s. *Legschindeldach*.

»Schwarze Kuchl«
Gewölbte Küche mit offener Feuerstelle im »Feuerhaus« (BGD).

Schwelle
a) Äußere Grundhölzer eines Hauses, wichtigstes Konstruktionsglied, daher besonders sorgfältige Verzapfung; oft aus Eiche.
b) Grundholz eines Türstockes, im Erdgeschoß mitunter identisch mit der Schwelle des Hauses.

Schwellenkranz
Die im rechten Winkel verbundenen vier Schwellen eines Hausgerüstes oder Stockwerkes.

schwenden
Säubern der Almflächen von Bäumchen und Sträuchern, die durch natürlichen Samenanflug aufgekommen sind.

»Schwerstangen«
Abschwerstangen am *Legschindeldach*.

Sekundärer Einhof
Die Entwicklung vom Paarhof zum sekundären Einhof hat seit dem 17. und 18. Jahrhundert in zunehmendem Maße an Boden gewonnen, sie wurde wohl von dem Wunsch ausgelöst, Mensch und Tier vor allem im Hinblick auf klimatische Gegebenheiten unter einem Dach zu haben. Der Einhof stellt auch einen ersten, vielleicht noch unbewußten Versuch der Rationalisierung bäuerlicher Arbeit dar, bringt er doch neben dem Vorteil, bei stürmischem Winterwetter das Haus nicht unbedingt verlassen zu müssen, auch eine Verkürzung der Arbeitswege mit sich.

Sekundärer Steinbau
Steinbauweise, die in einer Region ursprünglich nicht heimisch war und sich erst später, meist nach der Zwischenstufe Mischbauweise, allgemein durchgesetzt hat.

Senn, Senner, Sennerin, »Sendin«
Auf den Almen mit der Milchwirtschaft, vor allem der Verarbeitung der Milch zu Butter und Käse befaßte Personen.

Servitute
Im Grundbuch verbriefte Rechte (Weide, Streu, Holz, z. T. Durchgang) in fremden Besitzungen.

Servitutsalm
Berechtigungsalm; in Österreich vorwiegend in Gebieten des Bundes, der Länder und des Großgrundbesitzes.

Söller
Bezeichnung für balkonartige Laubengänge oder Trockenlauben an Wohn- und Wirtschaftsgebäuden, meist über dem Erdgeschoß gelegen; vom lat. »solarium«. Mancherorts Bezeichnung für den Hausflur im Obergeschoß (vgl. auch »Soyer«: oft verwechselnde Verwendung der beiden aussterbenden Begriffe).

»Soyer«
Dachraum, wohl von lat. solarium (vgl. *Söller*; RUP).

Sölde
In Altbayern 1/8 Hof mit 15 Tagwerk.

»Spansirchen«
Kiefernholz für den Kienspan (BGD).

Sparren
Ursprünglich paarweise vom First zur Traufe verlaufende Dachhölzer, die im Dachbalken eingezapft sind und mit ihm ein unverschiebliches Dreieck bilden, das bei größerer, freier Länge noch durch einen Kehlbalken versteift wird – im Gegensatz zu den Rafen (Rofen), die frei aufliegen und durch die festgefügte Pfettenkonstruktion getragen werden. Im heutigen Sprachgebrauch werden fälschlicherweise auch die Rafen als Sparren bezeichnet.

Sparrendach
Die vom First zur Mauerbank verlaufenden Sparren sind an ihrem oberen Ende paarweise mit Schlitz und Zapfenblatt verbunden und am Fuß stets in einen Bundtram eingezapft. Meist ist jedes Sparrenpaar etwa oberhalb der Mitte durch einen Kehlbalken (Querbalken) verstärkt. Dieser Kehlbalken ist auf Druck belastet und deshalb in die Sparren eingezapft. Der

»sperrende« (»Gespärre«) Dreiecksverband von Sparren und Bundtram ist ein tragendes Element des Dachgerüstes und wird auf Druck und Schub belastet. Dies unterscheidet die Sparren in Konstruktion und Funktion von Rofen oder Scherrsparren, die auf Zug belastet sind, wenngleich dieser Unterschied für den außenstehenden Betrachter nicht erkennbar ist. Die Sparren tragen Dachlatten und Dachhaut. Nach der Anzahl der Säulenreihen unterscheidet man den einfachen und doppelt stehenden (Dach-) Stuhl und – bei geneigten Stuhlsäulen – den doppelt liegenden (Dach-) Stuhl.

Speicher
Bau zur Lagerung von Getreide.

»Sperrbaum«
Schubriegel (Türverschluß, in einem eingemauerten Holzkasten geführt).

Spundsäule
Senkrechtes Ständerelement mit einer Nut, in die Wandblockbalken eingesteckt sind; die Spundsäule selbst ist in den durchgehenden Sturz- und Schwellenbalken verzapft.

Stadel
Stallscheune; ein bäuerliches Wirtschaftsgebäude, das im Erdgeschoß die Stallungen, im Obergeschoß die Scheune mit den Futtervorräten und die notwendige Durchfahrt (Einfahrt, Tenne) zu einem wohldurchdachten Einhaus oder zu einem entsprechenden Anbau an den Wohnteil zusammengefaßt.

Ständer
Senkrechtes, meist vierkantiges Holz, das waagrechte Balken trägt.

Ständerbau
Schon in frühgeschichtlicher Zeit finden wir die ersten Ansätze für eine Entwicklung vom Pfosten- zum Ständerbau. Die Aufwertung der neuen Konstruktion lag darin, daß man den senkrechten Hölzern Steinplatten oder Schwellenhölzer unterlegte, wodurch das Faulen des Holzes verzögert wurde und der Druck des Baukörpers besser verteilt werden konnte. Trotz der Erfindung des Ständerbaues wurde die primäre Konstruktionsform des Pfostenbaues in den bäuerlichen Bauweisen bis ins 14. Jahrhundert verwendet; sie wird da und dort auch heute noch geübt. Die Wände des Ständerbaues bestehen wie beim Pfostenbau aus Flechtwerk. Dabei wurden die »Gefache«, wie man die Zwischenräume von Ständer zu Ständer nennt, in regelmäßigen Abständen mit »Staken«, das sind senkrecht stehende stärkere Äste, versehen, mit Weidenruten ausgeflochten, mit einem Lehm-Häcksel-Gemisch beidseitig beschlagen oder im Laufe der Entwicklung auch mit Mörtel verputzt und gekalkt. Die tragenden senkrechten und waagrechten Hölzer, Verstrebungen und Kopfbänder bleiben beim Ständer- wie beim Fachwerkbau unverputzt, somit sichtbar, und bestimmen das Erscheinungsbild dieser Bauweisen, deren besonderer Reiz im Gegensatz zwischen dem dunklen Holz des Konstruktionsskelettes zu den weiß getünchten Wänden liegt.

Ständerbohlenbau
Wandsystem aus senkrechten Balken, in deren Nuten waagrechte Bohlen eingeschoben werden; auch *Bohlenständerbau* genannt.

Steher
In der Zimmermannssprache ein stehendes, also lotrecht eingezimmertes Holz mit tragender Funktion (Ständerbohlenbau, Bundwerk).

»Steigenbank«
Hennensteige in der Stube (BGD).

Steinbau
Als Primärbauweise im Westalpenraum beheimatet und weit verbreitet, ist das urtümliche, in sorgfältigem Verband, ohne Mörtel gefügte Natursteinmauerwerk auch im gesamten Ostalpenraum anzutreffen, hier allerdings nur oberhalb der Baumgrenze, wo ein Emporschaffen von Bauholz noch mühsamer war als die Steinbearbeitung.

»Stiegenbäum'«
Kräftige Treppenwangen (auch *»Leiterdill'n«*, BGD).

»Stootz'n«
Flache hölzerne Milchbehälter (BGD).

Strebe
Schräggestelltes, Dreiecksverbindungen bildendes und damit das Wandgerüst versteifendes Holz, das vorzugsweise auf Druck beansprucht wird.

Streusiedlung
In der Streusiedlung liegen die Gehöfte »verstreut« in der Siedlungslandschaft, meist regellos, stets aber in mehr oder weniger großen Abständen voneinander. Hingegen sind sie in der Sammelsiedlung nahe aneinandergerückt und erfahren durch eine Straße, einen Platz, einen Bach oder durch eine planmäßige Anlage ihre sinnvolle Gliederung.

Stütze
Allgemeine Bezeichnung für ein stützendes, senkrechtes, stärker dimensioniertes, kantiges Holz.

»Stüwei«
(Heizbare) Vorderkammer.

»Stuizbrett«
Bohle einer Riemlingdecke (auch »Binder«).

»Suchtelherd«
Waschkessel (RUP).

Taubenkobel
Behausung für die Haustauben; im RUP meist ein in die Ebene der Lauben vorgezogener Bretterverschlag unterm First, über der *Hochlaube*. In anderen Hauslandschaften vielfach ein kleines Häuschen, auf einer hohen Stange aufgepflanzt. Stets für Katzen unzugänglich angeordnet.

»Tennbrücke«
Hocheinfahrt in einen Stadel zur Hochtenne.

Tenne
Ursprünglich nur der freibleibende Verkehrsraum innerhalb des Stadels zum Einfahren und Abladen der Erntewägen sowie zum Dreschen, im heutigen Sprachgebrauch oft auf den gesamten Bergeraum im Bauernhof angewandt. Die zu ebener Erde liegende *Durchfahrtstenne* des Salzburger Flachgauhofes liegt zwischen Wohnteil und Stadel. Die *Einfahrtstenne* der südbayerisch-nordosttirolischen Einhöfe liegt hinter dem Stadel und ist meist eine *Hochtenne,* die über eine Hocheinfahrt erreicht wird. Zwischen diesen Hauptformen gibt es mehrere Übergangsformen. Die Tenne des Zwiehofes liegt stets im »Futterhaus«. Die Tennen dienten fast durchwegs auch als Dreschraum.

»Torhaupt«
Torsturzbalken der Mitterentore, öfter mit reichem Schnitzwerk, das an ein schmiedeeisernes Türband erinnert (RUP).

»Tram«, »Trambaam«
Großer Deckenbalken in der Mitte oder in den Drittelspunkten einer Stubendecke; von lat. trabs.

»Tramrose«, »Zimmermannsrose«
Eine meist aus dem Zirkelschlag entwickelte Verzierung, die an der Unterseite des Trambaumes meist in Kerbschnitttechnik eingeschnitten wurde.

Tratten
Langgezogene, ungleichmäßig ausgeformte Flurstücke entlang von Straßen und Hofverbindungswegen mit lockerem Bestand von Ahorn und Buchen; sie dienen der Laubstreunutzung, vor allem aber der Viehweide in der Zeit vor und nach dem Almauftrieb (BGD).

Traufe
Untere Dachkante an der Längsseite eines Hauses, an der das Regenwasser abtropft.

Trift
In der Waldbewirtschaftung üblicher Begriff für Flößerei, also die Beförderung von Holz im Wasser. Man unterscheidet die *wilde Trift,* bei der die Stämme einzeln ins Wasser geworfen werden von der *Trift mit verbundenen Hölzern,* bei der die Hölzer zu zusammenhängenden Flößen verbunden oder verklammert werden.

»*Troadkasten*«
Getreidespeicher, Kornkasten
(RUP, östl. Oberbayern).

Trogbrunnen
Aus einem einzigen Baumstamm herausgearbeiteter Brunnentrog.

»*Turner*«, s. »*Kesselhäng*«

Überblattung
Verbindung zweier in gleicher Ebene laufender Hölzer. Dabei wird bei beiden Hölzern je eine Hälfte mit dem Beil oder einem Stemmeisen weggenommen, so daß die beiden überblatteten Hölzer gemeinsam wieder die Stärke eines Holzes ergeben. Zur Befestigung werden Holznägel verwendet.

Überlukte Decken
Die mit etwa 15 cm Abstand zueinander verlegten Bohlen der untersten Bohlenlage tragen eine weitere Bohlenlage, auf der dann als Fußboden des Oberstocks »gasterte« Bretter lagen, also ein Boden aus gefalzten, später sogar gefederten Brettern. Als Fehlboden wurde gelegentlich eine 3 cm dicke Lehmschicht aufgebracht.

Umgebindehaus
Bezeichnung für ein Ständergerüst, das den meist in Blockbau errichteten Stubenwänden vorgelagert ist und in Verbindung mit dem Tragwerk des Obergeschosses steht.

Umgeld
Getränkesteuer

Unterfirst
Im salzburgisch-oberösterreichischen Grenzgebiet eine zweite, schwächere, unter der Firstpfette und zu dieser parallel verlaufende Pfette, die ehedem oftmals an der Giebelseite apotropäisch ausgeformt war (»*Houdibock*«).

»*Unterndach*«
Raum unmittelbar unter dem Dach, meist Abstellraum (BGD).

Unterzug (»*Tram*«, »*Duizug*«)
Entlastungsbalken unter einer Balkenlage, s. »*Tram*«.

Urbare, Urbarbuch
Alte Verzeichnisse der Einkünfte aus Grundstücken, also Grund- und Steuerbücher, Zins- und Rentenbücher.

Verblattung
Im Blockbau Verstärkung des Balkenverbandes durch Dübel in der Blattmitte. Man unterscheidet einfache und doppelte Verblattung. Sie ist an kantig zugerichtete Hölzer gebunden.

Verkämmung
Verbindung zweier übereinanderliegender Hölzer, wobei die kammartig ausgearbeitete Unterseite des oberen Holzes das untere Holz übergreift oder in eine entsprechend ausgearbeitete Sasse eingreift.

Verschränkung
Doppelte Verkämmerung der Balken, beim Einbinden von Zwischenwänden mit und ohne Vorstoß gebräuchlich.

Verzapfung
Holzverbindung, bei der am Ende eines von zwei zu verbindenden Hölzern ein Zapfen ausgearbeitet wird, der in den Schlitz eines anderen Holzes passend eingreift. Beim Schlitz- und Durchsteckzapfen geht der Schlitz durch das zu verbindende Holz hindurch. Das ggf. ausstehende Ende des Zapfens kann durch einen Holznagel oder Splint, das sog. Zapfenschloß, gesichert werden.

Verzinkung
Doppelte Verblattung der Balken mit Zurichtung der Balkenenden zu Zinken. Die gebräuchlichste Art ist der Zinken in Schwalbenschwanzform.

»*Viehgangerl*« (»*Ochsenklaviere*«)
An Weidehängen, wo größeres Vieh intensiv weidet, entstehen mit der Zeit eng aneinander parallel verlaufende ausgetretene Pfade, in horizontaler oder leicht ansteigender Richtung, mit einem Rasenkopf an der Talseite. »*Viehgangerln*« (»*Kuhgangerln*«) entstehen, weil das Rindvieh immer mit der Höhenschichtlinie geht und das Gras mit dem Maul bergauf erreicht. Das ist übrigens nicht selbstverständlich: eine Kuh aus dem Flachland wird nie bergauf, sondern bergab grasen. Die Kälber müssen von klein auf diese Technik erst erlernen. Kuhgangerln halten, solange sie intakt sind, den Schnee zurück.

Wenn sie aber nicht ausgetreten werden, können sie Ansatzflächen für Erosionen bilden, dann bleibt das Wasser in den Gangerln stehen, weicht sie auf und der Kriechschnee im Frühjahr kann, je nach geologischen Verhältnissen und Hangneigung, zu Erosionen führen.

»*Vorhaus*« (auch »*Haus*«)
Flur, Flez (RUP).

Vorstoß
Man nennt die Vorstöße bei den *Überkämmungen* der Holzblockwände je nach Landschaft »*Schrotköpfe*«, »*Wettköpfe*«, »*Fürköpfe*«.

Waldweide
Almwirtschaftliche Nutzung des Waldes, bei welcher unter fachgemäßer Berücksichtigung der vollen Produktionsfähigkeit des Bodens und Vermeidung einer Schädigung der Holzzucht Gräser, Kräuter und Stauden durch Weidevieh abgeweidet werden. Besonders in den Kalkalpen und den niedrigeren Teilen der Zentralalpen infolge Fehlens größerer natürlicher Mattenbestände; meist schlechtere Weiden, zudem Schädigung des Waldes; Trennung von Wald und Weide wird überall angestrebt.

Walm
Schräge Stirnfläche eines drei- oder vierflächigen Daches. Reicht die abgewalmte schräge Dachfläche allseits bis zur Außenwand des Hauses, so spricht man von einem *Vollwalm*. Nimmt die Schrägfläche nur einen Teil des giebelseitigen Daches ein, so sprechen wir von einem *Halbwalm* oder von einem »*Schopfwalm*.« Die Bezeichnung »*Krüppelwalm*« ist eine unpassende Bezeichnung.

Walmdach
Dach mit vier geneigten Dachflächen.

»*Wärmloch*«
Loch in der Stubendecke, welches das Aufsteigen der Wärme aus der beheizten Stube in die darüberliegende nichtbeheizte Schlafkammer ermöglichte.

Weidedauer
Die Weidedauer beträgt bei Mittelalmen und Hochalmen etwa 100 Tage. Hierzu kommt manchmal noch eine Weidezeit auf den Voralmen und unter Umständen am Niederleger eine Vor- und Nachfütterung im Gesamtausmaß von etwa 30 bis 40 Tagen. Die Weidezeit auf Niederalmen oder solchen mit gestaffeltem Betrieb beträgt oft bis 150 Tage und mehr.

Weihsteuer
Wurde im Fürstbistum Salzburg bei jeder Neubesetzung des erzbischöflichen Stuhles ausgeschrieben.

Weiler
Kleine ländliche Gruppensiedlung mit 3–20 Gehöften und entsprechend kleiner Flur, meist im Block- oder Streifengemenge; in Mitteleuropa während der frühmittelalterlichen Rodungskolonisation entstanden, jedoch vermutlich auch als Vorform des Haufendorfes.

»Wetterschlag«
Lärchenbrett, welches das Eindringen von Regenwasser zwischen Rofen und *»Windladen«* sowie unter die Schindeln verhindern soll.

»Wettköpfe«
Vorstehende Balkenköpfe im überkämmten Blockbau (»Gwettköpfe«).

Widerkehr
Der im rechten Winkel zum Wohnteil mit Mittertenne angebaute Stadel mit eigenem, meist gleichhohem First. Der voll entwickelte Salzburger Flachgauhof des 19. Jahrhunderts ist durch die Widerkehren (einfache Widerkehr = L-Form oder doppelte Widerkehr = T-Form) besonders landschaftsprägend geworden.

»Wiesheu«
Das Heu der *»Gschnoader«* (BGD).

Wildheu, Bergheu
Auf kleinen, abgeschieden gelegenen und schwer zugänglichen Grasplätzen (Bergmähder) gewonnenes Heu.

»Windbretter«, »Windläden«
Stirnbretter, die das Dach an der Giebelseite einfassen. Befestigung mittels Holzkeilen in vorgeschossene, durchgesteckte Dachlatten (später nur aufgenagelt).

»Windeisen«
Schmiedeeiserne Spangen zur Versteifung der Bleisprossen eines Fensters.

Wohnspeicherhaus
Bäuerliches Wohnhaus mit angegliedertem Speicherteil, ohne Stallungen. Das *»Feuerhaus«* des BGDner Zwiehofs ist ein typisches Wohnspeicherhaus.

Wohnstallhaus
Mehrzweckbau, bei dem der Stallteil unmittelbar auf den Wohnteil folgt.

Zange
Waagrecht liegender Versteifungsbalken im Dachstuhl zur Aufnahme der seitlichen Schubkräfte, besonders beim Pfettendach in den Bindern gebräuchlich, meist als Doppelzange.

Zapfenstrickbauweise
Blockverband mit Zinken oder Überblattungen an den Enden, ohne Vorstöße.

»Zimmer«
Aufzimmerung (*Kniestock*)

Zuhaus, s. Austragshaus

Zwiehof
Der Zwiehof, Parallelhof oder Paarhof ist im wesentlichen durch das klare Nebeneinander von Wohn- und Stallgebäude gekennzeichnet. Beide sind gleichwertige Elemente dieser Gehöftform, wenngleich das Wirtschaftsgebäude das Wohnhaus an Größe oft übertrifft. Dies vor allem dann, wenn keine zusätzlichen Stallungen oder Bergeräume in Form von Feldscheunen zum Gehöft gehören. In den hochmittelalterlichen Rodungsgebieten entwickelt, bestimmte der Paarhof vor allem in den ausgedehnten Bergbauernsiedlungen der Alpenländer den Charakter der Siedlungslandschaft. Seine beiden Hauptgebäude, das Wohnhaus oder *»Feuerhaus«* und das Wirtschaftsgebäude oder *»Futterhaus«*, stehen in der Regel parallel zueinander und sind in den Berggebieten meist mit den Giebeln zum Hang gestellt. Das Futterhaus ist stets eine Stallscheune, das heißt, Stall, Scheune und Tenne sind in einem Gebäude vereinigt. In vielen Landschaften nennt man diese Stallscheunen auch *Stadel*. Wohl gesellt sich zu den beiden Hauptgebäuden da und dort noch ein Getreidekasten oder ein anderer Kleinbau, doch dominieren Wohnhaus und Wirtschaftsgebäude schon zufolge ihrer meist regelhaften Stellung zueinander eindeutig, wodurch sich der Paarhof klar vom Gruppenhof unterscheidet.

Zwiesel
Natürlich gewachsene Astgabel oder ein dementsprechend gespaltenes Holz, in das man waagrecht Holzteile einlegen kann; bei altartigen Eßglocken noch heute vielfach als Glockenständer anzutreffen.

Verzeichnis schutzwürdiger bäuerlicher Bauten und Flurdenkmäler

Dieses Verzeichnis ist ein textlich leicht veränderter Auszug aus dem Entwurf der Denkmalliste des Bayerischen Landesamtes für Denkmalpflege. Es enthält keine wissenschaftlichen oder hauskundlichen Beschreibungen, sondern lediglich knappe Angaben zur Hofform, zur Dachform, zur Datierung o.ä. Es dient hier lediglich als Instrument zur Auffindung der Baulichkeiten in ihrem örtlichen Zusammenhang, ggf. auch als Information über die Dichte noch vorhandener historischer Substanz. Sakralbauten, Monumentalbauten, bürgerliche Bauten, Bauten der Technikgeschichte u. ä. sind hier nicht verzeichnet, zur Auffindung sei hier auf die einschlägigen Kunst- und Reiseführer verwiesen.

Vollständigkeit und Einheitlichkeit im textlichen Aufbau ist nicht angestrebt; das Verzeichnis befindet sich auf dem Stand vom Jahre 1983.

Teil I
Ehemalige Fürstpropstei

MARKT BERCHTESGADEN

ALMEN
Eckeralm
Drei Kaser, Blockbauten, 18./19. Jh.; südöstlich vom Obersalzberg, 1420 m Höhe.
Untere Ahornalm
Ehem. fünf Kaser, davon erhalten Blockbau-Kaser, bez. 1858 und Blockbau-Kaser, bez. 1868; östlich von Berchtesgaden an der Roßfeldstraße, 1290 m Höhe.

BERCHTESGADEN
Am Kugelfeld 2
Kugelfeldlehen, massives zweieinhalbgeschossiges ehem. Bauernhaus mit Flachsatteldach, im Kern 17. Jh., erneuert nach Brand 1913.
Doktorberg
Bildstock, 16./17. Jh.; bei Haus Nr. 4.
Doktorberg 5
Einhof, zweigeschossig, mit Krüppelwalmdach, um 1700.
Hanielstraße
Wegkapelle, Schindeldach mit Schopfwalm, barock, 18. Jh., vor Haus Nr. 13.
Hansererweg 7
Bildstock, 16./17. Jh.; beim Hansererlehen.
Hansererweg 11
Ehem. Bauernhaus, Obergeschoß in Blockbau, Flachsatteldach, teilweise schindelgedeckt, 17./18. Jh.
Locksteinstraße 4
Hilgerlehen, Obergeschoß in Blockbau, verbrettert, Flachsatteldach, wohl 18. Jh.
Locksteinstraße 19
Hilgerkapelle St. Maria-Dorfen, barock, mit Zwiebeltürmchen am Chor, bez. 1725.
Salzburger Straße 22
Anzenbachlehen, ehem. Bauernhaus, Massivbau mit Flachsatteldach, bez. 1686.
Weinfeldweg 12
Oberweinfeldlehen, ehem. fürstpröpstliche Meierei, zweigeschossiger massiver Bau mit Schopfwalmdach, im Kern 17./18. Jh., hölzerne Balkonausbauten und Verzierungen um 1900;
Weinfeldkapelle, bez. 1882; in der Nähe großes zugehöriges Stadelgebäude, 18./19. Jh.

GNOTSCHAFT ANZENBACH
Locksteinstraße 33
Nagllehen, Zwiehof, verputztes biedermeierliches Bauernhaus, um Mitte 19. Jh.
Locksteinstraße
Nagllehen-Kapelle, wohl 18. Jh.; südlich am Wald.
Rosenhofweg 1
Ehem. fürstpröpstliche Meierei, jetzt Bauernhof, Wohnhaus 17./18. Jh., im Erdgeschoß mit marmornen Fenstergewänden, Obergeschosse um 1900; Stallgebäude, massiv, wohl 18. Jh.
Schablweg 3
Oberschabl-Lehen, Bauernhaus mit Flachsatteldach, Obergeschoß verputzter Blockbau, steinerne Fenster- und Türgewände, 17./18. Jh.
Schablweg 19
Unterschwarn-Lehen. Massivbau mit Flachsatteldach, bemerkenswerte Gewölbe und Riemlingdecken, First bez. 1685.
Salzburger Straße 23
Faltlerlehen, Massivbau mit Flachsatteldach, 17./18. Jh. (Bezeichnung 1885 modern).

GNOTSCHAFT HINTERGERN
Almbachweg 3
Schwaigerlehen, Obergeschoß in Blockbau um 1950 erneuert, Flachsatteldach, 17./18. Jh.
Bichlweg 2
Vorderebenlehen, ehem. Bauernhaus, zweigeschossiger Blockbau, bez. 1679.
Gerner Straße 17
Sog. Pestsäule, 19. Jh., mit Bildhäuschen des 17. Jh.
Gerner Straße 19
Fendten-Kapelle, mit Dachreiter, bez. 1877.
Untersbergweg 1
Hofkapelle des Unterklapflehens, 17./18. Jh.

GNOTSCHAFT METZENLEITEN
Metzenleitenweg 39
Altes Hausknechtlehen, ehem. Zwiehof, erdgeschossiges Wohnspeicherhaus eines ehem. Zwiehofs, Blockbau mit Flachsatteldach, bez. 1592; Feldkasten, Blockbau, bez. 1817.
Metzenleitenweg 53
Kneifllehen, Einhof, Blockbau mit Flachsatteldach, angeblich 1664, First bez. 1850; Feldkasten, Blockbau, ausgebaut als Zuhaus, 17./18. Jh.

GNOTSCHAFT MITTERBACH
Rennweg 2
Altschiedlehen, Bauernhaus, Obergeschoß in Blockbau, Flachsatteldach, 17./18. Jh.
Waltenbergerstraße 46
Ottenlehen, Zwiehof; gemauertes Wohnspeicherhaus mit Flachsatteldach, 18./19. Jh.; Feldkasten mit ausladendem Obergeschoß, Blockbau, 18. Jh.; alte Klaubstein-Feldmauern.
Waltenbergerstraße 48
Sieglerlehen, Wohnspeicherhaus eines Zwiehofs, erdgeschossig gemauert, mit Blockbau-Kniestock, 17./18. Jh.; alte Klaubstein-Feldmauern.
Waltenbergerstraße 57
Feldkasten mit ausladendem Obergeschoß, Blockbau, 18. Jh.; zum Mauerlehen gehörig.
Waltenbergerstraße 62
Obersappenlehen, Bauernhaus, Obergeschoß in Blockbau, Flachsatteldach, 17./18. Jh.; bildet mit Untersappenlehen ein Doppel-Anwesen (Gmoa).
Waltenbergerstraße 64
Untersappenlehen, gemauertes Bauernhaus mit Flachsatteldach, 18./19. Jh.; siehe auch Nr. 62; Feldkasten, Blockbau, 17./18. Jh.
Waltenbergerstraße 69
Pfenniglehen, Bauernhaus, Obergeschoß in Blockbau, Flachsatteldach, wohl 18. Jh.
Waltenbergerstraße 70
Grafllehen, Zwiehof; sehr hoch gelegenes gemauertes Wohnspeicherhaus, Flachsatteldach, 18./19. Jh.

GNOTSCHAFT OBERAU
In der Lärch 1
Lerchlehen, Zwiehof, gemauertes Erdgeschoß mit Blockbau-Kniestock, Flachsatteldach, 17./18. Jh.
Gmerk 10
Vorderrennlehen, Bauernhaus, Obergeschoß in Blockbau, verschindelt, Flachsatteldach, bez. 1766, Ausbau im 19. Jh.

Gmerk 18
Vorderrennhäusl, Austragshäusl, Putzbau mit Schopfwalmdach, Ende 18./Anfang 19. Jh.
Gmerk 20
Hinterrennlehen, Bauernhaus, Obergeschoß in Blockbau, Flachsatteldach, 17./18. Jh.
Gmerk 32
Weiglhofhäusl, Blockbau, Flachsatteldach, 17./18. Jh.
Lärchecker Weg 29
Reichllehen, Bauernhaus, erdgeschossiger Blockbau, z. T. ausgemauert, Flachsatteldach, 17./18. Jh.
Roßfeldstraße 41
Draxllehen, Zwiehof, Wohnteil, gemauert, z. T. mit Rotmarmor-Fenstergewänden, Flachsatteldach, Giebelfeld in Blockbau 16./17. Jh.; zugehöriger Stadel mit Legschindeldach, 17./18. Jh.; zugehöriges altes Feldkreuz mit Schmerzhafter Muttergottes, barock.
Roßfeldstraße 74
Jagerlehen, Bauernhaus, Obergeschoß in Blockbau, Flachsatteldach, bez. 1678.
Roßfeldstraße 90
Leitenlehen, Bauernhaus, Obergeschoß in Blockbau, Flachsatteldach, 17./18. Jh.
Roßfeldstraße 119
Feldkapelle, mit Schopfwalmdach, schindelgedeckt, wohl 19. Jh.; zum Madllehen gehörig.
Roßfeldstraße 126
Langerlehen, Bauernhof, Schopfwalmdach, Ende 18./Anfang 19. Jh.
Roßfeldstraße 132
Stangerlehen, Massivbau, Flachsatteldach, Ende 18./Anfang 19. Jh.
Roßfeldstraße 140
Gasthaus Pechhäusl, gemauertes Haus mit Schopfwalmdach, Ende 18./Anfang 19. Jh., am alten Roßfeldweg.
Wildmoos 71
Keillehen, Bauernhaus, Obergeschoß in Blockbau, Flachsatteldach, bez. 1679.
Wildmoos 95
Zuhaus zum Steinbichllehen, Blockbau, bez. 1621.
Wildmoos 99
Steinbichlhäusl, Bauernhaus, massiv, mit Schopfwalmdach, bez. 1710.
Wildmoos 111
Halbschwarzenlehen, Wohnhaus, Obergeschoß in Blockbau, Flachsatteldach, 17./18. Jh. (z. T. modern ausgebaut).

GNOTSCHAFT OBERGERN
Obergernerweg 23
Obersommerau-Lehen, Bauernhaus, Obergeschoß in Blockbau, Flachsatteldach, bez. 1618, hakenförmig angebauter Stadel.
Untersbergweg 10
Untersberglehen, Obergeschoß in Blockbau, Flachsatteldach, Stubenbalken bez. 1729.

GNOTSCHAFT RESTEN
Am Sattel 3
Sog. Konventsäge, Holzbau mit steilem Satteldach, großem oberschlächtigen Wasserrad und historischer technischer Einrichtung, 1877 erbaut; zum Seebachlehen zugehörig.
Am Sattel 7
Altes Hansenlehen, Bauernhaus, malerischer zweigeschossiger Blockbau mit Legschindeldach, wohl 17. Jh., Dach erneuert 1876.
In der Resten 45
Lackmühle, Obergeschoß in Blockbau, Flachsatteldach, 17. Jh.
Obersalzbergstraße 62
Landaulehen, Einhof, Obergeschoß in Blockbau, bez. 1787.
Obersalzbergstraße 66
Marosenlehen, Bauernhaus, altertümlicher zweigeschossiger Blockbau mit Flachsatteldach, z. T. Legschindeldach, 17. Jh. oder älter.

Obersalzbergstraße 80
Berngglehen, Wohnspeicherhaus eines ehem. Zwiehofs, altertümlicher Blockbau, erdgeschossig, mit hohem Kniestock, Flachsatteldach, bez. 1592, intakte Rauchkuchl, urtümliche Details.
Obersalzbergstraße 84
Hofreitlehen, Bauernhaus, Obergeschoß in Blockbau, Flachsatteldach, 17./18. Jh.
Sattelweg 6
Köglalm, Austragshaus, Obergeschoß in Blockbau, Flachsatteldach, 17./18. Jh.

GNOTSCHAFT UNTERAU
Am Larosbach 7
Laroslehen, Zwiehof; Obergeschoß in Blockbau, Legschindeldach, 18. Jh.
Auer Straße 19
Koppenleiten-Lehen, ehem. Bauernhaus, im Kern wohl 17./18. Jh., nach Brand 1911 durch Georg Zimmermann als herrschaftliches Landhaus im Heimatstil ausgebaut.
Auer Straße 23
Zellergrabenkapelle, barock, 18. Jh., Dachreiter später.
Auer Straße 28
Zellergrabenmühle und Bäckerei, urtümliches zweigeschossiges gemauertes Haus mit Flachsatteldach, modern bez. 1452, Eingangsseite mit Vordach (Anbauten modern).
Brochenbergweg 1
Brochenbergkapelle, mit Krüppelwalmdach, erbaut 1825.
Brochenbergweg 12
Brochenberglehen, Massivbau mit Flachsatteldach, 17. Jh.; im 18./19. Jh. Herstellungsort der Brochenberg-Bauernschränke.
Lindenweg 27
Lindenlehen, Einhof, gemauerter Wohnteil, Tür- und Fenstergewände z. T. in Rotmarmor, Stadel in Holz, Flachsatteldach, bez. 1667.
Riemerweg 20
Riemerlehen, Zwiehof; Wohnteil mit Obergeschoß in Blockbau, Flachsatteldach, 17./18. Jh., erneuert.
Riemerweg 30
Leitenlehen, Bauernhaus, Obergeschoß in Blockbau, Flachsatteldach, 17./18. Jh.
Roßfeldstraße 6/8
Kainlehen, gemauertes Bauernhaus mit Flachsatteldach, Tür- und Fenstergewände in Rotmarmor, bez. 1611.
Salzburger Straße 117
Ludlerlehen, Einhof, zweigeschossiger Blockbau, Legschindeldach, 18. Jh., Erdgeschoß modern überputzt.
Weißensteiner Weg 28
Oberhienleitenhäusl, Austragshaus, gemauert, mit steilem Satteldach, 19. Jh.; mit in die Hauswand eingelassener Kapellennische.
Weißensteiner Weg 30
Oberhienleitenlehen, Einhof, gemauert, mit Flachsatteldach, Giebelfeld verschalt, 18. Jh.

GNOTSCHAFT UNTERSALZBERG I
Königsallee 4
Kilianmühlhäusl, zur Kilianmühle gehörig, Massivbau, Legschindeldach, wohl Anfang 19. Jh.
Königsallee
Kiliansmarter, wohl 18. Jh.; am Weg zum Kiliansberg.
Salzburger Straße 56
Freimannlehen, ehem. Scharfrichteranwesen, Massivbau, Untergeschoß 17./18. Jh. mittelsteiles Dach, bez. 1853, Malereien aus späterer Zeit, Anbauten modern.
Salzburger Straße
Freimannkreuz, weit geöffnete Kapelle, Anfang 18. Jh., in der Nähe des Freimannlehens an der Straße.

GNOTSCHAFT UNTERSALZBERG II
Mieslötzweg 3
Zuhaus am Seppenlehen, Obergeschoß in Blockbau, Flachsatteldach, 18. Jh.

Mieslötzweg 15
Mieslhof, massives Wohnhaus mit Putzbandgliederungen, Flachsatteldach, um Mitte 19. Jh.
Mieslötzweg 29
Mausbichl-Lehen, Einhof, Massivbau, Erdgeschoß 17./18. Jh., First bez. 1823, intakte Rauchkuchl, Inventar fast vollständig erhalten.
Mieslötzweg
Mausbichl-Kapelle, mit Walmdach, bez. 1736.
Rennweg 19
Perlerlehen, Zwiehof; Wohnhaus mit Obergeschoß in Blockbau und Flachsatteldach, 17./18. Jh.; Feldkasten, zweigeschossiger Blockbau, 17. Jh.; Feldkapelle, gemauert, 19. Jh.
Rennweg 21
Feldkapelle, gemauert, 19./20. Jh., zum Rennlehen gehörig.
Salzbergstraße 9
Oberengerei-Lehen, kleines Bauernhaus, gemauert, wohl 1. Hälfte 19. Jh.
Salzbergstraße 28
Rottenlehen, ehem. Bauernhaus, Obergeschoß in Blockbau, verputzt, Flachsatteldach, wohl 18. Jh.
Salzburger Straße
Gollenbachkreuz, große, weit geöffnete Wegkapelle, um Mitte 18. Jh.; bei Nr. 29.
Salzburger Straße
Feldkreuz mit Kruzifix des 18. Jh.; bei der Gollenbachmühle.
Waltenbergerstraße 31
Stadel, Holzbau, wohl 18. Jh.; zum Angererlehen gehörig.
Waltenbergerstraße 36
Donisenlehen, Zwiehof; Wohnhaus mit Obergeschoß in Blockbau, bez. 168., Flachsatteldach; Donisenkapelle, 19./20. Jh.

GNOTSCHAFT VORDERGERN
Gerner Straße 14
Seidenlehen, Massivbau, Flachsatteldach, Äußeres um 1860/80, im Kern älter.
Klammweg 3
Fendtleiten-Lehen, Einhof, Flachsatteldach, massiv, am Stubenbalken bez. 1685, im Kern wohl älter; mit barockem Haus-Kruzifix und barockem Feldkreuz am Aufgang zum Hof.
Klammweg 24
Ehem. Säge, Holzbau, 19. Jh.
Kneiflspitzweg 1
Schusterlehen, Zwiehof; altertümlicher erdgeschossiger Blockbau auf gemauertem Sockel, Legschindeldach, 16. Jh.; Stallstadel, 17./18. Jh.; freistehender Feldkasten mit vorkragendem Oberteil, wohl 17. Jh.
Rabensteinweg 3
Oberrabensteinlehen, Obergeschoß in Blockbau, First des Flachsatteldachs bez. 1635, gewölbtes Erdgeschoß; Stadel, wohl 18. Jh.
Rabensteinweg 5
Bischoflehen, Bauernhaus, Massivbau, Flachsatteldach und Hochlaube, 1823.

GEMEINDE BISCHOFSWIESEN

ALMEN
Zehnkaser-Alm
Ursprünglich 10 Kaser, gutes Beispiel einer Almsiedlung, 18./19. Jh.; nordöstlich über Winkl, ca. 1530 m Höhe.
Reisenkaser-Alm
Kaser, Blockbau über Steinsockel, 1695 erbaut, nach Bränden 1870 und 1907 erneuert; östlich über Winkl, ca. 1500 m Höhe.
Törlalm
Kaser, verschindelter Blockbau, 18./19. Jh.; westlich von Winkl, ca. 1490 m Höhe.

Mitterkaser-Alm
Kaser, Blockbau, 18./19. Jh.; westlich von Winkl, 1240 m Höhe.
Kotalm
Kaser, Blockbau, bez. 1840; westlich von Winkl, 1032 m Höhe.

GNOTSCHAFT BISCHOFSWIESEN
Aschauerweiherstraße 14
Wohnhaus, sog. Wagnerhaus, altertürmlicher Bau, verputzt, z. T. verbrettert, Flachsatteldach, im Kern 17./18. Jh.; zur ehem. Hammerschmiede, Nr. 16, gehörig.
Aschauerweiherstraße 16
Ehem. Hammerschmiede, verputzt, Flachsatteldach, 18. Jh.
Aschauerweiherstraße
Sog. Pestsäule, Rotmarmor, wohl 16. Jh.; im Garten von Haus Nr. 17.
Erbmühlweg 1
Erbmühle, ehem. Getreidemühle, dreigeschossiger Bau, Steilsatteldach, 17./18. Jh.
Grabenweg
Egglerkapelle, Schopfwalmdach, 18./19. Jh., zum Egglerlehen gehörig.
Hauptstraße 118
Unterruppenlehen, Bauernhaus, verputzt, mit steinernen Fenster- und Türgewänden und Wandbild im Giebel, bez. 1795, mit Flachsatteldach; angebaute ehem. Mühle mit Schindeldach, 19. Jh.
Hauptstraße
Steinerkapelle, bez. 1797; am Waldrand, zu Hauptstraße 86 gehörig.
In der Au 7
Altes Vorderau-Lehen, Zwiehof, Wohnteil erdgeschossig mit Kniestock in Blockbau, 17./18. Jh.
Quellenweg 11
Hundsreitlehen, Bauernhaus, Obergeschoß in Blockbau, Flachsatteldach, First bez. 1614.
Riedherrngasse 5
Riedherrn-Lehen, ehem. Zwiehof, Massivbau, Hausgang mit spätmittelalterlichem Gewölbe, Flachsatteldach, Wandbild, 16./17. Jh.
Ruppenweg 7
Oberruppen-Lehen, Bauernhaus, Massivbau, Flachsatteldach, im Kern 17./18. Jh.; Ruppen-Kapelle, mit Schopfwalmdach, wohl 18. Jh.
Seppengraben 4
Seppenlehen, Bauernhaus (alter Wohnteil), Obergeschoß in Blockbau, Legschindeldach, 18. Jh.
Wassererweg 22
Wasserer-Lehen, Bauernhaus, massiv, mit Flachsatteldach, 18. Jh.
Wassererweg 30
Hirnsberg-Lehen, massiv, Hausgang gewölbt, zwei Stuben mit Riemlingdecke, 17./18. Jh.; Feldkasten, Blockbau mit vorkragendem Obergeschoß, wohl 17. Jh.; Hirnsbergkapelle, mit Dachreiter, wohl 18. Jh.

GNOTSCHAFT ENGEDEY
Bachmannweg
Heißenbichlkapelle, 18./19. Jh.
Ramsauer Straße 119
Hebenstreitmühle, breitgelagertes zweigeschossiges Haus, massiv, 18. Jh., First des Flachsatteldachs bez. 1826.
Ramsauer Straße 172
Bichllehen, Bauernhaus, verputzt, Flachsatteldach, wohl 18. Jh.
Vierradweg 69
Bachmannlehen, Bauernhaus, Obergeschoß in Blockbau, bez. 1697 und am Dach 1701.
Vierradweg
Bachmannkapelle, offener Bau mit Vordach, 17./18. Jh.
Vierradweg
Pestsäule, Nagelfluhpfeiler mit Bildnische, wohl 16. Jh.
Vierradweg
Feldkreuz, wohl 18. Jh.; in der Nähe des Vierradlehens.

GNOTSCHAFT LOIPL
Am Bärngraben 26
Austragshäusl, zweigeschossiger Putzbau, Flachsatteldach, First bez. 1856.
Am Bärngraben 30
Bärnlehen, Bauernhaus, Obergeschoß verputzter Blockbau, Flachsatteldach, angeblich um 1700 erbaut.
Erbmühlweg 45
Zugehöriger Feldkasten, Blockbau mit vorkragendem Obergeschoß, 17./18. Jh.; zum Breidlerlehen gehörig.
Gaßlehen 10
Gaßlehen, Bauernhaus, Obergeschoß verputzter Blockbau, Flachsatteldach, 18. Jh.
Klemmsteinweg 23
Altes Herzoglehen, ehem. Zwiehof, Wohnspeicherhaus mit Obergeschoß in Blockbau und Flachsatteldach, 17./18. Jh.
Langwiedweg
Roislerlehen, Bauernhaus, Massivbau, Flachsatteldach, 18./19. Jh.; Feldkasten, Blockbau mit vorkragendem Obergeschoß, 17./18. Jh.
Rothenweg 12
Feldkasten, Blockbau mit vorkragendem Obergeschoß, 17./18. Jh.; zum Rothenlehen gehörig.
Thanngasse 19
Födlerlehen, Bauernhaus, Obergeschoß in Blockbau, Flachsatteldach, wohl 18. Jh.
Thanngasse 38
Thürlehen, Bauernhaus, mit Blockbau-Kniestock und Flachsatteldach, wohl 18. Jh.
Thanngasse 50
Grabenhäusl, kleiner biedermeierlicher Bau mit Flachsatteldach und verbrettertem Wirtschaftsteil, 1. Hälfte 19. Jh.

GNOTSCHAFT STANGGASS
Aschauerweiherstraße
Feldkreuz, 18. Jh.; bei Haus Nr. 43.
Aschauerweiherstraße 90
Zugehöriger Feldkasten, Blockbau mit vorkragendem Obergeschoß, 17./18. Jh., 1974 vom Hausknechtlehen hierher verbracht.
Aschauerweiherstraße 101
Dietfeldhof, ehem. fürstpröpstlicher Meierhof, stattlicher massiver Bau, errichtet 1583, äußere Erscheinung 18./19. Jh.
Aschauweg 10
Unteraschau-Lehen, Wohnteil eines Zwiehofs, massiv, mit Blockbau-Kniestock, Tür- und Fenstergewände in Rotmarmor, bemerkenswerte Gewölbe, 16. Jh.
Aschauweg 12
Oberaschau-Lehen, Wohnspeicherhaus eines ehem. fürstpröpstlichen Meierhofs, massiv, bez. 1633, Flachsatteldach, bez. 1856; zugehöriger ehem. fürstpröpstlicher Zehentstadel, massiv, mit mächtigem schindelgedeckten Schopfwalmdach, wohl noch 17. Jh.; Aschaukapelle, wohl 18. Jh.; oberhalb des Weihers, zum Oberaschau-Lehen gehörig.
Baderlehenweg 14
Baderlehen, Wohnteil eines Zwiehofes, massives Erdgeschoß mit steinernen Fenstergewänden, 17. Jh., Obergeschoß in Blockbau, wohl 18. Jh.
Berchtesgadener Straße 65
Rädermacherlehen, Wohnteil eines Zwiehofs, Massivbau, Flachsatteldach, Tür- und Fenstergewände in Rotmarmor, 17./18. Jh.
Berchtesgadener Straße
Stadlhäusl-Kapelle, 19. Jh.
Druckerboden 2
Druckerboden-Lehen, Wohnteil eines ehem. Zwiehofs, Obergeschoß verputzter Blockbau, Flachsatteldach, wohl 17. Jh.
Grubweg 20
Zuhaus, Obergeschoß in Blockbau, 18. Jh.; zum Grublehen zugehörig.

Hochgartdörfl 16
Unterhochgart-Lehen, Bauernhaus, Massivbau, Flachsatteldach, bez. 1680, alte aufgedoppelte Haustüren.
Hochgartdörfl 17
Mitterhochgart-Lehen, Obergeschoß in Blockbau, 16./17. Jh.; Feldkreuz, 18. Jh.
Im Rostwald
Wegkapelle mit Satteldach, wohl 18. Jh.
Im Rostwald
Bildstock, wohl 16. Jh.; neben der Kapelle.
Im Rostwald 20
Sog. Rosthäusl, zweigeschossiger Putzbau mit Halbwalmdach, 18. Jh., an der Front überlebensgroßer barocker Kruzifix; kleiner Kruzifix mit Marterwerkzeugen am Holzschuppen (Armakreuz).
Im Rostwald
Sog. Rostkreuz, große geöffnete Kapellennische mit Kruzifix und Mater Dolorosa, um 1720.
Kälbersteinstraße
Kälberstein-Kapelle, bez. 1782.
Klausweg 10
Klauslehen, Bauernhaus, Untergeschoß 17./18. Jh., Obergeschosse, Lauben und Außentreppe 1912.
Moosweg
Stocker-Kapelle, wohl 19. Jh.
Ponnötz 2
Ponnlehen, Wohnteil eines Zwiehofs, Putzbau mit Fenster- und Türgewänden in Rotmarmor, Flachsatteldach, 17./18. Jh.
Reitweg 8
Austragshäusl, zweigeschossiger Putzbau mit Flachsatteldach, um Mitte 19. Jh.
Reitweg 10
Oberreitlehen, Bauernhaus, massiv, mit Flachsatteldach, bez. 1644, biedermeierliche Laube, geschnitzte Pfetten; Feldkreuz, barock, vor dem Haus.
Roßpointweg
Roßpoint-Kapelle, bez. 1912.
Sieglweg
Siegler-Kapelle, Schopfwalmdach mit Schindeldeckung, bez. 1772.
Urbanweg 8
Urbanlehen, Bauernhaus, Putzbau mit Flachsatteldach, bez. 1664.

GNOTSCHAFT STRUB
Böcklgasse
Böckllehen, Bauernhaus, Erdgeschoß Massivbau, Obergeschoß verputzter Blockbau, 17./18. Jh., Flachsatteldach bez. 1845.
Böcklweiherstraße
Böcklmühl-Kapelle, bez. 1912.
Watzmannstraße
Burgerkapelle, 19./20. Jh.

GNOTSCHAFT WINKL
Greinswiesenweg 7
Obergreinswiesen-Lehen, massiv, mit spätgotischem Hausgang-Gewölbe, Fenster- und Türstöcke in Rotmarmor, Flachsatteldach, 16./17. Jh., erneuert.
Holzstubenweg 10
Oberbodenpoint-Lehen, Bauernhaus, Untergeschoß massiv, Rotmarmorportal und Holzbalkendecken, 16./17. Jh., Obergeschoß in Blockbau, 20. Jh.
Klapfweg
Reste eines Kalkofens, verfallen, wohl 18. Jh.; beim Unterklapf-Lehen.
Pfaffenkogelweg 22
Pfaffenlehen, Bauernhaus, Massivbau, Flachsatteldach, am First bez. 1762.

MARKT MARKTSCHELLENBERG

ALMEN
Scheibenkaser-Alm
Scheibenkaser, Holzbau auf Steinsockel, mit Steilsatteldach, wohl 1. Hälfte 19. Jh.; südöstlich Berchtesgadener Hochthron, auf 1400 m Höhe.
Haus Nr. 11 (Vorderettenberg)
Kocherlehen, Wohnteil eines Zwiehofs, erdgeschossig, gemauert, mit Blockbau-Kniestock 17./18. Jh.; Stadel, Blockbau auf Steinsockel, 17./18. Jh.
Haus Nr. 2 (Hinterettenberg)
Rottmanngraben-Mühle; Bauernhaus, Erdgeschoß massiv, Obergeschoß in Blockbau, z.T. verputzt, Flachsatteldach mit Schar- bzw. Legschindeldach, in der Stube Riemlingdecke bez. 1712; mit ausgemauertem Mühlbach.
Haus Nr. 4 (Hinterettenberg)
Scheberer- oder Unteres Ludl-Lehen, malerisches altes Bauernhaus, Obergeschoß in Blockbau, umlaufende Laube, 17./18. Jh.
Haus Nr. 6 (Hinterettenberg)
Lehengut, Einhof, verputzt, mit verbrettertem Giebel, um Mitte 19. Jh., im Kern älter.
Kapelle (Hinterettenberg)
Lehenkapelle, 18. Jh.; zum Lehengut gehörig.

GNOTSCHAFT MEHLWEG
Kapelle
Mehlwegkapelle, mit Dachreiter, Ende 19. Jh.
Haus Nr. 12
Auer- oder Gangl-Lehen, Wohnteil eines Zwiehofs, Obergeschoß in Blockbau, bez. 1682; alter Stadel mit Legschindeldach, 17./18. Jh.
Haus Nr. 13
Jodlerlehen, Bauernhaus, Obergeschoß verputzter Blockbau, 1672.
Haus Nr. 16
Schmidbacherlehen, Bauernhaus, Obergeschoß in Blockbau, angeblich 1601.
Haus Nr. 20
Zugehöriger Feldkasten, Blockbau, 17./18. Jh.
Haus Nr. 21
Unterbarmsteinlehen, Bauernhaus, Obergeschoß in Blockbau verputzt, 17./18. Jh.

GNOTSCHAFT NEUSIEDEN
Haus Nr. 1
Hinterkraxenberglehen, Bauernhaus, zweigeschossiger, verputzter, im Giebel und am Wirtschaftsteil offener Blockbau, wohl 17. Jh.
Haus Nr. 2
Vorderkraxenberglehen, Bauernhaus, gemauert und verputzt, Giebel gezimmert, wohl 17. Jh., Laube biedermeierlich.
Haus Nr. 3
Doffenlehen, Bauernhaus, verputzt, First bez. 1696.
Kapelle
Zillkapelle, neugotisch, bez. 1873; beim Zillwirt (Zollamt).
Haus Nr. 31
Malterlehen, Bauernhaus, massiv, verputzt, mit Rotmarmor-Fensterstöcken, im Kern 17. Jh.

GNOTSCHAFT OBERSTEIN
Haus Nr. 32
Anfangmühle, ehem. Getreidemühle; Wohnhaus, Erdgeschoß massiv, Obergeschoß in Blockbau, verputzt, Flachsatteldach, Riemlingdecken, 17./18. Jh.; äußere Erscheinung biedermeierlich, Mitte 19. Jh.
Haus Nr. 37
Graflhäusl, Zuhaus zum Grafllehen, kleiner Putzbau, Flachsatteldach, teilweise noch mit Legschindeln, 1. Hälfte 19. Jh.

Haus Nr. 41
Krautschneiderlehen, stattlicher Putzbau mit Schopfwalmdach, um 1800; Stadel mit Schopfwalmdach, um 1800; Krautschneiderkapelle, mit Schopfwalmdach, um 1800.
Haus Nr. 54
Walserlehen, Bauernhaus, Obergeschoß in Blockbau, bez. 1611.
Haus Nr. 61
Kreobenlehen, Bauernhaus, Obergeschoß in Blockbau, bez. 1622; Stallstadel mit Schopfwalmdach, wohl 18. Jh.
Kapelle
Lohnerkapelle, wohl Ende 19. Jh.
Kapelle
Moserkapelle, 19. Jh.

GNOTSCHAFT SCHNEEFELDEN
Alte Berchtesgadener Straße 11
Weißbachlehen, altertümliches Bauernhaus, gemauert, mit rotmarmornen Tür- und Fenstergewänden, 17. Jh., Bildnische mit Marienfigur, um 1700, das 1931 erneuerte Flachsatteldach am First ehemals bez. 1660.

GNOTSCHAFT UNTERSTEIN
Tiefenbachstraße 12
Krennlehen, stattlicher verputzter Bauernhof mit Schopfwalmdach, Ende 18./Anfang 19. Jh.

GEMEINDE RAMSAU BEI BERCHTESGADEN

ALMEN
Bindalm
Mösler-Kaser, Rundumkaser, Blockbau, 18. Jh.; Kressen-Kaser, Rundumkaser, Blockbau, 18./19. Jh.; Baldram-Kaser, Rundumkaser, Blockbau, bez. 1686; Schiedkaser, offener Rundumkaser, Blockbau, 18. Jh. (von der Feldalm hierher transferiert) südwestlich von Ramsau nahe dem Hirschbichl, 1120 m Paß-Höhe.
Engertalm
Großer Kaser, Blockbau, um 1900; südwestlich von Ramsau im Klausbachtal, 950 m Höhe.
Falzalm
Rundumkaser, Blockbau, bez. 1866; am nördlichen Fuß des Watzmann, 1620 m Höhe.
Halsalm
Doppelkaser, Blockbau, bez. 1896; westlich des Hintersees, 1200 m Höhe.
Kührointalm
Bartlerkaser, Blockbau auf Steinunterbau, 1. Hälfte 17. Jh.; Anfangerkaser, Steinbau, bez. 1847; Gattermannkaser, Blockbau, angeblich 15. Jh., Umbau um 1940; nordöstlich unter dem Watzmann, 1420 m Höhe.
Lahneralm
Großer Kaser, Blockbau, bez. 1848; Kaser, Blockbau, um Mitte 19. Jh.; nördlich unter dem Watzmann, 1240 m Höhe.
Mittereisalm
Doppelkaser, bez. 1894; Kaser, Ende 19. Jh.; östlich Hirschbichlpaß, 1320 m Höhe.
Mordaualm
Kaser, Steinbau, 18./19. Jh.; Kaser, Blockbau, 18./19. Jh.; am Weg von Taubensee ins Lattengebirge, 1190 m Höhe.
Stubenalm
Kaser (östlich), Blockbau, 18./19. Jh.; Kaser (Mitte), Blockbau, 18./19. Jh., abgebrannt im Jahre 1977, neu aufgebaut im Jahre 1981/82; Kaser (westlich), teilweise verfallen; südöstlich von Ramsau am Weg zum Watzmann, 1140 m Höhe.

GNOTSCHAFT ANTENBICHL
Alte Reichenhaller Straße
Magdalenenkapelle, wohl 18. Jh.; beim Semleitenlehen.
Alte Reichenhaller Straße
Scheffaukapelle, mit schindelgedecktem Walmdach, wohl 18. Jh.; beim Scheffauerlehen.
Im Tal
Bildstock-Kapelle, wohl 18. Jh.; westlich von Nr. 112.
Im Tal
Bildstock, Tuffsteinpfeiler, 16. Jh.; an der Lattenbachbrücke.
Sommerau 16
Sommeraulehen, Bauernhaus, Obergeschoß in Blockbau, 17./18. Jh.
Triebenbacher Straße 50
Fernsebnerlehen, Einhof, Obergeschoß in Blockbau, First bez. 1723, Stube mit Ausmalung von 1849; Brechhütte, wohl 19. Jh.; am Waldrand; Mauerreste eines Kalkofens, 18./19. Jh., 250 m hinter dem Hof.

GNOTSCHAFT AU
Berchtesgadener Straße
Auerlehen, zugehöriger Feldkasten, Blockbau, wohl 17. Jh., Oberteil erneuert.
Berchtesgadener Straße 91
Roßhofschmiede, dreigeschossiges massives Haus, verputzt, Geschoß 18. Jh., First bez. 1846; Kapellenbildstock mit Kruzifix des 18 Jh.; neben der Roßhofschmiede.
Im Tal 7
Ehem. Mühle, dreigeschossiger Bau, massiv, verputzt, mit Flachsatteldach, 18./19. Jh.
Kederbacher Straße 6
Haus Infang, ehem. Bauernhaus, Obergeschoß in Blockbau, 18./19. Jh.
Kederbacher Straße 17
Kederbachlehen, Einhof, massiv, verputzt, um Mitte 19. Jh., im Kern wohl älter; Hofkapelle, 19./20. Jh.
Kederbacher Straße 43
Austragshäusl, zweigeschossiger Blockbau mit Flachsatteldach, wohl Anfang 19. Jh.; zum Festenlehen gehörig.
Kederbacher Straße 45
Festenlehen, Bauernhaus, Obergeschoß in Blockbau, z.T. verputzt, mit Flachsatteldach, wohl 18. Jh.
Kederbacher Straße 61
Votzenlehen, Wohnteil eines Zwiehofs, massives Erdgeschoß wohl 17. Jh., Obergeschoß verputzter Blockbau, First bez. 1821.
Kederbacher Straße
Mühle, Klaubsteinsockel, darüber Holzaufbau, wohl frühes 19. Jh.; im Landtalbachgraben bei Nr. 85 (Feggen).

GNOTSCHAFT HINTERSEE
Am See
Antonikapelle, Walmdach, wohl 17. Jh.; am Westufer des Hintersees.
Hinterseer Straße 22
Marxenhäusl, ehem. Kleinbauernhaus, Obergeschoß in Blockbau, Flachsatteldach, bez. 1616.
Hirschbichlstraße
Feldkapelle mit geschweiftem Schopfwalmdach, schindelgedeckt, wohl 18. Jh.; nördlich von Gasthof Auzinger.
Hirschbichlstraße
Kapelle, Holzbau mit Schindeldach, wohl 19. Jh.; nördlich von Gasthof Auzinger.
Hirschbichlstraße
Kruzifix mit Schmerzhafter Muttergottes, barock, nördlich von Gasthof Auzinger.

GNOTSCHAFT SCHWARZECK
Alpenstraße 40
Karnerlehen, Einhof, verputzt, Flachsatteldach, 17./18. Jh.; Feldkasten, Blockbau, Unterteil bez. 1551 (oder 1554).

Auf der Raiten 7
Zugehöriger Schupfen, Holzbau, wohl 18. Jh. (Urbanlehen).
Auf der Raiten
Thomannkapelle, 19. Jh.
Auf der Raiten 26
Zugehöriger Feldkasten, Blockbau, Oberteil verbrettert, 17./18. Jh. (Gröll-Lehen).
Lehenmühlweg
Zugehöriger Feldkasten, wohl 18. Jh. (Pointlehen).
Lehenmühlweg 9
Freidinglehen, Bauernhaus, Erdgeschoß massiv, 17./18. Jh., Obergeschoß verputzter Blockbau, bez. 1791; Feldkasten, Blockbau, 17./18. Jh.
Schwarzecker Straße 51
Gastaglehen, Bauernhaus, Obergeschoß in Blockbau, 17./18. Jh.
Schwarzecker Straße
Hellnkapelle, mit Walmdach und Dachreiter, 18. Jh.
Schwarzecker Straße 66
Stöckllehen, Wohnteil eines Zwiehofs, Obergeschoß in Blockbauweise, 17./18. Jh.

GNOTSCHAFT TAUBENSEE
Alpenstraße 50
Klettnerlehen, Zwiehof, Obergeschoß des Wohnteils in Blockbau, bez. 1647; Feldkasten, Blockbau mit vorkragendem Obergeschoß in verbrettertem Ständerbau, bez. 1730.
Alpenstraße 73
Langbrucklehen, Einhof, Obergeschoß in Blockbau, 17./18. Jh.
Alpenstraße 75
Uhlnlehen, ehem. Zwiehof, Obergeschoß z.T. verputzter Blockbau, bez. 1667 und 18. Jh.; ehem. Brechelbad, wohl 18. Jh.; an der Straße.
Alpenstraße 89
Heißenkapelle, 18./19. Jh.
Alpenstraße 97
Zugehörige Scheune und Stadel, Blockbauten auf gemauerten Sockeln, 17./18. Jh.; zum Kaltbachlehen gehörig.
Alpenstraße 114
Feldkapelle, mit schindelgedecktem Walmdach, 18. Jh.; zum Leierenhof gehörig; Backofenhäuschen, 19. Jh.
Alpenstraße 151
Sog. Holzstube, erdgeschossiger Blockbau mit Legschindeldach, 19. Jh.
Im Tal 81
Saxenhäusl, Wohnhaus, massives Erdgeschoß, bez. 1670, Obergeschoß verputzter Blockbau, Flachsatteldach, am First bez. 1716.

GEMEINDE SCHÖNAU AM KÖNIGSSEE

ALMEN
Fischunkelalm
Kaser, Blockbau, bez. 1840; am Obersee, 620 m Höhe.
Gotzenalm
Ruppenkaser, Blockbau, bez. 1788 oder 1722; Kaser (südlich), Blockbau, 19. Jh.; 1685 m Höhe.
Gotzentalalm
Wahlkaser, Rundumkaser, Blockbau, bez. 1733 oder 1755; 1108 m Höhe.
Herrenrointalm
Ehem. Kaser, Steinbau, bez. 1846; südwestlich von Königssee-Lände am Sommerbichl, 1300 m Höhe.
Klingeralm
Kaser, Blockbau, bez. 1846; westlich von Königssee-Lände am Grünstein, 940 m Höhe.
Königsbachalm
Kaser (der höchstgelegene des Almdorfs), Blockbau, 1. Hälfte 19. Jh.; 1220 m Höhe.
Königsbachalm
Kramerkaser, massiv, Bauteil bez. 1624, Umbau 1806; südöstlich unterm Jenner, 1620 m Höhe.
Königstalalm
Stockerkaser, Doppelkaser, dat. 1511; Stangerkaser; Rundumkaser, etwa 1. Hälfte 19. Jh.; südlich des Jenner, 1550 m Höhe.
Krautkaseralmen
Stangerkaser, Blockbau, bez. 1679; nördlich vom Jenner, 1300 m Höhe.
Regenalm
Großer Rundumkaser, bez. 1740, längere Klaubsteinmauern.
Seeaualm
Zwei verfallene, urtümliche Rundumkaser auf der tiefgelegenen Almlichte; ein teilgenutzter, zur Hälfte verfallener Rundumkaser an der Fahrstraße.

GNOTSCHAFT FASELSBERG
Fritzenweg
Sog. Fritzenkapelle, 19. Jh.
Fritzenweg 6
Holzenlehen, Wohnteil eines Zwiehofs, Obergeschoß in Blockbau, 17./18. Jh., bemalte Pfettenköpfe; Feldkasten, bemerkenswerter Blockbau, bez. 1603, Oberteil verbretterter Ständerbau, Hofkapelle, 20. Jh.
Holzlobstraße 45
Holzloblehen, Doppel-Anwesen (Gmoa), Obergeschoß in Blockbau, wohl 17. Jh.
Richard-Voß-Straße 53
Glaserlehen, Wohnteil eines Zwiehofs, massiv, mit Blockbau-Kniestock und Flachsatteldach, 18./19. Jh., im Kern wohl älter.
Richard-Voß-Straße 55
Holzlehen, Wohnteil eines Zwiehofs, massiv, mit Flachsatteldach, 18./19. Jh.
Richard-Voß-Straße 58
Brunnfeldlehen, Einhof, massiv, mit Flachsatteldach und überwölbtem Flez, bez. 1697, Obergeschoß 1939 umgebaut.
Spinnerwinkelweg 8
Spinnerlehen, Wohnteil eines Zwiehofs, Obergeschoß in Blockbau, First bez. 1682; Feldkasten, Blockbau auf gemauertem Sockel, 17./18. Jh.; Spinnerkapelle, mit Walmdach, wohl 18. Jh.; alte Klaubstein-Feldmauern.
Vorderbrandstraße 57
Kranvogellehen, Wohnteil eines Zwiehofs, Obergeschoß in Blockbau, bez. 1665, in der Stube Holzbalkendecke; Feldkasten, Blockbau auf gemauertem Sockel, wohl 18. Jh.
Vorderbrandstraße 79
Hainzenlehen, Zwiehof, Obergeschoß z. T. in Blockbau, im Kern 17./18. Jh.; alter Stadel, Obergeschoß in Blockbau, wohl 18. Jh.
Vorderbrandstraße 83
Reichllehen, Bauernhaus, Obergeschoß in Blockbau, 17./18. Jh.; Feldkasten, Blockbau, bez. 1708 und 1739, Oberteil verbretterter Ständerbau.
Vorderbrandstraße 91
Alpengasthof Vorderbrand, altes Bauernhaus, Obergeschoß in Blockbau, im Kern wohl 17./18. Jh., Ausbau 1927 zum Gasthof; Feldkasten, zweigeschossiger Blockbau, 18. Jh.; Hofkapelle St. Marien, mit Walmdach und offener Vorhalle, 18. Jh.
Vorderbrandstraße 95
Hinterbrandlehen, Zwiehof, ehem. Doppel-Anwesen (Gmoa), Wohnteil erdgeschossig, mit Kniestock, im Inneren Holzbalkendecke und alte Stiege; 1. Hälfte 16. Jh.; Stadel, Holzblockbau, angeblich 1575; Feldkasten, zweigeschossiger Blockbau, bez. 1792.

GNOTSCHAFT HINTERSCHÖNAU
Brandweg 7
Duftgütl, Kleinbauernhaus, z.T. gemauert, z.T. in Blockbau, mit vorspringendem Hausteil und Flachsatteldach, 17./18. Jh.
Dickenweg 14
Dickenlehen, Einhof, Wohnteil verputzter Blockbau, First des Flachsatteldachs bez. 1845, im Kern älter.
Hinterschönauer Weg 19
Schneiderlehen, malerisches Bauernhaus, massives Erdgeschoß mit Ausbauten, Obergeschoß in Blockbau, 17./18. Jh.
Hinterschönauer Weg 19
Werkstatt der Drechslerei Zechmeister, kleiner Blockbau, 19. Jh.; zum Schneiderlehen, zugehörig.
Hochödlehen 7
Hochödlehen, Wohnteil, eines Zwiehofs, ehem. offener, jetzt im Erdgeschoß verputzter Blockbau, bez. 1692.
Steinwandweg
Steinwandlehen, Wohnteil eines Zwiehofs, Obergeschoß in Blockbau, 17./18. Jh.

GNOTSCHAFT KÖNIGSSEE
An der Stangermühle 3
Grafenpointlehen, ehem. Einfirsthof, Obergeschoß in Blockbau, Anfang 17. Jh.
Hammerlweg 5
Unterhammerl-Lehen, Einhof, erdgeschossiger malerischer Blockbau, bez. 1615.
Jennerstraße
Brandnerkapelle, erbaut 1783.
Königsseer Straße 84
Grafenlehen, Bauernhaus, Obergeschoß in Blockbau, im Kern 17./18. Jh.; frei stehendes Backofenhäuschen, wohl 18. Jh.

GNOTSCHAFT OBERSCHÖNAU I
Moosweg 15/17
Mooslehen, Wohnteil eines Zwiehofs, Doppel-Anwesen, (Gmoa), Blockbau, 17./18. Jh.

GNOTSCHAFT OBERSCHÖNAU II
Bernweg 8
Bärnlehen, altertümlicher Zwiehof, erdgeschossiges Doppel-Anwesen (Gmoa), gemauert, wohl 17. Jh.; Stadel, Klaubsteinmauerwerk, wohl 17. Jh.
Grünsteinstraße
Feldkreuz, 18. Jh.; zum Freiberglehen gehörig.
Grünsteinstraße 58
Obergrünsteinlehen, Bauernhaus, Obergeschoß in Blockbau, 17./18. Jh.
Löslerstraße 15
Simonlehen, Einhof, Obergeschoß in Blockbau, 17./18. Jh.
Löslerstraße 33
Löslerlehen, Wohnteil eines Zwiehofs, verputzt, über unregelmäßigem Grundriß, im Kern 17. Jh., mehrfach erneuert.
Storchenstraße 56
Kramerlehen, Einhof, Obergeschoß in Blockbau 20. Jh., mit Flachsatteldach; Feldkasten, Blockbau, 16./17. Jh.; Backhäuschen, 18./19. Jh.
Storchenstraße 35
Zugehörige Kreuzigungs-Gruppe, 18. Jh.

GNOTSCHAFT SCHWÖB
Alte Königsseer Straße 22
Zugehöriges Zuhäusl, zweigeschossig, Obergeschoß verschindelt. 19. Jh.
Alte Königsseer Straße 36
Mühlebengütl, zweigeschossiges Wohnhaus mit Flachsatteldach und Putzgliederungen, First bez. 1857.
Alte Königsseer Straße 48
Gröll-Lehen, Wohnteil eines Zwiehofs, zweigeschossiger Blockbau mit Flachsatteldach, angeblich 1607 erbaut.
Holzlobstraße
Grutschen-Kapelle, mit Walmdach, 18. Jh.
Untersteiner Straße
Pestsäule, 17./18. Jh.; beim Neuhäusl-Anwesen.
Untersteiner Straße
Steinmarterl, bez. 1653; im Tauernhof-Anwesen.

GNOTSCHAFT UNTERSCHÖNAU I
An der Seeklause 3
Sog. Marmorsäge, schmales dreigeschossiges Haus, verputzt, mit Satteldach, um Mitte 19. Jh.

An der Seeklause 5
Grundmühle, Putzbau mit Flachsatteldach, 17. Jh.; mit Mühlbach-Anlage.

Hofreitstraße 12
Altes Wölferlehen, Putzbau mit Flachsatteldach, bez. 1810, im Kern älter.

Hofreitstraße 39
Oberhofreitlehen, ehem. Wohnteil eines Zwiehofs, Erdgeschoß 16./17. Jh., marmorne spätgotische Türeinfassung, gewölbter Hausgang, Obergeschoß wohl 19. Jh.

Jodlerweg 21
Hafnerlehen, Wohnteil eines Zwiehofs, modern bez. 1378, massives Erdgeschoß, wohl 16./17. Jh., Fenster- und Türgewände in Rotmarmor, wohl 1938, gleichzeitig Blockbau-Obergeschoß und Flachsatteldach.

Schornstraße 6
Weiherermühle, Massivbau, 17. Jh., Obergeschoß wohl 19. Jh., Flachsatteldach, Rotmarmor-Fenster- und Türgewände des 17. Jh.; Stadel, Blockbau auf gemauertem Sockel, 17./18. Jh.

Prießberg
Brennhütte Graßl, bez. 1840.

GNOTSCHAFT UNTERSCHÖNAU II
Graf-Arco-Straße 1
Schmiedenlehen, Wohnhaus, verputzt, marmorne Tür- und Fenstergewände, Flachsatteldach, bez. 1655.

Grebelweg 20
Kapellenbildstock, gemauert, wohl 19. Jh.

Kapellenweg
Feldkapelle, mit Dachreiter, 18. Jh.; zum Grabenlehen gehörig.

Schmiedenweg 3
Kapellenbildstock, verputzt, im Kern wohl barock (Schmiedenkapelle).

Untersteiner Straße 36
Moosbachhäusl, Obergeschoß in Blockbau, verputzt, Flachsatteldach, 18./19. Jh.

Untersteiner Straße 70
Pfingstlerlehen, Einhof, Obergeschoß in Blockbau, Flachsatteldach, 17./18. Jh.

Teil II
Südl. Rupertiwinkel und Gemeindegebiet Bad Reichenhall

Hinweis: Im Bereich des südlichen Rupertiwinkels und des Gemeindegebietes von Bad Reichenhall folgen praktisch alle bäuerlichen Anwesen baulich dem Schema des Salzburger Flachgauhofes; auf die wiederholte Bezeichnung »Salzburger Flachgauhof« wurde daher verzichtet.

GEMEINDE AINRING

ADELSTETTEN
Haus Nr. 5
Bauernhof, um 1820, Steilsatteldach später.

Haus Nr. 15
Bauernhof, Obergeschoß z.T. Blockbau, bez. 1724, Dach später erneuert.

Haus Nr. 18
Bauernhof, Flachsatteldach, Rundbogentür und Giebellaube, Mitte 19. Jh.; vor dem Haus alter Brunnen.

Kapelle
Wegkapelle, bez. 1824.

ALTMUTTER
Haus Nr. 1
Bauernhof, Obergeschoß in Blockbau, Flachsatteldach, wohl 17. Jh.

BACH
Haus Nr. 7
Zugehöriger Getreidekasten, Blockbau, bez. 1691; in der Widerkehr.

BICHELN
Haus Nr. 11
Bauernhof, mit Schopfwalmdach und Widerkehr, 18. Jh.

DOPPELN
Haus Nr. 3
Bauernhof, ehem. Forsthaus, zweigeschossig, bez. 1762, First später gedreht.

ESCHELBERG
Haus Nr. 1
Bauernhof, Zwiehof-Anlage, am Platz eines ehem. Edelsitzes; zweigeschossiges Wohnhaus mit Halbwalmdach, erbaut 1667.

FELDKIRCHEN
Gumpinger Straße 4
Ehem. Schmiede, mit Flachsatteldach, bez. 1848.

HORT
Haus Nr. 1
Bauernhof »zum Klinger«, Schopfwalmdach, bez. 1767, ehemals reiche Ausstattung mit Fresken und Stuckaturen.

KOHLSTATT
Kapelle
Kapellenbildstock, 18./19. Jh.

LANGACKER
Haus Nr. 1
Hofkapelle, um 1900; Mühlbauerkapelle.

Haus Nr. 2
Bauernhof, Wohnteil in unverputztem Bruchsteinmauerwerk, mit Hochlaube, biedermeierlich, um 1830/40.

MÜRACK
Brechelbad
Ehem. Brechelbad mit weit überstehendem Vorbau, bez. 1845; zum Anwesen Suhrer gehörig.

STRASS
Haus Nr. 41
Ehem. Bauernhof, Massivbau, Flachsatteldach und Giebellaube, im Kern 1780, Putzgliederungen um 1919/20.

THUNDORF
Haus Nr. ...
Ehem. Bauernhof, Obergeschoß in Blockbau, Flachsatteldach, 17./18. Jh.; östlich von Nr. 30.

ULRICHSHÖGL
Haus Nr. 13
Zugehörig Brechelbad, bez. 1813; Feldkapelle, Ende 19. Jh.

Haus Nr. 16
Bauernhof, Putzbau mit Kniestock, Flachsatteldach und Widerkehr, Ende 19. Jh.

Kapelle
Wegkapelle mit Walmdach, um 1700; unterhalb von Haus Nr. 2.

GEMEINDE ANGER

ANGER
Am Mühlenweg 3
Pfaffendorfer Mühle, stattlicher massiver Bau mit Schopfwalmdach, Türgewände am wohl ältesten Teil des Hauses bez. 1587, Balkenköpfe bez. 1770.

AUFHAM
Hänggrabenstraße 31
Bauernhof, ehem. Schopfwalmdach, Ende 18./Anfang 19. Jh.
Hauptstraße 9
Bauernhof, mit Giebellaube, Flachsatteldach und Widerkehr, Türgewände bez. 1837.
Heubergstraße 1
Bauernhof, mit Flachsatteldach und Widerkehr, steinerne Fenster- und Türgewände, bez. 1712.

HAINHAM
Haus Nr. 6
Bauernhof, Schopfwalmdach, Putzgliederungen und Widerkehr, Türgewände bez. 1877.
Haus Nr. 10
Bauernhaus, Obergeschoß teilweise in Blockbau, 17./18. Jh.
Kapelle
Sog. Schauerkapelle, um 1870/80; zu Nr. 40 gehörig.

HADERMARKT
Salzstraße 11
Wohnhaus, ehem. zur Schmiede gehörig, mit Flachsatteldach und Giebellaube, steinernes Türgewände bez. 1828.
Salzstraße 13
Wohnhaus, ehem. Schmiede, mit offener Erdgeschoßlaube und Flachsatteldach, 17. Jh.

HÖGLWÖRTH
Höglwörther Straße 12
Bauernhof, Obergeschoß verputzter Blockbau, Schopfwalmdach, steinernes Türgewände bez. 1849.
Höglwörther Straße 15
Bauernhof, Putzbau mit Schopfwalmdach und Widerkehr, Mitte 19. Jh.
Salzstraße 49
Bauernhof, Putzbau, mit Steilsatteldach, ehem. mit Schopfwalm, bez. 1760.
Ramsauer Straße 4
Prielhof; Bauernhof, Putzbau mit Schopfwalmdach, Widerkehr und steinernem Türgewände, Mitte 19. Jh.; Hofkapelle, 19. Jh.

HOLZHAUSEN
Hochkreuzstraße 6
Kleinbauernhof, Obergeschoß in Blockbau, Flachsatteldach, Türstock bez. 1798.
Holzhauser Straße 27
Bauernhof, mit mittelsteilem Dach und Putzgliederungen; Türstock und geschnitzte Tür, bez. 1858.
Schmiedweg 9
Bauernhof, Obergeschoß in Blockbau, Flachsatteldach, 17./18. Jh.
Kohlhäuslstraße 10
Obermühle, mächtiger massiver Bau mit Schopfwalmdach, Erdgeschoß spätgotisch, Obergeschosse 17./18. Jh.; Mühlrad, wohl 19. Jh.

Haslauerstraße 10
Bauernhof, Putzbau mit Schopfwalmdach und Widerkehr, Türgewände bez. 1797.
Kreuzigungsgruppe
Kreuzigungsgruppe, Figuren aus der 1. Hälfte 18. Jh.; an der Einmündung der Haslauerstraße in die Holzhauserstraße.

IRLBERG
Pilzenberg 18
Stadlerhof, kleines Bauernhaus, mit Flachsatteldach, Türstock bez. 1710.
Pilzenberg 26
Oberpilsenhof, Bauernhaus mit Schopfwalmdach, steinernes Türgewände bez. 1847, darüber Wandbild.
Haus Nr. 41
Getreidekasten, Blockbau, bez. 1607, beim Berggasthof Fürmannalm.

JECHLING
Fallgrabenstraße 9
Bauernhaus, mit Flachsatteldach und Widerkehr, mit Giebelbalkon und Marmortürgewände, 17./18. Jh., Dachaufbau 19. Jh.
Pidinger Straße 6
Bauernhaus, jetzt Zuhaus, Obergeschoß in Blockbau, Flachsatteldach, Türgewände bez. 1723.

LEBLOH
Haus Nr. 14
Bauernhof, bez. 1868, Werkstein-Fenstergewände und Rundbogenportal, Dachstuhl 1920 erneuert, Widerkehr z. T. bez. 1871.
Kapelle
Hofkapelle in Hinterreit, wohl 18. Jh.

OBERHÖGL
Felberstraße 5
Bauernhof (Thomann in Unterhögl), mit Schopfwalmdach, Türgewände bez. 1769; Hofkapelle, bez. 1947.
Höglstraße 26
Bauernhof (Hoisn), Türgewände bez. 1812, Schopfwalmdach bez. 1852.
Stroblalmstraße 8
Bauernhof (Steinbrecher), um 1840 wohl auf älterer Grundlage erbaut, Türgewände 16. Jh., Steilsatteldach ehemals mit Schopfwalm.
Stroblalmstraße 14
Gasthof Stroblalm, stattlicher Bau mit Schopfwalmdach, Sandstein-Türgewände bez. 1843; Nebengebäude, ehem. Schmiede zur Zurichtung der Steinbruch-Werkzeuge, am Kamin der Esse bez. 1674, am Türstock der später angebauten Wohnstube, bez. 1792; Stroblkapelle, um Mitte 19. Jh.
Kapelle
Reinbrechtkapelle St. Ulrich und St. Maria, 1770/71 erbaut.
Bannhöglstraße 5
Bauernhof (Lachl), stattlich, mit Schopfwalmdach, Tür- und Fenstergewände wohl 16. Jh.; Getreidekasten, Blockbau, bez. 1550; Sühnekreuz, Rotmarmor, wohl 16. Jh.; Hofkapelle St. Rupertus, bez. 1934.
Bannhöglstraße 8
Bauernhof (Schaffer), um Mitte 19. Jh., im Kern älter, Türgewände 16. Jh., ehem. mit Schopfwalmdach; Getreidekasten, Blockbau, bez. 1748.
Felberstraße 12
Bauernhof (Felben in Unterhögl), Giebel und Türgewände bez. 1787; Getreidekasten, Blockbau, bez. 1609; Hofkapelle, wohl 18. Jh.

PRASTING
Prastinger Straße 38
Bauernhof, mit Putzgliederungen und steinernem Türgewände, 1840 erbaut, Dach wohl ehemals mit Schopfwalm, Widerkehr.

Kapelle
Privatkapelle in Kaltenkraut, bez. 1870; zu Haus Nr. 61 gehörig.
Prastinger Straße 56
Bauernhof, steinerne Fenster- und Türgewände, bez. 1777; in Enzing.

REITBERG
Angerstraße
Sog. Wengkapelle (Pestkapelle), 18. Jh.; bei Haus Nr. 71.
Angerstraße
Bildstock, wohl 19. Jh.; bei Haus Nr. 93.
Angerstraße 93
Bauernhof, mit Flachsatteldach, wohl 19. Jh., Türgewände bez. 1655.
Reitbergstraße 10
Bauernhof, mit Schopfwalmdach und Widerkehr, Ende 18./Anfang 19. Jh.

STEINHÖGL
Haus Nr. 15
Zugehöriger Getreidekasten, bez. 1732.
Haus Nr. 18
Bauernhof, stattlich, mit Schopfwalmdach, Putzgliederungen und Widerkehr, Türgewände bez. 1839.
Haus Nr. 24
Sog. Schusterhäusl, Bauernhof, Obergeschoß in Blockbau, Flachsatteldach, 16./17. Jh.
Haus Nr. 26
Bauernhof, mit Schopfwalmdach und Widerkehr, Türgewände bez. 1868; Getreidekasten, Blockbau, bez. 1668.
Haus Nr. 26
Backhaus, gemauert, mit steilem Dach, bez. 1836.
Haus Nr. 28
Bauernhof, mit Schopfwalmdach und Widerkehr, Türgewände bez. 1865.
Kapelle
Sog. Urban-Kapelle, kleine Anlage, wohl 18. Jh.; an der Straße nach Vachenlueg.

STOCKHAM
Haus Nr. 6
Bauernhof, Putzbau mit Schopfwalmdach, bez. 1835.

STOISSBERG
Haus Nr. 38
Zuhaus, Blockbau mit Flachsatteldach, bez. 1725; zu Hochöd zugehörig.

UNTERBERG
Haus Nr. 10
Bauernhof, mit Flachsatteldach und Widerkehr, bez. 1853.
Haus Nr. 14
Bauernhof, mit Flachsatteldach und Widerkehr, Anfang 19. Jh.
Haus Nr. 21
Bauernhof (Thenlohe), mit Schopfwalmdach, Türgewände bez. 1847.
Haus Nr. 26
Bauernhof (Edfelder), mit Schopfwalmdach, Wandgemälden und steinernem Türgewände, 1843.
Haus Nr. 30
Bauernhof (Stumpfegger), mit Schopfwalmdach und Widerkehr, Mitte 19. Jh.

WOLFERTSAU
Haus Nr. 9
Weberhäusl, Wohnhaus mit Schopfwalmdach, Türstock bez. 1770.
Kohlhäuslstraße 36
Rothenauhof, Bauernhof, Obergeschoß, in Blockbau, Flachsatteldach, hölzerner Türstock bez. 1699.

ZELLBERG
Haus Nr. 10
Zellbauernhof, stattlicher Putzbau mit Schopfwalmdach und langer Widerkehr, Mitte 19. Jh.; Nebengebäude, Obergeschoß in Blockbau, wohl 1. Hälfte 19. Jh.
Haus Nr. 28
Gasteighof, breit gelagerter Bauernhof, verputzt, mit Flachsatteldach, Giebel verbrettert, 17./18. Jh.
Haus Nr. 35
Ehem. Schmiede am Schorn, erdgeschossiger und daran angeschlossener zweigeschossiger Bau, beide mit Schopfwalmdächern, Anfang 19. Jh. (modern ausgebaut).
Haus Nr. 36
Kerschallhof, Bauernhof mit Schopfwalmdach und Widerkehr, prächtiges Sandsteinportal bez. 1843; steinerne Bank vor dem Haus, Mitte 19. Jh.
Haus Nr. 47
Pirachhof, Bauernhof mit Schopfwalmdach und Widerkehr, bez. 1842 am Türgewände, 1843 am Dach.
Haus Nr. 50
Bauernhof, mit Flachsatteldach und Widerkehr, marmornes Türgewände, 1. Hälfte 19. Jh.
Kapelle
Wegkapelle mit Lourdesgrotte, 18./19. Jh.; zu Haus Nr. 12.

STADT BAD REICHENHALL

KARLSTEIN
Bruckthal Nr. 9
Zugehörige kleine Hofkapelle, neugotisch, Ende 19. Jh.
Bruckthal Nr. 10
Bauernhof, Schwaigerbauer, verputzter Bau mit Hochlaube, steinernes Türgewände bez. 1832.
Siebenpalfenweg 6
Bauernhof, Einhof, Putzbau mit Hochlaube, biedermeierliche Fenstergitter, First bez. 1718.
Kugelbachalm
Kugelbachalm, massiver Bau, 17./18. Jh., marmorne gotische Fensterstöcke und Türbogen, wohl Spolien von der Burg Amerang.
Zwieselalm
Kaser, Massivbau, 18. Jh., 1386 m Höhe.

MARZOLL
Römerstraße 48
Bauernhof mit Flachsatteldach, Obergeschoß wohl verputzter Blockbau, große Giebellaube, 17./18. Jh.
Römerstraße 54
Ehem. Bauernhof, Einhof mit Flachsatteldach, 18. Jh.

NONN
Haus Nr. 21
Bauernhof, Flatscherbauer, stattliche Anlage, verputzt, mit Schopfwalmdach, Anfang 19. Jh.
Haus Nr. 38
Bauernhof, Mesnerbauer, Einhof, bez. 1688 (rückwärts modern ausgebaut); Zuhaus mit Schopfwalmdach, 19. Jh.
Haus Nr. 46
Brechelbad, wohl Anfang 19. Jh.
Haus Nr. 49
Bauernhof, Lacknerbauer, Einhof (rückwärts modern ausgebaut), wohl 17. Jh.
Haus Nr. 103
Bauernhof, Einhof, Putzbau mit Rundbogen-Türgewände, bez. 1841.

SCHWARZBACH
Reichenhaller Straße 90
Bauernhof, ehemals mit Schopfwalmdach, im Giebelfeld Blechbild mit Hl. Georg, wohl Anfang 19. Jh.

STAUFENBRÜCKE
Salzburger Straße 71
Bauernhof, stattlich, mit Schopfwalmdach und Putzgliederungen, am Türgewände bez. 1848; mit Widerkehr; Zuhaus, mit Schopfwalmdach, gleichzeitig.

TÜRK
Untersbergstraße 7
Bauernhof, mit Flachsatteldach und Widerkehr, mit gewölbtem Flez und Marmorportal, bez. 1614, Putzgliederungen barock.
Untersbergstraße 10
Bauernhof, mit Flachsatteldach, 18. Jh.
Untersbergstraße 18
Bauernhof, mit Flachsatteldach und Widerkehr, Tür- und Fenstergewände in Werkstein, bez. 1683, Kruzifix am Haus, Mitte 18. Jh.
Untersbergstraße 19
Bauernhof, mit Flachsatteldach und Widerkehr, Tür- und Fenstergewände in Werkstein 17./18. Jh., Bemalung und Putzdekor.
Untersbergstraße 59
Bauernhof, mit Schopfwalmdach und Putzgliederungen, bez. 1859.

WEISSBACH
Grenzlandstraße 3
Ehem. Bauernhof, stattlich, mit Schopfwalmdach, Türgewände bez. 1814.
Tumpenstraße 11
Gasthaus Obermühle, sehr stattlicher massiver Bau mit Putzgliederungen und Schopfwalmdach, Türgewände bez. 1818; hakenförmig angeschlossenes Nebengebäude mit Schopfwalmdach und angebauter Kapelle St. Anna, bez. 1760, sowie eingemauerter Rotmarmorsäule mit Madonnenfigur, um 1420; Stallgebäude, bez. 1879; Gartensalettl, Holzbau, Ende 19. Jh.; im Wirtsgarten.

GEMEINDE BAYERISCH GMAIN

BAYERISCH GMAIN
Dötzenweg 1
Bauernhof, stattliche Anlage, wohl ehemals mit Schopfwalmdach, steinerne Tür- und Fenstergewände, bez. 1709.
Dötzenweg
Sog. Dötzenkapelle, bez. 1616, erneuert wohl im 18. Jh.

STADT FREILASSING

HOFHAM
Hofhamer Straße 57
Bauernhof, Blockbau des 17./18. Jh., mit Flachsatteldach von 1831 (Verputz modern um 1930).

UNTEREICHET
Haus Nr. 6
Bauernhof, unverputztes Schlackenmauerwerk, Fenster mit Ziegelbögen, Flachsatteldach, bez. 1866.
Haus Nr. 12
Bauernhof, zweieinhalbgeschossig, mit Putzgliederungen, mit Flachsatteldach und Widerkehr, um Mitte 19. Jh.
Kapelle
Privatkapelle, wohl 19. Jh.; bei Haus Nr. 12.

STADTGEMEINDE LAUFEN

ARBISBICHL
Osinger Weg 2
Bauernhof, zweigeschossiger Blockbau, 17. Jh., Flachsatteldach 19. Jh.
Tittmoninger Straße 86
Bauernhof, Obergeschoß in Blockbau, mit Flachsatteldach und Widerkehr, 18. Jh.

ARZENPOINT
Haus Nr. 11
Bauernhof, verputzt, mit Flachsatteldach und Widerkehr, bez. 1835.

BIBURG
Haus Nr. 5
Bauernhof, Putzbau mit hölzernem Kniestock und Flachsatteldach sowie Giebelbundwerk, bez. 1832; im Stadel Getreidekasten des 18. Jh.
Steinkreuz
Steinkreuz, 16./17. Jh.; 300 m östlich.

BURGFELD
Bahnhofstraße
Kapelle St. Antonius, Rundbau mit offener Vorhalle, bez. 1912.
Dr.-Einhauser-Straße 3
Kalvarienberg-Kapelle, neugotisch, um 1860/70, mit monumentaler Kreuzgruppe.
Seethaler Straße
Wegkapelle St. Maria, kleiner Barockbau mit offener Vorhalle, bez. 1725.
Teisendorfer Straße 5
Bauernhof, stattliche Anlage mit vorstehendem Satteldach, Zwerchhaus und Putzgliederungen in Neurenaissance, 1890.
Teisendorfer Straße 56
Bauernhof, verputzt, mit Schopfwalmdach und Giebellaube, Fenster mit Gittern in Biedermeierformen, erbaut 1865.

DARING
Haus Nr. 62
Bauernhof, zweigeschossiger Blockbau mit Flachsatteldach, 17. Jh.
Haus Nr. 63
Bauernhof, Obergeschoß in Blockbau, mit Flachsatteldach und Widerkehr, Dach bez. 1788.
Haus Nr. 65
Bauernhof, Obergeschoß in Blockbau, mit Flachsatteldach und Widerkehr sowie Giebelbundwerk, 17. Jh. und um 1820; Backofenhäuschen, 18./19. Jh.
Haus Nr. 68
Bauernhof, unverputztes Schlacken- und Tuffquadern-Mauerwerk, mittelsteiles Dach, bez. 1859.
Haus Nr. 69 1/2
Bauernhof (Altbau), Blockbau mit Flachsatteldach, 17. Jh.
Kapelle
Kapelle St. Maria, barockisierend, um 1921; an der Straße.

DORFEN
Haus Nr. 4
Bauernhof, unverputztes Tuffsteinmauerwerk, mit Flachsatteldach und Widerkehr, um Mitte 19. Jh.
Haus Nr. 8
Bauernhof, unverputztes Tuffstein- und Schlackenmauerwerk, Flachsatteldach, Türgewände bez. 1860, Tür bez. 1862.
Haus Nr. 25
Zugehörige Kapelle, wohl um 1900.

EHEMOOSEN
Kreuz
Feldkreuz, Mitte 18. Jh.; westlich des Weilers.

EMMERING
Kapelle
Kapelle zur Muttergottes v. Altötting, Ende 19. Jh.
Haus Nr. 10
Bauernhof, Obergeschoß in Blockbau, 2. Hälfte 18. Jh., Flachsatteldach und Giebelbundwerk Mitte 19. Jh.

ESING
Haus Nr. 5
Bauernhof, unverputztes Schlackenmauerwerk, 2. Hälfte 19. Jh., Flachsatteldach und Giebelbundwerk, bez. 1838.

FROSCHHAM
Kapelle
Kapelle Herz Jesu, mit Schopfwalmdach, wohl um 1800.
Haus Nr. 33
Bauernhof, unverputztes Schlacken- und Ziegelmauerwerk, mit Flachsatteldach und Widerkehr, 1850.
Haus Nr. 39
Bauernhof, unverputztes Schlacken- und Ziegelmauerwerk, mit Flachsatteldach und Widerkehr, 1877.
Haus Nr. 45
Kleinhaus, teilweise in Blockbau, mit Satteldach, Ende 18./Anfang 19. Jh.
Haus Nr. 51
Bauernhof, stattlich, unverputztes Schlackenmauerwerk, mit Schopfwalmdach und Widerkehr, bez. 1845.
Haus Nr. 65
Bauernhof, unverputztes Schlacken- und Ziegelmauerwerk, mit Flachsatteldach und Widerkehr, Ende 19. Jh.

GASTAG
Haus Nr. 76
Bauernhof, Tuffstein, unverputzt, Schopfwalmdach, bez. 1823; Zuhaus mit Backofen, Anfang 19. Jh.
Haus Nr. 77
Bauernhof, Obergeschoß in Blockbau, Flachsatteldach, um 1700 und 1810.

HAARMOOS
Haus Nr. 32
Bauernhof, hakenförmige Anlage, Wohnstallhaus in unverputztem Tuffsteinmauerwerk, mit Flachsatteldach, Ende 19. Jh.

HAIDEN
Lindenstraße 1
Bauernhof, unverputztes Bruchstein-, Schlacken- und Ziegelmauerwerk, mit Flachsatteldach, Mitte 19. Jh.
Lindenstraße 2
Zuhaus, gleichartig wie Nr. 1, Mitte 19. Jh.
Lindenstraße 7
Bauernhof, malerischer Blockbau, mit Satteldach und Widerkehr, 18. Jh.
Nußbaumstraße 5
Wohnhaus, Blockbau, mit mittelsteilem Satteldach, wohl 17. Jh.
Nußbaumstraße 21
Bauernhof, Erdgeschoß massiv, mit Wandmalerei, Obergeschoß in Blockbau, bez. 1765.
Nußbaumstraße 34
Kleiner Bauernhof, Obergeschoß in Blockbau, im Giebel Gemälde auf Holzaussäge-Arbeit, 18. Jh.
Teisendorfer Straße 2
Bauernhof, Obergeschoß in Blockbau wohl 17. Jh., Schopfwalmdach, wohl Anfang 19. Jh.
Teisendorfer Straße 4
Bauernhof, Putzbau, biedermeierlich, mit Flachsatteldach und Widerkehr, um Mitte 19. Jh.
Haus Nr. 34 (alte Nr.)
Kleinbauernhof, Blockbau mit Flachsatteldach, wohl 17. Jh.

HARPFETSHAM
Haus Nr. 7
Bauernhof, Blockbau, am Türsturz bez. 1697, mit Steilsatteldach, ehem. mit Schopfwalm.

HÖTZLING
Haus Nr. 8
Bauernhof, unverputztes Schlacken- und Ziegelmauerwerk, mit Flachsatteldach, Giebelbundwerk und Widerkehr, bez. 1864.
Haus Nr. 10
Bauernhof, Blockbau, mit Giebelbundwerk, Flachsatteldach und Widerkehr, 17. Jh.
Haus Nr. 11
Bauernhof, Obergeschoß in Blockbau, mit Giebelbundwerk und Flachsatteldach, Ende 18./Anfang 19. Jh.

KAFLING
Haus Nr. 10
Bauernhof, unverputztes Bruchsteinmauerwerk, mit Giebelbundwerk, Flachsatteldach und Widerkehr, bez. 1784/85.
Haus Nr. 24
Bauernhof, unverputztes Schlacken- und Ziegelmauerwerk, mit Flachsatteldach und Widerkehr, um Mitte 19. Jh.

KULBING
Haus Nr. 10
Bauernhof, Massivbau verputzt, mit Giebelbundwerk, Flachsatteldach und Widerkehr, bez. 1827/33.
Haus Nr. 12
Bauernhof, Massivbau verputzt, mit Giebelbundwerk, Flachsatteldach und Widerkehr, bez. 1838/39; alter Bauernhof (Vorgängerbau), malerischer Blockbau, 17. Jh.
Haus Nr. 18
Ehem. Weberhaus, Blockbau mit Flachsatteldach, zwei dekorierte Stuben, bez. 1674, kleine Schiebefenster; Getreidekasten, bez. 1711, im Stall.
Haus Nr. 20
Bauernhof, Blockbau, Stube gemauert, mit Giebelbundwerk, Flachsatteldach und Widerkehr, reiche Innenausstattung, 18. Jh.

LEOBENDORF
Bergstraße 14
Bauernhof, stattlich, mit unverputztem Schlackenmauerwerk und Ziegelgliederungen, um 1900.
St. Oswald Straße 17
Bauernhof, stattlicher Putzbau mit Schopfwalmdach und Widerkehr, um 1867.

LETTEN
Haus Nr. 5
Bauernhof, Blockbau, mit Steilsatteldach, ehem. mit Schopfwalm, 18. Jh.

MAYERHOFEN
Haus Nr. 33
Bauernhof, Obergeschoß in Blockbau mit bemerkenswertem Zierbundwerk, Flachsatteldach, Türstock bez. 1801.
Haus Nr. 35
Bauernhof, Erdgeschoß in Schlackenmauerwerk, Obergeschoß in Blockbau, 18. Jh. und Mitte 19. Jh.

MOOSHAM
Haus Nr. 40
Bauernhof, Obergeschoß in Blockbau mit Flachsatteldach, 18. Jh., Türgewände bez. 1834; Widerkehr mit Getreidekasten von 1711.
Haus Nr. 45
Bauernhof mit Steilsatteldach, Giebellaube und Giebelbundwerk, bez. 1844; Kruzifix, 19. Jh., im Garten.

NIEDERHEINING
Haus Nr. 3
Kleiner Bauernhof mit Flachsatteldach, biedermeierliche Haustür, bez. 1847.
Haus Nr. 5
Bauernhof, Obergeschoß in Blockbau, mit mittelsteilem Satteldach und Widerkehr, 18. Jh. und 1857.
Haus Nr. 6
Bauernhof, (Altbau), Blockbau, um 1740/50, Dachaufbau bez. 1929.
Steinkreuz
Steinkreuz, 16./17. Jh.; bei Haus Nr. 8.

NIEDERVILLERN
Römerweg 2
Handwerkerhaus, teilweise verputzter Blockbau, bez. 1828.
Römerweg 14
Kleiner Bauernhof, Blockbau, Teile massiv in Tuffmauerwerk, 17. bis 19. Jh.

OBERHEINING
Haus Nr. 57
Bauernhof, Blockbau, Stube gemauert, mit Flachsatteldach, 17./18. Jh.
Haus Nr. 61
Bauernhof, z.T. Schlackenmauerwerk, mit Steilsatteldach und Widerkehr, um 1822.

OSING
Kapelle
Kapelle St. Wolfgang, mit Giebelreiter, um 1860/70; südlich des Hofes.

RUDHOLZEN
Kapelle
Kapelle, offene Anlage, Ende 18./Anfang 19. Jh.

SCHRANKBAUM
Haus Nr. 1
Bauernhof, Obergeschoß in Blockbau mit Giebelbundwerk und Flachsatteldach, nach 1708 erbaut; Brunnenbecken, Rotmarmor, bez. 1794.

STEINBACH
Haus Nr. 29
Bauernhof, Obergeschoß in Blockbau, Schopfwalmdach, Giebellaube, 18. Jh.

STEINBACHL
Haus Nr. 2
Bauernhof, Blockbau, mit Flachsatteldach, durchgehender Laube und Taubenschlag, bez. 1696.

STÖGEN
Kapelle
Lourdes-Kapelle, Ende 19 Jh.
Haus Nr. 8
Bauernhof, unverputztes Schlackenmauerwerk mit Ziegelgliederungen, mit Flachsatteldach und Widerkehr, bez. 1877.
Haus Nr. 11
Bauernhof, Obergeschoß in Blockbau mit Giebelbundwerk und Flachsatteldach, bez. 1793; Getreidekasten, bez. 1547.

STRASS
Haus Nr. 4
Bauernhof, Obergeschoß in Blockbau, mit Giebelbundwerk, Flachsatteldach und Widerkehr, 18. Jh.; Getreidekasten, bez. 1728, im Stadel.
Haus Nr. 7
Bauernhof, Obergeschoß in Blockbau, mit Giebelbundwerk und Flachsatteldach, 17./18. Jh.

Haus Nr. 11
Malerischer Bauernhof, Blockbau mit Flachsatteldach und Austragsteil, Ende 17./18. Jh.
Brunnenhäusl
Brunnenhäusl, hölzerne Anlage, 18./19. Jh.

THANNBERG
Haus Nr. 52
Bauernhof, Obergeschoß in Blockbau, Flachsatteldach 1821, mit Widerkehr und Getreidekasten, 18./19. Jh.

THANNHAUSEN
Haus Nr. 70
Marienkapelle (Waldkapelle des Dandlerhofes), bez. 1701, Vorbau 20. Jh.; etwa 1 km südlich am Waldrand.

TRIEBENBACH
Haus Nr. 46
Bauernhof, Obergeschoß in Blockbau, Flachsatteldach und Widerkehr, im Kern 17. Jh.
Haus Nr. 48
Handwerkerhaus, Obergeschoß in Blockbau, Flachsatteldach, um 1700.
Haus Nr. 52
Bauernhof, Blockbau, Stube 1928 ausgemauert, wohl noch 17. Jh.
Haus Nr. 57
Bauernhof, unverputztes Tuff- und Ziegelmauerwerk, Flachsatteldach und Widerkehr, 1930/37.

WIEDMANNSFELDEN
Kapelle
Kapelle St. Maria, neugotisch, bez. 1875.

GEMEINDE PIDING

ALMEN
Kochalm
Kaser, Blockbau auf massivem Sockel, mit mittelsteilem Satteldach, 18./19. Jh.
Mairalm
Kaser, Blockbau mit mittelsteilem Satteldach, 18./19. Jh.
Steineralm
Steineralm, Blockbau mit mittelsteilem Schopfwalmdach, wohl 18. Jh., neuere Anbauten.

PIDING
Berchtesgadener Straße 18
Bauernhof, mit Flachsatteldach, im Kern 18. Jh.
Petersplatz 6
Ehem. Bauernhof, jetzt Bäckerei, im Kern 18. Jh., großes vorkragendes Steilsatteldach des 19. Jh.
Salzburger Straße 13
Bauernhof, mit Flachsatteldach und Widerkehr, im Kern 18. Jh.
Salzburger Straße 25
Ehem. Bauernhof, mit Flachsatteldach und Widerkehr, Tür- und Fenstergewände in Marmor, 18. Jh.
Bildstock
Bildstock, sog. Pestsäule, bez. 1707; nördlich des Ortes, Richtung Bichlbruck.

KLEINHÖGL
Haus Nr. 90
Bauernhof, mit Flachsatteldach und Widerkehr, über der Tür Fresko, 18. Jh.

MAUTHAUSEN
Bahnhofstraße
Bildstock, Nagelfluh-Pfeiler, 16./17. Jh.; im Anwesen Nr. 36 im Garten.
Reichenhaller Straße 3
Wohnhaus, ehem. Wegmacherhäuschen, mit Schopfwalmdach, wohl Anfang 19. Jh.
Reichenhaller Straße
Streilach-Kapelle, mit Schopfwalmdach, wohl 17. Jh.
Schloßweg 4
Bauernhof, ehem. Maierhof der Burg Staufeneck und Pflegerhaus, mit Flachsatteldach, bez. 1725 und 1777, prächtige Balkendecken, jetzt Restaurant.
Am Schloßweg
Reste eines ehem. Kalkofens beim Schloß Staufeneck; 18./19. Jh.
Untersberger Straße
Wegkapelle, neugotisch, mit Dachreiter, bez. 1908, mit Lourdes-Grotte.

GEMEINDE SAALDORF

SAALDORF
Kirchstraße 9
Gemälde der Hl. Familie im Giebel des Bauernhauses, 1. Hälfte 19. Jh.
Kirchstraße 14
Bauernhof, Blockbau, Erdgeschoß verputzt, Flachsatteldach und Widerkehr, 18. Jh.
Untere Straße 17
Türgewände und Sterntür an einem Bauernhaus, bez. 1804.
Untere Straße 20
Bauernhof, Putzbau mit Blockbaukniestock, Giebelbundwerk, bez. 1850.
Untere Straße 20
Zugehöriger Getreidekasten, bez. 1796; im Wirtschaftsteil.
Untere Straße
Kapelle St. Maria, 18./19. Jh.
Weiherstraße 2
Bauernhof, urtümlicher Blockbau mit Flachsatteldach, wohl 17. Jh., Dach bez. 1823.
Kapelle
Herz-Jesu-Kapelle, neugotisch, um 1900; im westlichen Ortsteil.

ABTSDORF
Haus Nr. 9
Türgewände und aufgedoppelte Haustür, bez. 1833.
Haus Nr. 11
Bauernhof, Obergeschoß in Blockbau, mit Flachsatteldach, 18. Jh.
Haus Nr. 12
Bauernhof, Massivbau verputzt, hölzerner Kniestock und Giebelbundwerk, bez. 1867, Flachsatteldach.
Haus Nr. 19
Bauernhof (Altbau), stattlicher malerischer Blockbau, bez. 1767, mit Flachsatteldach.
Haus Nr. 23
Bauernhof, Obergeschoß in Blockbau, mit Flachsatteldach und Giebelbundwerk, 18. Jh. und 1847.
Haus Nr. 27
Bauernhof, unverputztes Schlacken- und Tuffsteinmauerwerk, Flachsatteldach, Widerkehr, bez. 1844.
Bildstock
Bildstock, 16./17. Jh.; vor Haus Nr. 23.

SEEBICHL
Nr. 31
Bauernhof, mit Schopfwalmdach und Widerkehr, Ende 18. Jh.; zugehörig (100 m nördlich) Brechelbad mit Steilsatteldach, Blockbau mit gemauerter Feuerstätte, 18. Jh.

AU
Haus Nr. 2
Bauernhof, stattlicher Blockbau, mit Flachsatteldach und Widerkehr, bez. 1781.
Haus Nr. 3
Bauernhof, stattlicher Blockbau, bez. 1753, mit mittelsteilem Satteldach des 19. Jh.
Haus Nr. 5
Bauernhof, stattlicher Blockbau, Mitte 18. Jh., mit mittelsteilem Satteldach.
Haus Nr. 7
Bauernhof, Schlacken-, Nagelfluh- und Ziegelmauerwerk, bez. 1830 und 1872, mit mittelsteilem Satteldach; zugehöriger Getreidekasten, 17./18. Jh.

BERCHTOLDING
Kapelle
Wegkapelle, Ende 19. Jh.; an der Straße Abtsdorf-Saaldorf.
Kapelle
Wegkapelle, mit Zeltdach, wohl 18. Jh.; an der Straße nach Leustetten.

BERG
Haus Nr. 5
Bauernhof, stattlich, mit Putzbandgliederung, Flachsatteldach, bez. 1807.
Sühnekreuz
Steinernes Sühnekreuz, 16./17. Jh.; südlich von Nr. 5.

BRÜNNTHAL
Brechelhütte (nördlich des Weilers), mit Steilsatteldach und gemauerter Feuerstelle, 1. Hälfte 19. Jh.

DÖDERHOLZEN
Bildstock
Bildstock mit Blechbild des Hl. Antonius, Ende 18. Jh.; an der Straße nach Hausen.

GAUSBURG
Haus Nr. 21
Bauernhof, Blockbau des 17./18. Jh., Steilsatteldach, bez. 1885.

GERSPOINT
Haus Nr. 2
Bauernhof, Blockbau, bez. 1721, Satteldach erneuert.
Haus Nr. 3
Türgewände und Haustür an einem Bauernhaus, bez. 1846.
Haus Nr. 12
Kleines Wohnhaus, Blockbau, Küche ausgemauert, 17./18. Jh.
Haus Nr. 18
Bauernhof, altertümlicher Blockbau, z.T. verschalt, wohl 18. Jh., Dach bez. 1815.

GROSSGERSTETTEN
Haus Nr. 10
Bauernhof, Obergeschoß in Blockbau, mit Flachsatteldach und Widerkehr, wohl 2. Hälfte 18. Jh.
Haus Nr. 11
Bauernhof, im Kern Blockbau, verputzt, mit Putzgliederungen, mit Flachsatteldach und Widerkehr, bez. 1831.
Haus Nr. 16
Bauernhof, Blockbau, Stube ausgemauert, mit Flachsatteldach, bez. 1768.

HOLZHAUSEN
Haus Nr. 9
Zugehöriger Getreidekasten, 17./18. Jh.
Kapelle
Marienkapelle, wohl 1. Hälfte 19. Jh.; am Ortseingang.

KLEINGERSTETTEN
Haus Nr. 4
Bauernhof, Obergeschoß in Blockbau, Flachsatteldach und Widerkehr, bez. 1721.

LOH
Haus Nr. 15
Bauernhof, Blockbau, mit Flachsatteldach, angeblich 1752.

LEUSTETTEN
Haus Nr. 22
Bauernhof, zweigeschossiger Blockbau mit Flachsatteldach, 17./18. Jh.
Haus Nr. ...
Zugehöriger ehem. Getreidekasten, 18. Jh.; gegenüber Haus Nr. 17.

MOOSEN
Haus Nr. 8
Bauernhof, Erdgeschoß unverputztes Nagelfluhmauerwerk mit Ziegelgliederungen, bez. 1851, Obergeschoß in Blockbau mit Bundwerk, 17./18. Jh., mit Widerkehr.
Kreuz
Feldkreuz, 18. Jh.; an der Straße nach Holzhausen

NEUSILLERSDORF
Kapelle
Kapelle, neugotisch, mit Dachreiter, nach Mitte 19. Jh.; an der Straße nach Sillersdorf.
Bildstock
Bildstock, wohl 18. Jh., erneuert; an der Straße nach Freilassing.

RAGGING
Haus Nr. 6
Bauernhof, Backsteinbau auf Bruchsteinsockel, mit Flachsatteldach und Widerkehr, bez. 1843.
Haus Nr. 9
Bauernhof, Backsteinbau auf Bruchsteinsockel, stattlich, mit Halbwalmdach, bez. 1837/42.

REIT
Haus Nr. 7
Bauernhof, Blockbau, mit Flachsatteldach und Widerkehr, bez. 1746; zu Nr. 7 gehörig.

SCHIGN
Haus Nr. 20
Ehem. Bauernhof, unverputztes Tuffsteinmauerwerk mit Ziegelgliederungen, Flachsatteldach, Giebelbundwerk bez. 1843, Giebellaube bez. 1855.

SEETHAL
Haus Nr. 31
Bauernhof (Fischer), stattlich mit vorstehendem Steilsatteldach, ehem. wohl mit Schopf, um 1800, Widerkehr mit Krüppelwalmdach; westlich Stadel mit eingebautem Getreidekasten, 18. Jh.

SILLERSDORF
Schornfeldstraße 1
Türgewände und Haustür an einem Bauernhaus, bez. 1867; Getreidekasten, 17./18 Jh.
Schornfeldstraße 2
Bauernhof, Putzrustikasockel, Giebellaube, Flachsatteldach, Widerkehr, Mitte 19. Jh., im Kern älter; Dach bez. 1904.
Kapelle
Kapelle, Ende 19. Jh.; am nördlichen Ortsende.

SPITZ
Haus Nr. 1
Getreidekasten, bez. 1765.

STEINBRÜNNING
Haus Nr. 10
Türgewände und Haustür an einem Bauernhaus, bez. 1872.
Haus Nr. 49
Bauernhof, Schlacken- und Bruchsteinmauerwerk mit Ziegelgliederungen, Flachsatteldach, bez. 1844.

STÜTZING
Haus Nr. 6
Bauernhof, Blockbau, 17./18. Jh., Flachsatteldach, bez. 1843.

SURHEIM
Haus Nr. 26
Türgewände und Haustür an einem Bauernhaus, bez. 1838; zugehöriger Getreidekasten, 1721.
Haus Nr. 27
Bauernhof, stattlich, mit Putzgliederungen und Schopfwalmdach, Pfette bez. 1831.
Kapelle
Kapelle Maria Hilf, wohl 18. Jh.; westlich des nördlichen Ortsteils.

MARKT TEISENDORF

TEISENDORF
Alte Reichenhaller Straße 2
Ehem. Bauernhof, mit Flachsatteldach, 17./18. Jh., Putzdekor 1929.
Alte Reichenhaller Straße 3
Ehem. Bauernhof, stattliche Anlage mit Schopfwalmdach und Widerkehr, bez. 1639, 1706 und 1787.
Bahnhofstraße 32
Bauernhof, mit Flachsatteldach, marmornes Rundbogentürgewände, geschnitzte Tür, 1. Hälfte 19. Jh.

BABING
Haus Nr. 3
Zugehöriger Traidkasten mit reicher Ornamentierung, bez. 1562 (1882?).
Haus Nr. 3
Bauernhof, unverputzter Tuffsteinquaderbau mit Widerkehr und Flachsatteldächern, Türgewände bez. 1801, Sterntür bez. 1833.
Haus Nr. 5
Zugehöriger Getreidekasten, Blockbau, bez. 1672.
Haus Nr. 6
Wohnteil eines ehem. Bauernhofes, offener zweigeschossiger Blockbau mit Flachsatteldach, bez. 1632; Reste von Bemalungen des 17. Jh., altertümliche nachgotische Fenster.

BACH
Haus Nr. 1
Bauernhof, Obergeschoß verputzter Blockbau, wohl 18. Jh., Dach 20. Jh.

BRAUNSREUT
Haus Nr. 1
Bauernhof, Blockbau, Stube ausgemauert, Flachsatteldach und Widerkehr, 18. Jh.

DOPPELN
Haus Nr. 1
Bauernhof, Obergeschoß in Blockbau, Flachsatteldach, bez. 1728.

EGELHAM
Kapelle
Kapelle St. Anna, Ende 19. Jh.
Haus Nr. 2
Bauernhof, Blockbau-Kniestock und Flachsatteldach, Giebelbundwerk; First bez. 1836, Türgewände bez. 1853.

EICHHAM
Haus Nr. 7
Bauernhof, Dreiseitanlage; Wohnhaus in unverputztem Tuffsteinmauerwerk, mit Flachsatteldach, Sandsteinportal bez. 1805; Zuhaus, um Mitte 19. Jh.
Haus Nr. 13
Bauernhof (Stöberl), zweigeschossiger Blockbau mit Flachsatteldach, 17./18. Jh.

ENGLHAM
Haus Nr. 4
Bauernhof, mit Flachsatteldach, unverputztem Tuffsteinmauerwerk und Kniestock, am Türgewände bez. 1857.

FREIDLING
Kapelle
Wegkapelle, 2. Hälfte 18. Jh.; an der Straße nach Teisendorf.
Feldkreuz
Feldkreuz, Stein, Anfang 19. Jh.; neben der Kapelle.
Haus Nr. 2
Bauernhof, unverputztes Bruchsteinmauerwerk, Flachsatteldach, Giebelbundwerk, bez. 1830.
Haus Nr. 7
Bauernhof, ehem. in Schlackenmauerwerk, modern verputzt, mit Flachsatteldach, Giebellaube und Giebelbundwerk, Anfang 19. Jh.
Haus Nr. 8
Kleinbauernhof, Blockbau, bez. 1777, Flachsatteldach über Kniestock, bez. 1859, originelle Laube mit ausgesägten Löwen.

GRIESACKER
Griesackerweg 2
Bauernhof, Obergeschoß in Blockbau, Flachsatteldach, 18. Jh.
Griesackerweg 3
Bauernhof, Obergeschoß in Blockbau, verputzt, Giebelbundwerk bez. 1796, Flachsatteldach; Getreidekasten, zweigeschossiger Blockbau, 1639.

GRUB
Haus Nr. 1
Bauernhof, stattlich, mit Schopfwalmdach und Giebelbundwerk, bemalt und bez. 1842.

GSCHWEND
Haus Nr. 5
Bauernhof (Altbau), Obergeschoß in Blockbau, mit Giebelbundwerk, Flachsatteldach, wohl Ende 18. Jh.
Kapelle
Kapelle, 19. Jh.; an der Straße nach Neukirchen.

GUMPERTING
Haus Nr. 21
Bauernhof, Obergeschoß verputzter Blockbau, Flachsatteldach, Pfetten mit Resten von Bemalung, Ende 18. Jh.

HAAG
Haus Nr. 1
Bauernhof (Altbau), zweigeschossiger Blockbau, Flachsatteldach, Erdgeschoß 17. Jh., Obergeschoß bez. 1818 (Stallteil abgebrochen); Hofkapelle, bez. 1923.

481

HAUSMONING
Haus Nr. 17
Bauernhof, unverputzter Bruchsteinmauerbau mit Flachsatteldach über Kniestock, Giebelbundwerk, Türgewände bez. 1874. Zugehöriger Getreidekasten, bez. 1705, Dach erneuert und neu aufgestellt.
Haus Nr. 71
Bauernhof, eingeschossig, Blockbau, verputzt, Flachsatteldach, Türstock bez. 1809.

HINTERECK
Haus Nr. 1
Bauernhof, 1. Hälfte 19. Jh.

HOCHHORN
Haus Nr. 1
Bauernhof, stattlich, mit Schopfwalmdach, Obergeschoß mit steinernen Fenstergewänden, 2. Hälfte 18. Jh., oberer Teil des Giebels und Dach 1977 erneuert.

HÖRAFING
Staufenstraße 11
Zugehöriger Getreidekasten, erdgeschossiger Blockbau, bez. 1555.
Flur-Nr. 2872
Blockbau, wohl ehem. Traidkasten, bez. 1625, moderne Aufstellung 1979; nordöstlich des Ortes am Südrand des Waldes.

HÖRBERING
Haus Nr. 1
Bauernhof, Obergeschoß in Blockbau, Türgewände bez. 1648, Steilsatteldach modern.
Kapelle
Kapelle, bez. 1867.

HOF
Haus Nr. 4
Bauernhof, Obergeschoß in Blockbau, Flachsatteldach, Widerkehr, 18. Jh.

HOLZHAUSEN BEI TEISENDORF
Haus Nr. 9
Bauernhof, unverputztes Bruchsteinmauerwerk, mit steilem Dach (ehem. mit Krüppelwalm) und Widerkehr, Türgewände bez. 1808.
Haus Nr. 13
Bauernhof mit Widerkehr und Flachsatteldächern, Erdgeschoß wohl 1729, Obergeschoß mit Giebelbundwerk, bez. 1848.
Haus Nr. 42
Bauernhof, mit Flachsatteldach und Giebelbundwerk, wohl Anfang 19. Jh., marmorner Türstock bez. 1735, Tür bez. 1843.
Haus Nr. 44
Bauernhof, mit mittelsteilem Dach und Widerkehr, um 1800, Marienfresko am Giebel bez. 1813, Türgewände bez. 1873.

HUB
Haus Nr. 6
Schmiede, origineller Bau mit massivem Untergeschoß mit Werkstatt, von Lauben umgebenes Blockbau-Obergeschoß, modern überputzt, ehemals bez. 1667; zweites Obergeschoß 1930 aufgesetzt, historische Ausstattung, u. a. Amboß, bez. 1767.
Haus Nr. 7
Bauernhof, unverputztes Bruchsteinmauerwerk, Flachsatteldach über hölzernem Kniestock, bez. 1830, Sandsteintürgewände, bez. 1920.
Haus Nr. 12
Zuhaus zur Schmiede, kleiner Blockbau mit Flachsatteldach, wohl 18. Jh.
Haus Nr. 13
Bauernhof, mit Flachsatteldach, Sandsteintürgewände bez. 1817.

HUBMÜHLE
Haus Nr. 1
Hubmühle, stattlicher zweigeschossiger Bau mit Schopfwalmdach und Lauben, 1. Hälfte 19. Jh.

HUNKLING
Haus Nr. 7
Zugehöriger Getreidekasten, jetzt Hühnerstall, wohl 17. Jh.; Getreidekasten, bez. 1727, in der Widerkehr.

KALTENBACH
Haus Nr. 1
Bauernhof, mit Flachsatteldach, unverputztes Tuffsteinmauerwerk, Türwände bez. 1794; Getreidekasten, Blockbau, 18. Jh.

KENDL
Haus Nr. 1
Zugehöriges Zuhaus, mit Flachsatteldach, 18./frühes 19. Jh.
Haus Nr. 3
Bauernhof, Obergeschoß in Blockbau, kurzer Stadelteil, Flachsatteldach, 18. Jh.

KLÖTZEL
Haus Nr. 9
Bauernhof, Obergeschoß in Blockbau, Flachsatteldach, 18. Jh.

KOTHBRÜNNING
Haus Nr. 13
Bauernhof, mit Kniestock und Giebellauben, mit Widerkehr, bez. 1843.
Haus Nr. 26
Bauernhof, mit Flachsatteldach und Kniestock, Erdgeschoß 17./18. Jh., Obergeschoß 19. Jh.

KUMPFMÜHLE (ehem. Gemeinde Oberteisendorf)
Neukircher Straße 8
Bauernhof, Obergeschoß in Blockbau mit Flachsatteldach, 18. Jh.

LACKEN
Haus Nr. 8
Bauernhof, Obergeschoß in Blockbau mit Kniestock und Flachsatteldach, 18./Anfang 19. Jh.

LAIMING
Haus Nr. 1
Bauernhof, Obergeschoß in Blockbau, 18. Jh. und 1813, Dach erneuert; ehem. Getreidekasten, jetzt Hühnerstall, bez. 1612.
Kapelle
Kapelle, mit Dachreiter, 19. Jh.; östlich des Hofes.

LINDEN
Martersäule
Martersäule, Sandstein, bez. 1621; an der Straße nach Teisendorf.

LOCH
Haus Nr. 2
Alter Bauernhof der Lochmühle, Obergeschoß in Blockbau, bez. 1681, Flachsatteldach 19. Jh., Widerkehr.
Kapelle
Hofkapelle, 19. Jh.

LOHSTAMPF
Haus Nr. 1
Bauernhof, Obergeschoß in Blockbau, Giebelbundwerk, 17./18. Jh.

LOHWIESEN
Haus Nr. 1
Bauernhof, mit Widerkehr und Flachsatteldächern, Wohnteil mit Putzbandgliederung, Türwände und Haustür bez. 1847.

MAUERREUTEN
Haus Nr. 1
Bauernhof, unverputztes Tuffstein- und Schlackenmauerwerk, Flachsatteldach über Kniestock, um Mitte 19. Jh.

MÜHWALTEN
Haus Nr. 2
Bauernhof, Obergeschoß in Blockbau, Flachsatteldach, 18./Anfang 19. Jh.

NEUKIRCHEN A. TEISENBERG
Schwarzenberger Weg 7
Bauernhof, Obergeschoß in Blockbau, Flachsatteldach, 18. Jh.
Mühle
Lochmühle, um 1680. Stattlicher Salzburger Flachgauhof, Erdgeschoß massiv gemauert, Obergeschoß Blockbau.

NEULEND
Figurengruppe
Kreuzigungsgruppe über gemauertem Sockel, Figuren in Achthaler Eisenguß, wohl um 1900; an der Straße nach Weildorf, 300 m nördlich des Weilers; Gedenkbretterstätte.

NIEDERREIT
Haus Nr. 49
Bauernhof, Obergeschoß in Blockbau, Flachsatteldach, wohl 17. Jh., mit Widerkehr unter Schleppdach, Türgewände bez. 1715. Zugehöriger Stadel mit zweigeschossigem Getreidekasten, bez. 1713.

OBERNDORF
Haus Nr. 10
Bauernhof, mit Flachsatteldach, Obergeschoß in Blockbau, bez. 1644, mit Giebelbundwerk, bez. 1828, mit Widerkehr; zugehöriger Getreidekasten, Blockbau, bez. 1792.

OBERREIT
Kapelle
Kapelle, wohl 1895 erneuert, im Kern älter.
Haus Nr. 4
Bauernhof, mit Flachsatteldach, Türgewände bez. 1824.
Haus Nr. 5
Bauernhof, Obergeschoß in Blockbau, Ende 17. Jh., Steilsatteldach 1933/34. Getreidekasten, bez. 1793; im Stadel.
Haus Nr. 10
Bauernhof, Obergeschoß in Blockbau, Flachsatteldach und Giebelbundwerk, 18. Jh.

OBERREUT
Haus Nr. 1
Bauernhof, mit Flachsatteldach, unverputztes Schlackenmauerwerk, Widerkehr, Giebellaube, Giebelbundwerk, um Mitte 19. Jh.

OBERSTETTEN
Haus Nr. 10
Bauernhof, unverputztes Bruchsteinmauerwerk, Giebelbundwerk, bez. 1851, Flachsatteldach und Widerkehr.
Haus Nr. 13
Bauernhof, Obergeschoß in Blockbau 18. Jh., Widerkehr und Bundwerk 20. Jh., Dach 1952 erneuert.
Kapelle
Kapelle, neugotisch, 2. Hälfte 19. Jh.; südlich des Ortes.

OBERTEISENDORF
Dorfstraße 4
Bauernhof, Obergeschoß in Blockbau bez. 1782, massives Erdgeschoß wohl älter, Flachsatteldach.
Dorfstraße 16
Bauernhof, erdgeschossiger Blockbau mit Halbstock, 17. Jh., Dachaufbau 19. Jh.
Dorfstraße 24
Bauernhof, Obergeschoß in Blockbau mit Giebellaube, wohl 18. Jh., Dachaufbau 1952 erneuert.
Dorfstraße 31
Bauernhof, Obergeschoß in Blockbau, Stubenteil im Erdgeschoß vorgezogen, 17./18. Jh.
Dorfstraße 36
Bauernhof, Schlackenmauerwerk mit Ziegelgliederungen, Flachsatteldach und Widerkehr, Türgewände bez. 1866.
Freilassinger Straße 1
Handwerkerhaus, Obergeschoß in Blockbau, mit Kniestock und Giebelbundwerk, First bez. 1833.
Freilassinger Straße 5
Bauernhof, unverputztes Bruchsteinmauerwerk mit Sandstein-Eckquadern, Flachsatteldach, Giebelbundwerk bez. 1846.
Holzhauser Straße 5
Bauernhof, Obergeschoß in Blockbau, Flachsatteldach, Widerkehr, 18. Jh.
Thumbergweg 15
Bauernhaus, Obergeschoß in Blockbau, 18. Jh.
Traunsteiner Straße 1
Gasthaus Hofwirt, stattlicher Bau mit Flachsatteldach, mit Rotmarmorportal, 1. Hälfte 19. Jh.

OED
Haus Nr. 5
Bauernhof, mit hohem Schopfwalmdach und Widerkehr, Giebelbundwerk, über der Tür Fresko; um 1800.

OFFENWANG
Haus Nr. 5
Bauernhof, mit Flachsatteldach, unverputztes Tuffsteinmauerwerk, Widerkehr, Türgewände bez. 1853.
Haus Nr. 6
Bauernhof, mit Flachsatteldach, unverputztes Tuffsteinmauerwerk, Widerkehr, Türgewände bez. 1863.
Haus Nr. 9
Bauernhof, zweigeschossiger Blockbau mit Flachsatteldach und Laube, 17./18. Jh. (Altbau zu nachfolgendem Hof, Haus Nr. 18).
Haus Nr. 18
Bauernhof, mit Flachsatteldach und Widerkehr, Giebellaube, Giebelbundwerk, Laube mit Aussägearbeiten, 18./frühes 19. Jh.
Haus Nr. 20
Bauernhof, mit Flachsatteldach auf Blockbau-Kniestock, Erdgeschoß 17. Jh., Widerkehr, Giebelbundwerk bez. 1824.
Kruzifix
Wegkruzifix, auf eisernem Sockel, um Mitte 19. Jh.; an der Straße nach Eglham.

OSTERLOH
Haus Nr. 1
Bauernhof, mit Flachsatteldach, bez. 1789.

PANK
Kapelle
Kapelle mit Zeltdach, 19. Jh.; an der Straße nach Anger.
Haus Nr. 2
Bauernhof, mit Flachsatteldach und Giebelbundwerk, bez. 1827, Sandsteintürgewände bez. 1849. Getreidekasten, Obergeschoß in Blockbau, 18. Jh.; im Stadel.
Haus Nr. 3
Zugehöriger Getreidekasten, nur Obergeschoß erhalten, 17. Jh.; im Stadel.

PARADIES
Haus Nr. 1
Bauernhof, ehem. mit Schopfwalm, Massivbau, mit barocken Putzgliederungen und Hausfigur, um 1800.

PATTING
Birkenweg 3
Bauernhof, unverputztes Bruchsteinmauerwerk mit Ziegelgliederungen, Flachsatteldach, bez. 1856.
Birkenweg 5
Bauernhof, unverputztes Schlackenmauerwerk mit Ziegelgliederungen, Flachsatteldach, zwei Giebellauben, Widerkehr, bez. 1887.
Dorfstraße 5
Bauernhof, stattlicher Putzbau, Flachsatteldach, Giebellaube, Widerkehr, bez. 1842.
Dorfstraße 16
Bauernhof, unverputztes Bruchsteinmauerwerk, Flachsatteldach, Widerkehr, 2. Hälfte 19. Jh.

POINT
Haus Nr. 2
Kleiner Bauernhof mit Flachsatteldach, auf Hügel gelegen, bez. 1828.

POM
Haus Nr. 4
Kleiner altertümlicher Bauernhof, Obergeschoß in Blockbau, Flachsatteldach, marmorner Türstock, 17. Jh.
Kapelle
Kapelle mit Zeltdach, 18./19. Jh.; östlich am Bach.

PUNSCHERN
Haus Nr. 34
Bauernhof, mit Flachsatteldach, Fenster- und Türgewände in Sandstein, bez. 1797.
Kapelle
Kapelle, Zeltdach, wohl 18. Jh.

RAMSTETTEN
Haus Nr. 2
Bauernhof, zweigeschossiger Blockbau, Flachsatteldach am First bez. 1821, Erdgeschoß, wesentlich älter, wohl 16. Jh.

REIT AM BERG
Haus Nr. 1
Bauernhof, Obergeschoß in Blockbau, Flachsatteldach, steinerne Fenster- und Türgewände, im Kern wohl 17. Jh., Vortreppe bez. 1720.

SCHNAITT
Haus Nr. 1
Bauernhof, Obergeschoß in Blockbau, Giebelbundwerk, steinerne Tür- und Fenstergewände, modern bez. 1791, im Kern wohl älter.

SCHNELLING
Haus Nr. 7
Zugehörig Stadel mit eingebautem Getreidekasten, 17./18. Jh.

SEELEITEN
Haus Nr. 6
Bauernhof, unverputztes Bruchsteinmauerwerk mit Flachsatteldach, Blockbau-Kniestock und Giebelbundwerk, Türbogen bez. 1687, Dach bez. 1793, Widerkehr 19. Jh.

SOLLING
Haus Nr. 10
Bauernhof, Obergeschoß in Blockbau, mit Widerkehr, 17./18. Jh., Flachsatteldach 1912; Getreidekasten, 17. Jh. und 1718; Reste eines Holzbaus von 1608.

SPITTENREUTH
Haus Nr. 1
Bauernhof, stattlich, mit Schopfwalmdach, bez. 1845, Änderungen um 1873.

SPRUNG
Marterl
Marterl, Stein, datiert 1655, gesetzt für zwei Edelleute, die hier im Kampf gefallen sein sollen.

STADL
Haus Nr. 1
Zugehöriges Zuhaus, Obergeschoß in Blockbau, 18. Jh.

STARZ
Haus Nr. 3
Bauernhof, Obergeschoß in Blockbau, Flachsatteldach, 17. Jh.

STOCKACH
Haus Nr. 1
Bauernhof, Gang und Küche gewölbt, 17./18. Jh., Giebellaube.

STÖTTEN
Haus Nr. 22
Bauernhof, mit Flachsatteldach und Blockbau-Kniestock, Giebelbundwerk bez. 1829, Erdgeschoß älter; Widerkehr.

STRUSSBERG
Haus Nr. 3
Bauernhof, Obergeschoß in Blockbau, 18. Jh., Dachaufbau 19. Jh.
Kapelle
Kleine Kapelle, 19. Jh.

SURMÜHL
Haus Nr. 3
Wohnhaus der Mühle, Flachsatteldach, wohl 18. Jh.

THALHAUSEN
Haus Nr. 4
Bauernhof, Obergeschoß in Blockbau, Giebelbundwerk bez. 1803; Getreidekasten, jetzt Hühnerstall, bez. 1561.
Haus Nr. 5
Bauernhof, Obergeschoß in Blockbau verputzt, Flachsatteldach, 18. Jh.; Nebengebäude, Schmiede, 18. Jh.
Haus Nr. 7
Bauernhof, Obergeschoß in Blockbau, Giebelbundwerk bez. 1767.

THUMBERG
Haus Nr. 6
Bauernhof, mit Flachsatteldach über Kniestock, mit Widerkehr, 17. Jh., Ausbauten im 19. Jh.
Haus Nr. 8
Bauernhof, unverputztes Sandsteinmauerwerk mit Ziegelgliederungen, mit Flachsatteldach, bez. 1866.
Haus Nr. 12
Zugehöriger Getreidekasten, bez. 1592 (1979 aus Offenwang transferiert).
Kapelle
Kapelle St. Maria, mit Dachreiter, 1926.

UFERING
Haus Nr. 26
Bauernhof mit Widerkehr, Flachsatteldach, verputztes Mauerwerk, rundbogiges Portal mit Sterntür, Mitte 19. Jh.
Haus Nr. 27
Bauernhof mit doppelter Widerkehr, 1937 wiedererrichtet in alter Form, Firstpfette vom Vorgängerbau bez. 1709, am Stadelteil Bundwerk, unverputztes Bruchsteinmauerwerk.
Haus Nr. 32
Bauernhof mit Widerkehr, Flachsatteldach, unverputztes Bruchsteinmauerwerk, Sandsteintürgewände bez. 1913.

UNTERHOLZEN
Haus Nr. 3
Bauernhof, unverputztes Bruchsteinmauerwerk, mit Flachsatteldach und Blockbau-Kniestock, Laube und Giebelbundwerk bez. 1838, Türgewände bez. 1846; Widerkehr.

VORDERKAPELL
Haus Nr. 3
Bauernhof, Obergeschoß in Blockbau. 18 Jh.

WALD
Haus Nr. 1
Bauernhof, jetzt Zuhaus, Blockbau, mit Flachsatteldach und Widerkehr, 17./18. Jh.; in den Wohnteil eingebauter zweigeschossiger Getreidekasten, 18. Jh., letzte vollständig erhaltene offene Feuerstelle im Rupertiwinkel.

WANK
Haus Nr. 1
Bauernhof, Obergeschoß in Blockbau, 18. Jh., Flachsatteldach modern; zugehöriger Stadel, ehemals Bauernhaus, Blockbau, mit Rauchküche ohne Kamin, 17./18. Jh. (alte Haus Nr. 59).

WANNERSDORF
Haus Nr. 1
Bauernhof, stattlicher Bau mit Schopfwalmdach und Giebellaube, Türgewände bez. 1846.
Haus Nr. 3
Zugehöriger Getreidekasten, Blockbau mit Ornamentschnitzerei und Bemalung, bez. 1550; überbaut durch Stadel.
Brechelhütte
Brechelhütte (Brechelbad), gemauert, mit zwei Heizkammern und Vordach, wohl 1. Hälfte 19. Jh.; 200 m südlich des Weilers an der Straße, zu Nr. 1 und 3 gemeinschaftlich gehörig.

WEILDORF
Hauptstraße 4
Bauernhof, Massivbau mit Flachsatteldach auf Kniestock, mit Widerkehr, mit Putzgliederungen, Tür- und Fenstergewände in Sandstein, First bez. 1825, Tür bez. 1844.
Hauptstraße 17
Bauernhof, Tuffsteinmauerwerk, mit Flachsatteldach über Blockbau-Kniestock, Giebelbundwerk, Widerkehr; First bez. 1825, Türgewände bez. 1849, Dachaufbau 1977 erneuert.
Kirchweg 4
Bauernhof, Massivbau, mit Flachsatteldach auf Kniestock, mit Widerkehr, Tür- und Fenstergewände in Sandstein, Tür bez. 1844, First bez. 1825.
Kapelle
Kapelle, neugotisch, mit Lourdes-Grotte, bez. 1901; am nordwestlichen Ortsrand.
Kapelle
Wegkapelle mit Zeltdach, wohl 18. Jh.; am nordwestlichen Ortsrand an der Straße nach Sötten.

WERNERSBICHL
Haus Nr. 1
Zugehöriger Bauernhof (Altbau neben dem Neubau von 1895), Obergeschoß Blockbau, vorstehendes Steilsatteldach (ehemals mit Krüppelwalm), marmorne Tür- und Fensterstöcke, Reste von Sgraffito-Ornamentik; 17. Jh.

WETZELSBERG
Haus Nr. 1
Bauernhof, mit Flachsatteldach, 18. Jh.

WILDBERG
Haus Nr. 1
Bauernhof, Obergeschoß in Blockbau, bez. 1790, Flachsatteldach, Mitte 19. Jh., Widerkehr; Stadel, 18./Anfang 19. Jh.

WIMMERN
Haus Nr. 7
Bauernhof, unverputzter Bruchsteinbau mit Flachsatteldach und Giebelbundwerk, steinernes Türgewände, bez. 1842.

Haus Nr. 10
Zugehöriges Steinkreuz, 16. Jh.; an der Einfriedungsmauer.

Haus Nr. 11
Bauernhof, mit Flachsatteldach, Giebelbundwerk, bez. 1838, und Giebellaube mit reich bemalten Aussägearbeiten, um Mitte 19. Jh.

Haus Nr. 13
Bauernhof, Obergeschoß verputzter Blockbau mit Hochlaube und Giebelbundwerk, Widerkehr, Flachsatteldächer, bez. 1839.

Haus Nr. 20
Zugehöriger Getreidekasten, erdgeschossiger Blockbau, wohl 18. Jh.

Haus Nr. 22
Bauernhof, Blockbau mit Flachsatteldach, angeblich ehem. am First bez. 1515, Erdgeschoß um Mitte 19. Jh., mit massivem Mauerwerk erneuert.

Brechhütte
Brechhütte (Brechelbad), wohl 18. Jh.; südlich außerhalb des Ortes.

WOLFHAUSEN
Haus Nr. 3
Bauernhof mit Schopfwalmdach und Widerkehr, bez 1861.

Teil III
Gemeinde Schneizlreuth

ALMEN
Anthauptenalm
2 Kaser, Blockbauten, im Lattengebirge, 1240 m Höhe.
Bichleralm
Kaser, Blockbau auf Steinsockel, um 1750; westlich von Weißbach am Schwarzachen, ca. 900 m Höhe.
Dalsenalm
Kaser, Blockbau; im Lattengebirge, 1194 m Höhe.
Haarbacheralm
Kaser, Blockbau, bez. 1882; westlich von Weißbach am Schwarzachen, ca. 825 m Höhe.
Moosenalm
Untergreinswieserkaser, Rundumkaser, Blockbau, 17./18. Jh.; im Lattengebirge, 1408 m Höhe.
Pichleralm
»Kaserl«, verputzter Steinbau mit Kniestock und Giebeldreieck in Blockbau, überwölbter Erdkeller, Wohnspeicherteil einer ehem. Zwiehofanlage, wohl 18. Jh. Daneben ehem. Stallteil, 1949 mit angebautem Wohnteil versehen und modernisiert, ca. 900 m Höhe.

Schlegelalmen
Kaser auf der Unteren Schlegelalm, Blockbau, im Lattengebirge, ca. 1400 m Höhe.
Schwarzbachalmen
Schwarzbachalmen, 7 Kaser, meist Blockbauten, 18./19. Jh.; östlich unter der Reiteralpe im Schwarzbachtal, ca. 700 m Höhe.
Sellarnalmen
1 Kaser in Steinbau, bez. 1725; 1 Kaser in Blockbau, südlich vom Ristfeuchthorn, 1124 m Höhe.
Steinbachalmen
1 Kaser in Steinbau; 2 Kaser in Blockbau; südwestlich vom Ristfeuchthorn, ca. 900 m Höhe.

SCHNEIZLREUTH
Kapelle
Hofkapelle, mit Schopfwalmdach und Dachreiter, 2. Hälfte 19. Jh.; beim Gasthaus Post.

Haus Nr. 2
Pfarrbauerngut, Einhof, Massivbau, 1541 erbaut, 1697/98 erneuert, mehrfach gestalterisch überformt, Tür- und Fenstergewände in Rotmarmor, Legschindeldach; Zuhaus, zweigeschossig, mit Schopfwalmdach, wohl 1. Hälfte 19. Jh.

BAUMGARTEN
Kapelle
Hofkapelle des Lugerbauern, wohl 19. Jh.; westlich des Gasthauses an der Saalach.

JOCHBERG
Haus Nr. 10
Bauernhof, Einhof, Massivbau, verputzt, mit Flachsatteldach, bemalte Firstpfetten, um 1770/90.
Haus Nr. 60
Bauernhof, Einhof, Massivbau, verputzt, mit Flachsatteldach, bemalte Giebelpfetten, bez. 1775.

JOCHBERG

Haus Nr. 70
Bauernhof, Einhof, Massivbau, verputzt, mit Flachsatteldach, geschweifte, bemalte Giebelpfetten, bez. 1784.

OBERJETTENBERG

Haus Nr. 4
Bauernhof, Massivbau, Flachsatteldach, 18./19. Jh.; bildet mit Haus Nr. 5 und den zugehörigen Wirtschaftsgebäude eine exponiert auf einem Hügel liegende Baugruppe.

Haus Nr. 5
Bauernhof, Massivbau, Flachsatteldach, 18./19. Jh.; – vgl. Nr. 4.

Kapelle
Kapelle St. Maria, mit Dachreiter, bez. 1903; in Oberjettenberg.

Hütte
Ehem. Brechelbad, 18./19. Jh.; südlich unterhalb Oberjettenberg am Waldrand.

Kapelle
Wegkapelle, 2. Hälfte 18. Jh.; südöstlich unterhalb Oberjettenberg.

Kapelle
Wegkapelle, mit Schopfwalmdach und Dachreiter, wohl 18. Jh.; beim ehem. Soderbauern, jetzt Militärgelände.

Haus Nr. 6
Haidermühle, massiver Bau, mit Flachsatteldach, 18./19. Jh.

RISTFEUCHT

Haus Nr. 4
Bauernhof, Einhof, Obergeschoß in Blockbau, Flachsatteldach, Laube, 17./18. Jh.

Haus Nr. 5
Lenzenbauernhof, Einhof, Legschindeldach, First bez. 1775, Erdgeschoß wohl älter, barocker Freskenzyklus, prächtige Lauben mit bemalten Laubenkonsolen.

Haus Nr. 8
Bauernhof, Einhof, Tür- und Fenstergewände in Rotmarmor bez. 1614, Obergeschoß später, Flachsatteldach.

UNTERJETTENBERG

Berchtesgadener Straße 37
Bauernhof, Putzbau mit Schopfwalmdach, hölzerner Türstock bez. 1815.

Haus Nr. 21
Kapelle St. Maria, mit Dachreiter, wohl 16. Jh.

Haus Nr. 25
Bauernhof, mit Türgewände in Werkstein, Wandmalereien, Giebellaube, bemalte Pfettenköpfe, bez. 1827.

Haus Nr. 26
Bauernhof, Massivbau, verputzt, mit Eckrustizierungen und hölzerner Laube, Stallteil z.T. in Blockbau.

Haus Nr. 27
Bauernhof, Obergeschoß verputzter Blockbau, 18./19. Jh.

WEISSBACH A. D. ALPENSTRASSE

Geislerweg 10
Bauernhof, Erdgeschoß 18. Jh., um 1870 aufgestockt; Getreidekasten, erdgeschossiger, ehem. zweigeschossiger Blockbau, angeblich 1751.

Gruberweg 9
Bauernhof, Massivbau, mit Legschindeldach, barocke Fresken, wohl 1751, später übermalt, Haustür bez. 1751; Nebengebäude, Obergeschoß in Blockbau, wohl 18. Jh; Backhäuschen, mittelsteiles Schopfwalmdach mit neuer Scharschindeldeckung, Mitte 18. Jh.

Schutzwürdige bäuerliche Bauten aus dem Landkreis Berchtesgadener Land in Freilichtmuseen des Bezirks Oberbayern

Freilichtmuseum an der Glentleiten bei Großweil

Sollngütl aus Berchtesgaden, Königsseerstraße, bäuerliches Kleinanwesen, 18. Jh., Erdgeschoß gemauert, Obergeschoß Blockbau.

Zehentstadel aus Saaldorf
2-geschossiger Stadel mit steilem Dach, 18./19. Jh., Wände in Ständerbau, zum Teil Blockbau.

Technisches Nebengebäude aus Unterlandtal,
Gemeinde Ramsau, mit ehemaliger Drechslerwerkstatt und Mühle, 18./19. Jh., Erdgeschoß Blockbau, Obergeschoß später in Ständerbau aufgesetzt.

Mordau-Alm aus der Gemeinde Ramsau,
18./19. Jh., Rundumkaser, Spätform, in Rundholzblockbau.

Mitterkaser aus der Gemeinde Schönau am Königssee, 18./19. Jh., Doppelkaser in Kantholzblockbau.

Stadel des Möslerlehens aus der Gemeinde Ramsau
Wirtschaftsgebäude einer Zwiehofanlage, 18./19. Jh., Erdgeschoß (Stall) gemauert, Obergeschoß (Scheune) Rundholzblockbau.

Feldkasten des Möslerlehens, datiert 159? Erdgeschoß Blockbau, Obergeschoß (19. Jh.), Ständerbau.

Freilichtmuseum Amerang

Salzburger Flachgauhof aus Schnapping, Stadtgemeinde Laufen, 2-geschossiges Wohnhaus in Blockbau, 17./18. Jh., Wirtschaftsteil ergänzt.

Salzburger Flachgauhof in Schnapping, Stadtgemeinde Laufen; letztes Foto am ursprünglichen Standort.

Salzburger Flachgauhof aus Schnapping, Stadtgemeinde Laufen; nach der Wiederaufstellung im Freilichtmuseum Amerang.

Alphabetisches Verzeichnis sämtlicher Orte des heutigen Landkreises Berchtesgadener Land

Ort	Gemeinde
Abtsdorf	Saaldorf
Abtsee	Laufen
Achthal	Teisendorf
Adelstetten	Ainring
Almeding	Teisendorf
Altmutter	Ainring
Amersberg	Teisendorf
Anger	Anger
Antenbichl	Ramsau b. Berchtesgaden
Anzenbach	Berchtesgaden
Arbisbichl	Laufen
Arzenpoint	Laufen
Au	Laufen
Au	Ramsau b. Berchtesgaden
Au	Saaldorf
Aufham	Anger
Babing	Teisendorf
Bach	Ainring
Bach	Teisendorf
Bad Reichenhall	Bad Reichenhall
Baumgarten	Schneizlreuth
Bayerisch Gmain	Bayerisch Gmain
Berchtesgaden	Berchtesgaden
Berchtolding	Saaldorf
Berg	Saaldorf
Biburg	Laufen
Bicheln	Ainring
Bischofswiesen	Bischofswiesen
Braunsreut	Teisendorf
Brodhausen	Freilassing
Burgfeld	Laufen
Daring	Laufen
Dechantshof	Teisendorf
Döderhozen	Saaldorf
Doppeln	Ainring
Doppeln	Teisendorf
Dorfen	Laufen
Egelham	Teisendorf
Ehemoosen	Laufen
Eichham	Teisendorf
Emmering	Laufen
Engedey	Bischofswiesen
Englham	Teisendorf
Eschlberg	Ainring
Esing	Laufen
Espannhausen	Teisendorf
Ettenberg	Marktschellenberg
Faselsberg	Schönau am Königssee
Feldkirchen	Ainring
Freilassing	Freilassing
Froschham	Laufen
Freidling	Teisendorf
Gastag	Laufen
Gausburg	Saaldorf
Gerspoint	Saaldorf
Griesacker	Teisendorf
Großgerstetten	Saaldorf
Grub	Teisendorf
Grübel	Teisendorf
Gschwend	Teisendorf
Gumperting	Teisendorf
Haag	Teisendorf
Haarmoos	Laufen
Haberland	Saaldorf
Hadermarkt	Anger
Haiden	Laufen
Hainham	Anger
Hallthurm	Bischofswiesen
Hammer	Teisendorf
Hammerau	Ainring
Harpfetsham	Laufen
Hausmoning	Teisendorf
Hintereck	Teisendorf
Hintergern	Berchtesgaden
Hinterschönau	Schönau am Königssee
Hintersee	Ramsau b. Berchtesgaden
Hochhorn	Teisendorf
Höfen	Laufen
Högl	Teisendorf
Höglwörth	Anger
Hörafing	Teisendorf
Hörbering	Teisendorf
Hötzling	Laufen
Hof	Teisendorf
Hofham	Freilassing
Holzhausen	Anger
Holzhausen	Saaldorf
Holzhausen b. Teisendorf	Teisendorf
Hort	Ainring
Hub	Teisendorf
Hubmühle	Teisendorf
Irlberg	Anger
Jechling	Anger
Jochberg	Schneizlreuth
Kafling	Laufen
Kaltenbach	Teisendorf
Karlstein	Bad Reichenhall
Kendl	Teisendorf
Kirchberg	Bad Reichenhall
Kleingerstetten	Saaldorf
Kleinhögl	Piding
Kleinrückstetten	Teisendorf
Klötzl	Teisendorf
Knall	Laufen
Königssee	Schönau am Königssee
Kohlstatt	Ainring
Kothbrünning	Teisendorf
Kulbing	Laufen
Kumpfmühle	Teisendorf
Lacken	Teisendorf
Laiming	Teisendorf
Laufen	Laufen
Lebloh	Anger
Leobendorf	Laufen
Letten	Laufen
Leutstetten	Saaldorf
Linden	Teisendorf
Loch	Teisendorf
Loh	Saaldorf
Lohstampf	Teisendorf
Lohwiesen	Teisendorf
Loipl	Bischofswiesen
Marktschellenberg	Marktschellenberg
Marzoll	Bad Reichenhall
Mauerreuten	Teisendorf
Mauthausen	Piding
Mayerhofen	Laufen
Mehlweg	Marktschellenberg
Mehring	Teisendorf
Melleck	Schneizlreuth
Metzenleiten	Berchtesgaden
Mitterbach	Berchtesgaden
Moosen	Saaldorf
Moosham	Laufen
Moosleiten	Teisendorf
Mühlwalten	Teisendorf
Neukirchen a. Teisenberg	Teisendorf
Neusieden	Marktschellenberg
Neusillersdorf	Saaldorf
Niederreit	Teisendorf
Niederheining	Laufen
Niedervillern	Laufen
Nonn	Bad Reichenhall
Oberau	Berchtesgaden
Obergern	Berchtesgaden
Oberheining	Laufen
Oberhögl	Anger
Oberjettenberg	Schneizlreuth
Oberndorf	Teisendorf
Oberreit	Teisendorf
Oberreut	Teisendorf
Oberheinig	Laufen
Obersalzberg	Berchtesgaden
Oberschönau I	Schönau am Königssee
Oberschönau II	Schönau am Königssee
Oberstein	Marktschellenberg
Oberstetten	Teisendorf
Obersurheim	Saaldorf
Oberteisendorf	Teisendorf
Obervillern	Laufen
Oberwiesen	Teisendorf
Obslaufen	Laufen
Oed	Teisendorf
Offenwang	Teisendorf
Osing	Laufen
Osterloh	Teisendorf
Ottmaning	Ainring
Pank	Teisendorf
Paradies	Teisendorf
Patting	Teisendorf
Perach	Ainring
Piding	Piding
Point	Teisendorf
Pom	Teisendorf
Prasting	Anger
Punschern	Teisendorf
Rabling	Ainring
Ragging	Saaldorf
Reit	Saaldorf
Reit a. Berg	Teisendorf
Reitberg	Anger
Resten	Berchtesgaden
Reut	Teisendorf
Ristfeucht	Schneizlreuth
Roßdorf	Teisendorf
Rudholzen	Laufen
Saalbrück	Freilassing
Saaldorf	Saaldorf
Salzburghofen	Freilassing
Sankt Bartholomä	Schönau am Königssee
Scheffau	Marktschellenberg
Schign	Saaldorf
Schmidbauer	Saaldorf
Schnait	Teisendorf
Schneefelden	Marktschellenberg
Schnelling	Teisendorf
Schrankbaum	Laufen
Schrankbaum	Saaldorf
Schwarzbach	Bad Reichenhall
Schwarzeck	Ramsau b. Berchtesgaden
Schwöb	Schönau am Königssee
Seeleiten	Teisendorf
Seethal	Saaldorf
Sillersdorf	Teisendorf
Solling	Teisendorf
Speckmühl	Teisendorf
Spittenreuth	Teisendorf
Spitz	Saaldorf
Stadl	Teisendorf
Stanggaß	Bischofswiesen
Starz	Teisendorf
Staufenbrücke	Bad Reichenhall
Staufeneck	Piding
Stegreuth	Teisendorf
Steinbach	Laufen
Steinbachl	Laufen
Steinbrünning	Saaldorf
Steinhögl	Anger
Stockach	Teisendorf
Stockham	Anger
Stockham	Laufen
Stögen	Laufen
Stötten	Teisendorf
Stoißberg	Anger
Straß	Ainring
Straß	Laufen
Strub	Bischofswiesen
Strußberg	Teisendorf
Stützing	Saaldorf
Spittenreuth	Teisendorf
Surheim	Saaldorf
Surmühl	Teisendorf
Taubensee	Ramsau b. Berchtesgaden
Thalhausen	Teisendorf
Thannberg	Laufen
Thannhausen	Laufen
Thunberg	Teisendorf
Thumsee	Bad Reichenhall
Thundorf	Ainring
Triebenbach	Laufen
Türk	Bad Reichenhall
Ulrichshögl	Ainring
Unterau	Berchtesgaden
Unterberg	Anger
Untereichet	Freilassing
Unterholzen	Teisendorf
Unterjettenberg	Schneizlreuth
Untersalzberg I	Berchtesgaden
Untersalzberg II	Berchtesgaden
Unterschönau I	Schönau am Königssee
Unterschönau II	Schönau am Königssee
Unterstein	Marktschellenberg
Vachenlueg	Anger
Vordergern	Berchtesgaden
Vorderkapell	Teisendorf
Vorderleiten	Teisendorf
Wald	Teisendorf
Wank	Teisendorf
Wannersdorf	Teisendorf
Weiherhäusl	Teisendorf
Weildorf	Teisendorf
Weißbach	Bad Reichenhall
Weißbach a. d. Alpenstraße	Schneizlreuth
Weitwies	Teisendorf
Weng	Ainring
Wernersbichl	Teisendorf
Wetzelsberg	Teisendorf
Wiedmannfelden	Laufen
Wildberg	Teisendorf
Wimmern	Teisendorf
Winkl	Bischofswiesen
Wolfertsau	Anger
Wolfhausen	Teisendorf

Literaturverzeichnis

»Es dürfte wenige Gebiete von der Ausdehnung des Berchtesgadener Landes geben, die gleich ihm eine so umfangreiche Literatur aufweisen können. Indes setzt das spezielle Schrifttum sehr spät, erst gegen die Mitte des 18. Jahrhunderts ein, während es im 16. und 17. Jahrhundert äußerst minimal war«. Mit diesen Worten kennzeichnete der beste Kenner dieses Schrifttums dessen besondere Dichte; A. Helm hat in einem leider längst vergriffenen Werk die gesamte Literatur über das Berchtesgadener Land (ehemalige Fürstpropstei) verzeichnet, von den Anfängen im Jahre 1522 bis zum Jahre 1930. (Helm, A.: Die Literatur über das Berchtesgadener Land und seine Alpen. Archiv des Berchtesgadener Landes. Band I. Berchtesgaden 1930).

Die »Bibliographie 1909-1959« von Prof. Dr. Dr. h. c. Dipl.-Ing. Martin Hell verzeichnet eine erstaunliche Fülle interessanter Aufsätze über das Berchtesgadener Land, geordnet nach verschiedenen Wissensgebieten (Mitteilungen der Gesellschaft für Salzburger Landeskunde, Band 101, Salzburg 1961).

Das »Salzburger Intelligenzblatt« gehört zu den ersten periodisch erscheinenden Schriften, die in Berchtesgaden gelesen wurden. Von Nachrichtenblättern aus früherer Zeit sind lediglich die sog. »rotuli«, Listen, in denen von den Kapitularen anderer, befreundeter Klöster, vornehmlich vom Ableben, dem jeweiligen Stand der Klostermitglieder berichtet wurde, bekannt, wir hören von ihnen in der ersten Hälfte des 17. Jahrhunderts.

Die erste Zeitung, die auch vom Volke gelesen wurde, war das im Jahre 1840 gegründete »Reichenhaller Wochenblatt«, der spätere »Reichenhaller Grenzbote«, das heutige »Reichenhaller Tagblatt«; auch dort findet sich eine Reihe von Mitteilungen über das Berchtesgadener Land. Erst 42 Jahre später schuf Ludwig Vonderthann in Berchtesgaden die erste Zeitung, den »Berchtesgadener Anzeiger«. Die Fremdenliste erschien in Berchtesgaden erstmals im Jahre 1877. Für die Heimatgeschichte und -Literatur liegt die Bedeutung der Presse lediglich in einer regen und gewissenhaften Lokalberichterstattung; kulturhistorisch beachtsam ist auch der Anzeigen- und Reklameteil.

Nicht unerwähnt darf hier bleiben die Herausgabe der »Bergheimat« als Heimatbeilage zum »Berchtesgadener Anzeiger«. Sie wurde nach dem Vorbild anderer Zeitungsverlage im Jahre 1921 von der Firma Ludwig Vonderthann und Sohn ins Leben gerufen.

Obwohl das geistige Leben in der ehemaligen Fürstpropstei von jeher nach dem kulturell weiter entwickelten Erzstift Salzburg orientiert war, ist das spezielle Schrifttum über den heute bayerischen Teil des ehemaligen Erzstiftes naturgemäß nicht so dicht; vieles Interessante aus älterer Zeit ist selbstverständlich im Schrifttum über Salzburg enthalten. Eine sehr wichtige Quelle für die Kenntnis des heutigen Rupertiwinkels ist »Das Salzfaß«, eine heimatkundliche Zeitschrift des Historischen Vereins Rupertiwinkel, sie erscheint derzeit in zwangloser Folge jährlich in 3 Heften.

Der Verlag Pannonia in Freilassing ist ebenfalls auf den Raum zwischen Inn und Salzach spezialisiert und hat in weit über 100 Büchlein der sog. »Kleinen Pannonia-Reihe« sowie in Dutzenden von Bildbänden spezielle heimatkundliche Quellen geschaffen.

Im nachstehenden Verzeichnis wurde hauptsächlich die jüngere Literatur über die ehemalige Fürstpropstei und den Salzburger Flachgau berücksichtigt, wobei besonderes Gewicht auf das hauskundliche Schrifttum gelegt wurde; Vollständigkeit wurde jedoch nicht angestrebt.

An hauskundlichen Bibliographien, die den Einstieg in ein intensiveres Studium der Materie eröffnen, liegen bisher publiziert vor:

Sommer, Kurt Alexander: Bauernhof-Bibliographie, Leipzig 1944.

Uhlrich, Herta: Literaturübersicht: Bauen und Wohnen 1956 – 1959 mit Nachträgen 1955. Deutsches Jahrbuch für Volkskunde, 6/1960, 469 – 478.

Uhlrich, Herta: Bücherschau: Bauen und Wohnen 1959 – 1966. Deutsches Jahrbuch für Volkskunde, 13/1967, 128 – 163.

Hähnel, Joachim: Literaturübersicht zur Hauskunde 1961 – 1967. Rheinisch-westfälische Zeitschrift für Volkskunde 15/1968, 5 – 68; 16/1969, 5 – 50; 17/1970, 128 bis 189.

Hähnel, Joachim: Hauskundliche Bibliographie 1961 – 1970. 1. Bd. Münster 1972, 2. Bd. Detmold 1974.

Hähnel, Joachim: Hauskundlicher Literaturbericht 1971 – 1975. Beiträge zur Hausforschung 1/175, 181 – 321.

AGER, TH.
Aus der Geschichte der Berchtesgadener Almwirtschaft. Berchtesgadener Anzeiger, Nr. 184 vom 23.11., Berchtesgaden 1968.

AIGNER, K.
Die Namen im Berchtesgadener Land. In: Altbayerische Monatsschrift, Jg. 12, H. 3, Berchtesgaden: Berchtesgadener Anzeiger, 1966.

AIGNER, K.
Die Namen im Berchtesgadener Land. Sonderdruck aus: Heimat und Volkstum 10, Heft 9–32. München 1932.

ALBRECHT, D.
Fürstpropstei Berchtesgaden. Kommission für Bayerische Landesgeschichte. Historischer Atlas von Bayern, Heft 7. München 1954.

ALPENINSTITUT
Bayerischer Alpenpark. Gutachten im Auftrag des Bayerischen Staatsministeriums für Landesentwicklung und Umweltfragen. München 1975.

ANDERL
Das Kunstholzhandwerk im oberbayerischen Salinenforstamtsbezirke Berchtesgaden. Mittheilungen über Forst- und Jagdwesen in Bayern, 2. Heft, in: Forstliche Mittheilungen. Herausgegeben vom Königlich bayerischen Ministerialforstbureau, III. Band, 1. Heft, S. 250 – 307. München 1859.

ANDREE-EYSN, M.
Volkskundliches aus dem bayrisch-österreichischen Alpengebiet. Braunschweig 1910.

ARMANNSPERG, M.V.
Geschichte der Entwicklung der landwirtschaftlichen Verhältnisse im Distrikt Berchtesgaden. Zeitschrift des Landwirtschaftsvereins in Bayern, 1887.

ARMANNSPERG, M.V.
Das Berchtesgadener Holzhandwerk als Hausindustrie. Schriften des Vereines für Sozialpolitik: Die deutsche Hausindustrie, Bd. 5. Leipzig 1889.

ARNOLD, C. FR.
Die Ausrottung des Protestantismus in Salzburg unter Erzbischof Firmian und seinen Nachfolgern. Ein Beitrag zur Kirchengeschichte des 18. Jahrhunderts. – Schriften des Vereins für Reformationsgeschichte 1900 und 1901 (Nr. 67 bis 69).

ARNOLD, C. FR.
Die Vertreibung der Salzburger Protestanten und ihre Aufnahme bei den Glaubensgenossen. Leipzig 1900.

AVIRMONT, M.V.
Geschichte der Salzwerke Berchtesgaden. Das Bayerland, 15. Jhg. 1904, (Nr. 6–13).

BANCALARI, G.
Die Hausforschung und ihre Ergebnisse in den Ostalpen. Zeitschrift des Deutschen und Österreichischen Alpenvereins. Bd. XXIV, 1893.

BAUERREISS, R.
Kirchengeschichte Bayerns. 1949.

BAUMANN, E.
Obersalzberg. Berchtesgaden 1981.

BAUMGARTEN, K.
Das deutsche Bauernhaus. Eine Einführung in seine Geschichte vom 9. bis zum 19. Jahrhundert. Berlin, 1980.

BAVARIA
Landes- und Volkskunde des Königreiches Bayern, 1. Bd., 2. Abt., S. 828–852. München 1860.

BAYERLAND
Berchtesgadener Land – Der neue Landkreis. Nr. 4, 75. Jahrgang, München April 1973.

BERCHTESGADENER ANZEIGER
Bergheimat, 5 Bände, Jahrgänge 1921–1942.

BETZOLD, G. V.
Naturwissenschaftliche Skizzen aus den Alpen von Berchtesgaden. Mehen 1869.

BIRKNER, F.
Das Berchtesgadener Gebiet in vorgeschichtlicher Zeit. Festschrift der Sektion Berchtesgaden des Deutschen und Österreichischen Alpenvereins, zum 50-jährigen Bestehen. Berchtesgaden 1925.

BIRKNER, F.
Ur- und Vorzeit Bayerns. Berchtesgaden 1936, S. 112 ff.

BLUEMBLACHER
Anlaits-Recht, sowohl nach den gemeinen Rechten, als dieses Hochlöblichen Erzstifts und aller Orten üblich. 1721.

BOSL, K.
Forsthoheit als Grundlage der Landeshoheit in Bayern. Gymnasium und Wissenschaft, Festgabe zur Hundertjahrfeier des Maximiliangymnasiums in München, 1949.

BOSL, K.
Bayerische Geschichte. München 1979.

BOSL, K. u.a.
Handbuch der historischen Stätten Deutschlands, 7. Band, Stuttgart 1974.

BRAUNE, J. A. V.
Salzburg und Berchtesgaden, Ein Taschenbuch für Reisende und Naturfreunde. Wien 1821.

BRUNNER, J.
Alpen-Nationalpark Königssee. Naturschutz und Erholung – ein Zielkonflikt.
Dipl.-Arbeit am Lehrstuhl für Landschaftsökologie der TU München/Weihenstephan. 1976.

BÜHLER, A.
Führer durch Bad Reichenhall und Umgebung. 29. Auflage, neu bearbeitet von Fritz Wiedemann. Reichenbach 1927.

BÜHLER, A.
Salzburg und seine Fürsten. 3. Auflage, Bad Reichenhall 1910.

BÜHLER, A.
Der Königssee und das Salzbergwerk bei Berchtesgaden. Reichenhall und Berchtesgaden. o. J.

BURNHAUSER
Die Herrschaft und Rechtsverhältnisse an der Saline Reichenhall von den Agilofingern bis zu Herzog Georg dem Reichen von Niederbayern mit einer Übersicht über die dinglichen Rechte des Erzbistums Salzburg an den Solequellen Hall, insbesonders im 12. Jahrhundert. Ungedr. Dissertation.

CHLINGENSPERG-BERG, M. V.
Der Knochenhügel am Langacker und die vorgeschichtliche Herdstelle am Eisenbüchel bei Reichenhall in Oberbayern. Mitteilungen der Anthropologischen Gesellschaft in Wien 1904.

COMPTON, E. H.
Salzburg-Berchtesgadener Land. Freilassing 1908.

COMPTON E. F.
Berchtesgaden. Berchtesgaden 1921.

CONRAD, K.
Flur, Dorf und Haus in Liefering.
Das Lieferinger Heimatbuch 1958.

CONRAD, K.
Das Bauernhaus im Lamprechthausener Dreieck, Mitteilungen der Gesellschaft für Salzburger Landeskunde 100, 1960.

CONRAD, K.
Die bäuerlichen Hauslandschaften Salzburgs. Haus und Hof in Österreichs Landschaft. Notring Jahrbuch 1973.

CONRAD, K.
Probleme der Scheunenforschung im Lande Salzburg. Festgabe für Oskar Moser. Beiträge zur Volkskunde Kärntens. Klagenfurt 1974.

CONRAD, K.
Der Flachgauer Einhof. Zur Problematik der Bauernhausforschung in Österreich. In: Festschrift für Egon Lendl (= Mitteilungen der Österreichischen Geographischen Gesellschaft 109, Wien 1967, Heft I-III) S. 129 ff.

DACHLER, A.
Das Bauernhaus in Österreich-Ungarn und seinen Grenzgebieten. Wien 1906.

DACHLER A.
Karte der österreichischen Bauernhausformen. Mit Beigabe textlicher Erläuterungen. Zeitschrift für österreichische Volkskunde 15, 1909, Suppl.-Heft 6.

DEUTINGER, M.
Beyträge zur Geschichte, Topographie und Statistik des Erzbistums München und Freising. 1851.

DIEHL, G.
Die Ramsau im Berchtesgadener Land. Natur- und Volksgeschichtliche Studien nebst Führer. München 1923.

DOEBERL, M.
Entwicklungsgeschichte Bayerns. München 1912/1916.

DÖDERLEIN, W.
Südbayerische Bauernhäuser des 17. Jahrhunderts. Bayerische Hefte für Volkskunde 13, 1940.

DÖRFLINGER, J., WAGNER, R., WAWRIK, F.
Descriptio Austriae. Österreich und seine Nachbarn im Kartenbild von der Spätantike bis ins 19. Jahrhundert. Wien, 1977, S. 94/95.

DOPSCH, H.
Geschichte Salzburgs – Stadt und Land, Bd. 1. Salzburg 1981.

DOPSCH, H.
Die Zeit der Karolinger und Ottonen. In: Dopsch/Spatzenegger: Geschichte Salzburgs, Bd. I/1, Salzburg 1981, S. 219.

DÜCKHER VON HASSLAU ZU WINCKL, FRH. v.
Salzburgische Chronica. Das ist: Beschreibung des Landesstiftungs- und denkwürdige Geschichten, auch aller Bischöff-Erzbischöff und Abbten zu St. Peter, des Hoch-Löbl. Erz-Stiffts-Salzburg. 1666. Reprint mit einem Nachwort von Robert Wagner, Graz 1979.

EBERS, E. und WOLLENIK, F.
Felsbilder der Alpen. Hallein 1980.

EICHELMANN, A.
Gewerbe und Handel im alten Berchtesgaden. Bergheimat, Beilage Berchtesgadener Anzeiger, Heft 2, 1922.

EIGL, J.
Die Salzburger Rauchhäuser und die bauliche Entwicklung der Feuerungsanlagen am Salzburger Bauernhaus. Wien 1894 (Mitt. der Anthrop. Ges. Wien, Bd. 24).

EIGL, J.
Charakteristik der Salzburger Bauernhäuser unter besonderer Berücksichtigung der Feuerungs-Anlagen. Salzburg 1895.

EISENMANN J. A.
Des Ritters von Koch-Sternfeld Geschichte des Fürstenthums Berchtesgaden. München 1816.

ENGEL, P. J.
Das Schisma Barbarossas in Bistum und Hochstift Freising. München 1930.

ENGELMANN
Geschichtliches über Salzburghofen. München 1909.

ENGELSCHALK, W.
Alpine Buckelfluren.
Regensburger Geographische Schriften, Heft 1/1971.

ENGLERT, J. FR.
Historische Denkwürdigkeiten der ehemaligen Fürst-Propstei. Reichenhall 1851.

ENGLERT, J. FR.
Berchtesgaden und seine Umgebung. Reichenhall 1855.

ERBEN, W.
Untersbergstudien. Mitteilungen der Gesellschaft für Salzburgische Landeskunde 54/1914.

FEHN, K.
Die zentralörtliche Funktionen früher Zentren in Altbayern, Raumbindende Umlandsbeziehungen im bayerisch-österreichischen Altsiedelland von der Spätlatènezeit bis zum Ende des Hochmittelalters.

FENDT, A.
Beitrag zur Berchtesgadener Lehensgeschichte. 1947 (noch unveröffentlicht).

FENDT, A.
Summarische Beschreibung der Berchtesgadener Lehen und Almen. Einst und jetzt (unveröffentlicht).

FENDT, A.
Index = 275 Berchtesgadener Lehenskaufbriefe aus dem 14. – 17. Jahrhundert (unveröffentlicht).

FENDT, A.
Aus den Erb- und Grundbriefen der zum ehemaligen Reichstift Berchtesgaden gehörigen Lehen. Bergheimat, Beilage des Berchtesgadener Anzeigers, Heft 17–18/1927.

FENDT, A.
Die Berchtesgadener Forst- und Zinswaldungen im Jahre 1793. Bergheimat, Beilage Berchtesgadener Anzeiger. Heft 14–20/1932.

FERCHL, G.
Beitrag zur Geschichte des Schlosses Karlstein bei Reichenhall, vom 16. Jahrhundert an. Oberbayerisches Archiv 46 (1889/90), S. 195.

FEULNER, M.
Berchtesgaden und seine Könige. Berchtesgaden 1980.

FEULNER, M.
Die berühmte Berchtesgadener Soleleitung. Berchtesgadener Anzeiger, 1969.

FREY, J. B.
Über Berchtesgadener Orts-, Flur- und Bergnamen. Berchtesgadener Anzeiger, Nr. 55–57/1897.

FRIEDL, P.
Freilassing – Vom Kaiserhof zur Stadtgemeinde. Freilassing 1974.

FÜGLEIN, P. H.
Joseph Konrad, der letzte Fürstpropst von Berchtesgaden. Berchtesgaden, 1903.

FÜRST, C. W. E.
Landesstatuten der gefürsteten Propstei Berchtesgaden. Systematische Darstellung des sog. Berchtesgadener Landrechtes 1874.

GANSS, O., GRÜNFELDER, S.
Geologie der Berchtesgadener und Reichenhaller Alpen. Berchtesgaden 1971.

GEBHARD, T.
Wegweiser zur Bauernhausforschung. (= Bayerischer Heimatschutz, Heft 11). München-Pasing 1957.

GEBHARD, T.
Zur Hausforschung in Ostbayern und Oberösterreich. Arbeitskreis für deutsche Hausforschung. Bericht über die Tagung in Passau 21. – 25. 8. 1962.

GEBHARD, T.
Ländliches Bauwesen in Altbayern. Geschichtlicher Überblick. In: Bauen im ländlichen Bereich, Altbayern. München 1979.

GEBHARD, T.
Der Bauernhof in Bayern. München 1975.

GEBHARD, T.
Alte Bauernhöfe, München 1975.

GEHRING, L.
Bilder aus der Berchtesgadener Geschichte. Ein historischer Abriß. Berchtesgaden 1906.

GEHRING, L.
Das Berchtesgadener Land in der Sage. Berchtesgaden 1908.

GEHRING, L.
Kulturgeschichtliche Skizzen aus der Berchtesgadener Vergangenheit. Berchtesgaden 1906.

GEHRING, L.
Das Berchtesgadener Salzwerk. Berchtesgaden 1905/1906.

GEISS, E.
Geschichte des regulierten Augustiner-Chorherren-Stiftes Högelwerd im Erzbistum München-Freising. München 1852.

GEISS, J.
Obersalzberg – Die Geschichte eines Berges von Judith Platter bis Hitler. Berchtesgaden 1975.

GEISSLER, R.
Berchtesgadener Geschichtsbilder. Glogau 1884.

GERAMB, V. v.
Der gegenwärtige Stand der Hausforschung in den Ostalpen; mit besonderer Berücksichtigung der Grundrißformen. Mitteilungen der Anthropologischen Gesellschaft, XXXVIII Bd. (1908), S. 96ff.

GERAMB, V. v.
Die Rauchstuben im Lande Salzburg. Ein Beitrag zur Hausforschung der Ostalpenländer. Salzburg 1950.

GREIDERER, S.
Haus und Hof in Salzburg. Wien 1925.

HABERLANDT, A.
Zur Vereinheitlichung der Typologie und Terminologie des Bauernhauses in Österreich. Mitteilungen der Anthropologischen Gesellschaft in Wien, 1957.

HABERLANDT, A.
Die Bauernhausformen im deutschen Volksgebiet. Wiener Zeitschrift für Volkskunde, Jg. 31/1926. S. 9 – 16.

HAILER, F.
Der Salzbergbau zu Berchtesgaden. Berlin 1856.

HANSER, F.
Was die Berchtesgadener Totenbücher erzählen. Bergheimat, Beilage des Berchtesgadener Anzeigers, Heft 7/1931.

HANSER, F.
Die Zunft der Pfeifenmacher. Bergheimat, Beilage des Berchtesgadener Anzeigers, Heft 10/1933.

HANSER, F.
Wieviel Getreide in den Gnotschaften des Berchtesgadener Landes angebaut wurde. Bergheimat, Beilage des Berchtesgadener Anzeigers, Heft 5/1937.

HANSER, P.
Der Getreidezehent in Berchtesgaden und Schellenberg. Bergheimat, Beilage des Berchtesgadener Anzeigers, 1936.

HARTMANN, A.
Zur Geschichte der Berchtesgadener Schnitzerei. Volkskunst und Volkskunde, 1. Bd., München 1903.

HAUBER, N.
Auswanderung der Protestanten aus Salzburg und Berchtesgaden. Bergheimat, Beilage des Berchtesgadener Anzeigers 3. Jahrgang, 1923.

HAUBER, G.
Jagdgeschichtliches aus Berchtesgaden. Bergheimat, Beilage des Berchtesgadener Anzeigers. Heft 4/1923.

HAUBER, G.
Der Rückgang der Vegetationsgrenzen in den Alpen und ihre Bedeutung für die Almwirtschaft. Bergheimat, Beilage des Berchtesgadener Anzeigers. Heft 10–11/1926.

HAUTHALER, W.
Kardinal Matthäus Lang und die religiössoziale Bewegung seiner Zeit. MGSLK 35, 1895, S. 149–201, und MGLSK 36, 1896, S. 317–402.

HAUTHALER-MARTIN
Salzburger Urkundenbuch. Bd. II 1916. Bd. III 1919.

HECKL, R.
Landwirtschaftbau. Mit einer Karte: Bauernhaus- und Gehöftformen in Österreich und seinen Grenzgebieten. Heraklith-Rundschau 1949, Heft 5, S. 9–27.

HECKL, R.
Oberösterreichische Baufibel. Die Grundformen des ländlichen Bauens. Salzburg 1949.

HECKL, R.
Das Einhaus mit dem Rauch. Oberösterreichische Heimatblätter, Jg. 7 (1953), Heft 3/4, S. 297 ff.

HECKEL, M.
Cuius regio – eius religio. Handwörterbuch zur Deutschen Rechtsgeschichte, 1965, S. 451 ff.

HEICHELE, O.
Bauer und Boden im Alt-Laufener Bezirk. Das Salzfaß 1–2/1967.

HELBOCK, A.
Haus und Siedlung im Wandel der Jahrtausende. Deutsches Volkstum, 6. Band. Berlin und Leipzig 1937.

HELL, M.
Ein vorgeschichtlicher Fund aus Berchtesgaden. Prähistorische Zeitschrift Berlin. Bd. 13/14, 1921/22.

HELL, M.
Was wissen wir über die Urgeschichte des Berchtesgadener Landes? Bergheimat, Beilage des Berchtesgadener Anzeigers, Nr. 8/1922.

HELL, M.
Bibliographie des Berchtesgadener Landes 1909–1959. Salzburg 1961.

HELL, M.
Das Saalachtal – Verkehrslinie in urgeschichtlicher Zeit. Inn-Salzachland 2/1950 (Nr. 10).

HELL, M.
Reichenhall zur Hallstattzeit. Heimatblatt 23/1955 (Nr. 6).

HELL, M.
Wann fand man die Salzquellen? Heimatblatt 29/1961 (Nr. 12).

HELL, M.
Die Saalachlinie als römischer Verkehrsweg über die Alpen. Heimatblatt 34/1966 (Nr. 8).

HELL, M.
Die Plainburg auf urgeschichtlichem Boden. Heimatblatt 36/1968 (Nr. 8).

HELL, M.
Vom römischen Gräberbrauch im Reichenhaller Tal. Heimatblatt.

HELM, A.
Archiv des Berchtesgadener Landes; 2 Bände.
1. Band: Die Literatur über das Berchtesgadener Land und seine Alpen. Berchtesgaden 1930.
2. Band: Das Berchtesgadener Land im Wandel der Zeit. Berchtesgaden 1929. Teil I, Reprint 1973. Teil II und III, Reprint 1974. (Verlag: »Berchtesgadener Anzeiger«).

HELM, A.
Hallthurm. Archiv des Berchtesgadener Landes. Band 8, Berchtesgaden 1960.

HERMANN, H.
Topographische Geschichte der Stadt Reichenhall, und ihrer Umgebung. Oberbayerisches Archiv 19 (1858/59).

HIERETH, S.
Die bayerische Gerichts- und Verwaltungsorganisation vom 13. bis 19. Jahrhundert. Kommission für Bayerische Landesgeschichte, München 1950.

HIRSCH, H.
Die Klosterimmunität seit dem Investiturstreit, o.O., 1913.

HOFERER, R.
Die ländliche Badstube in Südbayern. Weilheim 1934 (Lech-Isar-Land, Jg. 10, Juniheft).

HOFERER, R.
Die Dachdeckung des Bauernhauses in Bayern um 1810. München 1935 (Bayer. Heimatschutz, Jg. 31).

HOFERER, R.
Die Bauernhausformen in Bayern. München 1937 (Schönere Heimat, Jg. 33, Heft 2).

HOFERER, R.
Die Wände der Bauernhäuser im Land Bayern. (Jahrb. 1937 des Vereins für Heimatschutz München).

HOFERER, R.
Die Hauslandschaften Bayerns. Bayerisch-Südostdeutsche Hefte für Volkskunde, 15. Jahrgang, Heft 1/1942.

HOFERER, R.
Die Bauernhausformen Bayerns. Bayerland, Heft 4/1949, S. 103–108.

HOFERER, R.
Der Mittertennbau in Südostdeutschland. Bayerisch-Südostdeutsche Hefte für Volkskunde, 13. Jg., 1940, S. 65 ff.

HOFMANN, F.
Ein Beitrag zur Heimatkunde. Heimatblatt 31/1961 (Nr. 4).

HOFMANN, F.
150 Jahre Salinenkonvention zwischen Bayern und Österreich 1829–1979. Mitterfelden 1979.

HUBER, F. X.
Aktenmäßige Geschichte der berühmten salzburgischen Emigration. Aus dem lateinischen Manuscript des ehemaligen Hofmeisters der hochfürstl.-salzburgischen Edelknaben Johann Baptist Casparis übersetzt. Salzburg 1890.

HÜBNER, L.
Beschreibung des Erzstiftes und Reichsfürstenthums Salzburg in Hinsicht auf Topographie und Statistik. 3 Bde., Salzburg 1796.

HÜBNER, L.
Beschreibung der hochfürstl.-erzbischöfl. Haupt- und Residenzstadt Salzburg und ihrer Gegenden. Salzburg 1792.

KECK, S., OFM
Das Franziskanerkloster Berchtesgaden. München 1957.

KEPLINGER
Die Emigration der Dürrnberger Bergknappen. MGSLK 100, 1960, S. 171–208.

KLAAR, A.
Die Siedlungsformen von Salzburg (= Forschungen zur deutschen Landes- und Volkskunde, Bd. XXXII./3), Leipzig 1939.

KLAIBER, H.
Die bayerischen Salinen. Sonderdruck aus Jahresheft 5 »Saline« des Vereins deutscher Salinen.

KLEIN, H.
Festschrift zum 65. Geburtstag von Herbert Klein. Beiträge zur Siedlungs-, Verfassungs- u. Wirtschaftsgeschichte Salzburgs. Salzburg 1965.

KLEIN, H.
Der Rainberg im Bauernkrieg. Ein Schauplatz historischer Ereignisse. MGSLK 112/113 (1972/73, 1974), S. 84 f.

KLEIN, H.
Die bäuerlichen Leihen im Erzstift Salzburg. MGSLK 69 (1929), S. 145 ff.

KLEIN, H.
Die Geschichte des Lehenschichtenwesens auf dem Dürrnberg bei Hallein. MGSLK 94 (1954), S. 122.

KLEIN, H.
Über Schweigen im Salzburgischen. Mitteilungen der Gesellschaft für Salzburger Landeskunde, 71. Jahrgang, 1931.

KLEIN, H.
Die ältesten urbarialen Aufzeichnungen des Erzstifts Salzburg. Mitteilungen der Gesellschaft für Salzburger Landeskunde, 75. Jahrgang, 1935.

KLEIN, H.
Die bäuerlichen Lehen im Erzstift Salzburg. Mitteilungen der Gesellschaft für Landeskunde, Band 69, Wien 1937.

KLEIN, H.
Das Aussterben der Bauern-Badstuben in Salzburg. Eine amtliche Erhebung über die Badstuben aus dem Jahr 1793. Österreichische Zeitschrift für Volkskunde, Heft 57, 1954, S. 97 ff.

KLEINMAYRN, J. TH. V.
Kurzgefaßte Geschichtserzählung von der ursprünglichen Beschaffenheit des Halleinischen Salz-Wesens im hohen Erz-Stift Salzburg. Salzburg 1761.

KLEINMAYRN, J. TH. V.
Unpartheyische Abhandlung von dem Staate des hohen Erzstiftes Salzburg und dessen Grundverfassung. Salzburg 1770.

KLEINMAYRN, J. TH. V.
Nachrichten vom Zustande der Gegenden und Stadt Juvavia vor, während und nach Beherrschung der Römer bis zur Ankunft des hl. Ruperts und von dessen Verwandlung in das heutige Salzburg. Salzburg 1784.

KLOSE, O. und SILBER, M.
Juvavum. Wien, 1929.

KLUCKHOHN
Ministerialität in Südostdeutschland. Zeumer, Quelle und Studien IV.

KNECHT, TH.
Siedlungsgeographie des Berchtesgadener Landes. Dissertation, München 1913.

KOCH-STERNFELD, J. E. v.
Salzburg und Berchtesgaden in historisch-, statistisch-, geographisch- und staats-ökonomischen Beyträgen. Salzburg 1810.

KOCH-STERNFELD, J. E. v.
Historisch-staatsökonomische Notizen über Straßen-, Wasserbau und Bodenkultur im Herzogthum Salzburg und Fürstenthum Berchtesgaden. Salzburg 1811.

KOCH-STERNFELD, J. E. v.
Geschichte des Fürstenthums Berchtesgaden und seiner Salzwerke in drei Büchern. Salzburg 1815. Neudruck 1936.

KOCH-STERNFELD, J. E. v.
Die Deutschen, insbesondere die bayerischen und österreichischen Salzwerke. Salzburg 1836, Neudruck Scientia Verlag, Aalen 1969.

KOCH-STERNFELD, J. E. v.
Die letzten drei Jahre des Hochstifts und Erzbisthums Salzburg. Nürnberg 1846.

KOCH-STERNFELD, J. E. v.
Stammreihe und Geschichte der Grafen von Sulzbach. Denkschriften der bayerischen Akademie, Band 33, S. 41 ff.

KOCH-STERNFELD, J. E. v.
Zur näheren Verständigung über die Stammreihe und Geschichte der Grafen von Sulzbach in Beziehung auf die erlauchten Stifter von Rot, Berchtesgaden und Baumburg. Abhandlungen der Historischen Klasse der Münchener Akademie, V, 1848, Abt. 1.

KOCH-STERNFELD, J. E. v.
Begründung zur ältesten Profan- und Kirchengeschichte von Bayern und Österreich. Regensburg 1854.

KOCH-STERNFELD, J. E. v.
Bayern und Tyrol, culturhistorische Skizzen. München 1861.

KOCH-STERNFELD, J. E. v.
Die Gründung und die wichtigsten geschichtlichen Momente des ehemaligen fürstlichen Reichsstifts und heutigen Fürstenthums Berchtesgaden. München 1861.

KOECHL, K.
Bauernunruhen und Gegenreformation im Salzburgischen 1564/65. MGSLK 50 (1910), Festschrift S. 107–156.

KOECHL, K.
Die Bauernkriege im Erzstift Salzburg. MGSLK 47 (1907), S. 1–118.

KÖSTLER, J. N.
Die Bewaldung des Berchtesgadener Landes. Verein zum Schutze der Alpenpflanzen und -tiere, Nr. 15. München 1950.

KÖSTLER, J. N.
Waldgrenzen im Berchtesgadener Land. Jubiläumsbuch des Vereins zum Schutze der Alpenpflanzen und -tiere. Bd 35, München 1970.

KRAMER, K.
Die Nachbarschaft als bäuerliche Gemeinschaft. Verlag Bayer. Heimatforschung 1954.

KRANZMAYER, E.
Die südostdeutschen Namen des Hausflures. Bayerisch-Südostdeutsche Hefte für Volkskunde, 13. Jg., 1940.

KREISEL
Schloß Berchtesgaden. München 1955.

KRISS, R.
Sitte und Brauch im Berchtesgadener Land. München-Pasing 1947.

KRISS, R.
Die Berchtesgadener Tracht. Berchtesgadener Anzeiger, 1973.

KRISS, R.
Berchtesgadener Tracht gestern und heute. Schönere Heimat 52/1963, S. 24 ff.

KRISS, R.
Die Weihnachtsschützen des Berchtesgadener Landes und ihr Brauchtum. Berchtesgadener Anzeiger 1966. 2. Auflage 1981.

KRONE UND VERFASSUNG
König Max I. Joseph und der neue Staat. Katalog der Ausstellung zum Wittelsbacher-Jahr im Völkerkundemuseum in München. München 1980, S. 389 ff. Vom Bauern zum Landwirt. Besonders einschlägig die Kat.-Nr. 743–747 aus den Beständen des Instituts für Volkskunde der Kommission für Bayerische Landesgeschichte, Text von Wilhelm Neu.

LAVERSEDER, K.
Geschichte des Augustinerchorherrnstifts Berchtesgaden bis zum Ende des 13. Jahrhunderts. Festschrift der Sektion Berchtesgaden des deutsch-österreichischen Alpenvereins zum 50-jährigen Bestehen. Berchtesgaden 1925.

LECHNER, W.
Chronik von Anger. Reichenhall 1927.

LINSENMAYR, A.
Die protestantische Bewegung in der Fürstpropstei Berchtesgaden bis zur Mitte des 18. Jahrhunderts. Histor. Jahrbuch Ad. 22 (1901) S. 37–84.

LINSENMAYR, A.
Reformversuche im Chorherrenstifte Berchtesgaden im 17. und 18. Jahrhundert. Forschungen zur Geschichte Bayerns 9, 1901, S. 117–158.

LINSENMAYR, A.
Wirtschaftliches aus dem ehemaligen Chorherrenstifte Berchtesgaden. Deutlinger, Beiträge 8, (1903), S. 330 bis 401.

LORI, G.
Sammlung des Bayerischen Bergrechts. o. O. 1764.

LOSSEN, W.
Geschichte der Reichenhaller Stadtbefestigung sowie der Burgen und Schlösser der Umgebung. o. O. 1952.

MARTIN, A.
Die kirchliche Vogtei im Erzstifte Salzburg. Mitteilungen der Gesellschaft für Salzburger Landeskunde 46 (1906), S. 407 ff.

MARTIN, F.
Die Fürstpropstei Berchtesgaden. Augsburg 1923.

MARTIN, F.
Berchtesgaden. Die Fürstpropstei der regulierten Chorherren. Berchtesgadener Schriftenreihe Nr. 7, 1923. Reprint 1970.

MARTIN, F.
Kleine Landesgeschichte von Salzburg. Salzburg 1957.

MAUERSBERG, H.
Bevölkerungs- und Sozialgeschichte des Berchtesgadener Landes. Studien zur Volkskörperforschung, Bd. 4., Hannover 1939.

MAXEINER, H.
Über die bäuerliche Schwitzbadstube des ostalpinen Raumes, ihre geschichtliche Entwicklung und die noch vorhandenen Reste. Archiv für Physikalische Therapie 2, 1950, Heft 4.

MAY, G.
Die Viehzucht und Alpenwirtschaft im Amtsbezirk Berchtesgaden. München 1875.

MAYER A.
Statistische Beschreibung des Erzbisthums München-Freising, 1. München 1874, S. 105–115. – Schematismus des Erzbistums München-Freising 1826, S. 5–26.

MAYER, H.
Die Waldgeschichte des Berchtesgadener Landes. »Nationalpark« 1., 1975, S. 18–24.

MAYER, FR. M.
Die östlichen Alpenländer im Investiturstreite. Innsbruck 1883, S. 189 ff.

MAYER, J. K.
Das Salzburger Emigrationspatent von 1731, 1. Emigrationspatent, 2. Emigrationsgeschichte. Jahrbuch für Gesellschaft des Protestantismus in Österreich 74 (1958) S. 107–118.

MAYER, J. K.
Die Emigration der Salzburger Protestanten von 1731/32. Das Spiel der politischen Kräfte. MGSLK 69–71, 1929–1931, S. 1–193.

MAYER, J. K.
Bauernunruhen in Salzburg am Ende des Dreißigjährigen Krieges. MGSLK 92 (1952), S. 1–106.

MEILINGER, W.
Der Heilige Nikolaus und sein Brauchtum im Berchtesgadener Land. Berchtesgaden 1979.

MEINERS, CHR.
Bemerkungen über Salzburg und Berchtesgaden. Kleine Reisebeschreibungen 1, Berlin 1791.

MEISTER, G.
Landeskultur im Alpenpark. Hrsg.: Bayerisches Staatsministerium für Ernährung, Landwirtschaft und Forsten, München 1974.

MEISTER, G.
Demographisch-geographische Notizen. Unveröffentlichte Aufzeichnungen, Bischofswiesen 1975.

MEISTER, G.
Nationalpark Berchtesgaden. Begegnung mit dem Naturparadies am Königssee. München 1978.

MERTH, R.
Entwicklungsgeschichte des Protestantismus im Berchtesgadener Land. Berchtesgadener Schriftenreihe Nr. 10, 1933. Reprint 1972.

MERTIG, L.
Vorgeschichtliche Siedlungsplätze im Gebiet des Karlsteins bei Reichenhall. Heimatblatt 34 (1966), Nr. 7.

MERTZ, J.
Entwicklungsgeschichte des Protestantismus im Berchtesgadener Land. Berchtesgadener Schriftenreihe Nr. 10, 1933.

MEYER, K.
Die Vertreibung der Salzburger und Berchtesgadener Protestanten und ihre Aufnahme in Kurhannover 1733. Ustar (Solling) 1932.

MIEDEL, J.
Ortsnamen und Besiedelung des Berchtesgadener Landes. Sonderdruck aus »Altbayerische Monatsschrift«, herausgegeben vom Historischen Verein von Oberbayern, Jahrgang 12, 1913/1914, Heft 3/4. S. 73–94, Reprint 1966.

MINISTERIAL-FORST-BUREAU, Kgl.-Bayer.
Das Kunstholzhandwerk im oberbayerischen Salinen-Forstbezirke Berchtesgaden. München 1860.

MITTERMEIER, W.
Wunderschönes Berchtesgadener Land – Malerisches Gebirge rund um den Königssee. Berchtesgaden 1981.

MITTERWIESER, A.
Das Holzgewerbe des Berchtesgadener Landes nach dem westfälischen Frieden. Bergheimat, Beilage des Berchtesgadener Anzeigers. Heft 10/1932, S. 46–47.

MOIS, J.
Das Stift Rottenbuch in der Kirchenreform des 12. und 13. Jahrhunderts. Beiträge zur altbayerischen Kirchengeschichte 19, 1953.

MOLL, K. K.v. und SCHRANK, F. v. P.
Naturhistorische Briefe über Österreich, Salzburg, Passau und Berchtesgaden, 2 Bde. Salzburg 1785.

MORITZ, J.
Stammreihe und Geschichte der Grafen von Sulzbach. München 1833.

MÜHLFELDER, G.
Josef Friedrich Lentner, ein bayerischer Malerdichter (1814–1852). Oberbayerisches Archiv 67 (1930).

MUFFAT, K. A.
Schenkungsbuch der Propstei Berchtesgaden. Quellen und Erörterungen zur bayerischen und deutschen Geschichte, Band 1. Regensburg 1858.

NOE, H.
Aus dem Berchtesgadener Lande. München 1898.

ORTNER, F.
Reformation, Katholische Reform und Gegenreformation im Erzstift Salzburg. Salzburg 1980.

OSTERHAMMER, J.
Topographie und Geschichte der königlichen Salinen-Stadt Reichenhall und deren Umgebung. München 1848.

PAGITZ, F.
Die rechtliche Stellung der Salzburger Bauern im Mittelalter und in der frühen Neuzeit, in: Die Ehre Erbhof, Analyse einer jungen Tradition. Hrsg. von Alfons Dworsky und Hartmut Schider, Salzburg 1980.

PANSE, K.
Geschichte der Auswanderung der evangelischen Salzburger im Jahre 1732. Beitrag zur Kirchengeschichte, Leipzig 1827.

PENK, A. u. RICHTER, E.
Das Land Berchtesgaden. Separatdruck u. Zeitschrift des D. u. Ö. Alpenvereins. Salzburg 1885.

PFISTER, R.
Alte bayerische Zimmermannskunst am Bauernhaus des Ruperti-Winkels. München 1926.

PHLEPS, H.
Holzbaukunst. Der Blockbau. Karlsruhe 1942.

PIRNGRUBER, C.
Hochzeitsbrauchtum in der Saaldorfer Gegend. Nach einem Bericht aus dem Jahre 1893. Das Salzfaß NF 10 (1976), H. 2, S. 33–41.

PLATTER, J.
Obersalzberg. Die Geschichte eines Berges bis heute. Berchtesgaden 1977.

PLENK, A.
Berchtesgaden. Berchtesgaden 1981.

PRINZINGER, d. Ä., A.
Haus und Wohnung im Flachgau und in den drei Gebirgsgauen. Mitteilungen der Gesellschaft für Salzburger Landeskunde, Band. 25 (1885).

RADIG, W.
Frühformen der Hausentwicklung in Deutschland. Die frühgeschichtlichen Wurzeln des deutschen Hauses. Berlin 1958.

RADNITZKY, A.
Berchtesgaden und seine Parthien. Mit einer kurzen Geschichte des Landes. Salzburg 1845.

RAMSTEDT, C.
Berchtesgaden in der deutschen Geschichte. München 1940.

RANKE, K.
Die Alm- und Weidewirtschaft des Berchtesgadener Landes. München 1929.

REICHENBERGER, A.
Die Almbachklamm und die Marmor-Kugelmühlen im Berchtesgadener Land. Bergheimat, Beilage des Berchtesgadener Anzeigers, 13/1933, S. 49–51.

REINDL, K.
Das Zeitalter der Agilofinger. In: Max Spindler, Handbuch der bayerischen Geschichte, Bd. I. S. 110 u. 174 u. 175. München 1967.

REINDEL-SCHEDL, H.
Das Pfleggericht Stauffeneck. Gericht, Verwaltung und Grundherrschaft im bayerischen Salzach-Saalach-Grenzland unter der Herrschaft der Salzburger Erzbischöfe dargestellt an der Entwicklung der Landgerichte Laufen und Staufeneck. Phil. ungedr. Dissertation. Hauptstaatsarchiv München. München 1956.

REINDEL-SCHEDL, H.
Laufen, vom salzburgischen Pfleggericht zum bayerischen Landkreis. Das Heimatbuch des Landkreises Laufen, Bd. 2, 1963, S. 9–13.

REINECKE, P.
Funde vom Ende der Latènezeit aus Wohnstätten bei Karlstein unweit Reichenhall. Altertümer unserer heidnischen Vorzeit V (1926), S. 364 ff.

REISBERGER, Z.
Berchtesgaden und die Glaubensspaltung. Bergheimat, Beilage des Berchtesgadener Anzeigers. Heft 3/1922.

REMSTEDT, F. K.
Berchtesgaden in der Reichsgeschichte. Salzburg 1943.

REUTHER, H.
Berchtesgadener War. Charivari 5/1975, S. 21–25.

RICHTER, E.
Untersuchungen zur historischen Geographie des ehemaligen Hochstiftes Salzburg und seiner Nachbargebiete. Mitteilungen des Instituts für österriche Geschichtsforschung, 1. Erg. Bd. (1885), S. 590 ff.

RICHTER, E.
Der Zustand der Bevölkerung und dessen geschichtliche Entwicklung. Zeitschrift des Deutschen und Österreichischen Alpenvereins, Bd 16, Jg. 1885. Salzburg.

RIEZLER, S. V.
Geschichte Bayerns. Gotha 1880.

RIEZLER, S. V.
Geschichte der Hexenprozesse in Bayern. Im Lichte der allgemeinen Entwicklung dargestellt. 1896.

RIEZLER, S. V.
Die Orts-, Wasser- und Bergnamen des Berchtesgadener Landes. Berchtesgadener Schriftenreihe Nr. 2, München 1980. (Reprint)

RIEZLER, S. V.
Geschichte Baierns, 8 Bände 1932, Reprint 1964.

ROBISCHON, R.
Bauern-Badstuben am Högl. Ein Beitrag zur Geschichte der Sauna. »Das Salzfaß«, Heft 2/1974.

ROEPKE, C. J.
Die Protestanten in Bayern. München 1972.

ROTH, H.
Die »Piratenschlacht« auf der Salzach. Ein Beitrag zum lebendigen Volksschauspiel. Der Zwiebelturm, Heft 9/10, 1962, S. 217 ff.

ROTH, H.
Zur wiederaufgefundenen ältesten Chronik von Laufen. Mitteilungen für die Archivpflege in Bayern, 8. Jg. (1962), S. 69 ff.

ROTH, H.
Das »Himmelbrotschutzen«, ein lebendiger Fronleichnamsbrauch an der Salzach. Der Zwiebelturm, Heft 6, 1964, S. 133 f.

ROTH, H.
Eine Hofübergabe im Jahre 1599. Heimatblätter, Beilage zum Reichenhaller Tagblatt, 33. Jg. (1965), Nr. 15.

ROTH, H.
Bayerisch-salzburgisches Zwischenspiel. Als das Land Salzburg 1810 bayerisch wurde und sein Verlust 1816. Der Heimatspiegel, Beilage zum Trostberger Tagblatt, 1966, Nr. 6, 7.

ROTH, H.
Anfänge der bayerischen Rentämter im Landkreis Laufen. Heimatblätter, 35. Jg. (1967), Nr. 6.

ROTH, H.
Die politischen Schicksale des Landkreises Laufen 1806-1816. Heimatblätter, 35. Jg. (1967), Nr. 1, 2.

ROTH, H.
Gordian Guckh. Leben und Werk eines Laufener Malers aus dem beginnenden 16. Jahrhundert. Jahrbuch des Vereins für christliche Kunst, Bd. 8 (1974), S. 34–50.

ROTH, H.
Der Rupertiwinkel als Kunst- und Kulturlandschaft. In: Festschrift 25 Jahre Staatliche Realschule Freilassing. 1977, S. 8–14.

ROTH, H.
Der Rupertiwinkel. Eine salzburgische Kulturlandschaft im heutigen Bayern. In: Unser Bayern. Heimatbeilage der Bayer. Staatszeitung, 1978, Nr. 10, S. 75–77.

ROTH, H.
Bauer und Boden in der Umgebung von Hötzling. In: Das Bauernhofmuseum in Hof bei Kirchanschöring/Obb. Tittmoning 1981, S. 15–20.

ROTH, H.
Landleben im Rupertiwinkel um 1850. Eine Charakteristik von Joseph Friedrich Lentner. Das Salzfaß NF 14 (1980), S. 55–64.

ROTH, H.
Zur Situation der Heimatpflege im Rupertiwinkel. In: Schönere Heimat, 55. Jg. (1966), Heft 3, S. 530–535.

RUBLACK, H. C.
Gescheiterte Reformation. Frühreformatorische und protestantische Bewegungen in süd- und westdeutschen geistlichen Residenzen. Stuttgart 1978, S. 10.

RUEDORFER, I.
Abhandlung von der Stifterin der fürstlichen Propstei Berchtesgaden. Abhandlungen der churbayr. Akademie der Wissenschaften III (1765), S. 149–165.

SAILER, L.
Berchtesgaden und dessen Umgebung. München 1894.

SCHALLHAMMER, R.
Kriegerische Ereignisse im Herzogtum Salzburg in den Jahren 1800, 1805 und 1809. Salzburg 1853.

SCHEGLMANN, A. M.
Geschichte der Säkularisation. Regensburg 1903.

SCHELLE, F.
Spaziergänge durch Berchtesgaden und Umgebung 1860-1920. Berchtesgaden 1977.

SCHIER, B.
Hauslandschaften und Kulturbewegungen im östlichen Mitteleuropa. Reichenberg 1932.

SCHLEGEL, R. und CONRAD K.
Das Bauernhaus im Lamprechtshausener Dreieck. Mitteilungen der Gesellschaft für Salzburger Landeskunde, Bd. 100 (1960), S. 585, 600.

SCHMELLER, A. J.
Bayerisches Wörterbuch. Stuttgart 1872.

SCHMID, J.
Des Cardinals und Erzbischofs von Salzburg Matthäus Lang Verhalten zur Reformation. Jahrbuch der Gesellschaft für die Geschichte des Protestantismus in Österreich 19 (1898), S. 171–205; 20 (1899), S. 28–50 und 154–184; 21 (1900), S. 1–41 und 138–158; 22 (1901), S. 113–147.

SCHMIDHAMER, M.
Das ehrsamb Handwerck der Pöckhen und Müller in Berchtesgaden. Berchtesgadener Anzeiger 1901, Nr. 10–13.

SCHMIDHAMER, M.
Die Gründung des Stiftes Berchtesgaden von 1087–1123. Berchtesgaden 1898.

SCHNETZ, I.
Flurnamenkunde. »Bayer. Heimatforschung«, Heft 5, München 1952.

SCHÖNAU, F.
Die Geschichte des Berchtesgadener Landes. Neustadt (Aisch) 1960.

SCHÖNAU (RAMSTEDT)
Hochlandromantik um den Königssee. Schellenberg 1942.

SCHÖNAU (RAMSTEDT)
Das Reichsstift Berchtesgaden und die Kaisersage. Neustadt (Aisch) 1956.

SCHÖNER, H.
Berchtesgadener Fremdenverkehrs-Chronik 1871–1922. Berchtesgadener Schriftenreihe Nr. 9/1971.

SCHÖNER, H.
Berchtesgadener Fremdenverkehrs-Chronik 1923–1945. Berchtesgadener Schriftenreihe Nr. 12/1974.

SCHUBERTH, O.
Die schönsten Bauernhöfe in Oberbayern. München 1982.

SCHWARZ, E.
Salzburg und das Salzkammergut, eine künstlerische Entdeckung. Wien 1926.

SCHWARZ, E.
Im Bereich der Berchtesgadener Almen. Alpine Monatsschrift Heft 9/4. Jahrgang 1931.

SCHWARZ, E.
Bayerisches Salz. Salinen, Salzschiffe und Soleleitungen. Freilassing 1978.

SCHWARZ, E.
Berchtesgadener Handwerkskunst. Freilassing 1977.

SCHWARZ, E.
Berchtesgaden. Freilassing 1964.

SCHWARZ, E.
Bad Reichenhall. Freilassing 1968.

SCHWARZ, E.
Der Königssee. Monografie eines Bergsees. Berchtesgaden.

SCHWARZ, E.
Bei uns in Berchtesgaden. Berchtesgaden.

SCHWARZ, E. und BAUMANN, R.
Weltberühmt durch Sole (1966).

SCHULENBURG, W. v.
Ein Bauernhaus im Berchtesgadener Ländchen. Wien 1906.

SCHULTES, J. A.
Reise durch Salzburg und Berchtesgaden. 2 Bände, Wien 1804.

SCHULTES, J. A.
Wanderungen im Berchtesgadener Land. In: Intelligenzblatt, 1804.

SEEFELDNER, E.
Salzburg und seine Landschaften. Eine geographische Landeskunde. Salzburg, 1961.

SIEGHARDT, A.
Südostbayerische Burgen und Schlösser. Schellenberg 1952.

SILBERNAGL, H.
Über d'Alma, da gibt's Kalma. Charivari 4/1977.

SPAUR, F.
Die Spaziergänge in den Umgebungen Salzburgs, zweiter Band, Salzburg 1815. Nachdruck in: Bergheimat, Beilage des Berchtesgadener Anzeigers, Heft 8/1927.

SPINDLER, M.
Handbuch der bayerischen Geschichte, Band I 1967, Band IV/2, 1975.

STEUB, L.
Berchtesgaden (1860). Reprint im Berchtesgadener Anzeiger 1969, 3. Blatt, S. 380 – 401 (Berchtesgadener Schriftenreihe Nr. 5).

STÖCKHARDT, E.
Berchtesgaden. Ein Sang von Land und Leuten. München 1897.

SWOBODA, O.,
Alte Holzbaukunst in Österreich. Salzburg 1975.

THIEDE, K.
Deutsche Bauernhäuser. Königstein im Taunus 1955.

THIERSCH, A.
Das Bauernhaus im südlichen Bayern. Süddeutsche Monatshefte I, 1904.

TOMASI, E.
Historische Gehöftformen, österreichischer Volkskundeatlas, Kommentar, 6. Lieferung, 1. Teil, Wien 1977.

TRÄNKEL, M.
Das Bauernhaus im Berchtesgadener Land. Dissertation an der Fakultät für Bauwesen der Technischen Hochschule Aachen, 1947.

VERBAND DEUTSCHER ARCHITEKTEN- UND INGENIEURVEREINE
Das Bauernhaus im Deutschen Reich und seinen Grenzgebieten. Hannover 1906, S. 301 ff., (bearbeitet v. August Thiersch). Reprint Hannover 1975.

VIERTHALER, F. M.
Beiträge zur Kenntnis des Fürstentums Berchtesgaden. Vaterländische Blätter für den österreichischen Kaiserstaat. Wien 1808, Nr. 1, 8, 11.

VIERTHALER, F. M.
Meine Wanderung durch Salzburg, Berchtesgaden und Österreich. 2 Bände. Wien 1816.

VIERTHALER, F. M.
Bemerkungen über die Holzarbeit in Berchtesgaden. Aus einem Manuskript von Vierthaler mitgeteilt von Babette v. Kleinmayer, Mitteilungen der Gesellschaft für Salzburger Landeskunde 2 (1862).

VIRCHOW, R.
Über das Berchtesgadener Haus. Zeitschrift für Ethnologie 1890.

VOGEL, H.
Die Kunstdenkmäler des Königreichs Bayern, Band I, Teil 3 Oberbayern (1905), S. 2877.

VOGEL, H.
Zur frühen Geschichte von Reichenhall und Karlstein-Vager. Sonderdruck aus »Rhaeten-Herold«, 1963, Nr. 270–272, S. 60.

VOGEL, H.
Geschichte von Bad Reichenhall. Verlag des Historischen Vereins von Oberbayern. München 1971.

WAGNER, H. F.
Die Literatur über Berchtesgaden und Dürrnberg-Hallein (T. – A. aus der Salzburger Zeitung), Salzburg, 1907.

WALLNER, S.
Denkmal der Erinnerung nebst Anweisung für Reisende durch Berchtesgaden. Salzburg 1808, 2. Aufl. 1812.

WEBER, F.
Vorgeschichtliche Wohnstätten in Karlstein bei Reichenhall. Altbayerische Monatsschrift V (1905), S. 156 ff.; VI (1906), S. 128 ff.; VIII (1908), S. 54 ff.

WENDT, E.
Die Berggestalten des Berchtesgadener Landes. Berchtesgaden 1981.

WERNER, P.
Schmuck am Haus. Freilassing 1978.

WERNER, P.
Hüttenrenovierung auf Abwegen – Beispiele aus dem Berchtesgadener Land. »Der Bergsteiger«, Heft 1/1978. S. 24 ff.

WERNER, P.
»Klingschrot und Malschrot« oder Bemalte Durchsteckverbindungen in Surheim/Obb. »Volkskunst«, Heft 3/1978, S. 204 ff (Unveränderter Abdruck in: Jahrbuch der Bayerischen Denkmalpflege«. Band 31, 1977, S. 173 ff).

WERNER, P.
Vom Sterben der Zuhäuser. »Schönere Heimat«, Heft 3/1978, S. 557 ff.

WERNER, P.
Der Bergbauernhof. Bauten – Lebensbedingungen – Landschaft. München 1979.

WERNER, P.
Bauernhöfe zwischen Inn und Salzach. Freilassing 1979.

WERNER, P.
Die letzten Rundumkaser des Berchtesgadener Landes. »Volkskunst«, Heft 2/1979, S. 106 ff (unveränderter Abdruck in: Jahrbuch der Bayerischen Denkmalpflege, Band 32, 1978, S. 241 ff).

WERNER, P.
Wachskreuze an Firstbalken, »Volkskunst«, Heft 3/1979, S. 185.

WERNER, P.
Backofen und Backhaus – Zeugnisse verflossener bäuerlicher Selbständigkeit. »Schönere Heimat«, Heft 2/1979, S. 49 ff.

WERNER, P.
Ein Berchtesgadener Stadel wandert ins Freilichtmuseum des Bezirks Oberbayern. »Schönere Heimat«, Heft 3/1979, S. 122 ff.

WERNER, P.
Vom Marterl zum Gipfelkreuz. »Bergwelt«, Heft 2/1979, S. 68 ff.

WERNER, P.
Offene Feuerstellen – letzte Überreste urtümlicher Behausung. »Bergwelt«, Heft 6/1979, S. 34 ff.

WERNER, P.
Das Bärnlehen in der Schönau. »Bergwelt«, Heft 11/1979, S. 56 f.

WERNER, P.
Seilwegebau am Bergbauernhof. »Bergwelt«, Heft 1/1980, S. 32 ff.

WERNER, P.
Vom Zauber der Alm. »Bergwelt«, Heft 1/1980, S. 46 f.

WERNER, P.
Das Legschindeldach – Leitmerkmal ostalpiner Baukultur. »Bergwelt«, Heft 2/1980, S. 64 f.

WERNER, P.
Auf den Spuren der schönsten Bergbauernhöfe. »Bergwelt«, Heft 2/1980, S. 66 ff.

WERNER, P.
Zaun und Hag im Alpenraum – Aus dem alpinen Zaunrecht. »Bergwelt«, Heft 6/1980, S. 54 ff.

WERNER, P.
Badstube und Brechelbad – Relikte vergangener bäuerlicher Badekultur. »Bergwelt«, Heft 8/1980, S. 54 f.

WERNER, P.
Badstube und Brechelbad. »Schönere Heimat«, Heft 1/1980, S. 188 ff.

WERNER, P.
Am Aussterben: »Die Mühle am rauschenden Bach...«. »Schönere Heimat«, Heft 3/1980, S. 283 ff.

WERNER, P.
Almen – Bäuerliches Wirtschaftsleben in der Gebirgsregion. München 1981.

WERNER, P.
Urformen des alpinen Bauens. »Bergwelt«, Heft 4/1981, S. 58 ff.

WERNER, P.
Vom Leben auf der Alm. »Bergwelt«, Heft 12/1981, S. 60 ff.

WERNER, P.
Relikte der Urbesiedelung: Offene Feuerstellen. »Der Bergsteiger«, Heft 1/1981, S. 28 ff.

WERNER, P.
Die Anfänge der Almsiedlungen. »Der Bergsteiger«, Heft 2/1981, S. 34 ff und Heft 3/1981, S. 36 ff.

WERNER, P.
Die letzten Rundumkaser des Berchtesgadener Landes. »Der Bergsteiger«, Heft 8/1981, S. 36 ff.

WERNER, P.
Der »Kaas« als ein Kapitel der Kulturgeschichte. »Charivari«, Heft 1/1981, S. 56 ff.

WERNER, P.
Im Zuber ging auch die Seele baden. Von städtischen Wannenfreuden und ländlichen Schwitzkuren. »Charivari«, Heft 4/1981, S. 3 ff.

WERNER, P.
Als das Vieh noch rund ums Kasstöckl stand. »Charivari«, Heft 6/1981, S. 12 ff.

WERNER, P.
Von Fratzen und Händen an Tür und First. »Charivari«, Heft 9/1981, S. 3 ff.

WERNER, P.
Flurdenkmale. Freilassing 1982.

WERNER, P.
Der Untersberg. »Bergwelt«, Heft 1/1982, S. 26 f.

WERNER, P.
Almkultur im Lattengebirge. »Bergwelt«, Heft 1/1982, S. 28 f.

WERNER, P.
Almen in Bayern. Freilassing 1983.

WERNER, P.
Der Berchtesgadener Zwiehof. »Charivari«, Heft 3/1983, S. 35 ff.

WERNER, P.
Nebengebäude des Zwiehofs. »Charivari«, Heft 4/1983, S. 47 ff.

WERNER, P.
Der Einhof Berchtesgadens. »Charivari«, Heft 5/1983, S. 35 ff.

WERNER, P.
Die Einrichtung der Berchtesgadener Höfe. »Charivari«, Heft 6/1983, S. 27 ff.

WERNER, P.
Der Salzburger Flachgauhof. »Charivari«, Heft 7/1983.

WERNER, P. und R.
Totenbrett und Gedenkbrett. Jahrbuch der Bayerischen Denkmalpflege 1982.

WIDMANN, H.
Geschichte Salzburgs. 5 Bd., Gotha 1907, 1909, 1914.

WIESER, M.
Schloß Staufeneck. Beiträge zur Geschichte des ehemaligen salzburgischen hochfürstlichen Pfleg- und Landgerichts. Piding 1978.

WILLVONSEDER
Keltische Kunst in Salzburg. Salzburg 1960.

WOLLENIK, F.
Ritzzeichenfunde in den bayerischen Alpen? Alpenvereins-Jahrbuch 1978, S. 228 ff.

WOLLENIK, F.
Abwehrhand und Drudenfuß. Hallein 1982.

WURZBACH, N. v.
Führer durch die katholischen Kirchen des Berchtesgadener Landes. Berchtesgaden 1947/48.

ZAUNER, J.
Auszug der wichtigsten hochfürstlich Salzburgischen Landesgesetze. Salzburg 1785.

ZAUNER, J.
Chronik von Salzburg. Salzburg 1796.

ZELLER-SCHÖNER
Die Berchtesgadener Alpen. München 1966. (Alpenvereinsführer).

ZILLNER, F. V.
Salzburgische Kulturgeschichte in Umrissen. Salzburg 1871.

ZILLNER, F. V.
Über Haus und Hof im Salzburgischen. Mitteilungen der Gesellschaft für Salzburger Landkunde 23/1893.

ZILLNER, F. V.
Der Hausbau im Salzburgischen. Mitteilungen der Gesellschaft für Salzburger Landeskunde 34/1894, S. 6.

Register

Sach- und Begriffsregister

Hinweis:

Die *kursiv* gesetzten Zahlen weisen nicht auf die Buchseiten, sondern auf die Bildnummern im Bildteil hin.

Aberglauben	47
Abhängling	156
Ablösegeld	22
Ablösungsgesetz	116
Abort	95
Abschwersteine	91
Abstiftung	118
Abwehrbewegungen	81
Abwehrhand	81, 102, *254, 256, 257 262, 263, 280, 286, 289, 302, 510*
Abwehrsymbole	92
Abwehrzauber	81
Abzugssteuer	22
Achthaler Eisenguß	*167, 512, 517, 520, 525*
Achthaler Schlackenstein	152
Ackerbau	26, 122
Advent	39
Agrargeschichte	122
Agrartechnik	128
Ahorn	*34, 52, 56, 57*
Allerseelentag	42
Allmende	30, 34
Allod	117
Almabtrieb	45, 46, *45, 46, 47, 48, 321*
Almanger	*32, 264*
Almauffahrt, Almauftrieb	40, 45
Almen	24, 78-81, 102
Almfrau	45
Almgerechtigkeit	146
Almherr	45
Almhütten (s. auch Kaser)	32, 78-81, 91, 146, 187, *218-294, 567-570*
Almkreuz	*245*
Almläger	32
Almlägerpflanzen	31
Almosenkasse	119
Almrat	45
Almrechte	32
Almsommer	45
Almverträge	32, 33
Almvieh	*45-48*
Almwirtschaft	9, 29, 146
Alpbrief von 1450	32
Alpenampfer	31, 32
Alpenbaldrian	39
Alpenpark	38
Alpenvereinsgründungen	38
Alpfahrtsherzen	*45*
Alpherren	33
Alpzeit	30
Altäre	152
Altar obet'n	41
Altheimer Kulturgruppe	108
Ambosse	152
Amortisationsfond	118
Amulett	45, 99
Andreaskreuz	157
Andreastag	39
Anerbenrecht	182
Angel	161
Anlagsteuer	52
Anlaitsgebühren	120
Annatag	45
Antlaßeier	41
Antlaßtag	41
Anweisgeld	181
apotropäische Formen	156
Apotropaia	81, 102, *76, 204-206*
Arbeitstag	123
Arma-Kreuze	99, *122, 125, 572*
Aschenkammerl	59
Aschermittwoch	41
»Asen«	183
Asten	105, 107
Aufdoppelungen	94
Aufstockung	63, 68
Auftriebsrecht	31
Aufzeiger	48
Augustiner-Chorherrenstift	9
auslacken, verlacken	116
ausräuchern	39
Ausstattung	79, 96, 162
Austrag	26, 59, 125, 126
Austragshaus (Zuhaus)	27, 146
Auswanderung	21
Autarkie	26
Baadersche Radmaschinen	177
Bachkugeln	138
Backhaus, Backhäuschen	56, 74, 134, 181, *141, 142*
Backofen	58, 74, 95, 120, 134, 143, 158, 159, 162, 182
Backofenplatten	152
Backstein	138
Backstube	143-146
Bad	143
Badebrauch	146
Badehaus	56
Badstube	74
bairsche Landnahme	109, 115
Balkendecke	136
Band, deutsches	138
Bannknoten	81, *297, 299*
Bannzeichen	81
Bansenräume	64
Barbara-Tag	39
Bartholomäustag	42
Basis	161
Bauernaufstände	20
Bauernbefreiung	118
Bauernstand	26, 115, 180
Bauglieder	151
Baumannsrecht	24, 118
Baumhecken	78
Bauholz	59
Bauholzbezug	59
Bauopfer	156
Baustoffe	89, 151
Baumwecken	40
Bauwillengeld	120
Bayerische Berg-, Hütten- und Salzwerke Aktiengesellschaft	178
Bayerische Forstordnung von 1958	58, 59
Bayerisches Landrecht von 1756	118
Beckensiedlungen	50
Beerdigungsklassen	100
befahren	31
Begräbnis	44, 126
Begräbnisrecht	19
Beherbergungsbetriebe	38
Beindrechsler	27
Beleuchtung	98
Bemalung (s. auch Fassadenbemalung, Lüftlmalerei)	157, 158, 186, *497, 499, 561-563*
Benediktionen	45
Benediktuspfennig	45
benedizieren	45
Benefizium	117
»Berchtesgadener Katzen« (Kühe)	31
Berchtesgadener Landrecht	43, 45
Berchtesgadener Protokollbücher von 1735	43
Berchtesgadener Ware	27
Berechtigungsalmen	30
Bergbau	28, 29
Bergeräume	57
Bergknappen	26, 28, 40, *39, 40, 41*
Bergmeister	28
Bergrecht	68, 71
Bergregal	9, 19, 30, 172
Bergvermessungstechniker	87
Bergwerk	37, 87
Bergwerksverweser	28
Bernstein	171, 175
Beschwörungsgebärde	81
Besitzveränderung	120
Besitzveränderungsabgabe	116
Beständtlade	26
Besthaupt	120
Bethäuschen	77
betreiben	31
Bettstatt-treten	39
Bewilligungsbriefe	45
Bezirksamt	19
Biberschwanzdeckung	149
»Bidel« (»Bidei«)	65
Bienen	39
Bienenhaus	136
Bienenkörbe	74
Bienenzucht	122
Bildsäule	100
Bildstock	77, 100, 166, *215, 216*
Binder	26, 91
Bittprozession	40
Bittwoche	41
Blankenzäune	78
Blasiustag	40
Bleigießen	39
Bleiglanz	29
Bleisprossen	94
Blitz	41, 42, 43, 46, 71, 100
Bloametz	34
Bloamsuach	34
Blockbau	65, 108, 141, 147, 156, *65-70, 72, 77, 79, 231, 234-236, 238, 239, 241, 242, 274, 275, 278, 279, 282, 284, 287, 288, 290, 291, 294, 331-399, 410, 431, 445, 504, 567*
Blockbautechnik	58, 138, 155
Blockfenster	94
Blockflur	51, 128
Blockschlösser	141
Blockstiege	*212, 240*
Blockstreifenfluren	51
Blumengarten	78
Blutgericht	19
Blutschande	43
Blutzehent	120
Boden, doppelter	156, *407*
Bodenzinse	118
Böller	40, *51*
Böllerschützen	*51, 312*
Bohlendecke	136
Bohlentür	93, 94, 161
Bohlenwände	138
Bohlenzargenfenster	94
Bohr-Spül-Lufthebetechnik	88
Bohrspülwerk	87
Borstgras	31
Bräuche, Brauchtum	39-55, 123, 124, *49, 51*
Bräuche, religiöse	39, 126
Brandbestattung	109
Brandgefahr	58, 59
Brandgräber	109

Brandgräberfeld	170	Dampfbäder	143
Brandgräberfriedhof	170, 171, 175	Datierung	91, 92, 102, 154, 155, 156, 161, **198, 202, 203, 206, 252, 254, 257, 263, 270, 286, 299, 301, 358, 367/368, 370, 451, 452-456, 459, 479, 497, 498, 502, 510, 558, 571-573, 575**
Brandopferplatz	170		
Brandversicherung	138		
Branntkalk	62		
Brautexamen	125		
Brautkuh	43		
Brautvater	43	Dauerweide	30
Brechelbad	57, 74, 120, 134, 143-146, 156, 181, 182, **165, 166, 174, 175, 487, 488**	Daxenfresser	34
		Decken, Deckenbalken (s. auch »Tram«)	91, 156, **198, 202, 352-354, 369, 371-373**
brecheln	146, **323, 327**		
Breithacke	**100**	Decken, überlukte	91
Brennessel	31, 32	Deichel	89, **292**
Brennholzbezugsrecht	30	Deichelbohrer	**103**
Brennholzrecht	181	Dekanate	10
Brenntorfgewinnung	123	Dendrochronologische Untersuchungen	30
Brettaufbahrung	164-167		
Brettertür	93	Denkmale	167
Breverl	156	Denkmalliste	471
Breves Notitiae	110	Devotionalien	**500**
Bronzezeit	74, 81, 108, 109, 129, 169, 170, 171, 175	Dichter	38
		Dienstboten	124, 125
Brotzeit	45	Dienstleistungen	117, 119
Bruchsteine	89, 154	Dienstreichnisse	24, 25
Bruderschaften	29, 176	Dillen	134
Brüstung	156	Dolomit	89
Brüstungsbaluster	157	Doppelkaser	**227, 278**
Brüstungsbretter	93, 156	Doppler	92
Brüstungsholm	93	Dorfbilder	54, 55, 128
Brüstungssäulen	92	Drechsler	26, 27
Brunnen (s. auch Hofbrunnen)	65, **493, 494**	Drehbutterfaß	**287**
		Drehkreuze	78
Brunnenhäuschen	**495, 496**	Dreifaltigkeitssonntag	42
Brunnentrog	89	Dreifaltigkeitssymbol	92
Brunnhäuser	178	Dreifelderwirtschaft	122, 128
Brunnmeister	177, 178	Dreikönigsabend	40
Brunnpost	178	Dreikönigstag	44
Brunnwarte	178	Dreikönigswasser	40
Bstandsgeldnachlaß	118	Dreikönigszeichen	40
Buchen	34	Dreipässe	138
Buckelwiesen	35, **52, 53, 58, 59**	Dreißigjähriger Krieg	151
Büchervisitationen	21	Dreschtenne	64
Bürgerliches Gesetzbuch	118	Drischbel (Drischbei)	79, 93, **281**
Bundwerkkonstruktion	157	Druckwerke	177
Bundwerkstadel	153, **130**	Drumlins	107
Buttmandllaufen	39	Dübel-Stangenzaun	77
Buttmandlmeister	39	Dünger	32
Butzenscheiben	94, **208, 474**	Düngungswirtschaft	32
		Duizug (Durchzug)	91
Carditaband	15	Dungstätte	32
Christbaum	40	durchfojern	159
Christenlehren	23	Durchsteckgitter	162
Christkindl	40	Durchsteckverbindungen	153, 154
Christkindl-Anschießen	39		
Christkindl-Einläuten	39	**E**ckrustizierungen	138
Christmette	40	Eckverbindungen	153
Christogramme	102	Edelgut	117
Christuskirche, Evangelisch-Lutherische	23	Ehealmen	32
		Ehebruch	43
CBM (Caspar + Melchior + Balthasar)	40	Ehehafttaidingen	116
		Ehemahder	32
Dachaufteilung	155	Ehgartflächen	34, **57**
Dachrinne	92	Ehgartbeu	35
Dachrinnenhacke	**103**	Eidsteuer	119
Dachsteinkalk	15	Eigenleute	116, 117
Dachstühle	92	Eigentumsalmen	30
Dachziegel	89	Einachskarren	**113**
Dächer	91, **155**	Einfirsthof (siehe Einhof)	
Dämonentäuschung	42	Einfriedungen	77
		Einhaus = Einhof	56, 57, 134, 136, 147

Einhausanlage = Einhof	56, 57, 134, 136, 147	Feldkasten	57, 58, 71, 90, 93, **66, 71, 139, 170, 172, 173, 176, 177, 190**
Einheize	158, 159		
Einheizen	159, 162	Feldkreuz	**123, 137, 163**
Einhöfung	119	Feldsteine	89
Einhof	56, 57, 134, 136, 147	Felsbilder, Felszeichen	74, 81, 101, 102, **295-302**
Einhof, nordosttirolisch-südbayerischer	10, 131 181-187, **546-558, 560**		
		Felsputzer	**42**
Einhof, sekundärer, insbes.	57, 65-68, **63, 71, 89, 126, 127, 155-159, 161**	Felsritzungen (s. Felszeichen)	
		Fenster, Fenstergewände	94, 151, 162, **81, 207-209, 361-363, 404, 466-468, 474, 532**
Einödblockfluren	51		
Einödhof	52		
Einödsiedlung	53	Fenstergitter	**81, 404, 466-468**
Einrottung	119	Fensterläden	94, 95, 162
Einschnüren	44	Fenstersteuer	119
Einstreu	34	Fensterstöcke	152, 162
Einviertelung	119	Festtage	123
Einwölbung	58	Festtagsschmuck	43
Eisen	152	Feuerbeschauverzeichnis	95
Eisenbahn	26, 38	Feuerboden	160
Eisenbergwerk	152	Feuergalgen	97
Eisenerzeugnisse	152	Feuergefahr	146, 159
Eisengießereigebäude	152	Feuerhaus	57, 58, 63, 64, 68, 79, 90, 93, 95
Eisengußtechnik	152		
Eisenhütte	167	Feuerherd	162
Eisenindustrie	136	»Feuerkreuz«	**275, 276**
Eisenschmelzwerk	152	Feuerordnung des Stiftes Berchtesgaden von 1656	58
Eisenwerk	152		
Eisschießen	124	Feuerrest	79
Eiszeit	107	Feuerrecht	95, 96
Eklektizismus	138	Feuerschauberichte	95
Elfenbeinschnitzer	27	Feuerschauverzeichnis	76
Emaus	41	Feuerstätten, Feuerstelle, Feuerungsanlagen (auch offene)	58, 79, 95, 138, 147, 158, 187, **98, 274, 275, 284, 400**
Emigration	21, 22		
Emigrationspatent	22		
Englischer Gruß	43		
Entbindung	43	Figurennische	161
Epitaphien	152	Firmung	124
Erbausfergen	110	Firstbaum	44
Erbhöfe	110	Firstbuschen	44
Erblehen	25, 30	Firstgaube	**296**
Erbnaufergen	110	Firstpfette	**203**
Erbpacht	24	Fischerei	**28-31**
Erbrecht	24, 115, 116, 117, 118, 146	Flachs	122, 143, 146, 180
Erbrechtsbrief	118	Flachsbrechhütten (s. auch Brechelbäder, Badhäuser),	143-146
Erbrechtsgüter	118		
Erbrechtsgütler	117		
Erbuntertänigkeit	118	Flechtzäune	56
Erdkeller	187	Flez	96, 138, 158, 160, 162
Erdstadel	65	Flezgewölbe	93
Erhartinger Verträge	111	Floß	148
Erntebrauchtum	44	Flurdenkmale	99, 164-167, **137, 163, 164, 192, 215-217, 501, 502**
Essensglocke	**546, 547**		
Exulanten	21		
		Flurformen	50, 51, 128
Falltür	58, 156	Flurgrenzhecken	**52**
Fangrechen	86	Flurküche	68, 96
Farben	154	Flurküchenhaus	68
Faschingszeit	40	Flurnamen	53, 123
Fase	141	Flurzwang	128
Fassadenmalerei	36, 37, 38, 55, 186, **497, 499, 561-563**	Flysch	106
		Flyschformation	151
»Fasskorb«	97, **274, 288**	Flyschmergel	148
Fastenzeit	41	Foastpfinztag	40
Fehlboden	91	Forstbücher	148
Feiertage	124	Forsthoheit	9, 19
Felderumgang	42	Forstordnungen	25
Feldhecken	**52**	Forstrechte	32, 146, 181
Feldkapellen	57, 76, 77, 166, **162**	Forstregal	19, 30
		Forstrechtskataster von 1863	32
		Forst-Servituten-Beschreibung 1802	181

Frais-Brief	42	Gemüsegarten	78	Gurtgesims	138	Helm	39
Fraisen	42	Geologie	15, 106	Gußeisenbalkone	152	»Hennaloch«	96
Frauenmoahd	65	Georgi-Bidei	65	Gußwaren	152	Hennengatter	**93**
Frauentragen	39	Geräte	**93-115**	Gutspertinenzen	32	Hennentanz, Hennertanz	43, 125
Freibauern	117	Gerechtsame	152			Herbergsleute	25
Freieigen	117	Gerichtsherrschaft	24			Herbergssuchen	39
Freien	34, 78	Gerichtshoheit	9, 19	**H**aarbrechen	76	Herd, Herdanlage	
Freilichtmuseum	70	Germer, weißer	32	Haarbrechtstuben		58, 134, 136, 158, 159, 160, 164, 183	
Freistift	24, 118	Geschirrgestell	97	(s. auch Brechelbäder)	76	Herdfeuer	71, 97, 159, **98**
Freistiftlehen	30	Getränkesteuer	117, 119	Haaropfer	42	Herdraum	57
Freistiftsgüter	118	Getreide	26	Habergais	40, 41	Herdstelle	138, 147, 158, 170
Freistiftsmann	118	Getreidebau	25, 122	Hachel	146	Herdsteuer	119
Fremdenverkehr	36, 37, 38, 55	Getreidekästen (Troadkasten)	116, 141	Hällinger	28	Herdstube	136
Frescotechnik		Getreidespeicher	149	Hängeschindeln	92	Herrenantrittsgelder	120
(s. auch Lüftlmalerei)	36, 37, 38, 55, 186	Getreidezehent	24	Hage	78	Herrenantrittslait	120
	487, 499, 561-563	Gewannflur	128	Häusel	119	Herrenhölzer	30
Friede von Schönbrunn	112	Gewölbe	**82, 87, 93**	Häusler	121	Herrgottswinkel	39, 44,
Friedhöfe	167	Gewürzgarten	78	Hakenblattüberkämmung	90		81, 98, 183, **78, 94**
Fries	141	Giebelbundwerk	130, 157,	Hakenhof	135	Herzogsurbar	172
Froas-Sackerln	42		**331, 334, 337, 339, 342, 359, 367/368,**	Halbmeister	29	Herzogtum, bairisches	10
Frondienste	149		**412, 413, 421-423, 428, 461**	Halbwalm,		Heubidel	65, 79
Frondienstleistungen	25	Giebellaube	157, 182	Halbwalmdach	77, 85, 155, 156	Heudienste	24
Fronhöfe	120	Giebelluke	183	Haldensiedlungen	50	Heuernte	44, 45
Fronleichnamsfest	124	Gipfelkreuze	100	Hallstattkalk	89	Heustädel	182
Fronleichnamstag	42, 126	Gipfelmesse	100	Hallstatt-Kultur	29	Heutransport	**33**
Fronleistungen	120	Gitter	95	Hallstattzeit	29, 109, 170, 171	Hexagramme	81, **295, 297, 298, 301**
Fruchtfolge	122	Glaubensprüfungen	21	Hammerschmiede	**487, 488**	Hexenbrust	42
Frühgeschichte	56, 108, 169	Gletschermühlen	180	Hammerwerke	136, 152	Hexenzauber	81
Fuchsbrief	24, 25	Gletscherschliff	180	Handböller	43	Himmelfahrtswoche	41
Füllungstüren	94, 161	Glockentürmchen	182	Handelsmonopol		Hinterschalung	157
Fuhrleute	26	Glöckibeten	39	für Reichenhaller Salz	176	Hirtensingen	126
Fuikl (Fuitl)	46, 48, **46, 321, 334, 337**	Glöckisingen	39	Handlauf	157	Hitzsteinbäder	143
Füllungstüren	94, 161	Gmachlmühlen	57, 74, **169**	Handlungszauber	47	Hoamgarschtgeh'n	41
Fundatio monasterii		Gmein	30	Handwerksordnung	27	»Hoarbad«	143
Berchtesgadensis	17	»Gmoa«	64, **143**	Hanf	180	Hochalmen (s. auch Almen)	35
Fundierung	153	Gnotschaft	42, 52	Hangsiedlungen	50	Hocheinfahrt	64, 82
Funkenfang	136	Gnotschafterbezirke	52	Haselgebirge	15, 29, 87	Hochfahrt	136
Fußpfetten	64	Gosauschichten	89	Haufendörfer	128	Hochgericht	19
Fußwaschung	41	Göpel (im Salzbergwerk)	**41**	Haufenhof	56, 57, 58, 65	Hochlagenbesiedelung	29
Futterhaus	57, 58, 64, 68	Götengeld	124	»Haus«	58, 59, 62, 68, 69, 134, 160, 162	Hochlaube	157
Futterställe	74, 182	Grabdenkmale	151, 165, 167	Hausaltar	96, 126, 162	Hochleger (s. auch Almen)	31, 79
Futtertenne	131	Grabendach	135	Hausbau	59	Hochofen	152
		Grabkreuz	126, 167, **523, 524**	Hausbrunnen	57, 76	Hochschwelle	71, 79
		Gräberfeld	170, 171, 175	Hausgerät	27	Hochstaudenflur	32
Gaderer	26	Grandl	96	Hauskreuz	**122, 124**	Hochzeit	43, 124, 125
Gänse	26	Grauben	58	Hauslehren	23	Hochzeitslader	125
Galmei	29	Gred	**332**	Hausmühlen	57, 74, **169**	Hochzeitsprokurator	125
Gang (Giebellaube)	64, 92	Grenzbefestigungen	12	Hausnamen	53	Hochzeitsschießen	43
Gangbruck'n	92, 93	Großzehent	120	Haussegen	92	Hochzeitstag	43
Gangerl	39	Grubenbau	86	Haussprüche	**498**	Hockeralm	147
Gangroas'n	92	Gründonnerstag	41	Heiliger Abend	40	Hockergrab	108
Gangsäulen	92, 93	Grummeternte	44	Heiliggeisttaube	96	Hockergut	147
Garbenböden	64	Grundbuch	32, 118	Heiliggrab-Vorstellungen	41	Högler Sandstein	151, 161, 162
Gasseltage	43	Grundeigentumsübertragung	118	Heilpraktiken	47	Högler Sandsteinportale	**442, 443, 446,**
Gebetsgebärde	81	Grundentlastung	118	Heilszeichen	81		**447, 453, 454, 456, 458, 459, 471, 472**
Gebietsreform von 1973	19, 105	Grundgerechtigkeiten	116	Heimatfreunde		Hörnerschlitten	**114**
Gebietsreform von 1805	117	Grundherren	117, 118, 120	des Rupertiwinkels	105	Hofbilder	57, 134, 181
Gebildbrot	42	Grundherrschaft	9, 18, 19, 24,	Heimatstil,		Hofbrunnen	**493, 494**
Geburt	42, 124		115, 116, 117, 118, 121	Heimatstilarchitektur	55, 138, 182	Hoffuß	119
Gedenkbretter	100, 164-167, **192-194**	Grundholden	116, 117, 120	Heimarbeit	27	Hoffußsystem	25
Gegenreformation	23	Grundlasten	118	Heimarbeiter	68	Hofgericht	19
Gejaidgrenzen	12	Grundsteuer	119, 120	Heimhölzer	30	Hofjagdrevier	38
Gelakgrenzen	181	Grundsteuergesetz		Heimholzanteil	116	Hofkammer	116, 152
Geldstiften	120	vom 15. August 1828	118	Heimweide	34	Hofkapellen	57, 76, 77, **89, 161, 184**
Gelehrte	38	Grunduntertanen	117	Heimweiderechtsbezirke	34	Hofkastenamt	116
Gelenkschlüssel	94, 141, **271, 272**	Gruppenhöfe	57	Heirat	39, 116	Hofkasten Salzburg	120
Gemachmühle	120	Gschnoadbidel	65	Heiratsgut	125	Hofkastenverwaltung	116
Gemeinanlagsbeiträge	120	Gschnoader	34, **53, 55**	Heiratspolitik	117	Hofmeister	116
Gemeinanlagskasse	120	G'stäng	46, 48	Heizgrube	159	Hofmeisteramt (in Salzburg)	28, 118
Gemeindehaarbrechstuben	76	Guckeisl	152	Heizgruppe	158	Hofmeisterei	116
Gemeinhölzer	30	Gütl'n	68, **96**	»Hel«	183	Hofübergabe	125
Gemeinumlage	120						

Hofübergabevertrag	121, 125	Kachelofen	95, 96, 98, 183	Knödeltage	43	Landrechte	116
Hofurbar	115	Käsedienste	24, 30	Kochhütte	56	Landrecht von Bayern	120
Hollerbusch, Holunder	58, 71	Käsekessel	79	Kolonisationsschub	29	»Landschaft«	117, 119
Holzarbeiter, Holzknechte	26, 40, 147, **32, 35-38**	Kalkbrennen	148	Kommissions-Erhebungsprotokolle	30	Landschaften	52
Holzbezugsrecht	32	Kalkbrennerei	89	Konglomerat	153	Landsteuer	25
Holzblockbau	90, 146, 153	Kalkgrube	62	Kontroverspredigten	21	Latènezeit	109, 170, 171
Holzdecke	156	Kalkmörtel	138	Kopfschrot	58	Laub	34
Holzhandwerk	27	Kalköfen	62, 148	Kopfsteuer	120	Lauben	92, 156, 183
Holzhandwerker	40	Kalkstein	62	Kornspeicher	116	Laubenbrüstung	157
Holzknechte (s. auch Holzarbeiter)	26, 40, 147, **32, 34, 35-38**	Kalvarienberg	23, **512, 522, 525**	Kost	26	Laubengänge	182
Holzknecht-Schnitzereien	187, **479, 571-573**	Kalvarienberg-Abbeten	41	Kräuterweihe	42	Laubenkonsolen	156
Holzkohle	136	Kamine	58, 59, 95, 96, 158, 183	Krampus	40, 89	Laubensäulen	157
Holzmeister	29	Kammer	97	Kranzbalken	141	Laubentür	157, 161
Holzmeisterschaften	28, 29, 86	Kammerwagen	43, 125	Kranzeltage	126	Laubheu	**52, 56, 57**
Holznagel	91	Kantholzblockbau	79, 90	»kranzen«	**45-47**	Laubholzhage	34
Holzrechte	59	Kapitell	161	Krautäcker	122	Laubholzhaine	34
Holzschlagerecht	28	Karner	26	Krautgärten	122	Laubhütte	65
Holzschuhmacher	27	Karsamstag	41	Krauttanz	125	Laubrechen	34
Holztrift	148, **24-27**	Karsamstagskohle	44	Kraxenträger	32, **50**	Laubrechwald	34
Holzverbindungen	153	Kartage	41	Kreideformation	15	Laubsägearbeit	157
Holzwarenfabrikation	27	Kartenspielen	124	Kreister	79	Laubstift	147
Hoß	79	Kartuschen	91, 138, 270, 289, 299, 301, 370, 558	Kreuz	81, 101, **295, 297, 298**	Laubstreugewinnung	34
Houdibock	92, **204-206**	Kaseinfarben	154	Kreuzauffindungstag	41	Laubstreunutzung	34
Houdie (hohe Diele)	59, 63	Kasein-Malerei	186	Kreuzgratgewölbe	82	Laudemium	116, 120, 180
Hube	119	Kaser (s. auch Almhütten)	32, 78-81, 91, 146, 187, **218-294**	Kreuzsprossen	94	Lebensmittelbewirtschaftung	26
Hubenmaß	119	Kaserhaltungsrecht	32	Kreuzwege	167	Lebzelter	98
Hügelgrab	109	Kaskastl, Kasstöckl	78, 79, 90, 94	Kreuzwegstationen	77	Lebzelterstand	**186**
Hühnerdienste	24	Kaskeller	224	Kreuzzaun	77, **162**	Leerhäusel	119
Hüterbuben	31	Kasten	183	Kropf	47	Legschindeldach	54, 58, 71, 79, 89, 91, 155, 156, **62-73, 89, 91, 120, 126, 127-130, 138-140, 142-149, 166-168, 170, 171, 173-177, 218-234, 237, 239, 241, 242, 244, 248, 250, 251, 253, 258-261, 264-269, 277-279, 528, 567, 570**
Hüttenwerk	152	Kastenämter	116, 149	Kruzifix	96, 100, 183, **503, 512, 513, 517, 518, 522, 530, 569**		
Hütt'l	78, 79	Katasterblätter	65, 76	Kuchl	62		
Hufe	119	Kaufs-Übergabebrief	26	Küche	58, 95, 97, 159, 160, 162, 183		
Hufeisen	44	Kegelschieben	124	Küchendienst	147	Lehen	23, 53, 112, 117, 119
Hundegespann	**19**	Keildielen	136	Küchenkräuter	57	Lehensgüter	117
Hungerjahr 1742	26	Kelchkapitell	161	Küfer	28	Lehenskauf	25
Hur	136	Keller	57, 58, 93	Kühe	**45-48**	Lehensrecht	117
Hurre	136, 183	Kerbschnittsaum	93, 156	Künstler	38	Lehensteilung	53
Hutweiden	34	Kerzenopfergang	40	Kugelgang	148	Lehensträger	117
		Kerzenweihe	40	Kugelmühlen	82, 148, 151, **178-183**	Lehrhäuser	23
		Kessel	**275, 284**	Kugelmüller	82, 84	Leibeigene	117
IHS (Jesusmonogramm)	39, 81, 91, 92, **236, 289, 557**	Kesselgalgen, Kesselhäng, Kesselreiden	79, 97, 147, **98, 275, 284**	Kulturpollen	29	Leibeigenschaft	24, 117, 118
Imbkammerl (Bienenkammerl)	59	Ketteln, Kett'ln	58, 90	Kunstfertigkeit	27	Leibgedingsbriefe	116
Impwecken	39	Kielbogen (Eselsrücken), Kielbogenmotiv	93, 161, **370, 375**	Kunstholzhandwerker	27	Leibgedingsrecht	116
Inflation	118	Kienspan	98	Kupferbergbau	29, 108	Leibgedingsuntertanen	116
Initialen	91, 92, 154, 156, **252, 254, 263, 270, 286, 289, 299, 301, 358, 370, 454, 459, 510, 571-573**	Kienspanhalter	98	Kupferkessel	81, 97	Leibgeld	118
		Kinderspielzeug	27	Kurbetrieb	174	Leibherrschaft	24
		Kindheit	42	Kurfürstentum Bayern	10	Leibrecht	118
		Kindswäsche	42	Kurie	19	Leibrechtsgüter	118
Insektizid	32	Kirchdörfer	129	Kurpark	174	Leibsteuern	117
Inventar	97, 183	Kirchenwege	167	Kurviertel	174	Leibzinser	118
Inventarverzeichnis	97	Kirchtage	123	Kutte	159	Leichenbretter (s. Totenbretter)	
Inzucht	43	Kirchweihe	124	Kuttenbäume	159	Leichenhäuser	165
		Kirchweihfeste	45			Leichenträger	126
		Kistenverband	93	Laab'n (Laube)	64	Leierbrunnen	76
Jagdaberglauben	47	Khag	25	»laaben« (Laubeinsammeln)	**57**	Leiheformen	116
Jagdfreunde	38	Klapptisch	**288, 294**	Lädenzäune	78	Leiter	93
Jagdfrondienste	120	Klausen (Schleusen)	86	Längstenne	65, 82, 182	Leiterdill'n	93
Jagdhoheit	19	Kleinbauernhaus	136	Lärche	34	Leitkuh	45
Jagdrecht	146	Kleinsiedlerstellen	68	Läufer	91	Leonhardiritt	126
Jahrmarkt	39	Kleinsthäuser	68	Landbeerdigungen	44	Lesesteinwälle	77, 78
Jakobitag	45	Kleintierstall	68	Landbrief von 1377	24, 25, 29, 30	Lex Alemannorum	56
Jesusmonogramm (IHS)	39, 81, 91, 92	Kleinzehent	120	Landeshoheit	9, 19	Lex Bajuvariorum	56, 143, 164
Johannistag	42	Klettersteig (am Watzmanngrat)	**43, 44**	Landesverweisung	21	Lex Ribuaria	56
Josefitag	41	Kletzenbrot	40	Landgericht	19, 119	Lias	28
Jugendstil	55, 161	Klingschrot	153	Landgewinnung	50	Lichtarbeit	40, 42
Jungsteinzeit	108, 171	Klosterrichter	120	Landhausierer	**50**	Lichtblauer Montag, Lichtblaumontag	40, 42
Jura	15	Kniestock	58, 59, 63, 64	Landleihe	117		
Jutentrog	79			Landordnungen von 1654 und 1667	25	Lichtmeßkerzlein	40

Lichtmeßmoahd	65	Mettengammern	40	Noddeggei	96	Pfetten	91
Lichtmeßtag	40	Mettenkerze	39, 40	Nolpenstiege	**212**	Pfettenköpfe	
Liebschaft	39	Mettensuppe	40	Notitia Arnonis	110	92, 156, ***199-201, 203, 206, 548, 555-558***	
Litanei	39	Michaelitag	42	Nudlsieden	39	Pfingstmontag	43
Löffelmacher	26	Milchwirtschaft	122	Nutzeigentum	118	Pfingst-Schießen	41
Losungsbrief	25	Mischbau,		Nutzholzbezugsrecht	30	Pfingstsonntag	41, 42
Losungskauf	25	Mischbautechnik, Mischbauweise				Pfingstwoche	42
Lotterbett	96	59, 63, 64, 89, 154, 157, ***65, 72, 73, 74,***		**O**adabatzl'n (Stachelbeeren)	57	Pfleggerichte	
Ludeigen	117	***121, 126, 127, 130, 330, 331, 335-338,***		Obenauf	58, 59, 63, 68	105, 112, 116, 117, 229, 134, 146, 148	
Lüftlmaler	186	***342, 345, 347, 348, 359, 367/368, 394,***		Oberboden	159	Pfoastkorb (Tellerkorb)	81
Lüftlmalerei (s. auch Frescotechnik)		***395, 399, 410-418, 421, 422, 431, 475***		Obereigentum	118	Pfostenscheunen	74
157, 158, 186, ***497, 499, 561-563***		Mischformen	74	Oberlichtelement	161	Pfostenspeicher	74
Luneville, Frieden von	19	Mischmauerwerk	138	Oberlichtöffnungen	164	Pietismus	143
Lutherischer Freithof	22	Mission	23	Obmannschaft	180	Pitschenmacher	27
Luzien-Tag	39	Missionsbuch	23	Obersteiger	28	Plätten	31, ***47***, 48
		Mitessersuchen	42	Oberstube	59	Portale (Türgewände)	152, 161, ***195***
Magie	47	Mitgift	43, 146	Obstgarten	57, 58	Polychromie	141
Mähder	35	Mittelflurhaus	182	Ochsengespann	***18***	Prangerinnen	126
Männerkindbett	42	Mittelleger	31	Ochserer	***18***	Prangertag	42
Mahd	35	Mitterhochtenne	182	»Ochsenklaviere« (Viehgangerl)	34	Prangtage	124
Mahlrecht	74	Mitterstallbau	131, 134, 181	Ölbergandachten	41	Preßburg, Frieden von	19, 112
Maibaum	41	Mittertennbauten	131ff, 134-136	Ölbergkapelle	***186***	Procurator	43, 125
Maibaumstecken	126	Mittertenne	135, 138	Öllämpchen		Protestantischer Kirchenbauverein	23
Maiergründe	122	Mittertennhöfe	157, 181	(Ölscherben, Ölkachei)	98	Protestantismus	20, 23
Maierhöfe	25, 118, 120, 147, 156	Mittertenntore	161	Ölstampfen	98	Putzer	31
Maierhof, fürstpröpstlicher	16	Moa, Moahd	65	Österreichischer Erbfolgekrieg	180	Putzfugen	138
Maifest	41	Mode	47	Ötzen	34		
Maisalmen	30, 181	Molke	31	Ofen	59, 95, 146, 183	**Q**uadermauerwerk	153
Malerei	154,	Monogramme	156	Ofenbrücke	18	Quatember-Mittwoch	39
424-427, 546, 548, 550, 553, 555-558,		Monokulturen	31	Ofenstube	146	Quatember-Freitag	39
561-563		Montag nach Michaeli	40	Offener		Quertennen	65, 149
Malerchronik	38	Morgengabe	125	Rundumkaser	***255-257, 260/261, 264***		
Maltechnik	186	Motorisierung	38	Ohrung	161	**R**admaschine	178
Malschrot		Mühle	74, ***130***	Ornamentik,		Räucherungen	40
154, ***364-366, 429, 430, 432-434***		»Mühlespiel«	***296***	Ornamentformen	154, 157, 161	Rahmenstock	94
Manganerz	29	Mühlsteine	74	Ortgang	92	Raibler Schichten	15
Manse	119	Mühlsteinbrechergewerbe	74	Ortsbilder	50, 54, 55, 129-131	Raitel	151
Mantelbaum	58	Mühlsteinbrüche	74	Ortsnamen	53	Ramsaudolomit	15, 28
Manufakturei	27	Mühlsteingewinnung	153	Ostereier	41	Randbemalung	157
Marbelstein	89	Muldenmacher	27	Osterfest	41	Rastweiden	30
Maria Empfängnis	39	Münchner Vertrag	105	Osterfestkreis	40	Rationalisierung	26
Maria Himmelfahrt	42	Münzen	156	Osterfeuer	41	Rauchabzug	58, 159
Maria Lichtmeß	40	Münzfunde	171	Osterkerzen	92	Rauchabzugshaube	160
Marienmonogramm, Mariogramm		Münzrecht	172	Ostermontag	41, 43	Rauchböden	158, 159
81, 91, 92, ***236, 257, 263, 280, 290,***		Murmeln	82	Ostersonntag	41	Rauchfang	58, 96, 183
367/368, 556, 573		Muttermal	42			Rauchhaus	159
Markscheider	87			**P**aarhöfe (s. auch Zwiehöfe,		Rauchhut	58
Markustag	41	**N**abelschnur	42	Parallelhöfe)	56	Rauchkammerl	59
Marmor, Marmorbrüche	148, 152	Nachahmungszauber	42, 47	Pachtbrief	24	Rauchküche, Rauchkuchl	
Marterl	100, 165	Nachbarschaft	30, 52, 116	Paläolithikum	81	(s. auch »schwarze Kuchl«)	58, 134
Martersäule	***217***	Nachgeburt	42	Pachtbrief	24	Rauchkutte	147, 160
Martinstag	42	Nachtlichtchen	98	Palm	45	Rauchloch	95, 97, 158, 160
Massenverkehrsmittel	38, 55	Nachtwache	126	Palmbäume	41, 44	Rauchmantel	159, 160, 164
Massivbau	146	Nagelfluh	74, 107, 138, 153	Palmbaumweihe	41	Rauchnächte	39, 40, 126
Massivbauweise	138	Nagelfluhwerk	130	Palmbuschen	41	Rauchöffnungen	162
Mauerwerk	153	Nagelschmieden	152	Palmsonntag	41	Rauchpfanne	39
Mauerziegel	89, 152	Nahrungsmittel	26	Palmweihe	126	Rauchschlote	158, 159, 164
Mautgebühren	82	Nationalpark	38	Parallelhof (s. auch Zwiehöfe,		Rauchschüsse	40
Mautmühlen	74, ***128***	Naturstein	89	Paarhöfe)	56	Rauchstube	68
Mautordnung	149	Naturaldienste	118, 120	Patrimonialgerichtsbarkeit	118	Rauchstuben	143
Mayerhof (s. auch Maierhof)		Naturalfrondienste	117	Patroziniumsfest	39	Rauchwecken	39
25, 118, 120, 147, 156		Naturschutzgebiet	38	Pausteuer	119	Raufen, Raufereien	43, 126
Medaillen	45	Nebengebäude	56, 71-76	Pendelkasten	162	Rautenmuster	156
Medizinheu	35	Nekropolen	109	Pensionen	38	»Reamling« (Riemling,	
Meierschaftsfrist	116	Nepomukfigur	***501, 502, 521***	Pentagramme	81, 101, 102, ***235, 236***	s. auch Riemlingdecke)	91
Melkbracken	81	Neustift	118	Perchtenlaufen	40	Rechenmacher	27
Melkschemel, Melkstuhl	81, ***284, 285***	Neustiftsgüter	118	Pfannhauser	26, 28, 40	Reformation	20
Menschertage	41, 43	Niederleger	29, 31	Pfannstätte	55	Regalien	19
Mergel	106	Nikolaus	39, 40	Pfeifenmacher	27	Regenrinne (Ruasch, Ruaschrinn)	92
Merowinger-Zeit	109	Nikolausbrauch	39	Pferdegräber	109	Reichenbachsche	
Meßwert	117	Nikoloweibl	39	Pferderennen	124	Wassersäulenmaschine	177

Reichnisse	117	
Reichsdeputationshauptschluß	112	
Reichsstandschaft	9, 18	
Reichsunmittelbarkeit	19	
Reichsverfassung	9	
Remisen	141, 158	
Renaissance	186	
Rentämter	114	
Reparationsbeiträge	120	
Reuten	50, 53	
Rheinbund	114	
Ribissel'n (Johannisbeeren)	57	
Richtfest	**483**	
Rieder Vertrag	114	
Riemlingdecken	91, 156, **83, 84, 352, 354, 371**	
Rinnhaken	92, **210, 211**	
Ristgeld	120	
Ritterlehen	118	
Ritterzehrung	119	
Ritzzeichen (Felsritzungen)	74, 101, 102	
Robotdienst	120	
Roboten	116	
Rodel	**115**	
Rodung	18, 19, 24, 50, 63, 56	
Rodungsinseln	**54, 60**	
Römerzeit	170, 171	
Rofen (Sparren)	91	
Roheisen	152	
Rohrnudeln	39	
Rosenkranz, Rosenkranzbeten, Rosenkranzgebet	39, 40, 41, 42, 124, 165	
Roßfeldschichten	53, **54**	
Roßstall	131	
Rottenfeuer	43	
»Ruaschrinn«	**210, 211**	
Rüstgeld	120	
Rundholzblockbau	79, 90	
Rundumkaser, insbes.	64, 78-81, 90, 147, **231, 233-242, 244, 246-249, 255, 258-261, 264-269**	
Rupertusfest	10	
Sägewerk	**130**	
Säkularisation	9, 19, 23, 28, 52, 105, 112, 152	
Sämerstraße	180	
Salbücher	24	
Saline	55, 85, 171, 172, 175	
Salinenarbeiter	26, 176	
Salinenbetrieb	176	
Salinengebäude	84	
Salinenwälder	28	
Salinenwesen	28	
Salz	26, 175	
Salzämter, herzogliche	176	
Salzbau	28	
Salzberg	52	
Salzbergamt	28	
Salzbergbau	87	
Salzbergwerk	**86**	
Salzburger Flachgauhof	131ff, 134, **333-536**	
Salzexportmarkt	176	
Salzfernhandel	175	
Salzgewinnung	30	
Salzhandel	171	
Salzherstellung	28	
Salzkammerl	59	
Salzlecke	**273**
Salzleckrinnen	79
Salzniederlagsrecht	176
Salzproduktionsstätte	175
Salzquellen	55
Salzrecht	68
Salzregal	30
Salzstraßen	12, 55, 169, 176
Salztransport	180
Sammelsiedlungen	51
Sandstein	138, 148
Sandsteinabbau	151
Sandsteinbrüche	151
Sapie	**99**
Sarg	100, 165, 166
Sargaufbahrung	165
Sargbestattung	164, 165
Sauna	143
Schabbühne	159
Schabernack	43
Schachtelmacher	27, 40
Schäffelmacher	27
Schafalmen	31
Schaffelmachen	**97, 101, 102**
Schaffer	28
Schafstall	56
Schandstrafe	43
Scharschindeldeckung	77, 155
Scharschindelmantel	158
Scharschindeln	147
Scharschindelschürze	147
Scharwerksdienste	120
Schauerfreitag	41
Schaukelpferd	**130**
Scheibenschießen	124
Scheibling	39
Schenkeltag	40
Scheune	56
Schi	**574-576**
Schifahrer	36
Schiffer	**20**
Schiffsschweren	149
Schindelholz	91
Schindelkleitzer	**105**
Schindeln, Schindel machen	92, **105, 110**
Schinderseil (nach Väterart)	**96**
Schlackenstein	129, 138, 152
Schlackensteinmauerwerk	**130, 444, 467, 469-472**
Schlafkammer	64
Schlafraum	58
Schlagfluren	30
Schlagschneider	152
Schleifsteine	84, 151, **108**
Schließvorrichtungen	94
Schleppdächer	135
Schlier	106
Schloß, Schlösser (Türschlösser)	**379-384, 387, 405, 406, 408, 409, 508, 509**
Schlottereier	43
Schlüssel	**271, 272**
Schlußschrotten	90
Schlußsteinmotiv (Scheitelstein)	161
Schmieden	136
Schmuck	171
Schmuckformen	157
Schneitelwirtschaft	78
Schnittelsuppn	40
Schnitzer	26, 27
Schnitzereien	147
Schnitzwerk	156
Schöffelmacher	26
Schönbrunn, Frieden von	19
Schopfwalm (Krüppelwalm)	77, 129, 147
Schopfwalmdach	155, 156, **506, 531, 543**
Schrambachschichten	**54**
Schrankzaun	77
Schranne	54
Schratlgaderl	46, **275, 276**
Schreiner	26
Schrubbhacke	**100**
Schuber, Schuberfenster	94, **361**
Schubkarren	**113**
Schubriegel	79, 94, **272, 283**
Schubriegelschloß	94, 141, 147, **79**
Schüsselkorb	97
Schützengesellschaft	48
Schuhwerfen	39
Schuldendienst	24
Schupfen, Schuppen	56, 134, 182
Schußbrett	156
Schusser	82, 84
Schussermühlen	148
Schuttkegelsiedlungen	50
Schutzmittel	44
Schwaben-Ausmahn	47
Schwänzloch (Schwoabloch)	97
Schwalbenschwanzverbindung	90
Schwandrecht	32, 181
»schwarze Kuchl«	**98**
Schwarzwälder	32
Schweine	31, 33
Schweinehaus	56
Schweinestall	95
Schweinezucht	122
schwenden	34, 50, 53, 181
Schwerhaken	92
Schwerlatte	92
Schwerstangen	92
»Schwinger«	**210, 211**
Schwoabloch (Schwänzloch)	97
Schwingen	92
Schwitzbad	143
Sebastiani-Amt	40
Sebastianibruderschaft	40
Sebastianstag	40
Sechtelherd	158, 162
Sechtelofen	159, 160
Seelenkammer	18
Seelenzopf	42
Seelsorgerecht	19
Segenbaumstrauch	41
Sekundärbedachung	156
Selbstversorgung	26
Selbstversorgungsprinzip	74
Selbstwasser	86
Selchstangen	164
Sendinnenwappelung	45
Sennerinnenbritschen	45
Sense	34
Servituten	118
Siedeherren	176
Siederpatriziat	176
Siedlungsdichte	51
Siedlungslandschaft	50
Siedlungsnamen	53
Siedlungsstruktur	52
Silber	29
Silberdistel	32
Silvesterabend	40
Sinkwerk	87
Sinkwerksbau	87
Skisport	38
Sölde	119
Söldner	119, 121
Söller	134
Soldatensteuer	119
Sole	87, 89
Solegewinnung	87
Soleleitungen	176
Solequellen	175
»Soler«	159
Sommerfrische	38
Sonderformen	74
Sonnwendfeuer	42, 126
Soyer	58, 138
Spälterzaun	34, 77
Spanischer Erbfolgekrieg	180
Spankleitzer	**105**
Spanndienste	120
»Spanner«	92, **211**
Spansirchen	98
Sparherd	95, 97
Sparren (Rofen)	64
Sparrendach	149
Speicher	56-58, 74
Speicherbau	71
Speik	39
Speiknarde	39
Speisenweihe	41
Speispferde	44
Sperrbaum, Sperrstange	94, **374**
Sperren	44
Spezialisierung	26
Spiele	124
Spielwarenfabrikation	27
Spielwarenmacher	27
Spielzeug	27
Spinnrad	**94, 326**
Spreizverschluß	161
Spundsäule	93, 94
St. Gall	45
Stadel (Stall, Stallscheune)	57, 64, 93, 136, 141, 158, **67, 130, 167, 168**
Stadelbundwerk	158, **130, 485, 486**
Stadtgeschichte (Reichenhall)	171
Ständerbau	65, 108, 149, 157, 158
Ständerbauweise	138
Ständerbohlenbauweise	138
Ständerkonstruktion	71
Ständerwerk	136
Stall	57
Stalleinstreu	**57**
Stallscheune (s. auch Stadel)	57, 64, 93, 136
Standuhr	183
Stangenzäune	34
»Stapfen«	79, **282, 291**
Steckenhag	77
Steckenzäune	34, 77, 78
Stefanitag	43
Steher (Türpfosten)	141
Steigenbank (Hennensteige)	96
Steigergeld	41
Steinbau, sekundärer	89
Steinbautechnik, sekundäre	140
Steinbauweise	59, 89
Steinbrüche	151, 152
Steingeld	119

Steinhag	77	Taufe	124	Überkämmungen	153	Vorgeschichte	16, 108, 169
Steinlesewälle	50	Tennbrücken	64	Überstiege	78	Vorhaus	160, 162
Steinmetze	151	Tenne	131, 135, 136, 159	Ulme	58	Vorkopfschrotten	90
Steinmetzmeister	148	Terrassensiedlungen	50	Umadumstall	79, 90	Vorratskeller	56
Steinmetzkunst	161	Territorialstaat	9	Umgeldordnung	119	Vorratsräume	57
Steinwälle	34	Tertiärzeit	15	Umgeldsteuer	119	Vorsegnung	43
Steinzeit	108	Thomastag	39	Unheilabwehr	92	Vortenne	64
Sterbhaupt	120	Tischherd	95	Unreim	46	Vorzeichen	44
Sternsingen	40, 126, **49**	Tod	44	Unschlichtkerzen	98	Votivgabe	99
Steuerbemessung	119	Tonscherben	138	Unschuldigen-Kinder-Friedhof	44	Votivtafeln	47, 48
Steuerbücher	119	Tonvorkommen	89	Unter-Dach-Schlote	159, 160		
Steuerbuch von 1698	25	Topographie	14, 105, 169, 180	Unterfirst	92	**W**achskerzen	98
Steuerdistrikte	105	Tore	161	Unterhaltungspflicht	24	Wachsstöcke	40
Steuerfreiheit	119	Torfgewinnung	123	Unterländer Einhof	182	Wachszieher	98
Steuerkraft	26	Torfstich	123	Unterndach	59, 68	»Wärmloch«	**84**
Steuerlasten	117	Torhäupter	161	Untersberger Marmor	89, 94, 96	Waffenschmieden	152
Steuerpatent	120	Torsturzbalken	161	Urbanitag	45	Waldamt	28
Stichsägemuster	157	Totenbräuche	126, 164-167	Urbar	112, 116, 117, 122, 134, 152	Waldanflug	31
Stiegenbäum'	93	Totenbretter	100, 126, 164-167, 170,	Urbarämter	116, 117, 119, 134, 172	Waldarbeiter	*43, 44*
Stift, freie	116	**193, 194, 512-519, 522, 525, 526**		Urbarbeschreibung	117, 119, 123	Waldbuch von 1529	25, 32
Stifte	117	Totenbücher	26	Urbarsbesitz	116	Waldmeister	28, 147
Stiftstaverne	55	Totenfrau	165, 166	Urbarsdienste	117	Waldordnung des Erzstiftes Salzburg	
Stockhammerische		Totengräber	126, 166	Urbarsgerechtigkeiten	116	von 1659	59
Grundherrschaft	120	Totenkreuz	126	Urbarsgericht	116	Waldordnungen	25, 30
Stockrecht	148	Totenmahl	44	Urbarsleute	116, 117	Waldregal	30
Stockurbar	112, 117, 119	Totenmesse	165	Urbarsverwaltung	117	Waldweide	181
Stollenausbau	89	Totenmünzen	171	Urnenfelderkultur	109	Wallfahrten	44, 126
Stollen-Beten	39	Totenrast	165	Urnenfelderzeit	109, 170, 171	Wallfahrtskerzen	92
Stootzn	81, **293**	Totenwächter	126	Urpfarrei	129	Wallfahrtskirchen	47, 48
Stoßbutterfaß	**95**	Totenweg	44			Wallfahrtstage	42
Strafprotokolle	48	Trachten	47-49, 127,	**V**alentinstag	40	Walmdach	77, 129
Straßendörfer	128	**304-316, 321, 328, 332**		Verbretterungen	158	Wände	90, 153
Straßenstützmauern	89	Tradäcker	122	Verhüttung	152	Wärmestube	146
Strauchhecken	78	Tram, Trambaam		Verkämmungen	154	Wandbänke	183
Streckhof	182	(Deckenbalken)	91, **83, 83, 202**	Verkarstung	31, 32	Wanderfuhr	43
Streu, Streurecht	34	Tramrose	**86, 202**	verlacken, auslacken	116	Wandern-Schießen	43
Streusiedlung	51, 182	Tratten	34, 78, **56**	Verlobung	43	Wandkästchen	183
Strohbidel	65	Trauerfeierlichkeiten	126	Verputz	138	Wandschränke	162, 183
Stube	58, 59, 95, 96, 183, **78**	Traunsteiner Gebirgshaus		Versandung	31, 32	Wanduhr	162
Stubendecken	91	10, 162, 186, **559, 561-566**		Versehgänge	44	Wappen, fürstpröpstliche	18
Stubenkammer	58, 97	Treppen	59, 93, 162, 164,	Vertrag von Frankfurt	114	Warzen	47
Stubenofen	58, 74, 95, 158, 159, 162	**82, 212-214, 360, 401-403**		Verwaltungseinheiten	52	Waschhaus	**492**
Stubentreppe	162	Treppenstufen	152, **82**	Verwandtenehen	43	Waschkessel	158, 159, 160
Stuck	42	Trias	15	Verzinkungen	153	Wasserbehälter	96
Stuckgeld	124	Triftanlagen	86	Vicedom	116	Wasserburger Parallelhof	131
Stuckmedaillons	138	Trifttransport	28	Vicedominat (in Salzburg)	116	Wassergrandl	146
Stüwei	59	Troadkasten	134, 138, 182	Viehbenediktion	41	Wasserknechte	28
Stufen	**212-214**	Trud	42, 43, 46	Viehgangerl	34, **265**	Wasserleitungen	81
Stuhlsäule	**388, 389, 391**	Türen		Viehhof	65	Weber	146
Stuizbrett	91	93, 151, 161, **88, 92, 196, 197, 254, 257,**		Viehschmuck	46	Webstuhl	146
Subsistenzwirtschaft	26	**263, 280-283, 355, 358, 370, 374-376,**		Viehweide	34	Wegkapelle	**185, 193, 491, 568**
Sudwerk	177	**378-388, 419, 420, 435-441, 443, 446,**		Viehwirtschaft	122	Wegkreuz	**164, 192**
Sumpfkalk	62	**458-463, 473**		Viehzucht	122	Wehr	148
Symbolinventar	81, 102	Türen, aufgedoppelte	94, 152, 161, **195**	Vielhaushof	182	Wehrleistung	24
Sympathiemittel	47	Türgewände		Vinzentiustag	40	Weiberball	40
Synodalstatuten	20	(s. Högler Sandsteinportale)		Vierpässe	138	Weideberechtigung	34
		Türkengefahr	117	Vierseithof	131	Weidenutzung	34
Tabaksteuer	119	Türkenglocke	119	Viertel	119	Weiderecht	30, 32, 181
Tabula Peutingeriana	109	Türkensteuer	119	Viertelacker	119	Weihbrunnen	183
Tafer	182	Türstock	94	Viertelhöfe	25	Weihnachtsbescherung	40
Taglöhner	121, 122, 124, 146	Türsturz	141	Viertelmeister	29, 116	Weihnachtsfestkreis	39
Tagwerk	119, 121	Tuffstein	129, 138, 153	Vogt	116, 117, 119	Weihnachtsmoahd	65
Tagwerker	26	Tuffsteinbrecherei	153	Vogteigefälle	119	Weihrauch	39, 40
Talterrassen	50			Vogteiherrschaft	24	Weihsteuer	119, 120
Tanz	124	**Ü**berbevölkerung	25, 59	Vogtfische	119	Weihwasser	39, 40, 43, 45
Tauben	26	Überblattung	153	Vogthafer	119	Weinbau	122, 123
Taubenhäuschen	**477, 478**	Über-Dach-Kamine	160	Vogtheu	119	Weinberge	123
Taubenkobel, Taubenschlag	157,	Übereinand'hütt'n	74	Vogtsteuer	119	Weingärten	123
330, 331, 334, 337-341, 345, 346, 348,		Überfahrtsordnung	128	Volksrechte	56	Weisat	117, 124
356, 359, 367/368, 398, 410, 412, 413,		Übergabe	53	Vordachverschalung	92	Weisert	124
421, 423		Übergabsbriefe	27, 76, 97	Vorderkammer	59	Weißdecke	156

Weltkrieg, Erster	118, 138, 165	Wildereraberglauben	47
Werfener Schichten	15, 89	Wildzäune	77
Werkstein	89, 94	Windladen	92
Werksteingewände	162	»Windmühle«	***107***
Werksteingewinnung	153	Wochenbett	43
Westfälischer Frieden	20	Wöchnerin	43
Wetterkerzen	40, 44	Wohnspeicherhaus	57, 58, 64
Wetterläuten	41	Wohnstallhaus	134
Wettermesse	41	Wortzauber	40
Wetterschießen	41	Wurzgarten	57
Wetterschlag	92		
Wettersegen	41, 92		
Wetzsteine	84, 151		
Widerkehr	131, 135, 158	**Z**äune	56, 57, 78, ***131-136, 264***
Widgelder	117	Zahnweh	47
»Wid'n«	***135***	Zapfenlager	94
Widtgeld	119	Zaungeld	119
Wiener Kongreß	114	Zechen	176
Wiesenkultur	122	Zeder	41
Wiesheu	34, 35		

Zehent	25, 118, 120, 121, 181	Zimmer (Aufzimmerung)	59
Zehentbeschreibungen	26	Zimmerer	28
Zehentfreiheit	19	Zimmerleute	40
Zehentsöfen	120	Zinkkarbonat	29
Zehentstadel	82, 83, 149, ***116, 482, 484***	Zinsen	25
Zeitpacht	24	Zinstage	120
Zeltdach	***495, 496, 511***	Zirkelschlagornament	***202, 213***
Zeugschmieden	152	Zisternen	76
Ziegeldach	156	Zoig	43
Ziegelfabrikation	89	Zubauern	121
Ziegelmauerwerk	130	Zuchthäusler	152
Ziegelmeister	152	Zuhäuser	
Ziegelöfen	148, 152	(Austragshaus)	27, 129, 130, 146
Ziehbrunnen	76, ***494***	Zünfte	29, 40
Zieler	48	Zwiehof (Berchtesgadener)	
Zierelemente	93, 161	56-65, ***54, 64-70, 72, 120, 138, 140, 149,***	
Ziergitter	162, 167	***150, 151-154, 171***	
Zierformen	161	Zwiehof, sekundärer	131
Ziermotive	154	Zwischenboden	91
Ziermuster	157	Zwischendecke	64, 96

Geographisches Register

Das geographische Register enthält auch Haus- und Hofnamen; eine brauchbare Ergänzung zum geographischen Register ist das Verzeichnis der Orte im Landkreis Berchtesgadener Land auf **Seite 486.**

Abtenauer Becken	56
Abtsdorf	107, 112, 129, 160, ***357***
Abtsdorfer See	108, 122, 123, 129, 130
Achthal	111, 138, 152, 167
Ahornalm, obere	31
Ahornalm, untere	31
Ahrntal	56
Aibling, Bad	177
Ainring	109, 110, 122, 129, 136
Ainringer Moos	109, 123
Allgäu	131
Almbachalm	31
Almbachklamm	***60, 178-183***
Alpbachtal	57, 86
Altach	114
Altdorf (bei Nürnberg)	22, 23
Altötting	126
Altofing	107
Alz	107
Alztal	107
Amering	172
Amsterdam	149
Anfanglehen	95
Anger	105, 115, 126, 129, 151, 152, 165, ***453-459, 501, 521***
Angererhaus	55
Annahütte	152
Antenbichl	50
Anthering	112, 123, 166
Antwerpen	27
Anzenbach (Gnotschaft)	93, ***80-88***
Attersee	131
Au	26, 42, 51, 68, 112
Au bei Surheim	130
Aufham	112, 119
Auhügel bei Hammerau	108
Außerfern	131
Auxenlehen	***211***
Bach (Ainring)	***517, 520***
Bachingerlehen (Bischofswiesen)	99, ***125***
Bad Reichenhall, insbes.	169-176
Bärnlehen in der Schönau	59, 64, ***140, 149, 150***
Baldramkaser	***264-266, 270-273, 289***
Bannhögl	151
Bannkopf (Untersbergmassiv)	35
Baumburg an der Alz	18, 116
Baumgarten (Gasthof, Gde. Schneizlreuth)	***448-450***
Bedaium	109
Berchtesgaden (Fürstpropstei)	12-101
Berchtesgaden (Landkreis) passim	
Berchtesgaden (Marktgemeinde)	9, ***71-115, 154, 155, 157, 217***
Berchtesgaden (Ortsbild)	54
Berchtesgadener Ache	50, 53, 54, 89, 95
Berchtesgadener Alpen	14, 169
Bergham	107
Bernegglehen	***73-79***
Beutellehen	***118***
Bichl, Gemeinde Siegsdorf	181
Bichllehen (Bischofswiesen)	***163***
Bindalm	31, 79, ***258, 261, 264-273, 293***
Bischofswiesen	26, 40, 48, 50, 51, 59, 68, 79, 82, 83, 92, 99, ***62, 116-125, 156, 163, 195, 207, 213, 215, 216***
Bischofswiesener Ache	50, 86
Bischofswiesener-Schellenberger Tal	15
Bischofswiesener Tal	50, 57, 89
Blühnbachtal	14
Bluntautal	14
»Bortuner« (Daring)	***341***
Brandenburg	22
Braunau in Nordböhmen	165
Braunschweig	177
Brennerbascht in Bischofswiesen	41
Brett	***64***
Bruck bei Freilassing	109
Brünning	107, 131, ***416***
Brunnbach	122
Brunnerlehen	***155***
Büchsenalm	31
Bürmoos	109
Burghausen	107
Burghausen, Feste	153
Burgstein	170
Cadix	27
Chiemgau	127, 146
Chiemsee	131
Christlieger (Insel im Königssee)	55
Dachsteingebiet	74
Dalsenalm	31, 101
Daring	131, ***330, 331, 341, 342, 345, 444, 445***
Denning	53
Dientener Sattel	14
Dobelgraben	105
Dürrnberg	16, 20, 21, 22, 28, 39, 42, 71, 175
Dürrnstein	109
Eckaualm	31
Eckeralm	31
Egerdach	112
Egglerlehen (Bischofswiesen)	***184***
Eingerhof (Kulbing)	***359-360, 369-393***
Engedey	50
Engertalm	31
Eichgraben	105
Eichham	111, 134
Eichstätt	112
Eisbachtal	102
Eisenärzt	181
Eisenbichl	169, 170
Ellansburgkirchen	130
Elixhausen	109
Engedey (Gnotschaft)	***57***
Ettenberg (Gnotschaft)	26, 47, 48, 51, 76, 77, ***53, 59, 126, 127***
Etzermühle	74, ***128***
Eugendorf	107
Fager	177
Falkensteinwand	14
Falzalm	31, ***225, 250-253***
Faselsberg (Gnotschaft)	51, 64, ***1***
Feldalm	31, ***255-257***
Feldkirchen	109, 152
Fendtleiten-Lehen	***63***
Fergellehen	95
Fernsebnerlehen (Ramsau)	***158, 161***
Fischunkelalm	31
Florianigasse (Reichenhall)	174
Florianiplatz (Reichenhall)	172
Florianiviertel (Reichenhall)	172, 174

Forststation Au	86	Grödig	12, 18
Forststation Hintersee	86	Gröll-Lehen (Ramsau)	**171, 175**
Forstwartei Schappach	86	Gröll-Lehen (Schönau)	**138**
Forstwartei St. Bartholomä	86	Großglockner	143
Forstwartei Taubensee	86	Grubenalm	31, **247-249**
Frankenmarkt	131	Gruberhof	
Frankfurt	82, 149	(Weißbach an der Alpenstraße)	186, **559, 561-566**
Frauenberg-Stollen	86	Grünseealm	31
Frauenchiemsee	118	Grünstein	51
Frauenchiemsee, Kloster	111	Gruttenstein, Burg	174, 175
Frauenloblehen	68	Gschirrkopf	**63**
Frauenreut (Saline in Berchtesgaden)	28, 30, 53, 84, 85	Gschwand	53
Frechenbach	86	Gschwendt	151
Freidinglehen (Ramsau)	**172, 174**	Gsengschneid	50
Freidling (Teisendorf)	53, **511**	Gugelalm	31, **246**
Freihäusl (Stollengüt'l, bei Berchtesgaden)	70	Häusern (Gemeinde Siegsdorf)	162, 181
Freilassing	109, 116, 122	Hagengebirge	14, 15
Freilichtmuseum des Bezirks Oberbayern bei Großweil	149	Haiden (Laufen)	115, **346, 497, 499**
Fridolfing	109, 111, 112, 121, **417, 418, 421, 422**	Hainham	152
Friedbichl-Lehen	16	Hainzenkaser	**279-283**
Friesach	116	Hainzenlehen	**1**
Froschham (Reichenhall)	174	Hallburg	174
Fuderheuberg (Staufen)	170	Hallein	109, 110
Funtensee	30, 64, 102	Hallthurm	89, 101, 177, 178
Funtenseealm	31	Hallthurm, Paß	12, 13, 14, 101
Fürstenbrunn	148	Hallstatt	176
Fürstenstein	16	Halmberg	111, 112
Fürstenstein (Berchtesgaden)	23	Halsalm	31
		Halsköpfl	102
Garmisch	186	Hamburg	149
Gaßalm	31	Hammerau	109, 152
Gastag	50	Hanottenkaser	64
Gastein	172	Hannover	22, 27
Gauzo (Alm)	29	Harbacheralm	187, **567, 571-573**
Geißalpe am Fuderheuberg	146	Haselgebirge	28, 53
Geisenfelden	119	Haselreit	53
Genua	27	Hasenhaus (Laufen)	**333**
Georgia (USA)	22	Haunsberg	111, 112
Gern (s. auch Maria Gern, Vordergern, Hintergern)	26, 76, **60, 63, 152, 155, 186**	Hausen	112
		Hausknechtlehen	**68-70**
Gerntal	51	Hausruckviertel	112, 114
Gerstreit	53	Heiligkreuz	105, 122
Gessenhausen	131	Heimatmuseum Berchtesgaden	**196-203**
Glan	112	Heining	112, **348**
Glanegg	148	»Heißenbauer« (Piding)	**475**
Glaneck	152	Henndorf	156
Glann	116	Herzoglehen	**120**
Gletschergarten	180	Himmelreich	152
Gnigl	109	Hinterbrandlehen (Berchtesgaden)	**212**
Göll, Hoher	14, 51, **64**	Hintergern (s. auch Maria Gern, Gern, Vordergern)	**60**
Göllgruppe	14, 15	Hintermühle	97
Göllmassiv	53	Hintersee	14, 38, 50, **64, 135**
Götschen	28, 29, 54, 57	Hirschbichl	12, 14, 16, 55, 81
Götzing	107	Hirschbichl-Klausbach	86
Gollenbach	28	Hirschenhaus (Berchtesgaden)	54, 186
Gotzenalm	81, 101, 102, **241-245**	Hochalm	31
Gotzenberge	14	Hochberggraben	106
Gotzentalalm	79, **13, 233-236, 300**	Hochgartdörfl	51, **56, 62**
Grabenbach	175	Hochkalter, Hochkaltergruppe	14, 15, **61**
Grabenlehen in der Ramsau	27	Hochkönig	29
Grafengaden	18	Hochkönigstock	14
Grafengaden, Urbaramt	12	Hochstaufen	105, 147, 169, 187
Grafenlehen	**142**	Hochzinken	**55**
Greinswieserkaser (Dalsenalm im Lattengebirge)	**284-288, 294**	Högl	105, 112, 115, 116, 123, 129, 143, 148, 151

Höglwörth	116, 117, 120, 126, 149, 151, 152	Kneifelspitze	51, **60, 63**
Höllenbach	180	Kneifllehen	68, **157**
Höllenbachalm	**568**	Kochalm (Piding)	**480**
Höllenbachtal	180	König-Ludwig-Stollen	86
»Hölzlbauer« (Haiden bei Laufen)	**497, 499**	Königsbach	86
Hörafing (Gemeinde Teisendorf)	109, 141	Königsbachalm	31, 32, 101, **220, 221**
Hofham	112	Königsbergalm (auf der Südseite des Jenners)	29, 31
Hohenaschau	118	Königssee (See und Ortsteil)	13, 14, 16, 31, 36-38, 47, 51, 55, 86, 101, 102, **20, 24-31, 47, 48, 130, 295, 296, 298**
Hohenbergham	131	Königsseer Ache	51, 86
Hohensalzburg, Feste	153	Königstal	102
Holland	22	Königstalalm	31
Holzenlehen	64	Königstalgraben	101
Holzhausen	106, 112	Kohlstatt	136
Hub (Gemeinde Teisendorf)	161, 186	Koppenleiten (Lehen)	**154**
Huttmannhof (Laufen)	**347**	Kothalm	31
		Kramerlehen (Schönau)	**141, 170**
Ibmer Moos	107	Krautkaseralm	31, **222**
Ilsank	178	Kressenberg	111
Innsbruck	131	Kressenkaser	**268, 269, 274-276**
Innviertel	112, 114	Kühnhausen	112
Inzell	177, 180, 181	Kühroint	16
Ischl	176	Kührointalm	31, 81
		Kufstein	181, 182
Jachenau	181, 186	Kuhlochhöhle	16
Jenner	29, **232**	Kulbing	107, 130, 162, **349-355, 358-366, 369-393**
Jochberg (Schneizlreuth)	180, 186, **556-58, 569**	Kundl	131
Jochbergtal	180	Kunterweg (Ramsau)	47, 48
Jodlbauernhof in Hagnberg bei Geitau	186	Kunterwegkirche	77
Johannishögl (Kleinhögl)	**303**		
		Ladusa	29
Kaaralm	31	Lahneralm	31
Käferham	152	Lahntal	56
Kälberstein	54, 89	Lamprechtshausen	123
Kärnten	116	Landhauptenalm	31
Kahlersbergalm	31	Landtalalm	31
Kallbrunn-Almen	29, 31, 32	Landtallehen	76
Kafling	**413**	Langacker	169, 170
Kalter Keller	16, 101	Langackertal	175
Kammerlingalm	29, 32	Lattenbergalm	31
Kammern	107	Lattengebirge	14, 15, 50, 101, 102, 169, 187, **259**
Kanzlerhaus	54	Laufen	10, 105, 110, 114, 115, 122, 123, 124, 131
Karlstein	169, 170, 172	Laufen, Landkreis	107, 109
»Kasparbauer« (Daring)	**345**	Laufener Durchbruchstal	153
Kay	153	Lauter	111, 112
Kederbacheralm (Ramsau)	**160**	Lebenau, Grafschaft	111
Kedererhaus	55	Lechtal	131
Kehlalm, obere	31	Leibnitz	116
Kehlalm, untere	31	Leitgering	107
Kehlsteinstraße	**42**	Leitzachtal	186
Kematenalm	31	Lenzenbauernhof (Ristfeucht)	186, **548-555**
Kirchanschöring	115	Leobendorf (Gemeinde Laufen)	115, **395-397**
Kirchberg	112, 170, 172	Leogang	71, 109, 123
Kirchberg, Stadtgemeinde Reichenhall	174	Lercheck	42
Kirchdorf	129	Lettenhausen	177
Kirchstätt	107	Letzelalm	32
Kitzbühel	165, 181, 182	Leustetten	109, 156
Klausbachtal	14	Lieferinger Au	116
Klausbäche	86	Liegertalm	31
Klausbach – Ramsauer Tal	15	Lindach	105
Kleinhögl (Johannishögl)	**303**	Litzlalm	**223**
Klettnerlehen (Ramsau)	**21, 190, 191, 214**	Lockstein	17, 54
Kletzling	112	Locksteinwand	178
Klingalm	31	Lofer	71, 152
Klötzlhaus (in Salzburghofen)	159		
Knauerwand	86		

Loh (Gemeinde Saaldorf)	356	Neusieden	51	Priesbergalm	31, 32, *219*	Salzberg	26, 51, 87
Loipl (Gemeinde Bischofswiesen)	34, 39, 50, *58, 120, 213*	Niederheim	18	Priesberger Moos	101, 102	Salzbergwerk	86, 89
Loiplsau	*22*	Niederheim (im Pinzgau)	17	Priesterstein	54	Salzburghofen	109, 112, 114, 122
London	149	Niederheining	157	Punschern	*513*	Schärtenalm	31
Ludlerlehen	67, 68	Niederösterreich	56			Schappachalm (Schapbachalm)	31, *218, 227*
Lüßgraben	106	Niederstetten	121	**R**adegund	107	Schappachtal (Schapbachtal)	16
Lungau	116, 143	Nirnharting	107, 112	Raitenbach, Kloster	153	Scharitzkehlalm	31, 101
		Nonn	174	Raitenhaslach	116	Schebererlehen	95, 98, *126, 127*
Maisanger	101	Nonnberg	110	Ramsau	12, 26, 44, 57, 74, 76, 95, 97, 100, 153, *61, 64, 135, 158-161, 165-169, 171-177, 185, 192-194, 204, 214*	Scheffau	26, 29, 51, 68
Malerhügel	38	Nonnberg (Kloster)	129			Scheibenalm	31
Malerwinkel	38, 55	Nonntal (Berchtesgaden)	54, 89			Schellenberg	19, 21, 28, 30, 51, 57, 68, 71, 76, 84, 89
Manetsberg	107	Nürnberg	149	Ramsau, insbes.	55	Schellenberger Tal	51
Maria Eck	126	Nunreit	21, 22, 23, 27, 82, 107, 164	Ramsau, steirische	57	Schiedenhofen	120
Maria Gern (s. auch Gern, Vordergern, Hintergern)	47, 48, *186*	Nußdorf	123	Ramsauer Ache	12, 50, 51, 86, 89, *61*	Schiedkaser	79, *255-257, 260-264*
				Ramsauer Tal	50	Schiffmeisterkapelle	55
Maria Plain	42, 126	**O**berammergau	27, 186	Ranham	*419*	Schign	112
Markt Berchtesgaden, insbes.	54	Oberaschaulehen (Bischofswiesen)	82, 83, *116-118*	Raschenberg	116, 117, 118, 119, 120, 121, 134	Schindergraben	106
Marktschellenberg, insbes.	54, *54-55, 126, 127*	Oberau	51, *154*	Raschenberg, Burg	111	Schleching	181
»Marxei« (Kulbing)	*349*	Oberbodenpoint	91	Rauher Kopf	*60*	Schlegelalm, obere	31
Marzoll (Gemeinde Reichenhall)	120, 170, *535*	Obergern	35, 68	Rauris	143	Schlegelalm, untere	31
		Obergrainswiesenlehen	97	Rechenmacherlehen (in Loipl)	40	Schnalstal	56
Mattigtal	131	Oberhögl	151	Regenalm	31, 81, *224, 237*	Schneck in der Gern	41
Mattsee	107	Oberjoch im Allgäu	35	Reichenhall, Bad	168-178, *464, 476, 527-536*	Schneidwand am alten Sackweg	101
Mauerham	107	Oberlebenau	112, 123			Schneizlreuth	10, 182, 179-187, *537-577*
Mausbichllehen (Gemeinde Berchtesgaden)	95, *71, 89-115*	Oberndorf	111, 114, 156	Reichenhall, Gemeindegebiet	*527-536*		
		Oberplain	112	Reinberg bei Arnsdorf	156	Schnelling	141
Mauthausen	108, 126	Obersalzberg	38, 64	Reisenalm	31	Schnitzing	107
Mauthausen-Piding	170	Obersee	13, 86, 101, 102	Reit (Gemeinde Saaldorf)	108, *474*	Schönau am Königssee	16, 26, 39, 50, 51, 59, 64, 68, *1, 136-153, 170*
Maxglan	108	Oberteisendorf	111, 134, 157, 158, *398, 399, 410-412, 414, 415*	Reiteralmen	31		
Maximilian-Erbstollen	152			Reiteralpe	14, 15, 50, 53, 102, *230*	Schönberg	18
Mayrschaft Plain	118	Ötztal	56	Resten (Gnotschaft)	51, *73-79*	Schönram	107
Mehlweg	76	Offenwang	158, *343/344, 367/368, 472*	Reutte	165	Schönramer Filz	123
»Meister« (Kulbing)	*369-393*			»Rinnerauer« (Jochberg)	*556-558, 569*	Schroffen	175
Mettenham	181	Ofneralm	31	Ristfeucht	182, 186, *548-555*	Schusteranwesen (Oberteisendorf)	*398*
Metzenleiten (Gnotschaft)	*68-70*	Oichen	122	Röth	53	Schusterlehen (Gemeinde Berchtesgaden)	60, 61, *65-67, 72*
Metzgergasse (Berchtesgaden)	186	Osing	106	Röthalm	31		
Miesbach	177	Ostermiething	107	Röthelbachalm	31	Schwarzbach	174
Miesbach, Landkreis	181, 182	Ostpreußen	27	Rosenheim	177	Schwarzbachalm	31, *231*
Mittenwald	35, 186	Otting	110, 112	Rosenheim, Landkreis	181, 182	Schwarzbachtal	14
Mitterbach	51, 64	Ottmaning	109	Rosenreit	53	Schwarzbachwacht, Paß	12, 14, 16, 50
Mitterbarmsteinlehen	68			Roßfeldalm	31	Schwarzeck (Gemeinde Ramsau)	50, 77, *61*
Mittereisalm	31, 81, *277,278*	**P**alling	105, 107, 111, 112	Rothspielalm	79		
Mitterkaseralm	31, *226*	Pankrazfelsen (Gemeinde Reichenhall)	169, 170	Rottenbuch	17	Schwaz	182
Mitterpinzgau	14, 166, 182			Rotterdam	149	Schweizerhaus	55
Mösterkaser	*258, 267*	Passau	112	Ruhpolding	181	Schwertinger See	122
Möslerlehen	65	Passeiertal	56	Rupertiwinkel	9, 10, 105-167, *303-526*	Schwöb	16
Moisigütl	68	Patting	*525, 526*	Ruppenkaser (Gotzenalm)	*244*	Schwöber See	16
Mondsee	164	Petting	112, 135			Seeaualm	31, *238-240, 290*
Moos	112	Petersberg-Stollen	86	**S**aalach	9, 10, 14, 105, 108, 109, 114, 129, 169, 174, 175	Seebichl	177
Moosach	122	Pfaffendorf	151			Seekirchen	107, 109
Moosenalm im Lattengebirge	31, 187, *259*	Pfaffendorfer Mühle (in Anger)	161, *453-458*			Seeleiten	157, *423-428*
				Saalachgletscher	16	Seeon	111
Mordaualm	31	»Pfarrerbauer« (Schneizlreuth)	*547, 560*	Saalachtal	14, 122, 169	»Seierl« (Reit, Gemeinde Saaldorf)	*474*
Mühlberg	106			Saaldorf	112, 149, 160, *431, 482, 484*		
Mühlberg bei Waging	107	Pfisterstein	54	Saalfelden	182	Seisenbergklamm	14
Mühlebenlehen	*129*	Pichler-Alm	187, *570*	Saalfeldener Becken	57	Siegsdorf	177
Mühldorf	19, 116	Piding	9, 105, 108, 110, 112, 115, 116, 117, 122, 149, *473, 475, 477-480, 502*	Sagereckalm	31	Siezenheim	112
Mühlham	112			Saletalm	31	Sigllehen in der Au	*22*
München	177	Pietling	109, 112	Salinen-Forstrevier Bischofswiesen	86	Sölden	117
Mürack (Ainring)	*487, 488*	Pinzgau	12, 50, 55, 56, 57, 71, 79, 165	Salinen-Forstrevier Königssee	86	Söldenköpfl	178
Mur	56	Pitztal	56	Salinen-Forstrevier Ramsau	86	Sonnblick	143
Murtal	116	Plain	119	Salinen-Forstrevier Schellenberg	86	Stadelhäusl (Bischofswiesen)	*156*
		Plain, Grafschaft	111	Salzach	9, 10, 14, 53, 105, 107, 108, 109, 114, 122, 123, 130, 153, 156	Stangerlehen	27
Nagling	177	Pointgütl	*148*			Stanggaß (Gnotschaft)	50, *56, 62, 122-124*
Nechlanwesen (Oberteisendorf)	*399*	Pongau	12, 56, 79				
Nesselgraben	51, 180	Pratmannlehen	96	Salzachgletscher	105, 107	Starz	*486*
Neuhaus	54	Preußen	22	Salzachleiten	107, 153	Staufen	111, 146
Neukirchen	105	Priesberg	16	Salzachtal	56, 122, 153	Staufenbrücke	174
Neulend (Gde. Teisendorf)	167, *512, 515*						

Staufeneck	105, 111, 112, 114, 116, 117, 118, 119, 120, 125, 126, 131, 146, 148, 152, 156, 170	Tengling	107, 110, 129, 131, **420**	Untersberg	9, 14, 15, 54, 84, 101, 146, 148, 152, **303**	Watzmanngrat	9, **43, 44**

Staufeneck 105, 111, 112, 114, 116, 117, 118, 119, 120, 125, 126, 131, 146, 148, 152, 156, 170
St. Bartholomä 13
Steiermark 116
Steinbacheranwesen (Laufen) **348**
Steinbichlhäusl 68
Steinbrecherbauer 151
Steineralm (Piding) 147, 187, **317-321, 479, 504-510**
Steinernes Meer 9, 14, 15, 16, 30
Stiftstaverne 54
St. Koloman 107
St. Leonhard 12
St. Leonhard am Wonneberg 126
St. Leonhard bei Grödig 18
Stoißberg 112, 151
Stoißer Ache 148
Stoißeralm 147
Stollengütl (Freihäusl, Berchtesgaden) 70, **146**
St. Peter in Salzburg 111, 115, 129, 151
Straß 112
Streitbichl 174
Stroblhof 151
Strobl-Schmiede 151
Strub 50, 89
Stubenalm 31, 81, **228, 229**
St. Zeno, Reichenhall 86, 146, 174, 175, 180, 181
Südtirol 56
Sulzensteinalm 31
Sunklerwand 89
Sur 111, 112
Surbach 122
Surheim 110, 112, 154, **429, 430, 434**
Surtal 106

Taching 106, 112
Taubensee (Gemeinde Ramsau) 50, 55, **61**
Tauern, Hohe 143
Teisenberg 105, 106, 141
Teisendorf 10, 105, 106, 110, 111, 112, 114, 115, 119, 141, 149, 152, **514**

Tengling 107, 110, 129, 131, **420**
Tettelham 107, 110, 111, 112
Tettenhausen 106, 107, 110
Thörlalm 31, 81
Thumsee 180
Thundorf (Ainring) **489, 490**
Thurm, Paß 10, 12
Tirol 56, 74
Tiroler Straße (Reichenhall) 174
Tiroler Unterland 182
Tittmoning 9, 10, 105, 109, 110, 111, 112, 114, 115, 119, 122, 125, 127, 129, 131, 153
Tölz, Landkreis 181, 182
Torrenerjoch 14
Traunstein 115, 127, 177
Traunstein, Landkreis 10, 105, 162
Triebenbach 105, 109
Trischüblalm 31
Tristramkaser **293**
Trostberg 127
Türk (Reichenhall) 174, **529-533, 536**
Tuval 28
Tuxertal 56
Tyrlaching 107, 112, 131

Übergossene Alm 15, **241-243**
Ulrichshögl 123, 136
Unken 71, 182
Unterammergau 186
Unteraschaulehen (Bischofswiesen) 59, **119, 195, 207**
Unterau 51
Unterbarmstein 22
Untergrainswieserkaser (Moosenalm) 187
Unterhammerllehen **143**
Unterinntal 182
Unterjettenberg 186
Unterlebenau 111, 112, 119, 123
Unternesselgraben 177
Unterplain 112, 114
Untersalzberg **71**

Untersberg 9, 14, 15, 54, 84, 101, 146, 148, 152, **303**
Unterschwarnlehen (Berchtesgaden) 93, **80-88**
Unterstein 40
Unzing 107

Vachenlueg 126
Valcamonica (Italien) 74
Venedig 27
Viehausen 112
Viehhorn **255**
Vogelhüttenalm 31
Vorderbrand 36, 51
Vordergern (s. auch Gern, Maria Gern, Hintergern) **63, 65, 66, 67, 72, 186**
Votzenschmiede 40

Waging 105, 106, 107, 109, 110, 111, 112, 114, 115, 126, 134
Waginger See 106, 107, 109, 123
»Wahbacher« (Piding) **477**
Wahlkaser (Gotzentalalm) **232-236**
Wald an der Alz 165
Wald (Gemeinde Teisendorf) 138, 156, 160, **328, 329, 400-409**
Waldhäusl (Berchtesgaden) **147**
Wallis 74
Wallmoning 107
»Wallner« in Wald (Gemeinde Teisendorf) 138, 156, 160, **328, 329, 400-409**
Wallnergut in Waldprechting 162
Wals 112
Walserberg 116
Wannersdorf 141
Wappach 175
Wasserburg 131
Wasserfallalm 31
Wastlbauernhof (Mauer bei Hammer, Gemeinde Siegsdorf) 162, 181
Watzmann 13, 15, 16, 38, **62, 63, 72**

Watzmanngrat 9, **43, 44**
Watzmann-Ostwand 9, **232**
Watzmannstock 14
Weberhaus (Kulbing) **350-355, 358**
Weidmoos 107
Weildorf 107, 110, 161, **525, 526**
Weilham 106
Weilharter Forst 107
Weinleiten 123
Weißbach an der Alpenstraße 177, 180, 186, **559, 561-563, 574-577**
Weißbach (Reichenhall) **534**
Weißbachschlucht 180
Weißbachtal 14, 180, 186
Weitgassing 112
Werdenfels 131
Wernersbichl (Gemeinde Teisendorf) **394**
Weyarn, Kloster 182
Wiesmühl 153
Wildenwart 118
Wildschönau 74
Wimbachsee 15
Wimbachtal 13, 14, 15, 38
Wimbachtalalm 31
Wimmern (Teisendorf) 106, **460, 463, 485, 498, 500**
Winkl 39
Wirtsgolling 170
Wolfering 112
Wonneberg 112
Wörgl 131
Wolfenlehen **208**

Zehnkaseralm 31
Zell am See 182
Zellberg (Gemeinde Anger) **443, 446, 447**
Zeller See 14
Zill 89
Zillertal 56, 182
Zintenbachgraben 106
Zwiesel 105

Personenregister

Achleitner 38
Adner, Anton, Landhausierer **50**
Adolf, König 19
Agilolfinger 171
Agliardis, Pfleger 120
Andree-Eysn, Marie 46
Arno, Erzbischof von Salzburg 120
Arnulf, Herzog von Bayern 172

Baader, Josef 177
Bancalari, Gustav 182
Behamb, Jakob 186
Berengar von Sulzbach, Graf 17, 18, 19, 28
Bertha, Gattin Kaiser Heinrichs IV. 164

Beust, von (sächs. + österr. Minister) 55
Bosinlother, Konrad, Abt 164
Bünker, Johann Reinhard 146

Calixt II., Papst 19
Cuno von Horburg 17
Cuno von Rott 17

Dahn, Felix 47, 121

Eberhard I., Erzbischof von Salzburg 110
Eberhard II., Erzbischof von Salzburg 110, 111
Eberhard III., Erzbischof von Salzburg 20

Eberwin, Kanoniker 17, 18
Eigl, Josef 158, 159, 162
Ellanburg, Gräfin 130
Elsenhaim, Hofkammerpräsident 177
Engelbert, Graf 17
Eysn, Marie (s. auch Andree-Eysn) 166

Fendt, Andreas 32
Ferdinand, Maria, Kurfürst von Bayern 114
Ferdinand von Österreich, Erzherzog 19
Ferdinand von Toskana, Großherzog 112
Fett, Adam 186
Firmian, Freiherr von 21

Flurl, Mathias, Berg- und Münzrat 38, 177
Frauenrieder, Kaspar, Bauschreiber 177
Friedrich I. Barbarossa, Kaiser 19, 28, 110, 172
Friedrich II., Kaiser 172
Friedrich, Caspar David 38
Fuchsberg, Degenhard Fuchs zu 24

Gail, Johann Georg 186
Gandolph, Max, Erzbischof von Salzburg 21
Ganghofer, Ludwig 38
Gebhard, Hallgraf 172
Gebhard von Sulzbach, Graf 17

Geramb, Viktor von 143	Lebenau, Graf Bernhard von 111	Napoleon I. Kaiser 114	Seethaler,
Goldenbach 55	Lentner,	Nißle, Theodor 105	Johann Andreas 123, 124, 125, 127
Graßl (Luegerer), Musikerfamilie **17**	Johann Andreas 47, 48, 127, 156	Notthast, Cajetan Anton	Sighardinger 17, 18
Grosse 38	Lentner,	Freiherr von,	Stanig, Valentin 38
	Joseph Friedrich 121, 124, 125, 126	Fürstpropst von Berchtesgaden 22	Steub, Ludwig 38
Haberlandt, Arthur 182	Leonhard von Keutschach,		Stieler 38
Hadrian IV., Papst 117	Erzbischof von Salzburg 117	**O**dilo, Herzog von Bayern 110	Sulzbacher 18, 28
Heck, Theodor 131	Leopold Anton Eleutherius,	Odoaker, Germanenfürst 109	
Heinrich der Löwe,	Erzbischof von Salzburg 21	Olivier, Ferdinand von 38	**T**ann, Niclas von 117
Herzog von Bayern 172	Lerchfeld, Freiherr von 84	Ortolf,	Theodbert,
Heinrich II., Kaiser 172	Liebl, Franz 146	Erzbischof von Salzburg 119	Herzog von Bayern 110, 129
Heinrich IV., Kaiser 172	Lodron, Grafen von 120	Otto, Herzog von Bayern 172	Theodo, Herzog von Bayern 129
Heinrich VI., Kaiser 19	Lorenz, Salinenbaumeister 23		Thiersch, August 23, 54, 55
Heiß, Hans,	Ludwig der Bayer, Kaiser 111	**P**eilstein,	Thomas, Hl. 39
Augsburger Baumeister 177	Ludwig das Kind, König 172	Grafen von 105, 111, 172	Tränkel, Mathilde, Dr. Ing. 65, 68
Heringer, Dr. Josef K. 77, 89	Ludwig, Herzog von Bayern 172, 174	Preymayr, Julian 186	
Herodot 143	Luitpold von Bayern,		**U**tzschneider 177
Hieronymus, Graf Colored	Prinzregent 36	**R**aitenau, Wolf Dietrich von,	
Erzbischof von Salzburg 120, 153	Luther, Martin 20	Fürsterzbischof von Salzburg 111, 112	**V**ierthaler, Michael 38
Hitler, Adolf 38		Reichenbach,	Volkhmer, Tobias,
Hoferer, Rudolf 134		Georg Friedrich von 177	Mathematiker und Goldschmied 177
Hofmann, Fritz 84, 86		Reifenstuhl, Hans 177	Voß, Richard, Dichter 38
Humboldt, Alexander von 9	**M**aria Theresia, Kaiserin 118	Riehl, Wilhelm Heinrich 121	
Hussiten 20	Martin, Prof. Dr. Dr. 175	Robischon, Rolf 146	**W**aldmüller, Ferdinand Georg 38
	Maurer, Josef, Prof. Dr. 175	Rottmann, Karl 38	Weißenbacher, G. Christoph 23
Innocenz II., Papst 19	Max II., König von Bayern 121	Rupert, Hl. 9, 110	Wenglein, Bartholomäus, Gießer 177
Irmgard, Gräfin 17	Max Joseph, Kurfürst 177		Wenzel, König 19
	Max III., Joseph 17, 45, 77		Werson, J. 105
Jakob II.,	Max I. Joseph, König 178		Wicliften 20
Propst von Berchtesgaden 21	Maximilian I.,	**S**chaitenberger 23	Wittelsbacher 19
Joseph II., Kaiser 118	Herzog von Bayern (Kurfürst) 177	Schamberger, Siegfried 154	Wögerbauer, Franz 123
	Maximilian, Herzog 111	Schinkel, Karl Friedrich 38	Wolf Dietrich von Raitenau,
Karl der Große, Kaiser 111	Maximilian, Kaiser 24	Schmidhammer, Katechet 39, 47	Fürsterzbischof von Salzburg
Karner, Franz 186	Mertz 23	Schnaitberger, Josef 21	19, 117, 119, 151
Kobell, Wilhelm von 38	Meyer, Mauritia 38	Schnorr von Carolsfeld, Julius 38	Wolfgang I.
Kriß, Rudolf Prof. Dr. 39, 48, 100	Michler, Anton 106	Schrank, Franz von Paula 25, 38	Propst von Berchtesgaden 27
Kriss-Rettenbeck, Lenz Prof. Dr. 81	Moll, Freiherr von 38	Schroffenberg, Josef Konrad	Wolfgang II.
Koch-Sternfeld,	Montgelas,	Freiherr von	Propst von Berchtesgaden 177
Ritter Josef Ernst von 17, 38	Maximilian Freiherr von 114	Fürstpropst	
Kurz, Jakob,	Münichhausen,	von Berchtesgaden 18, 89	**Z**aborsky-Wahlstätten, Oskar von 48
genannt »Kusei« **12, 50**	Johann Münich von 112	Schuß, Oswald, Hofkammerrat 177	Zimmermann, Georg 55
			Zwinck, Franz Seraph 186

Verzeichnis der fotografischen Quellen

Soweit nicht (am Ende der jeweiligen Angaben) eigens vermerkt, beziehen sich die angegebenen *kursiv* gesetzten Zahlen auf die Bildnummern im Bildteil.
Es wird an dieser Stelle um Verständnis dafür gebeten, daß unter den fotografischen Quellenangaben »Archiv« zahlreiche Fotografen zusammengefaßt werden mußten, die im einzelnen nicht mehr festzustellen waren.

Archiv der Gemeinde Schneizlreuth: *538-546.*

Archiv des
Landratsamtes Berchtesgadener Land: *334-338, 357, 395-397, 413, 416-422, 491-496, 523, 524;* Fotos auf Seite 149.

Archiv des Stadtbauamtes Bad Reichenhall: *527, 528.*

Archiv des Verlages Plenk:
1-12, 14-20, 22-42, 45, 49-51, 63, 64, 124, 128-130, 135-139, 144-148, 151-156, 159, 160, 162, 164, 173, 177, 185-189, 208, 209, 210-212, 218-223, 241-243, 292, 320, 321, 323, 324, 326-328, 332, 333, 476, 527, 528, 537; Fotos auf Seite 9, 10, 12 (links unten), 13, 14 (rechts unten), 15 (links unten), 16, 17 (rechts), 18 (links oben), 19, 28-30, 36-38, 40, 42, 44, 45, 48 (2 Fotos unten), 49, 50, 53-55, 73, 74 (oben), 84-86, 88, 90 (oben), 95 (oben), 96 (oben), 97 (links), 99, 100, 110-114, 147.

Baumann Ernst, Berchtesgaden: *46-48, 230, 529-536.*

Fernande, Berchtesgaden:
Foto auf Seite 87 (rechts unten).

Groth-Schmachtenberger Erika, Murnau: *192, 514.*

Heck Alexander, Prien:
Linkes Foto auf Seite 485.

Heringer Josef K. Dr., Laufen: *52-59, 131-134, 178-183;* Fotos auf Seite 34, 35, 77, 78, 82.

Keim Helmut Dr., Ohlstadt: *482, 484,* rechtes Foto auf Seite 485.

Komma Dieter, München: *74-79, 82-88, 90, 93-115, 343/344, 350-354, 361-393, 400-409;* Fotos auf Seite 144, 163 (oben).

Lantz Eberhard, München: *204.*

Nationalparkverwaltung Berchtesgaden: *43, 44, 295-299, 301, 302.*

Offenberger Max, Berchtesgaden: *209, 226, 228, 229, 246-253, 296, 299-302.*

Photogrammetrie GmbH, München: *60, 61.*

Ranke Karl: *260.*

Reinbold Walter Dr., Berchtesgaden:
126, 127.
Schned Franz, Bischofswiesen (Archiv):
62.
Tränkel Mathilde Dr. Ing., Mallorca:
120, 121, 169, 171, 174, 175, 264, 291, 293.

Werner Paul, München:
13, 21, 65-72, 73, 80, 81, 89, 91, 92, 116-119, 122, 123, 125, 140-143, 149, 150, 157, 158, 161, 163, 165-168, 170, 172, 176, 184, 190, 191, 193-203, 205-207, 213, 214-217, 224, 225, 229, 231-239, 244, 245, 254-259, 263, 265, 270, 274-290, 294, 295, 297, 298, 319, 322, 325, 326, 329-331, 339-342, 345-349, 355, 356, 358-360, 394-399, 410-412, 414, 415, 423-475, 477-480, 485-490, 497-522, 525, 526, 547-577; Fotos auf Seite 46 (unten), 94, 155 (links), 161, 162 (unten), 167, 187.

Wollenik Franz, Wien:
300.

Verzeichnis der Quellen der Textillustrationen

Die in [ ] gesetzten Zahlen beziehen sich auf die Seiten dieses Werkes.

Aicher Ernst, Dipl. Ing., Mühldorf, Archiv: Originales Notgeld aus dem Jahre 1918 [Seite 105, 108].

Alexander Ralph, Dr. Ing., Rom-Berlin-München: neu angefertigte Zeichnungen nach Vorlagen von Dr. Ing. Tränkel Mathilde (a.a.O) [Seite 58, 60, 62-70, 72, 75, 76, 79, 80 (links), 81, 91, 92, 93, 95 (unten), 96 (unten)];
neu angefertigte Zeichnungen nach Plänen von Ingenieurbüro Maltan, Berchtesgaden [Seite 83].

Andree-Eysn Marie: Volkskundliches aus dem bayrisch-österreichischen Alpengebiet, Braunschweig 1910 [Seite 46 (rechts oben), 48 (rechts oben), 96 (Mitte)].

Baumgarten Karl: Das deutsche Bauernhaus, eine Einführung in seine Geschichte vom 9. bis zum 19. Jahrhundert. Berlin 1980 [Seite 57 (oben)].

Bayerisches Geologisches Landesamt: Geologisches Profil durch die Berchtesgadener Alpen [Seite 14/15].

Binder S.: Kalenderzeichnungen [Seite 61 (oben), 155 (rechts), 164].

Ebers Edith, Dr. und Wollenik Franz: Felsbilder der Alpen. Hallein 1980 [Seite 71, 101, 102].

Eigl Josef: Die Salzburger Rauchhäuser und die bauliche Entwicklung der Feuerungsanlagen am Salzburger Bauernhaus. Wien 1894 [Seite 132, 133, 135, 136 (rechts), 157, 158].

Freilichtmuseum des Bezirks Oberbayern »Auf der Glentleiten« bei Großweil. Aufmaß des Saaldorfer Zehentstadels [Seite 150].

Fremdenverkehrsverein Ramsau: 100 Jahre Fremdenverkehr in Ramsau. Ramsau 1974 [Seite 98].

Gebhard Torsten, Prof. Dr.: Der Bauernhof in Bayern. München 1976. Karte der bäuerlichen Hauslandschaften in Bayern [Vorderer Vorsatz rechts].

Göbel W. Dipl. Ing., und Reinecke D. Dipl. Ing., beide München: Zeichnerische Dokumentation eines Rundumkasers auf der Seeaualm [Seite 90, 97 (rechts)].

Helm Anton, Berchtesgaden: Hallthurm. Berchtesgaden 1960 [Seite 12 (rechts oben)].

Höllerer Karlheinz, Jördens Jan, Lubberger Gunhild, Schubert Gert, Sommer Eberhardt, sämtlich Dipl. Ing., München: Aufmaß des Gehöftes in Wald 1, Gde. Teisenberg [Seite 138, 139].

Hofmann Fritz, Bad Reichenhall: Der Salzstock von Berchtesgaden, sein Bergwerksbau, seine Sole- und Salzgewinnung. Ein Beitrag zur Kulturgeschichte des Berchtesgadener Landes. 4. Teil: Die Saline Frauenreuth und die Brennstoffversorgung. o.O., o.J.; S. 33 f. [Seite 169-172, 174-176, 178].

Hofmann Gerhard, Dipl. Ing., München: neu angefertigte Zeichnungen nach Plänen von Ingenieurbüro Maltan, Berchtesgaden [Seite 68].

Jedin: Kirchenatlas [Seite 17 (links unten)].

Krön Peter, Dr., Amt der Salzburger Landesregierung, Kulturabteilung: Reformation, Emigration, Protestanten in Salzburg. Katalog der Ausstellung vom 21. 5. – 26. 10. 1981 in Schloß Goldegg im Pongau im Lande Salzburg. Salzburg 1981 [Seite 114, 329, vorderer und hinterer Vorsatz. Seite 20-23].

Martin F., Prof. Dr.: Die Fürstpropstei Berchtesgaden. Augsburg 1923 [Seite 18].

Micheler Anton: Der Landkreis Laufen im Wandel der Erdgeschichte. Tittmoning 1963 [Seite 106, 107].

Pfister Rudolf: Alte bayerische Zimmermannskunst am Bauernhaus des Rupertiwinkels. München 1926, S. 33, 34 [Seite 156 (unten), 160, 162 (oben und Mitte)].

Pöttler Herbert Viktor, Prof. Dr.: Alte Volksarchitektur. Graz-Wien-Köln 1975. Karte der Haus- und Hofformen in Österreich und in den benachbarten Gebieten S. 78/79 [hinterer Vorsatz].

»Das Salzfaß« — Heimatkundliche Zeitschrift des Historischen Vereins Rupertiwinkel.
Aus dieser Zeitschrift wurden folgende, aus nachstehend genannten Beiträgen stammende Zeichnungen und Fotos reproduziert:

v. Bomhard Peter: Aus der Geschichte der Weildorfer Wallfahrt; 14. Jg. 1980, Heft 1, S. 21 [Seite 130].

Dopsch Heinz: Die Grafen von Lebenau. (Karte der Grafschaft Lebenau und Karte des Gesamtbesitzes der Grafen von Lebenau) 4. Jg. 1970, Heft 2, S. 42, 47 [Seite 111].

Hell Martin: Ein neuer bronzezeitlicher Fund aus Leustetten. 6. Jg. 1972, Heft 1, S. 25 [Seite 108].

Hunklinger Georg: Beiträge zur Geschichte der Höfe der Gemeinde Ainring; 16. Jg. 1982, Heft 1, S. 20, 35, 52 [Seite 157 (rechts), 136, 148].

Mayer Fritz: Die Geschichte von Abtsdorf. 5. Jg. 1971, Heft 1, S. 10 [Seite 129].

Mayer Fritz: Hofgeschichte von Steinbrünning. 7. Jg. 1973, Heft 1/2, S. 37 [Seite 129].

Pirngruber Conrad: Hochzeitsbrauchtum in der Saaldorfer Gegend. 10. Jg. 1976, Heft 2, S. 35, Holzstich von J. Watter, 1873 [Seite 124].

Rehrl Peter: Brauchtum in Steinbrünning und Umgebung. 7. Jg. 1973, Heft 1/2, S. 80 [Seite 336, 337].

Robischon Rolf: Bauern-Badstuben am Högl. Ein Beitrag zur Geschichte der Sauna. 8. Jg. 1974, Heft 2, S. 34-43 [Seite 144, 145].

Robischon Rudolf: Die Einöde Kohlstatt bei Ulrichshögl. 10. Jg. 1976, Heft 1, S. 2, 4-10 [Seite 137].

Roth Hans: Der Saaldorfer Zehentstadel kommt ins Freilichtmuseum Oberbayern. 10. Jg. 1976, Heft 1, S. 27, 29 [Seite 404, 405].

Schamberger Siegfried: Alte Zimmermannskunst in Surheim. 11. Jg. 1977, S. 106, 107 [Seite 130].

Schamberger Siegfried: Vier Getreidekästen im Höglgebiet. 12. Jg. 1978, Heft 1, S. 21, 24, 25, 27, 28, 29, 31 [Seite 129, 130, 136 (links), 137, 144, 145].

Schamberger Siegfried: Ein Getreidekasten im Gemeindebezirk Teisendorf. 13. Jg. 1979, Heft 1, S. 15 [Seite 148].

Schlör Lothar, Dipl. Ing., München: Zeichnung eines Hofes in Kulbing [Seite 156 (oben), 163 (unten)].

Tränkel Mathilde, Dr. Ing., Mallorca: Das Bauernhaus im Berchtesgadener Land. Dissertation an der Technischen Hochschule Aachen; 1947 [Seite 51, 52 (unten), 61 (unten), 74 (unten)].

Verband Deutscher Architekten- und Ingenieurvereine: Das Bauernhaus im Deutschen Reich und seinen Grenzgebieten. Hannover 1906 [Seite 184, 185].

Werner Paul, Dipl. Ing., München: Karte des südostoberbayerischen Raumes [Vorderer Vorsatz (links), auf Straßenkarte gezeichnet auf der Grundlage der Hauslandschaftskarte von Rudolf Hoferer].

Westenthanner Markus: Der Bayerische Rupertiwinkel. Freilassing 1977. Karte des Rupertiwinkels [Seite 104].

Zeller/Schöner: Berchtesgadener Alpen. Alpenvereinsführer, 15. Auflage, München 1982. Übersicht über die Gebirgsgruppen des Berchtesgadener Landes [Seite 15; rechts oben].

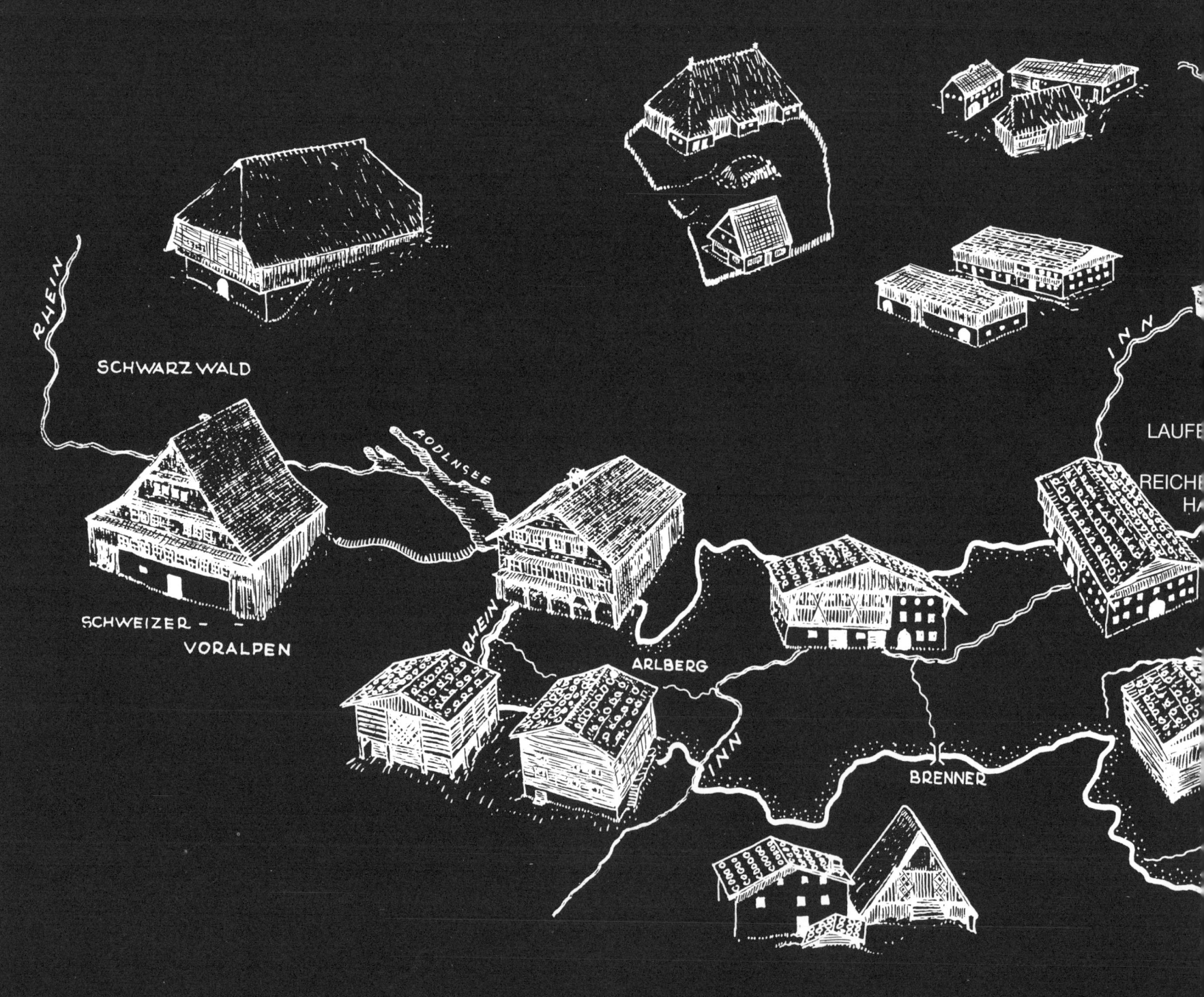

Haus- und Hofformen in Österreich
und in benachbarten Gebieten
nach Viktor Herbert Pöttler
(Alte Volksarchitektur, Graz-Wien-Köln 1975,
Seite 78/79).

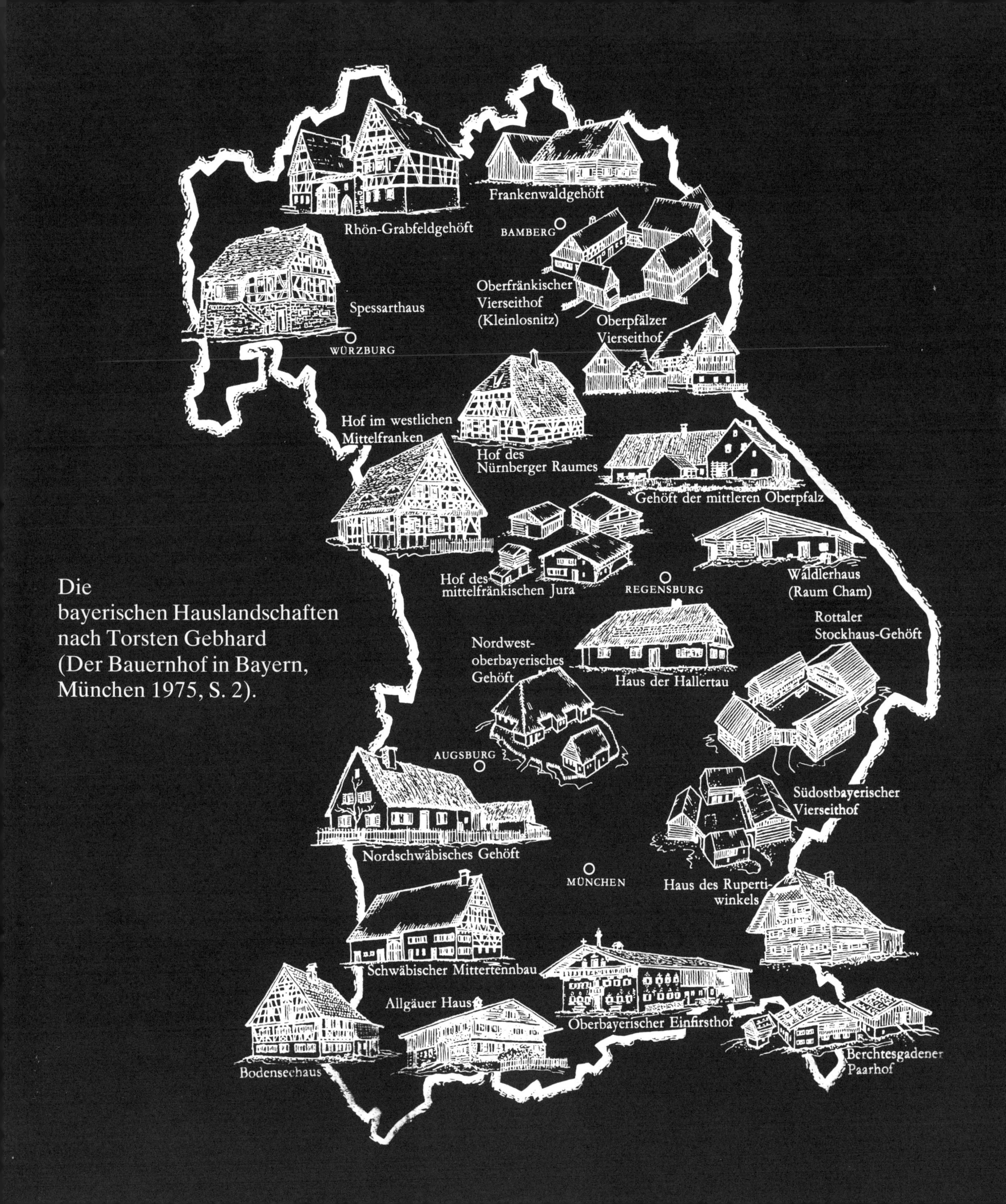

Die bayerischen Hauslandschaften nach Torsten Gebhard (Der Bauernhof in Bayern, München 1975, S. 2).

- Rhön-Grabfeldgehöft
- Frankenwaldgehöft
- Spessarthaus
- Oberfränkischer Vierseithof (Kleinlosnitz)
- Oberpfälzer Vierseithof
- Hof im westlichen Mittelfranken
- Hof des Nürnberger Raumes
- Gehöft der mittleren Oberpfalz
- Hof des mittelfränkischen Jura
- Waldlerhaus (Raum Cham)
- Nordwestoberbayerisches Gehöft
- Haus der Hallertau
- Rottaler Stockhaus-Gehöft
- Nordschwäbisches Gehöft
- Südostbayerischer Vierseithof
- Haus des Rupertiwinkels
- Schwäbischer Mitterténnbau
- Allgäuer Haus
- Oberbayerischer Einfirsthof
- Berchtesgadener Paarhof
- Bodenseehaus

WÜRZBURG · BAMBERG · REGENSBURG · AUGSBURG · MÜNCHEN